桂冠心理學叢書② 楊國樞 主編

學

原著⊙艾金森、西爾格德等
編譯⊙鄭伯壎、洪光遠、張東峰等
校閱⊙楊國樞

Introduction To Psychology

Rita L. Atkinson *Richard C. Atkinson*
Edward E. Smith *Ernest R. Hilgard*

桂冠心理學叢書序

作爲一門行爲科學，心理學雖然也可研究其他動物的行爲，但主要重點則在探討人在生活中的心理與活動。人類的生活牽涉廣闊，心理學乃不免觸及其他各科學術，而成爲一門百川交匯的融合之學。往上，心理學難免涉及人類學、社會學、政治學、法律學、哲學及文學；往下，心理學則必須借重數學、統計學、化學、物理學、生物學及生理學。至於心理學的應用，更是經緯萬端、無所不至，可說只要是直接與人有關的生活範疇，如教育、工商、軍事、司法及醫療等方面，都可以用到心理學的知識。

在世界各國中，心理學的發展或成長各有其不同的速度。有些國家(如美國、英國、西德、法國、日本、加拿大)的心理學相當發達，有些國家的心理學勉強存在，更有些國家則根本缺乏心理學。縱觀各國的情形，心理學術的發展有其一定的社會條件。首先我們發現，只有當一個國家經濟發展到相當程度以後，心理學術才會誕生與成長。在貧苦落後的國家，國民衣食不周，住行困難，當然談不到學術的研究。處於經濟發展初期的國家，急於改善大衆的物質生活，在學術研究上只能著重工程科學、農業科學及醫學。唯有等到經濟高度發展以後，人民的衣食住行都已不成問題，才會轉而注意其他知識的追求與應用，以使生活品質的改善拓展到衣食住行以外的領域；同時，在此一階段中，爲了促成進一步的發展與成長，各方面都須儘量提高效率，而想達到這一目的，往往需要在人的因素上尋求改進。只有在這些條件之下，心理學才會受到重視，而得以成長與發達。

其次我們發現，一個國家的心理學是否發達，與這個國家對人的看法大有關係。大致而言，心理學似乎只有在一個「把人當人」的人本社會中，才能獲得均衡而充分的成長。一個以人爲本的社會，往往也會是一個開放的多元社會。在這樣的一個社會中，違背人本主義的極權壓制無法存在，個人的尊嚴與福祉受到相當大的保障，人們乃能產生瞭解與改進自己的心理適應與行為表現的需求。在這種情形下，以科學方法探究心理與行為法則的心理學，自然會應運而興。

綜合以上兩項條件，我們可以說：只有在一個富裕的人本社會中，心理學才能獲得順利的發展。對於貧窮的國家而言，心理學只是一種沒有必要的「奢侈品」；對於極權的國家而言，心理學則是一種會惹麻煩的「誘惑物」。只有在既不貧窮也不極權的國家，心理學才能成為一種大有用處的必需品。從這個觀點來看，心理學可以視為社會進步與發展程度的一種指標。在這個指標的一端是既富裕又開放的民主國家，另一端是既貧窮又極權的共產國家與法西斯國家。在前一類國家中，心理學成為大學中最熱門的學科之一，也是社會上應用極廣的一門學問；在後一類國家中，心理學不是淪落到毫無所有，便是寄生在其他科系，聊備一格，無法在社會中發生作用。

從這個觀點來看心理學在台灣的發展與進步，便不難瞭解這是勢所必然。在日據時代，全臺灣只有一個心理學講座，而且是附設在臺大的哲學系。光復以後，臺大的心理學課程仍是在哲學系開設。到了民國卅八年，在蘇薌雨教授的努力下，心理學才獨立成系；從此即積極發展，先後增設了碩士班與博士班。此外，師範大學、政治大學、中原大學、輔仁大學等校，也陸續成立了心理學系。其他大專院校雖無心理系的設立，但卻大都開有心理學的課程，以供有關科系學生必修或一般學生選修。同時，公私機構與社會大衆對心理學的需求也日益殷切，有關知識在教育、工商、軍事、司法及醫療上的應用也逐漸開展。三十多年來，臺灣的心理學之所以能獲得相當的發展，主要是因為我們的社會一直在不斷朝著富裕而人本的開放方向邁進。臺灣的這種發展模式，前途是未可限量的，相伴而來的心理學的發展也是可以預卜的。

心理學在臺發展至今，除了研究領域的拓展與研究水準的提高，心理學的推廣工作也獲得相當的成效。明顯的現象之一，是社會大衆對心理學知識的需求已大為增強，有更多的人希望從閱讀心理學的書籍中得到有關的知識。這些人可能是在大專學校中修習心理學科目的學生，可能是在公私機構中從事教育、訓練、管理、領導、輔導、醫療及研究工作的人員，也可能是在日常生活中想要增進對自己與人類的瞭解或改善人際關係的男男女女。由於個別需要的差異，不同角落的社會人士往往希望閱讀不同方面的心理學書籍。近年來，中文的心理學著作雖已日有增加，但所涉及的範圍卻仍嫌不足，難以充分滿足讀者的需要。我們研究與推廣心理學的人，平日接到社會人士來信(或當面)詢問某方面的心理學讀物，也常因尚無有關的中文書籍而難以作覆。

基於此一體認，近年來我們常有編輯一套心理學叢書的念頭。桂冠圖書公司知道了這個想法以後，便積極支持我們的計畫，最後乃決定長期編輯一系列的心理學書籍，並定名爲「桂冠心理學叢書」。依照我們的構想，這套叢書將有以下幾項特點：

(1)叢書所涉及的內容範圍儘量廣闊，從生理心理學到社會心理學，凡是討論內在心理歷程與外顯行爲現象的優良著作，都在選輯之列。

(2)各書所採取的理論觀點儘量多元化，不管立論的觀點是行爲論、機體論、人本論、現象論、心理分析論、認知發展論或社會學習論，只要是屬於科學心理學的範疇，都將兼容並蓄。

(3)各書所討論的內容，有偏重於理論者，有偏重於實用者，而以後者居多。

(4)各書之寫作性質不一，有屬於創作者，有屬於編輯者，也有屬於翻譯者。

(5)各書之難度與深度不同，有的可用作大專院校心理學科目的教科書，有的可用作有關專業人員的參考書，也有的可供一般社會大衆閱讀。

(6)這套叢書的編輯是長期性的，將隨社會上的實際需要，繼續加入新的書籍。

身爲這套叢書的編者，我們要感謝各書的著者；若非他們的貢獻與合作，叢書的成長定難如此快速，內容也必非如此充實。同時，我們也要感謝桂冠圖書公司執事諸君的支持與工作人員的辛勞。

楊國樞 謹識

中華民國六十九年八月於臺灣臺北

原　　序

英國古諺有云：「貓有九命。」可能因爲大多數動物從高處摔下都會死亡，唯獨貓能夠四脚著地，毫髮無傷。本教科書是第九版，我們慶幸它也有「九命」，更希望往後會有更多的生命。本書於一九五三年初版，這些年來，它已成爲大專院校出版史中使用最廣的教科書之一，它曾被轉譯成許多文字，其中包括俄文、法文、西班牙文及中文。今天許多研習本教材的青年學子，其父母即曾採用過本書早期的版本。事實上，自一九五〇年代以降，即有許多的初學心理學者使用本教材。

選修普通心理學的理由儘管五花八門，然而可能只有極少數的學生是爲了想充分認識心理學，大多數人只關心與他們生活及現今社會難題相關的課題。在過去的版本中，我們試圖爲這些學生撰寫他們需要的教科書，同時也以嚴謹的態度滿足吹毛求疵的心理學者的要求。我們的目標是「在不犧牲科學的精確性或學術性的前提下，顧及學生的權益」。

爲達到此目標，我們仰賴三方面回饋所得的資料：學生、教師及專家。爲了確定選用的材料對學生而言能夠理解以及與他們切身的課題有關，我們詢問許多學生，請他們就本書初稿的各章節評定其感興趣及明白的程度。他們的反應對我們幫助相當大。

幾位在大學專門教授普通心理學的教師，在讀了初稿後表示，本書很適合其學生閱讀，並指出在使用本教材時可能遇到的問題。我們也從採用過去版本教學的教師處得到不少評論與建議，使我們獲益良多。

爲了跟得上研究發展，我們請求學者專家們審閱本教材。對每一章，我們均請數位專家就早先修訂的部分與最後形式提出評論。經由此徵詢過程，我們可以確信本書所涵蓋的內容能配合當前研究趨勢。

本版作了相當大的修訂。由文獻部分來看，粗略估評，有三分之一以上的參考文獻在前一版印行後才刊出。熟悉本教材的學者會發現第三篇「意識與知覺」的三個章節已重排次序：「意識狀態」調到最前面，接著是「感覺」，然後才是「知覺」。由此安排，反映出研究「意識」的心理學者再度受到重視，且此課題在認知心理學上扮演著重要角色。本章還介紹了一些相當有趣的素材，以激發讀者的興趣，俾便對隨後幾章一些較艱澀的課題能保有學習動機。

本版中有一全新附錄「如何閱讀一本教科書：PQRST法」，描述閱讀本教材的方法，以增進讀者的理解及對關鍵性理念與訊息的記憶。有相當多的研究與實徵經驗證實這套閱讀法的效用。因此，我們認爲值得向讀者們推薦。有兩則附錄由前一版本中保留下來：「心理學簡史」及「統計方法與測量」，以提供想對這些課題有全盤瞭解的讀者更詳盡的資料。

我們試著在一本教科書合理的篇幅內，涵蓋當前心理學的主要課題，然而每位教師必須根據其課程目的和時數設計自己的課程，即使未能教授所有章節，學生們也可以自行參閱。如果是短期課程，我們深信只詳細介紹少數幾章要比籠統教完整個教材來得好。兩套只教授十四章的可行課程設計提供如下，其一爲強調實驗-生理方面，另一套則爲強調人格-社會課程。至於授課時數相當有限者，我們也提供了一套爲數十章的課程。然而這些課程設計，均僅提出章節可能的組合方式，以供

章	強調實驗-生理	強調人格-社會	短期一般課程
心理學的特性	1	1	1
心理學的生物基礎	2	-	-
發展心理學	3	3	3
意識狀態	4	4	4
感覺過程	5	-	-
知覺	6	6	-
條件化歷程與學習	7	7	7
記憶與遺忘	8	8	8
思考與語言	9	-	-
基本動機	10	-	-
情緒	-	11	11
心智能力及其測量	12	12	-
人格及其衡鑑	13	13	13
壓力與應對方式	14	14	14
偏差心理學	-	15	-
心理治療	-	16	-
社會訊息的處理	17	17	17
社會影響力	-	18	18

教師參考。此外，本書的章節次序是可以更動的，例如，有些教師覺得在課程一開始時即教授人格、偏差行爲及社會心理學等課程，而將諸如記憶、知覺與生理心理等屬於實驗心理方面的課程留到以後再教，較容易引起學生的興趣。筆者們曾進行此嘗試，卻發現無法得到令人滿意的結果。因爲學生一開始就學習與個人有關及一些有趣的課題，固然可能因此進展神速，但是卻經常會讓他們對何謂心理學形成歪曲偏頗的想法。此外，這些學生中，有許多人會對稍後學習的實驗心理方面的課題，感到不耐與不滿，而未作好學習的準備。因此，我們採取較理想的編排方式，將這些有趣的內容於本書前面章節——發展心理學及意識狀態——先提，讓學生對心理學範疇中有趣的課題先行瀏覽。接著，我們再回過頭來介紹諸如知覺、記憶與動機等較學術性的部分，最後才談論人格、偏差心理學及社會心理學。雖然如此，每位教師仍須根據他(她)認爲最合適的次序選用各課題；因爲本書編寫的方式即是方便各種可能的組合與安排。

史密斯(Edward Smith)在過去版本修訂工作上貢獻良多，現在已經是具有充分資格的共同作者。康乃爾大學的邊姆(Dary J. Bem)則重新組織並改寫社會心理學的兩個章節，其結果仍舊是相當的引人入勝。聖他巴巴拉加州大學的弗萊(John M. Foley)在五、六章中提供了知覺方面最新及最完整的資料。來自這兩位傑出的科學家與教師的這些稿件，使本書的品質提昇了不少。

Rita L. Atkinson
Richard C. Atkinson
Edward E. Smith
Ernest K. Hilgard

[illegible]

Rita L. Atkinson
Richard C. Atkinson
Edward E. Smith
[illegible]

修訂版序

時間過得眞快，西爾格德桂冠版的《心理學》自從民國七十年出版以來，已經邁入第十個年頭了。在這期間，國人對心理學知識的看法，逐漸由漠視演變爲重視，由嚴重誤解轉變爲有點瞭解。想當初，在民國六十年剛進入台大唸心理系的時候，有些親友都認爲畢業之後，大概可以列入占星卜卦之流，夠格到台北新公園擺起算命攤，來個鐵嘴直斷；絕的是，有的人更是苦口婆心地勸阻不要學心理學，以免到時一頭栽進杜鵑窩，人也會變得阿達阿達起來。現在雖然還是有人對心理學充滿了臆測的色彩，但至少誤解的情形已經改善了很多。

事實上，經過多年來的高度經濟成長，我國已經邁入了新興國家之林，物產豐饒，生活不虞匱乏，甚至到了奢侈浪費的地步。相形之下，國人的心靈生活卻顯得十分落後，除了追逐聲色犬馬之外，只是擁有一顆落寞而空虛的心。爲了提高生活的品質及追求幸福的眞諦，具備豐富的心理學知識，似乎是一條可行的終南捷徑。也因此，心理學知識與心理學專家的存活空間擴大了許多。不但坊間的心理書籍增加了，心理從業人員的行情也呈開高走高的局面。在這種狀況下，桂冠版的《心理學》適時提供了一些幫助，爲需要的人開啓了心理學術殿堂的大門。

桂冠舊版的《心理學》主要是鄭伯壎、張東峰、謝光進根據西爾格德第六版的《心理學導論》編譯而成，完稿之後，美國又出了第七版，因此又酌情增加了第七版的資料。同時爲肯定國內學者的努力，加入國內的相關資料。沒想到心理學發展的速度是相當驚人的，美國教科書的修訂更是劍及履及。西爾格德的《心理學導論》在一九八三年出了第八版，一九八七年又有了第九版。比較之下，桂冠版的《心理學》，內容就顯得陳舊，處理的問題亦未能隨著心理學研究的趨勢，而有同步的發展。例如，心理壓力與壓力的處理、職業婦女的角色與單親家庭、玻璃圈內外(同性戀)、心理疾病的重新分類、智力的再定義等，都豐富了心理學的視野；除此之外，閱讀歷程、圖形辨識、腦側化、神經藥物的效用，以及人類意識等方面的研究，都擴大了心理學的知識領域。有鑒於此，我們乃以西爾格德第九版的《心理學導論》爲藍本，進行桂冠版《心理學》的修訂工作。

首先，針對內容與題材，進行兩本教科書章節的比對工作，以挑出第九版《心理學導論》的新增章節及段落。由於這兩本書都是我們講授普通心理學時所需具備的教科書，對書中的內容都頗爲熟悉，因此，此項工作得以順利展開，但還是花了不少時間。

接著，進行新增章節的翻譯工作。承蒙桂冠圖書公司的支持，我們找了幾位學有專精的人士鼎力襄助。這些人士包括陳浩明先生(第一、十四、十五、十六章)、劉清隆先生(第二章)、黃慧眞小姐(第三、四、七、八、九章)、陳瑞雲小姐(第五章)、吳芝儀小姐(第六章)、李奉儒先生(第十、十一章)、傅瓊慧小姐(第十二、十三章)、胡崇慈小姐(第十七章)、蔡淑瑄小姐(第十八章)，我們非常謝謝他們。

最後，則進行組織與穿插的工作，將舊有的資料與新增的資料進行整合，期使本書不但具有舊版的傳統，亦具有新版的精神。在這方面我們花了相當大的功夫。同時，並對每章的筆調與文字加以潤飾，對重複出現的心理學用語加以統一，俾全書能夠符合「吾道一以貫之」的特色，讓讀者讀來能有行雲流水般的順暢感覺。也許上述目標不見得能夠完全達成，但我們已經盡了最大的努力。

屈指算來，本書的修訂總共耗費了三年的時光。要不是桂冠圖書公司賴先生的鍥而不捨，以國內學術界不時興把時間放在編教科書的風氣，本書是不可能那麼早完成的。我們也得謝謝桂冠的編輯群，由於他(她)們高超的編輯品質及追求卓越的精神，使本書更是生色不少。

鄭伯壎、洪光遠謹識

中華民國七十九年七月一日

目　　錄

桂冠心理學叢書序　1
原　序　5
修訂版序　9

第一篇　心理學是一種科學的及人本的探討

第一章　心理學的特性　3
心理學對人的觀點　5
當代心理學的領域　13
心理學的方法　19
心理學的測量　23
本書的組織　28

第二篇　生物及發展過程

第二章　心理學的生物基礎　35
神經系統的基本單位　37
神經系統的組織　44
腦部的層狀組織　48
腦皮質　55
腦的不對稱性　60
自主神經系統　69
內分泌系統　71
遺傳對行為的影響　73

第三章 發展心理學 83

有關發展的幾個基本問題 84
人生的早期 89
認知發展的階段 97
人格與社會發展 103
兒童期前期的人格社會發展 105
認同的過程 121
青年期的角色 131
發展是畢生的過程 142

第三篇 意識與知覺

第四章 意識狀態 151

各種意識狀態 153
睡眠與夢 162
催眠是一種改變的覺知狀態 177
冥想及自導性的意識改變 186
精神活動藥物及其影響 190
心靈的未解之謎 209

第五章 感覺過程 217

心理物理方法 220
視　覺 227
聽　覺 246
其他感覺 259
感覺的編碼 266

第六章 知　覺 273

組織和整合 275
辨　認 288
知覺的發展 300
超感覺的知覺 305

第四篇　學習、記憶與思考

第七章　條件化歷程與學習　313
行爲論取向　314
正統條件化學習　315
操作性條件化學習　324
增強作用的原則　338
增強作用的本質　341
多重反應練習　346
行爲論面臨的兩大挑戰　350
第八章　記憶與遺忘　363
記憶的種類　365
記憶的特質　370
遺忘的本質　374
記憶是永恆的嗎？　379
短期記憶　382
長期記憶　394
記憶的增進　410
建構式記憶　419
第九章　思考與語言　429
符號和概念　431
推　理　439
語言與溝通　443
語言的發展　453
語言與思考方式　468
心像式思考　473
活動中的思考：問題解決　476
思考的訊息處理模式　480

第五篇 動機與情緒

第十章 基本動機 491
生存動機與恆定作用 492
饑 餓 497
肥胖症 503
成熟的性慾 510
早期的性發展 521
母性的行爲 524
好奇動機 528
不同動機間的共通原則 532
第十一章 情 緒 537
情緒的成分 538
自主性喚起 539
認知性評估 545
情緒的表現 550
情緒的適應性 557
攻擊是一種情緒反應 558

第六篇 人格與個性

第十二章 心智能力及其測量 573
能力測驗的型式 574
好測驗所需具備的條件 578
智力測驗 581
測驗的預測效度 589
智力的本質 593
智力的年齡變化 607
智力的遺傳基礎與環境的影響 609
智能的兩極 617
能力測驗的展望 622

第十三章　人格及其衡鑑　629
人格的塑造　631
特質論　637
社會學習論　641
心理分析論　645
人本論　650
人格的衡鑑　656
人格的一致性　666
人格學說的統整　672

第七篇　壓力、精神疾病與治療

第十四章　壓力與應對方式　679
壓力概念　680
對壓力的生理反應　682
對壓力的心理反應　685
壓力的來源　692
壓力的因應　698
壓力的疾病　707
第十五章　偏差心理學　719
偏差行爲　720
焦慮症　726
情感症　736
精神分裂症　747
人格違常　757
第十六章　心理治療　767
歷史背景　768
心理治療方法　772
心理治療的效果　798
身體治療　806
心理健康的增進　812

第八篇 社會態度

第十七章 社會訊息的處理 821
社會判斷是一種直覺的科學 822
社會態度是直覺的邏輯 840
人際吸引的社會心理學 848
第十八章 社會影響力 859
他人在場 861
順 從 874
內化作用 885
認 同 890

附 錄

I 如何閱讀一本教科書：PQRST 法 899
II 心理學簡史 901
III 統計法與測量 911
IV 心理學期刊 931

名詞解釋 935
原著參考文獻 989
人名索引 1033
名詞索引 1037

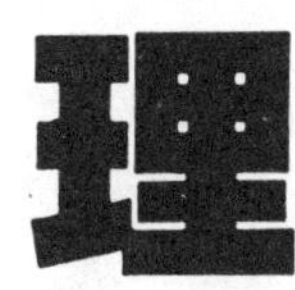

Introduction To Psychology

第一篇

心理學是一種科學的及人本的探討

△ psychology =研究個体行為的科學

psycho logics
soul 科学
↓
mind
↓
individual behavior

△ 改變人類歷史的人物及現象：
哥白尼—地球非宇宙中心
達爾文—進化論
佛洛依德—潛意識

pre—前意識
sub—下 〃
non—無 〃

behavior ← unconsciousness 潛意識．佛洛依德
consciousness (意) 〃
explicit. 外顯行為
可看 聽 嗅 摸

第一章　心理學的特性

目的 (功能)
description 描述
prediction 預測
prescription 開藥方

心理學對人的觀點 5

神經生物學

行爲論

認知論

心理分析論

現象論

各種觀點的應用

當代心理學的領域 13

心理學的定義

心理學的領域

行爲與社會科學

認知科學

心理學的方法 19

實驗法

觀察法

調查法

測驗法

個案歷史論

心理學的測量 23

實驗設計

統計陳述的解釋

相關法是實驗法的替代方案

本書的組織 28

學習：知識→了解→應用→分析→綜合→評價

我們日常生活的每件事都和心理學有關。社會愈來愈複雜，所以在解決各種人生的問題上，心理學亦愈形重要。心理學家所研究的題材非常廣泛。有些題材既具體又實用，例如，處理毒癮或肥胖症的最好方法是什麼呢？如何計劃及控制一項調查，以便正確的評估公衆意見呢？如何勸人戒煙？教孩子閱讀的最佳途徑是什麼呢？噴射機儀表板的儀表如何排列，才能把駕駛員的誤失減到最低限度？是否可以把一小段電線植入腦中，藉著電子刺激給予盲人人工視力呢？

其他題材牽涉的範圍較廣。那一種訓練方法可以使兒童在成年之後，快樂而有效率？心理疾病能否預防？如何消除種族歧視？家庭及社會對攻擊行爲、犯罪及人際疏離有何影響？心理學家及其他專家一直在爲解決這些問題而努力。

心理學可由其對法律及公共政策的影響力，來左右我們的生活方式。不論歧視、死刑、色情或其他個人須爲自己行爲負責的法律，都受到心理學理論的影響。例如，已往法律上認爲性異常的，二十年來已因各種研究的發現而改變了；而許多早先被視爲性異常的性行爲，實際上卻是很多人都有經驗的「正常」行爲。

電視中的暴力行爲對兒童的影響，也是父母和心理學者所關心的問題，只有在研究過這種電視節目的不良影響之後，才可能改變電視節目政策。在美國很多暴力節目都已被「芝麻街」(Sesame Street)及「電力公司」(The Electric Company)等有意義的節目所取代，這顯示出心理學家及教育學家正致力於使學習的過程變得更有趣、更有效。

由於心理學廣泛地影響到我們的生活，即使是一個不想成爲心理專家的人，亦應該瞭解一些心理學的內容與研究方法。心理學的導論課程，能讓你更明瞭人類行爲的動機和更瞭解你自己，而且能幫助你去評估心理學界的各種主張。以下幾乎都是每天出現在報紙上的新聞標題：

若要有效控制焦慮，只需自我調節腦波

暴力犯罪和基因缺陷有關

心理感應已被證實

同性戀與荷爾蒙有關

嬰兒早期的經驗，影響成年後智力

情緒穩定和家庭大小有密切關係

你如何判斷這些新聞的正確性呢？若能知道心理學家已建立的事實根據，同時瞭解支持這些「新發現」所需要的證據與方法，當有助於你對這些說法的評估。本書對當代心理學知識的現況，作了一次全面性的回顧，並且探討了研究的性質——心理學家如何導出一項假說，並且設計程序去證實或推翻它。

比起其他科學，心理學的發展較晚。不過，近年來這方面的研究劇增，同時心理學的理論與概念不斷的改變，因此，我們很難爲心理學下一個明確的定義。基本上，使心理學家感到興趣的是：「爲什麼人們會如此做？」但解釋人類行爲卻有許多不同的方向，在下定義之前，我們先說明幾種解釋心理現象的理論方向。

心理學對人的觀點

每個人的行爲都可以從各種不同的角度來描繪與解釋。例如，「過街」這個動作，我們可以描述爲：神經系統促使肌肉伸縮，因而帶動了腿；但亦可用一種不直接涉及生理系統的方式來描述，如「綠燈亮了」，你的反應是過街；或者亦可用一種目標式的方法來解釋：可能你正計劃外出訪友，而過街正是促成這項計劃實現的幾個動作之一。

僅僅過街這個動作，就有這麼多解釋方法，更不用說探討人類心理學研究的方向了。下列是幾種解釋心理學的方向。由於這些不同的觀點，將在本書中不斷的出現，因此我們只作重點的解說。

神經生物論

人腦中有一百二十億個神經細胞，其相互間的連結及通路幾乎是難以計數的，這可能是宇宙中構造最複雜的機構了。原則上，所有的心理現象都以腦部、神經系統的活動與體內其他系統的連合表現出來的。

有一種研究方向嘗試用體內發生的事件，特別是腦部和神經系統的活動，來解釋人類行爲，其意在採用生物神經過程，來探討如思維與情緒等可觀察（外顯）的行爲及心理現象。例如，一個採用這種方法的心理學家，當他研究有關學習的現象

圖 1-1 由腦部刺激來控制社會行爲 外科手術方式將電極植入這些猩猩的腦中，並以無線電遙控的方式來刺激牠們。在實驗中，實驗者可使其中之一在其社會交互關係中，變得霸道而專橫，而另一隻則變得順從，反之亦然，端賴其所受的刺激而定。

時，對學習一件新工作所造成神經系統的變化，會特別感到興趣。又如，研究視覺時，可把一些簡單的線條放在眼前，然後研究腦部神經細胞的活動。

最近的發現，使我們很清楚地看出：腦部的活動、人類的行爲及人類的感覺感受之間，有著十分密切的關係。用輕微的電流刺激腦部深處的特定部位，可以使動物及人類產生恐懼及生氣等情緒反應（參閱**圖 1-1**）。用電流刺激人腦的某些部位，可產生痛苦及歡愉的感覺，甚且清楚地憶起已往的情景（參閱**圖 1-2**）。

將來我們或許能夠用神經生物過程來描述最複雜的人類行爲，但目前而言，我們在這方面的瞭解還很粗淺，不知何日才能建立一個適當的神經生物理論。

人腦的構造非常複雜，且人腦通常不能直接活生生的做實驗研究，所以，我們在神經功能的知識上就存在著若干闕失。事實上，完全基於生物神經的觀點來研究心理學是不太妥當的，必須加上其他研究心理現象的方法。有時，直接研究行爲的前因及行爲所產生的後果，而不管有機體內部的變化，反而實在些。

行爲論

一個人吃早餐、騎自行車、說話、哭和笑等，都是**行爲**(behavior)的方式，而這些活動都是可觀察的。早在一九〇〇年，美國的華森(John B. Watson)即提出：「行爲乃心理學研究的唯一主題。」在此以前，人們認爲心理學是研究心理經驗或活動的科學，其資料則從**內省法**(introspection)的自我觀察中獲得。所謂的內省法，就是小心地觀察及記錄自己的知覺與感覺。早期的心理學家訓練自己，從精密的細節來分析自己的反應，希望能藉此揭開心靈的奧秘。但華森覺得內省法是一種無用的方法。他認爲假若心理學眞是一門科學，則其資料不僅可觀察，而且可測量。你的知覺、感覺當然只有你自己才能觀察，但你的行爲卻是別人也能觀察得到的。在華森的想法中，只有研究一個人的所作所爲，才是科學心理學的目標。

行爲論(behaviorism)（別人對華森這種觀點的稱呼）在本世紀曾雄踞心理學界達五十年之久；尤其是經過哈佛大學心理學家史金納(B. F. Skinner)大力提倡的**刺激-反應心理學**

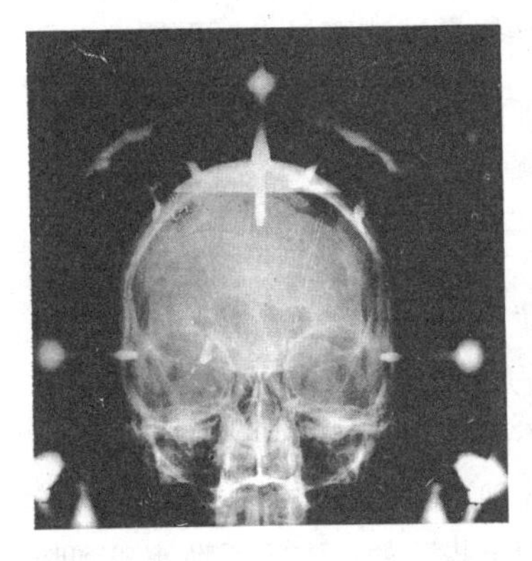
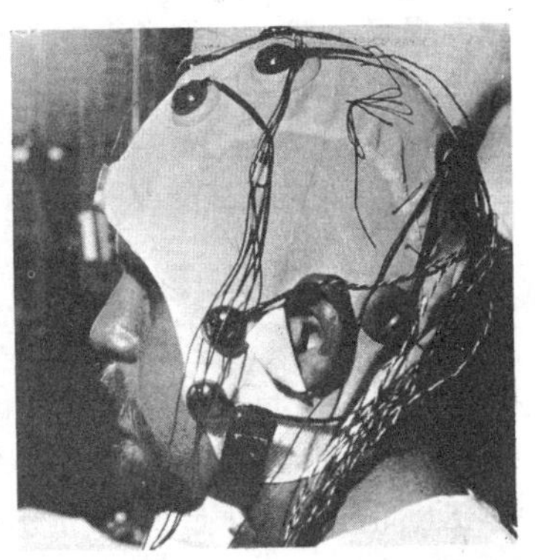

圖 1-2　腦部刺激產生情緒反應

在這名年輕人（以前曾有因受打擊而企圖自殺的記錄）的腦部深處植入微電極，並按下控制箱的某一電鈕時，將可產生歡愉的感覺。以微電極來研究動物的腦部刺激，可幫助心理學家瞭解腦部的情緒中樞。

(stimulus-response psychology，簡稱 S-R 心理學)，如今仍是聲勢相當浩大的一派。刺激-反應心理學專門探討(引起行爲反應的)刺激、維持這些反應的酬賞與懲罰，以及如何藉著改變這些酬賞與懲罰來改變行爲等事項。刺激—反應心理學並不考慮有機體體內的反應，所以，有時又被稱爲「黑箱」(black box)論。S-R 心理學家認爲，雖然腦部及神經系統引起的複雜活動(在黑箱之中)是心理學家無法看見的，但心理學可以建立在研究「進入黑箱的東西」(即輸入，在此指外界環境的變化)與「黑箱放出來的東西」(即輸出，在此指行爲)兩者之間的關係，而不必考慮體內的變化。所以，學習理論可藉「學習行爲如何隨環境狀況而改變」的觀察來建立。例如，什麼刺激狀況、酬賞和懲罰的方式，可以使學習最快、錯誤最少。這個理論並不測量在學習產生時，神經系統所發生的變化。在工程學上，我們稱這種研究機械系統的方式爲**輸入-輸出分析**(input-output analysis)。

嚴謹的 S-R 論並不考慮個體的**意識經驗**(conscious experience)。意識經驗是指只有當事人本身才知道的經驗事件。例如，在解決一道難題時，你的心中可能有各種不同的看法及假設，你明白自己到底是生氣、害怕或者激動。一個觀察者，可以由你的行動方式來判斷你的情緒感受，但意識過程——實際的情緒感覺——只有你自己明白。心理學家可從一個人的口述，記錄下他口頭報告的意識經驗，並從這些資料去**推論**(infer)其心理活動。但是大體上來說，S-R 心理學家無意去研究介於刺激與反應間的(不可觀察的)心理過程(Skinner, 1981)❶。

在今天這個時代裡，很少心理學家會認爲自己是個嚴謹的

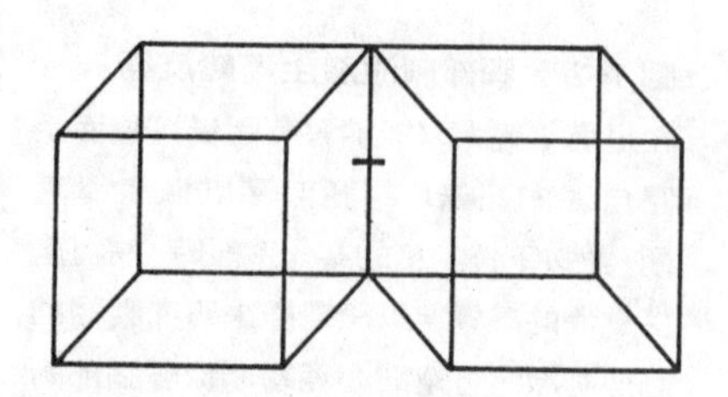

圖 1-3 知覺的主動過程
我們不斷對自己眼睛所看到的一切賦予意義。注視立方體中間的小條紋，你將會注意到知覺波動的現象。你在心裡，有各種不同的轉換作用，以找出由立方體衍生而來的各種圖形。

行爲學者，然而，很多新的心理學發展的確是由行爲學者的研究中演進而來。

認知論

認知心理學家認爲，我們並不被動地接受刺激，而是主動地收受訊息，將訊息轉變成新的類別和形式(參閱**圖 1-3**)。例如，你現在眼前看到的本頁只不過是油墨以特殊形狀安排在一張紙上而已，這才是外界的物理刺激。光線將這些物理刺激反射到你的眼睛，引起神經系統的一些活動，這些活動傳達到腦中，引起腦部的活動，最後才引起你對本頁的看與讀的經驗(說不定還會使你記得本頁內容)。這個過程不僅包括將光線轉換成某種視覺影像，還包括將這個影像與儲存在記憶中的影像相比較(假如你從來沒有看過書和字，你對眼前這頁油墨刺激的反應會大不相同；換句話說，你的知覺受你過去經驗的影響)。

認知(cognition)是一種知覺、記憶及訊息處理的心理歷程，透過這個心理歷程，個人能獲得知識、解決問題，並計劃未來。**認知心理學**(cognitive psychology)即爲認知的科學研究，它的目標，在進行實驗及發展理論，以說明心理歷程是如何的組織及運作。但解釋是需要依據理論來對觀察事件(也就是行爲)進行預測的，這樣我們將會發現，一個人能將認知過程予以理論化，而且無須訴諸神經生物學的方式來說明「認知」。

認知論對人類的研究，部分是由於反對狹義的 S-R 觀點而發展出來的。這一派的看法是：對簡單的行爲模式而言，認爲反應只因刺激而產生，可能是適當的，但這種方法忽略了不少人類中有趣的領域。人可以思考、計劃、用記憶中的資料來作決策，並且可從環境周圍的刺激中選擇自己迫切需要的。

爲了使心理學成爲一門眞正的科學，行爲論反對所謂的**心理生活**(mental life)的主觀研究。行爲論使心理學者明瞭客觀性與測量之重要，這是它的一大貢獻。但是，認知心理學家也同樣嘗試用一種客觀且科學的方法，來研究內在的心理過程。

---

❶讀者在閱讀本書時，會發現一些參考文獻，標明作者及發表的年代。這些文獻都是本書提出資料的引申及擴充。詳細的出版資料，可在本書末尾的參考書目中找到。參考書目也可用來做索引，以便查出引述的資料在原文那一頁。

此點將留待後面幾章討論。

有人認爲，S-R 心理學和電話交換機十分類似。先是有了刺激，然後經過一些相互間的連絡及電路，再傳達到腦部，最後產生反應。認知心理學則和電子計算機類似，將進入的訊息以不同的方式來處理——選擇並和儲存於記憶中的其他訊息相比較、結合、轉換及重新排列等等。因此，輸出的反應頗受這種內在的過程的影響。

克萊克(Kenneth Craik)是位英國心理學家，他也是早期認知心理學的提倡者之一，他認爲腦部就像個電腦，它能夠模仿或比較外在事件。他說：

> 「如果有機體對於外在事物有其『縮小模式』，並且在心中有可能產生應對的行動，它就有辦法嘗試各種不同的方式，並從中篩選出何種方式最爲合適，同時在下次狀況出現前做出反應，運用過去事件的知識來面對將來；而面對緊急事件時能以更充分、更安全及更有處理能力態勢加以反應。」(Craik, 1943)

此文中提及「外在事物的心理模式」概念，正是心理學中認知論的重要論點。

認知心理學並不限定在思想和知識方面的學習，它早期對於知識的表徵及人類思想過程的關切，使得此種研究觀點被冠以「認知心理學」的名稱，不過近幾年來，這個研究觀點實際上已應用在心理學的各種領域上了(Mandler, 1985)。

心理分析論

當行爲論肇始於美國之際，佛洛伊德(Sigmund Freud)也在歐洲發展他的心理分析。和我們前面所談的觀點不同，心理分析的概念並非基於實驗研究而來。佛洛伊德理論的基本假設，是大多數的人類行爲取決於潛意識的**天賦本能**(innate instinct)。佛洛伊德所謂的**潛意識過程**（unconscious process)，就是人類不知道但卻可以影響其行爲的思想、恐懼和希望等。他相信兒童時代許多被禁止或處罰的經驗，常會從意識中進入潛意識狀態，甚而一直影響他往後的行爲。據佛洛伊德的說法，如同社會所允許的藝術、文學及科學活動一樣，這些潛意識衝擊會在夢中、無意中及精神官能症的徵狀中表現出來。

大多數的心理分析學家，並不完全同意佛洛伊德的潛意識觀點。他們同意人類對自己的人格可能無法充分瞭解，但他們喜歡說「意知的程度」(degrees of awareness)，而不認爲意識與潛意識想法間有嚴格的分野。

佛洛伊德的人格與動機理論，及心理分析學家處理心理疾病的方法，我們會在後面的幾章中討論到。在這裡，我們必須提醒讀者的，是佛洛伊德相信每個人的行爲都是有原因的，而原因通常是來自潛意識動機，而不是理性的理由。基本上，佛洛伊德對人類本性的觀點是否定的。他認爲人類和動物同樣受到基本本能(性及攻擊)的驅使，所以人類一直在和壓抑他這種衝動的社會對抗。由於佛洛伊德相信攻擊是人類的本性，所以，就人群和諧、平安相處的可能性來說，他實在是悲觀的。

現象論

現象論主要討論個人對世界的觀點以及對事件的解釋。這個主張尋求瞭解個人所曾經歷過的事實或現象，而不須加上任何偏見或理論觀點。現象論心理學家深信我們可藉觀察人們的行爲來瞭解人們如何看自己及所處世界，以學習更多人性面。對於相同的情境，兩個人的反應可能完全不同。也只有瞭解每個人是如何解釋不同的情境，我們才能完全瞭解他們的行爲。

現象論主張強調內在的心理過程而非行爲，它和認知觀念的主張十分相似，兩者之間的主要差別在於研究問題的種類，以及研究問題時所使用的科學方法。認知心理學家主要關切個人是如何在記憶中構思事情、標示符號、分類處理並整合資訊。他們不斷地尋找及辨別那些會影響觀念和記憶的變數，同時也致力於發展心智是如何發揮作用以預測行爲方面的理論。現象心理學家，相對地比較關心個人內心生活及經驗的描述，而不是發展理論或對行爲的預測。他們比較感到興趣的，是個人的自我概念、自尊感及自我瞭解等等。

現象心理學家傾向於否定行爲是由無意識刺激(心理分析理論)或外在刺激(行爲主義論)所控制。他們比較相信我們並不是因爲超過自我能力控制的外在因素而「做出」某事，而是我們正是控制自我命運的演員；我們是自我生命的創造者，因爲我們每個人都是自己的自由行動者——自由選擇和設定目標，並足以解釋自我的生活選擇；這也正是**自由意志**(free will)與**決定論**(determinism)之間對立之所在。現象心理學家的理想主義與存在哲學家如奇克加(Kierkegaard)、沙特(Sartre)和卡繆(Camus)所表達的意念十分相似。

部分現象論又被稱之爲**人本論**(humanistic)，因爲它們強調人們有別於動物的特質：除了自由意志外，主要在於**自我實現**(self-actualization)的驅策力。根據人本論，個人的主要動機力應該來自對成長以及自我實現方面的要求。我們每個人均有基本需求，希望能夠充分發揮超過自我目前的潛力。雖然我們也可能被環境及社會方面障礙所阻，我們的自然傾向仍是趨向於實現或瞭解自我的潛能。

因爲人本心理學主要在強調發展個人潛在能力，這個學科也就一直與會心團體及不同型態的「拓展意識」和神秘經驗，有著密切的關連。基本上，它與文學和人文科學關係甚過於與科學的關係。事實上，部分人本論學者排斥科學心理學，並宣稱科學方法對於瞭解人類天性上毫無貢獻。

人本心理學家呼籲：心理學應該把注意力集中在如何解決問題，以促進人群福利之上，而不要侷限在實驗室內，研究獨立的行爲事件。在這方面，人本心理學的觀點是有價値、有意義的。但假若只是爲了要解決問題，而揚棄我們以前所學的科

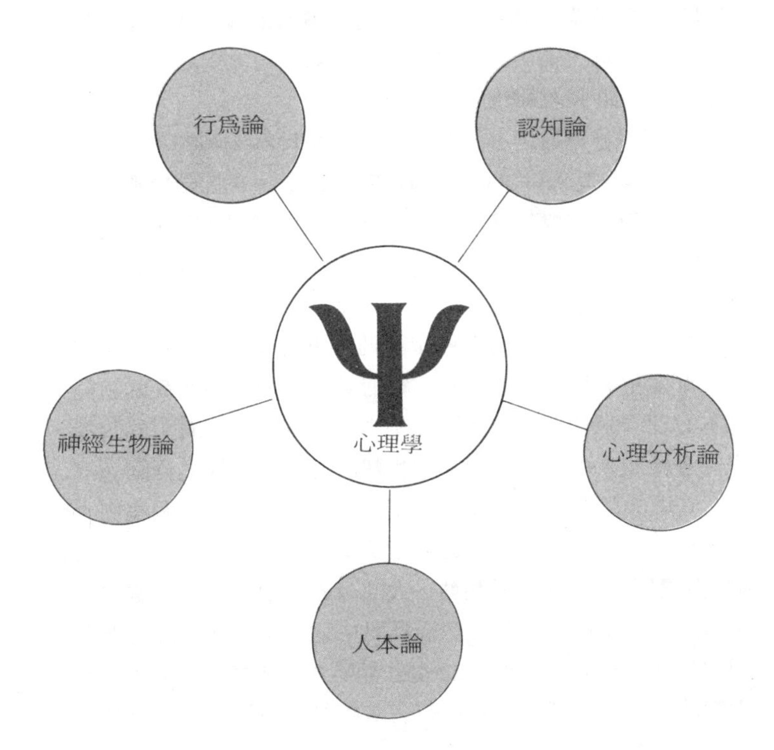

圖 1-4　心理學的觀點

心理現象的分析可從幾個觀點來進行。每個觀點對一個人的行爲都提出不同的解釋；「對整個人」的概念而言，它們都各有其貢獻。

學方法，也是莫大的錯誤。在這裡，我們要引用一位心理學家對這個問題的看法：「我們的心理學絕不能為了達到科學化，而失去了人性；也不能為了要求人性而放棄科學化。」(M. Brewster Smith, 1973)

各種觀點的應用

上述各種心理學觀點，我們會在後面幾章詳細討論。心理學上任何研究領域都可從幾個觀點來著手。例如，在研究攻擊行為時，生理心理學家會著重於「腦部機構如何控制行為」上。如同我們將在十一章裡面討論到的，動物的攻擊行為可以由電流及化學方法，對腦部深處特定部位的刺激，來加以控制。一個 S-R 心理學家，可能對一個攻擊性較強的人的學習經驗感到興趣，或者，他可能會探討在特殊情況下，引起攻擊行為的刺激。一個認知心理學家，可能把研究目標集中在個人對某些事件的知覺方式(事件究竟具有何種特性，引起個人的憤怒)，及當他接受到不同的訊息時，其知覺是否會改變及如何改變上。一個心理分析學家，可能想去找出兒童期的經驗，以幫助個人控制攻擊性，或以社會允許的管道舒洩出來。一個人本心理學家可能將注意力集中於：那一種社會事件可能阻礙了個人的自我實現，且助長攻擊性？

各種理論也透過不同的方式來改變行為，例如，神經生物學家尋求藥物或類似外科手術等醫學方法，來控制攻擊行為；行為學家想去改變外在的環境，提供新的學習經驗，以產生無攻擊性的行為；認知心理學家用的方法和行為學家類似，但較著重個人面對引起憤怒情境時的思維過程及推理性過程。心理分析學家探討一個人的潛意識行為，研究敵意總是針對某些人或狀況產生的理由，繼而把這種行為導向一種可接受的途徑；人本心理學家著重於改變社會的本質，強調人際關係的改進，提供發展個人潛能的狀況，產生建設性及合作性的行動。

在區分這些差異之前，我們似乎過份強調了這個案例。雖然部分心理學家可能考慮自身是嚴肅的行為論者，而其他人則抱持著堅定的心理分析觀點，大部分的心理學家多半是抱持著相當折衷的立場。他們自數種觀點中隨意選擇他們面對處理問題中最合適的概念，換言之，這些觀點對於人性均有其重要性。少數的幾位心理學家會堅持只有其中的一種觀點有「眞實性」。

當代心理學的領域

心理學的定義

由心理學的簡短歷史來看，我們可以發現心理學有許多不同的定義方法(參閱**表 1-1**)。早期的心理學家把它定義爲：「心理活動的研究」。由於本世紀初行爲論的興起，且其研究又只限

表 1-1 心理學定義的演變

早期心理學家將心理學定義爲「心理活動的研究」；本世紀初行爲論的興起，即將心理學限定在「行爲的研究」；七〇年代以後，由於人本與認知心理學的發展，目前心理學定義已涵蓋「行爲及心理過程的全部」。

心理學是研究心理生命現象和狀況的科學。……這些現象包括感受、慾望、認知、推理、決策及好惡。

——威廉・詹姆士(William James, 1890)

凡人類或動物正常或異常的意識狀態，都是心理學家所要描述或解釋的主題。這門科學可以不必定義；有了定義，反而造成過與不及的毛病。 ——詹姆斯・安傑(James Angell, 1910)

就行爲學家而言，心理學是自然科學的分支，專門研究人類行爲的。凡人類所言所行，學來或者未學來的，都是研究的主題。

——華森(John B. Watson, 1919)

心理學是探討生物和外界環境接觸時的行爲的科學。

——庫特・考夫卡(Kurt Koffka, 1925)

廣泛來說，心理學想發現解釋生命有機體行爲的通則。它想去指認、描述及分類動物、人類的各種活動。

——阿瑟・蓋茨(Arthur Gates, 1931)

人是什麼？心理學正在尋求這個問題的解答。

——艾德文・包林(Edwin Boring, 1939)

目前，心理學最普遍的定義是「行爲的科學」。看起來很有趣，然而，由於目前「行爲」的意義已經擴大了，所以以前所提的經驗只是其中一小部分而已。……諸如思考等個人的（主觀的）過程，現在已被視爲「內在的行爲」。

——諾曼・摩恩(Norman Munn, 1951)

心理學通常的定義是：行爲的科學研究。其主題包括態度、語言及生理變化等可觀察的行爲過程，以及思維、夢境等只可推測的過程。

——康乃斯・克拉克及喬治・米勒(Kenneth Clark & George Miller, 1970)

表 1-2 A 專業領域

個人擁有心理學博士學位的百分比率以及他們的專業領域。

領 域	百分比
實驗及生理	6.9
發展、人格和社會	10.4
治療、諮商和學校	60.5
機械、工業和組織	6.3
教育	5.4
其他	10.5
	100.0

表 1-2 B 職業分佈

個人擁有心理學博士學位的比率以及他們的職業分佈情況。

分佈位置	百分比
學術方面(大學、醫學院、專科或其它)	43.1
學校及學校系統	4.6
診所、醫院、社區心理衛生中心及諮商	23.9
自行開業、政府、研究機構、工商業界	13.0
其它	7
	100.0

於能客觀測量的現象,所以心理學又有了不同的定義——「行爲的研究」。這一個定義包括了人類和動物行爲的研究,並基於下列的假設:(1)從動物的實驗得來的知識可擴展到人類自身;(2)動物行爲本身具有研究的興趣,而獨立成一部分。從一九三〇年代到一九六〇年代,心理學教科書大多使用這個定義。然而由於認知及人本心理學的發展,目前的心理學定義已涵蓋行爲及心理過程的全部。

我們的心理學定義是:**研究行爲及心理過程的一門科學**。這個定義反映出心理學重視觀察行爲的客觀研究,同時也瞭解到無法從行爲及神經生物學上直接觀察所得資料衍生之心理過程的重要性。不過,我們也不需要汲汲於尋找適當的定義;從實際的觀點來看,我們可以從觀察心理學家所做的工作,而對心理學一辭有更進一步的瞭解。

心理學的領域

擁有心理學高等學位的人,大約有一半在各學院及大學中工作,其餘的人則在政府及私人機關如企業界、工業界、診所及輔導中心工作;只有少數人私人開業,提供服務給大衆,並收取費用。心理學家從事的工作類別很多,純看他們的工作專長及工作地點而定。

心理學家在各專長領域下的比例估計,可參閱**表 1-2 A**。

實驗心理學(experimental psychology) 實驗心理學這個術語,實在是個錯誤的用詞,因爲其他許多領域的心理學也要做實驗。但是這種類別通常是指:用實驗方法去發現人們對感覺刺激的反應、探討個人對外在世界的知覺、學習與記憶、情緒反應的產生,及行爲的動機(不管是饑餓的動機或想成爲大人物的慾望)等的心理學。實驗心理學家也用動物來做實驗。有時他們想將動物與人類的行爲相連合;有時他們研究動物,只是爲了比較不同種的行爲而已(**比較心理學**,comparative psychology)。不論價值何在,實驗心理學注意精確測量及控制的方法的發展。

生理心理學(physiological psychology) 生理心理學和實驗心理學有密切的關係。生理心理學家(physiological psychologists,或稱神經生理學家 neuropsychologists)想找出身體過程和行爲之間的關係。性荷爾蒙如何影響行爲?腦中那一部分控制語言？大麻或 LSD 等藥物如何影響協調及記憶？通常，生理心理學從神經生物觀點來研究人類。與生理生理學有關的兩門科學是**神經科學**（neuresciences，研究大腦功能與行爲關係）及**心理藥物學**（psychopharmacology，研究藥物與行爲關係）。

發展、人格及社會心理學（developmental, personality, and social psychology）　發展心理學、人格心理學及社會心理學的分類有點重疊。發展心理學探討人類的成長，以及從出生到老死，塑造人類行爲的因素。發展心理學家可能會研究某一特殊能力，如兒童在成長的過程中，語言的發展及變化，或者只研究生命的某一階段，如嬰兒期、學齡前期或青少年期。

由於人類的發展和父母、兄弟姐妹、玩伴及同學都有關係，所以大部分的發展是社會性的。社會心理學對和他人交互作用，而影響態度和行爲的方式感到興趣；就某種程度而言，人格爲發展及社會因素的產物，人格心理學家專注在個人間的差異。爲了實質上目的，他們均關心不同個人的分類以及研究每個人的特質，而人格心理學是發展心理學及社會心理學的共同產物，研究領域和上述兩類型的心理學重疊。

社會心理學亦注意團體行爲。他們最爲人所熟知的工作大抵爲民意及態度調查、聽衆測量及市場研究等。目前，報章雜誌、收音機、電視台及人口調查局等政府機構均進行調查研究。

社會心理學家研究的主題，是宣傳、說服、服從性及團體間的衝突。以目前來講，指出種族偏見及攻擊性的因素，是社會心理學研究的重頭戲。

臨床及諮商心理學（clinical and counseling psychology）　臨床心理學是心理學中人數最多的一支。他們把心理學的原則，運用在情緒和行爲問題的診療之上，如心理疾病、少年罪犯、犯罪問題、心理障礙、婚姻及家庭衝突，及較不嚴重的適應問題等等。一個臨床心理學家可能在精神醫院、少年法庭、感化院、心理健康診所、心理障礙機構、監獄或大學醫學院等地方工作；他也可能自己開業，並和專業性的同業保持聯絡。他與醫學專業，特別是精神醫學，有密切的關係。

儘管典型諮商心理學家的工作，是在高中或大學裡面，對職業及教育目標和社會適應問題上給予學生建議、勸告，但其工作性質和臨床心理學仍然很接近。兩者的人數約佔全美心理學家總人數的百分之五十五。

學校及教育心理學(school and educational psychology) 公立學校爲心理學提供很多研究的機會。由於許多情緒問題，是發生在低年級中，所以，不少小學都聘有心理學家講授孩童的發展、教育及臨床心理學等課程。這些專家藉著和孩童一起工作，來評估孩童的學習及情緒問題，施測及闡釋智力測驗、成就測驗及人格測驗，也是他們的工作。在和父母及教師的商議中，他們設計了在課堂及家中幫助孩童的各種方法。他們也提供極富價值的建議給教師們，以處理課堂上的問題。

教育心理學家是學習和教學的專家。他們可能在教育界服務，但普遍來說，他們受聘於大學的教育科系，研究教學方法，並協助學校訓練教師及教育心理學家。

工業及工程心理學(industrial and engineering psychology) 工業社會創造很多貨品，使得生活過得更舒適、更滿足，但同時也產生了不少問題。現代的工業技術使得戰爭更具毀滅性及恐怖性；工業技術的誤用，污染空氣及水源，耗盡自然能源，且大大改變人類的生活價值。這些問題已經引起廣泛的注意，並且讓人深深地感覺到這是一個革命的時代——當然不是政治上的暴力革命，而是指促使我們的機構，去適應有關工業化後社會變化的革命。

工業及工程心理學家特別著重這些問題的探討。工業心理學家(有時稱爲組織心理學家,organizational psychologists)可能替某個工廠工作，也可能身爲許多商業組織的顧問，從某方面來看，他們爲工業技術程序提供服務——他們注重工業界中的人爲因素，如人員甄選、員工士氣，及設計複雜的機器，將人爲錯誤減至最低。他們也研究消費行爲，包括影響購買行爲的廣告問題。工程心理學家(有時稱爲人類因素工程師, human factors engineer)則致力於發展人與機械間的滿意關係，例如，工程心理學家就關連到發展設計可供太空人生活及有效率發揮功能的太空艙。設計空中交通管制系統以及提供海洋研究使用的水下住屋等，也是他們的工作範圍。至於電腦系統以及複雜的機器，如個人機械方面的設計，個人是如何與機器產生互動，這一點非常的重要。在這重要關鍵部分，錯誤解釋或忽略人的因素均可能導致昂貴及悲劇性的設計缺陷。然而，另一方面，工業心理學家也注意到了工業文明另一個更大的問題。他們與社會心理學家及其他科學家一起策劃未來資源的利用、環境污染、人口爆炸和其他影響生命本質的問題。這種研究領域有一個新的術語——**環境心理學**(environmental psychology)。

方法學(methodology)　由於現代實驗方法的興起及資料的處理——可以高速電子計算機作爲代表——致使研究計畫、統計學及計算變得十分複雜，方法學家成爲一種專家。每當有任何一種大規模研究計畫開始進行時，最少需要一位甚至更多的統計專家。

以前心理學中的統計學家，主要是和測驗建構及測驗結果的解釋有關係。由於他們也是抽樣理論的專家，因此，現在我們要求他們去建立一種系統化的程序，來測量人們對選舉或民意調查的問題；他們也是實驗設計專家，在蒐集及分析資料上，協助心理學家研究安排各種程序。

其他專業人才　除了上述的領域外，心理學內仍有其他的可能行業。**法律心理學家**(forensic psychologist)即處理法律、刑法以及不同形式的保護管束系統的問題，例如，他們爲了對必須處理的人、事、物更加瞭解，而與警察部門、假釋官員共同接觸，或與犯人親戚朋友及家人參與決定被控訴者心智是否正常，或者是準備心理學報告以協助法官對犯罪者決定出最適用的法令與處置方式。

具有**電腦科學**(computer science)方面特殊才能的心理學家，可以設計規劃必須靠電腦協助才能完成複雜計算方式的大規模實驗及調查結果或資料分析，或是他們可能在**人工智慧**(artificial intelligence)領域中工作，設計發展可以顯示出被認定有人類思考特徵等智慧工作的電腦或機器人，或者他們也可以就電腦協助指令下發展一個在指示情境下扮演指導者角色功能的程式。

行爲與社會科學

人類行爲的研究，必須超越孤立的個人，並且考慮到人們的生活環境：家庭、團體、社會及其複雜的相互關係。從單一觀點來看，這些環境的問題變化太多了，很難瞭解，所以發展出許多不同的研究領域——歷史學、人類學、經濟學、地理學、政治學、社會學和其他專門學問，總稱行爲或社會科學。**社會科學**(social science)一詞包含的範圍較廣，**行爲科學**(behavioral science)則只限較注重個體行爲的領域(如人類學、心理學和社會學)。在經驗資料的運用上，各科學愈來愈相似；此外，在嚴格的方法運用上，也愈來愈像其他科學，所以，「社會科學」和「行爲科學」業已變成可以相互替代的名詞了。

如同心理學的專業分工一樣，其他各門行爲科學也分得很細。由於研究方法變得更加巧妙，研究工具更加精密，因此，專業分工是不可避免的。但是，這種專業分工是有代價的。我們對重要的人類問題，已經不能做共同的鑽研。只有新的綜合及整合運動，才能將分散、專業分工得來的結果結合在一起。

認知科學

認知科學(cognitive science)是另一個描述特定心理學研究的領域。這個名詞創始於一九七〇年間，主要目的在於瞭解人們如何獲得並組織知識。由於使用了這一名詞，一群經過不同訓練的科學家，他們深信目前的許多前衛性工作，已經進步到足以形成一種「新的」致力於瞭解人類認知的科學。認知科學的研究議程於一九七八年間被大量廣泛地討論及出版：新領域的目標在於探討訊息是如何在內心中呈現(心理表徵)，何種計算過程可以使用在這類表徵上，以及如何以生物學觀點瞭解他們在腦部的作用。

除了心理學外，和認知科學特別有關係的學科就是神經學、人類學、哲學和人工智慧。這些學科對大多數讀者而言皆不陌生——除了人工智慧一項外。這是電腦科學的分支，主要在設計使電腦能夠聰明地做動作，連同可以模擬人類思考過程的電腦程式。**圖 1-5** 的圖形就列出一些對本科學有關聯的學科，以及它們之間的相互關係。

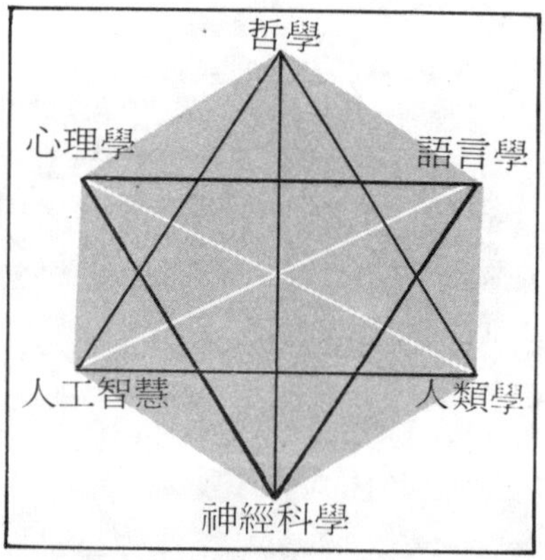

圖 1-5　認知科學

本圖表顯示了有關認知科學的研究領域以及它們之間的關係。實線指的是學科間的緊密結合，而虛線則爲學科間的關係薄弱。和電腦相關之一的人工智慧重視：(1)以利用電腦來模擬人們的思考程序；(2)設計電腦程式「聰明地」做出行爲反應；同時也可以適應改變中的環境。本圖表係出自於委託史隆恩基金會所作未發表的一份報告(1987)；該報告係由認知科學中居領導地位的研究人員所準備。

加納(Gardner)堅持在討論到認知科學的形成時，至少必須根據兩項信念：首先，它必須以一方面完全獨立於生物上或神經系統的層次，另一方面則獨立於社會學上及文化上的分析層次，來討論內心表徵。其次，學者們相信瞭解任何人類心智問題最重要的途徑就是研究電腦，不只是因爲電腦能毫無錯誤地執行各式各樣的研究，更重要的是電腦也是能表現出人類心智是如何發揮功能的最恰當模型(Gardner, 1985)。

認知科學，在被認定爲一項新的理論或者是被用來標示一群共同從事研究相同問題的學科時，即代表了科學史上最重要的里程碑。從神經學、電腦、語言學及心理學近年來的研究發展，顯示出有整合這些學科的必要，如此方能解決困擾人類長久以來的問題：知識的本質以及它如何在腦中形成表徵。

心理學的方法

科學的目的是以一種可證實的方式，爲人類提供有用的新資料。此所謂有用、可證實，是指獲得的新資料經過同資格的人做同樣的觀察，會得到同樣的結果。這種工作必須注意到條理分明及準確性，以便研究各種關係，並和他人互相溝通。當然，科學的理想，不見得總是可以達成的，但當我們建立起較佳的科學體系之後，因爲它已經經過多次驗證了，所以裡面的許多關係，都可視爲當然。

實驗法

實驗法可在實驗室之內或外進行，因此，在經濟學上，採用這種方法，以相似的各個社區爲對象，探討不同稅法的影響力，是可行的。實驗法是一種邏輯問題，而不是指在室內進行的研究。當然，即使如此，絕大多數的實驗，仍然是在特殊的實驗場合裡進行的。因爲條件的控制通常都需要特殊設備，而這通常只在有特定地方才會具備。實驗室通常設立在大學或某些研究機構之中，在裡面工作的科學家可以從事很多研究，並且很容易拿到所需要的資料。

實驗室的明顯特徵是：它是一個可以讓實驗者小心控制狀況的地方，並且加以測量，以有系統地找出變項間的**關係**(relationship)。所謂**變項**(variable)，就是具有不同數值的某些事物，例如，在一個探討學習能力與年齡關係的實驗當中，不論學習能力或年齡，都可以有不同的數值意義。學習速度可能是快速的，也可能是緩慢的，學習者亦可能是年輕或年老的；就程度上來說，學習能力隨著年齡的增加呈有系統的改變。而在這兩者之間，我們可以發現存在著一種系統性的關係。

實驗法與其他觀察法最大的差別，是實驗法可以精確地控制變項。假若一位實驗者，要試驗一個人的學習能力是否隨其睡眠的多寡而變動的話，則他可以安排幾個組，在實驗室裡控制睡眠時間：令第一組晚間十一點就寢，第二組凌晨一點，第三組凌晨四點，而在同一時間喚醒各組。假若給予各組同樣的學習作業，當可發現是否睡眠較多者領悟得比少者快。

在這項研究當中，不同的睡眠時間是前序條件，而學習成效是這些條件下的結果。對各組而言，前序條件爲一獨立事件，我們稱爲**獨變項**(independent variable)；至於因前序條件改變而受影響的，我們稱之爲**依變項**(dependent variable)。在心理學的研究當中，依變項通常是對受試者行爲的測量。「是……的函數」，通常用來表示一個變項對另一個變項的影響或依賴。所以，根據上述實驗的結果，我們可以說，受試者熟練一新作業的能力，是睡眠時間的函數。

一個關於大麻對記憶的影響的研究(Darley 等人，1973)，可以更淸楚地區別獨變項與依變項的不同。將男性受試者依年齡及教育水準分爲四組，待這些受試者到達實驗室後，將做成巧克力糖餅形狀的大麻拿給他吃。所有受試者都給予同樣形式的糖餅及指導語，但配煙程度因組別而異，分別是五、十、十五和二十毫克的 THC(大麻的主要成分)。

服下大麻之後，受試者開始從事一系列的測驗，其中之一是記憶十二張單字表，每張表有二十個不相關的單字，因此，這項記憶工作並不簡單。受試者有三十分鐘的時間來記憶這些單字。一個星期之後，這些受試者回到實驗室來，盡可能的回憶表上的單字。**圖 1-6** 表示四組回憶結果的百分比。請注意，其結果是隨著大麻的用量而遞減(類似實驗很多，但這一個就足以說明一切了)。實驗之前，實驗者必須作好他的實驗計畫。除了大麻的配方之外，他必須力求各種條件的穩定，如實驗配置、給予受試者的指示語、要受試者記憶的內容、記憶的時間及回憶時的狀況等。各組中唯一可以變動的是大麻的配量——即獨變項。至於依變項爲一星期後的回憶量。大麻的配量用 THC 毫克來計算；回憶量則以一星期之後，所回憶單字的百分比來計算。實驗者可將獨變項及依變項之間的關係描繪成圖，如**圖 1-6** 所示。最後，由於實驗者用了足夠的受試者(每組二十名)做實驗，所以，即使用不同的樣本一再的重複做下去，結果仍然很相近。

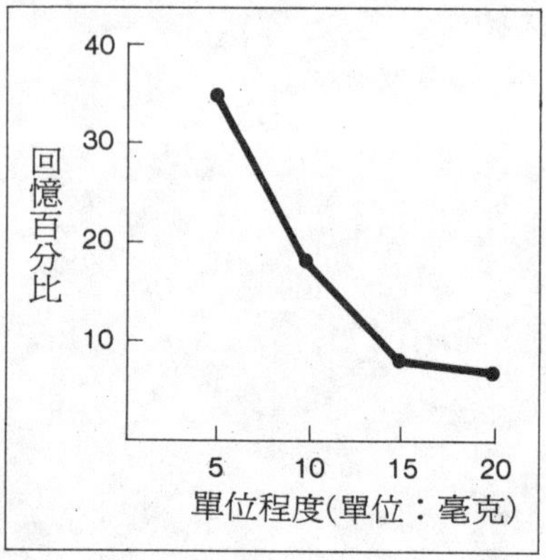

圖 1-6　大麻與記憶

本圖改變 THC 的配量之後，對單字表所作回憶的結果。回憶測驗於一星期後舉行，計算所記憶的單字有多少。本圖顯示用量程度（獨變項）及回憶結果（依變項）之間的關係。

由於在實驗室裡面，我們可以做某種程度的控制，因此，假使時機適切時，實驗室法是實驗者較喜歡用的。爲了控制刺激及獲得額外的資料，精確的儀器通常是必要的。在從事視覺研究時，實驗者可能需要去製造已知波長的顏色；在研究聽覺時，則需製造已知頻率的聲音；或者必須在幾分之一秒內，在螢幕上呈現圖形，給受試者從孔徑裡邊看；如果有精確儀器的話，時間可以千分之一秒爲單位來計算；而生理活動的研究亦可從擴大腦部微弱的電流來進行。因此，心理實驗室設有音波計、光度計、示波器、電子計秒機、電子腦波器及電子計算機等設備。但有一點請注意：別以爲一個實驗所用的儀器愈多，它的價值就愈高。假若實驗的邏輯需要精確的儀器，就得使用這些儀器；假若不需要，單用紙和筆仍然可以做出好的實驗。

此外，對心理科學的發展而言，並非所有的問題都得帶入實驗室研究。地質學和天文學家很少做實驗，但他們照樣進行出色的研究。既然明白了實驗法的價值，我們再來看看其他的方法。

圖 1-7　在黑猩猩棲息地區的觀察
這種自然的研究法與實驗法比較起來，能告訴我們更多關於猩猩社會行爲的種種。圖中是黑猩猩在互相刷拭毛髮——這是荒野世界中，黑猩猩最平常的社會接觸形式。

觀察法

科學的早期需要探索，熟悉各種關係，做爲日後做研究的材料。對動物及人類行爲(包括我們的意識過程在內)的小心觀察，是心理學的起點。在非洲的原始地區，對黑猩猩的觀察，或者可以讓我們多少瞭解牠們的社會組織，而有助於我們的實驗室研究(參閱**圖 1-7**)。對無文字部落的研究，可以顯示出人類制度差異的大小。但假若我們的研究只限定在我們的文化當中的男女兩性，那我們就無法看出這種差異。一部描述新生兒的電影，可顯示出生後不久，嬰兒的各種運動模式及引起嬰兒反應的刺激類型。

在觀察自然發生的行爲時，我們必須分清楚：「傳聞」與「觀察」有別，「描述」不等於「解釋」。例如，當我們知道一頭動物沒有東西吃時，我們很容易說牠現在「正在找尋食物」，但事實上我們所觀察到的只是牠較通常更活躍；前者是解釋，後者才是描述。一個研究者必須接受正確觀察及記錄，否則，他所記錄的將是他自己的看法或偏見。

觀察法也可適用於實驗室。馬斯特和詹森(Masters & Johnson, 1966)在對人類性行爲的生理基礎做深入的研究之後，發展一些技術，可以在實驗室中直接觀察性的反應。由於這項研究相當親暱，因此必須謹愼地策劃研究程序，使受試者在實驗室中感到舒適，並且必須有正確的方法，以觀察及記錄受試者的反應。其資料包括：(1)行爲的觀察；(2)身體變化的記錄；

(3)詢問受試者，在性刺激開始前、性刺激開始時和性刺激之後的感覺。

人類的性行為，除了生物層面外，還具有心理及其他層面。但正如馬斯特和詹森他們所指出的，在瞭解性心理學以前，必須先知道解剖學及生理學上，和性反應有關的基本因素。他們的研究顯示了和性行為有關的某些心理學假說(如女性高潮的性質及與性無能有關的因素)，是根據錯誤的生物假設而來的。在後面的章節，我們還會討論到這個問題。

調查法

有些問題很難用直接的觀察來研究，這種情況下我們可用問卷法或面談來進行。例如，在馬斯特和詹森性反應的研究之前，人類性行為(和法律、教會及社會所允許的、應有的行為不同)的資料，大都來自三十年以前，金賽(Alfred Kinsey)等人廣泛調查的結果，數以千計的個別談話資料及分析，構成了《男性性行為》(*Sexual Behavior in the Human Male*, 1948)及《女性性行為》(*Sexual Behavior in the Human Female*, 1953)兩部書的主要基礎。

我們也可利用調查法，來獲得政治意見、消費者的偏好、健康看護的需要和許多其他問題的資料。蓋洛普民意測驗(Gallup Poll)及美國人口調查(U. S. Census)堪稱衆所周知的調查。一次正確的調查必須事先擬妥問卷、訓練晤談者、小心的選擇樣本、保證研究的反應者能夠代表研究的母群體，並用正確的方法來分析及報告資料，以便能正確地闡釋結果。

測驗法

以現階段的心理學而言，測驗是一種重要的研究方式。它可用來測量各種能力、興趣、態度及成就。測驗法可使心理學家不太干擾人們的日常生活，就獲得不少的資料，並且，不必太費心思來裝設實驗室的設備。測驗提供一致的情境給一群人，研究這群人在各種情境下(如智力、手的靈巧、焦慮及知覺技巧等)的差異。然後，我們分析測驗分數與受測者的特性之間的關係。

然而，測驗的建構及運用並不簡單，包括準備題目、量尺化及建立常模等許多步驟。後面章節中，我們還會更詳細地探討測驗法的問題。

個案歷史法

心理學家在研究個體的時候，傳記(或稱個案歷史)是個重要的資料來源。當然，機構或團體的個案歷史，也具有同樣的功能。

大多數的個案歷史，是根據一個人所記錄及所記憶的傳記，重新整理而成。重新整理是必要的，因爲除非碰到某些問題，否則我們不會對個人早期歷史發生興趣的。一旦碰到問題之後，瞭解過去行爲，對現時行爲的瞭解而言，是重要的。回憶法可能會造成歪曲或誤失，但它經常是唯一可循的途徑。

個案歷史也可能是根據縱貫式的研究而來。所謂縱貫式的研究，是指對個體或團體作長時間的追蹤，並定期評估其結果。所以，個案歷史可能是研究者根據個人的計畫，做實際觀察所構建而成的。

縱貫式研究(longitudinal study)的優點是它不依靠受試者後來所作的追憶；缺點是研究者必須從很多個體當中，去蒐集一大堆資料，以期從某些資料裡面，能得出研究者感興趣的題材，例如非凡的創造能力或心理疾病等。

心理學的測量

不論心理學家採用何種方法，他們遲早會發現必須用**計量**(amount or quantity)的方式來表示。我們必須用清楚的方法來測量變項，以便使其他研究人員可以重做這個研究，並得到同樣的結果。變項通常可以**類別**(classes or category)，如同男孩和女孩可依性別來分類一樣。

有時候，變項的測量可採用一般**物理測量**(physical measurement)的方式，例如，失眠的時數、藥物的配量，或者是紅燈時踩煞車踏板所需的時間等。有時候必須把變項依種類次序，加以量化，例如，一個心理治療專家在測量患者的不安全感時，可能會使用五點量尺，其範圍包括沒有、稀有、有時、經常及總是等五個點。通常，爲了做精確溝通起見，我們常用

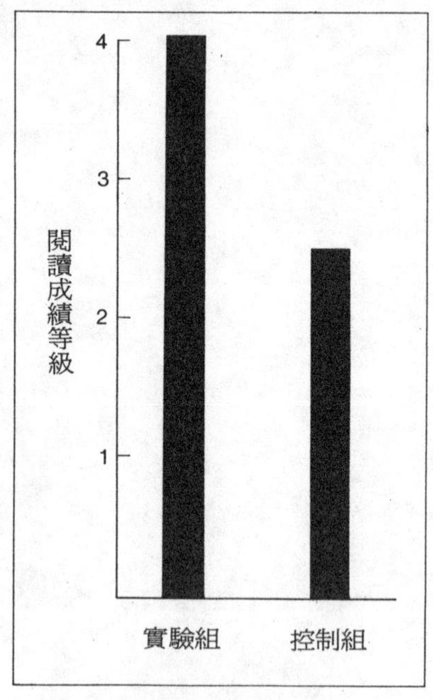

圖 1-8 實驗組及控制組

實驗組的小學兒童每天在閱讀時，接受電腦輔助教學 (computer-assisted instruction ,簡稱 CAI)，電腦提供兒童教育上的資料，並測驗學習的成果。使用 CAI 的兒童，在解決已往認爲最難的問題上佔了優勢。而控制組在閱讀時並沒有接受 CAI。在三年級學期末，這兩組的所有學生都接受了一份標準的閱讀測驗。如圖所示，實驗組的學生比控制組的成績好，證明 CAI 是有益的。在此實驗中，獨變項是 CAI 的存在與否，依變項是學生閱讀測驗的成績。

數字來描述一個變項。在賦予獨變項、依變項或其他變項某數值時，就可用**測量**(measurement)這個語辭了❷。

實驗設計

研究者必須做實驗計畫。他必須知道如何蒐集、處理資料，以發現裡面的關係，進而做合理的推論。實驗設計通常可以正式地說明整個實驗計畫。同樣的設計可用來做視覺、學習、心理治療等實驗。整個計畫通常包括許多實驗設計，因爲它涵蓋了許多特殊實驗的內容。

最簡單的設計是研究者先控制一個變項(獨變項)，再研究其對另一個變項(依變項)的影響。典型的設計除了問題中的變項外，其他因素必須保持恒常，這主要是要確立一種假設——「其他因素不變，Y 隨 X 的增加而增加」，或者，另一個情形可能是「Y 隨 X 之增加而遞減」。注意，幾乎各種研究內容都可套用這種陳述——聲音的主觀經驗和聲源物理能量間的關係、學習速率和學習者年齡的關係、對蛇的恐懼和早期對蛇的經驗的關係等。

圖示法(graphical representation)是一種方便的方法，本法以獨變項爲橫軸(橫座標)，依變項爲縱軸(縱座標)，如**圖 1-6** 所示。後面我們會看到，有些心理學理論想去預測這種曲線的形式。變項間的次序關係，可藉數學方程式來表示。換句話說，我們感興趣的，並不只是「Y 隨 X 之增加而增加」的事實而已，我們還想知道其中更精確的關係。

有時實驗可能只注意單一條件的影響力，這種條件可以存在，亦可以不存在(假使這條件是一個變項的話，則這個變項有兩個數值，一代表存在，一代表不存在)。在這種情形下，實驗設計通常包括兩個組：有條件存在的**實驗組**(experimental group)及條件不存在的**控制組**(control group)，實驗的結果可參閱**圖 1-8**。檢視此圖時我們可以發現，接受電腦輔助教學的實驗組，閱讀成就測驗的得分，要比沒有電腦輔助教學的控制組來得高。

---

❷在這裡討論測量及統計學的目的，是想讓學生對一般性的問題，有個簡單的認識，以幫助他們瞭解以後各章的圖表。至於較徹底的討論，可參看本書附錄。

在某些狀況下，必須同時研究許多變項的效果。例如，你正研究濕度、溫度及光度對植物生長的影響，你可令兩個變項為常數，來研究第三個變項的影響，但是，這種設計能給你的訊息非常有限。除非其他變項的有利程度已經決定，否則植物將活不了，而這項實驗也根本無法進行；只是其他變項應該有利到什麼程度，事先卻無法決定。一種較佳的程度，是就不同的組合來改變溼度、溫度及光度，然後研究在**其他變項排列**狀況下，某變項的影響程度(而不是在**其他變項恒定**的狀況下)。很多行為科學問題都具有這種多變項的特性，如學生的天賦、家庭背景、學校設備、教師的技巧等等，對學業成績都有影響。諸如這種**多變項設計**(multivariate experiment)的統計問題，比在單變項設計要來得複雜；但對同樣的實驗而言，獲得的訊息也比較多。

統計陳述的解釋

由於心理研究結果的說明，通常包括了統計敍述，因此，如果能熟悉這些平常的統計陳述的話，則就不會看不懂研究報告。

統計學(Statistics)上最常用的統計量，是**平均數**(mean)或**算術平均數**(arithmetic average)，這是以測量的總數除以測量的數目所得的結果。含有一個控制組的實驗，通常比較兩個平均數：一是實驗狀況下，受試樣本的平均數，一是控制狀況下，受試樣本的平均數。當然，我們主要是想比較這兩者之間的差異。假若差異很大，我們可能接受其表面數值。但假若差異很小呢？或假若我們的測量不精確或錯誤呢？或假若差異是來自極端的情形呢？統計學家利用**顯著差異的檢定**(test of the significance of a difference)來解決這種問題。當心理學家所說的「控制組和實驗組間的差異是顯著的」，表示我們把統計檢定應用於資料上，觀察得到的差異是值得信賴的。心理學家並不評論這種結果的顯著性或實際顯著情形，而只是告訴我們，在統計檢定上，假若實驗一再的重複，所觀察的差異亦將重新出現。很多偶發因素常會影響實驗的結果，但心理學家可以利用統計檢定，來判斷差異發生的可能性，觀看差異是否由獨變項造成的，而不是意外的偶發因素引起的。

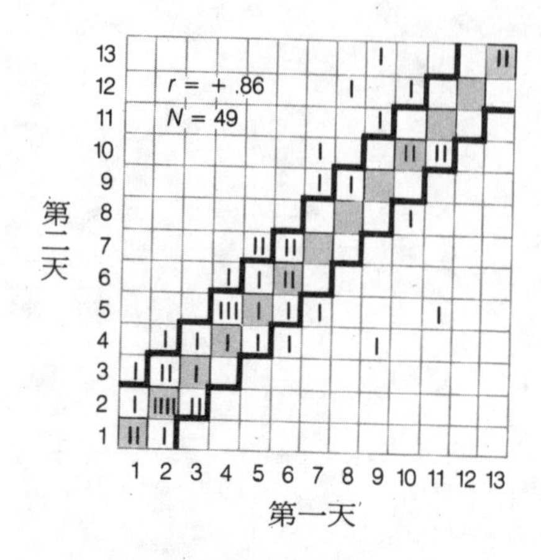

圖 1-9　說明相關的散佈圖

每一個劃記，代表一個受試者在對催眠敏感度測驗的分數。陰影部分的劃記代表兩天都得同一分數；介於實線間的部分，表示兩個分數的差異不超過一分。相關係數 r＝＋.86，代表兩天的表現還算相當一致。

相關法是實驗法的替代方案

有時，嚴格的實驗控制是不可能的，例如，對於人腦特別感興趣的實驗者，並不能任意地移動腦的任何部位，因此，他只有找低等動物開刀了。但是當腦部由於疾病、傷害或槍擊而受損時，實驗者可以研究腦中那一部分和行爲有關。例如，他可能發現後腦部位的受傷程度，和視力減退的程度之間存有某種關係。這種沒有實驗控制的配對組合方法，稱爲**相關法**(correlation)。

一旦有一大堆資料可以運用時，相關法通常是發現關係的最佳方法。假若我們有進入大學的高中生的成績記錄，則發現高中成績與大一新生成績之間關係的最佳方法，就是求兩者間的相關；也就是看是否高中成績較好的學生，在大學的成績亦較佳。相關研究的測量可由**相關係數**(coefficient of correlation)來說明，符號 r 表示相關的程度。

區分實驗法和相關法的不同，是應該的。在實驗法中，一個變項(獨變項)受到有系統地操弄，以決定它對某些變項(依變項)的影響效果。同樣的因果關係，不見得可以從相關研究裡推測出來。我們最好用實例，來說明利用相關法來解釋因果關係的謬誤。例如，街上柏油的柔軟度和中暑病例的數目有相關，但這並不是說柔軟的柏油會散發某些毒素令人中暑。我們都知道原因——炎熱的太陽使得柏油軟化，並造成中暑病例的發生。另一個常聽到的例子，是法國村莊中正在築巢的鸛鳥數目，和同村莊中孩子出生的數目間，有高度正相關存在。請讀者將這個相關的可能原因描繪出來，不過，在嬰兒和鸛鳥之間，請不要假設有任何因果關係存在(譯者註：西方早期有一風俗，即每當小孩問：「我是怎麼來到這世界上的？」父母長輩總以「鸛鳥帶來的」回答)。這些例子，對那些以因果來解釋相關的人，是最好的警告。當兩個變項互有相關時，一個變項的改變可能是另一個變項的原因。但缺乏證據時，便不能下這種結論。

相關係數(coefficient of correlation)　相關係數的表示，可由實際測驗結果的圖表表達得更爲清楚(參閱**圖 1-9**)。有四十九個受試者分別在兩天當中，每天接受一次對催眠敏感度的測驗。圖上每一個劃記代表一個受試者在兩次測驗當中，所得到的聯合成績。有兩位受試者，在這兩天都得到一分，另外兩位則得到十三分。但有一個受試者(請看圖表的右下方部分)第一天得了十一分，第二天卻只得到五分。

假若所有受試者兩天的分數都一樣，那麼所有的劃記都將落在斜角線上的陰影方格上，相關係數爲 r＝＋1.00。然而，在這個例子當中，兩邊都有不少劃記，所以相關係數爲 r＝＋.86。相關係數的解釋必須稍費筆墨。下面是幾個具體的規則：

(1)相關係數 r＝＋1.00，表示在二個變項之間，有著完全的正相關。假若體重和身高完全正相關，那麼，假使你已知一個人的身高，你就可以正確的說出他的體重。當相關爲正，通常把「＋」省略。

(2)相關係數 r＝－1.00，表示完全負相關。例如，車齡越久，其價格越低，那麼假如車齡已知，其價格自不難得出。而車齡和其價格間的關係，可用相關係數 r＝－1.00 來表示。

(3)相關係數 r＝.00 表示毫無關係(零相關)。因此，一個人可能希望他臉上的雀斑數目和其智力測驗的分數爲零相關。零相關就是指，知道一個變項的值，對另一個變項的預測毫無幫助。

(4)相關係數 r 在＋1.00 和－1.00(不含＋1.00 及－1.00)之間時，表示一種不完全相關。相關程度由相關係數值接近 1.00——包括正與負——的程度來決定。同樣大小的正相關或負相關，代表相同的關係程度。

(5)相關係數不是百分比，因此 r＝.25 不能解釋爲 r＝.50 的一半。然而，這種相關係數間關係的表示，可由相關係數的平方來表示。因此，r＝.70(注意，$.70^2$＝.49)表示其關係近乎 r＝.50(注意，$.50^2$＝.25)的兩倍。瞭解相關係數的大小之後，我們對底下的報告，可有進一步的瞭解：(a)父母的身高和兒女成人後的身高相關爲 r＝.50；(b)學業性向測驗和大一學生成績的相關大約是 r＝.40；(c)大一第一學期和第二學期的成績，相關大約是 r＝.75。

(6)至於某相關是否具有**統計顯著性**(statistical significance)，則必須要有更多的補充資料。這個問題和「兩個平均數間的差異是否顯著？」的問題一樣。例如，假若這個研究的案例很少，則一些極端的案例可能造成高度的相關；但事實上，在所有的母群體當中，這種相關是不存在的。因此統計學家已發展出許多公式，來說明相關的顯著性；其中，最可靠的相關，是根據許多案例而來的。

本書的組織

今天，科學家正研究著數以千計的問題，從微電極的研究探討人體腦細胞的連絡，到人口密度及過份擁擠對行為影響的研究，不一而足。然而，如何將這些問題加以分類，以有意義、有條理方式表達出來，卻不是一件容易的事。在科學界中，由於實務與理論已完全建立(如物理和化學等)，因此，大多數導論性質的教科書，幾乎以相同的次序來編排其課題——以基本概念始，複雜者繼之。然而，對心理學這麼年輕的科學而言，所有的理論尚在起步階段，有的甚至尚未得知，所以，很難清楚的安排課題的次序。假若你探討某些介紹性的心理學教科書，你會發現，在課題的組合次序上，差異頗大。為了瞭解人們如何學習新的事物，我們是否有必要先知道他們對周遭世界的知覺？或者是學習決定了我們對環境知覺的方法？我們是否要先討論個人行動的動機，才能瞭解他的人格？還是說，人格的發展是基本需求的函數，因此，我們先要瞭解人格，對動機的瞭解才有幫助？

雖然有這些難以解決的問題存在，但在本書裡面，我們還是將所有的課題安排了一下。希望讀者在瞭解每一章的課題之後，能夠有一點基礎，以便瞭解下一章探討的課題。

我們在瞭解個人和環境的交互作用之前，必須先瞭解個體的生物性結構——腦、神經系統、內分泌腺等。因此，這些問題將在下一章討論。

第二部分(生物及發展過程)則對嬰兒期、青春期至成人期的個體發展，作一次全盤的討論。假使我們注意到能力、態度、人格的發展過程，及生命各階段所面對的問題，則我們更能認識辨別心理學要解答的問題有那些。

透過感官，我們認識了我們周遭的世界。要想知道個體如何對外在世界反應以前，我們應該先知道感覺器官如何協調各種視覺、聽覺、觸覺及味覺，也要瞭解有機體對刺激類型的解釋及反應，以及在正常狀態與知覺改變的狀態下，人類意識的特性。這些論題是第三部分(意識狀態、感覺與知覺)討論的內容。

第四部分(學習與思考)論及我們獲得技巧和知識的過程，

及如何將它們記憶起來，並加以運用，以便互相溝通或解決問題的思考之用。

第五部分(動機和情緒)說明導引行為的方向及能量的力量，包括了生物需求、心理動機和情緒。

由個人的特徵和能力，區別個體與他人差異的方法，是第六部分(人格與個性)的內容。偏差行為類型的發展及治療，是第七部分(壓力、適應和心理健康)的主要內容。

第八部分(社會行為)著重於人類在社會情境中的交互作用——包括如何影響他人與受他人影響、個人如何知覺與解釋他人的行為、態度與信念如何形成，及團體與其成員如何相互影響。

摘　要

1. 對人類的研究，有幾個不同的觀點：**神經生物論**是想探討人類行動與身體內部(特別是腦和神經系統)所發生事件間的關係。**行為論**則著重可觀察和測量的有機體外在行為。**認知論**則考慮到，腦部主動地將輸入的訊息加以處理、轉換的方法。**心理分析論**則強調在兒童期時，由於性及攻擊衝動受到壓抑，而造成了潛意識動機。**人本論**則強調個人的主觀經驗、抉擇的自由及邁向自我實現的動機。我們可以同時從上述這些觀點，來研究心理學的某個特殊領域。
2. 心理學可定義為**研究行為和心理過程的科學**。它包括許多特殊的領域，如臨床心理學、諮商心理學、實驗心理學、發展心理學、人格心理學、社會心理學、工業心理學、教育心理學等。有些心理學家則同時是長於數學、統計和計算方面的方法學家。
3. 心理學，連同人類學、經濟學、政治學、社會學以及其他數個領域的學問，被歸類為**行為**及**社會科學**之一。另一個用來描述心理方面研究的名詞為**認知科學**；這種學科主要在研究人們是如何獲得及組織知識。
4. 如果可行的話，研究問題最好採用**實驗法**，因為除了要研究的變項之外，它控制了所有的變項，並且對**獨變項**和**依變項**做精確的測量。獨變項是受實驗者操弄的變項，而依變項則通常是對受試者行為的測量，它受到獨變項變化的影響。

5. 其他研究心理問題的方法，則包括**觀察法**、**調查法**、**測驗法**及**個案歷史法**等。
6. 心理學的測量，必須將觀察的對象加以安排，使得結果的資料都能對應相當的數值。其中的一個方法是經由實驗設計，將實驗變項加以安排，使得我們想研究的依變項，隨著獨變項(有時包括許多個獨變項)的變化而改變。
7. 許多實驗中，獨變項可存在或不存在。在這種情形下，實驗設計包括**實驗組**(即獨變項存在的受試團體)以及**控制組**(獨變項不存在的受試團體)。如果實驗組和控制組平均數的差別有**統計上顯著的差異**，那我們就可測知實驗條件具有可信的效果；也就是說，如果該項研究不斷重複進行，我們可以得到平均數間的類似差異。
8. 另一種研究方法是**相關法**。在實驗者不控制獨變項時，他可以作廣泛的觀察，然後探討一個變項的改變，和另一個變項變化間的關係。這種方法常常用來說明心理測驗得分間的關係。X 與 Y 間的相關，告訴我們 X 的變化，是否與 Y 的改變有關係。假若其關係是一對一，那麼相關係數不是 $r=+1.00$ 就是 $r=-1.00$，而從零到 ± 1.00 間的相關係數則表示不完全的相關。

進一步的讀物

任何當今科學所關心的課題及理論，通常可依據他們本身的歷史加以瞭解。Hilgard 著有許多本有用的書籍，如 *Psychology in America: A Historical Survey* (1987)。其他介紹心理學歷史的書還有 Murphy and Kovach, *Historical Introduction to Modern Psychology* (3rd, ed.; 1972); Wertheimer, *A Brief History of Psychology* (rev. ed., 1979); Schultz, *A History of Modern Psychology* (4th ed., 1987)。本書附錄II「心理學簡史」編寫時曾參考上述這幾本書。

討論心理學的各種觀點在下列書中均提及：Hall and Lindzey, *Theories of Personality* (3rd ed., 1978); Anderson, *Cognitive Psychology and Its Implications* (2nd ed., 1985); Royce and Mos (eds.), *Humanistic Psychology: Concepts and Criticisms* (1981); Bower and Hilgard,

Theories of Learning (5th ed., 1981); Lundin, *Theories and Systems of Psychology* (3nd ed., 1985); Mandler, *Cognitive Psychology: An Essay in Cognitive Science* (1985); Gardner, *The Mind's New Science: A History of the Cognitive Revolution* (1985)。

心理學的研究方法在下列書中談及：Wood, *Fundamentals of Psychological Research* (3rd ed., 1986); Johnson and Solso, *An Introduction to Experimental Design in Psychology: A Case Approach* (2nd ed., 1978); Ray and Ravizza, *Methods Toward a Science of Behavior and Experience* (2nd ed., 1984)。

若是需要一個簡單但是極好的統計學基本概念介紹，可參考 Phillips, *Statistical Thinking:A Structural Approach* (2nd ed.,1982)。

本書附錄四列出部分主要的心理學期刊，並且對它們刊登文章的種類有所描述。這些期刊可在大部分學院及大學圖書館中找到，近期的期刊通常可在圖書館開架區的架上找到，要對心理學有較佳的整體性概念，最好是花些時間研讀這些期刊的內容。

第二篇

生物及發展過程

Ch 2. 第廿15

1. 遺傳

2. 神經中樞

3. 化學物質(荷爾蒙).

第二章　心理學的生物基礎

神經系統的基本單位 37

神經和神經原

神經衝動的傳導作用

神經突觸的傳導作用

重要討論：神經傳導物質與精神活動性藥物

神經系統的組織 44

神經系統劃分

脊　髓

重要討論：如何研究腦部

腦部的層狀組織 48

中央核

邊緣系統

重要討論：腦部的電腦照片

腦皮質 55

腦皮質的構造

腦皮質區及其功能

腦的不對稱性 60

分腦實驗

腦部功能的劃分

重要討論：語言與腦

自主神經系統 69

交感神經系統

副交感神經系統

兩部分間的交互作用

內分泌系統 71

腦下腺

腎上腺

遺傳對行爲的影響 73

染色體與基因

染色體異常

行爲遺傳的研究

環境對基因活動的影響

眨眼、開車，甚至解一道數學方程式等行爲，都有賴體內無數過程的統合作用。這種統合作用由神經系統與內分泌腺執行。

例如，當你碰上紅燈，而要停車時，各種過程都必須做有效地協調。首先，你必須看到紅燈；也就是說，紅燈必須引起你感覺器官(眼睛)的注意。從眼睛來的刺激傳達到腦中，這裡儲存著你過去的資料，不同性質的刺激就在這裡分析，並與過去的資料互相比較(你知道,在某種情況下紅燈表示「停止」的意思)，當大腦運動區把訊號打給你的腿及脚的肌肉時，你就開始了踩煞車板的程序。但突然移動腿部並不能把車停止。由於腦中某特殊部位不斷收到來自肌肉的反饋資料，所以你知道必須用多少力量，才能把車停止，並且依此改變運動方式。同時，你的眼睛和你的一些感覺器官告訴你，車子已停下來了。假若在你開快車過十字路口時，紅燈突然亮了，你的內分泌腺亦會受到了刺激，於是心跳加快，呼吸加速，並且還摻雜著恐懼，產生其他新陳代謝的變化；在緊急事件當中，這些過程可以加快你的反應。在你看來，紅燈停車似乎是一件很簡單的事，但它包括了衆多的複雜訊息和適應。這些活動的訊息由**神經細胞**或**神經原**(neuron)來傳遞。

事實上，如果不知道生物過程基礎的某些知識，則我們就無法充分瞭解許多人類行爲和心理機能。我們的神經系統、感覺器官、肌肉與腺體使我們能認識且適應環境。我們對事件的知覺，端視我們的感覺器官探測刺激的方式，與我們大腦對這些來自感覺器官的訊息的解釋而定。我們的許多行爲受到餓、渴、逃避疲勞、逃避痛苦、逃避溫度過高或過低等需求的驅使。我們使用語言、思維和解決問題的能力，受到腦部的構造的影響，與低等動物比起來，人類大腦的複雜程度誠屬驚人。而且，這種獨特的能力也很容易受到各種生理變化的影響。

本章將討論特殊心理事件，和生物過程間的關係。例如，當我們談及知覺、動機或情緒時，我們會探討其中的生物過程。本章將對神經系統及其統合各種體內過程的方法，作一番詳細的檢討，學過生物學的學生將會發現，本章的內容大多是他熟悉的。

神經系統的基本單位

腦由大約一百億到一百二十億個特殊細胞構成，這種特殊細胞稱神經原，是神經系統的基本單位。瞭解神經原是很重要的事，因爲它掌握了學習和心理機能的秘密。我們已知道它在傳達和協調神經衝動上的角色，不過對學習、情緒和思維等更複雜的機能而言，我們所知者，只不過是個開端而已。

神經和神經原

每個神經原都是活細胞，都包含一個細胞核，並具有各個細胞共有的部分。神經原的特殊構造，包括了三個主要部分：(1)含細胞核的**細胞體**(cell body)；(2)**樹狀突**(dendrite)，是自細胞體突出，可接受周圍細胞活動的短纖維組織；(3)**軸突**(axon)，這是從細胞體的另一端伸展出來的單一纖維，可以把活動傳達給其他神經原、肌肉或腺體(參閱**圖 2-1**)。正常的神經衝動通常向一個方向運動，即從樹狀突經細胞體，再沿著軸突到另一個神經原的樹狀突或細胞體，或是肌肉、腺體。每個神經原都具有這些特徵，但在大小和構造上，卻有很大的不同。脊髓中的神經原、軸突從脊骨尖端到大腳趾，可能有二、三呎長；腦部的神經原，則可能只有幾千分之一吋。在神經原與神經原之間，有一大群細胞密密地交織在一起，稱爲**膠質細胞**(glia cell)。直到最近，許多人還認爲膠質細胞只具有營養和支持作用。但最新的證據顯示，它們可能和神經活動的新陳代謝

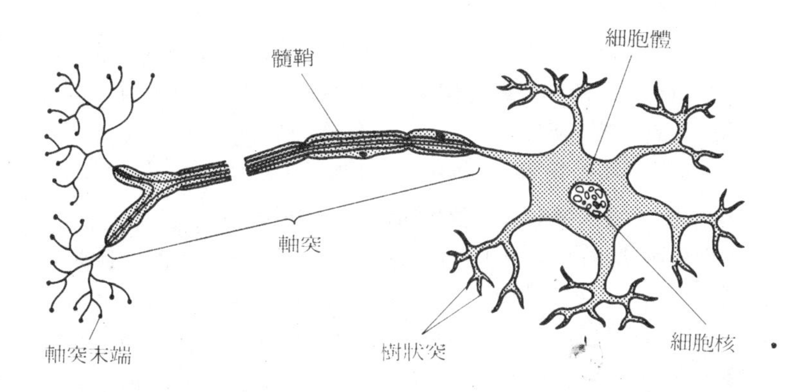

圖 2－1　神經細胞
這是一個神經原的典型圖表。神經刺激由樹狀突傳到細胞體，再傳到軸突末端。髓鞘掩蓋了一些神經原的軸突，可增快神經衝動的傳導。

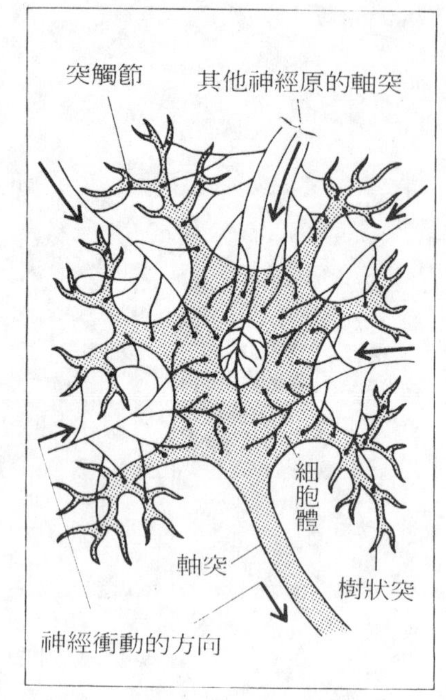

圖 2－2　神經原中細胞體的突觸
每個軸突都有許多分枝，各軸突和單一神經原的樹狀突及細胞體相接。每個軸突的分枝，終止於一個稱爲突觸節的地方。突觸節裡面，有許多個突觸囊，含有化學媒介物，能夠將神經衝動由突觸傳達到下一個細胞的細胞體或樹狀突。

程序有關，不過確實的功能目前還不知道。

神經是由成千上百個神經原的一束軸突伸展而成。從許多神經原(例如一千個)伸展出來的軸突，可以和單一神經原的細胞體及樹狀突相連接(參閱**圖 2-2**)。神經原的會合處稱爲**神經突觸**(synapse)。神經突觸並非直接相連，而是有一些空隙，而由化學媒介物來傳達神經衝動。

神經衝動的傳導作用

神經衝動的移動和電流的流動大不相同。電流的速度相當於光速(每秒十八萬六千三百哩)；而人體中神經衝動的速度每小時只有二至二百哩，要看軸突直徑以及其他因素而定。也許我們可以舉電燈絲的例子來說明，可能會有幫助。當電燈絲點燃時，亮起來的那一部分就又點燃另一部分，衝動的傳導就以這種方式反覆進行。然而，神經傳導的細節，要比這個複雜多了，其過程是一種電化學的作用。細胞的薄膜把**細胞原生質**(protoplasm)聚合在一起，並使得浮游在原生質及細胞周圍液體的電離子無法滲透過去。在**靜止電位**(resting potential)中，細胞膜把鈉離子(Na^+)阻隔於外，而只讓鉀離子(K^+)和氯離子(Cl^-)進來。結果薄膜上有些許**電位**(electrical potential)或**電差**(electrical difference)存在，於是神經細胞內的陰性比外面稍強；這是它的靜止電位。

一旦神經細胞的軸突受到刺激，薄膜上的電位就減少到**刺激點**(point of stimulation)。假若減少的程度夠大，細胞膜的滲透作用就會開始進行——讓鈉離子進入細胞內，因此，細胞外的陰性，比細胞內強。這種因爲細胞膜讓鈉離子進入，所造成的改變，影響了軸突的鄰近部分。這個過程一再重複，沿軸突而下，即爲神經衝動。神經衝動又稱爲**活動電位**(action potential)，和靜止電位相反。因爲神經衝動在軸突的每一階段，都會不斷作用，所以軸突在傳達衝動時，體積並未減少。

有些神經纖維含有一個具隔離作用的**髓鞘**(myelin sheath)，這種纖維又稱**鞘化纖維**(myelinated fiber)。這種鞘幾乎每兩毫米就有一個收縮，稱爲**節**(node)，節中的鞘很薄或甚至沒有。因爲這種傳導是沿著纖維上的節突升，所以鞘化纖維的傳導速度要比非鞘化纖維來得快。髓鞘在進化上的發展較晚，它是高等動物神經系統的特徵。人類腦部有很多神經纖維的構造，要到出生後一段時間才能完全形成，這說明了某些嬰兒的感覺和運動機能的成熟緩慢與鞘化過程有關。

神經突觸的傳導作用

介於兩神經原之間的神經突觸連接處頗爲重要，因爲這是衝動的轉換處。它助長、抑制、協調和統合了神經衝動，使一群神經原產生作用。當衝動強度夠時，一個單一神經原就會傳導一種衝動。強度不夠時，軸突並不傳導這種衝動，因此，神經原可說是依循**全或無**(all or none)原則來活動的。神經原傳導一個簡短的衝動後，馬上得作幾千分之一秒的短暫休息(稱爲**不反應期**，refractory phase)。活動電位的大小是一定的，只要衝動一開始，它就從軸突傳到神經突觸上。但神經原是否傳達衝動，端視樹狀突或細胞體的**等級電位**(graded potential)而定。這些等級電位由其他神經原的神經突觸上的衝動來誘發，其大小隨衝動的程度與種類而異。當等級電位夠大時，它會在細胞體內產生**去極化**(depolarization)的現象，來牽動全或無的活動電位，然後再傳到軸突。假如等級電位無法達到活動電位的作用標準，就不會有任何活動發生。湯普生(Thompson, 1967)曾把神經細胞中等級電位的發生，比喻爲一種決策過程。神經原檢視進來的活動，並依其程度和種類，來決定是否有反應的必要。

既然活動電位的大小一定——也就是說，它並不因刺激強度的大小而改變——那麼，刺激強度的訊息又如何傳導呢？答案是：一個強烈的刺激會：(1)使神經原的反應更頻繁；(2)比一較弱的刺激能激動更多的神經原的反應。

有一個新的研究領域，探討神經原活動和行爲間的關係。一個單一神經原的電離子活動，可由一個尖端直徑小於五萬分之一的微電極來記錄。有很多微電極被植入動物腦中的各個不同部位，藉以辨別那一種神經細胞對那一種特殊刺激(如碰觸動物軀體的某一部位)做反應；或是在動物逐漸學會一項新行爲後，神經原的反應型態如何跟著改變。若以電子顯微鏡來檢視神經組織，就可以計算和測量神經突觸的數目及間隔之大小。最近的研究顯示出，動物早期的經驗，會使神經突觸的數目及大小產生變化。

雖然一切都只是初步階段，但這種研究可能指引我們一條

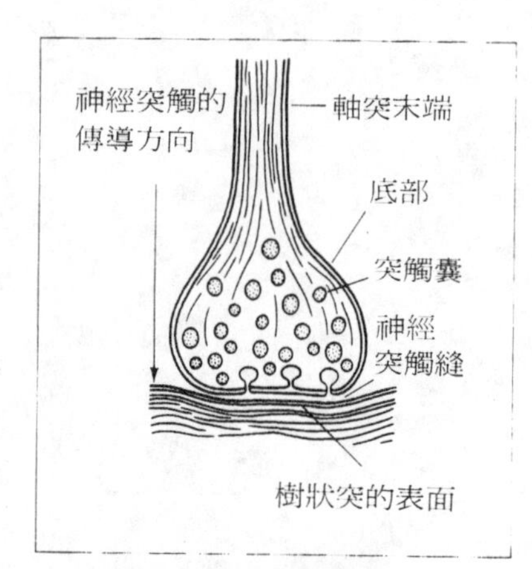

圖 2－3　神經突觸會合處

當神經衝動到達軸突末端時，會刺激神經突觸囊放出化學物質到突觸縫中。這種具傳導作用的化學物質，與收受細胞中的受納化學物質組合起來，放電，而使接受細胞興奮起來。

途徑——讓我們瞭解，學習的結果造成了腦部的變化。它並且說明了，我們長期記憶的能力，是來自神經突觸數目及構造等組織的變化。

化學傳導物　如同我們前面所說的，神經細胞並不在突觸上直接連接。它有一道細縫存在，在傳達神經衝動時必須越過這道細縫(參閱**圖 2-3**)——雖然在神經系統的一些部位當中，神經原的電離子活動，可以直接刺激另一個神經原，但絕大多數神經原間的傳導，都必須以一種化學物質擔任媒介。這種化學物質儲存在軸突末端的小泡泡中，當神經衝動傳到時，它就釋放到神經突觸的細縫中。這種化學傳導物會和收受細胞的化學受納物質結合起來，增加了細胞膜的滲透性，也因此降低了細胞膜的電位。這種**等級去極化的作用**(graded depolarization)夠大的話，可以使收受衝動的神經原起作用。

神經突觸有**興奮突觸**(excitatory)和**抑制突觸**(inhibitory)兩種。興奮突觸放出的化學物質，會使收受衝動的神經原的細胞膜電位，產生輕微的等級移動，方向和活動電位相同。當這種去極化作用夠大時，細胞就產生全或無的活動電位，把衝動沿軸突而下，刺激其他細胞。

抑制突觸的作用和興奮突觸相似，但方式相反。它放出的化學物質，會造成接受神經原的輕微等級移動，但方向和活動電位的方向相反。於是在這短暫的時間裡，興奮突觸要刺激神經原相當的困難。但不要忘記，任何一個神經原都可以和其他神經原的樹狀突相連接，這其中有的是興奮突觸，有的是抑制突觸。透過興奮突觸和抑制突觸的固定相互作用，決定了在某特定時間，某段神經原是否產生全或無的活動電位。

若人腦完全由興奮突觸構成，那麼只要有個刺激促動了一個神經原，就將很快地引起興奮，使許多腦神經原大量放電，如同癲癇症發作一樣。因此若要腦部作用正常，在興奮和抑制程序當中，必須保持平衡。興奮突觸和抑制突觸的複雜組織可能是學習、記憶和思維過程中形成的基礎。

這種化學變化的發生，乃在瞬息之間，量度很小。刺激一個神經原所需要的能量，大約是十億分之一瓦特；人腦大約有一百億個神經原，假若每個神經原都同時活動(可能性不大)，人腦可以發動大約十瓦特的能量。對這麼複雜的操作機械而言，其所需能量之低，實在是不可思議。

目前已找出了許多化學傳導物，但有待發掘的還有很多。

乙醯膽胺(acetylcholine, 簡稱 ACH)是(神經軸突終止於骨骼肌肉纖維上的)每個神經突觸的化學傳導物，是肌肉收縮的原因(ACH 同時也是神經系統當中，其他神經突觸的化學傳導物)。某些阻礙 ACH 分泌的藥物，可能造成致命的肌肉痲痺。例如，不良罐頭食品內形成的**臘腸桿菌毒素**(botulinus toxin)，會引起呼吸肌肉組織的痲痺而導致死亡；**美洲箭毒**(curare)是南美洲印第安人塗在箭端上的一種毒藥，一進入收受細胞就會導致 ACH 活動的癱瘓，並造成肌肉痲痺；有些因戰爭而發展的神經毒氣，能破壞一種抑制 ACH 活動的酵素(acetylcholinesterase)，一旦這種酵素破壞，就會使 ACH 增加，而無法作更進一步的神經突觸傳導作用。

有關神經突觸傳導作用的秘密，仍待許多研究去發現。當我們對錯綜複雜的神經連繫過程，有了更多的發現以後，從記憶到心理疾病等諸多問題的答案，可能就更清楚了。

正腎上腺素(norepinephrine, 簡稱 NE)主要是由腦幹之神經原所產生的一種重要的神經傳導物質(縱使它們的突觸突向腦部的一個寬廣區域)。有二種著名的藥物(古柯鹼〔cocaine〕及安非他命〔amphetamines〕)會藉由減慢 NE 之再吸取過程之速度來延長 NE 之作用。因爲這種再吸取之延緩使得接受 NE 之神經原被持續活動一段很長的時間，因而產生了這些藥物之類似精神上的效應。相反地，鋰(lithium)是一種會加快 NE 之再吸取速度的藥物，因此會使一個人的情緒處於憂鬱狀態。所以，任何會使腦內 NE 含量增加或者降低之藥物，皆與一個人之情緒升降有關。

另外一個較著名的神經傳導物質是 r-**胺基丁酸**(gamma-aminobutyric acid, 簡稱 GABA)。GABA 這種物質是一種抑制性的傳導物質。例如，印度防己毒(picrotoxin)這種藥物會阻斷 GABA 之受納器，並產生全身痙攣的症狀，此乃因爲沒有 GABA 之抑制性的效應，以至於缺乏肌肉運動的協調控制。於某些用來治療患有憂鬱症狀病人之藥物，其鎮靜的作用與 GABA 活動性的促進有關。

有些可改變情緒的藥物(例如 chlorpromazine 和 LSD)可經由造成某些特定之神經傳導物質過量或缺乏的情形來產生它們的效應。chlorpromazine(一種用來治療精神分裂症的藥物)可阻斷多巴胺(dopamine)這種神經傳導物質之受納器，而只容許少數之傳導訊息通過，因爲太多的多巴胺於突觸處會導致精神分裂症，但是若多巴胺太少則會導致**帕金森氏病**(Parkinson's disease)。LSD 在其化學結構上與 serotonin 這種神經傳導物質類似(serotonin 會影響情緒反應)，證據上顯示：LSD 會累積在某些腦細胞中，在此處其作用與 serotonin 類似，並且會過度刺激腦細胞(見下文「重要討論：神經傳導物質與精神活動性藥物」的部分)。

重要討論：

神經傳導物質與精神活動性藥物

當電衝動到達軸突末端時，神經傳導物質之分子被釋放出來，並且橫越神經突觸縫而與標的神經原細胞膜上之受納器分子結合，神經傳導物質與受納器分子之結合方式，如同拼圖玩具之結合或者像鑰匙與鎖之結合，而神經傳導物質分子與受納器分子之結合作用改變了標的細胞之電性質，此種電性質之改變不是導致衝動之起動就是防止此衝動繼續傳導。

如同鑰匙需要鎖之配合一般，神經傳導物質需要受納器之配合方能表現其功能，許多常用的藥物(從一般的鎮靜劑如 Valium，到街角販賣之違法藥物如海洛因和古柯鹼)和其受納器分子作用之方式與神經傳導物質大致相同，這些藥物進入體內後須被適當地改變其分子形狀，如同被打造成一把鑰匙方能與鎖(即受納器分子)作用。

鴉片(opiate)是個好的例子，海洛因及嗎啡都屬於這一種類的藥物。在分子之型態上，鴉片與腦部中之一群神經傳導物質(稱爲腦內啡，endorphin)類似，而腦內啡有阻斷痛覺之效果。鴉片類似腦中自然存在之物質的這項發現，曾促使人們對身體內克服壓力與痛覺的化學控制體系進行許多研究。一個人若是覺得對痛覺不敏感，可能是他於某些情況需要**鎮痛劑**(painkiller)的作用時，其個體對於此種體內生成之鎮痛劑的產生有超乎尋常之能力。研究其中一種腦內啡(稱爲 enkephalin)可幫助我們解釋爲什麼像嗎啡之類的鎮痛劑是具有成癮性的。於正常狀況控制下，enkephalin 佔據了體內某些數目的鴉片受納器，嗎啡結合剩下未填滿的受納器而減輕疼痛，大多嗎啡會造成 enkephalin 製造量下降，遺留未填滿的鴉片受納器，然後體內需要更多嗎啡以填滿未被佔據的受納器，當嗎啡停用時，鴉片受納器留下未填滿，造成痛苦的**斷除徵狀**(withdrawal symptom)，腦合成似鴉片物質的事實被用來求助解釋各種效應：慢跑者聲稱身體運動增加 enkephalin 製造以引發「奔跑者的高點」(runner's high)；針灸醫生宣稱他們的針刺激 enkephalin 製造以作爲自然麻醉劑，然而少有科學證據支持此類聲稱。

影響心智功能及心境的藥(如鴉片)稱爲**精神活動性藥物**(psychoactive drug)，它們藉由改變不同神經傳導系統之一以產生其效應，大部分藥物作用於神經系統的突觸，不同藥物在相同的突觸會有不同的作用，一種藥可能仿效特殊神經傳導物質效應，另一種可能佔據受納器以致正常神經傳導物質被阻斷，且仍有其他藥可能影響再吸收或退化過程，藥物作用將增加或減少神經傳導的效率。

chlorpromazine 及 reserpine 兩種藥已證實對治療精神分裂症有效，兩種藥均對正腎上腺素及多巴胺系統有作用，但它們抗精神病作用主要在於其對神經傳導物質多巴胺的效應，chlorpromazine 阻斷多巴胺受納器，而 reserpine 藉由破壞軸突末稍儲藏小泡以減少多巴胺量，這些藥物治療精神分裂症的有效性是歸因於**多巴胺假說**(dopamine hypothesis)，其假定精神分裂症是因腦內重要細胞群的多巴胺活動性過度，此假說的主要證據是抗精神病藥物在臨床上有效性似乎與它們阻斷多巴胺分子刺激的傳導性程度有關；再者，能使正常人產生似精神病狀態的安非他命似乎增強了多巴胺的活動性，多巴胺假說有廣泛的支持，但目前爲止，證實精神病病人和正常人比較，其多巴胺濃度實際增加的努力尚未成功。

研究精神活動性藥物和神經傳導物質間關係增加我們瞭解這些藥物如何作用，其他研究方法證實人類記憶能藉影響**膽素激性**(cholinergic)活動性(利用 ACH 做爲神經傳導物質的神經原活性)而暫時性增強，但因膽素激性系統的複雜性，開發永久性增強記憶的藥物仍有一段長遠的路(Mohs et al., 1985)，當我們討論更多神經傳達的紛繁部分時，許多心理學問題將變得更清晰。

神經系統的組織

神經是由衆多神經原組成的，遍佈身體的每一部分，如感覺受納器、皮膚、肌肉和體內的器官等。由身體四周及體內器官把感覺訊息傳到脊髓和腦中的神經，稱爲**輸入神經**(afferent nerve，又稱感覺神經)；從腦部和脊髓把刺激傳往肌肉和各器官的神經，稱爲**輸出神經**(efferent nerve，又稱運動神經)。神經原的細胞體並非是修長神經的一部分，而是聚集在一起，形成**細胞核**(nuclei)或**神經節**(ganglia)，可以在脊髓、大腦及其他體內器官裡面或附近找到。

神經系統劃分

神經系統的各個部分之間都息息相關。然而，爲了神經系統的解剖討論方便起見，神經系統可以作如下的劃分：

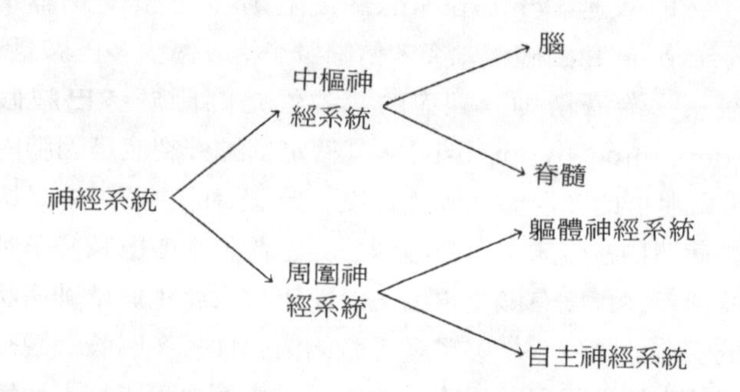

中樞神經系統(central nervous system)包括腦部和脊髓裡的所有神經，同時也包括體內神經原的絕大多數。**周圍神經系統**(peripheral nervous system)則包括從腦部和脊髓傳向身體各部的神經。周圍神經系統又可劃分爲：(1)**軀體神經系統**(somatic system)，其神經在感覺受納器、肌肉和體表上往返、傳遞；(2)**自主神經系統**(autonomic system)，其神經分布於體內器官中，並由此管制呼吸、心跳及消化等程序。自主神經系統在情緒方面，扮演了一個重要的角色，在後面會討論到。

軀體神經系統傳達來自皮膚、肌肉的外在刺激，並將之結合起來，傳往中樞神經系統；它使得我們知道痛苦、壓力及氣溫的變化。軀體神經亦把中樞神經的刺激傳到身體各部，而產生行動。我們的隨意肌及控制身體姿勢及平衡的不隨意肌，都受到這些神經的控制。運動神經原的軸突末端並不終止於其他神經原上，而是在肌肉的某些特殊感覺部位裡。軸突末端的泡泡，可分泌 ACH，促使肌肉收縮。

脊　髓

遍布全身的神經纖維，都是經由脊髓和腦部聯絡的。有些最簡單的刺激、反應在脊髓當中完成。膝蓋的反射作用就是一個例子，輕敲膝蓋骨就會造成腿部的伸展反應。醫生常用這種方法來決定脊髓反應是否正常。這種自然的反射作用，保證膝蓋受到外力而彎曲時，腿部能伸直，使有機體的腿部作用得以繼續進行。當膝蓋受到輕擊時，深植肌肉上的感覺細胞，就將訊息經由輸入神經傳抵脊髓，而脊髓中的神經突觸就直接和分布於輸出神經上的運動神經原的軸突聯絡，刺激肌肉，造成腿部的伸展。

雖然這種反應無需腦的協助就可單獨在脊髓發生，但依正常情況而言，它還是要受高級神經中樞的訊息所調配。假若在膝蓋受到敲擊之前，緊握你的手，則腿的伸展運動將會加大。而在醫生敲你的膝蓋時，你若要抑制這種反射，也可以。基本動作的機構在脊髓當中，但必須受到腦的控制。

最簡單的反射可能只包括輸出和輸入神經，但脊髓中大多數的反射，都包括一個或更多的**連接神經原**(connector neuron)。連接神經原使得反射活動更複雜了。**圖 2-4** 表示基本的**三神經原反射弧**(three-neuron reflex arc)。

有些反射動作，受到上述脊髓反射弧的控制。例如，假若將脊髓與腦的聯結切斷，則就如同半身不遂的例子一樣，膝蓋的反射和陰莖勃起等反射作用仍然可以進行。不過，大多數的人類行為，都得依靠腦中神經原各種複雜的相互反應過程，這些交互反應，可能只是和腦幹的較低等、較原始的作用(如走路)有關，也可能需要較多、較複雜的電路，透過大腦的高級部位來做反應(如思維和問題解決)。

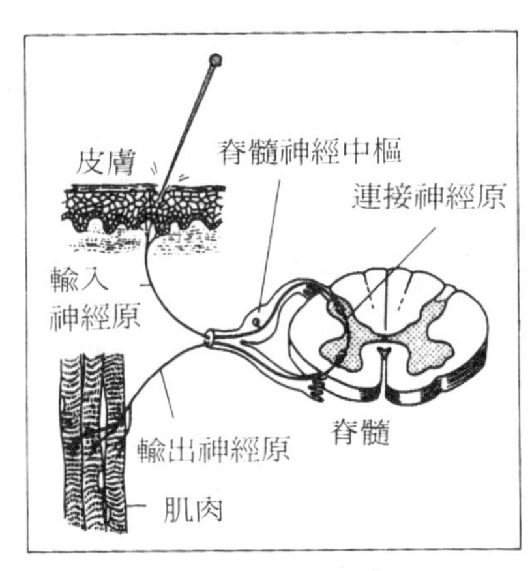

圖 2－4　三神經原的反射弧

圖中說明來自皮膚感覺器官的神經刺激，進入脊髓的情形，由三個神經原所構成的反射弧傳到骨骼肌。由於衝動也經由上行管道傳到腦半球，因此我們能察覺這種自動反射的發生。脊髓中央灰色的 H 形部分，包含了許多細胞體及神經連結。

重要討論：

如何研究腦部

腦的構造很複雜，想要發現它運作的過程，有待獨運的匠心。我們如何確定腦的特殊部位和某特定行爲有關呢？就歷史而言，**腦部功能的部位問題**——是否腦中某些部位控制了特別的行爲或機能——曾經是爭論的焦點。有些早期的研究者試圖去建立腦的明細圖——把控制說話、談話用字的認識、印刷文字的察覺及其他各種神經中樞的位置標出來(Broca, 1861; Fritsch & Hitzig, 1870)。有的甚至認爲某特定部位是控制說英文，另一部位是控制說法文(Hinshelwood, 1900)。其他人則認爲大腦的活動是一些局部功能的整體活動——腦中任一部位都是**等位**(equipotential)的。他們用外科手術將猴子及老鼠的腦部組織破壞，破壞部位和破壞程度不一。根據這種實驗下了底下的結論：對動物行爲而言，腦部組織的破壞程度，顯然要比特殊部位的破壞重要(Lashley, 1929)。

由於近年來工業技術的發展，腦的研究已較過去更爲精確。目前已經知道腦中某些部位和某些功能有關，如說話、談話用字的認識和運動反應的產生等。換句話說，腦中有很多部位和理性及問題解答等較高的心理程序有關。此外，腦中還有不少部位具有雙重功能。因此，假若某部分因受到震盪或打擊而失去效用時，其他部位經常可以接替其功能。

生理心理學家和神經生理學家最常用的四種腦部研究法：

(1)傷害或外科切除。當腦中某些部位生瘤或受到傷害時，可以注意其產生的朕兆，將使我們瞭解這些部位的功能。早期的觀察，發現腦的左半部受到傷害時經常會造成語言缺陷，右半部則否。可見腦的左半部是語言控制中心。受傷部位的探測和言語障礙衡鑑方法的改進，已使我們更精確地指出，不同語言能力的控制部位。

我們也可以用動物爲實驗對象，有系統地切除腦的某一部分(或是用電破壞組織)，再觀察其造成的缺陷。當移除大腦異常的組織。對病人本身有利時，對病人也可以做切除手術(例如，割除腦瘤或控制癲癇)。手術對病患能力的影響，可由手術前後的比較得知。

(2)電流及化學刺激。用電流刺激腦部，會影響到行爲。腦部外科手術通常都在局部麻醉下進行，這樣，外科醫生可以判斷出(當電流對病人腦部不同部位加以刺激時，病人的反應可能不同)那一部位需要動手術。而從病人接受刺激的感覺報告中，可獲得相當正確的大腦皮質圖。實驗者通常將電極植入動物體中(參閱**圖 2-5**)，藉以對動物腦的局部產生反覆的刺激。以電極來進行研究，可決定那個部位影響到感覺的發生，及那個部位控制各種不同的肌肉活

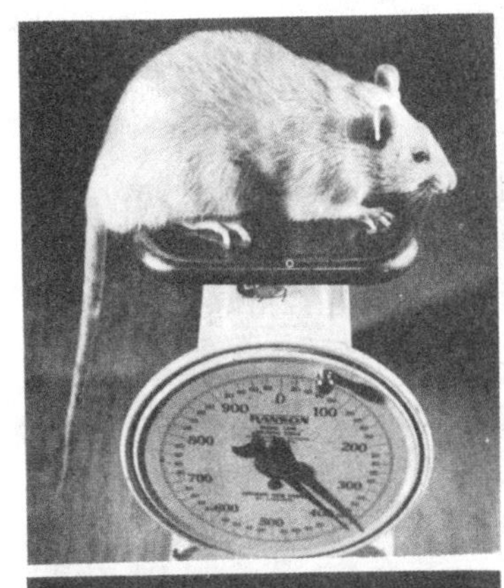

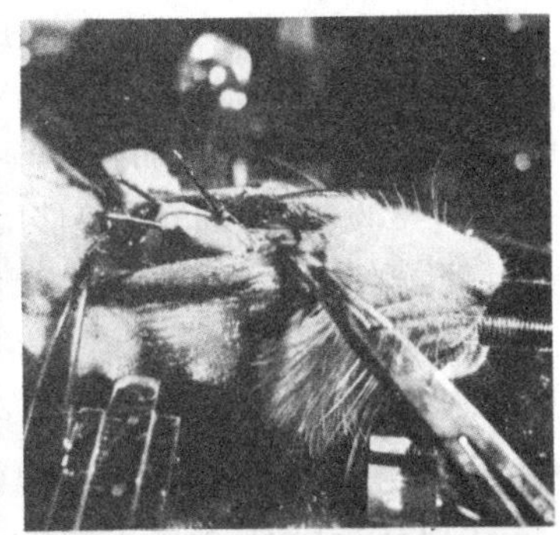

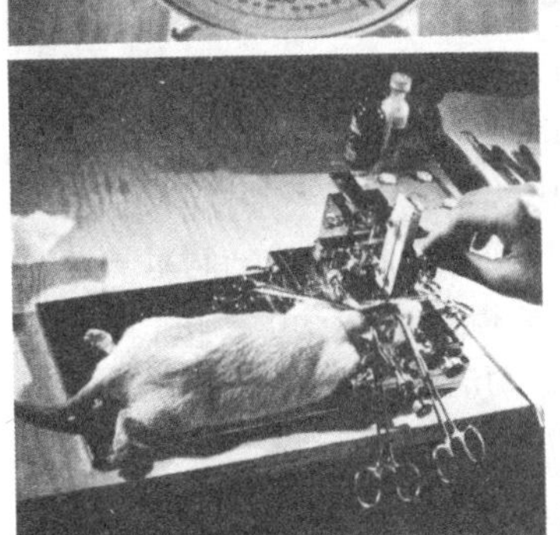

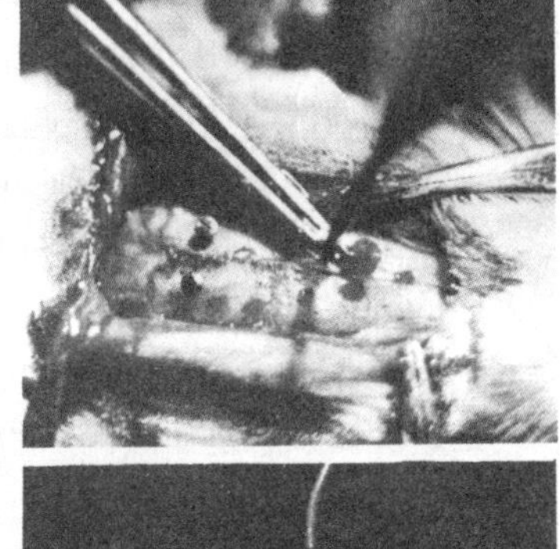

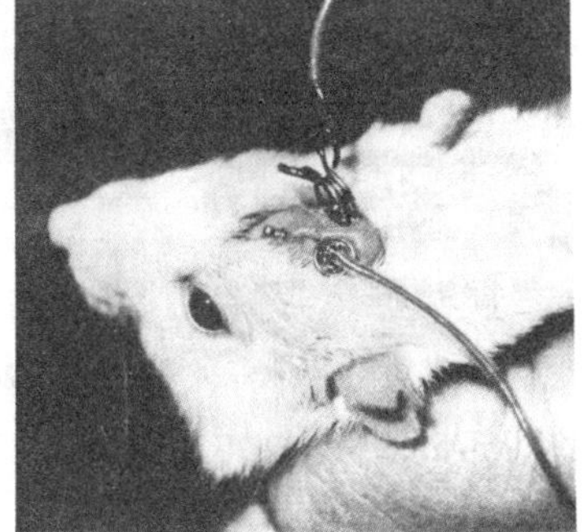

A　C
B　D
　　E

圖 2-5　植入腦中的電極

A.在決定適當的麻醉量前，老鼠先要過秤。B.把電極從頭蓋骨的一個小洞植入麻醉過的老鼠體內。C.插入數枝螺旋釘，使牙醫用的補齒物質牙堊(dental cement)固定於電極四週。D.將電極加以固定，並且和突出堊質的大頭針連接。E.植入電極的老鼠。

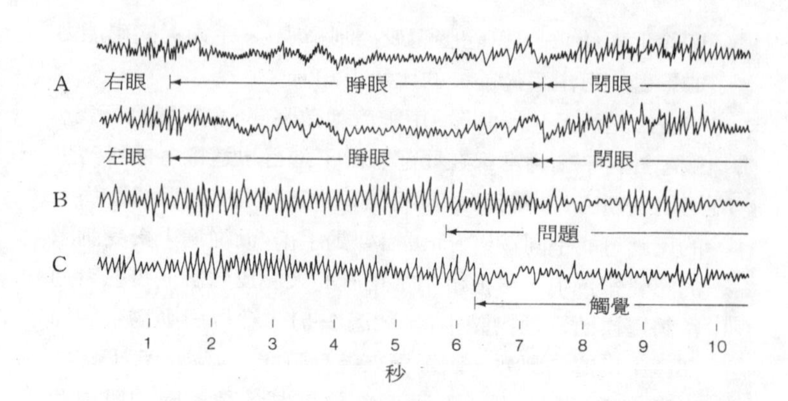

圖 2－6 腦部的電流活動
藉著附在頭蓋骨外面的電極，腦波儀可測量出腦部電流活動的型式。腦部在休息時，其基本型式是每秒約有十個週期大振幅 α(alpha)波，如 A 的最左段和 B、C 的左邊前面六段即是。當腦部對視覺或觸覺刺激等做反應，或是解決心理問題時，α 波被頻率高而振幅小的不規則波取代（取材自 Eccles,1958)。

動。化學刺激亦會影響行為。通常，研究者將一根極細的小管插入動物的腦中，管子的末端正巧碰到所要研究的部位，然後將少量的化學物經由管子送到腦中，藉此可以觀察化學物質對行為的影響。

(3)神經活動的電流作用。神經運動發生時，亦會產生輕微的電流。把連接著測量儀器的電極，植入適當的部位，實驗者就可看到開始於耳朶的衝動，是否將傳抵植入電極的腦中部位等。整個腦部亦會產生有韻律地放電。這些腦部放電的記錄——即**腦波**(electroencephalogram，簡稱 EEG)，在中樞神經系統活動的研究中也很重要。例如，假若從頭部某個部位所測得的 EEG，會受某種刺激的影響，但從其他部位得來 EEG 不受影響的話，我們就可假定這種刺激會影響這個特殊部位(參閱**圖 2-6**)。

(4)單一神經原的活動。由於精確性很高的微電極(大小約千分之一公釐)的發展，目前已經可以記錄一個單一神經原的神經衝動了。這種技術使得研究者，可以研究在不同刺激呈現時，單一神經細胞的活動；在大量放電的記錄上，這種訊息是無法得到的。

腦部的層狀組織

脊髓進入腦部時，其延長部分——**腦幹**(brain stem)——包括了環繞軀體、較高級腦部結構的上、下行神經纖維，及一些重要的神經中樞。

從進化的觀點來看，腦幹是腦中最古老的部分，它包括許

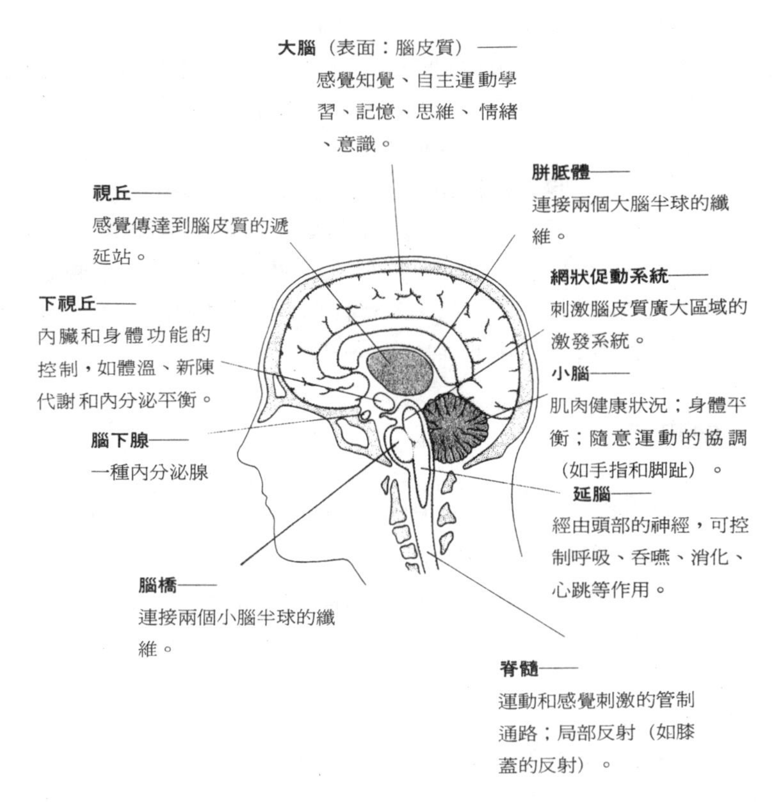

圖 2-7　人的腦部

本圖顯示人體中樞神經系統的分區及功能（本圖亦包括脊髓的上端部分，這是中樞神經系統的一部分）。

多管制複雜反射作用的構造（在所有的脊椎動物當中皆可發現），例如呼吸、心跳、體液平衡、體溫及食慾等維繫生命不可或缺的種種作用。腦幹控制的活動，比脊髓控制的要複雜，但在本質上，它仍然只是反射作用而已。換句話說，腦幹中的神經連結大部分是固定且自動自發的。

腦半球（cerebral hemisphere，兩個半球合起來就是俗稱的大腦）是腦的主要構成部分。腦半球將腦整個包了起來（僅與一小處相接），因此，我們很難窺視腦幹之全貌。若想看淸腦幹的構造，需要從腦中央把腦切開來看（參閱**圖 2-7**）。在進化過程當中，大腦較腦幹發展爲晚。大腦是非反射作用心理過程的中樞，也是高等動物和低等動物的分野。

腦部構造之複雜，實在令人難以相信。早在一個世紀以前，許多研究者就發現腦部裡的各種神經連結。在這裡，我們只討論和後面幾章的心理過程有關的腦部知識（因此，學過神經解剖學或神經生理學的學生可能會覺得這裡說得太簡單了）。

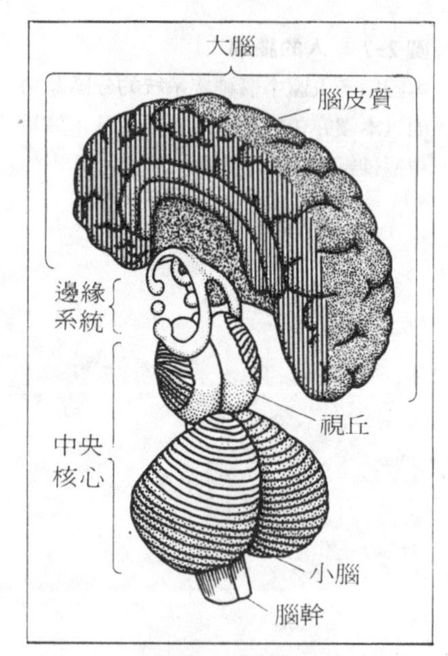

圖 2-8　人腦的三個同心層

本圖顯示了整個原始的核心和邊緣系統，但其左腦半球已被切除。原始核心的小腦，控制了平衡及肌肉的協調；視丘(thalamus)對來自感覺器官的訊息，扮演了一個如同電話交換機的角色；下視丘(hypothalamus，圖上看不出來，其位置在視丘之前）管制了內分泌活動和諸如新陳代謝、體溫控制等維持生命的必要程序；邊緣系統則和情緒的產生及活動有關。腦皮質(cerebral cortex)是覆蓋腦部的外層細胞，是高等心理過程的中樞，亦是感覺註記、自主行動的引發、決策及記憶儲存的中心。

有些腦部構造已經有了清楚的劃分；但其他部分卻混淆不清，其正確領域和所控制的神經機能，目前尙在爭論階段。把人腦看成是由三個**同心層**(concentric layer)組成的，在瞭解上也許較有幫助：(1)原始的**中央核**(central core)；(2)由中央核進化而來的**邊緣系統**(limbic system)；(3)進化最晚的**大腦**(cerebrum)，這是所有高等心理過程的中心——從對環境的知覺、對環境變化的反應，到最複雜的創造性思考等皆是。**圖 2-8** 顯示這些層次混雜在一起，同時有密切的連結關係。這三個同心層可和**圖 2-7** 人腦的橫斷面作一比較。

中央核

中央核包括腦幹的絕大部分。脊髓進入頭部時，其稍微擴大的部分稱爲**延腦**(medulla)。延腦的構造窄小(大約是一吋半)，控制了呼吸和有助於有機體保持直立狀態的反射作用。來自脊髓的主要神經管道，和從腦部傳出的下行神經，在此交會，因此，腦的右半部接受身體左半部的感覺、刺激，並控制身體左半部的反應；同樣地，腦的左半部接受身體右半部的感覺、刺激，並控制身體右半部的反應。當我們討論到腦部的時候，這個交會點有許多特性值得我們去研究。

附在腦幹附近、延腦稍稍上方的迴旋狀組織，就是俗稱的**小腦**(cerebellum)，它關係著運動協調的管制作用。低等脊椎動物(如蛇和魚)的小腦構造和高等動物(包括人)非常相似。雖然行動的命令起始於腦皮質，但動作(針對環境所需有)的細微調整，仍得依賴小腦的作用。小腦管制肌肉的收縮及所有魚兒游水、鳥兒飛翔及人類演奏樂器等複雜運動的控制。像寫自己的名字、拿起一只玻璃杯、走路、跳舞和說話等複雜運動，一經學習之後，就像程式一樣地，被放進小腦，不需要我們去思維每一步驟，就可自動發生。小腦受損害之後，會造成痙攣及運動的不協調：個人往往無法完成一些最簡單的動作(如走路)，而必須一步步分別行動。

位於腦幹前方的大腦半球，內有兩個蛋形的神經細胞中樞群，即**視丘**(thalamus)。其中一部分扮演了傳達的延遞角色，並管制從視覺、聽覺、觸覺、味覺、嗅覺等感覺受納神經傳到大腦的訊息。視丘的另一部分，對睡眠和淸醒的作用頗爲重要，也是邊緣系統的一部分。

視丘下方有一個較小的組織即**下視丘**(hypothalamus)。它雖然很小，在很多種的動機上，下視丘扮演了一個極爲重要的角色。下視丘的核心部分總掌吃、喝、性行爲、睡眠和體溫控制等作用，並管制內分泌的活動，及保持體內的恆定作用。所謂**恆定作用**(homeostasis)，是指健康有機體履行功能的一般水準，如正常體溫、血鹽的標準濃度、正常的心跳速度及血壓等。在有壓力的狀況下正常的體內恆定會受到干擾，於是這些程序就會開始作用，來矯正這些不平衡狀態，並恢復其體內正常功能的水準。例如，當我們太熱時會出汗，太冷時會發抖，這兩種作用的主要目的是要恢復正常體溫。下視丘顯然包括了發現體內系統變化及矯正不平衡狀態的控制機構；目前，對這些控制機構，我們已經有了一點瞭解。

在情緒方面，下視丘亦扮演了一個重要的角色。在第一章我們曾提過，輕微的電流刺激下視丘的某部位時，將產生歡愉的感覺；而刺激鄰近的部位，則會產生不愉快或痛苦的感覺。下視丘亦可透過對其下方的**腦下腺**(pituitary gland，參閱**圖 2-7**)之影響，而控制恐怖和心理壓力的反應。

從腦幹到大腦，橫過其他中央核的組織，是**網狀促動系統**(reticular activating system,簡稱 RAS)。很多輸入或輸出神經，直接或藉著主要神經的小樹狀突，通過 RAS。RAS 控制了清醒或知覺狀態，如從睡眠中醒來，或從散漫到機警等。

根據吳利吉(Woolridge, 1968)的研究，RAS 扮演了一個**意識開關**(consciousness switch)的角色。它可把適當的信號傳往腦中的控制部位，以決定意識的有無。當某種電壓的電流通過植入貓或狗的網狀組織的電極時，就會產生睡眠狀態；而當電波的形式改變時，則可以弄醒睡眠中的動物。RAS 的損傷，可能造成短暫的昏迷現象。一般麻醉藥的效果，主要緣於 RAS 的神經原不再作用的關係。一個人被麻醉以後，若我們發出高亢的聲音或用針刺其皮膚，這些刺激仍會在大腦皮質中引起電離子活動，和其在意識或機警狀態中一樣；但由於藥物的影響，RAS 無法把其他不可或缺的信號傳到腦皮質(換句話說，沒有扭開意識狀態的開關)，所以，對這些刺激行動，被麻醉的人並不知道。

在引起注意方面，RAS 亦扮演了一個重要的角色。當一些訊息同時進入神經系統時，RAS 可以決定那一個訊息是最緊急的。有些訊息變得很脆弱；有些可能永遠無法到達高等的神經中樞。所以當注意力十分集中時，你可能不能察覺四周的雜音或是明顯的痛苦。

邊緣系統

圍繞在腦的中央核附近，沿著大腦半球最中央部份，是許多結合在一起的組織體——稱**邊緣系統**(limbic system)。就進化的觀點來看，邊緣系統的發展，比中央核晚；在**種族發生史表**(phylogenetic scale)上，低於哺乳動物的有機體，就沒有這種組織。邊緣系統和下視丘有密切的聯繫，而在滿足由下視丘所管制的動機和情緒的需要時，由它安排必要的一系列活動。低等動物的覓食、攻擊、逃避危險和求偶等本能行為，都受到邊緣系統的控制。邊緣系統受損的病人，無法完成一系列的連續動作，一點輕微的干擾，都將使他們忘掉接下去要做什麼。顯然，邊緣系統是下視丘體內恆定機構的基礎，並且，調節了有機體，以參與一連串的活動，履行基本的適應功能。

邊緣系統和情緒行為亦有密切的關係。即使是最輕微的挑逗，某些邊緣系統部位受損的猴子，亦會表現出憤怒的反應；其他部位受損的猴子則喪失了攻擊行為——在遭受攻擊時，竟了無敵意，這些猴子忘掉了攻擊者的存在，並且毫不在意。

把腦部看成三個同心組織——中央核、邊緣系統、外部核心——時，我們絕不能認為這三個互有關係的組織是獨立的。且用一家銀行的三個有關的電子計算機來比喻。每一個電子計算機都有其特殊功能，但它們必須整體作業以產生最有效的成果。同樣的，分析來自感官的訊息，需要一種計算和決策程序的計算機(如腦皮質)，而和控制行動結果的計算機(邊緣系統)不同；肌肉的較佳適應(如寫字或演奏樂器)，則需要另一種形式的控制，即所有的這些活動都依序排列成複雜的上司——下屬系統，以維持有機體的統合性。

遊戲（上圖）與互鬥（下圖）由邊緣系統控制。

邊緣系統的一部分——**海馬**(hippocampus)在記憶上扮演著特殊角色，外科手術切除海馬或意外傷害到此構造顯示其對新事件儲存為永久記憶頗重要，但對於回憶舊記憶並不需要，此種手術復原後，病人辨認舊友或回想早期經歷將沒有困難，他能閱讀及運用早期生活所學的技能，然而他將極少回想起發生在今年或僅僅手術前的事件，且手術後遇到的人和事件將一點都不記得；例如，病人將不能認出他可能在今天稍早花數小時共處的新朋友，他將數週做相同的拼圖玩具而從不記得以前做過，將一再閱讀相同的報紙而不記得其內容(Squire, 1986)。

重要討論：

腦部的電腦照片

許多新科技已發展來獲得人類腦部細部照片，而不會造成病人痛苦或傷害，這些技術改良前，大部份腦部傷害的精確位置及鑑定只能藉探測性神經外科或病人死後的屍體解剖來決定，新技術視最近剛可利用的電腦方法而定。

軸性電腦斷層掃描法(computerized axial tomography, 簡稱 CAT 或 CT)便是這一種技術，此過程是送一窄束 X 光經過病人頭部而測量穿透的放射量。此技術的革命性是由穿透頭部數百千不同方位(軸)來進行測量，這些測量然後被輸入電腦，經由適當計算，重建腦部橫切面照片而可攝影或展示在電視監控器上，橫切面能在所要的任何小平面或任何角度，CT 一詞即指明電腦的重要角色，透過不同軸進行測量可以顯現腦橫切面所形成的影像。

更新且更有力的技術包括**磁共振顯影**(magnetic resonance imaging，簡稱 MRI)，此種掃描器利用強力磁場射電頻率波與電腦組成影像，過程中病人躺在環狀洞內，周圍有產生有磁場的磁鐵，當研究的解剖部位置於強力磁場中，暴露於特定射電頻率波時，組織會發生可測量的訊號，如同 CT 掃描機般，做數千條此種測量，然後以電腦運作成解剖部位的二度空間影像，科學家間通常稱此技術爲核磁共振，因爲測量的是射電頻率波造成體內氫原子核子的能量變數。然而，許多醫生喜歡刪掉「核子」名詞而簡稱作磁共振顯影，因爲他們害怕大衆誤認爲帶核子放射原子的核子。

MRI 利用的適應症仍在演變，但其在診斷腦及脊髓疾病上明顯地比 CT 掃描機提供的更精確，例如，腦部 MRI 橫切面顯現出多發性硬化症的特徵表現，但 CT 卻偵測不到，以前診斷此疾病需要住院及將染料注射入脊髓周圍管的測試；MRI 對於偵測脊髓及腦基部異常上也有助益，例如突出椎盤、腫瘤及生出畸形。

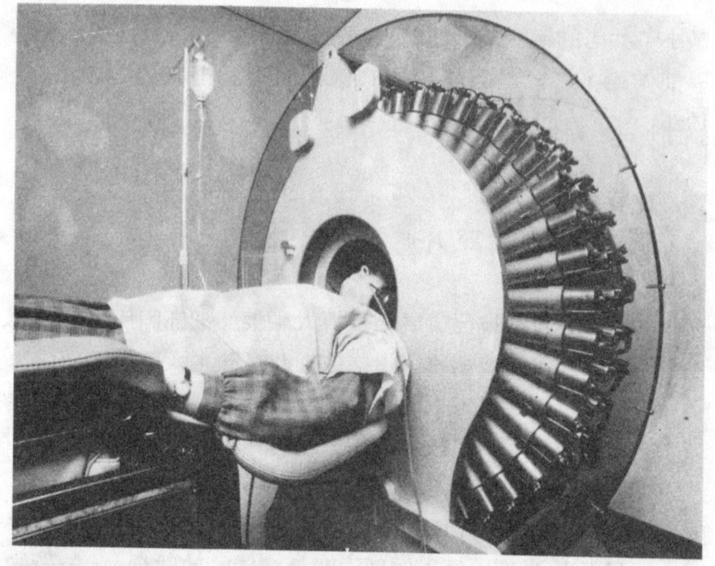

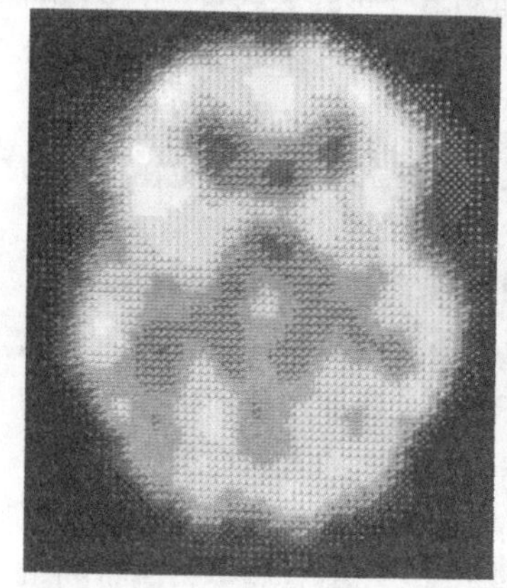

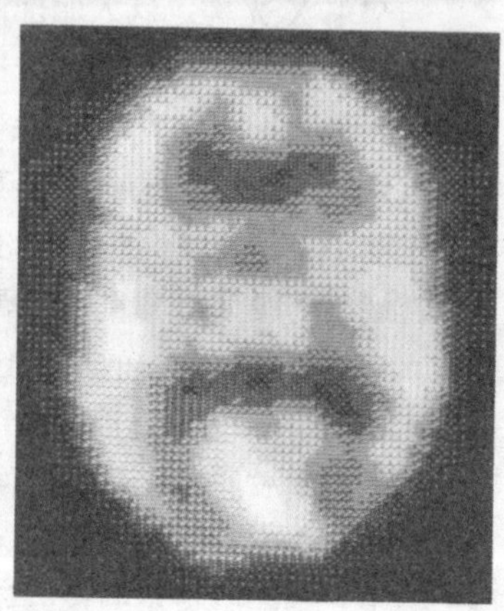

病人被注射帶有放射活性追踪劑，以監測腦部活動性，PET 掃描機測量葡萄糖代謝（上圖）。左圖是正常人的掃描，右圖是精神分裂症病人的掃描。

CT 及 MRI 提供了腦部解剖細部照片，但常常需要評估腦內不同點的神經活性，一種靠電腦掃描過程稱作**正子放射斷層攝影術**(positron emission tomography，簡稱 PET)提供了此額外的訊息，此技術靠體內各細胞需要能量從事各種代謝過程的事實，在腦部神經原利用葡萄糖(獲自血流)作爲其能量主要來源，少量放射活性「追踪」化合物和葡萄糖混合，以致每分子葡萄糖附著少量放射活性(即一種標示)，若此無害的混合物注入血流內，數分鐘後，腦部細胞同它們利用正常葡萄糖般開始利用放射標示的葡萄糖，PET 掃描本身是種放射活性的高敏度偵測器(不像放射 X 光的 X 光機器，但像測量放射活性的 Geiger 氏計數器)，最活躍的腦部神經原需要最多葡萄糖，因此將是放射活性最大，PET 掃描測量放射活性量，將訊息送入電腦畫出有色的腦部橫切面圖，不同顏色代表不同的神經活性，放射活性的測量基於帶正電顆粒(稱作正子)的放射，因此稱為正子放射斷層攝影術。

比較正常人與有神經異常人的 PET 掃描顯示利用此技術能辨證出多種腦部疾病(癲癇、血塊、腦腫瘤等等)，對心理學研究而言，PET 掃描已用來比較精神分裂症和正常人的腦部，且顯示出特定皮質區域的代謝量有差異，它也被用來研究高心智功能期間的腦部激發區域，如聽音樂、算算術或說話——目標是在辨證涉及的腦部構造。

CT、MRI 及 PET 掃描機證實為研究腦及行為間關係的無價工具，這些裝置尚是因另一種科技發展而使科學一領域緩緩前進的另一例子。

腦皮質

腦皮質的構造

掩蓋著腦幹的兩個大腦半球，是神經系統當中進化最晚的部分。人類的大腦比其他動物發達。**腦皮質**(cerebral, cortex)是一層覆蓋大腦的薄的神經細胞體；在拉丁文當中 cortex 意指「樹皮」(bark)。假若你注意一個腦標本，你會發現皮質層因為是由大量的細胞體及非鞘化纖維組成，所以呈現灰色。皮質層下面的大腦，則因為大多由鞘化軸突組成，而呈白色(活人的腦因血液充斥，而呈淡紅色)。各種複雜的心理活動，都在大腦皮質發生。

諸如貓等原始哺乳動物的大腦皮質，既小而又平滑。在種族發生史表上的高級哺乳動物，其腦皮質則隨整個腦部組織量的增加而增加，腦皮質亦變得更縐並有廻旋。因此，腦皮質的實際表面，遠大過平覆於大腦的面積。在種族發生史表上，動物的皮質發展和其行為的複雜性間，有著一種相互關係。人腦皮質的三分之二都埋在裂縫當中，覆蓋面積大於二平方呎。大腦皮質的發展，受到有機體早期經驗的影響。飼養於「富裕」環境(大籠子裡，有玩伴和各種可供把玩和探究的設備)的老鼠，其腦皮質比單獨在小籠子裡的老鼠較重且厚，學習的速度也較快(Rosenzweig 等人，1972；張分磊、徐嘉宏，民 63)。

我們目前對皮質最清楚的知識，是大腦許多區域有特定的功能，稱**局部功能**(localized function)，可繪圖表示；出現在大腦皮質圖中的部位，稱爲**投射區**(projection area)。對腦皮質的若干部位施以電流刺激時，會產生運動反應(包括身體各部位的運動或行爲)或是感覺效果(包括感覺和知覺)。

當腫瘤對投射區施以壓力時，會干擾到各種反應。一旦這些部位因疾病或受傷而損壞時，同樣的功能將會改變或消失。假若我們認爲這些功能僅受到這些部位的控制，那我們亦犯了邏輯上的錯誤。即使此部位對一項功能而言是必須的條件，它仍不一定是充分的條件。

在我們探討某些功能定位的例子以前，我們需要描述一下**大腦半球**(cerebral hemisphere)，以爲分界之用。這兩個半球是對稱的，一個在左，一個在右。由前額到後腦，兩半球之間存在著一道很深的分界線。所以，我們將之分爲左半球和右半球。大抵上，身體右半部的功能由左半球控制，而左半部則由右半球控制。每個半球又可分爲四區：**前葉**(frontal lobe)、**頂葉**(parietal lobe)、**枕葉**(occipital lobe)及**顳顬葉**(temporal lobe)。四者的劃分，請參閱**圖 2-9**。前葉和頂葉的分界線是**中央溝**(central fissure)，中央溝從靠近頭邊頂端的大腦部分，一直延續到耳際。頂葉和枕葉的分界線並不很明顯；但頂葉在腦部上端、中央溝的後面，枕葉則在腦部後面。至於顳顬葉，則由腦際的**側溝**(lateral fissure)開始。

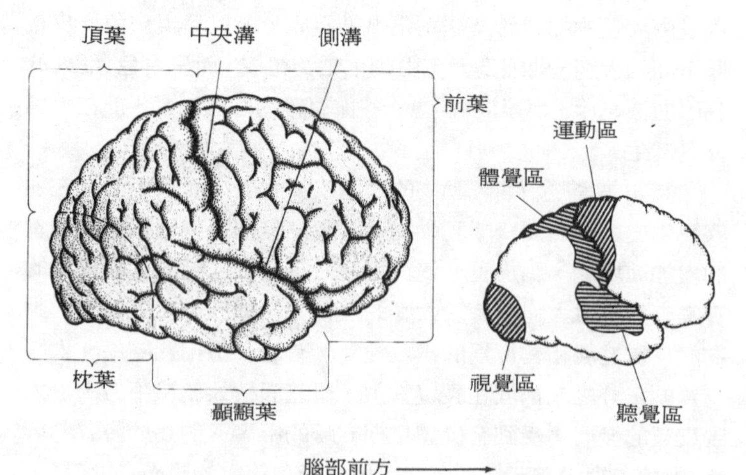

圖 2-9　人類腦皮質的局部功能

左：腦半球的四個部分及其分界　右：投射區

腦皮質區及其功能

運動區(motor area)　控制身體所有運動的運動區，是在中央溝的正前方。每受到電刺激時，運動區就引起四肢等末端區域的運動；當這些部位受傷時，四肢就產生麻痺的現象。身體的運動和運動區間的關係，幾乎呈現一種倒置的現象；脚趾的運動，由靠近腦部上方的部位來控制，口、舌則由腦的底部來控制(參閱**圖 2-10**)。身體右半部的運動，乃左半球的運動區受到刺激的緣故；左半部的運動，則因爲右半球受到刺激。

體覺區(somatosensory area)　在頂葉中，有一個部位和運動區間，隔著中央溝；假若這個部位受到刺激，就會產生感覺經驗——就如同身體的某一部位被觸及或移動一樣。熱、冷、觸摸、痛苦及身體運動的感覺，都由這個部位負責。身體下肢的感覺，由相反半球的較高部位負責，而臉部則由下面部位負責。

看來，我們似乎可以得到一個通則：腦皮質的數量與身體表面的特殊地區相呼應，直接和此部位的運用和敏感度有關，即愈敏感處所佔之面積愈大。例如，從**圖 2-10**，我們可以看出，和手及手指有關的部位要遠大於脚趾的部位，我們可能注意到，在四足哺乳動物當中，對應於狗的前掌的腦皮質數量很少，

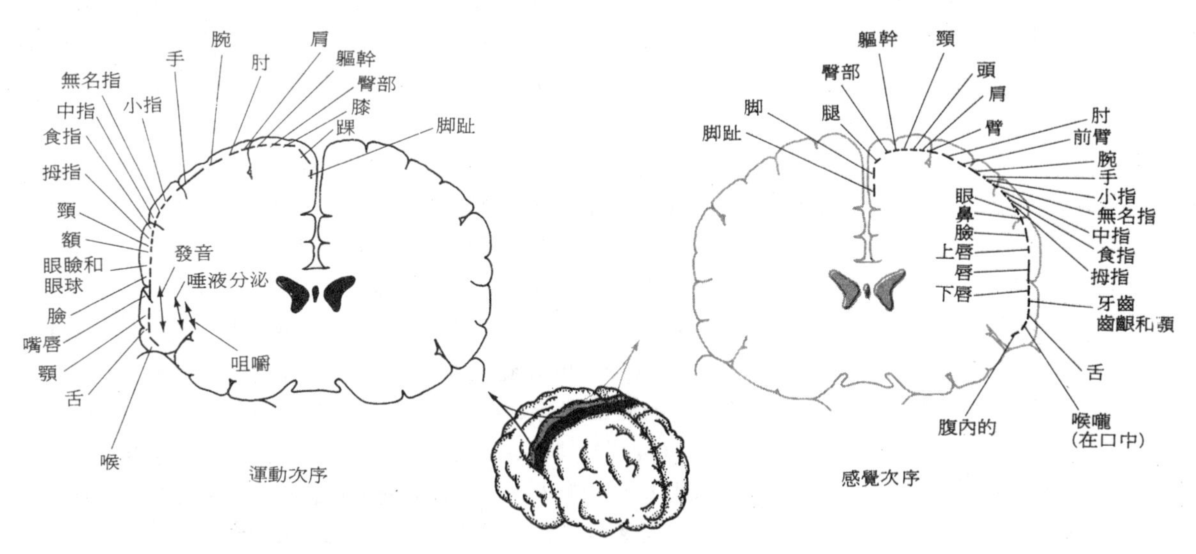

圖 2-10　運動和身體感覺區的局部功能

大腦的兩個橫切面：一是運動腦皮質（灰色部分），一是體覺腦皮質（黑色部分）。各種不同的功能，都可以想像爲兩個半球反映在鏡中，但本圖只標示了其中的一邊（取材自 Penfield and Rasmussen, 1950）。

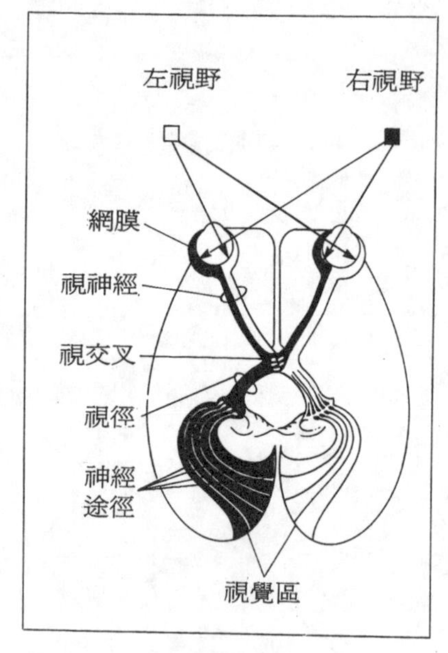

圖 2-11 視覺途徑

在右視野裡，來自物體的光波落在網膜的左半；左視野的光波則落在右半。經由每個眼睛的視神經束在視交叉相會，並傳至腦中相反方向的部位。因此，網膜右半的刺激傳到右腦半球的視覺區（枕葉皮質），網膜左半的刺激則傳到左腦半球。按照視野來說，右視野的物體形象投射到左腦半球，而左視野的物體形象投射到右腦半球。

而必須以前掌來探索及操弄的浣熊，則有較大的腦皮質區(Welker, Johnson, & Pubols, 1964)。

體覺區患病或受傷會造成感覺過程的混亂，但不會完全喪失感覺能力(麻痺)。體覺區受傷病人閉上眼睛時，可能無法判斷自己的手或手臂的位置，或無法判斷所觸及的物體；對極端的溫度他可能有感覺，但他可能無法正確地判斷冷熱的程度。

視覺區(visual area)　每個腦半球的正後方，即枕葉的部份，有塊地方叫**條紋區**(striate area)，此處主掌視覺。**圖 2-11** 顯示視神經纖維和視覺途徑如何將眼睛看到的景像，轉換成光波，傳送到視覺腦皮質(第五章中對視覺途徑有較詳細的介紹，請參閱本書二二九頁)。有關視覺腦皮質功能的知識，主要是以可自由行動或稍經麻醉的貓和猴子爲對象，探討腦皮質單一細胞電反應的研究而來(Hubel & Wiesel, 1965)。當動物眼睛見到線條時，視覺腦皮質內的細胞有很規則的反應，例如，有些細胞只反應小於四十五度角的線條，其他則只反應垂直線條，因此，感覺系統可以感受到各種形式和運動的刺激，而不限於光線的某些點。在第五章談到知覺時，我們還會更詳細地描述這種頗引人注目的研究。

在進行腦部外科手術時，醫生可以用電流刺激病人的視覺腦皮質，根據病人(在局部麻醉狀況下)的報告，他們此時所看到的是閃光或一群光點。這種現象奠定了盲人**人工視覺**(artificial vision)研究的基礎(Dobelle 等人， 1974)。將電極以各種組合刺激盲人的視覺腦皮質時，盲人可以藉此「經驗」許多視覺方式。雖然這種感覺只是近似於眞實視覺，但是未來的研究，或許能發明一種能使盲人察覺物體及閱讀的實用儀器(參閱**圖 2-12**)。

聽覺區(auditory area)　聽覺區位於每個半球邊上的顳顬葉上。其中一部分感受高音，而另一部分則感受低音。每個半球都有兩隻耳朵的感覺區，因此，即使一個顳顬葉喪失了功能，對聽覺也不會有太大的影響。

聽覺投射區和行爲間的關係，可以猴子的實驗來說明。把電極植入猴子的聽覺腦皮質中，並訓練牠們一聽到聲音就按鈕。當聲音出現時，猴子大約需要 0.2 秒的時間來反應。然而，以電直接刺激其聽覺腦皮質時，卻只需要 0.185 秒的時間。在音響和腦皮質間有 0.015 秒的差異，可以假設爲神經刺激傳抵腦皮質所需要的時間。而事實上，聽覺腦皮質活動電位的出現亦

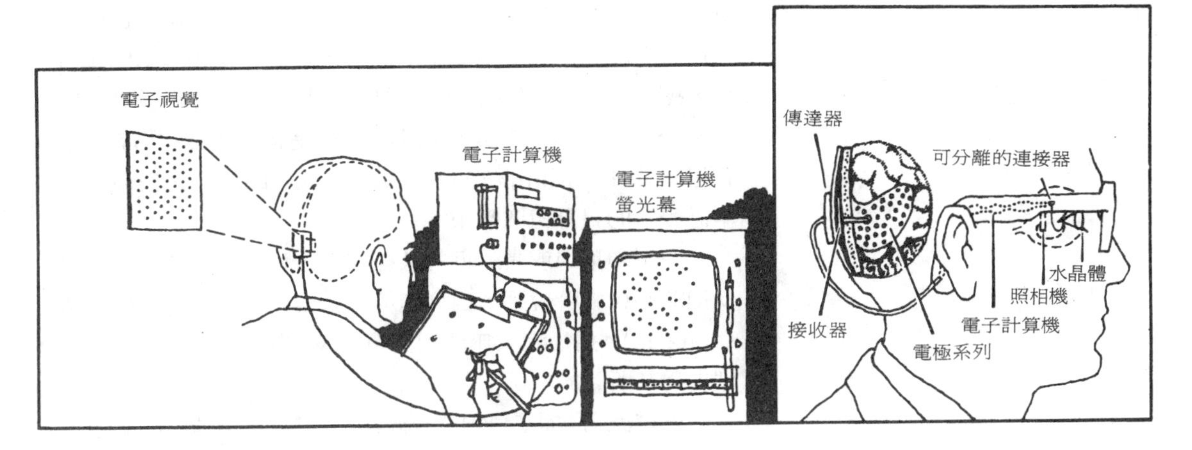

圖 2-12　人工視覺

左圖是實驗的機械裝置。一條帶有六十四個電極連接器的細索，插在視覺腦皮質當中。由同一時間對一對電極的刺激，可在電視螢光幕上（以電子計算機輔助）畫出每個刺激光點或眼球閃光(phosphene)在視覺腦皮質的相關位置。一旦受試者視覺區的眼球閃光組織已知時，實驗者就可刺激電極，把代表模式和字母的資料傳到視覺區，而受試者可將所「見」畫在紙上。右圖是人工視覺的裝置。

比聲音晚 0.015 秒，剛好支持了這項假設(Miller, Moody, & Stebbins, 1969)。

聯合區(association area)　腦皮質內有一片廣大的區域，因爲和感覺、運動程序無直接關係，所以稱爲聯合區。它們不只統合了得自感覺通路的訊息，亦具有學習、記憶和思維的功能。

雖然我們對聯合區的了解還很有限，但最近的研究，使我們對衆多不同的功能，有了一個較清楚的了解。**聯合前區**(frontal association area，位於前葉運動區前)在解答問題的思維過程上，扮演了一個重要的角色。例如，猴子解決**延宕問題**(delayed-response problem)的能力，會因前葉的受損而消失。實驗的方式是：在猴子的注視下，將食物放進兩個杯子的其中一個，然後將一張不透明布幕隔在猴子和杯子之間。經一段時間(一分鐘之內)以後，把幕移去，讓猴子來選擇兩個杯子的其中一個。正常的猴子在經過一段延遲時間以後，仍可記得正確的杯子；但前葉受損的猴子經過一秒鐘左右，就無法解決這個問題(French & Harlow,1962)。這種延遲反應的不良，只與前葉的受損有關。若是腦皮質其他部位受損，這種不良的延遲反應就不會發生。

人類前葉受損的話，亦能正常的完成智慧性的工作。但在延遲狀況下，或是做一件工作的過程中，需要經常變更工作方法的話他就會患上和前述的猴子同樣的毛病(Milner, 1964)。

聯合後區(posterior association area)位於各種基本感覺區之間，由幾個具有特殊感覺功能的**副區**(subarea)所組成。

例如，顳顬葉中較下端的部位和視覺有關。若這個部位受損，會影響認識和區別不同形狀的能力，但並不會和基本感覺區一樣，喪失了視覺能力。他可以看出物體的外貌(能用手描繪出其輪廓)，卻無法說出它是什麼形狀，或是將它和其它物體分別。普里布蘭(Pribram, 1969)認為，顳顬葉的功能是把他來自基本感覺區的訊息組織起來。

在顳顬葉中或其附近的某些部位，和語言有關。這些部位受損並不會影響說話，但會造成某些語言上的問題，如**失語症**(aphasia)。這種病人無法記憶單字及物體的確實名稱，或不懂別人對其所說的一切。

以電流刺激顳顬葉中的聯合區，可引起極清晰的記憶，如憶起兒時的景象或聽過的一首歌。回憶的進行，可用電流來開啓或關閉。而這種回憶要比正常的記憶清晰得多，電流的刺激就如同放映電影一樣重演久已遺忘的事蹟(Penfield, 1969)。

這種結果十分有趣，但其解釋卻很令人困惑。是否此一特殊經驗的記憶確實位於這個小部位？一旦割掉這個部位以後，刺激其他部位再也不能引起相同的記憶。但受試者仍能說出從前該處受刺激時所引發的是那一首歌。很明顯地，腦中其他部位和記憶經驗亦有關係。

腦的不對稱性

肉眼看來，兩半人類大腦似乎是彼此的鏡像，但更精細的檢查卻顯示出其不對稱性。當在屍體解剖時仔細測量大腦，左大腦半球幾乎總是較右大腦半球大，再者，右大腦半球含有許多連接腦部廣泛分離區域的長神經纖維，而左大腦半球含較短纖維，在某限定區域內提供豐富的相互連接。

早至一八六一年，法國醫生布洛卡(Paul Broca)檢查一位失去語言能力的病人腦部，發現左大腦半球額葉外側溝正上方受過傷。此區域稱做**布洛卡氏區**(Broca's area)，如**圖 2-13** 所示，它與語音的產生有密切的關係。破壞右大腦半球相對的區域通常不會造成語言障礙，與語言及書寫和了解書寫字句的能力有關的區域通常也在左大腦半球，因此，傷害到左大腦半球的中風比限於右大腦半球的傷害更易有語言障礙表現，此通常在慣用右手的人是眞實的，因他們的左大腦半球幾乎總是佔重

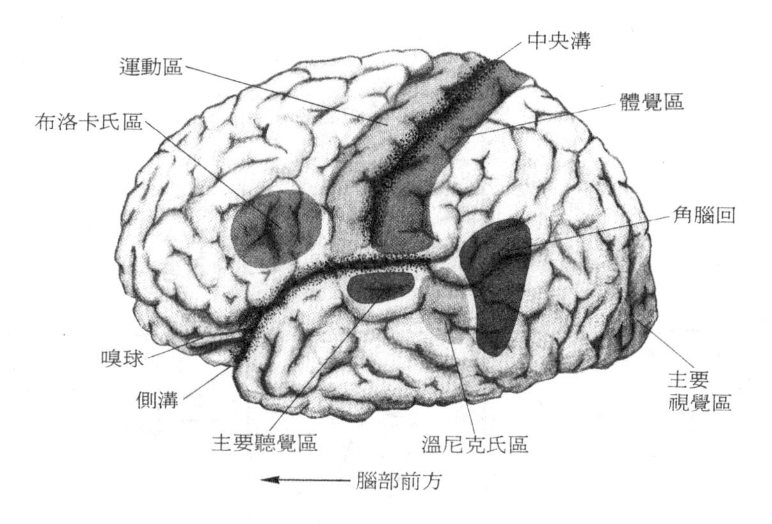

圖 2-13　左腦皮質區局部功能

許多腦皮質區的功能與動作的產生及分析感官輸入的刺激有關。這些區域（含運動、體覺、視覺、聽覺及嗅覺）在所有已發展了腦皮質的動物其腦部兩邊均可見，而其他區域則較特殊化，通常只在人類腦部的某半邊才有。例如，與產生及瞭解語言有關的布洛卡氏區及溫尼克氏區，和結合字詞的視覺與聽覺形式有關的角腦回，均只在人類左腦中才有，至於人類右腦（本圖中未呈現）也有其局部功能，包括分析複雜的視覺景象及音樂知覺方面的特殊化功能。

要地位(左大腦半球控制身體右側的運動功能)，有些慣用左手者其語言中心位在右大腦半球或分隔在左及右大腦半球間，但大多數的語言功能位在左大腦半球(慣用右手者一樣)。

雖然左大腦半球在語言上的角色爲人們所知已有一段時間，但直至最近人們才研究每一大腦半球能自己做些什麼。正常人的大腦功能是一整合的全體，一大腦半球的訊息會立刻移轉至另一大腦半球，此乃藉稱做**胼胝體**(corpus callosum)的寬廣連接神經纖維來傳達的。此連接橋樑在某些種癲癇會造成問題，因爲一大腦半球的抽搐可能橫越而促使另一大腦半球神經原的大量放電。爲了避免有些嚴重癲癇病人發生此種全身性抽搐，神經外科醫生有時會以手術切斷胼胝體，一般而言，已證實手術成功地造成抽搐減少，另外，似乎沒有不想要的副作用，病人每天日常生活的功能似乎和大腦半球仍連接著的人相同。想要明白兩個大腦半球間的差異，需要一些非常特殊的測試方法。欲瞭解這種實驗，必須知道更多的背景資料。

對**分腦人**(split-brain patient，指兩個腦半球間之胼胝體切斷的人)的深入研究，使得這兩個半球功能間的差異更爲明顯，並且對意識本質有了引人注目的假說。左半球的主要部份，主宰了我們的語言表達能力，可以完成許多複雜的連續及解析活動，及數學上的計算技巧；而右半球是次要的部份，能了解簡單的語言，它可藉選擇螺釘帽或梳子等物，來對簡單名詞加以反應，甚至對這些事物的聯結做反應。例如，假若要求右半球從一堆東西中選出一樣點火物時，左手會選擇火柴，但無法表達、瞭解更複雜的語言。假若要求右半球表現眨眼、點頭、

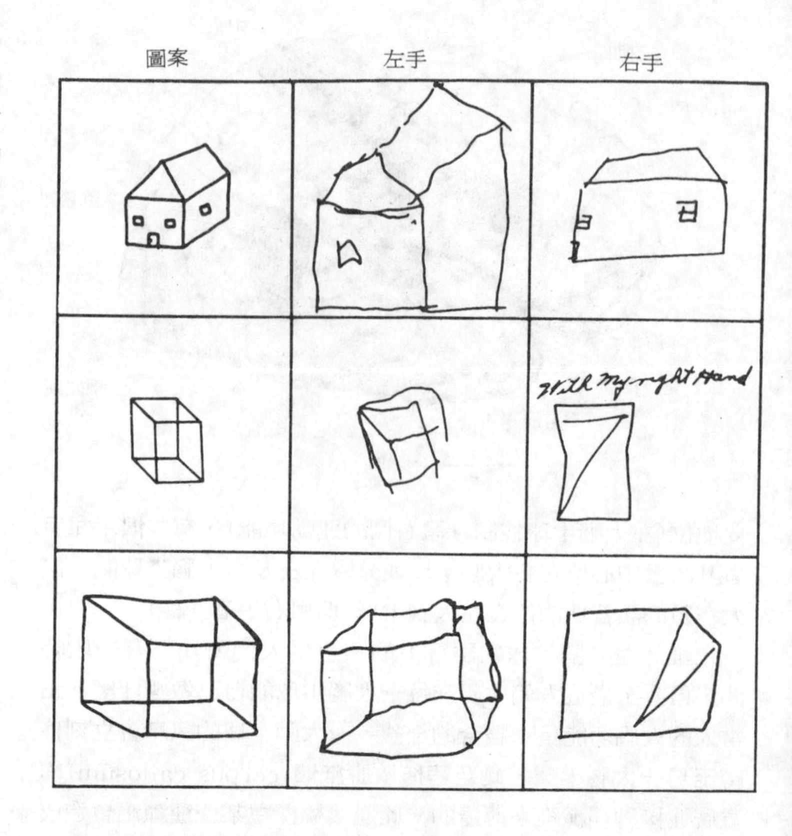

圖 2-14　分腦人的空間圖
由右半球控制的左手可以畫出三度空間的圖形（由於受試者慣使右手，可能有些粗略）。而由左半球所控制的右手，卻無法描出幾何圖形（雖然它寫字容易）。

搖頭或微笑等行爲時，它很少會反應。右半球可以做簡單的兩位數加法，但超過這以外的其他計算方法，它很少辦得到。

雖說右半球是次要的，但這並不表示它沒有特殊的能力。右半球有高度發展的空間和圖形感覺，在設計幾何圖形和描繪透視圖方面，遠勝於左半球（參閱**圖 2-14**），它比左半球更能有效地將彩色積木組合成複雜的圖案。分腦的病人根據圖案用右手來組合積木時，會錯誤百出。有時爲了不讓左手來改正由右手所造成的錯誤，會使他很煩惱。也有某些證據，指明右半球爲音樂能力的中樞（Milner, 1962）。

以正常人爲研究對象，似乎更可確定這兩個半球的特性。例如，當一閃而過的訊息傳到右半球，並且同時須要做語文和非語文反應時，非語文反應比語文反應快。很明顯地，語文反應需要透過胼胝體，將訊息傳往左半球，這要費一點時間（Gazzaning, 1972）。很多腦部腦電圖（EEG）的研究指出，左半球語言活動增加時，右半球空間工作的活動亦增加（Ornstein, 1972）（有關腦部如何劃分工作，可參閱**圖 2-15**）。分腦人的研

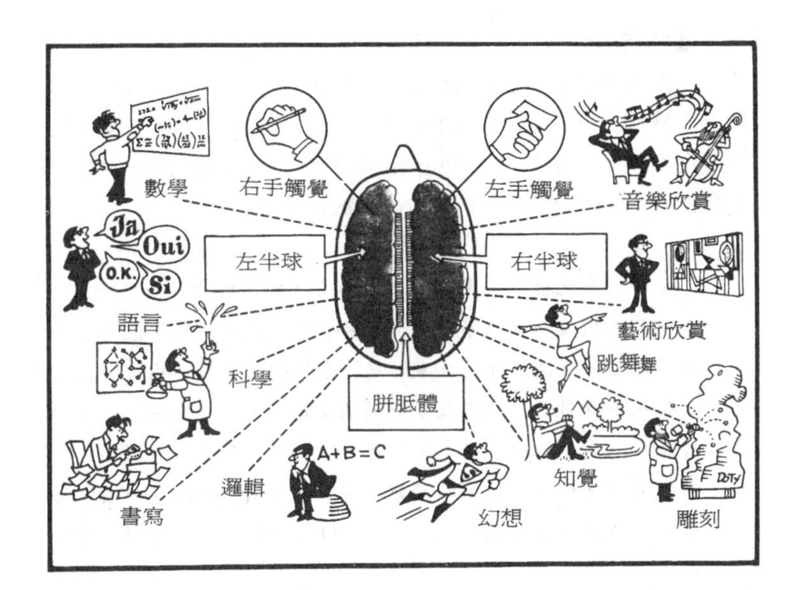

圖 2-15　腦部如何劃分工作

有關分腦人及正常受試者的研究，指出左半球或右半球各具不同的特殊功能。本圖係綜合各種研究的摘要，加以臆測而來的。目前，研究尚無法肯定上述各種能力在腦部的位置。

究，使得有些心理學家認為：意識本身存在左半球裡，這是根據過去語言記憶而來的；右半球是潛意識的，但它可藉著胼胝體的作用與左半球連繫，而達到意識狀態。發生在右半球的經驗將迅速傳到左半球，而成為意識本身的一部分。當這兩個半球的連接物消失以後，右半球即保持靜默，並且，其經驗亦不再是意識知覺的一部分(Eccles, 1973)。

腦電圖(electroencephalogram)研究亦顯示進行語文作業期間左大腦半球電活動力增加，然而在空間作業期間右大腦半球腦電圖活動力增加(Springer & Deutsch, 1985)。

因此，某些證據顯示兩大腦半球以不同方式運作，左大腦半球控制語言、閱讀、寫作及算術，以邏輯、分析性模式運作，著重於細節，作個別特徵察覺而不是整盤圖案；另一方面，右大腦半球在音樂和藝術能力、想像、做夢和察覺複雜性幾何圖案扮演著特殊的角色，其察覺性是全盤的，需要視覺關係的工作特別有效率，右大腦半球也比左大腦半球顯露出更多的情感及激動性。

有些研究者猜測**認知模式**(cognitive style)的個別差異是和兩大腦半球相對效率的個別差異有關，因此，非常有邏輯、分析、語言能力的人有極有效率的左大腦半球功能；而具有非常全盤性、音樂、直覺及易衝動的人其右大腦半球較佳。解釋個體認知模式差異的大腦半球功能差異均勢觀念是動人的概念，雖然其基於猜測比直接實際證據更多。

一個人不應因此討論推論出兩大腦半球各自獨立工作，事實上正好相反，大腦半球的分化有相異，但它們隨時都將其活動力合而為一，這種整合使心智過程大於且不同於每一大腦半球的特殊貢獻，正如李維(Levy, 1985)提及的：

> 這些差異見於每一大腦半球對所有認知活動力的對照貢獻，當一個人閱讀一篇故事時，右大腦半球可能扮演的角色為詮釋視覺訊息，維持整合的故事結構，察覺心境和情感內容，由過去相關事物引譬出意義及了解隱喻；同時，左大腦半球扮演的特殊角色為了解句子構造，將寫的字句轉換成語音象徵，以及由字句觀念和句子構造的複雜關係引譬出義，但沒有一項活動是只牽涉到一大腦半球，也沒有一項活動是只有一大腦半球促成的。

分腦實驗

分腦實驗是讓分腦人坐在螢光幕前,雙手擺在視線之外(參閱**圖 2-16**)。先令患者的視線固定在螢光幕中心的一點，繼以「螺釘帽」(nut)一字在螢光幕左方一閃而過(大約十分之一秒)，視覺影像就傳到了控制左半部身體的右腦。病人雖然可以用他的左手，很輕易的從看不見的一堆東西中將螺釘帽挑出來，但他無法告訴實驗者螢光幕上出現的字是什麼。因為語言受制於左半球，視覺影像「nut」並沒有傳到左半球。並且，病人似乎不知道自己的左手在做什麼。這是因為來自左手的感覺傳到右半球，而左半球對左手所做或所感覺的一切毫無所知的關係——最初的視覺資料只傳到右半球而已(Sperry, 1970)。

每個字出現在螢光幕上的時間不能超過十分之一秒，假若超過了十分之一秒，他就可以移動雙眼來看，這樣一來字也就反射到左半球去了。假若病人可以移動其雙眼來看的話，任何刺激都可傳到這兩個半球。這就是切除過胼胝體的病人，在日常生活中沒有明顯不良現象的原因之一。

更進一步的研究，可支持這種病人只知道其左半球所接收到的刺激的看法，這是因為左半球控制了語言連繫的緣故。**圖 2-16 B** 顯示另一種測驗狀況。「hatband」(帽帶)一字在螢光幕上閃過，「hat」(帽子)傳到右半球，「band」(帶子)則傳到了左半

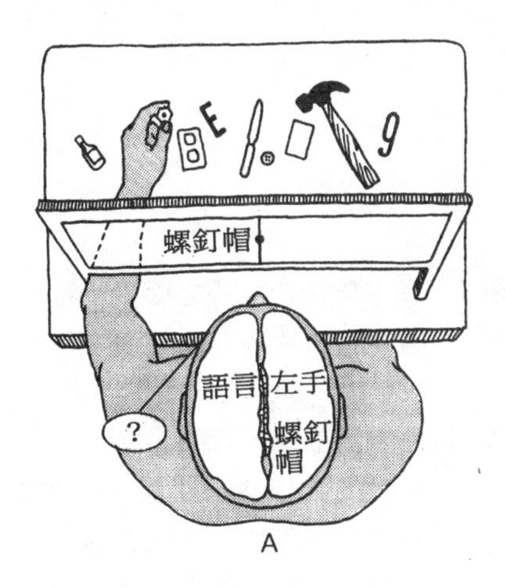

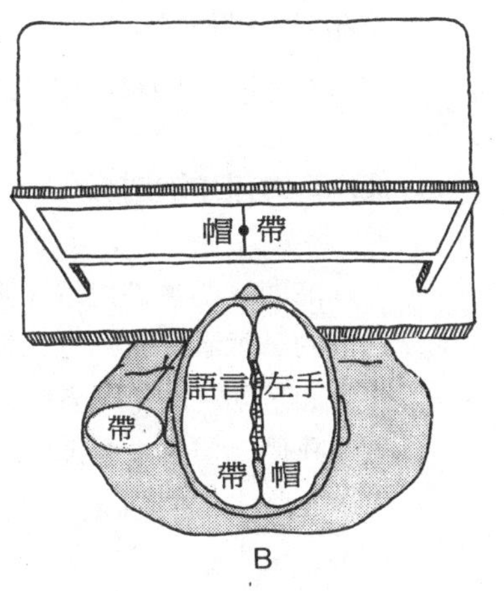

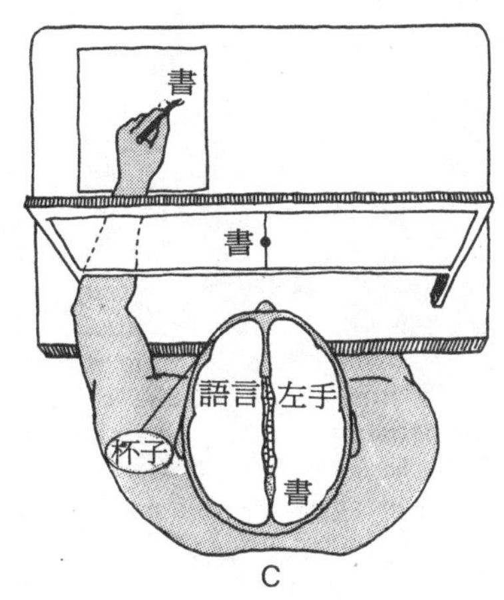

圖 2-16　兩半球能力的檢驗

A.當物體名稱在右半球閃過時，分腦人可由左手的觸覺來找出正確的物體，但無法說出物體的名稱或自己所做的事。B.「帽帶」這個字，在螢光幕上閃過，「帽」傳到右腦半球，「帶」傳到左腦半球。受試者宣稱看到了「帶」，但是何種「帶」他卻不知道。C.一張日常用品表（包括書和杯子）展示給受試者看。表上的一個字——書——反射到右半球，左手可以寫出「書」這個字，但問他左手寫的是什麼時，他卻回答：「杯子」。

球。當問及螢光幕上的字時，受試者的回答是「band」。而問他是什麼樣的「band」時，卻只有少數能碰巧回答出「hatband」。以其他的字來測驗(如 keycase 或 suitcase)時，結果仍然一樣。這是因為受試者右半球的知覺，並未透過左半球進入意識知覺狀態。再者，由於胼胝體的作用，顯然每個半球似乎都有另一個半球的知覺經驗。

假若受試者被蒙上眼睛，將其熟悉的一件東西如梳子、牙刷或鑰匙盒等放在他的左手，他似乎知道那是什麼東西。例如，他可以用正當的使用方法來判別，但卻無法用語言來表示。而在他用這件東西時，問他用途，他卻茫然無知，如果物件的感覺訊息無法傳到左半球時，這種情形便一直存在。假若是右手不小心碰到了這件東西，或是發出一種特別的聲音(如鑰匙盒)，受試者就可以回答出正確的答案了。

雖然右半球和說話沒關係，但它亦有一些語言表達能力。如同我們第一個例子所提的，它知道「nut」這個字的意義，並且具有書寫能力。在**圖 2-16 C** 的實驗中，先把一張列有杯子(cup)、小刀(knife)、書(book)及玻璃(glass)等日常用品的表展示給受試者看。這次不是在螢光幕一閃而過，而是讓受試者有足夠的時間，反應到兩個腦半球去。其次，移去這張表，讓其中一個字「書」在螢光幕左邊閃過，於是這個刺激傳到了右半球。要他寫出他所看到的字時，他的左手可以寫出「書」這個字，但問他左手所寫的是什麼時，他卻不知道，並且，隨意亂猜表上的字。受試者知道他左手曾寫過一些東西，這是因為他感受到手的運動，但由於在控制「看」和「寫」的右半球與控制語言的左半球之間並無連繫，所以受試者不知道他所寫的是什麼(Nebes & Sperry, 1971)。

腦部功能的劃分

前面我們曾經提過，兩個大腦半球，在某些方面看來都是對稱的，兩者都有感覺、運動、視覺和聽覺等區域；而在另一些方面，則左右半球各有所司(見**圖 2-17**)。

我們知道，主要運動神經於離開腦部時，會交會在一起，所以左腦半球控制身體的右方，而右腦半球控制左方。我們亦提過，產生語言的中心(布洛卡區)位於左半球。其他必須注意的，是當兩眼向前直視時，左方固定點的影像經由兩眼到達右

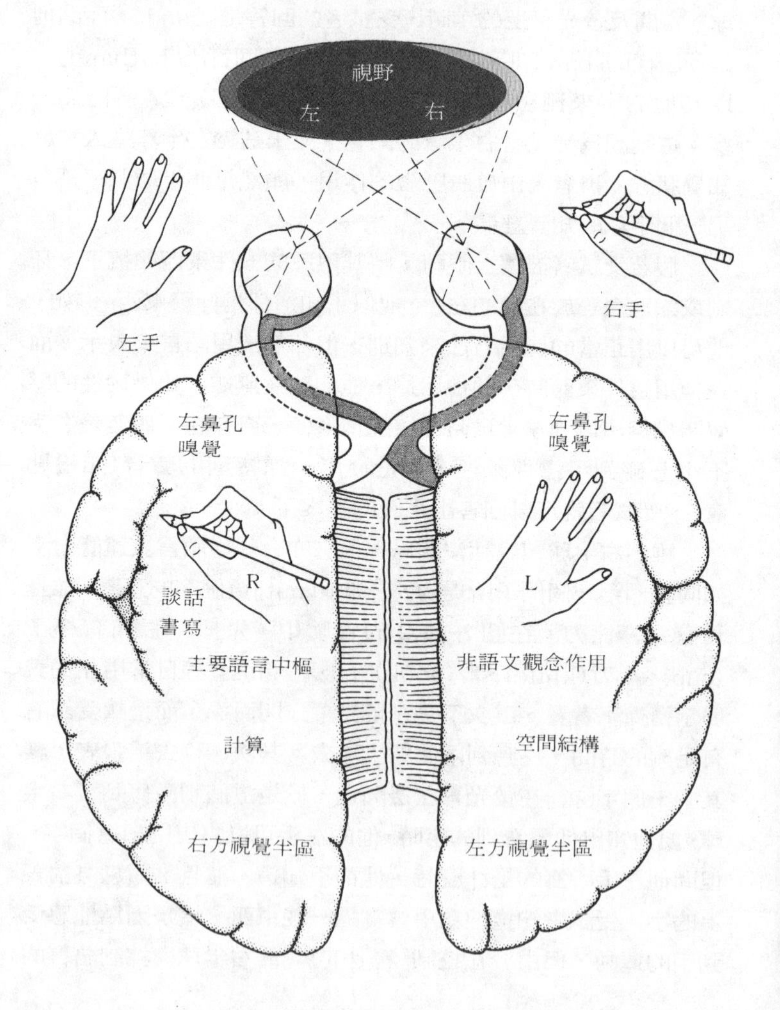

圖 2-17　輸入兩個腦半球的感覺

當雙眼固定向前時，左方固定點的刺激進入右半球，而右方刺激傳抵左半球。左半球控制右手的運動，而右半球控制左手的運動。聽覺的輸入是雜在一起的，但有些聲音則進到和耳朵同一邊的腦半球。嗅覺由同一邊的鼻孔來接受。多數人的左半球較佔優勢，它控制了書寫、說話及數學上的計算；而右半球只能瞭解簡單的語言，其主要功能似乎在空間結構及圖形感覺上。

腦，而右方固定點的影像則到達左腦(參閱**圖 2-17**)。以正常的腦而言，進入一個腦半球的刺激經由胼胝體迅速傳到另一個腦半球，所以，腦的功能可以說是一體的。前面我們曾經談到，兩個半球無法連繫時會發生什麼狀況，近年來的研究也指出，兩個大腦半球間的功能有很大的差異。

重要討論：

語言與腦

大多數關於腦部語言機制的知識是來自於觀察腦部受傷的病人，此傷害可能是因腫瘤、貫穿性頭部傷或血管破裂。**失語症**(aphasia)是用以描述因腦傷害造成的語言缺失。

正如已提到過的，布洛卡在一八六〇年代觀察到左額葉特殊區域傷害和稱爲**表達性失語症**(expressive aphasia)的語言異常有關，布洛卡氏區域傷害的人其正確發音有困難，且說話慢而不流暢，其語言常常可理解，但只包括主要的字，一般名詞以單數表達，形容詞、副詞、動詞及連接詞易被忽略，然而，這些人在了解說或寫的語言卻無困難。一八七四年德國研究者溫尼克(Carl Wernicke)的報告指出皮質另一處(也在左大腦半球，但爲顳顬葉)傷害和稱爲**接受性失語症**(receptive aphasia)的語言異常有關，此部位(溫尼克氏區域)受傷的人們不能理解字句，他們能聽到話，但並不知道其意義，他們能毫無困難地說出一串字句，發音正確，但在字的用法上有錯誤，且其語言常會無意義。

基於這些缺陷的分析，溫尼克發展出一個語言產生及了解的模型，雖然此模型已一百年了，其一般要點似乎仍是正確的，最近幾年格許溫(Norman Geschwind)以此爲基礎，發展出稱爲溫-格二氏(Wernicke-Geschwind)模型的理論(參閱**圖 2-18**)，根據此模型，布洛卡氏區域是假設儲存「發音密碼」，其載明發音一個字所需肌肉作用的順序，當這些密碼傳至運動皮質時，它們以適當順序激發唇、舌頭及喉頭的肌肉而產生口頭的字。

另一方面，溫尼克氏區域是儲存「聽覺密碼」，儲藏著字句的意義；若要說出一個字，在溫尼克氏區域的聽覺密

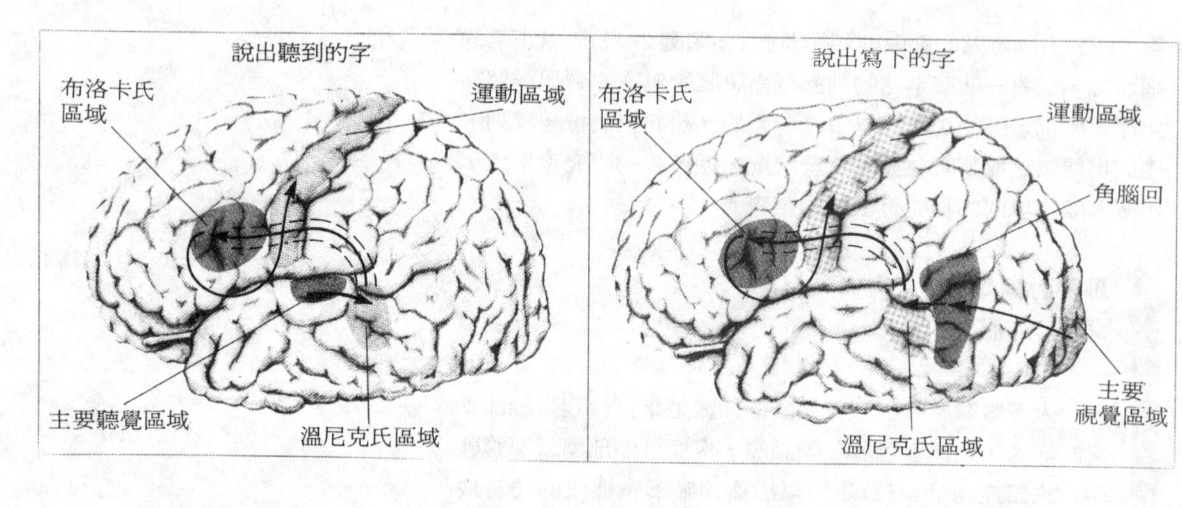

圖 2-18 溫格二氏模型

左方格列舉面對口頭的話時，一個人以口頭形式重複事件的順序。來自耳朵的神經衝動先被送至主要視覺區域，但直至訊息再被傳至溫尼克氏區域，才能瞭解字句的意義。在溫尼克氏區域。字的聽覺密碼被尋回，且經由一束神經纖維傳遞至布洛卡氏區域。在布洛卡氏區域。字的發音密碼被激發，然後指向運動皮質，運動皮質趨動唇、舌頭及喉頭以產生口頭的字句。

在右方格是面對寫下的字而說出此字，輸入眼睛的視覺先傳至主要視覺皮質，然後接轉至角腦回，角腦回將字句的視覺形式和溫尼克氏區域相關的聽覺密碼相連在一起，一旦聽覺密碼被尋回，便知字句的意義，經由以往事件同樣的順序，可說出此字句。

碼必須被激發，由一束神經傳遞至布洛卡氏區域，在此激發相對的發音密碼，然後發音密碼傳遞至運動皮質，以產生口頭的話。

若要瞭解某人說出的字，必須是自聽覺皮質傳遞至溫尼克氏區域，在此口頭的話被譯成聽覺密碼，然後激發字的意義。當面對寫的字時，先在視覺皮質登記，然後接轉至**角腦回**(angular gyrus)，其將字的視覺形式和溫尼克氏區域的聽覺密碼連在一起，一旦發現字的聽覺密碼，也就有其意義；因此，字句的意義是依照溫尼克氏區域的聽覺密碼儲存的，布洛卡氏區域儲存發音密碼，角腦回將字寫的形式配對著其聽覺密碼，然而此兩區域均不儲存有關字意義的訊息，字的意義只在聽覺密碼於溫尼克氏區域被激發時才尋回。

此模型解釋許多失語症者表露的語言缺陷，侷限於布洛卡氏區域的傷害破壞語言的產生，並對說或寫的語言理解影響較少，傷害溫尼克氏區域破壞了語言理解的所有方面，但一個人仍能正確地發音字句(因布洛卡氏區域完整)，縱然發出的是無意義的。此模型也預測了角腦回傷害的人將不能閱讀，但在理解語言或說話上卻沒問題，最後，若傷害限於聽覺皮質，一個人將能正常地閱讀和說話，但將不能理解所說的語言。

有些研究發現並不能以溫-格模型做適當的解釋；例如，當腦的語言區域在神經外科手術期間用電刺激時，接受性及表達性功能兩者可能在同一處被破壞，此顯示有些腦區域可能分擔著產生及了解語言的共同機制，我們離語言功能的廣博模型尚有一大段距離，但無疑地語言功能的某些方面高度侷限於腦(Geschwind, 1979)。

自主神經系統

我們前面曾經提過，和身體各部分、腦及脊髓連繫的周圍神經系統可分爲兩部分：㈠軀體神經系統，控制骨骼肌和從皮膚、肌肉及各末梢神經收到的感覺訊息。㈡自主神經系統，控制內分泌腺和包括心臟、血管、胃、腸等**平滑肌**(smooth muscle)。稱爲平滑肌的原因，是因爲這種肌肉在顯微鏡之下並沒有和骨骼肌一樣的條紋。軀體神經系統控制**橫紋肌**(striated muscles)，而自主神經系統控制了平滑肌。稱爲自主神經系統的原因，是因爲控制的活動大都屬於自主或自律的，如消化或循環系統，在一個人睡眠或無意識的狀態下依然繼續進行。

自主神經系統可包括兩個部分——**交感神經**(sympathetic division)和**副交感神經**(parasympathetic division)，其作用通常是相拮抗的。

交感神經系統

脊柱兩側有成串的神經纖維和神經細胞伸展到各個內臟。這些纖維鏈，俗稱**交感鏈**(sympathetic chain)。這些纖維起自胸部和腰部脊椎或介於頸部和薦椎骨間，它們與脊椎內的神經密切結合。所有的纖維和神經中心構成了自主神經系統的交感神經部分(參閱**圖 2-19**)。

交感神經部分的作用，往往是整體性的。當我們情緒激動的時候，心跳速度會加快，肌肉和心臟的動脈擴張，皮膚和消化器官的動脈收縮，而造成流汗和分泌某些增加情緒激動的荷爾蒙。

副交感神經系統

副交感神經可分爲兩部分，其中一部分纖維來自頭蓋骨部分(在交感神經系統上方)，另一部分來自薦椎骨部分(在交感神

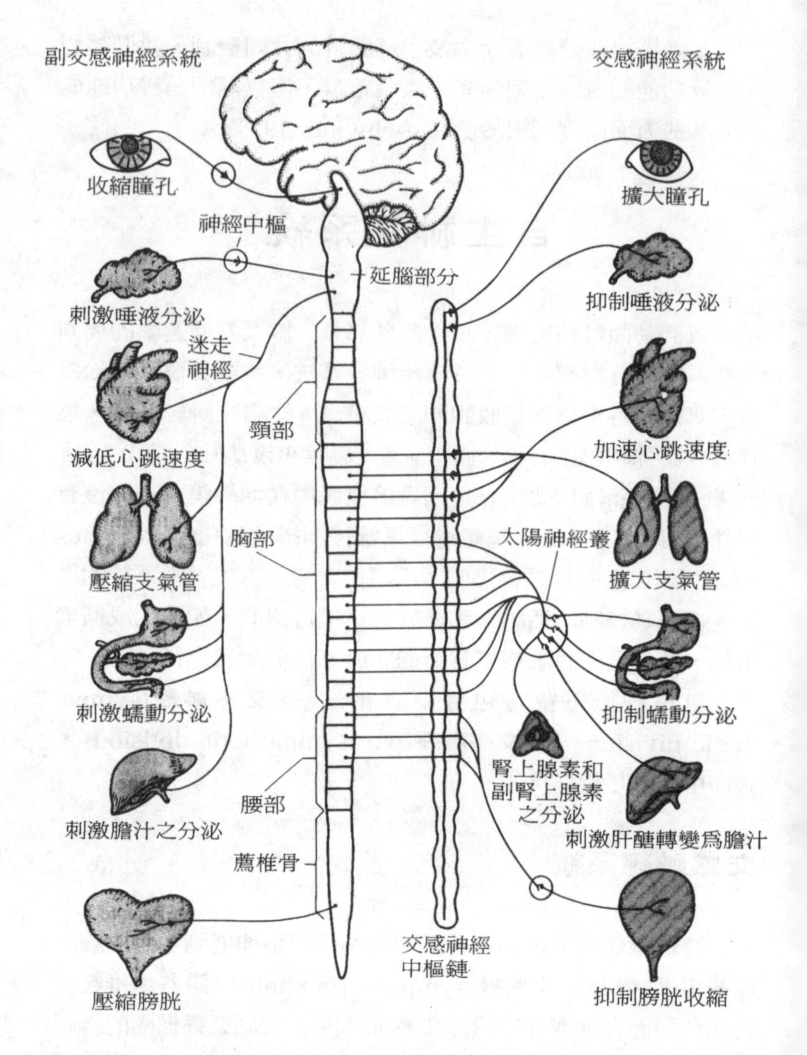

圖 2-19　自主神經系統

交感神經系統的神經原，源於胸部和腰部的脊柱；它們和脊椎外的神經中樞，形成了神經鏈的連接。副交感神系統的神經原，源於腦幹中的髓質部分和脊髓中的薦椎骨部分。它們和神經中樞連接在器官的刺激部位附近，所以其作用多少具一種片斷、零碎的性質。絕大多數——但並非全部——的內在器官受到這兩個系統的控制，每個系統的作用和另一個相拮抗。介於極端激動和暮氣沉沉之間的人體正常狀態，就是這兩個系統交互作用的結果。

經系統下方）。

副交感神經的作用，和交感神經不同，是零碎的，它對器官的影響是暫時的。假若我們說交感神經是暴力和激動行爲的主宰，那麼副交感神經就是安靜的主宰。通常，它參與消化系統的作用，以維持保護及保存身體資源的功能。

兩部分間的交互作用

當交感和副交感纖維都連接在同樣的肌肉或分泌腺時，兩者的作用方式恰好相反，所以當交感神經加快心跳速度的時候，副交感神經則緩和其速度；當交感神經抑制消化程序時，副交感神經則激發其作用；當交感神經擴大瞳孔時，副交感神經則抑制它。

但這種作用相反的原則，還是有些例外。有時候，兩者的作用可能是同時的，有時也是有先後的。雖然交感神經通常主宰了恐懼與興奮，但在極端情緒化的狀況下，副交感的一般徵狀，即是不由自主的大小便排泄。另外一個例子是男性的整個性行爲，先要勃起(副交感的)，最後才是射精(交感的)。因此，雖然兩者的作用通常是拮抗的，但它們之間有複雜的交互作用，其交互作用迄今尙無法完全瞭解。

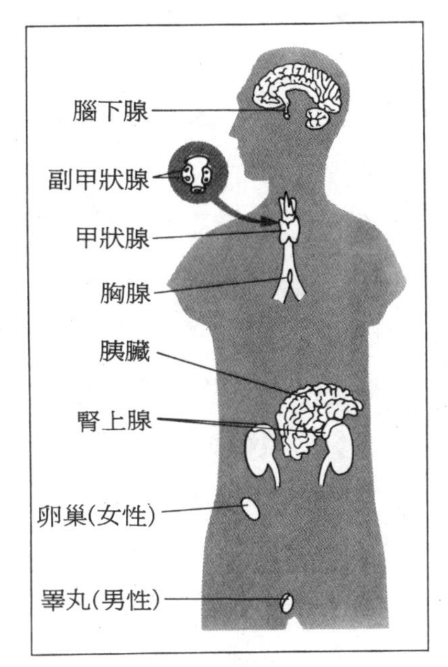

圖 2-20　一些內分泌腺

內分泌腺分泌的荷爾蒙和神經系統對生物活動的整合都是必須的，然而，內分泌系統和神經系統所作用的速度有所差異，神經衝動能在百分之數秒傳遍生物，內分泌系統可能需要數秒或甚至數分鐘才能產生效應，激素一旦釋出，必須經由血流傳至其標的處，此爲一較慢的過程。

內分泌系統

許多因自主神經系統活動而來的人體反應，是由**內分泌腺**(endocrine gland)造成的。內分泌腺分泌的荷爾蒙，都由血液傳往身體各部分❶。它與神經系統共同協調身體的活動和維持體內的恆定。神經系統也必須倚賴荷爾蒙。例如，神經原在傳導上，就需要**正腎上腺素**(norepinephrine)的作用，其他的荷爾蒙則修正神經原的興奮。總括起來，內分泌腺和成長、性及母性行爲、個人的精力和心情水準的特性及對壓力的反應等有關。有些內分泌腺受神經系統控制，其他的內分泌腺，則直接對內部的狀態反應。

腦下腺

腦下腺(pituitary glands)是主要的內分泌腺之一，位於下視丘下方(參閱**圖 2-7**)。因爲腦下腺分泌的荷爾蒙最多，也控制了其他腺體的一些分泌作用，故有**腺王**(master gland)之稱。

在機能上，腦下腺具有兩個部分。**腦下腺後葉**(posterior pituitary)由神經系統直接擴展而成。它分泌兩種荷爾蒙，一種具有促進子宮收縮和母乳分泌的作用，另一種則專司細胞體水

---

❶內分泌腺和其他腺體的分別，在於內分泌腺的分泌，直接進入血液裡面。外分泌腺（如唾腺及淚腺）則自己有導管，能夠直接把它的分泌物輸送到身體裡面或體腔上，也正因爲如此，它的影響範圍較小。

分的調節及血壓的間接控制。還有一部分是**腦下腺前葉**(anterior pituitary)。某些下視丘分泌的荷爾蒙，由微血管運送到腦下腺前葉，可以刺激前葉分泌荷爾蒙。

前葉所分泌的一種荷爾蒙，控制了身體成長的時間及身體的大小。這種荷爾蒙分泌不足會造成侏儒症，反之則造成巨人症。其他前葉分泌的荷爾蒙控制了其他內分泌腺——甲狀腺、性腺以及腎上腺的一部分。求愛、交配和很多動物的繁殖行爲，都是神經系統活動和腦下腺前葉對性腺的影響之間，複雜交互作用的結果。

腦下腺和下視丘間的關係列舉了發生在內分泌系統及神經系統間的複雜交互作用，下視丘某些神經原對壓力(恐懼、焦慮、疼痛、情感事件等等)反應會分泌一種稱爲**親皮質素釋放因子**(corticotropin-release factor, 簡稱 CRF)的物質，腦下腺正位於下視丘下方，CRF 經由槽狀構造送至它，CRF 刺激腦下腺釋放**親腎上腺皮質素**(adrenocorticotrophic hormone, 簡稱 ACTH)，其爲體內主要的「壓力」激素，然後 ACTH 經由血流攜帶至腎上腺及身體各種其他器官，造成大約三十種激素的釋放，每一種在身體對緊急情況調適上均扮演著某種角色，此事件的順序顯示內分泌系統是受下視丘控制，經由下視丘藉以受到其他腦中心的控制。

腎上腺

腎上腺(adrenal gland)位於腎臟上方，對神經功能和身體因應壓力的能力十分重要。腎上腺有兩部分，裡面部分稱爲髓質，外層部分稱爲皮質。髓質分泌**腎上腺素**(adrenalin)和**正腎上腺素**(noradrenalin)。腎上腺素與應付緊張狀況有關，夾雜在交感神經系統的活動當中。例如，腎上腺素對平滑肌和汗腺的作用，與交感神經系統十分類似。它可引起流汗、胃腸血管的收縮和加快心跳，並促使網狀促動系統(RAS)的活動，刺激交感神經，造成腎上腺分泌更多的腎上腺素，因此，造成封閉性的循環，以維持情緒的激發。這也就是誘因消失後，情緒還持續激動一段時間的原因。很多野生動物在被捕以後，由於生理系統無法平息眼前壓力所導致的生理不平衡，所以往往造成動物的休克和死亡。

正腎上腺素在應付緊急狀況上，和腎上腺具有相同的功能。它經由血液的輸送到達腦下腺，並刺激腦下腺分泌一種荷爾蒙來刺激皮質，分泌**腎上腺皮質荷爾蒙**(adrenocortical hormone)。這種荷爾蒙稱爲皮質素，具有促進生物體迅速活動的功能，並可維持身體正常新陳代謝的功能，如**可體松**(cortisone)等皮質素，可用來治療過敏、關節炎和休克。其他的皮質素則可能在心理疾病的治療上扮演了一個重要的角色。

腦下腺與腎上腺複雜的功能和它們與神經系統的交互作用，指出了內分泌系統在人體反應的統合上扮演了重要的角色。內分泌系統的激素與神經原的神經傳導物有相似的功能，兩者都攜帶身體細胞間的**訊息**(message)。神經傳導物攜帶相鄰神經原間的訊息，其效應高度局部化；相反地，激素可能傳至更遠距離，到達身體各處，以不同方式作用在許多不同型的細胞。這些化學訊息物間的基本相似性(不論其相異性)，可由某些物質充當兩者功能的事實顯現出來，例如，腎上腺素及正腎上腺素做爲神經原釋放的神經傳導物及腎上腺釋放的激素。

遺傳對行爲的影響

想瞭解生物行爲的基礎，應該知道遺傳的影響。**行爲遺傳學**(behavior genetics)集合了遺傳學和心理學的方法，研究行爲特徵的遺傳。我們知道，像身高、骨骼結構、頭髮和眼珠的顏色等特性都來自遺傳。行爲遺傳學探討能力、氣質和情緒穩定等得自父母的程度。

所有的行爲都受到遺傳和環境的交互影響。早期遺傳和環境對立的問題已經毫無意義。相反地，研究者尋求天賦如何限制了個人的潛力，及環境如何影響天賦的潛力。

染色體與基因

遺傳的決定因子，即所謂的**染色體**(chromosome)，存在細胞體的細胞核之中。絕大多數的細胞中包括了四十六個染色體。人類懷孕時，胎兒自父親的精子當中，接受了二十三個染色體，自母親的卵子裡又接受了二十三個。這四十六個染色體配成了二十三對，在個人開始發展時，身體的每個細胞開始複製(參閱**圖 2-21**)。每個染色體由很多稱爲**基因**(gene)的個體遺

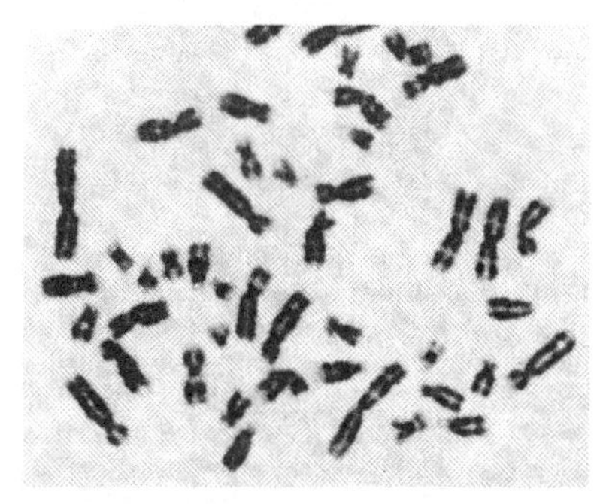

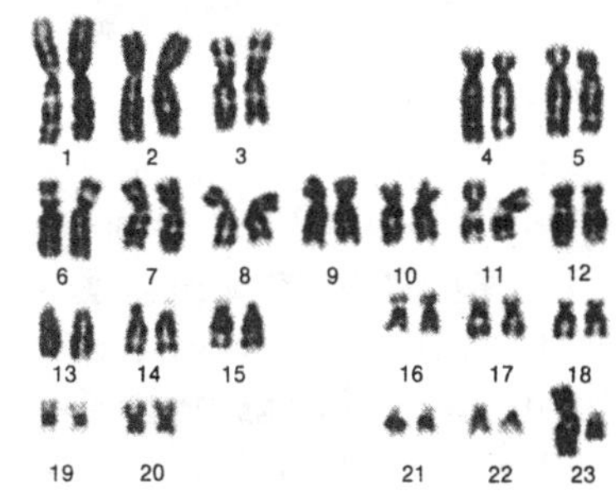

圖 2-21　染色體

上圖是正常男性四十六個染色體經放大一千五百倍以後的照片。下圖是染色體的配對圖。從 1 到 22，女性和男性是一樣的，但女性的第 23 個是 XX 而非 XY。

傳單位所組成，基因成對出現——每一對基因其中之一來自精子染色體，另一個則來自卵子染色體❷。我們沒有正確的方法來計算基因的數目，因爲它們和染色體不同，無法在顯微鏡下看得清楚。每人所有染色體中的基因總數，大約是一千個——或者更多。由於基因的數目頗多，所以兩個人不可能有相同的天賦——即使是同胞兄弟姐妹。但**同卵雙生子**(identical twins)例外，因爲他們來自同樣的受精卵，具有相同的染色體和基因。

基因的重要屬性是**顯性**(dominance)或**隱性**(recessiveness)。假若一對基因都是顯性的，則個體由基因所決定的特性亦是顯著的。假若一個是隱性，而另一個是顯性的，個體雖只表現出顯性基因的特性，但也將作爲隱性基因的攜帶者。唯有兩個都是隱性基因時，才會有隱晦不明顯的表現。例如，眼珠的顏色即是一種隱性、顯性的例子。

假若孩子的眼珠是藍色的，父母就必然全是藍眼珠或是其中之一具有藍眼珠的隱性基因。灰眼珠的父母只有同時具有隱性藍眼基因時，才可能生出藍眼珠的孩子。由隱性基因所攜帶的特性有禿頭症、血友症和對有毒常春藤的過敏性。並非所有基因都以顯性、隱性方式出現，絕大多數的人類特性來自許多基因的合併作用，而非僅來自一對基因，這個我們後面會提到。

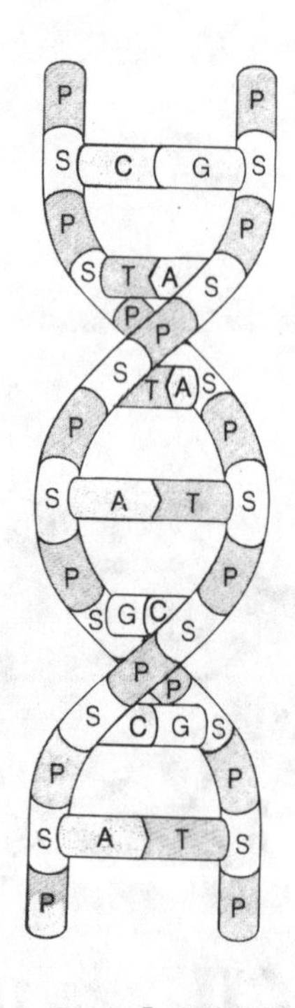

圖 2-22 DNA 分子的構造

分子的每一股由交替的糖(S)及磷酸(P)順序組成，扭轉梯子的軸由四種鹼組成(A.G.T.C)，雙螺旋性質及鹼配對的限制使 DNA 可能自我複製，在細胞分裂過程中，DNA 分子的兩股因鹹配對分離而分開，每一鹼配對的一成員仍附著在每一股上，然後每一股利用細胞內過剩的鹼形成一新的互補股，附著在股上的腺嘌呤(A)將吸引胸腺素(T)，依此類推，藉由此過程，原來只有一分子 DNA，則變成有兩個相同的 DNA 分子。

前面說過，每一染色體包含了許多稱爲基因的個別遺傳單位，基因是一段**去氧核糖核酸**(deoxyribonucleic acid, 簡稱 DNA)，其爲基因訊息的眞正攜帶者，DNA 分子看起來像一扭轉的梯子或雙股耳輪(螺旋)，如**圖 2-22** 所示，所有 DNA 含有相同的化學成分，包括一單糖(去氧核糖)、磷酸及四種鹼——腺嘌呤、鳥尿素、胸腺素及胞嘧啶(A. G. T. C.)，DNA 分子的雙股由磷酸及糖組成，而雙股由成對鹼連接，腺嘌呤總和胸腺素成對，鳥尿素總與胞嘧啶配對，鹼在每一股能發生任何順序，這些順序構成了基因密碼，鹼許多不同排列的可能性事實是給 DNA 有能力表達出許多不同基因訊息，同樣的四種鹼依其排列分化了每一活生物體的特徵，決定生物體成爲鳥、獅子、魚

---

❷在基因裡面，眞正携帶遺傳訊息者，爲一複雜的核酸，稱 DNA（去氧核糖核酸）。自從一九五三年，發現 DNA 的分子結構以後，又發現了這種分子在細胞分裂時，把遺傳密碼，由受精卵傳向其他體細胞的複製方法。從此，我們對植物及動物生命遺傳的瞭解，向前邁進了一大步。

或米開蘭基羅。

一段DNA分子(基因)將給細胞密碼指引，引導它從事特殊的功能(通常是製造特別的蛋白質)，雖然體內所有細胞攜帶相同的基因，每一細胞分化的特質是因事實上任何細胞內只有百分之五至十的基因是有活動性的，從受精卵發育的過程中，每一細胞打開某些基因，而關掉其他所有基因，例如，當「神經基因」有活動性時，因基因指引細胞製造了從事神經功能的產物，此細胞便發育成神經原，若無關於神經原的基因(如肌肉基因)則不可能發育成神經原。

縱然大部分人類特性不由單對基因作用所決定，仍有某些驚人的例外，以心理學的觀點來看，特別有趣的是**苯酮尿症**(phenylketonuria，簡稱PKU)、**漢丁頓氏舞蹈症**(Huntington's chorea)及**多發性硬化症**(multiple sclerosis)等神經性疾病，所有都涉及神經系統的惡化及相關性行爲問題。近年來，科學家已證明出負責PKU的基因，並能證實負責漢丁頓氏舞蹈症及多發性硬化症基因的大概位置，例如，PKU是因遺傳自父母隱性基因造成的，嬰孩不能消化一種必需性胺基酸(苯氨基丙酸)，其在體內積聚，對神經系統造成毒害，產生不可抗拒的腦傷害，PKU小孩嚴重智力遲滯，通常在三十歲前死亡。

若PKU異常在出生時發現，嬰兒被餵以控制苯氨基丙酸量的飲食，則他們健康良好且智力正常的存活機率相當高。PKU基因被定位前，此異常要到嬰孩至少三歲才能診斷出，如今可以在產前決定胎兒是否有PKU基因，以便出生時便開始適當的飲食。

性連基因(sex-linked gene)　決定性別的第二十三對染色體當中的基因，稱爲「性連基因」。正常女性的第二十三對染色體是相同的，稱爲X染色體；正常男性的第二十三對染色體有一個X染色體，和一個與X染色體不同的Y染色體(參閱**圖2-21**)。因此，女性第二十三對染色體的代號是XX，而男性是XY。由**間接分裂**(mitosis)所產生的細胞和原細胞有相同的染色體。但經**減數分裂**(meiosis)的精細胞和卵細胞，在繁殖過程中卻必須分出一半染色體出來。因此，精細胞和卵細胞各只有二十三個染色體，並且，除非能結合另一個細胞完成四十六個染色體，它們將無法活過幾天。

每個卵細胞有一個X染色體，精細胞則只能有一個X或只有Y染色體。若是具有X染色體的精細胞進入卵細胞，這個

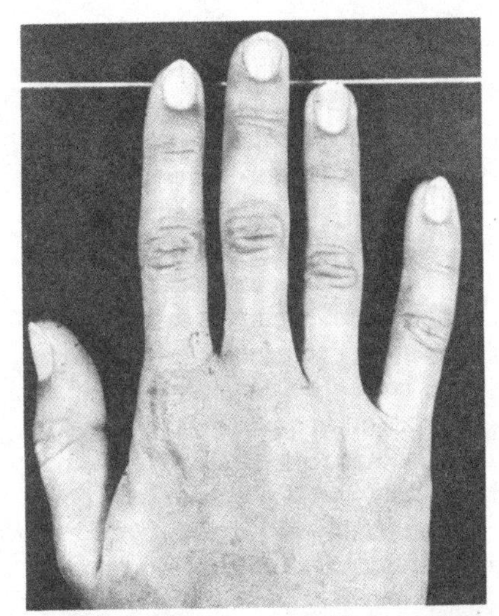

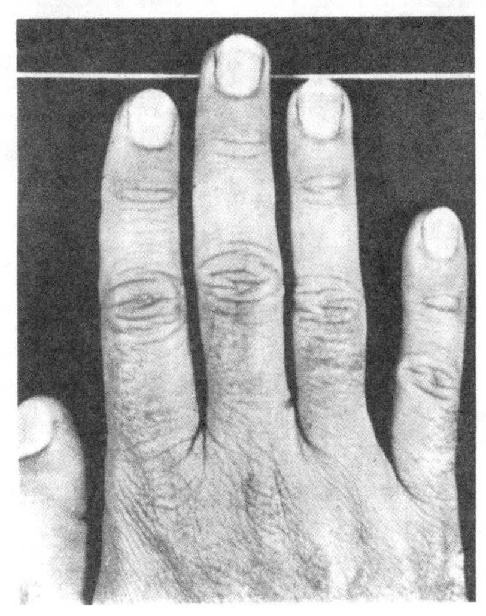

影響性別的基因似乎負責食指和其他手指比較相對的長度。造成食指較無名指短的基因可能在男性身上爲顯性而在女性身上則爲爲隱性。男性食指（上圖）較無名指短，但女性食指（下圖）較無名指長(Courtesy A. M. Winchester)。

受精卵即具備了 XX 染色體，結果必然是個女嬰；反之，若是 Y 染色體進入卵細胞而造成 XY 染色體，這個孩子將是男的。成年男性產生的 X 型與 Y 型精子數目大致相等，因此，生男或生女的機會也差不多。女性自雙親那兒各繼承了一個 X 染色體，男性則自父親處繼承了一個 Y 染色體，自母親處繼承了一個 X 染色體。

X 染色體上面有顯性及隱性的基因；Y 染色體具有顯性基因，但並未發現具有隱性基因。因此，一個具有隱性特徵——如色盲——的男性，只在繼承母親隱性的色盲基因時才會發生。女性色盲的機會較少，因爲這必須父母都是色盲或具有隱性色盲基因時才會發生。

染色體異常

有時在細胞分裂時，整個染色體可能會喪失，造成發展中生物體的死亡，但亦有例外。只具有單一 X 染色體而非通常的 XX 染色體的女性，會有矮小、蹼頸和青春期發育不良等的情形，雖然智力正常，她們還是會顯出特殊的認知缺陷；在算術、視覺和空間組織測驗方面都表現不良。這種缺陷叫做 Turner's syndrome。

有時第二十三個染色體會有額外的 X 或 Y 染色體出現。一個具有 XXY 染色體的個體生理上雖是男性，具有陰莖和睪丸，但卻有顯著的女性特徵。他的胸部很大，睪丸卻很小，無法產生精子。這種狀況稱 Klinefelter's syndrome，大概每九百個人之中會有一個，而其中有一半會智能不足。

男性尙有另一種染色體異常。具有 XYY 染色體的男人，比平常人高，並且較富攻擊性。顯然是額外的 Y 荷爾蒙刺激腎上腺分泌大量的異常男性荷爾蒙所致，因此這種人較早熟，並且有較強的性慾，他們是「超級男性」。

早期的研究報告指出，XYY 的男性比平常人有更高的暴力犯罪比例(Jacobs 等人, 1965, 1968)。這些研究使一些具有 XYY 異常的個體被宣判無罪(因爲他們天生暴戾，無法對自己的行爲負責)。最近的研究則反對 XYY 的男性較富攻擊性之說(Kessler & Moos, 1970; Owen, 1972)。

國內的研究，以一百四十二位虞犯少年爲對象，發現只有一名的染色體爲 XYY 異常，顯示具有二個 Y 染色體的人，在虞犯中所佔的比例並不高(林憲等人，民 69)。

我們不清楚 XYY 男性在總人口中的確實百分比，因此無法評定他們是否有較高的犯罪率。然而，由於身體異乎尋常，可能改變了個體的心理環境，使其較富攻擊行為。換句話說，攻擊性的原因與其說是生理的，毋寧說是社會性的。然而，以目前而言，攻擊行為和 XYY 染色體之間的關係尚是一個無法解決的問題。欲瞭解 XYY 男性和正常 XY 男性不同的原因，需要小心的研究 XYY 嬰兒的出生，並與其他 XY 男孩在長時間的發展上作個比較。

除了性染色體異常外，也可能發生其他染色體異常的現象，例如，第二十一對染色體若是多了一個染色體，將會導致俗稱的**蒙古症**(mongolism)。由於患者的眼瞼向上歪斜，眼睛內角處有小小的皮膚摺縫，使得某些西方人認為這些患者看來像蒙古人，是以得名。目前醫學上已將此病改名為**唐氏症**(Down's syndrome)。在第十二章我們還會詳細討論。

行為遺傳的研究

有些違常由染色體異常引起，而某些特質由單一基因決定。但絕大多數的人類特徵，是由一系列的基因所決定，它們是**多基因的**(polygenic)，如智力、身高及情緒等。這類多基因的特徵很難分類，會表現出一種連續的改變。人不是非智卽愚，而是智愚之間各類都有，大多數的人都屬於中等份子。一個單一基因固然可以藉著控制某些分泌物的產生，而產生智能不足(參閱第十四章)，但人類的智慧潛力大部分還是由許多基因影響不同的能力決定。當然，這種遺傳的潛力亦受環境狀況的影響。

儘管有很多研究都指出了遺傳的重要性，但我們對其傳遞許多人類特性的方法還是不甚瞭解。

選擇性的交配(selective breeding)　有一種研究動物特質遺傳的方法，稱選擇性的交配。動物依某種特質的高低來配對，例如，以研究老鼠學習能力的遺傳而言，將走迷津學習能力低下的雄鼠和雌鼠配對，學習能力良好的亦配對。這些配對的下一代再接受同樣的迷津測驗。根據所表現的結果，再將最聰明的互相配對，最笨的互相配對(為了使兩組的後天環境類似，有些「笨」幼鼠交由「聰明」母鼠養育，如此才能保證我們所

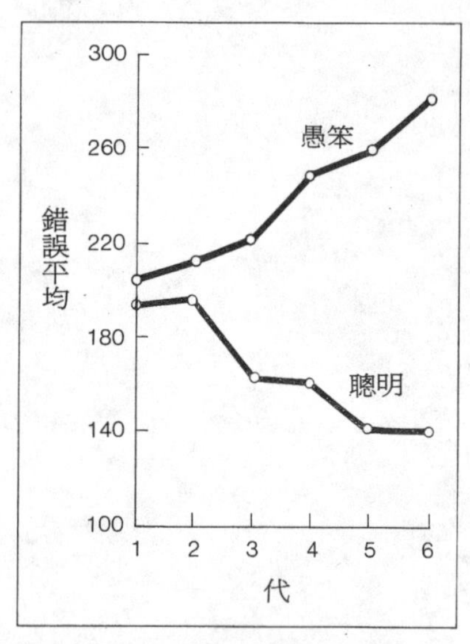

圖 2-23 老鼠迷津學習的遺傳

經跑迷津能力選擇性交配之後，笨鼠、聰明鼠的平均錯誤分數。

測的是遺傳天賦，而不是母鼠照顧方法的影響)。這樣過了幾代以後，就可產生愚笨和聰明的鼠族出來(參閱**圖 2-23**)。經過一年的測驗，聰明鼠族的後代在不同型式的迷津測驗中，仍優於笨鼠族的後代(Rosenzweig, 1969)。

選擇性的交配可用來表示不同動物的各種遺傳特徵，可以生育出易激動或是安靜的狗、鬪鷄和高性慾的鷄，以及易受光線或不易受光線吸引的果蠅等(Scott & Fuller, 1965; McClearn & De Fries, 1973)，甚至可以生育出嗜酒和不嗜酒的鼠族(兩族老鼠肝臟內化解酒精的酵素分泌量有差別)(Eriksson, 1972)。

如果某特性受到遺傳的影響，則可藉選擇性交配的方法來改變。假若選擇性交配無法改變這種特性，我們就可假定，可能來自外在環境因素的影響，而非來自基因。

雙生子研究(twin study) 我們不能拿人來做選擇性交配實驗，因此行爲遺傳學家必須改用相關研究法，看看親屬之間在行爲上之異同。家譜經常可表示出一個家族的某些特性。然而，問題是這個家族不僅受到了遺傳上的影響，同時還受到了外在環境的影響。那麼，音樂天才的產生究竟是出自遺傳還是父母的刻意訓練？酗酒的孩子是由於遺傳或環境的影響？行爲遺傳學家藉著研究遺傳對雙生子行爲的影響，來解釋這個問題。

同卵雙生子(monozygotic)來自同一個受精卵，所以具有相同的天賦。**異卵雙生子**(dizygotic)來自不同的卵細胞，所以和平常的同胞手足沒兩樣。透過同卵和異卵雙生子的比較研究，多少可以瞭解環境和遺傳的影響。同卵雙生子比異卵雙生子有更相似的智力——即使出生後分別在不同的家庭中長大(參閱十四章)。在某些人格特徵和造成精神分裂等心理疾病的敏感性上，同卵雙生子比異卵雙生子更爲類似(參閱十六章)。在研究遺傳的人類行爲的影響上，雙生子研究提供了一條最有利的途徑。

環境對基因活動的影響

在後面幾章，我們還會討論到這個問題。一個人的天賦潛力受環境的影響很大。這一點可用兩個例子來加以說明。第一個例子是有關**糖尿病**(diabetes)的遺傳。雖然傳遞方法至今未

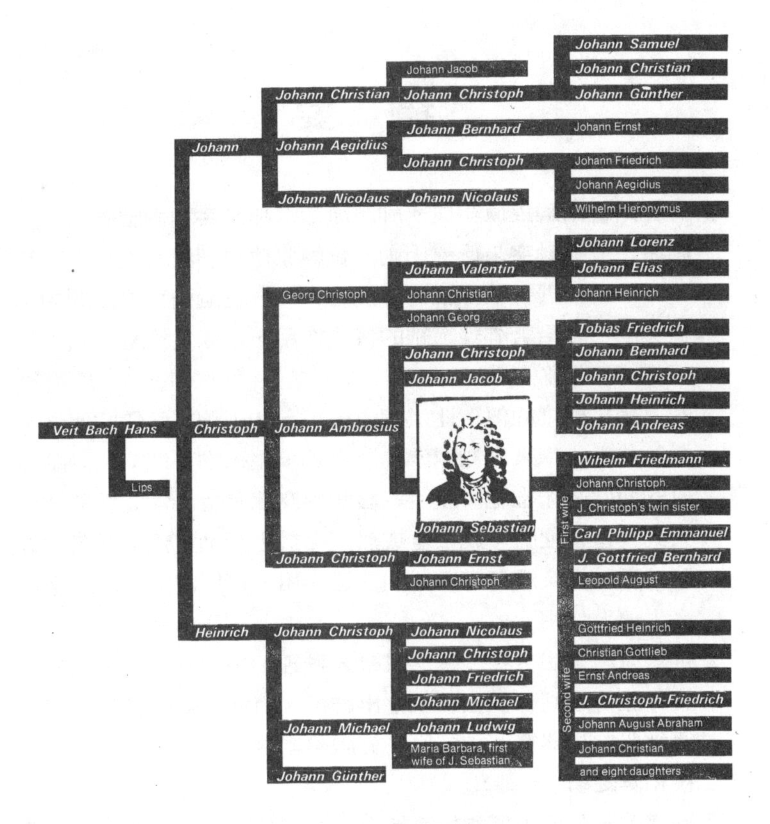

圖 2-24　音樂才能是否來自遺傳？
雖然和環境的鼓勵不無關係，但巴哈(Bach)家族中音樂家所佔的不尋常比例，卻也說明了音樂才能或許會遺傳。圖中以斜體字排印的名字都是傑出的音樂家，並且只有二個不是靠音樂維生。

明，但糖尿病是可以遺傳的已經獲得證實。所謂糖尿病，是指血液中所含的糖分超過了一定的濃度。確實原因可能是基因影響了**胰島素**(insulin)的產生，因而影響到血中糖分的新陳代謝。但具有糖尿病基因的人並不一定會得糖尿病。由同卵雙生子中(其中之一患有糖尿病)的研究中發現，只有百分之十五的雙生子，會同時得糖尿病。雖然具有糖尿病的基因，但由於飲食的關係，不一定會得糖尿病。因此，糖尿病不只是遺傳或環境單獨的影響而已，而是兩者交互作用的影響。

在精神分裂症的病例裡面，也有同樣的狀況。我們在十六章還會提到。這種疾病具有遺傳的成分。假若同卵雙生子的其中之一具有這種症狀，另外一個雙生子有心理障礙的機會就很大。但發展成完全的精神分裂，則端賴環境因素——基因造成傾向，環境做最後決定。

摘　要

1. 神經系統由**神經原**組成。神經原藉著**樹狀突**和**細胞體**來接受刺激，並藉**軸突**來傳導衝動。神經原傳導刺激的重要方式有二：一爲沿著神經纖維傳導衝動，一爲越過兩神經原間的神經突觸。(1)沿著神經纖維的傳達作用，是因爲鈉離子和鉀離子透過細胞膜的交互作用，產生電位活動的電化程序而來的。鞘化纖維的傳導比這個快多了。(2)兩神經原間的傳導，必須依靠化學媒介物越過神經突觸，化學物可使第二個神經原的樹狀突和細胞體產生**等級神經突觸電位**，當此種電位增大到相當程度時，就依全或無定律放出活動電位。**興奮**和**抑制**二種神經突觸傳導方式的交互作用，可以決定神經原是否發生傳導作用。
2. 神經原纖維組合在一起形成**輸入神經**，輸入神經將感覺訊息從身體傳達到脊髓和腦。**輸出神經**，將運動刺激從腦、脊髓傳到肌肉和器官。神經原的細胞體組合在一起，則形成**細胞核**和**神經節**。
3. 神經系統分爲**中樞神經系統**——神經分布於腦及脊髓；和**周圍神經系統**——分布於從腦及脊髓通到其他各部分。周圍神經系統又可區分爲**軀體神經系統**——神經將訊息來回帶到感覺受納器、肌肉及身體表面；和**自主神經系統**——其神經則連接著體內的器官。
4. 諸如膝蓋震動等簡單的反射作用，是藉著由輸入、連接和輸出等神經原組成的三神經反射弧在脊髓中進行。
5. 人腦由三個同心層組成：**中央核**；由核心進化而成的**邊緣系統**，和稱爲**大腦**的最外層，大腦不僅在進化發展上最晚，並且也是高等心理過程的中心。
   a. 中央核包括負責呼吸與姿勢反射動作的**延腦**，負責運動協調的**小腦**，作爲輸入感覺資料轉運站的**視丘**，及對情緒作用和維持體內平衡極具重要性的**下視丘**。還有橫跨上述數種組織，控制有機體激發狀態的**網狀促動系統**。
   b. 控制序列活動的**邊緣系統**——如餵食、攻擊、逃離危險、求偶等序列活動，是滿足下視丘調節基本的動機與情緒需求所不可或缺的。

c.大腦可分成兩個腦半球，這兩個腦半球的廻旋表面卽是**腦皮質**，它控制着辨別、選擇、學習與思維等高等心理過程，這種高等心理過程是行爲中最具彈性和最不呆板的部分。腦皮質中的某個部位稱爲**投射區**，它代表特殊感覺輸入或是控制特殊運動的中心。腦皮質的其他部份是由**聯合區**所組成的。

6. 將接合兩個腦半球的接合纖維(**胼胝體**)切除時可看出二個腦半球間功能的顯著差異。左腦半球較爲主要，精於語言和數學能力，而較次要的右腦半球則只能瞭解某些語言，但不能用來溝通聯繫，它具有高度的空間及型態的感受力。
7. **自主神經系統**由兩部份組成，卽**交感神經**和**副交感神經**。由於自主神經系統的纖維介入平滑肌和腺體的活動內，故在情緒反應上特別重要。交感神經通常與興奮活動有關，而副交感神經則關係著平靜狀態。但這二者之間並不一定一直拮抗著，通常以複雜的方式相互合作。
8. **內分泌腺**分泌荷爾蒙至血液中，這對情緒、動機行爲和人格很重要。內分泌腺是神經系統在統合行爲時的主要夥伴，其活動和下視丘、自主神經系統有密切的關係。內分泌腺中最重要的是**腦下腺**和**腎上腺**。
9. 由**染色體**和**基因**傳送的個人遺傳性潛在力影響著心理學及身體上的特徵，基因是儲存基因訊息的 DNA 分子片段，某些基因是**顯性**，有些是**隱性**，有些則爲與性別有關的，大部份的人類特徵是受**多基因的**影響——也就是說，許多基因共同作用來決定，而非靠單一基因。
10. **選擇性的交配**，是將具有某種特質(較高或較低)的動物互相交配，是一種研究遺傳影響的方法。另一種區別環境和遺傳影響的方法，是**雙生子研究**，卽比較**同卵雙生子**與**異卵雙生子**間的異同。
11. 所有行爲都端賴遺傳和環境的交互作用而定，基因將個體的潛能下了一個極限，而潛能的發展則端賴環境而定。

進一步的讀物

介紹生理心理學的優良書籍有 Kolb and Whishaw, *Fundamentals of Human Neuropsychology* (2nd ed., 1985);

Schneider and Tarshis, *An Introduction to Physiological Psychology* (3rd ed., 1986); Brown and Wallace, *Physiological Psychology* (1980); Cotman and McGaugh, *Behavioral Neuroscience: An Introduction* (1980); Carlson, *Physiology of Behavior* (3rd ed., 1985); Groves and Schlesinger, *Introduction to Biological Psychology* (3rd ed., 1982); Rosenzweig and Leiman, *Physiological Psychology* (1982); Levinthal, *Introduction to Physiological Psychology* (2rd ed., 1983)。

有關基因對行爲影響的調查報告，請見 Plomin, DeFries and McClearn, *Behavioral Genetics: A Primer* (1980)；心理作用藥物及其對身體、腦和行爲影響的回顧，請見 Julien, *A Primer of Drug Action* (4th ed., 1985)。

兩大腦半球功能研究的檢查報告請見 Springer and Deutsch, *Left Brain, Right Brain* (rev. ed., 1985)。

第三章　發展心理學

有關發展的幾個基本問題 84

先天與後天

發展的階段和關鍵期

人生的早期 89

嬰　兒

早期經驗和嬰兒的發展

早期經驗的長期效果

認知發展的階段 97

皮亞傑理論的評價

非階段取向

人格與社會發展 103

性心理和心理社會階段

兒童期前期的人格社會發展 105

社會情感的發展

依　附

母子分離的影響

重要討論：外出工作的母親對兒童發展的影響

與同伴的互動

道德想法和行爲

重要討論：道德價值的發展是否存在著一定的階段？

兒女的教養和以後的行爲

認同的過程 121

性別角色的認同

重要討論：行爲中的性別差異

個人非性別角色的認同

影響認同的因素

和兄弟姐妹及同伴的認同

青年期的角色 131

性發展和青年期的角色

重要討論：未成年懷孕

自家中解放

自我的追尋

信念的再評估

代　溝

同儕團體的影響力

發展是畢生的過程 142

成年前期

中年期

老年期

人類是所有哺乳動物中出生時最不成熟者，他需要最長的成長時間才能具備成人的各種行動和技巧特徵。一般而言，在動物發生史表上越高級的有機體，其神經系統越複雜，在臻於成熟以前所需的時間也越長。例如，最原始靈長類之一的狐猴，出生後就能自行走動，不久，就可食用大狐猴的食物，並可自行覓食；剛生下來的猴子要幾個月才能獨立；小狒狒需要幾年的時間；人類的嬰兒則需要更多年。在成熟以前，他需要一段很長的時間，來學習與別人相處。

成人的行爲和人格特徵，是因個人生命早期的各種經驗而塑成的。俗語說：「從小看大，三歲看一生」，可以反映出兒童期與成人期之間的密切關係。因此，我們可以瞭解，要明白知覺、思維方式、動機、情緒、衝突及應付衝突的方法等成人的心理過程的話，必須知道這些過程的起源以及隨著時間變化的情形。

有些心理學家研究發展的平均速率或「標準」速率。孩童開始說話的年齡是多少？字彙如何隨年齡之增長而增加？這些資料除了有趣之外，在解決教育問題上頗爲重要。

發展心理學家也注意到某些行爲的發展和其出現的原因及時機。爲何孩子在一歲之前，無法走路或說簡單的單字？在走路和說話以前，會有什麼行爲發生？正常的發展的速度能否加速？什麼因素造成了心理疾病或遲滯等異常的發展？

就實用的觀點來看，知道早期經驗對個體人的影響，可使我們對孩子的養育方式更佳。假若我們瞭解了父母的行爲與態度對孩子的影響、攻擊行爲等問題的源頭，和早期處理這些問題的方法，則攻擊行爲、疏離、自殺、和心理疾病等社會問題，可能就可以避免。

本章將討論一些發展的一般原則，並討論個人由嬰兒期迄成年期之間，行爲和態度的改變。我們的目的是想從心理學的觀點，對個體的發展做全盤的俯瞰。某些特殊能力的發展，如語言及知覺，都將在本章後面討論到。

有關發展的幾個基本問題

人類發展的理論中都存在兩個基本的問題：(1)發展是一個持續變化的過程，或是由一系列獨特的階段所構成？(2)發展主要是由遺傳(身體細胞中既定的基因計畫)所引導，或是由環境中的事件所決定？各派理論對這兩個問題——持續性和變化來源——所作的假設，形成了他們對所觀察現象的解釋以及何者引導發展的主張。

先天與後天

在決定人類發展的過程中，遺傳(先天)與環境(後天)影響力孰輕孰重之爭，已持續了好幾個世紀。以十七世紀的英國哲學家洛克(John Locke)爲例，便不同意當時所公認的看法：認爲嬰兒是具體而微的成人，出生時已具有一切的能力和知識，只須等著長大讓這些天賦特性顯現出來即可。反之，洛克以爲新生兒的心靈有如一塊「空白的石版」，嬰兒從看、聽、嗅、嚐和感覺中得到的經驗，有如寫在這石版上的文字。根據洛克的看法，人們所有的知識都來自感官，知識和想法是外求而非既存的。

達爾文強調人類發展生物基礎的進化論問世後(1859)，再度將人們的看法導回遺傳論的觀點。然而隨著二十世紀行爲論的抬頭，環境論者又取得了優勢。行爲論者如華森(J. B. Watson)和史金納(B. F. Skinner)主張人類本性是全然可塑的，可藉由早期訓練將一個兒童塑造成任何一種類型的成人。華森相信環境對於兒童發展的形成具有極大的力量，他曾寫道：「給我一打健康的嬰兒，在我特別安排的環境中長大，隨便挑出一個，我保證可以將他(她)訓練成任何一類人——醫生、律師、藝術家、商人、警察，甚至是乞丐或小偷！」(Watson, 1950)

如今大多數心理學家均同意後天和先天對發展都很重要，遺傳與環境之間持續的互動決定了人類的發展。早在受孕的剎那，受精卵中的基因結構已經決定了個人的許多特徵。基因引導成長中的細胞，使我們得以發展爲人，而非魚、鳥或猴子。基因決定了我們的膚色、髮色、大致的體格、性別以及智力(某個程度)。出生時呈現的遺傳特性和成長過程中的經驗相互作用，決定了個人的發展。而我們的經驗則有賴於自己成長中所處的文化、社會團體和家庭。

語言的發展提供了遺傳特性和環境經驗之間互動的一個例子，幾乎所有人類小孩都具有與生俱來學習某種語言的能力，其他的動物則無。在正常的發展過程中，人類學著說話，但在神經系統發展至某一程度之前，還是不會說，所以嬰兒在一歲之前無法說出成句的話語。成長環境中，常有人對他說話，並對發出類似說話聲音予以酬賞的孩子，將比未曾得到這類注意的孩子較早學會說話。例如，美國中產家庭的孩子大約在一歲左右開始說話；在瓜地馬拉偏遠村莊中的孩子，極少與成人作語言互動，因此直到兩歲前還未說出第一句話(Kagan,1979)。當然孩子說的是自己文化中的語言。由此看來，語言的發展包含遺傳和環境兩種成份，此外，人類發展的大部分同樣的都決定於遺傳特質和環境經驗之間的互動。

控制發展的因素 **成熟**(maturation)是影響發展的因素之一。所謂成熟是生理變化的自然結果，而和環境事件無關。出生後幾個月，許多行爲的改變，和神經系統、肌肉及內分泌腺的成熟有關係。胎兒在子宮內的發展、變化，代表成長的連續過程。

當然，另一個影響嬰兒發展的主要因素是環境狀況。各種文化教養孩子的方法都不一樣，並且，在同一文化下，每個家庭的教養方式，也可能不同。因此，每個嬰兒都受各種不同狀況的影響——有的地方受共同文化的影響，有的地方受家庭團體因素的影響，有的則是個人的獨特性。

某些技巧(如走路、說話)的發展，究竟是受成熟因素的影響呢？還是受個人經驗和環境狀況的影響？要在先天和後天教養之間作個劃分，實在很難。成熟可因環境而加速或減慢；但有機體只有在擁有適當的神經和肌肉配備下，環境狀況或特別訓練才能激起行爲的產生。我們可以舉運動的發展爲例。母親肚裡的胎兒按照某固定的時間來發展，諸如滾動、踢打等胎兒行爲的發展，都遵循著一定的次序，這種次序視其成長階段而定。育嬰室中，早產兒的發展速率和足月的胎兒幾乎不相上下。出生前有規律的發展，替成熟的確實意義下了一個清楚的註脚。

手和手指的運用、站立、走路等出生後運動的發展，亦遵循一個正常的次序，例如滾動、爬行及站立姿勢的持續等動作，都是孩子學步前的準備(參閱**圖 3-1**)。除非所有的父母都以同樣的養育法來訓練他們的孩子(事實上不可能)，否則我們就得假設，成長的過程決定了行爲發展的次序。從圖可知，並非所有孩子的成長速率都相同，有些嬰兒比別人早四、五個月，就會站立或走路；但所有嬰兒的發展次序通常是一樣的。

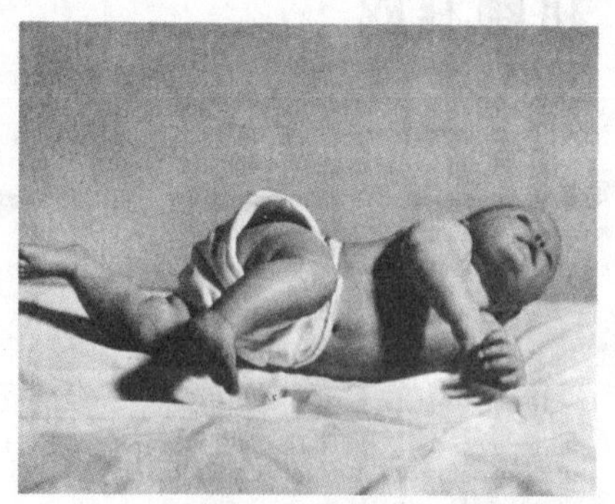

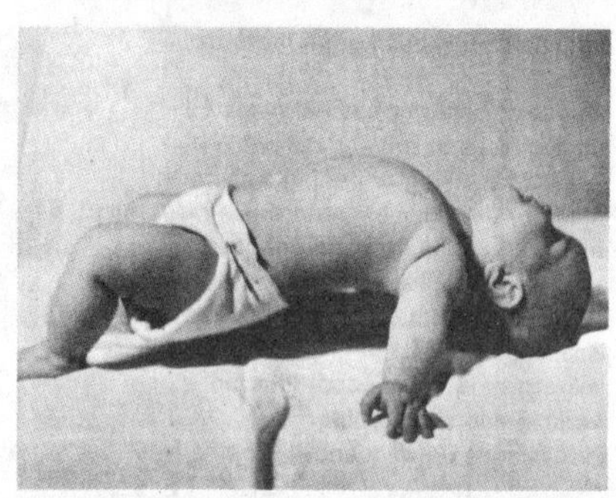

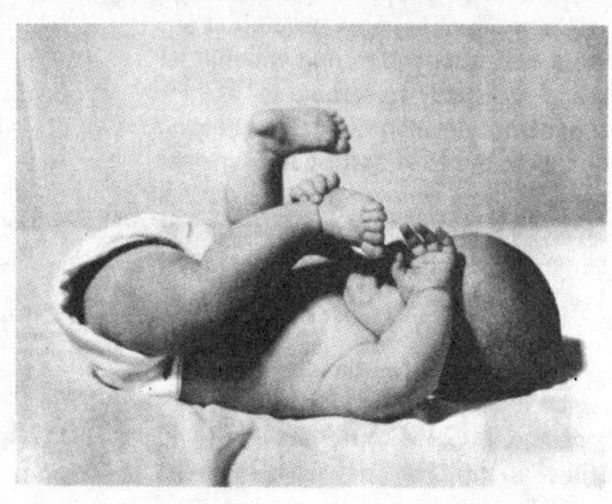

圖 3-1 嬰兒翻滾階段時的肌肉活動
這個六個月大的嬰兒的運動，無疑地是在爲將來的發展作準備，以便獲得以後走路的能力。

發展的階段和關鍵期

很多技巧來自發展的自然結果。嬰兒在自己可以拿起東西以前，會伸手要東西。我們學習走路先於跑步；在造句以前，我們先會講話。至於以後的技巧，由簡而繁，複雜的技巧建立在簡單的技巧上，這是相當有規則的。

心理學家大致都同意發展過程具有規則的次序，此次序有賴於個體的成熟和環境的作用。在解釋發展次序上，有些心理學家偏向以**連續的過程**(continuous stage)視之，在此過程中生物因素和學習交互作用，使行爲產生平順持續的變化。其它心理學家則同意發展的次序性，但卻以一系列的步驟來看視發展過程；由此，他們提出了**階段**(stage)的概念。某些行爲、興趣、思維或處理問題的方式，都會是某發展階段的特徵，當孩子進到下一個階段時，這些特徵可能發生改變。在每一個階段當中，若沒有適當的處理發展問題的話，將使下個階段受到干擾。各心理學派提出的各種不同發展階段，留待本章後面再詳細的討論。

關鍵期(critical period)是個和發展階段有關的概念，它指的是，在這段期間環境事件(不論是有利還是不利)會產生特別深遠(或不可抹滅)的影響。關鍵期的觀念起源於**胚胎學**(embryology)的研究。當胚胎成長時，各種不同的器官系統以固定的時間次序來發展，每一個系統都有一個對刺激最敏感、最易受傷害的關鍵期。在關鍵期中，器官系統發展不正常的話，就沒有第二次機會了，因爲成長的重心已移到另一個系統。因此，假若母親在懷孕的前三個月得了德國麻疹，對胎兒的影響端視其傳染的確實時間而定。胎兒可能生下來就瞎、聾，甚或腦部受損，這要視傳染期間器官系統發展關鍵而定。

動物出生後情緒的發展中，亦有關鍵期存在。如要訓練狗對人類有所反應，有關鍵期存在。若將小狗與受過訓練的母狗飼養在原野中，但不與人類接觸；然後，讓小狗按年齡大小每天與訓練師相處十分鐘，訓練師不阻止小狗走近。這項訓練結果發現：假若在小狗十四個月大以後再加以訓練的話，小狗將會變成野狗，並且害怕人類；最佳的訓練時機，是在小狗五至七週大時。此時加以訓練的話，十四週後，小狗仍是馴服的。

孩童心理的發展，也可能有關鍵期存在，但非常難以證實。

為了在往後的日子裡能有正常的感情關係，在生命的最初三年，孩子必須對成人形成一種適當的情感；假若這項假設為眞，那麼這個時期將是發展社會關係的一個關鍵期(Bowlby, 1969)。

一項兒童性器官異常的研究指出，在性別上也有一個關鍵期。這種稱為**假性陰陽人**(pseudohermaphrodite)的孩童，可藉外科手術來矯正。假若在孩童兩歲以前實施變性手術的話，對其人格沒什麼影響；換句話說，手術前被當成女孩養育的男孩，可以回復雄性的角色，反之亦然。然而，假若超過兩歲再動手術，則可能在新性別角色的適應上，造成一個嚴重的問題(Money et al., 1957)。

發展關鍵期意指一個人在某一個時間中，對獲得某種行為的準備最完善。假若在這個時期沒有發生適當的經驗的話，以後再學習這些行為，就有很大的困難。當我們檢查各種發展時，我們將尋找支持關鍵期的證據。

兒童心理發展是否有關鍵期存在仍未得證，但是確有證據指出對兒童發展確實有較**敏感**(sensitive)——如果不是「關鍵」——的時期。如有某些時期可能對於智力發展或語言學習特別重要，而孩子由於某種原因未能在六、七歲之前擁有足夠的語言經驗，那麼日後可能永遠無法學好語言(Goldin-Meadow, 1982)。

將生命期劃分為嬰兒期、兒童期、青年期和成年期等階段是一種廣泛的界定。父母會提到自己的兩歲小兒正經歷一個「否定階段」(對任何要求都說「不！」)，或是青春期孩子正處於「反抗階段」(向父母的權威挑戰)。當心理學家提到階段時，所指的是一種較嚴謹的概念。階段概念的含義有三：(1)某特定階段中的行為是環繞某個**強勢主題**(dominant theme)所組成的。(2)某個階段中的行為和稍前或稍後階段中的行為具有**質的差異**(qualitative difference)。(3)所有兒童依**相同順序**(in the same order)歷經相同的階段，環境因素可能使發展加速或遲緩，但階段的順序則維持不變；任何孩子都不可能略過某個較早的階段而逕行進入較後的階段。

本章稍後將提及幾個階段理論：其中一個以認知發展階段為重點；另一個則為道德發展階段；第三個理論則強調社會發展階段。雖然有些學者相信階段理論是描述發展的好方式，但也有些人認為以透過經驗學得新行為的持續過程，可對發展作更好的闡釋；他們不同意階段理論所指稱的：行為有質的改變。我們將會逐一檢視支持這兩種觀點的有關證據。

人生的早期

初生嬰兒看似全然無助的小生物，大部份的時間都在睡覺、攝食或哭；他們似乎一點也不瞭解周遭所發生的一切。然而研究發現告訴我們：這些嬰兒對外界的知覺遠超過我們原先的想像。

嬰　兒

嬰兒的能力(capacity of infant)　心理學家如何研究嬰兒的能力？由於嬰兒不會說話、不會控制自己的動作或依從指示，所以不是理想的受試者。解決之道便是以他們已有的反應為重點，如吮吸、注視、轉頭、呼吸及心跳的改變等等。例如，心跳的變化可用來決定初生嬰兒能否察覺出兩個音之間的差異。研究者連續發出一種聲音，一面監聽嬰兒的心跳，當新事件出現時，嬰兒的心跳會減緩。心跳的減緩是**定向反射**(orienting reflex)的一部分，這是準備讓個體進行訊息運作的反應型態，也是嬰兒注意到所呈現刺激的一種信號。在聲音出現多次後，心跳不再為之減緩，顯示該聲音已變得熟悉，嬰兒不再注意它。這種現象稱為**習慣化作用**(habituation)，意即對一重覆出現的刺激，反應強度的減弱。接著研究者發出一種新的聲音，如果嬰兒心跳減緩，便可認為該嬰兒注意到新的聲音，因此他能察覺兩個聲音的差異。採用此種方法的研究顯示：初生嬰兒可察覺極相似聲音之間的差異，例如五線譜上只差一個音階的兩個音(Bridger, 1961)。

另一個驚人的發現是嬰兒幾乎能分辨人類語言中所有的發音對比，例如，一個月大的嬰兒能分辨「p」和「b」。研究者以吮吸為反應，以吮吸次數的減少為慣性作用的測量。他們發現嬰兒為了聽到「bah」，會用力地吮吸一個連接錄音裝置的奶嘴，接著他們逐漸習慣該聲音，吮吸減少。當聲音變成「pah」時，他們再度用力吸，顯示他們正聽到新的聲音。利用這種新辦法，研究者發現嬰兒能區分各種語言中的語音差異，縱使成年後也許

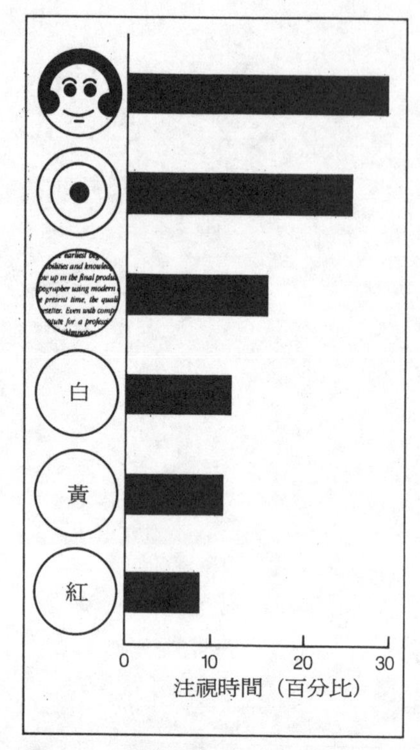

圖 3-2 視覺偏好

對剛出生十小時至五天的新生兒呈現在某些方面有所差異的圓盤——一個類似面孔的圓形、牛的眼睛、一排排細紋和白、黃、紅色的圓盤。嬰兒能區分這些刺激間的差異，並較喜歡其中的某一種（取材自 Fantz, 1961）。

會失掉該能力。例如，雖然日本成年人無法分辨「r」和「l」的發音，但嬰兒仍能分辨（Eimas, 1975）。

這類研究發現顯示：嬰兒在出生時便具備學習所聽到的任何語言的能力。除了上述能力外，嬰兒還能認出不同說話者的聲音，剛出生三天的嬰兒便已顯出較喜歡聽自己母親的聲音，勝過另一名陌生婦女的聲音（DeCasper & Fifer, 1980）。

測試視覺偏好的程序曾被用來探討新生兒的視覺能力（Fantz, 1961）。研究者對嬰兒呈現某一向度有所差異的一對刺激——如一個黃色圓形和一個紅色圓形，或一灰色正方形和繪有細條黑紋的正方形。如果嬰兒持續地對某一刺激注視較久（無論位置在左或在右），研究者便可作成兩種結論：嬰兒會分辨兩種視覺型態的差異，而且較喜歡其中某一種。採用此種方法，研究者發現新生兒能區分細條和灰色的平面；偏好複雜的型態，勝過單調的型態；喜歡波浪線條的型態勝於直線條；對臉孔尤其感興趣（見**圖 3-2**）。新生兒較喜歡看臉孔的外圍，但到了兩個月大，他們會將注意力集中於臉孔的內部——眼睛、鼻子和嘴巴（Haith, Bergman, & Moore, 1977）。此時，父母可能會欣喜地發現，孩子開始「凝視我的眼睛了！」——也就是作視線的接觸。

新生兒的眼睛能追隨移動的物體，但是至少得到兩個月大才能對遠、近的刺激對焦。他們視物的最佳距離約為一呎——正是被母親抱著時，與母親臉部的距離。

剛出生不久的嬰兒便能區分味道的差異。他們對甜味液體的喜愛遠勝於鹹、苦、酸或無味的東西。新生兒對甜水的典型反應是一種放鬆、類似某種微笑的表情；酸的味道會使他雙唇緊閉、鼻子皺起；對苦的反應則是嘴巴向下撇並伸出舌頭，一副厭惡的模樣。

新生兒也能區辨氣味。他們會將頭轉向甜的氣味，心跳、呼吸減緩，顯示出他們有所注意（見**圖 3-3**）。對於有害的氣味如阿摩尼亞和腐敗的蛋，嬰兒會將頭轉開，心跳、呼吸加速，顯示出感受到壓力。嬰兒甚至能區分氣味的微妙差異：經過幾天餵食後，嬰兒總是把頭轉向沾有他母親奶水的枕頭，而非沾另一個母親奶水的枕頭（Russel, 1976）。這種區別氣味的天生能力具有明顯的適應價值：它可幫助嬰兒避開有害物質，因而增加存活的機會。

除了某些特定的天生知覺能力外，新生兒也能作一些簡單的學習。在一個研究中，剛出生幾小時的嬰兒學會根據聽到的是嗡嗡聲或某個音，將頭轉向右或轉向左。爲了嚐甜水，嬰兒必須在聽到單音時轉向右方，聽到嗡嗡聲時轉向左方。在經過幾次嘗試後，嬰兒便能正確無誤地反應。接著實驗者改變情況，在單音或嗡嗡聲響起時，頭得轉到與原來相反的方向。結果嬰兒大約經過十次嘗試，便學會這個新作業(Siqueland & Lipsitt, 1966)。

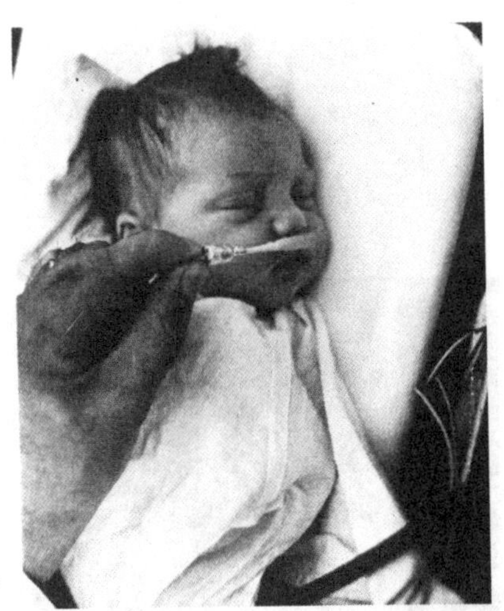

圖 3-3　測試新生兒的嗅覺
以轉頭及心跳、呼吸的測量，來判定一個剛出生兩天的嬰兒對各種不同氣味的反應。

上述種種研究發現對於視新生兒爲一「空白石版」的看法是一種挑戰。它主張嬰兒出生時已具備某些能力，去知覺、認識外界，並迅速學會與發展有重大相關事件之間的關係。新生兒似乎具備某些基本原理的常識，使他們得以就所經驗到的刺激加以分類，並使他們早在能夠運用語言之前，便能形成抽象的概念。在某個一系列的研究中，研究者讓六至八個月大的嬰兒觀看成對的幻燈片，一張幻燈片中有三樣物體，另一張則有兩樣物體(見**圖 3-4**)；幻燈片中的物體在每次嘗試時都不斷改變。此外，在每次嘗試中，孩子都可聽到放置於中央的隱藏喇叭所發出的兩三聲擊鼓聲。研究結果顯示，嬰兒對於物體數和鼓聲次數相符的幻燈片注視得較久——換言之，當兩聲鼓聲響起時，嬰兒大多會看有兩樣物體的幻燈片，響三聲鼓聲時，他們會看有三樣物體的幻燈片(Starkey, Spelke, & Gelman, 1986)。這些結果說明了嬰兒能抽取來自兩個不同感覺器官(視覺與聽覺)的數量訊息。

類似上述的研究發現使得有些心理學家主張：嬰兒出生時，便已知道某些能導引並加速日後學習的內在原理原則。嬰兒並非生來就具備數目或其他邏輯關係的特殊知識，但在這方面他們顯然比其他動物領先。

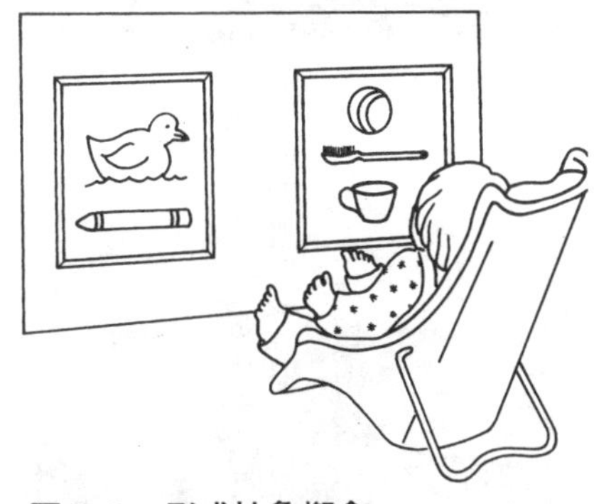

圖 3-4　形成抽象概念
嬰兒較喜歡看鼓聲數和物體數相符合的一張幻燈片，顯示出嬰兒由不同感覺器官抽取數目的能力(取自 Starkey, Spelke, & Gelman,1986)。

氣質的個別差異(individual differences in temperament)　在討論嬰兒的能力時，我們已強調了嬰兒的相似之處，除了因爲某些生理障礙外，所有嬰兒出生時都具有類似的感官能力，並經驗到與這些感官有關的同類事件。但是嬰兒在一般的反應型態(或稱爲氣質)上卻有明顯的差異。

早在出生後的頭幾個星期中，嬰兒便呈現出活動程度、對周遭環境變化的反應度，以及對刺激感受性(見第十三章)的差異，有的嬰兒哭個不停，有的很少哭；有些對洗澡或換尿片甘之如飴，有些卻又踢又躲；有些對一點點聲音都有反應，有些卻聽若無聞。嬰兒甚至對「被擁抱」一事也有不同：有些嬰兒似乎以被擁抱爲樂，並將身體貼向對方，有些卻是僵硬、緊張和不安(Korner, 1973)。

傳統的看法認爲父母造成了子女的行爲，例如，孩子若是愛哭鬧，父母常會因此責怪自己，但是對新生兒的研究卻逐漸澄清：某些氣質的差異是與生俱來的，而父母和嬰兒之間的關係是相互的——嬰兒的行爲也會造成父母的反應，一個容易安撫、一抱便停止哭叫的嬰兒，會增強母親對自己能力的信心和依附感；而一個不管如何安撫總是哭鬧不休的嬰兒，會使得母親產生能力不足和被拒斥的感覺。孩子對父母所提供的刺激愈有反應(被抱時，會貼過來並安靜下來，或被逗弄時會注意對方)，則親子間的親情連繫愈容易建立。

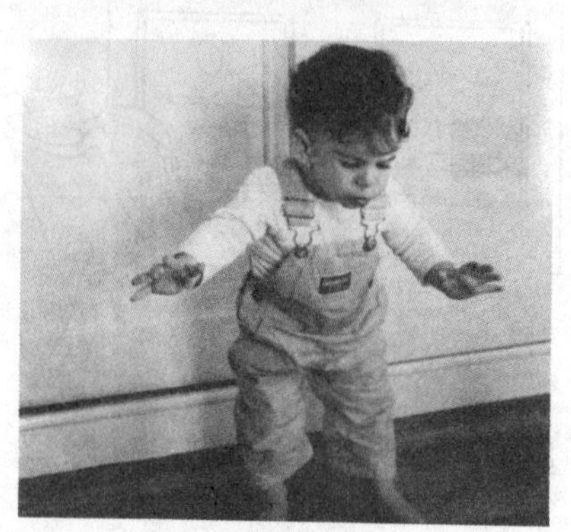

圖 3-5　嬰兒的動作發展

爬、獨自坐、獨自站立是嬰兒活動的主要發展。

研究者並不主張孩子的氣質是不可改變的。嬰兒期所觀察到的氣質差異經常多少會繼續持續到兒童期；因此具「麻煩」氣質的孩子，比起「輕鬆」的孩子，日後較可能有學校方面的問題(Thomas & Chess, 1977)。但氣質特質也可隨著發展而改變，一個乖寶寶可能在學走路時變成愛發脾氣的幼兒。天生的氣質影響了嬰兒反應的方式，但氣質和生活經驗交互作用而塑成人格。然而，無論嬰兒的氣質將持續多久，它的確影響了親子間互動的方式。

早期經驗和嬰兒的發展

從一個無助的嬰兒成爲會走、會說的兩歲幼兒，是一段驚人的發展過程。事實上，除了懷孕的九個月，人生這兩年中變化的速度遠較其他時期爲快。如同前面提過的，坐、抓取東西、爬、走等身體技能(見**圖 3-5**)，都有賴於肌肉和神經系統的成熟，所有孩子不需教導便可得到這些技能，但心理學家長久以來一直想知道：環境因素能否加速或減緩成熟的過程？

因爲孩子的坐、站立、走路和手及手指的運用，遵循著這種次序，也因爲在所有的文化中，所有的孩子都大約在相同的年齡完成這些技巧，所以動作的發展似乎是受成熟過程的影響，而不受文化的影響。雖然讓孩子在適當的時間走路，並不需要特別的訓練，但仍需某種環境的刺激。受到照顧和運動機會較少的孩子，在坐、站立和走路方面的發展，都比正常的孩子晚。對伊朗某孤兒院兒童的研究發現，兩歲的孩子中，只有百分之四十二能坐著，四歲的孩子只有百分之十五能走路

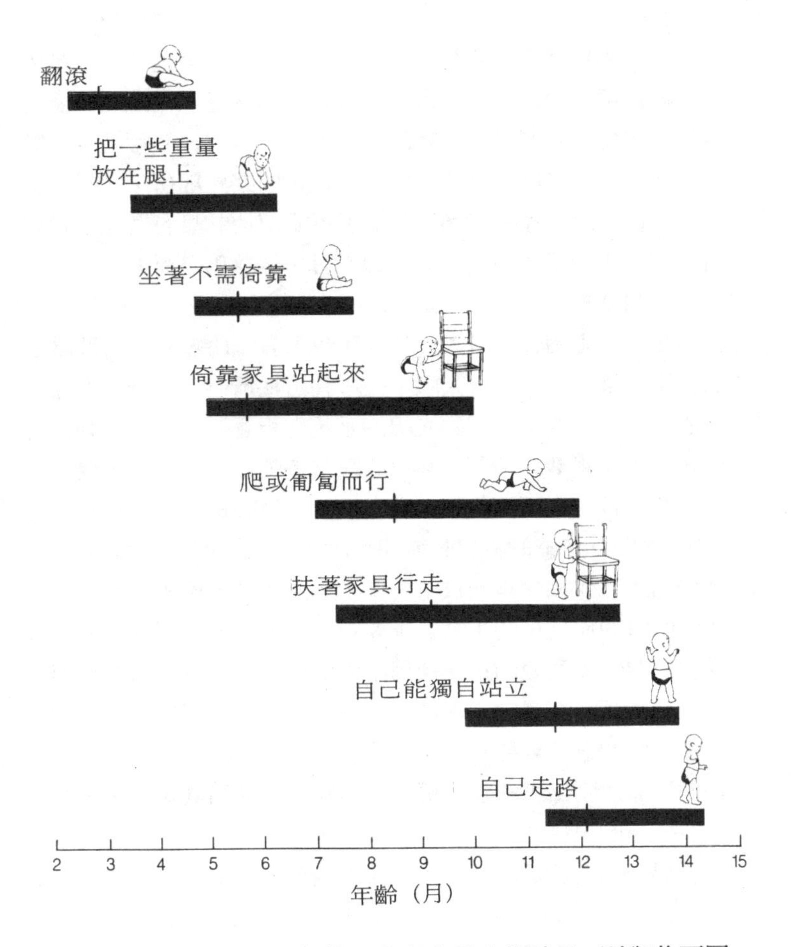

圖 3-6　嬰兒發展的不同速率

雖然發展是有次序的，有的顯然比較快些。粗黑線左端是百分之二十五的嬰兒達到穩定動作的年齡，右端表示百分之九十的嬰兒表現這項行爲的年齡。粗黑線上的直線標記，表示百分之五十的嬰兒達到動作標準的年齡。

(Dennis, 1960)。但是在普通家庭中長大的孩子，則與此不同，差異頗大(參閱**圖 3-6**)。

爲確定刺激以及活動機會的增加，是否促進了動作技能的發展，兩名心理學家以某種測量嬰兒發展的量表，對三十名伊朗孤兒施測，再將他們分成兩組：一組照舊留在自己的小床內，另一組則每天被帶往遊戲室玩一個鐘頭，將他們擺成坐姿，並讓他們玩多種玩具。一個月之後，再測試該兩組，結果顯示：實驗組的嬰兒比留在原來小床上的一組，在發展上有明顯的進步。雖然動作發展大部份取決於成熟，但自由活動以及可抓取自己感興趣物體的經驗也是必須的。

就伊朗三所不同孤兒院的比較研究顯示，刺激的數量及所提供的經驗，與孩子動作發展速率有直接的關係。因此，雖然動作的發展大都視成熟的情況而定，但讓他到處自由運動和用不同的方式去抱他，仍然是必要的。

心理學家就成熟與經驗在發展上所扮演的角色作了很多研究，綜合可運用的資料，得到的最合理結論是：人類的發展包括了有機體和其環境間不斷的交互作用，沒有一個行爲全是靠成熟或學習而發展出來的。腦部和人體的某些部份，必須在某些特殊行爲之前達到成熟；但對發展腦部使其具有認知、處理所得資料和表現正確反應的能力而言，經驗仍是需要的。

早期經驗的剝奪(deprivation) 將剛出生的小猴子飼養在黑暗中，直到三個月大——除了每天有一段短暫的時間戴上遮目鏡，讓少許光線進入眼中——在這種情形下，一旦把遮目鏡取下，讓小猴子接觸到光線的話，在視覺運動行爲上會表現出嚴重的缺陷❶。牠們無法以眼睛來追蹤移動的物體，受到挨耳光的威脅時也不知眨眼，且迅速朝一道牆移動時亦不知伸出手來。然而，持續的視覺刺激將可改善這些技巧。幾個星期後，牠們的反應就和平常的猴子一樣了。大多數的例子顯示，牠們所需的時間比幼小的正常猴子要短。這項研究證明了成熟和經驗的重要性。視覺的正確運用不僅依賴神經肌肉的持續發展，也必須依賴其視覺的實際經驗。在發展正確的反應以前，飼養在黑暗中的猴子需要有光線的經驗；但一旦遮目鏡拿掉以後，牠們只需比剛出生的猴子更少的經驗就能運用其視覺，這又是成熟扮演的角色的一個例證(Riesen, 1965)。

另一個實驗是將狗關在小籠子內養大，這些狗的健康情形十分良好，但似乎有些笨(Scott, 1968)。例如，牠們沒有痛覺，以針刺或踏其尾巴都沒什麼反應，牠們可以將鼻子挨進火中觀察一根點燃的火柴。不管其感覺經驗如何，痛覺刺激確實無法激起牠們和平常的狗一樣的逃避反應。後來其他動物的研究亦導致相同的結論：刺激的限制或剝奪，使得動物無法像其他正常的動物一樣學習新的東西。

充實的環境 相反的，假若我們不僅不限制或剝奪環境的經驗，反而對動物提出大量的刺激，會造成什麼影響呢？將一群小老鼠飼養在有各種設備和玩具的大籠中三十天後，其行爲就和單獨飼養在無任何設備的小籠子中的老鼠有所不同(參閱

---

❶早期的研究發現，如果動物養在完全漆黑的環境裡面，則眼睛裡面的某些神經細胞會受到損害或退化。如果允許少許光線從塑膠遮目鏡裡進去，則此動物雖仍無觀看圖形的經驗，但其眼睛的神經細胞仍能夠有正常的發展。

圖 3-7　一處充實的環境
將老鼠飼養在籠子裡，並提供複雜而充實的環境，比單獨飼養在小籠子裡的老鼠，顯示出更好的學習能力和更佳的腦部發展。

圖 3-7)。牠們的學習表現得較好，腦容量也較多，腦中與學習有關的化學物質的濃度較高。

即使才出生幾個星期，充實的環境對嬰兒也有助益。一項研究顯示，早期刺激有助於嬰兒用眼睛引導手去抓東西；但請特別注意，此行爲顯然是依靠成熟過程一步步發展出來的行爲(White, 1971)。一個月大的嬰兒仰躺時，會注視上方吸引他的東西，但不會想去拿；到了兩個月大，他會緊握拳頭並敲擊這件東西；四個月大時，他會看一看自己張開的手，再看一看東西，逐漸試著減少這兩者之間的距離；五個月大時，他就可以正確地握住這件東西。

雖然這種反應次序的普遍性，表現出相當程度的成熟依賴性，但速度還可以更快。我們可用下列方法，來充實醫院中一個月大嬰兒的環境：(1)增加擁抱次數。(2)每天有一段時間讓嬰兒俯臥，並打開搖籃的邊門，便於他觀察周遭的活動。(3)改用有顏色與圖形的被單和柵床。(4)在嬰兒的柵床上面懸掛精巧的飾物，形成對比的顏色和模式，俾讓其注視和用手觸摸。

受到這種待遇的嬰兒，平均三個月大，就能夠使視覺指引行爲完全發展；而沒有這些刺激狀況的控制組(即受到平常待遇的嬰兒)需要到五個月大才能完成。有趣的是，有充實環境刺激的嬰兒兩個月大時，才會開始仔細地瞧著他的雙手，而沒有環境刺激的控制組，反而只要一個月半大就開始了。這是因爲控制組的嬰兒，除了手以外沒什麼可看的，所以比實驗組更早發現自己的手。

然而，必須注意的是：除非嬰兒已達成熟狀態，否則刺激的增加，將不可能引起加速發展。事實上，太多的刺激過早發生，反而造成困擾。在上述實驗的前五個星期中，實驗組的嬰兒很少把時間花在注視四周的東西上，反而比控制組花更多的時間在啼哭上。這可能是周遭刺激已超越其反應能力，而造成其困擾的緣故。

另一項研究發現，首先兩個月在柵床欄干上裝上簡單並富色彩的東西。三個月大時再換上較複雜的飾物，將可造成最佳的發展。這些嬰兒未表現出困擾，能持續注意周遭的東西，並且，不需三個月就可發展視覺指引的行爲。因此，對成熟的程度而言，適當的刺激是重要的(White, 1971)。

早期的刺激和往後的發展 就往後的生活適應而言，早期的經驗似乎是很重要的。父母所引以爲榮的靜躺在床上的「乖寶寶」，可能並不是處在最有利的環境。早期刺激環境的重要性，可由史基爾和戴依(Skeel & Dye, 1939)的古典研究來說明。

有一群孤兒(十九個月，由於發展上有嚴重阻礙而無法過繼給人)被送到一所矯正院。這機構和過份擁擠的孤兒院相反，每個孩子由一個年齡較大而溫柔的女孩照顧，而這個女孩就算是他的小媽媽。她每天花許多時間來和他聊天、玩耍，並給予非正式的訓練。此外，居室十分寬敞並有很多玩具。當他們會走路時，就被送到有更多嬉戲資料和刺激的托兒所去。四年後，該實驗組的孩子智商平均多出了三十二，而留在原孤兒院的控制組則降低了二十一。再據往後二十年的追蹤研究發現，實驗組仍是優於控制組。實驗組大多數完成了高中教育(有三分之一進了大學)，都能自力更生，並且婚後都有正常智力的孩子。相反的，控制組大多數的學歷都不超過國小三年級，且無法自力更生。此研究雖有許多瑕疵，仍頗能令人深深體會早期經驗的重要性。

這類研究顯示：當運動和活動的機會被嚴重限制時，動作發展會有所遲滯，但是該遲滯可藉著適當的刺激來補救。另一個有關的問題是：額外的刺激和特別的訓練能否加速基本動作技巧的發展。一九二〇年及一九三〇年的以同卵雙生子爲對象所作的古典式研究，便是探討此問題(Gesell & Thompson, 1929; McGraw, 1935)。典型的作法是對其中一名雙生兒作某特殊技能的大量早期練習(如爬樓梯)，另一名雙生兒則給予短期的練習，接著再測試兩者，結果發現兩個人的表現幾乎一樣好。就早期的動作技能而言，日後學習(少量練習，當肌肉和神經系統更成熟時)的效果，和提前大量練習的效果一樣好。

稍近的研究指出：練習或額外的刺激可使動作行爲的出現提前至某種程度。例如新生兒的「行走反射」——將嬰兒抱直，讓他們的腳碰觸平面時，會作出相當類似走路的踏步動作(此種反射會在幾週內消失，眞正的行走得等上好幾個月後才會再出現)。在出生後兩個月中，每天分幾次被施予幾分鐘踏步練習的嬰兒，日後開始學走路的時間，比未曾接受此訓練的嬰兒提早了五至七週(Zelazo, Zelazo, & Kolb, 1972)。

早期經驗的長期效果

早期刺激或剝奪的後果爲何？以動作技能而言，早期經驗或許不具持久的效果。來自伊朗的孤兒院，在兩歲前被收養的孩子，很快地趕上並繼續維持正常的發展(Dennis, 1973)。在瓜地馬拉與世隔絕的印第安小村中的嬰兒，出生後一整年都待在沒有窗戶的小茅舍中，因爲當地習俗認爲陽光和空氣會帶來疾病，所以這些小孩很少能自由爬動，父母也很少和他們一起嬉戲。當他們能離開茅舍時，在身體技能上較一般美國小孩落後，但接著便逐漸趕上，到了三歲左右，動作協調便和其他地區的孩子一樣良好了(Kagan & Klein, 1973)。

在發展的其他方面(如語言能力、智力技能和情緒發展)早期剝奪的效果便較持久。三歲或兩歲前學習機會受到限制的孩子(沒有人對他說話、唸書給他聽或鼓勵他去探索環境)，到了入學時，在語言和智力技能上將有嚴重的落後，而且可能永遠無法趕上。

認知發展的階段

誠如我們提過的，有些心理學家發現，把發展過程劃分爲幾個階段，比把它看成一個連續過程，要來得實用。這種階段的概念表示發展的程序不是一點一點累積的，而是從一個階段跳到下一個階段，每跳一個階段，行爲就有明顯的改變。

就發展的概念而言，一個階段通常被定義爲一起發生的一系列行爲。就一個群體而言，這個階段行爲的本質特徵不同於較早和較晚的階段。階段的排列是次序性的，由一個階段轉移到下一個階段，需經過一個統合的過程，使上個階段的行為轉變成下一個階段的行為，同時增添了一些新的成份。環境因素或者可以加速或減緩發展的速度，但無法改變其次序。

一九八〇年逝世的瑞士心理學家皮亞傑(Jean Piaget)在階段的發展概念上，有很大的貢獻。他多年的研究，完全著重在孩童認知或智能的發展上。他提出的智能發展階段，列在**表3-1**上。

感覺動作階段(sensorimotor stage)　皮亞傑注意到動作

表 3-1　皮亞傑的智能發展階段

瑞士心理學家皮亞傑認為兒童智能的發展，可分為感覺動作期、運思前期、具體運思期及形式運思期四個階段。

階段	大約年紀	特徵
1. 感覺動作期	出生到兩歲	孩子可以區分自己和物體；逐漸知道其行為對環境的影響，因而能有意地使得有趣的事物持續更久(例如搖一只可以發出聲響的東西)；知道東西即使已經不見了，還是繼續存在著(物體的永久性)。
2. 運思前期	二～七	使用語言，並能以想像和字辭來表示東西；仍然是以自我為中心(egocentric)；所謂世界，就在他的周遭，他不太會由別人的觀點設想；以單純、突出的特徵來區別物體：假若A在某一方面像B，在其他方面也應像B；這個階段結束時，開始使用數目字並發展保留概念。
3. 具體運思期	七～十二	開始基本的邏輯思維，以下列的次序發展保留概念：數目(六歲)、質量(七歲)、重量(九歲)；可區別物體，將其依一特性的次序排列(如按大小)，並知道關係的語辭(A比B長)。
4. 形式的運思期	十二歲以上	可遵循邏輯主張，作抽象的思維，並可依假設來思索；能分析一個問題的組成因素，並有系統的探求所有可能的解答；對於假設的、未來的和意識型態的問題開始關心。

和感覺在嬰兒時期的密切相互作用，他把生命的前兩年定爲感覺動作階段。在這段期間中，嬰兒忙於發現感覺和動作行爲間的關係。例如，他慢慢知道：自己想握住的東西有多遠；當他把碟子往餐桌邊緣推時，會有什麼事發生；手是身體的一部分，而柵床欄干不是。經由無數的經驗，他開始能區分自己和外在的東西。在這個階段中最重要的發現是**物體永久性**(object permanence)的概念——知道即使物體已經不見了，它還是繼續存在。假若把一道布幕橫在一個幾個月大的嬰兒想伸手去拿的玩具前面，他會立刻停止這個動作，他既不驚訝也不困擾，並且也不去尋找這個玩具，表現得好像這個玩具不再存在似的(參閱**圖 3-8**)。相反的，一個十個月大的嬰兒就會企圖尋找藏在布幕後的玩具，他似乎知道即使東西看不見了，還是繼續存在，他已經有了物體永久性的概念。但是十個月大的嬰兒雖有永久性的概念，他尋找東西的能力仍極有限。假使他曾在某處一再找到一個玩具，現在我們在他的注視下把玩具藏在另一個新的地方，他還是會在原來的地方尋找。要一直到滿周歲以後，他才可以找出藏著的東西，而不管那東西以前藏在那裡。

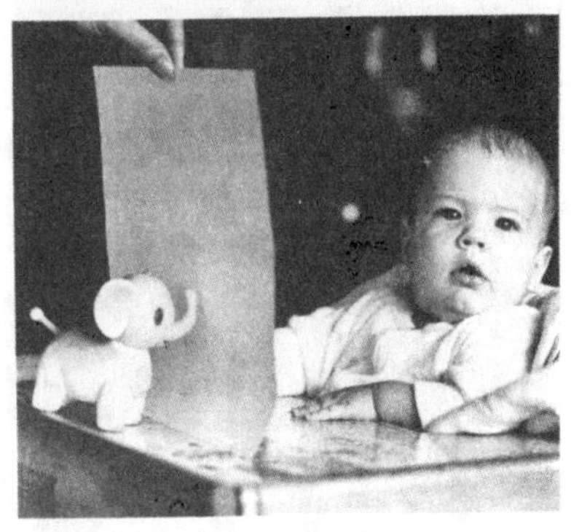

圖 3-8　物體的永久性

當物體藏在布幕後面時，嬰兒表現得好像物體不再存在似的。他尙無物體永久性的概念。

運思前期階段(preoperational stage)　兒童運思前期階段的認知過程，可以用**保留概念**(conservation)爲例來說明。我們認爲物質不滅定律是理所當然的：一件東西的型態改變或將之分爲幾個部份，其質量並不改變；一堆東西包在一起，其總重量不變；液體不因其容器改變而改變其容量。然而，對孩童而言，這方面概念的發展需要數年的時間。

在一項**質量保留**(conservation of mass)的研究中，將粘土給孩子做成一個泥球。這泥球和另一個相同質料的球是相等的。然而，在其注視下將其中一個滾成長條形。假若孩子只有四歲，他將不再認爲這二份粘土是相同的，他會認爲較長的球含有較多的粘土(參閱**圖 3-9**)。直到七歲，他才會知道二者所含的粘土是相同的。

同樣的實驗可用於**重量保留**(conservation of weight)的研究上。例如，讓一個孩子知道相同的物體在天平上是平衡的，然後再問他，在天平上是長條形的重還是球形的重。重量保留概念較質量不滅難想像，前者的發展大約要比後者遲上一年左右。

七歲以下的孩子很難有保留的概念，這是因爲其思維尙受制於視覺印象的關係。不管形狀如何，對他而言，粘土在視覺

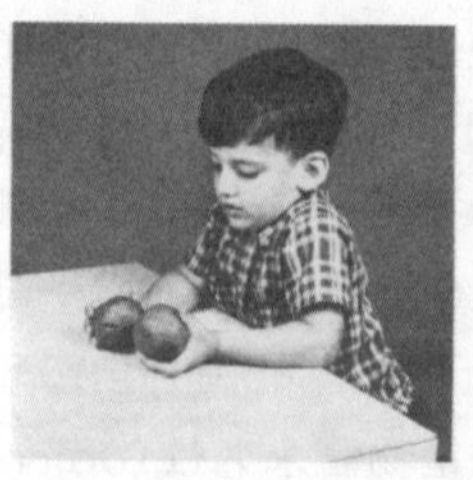

圖 3-9　保留概念

一個四歲大的孩子知道兩個泥球的大小是一樣的。但當其中一個滾成長條形時，他會認爲它的黏土較多。幾年之後，他就會知道兩者所含的黏土是一樣的。

上的改變，比其所有的體積、質量更具有意義。小孩子對視覺印象的依賴性，可用另一實驗說明。將黑色和紅色的棋子首尾相接，排成一列，五、六歲的孩子會說紅色的棋子較多——雖然沒有拿掉黑色棋子(參閱**圖 3-10**)。這是因爲棋子長度的印象使他忽視了數目是相等的。相反的，一個七歲的孩子會認爲數目不變，兩者仍然是相等的。對他而言，數目的恒等性比視覺的印象顯著。

運思階段　七歲到十二歲之間是**具體運思階段**(concrete operational stage)，這個階段的孩子對各種不滅的概念已經熟悉，並且開始了其他邏輯上的運思。例如，他可將物體依高度或重量排列。他亦可在腦中想像一系列的行爲。例如，一個五歲的孩子知道到朋友家怎麼走，但不會用紙筆畫出。他知道路，是因爲他知道到什麼地方要轉彎，但全程如何，他卻沒有一個全盤的圖案。相反的，一個八歲的孩子就可以迅速地畫出路線圖來。雖然孩子使用的是抽象的措辭，但因其行爲關係著具體的事務，所以皮亞傑名之爲具體運思階段。但到了認知發展(始於十一、二歲)的最後階段——**形式運思階段**(formal operational stage)，他們就可以思索純粹象徵性的問題了。

一個關於形式運思的測驗，是讓受試者去發現一個簡單鐘擺振幅的決定因素。實驗前先把一條繩子掛在釘子上，然後將幾個可以吊在繩子尾端的秤錘給受試者。他可以任意改變繩子的長度，更換秤錘及其懸掛的高度。

處於這種具體運思階段的孩子，可能會改變這項實驗中的幾個變項，但無法運用有系統的方法。一個平常水準的年輕人會設立幾個假設，並有系統地一一加以檢驗。例如，假若他假設一個特定變項(秤錘)可以影響振幅，只要改變一個變項而令其他爲常數就可產生這種影響。但假若這個變項對搖擺的時間並無影響，還可以將其刪除，並嘗試另一個變項。考慮所有的可能性，嘗試各種假設的結果並確定或推翻這些結果等，就是皮亞傑所謂的形式運思。

圖 3-10　保留的實驗

以七個爲一列，將兩種棋子排成兩列。大多數的孩子都會認爲其數目相等。若將其中一列疊在一起，六、七歲以下的孩子會說沒動過的一列較多。

這種超越實物存在而知曉各種可能性的能力——對各種方案的思考——滲入了年輕人的思維中，使他們能考慮各種形上學和意識型態的問題，而且對成人統治的世界產生懷疑。

皮亞傑理論的評價

不同年紀和背景的研究，支持了皮亞傑在認知發展次序上的觀察。然而，孩子達到各種年齡受到很多因素的影響。一個非常聰明的十歲小孩，可能可以很技巧的用有系統的方法，來分析一個問題和測驗假設，然而，有些成人卻無法達到形式的運思階段。中等家庭的孩子在熟悉質量不滅概念上，早於下階層的孩子；都市孩子又早於鄉村的孩子。

這些差異引起了一個問題：是否特別的訓練可以加速認知階段的進展？研究者運用了各種技術，使孩童的發展加速，由一個階段轉移到下一個階段，其中研究最多的是保留的概念。這個研究通常是以一道保留的問題來試驗一群孩子(例如，用泥土或水來試驗數量的不滅)。將孩子分爲實驗組和控制組，對實驗組施予特別的訓練，然後比較一下，是否實驗組孩子的不滅概念，和未經任何訓練的控制組不一樣。所謂訓練，包括直接教以保留定律，例如，讓孩子知道不同形狀的泥土在天平上的重量一樣，或者是間接有關不滅的概念；例如，讓孩子注意到一樣東西，可以同時具有很多特徵，讓孩子說出它們的特徵，並注意區分方法。

不滅定律訓練的研究，產生了矛盾的結果。有些沒結果，有些卻證明概念是可以教授的。最好的結論可能是：教育可以加速認知的發展；然而，從一個階段到一個階段的進展，要視其成熟度而定。所以，假若孩子已具備成熟的條件，教育是最有效率的方法(Glaser & Resnick, 1972)。

非階段取向

皮亞傑的理論對認知發展提供了一個廣泛的整體看法，這個周延的理論影響了許多探討兒童思考及解決問題方式的研究。雖然兒童到達各發展層次的年齡，由於智力和經驗的不同而出現極大的差異，但大多數研究支持了皮亞傑對於認知發展順序的觀察。

較近測試嬰兒和學前兒童智力功能的巧妙方法，指出皮亞傑(其理論奠基於自然觀察法)低估了這些孩子的能力。如同稍早所提：小嬰兒具有某些智力能力，無法在一般的情況下表現出來。而且稍後也將看到：只要給予適當的測試情況，學前兒童能處理比皮亞傑運思前期中更複雜的概念。

最近的研究也對皮亞傑的某些觀點提出質疑，舉例而言，皮亞傑認為早期的認知發展有賴於感覺動作的活動，他未曾考慮嬰兒的心智或許先於動作能力的可能性；他相信嬰兒不能看出偶然性——也就是自己的行動正造成某種後果，除非到了四、五個月大，開始對手臂的動作有所控制時才行，此時他們也許發現碰到掛在搖籃上的玩具，會產生有趣的聲音，於是他們樂於重覆此動作。而最近的研究顯示：兩、三個月大的嬰兒雖然無法用手撥弄物體，但在他們的所作所為對外界產生影響時，這些嬰兒仍能有所意會。如果把一輛可藉由壓力感應枕頭而操作的玩具車放在搖籃邊，兩個月大的嬰兒很快便學會轉動他的頭讓玩具車旋轉。而且在玩過幾天後，他們甚至會開始對玩具車微笑並咕咕作聲(早於此類情緒表現的正常時間)，顯示他們以自己「做出某事」的能力為樂(Watson, 1983; Bahrick & Watson, 1985)。上述研究指出：感覺動作(移動、撥弄物體)雖然是扮演一個主要的角色，但對早期認知發展而言，或許不是必要的。

有關研究顯示皮亞傑同樣低估了學前兒童的能力，例如，對保留實驗的測試情況作精心安排，讓兒童的反應不必受限於他們的語言能力(對實驗者所說「較多」「較長」的理解)時，甚至三、四歲的兒童也顯現出對數目保留的某些理解(Gelman & Gallistel, 1978)。

類似的研究顯示：兒童思考的本質在進入另一個階段時，並不會出現戲劇性的改變，智力成長階段間的轉換是漸進的，其中包含鞏固稍早學會的技能，使它們成為更自發的能力。以液體的容量為例，假如把作業簡化(例如，讓孩子同時注意到容器的高度與寬度)，學前兒童也能瞭解。但七、八歲的孩子幾乎已不必再留意容器，他已明白：無論倒入何種形狀的容器，液體的多寡維持不變。

有些心理學家不以階段著眼，視認知發展為知識和處理訊息能力的逐漸增加。記憶是重要的認知技能之一，較大和較年幼兒童之間表現的差異，許多可能是來自他們記憶能力的不同

(Case, 1985)。年幼的孩子無法學得某種概念(如質量不滅概念),或許明瞭此概念所需同時保有的訊息數量超過他們此時的記憶容量。

學前兒童在記憶測驗上的表現較學齡兒童差得多。隨著年齡的增加，表現也逐漸改善。舉例而言，如果讓兒童聽十五個簡單字語，接著要求他們回憶出，六歲大的孩子大約回憶出四個字；九歲孩子五個字；十一歲孩子七個字(Yussen & Berman, 1981)。年幼孩子較差的表現或許由於記憶容量較小，而記憶容量將隨著生理的成熟而漸增；但更可能的情形似乎來自運用各種增進記憶策略的能力，例如，隨著年齡漸長，兒童學會複誦訊息(對自己重複唸幾次)，將字眼組成有意義的內容，並使用各種線索來幫助記憶(見第八章)。

人格與社會發展

我們最早的社會接觸對象便是在嬰兒期早期照顧我們的人——通常是母親。照顧者對嬰兒需要的反應方式(有耐性、關懷、溫情，或粗率、冷淡)，將影響孩子對待他人的態度。有些心理學家相信：「一個人對他人的基本信賴感受,決定於生命第一年的經驗。」(Erikson, 1963,1976; Bowlby,1973)稍後的討論中，我們將以「母親」來代表基本照顧者，當然父親或家庭中的其他成員有時也可能擔負這個角色。

性心理和心理社會階段

佛洛伊德提出了一項很特別的階段理論，來處理人格的動機和情緒的問題。和皮亞傑一樣，他假定了幾個階段。

佛洛伊德認爲，不同年齡的孩童，可以從身體的不同部位得到快樂,由此來說明兒童階段的不同。透過對性的廣義解釋，這些階段就是俗稱的性心理階段。最主要的有**口腔期**(oral)——滿足來自口和嘴唇部份的刺激，例如吃或吸吮拇指；**肛門期**(anal)——滿足是來自排泄；**性器期**(phallic)——滿足來自性器官的撫弄；**潛伏期**(latent)——對性不再有興趣，所以國小的孩子把興趣轉移到環境方面；**生殖期**(genital)——對異性開始產生愛慕的行爲。每個階段都是自然發展的結果。當發展受阻(或**固著作用**，fixation)時，有些問題可能和前面階段的持續時間太長，超過正常時間有關。就此觀點而言，這種理論亦是一種**關鍵期理論**(critical period theory)。這種階段的劃分，固然有其影響力，但一般而言，心理學家並不認爲它是發展的正確敍述——雖然它多少有些道理存在。

後來，心理分析學家艾雷克遜(Erikson, 1963)認爲，在發展上所遭遇的社會問題，要比生物問題來得重要。他描述一個心理社會階段的程序，孩子在其成長過程中，得面對廣泛的人際關係問題，並且在每個階段中都有特殊的問題待解決。和佛洛伊德的理論一樣，艾雷克遜認爲一個孩子在每一階段所解決的問題，決定了他往後成爲什麼樣的人，和他解決新問題的程度。

艾雷克遜的心理社會發展階段列於**表 3-2**。在引起人們對社會發展問題的注意方面，艾雷克遜的方案似乎很有用。然而，它的架構，對階段的觀念缺乏嚴格的科學描述及劃分，所以，其主張可視爲純猜測性的。

發展階段的概念，幫助了心理學家，將研究的問題組合成容易處理的部分。然而，許多證據指出：(1)一個階段和一個階段的重疊，比一種明顯而突然的轉變更普遍。(2)早期的階段如有缺陷，常可在下一階段加以矯正。例如，雖然提早學習閱讀可能會有很大的助益，但在成人階段亦可學習閱讀。然而，發展階段的概念很有趣味性，其所包含的問題也很重要，值得我們繼續去研究。

表 3-2 心理社會發展的八個階段

階段(大約年齡)	社會心理危機	重要的人際關係焦點	社會心理形式	有利的發展結果
1. 出生～一歲	信任或不信賴	母親或母親的替代者	獲得、回報	驅力和希望
2. 二歲	自動自發或害羞和懷疑	父母	放手、抓握	自制和意志力
3. 三歲～五歲	積極性或罪惡感	家庭	認眞、敷衍	方向和目的
4. 六歲～青春期開始	勤勉或自卑	鄰居、學校	競爭、合作	方法和能力
5. 青年期	自我認同或自我否認，認同的擴大	同儕團體和圈外人；領導的模仿對象	肯定或否定自我享受自我	奉獻和忠貞
6. 成年期前期	親密、團結或孤立	友誼、性、競爭、合作等的伙伴	失去自我和從別人中發現自我	親和與愛
7. 成年期中期	有創作能力或自憐	分工和享受家的溫暖	創建、照顧	生產和照顧
8. 成年期後期	統合或失望	「人類」；氣味相投者	享受成功；面對失敗	自制和智慧

來源：修改自 Erikson(1963)

兒童期前期的人格社會發展

嬰兒第一次社會接觸的對象通常是母親。母親對嬰兒需求的反應方式——耐心關懷或是粗暴，於嬰兒對他人的態度有很大的影響。

社會情感的發展

通常，兩個月大的嬰兒，一見到母親的臉就會微笑。由於大多數的母親對這種反應都很喜歡，所以一再鼓勵孩子重複這個動作。但她並非嬰兒的唯一刺激。這個年紀的嬰兒，只要一看到人的笑臉或人臉的圖片就會笑。這種行爲顯然表示在心理上他對人臉已有印象，並能和其他的東西區分。

全世界的嬰兒大約在相同的年紀開始微笑，這一點顯示在決定微笑的出現上，成熟比養育的環境更重要。而眼盲的孩子微笑的年紀也和一般嬰兒相近(對父母的聲音而非臉孔產生反應)，更支持了上述的結論(Eibl-Eibesfeldt, 1970)。

到了三、四個月大時，嬰兒顯示出他們認識並較喜歡家庭中熟悉的成員，在見到或聽到這些人時，嬰兒會微笑或咕咕作聲，但是此時他們仍相當接受陌生人。然而到了八個月大時，這種無差別的接受有了變化：嬰兒對陌生人的接近開始顯現不安(甚至被母親抱著也是如此)，而且當他們被父母留在不熟悉的場所或與某個陌生人在一起時，會作強烈的抗議。父母此時經常很訝異地發現，一向樂於接受保姆照顧的孩子，現在居然會在父母要離開時大哭，甚至在父母走了之後還會哭上一陣。

「陌生人畏怯」由八個月至一歲爲止急遽的增加(Bronson, 1972)。與父母分離所感到的焦慮在十四個月至十八個月之間到達最高點，之後便逐漸下降。到了三歲時，大多數的孩子對於父母不在眼前已有足夠的安全感，並能和其他兒童或成人自在地進行互動。

分離恐懼的出現與消失似乎和育兒方式關係不大。一樣的型態同時見於在家中以及在托兒所中的美國孩子、以色列的孩子、瓜地馬拉的印第安小孩和沙漠中的孩子(Kagan, 1979)。

我們如何解釋此種恐懼？有兩個因素似乎扮演著重要的角

色，第一是記憶容量的成長。大約從八個月開始，嬰兒能對人或情境形成一種心像，此種映像可儲存在記憶中並取出與目前的情境作比較。因此當一個週歲大的孩子由午睡中醒來，看到一張陌生的臉孔，知道他較熟悉的母親面孔未曾出現，這個瞭解可能產生不確定的感受。接下來的幾個月中，隨著記憶力的增加，預期未來的能力也逐漸增進。當孩子進步到能記得以前父母親去而復返的例子，那麼他便較能預期暫時離開的父母將再回來，不確定和苦惱也隨之降低。

第二個因素是自主性的成長。一歲大的孩子仍然相當依賴成年人的照顧，但兩、三歲的孩子已可自行取餐盤、拿玩具，同時也會運用語言以表達自己的需要和情緒。因此，對照顧者的一般依賴減少，對熟悉照顧者的特殊依賴也減少，使得與父母暫時分離一事的嚴重性減輕。

依　附

嬰兒對某人尋求接近並對後者的出現感到安心的傾向稱爲**依附**(attachment)，人類之外的幼小動物也以各種不同的方式表現出對母親的依附。小猴在母猴走動時，會攀在母猴胸前；小狗會爭先恐後地靠近母狗溫暖的腹部；小雞、小鴨會跟著母親走，並在受驚嚇時奔向母親。這些非經學習而來的早期反應有明顯的適應價值：預防個體離開照顧來源或走丟。

最初，心理學家以爲對母親依附的發展，是由於後者爲食物的來源，滿足嬰兒最基本的需求，但某些事實並不符合此說法。例如小雞、小鴨一出生便自行覓食，但還是跟著母親，並花許多時間和母親在一起。牠們由母親處所得到的並非來自母親在餵食上所扮演的角色。有個以猴子爲對象所作的一系列著名實驗，顯示出母親與嬰兒間的依附不僅限於哺育的需要(Harlow & Suomi, 1970)。

更有意思的實驗是把小猴子和母猴分開，而以**人工母親**(artificial mother)來代替，小猴子可以從人工母親那兒得到食物，並可在其身上攀爬(Harlow & Harlow, 1966; Harlow & Suomi, 1970)。有兩個「實驗室的母親」能由小猴子的吸吮而產生乳汁，但這兩個母親都無法移動，並且，她們雖然有頭、臉和軀體，但與母猴卻不相似(參閱**圖 3-11**)。其中之一由鐵絲網組成，另一個則由絨布構成。由絨布作成的母親，比用鐵絲

圖 3-11　猴子對人工母親的反應

雖然由鐵絲做成的母親來餵食，但小猴子還是喜歡和用絨布做成的母猴在一起。在探究陌生事物的過程中，「絨布媽媽」提供小猴子安全感。

網者更引起小猴子擁抱的動機。

這項實驗想確定，是否供給食物的母猴就是小猴子喜歡親近的對象。結果是很明顯的：不管是否食物的來源，小猴子都喜歡和「絨布媽媽」在一起。這雖然是純粹被動的形式，但能提供舒適感的母親才是安全的來源。例如，當小猴子置身在一個完全陌生的環境時，若能與「絨布媽媽」在一起，就能明顯的減輕其恐懼感。只有在攀掛於母親的手上時，小猴子才敢放膽去探究一件陌生的東西，否則牠是不會輕易去接近這件物體的。一、二歲的小孩也會有這種反應：只有在母親附近，才敢對陌生的一切進行探索。

雖然這種人工母親，可以提供一種重要的母職方式，但對健全的發展而言仍是不夠的。在出生後六個月當中，如果和其他猴子接觸不夠，將造成往後各種奇怪型態的行爲。自小就與母親分離的小猴子，極少能和其他猴子相處融洽，並且很不會交配。早期社會接觸被剝奪的母猴，於交配之後(當然得經過一番努力)，很難成爲一個好媽媽，她們對小猴子有忽視或詈罵的傾向。出生後六個月中，對往後社會行爲的影響既是如此顯著，所以對猴子社會情感的發生而言，這幾個月是關鍵期。不管以後和其他猴子的接觸如何，這種早期的孤立很難發展出正常的社會行爲(Sackett, 1967)。

母子分離的影響

人類嬰兒的實驗資料顯示，嬰兒依附母親所達成的效果和前述小猴依附母猴類似——提供孩子探索環境時的安全感，並且是建立人際關係的基礎。有母親在一旁時，小孩願意去探索外在種種環境。早期無法和某些重要人物建立情感的話，成年後亦很難發展出密切的人際關係。

通常，對母親的依附——喜歡和母親一起，並且在母親離開時會哭泣——在兩歲左右會達到高峯。兩歲以後，孩子開始可以慢慢習慣和母親分開。到了三歲左右，他已可以在母親不在時和同伴或其他認識的大人一起遊玩(參閱**圖 3-12**)。

一系列對孩子依附行爲的研究顯示，在親子關係的性質上，有一些有趣的差異。實驗的進行，包括下列幾個步驟，這些稱爲「陌生的情境」：

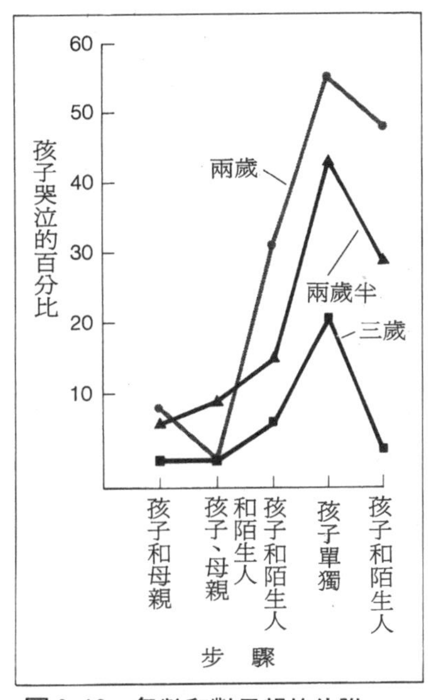

圖 3-12　年齡和對母親的依附

我們可用「陌生情境」，來研究依附行爲隨年齡變化的情形。經由單向鏡可觀察孩子的行爲，同時記錄他在每種情形下哭泣的情況。從二、三歲後開始，小孩子不論是單獨或是與陌生人在一起，都比較少哭，表示二、三歲以後，孩子已可以習慣和母親的分離了。

(1)母親把孩子帶進實驗用的房間，將之安置在四周全是玩具的椅子上，並在屋裡相反方向的一角坐下。

(2)不久，一位陌生人進到房間坐下，幾分鐘以後，他鼓勵孩子去玩玩具。

(3)母親離開房間。

(4)母親回到房裡，並鼓勵孩子去玩玩具，陌生人悄悄離開。

(5)母親離開房間，並把小孩單獨留在房裡三分鐘。

(6)陌生人回到房裡。

(7)母親回到房裡。

經由單向鏡可觀察孩子整個過程的反應，並記錄下各種評估——孩子的活動程度和遊玩的內容、哭泣或其他無助跡象、引起母親注意的意圖，或者想和陌生人玩耍等。

在以「陌生情境」測驗一歲大嬰兒的研究中發現：當母親回來以後，孩子對母親的反應有很明顯的個別差異。不管和陌生人在一起或是獨自留在房間，在母親離開時，大部份的孩子都表現出不安的情緒，其範圍從輕度的不安，到一面大哭一面用眼睛到處尋找媽媽。在母親回來時，有一半以上的嬰兒立刻表現出極欲與母親在一起的反應，繼而表現出想和母親親暱一會兒的需要；但有些嬰兒卻明顯地忽視母親的去而復返，並且對母親有逃避的現象；有些則表現出一種矛盾行爲——例如，他們會哭著要求擁抱，但被擁抱後又鬧著要下來。

研究者將嬰兒依附的行爲分成以下三類：

(1)**安全依附**(securely attached)。只要母親在場，孩子便能自在地玩玩具並友善地對待陌生人；當母親離開時，他們有明顯的不安、苦惱的反應，由焦躁、以目光找尋到大聲哭鬧；當母親返回時，他們立刻趨向前，被抱了以後便平靜下來並繼續玩。研究中的孩子約有百分之六十五屬於此類。

(2)**不安全依附：逃避**(insecurely attached: avoidant)。當母親在場時，這些孩子很少注意她，母親離開時，似乎也不苦惱；如果有苦惱，也很容易爲陌生人所安撫。他們對母親的返回視若無睹，也可能試著靠近母親，或轉過身去或看別處。有百分之二十五的樣本屬於此類。

(3)**不安全依附：衝突**(insecurely attached: ambivalent)。這類孩子對陌生情境一開始便有問題，他們緊靠著母親；當母親不在身邊時便顯出焦慮，在母親離開的這段時間內，他們變得相當苦惱不安；而且在母親返回時，他們似乎又很矛盾：同時尋求並排斥身體的接觸，例如，他們可能哭著要母親抱，接著又生氣地掙扎著要下來。他們不去玩玩具，只是苦惱地盯著母親，約有百分之十的孩子屬於此類。

對母親的返回尋求依附的第一類兒童，以家中所作的觀察為基礎，被稱為安全依附的一群。比起在陌生情境表現逃避或衝突的孩子，他們一般而言似乎較具安全感(較不常哭，對母親的口頭要求較有反應，對母親的來來去去較少感到煩惱)。後兩類兒童顯示出母子關係中的某種衝突，逃避型的孩子似乎不喜歡和母親的身體接觸，而衝突型的孩子則是緊黏住母親，並且對母親要求的比母親所願給予的多(Ainsworth, 1979)。

研究者的結論是：所有孩子到了一歲大時都會依附母親，但依附的本質隨著母親對孩子的反應情形而有不同。大多數孩子表現出安全依附，但是有些卻顯現出不安全依附。不安全依附與第一年中的不敏銳、不關心的母親相聯結。顯現不安全依附孩子的母親，以自己的期望和情緒作反應，多於以孩子發出的信號作反應。例如，當她們想抱抱孩子時，便會對孩子要求注意的哭聲有所反應，但其他時候，她們便會忽視這類哭聲(Stayton, 1973)。具安全依附孩子的母親對嬰兒的需要較多反應，她們給予較多的社會刺激(對嬰兒說話、和他們玩)，並表現較多的感情(Clarke-Stewart, 1973)。

依附與日後的發展　早期依附的型態似乎會影響孩子在未來幾年中對新經驗的調適。例如，有個研究讓兩歲孩子解決一連串需要使用工具的問題，其中有些問題在孩子的能力範圍之內，有些則很困難。被評為安全依附的孩子(約在一歲大時被評定)，對問題的解決既熱心又堅持，當遭遇困難時，他們很少哭或發怒，而是尋求一旁成年人的幫助；但被評為不安全依附的孩子，在行為表現上則有極大的差異：他們較容易產生挫折感並發怒，很少請求幫助，傾向於忽視或排斥成人的指導，並且很快地放棄解決問題的嘗試(Matas, Arend, & Sroufe, 1978)。

另一個研究則觀察托兒所兒童(三歲半)的社會行為。他們的依附型態已在十五個月大時作過衡鑑。早期被評為安全依附的孩子傾向於成為社交領袖，他們在發起及參與行動上較為主動，而且也常是其他孩子尋找的對象；不安全依附的孩子傾向於社交退縮並對參與活動猶豫不決，教師對他們的評語是對新

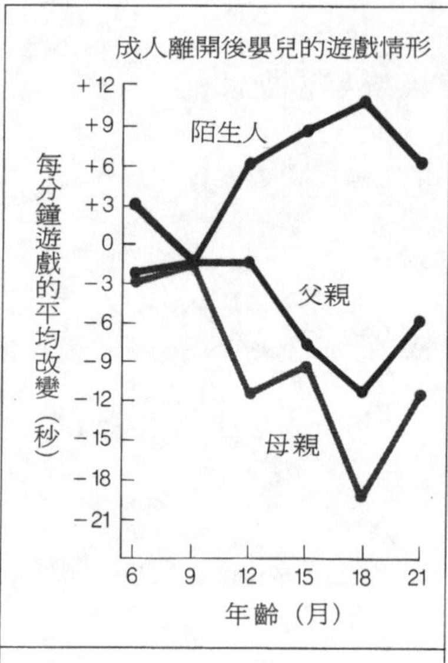

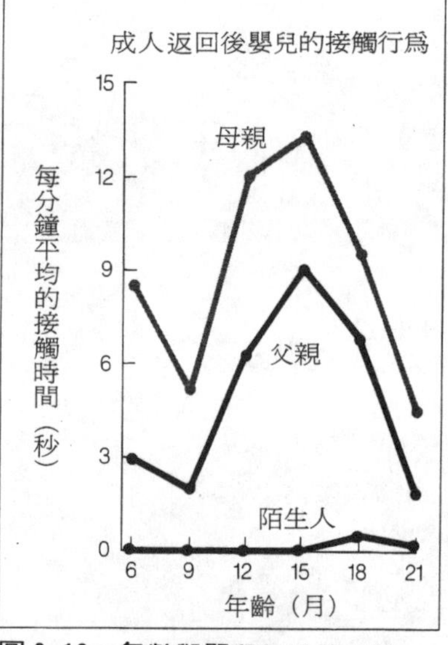

圖 3-13　年齡與嬰兒行爲的改變

觀察在陌生情境下與母親、父親或陌生人在一起的孩子（六至二十一個月）。當母親或父親暫時離開時，孩子的遊戲會受到干擾；對父親離開的反應較晚出現。當陌生人離開時，孩子玩得更起勁，顯然獨處比陌生人在場更令他覺得自在。父親或母親返回後，便是一段接觸或擁抱的時間。

事物的好奇心較少，在追求目標上較不賣力。這些差異和智力無關（Waters, Wippman, & Sroufe, 1979）。

上述研究指出安全依附的孩子在進入兩歲時，對新經驗和新關係能作較理想的調適。然而，我們不能就此認定兒童早期依附的本質，和日後解決問題的能力以及社會技能有直接的關係。在嬰兒期時對孩子的需要有較多反應的母親，可能在兒童期前期繼續她有效的照顧方式——鼓勵孩子的自主行爲及爲調適新經驗所作的努力，一方面又隨時準備伸出援手，因此，兒童在三歲半時的能力和社會技能或許是反映出此時的親子關係，而非兩歲前所存在的關係。

此外，有些批評者認爲孩子在陌生情境中的行爲，以及在學前階段的能力，較多是來自兒童本身的特質，而非母子關係的本質（Chess & Thomas, 1982; Lamb et al., 1984）。如同我們稍早提過的：有些孩子幾乎從一出生開始，便比其他孩子來得謹愼、容易苦惱不安。這些孩子雖然獲得相當理想的照顧，可是對於新經驗的調適和形成新關係還是會覺得較困難。

育兒方式也會影響兒童在陌生情境中的行爲，例如，日本的育兒習慣鼓勵母子間作極多的身體接近，很少暴露於陌生成人前，而且很少置身於可自由嬉戲的陌生情境，因此日本嬰孩在陌生情境研究的整個過程中，都顯得焦慮苦惱，而且在獨處時特別不安——事實上，由於孩子是如此焦慮，使得實驗者通常會縮短獨處這一段過程（Takahashi, 1986）。

因此，嬰兒依附行爲中至少有某些原先被歸因爲母親反應程度所造成的可見差異，可能是來自孩子與生俱來的特質傾向，以及影響母子雙方的文化預期。雖然如此，母子早期的依附型態似乎仍對孩子日後的發展有重要的影響。

對父親的依附　雖然嬰兒最初依附的對象是早期提供最多照顧的人，但是其他熟悉的面孔也是安全感的來源。陌生情境研究採用父親的結果指出：嬰兒對父親在不在場的反應，類似於對母親的反應，雖然對父親的依附發展得稍晚（Kotelchuck, 1976）。例如，一歲大的孩子在母親單獨留下他而自己走開時，會哭並停止玩耍；而對父親離開所作的類似反應，直到十五個月大時才出現。此外，一歲大的孩子對於母親的離開反應較激烈，返回時抱住母親的時間也較長。此種差異隨著年齡漸長而減少（見**圖 3-13**）。

每個父親在照顧孩子的時間上有極大的差異，每天受到父親主動參與照顧的孩子在與陌生人獨處時，比大部分時間都由母親照顧的孩子顯得較不會苦惱不安(Kotelchuck, 1976)。然而孩子也會對很少提供照顧的父親形成依附。父子間的短暫互動，大多數是嬉戲的時刻，父親給予樂趣和刺激興奮；比起母親，他們所作的是較粗野、活潑的身體遊戲。如果給予孩子遊戲對象的選擇權時，十八個月大的孩子大多選擇父親；但在壓力時刻，母親便是被尋求的對象了(Clarke-Stewart, 1978)。

重要討論：

外出工作的母親對兒童發展的影響

現今外出工作的婦女愈來愈多，在美國，三歲以下孩子的母親外出工作的比例超過總人數的一半，而且人數尚在增加中。有鑑於嬰兒依附以及早年環境刺激豐富的益處，我們有必要考慮上述趨勢對下一代的影響。

工作的母親對子女的照顧有種種的安排。大多數將這些幼兒留在家中由保姆或親戚照顧，或是將孩子送到保姆家(單獨與其他孩子一起被照顧)或日間托兒所。顯然，母親工作對孩子發展的影響程度，因替代照顧者的品質而不同。這方面的研究以兩個領域爲重點：全職工作的母親對兒童的一般影響，以及團體照顧和個別照顧的影響。

擁有外出工作的母親，對女孩的益處大於男孩。母親工作的女兒比起母親未外出工作的女兒傾向於較獨立、社會適應較佳、學業成績較優，並較追求事業成就(Birnbaum, 1975; Gold, Andres, & Glorieux, 1979; Hoffman, 1980)。母親工作的兒子比起母親未工作的兒子，也是較獨立、社會適應較好，但學業表現和認知能力的測驗成績則不然(Banducci, 1967; Brown, 1970)。這些現象該如何解釋？可能性很多，也許母親工作導致對孩子智力刺激的損失，對孩子產生不利的影響。但女孩的損失會因其他的益處而抵消，如獨立性增高、擁有一個家庭外仍有自己事業的母親楷模。學前階段母親在家的小男孩到了青年期時，智力能力較高，但也較服從、抑制、畏懼。未工作的母親或許太投注自己的角色，以至於鼓勵了依賴行爲，並妨礙兒子發展成熟的行爲。

對兒童作團體式照顧或在家中作個別式照顧的影響，

顯然都有賴於托兒設施的品質，以及家庭的本質。大多數這類的研究都以大學中附設的高品質托兒中心爲對象。這些托兒中心由訓練有素的人管理，只照顧少數的兒童，同時設備優良，還有富教育刺激的活動，並試圖給予每個孩子情緒的支持。然而在這些中心的兒童所感受的經驗，對全美處身托兒所的兒童，可能不具代表性，在考慮這些研究的結果時，讀者應記住這一點。

以智力發展而言，來自中等家庭的兒童，在良好的日間托兒所或在家中由父母照料的，表現一樣好(Kagan, Kearsley, & Zelazo, 1978; Clarke-Stewart, 1982)。來自低收入、父母教育程度低的家庭的兒童，智力發展會因托兒所的經驗而受益。此種充實計畫似乎防止了這些孩子如果繼續留在家中，經常會在兩歲之後智力表現下降的情形(Ramey, 1981)。中等階層的母親一般較低階層的母親教育程度高；前者是較有效的老師，也是孩子智力刺激的較重要來源(Goldberg, 1978)。前面提到工作母親的兒子學業表現不如未工作母親兒子的情形，同樣見於中等家庭；反之，來自極低收入家庭的男孩在母親外出工作的情況，認知能力的測驗分數較高。

日間托兒所對親子間感情連繫的影響爲何？批評托兒所的人認爲母子每日一再重複的分離，會嚴重干擾幼兒對母親的依附。有關這方面的研究，大多是比較兩歲以下的托兒所小孩和家中小孩在陌生情境下的表現。結果顯示：兩者對母親都表現出安全的依附；雖然前者可能會與某個托兒所中的老師形成一種感情關係，但仍然較偏好母親，特別是當他們疲倦不安時(Kagan, Kearsley, & Zelazo, 1978)。比起待在家中的小孩，托兒所的幼兒在陌生情境中較不會緊靠在母親旁邊，或尋求許多身體的接觸，然而這種差異也可解釋成托兒所的孩子由於適應每天的分離，因而變得較獨立(Clarke-Stewart, 1982)。

日間托兒所最明顯的影響，似乎在於社會發展方面。比起家中的孩子，托兒所的孩子傾向於被描述爲較自足、較合作、在新情境中較自在。同時他們也較不禮貌，對成人較不服從，且較具攻擊性(Clarke-Stewart & Fein, 1983)。這些結果部分可能取決於父母和老師的教養態度。在蘇聯、以色列和瑞典托兒所中的小孩同樣顯現出較自足、自在，但並不像美國托兒所中的小孩一樣較富攻擊性或粗魯。在上述國家中，攻擊和粗魯是老師和父母極不贊許的行爲(Cole & Cole, 1987)。

此處必須再次強調：上述所有肯定的發現都來自高品質的日間托兒所；許多除了提供身體照顧之外乏善可陳的托兒所，當然不會有這些益處。由於學前階段的經驗將形成日後發展的基礎，在缺乏刺激的情境中空度光陰的孩子，損失頗大。鑑於母親外出工作情形日漸增多的事實，提供高品質、低收費托兒所更是刻不容緩之事。

在決定對孩子作團體及個別照顧的影響時，孩子的年齡也是一個重要的因素。多數專家建議較小的孩子(二、三歲以下)應在家中作個別式照顧，較大的學前兒童再給予團體式照顧(Scarr, 1984)。嬰兒和學步幼兒需要某個人的持續照顧(大多數托兒所中照顧人員經常更迭)。較大的孩子可由良好的托兒所中獲得智力刺激和同伴互動的益處。事實上，托兒所中三、四歲的兒童較同年紀在家中由保姆照顧的兒童，顯示出較佳的社會及智力發展(Clarke-Stewart, 1982)。

與同伴的互動

對兒童的情緒發展而言，雖然與溫暖、有回應的成人建立密切關係是必要的，但是和其他兒童的互動也扮演了一個重要的角色。如同前面所提：只有母猴伴著長大、沒有機會和其他小猴子嬉戲的猴子，無法發展出正常的行爲型態。當帶牠們去見其他猴子時，牠們可能會呈現不尋常的恐懼——對其他猴子的靠近報以恐懼尖叫，或是明顯的攻擊。同時牠們也顯現不適當的性反應(Suomi, 1977)。

在正常的發展過程中，小猴子在出生後的頭八週只和母猴在一起；此後與同伴在一起嬉戲的時間愈來愈多。由這些早期的嬉戲活動中小猴學會喜愛身體的接觸、控制攻擊，並發展出日後導致成年性行爲的反應。人類的孩子也是透過和他人的互動學到許多社會技能，他們學會施與受、參與合作、欣賞彼此的行動、理解他人的感受。同伴除了是酬賞與懲罰的施與者外，也成爲模仿的對象，藉著觀看同伴的行動，兒童可能學會某種新技能(例如如何用積木搭橋)或學到某種行爲帶來的後果(好攻擊的孩子會惹麻煩上身)。

不少實驗結果指出同伴楷模對兒童行爲的影響。舉例而言，四、五歲的孩子如果看過班上小朋友對自己得到的獎品慷慨分贈別人，那麼日後換他贏得獎品時，將比未看過上述楷模的孩子大方得多(Hartup & Coates, 1967)。如同第十一章所將提到的：如果兒童看到某個楷模因爲某個行爲而受到酬賞時，將比看到該楷模受懲罰時，更可能去模仿這些行爲。

其他孩子對該兒童行爲的反應方式，也具有重大的影響。例如，父母所容忍的自私行爲，或許便無法爲孩子的同伴所接受；兒童會以贊許和注意來增強同伴的某些行爲，並懲罰其他的行爲。

道德想法和行爲

了解社會的價值觀並據此來規範行爲，是發展中相當重要的一部分。隨著年齡漸長，兒童的是非觀念會產生有趣的改變：大多數的五歲小孩會認爲撒謊、偷竊或傷害別人都是不對的，但是他們對這些陳述的理解卻隨著年齡而改變。他們會逐漸地瞭解那些話算是撒謊，借和偷有所不同，故意傷害他人比無意的傷害會受到更大的責罰。

兒童對道德課題作判斷的能力和其認知發展有關。較大的兒童較會處理抽象概念，並對社會關係作推論，雖然成熟的認知能力在孩子是非觀念的發展中佔有一席之地，但其他因素(如父母和同伴所提供的楷模)也同樣重要。而且兒童的道德行爲(抑制自己不爲社會贊許的行動，並關懷他人福祉的能力)所牽涉的因素比對道德問題的瞭解更多。

皮亞傑是最先探討道德推理的心理學家(Piaget, 1932)。他對不同年紀的孩子說故事，並要求孩子對故事中虛構的人物作道德判斷。例如，有個故事是說一個男孩子當他媽媽不在家時，想偷果醬吃，結果打破了一個茶杯；另一個男孩是打破一組茶杯，但純粹是出自意外，他並沒做錯任何事。皮亞傑問他的兒童受試者：「那個男孩較頑皮？」他編了一些同類的故事，改變所造成損壞的程度，以及主角的意圖。皮亞傑發現學前兒童傾向於根據損壞的程度——而非個人的意圖——來決定責怪與否。較大的孩子會考慮動機或意圖：具有良好意圖的人縱使造成相當損壞，也不會受到道德上的責難。

美國心理學家柯爾保將皮亞傑的道德推理研究推廣至青年和成人(Kohlberg, 1969, 1973, 1986)。柯爾保藉著呈現道德兩難問題(如以下所述)，試圖決定道德判斷的發展是否也具有普遍的階段。

道德行爲　由道德兩難題所測量得來的**道德推理**(moral reasoning)和**道德行爲**(moral behavior)的相關爲何？道德判斷較超前的孩子是否能抗拒誘惑或行爲較不自私？道德想法和道德行動之間確實存在某種關係。舉例而言：青少年罪犯的道德判斷層次，便較同年齡、智力相似的青少年爲低(Kohlberg, 1969)；而且在柯爾保兩難題中得分較高的人比得分較低的人，較可能對有困難的人伸出援手(Huston & Korte, 1976)。但一般而言，柯爾保道德層次和特殊情境中的行爲——例如兒童是否在考試中作弊——爲低相關(Mischel & Mischel, 1976; Rest, 1983)。

我們經常明白自己應該如何作，但牽涉個人利益時，卻不一定會如此作。例如，兒童在假設的情境(應如何分配棒棒糖)對「公平」所作的判斷，比在接近眞實的情境下所作的判斷爲成熟。在假設的情境中認爲工作成果最多的人應分得最多糖果的兒童，當在本身的工作團體分糖果時，會傾向主張每人分一樣多——特別是他們屬於成果較少的一群時。原先認爲應平均分配的人在眞實的情境中則要求分得最大的一份(Damon, 1977)。

道德行動除了對道德兩難題作推理的能力外，尙有賴於其他因素，其中兩個重要的因素是考慮個人行動所引起長期後果的能力(而非立即的獲得)，並控制自己的行爲；另一個因素是理解別人立場的能力，也就是設身處地爲他人著想的能力，瞭解別人的感受會促使我們去伸出援手。

重要討論：
道德價值的發展是否存在著一定的階段？

孩童對道德課題的看法，是否隨年齡順著一定的發展階段來改變？哈佛大學的柯爾保(Lawrence Kohlberg)曾對此問題做深入的研究，柯爾保利用皮亞傑在兒童道德推理上的研究(Piaget, 1932)，想發現道德觀的發展，是否有普遍性的階段存在。他將下列型式的故事展示給年齡、背景不同的孩童和成人看：

> 在歐洲，有個女人因病而瀕臨死亡，醫生說有一種藥可以救她。此藥的成本是二百元，但是這種藥的發明人獅子大開口，將藥價提高到二千元，使得漢斯——這女人的丈夫，必須向每一位熟人借錢來買藥。可惜，東挪西借的結果也只籌到一半而已。所以他只有請求那人減低售價或讓他賒賬，但對方說：「不行，我必須靠這種藥來賺錢。」不得已，漢斯把藥偷走了。

看完這段故事之後，受試者被問及「漢斯該不該這樣做？」、「這樣做對不對？」、「爲什麼？」等問題。分析這類故事的答案——每個答案都表現出一種在道德選擇上左右爲難的困境——柯爾保將結果歸納爲六個道德觀的發展階段，兩兩合爲一級共成三個層級（參閱**表 3-3**）。這些答案的階段並非依其是非觀念來劃分，而是以其決定的理由來劃分。例如，同意漢斯的行爲是因爲「假若你太太死了，你將會很傷心」，或譴責漢斯的行爲是因爲「偷東西被抓到會被送進監獄」，二者都被歸入層級 I。二者都以預期的處罰作爲衡量個人行爲是非的依據。

柯爾保將孩童七歲前的道德觀歸入層級 I——行爲的衡量以其是否逃過懲罰或導致報償爲依據。十三歲以後，

表 3-3　道德價值的發展階段

柯爾保根據皮亞傑的研究將道德價值的發展分成三個層級、六個階段（取材自 Kohlberg, 1969）。

層級和階段	行爲的例子
層級 I　道德前	
1. 以處罰和服從爲本位	爲了避免處罰而服從規範
2. 天生的享樂主義	爲了報償和回報而遵守規範
層級 II　傳統一致的道德	
3. 保持良好關係和認同別人的「好孩子」道德	爲避免別人反對或不樂，而遵守規範
4. 維繫權威的道德	爲避免犯罪而遵守規範
層級 III　自我接受的倫理道德原則	
5. 契約性、個人權益和民主律法的道德	爲維持以社區利益，尊重公平的判決而遵守規範
6. 個人良心的道德原則	爲避免良心上的自責而遵守規範

主要的道德選擇困境都在層級 II 解決——行爲的衡量以保持別人的良好印象爲依據，這是傳統的道德觀。在此層級的第一階段(階段三)，人們追求的是如何使別人認爲他是一個好人。這種方向擴展到下一階段(階段四)，包括了「盡個人義務」，表現出對權威的尊敬，並且使他和所處社會的社會秩序一致。

據柯爾保的研究，很多人無法超越層級 II。他認爲道德發展的階段和皮亞傑的認知發展有密切的關係，個人只有在達到形式運思晚期的階段，才能具備層級 III 超出傳統道德所必需的抽象思維。道德發展的最高層級(層級 III，階段六)需建立抽象的倫理原則，以免除良心上的自責。根據柯爾保的研究，所有超過十六歲的受試者，能達到有明確原則的程度者不到百分之十。一個階段六的十六歲受試者對漢斯的行爲的反應如下：「就社會律法而言，他是錯了；但就自然律法或上帝意旨而言，賣藥者是錯了，而漢斯的行爲是正當的。人類生命的價值遠在財物的獲得之上。不管是誰瀕臨死亡，即使是一個完全陌生的人，每個人都有義務出來救他。」(Kohlberg, 1969)

柯爾保認爲每個孩子都是「道德哲學家」，因爲他發展他自己的道德標準。這種道德標準不一定要從父母或玩伴身上得來，而是來自社會環境與其本身認知的交互反應。而發展由一個階段轉移到下一個階段時，牽涉到認知的重組，並非單純的從文化中流行的道德概念獲得的。

但其他心理學家不同意柯爾保的看法，他們指出良知的發展(是非感)不僅僅是認知能力的作用，孩子對父母的認同以及他們在某特殊情境中的行爲受到酬賞或懲罰的情形，都會影響他們的道德觀感，其他的影響因素還包括兒童的同伴以及電視和書本中的角色所呈現的道德標準。研究顯示，道德判斷可透過觀看楷模來改正：當孩子看到成人因爲表現某種和自己不同的道德觀而得到增強，他們或許便會改變自己判斷的層次(Bandura & McDonald, 1963)。

因此，縱使兒童在思考道德課題上，具有明顯的**年齡趨勢**(age trend)，或許也可解釋爲父母對不同年紀的孩子所做的教導和增強，而不必將它假設爲一系列的階段。幼兒或許得使用懲罰的威脅禁止他們做某些不對的事(「如果你再打小妹妹，我會立刻將你趕上床」)。隨著孩子的成熟，社會性的約束變得較有效(「如果你打小妹妹，我會很生氣；好孩子不會傷害別人」)。

研究人員採用較柯爾保研究中簡單的故事，並編了與孩子日常經驗較有關的道德兩難問題，發現甚至四、五歲的兒童(屬於柯爾保的道德前階段)對重要的道德原則也有一些瞭解。例如，他們在評斷某項行動「有多壞」時，開始會將意圖和後果(損壞)考慮在內(Surber, 1977)。同時他們也顯現在分配酬賞時，對需要與成就的概念作統合的能力。有個研究讓四組八歲的孩子扮演聖誕老人，並依照公平的辦法將玩具分給兩個男孩。研究者以兩類訊息來描述每一個男孩：他工作的辛苦程度(圖片顯示他爲母親洗了多少個碗)，以及他的需要(圖片顯示他已擁有的玩具)。根據皮亞傑的看法(1932)，孩子年紀愈小，愈不重視較主觀的需要因素；然而研究結果顯示各年齡組基本上都出現相同的型態：這些孩子在決定如何公平地分配玩具時，對需要和成就同樣看重(Anderson & Butzin, 1978)。

這些研究指出，當給予學前兒童他們所能理解的情境時，他們也能明白某些重要的道德原則。當然，這點並非否認兒童對道德課題的思考方式會隨著年紀而改變。

兒女的教養和以後的行爲

從不同的國家到不同的社會階層，對兒女的撫養方法有很大的差異。即使是美國的中等家庭在大小便訓練、餵食程序、母乳和牛奶的餵食、自由和專制等問題的態度上，都表現出一種週期性的波動。就本世紀目前的趨勢而言，撫養方法是自由的——孩子餓時才餵食，排泄的控制是在孩子足夠成熟、能控制這些機能時才會發生。受到行爲論影響的一九二○年代，是採用有系統和嚴格的訓練方式，其目標在於塑造好習慣，避免教給他壞習慣。下列是行爲論之父華森，對管教孩子的一段荒謬的看法：

「對待孩子的明智方法是：要把他們當成小大人；要小心謹慎的替他們洗澡、穿衣；要使你的行爲永遠是客觀而堅強的；永遠不要去抱、吻他們，或是讓他們坐在你的膝蓋上；眞有必

> 要，在他們道晚安時吻其前額即可；早上和他們握握手；假若他們完成一件十分困難的工作，拍拍他們的頭。試試看，你會發現這些只要一個星期就可以做到。而且，你將會為自己以往的感情用事和多愁善感感到不好意思。」(Watson, 1928)

在這種體制下，孩子將依呆板的程序餵食(不管是否餓了)，哭泣時不能得到擁抱，害怕時因怕被寵壞了，而極少得到安慰。是否有很多父母遵循這種方法很值得懷疑，但這卻是當時的「專家」的勸告。

一九四〇年代，教養方法變得較為放縱與具有彈性。史伯克醫生(Dr. Spock)的暢銷育嬰手冊中建議，父母應以孩子和其本身的需要來定教養程序。

孩童在各種教養方式下茁壯，顯示年輕有機體的適應性頗大，也可看出各種特殊的教養方式，不及父母的基本態度來得重要。然而，心理學家所著重的是，特殊的兒女教養方法在兒童的發展上，是否有可預期的效果。許多研究亦一再致力於兒女教養方式及其後人格特徵的探討。有一種方法是先從父母方面取得其教養方式的資料，再和兒童行為的資料求相關。例如，斷奶的年齡和在托兒所中教師對其依賴性的評定有關；或者父母的管教方式和兒童在校的攻擊性行為有關。很多研究想找出學齡兒童的人格特徵和父母教養方式間的關係(如 Sears, Maccoby, & Levin, 1957；初正平，民 64；蘇建文，民 64)。然而，其結果經常不固定，一項研究發現的關係很少為另一項研究所支持。

造成這種不穩定的結果有幾個原因。例如，父母所提供對孩子的管教方式的資料可能完全不正確，特別是需要孩子早期的資料時。父母的報告易流於「他們應該怎麼對待子女」，而非他們確實的作為。並且，同一種養育法運用起來人人不同，像兩個同齡兒童接受大小便訓練，其中一位母親可能較固定而有耐心；另一位可能就沒有什麼耐心了，當孩子無法照規定時間和地點去做時，他就覺得使她失望了。兩位母親都是在他們小時就實施大小便訓練的，但她們待對孩子的態度卻有很大的不同。

此外，不少證據顯示，很多孩子的行為都是模仿其心目中的大人物。例如，父親告訴孩子打人是不對的，但以後卻打了他一個耳光，那麼，這個孩子究竟該學習父親的話或父親的行爲呢？

由於這種複雜性的存在，要預測何種養育法造成何種孩子是很難的。無疑地，父母的態度和言行對孩子的人格發展有很大的影響，但要把特殊教養方法的效果，和親子關係中其他層面的效果分開來，卻不容易。

有一件事是可以肯定的，即養育子女的最重要因素是早期和父母間的親情關係(如 Sears, Maccoby, & Levin, 1957)。溫情的缺乏將導致許多不良的人格特徵，如神經質、攻擊性、絕對性的順從，以及無法控制衝動等，都顯示出和親情的缺乏有關。我們無法預測缺乏親情會造成何種兒女，但我們可以肯定不會有太好的結果。

此外，關於道德行爲的研究指出，管教方式對自制能力和道德水準的發展有相當的影響(蘇建文，民 64)。對孩子解釋不良行爲會傷害到別人的原因，或引起孩子想成爲一個「大人」和能幹者的興趣，通常比用處罰、剝奪其某些權利及物質享受，或表示收回對其關愛的效果更佳。處罰或剝奪是一種強制性的方式，這會造成孩子的陽奉陰違(Bandura & Walters, 1963)。一般說來「收回關愛」的教養方法比說理的效果差，並易於造成孩子對大人同意與否的過份在意(Hoffman, 1970)。

雖然無特殊技巧可預測日後的人格特質，但有某些證據顯示某類親子關係可產生孩子們的自信心和能力。在一個系列性研究中，在家庭及托兒所中觀察三、四歲的孩子，並就五種能力作評等：自我控制，對新情境或意外的情境具好奇和想深入瞭解的傾向，有活力，自立，對同伴表現溫情的能力。以這些特性的評等爲基礎，選出三組兒童作進一步的研究。第一組中的兒童最成熟、最能幹，五種特點的得分都高；第二組的兒童相當自立、自我控制，但對新情境較多慮，而且不太熱衷與其他孩子互動；第三組的兒童屬最不成熟的一群，他們的自立和自我控制程度都比其他兩組低了許多，相當依賴成人的幫助，而且對新情境退縮不前。

研究人員接著透過訪問和觀察在家庭中親子的互動，探討兒童父母的育兒方式，並著重親子關係的四個向度：

(1)**控制**(control)——父母試圖影響孩子活動，以及根據自己的標準改變孩子依賴或攻擊行爲的程度。

(2)**成熟的要求**(maturity demand)——爲要求孩子以他(她)應有的能力水準作表現，所加諸孩子的壓力多寡。

(3)**親子溝通的明晰度**(clarity of parent-child communication)——當父母希望孩子服從時，對自己所持理由的解釋程度，以及他們將孩子的意見及感受納入考慮的程度。

(4)**父母的關愛**(parental nurturance)——父母對孩子所表現出的溫情和同情，以及他們對孩子成就所感到的快樂。

如**圖 3-14** 所示：成熟、能幹兒童(第一組)的父母在四個向度中得分都最高。他們是溫馨、關愛的父母，並且和子女溝通良好。雖然他們尊重孩子的意見，但對於何者爲適當的行爲也給予明白、堅定的指示。相當自立、自我控制，但有些退縮、不信任的兒童(第二組)，其父母傾向於控制程度高，但對子女不太表現溫情或是關心子女的意見。至於最不成熟兒童(第三組)的父母則對子女很關愛，但不太控制、要求或作溝通，這類父母在處理家務事上也缺乏效率和組織，而且懶於爲孩子設定行爲的規範和賞罰標準。

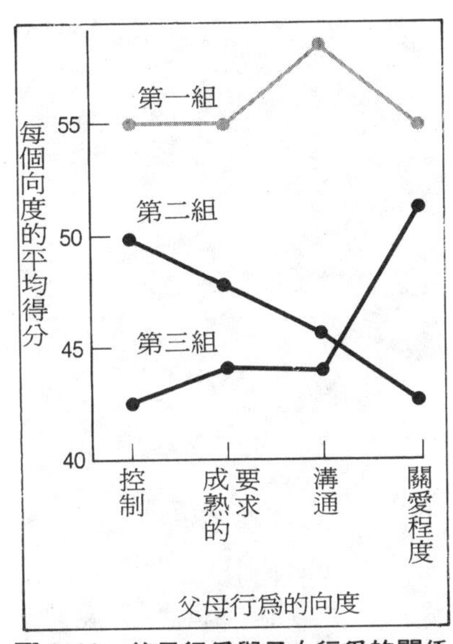

圖 3-14　父母行爲與子女行爲的關係
以能力和成熟度對托兒所的幼兒作評估，第一組的成員最能幹；第三組的成員最不成熟、最依賴，上圖顯示每組的父母在四個向度上的得分：對兒童行動的控制、對成熟行爲的強制要求、親子溝通的明晰度以及關愛溫情（取自 Baumrind, 1967）。

接下來的研究中，依相反的過程進行；選取適合上述類型的父母，再觀察他們學前子女的行爲，結果得到幾個大致的結論：對孩子的行爲表現有堅定、一致的期待，但又對孩子充滿關愛、尊重孩子意見的父母，傾向於造就自立、有能力的學前子女；當父母相當好施控制、較多考慮自己的需要而非子女的需要時，子女可能相當自我控制，但對新情境及他人可能不太有安全感和信心；至於非常放任的父母，既不鼓勵講道理的行爲，也不責備不成熟的行爲，結果常造成自立和自我控制程度最低的小孩。簡言之，培育幼兒能力和自信的最佳環境，似乎是在關懷、溫馨的家庭中，父母獎勵有責任的行爲，同時也鼓勵獨立的行動和作決定(Baumrind, 1972)。

認同的過程

在小孩的發展過程當中，他會學到許多與父母相似的態度與行爲模式。有時小孩的走路方式、姿態、音調變化都和父母相似，我們說這個小孩就是向其父母**認同**(identity)(參閱**圖 3-15**)。

認同的概念來自心理分析，它在佛洛伊德的理論當中扮演了一個重要的角色。心理分析論認爲，認同是個體從他人接受種種特徵(態度、行爲模式、情緒)的潛意識過程。小孩子由模

圖 3-15　一個認同父親的孩子

仿其父母的態度與特徵，而覺得他獲得了雙親的力量。在成長的過程當中，認同的作用可減輕孩子因和父母分離而產生的焦慮，因為父母某些特徵與他同在。

根據心理分析的觀點，認同不僅包含了單純的父母行為的模仿；小孩子表現得如同他就是父母一樣。因此，和母親認同的女孩，會因母親得到一項酬勞或榮譽而感到驕傲——就如同她自己得到一樣。但是母親失望時，她亦會感到悲傷。經由認同的過程，孩子學得自制能力、良知和正當的性別角色等不同行為。例如，小孩的良知是混合其父母的行為標準而形成的。因此，即使父母不在身邊，小孩的行動還是會以這些標準為依據；當他違反這些標準時，他會感到一種罪惡感。

有些心理學家懷疑心理分析的認同概念，不認為認同是一種潛意識的過程，也不認為認同是一個單一的過程。他們指出，並非所有的孩子在各方面都向其父母認同。例如，一個女孩可能在社會技巧和幽默感方面與其母親不相上下，但在道德價值上就趕不上了。他們認為認同是一種學習方式：孩子模仿父母的某些行為，是由於他這樣做會得到獎勵；同伴、老師和電視上的英雄亦是認同或模仿的對象。就這個觀點而言，認同是一種學習新行為的一個連續過程，乃是由於父母及其他對象直接給予鼓勵，或是小孩間接看到別人受到鼓勵而形成的。

不論定義如何，大多數的心理學家都將認同看作孩童社會化的一個基本過程。經由模仿環境中「重要人物」的行為，孩童獲得了大人所希望他在其特殊社會中應具的態度和行為。由於父母和孩子的接觸最早，而且也最頻繁，所以孩子的基本認同對象是父母。父母也是孩子**性別配合行為**(sex-typed behavior)的榜樣。心理學家注意的是父母的特徵如何影響孩子的認同傾向。

性別角色的認同

每個文化對男女應有的行為都有某些認可的方式，此即文化的**性別角色的標準**(sex-role standard)。文化背景的不同與時間的遷移，都將造成男、女行為標準的變化。目前我們認為正當的行為，可能就和五十年前有所不同。目前的女性不再是依賴、服從和無能的象徵；而男性也不會再因喜歡烹飪、縫紉，或表現出多愁善感而受到非議了；此外，人們的儀表和衣著亦改變了。但在任何一個文化中，男女仍舊有別，這種角色的形成大部份來自父母。一個男孩最熟悉的男人是他的父親，而一個女孩第一次接觸的女性是自己的母親。父母本身和相互之間的態度，對孩子男女角色的觀念影響很大。

性別配合(sex-typing)　所謂性別配合意指學得文化認爲適合女性和男性的特性和行爲。性別配合不可與**性別認定**(gender identity)混爲一談，後者爲個人認定自己爲女性或男性的程度。一個女孩子可能相當接受自己是女性，但仍未採取文化認爲女性化的所有行爲，或避免被認爲男性化的行爲；一個男孩可能認同他感覺敏銳、富藝術家氣質的父親，而後者的行爲並不符合文化中男性的刻板化印象，該男孩對自己的男性認定相當有把握，但他的行爲卻不一定完全符合性別類型。

在孩子本身尚未體認有兩種不同的性別存在以前，他們就已經因性別的差異，而得到不同的待遇。女嬰兒常穿粉紅色等女性顏色的衣服，並且比男孩子有更多和母親接觸的機會；男嬰兒則常穿藍色的衣服，並且比女孩子能更自由的表現攻擊性。雖然是無意的，但父母有增強女孩的依賴性及男孩的成就和果斷的傾向。由提供正確性別的玩具和鼓勵正確性別的遊戲活動，父母在孩子早期逐漸灌輸他們性別角色的觀念。

雖然男女平等爲目前的趨勢，但性別角色的刻板印象在我們的文化中仍然相當普遍。所謂**性別角色刻板印象**(sex-role stereotype)，便是指認爲個人應依性別表現出某些特性或作某種行爲。舉例而言，我們很難分辨包著尿片的新生兒是男是女，但醫院育嬰室外的成人卻相信他們能察覺出不同之處。被認爲是男孩的嬰兒，據他們的形容是「強壯、骨架大」，女孩則是「細緻、柔和」(Luria & Rubin, 1974)。另一個例子是讓一群大學生觀看一個九個月大嬰兒對各種不同情境作反應的一段錄影帶。有些學生被告以嬰兒是男孩，其他學生則被告以該嬰兒是女孩。當嬰兒對「箱子中的小丑」表現出強烈的反應時，認爲嬰兒是男孩的學生，對此反應多描述爲「憤怒」，而嬰兒被認爲是女孩時，則被描述爲「害怕」(Condry & Condry, 1976)。

兒童本身早在兩歲大時便知道了某些性別角色的刻板印象(見**表 3-4**)，他們也開始在選擇玩具和遊戲中表現性別配合行爲。在一個日間托兒所中有各種玩具，小男孩玩「男性」玩具(卡車、火車、工具)的時間比玩「女性」玩具(洋娃娃，小茶杯)或「中性」玩具(積木、鐘)的時間多；同樣的，小女孩玩「女性」玩具的

男孩和女孩都認爲女孩子：
- 喜歡玩洋娃娃
- 喜歡幫媽媽忙
- 愛說話
- 從不打人
- 說「我需要幫助」
- 長大後要當護士或是老師

男孩和女孩都認爲男孩子：
- 喜歡玩車子
- 喜歡幫爸爸忙
- 喜歡建造東西
- 說「我會打贏你」
- 長大要當老闆

表 3-4　幼兒的性別角色刻板印象

對兩歲及三歲的孩子呈現兩個男女紙娃娃，分別叫作麥可和麗莎，然後玩一個遊戲，要孩子指出說某話、做某事的娃娃。例如，當實驗者說：「我喜歡玩洋娃娃」，並呈現一張畫的娃娃和一間娃娃屋，兒童便取出兩個紙娃娃之一，放在圖畫中。將兒童對這類敘述的選擇作成表。許多項目是無性別類型的，例如男女兒童都不認爲男性或女性較聰明、跑得快、喜歡在戶外玩，或說「我不會」。在有些項目上，男孩女孩看法不同，例如，女孩認爲男孩愛打架、卑鄙和會說「我作錯了」；而男孩則認爲女孩愛哭、會說「你讓我傷心」或「你不讓我××」。上表所列的項目是男女孩一致同意的性別角色刻板印象(取材自 Kuhn, Nash, & Brucken, 1978)。

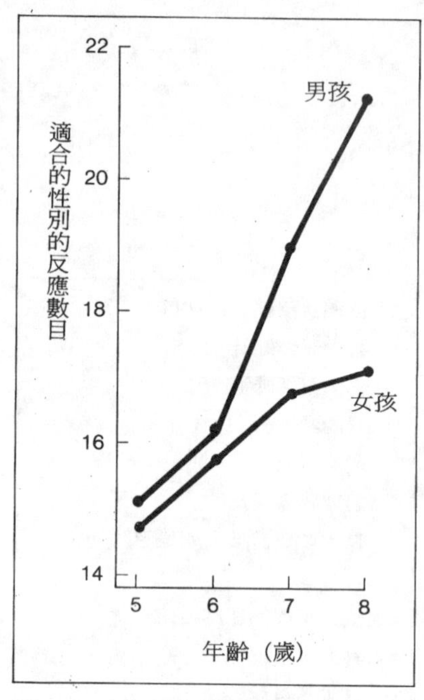

圖 3-16　小孩的性別選擇
在兩性的玩具中作選擇時，無論男孩或女孩，都會隨年齡的增加而增加適合性別反應的數目。注意：儘管在五、六歲之間沒什麼差異，但男孩子在這方面的反應多於女性。

時間也較多(O'Brien & Huston, 1985)。當他們年紀漸長，將會作更多的性別配合選擇。

讓孩子就各種不同的玩具和活動中來作選擇，是測量其性別配合行爲的方法之一。抱洋娃娃、拿碟子被認爲是女孩子的行爲；倒垃圾及取工具則是男孩子的行爲；而兩性都適合玩的是玩水和溜冰。這類研究指出，不到三歲的小男孩，偏愛適合其性別的玩具；許多女孩子在小時候對男孩的玩具與遊戲較有興趣；在幼稚園裡，喜歡男孩子玩具的女孩比喜歡女孩子玩具的男孩多。隨著年齡的增加，無論男孩或女孩，選擇適合個人性別的玩具及活動者更多，尤其男孩比女孩多(參閱**圖 3-16**)。

我們如何解釋這些差異呢？首先，在兩性之間都有一種不幸的傾向，認爲男性優於女性。而且我們的文化對男性優柔寡斷的反對力量，比對女孩具有男性行爲的反對力量還要強烈。至於學習如何成爲一個男人，就是要去避免各種所謂「娘娘腔」的行爲。如果允許一個幼稚園的男孩，在好玩的女性玩具和不好玩的中性玩具間作個選擇的話，大多數的男孩會避免去動女孩子的玩具，而把時間花在不好玩的中性玩具上。父母在場時，一個男孩將儘量避免去動女孩子的玩具，但當另一個正在玩女孩子玩具的男孩在場時，其規避程度將會減少(Kobasigawa, Arakaki, & Awiguni, 1966)。

目前，許多父母及教師企圖以鼓勵孩子玩各種遊戲——但不暗示那種是男孩的，那種是女孩的——來避免性別角色的刻板印象，此舉可能改變將來此類研究的結果。雖然在能力和興趣上，男女可能有先天的差異，但性別角色的標準基本上還是由文化背景來決定。

性別配合行爲的起因　顯然父母在性別配合上扮演著重要的角色，他們是孩子對於男性化及女性化行爲的第一個楷模。他們本身對性別所持的態度以及彼此互動的方式，都會影響子女的看法。此外，父母更以種種直接的方式形成性別配合行爲，例如提供的玩具、鼓勵的活動、對於子女適合或不適合性別的行爲所作的反應。從嬰兒期開始，大多數父母便對男孩、女孩作不同的打扮，給不同的玩具。當子女長大到可以幫忙家務時，女孩分配到的工作經常是照顧弟妹、幫忙打掃、作飯等；男孩的工作常是掃落葉、鏟雪這類戶外的事。父母對男孩的教養傾向於注重獨立、競爭和成就；對女孩則注重值得信賴、細心、關心他人(Block, 1980)。

父親似乎比母親更在乎性別配合行爲，尤其是對兒子。當兒子玩「娘娘腔」的玩具時，父親傾向於作負面的反應（干擾他的遊戲或作不贊許的表示），而母親則否；對女兒作「男性化」的遊戲，父親就比較不那麼在乎，但仍然比母親顯示較多的不贊同（Langlois & Downs, 1980）。

兒童一旦進了托兒所或幼稚園後，他們的同伴便成爲模仿的對象，並且對性別配合行爲產生壓力。想摒除傳統的性別配合刻板印象來教養孩子的父母（他們鼓勵孩子參與各式各樣的活動，而不劃分某個活動爲「男性化」或「女性化」），經常會發現自己的苦心會因子女的同儕壓力而大打折扣，男孩比女孩遭受較多壓力，女孩似乎並不反對其他女孩子玩「男孩子」玩具或作「男性化」的活動；但男孩則會批評作「女性化」活動的其他男孩。如果某個男孩被發現他在玩洋娃娃、受傷時大哭，或對其他苦惱的孩子表示細心的關切時，馬上會被同伴稱爲「娘娘腔」（Langlois & Downs, 1980）。

除了父母和同伴的影響外，兒童讀物和電視節目促進性別角色刻板印象的力量也不容忽視。直到最近爲止，大多數兒童書籍都將男孩描繪成主動、解決問題的角色，表現勇氣和英雄氣概，遇到困難不畏縮，有所作爲並達成目標。女孩被描繪的形象則被動得多，女性的典型形象是對危險表現畏懼、逃避，容易放棄，尋求幫助，並眼睜睜看著別人達成目標。同樣的差異也出現在兒童電視節目的性別角色中（Sternglanz & Serbin, 1974）。

藉著扭轉電視節目中的刻板印象，以期修正兒童性別角色刻板印象的嘗試（例如劇中的女孩在某運動競賽中獲勝，或擁有一棟俱樂部，或被選爲總統），可顯示些效果（Davidson, Yasuna, & Tower, 1979）。但看電視無法打消眞實生活的經驗。讓五、六歲的孩子觀看與一般性別配合職業顚倒的影片（醫生是女的，護士是男的），這些孩子傾向於重新標記劇中角色的職業；當稍後就這影片發問，並顯示演員的照片時，他們常易認定女演員爲護士，男演員爲醫生。母親爲職業婦女或曾親身看過女醫師和男護士的孩子，接受較不符合常俗角色的可能性較大（Cordua, McGraw, & Drabman, 1979）。

重要討論：

行為中的性別差異

「女孩語文較流利，男孩數學較強。」、「女孩記憶力較好，但男孩的抽象思考較佔上風。」、「女孩傾向於被動和尋求贊許；男孩較獨立、攻擊性較強。」或許你也聽過上述這些有關性別的心理差異。這些說法的根據在那裡？兩性在能力和人格特質上眞的有一致的差異嗎？如果有，這些差異是生物上的必然結果，或是社會學習的結果？對此主題的衆多書籍和研究文獻所作的檢討，結論是：許多有關性別差異的一般假設只是傳說，並無事實的根據；但兩性之間的確也存在一些眞實、有趣的心理差異(Maccoby & Jacklin, 1974; Deaux, 1985)。

總智力測驗顯示並無一致的性別差異。一部分是由於測驗在設計時已避免此種情形，在建構智力測驗時，已小心去除性別有所差異的項目，並平衡對女性或男性有利的項目。但是特殊認知能力的測驗卻顯示某些性別差異。這些差異在兒童期並未出現或極微，但在青年期初期開始出現，例如，大約從十歲或十一歲開始，女孩在許多語文能力測驗上的得分平均高於男孩，包括字彙數、對困難閱讀材料的理解和語文的流利程度等。

雖然男孩在語文技能上可能落後，但他們傾向於在某些視覺空間能力測驗上的平均表現優於女孩(Sanders, Soares, & D'Aquila, 1982)。使用到視覺空間技能的作業，包括從另一個角度看某個物體的形狀、對準一個目標、看地圖、找尋嵌於複雜圖形中的一個簡單幾何圖(見**圖 3-17**)。男孩的數學技能在十三歲之後，似乎也比女孩進步得快，但這方面的差異不如空間能力那般一致。女孩在幾何和算術上的表現大致上和男孩一樣，但男孩解決代數問題的能力則優於女孩(Becker, 1983)。

在談及認知能力的性別差異時，必須強調兩點：第一、雖然各研究所發現的差異相當一致，但這些差異卻很小(Hyde, 1981)。第二、我們必須記住，我們提到的是一大群年輕孩子的平均差異，有些女孩在空間和代數上的表現優於大多數男孩，也有些男孩的語文能力勝過多數的女

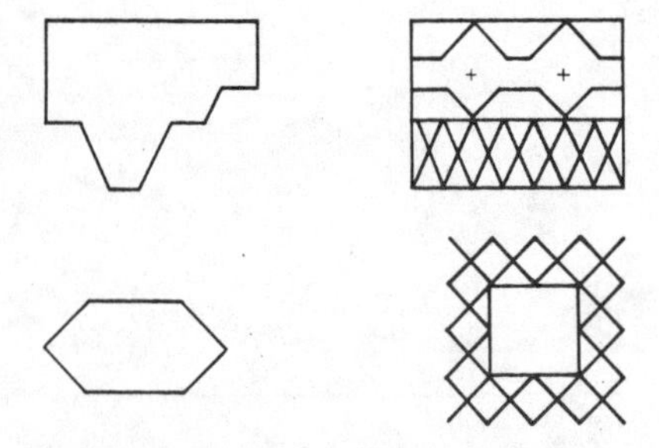

圖 3-17 嵌入圖的測驗

受試者必須在右方的複雜圖形中，找出左方的簡單圖形。

孩。

由於這些能力的性別差異一直到青年期才出現，我們或許可推論這種差異反映出訓練和社會預期的不同。畢竟女孩子總是被鼓勵去發展對詩詞、文學和戲劇的興趣；男孩則被期待去學習科學、工程和機械。無疑地這是造成差異的部份原因，但也可能某些能力的性別差異是來自生物上的差異，這種差異一直到神經系統達到某種成熟水準——如青春期——時，才會顯現。

性成熟的時間和某些特殊的能力有關。不少研究發現，不論性別爲何，晚熟者在視覺空間作業的表現優於早熟者(Waber, 1977; Petersen, 1981; Sanders & Soares, 1986)。個體之間，語文與視覺空間技能的相對熟練度，也有成熟相關的差異存在：晚熟者如同男性一般，空間分數優於語文分數；早熟者如同女性，語文分數優於空間分數(Waber, 1977; Newcombe & Bandura, 1983)。

此外，數學能力也可能和成熟速度有某種相關。有項以六千名(十二至十八歲)青年人所作的研究發現：晚熟的女孩在數學能力測驗的得分優於她們的男同學，且早熟的男孩比晚熟者擁有較佳的語文技能(Carlsmith, Dornbusch, & Gross, 1983)。因此，早熟似乎有利於語文技能，而晚熟則有利於空間和數學能力。由於女性平均上較男性早熟，生理成熟的速度，可能是能力上性別差異的決定因素之一。

至於成熟和認知技能之間的關連仍屬未知，或許與大腦兩半球發展並分化成主司不同能力的速度有關。無論生物機制如何，對認知能力所造成的差異很小，且未出現在每一個研究樣本中，並且可透過經驗來修正(Waber, Mann, Merola, & Moylan, 1985)。

在人格特質方面，多數研究皆發現兩性間幾乎沒有差異，尤其是在早期，小女孩不會比小男孩更依賴，也不會較擅交際。不論是男孩或女孩，學步時期的幼兒都尋求接近母親，特別是當他們處於壓力的情境中時。此外，他們離開父母去探索某個新環境的意願似乎也大致相等(Maccoby & Jacklin, 1974)。社交性的差異只見於小學時，男孩傾向於成群結夥一起玩，而女孩則傾向於形成兩、三人的小團體。

和一般想法一致的性別差異是有關攻擊的說法。由兩、三歲起，男孩便較女孩富攻擊性，雖然在行動水準上似乎並無差異，但男孩從事粗魯遊戲(如推拉扭打)的情形卻比女孩子多得多(Dipietro, 1981)，這點在研究的所有文化中幾乎都出現。男孩不僅比女孩表現較多的身體攻擊，而且語言攻擊也較多；他們比女孩更常作口頭的嘲罵和侮辱。

顯然，社會學習和攻擊的表現有相當大的關係。許多父母相信男孩應該爲自己的權利而戰，而且男孩有各種攻擊的楷模(書本、電視、電影)可供學習；而女孩則被期待以較含蓄的方式來表達。以此種社會條件化的觀點來看，我們可以假設：女孩擁有和男孩一樣的攻擊潛勢，只是因爲害怕懲罰而抑制了它的表現。有些心理學家相信情形的確如此(Feshbach & Feshbach, 1973)，另一些心理學者則相信：雖然社會預期和角色楷模影響了攻擊的表現，但女性在生物本質上原本就較不具攻擊性(Maccoby & Jacklin, 1974)，他們指出女孩在幻想遊戲中比男孩表現較少攻擊的事實。如果女孩是因爲害怕懲罰而壓抑了敵意的衝動，則在幻想或「安全」的情境中，應可預期此種衝動的出現。但是甚至在預期且鼓勵攻擊的實驗情境下(受試者被指示：當某學習者犯錯時，便對他施以電擊)，男性所施予的電擊，還是比女性來得長且較強(Titley & Viney, 1969)。這些發現並未顯示女性有著等待安全出口的內積攻擊。

性別差異的研究顯示男女相似之處較一般所假設的爲多，有些差異也許是社會學習的結果，其他可能反映出生物的既定傾向。但是具有生物基礎的差異也可藉著學習來修正。例如原先在視覺空間能力測驗上得分低於男孩的女生，經過少許練習，便可趕上男孩。而且女孩也可被教得更具攻擊性(如果必要的話)，至於男孩也能學習矯正自己的攻擊反應。

社會在教養年輕的下一代時，可依照它們認爲是「天生有別」的方式來進行，或者也可選擇最適用於所處環境的特徵，來鼓勵兩性朝此方向前進。

類似性	男學生		女學生	
	氣質	娛樂興趣	氣質	娛樂興趣
只類似父親	47%	44%	29%	31%
同時類似父母親	19	11	33	25
只類似母親	30	25	35	33
均不類似父母親	3	18	3	10
不能確定	1	2	—	1
總數	100%	100%	100%	100%

表 3-5　大學生和其父母的非性別角色認同

在氣質和娛樂興趣上，測驗大學生和其異性父母的類似性，其中性別的地位非常重要。

個人非性別角色的認同

很多個人的氣質和性別沒有很密切的關係(如熱心、幽默感、親切等等)，而許多道德品質(如正直和體諒)也是男女兩性都有。即使一個做兒子的和父親認同，並繼承其事業，他母親的理家標準也會反映在他的工作上；一個女孩子可能模仿其母親的社會美德，但在講故事時，其熱誠的方式卻和父親如出一轍。在男孩或女孩的發展上，父母都是重要的決定因素。

在研究大學生氣質和娛樂興趣，與其父母行爲的相似性上發現，通常都和其異性的父母類似。四分之一以上的男學生認爲他們在這些方面和其母親類似，而女孩子在和其父親的類似性上亦佔了差不多的百分比。許多人和其父母皆有相似之處(參閱**表 3-5**)，表示和父母皆不同的則相當少(Hilgard, 1970)。

影響認同的因素

一些實驗發現，溫和且有教養的成人，比較容易成爲模仿的對象。在**男性化測驗**(masculinity test)中得高分的男性，比得低分的男孩和父親更易有溫和親密的關係；而較溫柔的女孩，和母親亦有較溫和、密切的關係(Mussen & Rutherford, 1963)。

成人對孩子環境的控制，亦可影響認同的傾向。當家裡是母親掌權時，女孩易於和其母親認同，男孩則難以發展出丈夫氣概；若父親是一家之主，女孩較易認同父親，但對母親仍有高度的認同。對女孩而言，母親的溫和和自信，比其掌權與否更重要(Hetherington & Frankie, 1967)。

影響認同的另一個因素，是個人本身和認同對象間的類似程度。假若孩子有某些程度的客觀基礎和父母類似，他就易於與父母認同。一個身材高大並和父親一樣有大臉龐的女孩，較難和嬌小的母親認同，而身材結構和母親類似的妹妹則較容易。

若是父母都是有教養、有力量、有能力的，孩子將會和父母認同——雖然通常對同性的父母有較強的認同。

和兄弟姊妹及同伴的認同

雖然父母是基本的認同對象，但是，兄弟姊妹亦扮演一個重要的角色。其他兄弟姊妹的性別會影響孩子的興趣和行為。有哥哥的女孩，比有姊姊的更頑皮和更富競爭性；同樣的，有哥哥的男孩，比有姊姊的更富攻擊性。

出生別亦影響到孩子在家中的關係。一項對大家庭的研究發現，三種人格角色和出生別有關：有責任感的孩子(通常是老大)、善交際得人緣的孩子(通常是老二)、任性的孩子(通常是老么)(Bossard & Ball, 1955)。

第一胎或獨子在家中佔有獨一無二的地位，不外乎幾個原因：可能是父母對頭胎的孩子比較有時間照顧，並且也易於產生謹慎、溺愛的心理；同時，第一胎的孩子不需要和兄姊競爭，有一段時間他只能和大人認同，不像弟妹們可以有兄姊來認同。

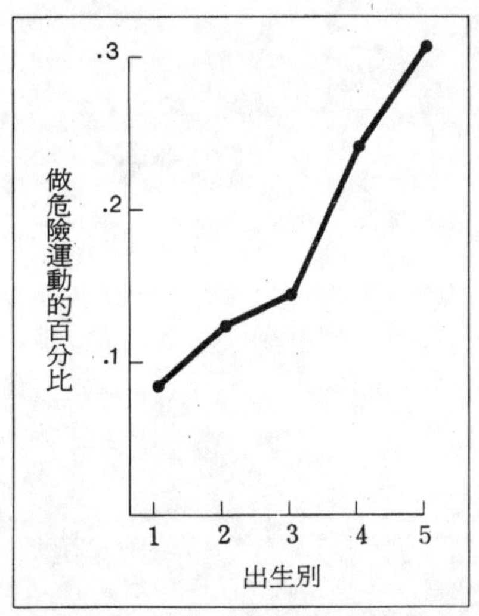

圖 3-18　出生別和參加危險運動的關係

本圖顯示男學生參加危險運動（足球、橄欖球）之百分比，和其出生別的關係。注意：長子通常較少參加危險的運動。這項研究發現了出生別和參加危險運動的關係。

研究指出這些因素的確有所影響，長子女或獨生子女在智力測驗拿高分、大學成績好、得到學位、儕身名人錄的可能性較大(Sutton-Smith, 1982)。

此外，國內的研究也指出，長子的成就動機，比其他出生別的孩子高(楊國樞等人，民 62；柯永河，民 62)。出自兩個孩子家庭的美國國家獎學金得主當中，老大兩倍於老二；假若是出自三個孩子的家庭，則老二和老三的人數總和約等於老大的人數(Nichols, 1968)❷。頭胎或獨子且較晚出生者，往往更正直且較少有攻擊性，並且較少從事危險的運動(參閱**圖 3-18**)。

長子女較具道德良知和合作特質，可能係反映出他們在面臨新手足取代其地位的潛在威脅時，企圖在父母心中維持他們的「榮譽」寶座。弟妹可能覺得不如兄姊能幹(他們不明白自己的能力不夠是由於年齡的緣故)，並且試圖以其他方式超越兄姊。

雖然與弟妹的競爭解釋了長子女成就較高的部分原因，但並未說明獨生子女成就一樣高的事實。最可能的解釋是：父母對獨生子女(或長子女)投注較多的時間和精力，因而或許提供了一個較充實、富啓發性的環境。隨著家庭成員逐漸增多，父母對每個孩子所能付出的注意力可能會隨之減少。

一旦孩子進了學校，同伴就成爲模仿的重要對象和獎懲的來源。雖然溺愛的父母可能不在意孩子的自私和依賴性，但孩子的同伴可能就無法忍受。孩子是否維持或修正學自家中的態度和反應，端視同伴的反應而定。

很多研究指出，順從同伴意見的傾向，由小學時代開始增加，在十一歲至十三歲時達到高峯，此後開始下降(參閱**圖3-19**)。典型的從衆性測驗，是要一個人作一種狀況判斷(如從幾條線段中選出一條和一已知線段等長的線段，或從一道數學問題的幾個答案中選出一個正確的答案)，並告訴他一個假訊息——他的同伴有很多人選了其中某一個爲正確答案。我們可從被試者選擇大多數同伴所選但實際上爲錯誤答案的數目，及自己選擇正確答案的數目，來測量孩童的從衆程度。

尙未入學的孩子受其同伴意見的影響較小，皮亞傑說明其社會關係是以自我爲中心的。兒童期中期對同伴的價值敏感度最高；進入青年期後，他對自己的判斷較有信心，並且能逐漸抗拒要求和團體規範一致的壓力。

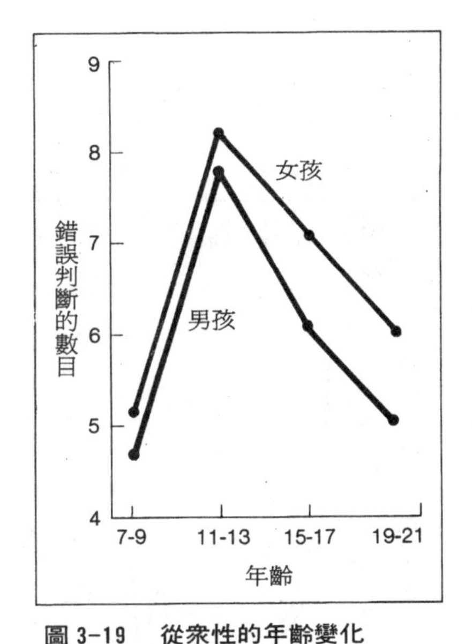

圖 3-19　從衆性的年齡變化

順從同伴判斷的傾向，在十一歲至十三歲間達到高峯，此後開始下降。在這方面，女孩子的從衆性傾向比男孩子更強烈。

青年期的角色

青年期是介於兒童期和成年期的一段過渡時期。其年齡範圍很難明確劃分，但大致指從十二歲開始到生理趨近成熟的二十歲爲止。這期間，年輕人的性發展逐漸成熟，認爲本身是從家庭分出來的個體，並面對決定如何謀生的任務。

---

❷出生別和智能間的關係要怎麼解釋呢？我們不能用遺傳背景來解釋，因爲沒有方法可以說明遺傳因素和出生別是連在一起的。有人認爲，上述關係受到社會階層的影響，這種現象，只有在低階層裡才會發現。然而，最近的研究，顯示出生別和智能間的關係，在各階層都成立 (Belmont & Marolla, 1973)，也許我們不能完全忽略生物上的解釋：也許母親在生下孩子之後，再也不是有效的生產者，但沒有直接的醫學證據，證明這種可能性。最可靠的解釋，可能是當家庭增大時，父母對每個孩子的注意時間較少。蒐集出生時間和父母給予每位新生兒的注意時間，在評價這種解釋上應該有用，可惜尙未有人蒐集這種資料。

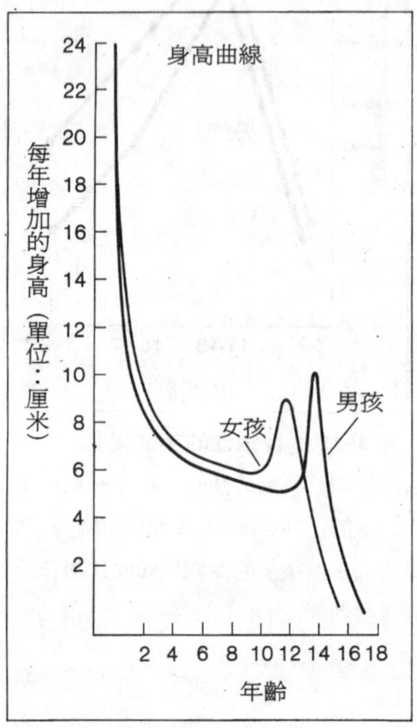

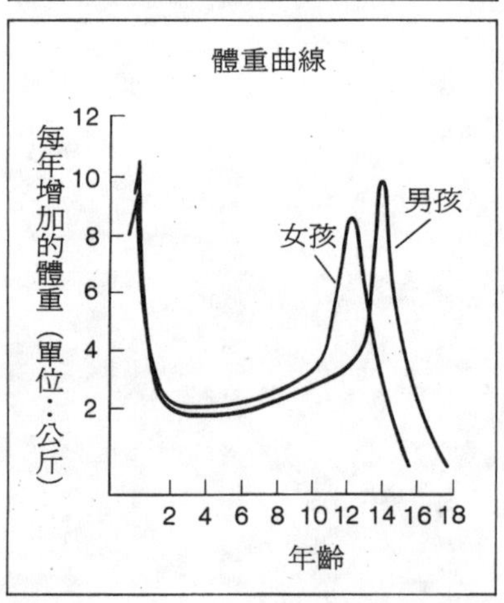

圖 3-20　男女孩每年增加的身高和體重

注意：女孩的頂峯時期比男孩來得早。

幾十年以前，我們今天所謂的青年期並不存在，很多十幾歲的孩子一天要工作十四個小時；同時，從兒童期進到成年期中間並沒有什麼過渡時期。但由於對不熟練工人的需要減少，和進入專業學習的時間增加，生理成熟和成人地位間的過渡期就增長了。這種成熟的象徵，如經濟上的獨立和學業的完成，在青年期後期發生，除非到二十歲，否則一個青年不可能擁有成年人的權利。例如，美國大部份的州規定，未滿二十歲者工作時間要受限制，他們不能簽署法律文件、喝酒、結婚或投票。

這種邁向成人地位的逐漸轉變過程的優點是：可以讓年輕人有更長的時間，來發展其技巧和爲未來作打算。但它會產生一種介乎獨立與依賴間的衝突和躊躇時期。當住在家裡或仍接受家裡的經濟援助時，實在很難有自立的感覺。

由許多高中或大學退學生的事實可以證明，長時間的學校生涯並非爲所有的年輕人所需要，或可以從中得到好處的。美國總統科學顧問委員會(President's Science Advisory Committe)的少年問題研究會在所提的報告中建議，讓年輕人負較多的責任。他們希望學校多提供校外工作和大衆服務的機會，並減少工作年齡的限制，使年輕人在就學和就業間可以作更好的選擇。這種政策可使年輕人在摸索未來將扮演的角色之時就允許其獨立。

性發展和青年期的角色

在青年期前期，大多數的年輕人都有過一段非常快速的成長過程，而伴著這種快速成長而來的是生殖器官和第二性徵（女孩子的乳房開始發育，男孩子長鬍子，且男女兩性都開始長出陰毛）的發展。這些變化約需兩年的時間，於**青春期**(puberty)達到頂峯，最明顯的是女孩子的月經和男孩子尿液中精細胞的產生。

到達青春期的年齡差異很大，有些女孩十一歲就來初潮，有的卻遲至十七歲，平均年齡爲十三歲。我國女性青春期較晚，據邱維城等人（民 57）調査，平均年齡約爲一三點三七歲，最早來潮的在十歲以下，最遲的在十九歲以上。男孩性成熟的年齡和女孩差不多，但平均要比女孩遲兩年（參閱**圖 3-20**）。在十一歲以前，男女的身高和體重都差不多；十一歲以後，女孩子在這兩方面的成長都超過了男孩子。這種優勢大概可以維持兩年，因為這個時候男孩子的成長是緩慢漸進的，但此後女孩子大概就一直維持著這個狀態。這種生理發展的差異在國中二、三年級時最為突出，在這個時候，你經常可以發現一個成熟的女孩，孤伶伶地坐在一群小毛頭的旁邊。

早熟者與晚熟者(early and late maturer)　雖然女孩多半比男孩早熟，但仍有很大的個別差異存在。有些女孩甚至比有些男孩晚熟。很多研究一直在調查，在早熟和晚熟的孩子之間是否有人格的差異存在。在比班上大多數同學都矮小的情況下，一個晚熟的男孩有什麼感覺呢？在比班上男同學都高大的情況下，一個早熟的女孩會有什麼感覺呢？

由於在同伴的活動當中，力氣和生理活動上的勇敢行為具有相當的重要性，所以晚熟的男孩就面對著一種特殊的適應問題。當他比其他同學都矮小和體弱時，他可能會喪失很多練習種種遊戲技術的機會，而永遠趕不上生理活動居於領導地位的早熟男孩。很多研究指出，晚熟的男孩比一般男孩不得人緣，他們的自我概念較差，並發展出較多不成熟的行為，自覺受同伴的支配和排擠；相反的，早熟的男孩就比較具有自信心和獨立性。早熟與晚熟間的人格差異，有一些會持續到生理差異已不存在的成年期(Mussen & Jones, 1958; Jones, 1957)。

對女孩而言，成熟與否對於人格的影響較小。部分國小五、六年級的女孩比其他同學都早熟，可能有些不利；但一旦升入國中以後，她卻比較易於在同學間建立其威望，和在種種校內活動中取得領導地位。在這個階段當中，晚熟的女孩和男孩一樣，會有不正確的自我概念，並且和其父母、同伴的關係也較差(Weatherly, 1964)。

性標準和性行為(sex standard and behavior)　這種伴隨性成熟而來的身體變化，是一種既驕傲且尷尬的來源。年輕人對其新體格和其他發展的感受，端視父母和同伴對性發展的態度而定。父母對性若採取秘密或禁止的態度，會使他們產生焦慮感。

然而，過去十年來對性行為的態度，幾乎是到了一種革命性的轉變。今日對婚前性行為、同性戀、外遇和特殊行為的看法，比起歷史上任何一個時期都開放和自由。年輕人從報章雜誌、電視和電影上所接觸的性刺激亦比以前更多。有效的生育控制和墮胎的可能性，使得人們對懷孕不再像以往那樣恐懼。所有這些改變使得今日成熟的個體有了較多的自由。但由於沒

表 3-6　青少年的性經驗
本結果乃晤談四百名年齡十三至十九歲的青少年而來。青少年的取樣樣本頗具代表性，能代表全美青少年。本結果和其他許多樣本代表性較低的研究一致。

	所有的青少年	性別		年齡	
		男	女	13-15	16-19
處子 （沒有性交經驗的青少年）					
沒有性經驗 （從來沒有玩過性活動的處子）	22%	20%	25%	39%	9%
開始性活動者 （主動或被動從事性愛撫者）	17%	14%	19%	12%	21%
其他處子 （不能歸爲上述分類者）	9%	7%	11%	12%	6%
合計	**48%**	**41%**	**55%**	**63%**	**36%**
非處子 （有性交經驗一次以上的青少年）					
一對一者 （只和某人發生性關係的非處子）	21%	15%	28%	9%	31%
性探險者 （性交對象不固定，時常換人的非處子）	15%	24%	6%	10%	18%
不活躍的非處子 （一年以上沒有性交的非處子）	12%	13%	10%	15%	10%
其他非處子 （不能歸爲上述分類者）	4%	7%	1%	3%	5%
合計	**52%**	**59%**	**45%**	**37%**	**64%**

來源：取材自 Sorensen(1973)

有清楚「正確」的行爲指南，這種改變同時造成了許多衝突。在若干家庭中，父母和子女間性道德的分歧非常大。

放任的性態度是否伴有實際的行爲？有些專家認爲，今日的年輕人只是把以前認爲秘密的活動開放而已。但爲數不少的資料指出，年輕人的性行爲已有了相當的改變，一個對美國十三歲到十九歲年輕人的全國性調查發現，百分之五十九的男孩與百分之四十五的女孩，都最少有一次以上的性交經驗。其中大部分在十六歲以前喪失其貞操(參閱**表 3-6**)。國內應該較爲保守，一項以臺北市五專五年級學生爲對象的調查指出，約百分之二十一的男生及百分之四的女生有過性交經驗(晏涵文等人, 民 69)。

金賽博士於三十年以前的研究報告中發現，只有百分之二十的女性與百分之四十的男性在二十歲以前有過性交經驗。而時下的年輕人似乎比其父母更早有性經驗，這種改變在女孩方面尤其顯著，她們在青年期便有性經驗的情形大約和男孩一樣多(見**表 3-7**)。一九七六年所做的一個調查發現，受訪的十九歲女性中，百分之五十五有過性經驗(Zelnik & Kanter, 1977)。較近的調查結果和此數字相近，大約半數的青年男女在十八歲時便已有過性經驗了(Brozan, 1985)。

這種性標準的改變並不意謂著指向高度的雜交。有些男孩宣稱，和他有過性交經驗的女孩不只一個，但大多數的女孩則只和她深愛的某一個男孩有性關係。這些年輕人認爲，性是愛和親暱關係的一部分，但和結婚並不需要有嚴格的關聯。

目前的年輕人反對所謂的「雙重標準」，但男性卻比女性享有更多的性自由。就**表 3-6** 的研究，大多數的男女都認爲性道德應該適於男女兩性。這項研究中的青年男女亦認爲其性標準和其父母是完全不同的，雖然他們在很多方面和其父母有密切的關係，但在性這方面他們卻很少有連繫的可能性。目前很多父母似乎同意讓其子女享受性自由(只要不讓父母直接面對事實就可以了)，但卻不願意和他們談及性方面的主題。

研究／日期	表示有性經驗的百分比
金　賽(1938-1949)	18
蘇瑞生(1973)	45
柴尼克和肯特尼(1976)	55

表 3-7　青年女性婚前性交百分比
上表爲十九歲未婚女性，在研究中表示有過性經驗的百分比。研究進行的時間如括弧中所註，這些證據顯示過去五十年來婚前性經驗明顯增加的情形。

重要討論：

未成年懷孕

青年人性行爲增加所帶來的最棘手問題便是未成年懷孕。在美國，十八歲以下未婚少女的懷孕率自一九六〇年起急遽增加。如果現今的比率一直持續下去，則估計約有百分之三十一至三十九的未成年少女會懷孕——而且許多人年紀不到十五歲。

二十五年前，未成年懷孕的女孩通常都以結婚或將孩子送交他人撫養來收尾。在一九七三年之前，墮胎是不合法的。如今，假如一個女孩決定不墮胎(約有百分之四十五採此決定)，結果常是自己撫養該嬰兒，並成爲單身母親。十年以前，百分之九十以上的非婚生嬰兒被送交他人撫養；今天，大約有百分之九十是被留在母親身邊。

孩子養育孩子會帶來許多社會後果。這些未成年母親經常未完成高中學業，許多依賴福利金過日。她們的嬰兒生病和死亡率都高，日後常經歷情緒和教育的問題，許多嬰兒更成爲被虐待的犧牲品，因爲這些不成熟的父母不知道孩子爲什麼哭，或是這個被他們認爲洋娃娃似的玩物爲何突然有了自己的意志。

比起過去，目前已有更多更易取得的有效避孕方式，爲什麼無意中懷孕的女孩還是這麼多？部分解釋是對生育過程的無知。有項調查發現：受訪的少女中，知道女性在月經週期的何時最易受孕的人不到一半(Morrison, 1985)。由於「算每月日子」的低風險，是青少年不採避孕的一個常見理由，因此這方面知識的缺乏便會產生重大的後果。其他還有一些不正確的訊息，如第一次性交、性交不頻繁或採立姿性交都不會懷孕等等。

性行為活躍的青少年經常採用某種避孕方式的比率，不到三分之一，約有百分之二十五從未採取任何避孕方式；其他是有時會避孕(Morrison, 1985)。至於未避孕最常見的理由(除了對懷孕一事的錯誤訊息外)是性交乃意料之外的行動，而且對避孕一事普遍抱持負面的態度。許多青少年認為避孕一事「令人尷尬」、「不自然」、「傷感情」、會干擾性愛的享受。這些抱怨的一個主題便是覺得預先準備會剝奪「性」的自發性，而且覺得有些不道德。羞於對自己承認有性需要的少女，較喜歡在浪漫氣氛中任其發生，而不願作事前準備。她們的想法是：如果你是情不自禁，就不算是做錯事；但是如果你帶個避孕器或服藥丸後去赴約會，等於承認自己正期待性的發生，而且會被冠以「壞女孩」或「亂搞男女關係」的罪名。

在美國，未成年懷孕的比率是其他工業化國家的兩倍以上(見**圖 3-21**)。美國青少年性行為並不比其他國家的同年齡者活躍，後者的墮胎率也不會較高；事實上在美國還高得多(Brozan, 1985)。多數專家將此現象歸因為美國對青少年性態度的文化衝突。大衆媒體——電視、搖滾樂、電影——都鼓勵對性的早期實驗，它們傳達了「一個人想變得世故，必須先有性經驗」的訊息；但另一方面，它們又不願教導青少年有關性的知識，並幫助他們預防懷孕；電視節目也不願製作有關避孕的節目。許多青少年表示，他們的父母不願和他們討論這方面的事情。事實上，學校中的性教育迄今仍是受爭議的話題；至於給予節育諮商和教導避孕的高中臨床課程更是備受爭議。

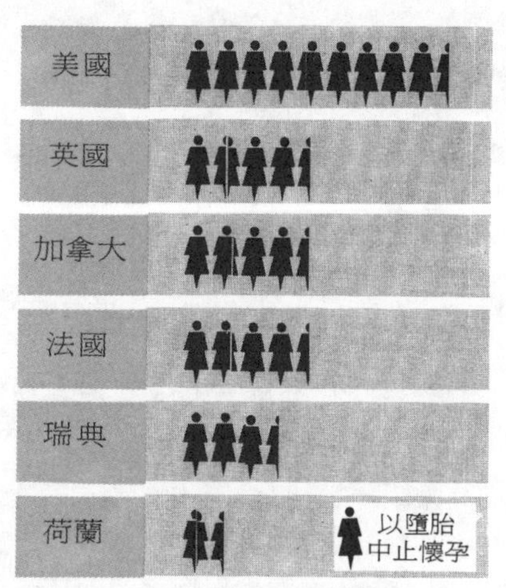

圖 3-21　未成年懷孕的比率

上圖為每一千名少女的懷孕比率；一個人形代表十個懷孕少女，美國未成年少女懷孕的比率（每千人中有九十五人）是其他國家的兩倍以上。

相反的情形則以瑞典為例：學童從七歲開始，便接受生殖系統知識的教導，到了十至十二歲便被告知各種避孕的方式。這些作法的目的是讓孩子熟悉性的種種，以避免成為意外懷孕和性病的犧牲者。這些作法似乎是成功的，瑞典是未成年懷孕比率最低的國家之一。

自家中解放

從父母的權威和對父母的情緒依賴性中尋求解放，開始於兒童期；但解放過程在青年期早期幾年有非常快速的發展。爲了有效(如成人般)發揮自己的功能，青年人必須開始自家中解脫出來，並在行爲上、情緒上、價值上和信仰上獨立起來。顯然地，青年期晚期是否能輕易的達到完全獨立，要視父母以往的態度而定。有些父母在孩子小時候監督得很嚴格，在孩子達到青年期時仍然企圖擁有控制力，這會造成孩子在青年期仍然持續著孩子氣的依賴和服從，甚至可能無法成爲一個完全成熟的大人。

對**民主家庭**(democratic family, 允許孩子有合理的自主權——包括重要的決策。至於基本的控制，則基於說理和口頭上的管教)的研究指出，這種家庭比**權威家庭**(authoritarian family,家規並沒有和孩子商量，孩子的自主受到限制，且部分的管教依靠體罰)更易於產生自信而有效率的青年。在民主家庭長大的孩子和其家庭較具有溫和的關係；專制家庭的孩子在表面上是順從的，但實際上卻有潛在的衝動和反抗心理，只要能逃避懲罰就是合乎「道德」的標準(Douvan & Adelson, 1966; Kandel & Lesser, 1972)。

雖然傳統上一直認爲，青年期是父母子女間衝突最強的時期(兒女想爭取自由，父母卻執意要限制他)，但事實證明這並不完全正確。很多青年認爲和其父母的關係很和諧，即使自由受限制亦不會感到任何不快。一項對於中等家庭的男性青年的研究發現，大多數的父母對自己兒子的責任感和成熟度都表示滿意，並且認爲不需要太多的限制(Bandura & Walters, 1959)。

青年期反抗父母管教的問題，幾乎都來自兒童期問題的延長。因爲孩子在青年期已較過去強壯，並能主動反抗父母的管教或離家出走，所以青年期的問題較明顯，其後果也較嚴重。

自我的追尋

青年期所面對的一項重要任務是發展**自我認定**(self identification)的感覺——一種「我是何人」和「我將何往」的感覺。

為了發現自己是誰，他必須建立自己和別人行為的標準；他必須知道自己對重要和具有價值事物的衡量標準；同時，對於本身的價值和能力也需要相當的判斷力。

如同我們所知的，孩子的價值和道德水準大部分來自父母；父母的態度將會影響其自我尊重的感覺。升高中搬到外面住以後，同伴的價值觀和對他的評價將日益重要。青年人有意把這些評價作一致性的組合。假若父母、老師和同伴反映出相同的價值，他自我的追尋就比較容易；當父母、同伴及其他重要人物的價值觀之間有了明顯的差異時，衝突的可能性就很大，這時可能會有**角色混淆**(role confusion)的情形出現——他扮演不同的角色，但很難將之整合成單一的自我。

如同一個少女所說的：

>「在家，我是一個乖巧的好女兒，因為我父母對於女孩應有的舉止懷有相當堅定的看法；在學校我也循規蹈矩，雖然我並不畏於表示自己的看法。當和女孩子們在一起時，我覺得放鬆而且舉止荒謬，我常是提議大夥抽煙或做某些瘋狂事情的人，但是到了約會時，我又會變得無助、溫順，我到底是怎樣的一個人？」

在認同的楷模極少且社會角色有限的單純社會中，形成自我認定相當容易。但在快速變遷的複雜社會中，對許多青年而言，這成了一個艱鉅、漫長的作業，對於生活中如何做、做些什麼，他們面臨的幾乎是個無窮的可能性。

解決自我認定問題的方式之一，是嘗試各種角色和各種行為的方式。許多專家相信青年期應該是個角色試驗期，在此，青年可探索各種理想和興趣。但是，有些年輕人擔心當今的學業競爭和職業壓力，將會剝奪許多探索的機會，因此，有些人暫時休學，好讓自己有時間思索自己想做的事，以及試驗各種不同的認同。政治或宗教的青年活動經常可提供對另一種生活型態的暫時認同，它們給予年輕人當作認同楷模的一個團體，以及形成一種較永久性信仰的時間。

對自我認定的追尋可用多種方式來解決，有些年輕人在經歷一段時間的嘗試後，對某種人生目標作了允諾並朝向它邁進。而對某些人而言，所謂的**自我認定危機**(identity crisis)可能根本未出現；這些年輕人無異議地接受父母的價值觀，並趨向符合父母觀點的成人角色。換言之，他們的自我認定很早便形成了。

也有些年輕人採取了偏差(和家庭或社會的價值觀不符)的自我認定。例如，一個一直都被期待去讀法律學院、加入家族企業的年輕人，可能反抗並決定做個流浪漢。有些猶太青年，寧可不去冒險試圖提昇自己的社會地位，反而採取一種偏差自我認定，並以「平平庸庸」為榮。其他青年可能歷經較長的自我**認定混淆**(identity confusion)時期，而且很難「找到自己」，在某些案例中，一種認同的界定也許得經過多次嘗試錯誤才會達成。另外有些人甚至到了成年時，也一直未曾擁有強烈的自我認定——這些人從未對任何事物產生允諾或忠誠。

個人的自我認定一旦形成，並非就此固定，人們會在成年期中獲得新的興趣、想法和技巧，這些都可能改變他們的自我認定。以已婚婦女為例，當她們養兒育女的責任終了，有時間發展新的興趣或新的事業時，常會發現一種新的自我認定感。

信念的再評估

很多以往所謂不變眞理的信念，到青年期都會經歷一次**再評估**(reexamination)。新經驗和新認知能力，使得青年人對來自父母的某些價值和信念作一次挑戰。以往的假設當中最易引起懷疑的是宗教、性、麻醉、藥物、努力工作的價值，和父母的能力。一個接受了父母性觀念的女孩可能會發現，很多她高中的同學根本不把貞操當作一回事；一個家庭和宗教都強調麻醉藥危險性的年輕人，可能會發現，他的同伴中有些不但無法接受這個觀點，甚至認為服用麻醉藥的經驗是通往**自我瞭解**(self-awareness)的一條捷徑。

對以往所接受價值的懷疑，在青年期加劇的原因有二：第一、年輕人通常都在附近的小學完成基礎教育之後，再升入較大且較龐雜的初、高中就讀，此時他會接觸到背景較廣泛的同伴。第二、十幾歲的年輕人在認知能力的發展上，已到了可以思考更抽象和相對的問題的地步(參閱皮亞傑認知發展的形式運思期，**表 3-1**)。他可以正視選擇上的問題，並開始體認到，道德並非絕對的：一種行為的好壞與否，端視其生長的文化背景等諸多狀況而定。這些新的經驗和能力造成了價值的再評估和調整。以往的若干信念可能重新被建立；有的可能還處於存疑階段或甚至已經被揚棄。

代 溝

根據某些觀點而言，由於社會變化得過於迅速，致使目前父母的價值觀，對其十來歲的兒女所面對的問題已不見得適用了。如麻醉藥、日漸普遍的性開放風氣等，都爲青年人製造了許多問題，而這些卻不是其父母所必須面對的問題。科技的快速發展使得父母的知識，再也無法滿足兒女的需要。這些因素使得某些專家得出一個結論：今日在父母和兒女的價值觀之間，存在著一道無法跨越的壕溝。專家們同時對這種兩代之間瞭解和連繫的缺乏，出了警告(Mead,1970; Coleman, 1961)。

然而，最近的研究發現，情形並非如此悲觀。儘管兩代之

表 3-8 兩個國家的青少年及母親的價值觀

個人將左列價值觀，評定爲「極重要」的人數百分比。

價值	認爲左端表列價值十分重要的人數百分比			
	美國		丹麥	
	青少年	母親	青少年	母親
家庭				
1.和家人一起工作	42%	65%	17%	42%
2.幫助家裡	30	43	23	31
3.尊敬父母	87	96	60	76
4.家庭生活符合宗教理想	9	15	2	4
5.討父母的歡心	34	11	52	20
同儕團體				
6.在活動中領導群倫	20	11	4	1
7.參加運動	31	14	37	18
8.定時參加社交活動	40	6	35	2
9.在學校出風頭	46	19	45	28
10.賺錢	56	36	30	17
11.被其他同學所接納	18	5	15	11
12.人緣好	54	44	32	27
13.有好的名譽	78	93	53	71
學校				
14.喜歡的學校印象：				
有聰明的學生	33	74	55	64
運動或領導風氣佳	34	21	10	7
名氣大	33	5	35	29
15.在學校儘量學東西	39	69	31	64
16.努力研討功課	54	83	32	54
17.閱讀重要的書籍	28	54	21	51
18.策勵將來	78	80	38	44

來源：取材自 Kandel & Lesser(1972)

	美國		丹麥	
	青少年	母親	青少年	母親
努力工作	52%	56%	13%	9%
有愉快的性格	22	17	43	50
知人善任	4	2	12	10
省錢	1	2	2	2
受較高等的教育	18	22	23	27
有特殊才能	3	1	4	1
總計	**100%**	**100%**	**100%**	**100%**

表 3-9　對「使生活更加美好的最佳方法是什麼？」的反應

請注意：母親和青少年的價值觀頗爲類似，但在強調努力工作或有愉快經驗上，有國籍差異存在。

來源：取材自 Kandal & Lesser(1972)

間確實有些隔閡存在，但並不像大衆傳播所強調的差距那樣大。調查研究指出，父母兒女間的價值觀其實相當相近。

表 3-8 是美國和丹麥兩國對父母、子女在價值觀上的研究結果。在何者爲最重要的活動和人格特質之判定上，母親和其子女的判斷頗爲類似。而兩國間的差異，較父母與子女間的差異爲大。美國特別強調努力工作和成就；丹麥則特別強調愉快的人格和與他人相處的能力(參閱**表 3-9**)。

其他的研究發現，大多數的青年和父母都有密切、溫和的關係。一項全美國的調查發現：青年人自認尊敬父母的有百分之八十八，尊重父母意見的有百分之八十，喜歡和父母在一起的有百分之七十三，而認爲和父母關係溫和、親暱的有百分之七十八。其中對性的觀點差距最大，只有大約三分之一的人，自認爲在性價值觀上和其父母的態度相仿(Sorenson,1973)。

同儕團體的影響力

雖然青年人繼承了不少父母的價值觀，並從父母那兒獲得了安全感，但在獨立的過程中，其同伴亦扮演了一個重要的角色。他所關心的儀表、聲望和與異性關係的變遷等問題，可經由和同伴討論並吸取其經驗而得到很大的助益。在使自我具體化方面，青年和父母一樣，需要同伴的支持與鼓勵。

由於十來歲的孩子所選擇的同伴，在種族、社會階層和教育目標等背景上大略與之相仿，所以，其同伴的價值觀也有和其父母相似的傾向。同伴的價值觀影響最大且與大人的標準最不相同的地方，是衣著款式、音樂喜好、娛樂、約會對象和所使用的語言等。在這些表面特徵上，年輕人和父母的差距最大，而這種顯見的差異，使得成年人認爲青年是新的外國品種。

假如同伴的影響力在某青年的生命當中扮演了一個極其重要的角色，其原因可能是他在家中不受重視且沒有滿意的親子關係之故。一項研究發現，受同伴影響較大的青年，往往容易對自己(和其朋友)產生一種否定的眼光；並且和家庭比較疏遠，家裡不支持他，也較少管他。

每個人對其父母或同伴的壓力之反應頗不相同。一個人越有自信，就越不會盲目的感覺到有依附他人規範的需要。他自己可以衡量，在各種觀點中那些是重要的，並訂下自己的結論。這是個人發現自我的基礎。

發展是畢生的過程

發展不因生理的成熟而結束。一生當中都會有生理上的變化，影響到一個人的態度、認知過程和行爲。這種改變在老年期尤其明顯。目前的研究著重於探討老年期的心理變化，是來自生理變化呢？還是由於步入老年之後，生活圈子小，刺激減少而造成的？

本章曾提過艾雷克遜以八個階段描述人們一生發展的特徵，稱之爲**心理社會階段**(psychosocial stage)。因爲他相信：個人的心理社會發展有賴於生命各個時期所建立的社會關係。每個階段中，都會遇到特別的問題或「危機」。雖然**表 3-2** 中所列出的階段並非植基於科學的證據，但仍能讓我們注意到人在一生中所遇到的各種問題。

某些問題曾於本章前面提過，讀者應已注意到：嬰兒對他人的信賴感，主要取決於母親如何滿足它的早期需要；在生命的第二年中，幼兒開始希望到處探索，做自己想做的事。透過父母對這類活動的鼓勵，兒童開始發展出一種獨立、自主感；他們學習控制某些衝動，並以自己的成就爲榮；過度保護(過於限制孩子想做的事)或嘲笑孩子失敗的嘗試，都會導致孩子懷疑自己的能力。

在學前時期(三至五歲)，兒童由簡單的自我控制進展到有能力引發行動，並加以執行。父母的態度(鼓勵或打擊)再度會使孩子覺得自己擁有能力或能力不足(或罪惡感——如果父母對孩子所引發的行動視爲羞恥時)。

在小學階段，兒童學習社會所重視的技巧，這些不僅包括讀、寫，還有身體技能以及分擔責任、與他人相處的能力等等。如果在這些領域的努力獲致成功，兒童將會發展出能力感；不成功的努力則導致自卑感。

至於找尋個人的認同，則是青年期主要的心理社會危機。

心理發展將持續終生，而自我問題也不是在青年期就結束了。很多人在二十歲以後仍然無法確定自己將來要做什麼。一項對大學三、四年級學生的研究發現，二分之一以上的人對其政治意識、宗教信仰和職業選擇，仍徬徨不定（Podd, 1969）。由於大學提供了年輕人去試驗很多新觀念和新生活方式的機會，所以，這項發現實在是太出人意料之外了。

成年前期

在成年前期中，人們將認定某個職業；許多人在此階段結婚，形成另一種親密關係。親密意指關懷他人、和他人分享經驗的能力。無法對愛情關係作允諾的人（由於畏懼受傷害或無法與他人分享）則有處於孤立的危險。研究結果顯示：和一支持性的伴侶之間的親密關係，對個人的情緒及身體健康大有助益。擁有和自己分享想法、情緒和問題之伴侶的人，比未擁有的人較爲健康、快樂（Traupmann & Hatfield, 1981）。

人們的結婚率自一九六〇年後期起即有下降的趨勢，較多人採獨居或同居的方式。雖然如此，結婚的仍佔多數，而且大多在成年前期結婚。人們傾向於找尋種族、社會和宗教背景和自己相符的人爲婚姻伴侶。與一般想法相反的是：女性對伴侶的選擇比男性更不羅曼蒂克。男性較快墮入愛河，而且對伴侶的種種感到滿意；而女性在決定結婚對象時較爲實際、謹慎（Rubin, 1973）。

其實只要我們想到婚姻對母性生活型態的改變大於男性時，上述發現便不足爲奇了。一個已婚男性通常會繼續自己的事業，而女性可能因爲妻子、母親兩種角色的要求，不得不放棄獨立的單身生活型態。雖然強調家庭和財務責任由男女平均分擔、對彼此事業給予同等重視的婚姻，有逐漸增加的趨勢；但對多數婦女而言，她的婚姻伴侶決定了她居住的地點和水準，以及她在人生中的角色。

結婚之後，雙方都得學習去適應新的需求和責任，孩子的降臨則帶來更多的要求。由高離婚率可以看出，在現今這個複雜的社會中，要作這些適應可眞不容易。在美國所有初次結婚者，百分之三十八以上會以離婚收場，加上再婚和離婚的數字，所有婚姻中，將近百分之四十會破裂。

有個調查以結婚十五年以上、婚姻美滿的三百對夫婦為對象，或許可為成功的婚姻提供一些線索。一個持久、幸福婚姻最常被提出的原因是對伴侶懷有一種肯定的態度：視對方為自己最好的朋友、喜歡對方。伴侶互相喜歡的特點為：關懷、付出、正直、幽默。他們說道：「我嫁(娶)了一個在乎我、關心我福祉的人，他(她)付出的比得到的多，他(她)心胸開闊、值得信賴，他(她)不會以灰暗、喪氣的眼光來看人生。」(Lauer & Lauer, 1985)他們也喜歡伴侶多年來變得更有趣的事實。

婚姻持久的另一個重要因素，在於相信婚姻是一種長期的允諾、對共同目標的一致，以及彼此溝通並平靜、不動怒地解決問題的能力。出乎意料的是，對性的贊同，在美滿婚姻所列出的因素中，排名極為落後。雖然多數人對性生活大約滿意，但只有少數人認為這是婚姻幸福的一個主要原因；而對性生活不滿意的人，則認為瞭解、友誼和尊重比性重要(Lauer & Lauer, 1985)。

委身某種職業或生活方式，會開始塑造個人的自我。當了父母，也會改變一個人的自我概念。即使在完全成年後，個人也不是靜止的，他的興趣和能力的發展持續著；有些人甚至在中年期始改變其生活方式。

中年期

對許多人而言，中年期(大約由四十至六十五歲)是生命中最豐富的時期。四十多歲的男性一般正處於事業的巔峯；女性在家庭中的責任減輕，由於孩子已長大，她們有更多時間投注於事業或公衆事務。這個年紀的人正是社會主要的經營者，包括權力和責任兩方面。

艾雷克遜以**精力充沛**(generativity)來代表中年人對下一代提供指導或援助的關心。此階段對人生的滿足感，來自幫助需要幫助的青年人邁向成年，並看到自己對社會的貢獻是有價值的。沮喪、絕望感可能來自認淸自己未能達成成年前期所設定的目標，或認為自己的所作所為微不足道。

當人們邁向四十之際，對壽命的觀點有了改變：不再以從出生開始來計算生命，而會以未來尚有的時日來考量。由於面對自己父母的垂垂老去或死亡，他們開始明白本身死亡的不可避免性。這時候，許多人會重新安排生活的優先順序，決定那些才是剩餘的時日中重要的事情。於是，一個奮鬥多年建立一家成功企業的男性，可能會離開它，返回學校中進修；一個爲子女投注半生心力的婦女，可能發展出新的事業，或在政治上變得很活躍；夫婦兩人可能同時離開城市中的工作單位，去鄉下經營小農場。

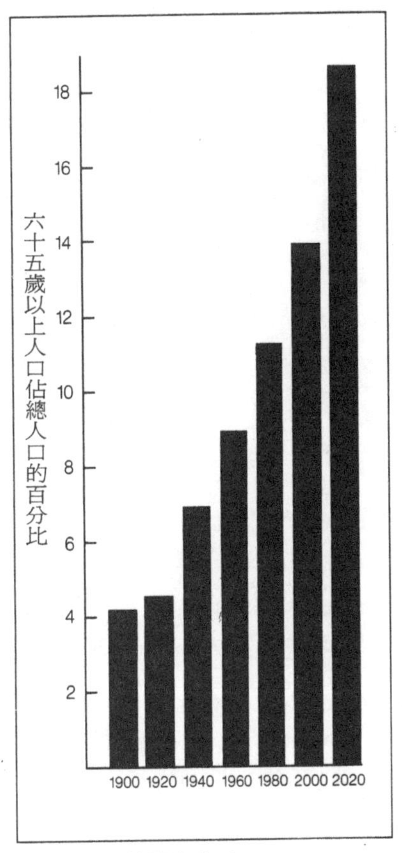

圖 3-22　美國老年人

在美國，六十五歲以上的人佔總人口數的百分比，以穩定的比率增加，而且未來有繼續增加的趨勢。以現今美國出生的嬰兒而言，預期壽命男性爲 71.1 歲，女性爲 78.3 歲。對於度過中年期的人而言，預期壽命更長。今天爲六十五歲的男性預計可活到 79.5 歲，女性則爲 83.7 歲(U.S Bureau of the Census, 1986)。

老年期

六十五歲以後會有新的問題產生。身體力量的下降限制了老年人的活動；令人衰弱的疾病可能使他們覺得相當無助。退休帶來許多空白時間，可能降低個人的價值和自尊感。伴侶、手足和朋友的死亡使得生活更加孤單，尤其是子女遠離在外的老人。由於美國人口中老年人所佔的比率逐年增加(見**圖 3-22**)，上述問題值得我們重新加以探討和重視。退休村以及將老人導入社區生活的計畫——如當輔助老師、圖書館助理、學童上下學導護等等——都證實是正確的一步。

雖然老年的問題顯而易見，但對七十至七十九歲老人所作的研究顯示：年老並不像一般所想的那麼糟，百分之七十五的老年人表示對退休後的生活感到滿意，大多數都相當活躍，並不孤單，只有極少數有老邁或心理疾病的癥兆(Neugarten, 1971)。

艾雷克遜最後一個心理社會危機——統合與絕望——和人們如何面對生命末期有關。老年是個反省、回顧一生事物的時刻。個人對生命較早階段的每個問題，如已作好成功的調適，他(她)將對生命有一種統合、完整感；如果老年人以悔恨的心情來回顧一生，將它視爲一連串失掉的機會和失敗，則最後的時光將充滿絕望。

生命的每一個階段多少有一些問題必須處理(參閱艾雷克遜的心理社會發展階段，**表 3-2**)。在青年期時，忙於塑造自我、發展獨立性和建立種種技巧。不少年輕的大人面對著諸多抉擇——職業的選擇、結婚與否、要有幾個孩子等等。假若結婚的話，又得面臨更多的適應和問題。但不管這些困難的存在與否，結過婚的老人都一致認爲，年輕時代是他們最快樂的時光

(Lands, 1942)。

而沒有結過婚的人，則認爲童年才是最快樂的時光。從四十五到六十五歲的中年期，仍然有新的問題出現。這時候的職業地位已經固定，假若一個人尙未達到他理想的狀況，大概就再也沒機會了。兒女開始搬到外面住之後，將一生奉獻給兒女的母親會覺得很空虛。自殺比率在四十歲到五十歲劇烈增加，正可反映出這方面的若干問題。

六十五歲以後還有其他的問題存在，例如，退休人員必須對多出來的時間作一番適應；心臟病或其他衰老病的患者常因病發經驗而沮喪；家中成員死亡導致的寂寞、兒女的離去或無法到處旅行等，都是必須面對的問題。由於老年人佔人口總數的比率逐漸增加，這些問題皆有加以注意和研究的必要(參閱**圖 3-22**)。

摘　要

1. 人類的發展決定於**遺傳**或**先天**(由基因決定的特徵)和**環境**或**後天**(在某家庭和文化中成長的經驗)之間不斷的互動。基因透過成熟的過程表現其影響力：先天既定的成長順序或身體上的改變，和環境的關係極微。以動作發展爲例，大致是成熟的過程，因爲所有兒童大多在相同的年紀，以相同的順序學會爬、站、走。
2. 由簡單的行爲、較分化的行爲以至複雜的行爲，發展以一規則的順序進行。其中兩個尙未解答的問題是：(1)發展應否被視爲一**連續的過程**或一系列的階段，兩者具有本質上的差異。(2)**關鍵期**的存在與否，所謂關鍵期是指在此時日內必須出現某些特殊的經驗，心理發展才能正常地進行。
3. 發展上尙無法解決的一個問題是：發展是一連續的過程或是可明確劃分爲幾個階段？皮亞傑理論以感覺動作階段、運思前期階段、具體運思階段，到形式運思階段，來描繪出認知、智能、成長各階段。而佛洛伊德的性心理階段和艾雷克遜的心理社會階段理論，都試圖將人格的發展，置於階段理論的脈絡之中。階段理論的觀點雖然有用，但證據卻顯示出，發展要比階段理論更具連續性。
4. 嬰兒生來就具有功能良好的感覺系統，他們準備去學習外界的種種，而且也顯示出在氣質上的個別差異。雖然身體技能的發展主要取決於成熟因素，但是環境受限將會延宕動作的發展，增加刺激可加速它的發展。早期的匱乏或刺激，對動作技能似乎不具有持久的影響，但某些方面的發展——語言、智力和人格——可能便會受到早期經驗的永久影響。

5. 兒童早期對成人的依附形成了成人時期密切人際關係的基礎。粗心大意的母親或是母子間經常的分離，可能逐漸損及到孩子的信任而導致**焦慮性的依附**。在特殊的育兒方式和人格特徵間，雖然尚未發現有任何關係存在，但從小和大人間的親密關係，對正常的人格發展卻是極爲重要的。
6. 兒童的是非觀念會隨著成熟而改變。年幼的兒童傾向於以預期的**酬賞**和**懲罰**來評估道德行動；隨著年紀增長，**逃避不贊許**和**服從社會規範**變得較重要。道德推理的最高階段中，則以自己的道德原則來評估行動。除了道德推理的能力外，**道德行爲**還與其他因素有關。
7. 雖然育兒方式和孩子日後的人格特質之間，並未發現有持續一致的關係，但養成兒童的能力和自信的最佳環境是一個溫暖、關心的家庭，父母酬賞負責的行爲，同時也鼓勵獨立的行動和作決定。
8. 在人格發展上，**認同**(identification)是一個重要的過程。在性別認同間可發現一些差異，大部分都向同性的父母模仿；而和性別較無關係的**個人認同**則是從父母、兄弟姊妹和同伴學來的。大多數的孩童都易於向溫和、有教養、有權勢、看起來較像他們自己的成人認同。
9. 青年達到青春期或性成熟的年齡，有極大的個別差異，雖然一般而言，女孩的成熟期約比男孩早兩年。晚熟的男孩比起早熟者在同伴間較無人緣，自我概念較差。成熟快慢對人格的影響在女孩身上較不明顯。研究資料顯示現今的青年比他們的父母輩，較早發生性行爲。
10. 在追尋自我認定的過程中，青年人試著將周遭重要他人(父母、老師、同伴)的價值觀綜合成一個凝聚的自我影像。當這些價值觀不一致時，青年可能會經歷到**角色混淆**，並嘗試各種社會角色，直到找出一種自我認定爲止。
11. 發展是一生的過程：個人在一生中，身心兩方面都持續地改變，而且不斷地面臨到新的適應問題。艾雷克遜的心理社會階段便是描述在生命不同時刻必然會面臨到的社會關係中的問題(或危機)。這些危機由第一年中的「信賴與不信賴」、成年前期的「親密與孤立」,以至於面臨死亡前的「統合與絕望」。

進一步的讀物

普遍討論發展方面的教科書有:Skolnick, *The Psychology of Human Development*(1986);Fischer and Lazerson, *Human Development: From Conception through Adolescence* (1984); Mussen, Conger, Kagan and Huston, *Child Development and Personality*(6th ed., 1984);Bee, *The Developing Child*(4th ed.,1985)。

以討論嬰兒期爲主的有:Osofsky(ed.), *Handbook of Infant Development*(1979); Lamb and Campos, *Development in Infancy: An Introduction*(1982); Rosenblith and Sims-Knight, *In the Beginning: Development in the First Two Years*(1985); Mussen(ed.), *Handbook of Child Psychology*(4th ed., 1983)。

Flavell 的 *Cognitive Development* 對此方面作了透澈的介紹。Kail 的 *The Development of Memory in Children*(2nd ed.,1984)則對有關兒童記憶的研究作了可讀性極高的簡介。至於對皮亞傑簡要的介紹,請看 Phillips, *Piaget's Theory: A Primer* (1981)。

討論青年期的問題請看 Conger and Peterson, *Adolescence and Youth: Psychological Development in a Changing World*(3rd ed.,1983); Kimmel and Wiener, *Adolescence: A Developmental Transition*(1985); Rice, *The Adolescent: Development, Relationships, and Culture*(4th ed., 1984)。

有關中老年人的書籍請看 Kennedy, *Human Development: The Adult Years and Aging*(1978); Poon(ed.), *Aging in the 1980s*: *Psychological Issues*(1980)。

第三篇

意識與知覺

第四章　意識狀態

各種意識狀態 153
意　識
意識的複雜性
意識狀態的變化
下意識過程與前意識記憶
潛意識
意識分割
健忘狀態和多種人格
睡眠與夢 162
睡　眠
睡眠異常
夢和作夢
夢的理論
重要討論：作夢睡眠的理論
催眠是一種改變的覺知狀態 177
催眠的引導
催眠狀態的特徵
被催眠者的行爲與經驗
誰能被催眠？
催眠理論
重要討論：催眠中的「隱藏的觀察者」
冥想及自導性的意識改變 186
實驗性的冥想
精神活動性藥物及其影響 190
鎮靜劑
鴉片類痲醉劑
興奮劑
迷幻藥
藥物依賴
重要討論：濫用藥物的預防與治療
心靈的未解之謎 209
心靈控制身體
心靈控制物質
輪　迴

在知覺世界的研究當中，我們已經探討過正常意識狀態下的各種知覺狀況，但若干知覺上的問題仍然有待澄清，特別是縮減、歪曲、模糊或擴張(包括從睡眠到恍惚的經驗)等知覺上的特殊問題。

以前有人曾認爲心理學是一門研究意識的科學，並且認爲意識可用來做直接的觀察，假若有人在你的脚趾上丟一塊磚頭，你會立刻知道脚趾是否受傷和你覺得痛苦的部位；同樣的，注視一道明亮的光線後再閉上眼睛，你將見到一系列的彩色影像，同時還可以就你所見的來描述它們，可見意識的存在是肯定的。

早期的行爲主義者爲了要使心理學和其他科學一樣，所以反對內省報告(意識經驗的反映)。然而，意識實在是太普遍且太重要了，根本無從忽視。當然，人們可以欺騙發問者和他們自己，但是這種對內省報告的反對，亦可用於行爲的觀察上，例如，一個人可以僞裝一隻手臂「僵硬」，也可僞稱手臂感到痛苦。但受試者通常都得合作、誠實，「欺騙」是很少有的。逐漸地，心理學家採用了一種方便的雙重語言：心理活動(個人經驗和意向等)的語言，和物理及生理的語言。以夢的回溯爲例，一種是根據夢境的內容來描繪，另一種則根據腦波或眼球的運動來描繪。

一旦對意識的探討有了興趣，我們的注意力就會朝向各種不同的**意識狀態**(state of consciousness)上面。我們每天都會經歷這種意識狀態的變化；對我們而言，意識狀態太熟悉了，因此，我們根本不把它們看在眼裡，最明顯的例子是睡眠和淸醒的分別。但有很多較小的變化在心情的律動或激動、與平靜間的變化中發生。有時，我們把較極端的波動直接稱爲意識狀態的「變化」，這種變化，使一位合格的個人本身或觀察者，可以看出他和正常時不大一樣。但正常變動到極端變化之間並不十分明顯，不同環境中的戲劇性變化狀態通常都具有下列特徵：第一，外在刺激極端增加或極端減少，並且伴有肌肉的活動；感官的疲勞轟炸或過度刺激，會改變一個人的意識，同樣地，感覺受剝奪亦會產生同樣的結果。第二，一個人可能會利用主觀的方式，來降低警覺性或鬆弛關鍵性的能力，或提高警覺性和心理投入。第三，因疾病、藥物或失眠所致的身體狀況的變化，可能同時引起意識狀態的變化(Ludwig, 1966)。

這些狀態的變化並非只是人類好奇心的作用而已，有些變化具有宗教或部落儀式的價值，其價值可以達成某些社會性的目的。其他變化，如心理疾病，則被視為有害或具破壞性。

本章，我們首先將討論意識的複雜性，其中包括了健忘狀態和多重人格。夢和睡眠是每天發生的主要變化，最近的研究已使得我們對於這些狀態，有了進一步的瞭解。

關於心理疾病等極端的變化，且留待後面章節討論(第十六章)，本章將針對一些不平常的狀態(如催眠、冥想，和興奮劑等)加以探討。

各種意識狀態

意識是一種波動狀態，在意識清醒時，我們能夠正確地報告周遭環境所發生的一切。正常的波動，包括激動、平靜、疲倦、情緒和達到恍惚狀態等的經驗。很多人相信他們知道正常的意識狀態的組成因素，並且認為其他狀態較有趣或較令人迷惑。但事實上，通常的意識狀態可能是最最令人迷惑的。

意　識

有關意識的研究雖然很多，但對此一名詞的定義迄今仍是衆說紛云。本書採取了以下的定義：當我們意知到外在及內在事件，回想過去的經驗，從事問題解決，選擇注意某些刺激，並略過其他刺激，針對外界情況和個人目標選擇並採取某種行動時，我們是有意識的。簡言之，意識和以下兩者有關：(1)**監視**本身和所處的環境，以便在意知中正確地表徵出知覺、記憶和思考。(2)**控制**本身和所處的環境，以便能產生並終止行為和認知的行動(Kihlstrom, 1984)。

監視(monitoring)　由環境接收到訊息是身體感覺系統的主要功能，其結果是使我們意知到外界及體內所正發生的事物。但我們不可能注意進入感官的所有刺激，否則便形成訊息超載。我們的意識會只注意某些刺激並忽略其他刺激，至於所選取的訊息經常都與內在、外在世界的改變有關。當你全神貫注於這一段文章時，或許便未意知到許多背景刺激；但是當刺激有所改變時——如燈光變暗、空氣中出現煙味，或空調設備的噪音突然停止，那麼你便會注意到。

人們的注意力具有選擇性，某些事件會比其他事件更快進入意識，引發行動。生存攸關的事件通常爲第一優先；如果腹中饑餓，將很難集中精神學習；一個突來的疼痛會佔據我們的意識，直到我們採取行動減輕此痛苦爲止。

控制(controlling)　意識的另一個功能是計劃、產生並引導我們的行動。無論是簡單、即成的計畫(如和朋友會餐)，或複雜、長程的計畫(如爲行醫生涯作準備)，我們的行動都必須經引導與安排，以和周遭的事件相調適。

作計畫時，尚未發生的事件可呈現在意識中，作爲未來的可能性；我們會想像另一種「景象」，作出抉擇，並產生恰當的行動。

意識的複雜性

意識並非一種單純的狀態。我們的注意力可能集中，也可能不集中，我們會看、聽、說或計劃——甚至四者同時發生。在聽別人說話時，我們要準備我們的回答；即使在回答的同時，我們也可能在思索著更進一步的爭論。但我們很早就知道，同時進行太多事，難免會發生彼此間的衝突。對你而言，在擁擠的公路上一面開車、一面談話，可能不甚困難，可是一旦交通趨於混亂，談話就會中止。從本章後面將討論的鷄尾酒會現象中可以發現，我們在集中於一種談話時，將注意力轉移至另一項談話方面，具有非凡的能力。雖然在一個時間裡面，我們可以把注意力全部集中在一個訊息上，但有些資料的記錄可以來自第二訊息。

密勒、加蘭特和普里布蘭(Miller, Galanter, & Pribram, 1960)就認爲，即使在我們談話時，計畫作用仍然持續著，他們指出，在有意識時，我們和自己談論我們的計畫——對下一個行動做一種沉默的討論，如「在打電話給珍以前我要和阿吉談多久？」「這樣做值不值得？」等等超越聽、說的自我交談，即意識的一部分。史坦因(Gertrude Stein)、喬艾斯(James Joyce)和吳爾芙(Virginia Woolf)等意識流的作家，一度想把這種自我交談列爲一種文學創作上的方法。

並非所有的意識狀態都是機敏的，如有時我們會發現自己或別人兩眼直視，心靈上卻是一片空白；我們也知道心靈在主動狀態時和心靈是空白時之間的差別。被催眠過的人常會說，他們能夠忍受心靈一段期間的空白，而被動地等待別人的建議。對新生兒的觀察發現，機敏和遲鈍在生命中開始得很早。出生後五天之內的嬰兒除非進食或受到干擾，否則一直都在睡眠狀態中；他們對周圍的聲光很少注意。但在這五天當中，他們偶爾也會有安靜的機敏狀態存在，如眼睛張大，而且眼球「十分明亮」，看起來好像在注意物體。在這個年齡，這種機敏狀態十分短暫(最長不過七分鐘)，在二十四小時當中通常總共不會超過三十分鐘。嬰兒也只有在這種機敏狀態中，才會將頭跟隨著所看到的東西移動或轉向聲音的來源(Wolff, 1966)。

這種爲新刺激所作的準備(有時稱爲**警醒狀態**，state of vigilance)，在成人可由其對螢光幕上偶爾出現的刺激的反應，或對其他有規律變化的刺激做反應，來加以測量。馬克沃斯(Mackworth, 1950)曾使用一個鐘，其指針每秒鐘有規則的跳動一次，但在某些少數的次數中則每兩秒鐘跳動一次。當這種雙重跳動發生時，受試者就按下一個按鈕。他發現，在前半個小時受試者可以做得非常好，但隨著時間的增加，錯誤愈來愈多。若將正確或錯誤反應的記錄拿給受試者看，或要求他改善等，都會減少錯誤的發生。

警醒研究顯示受試者可經由很多技術，來保持其機敏性；至於我們自己，也一直在使用著這類技術。爲了避免落入空洞的注視狀態，我們保持自己對工作的定向，提醒我們自己所處的地方和現在的時間。我們會侷促不安、到處抓抓、拉拉衣服、敲打手指或咬咬鉛筆等。這些不只是鬆弛緊張神經的習慣，它們能使我們不至於打瞌睡，不至於注意力不集中。最近的生理研究則認爲，這些技術具有使**網狀系統**(reticular system)維持活動的作用。

意識狀態的變化

熟悉的意識，可因不同程度的過度疲勞、失眠、疾病或藥物而有所變化。發生於實驗室外的若干變化，正可作爲這種極端狀況下的例子。

疲勞和疲憊(fatigue and exhaustion)　嚴重的肌肉運動會導致許多生理上的變化(包括肌肉和血液中的廢物)，並引起個人主觀上的厭倦、痛苦、休息或睡眠的慾望。連續工作的能力開始減退，工作變成一種折磨。假若疲勞程度不太嚴重，休

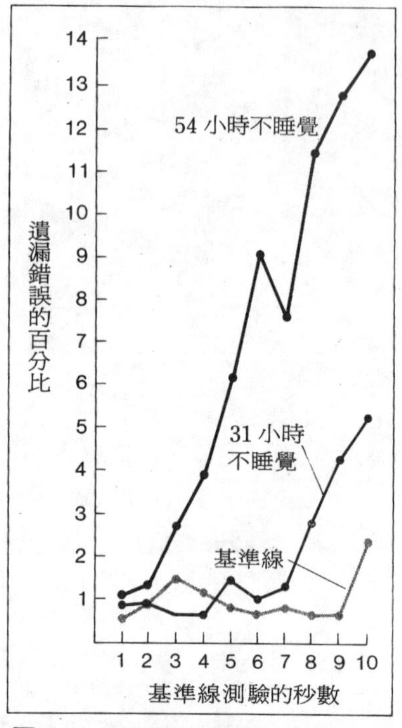

圖 4-1　失眠後的警覺

失眠後受試者在短時間內仍可做得很好，但其成效則視其缺乏睡眠的時間而定。基準線表示沒有缺乏睡眠下工作中的錯誤（取材自 Williams, Lubin, & Goodnow, 1959）。

息後很快就可以復原並把工作做好；假若這種努力造成疲憊，就會產生更深一層的變化。在疲倦和疲憊的狀況下，我們著重實際生理作用的後果；很多倦怠的症狀可能都有神經或精神上的原因。

失眠影響的實驗發現，睡眠被剝奪的受試者，在短期間內仍可把工作做得很好，但長期的工作則將造成很多干礙。例如，在連續三十一小時的失眠之後，測驗的前七分鐘顯示尚能保持正常的警覺狀態，但此後錯誤開始增加；失眠五十四小時後僅能維持兩分鐘的良好表現(參閱**圖 4-1**)。

知覺和思考的歪曲　當一個人對別人有所誤會，或當爭辯是基於虛假的前提時，輕微的錯誤知覺和思考就發生了。我們很難在正常的作用和極端形式的知覺之間，劃一個明顯的界線，但極端的形式有一個特殊的術語。就像**妄想**(delusion)是一種錯誤的思考系統，其知覺特徵正確，但對上下文的解釋錯誤，如認爲護士要毒害病人或認爲訪客是敵方的情報員等。至於我們以前討論過的**錯覺**(illusion)，則是一種感覺知覺的歪曲，它主要是因刺激因素的排列錯誤而非知覺者的特性而來。相反的，**幻覺**(hallucination)則基本上是來自於知覺者本身的錯誤，例如，一個人看到房間中事實上不存在的某人時，若無影子或其他刺激來源的話，就是一種幻覺。酗酒者充血的眼睛多半容易產生像「粉紅色的象」之類的幻覺。譫妄(delirium)則是一種極端的混亂狀態，通常又伴有激動的行動發生。這些狀態通常是中樞神經系統受干擾的結果，例如發高燒或是中毒。

狂喜(ecstasy)　並非所有的知覺變化，都是錯亂的症狀。對有經驗的人而言，透過催眠或服用藥物，來造成短暫的意識歪曲，是一件極其愉悅的事；催眠或服藥之後就是一陣誇張的光亮和快樂，或稱**狂喜**狀態。威廉・詹姆士(William James, 1902)形容神祕的經驗是「理性但不可言喻的」(noetic but ineffable)，意指這種神妙經驗有一種獲得知識的感覺(理性形式)，但這些經驗卻是無法描繪的，所以也就無法與人溝通(不可言喻形式)；假若能與人溝通，這種經驗就只有具有類似經驗的人才能共享(Tart, 1971)。馬斯洛(Maslow, 1959)將不具有狂喜但卻具有與上述相類似性質的經驗，稱爲**高峯經驗**(peak experience)，認爲這些經驗可充實生命的意義，並爲擁有此類經驗的人所珍惜。

下意識過程與前意識記憶

無論是周遭正在發生的事情、我們既存的知識，或對過去的記憶，我們在某個時刻都只能注意其中少數的刺激。我們不斷地在忽略、選擇和排拒，因此意識一直處於變化中。但注意焦點以外的物體或事件仍對意識有所影響，例如，你可能沒注意到時鐘敲響報時，幾響後，你警覺到鐘聲，接著便能往回去數你不知道自己已聽到的鐘聲。邊緣注意的另一個例子是所謂的**鷄尾酒會現象**（cocktail party phenomenon）：你在一個擁擠的房間和某人交談，忽略了其他的聲音和一般的噪音，突然別人談話中出現了你的名字，引起了你的注意。照道理說，如果你未曾留意他人的交談，你是不可能查覺出該交談中出現你的名字；你並未意識到該交談，直到某個特殊的訊號引起了你的注意。許多研究指出：我們會註記並評估並未有意認知的刺激。這些刺激被稱為是**下意識地**（subconsciously）影響我們，或是在意知的下意識層次運作。

此時此刻不在意識中的許多記憶和思想，必要時會被帶至意識中。也許你現在未意識到去年夏天的假期，但如果你想取出這些記憶，仍是唾手可得；接著它們便成為你意識中鮮明的一部分。可進入意識的記憶稱為**前意識記憶**（preconscious memory）。它們包括個人事件的特殊記憶，以及一生所累積的訊息，如個人有關語文、音樂和地理方位等等的知識。

我們可將前意識記憶和下意識知覺到的事件視為處於意識的邊緣。它們不是焦點所在，然而卻會影響意識。

潛意識

根據佛洛伊德及其門生的心理分析理論，有些記憶、衝動和慾望是被摒除在意識之外而無法進入的。心理分析理論將此歸為**潛意識**（unconsciousness）。佛氏相信會帶來情緒痛苦的記憶和願望有時會遭到**潛抑**（repression），也就是轉入潛意識繼續影響我們的行為。縱使我們並未意知到它的存在，並假定潛抑在潛意識中的思想和衝動，只能以間接或偽裝的方式——例如夢、不理性的行為、奇癖和失言，才會進入意識。事實上，「佛氏失誤」一般便是用以指稱洩露了隱藏衝動的無意發言，像該說「眞高興你康復了」時，說成「眞遺憾你康復了」。

佛洛伊德相信潛意識慾望和衝動是大多數心理疾病的原因。他發展出心理分析的方法，目標是將被潛抑的事物提升至意識中，並在此過程中對個案作治療。

現代心理學對潛意識的概念仍有爭議。較近的一個方式是以**意知的層次**(level of awareness)來取代意識和潛意識之間的截然劃分。我們對周遭的刺激其實比我們自知或所報告出的程度爲敏感，因此未意知到某些影響我們的事物，並不表示這些事物被潛抑至潛意識中，而是因爲它們進入低於我們所能報告出的意識層次(Bowers, 1984; Kihlstrom, 1984)。

以上介紹了四個概念——意識、下意識過程、前意識記憶和潛意識——並分別予以界定，但並非所有心理學家都同意這種定義，然而這些概念在心理學中屢被提出，因此縱使不同的理論對它們的定義有所出入，我們仍得熟悉這些觀念。

意識分割

意識的重要功能之一爲控制個人的行動。但有某些行動由於經常練習，因此成爲一種習慣或自動的行爲。初學駕駛時需要全神貫注，我們得專心作好各種不同動作的協調(發動、放鬆離合器、踏油門等等)，幾乎不能想及其他事情。然而一旦這些成爲自動的反應，我們便能一邊談話或欣賞風景而未意識到駕車一事，除非出現某種具潛在危險的事件，立即使我們集中於開車上。

行動變得愈自動，便愈不需要意識的控制。另一個例子是一個技藝嫻熟的鋼琴彈奏者可一面和旁人交談，一面彈著熟悉的曲子。該琴手正對兩種行動——彈琴與談話——作控制，但他並未想到彈奏的音樂，除非他彈錯了某個音，引起他的注意，並暫時打斷了交談。無疑地，你可想出其他幾乎不需意識控制的嫻熟、自動行爲。解釋此種狀況的方式之一，是認爲控制仍然存在(只要我們願意，就可注意這些自動的行動)，但已和意識分離。

法國的精神醫師皮耶•簡納特(Pierre Janet, 1889)首先提出**解離**(dissociation)的概念。他假設在某些情況下，有些想法和行動會逐漸與意識的其他部分解離，並在意知或隨意控制之外作用。解離和佛洛伊德的潛抑概念不同，因爲解離的記憶和想法可進入意識中，而受潛抑的記憶卻很難帶入意識，我們必須由徵兆或症狀來推論它們的存在。由此看來，解離記憶更接近前意識或下意識中的記憶。

當面對某種壓力情況時，我們可能暫時採用「不去管它」來維持平日有效的運作；在煩悶時，我們也許會作作白日夢。這些都是解離現象的一般例子；它們包含了意識中的某部分與其他部分解離。較極端的例子則如多重人格的情形。

健忘狀態和多重人格

意識的分離使我們得以同時作一件以上的事情，如看書時輕哼著歌曲等。假若我們認爲必要的話，可以將我們的注意力，由一個工作移轉到另一個工作上，所以這種現象並不顯得十分特殊。意識或行爲控制系統在解離時，假若其中一個控制系統脫離意識狀態之外時，則會顯得十分突出。

意識解離中，相當少見的例子是**健忘狀態**(fugue state)。患者在從事各種活動一段時間後，卻否認自己曾經做過那些事，事實上他已完全忘記。有一個著名的例子，是許多年前威廉・詹姆士(1890)所記載的有關一個巡迴傳教士的故事。該傳教士名叫勃恩(Reverend Ansel Bourne)，自某年一月他從羅德島銀行提款之後就忘掉一切，直到三月，突然清醒過來，發現自己處在一處陌生的環境中——賓州。在失去記憶的期間，他以布朗(A. J. Brown)的名字租下了一間小商店，專門出售文具、糖果及其他小東西，並且毫無異樣地做著他的生意。但是清醒過來以後，他很驚怕自己爲何會有經營糖果店的念頭，就此拒絕再踏進店門一步。

健忘狀態可能如勃恩一樣，會持續一段時間，但也可能很短。較短的狀態多少和夢遊有點類似——下床到處走動，甚至和別人交談，再回到床上，清晨醒來卻對所發生的事一無所知。

所謂**多重人格**(multiple or alternating personality)，是指一個人具有一個以上的人格組織。多重人格類似健忘狀態，但更極端。在某種狀況下的人格可能是快樂的，另一種狀況下，則可能是焦慮和陰沉的。這些人格來回移動，但每一個都具有獨特性。同時，他也可能有些**失憶症**(amnesia)，所以性格 A 並不知道性格 B——雖然有時候性格 B 可能知道性格 A。

在早先幾個世紀對這種變化的解釋，都認爲是身體爲外在

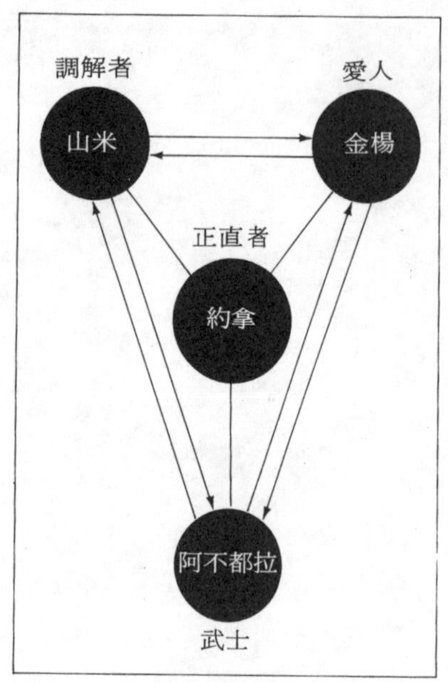

圖 4-2 四種人格組成及其彼此間的知曉程度

周圍的三種人格彼此稍有認識，但對不認識他們的約拿卻都很熟悉。另一短暫形成的人格，迪諾巴(De-Nova)則未在圖中表示出來（取材自 Ludwig 等人，1972）。

神靈或惡魔所「附身」的緣故，後來則自然地將這些看成是某種人格的分離。清楚的例子很少，幾十年來一直沒有這方面的記錄，直到最近才有若干記載。其中最著名的例子之一，是一個具有三種性格的女性，並依其性格而有不同的名字——白夏娃(Eve White)、黑夏娃(Eve Black)和珍(Jane)(Thigpen & Cleckley, 1954)，這段故事後來甚至還搬上銀幕。而最近的西碧兒(Sybil)的例子更是驚人，具有十六種人格之多(Schreiber, 1973)。

有一個從心理觀點加以仔細研究的病例。患者名叫約拿(Jonah)，二十七歲。在醫院裡，他抱怨自己常因嚴重的頭痛而喪失記憶(Ludwig 等人, 1972)。醫院護士在數天中注意其人格嚴重的變化，精神科醫生則以催眠術測知三種不同的附屬人格，並藉此將三種人格加以融合，病人終於出院了，然而，效果很差。在病人再度回到醫院時，院方在準備將各種人格融合之前，作了一次更徹底的研究。雖然第十三章我們會再討論到人格組織，但此時我們先藉一個極端的例子來說明意識的複雜性。

人格構造的相關表請參閱**圖 4-2**。茲將其中四種人格的特性簡列如下：

(1)約拿。他害羞、謙虛、彬彬有禮、被動且十分隨和，以「正直者」(the square)的姿態出現。由於在接受面談時有時會害怕和拒絕，所以他對其他人格毫無所知。

(2)山米(Sammy)。他有最完整的記憶，可獨處或和約拿共處。當約拿在困擾中時，山米就會以「調解者」(the mediator)的姿態出現。山米的記憶始於六歲，其時正值約拿的母親將其繼父刺傷之時，所以山米勸導父母們，以後千萬不要在孩子面前吵架。

(3)金楊(King Young)。約拿的母親在約拿六、七歲時，常在家裡替約拿穿上女孩衣服的期間，金楊開始出現。這時約拿在學校裡對男、女孩的名字覺得很困惑。此後金楊一直照顧著約拿的性興趣，因此他以「愛人」(the lover)的姿態出現。他對其他人格的知曉相當混淆，但在約拿和女人尋求性滿足需要幫助時他就會出現。

(4)阿不都拉(Usoffa Abdulla)。阿不都拉是一個冷酷、好戰和易怒的人。他可以忘掉痛苦，他發誓要照料、保護約拿，因此，他以「武士」的姿態出現。他出現於約拿九或十歲、當一

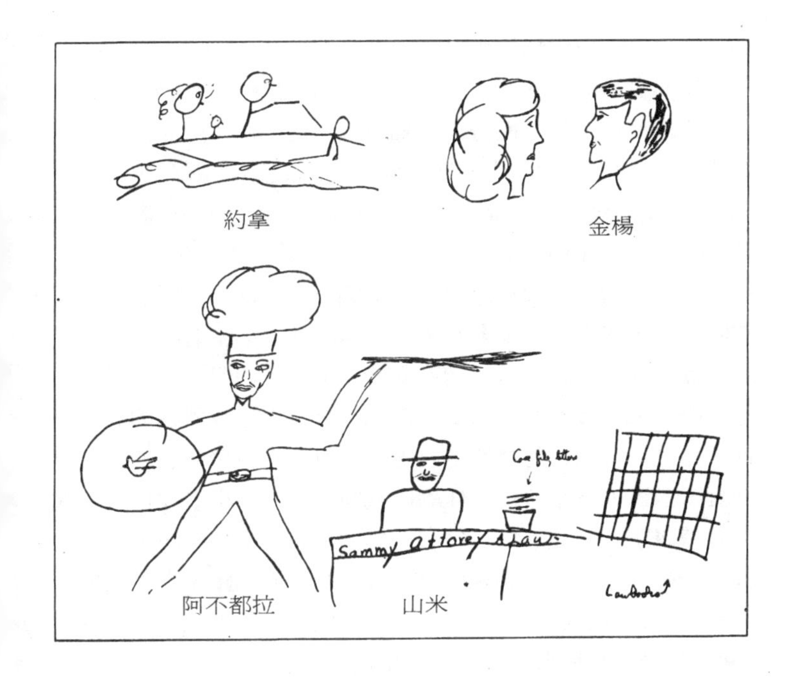

圖 4-3　四種人格自畫像

約拿的四種人格自畫像：約拿是正直者（左上），金楊是愛人（右上），阿不都拉是武士（左下），山米是調解者（右下）（取材自 Ludwig 等人,1972）。

群白人小孩毆打約拿時。約拿是黑人——無助的黑人，但是當阿不都拉出現時，他對敵人的戰鬥就變得既邪惡又猛烈。他對其他人格亦不清楚。

從他們對自己的自畫像中，可以發現這些角色所具有的性格(參閱**圖 4-3**)。心理上的研究顯示，在與情緒有關的各種測量上，這四種人格是非常不同的，但在和情緒、人際衝突無關的智力或字彙測驗上，它們卻是相同的。

將四種人格合而爲一的治療結果，並無記錄——雖然約拿的病情似乎較其他人格爲重，但據研究者推測，對約拿而言，或許有四個頭要比只有一個來得好。

雖然此類病例多屬心理困擾的研究，但偶爾亦有某些了不起的創作是在意識解離的狀態下完成的，最有名的是柯爾雷基(Coleridge)在口服鴉片的影響下，作成的〈忽必烈汗〉(*Kubla Khan*)的詩篇。

在多重人格的案例中，意識的截然分裂，使得有如幾種不同的人格停駐在同一個軀體內，觀察者留意到：由某種人格轉換至另一種人格時，經常伴隨著軀體姿勢或聲調的微妙變化。新的人格在談話、走路和姿態上都不同，有些甚至在血壓和大腦活動等生理過程上都有改變。腦波的研究便發現了一個多重人格的患者具有三種不同人格的特殊型態，而扮演多重人格的演員則未顯現出這種差異(Putnam, 1984)。

雖然具多重人格的人相當少見，卻已足夠用來研究發掘某些共同的特性，使我們得以探知多重人格如何產生。最早的分離似乎發生於童年期對某種悲劇事件的反應(通常在四至六歲間)；兒童以創造另一種人格來忍受難關的衝擊，作爲調適痛苦經驗的方式(Frischholz, 1985)。在約拿的案例中，山米——「調解者」——每每出現於約拿必須處理他母親對繼父的攻擊時。由於研究發現大多數多重人格的個案，都有在幼年時遭受身體或性虐待的經驗，因而支持了上述的假設。

多重人格發展的第二個因素似乎來自對自我催眠的高感受性，也就是個人可隨意使自己處於類似催眠的恍惚狀態。資料證實：多重人格患者是絕佳的催眠對象；有些患者在接受初次催眠時表示，這種恍惚經驗和他們回溯自己童年時所曾有過的經驗一樣。某患者的人格之一說道：「她透過切斷來自腦袋的所有事物，心理放鬆、全神貫注並期待以創造出種種人格。」(Bliss, 1980)此描述聽起來和自我催眠相當類似。

個人一旦發覺經由自我催眠，產生另一人格，可解除他情緒的痛苦，未來再面臨情緒問題時，會傾向於創造出其他的人格。因此當約拿被一群九、十歲的白人男孩毆打時，他創造出第三個人格——阿不都拉——以處理問題。有些多重人格患者逐漸習慣以改變人格的方式來解決問題，以至於成年後仍繼續此一過程，對新的問題創出一種新人格；因此最後他們可能擁有十數種不同的人格(Spanos, Weekes, & Bertrand, 1985)。

睡眠與夢

和意識清醒相對的最通常狀態是睡眠，因爲這是知覺和活動最能鬆弛的狀態。在生物學上，它有部分是屬於一種恢復狀態。然而，和意識清醒狀態一樣，睡眠狀態並**不單純**，它的發生並不只是爲了滿足清醒活動時，身體的需要而來，不管身體狀態如何，一個人也可以睡覺，也可以保持清醒。睡眠並非無意識狀態的集合，因爲清醒時仍可憶起所做的夢；它不是完全靜止的，因爲有些人睡眠時會起來散步；它並非不敏感的，因爲母親可在嬰兒一哭時就醒來；它也不是毫無計畫的，因爲有的人可在自己希望的時間醒來。睡眠是意識狀態中最明顯的變化，我們每天至少要經歷兩次狀態的轉移(睡眠和清醒)。

睡　眠

睡眠許多方面的問題均有學者加以研究，諸如清醒與睡眠的節律、不同階段的睡眠深度，及影響睡眠的個人與環境因素等。

睡眠時序(sleep schedule)　新生兒的睡醒經常變換，漸漸會形成白天小睡兩次，夜裡睡得較長的睡眠節律(參閱**圖 4-4**)。在出生後六個月中，嬰兒的總睡眠時間會由每天十六個鐘頭減少爲十三個鐘頭。多數成年人每晚平均睡七個半鐘頭，但個別差異極大。至於睡眠型態也是因人而異。我們都知道「雲雀」是指早睡早起的人，而「貓頭鷹」是指晚睡晚起的人(Webb, 1975)。

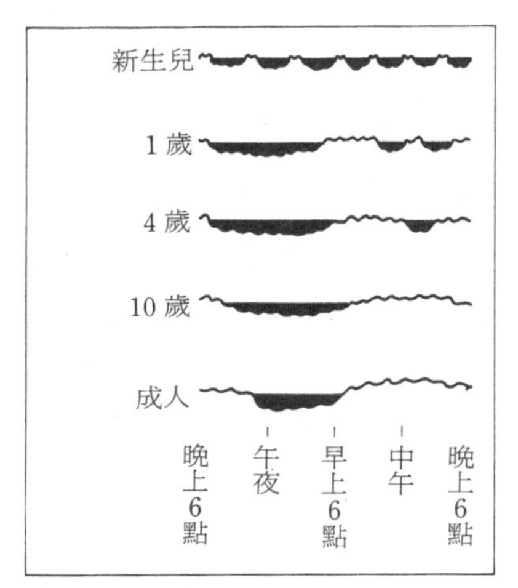

圖 4-4　睡眠形式的發展
黑影部分爲睡眠期。注意，新生兒短暫多變化的睡眠，逐漸合在一起，最後成爲單純的成人夜晚週期（取材自 Kleitman, 1963）。

生物時鐘(biological clock)　睡眠、清醒和其他過程的節律，引發了許多問題，想瞭解控制節律的機構有多少程度是內在的，抑外在的？外在控制是由光線和溫度(包括季節性的變化)而來，這些都容易證實，但也有內在控制存在，在高等的哺乳類中則由下視丘來調節。

人類和其他哺乳動物一樣，都具有同樣的生物時鐘，能夠控制每日的節律，稱爲**週期性的節律**(circadian rhythm)。在受試者相當自由的情況下做實驗，顯示一種二十四小時的自然節律，但假若沒有外在控制的話，節律將會形成二十五小時的週期。外在事件(如鬧鐘、上班時間、用餐時間等)會使節律週期傾向二十四小時(Aschoff, 1965)。假若對時間的解釋，是依據每天撥快或撥慢一小時的鐘錶(同時，外在光線並不給予任何時間線索的條件下)，那麼最後身體的過程會遵循新的節律，雖然有的過程，適應的時間較短，有的長至一星期以上，例如，體溫節律的適應較快，而排尿則較慢(Lobban, 1965)。

一個盲人可能有著不同於二十四小時週期的某種自然節律，而此節律或許相當不易改變。在一個精密的研究中發現：有名先天目盲的年輕人，其週期性的節律爲二四點九小時。因此每隔兩週他就會遇上一次日夜顚倒，他維持常規並達到工作生活要求的唯一方式，是分別服下大量興奮劑和鎭靜劑，以抵銷本身週期與外界顚倒時的節律性變化。在睡眠實驗室中，以監視、控制睡眠的方式來改正該年輕人睡眠週期的嘗試，結果並未成功(Miles, Raynal, & Wilson, 1977)。

許多人覺得往東方旅行比往西方旅行更糟，就以由紐約飛往加州來說，你的白天只是長出三個小時，往西的旅客也傾向於及時到達目的地，和當地居民同一時間入睡。而往東旅行，太陽較早升起，因此你的身體得比平常習慣早上幾個小時，準備迎接一天的開始(Kowet, 1983)。

由於這種週期性節律的作用，因此，有些旅行者很難適應因乘坐噴射機而造成幾小時的「噴射機延誤」(jet lag)的新時間表，於是需要數天的時間去適應。除了睡眠的問題之外，這種新時間表的適應也包括許多類型的心理作用；例如，由八個學生(年齡由二十一歲到二十六歲)自美國的家中飛往德國，並在那裡停留十八天的實驗當中發現，飛離美國後有十四、五天體溫無法以正常的節律作用，而飛返美國後則有十一、二天的體溫無法正常作用。較困難的心理運動工作，在飛離美國之後，需要十二天，飛返美國之後，需要十天來恢復正常的機能。即使是簡單的工作，也需要至少六天的時間才能恢復正常。飛返美國後恢復正常所需的時間較少的，是那些原來家住歐洲的學生，這並非由於東西方向所造成的結果(Klein, Wegmann, & Hunt, 1972)。至於到達歐洲後的節律變化，請參閱**圖 4-5**：受試者在二十四小時內每三小時測驗一次，測驗內容是要受試者從一容器中選出不同大小的鋼珠，放到一個轉動圓筒中正確尺寸的圓洞中。正常狀況下，這方面的能力有著明顯的變化，大抵以早上和下午的效果最佳。但在飛抵歐洲之後(約有六個小時的時差)，這種白天時間效果較佳的狀況，受到了干擾，表現普遍變更，而且變爲半夜效果最大。

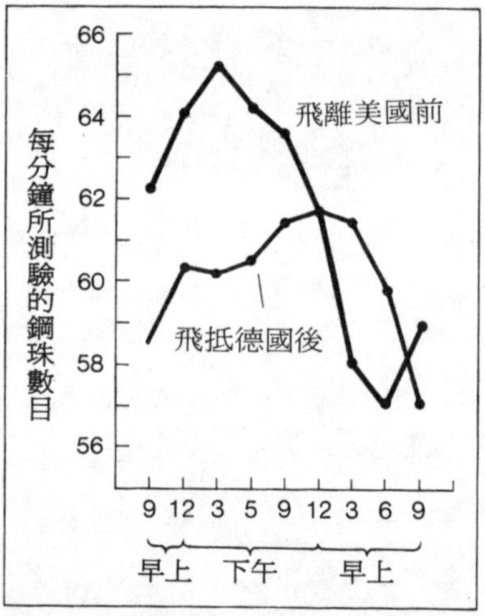

圖 4-5　旅行至一個新的時區時心理運動表現的週節韻律的變化

八個學生由美國飛往德國的平均結果，時差爲六小時。黑線表示飛離美國前三天作的測驗結果，灰線則表示飛抵德國後的測驗結果（取材自 Klein, Wegmann, & Hunt, 1972）。

由於實驗的需要產生了一些和睡眠衝突的狀況，所以這項實驗並非睡眠組型的研究。關於睡眠，在一種沒有旅行的狀況下已研究過青年人睡眠方式的改變——從早上八點鐘睡到下午四點鐘，而在晚上十一點鐘到早上七點鐘從事實驗。因爲在改變期間和正常期間睡眠的差異並不顯著，所以研究者認爲對工作所產生的不良效果，是來自正常節律受到干擾，而非來自失眠(Webb, Agnew, & Williams, 1971)。

睡眠階段(sleep stage)　**腦波**(electroencephalogram, 簡稱EEG)提供腦中自發性活動的證據。由一個人睡眠中的EEG顯示出五個睡眠的階段，第一個到第四個表示**睡眠深度**

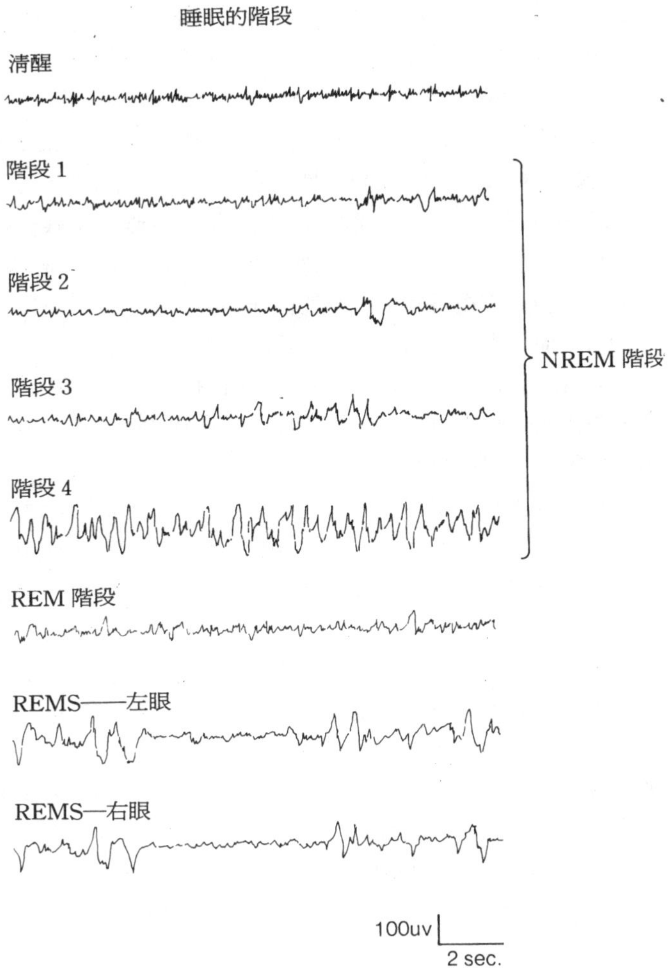

睡眠的階段

清醒

階段 1

階段 2

階段 3

階段 4

NREM 階段

REM 階段

REMS——左眼

REMS—右眼

100uv

2 sec.

圖 4-6　睡眠的階段

EEG 從清醒到睡眠階段的變化顯示於圖的上端，緊跟著的是 REM 階段（其中的 EEG 就是階段 1），但其他階段所沒有的 REMs 則在兩眼中都明顯的表示出來（採自 Webb and Agnew, 1968)。

(depth of sleep)，另一個是通常會作夢的**快速眼球運動**(rapid eye movement, 簡稱 REM)階段。REM 睡眠的 EEG 背景爲階段 1，但該狀態和非 REM(non-REM, 簡稱 NREM)階段 1 迥然不同。這五種特殊組型請參閱**圖 4-6**。其中，眼睛運動記錄(record of eye movements, 簡稱 REMs)來自置於眼睛旁的電極。

當一個人閉上眼睛鬆弛精神時，其腦波出現一種慢速而有規律、每秒八至十三個赫茲的波動，即 α **波**(alpha wave)。當進入第一個睡眠階段時，腦波逐漸變得不規律，振幅亦漸減小，偶爾會有 α 波；在第二階段時，有幾處很迅速的迸跳，後面跟著幾個細長線形，階段第三及第四中有些特別不同的短波稱爲 δ 波(delta wave)。雖然可以高亢聲或一個其所熟悉的名字來喚醒熟睡者，但一個人一旦熟睡後就很難把他叫醒。

一個人入睡一個小時左右，就會有一些其他的變化發生，雖然腦波的記錄回到了第一個階段，但受試者並未醒來；相反的，記錄上會顯示出眼球的運動，如同**圖 4-6** 底端所示。這就是所謂的快速眼球運動階段，其他的則稱爲**非快速眼球運動**(NREM)階段。將一個人從快速眼球運動階段叫醒，通常就說是做了一個夢。在這個階段即使他睡得淺，並且正著做著夢，若想叫醒他，也與第四階段一樣是同樣的困難。

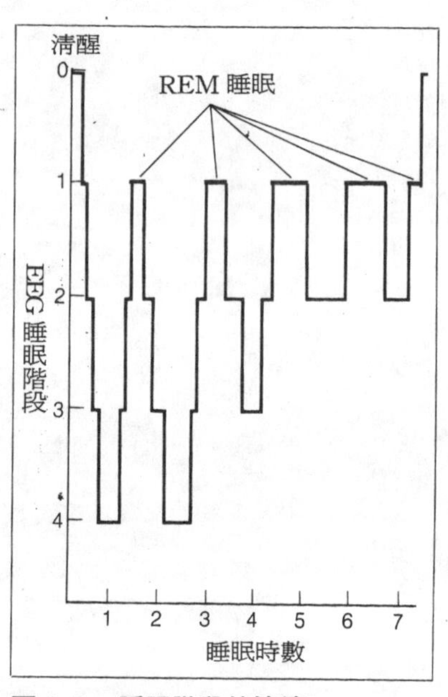

圖 4-7　睡眠階段的連續

上圖爲典型的一夜中睡眠階段的順序和長短。受試者由 0 階段（清醒）開始，接著在第一個鐘頭內連續歷經第一至第四階段，再返回第三、第二階段，到達 REM 睡眠，以 EEG 型態而言，REM 睡眠類似第一階段，但伴隨著快速眼球活動，圖中每條橫線的寬度都代表每一睡眠階段的持續時間，此時間因人而異。然而一般的型態便是在 REM 出現前的第一個鐘頭內，歷經第一至第四階段。在 REM 較長的下半夜，較深的第三及第四睡眠階段常會消失(取材自 Cartwright, 1978)。

REM 與 NREM 睡眠　在 NREM 睡眠中，沒有眼球運動，心跳和呼吸也會減緩，但肌肉仍具相當的緊張度。反之，REM 睡眠則有快速眼球運動，大約爲每分鐘四十至六十次，呼吸和心跳較快且不規則，肌肉則相當放鬆，尤其是頭部和頸部周圍。生理的證據指出當人處於 REM 睡眠時，腦部與感覺和動作管道保持相當程度的隔離；來自身體其他部分的刺激被阻止進入大腦，而且沒有動作輸出。雖然如此，在 REM 睡眠中，大腦仍處於相當活躍的狀態，隨時會爲源自腦幹的巨大神經原釋出物質所觸動；這些神經原延伸至大腦中控制眼球運動和動作的部位。因此在 REM 睡眠中，大腦會註記與行走、視物有關的神經原被引發的事實，縱使身體本身並未出現上述活動(Hobson & McCarley, 1977)。

由 REM 睡眠中被喚醒的人，幾乎都宣稱有作夢的情形，但由 NREM 睡眠中被喚醒的人，報告有作夢的大約只佔百分之三十。前者所報告的夢多爲影像鮮明，具有怪異、不合邏輯的特性——正是人們一般將之與「夢」一字相聯結的一種經驗。反之，NREM 的夢則較像平常的思考，不像 REM 的夢那般具有視覺或情緒的特性，且與清醒時所發生的事件較有關。因此，REM 和 NREM 階段的心理活動有所差異，正如夢的類型不同(怪異、不合理以及近似思考)，和宣稱作夢的頻率也不同(幾爲百分之百以及偶爾)。

讀者應該明白：只有在作夢當兒被喚醒，我們才會意識到該夢。如果我們留意並嘗試去記住該夢境，以後也許會回想出其中的片段。否則，夢會迅速地消褪；我們可能知道自己曾作過某個夢，但卻無法記得其內容。

如果你有意記住所作的夢，可在枕頭邊放本筆記本和筆；

告訴自己：一作夢就醒過來。當你醒來時，便立即寫下剛才所作的夢，當這種夢境回憶增進時，可查看其型態，劃出其中不尋常之處，並提醒自己：下次出現類似情境時，你將知道這便是你在作夢的一種徵兆。當然，這樣作的問題是你會喪失一些睡眠。

理論家曾假設睡眠可實現兩種不同的功能：其一爲身體的恢復，再則爲心理的恢復。身體的恢復主要是在緩波、深睡的階段，至於心理的恢復則在 REM 睡眠中。有些證據支持上述觀點，例如激烈的身體運動會增加緩波睡眠的時間（尤其是第四階段的睡眠），但不影響 REM 睡眠的時間。反之，REM 睡眠較多的情形曾被發現出現於醫院中有嚴重心理問題的患者。此外，婦女在月經前 REM 階段較長，而月經前常是較不安、抑鬱和焦慮的時刻（Hartmann, 1984）。

睡眠異常

大多數人對自己入睡或保持淸醒的能力具有良好的控制力，而有些人的控制能力顯然更強。有項以大學生爲對象的研究發現：百分之二十的樣本可隨己意打盹；四成的人在最近缺乏睡眠的情況下也可打盹；而另外百分之四十的人則根本不曾打盹（Orr, 1982）。

失眠（insomnia）　無法在夜間入睡的失眠症，深深困擾著一些人。在一項對成人所作的大規模調查中發現：有百分之六的男性和百分之十四的女性，抱怨自己經常很難入睡或一覺到天明（Kripke & Gillin, 1985）。

失眠症的一個有趣現象，是人們似乎會高估自己的睡眠不足。有項研究監視自稱有失眠症者的睡眠，發現其中只有半數人夜裡醒著的時間眞的達到三十分鐘（Carson, Mitler, & Dement, 1974）。問題可能出在淺睡或未能放鬆的睡眠有時會令人覺得好似醒著未睡，或是有些人只記得淸醒的時光，就此認爲自己沒睡著，因爲他們不記得自己睡著的事。**表 4-1** 提供你一些如何讓自己有個安歇的建議。

嗜眠症與窒息症（narcolepsy and apnea）　這是兩種相當罕見但卻很嚴重的睡眠異常，特徵爲對睡眠的開啓缺乏控制。一個有嗜眠症的人可能在寫信、開車或談話間隨時入睡。假如一個學生在老師講課時睡著，是相當正常的現象；但如果

表 4-1　如何睡個好覺

研究人員和臨床人員對於如何避免睡眠問題，看法相當一致。這些建議如下表所列；有些建議來自實際的研究，有些是這方面專家的判斷。

規律的睡眠時序

建立何時上床、起床的規律作息，每天早上將鬧鐘設定時間，並準時起床，無論自己前一晚睡得多少，小睡習慣要一致，每天下午小睡片刻或根本不睡；當你只是偶爾來次小睡時，很可能當晚就會睡不著，週末起得晚也會干擾你的睡眠週期。

酒精與咖啡因

喝許多酒或許有助於進入夢鄉，但卻會干擾你的睡眠週期，並使你次晨很早醒來。此外睡前幾個鐘頭內應避免咖啡或可樂之類含咖啡因的飲料。如果你一定得喝點什麼，不妨喝牛奶，有證據支持「睡前喝牛奶可幫助入睡」的傳統說法。

睡前進食

不要在臨睡前進食，因為如此一來，你的消化系統將得繼續工作好幾個小時，如果你一定要吃，不妨選擇輕淡的點心。

運　動

規律的運動可幫助你睡得好，但臨睡前不要做劇烈的運動。

安眠藥

安眠藥要小心使用，所有安眠藥都會干擾睡眠，且長期使用會導致失眠。縱使在考試前夕，也避免使用安眠藥。一夜睡得不好不太可能影響次日的表現，但安眠藥所導致的宿睡不醒卻會誤事。

放　鬆

避免作有壓力的思考，並從事幫助自己放鬆的和緩活動。試著每晚臨睡前都依循相同的例常行事；也許是洗個熱水澡、聽個幾分鐘的輕音樂。找到使你感覺舒服的室溫，並整夜維持該溫度。

當一切都無效時

如果你躺在床上無法入睡，不要起來，躺著並試圖放鬆自己。如果無法奏效，你反而變得緊張時，不妨起來一下，做些可減低焦慮的休憩事；做讓自己疲憊的運動並非好辦法。

是老師在講課時睡著，可能便顯示有嗜眠症。有個研究以一百九十名抱怨自己無法在白天保持清醒的患者為對象，發現其中百分之六十九經診斷為具有嗜眠症(Dement, 1976)。在嗜眠發作的突然、短暫睡眠，通常伴隨著肌肉的放鬆；人們可能只是垂下頭或是仆倒。然而有些嗜眠症者能繼續他們未曾意知到的自動行爲，例如連續開好幾公里的車。

窒息症是指在入睡時停止呼吸(由於氣管閉上或主宰呼吸的大腦中樞功能失常)。有窒息症的人夜裡必須不斷地醒來以便呼吸，雖然他們並未意知到自己的作爲。對這些人而言，白天的睡眠多寡隨著夜間睡眠被剝奪的程度而定。睡眠窒息較常見於老年人。會使人較不易醒來的安眠藥，會增長窒息的時間(此時會導致腦部缺氧)，甚至可能有致命的危險。

睡眠窒息與嗜眠症顯示出睡眠過程所包含複雜的隨意與不隨意的控制。

睡眠剝奪(sleep deprivation)　睡眠看來是如此重要，以至於人們常認爲幾夜沒睡將會導致嚴重的後果。但是許多研究顯示，剝奪睡眠後一致的結果是：困倦、想睡和能很快入睡的傾向。連續五十個小時沒睡的受試者所顯現的，也只是「短暫的注意力不集中、混亂或知覺錯誤」(Webb, 1975)。甚至超過四天以上的不睡，也很少導致嚴重困擾的行爲。有個研究讓受試者連續十一天不睡，結果並未發現任何不尋常的偏差反應(Gulevich, Dement, & Johnson, 1966)。幾個晚上的睡眠剝奪，似乎並不影響如回答簡短問題之類的智力活動。

假如睡眠剝奪不會有嚴重後果，那麼夢的剝奪呢？有人以剝奪受試者 REM 睡眠的方式來探討此問題：丹蒙(Dement, 1960)每當受試者進入 REM 階段便喚醒受試者。他發現：連續五夜之後會出現**反彈作用**(rebound effect)，在恢復期夜晚中，REM 睡眠的時數異乎尋常地增加。控制實驗是在受試者的 NREM 睡眠中，喚醒他們相同的次數；結果並未出現 REM 的反彈。丹蒙的發現後來得到其他許多研究結果的肯定。研究人員原來希望剝奪 REM 或可提供有關 REM 睡眠功能的線索，但答案仍未出現。有些研究指出剝奪 REM 對記憶有輕微的影響，但記憶干擾同樣見於剝奪 NREM 睡眠之後(McGaugh, Jensen, & Martinez, 1979)。

夢和作夢

夢在長度、內容、所涉及的情緒或生動性並非都一樣。爲了確定人們的夢境和夢境所賦予的感受，有很多夢被記錄保存下來。收集自大學生的夢大都與日常經驗有關，很少像愛麗絲夢遊仙境那樣富有戲劇性。從一千個夢(收集自男女大學生各五百名)中發現，夢中通常只有兩、三個人和一、二件東西，且大都是我們所熟悉的，依序為：房子、汽車、城市、房間、家庭、門和樓梯(Hall & Van de Castle, 1966)。當然，有些也會夢到充滿情緒的、友善的或帶有性與攻擊意味的夢。

根據本身的經驗，德國醫師凡•艾登(van Eeden, 1913)將一種不平常的夢稱為**神志清醒的夢**(lucid dream)。作夢時他覺得自己仍然擁有正常的功能，知道自己正在作夢，就是無法加以控制。他對夢的「實驗」之一記錄如下：

> 「我用口水沾濕我的手指，抓著一具置於手掌中的濕的十字架，並且意圖在醒來時看看它是否仍在那兒。然後我夢見我醒了，並將手掌放到腮邊，感覺到我左手上是濕的十字架。經過了很長一段時間，我眞的醒了，立刻發現我的手，以一種封閉的姿勢放在胸脯上，一直未曾移動。」

顯然，這種狀態並不像艾登所說的那麼清楚。有些人也記錄下類似的經驗。本書作者之一西爾格德發誓下回再有太清晰而不像是作夢的經驗時，他要以之作個實驗。不久，他的機會來了。在一次夢中，他正在看一塊公告牌，發現廣告樣本太清楚了，根本不像是在作夢，但同時，他又覺得他是在作夢。為了試驗自己是否在夢中，他舉起腿看看能否飛翔，而他確實可以凌空而去而忘掉了實驗，直到醒來以後才憶起所發生的一切。

對於夢與作夢的調查，自從得到新發展出來的心理生理學方法的幫助之後，已解決了某些古老的問題，但同時又引起了許多新問題。現將部分問題及其發現節錄於下：

眼球的運動是否反映出夢的內容？ 眼球的運動有時和夢中的事件配合得恰到好處(參閱**圖 4-8**)，但這種例子並不常見。所以，不能假設眼球的運動是夢中幻覺的反映。嬰兒的夢有無快速眼球運動狀態，誰也不敢加以肯定，因為就我們所說的夢而言，即使是一種新奇與怪誕的夢，也得看我們所記憶的知覺而定。

每個人都會作夢嗎？ 雖然很多人清晨醒來對夢都不去回憶，但若是我們相信快速眼球運動睡眠的證據，則回憶者與不回憶者所作的夢一樣多(Goodenough et al., 1959)。

有幾個假設提出來說明早上醒來時對夢的回憶的不同。一

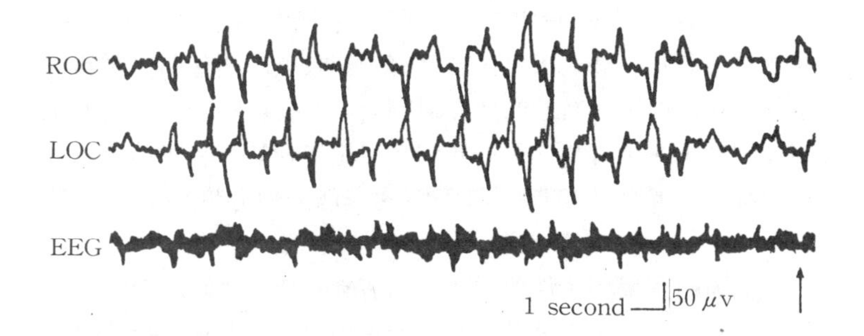

圖 4-8　快速眼球運動與夢的心像之間的關係

眼球運動的記錄（右眼爲 ROC，左眼爲 LOC）顯示出 26 個眼球運動的規律次序。在這種次序後讓受試者醒過來（如圖中右下角箭頭所示），他供稱，醒來以前他夢見自己在看兩個朋友打乒乓球。他站立一旁，在冗長的過程當中眼睛不停地隨著球來回移動（採自 Dement, 1967）。

種假設是：不回憶者在夢的回憶上有著內在的困難；在實驗室中他們所能記得的夢很少，即使記得也比能記憶夢境的人所記錄下的爲短(Lewis et al., 1966)。另一個假設是有些人在快速眼球運動睡眠中比別人容易醒來些，而那些容易醒來的人報告的夢也多些；換句話說，「爲何我能記憶夢境？」的答案是「因爲你剛好在作夢時醒來」(Webb & Kersey, 1967)。

最爲人們接受的假設是：清醒時刻的狀態，影響對夢的記憶。因此，除非作夢後立即有段未受分神、干擾的清醒時刻，否則夢的記憶將無法被鞏固(Koulack & Goodenough, 1976)。

總之，無論這些假設將來的結果如何(獲得證實抑被推翻)，現在證據支持每個人都作夢的說法。

睡眠中的人不必清醒就能反應環境的變化嗎？　威廉斯、莫拉克和莫拉克(Williams, Morlock, & Morlock, 1966)指出，受試者在睡眠中能夠辨別聽覺信號，但在第一階段(睡眠開始)和第二階段比快速眼球運動狀態要辨別得好些。這種結果與睡眠學習可能有關，因爲，在學習者睡著時讀給他聽的材料(多數是用一部錄音機)，若學會了必須要反應。學者們提出了許多關於睡眠中學習的說法，但這種說法缺乏實驗上的證據(Emmons & Simon, 1956; Hoskovec & Cooper, 1967)。在快速眼球運動睡眠中發生的信號，可能併入夢境中而不會弄醒夢中人。柏格(Berger, 1963)認爲，在快速眼球運動睡眠時呈現口說的姓名，會納入夢的故事中。受試者學好在催眠後對語文信號反應(例如抓抓鼻子、翻動枕頭)，即使信號是在快速眼球運動睡眠時給予的也會照著做(Cobb et al., 1965)。總之，睡眠絕不是一種完全靜止的狀態。

夢可以持續多久呢？　有時夢似乎是瞬間發生的。因爲一

個人可能會被鬧鐘的鈴聲吵醒，卻彷彿記得他剛在作著一個複雜的夢，夢見一場大火災，於是有一輛救火車搖著那特有的叮噹鈴聲疾駛而來。有些的夢在瞬間發生是有可能的，不過，在這種情形下，更可能的是外界刺激引起了對某一個夢的記憶，或是在說出夢的內容時，將夢中的一個簡單心像精心加以舖陳。

實驗研究發現，作夢的時間和清醒的時間並無太大差異。丹蒙(Dement, 1972)指出，夢的內容和與作夢者醒來時的眼球快速運動時期的長度之間的關係，大致如下：

(1)用來描述夢境的詞數與醒來前的眼球快速運動時期的長短，有直接的比率關係，也就是說，眼球快速運動時期愈長，描繪夢境所用的辭句就愈多。

(2)在眼球快速運動睡眠開始五分鐘或十分鐘後，詢問受試者夢境所持續的時間是否有五或十分鐘時，在一百一十一次的詢問中，九十二次的回答是正確的。

(3)爲了產生明確的夢境開始時間，將一蓬細微冷水噴到作夢的受試者身上，有十次受試者並不醒來，而將冷水併入其夢境中。受試者所報告的夢中活動量，即在噴水事件與所激起的活動之間，大致與該活動量在普通實際生活中所需的時間相同。

何時會有說夢話和夢遊的情形發生呢？ 實驗室中的受試者都是自願的，因爲別人說他們常常在夜晚說夢話。從十三個受試者當中總共記錄下兩百零六次說夢話的現象(平均每個受試者每晚說夢話三點九次)顯示出，百分之七十五到八十是發生在非快速眼球運動睡眠狀態中(階段 2、3、4，參閱**圖 4-6**)，百分之二十到二十五則發生於快速眼球運動睡眠狀態中(Arkin et al., 1970)。夢遊也是在非快速眼球運動睡眠期中出現，通常受試者都會忘掉自己夢遊時的所作所爲，在早晨一覺醒來之後，他們所記憶的夢和夢遊時所做的毫無雷同之處(Jacobson & Kales, 1967)。

雖然在正常狀況下說夢話和夢本身並無關係，但它可以作爲一種研究夢境的方法。在醒著狀態中揷進一段催眠後暗示，可令受試者在作夢時不必醒來就說出自己的夢境(Arkin, Hastey, & Reiser, 1966)。夢過之後又可以安詳而平靜地睡著。清晨醒來所記憶的夢就整個夢而言，可能是殘缺不全的。

人們知道自己正在作夢嗎？ 答案是「有時知道」。人們可

教導而辨識出自己在作夢，而且此種意知不會干擾夢的自發性進行。例如，有些研究曾訓練受試者在注意到自己正在作夢時，用手按下開關。

有些人作內容正常的清醒夢(lucid dream，不具備大多數夢所具有的怪異、不合理的特性)時，會覺得自己是醒著、有意識的。只有當醒來時，他們才明白那是一個夢。據這些人報告：他們在夢中作種種「實驗」以決定自己究竟是醒著還是在作夢。德國醫師凡・艾登(van Eeden, 1913)是首先對淸醒夢中的最初行動提出正確解釋，以證實事情並非如常發生的人。之後，勃朗(Brown, 1936)描述一個標準化的實驗方式：往空中一跳並倒懸，如果成功了，他便知道自己是在作夢。勃朗和艾登都提出夢中偶爾出現的「錯誤的醒著」。例如，在勃朗所作的一個夢當中，他發現自己在作夢，並決定以叫輛計程車來作爲自己控制事件能力的指標；當他探索皮夾找尋零錢來付給司機時，他覺得自己是淸醒的，接著他發現錢幣放在床上，這時，他眞正的醒過來，並發現自己躺在不同的位置，而且當然沒有任何錢幣。

人們能控制夢的內容嗎？　心理學家曾顯示透過某些方式可對夢的內容有所控制：先於睡前對受試者作提示，接著再分析所作夢的內容。在一個關於**內隱夢前暗示**(implicit predream suggestion)的巧妙研究中，研究人員探測入睡前戴紅色護目鏡的作用，雖然研究者並未作任何實際的提示，而且受試者也不瞭解實驗的目的，但許多人都表示他們夢中的景物是一片淡紅色(Roffwarg, Herman, Bowe-Anders, & Tauber, 1978)。在探討**外顯夢前提示**(overt predream suggestion)作用的研究中，要求受試者試著夢及自己所希冀的某種人格特徵。結果大多數受試者至少有一個夢中出現了此種特性(Cartwright, 1974)。

催眠後的夢前提示(posthypnotic predream suggestion)是影響作夢內容的另一方式。有個研究提示給對催眠有高感應的受試者詳細的作夢內容，給予提示後，便讓受試者睡著，直到將他(她)從 REM 睡眠中喚起。部分他們所作的夢反映出提示的主題，但不包括許多特別的細節，然而其他夢却反映出提示的特殊細節(Tart & Dick, 1970)。

夢的理論

長久以來人們就為他們的夢所困惑。因為一個人對自己的夢並不會感到有一種責任感的存在，人們易於把夢想像成具有消息性，甚至可能是一種預言，所以關於夢的解釋已有一段很長的歷史。

佛洛伊德理論 在上個半世紀中，夢的理論中影響最大的是心理分析的鼻祖——佛洛伊德的夢的理論。佛氏在《夢的解析》(*The interpretation of dreams,* 1900)一書中揭示了他的理論，那是他的一本最重要的作品，認為夢與潛意識的衝動有關，其目的是為了某些驅力(在較老的術語中他使用——慾望的實現)的滿足。夢的實際意義(即其**潛藏內涵**，latent content)並不直接表示，而是以一種戲劇性的掩飾的形式來代替，所憶起的夢的內容表現為一種掩飾的形式，是它的**外顯內涵**(manifest content)。根據佛氏的理論，作夢者用可接受的形式表現那由衝動引起的意念，通常是一種視覺的心像。外顯的內容則來自前一天的思慮中(佛氏稱之為白天的殘餘)，而與過去的思想和情緒相結合。

佛洛伊德理論認為，夢的結構工作藉濃縮、移置、象徵的機制而發生。**濃縮**(condensation)是將許多觀念合併為更簡略的形式，所以在夢中一個單純的字或圖都具有多重的意義；**移置**(displacement)是以一種事物代替他種事物，如以身體的某一部分來代替一個不同的其他部分；**象徵**(symbolization)是由其他的事物來表示觀念或事件。這些可能都是私人的象徵，與作夢者個人的經驗有關，或更為普遍的象徵，如性的象徵就常與佛氏的觀念相連結。由於佛洛伊德將這種衝動的中心奠基在性的慾望上，而性與某些禁忌相聯，所以性器官的象徵作用就可預期了：如男性性器官以蛇或其他長或尖銳的東西表示之；女性性器官則以某種容器來表示，如盒子、籃子或器皿。

佛氏認為，夢所擔負的這種適應性角色，乃是睡眠的保護者，它清除未滿足的衝動以保護睡眠。這些衝動若不清除可能會擾亂睡眠。掩飾是必需的，如此困擾的衝動才不致引起作夢者的注意。若作夢的人知道這個掩飾的夢，是他的原始衝動的變相發洩，這種衝動又是難以忍受而使得他醒過來。但夢亦常常在半途中斷，例如，作夢者有時會驚醒過來，這種情形可能是由於夢中事件引起的焦慮所致，佛氏在他後期的著作中，曾提出這類中途驚醒的夢，予以討論(Freud, 1933)。

有不少生理研究的結果和佛氏的理論不相符合。新生兒(包括早產兒)和低等動物所普遍具有的眼球快速運動狀態，和佛氏理論中所談的夢的適應性(保護睡眠)，顯然相距甚遠。

關於作夢的其他理論　其他心理分析家對佛氏理論提出挑戰。艾雷克遜(Erikson, 1954)覺得夢所顯示的意義，比掩飾的慾望的滿足要豐富得多，而它的外顯內容值得認眞探討。弗蘭齊和佛洛姆(French & Fromm,1963)指出，我們不妨將作夢者所作的一連串的夢，解釋成他反覆企圖以解決其問題。霍爾(Hall, 1953)早先提出，在同一夢境中，同樣的想法有時以掩飾形式出現，有時則以其本來面貌出現。這使得他認爲所謂的夢的掩飾並非什麼掩飾，而只不過是一種隱喩的形式——夢中的一種文學技巧。

佛洛伊德早年的門徒容格(Jung, 1944)突破他老師的觀點，建立了他自己的理論系統，這個系統納入了他自己的釋夢的理論。他的理論基礎是**原型**(archetype)的觀念——如上帝、母親、年老的智者——存在每個人所共享的**集體潛意識**裡。夢中這些原型在人格的意識和潛意識間開始反應，通常以四種形式在夢中出現(四種人，代表人格的四部分，或是不同的男、女、善、惡等方式)。整個理論組織有些鬆懈，且帶有宗教與神祕的色彩，雖然它也吸引了一部分信徒，但沒有納入科學心理學的範疇中來。

關於解釋夢的爭論現在比較容易解決，有一些新的研究方法，可以在控制情況下採集夢的樣本，和使作夢者詳細說出夢的內容。夢能夠成爲現代科學探討的題材，應該歸功於佛洛伊德；其他科學家仍須在比他那個時候所能享有的更爲健全的知識基礎上，建立新的理論。

重要討論：
作夢睡眠的理論

近年來有許多關於睡眠和夢的研究，也提出不少新理論。此處將簡介作夢睡眠的兩個理論，其一乃由伊凡斯(Evans, 1984)所提，採取認知觀點來探討此現象，另一則是由克瑞克和米契生(Crick & Mitchison, 1983)所提，採取神經生理觀點。

伊凡斯的理論視睡眠爲大腦脫離外在世界的一段時刻，並使用此段「軌道外」的時間來整理、重組白天所接收的大量訊息。根據該理論，大腦有如一個存有大量資料和控制程式分類的電腦。其中部分程式爲與生俱來，也是和所稱的「本能」有關；另外則是由學習、適應而來，並不斷受到經驗的修正。睡眠(尤其是 REM 睡眠)是大腦和感覺、動作的神經通路脫離、分立的時刻，此時，各個資料倉庫和程式檔案都開放，並可根據白天的經驗作修正或重組。根據伊凡斯的看法，REM 睡眠中所發生的記憶重組包含著記憶檔案和程式的更新，而非抹去或刪除訊息。以電腦的語言來講，重組過程是個「連鎖」程序，在此電腦指示永不會被抹去，而是會加入新指令。

在伊凡斯的理論中，夢有兩種型態：A 型夢是 REM 睡眠中所出現的全部脫軌運作，我們不會在意識中知道此運作。B 型夢則只是當我們由 REM 睡眠中被喚醒時，所記得的 A 型夢的一小部分，它們代表意識在 A 型夢時所掃瞄、分類的大量材料之短暫一瞥。在 B 型夢中，大腦回到軌道上，意識觀察少部分正進行的程式。當上述現象發生時，大腦試圖以和解釋外界刺激相同的方式來解釋這些訊息，因而形成一種假事件——此爲夢的特徵。伊凡斯相信 B 型夢有助於推出 A 型夢中所發生的一切，但作爲推論的基礎，B 型夢的內容顯然太少。

克瑞克和米契生的理論基於以下事實：大腦的皮質和其他部位不同，是由密切相連的神經網路所構成的，在此每個細胞都能引發鄰近的細胞。他們相信記憶在此網路中被編碼，有神經細胞和神經突觸表現出某個記憶的不同特性。這些網路有如蜘蛛網，網的某一點受刺激時——或許是聽到一首歌的幾個音——神經衝動便會行經整個網路，促進回憶出該首歌的其餘部分。此種網路系統的問題是當進入的訊息超量時，會出現功能錯誤。一個網路中存有太多記憶，可能產生對某一刺激的怪異聯結(幻想)，或無論刺激爲何，都作相同反應(強迫想法)，或沒有刺激也引發聯想(幻覺)。

爲處理超載的訊息，大腦需要某種調整網路的機制，此種機制在系統與外界隔絕時，作用得最理想，而且它必然有種隨機探測網路的方式，以消除一些贋造的連結。克瑞克和米契生認爲 REM 睡眠便是此機制：夢的幻想本質只不過是對網路作例行清除所必需的隨意神經細胞點引。如同前述：大腦在 REM 睡眠中相當活躍，神經訊號不斷由腦幹進入皮質。根據本理論，這些訊號會抹去前一天形成的假記憶聯結；當我們醒來時，網路已經過清除，大腦重新準備接受新的刺激輸入。克瑞克和米契生也認爲試圖記住所作的夢——此爲心理分析的關鍵作法——可能不是個好主意。這種回憶會幫人們留存應忘記的思想型態，這正是網路系統想濾掉的型態。

上述兩個理論有些共同的特性，也有明顯的差異：伊凡斯視 REM 睡眠爲大腦經由更新過程(而非抹去或刪除)來重組記憶的一段時間；而克瑞克和米契生則視 REM 睡眠爲僞造、無用的訊息由記憶中被排出的時刻。伊凡斯將有意識的夢，視爲 REM 睡眠中所進行的大量重組過程的一種表面指標；而克瑞克和米契生則表示夢只是沒有眞實內容的隨機性噪音。但是兩種理論都認定 REM 睡眠在記憶儲存過程，和準備讓大腦每日處理新訊息進入方面，是個重要的因素。兩個理論都未賦予心理分析學派所認爲的夢的諸多象徵和隱藏的意義，事實上，克瑞克和米契生甚至懷疑利用心理分析來分析夢的內容的科學價值。

我們仍無直接的證據指稱上述兩理論孰優孰劣，包括心理分析理論在內，還得等待未來的研究結果；然而在這同時，每一種理論都對夢的本質提供了種種可能的解釋。

催眠是一種改變的覺知狀態

在所有意識改變的狀態中，**催眠狀態** (hypontic condition)是引起最多爭論的一種。催眠一度被與怪異玄學相提並論，現在已成爲嚴謹科學探討的主題。如同心理研究的其他領域，催眠一事仍存在著若干不確定性，但目前卻也已建立了許多事實。以下便以基爾史壯(Kihlstrom, 1985)所提出的催眠定義作爲此主題的導入：

「催眠可被定義爲一個人(受試者)對另一人(施術者)所提的

暗示作反應的一種社會互動，其經歷包括了知覺、記憶和自主活動的改變。在古典式案例中，人們常將這些經驗和伴隨而來的行爲，和妄想的主觀認定界限以及強制的不自主反應界限相連結。」

「催眠」這個字來自希臘文的hypnos，意指睡眠；通常人們將引致催眠的朦朧狀態，喻之爲睡眠。著名的蘇俄生理學家巴卜洛夫(Pavlov)晚年對睡眠和催眠研究發生興趣，認爲催眠狀態是一種部分睡眠。由於目前腦波圖檢驗的運用，我們可以確定催眠狀態並非一般通稱的睡眠；因爲催眠狀態的腦波圖與醒著的形式相同，而非已知的睡眠階段中的任何一種。既然無需鬆弛的暗示就可引發一種機敏的催眠狀態，所以用睡眠來比喻催眠的說法就愈來愈不合適了(Vingoe, 1973)。但是催眠和鬆弛之間應該還是存在某種關連(Edmonston, 1981)。

催眠的引導

爲了給一個自願且合作的受試者催眠(這是在大多數情境下唯一能接受催眠的一種)，催眠者可用任何使受試者鬆弛的方法，製造一個進入催眠狀態的情境，練習他的想像力，使他對催眠不再抗拒，並接受現實的扭曲。催眠者通常所用的方法是要受試者固定他的眼睛，凝視一些小的東西，如牆壁上的圖釘，集中注意目標，將他的思想從別的事情上吸引過來，漸漸變成鬆弛狀或睡眠狀。睡眠的暗示是一種很方便的暗示，因爲受試者熟悉了這種與鬆弛狀態相似的情況，也不必去接觸普通環境的需要。但這是一個隱喻，事實上催眠者告訴受試者他不會眞正睡去。受試者繼續聽催眠者說，假使受試者有所感應的話，他會發覺很容易並且很合作的按照催眠者所暗示的去做，體會催眠者要他所體會的經驗。

以現代的方式而言，催眠並不包括施術者的權威命令；只要稍加訓練，受試者就可藉從施術者那裡學來的方法對自己進行催眠。換句話說，當狀況趨於理想時，受試者卽進入催眠狀態，施術者只是幫助他造成這種狀況。從醒著狀態到達催眠狀態需要一點時間，但經過練習之後所需時間會逐漸縮短。使用特殊程序，諸如看到別人被催眠，受試者能學習到進入更深沈的催眠狀態。

催眠狀態的特徵

在今日我們所知道的催眠狀態，如在十九世紀的全盛時期一樣。以下是表現了高度感受性的受試者所說的一些特徵：

(1)受試者不再自己訂計畫。在深度的催眠下，受試者不願意自己活動，寧願等著施術者來告訴他做什麼。

(2)注意力的再分配。注意力通常是有選擇性的，但在催眠狀態下，它比平常更挑剔。假若令受試者只注意施術者的聲音，受試者對房間其他的聲音就不會注意。

(3)現實感降低和接受現實扭曲。通常一個人在淸醒狀態下檢視物體，考慮時空的定向，不會有錯覺。但在催眠狀態下，一個人會毫不考慮地接受幻覺經驗(如在膝上撫摸並不存在的小兎子)，或其他通常會拒絕接受的扭曲。

(4)可暗示性增加。爲了達到完全催眠，一個人當然要接受某些暗示，但問題在於催眠狀態之下，正常的可暗示性是否會增加。這是一個很容易引起爭論的問題，但小心研究之後會發現可暗示性的增加，雖然，增加的可暗示性也許會比普通鑑定的催眠所增加的可暗示性要少(Ruch, Morgan, & Hilgard, 1973)。

(5)經過催眠的受試者會扮演不平常的角色。例如，在被要求扮演和他本身不同的角色時，經過催眠的受試者通常會照做，並完成有關的複雜行動。這包括他本身早期角色的再扮演。我們之中每個人都可能有演員的氣質，和對催眠狀態的順從，在催眠情境中暫時擺脫行爲的一般約束，使得扮演的角色十分相像。由這種行爲的引用，沙賓和寇(Sarbin & Coe, 1972)建立了催眠的角色扮演理論，這可由被催眠者具有高度的扮演能力，和對角色扮演的適當態度得到證明。

(6)催眠後失憶常會發生。有些受試者對他們將在醒來以後忘掉一切的提示，要等到施術者給予一個事先安排的信號之後才反應。依循這種指示，他們將忘掉催眠狀態中所發生的全部或大部分的事情。當給予指示的信號時，他們的記憶又恢復了。遺忘的程度因人而異的情形請參閱**圖 4-9**。大多數的受試者會忘掉他們在催眠狀態下所做的一些事情，就像忘記在普通的心理實驗中所作的一樣。但有些極端失憶者，則接受暗示而不復「記憶」，此即我們所謂的**催眠失憶**(posthypnotic amnesia)。

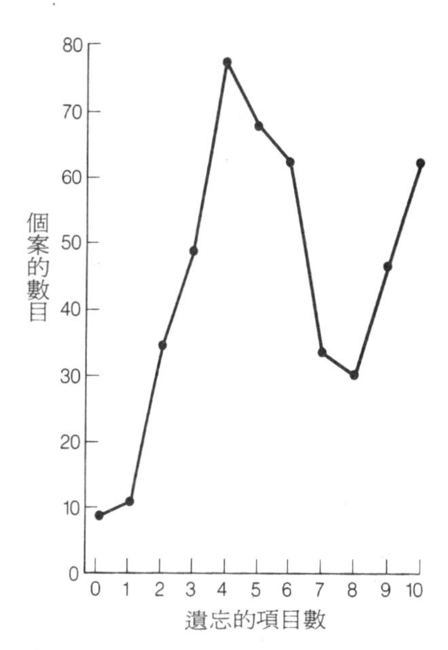

圖 4-9 催眠後失憶的分配

讓受試者在催眠過程中作 10 個動作，再給予催眠後失憶指示。當被問及催眠時所發生的情形時，受試者遺忘的動作數目有所差異：就每個受試而言，遺忘的水準由 0 至 10 個項目。該實驗有 491 名受試，上圖繪出每一遺忘水準的受試者人數，顯示分配的兩個高峯分別爲遺忘 4 個及 10 個項目（取材自 Cooper, 1979）。

而當指示的信號是「你將記得一切」時，他們就可以全盤記得所做的一切。

對暗示的反應是催眠術最特殊的部分，而催眠狀態中可能的意識改變，則透過這些典型的行爲來作不完整的描述。當受試者由一般鬆弛程序進入初步催眠狀態之後，實驗者會鼓勵作更進一步的催眠，他們最後會到達一種對施術者的提示無反應的狀態(除了某些能使之回復意識狀態的事先安排的信號之外)。在描述這種狀態時，他們通常採用一種和描述神祕經驗相似的術語：如靈肉的分離、天人合一的體會、獲得知識的感覺，但卻無法表達清楚的狀態(Sherman, 1971)。然而，催眠術並不只限於這種鬆弛狀態，它亦可由增加緊張和機敏來產生一種超機敏的恍惚狀態。有趣的是，一般似催眠性提示的反應的效應，與在鬆弛和機敏恍惚兩種狀態下的反應，結果非常相似(Ludwig & Lyle, 1964)。我們可進一步將受試(被催眠)者的經驗詳述如下。

被催眠者的行爲與經驗

對一位被催眠者提供暗示，可以改變其行爲與經驗。此人的活動控制可能受影響，也可能喪失新的記憶而重新經驗到舊有的記憶，而且他目前的知覺可能發生極大的轉變。

活動的控制　許多被催眠者會對直接的暗示作出不自主的動作。舉例而言，如果有個人站著，雙臂舉向前，手心相對，催眠者暗示此人的雙手彼此相吸引，很快此人的雙手會開始活動，受試者會覺得自己正爲某種己身之外的力量所驅使。直接的暗示也可抑制動作，如果告訴被催眠者，他的一隻手臂很僵硬(像根鐵棍或上了夾板)，接著再要他手臂彎曲，結果將會無法彎曲，或是得花更多的力量才能彎，這種反應比起暗示的動作較少見。

由催眠中被喚起的受試者可能對來自催眠者某種預定的信號有所反應，稱爲**催眠後反應**(posthypnotic response)。縱使已忘記暗示內容，受試者仍然會感到某種強制性，要去做出該行爲。他們可能試圖合理化這些行爲，雖然它是來自內在的衝動，例如，有個年輕人想爲自己找出一個合理的解釋，爲什麼當催眠者取下眼鏡(預定的信號)，他便去開窗；他的理由是覺得房間有點悶。

催眠後失憶(posthypnotic amnesia)　如前面所述，在催眠者的暗示中，受試者會忘掉催眠過程中所發生的事情，直到催眠者所給的某個信號使得受試者回憶出這些，這種現象稱爲**催眠後失憶**。在催眠後失憶的可暗示性上，受試者的個別差異極大，如**圖 4-9** 所示。該研究中要回憶的項目是受試者在催眠過程中所作的十種動作。少數受試者完全記得或只忘了一、兩項；大多數忘了四、五項，然而也有相當多受試者忘記全部十個項目。這種分配型態，顯示出有兩組不同的人，曾出現在許多催眠後失憶的研究中，回憶較多的一組爲數較衆，基本上代表了一般的催眠反應者，較少的一組是忘掉十個項目的受試者，被稱爲是**受催眠專家**(hypnotic virtuoso)。這兩組在接受催眠後暗示的回憶差異，並非和個人的記憶能力有關，因爲當催眠者以一預定信號消除此種失憶時，高度失憶的受試者所記得的項目也和失憶較少的受試者一樣多。有些研究人員曾表示：催眠會暫時干擾個人在記憶中搜尋某項目的能力，但不會影響實際的記憶儲存(Kihlstrom, 1985)。

年齡回歸　在催眠者的暗示下，有些人能回溯到早年生活中的片段，例如十歲時的生日。對某些人而言，這些片段有如電視上的畫面，受試者能意識到它的呈現並觀看，但却不覺得自己在產生這些事件。在另一種回歸類型中，受試者覺得自己正重新經歷這些事。他們可能描述穿著的衣物，摸頭髮形容它的長度，或認出他們小學的同學。有時會在回歸中出現早已遺忘的某種童年語言，例如有個在美國出生的日本男孩，小時候會說日語，但目前早已忘光，可是在催眠過程中，又開始講出流利的日本話(Fromm, 1970)。

肯定與否定的幻覺　有些催眠經驗需要較高的催眠天賦，例如，鮮明眞實的知覺扭曲便相當少見。兩種暗示的幻覺分別是：**肯定的幻覺**(positive hallucination)，受試者看到或聽到實際並未存在的某種物體或聲音；另一種爲**否定的幻覺**(negative hallucination)，受試者未知覺到正常情況下會知覺到的事物。許多幻覺都同時具有肯定和否定的成分。爲了不看到椅子上坐著一個人(一種否定幻覺)，受試者必須看到原被遮住的椅子部位(一種肯定幻覺)。

幻覺也可由催眠後暗示而產生，例如，催眠者告訴受試者，當他們由催眠狀態醒過來後，會發現自己正抱著一隻要人撫拍的小兎子，而且這隻兎子還會問：「現在是幾點？」對多數受試者而言，看到並撫拍兎子似乎是很自然的事，但是當他們發現自己說出正確的時刻時，會感到吃驚並試圖為此行為作一解釋：「我是不是聽到有人在問時間？眞好笑，好像是兎子問的，天曉得兎子怎麼會說話！」——這是典型的反應。

否定的幻覺可用來控制痛苦。在許多個案中，催眠可完全消除疼痛，縱使痛的來源(如嚴重的燒傷或骨折)仍然持續著。由於未知覺到平常可知覺的事物(疼痛)，因此該反應可稱為一種否定的幻覺。並不需要在催眠中對痛苦作完全的消除，只要減少百分之二十的痛苦，患者就會好過得多。實驗研究顯示痛苦減低的程度和個人的可催眠性有密切相關(Hilgard & Hilgard, 1975)。在牙科、婦產科和手術，以催眠來減低痛苦是很有用的工具，尤其是病人情況不適合使用化學性的痲醉藥品時(Wadden & Anderton, 1982)。

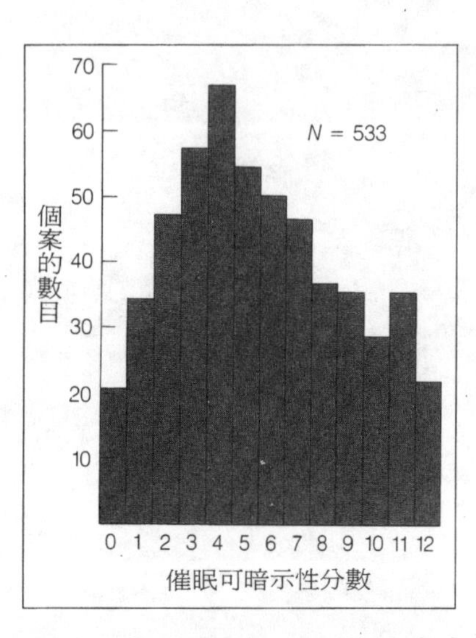

圖 4-10　可催眠性的個別差異

研究人員在使用一套催眠的標準程序後，對533名受試者施以取自史坦福催眠可暗示性量表(Stanford Hypnotic Susceptibility Scale)的12個測驗暗示。該實驗的目的是測試催眠反應的呈現（如在催眠者的暗示下無法彎曲手臂或分開交叉的手指）。根據反應的呈現與否來計分，每個受試者的得分範圍由0（完全無反應）到12（最具反應）。結果正如同其他心理測量，大多數受試者介于兩者之間（取材自Hilgard, 1965）。

誰能被催眠？

毫無疑問的，某些人要比其他人更容易被催眠，但卽使在最有利的情況下，亦無法確定某些人是否可以達到完全催眠。由偶爾的記錄發現，一個人為了完成催眠感應而接受了數以百計的試驗，最後終於成功了。同樣的試驗，十九世紀佛格特(Vogt)的個案報告中曾有六百次嘗試。在一般狀況下，一個人接受催眠的能力在第一次催眠時就可決定。

現有的催眠感受性衡量表，使得可接受催眠的分配狀況的說明較已往更精確。最佳的量表是基於一個受試者，依循一種催眠感受的標準方式來作為操作的基礎：受試者的反應若像一個被催眠者的次數越多，他就被評為最有感受性。此量表請參閱**表 4-2**。其結果相當穩定——十年後的再試驗顯示出早期和晚期的結果有.60 的相關(Morgan, Johnson, & Hilgard, 1974)。此外，同卵雙生子比異卵雙生子在接受催眠的可能性上，有較大的相似性，顯示出其具有一種遺傳的組成因子存在(Morgan, 1973)。

催眠感受性的維持或增加和這些特徵有何關係呢？在催眠前後和數百名受試者的約談中，發現了兒童期早期經驗的重要性(J. R. Hilgard, 1970)。一種特殊經驗使人產生並維持了這種催眠感受性的能力，一種能專注於和催眠有關的富於想像經驗的能力，得自能專注於閱讀、音樂、宗教或美學欣賞的父母。

表 4-2　史丹福催眠感受性量表的項目 A 式

提示的行爲	通過的標準
1.姿勢的擺動	不必強迫就可放低
2.眼睛的閉合	不必強迫就可閉眼
3.放低左手	十秒鐘後最少放低六吋
4.右臂的固定	十秒鐘內手臂的舉起少於一吋
5.手指的固定	十秒鐘後手指不完全分離
6.左臂的僵硬度	十秒鐘內手臂的彎曲少於二吋
7.雙手同時運動	十秒鐘後雙手至少相距六吋
8.口頭上的抑制（姓名）	十秒鐘內不說出名字
9.飛翔的幻覺	任何承認效果的運動，臉部的扭曲
10.眼睛僵直	十秒鐘後眼睛仍保持閉合
11.催眠後的反應（換坐椅）	任何局部的運動反應
12.失憶試驗	記憶的項目少於三種

來源：取材自 Weitzenhoffer & Hilgard（1959）

另一種導致催眠感受性的是兒童期受到相當嚴厲的處罰經驗。父母的處罰可能使其子女易於爲逃離痛苦，而進入幻想王國之中，因此，便使他往後在催眠中需要使用到的分離作用，得到了練習的機會。

催眠理論

較早的理論認爲催眠是睡眠的一種方式，但由於生理研究顯示，催眠與睡眠間的差異和超機敏催眠的事實，目前這種說法已被認爲不足採信。根據心理分析的另一種理論，催眠是一種部分退化的狀態，其中衝動和幻想，在一種缺乏一般成人意識的成熟控制狀態下發生(Gill & Brenman, 1959)，其觀點是：催眠使思考過程退化至一種較幼稚的階段；催眠中的幻想、幻覺，正是平常被較高層次控制力所掩飾的一種原始思考模式的指標(Gill, 1972)。還有一種理論則基於社會學和社會心理學的角色行爲論的觀點，認爲個人得在一般行爲中扮演各種不同的角色，因此，催眠狀態下受試者所扮演的角色是和母親、學生或音樂家等角色並無不同之處，每一個角色都是根據他本身的需要而扮演(Sarbin & Coe, 1972)，且未曾意識到自己的意圖(Coe & Sarbin, 1977)。巴勃(Barber, 1969)則存著一種懷疑的觀點，他接受所有的催眠現象，但由於恐怕將其用在闡釋性而非描述性的用途上，所以他不相信催眠觀念的使用是有益的。十九世紀簡納特(Janet)的解釋則認爲，催眠是一種解離現象，如同我們先前所提的多重人格一樣，是某些心理功能和其他功能的分離。這項理論最近已被重新修正過，稱爲新解離理論(Hilgard, 1973b)。此理論已證實在分析催眠現象上十分有用。這些理論都注意到催眠行爲的顯著特徵，它們在重要觀念上並不衝突，而且隨著新資料的發現，這些差異也逐漸獲得解決(Kihlstrom, 1985)。

重要討論：

催眠中的「隱藏的觀察者」

催眠的新解離理論源自西爾格德(Hilgard, 1977)的觀察，他發現許多被催眠的受試者，在意知以外的心靈部分似乎正觀看著受試者自身的經驗。他的發現曾被描述如下：

「西爾格德發現催眠中有兩股思路的情況相當富戲劇性。他在教室裡作催眠示範，對象是一個有催眠經驗的受試者，西爾格德以暗示造成耳聾，並告訴受試者，當一隻手放在他肩膀上時，他便可重新聽得見。該受試者由於被隔絕了外界的刺激，因此顯得煩悶並開始想其他事。西爾格德向全班顯示該受試者對噪音或話語是如何的無反應，但接下來產生一個問題：他是否像外表看來那般無反應？於是西爾格德以一平靜的聲音問受試者，雖然他處於催眠的耳聾暗示中，但他內心是否仍有『某些部分』能夠聽得見，如果是，請他抬起一根手指。出乎衆人意料之外(包括被催眠者在內)，被催眠者的手指居然抬起來了。

「此時，受試者想知道究竟是怎麼一回事。西爾格德便將一隻手放在對方肩膀上使對方恢復聽覺，並保證稍後會作解釋，但同時也問受試者他所記得的事。結果受試者記得的是一切都變得靜止，他覺得無聊便開始想一個統計上的問題；接著他感到自己的手指抬起，而且他想知道爲什麼會這樣。這是受試者接受催眠的部分所作的報告。

「接著在暗示被催眠的受試者將無法聽到他自己所說的一切時，西爾格德要求來自『先前傾聽我談話並使你手指抬起的那個部分』的自我報告。結果是受試者意知的這個

第二部分聽到了所有的催眠經過並能報告出來，意味著受試者本身另有未被催眠而能旁觀整個催眠過程的部分存在。西爾格德對這個解離的目擊者找到一個適當的形容詞——隱藏的觀察者。」(Hebb, 1982)

因此，隱藏的觀察者意指監視著所有發生的經過(包括被催眠者未曾意識到自己所曾知覺的事物)的一種心理架構。

其他許多實驗也顯示了隱藏觀察者的存在(Kihlstrom, 1985; Zamansky & Bartis, 1985)。在解除痛苦的研究中，受試者能以書寫或言語描述痛苦的感覺，在這同時他們的意識系統接受催眠者解除痛苦的暗示並有所反應。在使用寫字的其他研究中，被催眠者能寫出當他們的注意力被導向其他作業(如大聲朗誦或說出某個圖中的顏色)時，自己所未曾意知到的訊息(Knox, Crutchfield, & Hilgard, 1975)。西爾格德及其同事曾將此現象和個人一心二用的日常經驗相提並論，例如一面開車一面交談，或一面演講一面評估自己的表現。

隱藏觀察者的實驗雖然在許多實驗室和臨床上被重複進行。但在方法背景上仍受到批評。批評者認爲要求服從的暗示會產生這些結果(例如 Spanos & Hewitt, 1980)。在一個精心設計以探討服從所扮演角色的研究中，顯示可區別眞正被催眠以及僅爲服從所作的反應。研究者要求可催眠性低的受試者模擬催眠狀態，而高感應性的受試者則自然反應。實驗者並不知道每個受試者屬於那一群；結果模擬者的確依照預期的方式服從了暗示的要求，但他們對主觀經驗的報告，卻與眞正被催眠的人所作的報告有顯著的不同(Hilgard et al., 1978; Zamansky & Bartis , 1985)。

尙未解答的一個問題是：有些高感受性的被催眠者並未找到隱藏觀察者。有個差異是：沒有隱藏觀察者的受試者對年齡回歸的暗示較「服從」——換言之，他們表示覺得又回復爲小孩——而具有隱藏觀察者的受試者則總是報告有兩元的意知；在年齡回歸時，後者看到自己同時是個成人觀察者，又是個兒童。此種主動參與者與觀察者的區別是自發的，並非由催眠者暗示而來(Laurence , 1980)。

這些複雜的現象，不可作輕率的解釋或忽略，無論是對催眠的理論或對意識狀態的探討，都具有不可忽視的含意。有關此題目的進一步討論，可參考西爾格德的著作(1977)。

冥想及自導性的意識改變

憑著思考和作夢的能力，我們得以超越平凡的世界，思索美好的遠景或不可知的世界。在以往的歲月中，人們將自己孤立於山巔，耽溺於特殊的心靈活動，或以他種方法來尋求新奇和深度的經驗；這種探求通常都具有一種宗教上的意義，就像尋求一種實際上超越吾人所知世界的宗教上的神祕主義一樣。許多現代的西方人，不滿於眼前由於物質享受和科技進步所導致的生活腐化，所以轉向東方的宗教，希冀發現一套新的價值。

實驗性的冥想

冥想的經驗可藉著對**瑜珈術**(yoga)——一種基於印度哲學的思考系統——或來自中國與日本佛教的**禪**(Zen)的參與學習來獲得。而受試者的經驗，能以和任何其他心理學經驗同樣的方法來研究。

冥想的活動可在各種不同的方法下完成，方法通常分爲兩組。第一組是**開放性冥想**(opening-up meditation)，受試者對新經驗的接受心裡很清楚；第二組是**集中性的冥想**(concentrative meditation)，具有因專注於某些物體、字句或構想而獲益的優點(Naranjo & Ornstein, 1971)。每一種方法我們都將分別給予說明。

令受試者坐或跪在地板上，一部分可以墊子來支持，讓身體放輕鬆並控制呼吸；但這種姿勢必須有助於放鬆自己，並且不能引發睡意。在瑜珈術中眼睛可以是閉著的，但禪卻要求張開眼睛。在冥想者所嘗試去做的動作當中，可能有很多不同的地方存在。底下是一種代表性的敍述，可以歸入開放性的冥想：

「基本的方法是先決定不爲、不想、不做任何個人的努力，完全放鬆自己的心靈和肉體……從變換不定的意念潮流中踏出來，並去感覺你的心靈，注視那意念潮流的奔流，而拒絕捲入其中。換句話說，就是注視著你的思想、感情和希望，像群飛鳥般地掠過蒼穹。讓牠們自由飛翔，只要保持注意，莫讓飛鳥將你帶入雲層之中。」(Chauduri, 1965)

一份實驗記錄可以說明冥想早期所發生的心路歷程。在一間舖著地毯的很舒適的房間中，一位受試者坐在椅子上，看著眼前八呎處緊靠著牆壁的棕色桌子上的十吋高的藍色花瓶。他接到下列的指示，說明集中性的冥想：

「這些功課的目的在學習集中。你的目標是將注意力集中在藍色花瓶上。我所謂的集中，並非要你去分析花瓶的不同部位，或與花瓶有關的思考，只是去看花瓶本身的存在，不要聯想任何事情。摒除任何思想、感受、聲音或身體的感覺。」(Deikman, 1963)

功課開始後，為了試驗受試者的定力，錄音機開始播放各種聲音。第一天的冥想時間是五分鐘，第二天是十分鐘，其後每天一刻鐘，有些則看受試者的需要延長至三十三分鐘。最通常的效果是：(1)對花瓶一種改變的、更強烈的知覺；(2)期限縮短，特別是在回想時；(3)矛盾的知覺，如對花瓶似見非見；焦慮狀態，因擾和愉悅相雜；(4)外在刺激效果的減低；(5)愉悅狀態，此類經驗的記錄報告，顯示出其具有相當的價值和報償。

流行最廣的冥想是摩訶里希・馬赫西・瑜加(Maharishi Mahesh Yoga)所倡導的**超覺靜坐**(transcendental meditation, 簡稱 TM)。由其忠誠的擁護者來判斷 TM 是否成功並不恰當，因為教友的滿足是宗教和準宗教活動的一條規則。摩訶里希在一九七二年一月所訂下的計畫，可以看出其野心，其世界計畫包括幾個目標：

(1)充分發揮個人的潛力。

(2)提高政府成就。

(3)體認教育的最高理想。

(4)解決犯罪、濫用藥物和引起家中成員不快的所有行為。

(5)達成個人和社會對經濟期望的滿足。

(6)在這一代當中達到人類的精神目標。

這些目標據說可以達成：「這種創造性智力的科學知識，現在需要世界上名人的主動合作。」(Forem, 1973)一切的發生經

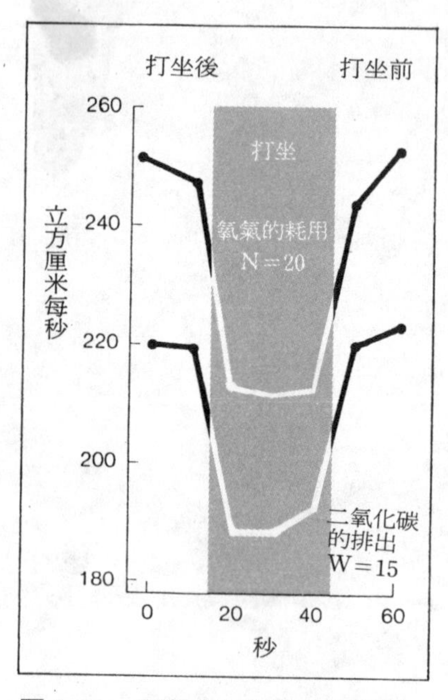

圖 4-11　冥想在耗氧量上的影響（有經驗的受試者）

耗氧量（上端線）N＝20；二氧化碳的排出（下端線）N＝15（取材自 Wallace & Benson, 1972）。

由一個非常簡易的過程而實現——冥想是一種創造性智力的科學技術。

這種技術雖然簡單，還是得跟隨有資格的教師學習。每個受試者在學習時都有一種**特音**(mantra)；這是一種特別的聲音，不斷的重複可以產生高度的寧靜和精鍊的知覺。摩訶里希曾說：「每個人在構成其個人人格上的擺動品質皆有不同，因此，對特殊個人而言，一種思考的正確選擇是很重要的。」(Maharishi, 1966)由於並無證據顯示出特音和擺動的配合，整段討論顯得十分武斷。

華來士與班森(Wallace & Benson, 1972)的研究證實了冥想對有經驗的冥想者確實有一些效果，他們確實可以達到高度的鬆弛狀態(參閱**圖 4-11**)。但他們對鬆弛和催眠的控制研究，在試驗鬆弛的經驗上畢竟不是可以比較的，而花在重複催眠和冥想上的時間亦無法比較。因此斷言冥想和催眠無任何關係的論調，遂無法找到令人滿意的支持。事實上，對兩者都有經驗的受試者，將會發現彼此確實有很多相似之處。

有關靜坐的實驗研究(持續時間當然很短)，對於個人在多年的靜坐練習和訓練後，所能達到的意識改變上，所提供的資料極少。布朗(Brown, 1977)曾描述在使用此技巧之前所需的複雜訓練，同時他也顯示在不同靜坐層次上可預期的認知變化(在這類靜坐中，人們需歷經五個層次，才能達到無念、無覺、無我的境界)。

類似的放鬆狀態可以不必透過 TM 的神祕聯想而產生。班森及其同事發展出一套步驟如下：

1. 以一舒服的姿勢坐著，閉上眼睛。
2. 深深放鬆所有的肌肉，由腳開始，逐漸到臉部，保持深深的放鬆。
3. 由鼻子呼吸，意知到你自己的呼吸，當你呼氣時，對自己默念「1」，例如，吸氣…呼氣…「1」；吸氣…呼氣…「1」；依此進行。持續二十分鐘。你可張開眼睛查看時間，但不要用鬧鐘。結束的時候，閉著眼睛靜靜坐上幾分鐘，接著再睜開眼睛。
4. 不要擔心自己是否成功地達到了深度的放鬆。保持一種被動的態度，讓放鬆自行發生。其他的念頭出現時，以想「噢」來略過，並繼續重複步驟 3。透過練習，可輕易做成此種反應。

5. 每天照此步驟作一、兩次，但不要在飯後兩小時內進行，因爲消化過程似乎會干擾主觀的變化。(Benson, Kotch, Crass-weller, & Greenwood, 1977)

在此類靜坐時，個人會產生一種生理緊張降低的狀態，根據受試者的報告，他們的感受相當類似於其他靜坐方式所產生的感覺：心靈的平靜、與外界怡然共處的感受、感覺完好健康。

靜坐是導致放鬆並減低生理緊張的一種有效工具。幾乎所有這方面的研究都宣稱可顯著降低呼吸的頻率、減少氧消耗量，且二氧化碳排出減少、心跳降低、血流穩定、血液中膽固醇含量減少(Benson & Friedman, 1985; Shapiro, 1985)。早期研究發現顯示靜坐可區別爲一種獨特的生理狀態，但較近的實驗指出：此種生理狀態和其他放鬆技巧，如催眠、生理回饋或深度肌肉放鬆所引起的狀態並無二致。賀姆斯(Holmes, 1984, 1985)根據對有關研究文獻的檢討，更進一步宣稱：並無可靠的證據顯示，在減低生理緊張上，靜坐會比單純的休息更有效。

研究運動心理學的人，有不少人認爲靜坐可帶出運動員的最佳表現(Syer & Connolly, 1984)。參與靜坐有助於減輕事前的壓力，而且靜坐的經驗可使運動員學習放鬆各處的肌肉，並查知肌肉緊張度的微妙差異。靜坐也可包含對即將來臨的事件細節(如下坡滑雪競賽)形成心像，直到該運動員完全和整個動作流程一致爲止。運動員在心中看到自己由起點出發、加速下坡、在比賽道上穿梭的每一個動作。透過創造出成功表現的視覺感，運動員試圖控制肌肉和身體以求最高效率。高爾夫名將傑克・尼可勞斯便曾發展出自己的一套技巧，他寫道：

「如果沒有先在腦海中形成影像，我就無法揮出好桿——甚至練習時也是如此。首先我『看到』球的理想落點，漂亮地停在草地上。接著影像迅速轉變，我看到球飛向那兒：它的路徑、軌道、形狀，甚至著地時的情形。這影像淡去之後，下一個影像顯示出會使前面心像化爲眞實的揮桿。只有在經過這一連串短暫、秘密又眞實的心像後，我才會開始去選桿打球。」(Nicklaus, 1974)

有關靜坐研究的文獻，性質、目的不一，由具商業利益觀點而作的結果也值得懷疑。但獨立的評估顯示靜坐可降低緊張，尤其是對容易感受壓力的人，而且可能對焦慮緊張的人很有用。以下我們引述了哈瑞和蘭伯(Harré & Lamb, 1983)的話作一總結：

「靜坐的價值取決於個人的態度和內容結構。有些人對靜坐加諸於許多現代式的宗教禮拜，以及他們的強調精神導師和自命爲精英團體的成員，可能會被視爲西方社會中家庭系統解體，以及參與者對父母、性別角色不確定的一種表現。年輕人對求取引導一事感到絕望，轉向陌生的情境找尋父母角色的替代，並逐漸被洗腦成爲一些身心體操的奉行者，而他們參與的常是強調宗教成員和作財務奉獻的團體。只有將靜坐作爲個人發展的方式，才能眞正實現靜坐所具有的頓悟和自主的眞實潛能。」

精神活動性藥物及其影響

很久以來，藥物就被用來下毒、治療、減輕痛苦和促進睡眠或產生幻覺。同樣的，咖啡、煙草和酒等物在西方文化中已被廣泛接受，但我們很少眞正把它們當成藥物。其他如鴉片衍生物等，由於一般人都認爲會導致危險或社會上不需要的行爲，所以爲法律所禁止。很多藥物經常是很盛行的，亦有很多的藥物因與法律、道德和醫學對立而很少被使用。我們關心的是心理影響——意識的改變、幸福或沮喪的感受等。假使藥物服下之後客觀影響十分顯著，這種藥物就稱爲**精神活動性藥物**(psychoactive drug)。

今天的學生或許很難理解過去三十年來，人們服用藥物行爲型態的重大改變。在一九五〇年代，只有極少數年輕人使用酒精和香煙以外的藥物，但從一九五〇年以後，服藥風氣逐漸蔓延。造成此種改變的因素有許多，例如由一九五〇年開始廣泛使用鎮靜劑來治療心理疾病和情緒問題，以及一九六〇年代口服避孕藥的問世，大爲改變人們對藥物所持的態度。藥物成爲解決問題——心理疾病以外的問題——的一種選擇。一九六〇及一九七〇年代中，由於運輸便利和工作市場擴大所帶來的機會，促使美國人探索新的生活方式。休閒時間的增多，使人們尋求新的宣洩管道，藥物的娛樂性使用成爲此種管道之一。

由於上述多種原因，服藥行爲在一九七〇年代呈現穩定的增加，尤其在學生群體中。**圖 4-12** 即爲一九七九年高三學生服用大麻、興奮劑或迷幻藥等藥物的百分比增加的情形。但在一九八〇年，使用藥物開始出現下降的趨勢，與高中生用藥行爲減少的社會改變有許多，但其中一個重要因素似乎是人們比以往重視健康和身體的妥當。

我們往往用一種誇大其辭的描述來形容不被社會贊許的人，比如有人說：「酗酒的人酒喝得太多，我絕對不會喜歡他。」**癮君子**(narcotic addict)一辭通常是指離不開鴉片或古柯鹼的人。世界健康組織(The World Health Organization)於一九五七年和一九六五年，一再呼籲避免使用「上癮」(addiction)一辭，特別是「一個上癮者」(an addict) (Eddy 等人, 1965)。他們指出，一個人無需達到通常所謂的上癮程度，也可以是興奮劑的慣用者，例如，常喝酒或抽煙的人對煙酒並不需耽溺其中——即使有些人可能很難戒除這種習慣。美國大麻與藥物濫用委員會(The National Commission on Marihuana and Drug Abuse)則喜歡使用**藥物依賴性**(drug dependency)這個較中性的語辭，因爲依賴性可能由社會性理由或重複使用的結果而引起，而非藥物藥理上的特性所致。

影響個人情緒或意識的主要藥物列於**表 4-3**。表上根據其造成的依賴程度、社會傷害程度，以及上癮後停止使用的結果，來描述其特徵。任何表列的分類都必須稍作保留，原因在於：(1)對藥物的反應因人而異；(2)同時服用一種以上藥物的特殊影響；(3)使用次數和數量上的差異會造成反應的不同；(4)使用時的社會背景不同。

大多數能引起心理效果的藥物(咖啡因、煙草和酒精)當中，我們只談酒精過度飲用而造成的社會結果。我們也會討論到其他的鎮靜劑(如海洛因)、興奮劑(如安非他命)和迷幻藥(LSD 和大麻)。

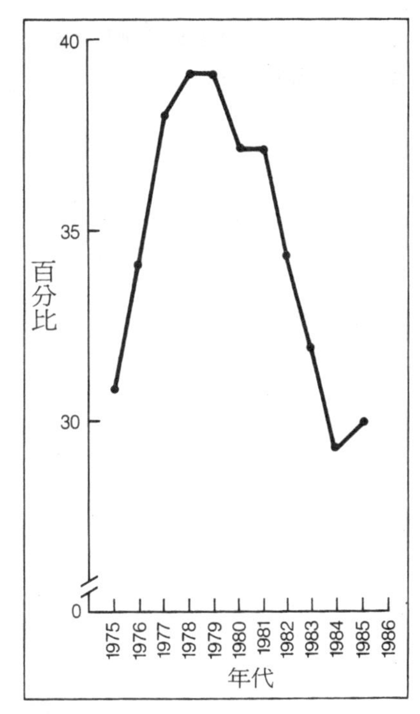

圖 4-12　非法的藥物使用

美國高三生在研究前三十天中，有服非法藥物的人的百分比。這些藥物包括大麻、迷幻藥、咖啡因、海洛因，以及鴉片、興奮劑、鎮靜劑等私自取用(取材自 Johnston, O'Malley, & Bachman, 1986)。

鎮靜劑

抑制中樞神經系統的藥物包括輕微的鎮定劑、巴比妥酸鹽(安眠藥)和酒精，其中最常被使用和濫用的是酒精。不分原始或高度工業化的社會，幾乎都有飲酒行爲。酒精可以多種材料製成：穀類，如米、麥、玉蜀黍；水果，如葡萄、蘋果、梅子；

表 4-3　某些精神活動藥物及其普遍性與一般影響的分類

分　類	造成依賴的程度	長期服食之普遍性	社會功能的傷害		長期使用後戒除的困擾
			急性	慢性	
鎮靜劑					
酒精	高	高	高	高	高
巴比妥酸鹽（短效）	高	高	高	高	高
平靜劑（例如 Mepro bamate）	中等	低	中等	低	低
可詩因	低	低	低	低	低
海洛因	高	高	高	中等	高
嗎啡	高	高	高	中等	高
美沙酮					
（打針用）	高	高	高	中等	高
（口服用）	高	中等	中等	中等	高
興奮劑					
安非他命					
（注射）	高	低/中等	高	高	低/中等
（口服）	中等	高	中等	高	低/中等
咖啡因	低	高	無	無	無
古柯鹼	高	中等	高	高	低/中等
迷幻劑					
迷幻劑 LSD	低	低	低/中等	?	?
梅斯卡林	低	低	低/中等	?	?
大麻	低	低	低/中等	中等	低
綜合 THC	中等	低	低/中等	中等	低

蔬菜，如馬鈴薯；甚至花卉、牛奶和蜂蜜都可作成酒精飲料。經由蒸餾過程，可增加飲料中的酒精成分，得到如威士忌或蘭姆之類的烈酒。

人們可以喝多少而不至於違法？血液酒精濃度（blood alcohol concentration, 簡稱 BAC）和酒精攝取之間的關係並不單純，有賴於個人的性別、體重和飲用的速度。酒精會遍佈在體液中，包括血液在內。體重愈重，體液愈多，血液酒精濃度也較低，比起同體重的男性，女性體液較少（因爲她們脂肪較多），所以其酒精濃度也會較高。例如，在一個小時中喝了兩杯四盎斯的淡酒（或兩杯十二盎斯的啤酒，或兩杯一盎斯調有烈酒的雞尾酒）後，一個體重一百五十磅的男人 BAC 爲 0.05，而相同體重的女人 BAC 爲 0.06；一百磅的女人 BAC 則爲 0.09。因此在一小時之內喝了四杯淡酒，會使得體重一百磅的女性 BAC 高達 0.18，遠超過法律的規定；而她一百五十磅的男友在喝下等量的酒後，BAC 也只是接近 0.10。

許多大學生常將飲酒視爲社交生活不可缺少的一部分，它會促進歡樂的氣氛、減低緊張、解脫抑制，而且常能增添趣味。然而社交性飲酒也會產生種種問題，如失去學習的時間、考試成績不佳，或因 BAC 超過法律規定而惹上糾紛或意外。人們在決定該喝多少、該多久喝一次時，最好把這些潛在的問題也拿出來考慮。很明顯地，最嚴重的問題便是意外：與酒精有關的車輛事故，是十五至二十四歲青年的死亡首因。當美國許多州將合法飲酒年齡由二十一歲降至十八歲時，十八和十九歲青年的交通意外死亡率由百分之二十增至百分之五十。大多數州提高了飲酒的最低年齡層，結果發現接下來的交通事故有顯著的減少。

大約有三分之二的美國成人表示自己會飲酒，其中至少有百分之十因爲飲酒而導致社交、心理或醫藥方面的問題，而這百分之十中又有一半生理上得依賴酒精。大量或長期的飲酒會帶來嚴重的健康問題，例如高血壓、中風、潰瘍、口腔癌、喉癌、胃癌、肝硬化和抑鬱等。

酒對發展中的胎兒也有危險性。重度飲酒的母親重複流產及生下出生體重不足嬰兒的情形是常人的兩倍。所謂的**胎兒酒精症候群**(fetal alcohol syndrome)，特徵爲心智遲鈍和顏面、嘴部的變形，便是母親飲酒所造成的。飲用多少才會產生此症，仍然沒有答案，但一般認爲就算每週只飲用幾盎斯酒，也可能造成嚴重的後果。在懷孕初期每天喝一盎斯的婦女，出現胎兒酒精症候群的比例由百分之一至百分之十(Streissguth, Clarren, & Jones, 1985)。

在社交場合中少量的酒精被認爲是一種興奮劑，但這種解釋是錯誤的。雖然酒精基本上是一種鎮定劑，但起初的鬆弛作用會有發怒和攻擊的情形發生，其鎮靜效果在後來的瞌睡和睡眠中會再度顯出。一般醉酒的症狀已廣爲人知，不再細述。一般說來，對酒精的反應和血液中的酒精濃度有關。酒精濃度在 0.03～0.05 時開始有輕飄飄、鬆弛、解除禁制的情形出現；濃度爲 0.1 時(喝三杯雞尾酒或三小瓶啤酒)，大多數的感覺和運動功能會受到嚴重的傷害；超過 0.2 時即無行爲能力；超過 0.4 便可能會導致死亡。法律上醉的定義是指在 0.1～0.15 之間的濃度。

社會大衆反對酒精的原因之一，是醉酒者開車時容易肇事。因爲酗酒開車致死的傷亡統計，顯示其中有百分之六十人的血液酒精濃度超過0.05，百分之三十五的人甚至超過0.15(Midwest Research Institute, 1972)。

既然危險性這麼大，爲何人們還要喝酒呢？大多數飲酒者並不過量，他們喝酒只是一種社交，如果風俗不允許的話，他們會以非酒精的飲料來代替。其他人則是爲了期待的酒精效果而喝酒，通常都不會醉。一般認爲酒精是一種減輕焦慮和緊張的輕度鎮靜劑；然而，動機並非如此單純，因爲飲酒過後經常會有一種相關的虛張聲勢出現。一個喝醉酒的人會變得易怒或好鬥。一項由心理學家從事的長達十年的研究，試圖去評估那些實際上尚未有酒癮者喝酒的動機(McClelland 等人, 1972)。使用看圖說故事的方法發現，喝酒的主要動機之一是想克服弱小的感覺，想使自己更強壯、更有效率(雖然尙無責任感的感覺)。喝酒的動機並不單純，這些動機一定很強，否則在互相間差異那麼大的不同文化中，喝酒行爲爲什麼如此頻繁。

酒精中毒(alcoholism)　所謂酒鬼的刻板化印象，在有飲酒問題的人中，其實只佔一小部分。事實上，每天得喝上幾杯使自己撐過一天，或打起精神參加社交活動的沮喪主婦，中午得連喝三杯馬提尼才能度過下午的生意人，在書桌抽屜藏著一瓶酒的忙碌醫生，以及爲了得到同儕的接受而愈喝愈多的高中生，都正邁向酗酒者的道上。酒精中毒有各種定義，但幾乎都少不了「無法戒絕」(覺得沒有酒便無法度日)或「缺乏控制」(一、兩杯下肚便無法停止)。**表 4-4** 所列的問題可幫助人們看

表 4-4　酒精中毒的徵兆

從表中七項問題自我回答的反應中，可以看出個人是否有飲酒方面的問題。

以下的問題可幫助人們發覺自己有無飲酒方面的問題。

愈早發現自己的飲酒問題，愈容易使自己脫身。以下的問題可幫助你了解你對酒的依賴程度。請以完全誠實的態度來作答——只有你才會瞭解酒對你造成的傷害有多大。

1. 你較親近的人是否有時曾對你的飲酒表示關切？
2. 當面對問題時，你是否經常藉酒來解脫？
3. 你是否有時因爲飲酒而無法達到家庭或工作上應盡的責任？
4. 你是否曾經因爲飲酒的後果而求助於醫藥？
5. 你曾否經歷過在飲酒時腦中一片空白——人雖醒著但記憶全失——的情形？
6. 你曾否因爲與飲酒有關的事件而觸犯法律？
7. 你是否經常無法達成控制或禁絕飲酒的自我發誓？

如果上述問題中，有任何一題的答案爲「是」，或許飲酒一事已開始影響了你的生活，你應該在事態惡化之前趕快採取行動。

看自己是否有飲酒方面的問題。

大多數人飲酒的高峯年紀在十六歲至二十五歲之間，在二十歲後期到三十歲初期，一般飲酒者減少飲用量。相反的，酗酒者在這段期間繼續甚至增加飲用，並首度出現與酒精有關的重大人生事件(例如工作或婚姻的難題，因酒醉駕駛被捕)。一般酗酒者會在四十歲初期(也就是重大問題出現的十年後)尋求幫助。假如飲酒毛病繼續下去，則該酗酒者的壽命將比一般人少十五年(Schuckit, 1984)。

雖然此處描述的是一般的酗酒者，但我們必須強調：重度飲酒者可在任何年紀成為酒精中毒者。當人們逐漸在心理上依賴酒精(習慣以酒精來處理壓力和焦慮)時，成為酗酒者的可能性相當大。他們常會陷入惡性循環：遭遇問題時，借助酒精，使他們無法有效地解決問題；結果他們比以前更焦慮、更自卑，並借助更多酒精來支撐自尊。長期的大量飲酒將導致生理上的依賴：個人的酒量增大，需要愈來愈多的酒才可達到相同的效果，而且在戒酒時會開始經歷到退縮的症狀。退縮的症狀可能由不安和一般的抑鬱，以至顫慄、強烈的焦慮。某些個案還出現了混淆、幻覺和痙攣。這種稱之為**酒精中毒引起之酒瘋**(delirium tremens, 簡稱 DTs)，通常只出現於在長時間大量飲酒後停喝的長期酗酒者身上。

雖然我們對酒精中毒的定義包括了無法戒絕或一喝便無法控制，但很少酗酒者一直喝酒至死。他們常在一段時間的濫飲後作一段時期的戒酒(或少喝)；因此能幾個星期甚至幾個月不喝酒，並不表示此人便不是個酗酒者。或許診斷酒精中毒的最佳效標，便是酒精是否為此人帶來健康、工作表現或家庭關係方面的問題。

鴉片類麻醉劑

海洛因(heroin)　不論鴉片或其衍生物、相關物質——整體而言就是含有鴉片成分的**麻醉劑**(opiate)，分類而言是**麻醉劑**(narcotics)——常用於醫學和非法的用途。從罌粟汁提煉成的鴉片，因成分不同又分**嗎啡**(morphine)和**可待因**(codeine)兩種活性成分。可待因藥性很溫和，嗎啡較之要強上十倍；至於從嗎啡提煉的海洛因，則要強上二十至二十五倍。在美國，海洛因只限於醫學用途，其他一概視為非法。街頭上所能買到的海洛因大約只有百分之一到百分之三的純度，就同等重量而言，比嗎啡的作用更小。這些藥物的使用方法不同：鴉片或抽或吞，嗎啡可作靜脈注射，海洛因可吸食或注射。

和人的動機一樣，海洛因的使用動機是複雜的。第一次的使用可能是因為它可以產生正面的愉悅感。有經驗的使用者指出，在靜脈注射後兩分鐘內就會產生一種特殊的「刺激」(有人形容為一種高潮，這種感覺集中在腹部而非性器官)，這是一種愉快的感覺。隨後，使用者所感到的是一種沒有飢餓、痛苦或性衝動的滿足感。他可能處於一種打盹狀態，如同舒適的坐著看書、看電視的半睡眠狀態。然而，這和酒精與巴比妥鹽產生的昏醉不同，使用者仍可產生技能的反應。和酒精不同的是，海洛因的使用者很少有攻擊性行為出現。

第一次注射海洛因的年輕人在形容其愉快效果上多少有點不同：

「它給我一種心靈平靜的感覺。沒有任何事困擾我。它實在不錯。我覺得高高在上……偉大！」

「有了一次感受的經驗，我時常想再以同樣的方法來感受。」

「我覺得自己在一切之上，覺得自己無所不知。我告訴人們一切有趣的事。」

「我感到一股暖流正從我的體內升至頭頂。它使我忘卻一切，感到前無古人，後無來者，宛如一人獨處。」(取材自 Chein, Gerard, Lee, & Rosenfeld, 1964)。

這種意識的改變不算很驚人，並無激動的視覺經驗或是轉至他處的感覺。這種改變大都發生於情緒、自信或焦慮的減少上。

海洛因經驗的確滿足了動機，否則其危險性將不利於其用途。但斷言唯一重要的動機，只是為了產生愉快的感覺，是錯誤的。並非所有第一次的經驗都是愉快的。為了確定起見，有愉快感覺的人在第一次以後通常都會很快地再來一次，即使那些有不快感覺的人也會作第二次嘗試。為什麼呢？他們明知海洛因對健康甚至生命都是相當危險的；一個人一旦有了毒癮，其支出將會大增，並且可能為了獲得海洛因而不惜觸犯法網，最終往往導致人格的墮落(Chein 等人, 1964)。我們可以舉出吸食動機的兩個重要層面：(1)人們喜歡冒險，並且不相信這方面的統計資料；(2)社會因素的影響。第一種幾乎不需多加解釋。重要的賽車選手當中，幾乎有一半的人會死於跑道上，但這仍然無法使他們停止從事這種冒險活動。危險性次高的登山，冒險卻也是其動機的一部分。和第二種有關的社會動機則較複雜：大多數的藥物使用經驗都是始於同伴的慫恿。雖然在起步上同伴有所影響，但會警告最好不要耽溺其中，因此，輕易斷言社會的影響並不見得適切。

有了藥物依賴性之後，會出現像胃口與進食一樣的新動機週期：藥物經驗會令人愉悅，戒斷的症狀則令人不快，由於漸增的藥物容忍性，當初吸食的刺激感便會減弱，爲了繼續維繫當初的刺激感，他會繼續該吸食習慣而無法停止。

一九六〇年代美國服用海洛因的情形開始急遽的增加，某些地區甚至達到一種近乎流行病的比率。在華盛頓特區的一項研究當中，由毒癮治療局(Narcotics Treatment Administration)的一萬三千個病例中(包括志願參加與法院轉介者)顯示出，第一次使用者於一九六九年達到高峯，其後開始下降(參閱**圖 4-13**)。同樣的研究中發現，如搶刼和盜竊等和財物有關的犯罪，隨第一次藥物使用者的減少而下降，而和海洛因使用可能無關的犯罪率，則停留在原來的水準。該結果強烈顯示出(但並非證實)，昂貴的海洛因導致了許多與財物有關的犯罪。因爲，有海洛因毒癮的人每天可能需要去偷竊價值美金一百元左右的財物，來維持其每日所需。

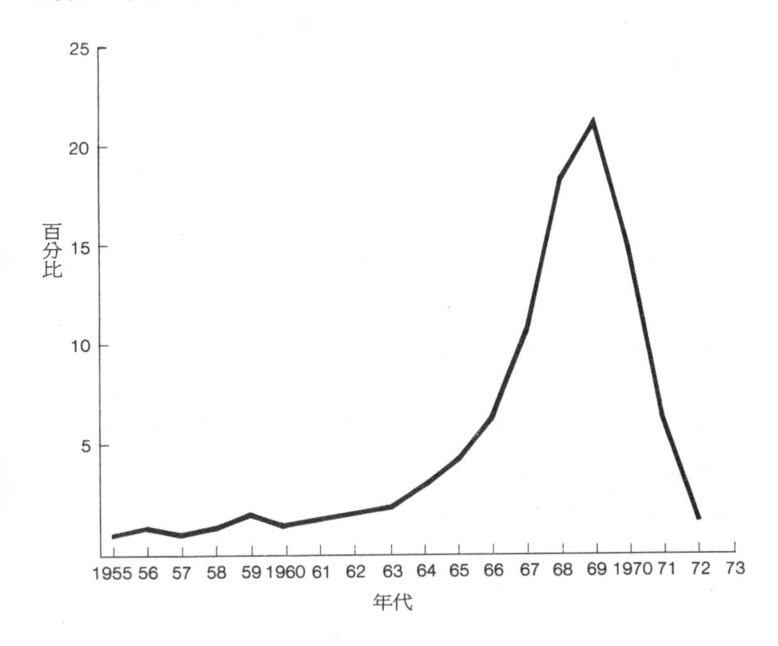

圖 4-13　華盛頓特區海洛因第一次使用者人數比率的升降

這是由一萬三千個治療中的病人中，所留下的第一次使用海洛因的記錄。各點代表該年總樣本中第一次使用海洛因的百分比 (取材自 DuPont & Greene, 1973)。

大家注意海洛因使用的原因，有一部分可能是由於海洛因會造成死亡。估計大約有千分之五的使用者因使用過量而死亡，即每兩百名中有一名。總數可能更高，例如，紐約市每年大概有一千個人因海洛因使用過量致死，相當於每年酗酒過量致死的人數。這個數目當然是一種悲劇，但由於還有很多使用者並未上癮，所以死亡並非使用海洛因不可避免的下場。

一九七〇年間，研究人員在瞭解鎮靜劑上癮方面有了重大的突破，他們發現鎮靜劑作用於大腦中相當特殊的接收位置上(見第二章)。以分子構造形狀視之，鎮靜劑有如一群稱爲腦內啡的神經傳導物質，其中之一種——enkephalin——佔據了部分的鎮靜劑受納器。嗎啡或海洛因會聯結在未被塡滿的受納器上，而解除痛苦。反複使用海洛因會減少 enkephalin 的製造，使得身體需要更多海洛因來塡滿空著的受納器並減低疼痛。當停用海洛因時會經歷到痛苦的退縮症狀，便是因爲許多鎮靜劑受納器尙空著的緣故(因爲正常的enkephalin製造量已減少)；簡言之，便是海洛因取代了體內自然的鎮靜劑。

上述研究帶來兩種重要的治療法：第一、有種稱爲鎮靜劑對抗者的藥，可阻斷鎮靜劑(如海洛因或嗎啡)的活動，由於它們對受納器比鎮靜劑本身更具親和力，因此在醫院的急救室中常使用某種鎮靜劑對抗物(如 naloxone)以扭轉某種藥物過量使用的作用。有趣的是，該藥物相當特殊，它可扭轉因某種鎮靜劑過量所引起的呼吸中樞致命性的機能下降，但卻無法扭轉其他藥物如酒精、巴比妥酸鹽所引起的機能下降。

第二、一種名爲美沙酮(methadone)的合成鎮靜劑，可透過佔住鎮靜劑接收體而防止退縮症狀，該藥物有時被用來治療海洛因上癮者。使用美沙酮也會上癮，但它產生的心理傷害不若海洛因大，而且作用持續得較久。以低劑量口服時，可壓制對海洛因的需求，也不會產生麻醉感。

戒除海洛因癮並不如已往想像中那麼悲觀。除了美沙酮之外，新近的非鴉片性對抗劑如賽克拉唑新(cyclazocine)和拿鐵克斯從(naltextrone)等已證實對戒除毒癮有很大的幫助。然而，儘管如此，仍舊有一些社會問題存在。很多戒除毒癮的人在遭受到社會上的衝突與壓力時，又開始吸毒，治療目前的上癮者，並不能解決特殊的社會環境問題。

興奮劑

安非他命(amphetamine)　安非他命是一種強烈的興奮劑。其立即效果十分顯著——機敏度、淸醒度的增加及倦怠感的減少。需要耐力和費力的工作,可藉這種藥物提高工作效率。和其他藥物一樣,這種正面效果構成其使用動機。

我們可以將安非他命的使用分爲三種形式。其基本動機可能有些不同,但對意識的影響並沒有什麼差別(Tinklenberg, 1972)。

第一種是爲了克服短期的疲倦,而服用低劑量的安非他命,如夜晚長途開車、軍事演習或爲應付考試而開夜車時。若服用適量,其正面效果將大於負面效果。

第二種(長期口服劑,服用量會逐漸增加)可能爲那些想控制體重,和想長時間抵抗疲倦及壓力的人所使用。但最後有不良的結果,如有懷疑、敵對和受迫害的妄想等心理後效(Ellinwood, 1967)。

第三種是以大量的藥劑來作靜脈注射,通常會有一種「循環鏈」的狀態——每過幾天就得注射幾小時。大都會有立即的愉快效果,但藥效一過,即隨之易怒和不安,所以需要再作額外的注射,如此循環下去,之後會有一段深睡眠,隨之會有一段倦怠和沮喪期出現。安非他命的使用者在藥效消失之後,可能會轉而尋求包括海洛因在內的鎭定劑來消除不適。

長期使用安非他命對身心健康有莫大的戕害,這些人可能會變得多疑、有敵意,並出現和急性精神分裂症者難以區分的精神病症狀。這些症狀包括偏執妄想(妄想別人在迫害自己)以及幻聽、幻覺。偏執妄想可能導致無理由的暴力,例如日本當年安非他命盛行時(在一九五〇年初期未禁售安非他命,廣告上並宣稱可「消除萎靡,讓精神煥然一新」),在兩個月中發生的謀殺案,半數和濫用安非他命有關(Hemmi, 1969)。

古柯鹼(cocaine)　古柯鹼是由古柯樹的乾葉所提煉出的物質,如同其他興奮劑一樣,可提高個人的精力和自信,使服用者自覺得聰明、機靈。在本世紀初期,古柯鹼使用廣泛並容易取得;事實上它是早期可口可樂的成份之一。之後人們使用古柯鹼的情形有所降低,但最近又有增加的趨勢,雖然目前它是屬於非法的藥物。許多年輕人選擇古柯鹼,認爲它比安非他

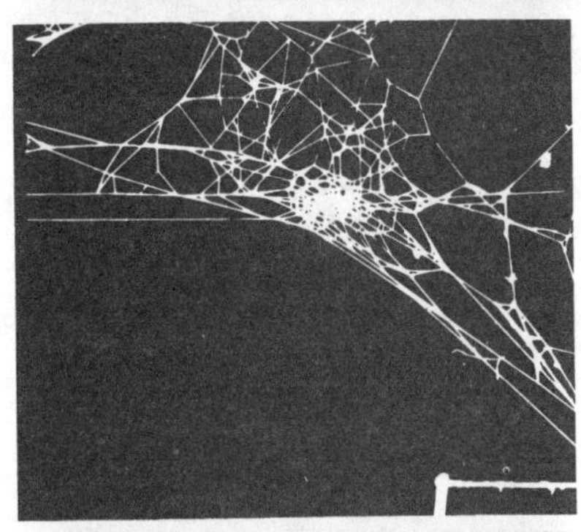

圖 4-14　受安非他命干擾的蜘蛛結網的情形

本圖是一隻蜘蛛在不同日子中所結的三張網。上圖是正常的網;中圖是同一隻蜘蛛在喝過摻有稀量右旋安非他命的水之後,於十二小時後所結的網,形狀頗不規則;下圖是復原二十四小時後所織的網,仍然很正常。

命或海洛因安全。此外，過去十年來青少年使用古柯鹼的人數增加了一倍；雖然高中生使用其他藥物的情形，自一九八〇年之後已較減少，但使用古柯鹼卻增加了(Johnston, O'Malley, & Bachman, 1986)。

有關古柯鹼作用的最早研究之一，是由佛洛伊德所提出的(1885; reproduced in Freud, 1974)。爲了說明本身使用古柯鹼，他一開始對此藥物表示極大的喜愛，並鼓勵使用，他寫道：

> 「那種歡樂和持續的陶醉感，和健康人的正常歡樂並無二致……你可感受到自我控制的增強，並擁有更多精力和能力來工作……換言之，你是很正常的，你很難相信自己是處於藥物的影響之下……可長時間進行心智或身體工作而不感覺疲倦……你可享受這種結果而不會有如同飲酒歡樂之後的不愉快後效。」

然而，佛洛伊德在以古柯鹼治療某個友人而得到悲慘的結果之後，很快地放棄了原先毫不保留的支持。該友人出現嚴重的上癮，需要的量愈來愈多，到死前都很衰弱。

古柯鹼可以鼻腔吸入方式，或作成溶液直接打入靜脈，也可作成可點燃的物質，放在水煙斗中來吸。

常使用古柯鹼，會使人產生耐藥性，雖然不如麻醉劑那般嚴重，但仍會發生。在陶醉之後的焦躁不安，在重度使用者身上會成爲一種「壓抑的憤怒感」，只有靠更多的古柯鹼來平衡。

古柯鹼的重度使用者會經歷到和安非他命重度使用者相同的異常症狀，包括幻覺和偏執妄想。一個常見的幻覺便是一道道閃光(雪光)或移動的亮光。較少見但較困擾的症狀是感覺皮膚下彷彿有蟲子在爬。其幻覺之嚴重可能會使人掏出刀子來剝出這條蟲。產生這些經歷(無感覺輸入下的感覺刺激)的原因，是由於古柯鹼會引起感覺神經細胞的激發。

迷幻藥

主要作用爲改變知覺經驗的藥物爲**迷幻藥**(hallucinogen or psychedelics)。迷幻藥常會改變使用者對自己內在及外在世界的知覺；尋常的外界刺激會被視爲新奇的事物，例如聲音和顏色會呈現戲劇性的改變。時間知覺也會改變，以至於一分鐘感覺上像一小時。使用者可能會經歷到幻聽、幻視和幻觸，而且分辨己身和外界的能力減低。

LSD(lysergic acid diethylamide)　雖然LSD是當初使用最廣的迷幻藥，但由於其危險性因知識傳播的廣泛而衆所週知，使得其使用明顯地減少了。LSD的問題之一，是效果相當具有個別性而不可預測。有些使用者會有清晰的聲色幻覺經驗，有些則有神秘或半宗教性的經驗。任何使用者都會有不良反應的現象出現，即使對LSD有許多愉快經驗的人也不例外。因爲這種困擾太嚴重了，所以LSD的使用者經常必須去尋求專業的幫助，如精神醫師和心理衛生人員對這種LSD的不良反應都有豐富的經驗。

對使用LSD的人仔細研究，顯示出LSD的藥性十分強烈，對所有的使用者都會造成某些覺知狀態的轉移(雖說用量的多少、使用者可測量的人格特徵和服用的情境，會使得藥效不盡相同)。雖然使用者會醉心於服用後產生的幻象，但通常注意力都很難集中。一般而言，對藥性有較佳控制的人，能控制服用這種藥後的狀況(Barr等人, 1972)。

大麻(marihuana)　最能引起爭論的藥物是大麻。使用者藉抽或吃大麻葉，來產生一種激動感或幸福感。

在美國，許多年輕人服用大麻的情形，就如同以前的年輕人酗酒一樣；今日對大麻限制的法律效果似乎不及禁酒期中對酒精的禁制。多年來的調查顯示，美國大學生吸食大麻的情形有顯著的增加(參閱**圖 4-15**)。

由於吸食大麻時，純度的不同及其構成活性成份量的互異，大多數有關藥物影響的研究，一直無法確定；要從活性成份的THC(Tetrahydrocannabinol)分析出之後，才得到進一步的瞭解。只要口服少量的藥劑(五到十毫克)，就會產生一陣短暫溫和的高潮；較大量服用(三十到七十毫克)，就會產生嚴重且長時間的幻覺反應。與酒精相似，反應的發生有兩個階段：刺激與愉悅階段後繼之以安詳平靜期；若飲用過量，即會有昏睡的情形產生。儘管酗酒和吸食大麻的反應類似(尤其在輕度劑量時)，但服用大麻後會發生一種特殊的時間感歪曲的現象。

泰德(Tart, 1971 a)曾對一百五十名有大麻服用經驗的人作過一番仔細的研究，而研究前這些受試者最少都有十二次以上服用大麻的經驗，並且其中大多數人，在研究期間每週至少服用大麻一次以上。就受試者的觀點，泰德建立了一份相當精確的經驗變化圖。其中包括許多感覺和知覺的變化，如時空的

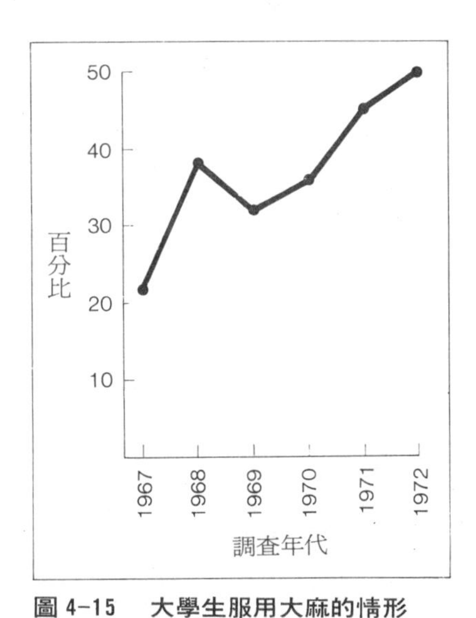

圖 4-15　大學生服用大麻的情形
圖中是曾服用過大麻的美國大學生的平均百分比(取材自National Commission on Marihuana and Drug Abuse, 1973)。

表 4-5 各種大麻藥力作用程度的特殊影響

從表中可以看出大麻藥力作用程度對行爲和經驗的影響；包括感覺更敏感、知覺經驗扭曲及干擾個人動作反應（取材自 Tart, 1971）。

大麻藥物作用的程度	行爲上和經驗上的影響
溫和	在宴會中比酒醉者更安靜
	對聲音有一種新而明敏的特質
平和	新素質的嗅覺
	在床上容易睡著
	喜歡多吃東西
	（不太能玩一般的社會性遊戲）
	（對東西的佔有慾較差）
	（開始後一直有一種愉悅感）
	（較能瞭解歌詞的意義）
平和到強烈	時間過得較慢
	走路的距離改變
	更像小孩子，喜歡談自己的過去
	物理上的鬆弛
	（視覺模糊不清）
	（難以閱讀）
	（觸覺比平常更激動、敏銳）
	（在不同樂器間有更大的空間區分）
	（視覺意象更加強烈）
強烈	（忘記談話何時開始）
強烈到非常強烈	（易於逸出題外）

扭曲、社會性知覺和經驗的變化，及許多「靈魂出竅」(out-of-body) 的經驗等。許多受試者甚至認爲他們可以藉心電感應來彼此聯繫。摘要請參閱**表 4-5**。

雖然這些狀態伴有一些現實的歪曲，但通常亦存在一種幸福愉悅感。可是，原以爲在大麻的藥力作用下，能夠奏出更佳效果的音樂家卻發現，這種狀態下的演奏結果通常很難令人滿意。

由於大麻平常的影響都是很溫和的，有人就非常懷疑對大麻吸食者，是否眞的需要重罰，重罰是否眞有效果 (Kaplan, 1970)。

大麻會干擾人們在複雜作業上的表現，低度至中度用量便會顯著影響動作協調和信號察覺（察覺一個閃光的能力）；而且追踪（追尋某移動刺激的能力）對大麻的反應特別敏感 (Institute of Medicine, 1982)。這些發現明白顯示：在藥力影響下開車是很危險的。我們很難確認有多少車禍和使用大麻有關，因為它和酒精不同，THC 在血液中迅速降低，很快地進入脂肪組織和各器官中。在大量使用大麻後兩個小時作血液分析，可能毫無 THC 的跡象，甚至旁人已可清楚看出該人受到藥物的損害。然而根據估計：肇事的駕駛者，約有四分之一是受到大麻或是大麻加上酒精的影響(Jones & Lovinger, 1985)。

大麻的作用可能在陶醉或昏睡感消失之後，仍然繼續很長一段時間。有項研究讓飛行員作模擬的起飛降落作業，結果發現：在抽過一隻含十九毫克 THC 的大麻煙後二十四小時，這些飛行員的表現仍然受到顯著的損害——雖然他們表示自己並未意知到大麻對自己的靈敏度和表現有任何後效(Yesavage, Leier, Denari, & Hollister, 1985)。上述發現使人不得不關切工作與大眾安全有關的人使用大麻的情形。

大多數探討長期使用大麻後果的研究，都因為受試者還使用其他藥物而被混淆。有個對此因素嚴加控制的研究發現，長期使用後，幾乎沒有任何可測量的後效(Schaeffer, Andrysiak, & Ungerleider, 1981)。這些受試者全出生於高加索，長於美國，是屬於某個使用大麻的宗教團體的成員，該團體禁絕酒精和其他心理活動藥物。這些受試者每天使用二至四盎斯的大麻香煙混合物，已連續使用七年，他們的尿液呈現大量 THC 的存在。然而，他們的智力水準並未受損，在其他認知表現上也正常，且無健康不良的任何徵兆。但是，抽煙的長期後果對這些人肺部的影響有待探討，跡象顯示：吸大麻對肺所造成的傷害，至少和吸煙一樣大(Tashkin et al., 1985)。

PCP(phencyclidine)　PCP 是西方社會除了酒之外，被濫用最嚴重的藥品。雖然它是以迷幻藥名目來販售(俗稱「天使塵」、「雪曼斯」和「超級酸」)，但基本上它被歸為一種「脫離的麻醉劑」，雖會引起幻覺，但也會讓使用者感到與外界脫離。

PCP 於一九五六年首度問世，作為一般麻醉之用，它的好處是可以不靠深沉昏睡來消除痛苦。但是在醫生發現該藥會產生興奮、幻覺和類似精神分裂患者的精神病狀態時，PCP 便被禁止製造。可是由於 PCP 成分便宜且相當容易製造，因此 PCP 成為其他較昂貴藥品的摻雜品，而被廣泛使用。許多以 THC (大麻中的成分)為名所販售的其實是 PCP。

PCP 可作成液體或藥丸的形式服用，但更常見的方式是以口抽(摻在大麻或香煙中)或鼻子吸取。使用低劑量時，會產生對疼痛不敏感，以及類似喝醉的經驗——迷糊、喪失抑制和不良的心理動作協調，使用較高劑量會產生類似昏睡的狀態。和使用 LSD 不同的是，PCP 使用者無法觀察到自己服藥後的狀態，且過後常毫無記憶。

人們迄今仍未完全瞭解 PCP 的作用。雖然此藥降低人們對痛的敏感度，但卻也讓人經歷到感覺輸入的升高，使人覺得受到過多刺激的轟炸。這一點或許說明了為什麼想以大聲駁倒或以肢體來應付 PCP 使用者，常會使得情況變得更糟的原因。

和一般人印象不同的是：PCP 使用者很少出現暴力。當警察或其他人試圖幫助某個看起來好似喝醉酒或生病的人時，這種被扶起、抓住的刺激會增加 PCP 使用者的警覺，在試圖掙脫時可能會傷到別人或自己，尤其是 PCP 使用者對疼痛不敏感。

藥物依賴

前述的所有藥物——或許大麻例外——都對中樞神經系統有顯著影響，而且個人會逐漸在身、心兩方面依賴這些藥物。

雖然研究顯示一九八〇年之後，用藥情形呈些微的下降趨勢，但濫用藥物仍是個重大的問題，尤其在高中生和大學生中。十一、二歲的小學生已開始使用藥物的問題，這不僅在於這些藥物對仍在發展中的神經系統可能造成的傷害，而且還因為早期的使用常是日後對藥物作更廣泛使用的徵兆。

有個對紐約州高中生所作的縱貫式研究顯示用藥過程中的階段：

啤酒、淡酒→烈酒→大麻→其他禁藥

這種順序並不表示使用某種藥物必然導致使用其他藥物；喝烈酒的學生中，大約只有四分之一會進展至吸大麻，而吸大麻的學生中也只有四分之一會繼續試用如 LSD、安非他命或海洛因等禁藥。這些學生可能在任何階段停止，但沒有人由啤酒或淡酒(不經過飲烈酒這一階段)，直接跳至使用禁藥，而且很少學生由烈酒直接跳至嚴重的禁藥，而不先試大麻這一關 (Kandel, 1975; Kandel & Logan, 1984)。由某種藥物所獲得的肯定經驗，鼓勵了個人去嘗試另一種藥物。

上述說法曾受到批評，因為吸大麻的年輕人許多並未進一步使用其他藥物。然而大量使用大麻似乎的確會增加使用其他禁藥的可能性。有項調查以二十至三十歲的男性爲對象，結果顯示：吸大麻的次數在一千次以上(大約相當於連續三年每天使用)的人當中，有百分之七十三後來試了古柯鹼，百分之三十五試了海洛因。反之，未吸大麻的人中使用上述更強烈禁藥的不到百分之一。吸大麻次數少於一百次的人，日後只有百分之七使用了古柯鹼，百分之四使用了海洛因(O'Donnell & Clayton, 1982)。可見大麻的重度使用的確增加了使用更危險藥物的風險。

人們爲何使用藥物　研究人員多次試圖找出促使人們使用心理活動藥物的人格特徵和社會因素；但是其中有些研究的對象是已經用藥的人，因此在解釋結果時必須特別留意。例如，海洛因上癮者曾被描述爲具有反社會人格，很難和他人建立關係，並藉藥物尋求逃避責任。但我們無法確定上述特徵出現在上癮前或上癮後。雖然如此，在考慮一個人是否會試用禁藥時，下列各點仍是重要的決定因素(Smith, 1986)：

(1)父母的影響。有項發現是：來自不快樂家庭、父母對孩子漠不關心或給予嚴酷身體責罰的年輕人，比來自較快樂家庭的人更容易使用藥物(Baer & Corrado, 1974)。父母的價值觀也扮演重要的角色；來自強調傳統社會及宗教價值的保守家庭的年輕人，比來自較放任、自由、鼓勵「各作各的事」家庭的年輕人，較少成爲藥物使用者(Blum et al., 1972)。或許最強烈的影響來自父母對藥物使用的程度；父母常飲酒、用鎮靜劑和其他合法藥物的孩子，也較可能使用藥物(Smart & Fejer, 1972)。

(2)同伴的影響。許多研究發現年輕人所使用各種藥物的相關，以及其同伴也是用藥者的可能性。此種發現可作不同的解釋：用藥的朋友或許促使年輕人也去嘗試藥物，或是年輕人本身用藥後，會選擇同爲用藥者的人作朋友。兩種解釋都可能是對的。

(3)人格因素。並無任何一種單獨的人格「類型」和用藥相關聯。人們用藥有許多原因，如好奇、想經驗一下一種新的意識狀態，逃避身體或心理上的痛苦，或解脫煩悶的心情。然而有種人格特質可作爲用藥的預測因素，便是社會服從性。在各種社會服從測驗上得分高的人(視自己爲依循美國社會傳統價值觀的人)，比得分低的人較不會去用藥。不服從者可能是自覺得對其他人無參與感的「獨行俠」，或是屬於鼓勵用藥的次文化的團體成員。有項對青少年所作的研究，找出幾項和社會服從性有關的人格特質，可預測個人的用藥行爲。被同班同學評爲衝動、不體貼、不值得信賴、缺乏企圖心且工作習慣不良的高中生，日後他們較可能提早使用這些藥物，並在成人時成爲重度用藥者。

上述因素可能影響最初的用藥，可是一旦個人在生理上已依賴藥物後，動機會隨之改變；個人會學得一種新的需要，此種需要的強烈使得他(她)忽略了其他所有事，只爲了下一次的「滿足」而活。

就上述藥物的使用結果調查，我們可以摘列幾個使用上述藥物的原因。這裡列出五個，每種在個人和社會上引起的危險性都不同(National Commission on Marihuana and Drug Abuse, 1973)：

(1)實驗上的使用。假若有社會環境的鼓勵，一個人可以由實驗性的使用藥物來滿足好奇心，或經歷新的意識狀態。雖然其中難免有一些風險(風險視藥劑的成分而定)，但那些風險對個人和社會而言並不高。

(2)社會娛樂消遣的使用。假若服用藥物是在能自由意願控制的朋友圈子當中發生，並且不准其使用藥來增強，就不一定會有上癮的情形發生。使用風險的增大因藥物而各有不同，例如，海洛因就大於大麻。

(3)偶發狀況的使用。這種使用是爲了某一特殊的目的，例如想解除某些症狀或改進某些結果，如準備考試、運動競賽、長途駕車或軍事戰鬥，都是偶然使用藥物的時機。除了因常常使用而養成習慣之外，它的危險性並不大。如安非他命服多了，會損害身體的功能，往往使得司機於無意中喪失了分辨能力，所以常會肇事。

(4)藥物密集的使用。這表示藥物的使用每天最少一次。一個人有這種習慣就會上癮，但其行爲在其生活範圍中，仍能保持社會和經濟的統整性。一個人可能以巴比妥鹽當作安眠藥，或服用鎮定劑來緩和緊張和焦慮的情緒，或甚至每天開雞尾酒會，都不會有任何嚴重的分裂現象。

(5)強迫性的藥物使用。這是個人先入爲主地以爲，爲避免停服後的症候，必須服用大量的藥物，也是「癮君子」唯一能適用的狀況描述。大量和頻繁地使用劇烈的藥物，往往會造成社會和個人功能的大減。但並非適用於這種分類的都是徹頭徹尾的失敗者，社會上仍有許多鮮爲人知的藥物依賴者存在，如有鴉片毒癮的醫生、服用巴比妥鹽的家庭主婦和酗酒的白領工作者等。

顯然，並無單純的「藥物問題」，在處理藥物的危險性時必須考慮到服食者的動機。若是想伸展意識狀態和經由準神秘經驗，來發現更深一層的人生意義，而過量使用藥物的話，就必須作某些考慮。諸如解決個人和社會問題的捷徑等個人再定向的呼籲，在美國已經有一段很長的歷史；而在這幾十年當中最成功的莫過於一種**正向思考**(positive thinking)方式(Meyer, 1965)。但諾言通常沒有履行，如同想透過藥物而獲得啓發，卻常會導致幻滅，有時候竟而造成悲劇。

重要討論：

濫用藥物的預防與治療

濫用藥物在美國是個重大的問題。由於問題是如此嚴重，政府與民間已投注了大量的金錢和努力，作爲預防和治療之用。

預防方式之一便是使藥物不易取得，這點有賴於法律對藥物進口和販售的限制。事實證明，過去幾百年來，每當精神活動藥物又便宜又方便取得時，使用藥物的人便佔相當大的比例(Ray, 1983)。但法律的限制無法完全防止禁藥的流通。舉例而言，由於對麻醉藥和興奮劑分子結構的新發現，使得具備適度化學知識的人更可自行製成結構、作用大致相同的新藥。因此，「地下化學家」可製造出作用類似海洛因、安非他命或古柯鹼的既便宜又合法的藥物，並作爲眞貨來販售。這類新藥都一直維持其合法身分，直到政府好不容易將它判定爲管制物質。這類藥物是造成許多死亡和永久性腦傷的元凶之一(Shafer, 1985)。

另一個預防的辦法是教導人們使用禁藥的後果。多數公立學校都開有這類課程，雖然許多人相信此課程的價值，但迄今仍未見到具體的實效。

治療藥物依賴有多種方式。有些採生物式療法，如美沙酮就廣泛用於鎮靜劑依賴患者的治療上：給予的美沙酮劑量逐漸減少，直到患者完全戒癮爲止，這段期間通常是三個禮拜，「重度癮者」需要美沙酮的時間便來得長些。有

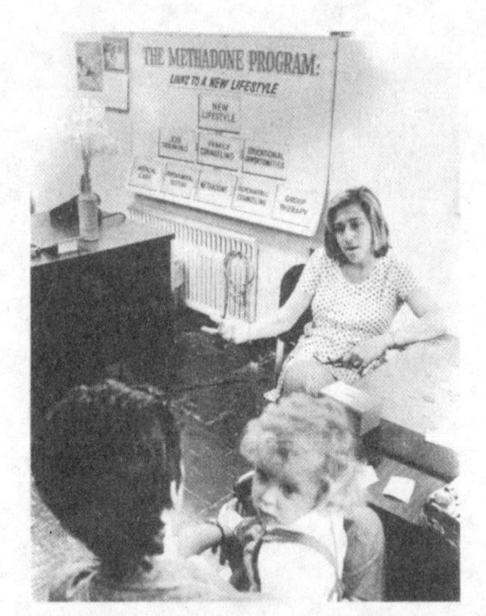

圖 4-16　患者在美沙酮治療中心內接受輔導

人批評這種辦法並未治癒患者，只是將患者對某種藥物的依賴轉移到另一種藥物上。雖然如此，這種辦法卻使許多依賴鎮靜劑的人重回正常的生活(見**圖 4-16**)。

另一種生物取向是使用**反制藥物**(disulfiram)來治療酒精中毒。這種藥會改變身體對酒精新陳代謝的能力，並引起極度的不適(嘔吐、反胃、呼吸困難)。由於反制療法得由個人每日自行施行，因此成功與否端視個人戒酒的動機有多強。對於希望保持清醒的酗酒者而言，此藥也能防止衝動性飲酒，因爲他(她)必須在吃藥後十二個鐘頭才能再喝酒。

以心理爲基礎的治療使用了許多種方法。它們敎導依賴鎮靜劑患者解決問題的技巧以及更有效處理壓力的方式，強調用藥所帶來的後果，幫助個人與他人建立更溫暖、開放的關係，並試著提供生活中的某些滿足來取代由藥物得到的「高潮」。沒有證據顯示那種取向孰優孰劣。一種藥物治療計畫的成功與否，和所使用的特別方法關係較小，和用藥者本身的態度關係較大。這個發現並非意外，我們很少會期待導致藥物依賴的長久性社會及個人問題，會因一種短暫的治療而被克服。一般而言，人們在濫用藥物之前的生活愈滿意——包括對工作和人際關係的滿意——由治療計畫獲益的可能性也愈大。曾在生活中擁有過美好事物，卻因濫用藥物而失去這些的人，戒癮成功的可能性比用藥前的生活已屬空虛的人來得大。

然而，藥物治療計畫的某些特性仍與成功與否有關：(1)住院治療計畫(藥物上癮者一起住在醫院或其他機構中)比非住院計畫更能奏效；(2)有建構、主動式的計畫比非建構、無引導式的計畫爲佳；(3)有追踪照顧的計畫比無追踪的計畫爲成功(Rosenhan & Seligman, 1984)。

許多針對酒精中毒的治療計畫，堅持按時參加匿名酗酒者(Alcoholics Anonymous, 簡稱 AA)的會面，AA 是個全球性的組織，讓復原中的酗酒者幫助其他人克服飲酒問題。它爲掙扎中的戒酒者提供了團體的支持，給予了希望；讓酗酒者明白：原爲無可救藥的酒鬼，早已恢復了清醒。雖然 AA 爲維護其成員的隱私，不希望提供作研究，但可見的證據則是令人鼓舞的(Alford, 1980)。目前 AA 成員還包括了使用酒精以外藥物的人。

心靈的未解之謎

關於心靈有許多極爲吸引人的神祕謎題，如果不考慮這些，顯然有關意識的討論便不夠完整。無論這些謎題是與古老的宗教、哲學的傳統或玄學有關，大致都不屬於自然心理學的研究範疇；然而，如果是可作探討的題目，心理學家應該可以一般的科學效標來研究(見第六章中的超感覺)。

心靈控制身體

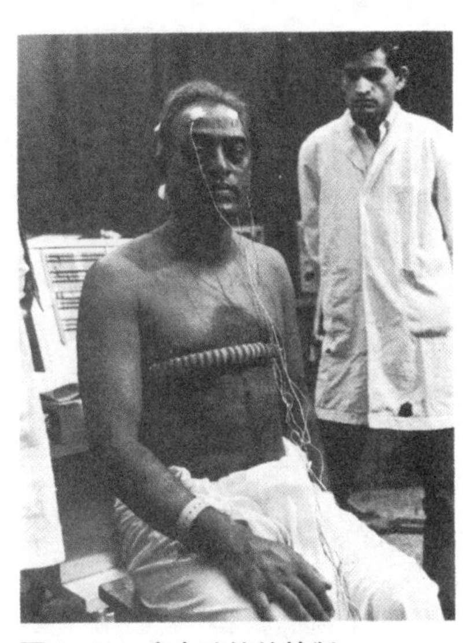

圖 4-17 生命功能的控制
這名瑜珈術者將電子感應器黏貼於身體上，俾進行 EEG、心跳和呼吸的研究。之後密閉於一只不透氣的箱子內，並減少其耗氧量。

個人的態度和預期可控制身體的運作。幾百年來，瑜珈修行者已顯示他們可對原爲非自主的身體運作過程施以相當的控制(Wenger & Bagchi, 1961)(見**圖 4-17**)。直到最近，人們還認爲只有透過長久、嚴格的練習，才能產生此種控制。目前發現似乎可藉由生理回饋訓練而獲致類似的效果，見第七章及第十四章。

一種訓練是針對腦波中 α 波的控制。α 波通常是在受試者閉上眼睛靜坐時出現。當受試者張開眼睛或運用心靈(如心算等)時，反應就會變得不規律。經由腦波圖上特殊附加設備的運用，可以將 α 波轉變爲受試者聽得到的聲音；α 波消失時聲音就不存在。因此，受試者可以由聲音來判斷 α 波是否已被記錄下來。他使用這種資訊(或稱**生理回饋**，biofeedback)，來「學習」嘗試以張開眼睛來保持 α 波(Nowlis & Kamiya,1970)。由於 α 波中的變化，是以在 α 波中「開」、「關」指令有無其間的差異來表示，以致早期的記錄多少有一些誤差。目前已知欲使 α 波消失相當容易，但要增加 α 波的控制則頗爲困難。因此，α 波控制的學習，大部分應著重在學習如何控制 α 波的消失。但這並非一般人所想要的結果。只有在抑制正常 α 波的狀況下(如昏暗的光線下)，才能藉著所示的回饋作用來增加 α 波(Paskewitz & Orne, 1973)。不論是否採用回饋訓練，高水準的 α 波和冥想打坐者所達到的平靜和超然狀態，有著密切的關係。

很多先用於動物的生理回饋實驗，現在已用在人類身上。例如，由於目前已能改變血液對雙手的分配，所以我們可以使

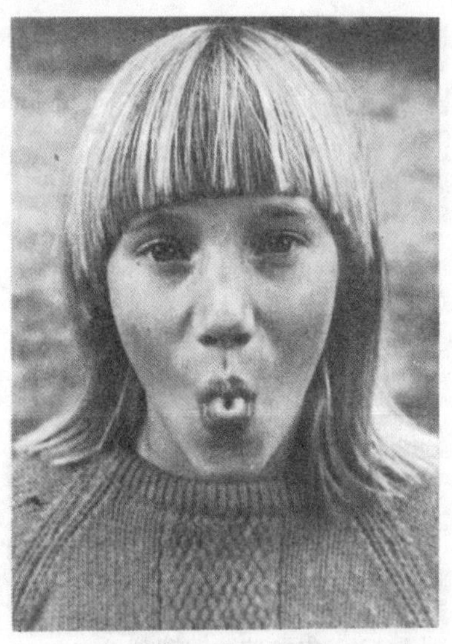

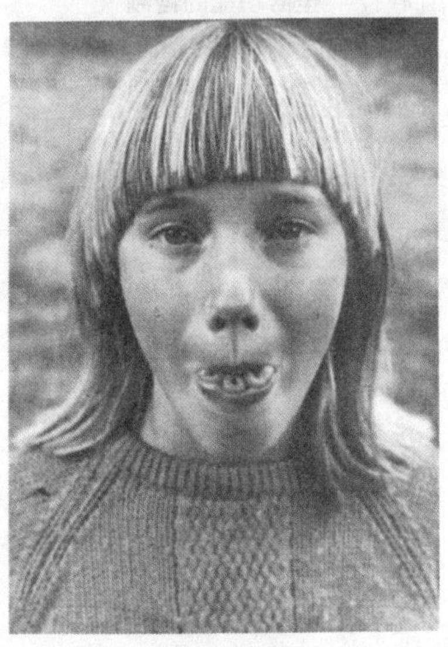

圖 4-18　肌肉的自主控制
並非所有人都能捲曲其舌頭，但是這位女士卻能隨心所欲地將舌頭捲出三個圈來(取材自 A. J. Hilgard)。

一隻手的溫度升高，而另一隻手的溫度降低(Maslach, Marshall, & Zimbardo, 1972; Roberts, Kewman, & MacDonald, 1973)。因此，無需深入的練習，實驗方法已可使很多人，輕易的達到瑜珈術者所能達到的境界。在西方國家中經由其他訓練(如**漸進的鬆弛**，progressive relaxation, 見 Jacobson, 1970)，或和催眠密切相關的一種自我控制形式的**自我訓練**(autogenic training)，亦能達到此種狀態(Schultz & Luthe, 1969)。

簡單的練習也可達成對身體作顯著的自主控制。以多數人不會做的搖動耳朵而言，便可透過耐心的練習而作成。關於心靈力量控制身體一事，並不需訴諸於宗教或其他神秘的力量(見**圖 4-18**)。

另一個例子是走過火堆——這是許多地方所具有的一種宗教儀式。在某些地區，甚至兒童也能光脚走過熱炭而不受傷(有時參與者會被嚴重灼傷，但信者卻將受傷解釋爲傷者觸怒某個「神靈」所致)。令人訝異的是：走過火堆完全可以熱與物質的物理現象來解釋。縱使炭很灼熱，但重要的不是溫度而是物質的傳熱性以及熱含量。在行走火堆一事上，我們面對的是木頭的導熱，而木頭的導熱性極低；以鋁和銅而言，其導熱性是木頭的幾千倍。更重要的是炭的熱含量；在木頭著火的最後階段，只剩下木炭，熱含量已大爲減少。因此人可在極短時間內踏過木炭，而木炭所傳導的熱不足以引致灼傷(Leikind & McCarthy, 1985)。爲了顯示對上述說明的信心，研究人員之一親自走過熱炭好幾次，結果都安然無事。另一次試驗中，他的脚趾夾了一些灰燼，結果起了幾個水泡。觀看行走火堆是個奇妙的經驗，但卻毋需以神秘的力量來解釋它。

有關心靈控制身體功能的證據，不應用來支持所謂「心靈手術」之類的騙局，這種騙局是聲稱不用手術刀，可切開皮膚、摘除有毛病的器官，再縫合傷口而不留下任何疤痕。研究人員已揭穿其中的把戲，但有關的傳說卻一時難以止息(Randi, 1982)。

心靈控制物質

有個年輕的魔術師尤瑞・蓋勒，聲稱自己具有超自然的能力而在美國和英國名噪一時。蓋勒巧妙地說服了不少科學家和少數魔術師(他們通常比科學家更能查覺出其中的詭詐)相信他的超能力(見 Panati, 1976)；而不經接觸來彎曲鑰匙及修理壞錶是他宣稱的能力之一。

在使壞錶重新走動的表演中，蓋勒要參與者拿著壞錶，並想著「動」！「動」！「動」！結果錶常會開始走動，然而卻不是由於他的能力。批評者指出大多數手錶送修的結果發現並未眞正壞掉；將錶拿著幾分鐘並觸弄活動的部分常可使它再走動。在對所謂「蓋勒效應」的一個測試中，要求六個鐘錶匠試著在打開錶檢查之前，先以握住和觸弄的方法來啓動壞錶。一週之內他們拿來了一百多個錶，結果其中有百分之五十七可恢復功能。蓋勒的舞臺表演中，曾用了十二個錶，四個恢復走動；至於觀衆所拿的十七個錶當中，有三個重新行走，此種成功的比例(二十九個錶裡面，七個恢復功能，成功率爲百分之二十七)，還比鐘錶匠低(Marlks & Kammann, 1977)。

輪　迴

有關死後復生的例子，長久以來一直是心理研究人員探討的對象(Gould, 1977)，**輪迴**(reincarnation)是其中之一，意指死亡之後生命繼續，由於死者的靈魂重生於另一個軀體(Stevenson, 1977)。

有人在被催眠的情況下，說出前世的經驗，這種案例曾被作爲輪迴的證據。個案之一是有個年輕的美國家庭主婦，在催眠狀態下，生動地描述了她名爲布麗迪・墨菲，生活在愛爾蘭的前世(Bernstein, 1956)。有人將此視爲騙局(Gardner, 1975)，但稍後的證據卻指出這種辯正的可疑性(Wilson, 1982)，而且仍存在未解的問題。雖然如此，這些案例仍非輪迴的絕對性證據。在催眠之下產生出生經驗或早期生活的種種幻想並非難事，這類證據不必太過重視。作者之一曾對受催眠的受試者暗示前世的種種經驗，結果這些受試者按照催眠者的暗示，表示自己曾於某時居住於某地，甚至當他們被暗示的前世是在某個時間住在兩個不同的地方時，他們也會作出可信的解釋，可見在催眠狀態下，幻想會被解釋爲眞實。

人類對於經歷神秘的事件具有強烈的慾望，心理學的角色不一定是要反駁玄秘的信仰，而是想理解這些想法的起源和得以持續的原因。

摘　要

1. 雖然意識狀態改變的問題，具有相當程度的趣味性，但對**意識清醒**加以仔細的研究後，發現也有問題存在。我們能同時從所聽的二組對話中，記錄下一些資料的事實顯示，意識清醒狀態並不是一種單一、簡易的狀態。另一種從意識清醒分裂出來的是計劃功能，這是一種內心的無聲交談，即使在傾聽和談話時仍能進行。一個人的注意力會轉移，警覺狀態之後可能就是一個不警覺的狀態。這種過程在嬰兒期早期就開始了，新生兒只有在警覺狀態才會轉向聲音的來源，或是用頭和眼睛來追尋一個可見的目標，這種狀態在生物生下來幾天之內發生，每天只持續幾分鐘。長大以後，我們藉著各種繁忙和無關反應的裝置，來避免陷入茫視或睡眠，以保持警覺。
2. 睡眠是一種我們所熟悉的意識改變狀態，而由於**作夢**使得它具有特殊的趣味性。使用**腦波儀**(簡稱 EEG)的研究和睡眠中**眼球快速運動**(簡稱 REM)的研究顯示出二種主要的睡眠：
   a.**REM 睡眠**(腦波是睡眠的第一階段)。
   b.所有發生在 EEG 其他睡眠階段的都稱爲**非 REM**(簡稱 NREM)**睡眠**。特殊的夢通常在 REM 睡中發生。有許多研究利用了這種測知方式，來研究當受試者作夢時，其夢境的頻率和持續時間的長短。也有不少研究是針對作夢者對外界影響的反應，以及夢話和夢遊症時的自發性行爲，而這些和 REM 睡眠似乎並沒有直接關係。
3. 意識的主要功能爲：(a)監督我們自身及外在環境，以意知到體內與外界所發生的事情；(b)控制我們的行動，使能與外在的事件配合。影響意識的所有事件並非同時位於意知的中心。有關個人事件和累積知識的記憶，雖可搜尋而得，卻不屬於意識的活動部分，稱爲**前意識記憶**。在我們未曾意知的情況下，事件也會對我們的行爲產生**下意識**的影響。
4. **意識分割**的觀念認爲思想和記憶有時可能是與意識解離，而不是被壓制在潛意識中。特殊的例子如多重人格的個案，兩個以上的人格在同一個人身上交互出現。
5. 佛洛伊德的夢的理論認爲，夢以掩飾的方式來表示未能達成的慾望，夢和掩飾的目的主要在保護睡眠。動物和新生兒 REM 睡眠的普遍性，使我們對心理分析所闡釋的一般性產生懷疑。

6. **催眠**雖然有時也被認爲是睡眠的一種，但卻產生和睡眠不同的腦波。到現在爲止尚未有清楚的生理指標來定義這種狀態。
7. 每個人對催眠的敏感度都不同，大約四分之一的大學生，在第一次接受催眠時，就能產生相當令人滿意的催眠反應。心理學家曾試圖找出爲什麼有些人較易於接受催眠的原因，結果發現，能利用幻想將現實拋在一旁的人較易於接受催眠。雖然我們無法否認天賦的影響，但這種能力導源自兒童期經驗卻是無庸置疑的。
8. 典型的催眠反應包括對動作控制的增加或減少，來自催眠後失憶、年齡回歸的記憶扭曲，以及肯定和否定的幻覺。減除痛苦是否定幻覺的一種，是催眠運用於治療灼傷和婦產科、牙科和手術上的例子。
9. 有關催眠的理論一直是爭議的根源，每一種理論都解釋了催眠行爲的某部分，卻沒有一個理論能解釋所有的現象。隨著對事實資料的較多認同，這些理論已逐漸採互補而非對抗的立場。
10. 由於對意識狀態改變所產生新的興趣，導致西方世界採用了**瑜珈**或**禪宗**的打坐練習。這些打坐練習在實驗的狀況下研究，許多受試者在實驗後都表示，這種練習可以達到鬆弛與令人滿意的心理狀態的效果。
11. 長久以來人們就常使用藥物來影響意識狀態。能造成**精神活動**的藥物包括海洛因和巴比妥鹽等**鎮靜劑**，古柯鹼及安非他命等**興奮劑**，和如 LSD、大麻和 PCP 等**迷幻藥**。雖然依賴性會造成習慣，但不一定會達到「上癮」這個字所意謂的強迫使用程度，並且，並非所有的藥物都會產生強烈的退縮症狀。
12. 酒精對許多大學生而言，是社交生活的一部分，但它卻會帶來嚴重的社會、心理及醫學問題。長期的重度飲酒會導致酒精中毒，特徵是無法戒絕或對飲酒一事無法控制。
13. 藥物的使用，有的人是想試試看，有的是偶然的社交性使用，有的是看情況使用（如爲個人的特殊目的），如果使用頻繁或習慣性使用，最後終會上癮。對個人和社會而言，減少藥物使用風險的公衆責任問題，隨著藥物的種類和使用目的而不同。有時，使用某一種藥物會達到像流行病一般的比率，但如同其他流行病一樣，最後終於變成可以控制的。

14.許多因素可能促成人們的用藥行為，如不快樂的家庭生活、放任的父母或父母本身也用藥、同伴的影響以及缺乏社會服從性。

15.心靈對身體運作的控制力毋需訴諸於神秘的信仰或超自然過程。利用**生理回饋**法已發展出在正常狀況下非自主歷程的控制法，其中將受試者的電反應，轉變成他能藉著學習來控制的聽覺信號。其結果是，有些和打坐有關的生理變化能很快的達成。有些「神奇」的事件，如走過火堆，便可以平常的物理現象來解釋。作為一門科學，心理學應該對種種不尋常或意外之事作開放的探討，但它必須保存懷疑的態度。

進一步的讀物

對意識狀態及有關論題作一般性討論的書有：Tart(ed.), *State of Consciousness*(1975); Pope and Singer(eds.), *The Stream of Consciousness*(1978); Bowers and Meichenbaum(eds.), *The Unconscious Reconsidered*(1984)。分割意識的論題則見 Hilgard, *Divided Consciousness*(1977); Kluft(ed.), *Childhood Antecedents of Multiple Personality*(1985)。

睡眠和夢的書包括：Arkin, Antrobus, and Ellman (eds.), *The Mind in Sleep*(1978); Cartwright, *A Primer on Sleep and Dreaming*(1978); Drucker-Colin, Shkurovich, and Sterman(eds), *The Functions of Sleep*(1979); Hauri (ed.), *Sleep Disorders*(1982)。

有關藥物的一般教科書包括：Julien, *A Primer of Drug Action*(4 th ed., 1985); Ray, *Drugs, Society, and Human Behavior*(3 rd ed., 1983); Schuckit, *Drug and Alcohol Abuse*(2 nd ed., 1984)。美國藥物局在 *Marijuana and Health*(1982)中列出有關大麻作用的研究發現。Kaplan, *The Hardest Drug: Heroin and Public Policy*(1983)則討論海洛因的法律及社會問題，並評估各種解決的辦法。

有關靜坐技巧見 Goleman, *The Varieties of Meditative*

Experience(1977); Naranjo & Ornstein, *On the Psychology of Meditation*(1977)。以靜坐放鬆的書見 Berson, *The Relaxation Response*(1975)。討論運動員放鬆與心像的書見 Syer and Connolly, *Sporting Body Sporting Mind: An Athlete's Guide to Mental Training*(1984)。

討論催眠的書為數頗多，E. R. Hilgard, *The Experience of Hypnosis*(1968)包含了催眠方法、理論和實驗結果。其他還有 Fromm and Shor(eds.), *Hypnosis: Developments in Research and New Perspectives*(2 nd ed., 1979); J.R. Hilgard, *Personality and Hypnosis*(2 nd ed., 1979)。

討論神奇和超自然現象的書有許多，但具有科學成就的極少。對各種觀點作較完整收集的有：Wolman, Dale, Schmeider, and Ullman(eds.), *Handbook of Parapsychology*(1977)。除了較常見的超心理學問題外，此書還包括討論輪迴的兩章。至於批評僞科學事物的有：Gardner, *Science: Good, Bad and Bogus*(1981); Frazier(ed.), *Science Confronts the Paranormal*(1986); Kurtz(ed.), *A Skeptic's Handbook of Parapsychology*(1985)。

第五章　感覺過程

心理物理方法　220
絕對閾
差異閾
配對與估計
單細胞記錄
重要討論：ROC 曲線
視　覺　227
視覺系統
光線強度的視覺
色　覺
重要討論：色覺理論
視覺訊息的神經處理
圖形的辨識
聽　覺　246
聽覺系統
聲音的聽覺
音　頻
重要討論：聽覺理論
重要討論：義耳和義眼
聲音的定位
其他感覺　259
嗅　覺
味　覺
皮膚感覺
運動覺和平衡覺
感覺的編碼　266

世界上所有訊息都透過我們的感官，傳達給我們。在接近危險時，它們會提出警告，並提供我們解釋事情和因應未來所需的訊息；同時它們還給我們快樂和痛苦。我們如何區別顏色、判斷酒的品質，或爲音樂的旋律所感動呢？這些都是必須回答的問題，因爲這些是檢視更複雜心理現象的基礎。

爲了瞭解行爲，我們必須知道感覺機構的構造及其調節視覺、聽覺、觸覺、味覺等感覺的方式。知覺並非只是對簡單刺激的區別作用，人類必須闡釋並對各種刺激型態作反應，從環境的各種刺激中，選取其需要的訊息。本章所要討論的，是各種特殊感官在知覺上所扮演的角色，下一章則討論和複雜物體及事件有關的因素。

感覺過程的研究，有兩種不同但關係密切的研究方向：基礎研究和應用研究。基礎研究的目的，在發現感覺器官對之作反應的環境因素，及它們如何記錄輸入訊息、如何傳到腦中，這些知識是瞭解高層認知過程的第一個步驟。由於我們的科技愈來愈複雜，所以也就愈來愈依賴人類正確的知覺差異。一個雷達操作員必須能區別雷達幕上的小光點，以指出飛行物的通路；一個聲納器的操作員必須能區分魚群或潛艇的回聲；一個飛行員必須能檢校各種儀器並作適當的調整；在失重和正常功能加速變化的狀況下，一個太空人要能作無數複雜的辨別。經由感覺過程的應用研究，科學家想找出區別和闡釋感覺刺激的能力的決定要素，俾其能力能符合任務需要。對感覺機構之分析的基礎和應用性研究，相當有助於我們瞭解這些現象。

所謂感覺或知覺某件事物，是指透過我們的感官去瞭解它。我們是如何作的呢？希臘哲學家迪瑪克萊特斯(Democritus,420 B.C.)主張，我們是藉著由外界物體傳送給我們的一些小的、模糊的**物體複本**(eidola)來知覺事物(Jung, 1984)。這種想法成爲可稱之爲**複本理論**(copy theory)的基礎。根據這種理論，複本透過感官進入身體，並且由感覺的靈魂攜帶，沿著假想的管子到達大腦的感覺區，此處是喚起知覺經驗的區域。這種我們藉著某種「複本」來知覺的想法，於本世紀前半期中，在知覺領域裡佔有優勢地位，雖然當研究者學到更多有關感覺刺激的物理學，以及感官的生理學時，這個理論的特性便隨著改變。特別是在科學家發現神經反應具有電動的特性之後，複本就被看作是電性的複本——也就是當一個物體呈現在感官之前，大腦中的一個區域會隨物體的形狀而有電衝動。複本理論在解釋一般知覺常識時，仍然有被考慮的價值(Held, 1965)。

在西元一八二五年，穆勒(Johannes Müller)提出一個不同的想法。他的理論認爲，刺激到達我們的感官後，引起感覺神經的反應，而每條神經會引起特定類型的感覺。他的高徒赫姆霍茲(Hermann von Helmholtz)將此想法往前推一步，他提出每個**個別神經纖維**(individual nerve fiber)激發特定的感覺，而神經反應的級數(神經衝動的比率)決定知覺到的感覺強度。這樣的一套系統使我們能夠知道環繞在我們周圍的東西是什麼，因爲神經和感覺的激發是直接與外界的刺激有關聯的。

在赫姆霍茲的觀點裡，每個細胞都包含有一個**過濾器**(filter)(或是在細胞前面)，此濾器只允許某套經過選擇的刺激來激發細胞。以一般想法看，濾器是指任何可使某些東西通過，另一些東西則留下的裝置。廚房的濾器就是個好例子：水可以通過，但是義大利麵就不行。在感覺系統中的濾器能夠使某些訊號通過；而排除掉其他的。舉例而言，一個感覺濾器能只讓藍光通過而濾掉其他顏色的光線。感覺系統裡，前面有濾器的細胞只對通過濾器的信號反應，這樣的細胞稱爲與這些信號**同步調**(tuned)。不同的細胞含有不同的濾器，所以會對不同組的刺激作出反應。赫姆霍茲認爲在感官中的細胞與大腦感覺區域中的細胞之間，有一對一的連結存在，當這些大腦感覺區中的細胞有一個反應時，就有一種特定的感覺被引發出來。因此，根據這個假說來看，一個場景在我們腦中所呈現的並非是一幅圖畫，而是由特定刺激激發特定神經反應後，所編碼的消息引起的特定感覺。這套想法稱爲**特定神經碼假說**(specific neuron code hypothesis)。

當赫姆霍茲的助手馮德(Wilhelm Wundt)在十九世紀末創設心理學時，他的目標是在化學之後塑造一門新的科學領域。他想將人類的經驗分解成基本元素，並分析它們間的關係爲何。他的分法稱爲**內省分析法**(analytic introspection)，這是一種高度控制的現象觀察法，此法訓練觀察者描述他們自己現在對某些事件、物體的個人經驗。馮德推論這些經驗的基本元素就是感覺。他認爲感覺是經驗的單位，且不可分割，只能以特性及強度來描述。所以，「鮮紅」可用來描述視覺，而「大聲」、「高音」則是描述聽的感覺(Boring, 1942)。

從馮德時代起，感覺研究原則上的目標就由經驗的描述轉移到一個更寬廣的問題上，即刺激是如何被知覺者所經歷而引導出行爲。方法也同樣跟著這種趨勢改變。雖然較好的方法通常仍是實驗法，但今天大部分的實驗測量受試者在一項作業上的表現時，已不單單是記錄他們的內省報告，而是將該項作業依答對或答錯，給受試者打分數。由於感覺進行過程之生物基礎的研究，與感覺作業行爲的研究有密切關聯，因此，研究感覺歷程的方法中，較佔優勢的是認知的和神經生物學的方法，而現象學的觀察法只扮演了次要的角色(見第一章)。

馮德和赫姆霍茲將感覺和物體的知覺，作了一個明顯的區分，今天這種區分似乎已不再那麼明顯。**知覺**(perception)現在是一個普通的詞，用來描述我們如何去瞭解在我們周遭的事物的一整套過程。它看來是一套由多重階層、彼此有交互作用的系統所構成的集合。**感覺歷程**(sensory processing)則屬於這套系統中較低階層的部分，而這部分與感官間有緊密的關聯。感覺歷程將我們接受到的刺激作過濾選擇，而後提供一個**表徵**(representation)，較高層次的歷程則用此來組合形成我們所見的場景的表徵。

心理物理方法

在感覺心理學中，**刺激**(stimulus)是指我們感覺到的物理能量的一種形式。**區辨**(discrimination)是指能將兩個刺激分開來。我們表示能區辨不同刺激時，是用對不同刺激作不同反應來表示。這能夠用客觀的實驗來評定，大部分的**區辨實驗**(discrimination experiment)是測量絕對閾或差異閾。

絕對閾

在黑暗的房間裡，要從黑暗中分辨出一個小光點，必須使小光點達到某一可估計的強度；在隔音房間中，聲音必須達到某種強度以後才能聽到。換句話說，在引起任何感覺經驗之前，感覺器官接受的刺激必須達到某一最低強度。刺激感覺系統所需的最低物理能量，稱爲**絕對閾**(absolute threshold)。絕對閾可以由個人是否對一系列已知強度的刺激有所反應來決定。然而，就這種程序而言，使用「絕對閾」這個名詞多少有點不當，因爲研究者並無法找到一個單一的強度值，使得受試者在該值之下完全偵測不到該刺激，而在該值之上則又能完全偵測到。相反地，刺激的物理能量強度的移動，是從沒有效果到有點效果(即有時可測知，有時不能)，最後再到完全有效果。

有點效果的區域，可參閱**圖 5-1**，由圖上可看出來。圖上的曲線稱爲**心理物理函數**(psychophysical function)曲線，因爲它顯示了心理變項(感覺刺激的經驗)和物理變項(刺激強度)間的關係。它記錄下受試者對某一物理能量刺激的答案，爲「不錯，我感到有刺激了」的次數百分比。在本例當中，所有的受試者皆無法測知三單位以下的刺激，而在九單位以上則所有的人皆可測知。從三單位到九單位之間，測知的比率逐漸上升。

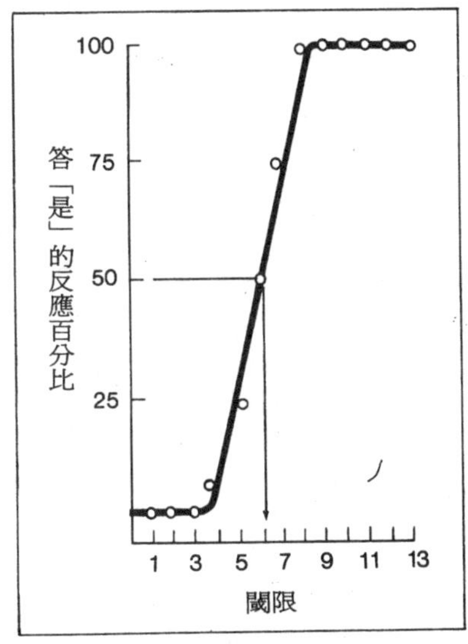

圖 5-1 心理物理函數曲線
將受試者的反應爲「不錯！我測知到刺激」的次數百分比，畫在縱座標上，而將訊號的物理能量的數值畫在橫座標上。在各類感官上都可求出心理物理函數，假若是一種視覺作用的話，就稱爲視覺頻率曲線(frequency-of-seeing curve)。

如果結果可以像**圖 5-1** 一樣，用心理物理函數來描述時，我們如何用某刺激的大小來定義閾限呢？閾限點是否就是受試者能感受的最低點(本例中大約是三單位)或是能百分之百反應的點(本例中爲九單位)呢？顯然，閾限的定義多少是任意性的。就某些理論觀點基礎而言，心理學家同意把絕對閾定義在刺激值的次數百分比爲百分之五十的點上。所以，就**圖 5-1** 而言，絕對閾爲六單位。

利用有意義而直覺的物理量度，來估計各種感官的絕對閾，如**表 5-1** 所示。當然，絕對閾因人而異，一個人的絕對閾會時常改變，端視其身體狀況、動機狀態和觀察時的狀況而定。

差異閾

就好像引起感覺經驗，需有最低的刺激量一樣，任意兩刺激間也必然有差別存在。這種能感覺出差異的兩刺激間的最低量就是**差異閾**(difference threshold)。在區分兩種紅色前，必有定量的差別存在；在判別兩種聲音的音量何者較強以前，必

表 5-1 絕對閾的一些近似值
表中列出不同感官絕對閾限的近似值。

感覺方式	閾　　限
視　覺	晴朗的黑夜中，三十哩外的燭光。
聽　覺	安靜的狀況下，二十呎外錶的滴答聲。
味　覺	二加侖的水加一茶匙的糖。
嗅　覺	一滴香水擴散到一整棟六層樓公寓。
觸　覺	從一公分外，一片蒼蠅翅膀落在你臉頰上。

有強度差別存在。因此，在不能測知到能測知(絕對閾)，或是無差別到有差別(差異閾)間，我們可以把閾限指認出來。

和絕對閾一樣，差異閾是由統計數量來定義的。它是讓一個人偵測出兩個刺激間差異的次數，恰好爲百分之五十的物理能量變化。心理學家經常用**恰辨差**(just noticeable difference, 簡稱 j.n.d.)來表示這種變化量。

人類和大多數動物有一個明顯的特徵，即差異閾的數值往往是該刺激強度的一個固定分數，例如，以一個人判斷重量來作差異閾的估計。假若給他一百克重，我們可以發現其差異閾是二克，也就是說，要他能測知 j.n.d.的次數百分比爲五十的最低重量爲一百零二克。假若給他二百克，差異閾即爲四克；四百克爲八克；八百克爲十六克。因此，差異閾與重量的關係可用一個常數來表示：

$$\frac{2}{100}=\frac{4}{200}=\frac{8}{400}=\frac{16}{800}=.02$$

上述關係稱爲**韋伯律**(Weber's Law)❶，因紀念恩斯特・韋伯(Ernst Weber)而得名。以數學上來說，假若 ℓ 是刺激的基數，$\triangle \ell$ 是一個 j.n.d.所需的刺激增量，那麼

$$\frac{\triangle \ell}{\ell}=k$$

在這裡 k 是和 ℓ 無關的常數。k 的大小稱爲**韋伯常數**(Weber's constant)。上述例中 k＝.02。

表 5-2 表示各種感官的韋伯常數值。由廣大的值域可以看出，某些感覺系統對物理環境的變化較爲敏感。

我們可以從每天的經驗當中，來觀察韋伯律的近似值。從洛杉磯到舊金山的航程，增加二十分鐘可測知爲 j.n.d.，但從舊金山到倫敦增加同樣的時間，則根本不太能感覺得到；一件襯衫成本漲了一百元很令人注意，但一整套衣服的成本漲了一百元則不算什麼。

推想支持韋伯律的各種感覺系統，是很有趣的，由此又可

❶有關韋伯律的國內研究，可參看《臺大心理系研究報告》第九期的三篇文章：1.〈角度與韋伯定律〉（江清源等人，民 56）；2.〈圓形與韋伯定律〉（林心智等人，民 56）；3.〈立方體與韋伯定律〉（劉英茂等人，民 56）。

感覺方式	韋伯常數
音調的高低	1/333
從皮膚或皮下組織深壓下去	1/80
視覺的光亮度	1/60
舉重	1/50
音量大小	1/10
皮膚壓力	1/7
食鹽水的味覺	1/5

表 5-2　韋伯常數

從表中可看出各種感官的韋伯常數值，常人對聲音音調的變化最敏感（表中資料從各方面取材而來，數字是約略的估計）。

以得到許多理論。在此我們不擬討論這些理論，但這些理論卻比韋伯律複雜。在感覺向度的範圍為中等強度的狀況下，韋伯律相當準確，但在極端的狀況下，它就多少有些錯誤了——尤其是對低強度的刺激。

雖然韋伯律是為建立閾限的公式而發展出來，但是沒多久費希納(Fechner, 1860)卻將之延伸、發展出計算感覺經驗的尺度。透過連續 j.n.d.的相加，他發展了一個尺度，可以測出一個刺激高於閾限的程度，同時可計算出兩刺激間的心理距離。他的公式，一般稱之為**韋伯-費希納律**，是以對數形式，來表示感覺經驗和物理刺激強度間的關係。這種對數方程式雖然不見得完全正確，但已運用到各種深入的實驗上。這種感覺經驗和物理刺激強度間的關係方程式，經證明對工程師在設計電話、電視映像管、錄音帶和其他型式的交通設備上，有極大的幫助。它們告訴設計家，在不同的狀況下，到底信號的強度應該是多少，才能正確地偵察到。

配對與估計

感覺心理學家發現要求受試者描述他們的經驗是有用的，不論他們是否能發覺到此刺激。通常給受試者一個控制刺激，而且要求他去適應這個刺激，直到在表面上或在某些向度上能和另一個刺激配對在一起。例如，研究者可說：「改變一個光的強度直到它與另一個光線的亮度相當，而不管顏色。」此法稱為**知覺上的配對**(perceptual matching)。

有些時候，受試者被要求說出一個刺激在某知覺向度上的大小，例如聲音的響度。在**大小估計法**(method of magnitude estimation)(Stevens, 1975)中，實驗者呈現一個標準刺激，並指定一個值作為它知覺上的大小，如響度十。接著，依隨機次

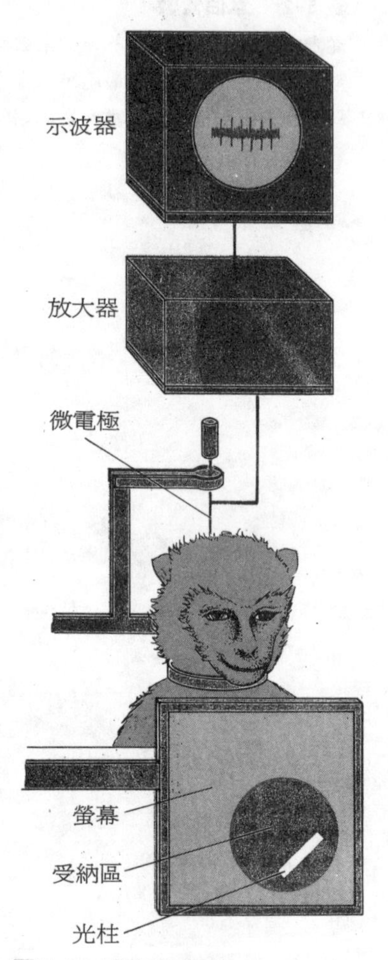

圖 5-2　單細胞記錄

麻醉的猴子被安置在一個能固定其頭部的裝置中，並投射一刺激（通常是閃光或移動的光柱）於螢幕上。將微電極植入猴子的視覺系統中以偵測單一神經細胞的活動，並將此活動放大呈現在示波器上。

序呈現其他刺激，受試者須以實驗者對標準刺激所指定的數值爲基準，給這些刺激一些數值來表示它們相對於標準刺激的大小。因此，若一個標準刺激被定爲響度十，受試者聽到兩倍響度的刺激時，就以二十表示，若是只有一半，則以五表示。注意，這裡受試表示的是知覺上的大小，而非物理量度上的大小，通常，在知覺上是兩倍強度的刺激在物理上的強度會大於兩倍。此爲所有感覺系統的通則。

單細胞記錄

當一個刺激衝擊一個感官的時候，在器官和它的神經通路上會有相關的**神經事件**(neural event)。這些神經事件可被想像成是感官傳送給大腦的訊息，上述的心理物理方法是直接用來研究這些事件。它也有可能直接用電子活動來記錄個別的受納器以及神經的反應。

一個典型的**單細胞記錄**(single-cell recording)實驗以圖示在**圖 5-2**，這是一個視覺的實驗，但是相似的實驗過程也可用來測試其他的感覺。一隻動物(在此個案中是一隻猴子)被放置在一個拘禁牠的裝置內，而且牠的頭是被固定住的，牠被麻醉了，所以不會感到痛苦，也可以防止牠的眼睛移動。在牠面前擺著一個螢幕，螢幕上呈現的刺激是事先設定的，一根細線(微電極)插在牠的頭頂，並由一個在牠顱骨上挖的小洞中插入到視覺皮質中一個選定的區域裡。這個電極被設定好，在該動物的眼睛受到刺激時，可記錄到單一神經細胞的電流反應。這些微弱的電流信號被放大並顯示在一個示波器上，此示波器藉由改變電流伏特來改變電流信號的圖形。當大部分的神經發出一連串的神經衝動時，在螢幕上會呈現垂直的長條。卽使沒有呈現刺激的情況下，仍會有許多細胞以緩慢的速度作反應(**自發性的活動**，spontaneous activity)。如果呈現的刺激是神經敏感的，則會看到有快速連結的長條。此電極可移去測試不同的細胞。

重要討論：

ROC 曲線

閾限建立的問題可由下列實驗來說明。假若想知道一個人察覺微弱信號的可能性，我們可以安排一個包含有一系列訓練嘗試的實驗，每個訓練嘗試都是先出現警告燈，再出現聽覺信號，受試者必須指出他是否聽到每個試驗的聲音。假若在一百次試驗當中，受試者可以聽到六十二次，則這個結果要如何解釋呢？每個試驗的信號完全一樣，受試者的反應可能可以告訴我們他的察覺測知能力。但假若受試者知道在每個嘗試都會出現相同的信號，那他怎麼會去說他沒聽到呢？其實他可能完全沒有聽到，但我們是先假設每個受試者都是誠實的，並且都儘可能的想把工作做好。然而，測知一個非常弱的信號並非易事，即使是一個很誠實的人，也難以在每次試驗中都能肯定的回答「聽到」或「沒聽到」。此外，動機和期望也都可影響我們的判斷，為了向實驗者表現他敏銳的能力，一個最可靠受試者的回答也可能不自主傾向於「是」的反應。

為了解決這個問題，可利用**陷阱試驗**(catch trial)——試驗中並無信號出現——測出一個人的反應。以下是數以百計的試驗當中，信號不呈現的百分比為百分之十所得的結果。

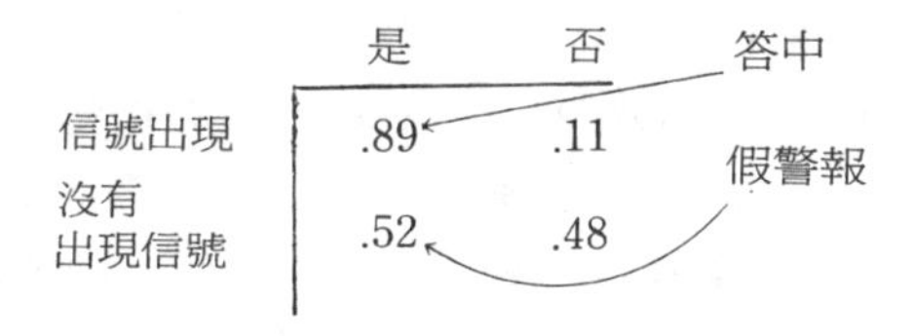

表上的每一欄都表示聲音出現與不出現時，受試者答是或否的情形。例如在信號出現時，百分之八十九的嘗試回答是：「不錯，我發現了信號。」我們稱這種正確的反應為**答中**(hit)，當聲音未出現而受試者的回答卻為肯定時，我們稱之為**假警報**(false alarm)。例中，答中的機率是.89，而假警報的機率為.52。

信號不出現時，受試者發現信號的機率居然高達.52，這種結果我們要如何解釋呢？可能是受試者不注意或不小心的緣故。即使在最佳情況下，受試者亦可能作出假警報。多作一些額外的觀察，可能就可以求出假警報的答案，例如，受試者在數天當中接受同樣的試驗，信號不出現的百分比則每天改變。這種信號不出現的百分比，從百分之十到百分之九十，其實驗結果詳閱**圖 5-3**。由資料顯示，信號出現或不出現的比例的變化，都將導致答中和假警報的改

不呈現信號的百分比	答中的機率	假警報的機率
10%	.89	.52
30	.83	.41
50	.76	.32
70	.62	.19
90	.28	.04

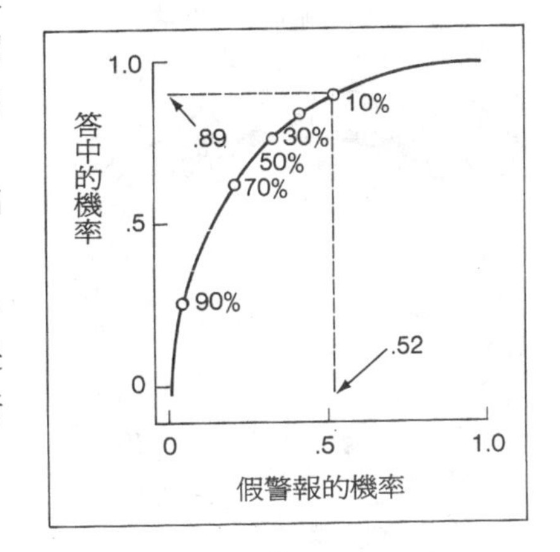

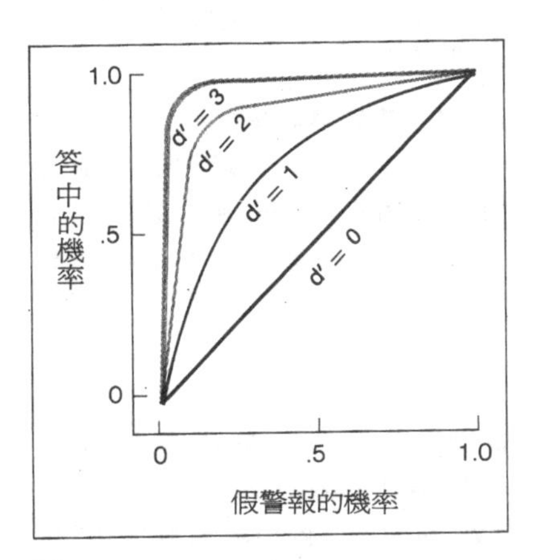

圖 5-3　ROC 曲線

本圖顯示不呈現信號的百分比增加時，答中和假警報的百分比變化的情形。上圖相同的資料，組合成一條 ROC 曲線；下圖以各種不同的值——d'，來表示 ROC 曲線；聲音強度愈強，d' 值愈高。圖中的 d' 值為 1.18。

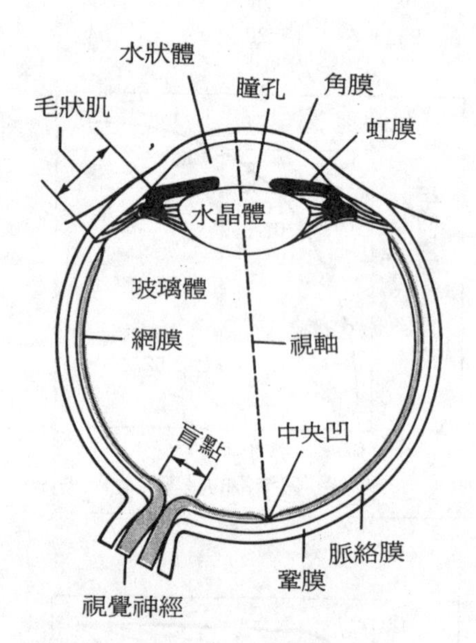

圖 5-4　右眼球的結構圖

光線進入眼球後，經過以下的構造而到達網膜：角膜——一個硬的透明薄膜；水狀體——水狀的液體；水晶體——是一個透明體，其形狀可由毛狀肌控制改變，以便將不同遠近的物體聚焦在網膜上；玻璃體——果凍狀的透明物質，充滿在眼球中央腔內。進入眼睛光線的量則是由瞳孔來調節，瞳孔是在眼球前方由虹膜形成的一個小洞。虹膜是由環狀的肌肉構成的，能夠收縮或舒張，因此可以控制瞳孔的大小；虹膜的顏色也決定了眼睛的顏色（藍色、棕色等等）（取材自 Boynton, 1979）。

變。例如，不管誠實與否，當不呈現信號的比率增加以後，受試者答否的反應會增加，換句話說，對信號不呈現的期望使他避免答「是」，結果答中和假警報的機會減少。

很明顯的，受試者對一已知強度的聲音的測知機率並不一定，隨信號不呈現的百分比而變化。這種實驗第一眼給人的感覺是沮喪的，一個人可能會懷疑，是否能設計出一種簡單的估計法，來描述受試者對一種特殊聲音的敏感度水準。很幸運的，最近的發展已為我們提供一個聰明的答案，它包括繪下答中和假警報的機率——如同**圖 5-3** 的上圖一樣。例如，當信號不呈現的機會是百分之十時，答中比率為.89，假警報比率為.52，此點卽圖上最右邊的一點；同理，再繪下其餘各點，我們發現，這五點形成一個系統的曲線。如果我們改變信號不呈現的百分比，答中和假警報的機率將和表上所列的不同，但一定會落在曲線上的一點，這種曲線稱為**收受者操作特徵曲線**(receiver-operating-characteristic curve, 簡稱 ROC)。

圖左各點表示一個固定信號的強度。聲音愈強，ROC 曲線的彎曲度越大；反之，ROC 曲線就越接近對角線。所以，ROC 曲線的彎曲度由信號的強度來決定。通常以 d′ 值來表示。**圖 5-3** 的下圖說明 d′ 由 0 到 3 的 ROC 曲線。

因此，答中和假警報的比例，可以轉換為心理向度上的 d′ 值，藉以估計一個人對某特定信號的敏感度。對一固定的信號而言，控制了不呈現信號的百分比或其他變項，對答中或假警報都會有影響，但其比率都會落在由 d′ 值所決定的 ROC 曲線上。以這種理論為基礎，來估計敏感度的方法，稱為**信號察覺理論**(signal detectability theory)(Green & Swets, 1966)。

即使像信號察覺如此簡單的工作，其結果並非只是信號強度的作用而已，還得視個人的經驗、動機與本身的期望而定。這種信號察覺理論，可使個人區分出這些個人因素，以求得感覺過程的純粹估計量。這種估計量 d′ 的測量，能夠說明個人感覺能力的特性，而不受影響判斷的其他非感覺變項的影響。

視 覺

各感覺器官都能對特殊型態的物理能量起反應。眼睛可以感受到在空間中運行的電磁能——即我們所說的光線。電磁能以波狀運行，而其波長的變化甚鉅，從最短的宇宙光(約十兆分之一吋)到波長數哩不等。人眼所能感覺的光線波長大概在三百八十微米到七百八十微米之間，一個微米是一萬兆分之一(10^{-9})公尺，所以人眼所能看見的，實在只是電磁光譜的一極小部分而已。

三百多年前，牛頓由太陽光通過稜鏡的實驗中發現，太陽光具有和彩虹一樣的繽紛色彩。其顏色和波長具有相關性，其中以紅色的波長最長，藍色的最短(參閱**圖 5-14**)。

眼睛也對光波以外的刺激型式產生反應。按住眼球或以電流刺激腦中的某些部位，將可產生光的感覺。這些觀察指出，光的經驗是一種由視覺系統產生出來的。電磁光譜中可看見的部分稱爲**光**(light)，就是因爲它通常造成光的感覺。

視覺系統

眼睛的主要部分可見於**圖 5-4**。眼睛的呈像系統有**角膜**(cornea)、**瞳孔**(pupil)、**水晶體**(len)。角膜是眼睛表面一層透明的結構，光線通過角膜進入眼睛時，角膜會使光線在呈像之前產生彎曲，然後由水晶體把光線聚焦在**網膜**(retina)上(見**圖 5-5**)。當物體與我們的距離不同時，水晶體在聚焦時形狀也會隨之改變。物體在近處時，水晶體會彎曲成球狀，在遠處時則

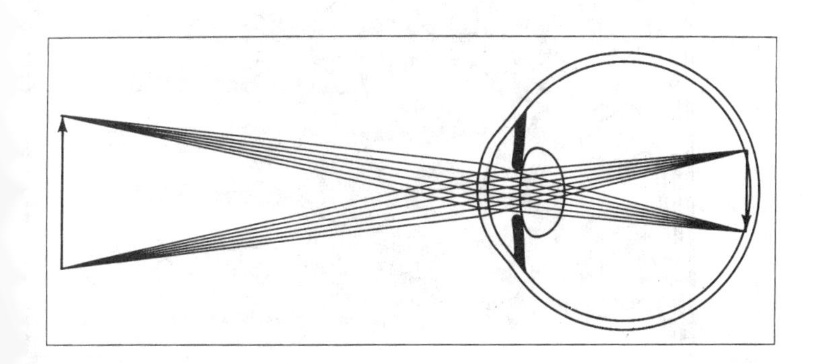

圖 5-5 視覺呈像
物體上的每個點都會反射各種不同方向的光線出來，但是其中只有一部分能眞正進到眼睛裡面。來自物體上同一點的光線會由水晶體上不同的位置進入眼睛，如果能夠清楚地產生呈像，這些不同的光線必須會匯集成一個點落在網膜上，物體上的每一點都可以在網膜上產生一個可與之配對的點。必須注意的是，網膜上的像會是顚倒過來的，而且通常遠比眞實物體要小得多；另外，須要知道的是，大部分的光線都是在角膜的地方被折射過了，所以才能匯聚成一個點(取材自 Boynton, 1979)。

會伸平開來。有些人眼睛中的水晶體在看遠處物體時，無法伸展得足夠平坦，以至於無法將之聚焦，雖然對近物的聚焦沒有問題；此類人的眼睛稱爲**近視**（ myopic , nearsight ）。對另外一些人來說，雖對遠物可有效聚焦，但在看近物的時候，水晶體無法有效地彎曲，導致聚焦失敗；此類人稱爲**遠視**（hyperopic ， farsight ）。這類視覺上的缺陷是很普遍的，也很容易藉由眼鏡或隱形眼鏡來矯正。

瞳孔是在**虹膜**（iris, 眼睛有顏色的部分）上一個可以張開的圓形結構，它的半徑隨著光線大小而改變，光線微弱時張開到很大，光線很強時儘量縮小。這種改變有助於在不同強度光線下，仍能維持呈像的品質。瞳孔的大小會隨著情緒和精神狀態而改變，因此有時也可將其當作這些反應的指標。

網膜是覆在眼球內層的一層薄膜，包含有一些視覺受納細胞及神經細胞的網路（見**圖 5-6**），還有一些支持性的細胞和血管。受納細胞有兩種型態：一種稱爲**桿細胞**（rod），另一種稱爲**錐細胞**（cone）；而神經細胞則有四種型態：**兩極細胞**（bipolar cell）、**節細胞**（ganglion cell）、**水平細胞**（horizontal cell）和**無軸索細胞**（amacrine cell）（Dowling & Boycott, 1966）。桿細胞和錐細胞吸收了光線後，以電衝動的形式反應出來，這些反應經由神經細胞間隙的**突觸**（synapse）傳遞到兩極細胞，再

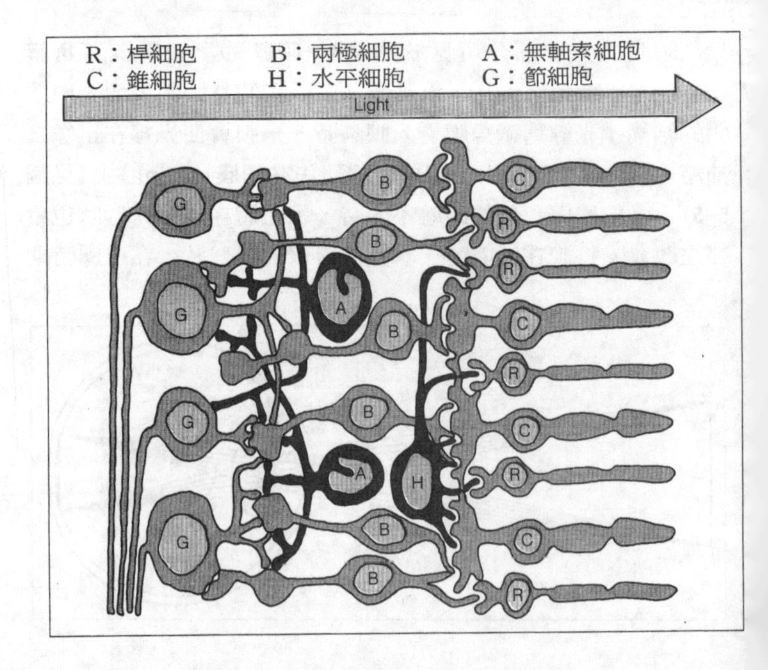

圖 5-6　網膜結構圖

這是一張根據電子顯微鏡照片所畫出的網膜結構圖。兩極細胞接收來自一個或多個接受器傳來的信號，然後再將這些信號傳給節細胞，節細胞的軸突最後匯集形成視神經。

網膜上的交互作用來自於水平細胞及無軸索細胞的作用。注意看圖可發現兩極細胞和節細胞各有幾種不同的型態（取材自 Dowling & Boycott, 1966）。

由兩極細胞傳到節細胞。節細胞有很長的**軸突**（axon），許多軸突伸展到眼球外面，形成與大腦相連的**視神經**(optic nerve)；水平細胞擔任的則是鄰近幾個受納器的**側連結**(lateral connection)。無軸索細胞則是作兩極細胞間的側連結。這些側連結的結果可以使許多受納器的神經衝動傳給單一個兩極細胞，而許多兩極細胞的神經衝動也因此可傳給單一個節細胞。這也就是為什麼人眼中有一千三百萬個受納細胞，而只有一百萬個節細胞的原因。

就解剖學的意義上來看，網膜擁有比單單只是將受納器上活動訊號傳給大腦還要複雜的功能。奇妙的是，受納器在網膜上的位置離角膜最遠，隱藏在其他的神經細胞及血管後面(注意**圖 5-6** 光線進行的方向箭頭所示)。在網膜的中央有一處區域叫**中央小窩**(fovea)，它是眼睛中一個十字叉形的部分(見**圖 5-4**)。此處的受納器是相當無遮蔽的且很薄的，而且彼此緊緊地靠在一起。毫無疑問地，這是視覺最敏銳的區域。視神經離開眼睛的地方沒有接受器，在這個地方我們沒有辦法接受光刺激(見**圖 5-7**)。除了角膜之外，眼睛還被一個堅固的組織保護著，叫**鞏膜**(sclera，眼睛白色的部分)。在角膜、水晶體，以及水晶體、網膜之間都塡滿了透明的液體。眼球外圍有六條肌肉，可以快速且精確地轉動眼睛；這種轉動是重要的，因為只有中央小窩有精確詳細的視覺 。

圖 5-8 表示了從眼睛伸展出的視神經纖維，到呈現視力的皮質區(枕葉)的通路。注意，有些來自右眼的纖維傳至右腦半球，來自左眼的纖維傳至左半球，其他的纖維則形成**視神經交叉**(optic chiasma)，而傳至相反的腦半球。來自兩眼右部的纖維傳至右腦半球皮質，而來自兩眼左部的纖維則傳至左腦半球皮質。所以一個腦半球的枕葉受損(如左腦)，將導致兩眼的部分盲瞎(兩眼的左部)。

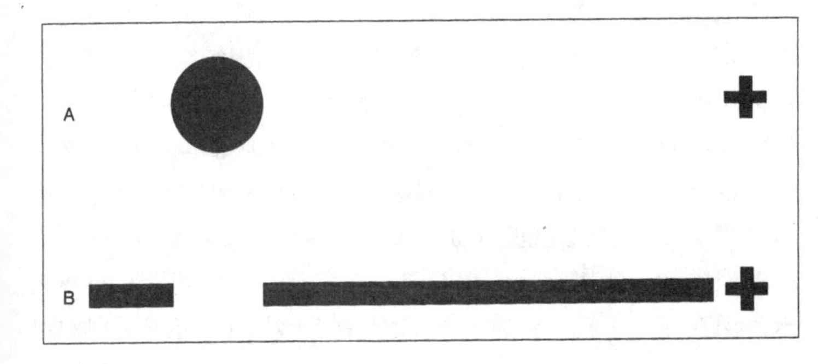

圖 5-7　盲點的測定

A、閉上右眼，注視右上角的十字，將書本在距離眼球一公尺處作來回的移動。當左邊的黑色圓形不見時，就是投射在盲點上了。

B、閉上右眼，注視右下角的十字，再將書本來回移動。當白色的空白落到盲點上時，粗黑線彷彿一條連續線。這種現象幫助我們瞭解一向所不熟知的盲點。

圖 5-8　視覺途徑

在右視野裡，來自物體的光波落在網膜的左半；左視野的光波則落在右半。經由每個眼睛的視神經束在視交叉相會，並傳至腦中相反方向的部位。因此，網膜右半的刺激傳到右腦半球的視覺區（枕葉皮質），網膜左半的刺激則傳到左腦半球。按照視野來說，右視野的物體形象投射到左腦半球，而左視野的物體形象投射到右腦半球。

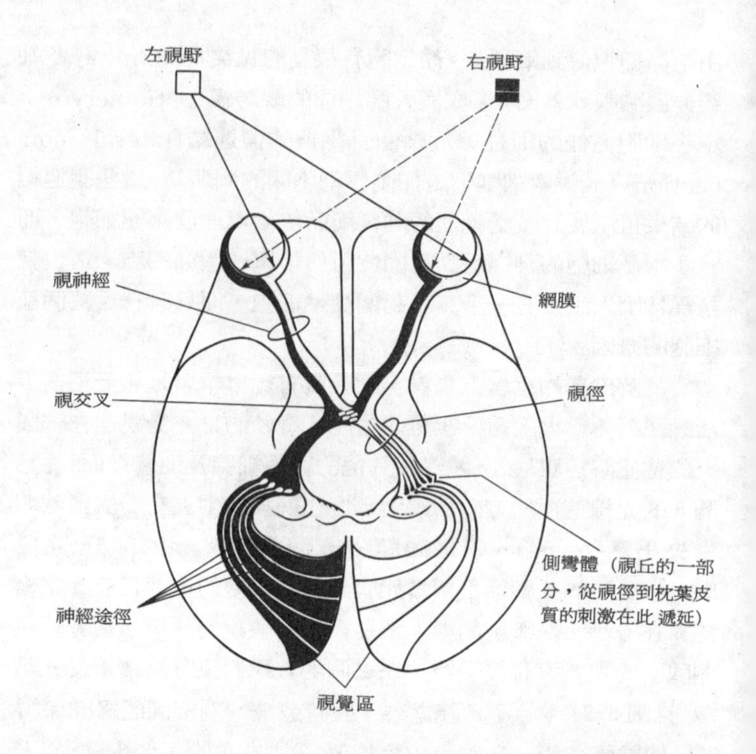

桿細胞和錐細胞(rod and cone)　網膜細胞的視覺受納器包括桿細胞和錐細胞。白晝，我們的視覺以錐細胞爲主，所產生的視覺包括**無色視覺**(achromatic color, 如白、黑、灰)和**有色視覺**(chromatic color, 如紅、綠、藍等)。在黎明、黃昏或夜晚等光度較差的時間，則以桿細胞爲主，且只能產生無色視覺。兩者的不同處和彩色底片、黑色底片的差異是一樣的。黑白底片(桿細胞)的敏感度比彩色底片高，即使在光線不夠的情況下，也能照出相來；彩色底片(錐細胞)要正常操作的話，就需要更強的光度。

有六百多萬個錐細胞，和一億多個桿細胞不均匀的分佈在網膜上。中央小窩只包含錐細胞(大約五萬個)，大小則不到一平方毫米。中央小窩之外，佈滿了錐細胞和桿細胞。錐細胞的數目自網膜中央向四周遞減；桿細胞則成組結群的連在一起，每一組群有一個延伸到視神經的神經原。網膜周圍的錐細胞沿著桿細胞，幾個幾個的連在一起，但每個中央小窩的錐細胞都有神經通往腦部(參閱**圖 5-6**)。當光波傳到中央小窩時，我們的視覺最敏銳，所以當我們想看清一件東西時，我們會把頭轉過去。但在光度不夠、錐細胞無法作用時，我們亦可感受到如黯淡的星光等模糊的刺激，這是因為其形象落在中央小窩之外桿細胞最多的部分上。

雖然桿細胞在反應昏暗刺激上比錐細胞強，但其感受的形象並非很清楚。在晚間，物體的輪廓並不明顯，並且無法和白天一樣看得很清楚。這主要是因為桿細胞成組結群的在兩極細胞和神經節細胞的連接處上，並且由桿細胞傳來的刺激，集中於單一視神經上再傳至腦中，自然比不上錐細胞可以更直接傳到腦部來得清楚。

視覺上對光亮大小的另一項差異，是對不同光波的感受性。錐細胞對介於綠色和黃色之間的光譜反應較敏銳；桿細胞雖說只有無色視覺，卻對波長在藍色和綠色之間的部分有較敏銳的反應(參閱**圖 5-9**)。因此，黃花和藍花在白天給我們的亮度感受是一樣的，但夜晚來臨時(視覺系統已由錐細胞轉移到桿細胞)，藍花要比黃花明亮。

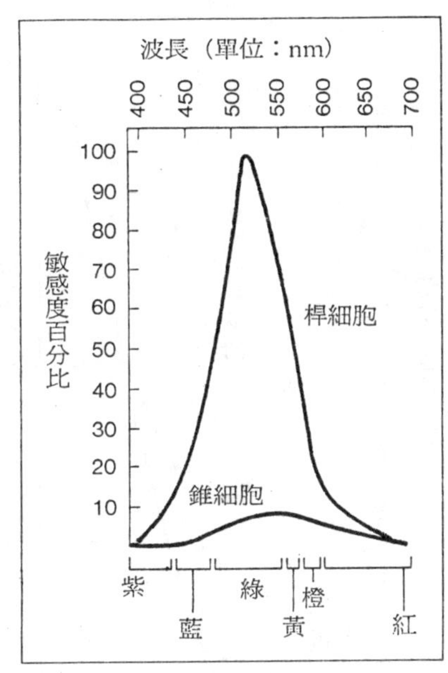

圖 5-9　視覺曲線

視覺作用有兩種，一種來自桿細胞，一種來自錐細胞。除紅色外，桿細胞在大部分的光譜上比錐細胞敏感。錐細胞在綠、黃之間的敏感度最大（555 nm），而桿細胞在藍、綠之間的反應最佳（511 nm）。

光線強度的視覺

絕對閾的大小(absolute threshold for intensity)　雖然我們眼睛所能看到的電磁波範圍是在四百到七百微米(nm)的範圍內，但是對此範圍內各波長的敏感度卻不相等。在黑暗的房間內呈現不同波長的閃光給受試者，然後測他的絕對閾。此實驗的結果要看受試者是否直接正視到閃光，使光線能直接落在中央小窩上；或是眼角看到，使光線落在網膜的邊緣地帶。這兩種實驗所求出的絕對閾大小可參見**圖 5 -10**。

不僅邊緣地帶的絕對閾比中央小窩來得低，其最低閾限的波長亦不同：邊緣地帶為五百微米，中央小窩則為五百五十微米。邊緣地帶曲線主要是受桿細胞作用，其圖形與桿細胞所吸收的光線有關，波長最短的桿細胞吸收最佳；中央小窩的曲線則是受錐細胞作用，因為該網膜處沒有桿細胞，而有許多的錐細胞。

差異閾的大小(difference threshold for intensity)　在受試者前閃現一圓形光點，在此光點上方以更短時距閃現另一逐漸增強的光點。此差異閾實驗過程可重複測量不同強度光線之差異閾為何，結果見**圖 5-11**。當強度漸增，差異閾的大小亦增加。本實驗中，差異閾強度增加極速，當光線大小增至某強度時，另一光線強度即使一再增強，仍未能發現二者有別。上

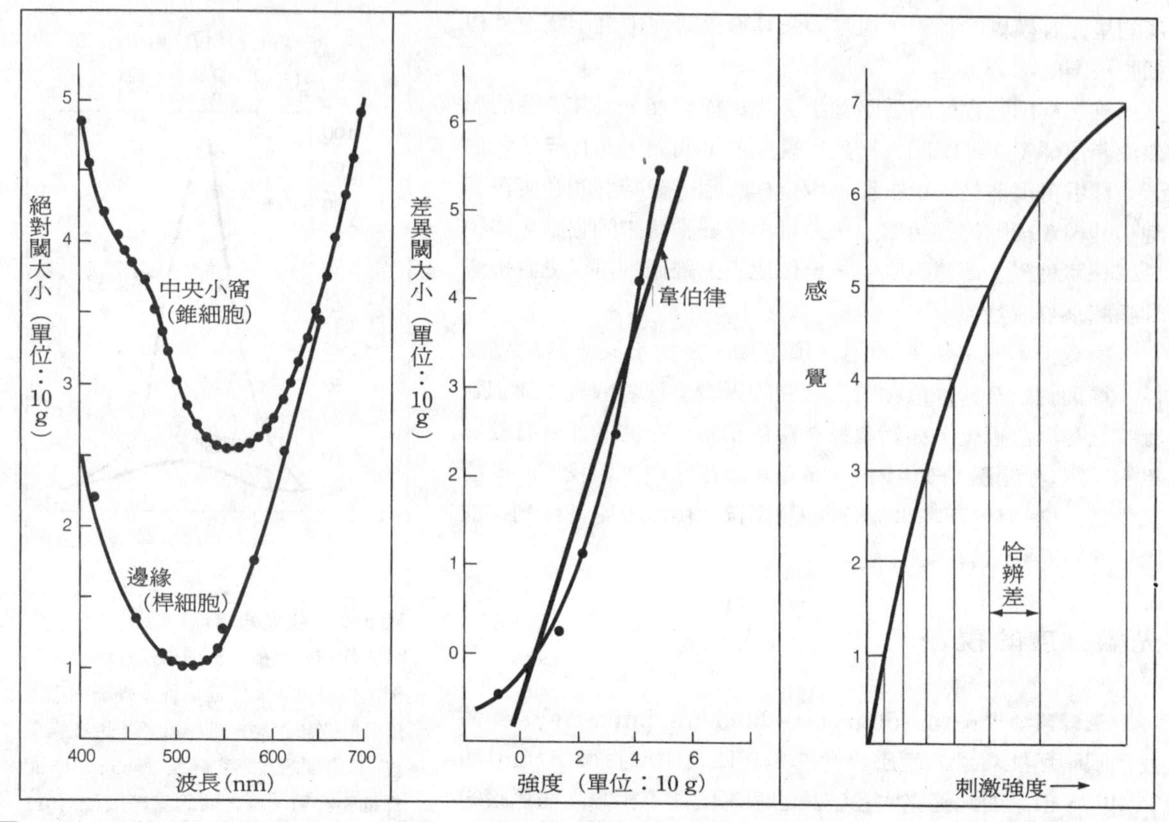

圖 5-10　光線在不同波長時絕對閾的大小

由此圖可看出絕對閾是波長的函數。曲線隨受試者是否直視閃光而有所不同，當直視時，影像落在中央小窩上；如果由旁邊看到，則遠離中央小窩（在邊線）。上面的一條曲線是桿細胞，下面的曲線則爲錐細胞。因此由曲線的關係來看，錐細胞比桿細胞更加敏銳。這二條曲線的形狀和閾限値，都必須依賴光線出現之時間長短、光所刺激的區域，及在網膜上的正確位置。將閾限値轉換成對數單位，此種對數單位可視爲光的強度單位，此對數是以 10 爲底數，因此當光強對數由 1 增加至 5 時，則表光之強度是增加了 10 的 4 次方倍（即 10,000 倍）（取材自 Hecht & Hsiã, 1945）。

圖 5-11　光線在不同強度時之差異閾

在此實驗中受試者要做的工作是偵測出在閃光強度 I 和此閃光強度加上光線強度△ I 之間的不同。在此實驗中，所附加的光線比原先的閃光在區域上和呈現時間上都來得小且短。在幾個不同的光線強度上去測量其差異閾，此圖形曲線顯示出差異閾會隨著光線強度而增加，但只是粗略地與韋伯定律相符合（取材自 Geisler, 1978）。

圖 5-12　強度反應的函數

如果韋伯定律能成立的話，則恰辨差會隨著感覺系統的反應而呈等量增加，而此感覺強度的增加與刺激強度呈對數函數的關係（此即爲 Fechner's law）。根據研究結果指出，一般而言此二種定律（Werber's law 和 Fechner's law）都只是幾近正確，但無法解釋所有的情況。

節曾提及韋伯律，指差異閾與物理量大小之比為一常數($\frac{\triangle \ell}{\ell}=$k)(見**圖 5-11**)，另提到韋伯-費希納律：以對數關係表示感覺經驗與物理刺激強度間的關係。無論如何，此一對數關係在感覺心理學上的實際應用是非常有用的。由與感覺強度相關的**恰辨差值**(j.n.d. date)，以及物理上強度大小導出的函數，通常稱為**強度反應函數**(intensity-response function)(見**圖 5-12**)，此處的**反應**(response)意指感覺系統的內在反應而言。

亮度(brightness)　亮度是指知覺到的光線強度大小，與物理上用無線電波器測得的強度大小不可混為一談。如果費希納的假設成立，則我們可以預測：當物理上光線強度增加的時候，亮度在一開始的時候會很快地跟着增加，而後增加的速率會越來越慢。當亮度與強度之間的關係測量之後，我們就可證實此費希納的假說。你可以藉著轉一個有三段式開關的枱燈來驗證。首先，轉到五十瓦(watls)，看起來比完全黑暗時要光亮很多；接著，轉到一百瓦，看起來是比較亮，但是沒有原來亮度的兩倍；最後轉到一百五十瓦，看起來就只比一百瓦亮那麼一點點。要增加兩倍亮度的話，就必須要在物理強度上增加約九倍(Stevens, 1957)。這是我們可以用來解釋對外界事件的主觀經驗與物理上量值大小並不一致的諸多現象之一。

光適應(light adaptation)　到目前為止，我們研究光線的閾限均在暗室中對受試者閃現光線。如果受試者先注視明亮的表面幾分鐘後再進行此研究時，其視覺系統會有所改變，以適應當時照明水準。此種適應稱為光適應。

適應的過程，使我們在廣大的強度範圍下都能看得清楚，不過，我們在任一時機下的有效視覺範圍，則視當時照明水準而定。對較高強度的適應速度較快(Adelson, 1982)，在較暗或強度相當低的情形下，則可能花上半個小時以上。

暗適應(dark adaptation)　大多數的駕駛人都認為傍晚開車最危險，這是因為當夜晚來臨時，從白天轉換為夜晚是逐漸的，雖然黃昏時桿細胞和錐細胞作用仍在，但效率已大為減低，狀況不管是從明亮突然轉為黑暗，或是從黑暗轉變為明亮，都很難適應。從黑暗到明亮，眼睛的適應需要數秒的時間，而從明亮要適應黑暗的狀況，則需較長的時間。當進入黑暗的戲院時，我們往往無法立即找到座位，數秒鐘過後，即使光度不變，我們亦能習慣於黑暗，並且看清楚我們周圍的人，此即暗

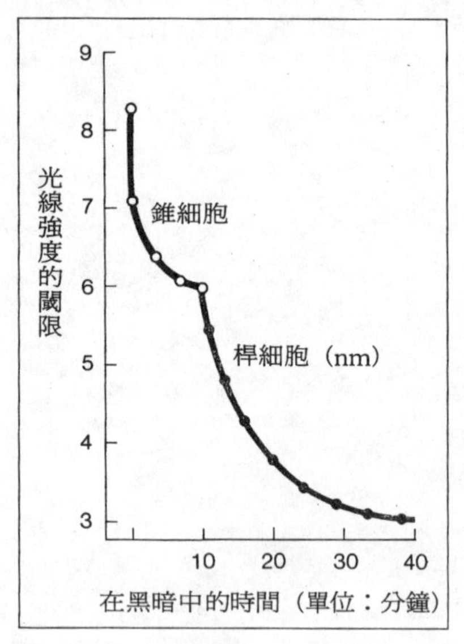

圖 5-13 暗適應

受試者注視明亮的光線，直到網膜能作光適應。當他進入黑暗中時，網膜會逐漸進入暗適應。圖上的曲線表示可見的最小光度，空心圓圈表示光線的顏色可以清楚看出；實圈部分表示所見的光線爲無色。圖上十分鐘左右的連接點，稱爲桿細胞、錐細胞平衡點(rod-cone break)。由改變光線的色彩與網膜上的位置，可知曲線上第一部分是錐細胞的適應，第二部分則是桿細胞的適應。

適應。

在桿細胞和錐細胞作用的差異上，暗適應也提供了許多的證據(參閱**圖 5-13**)。曲線的第一部分表示錐細胞對昏暗的光線逐漸敏感，且在黑暗中經過五分鐘以後，其敏感度達最大限度(由絕對閾下降達水平線看出)。然而桿細胞繼續適應，並且在半小時內不會達到最大敏感限度。且由**圖 5-9** 看出，眼睛的暗適應在藍綠部分的敏感性，比在較長光波的紅色部分爲強。這對攝影師、船上值更人員等必須在黑暗中工作，或必須迅速從明亮的狀況下進到黑暗中的人，有著實際上的含義。戴上紅色護目鏡，或是在紅色光的房間工作，將可大大縮短暗適應的時間，這是因爲紅色光只刺激錐細胞，而桿細胞仍停留在暗適應狀態的緣故。在紅色光的狀況下工作，仍然可以看得很清楚的人，一旦需要在黑暗中工作時，幾乎都可以進入完全的暗適應。

對光線的適應大多是導因於網膜上的傳遞過程，而非由於大腦，因爲當一隻眼睛有適應現象的時候，另一隻眼睛在閾限上也會產生輕微的影響(Battersby & Wagman, 1962)。適應現象可能是發生在桿細胞和錐細胞(也就是說，它們在長期曝光之後，反應的大小會有所改變)，或者也有可能是發生在連接接受納器的神經上(Shapley & Enroth-Cugell, 1984)。

色 覺

人類逐漸無法看到處於光譜兩極端的橙紅色和靛紫色(參閱**圖 5-14**)。但是，我們却可看見光譜上所沒有的鮮明顏色，它們不是來自單一的波長，而是由幾個不同波長的光波混合而成。

把**光譜顏色**(spectral color)沿圓圈排成一個弧形(見**圖 5-15**)，在波長約六百七十五微米的橙紅色與波長四百二十五微米的靛紫色間留下空白，並塡入光譜上看不到的紅色和紫色，則我們會發現在圓圈對面的兩種顏色形成補色關係。換句話說，假若兩種顏色混合能得出灰色的話，這兩種顏色就稱爲**補色**(complementary color)，**圖 5-15** 就是這種**色環**(color circle)和補色。雖然橙黃色是藍色的補色，藍綠色是紅色的補色，但爲了記憶方便起見，我們通常以藍—黃和紅—綠爲主要的成對補色。

熟悉繪畫的人可能反對這種說法，因爲混合黃藍兩種顏料

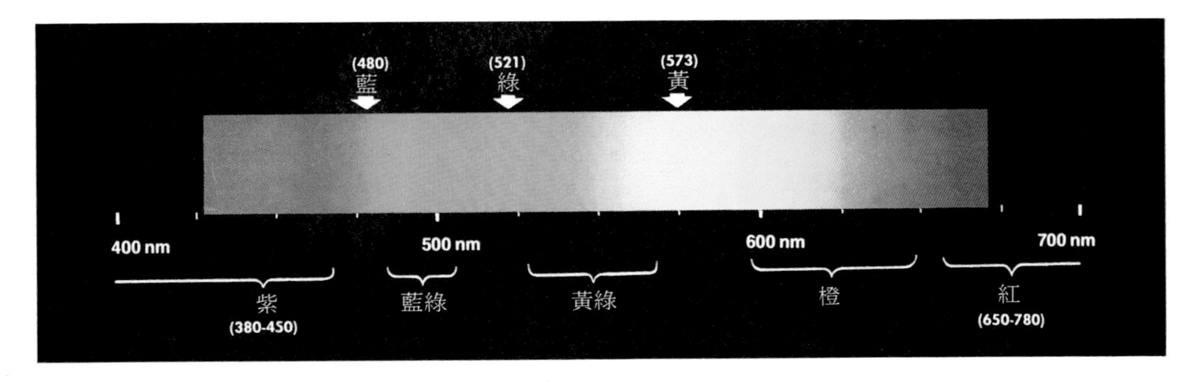

圖 5-14　太陽光

各種顏色依彩虹的次序排列，此可藉稜鏡的實驗獲得。

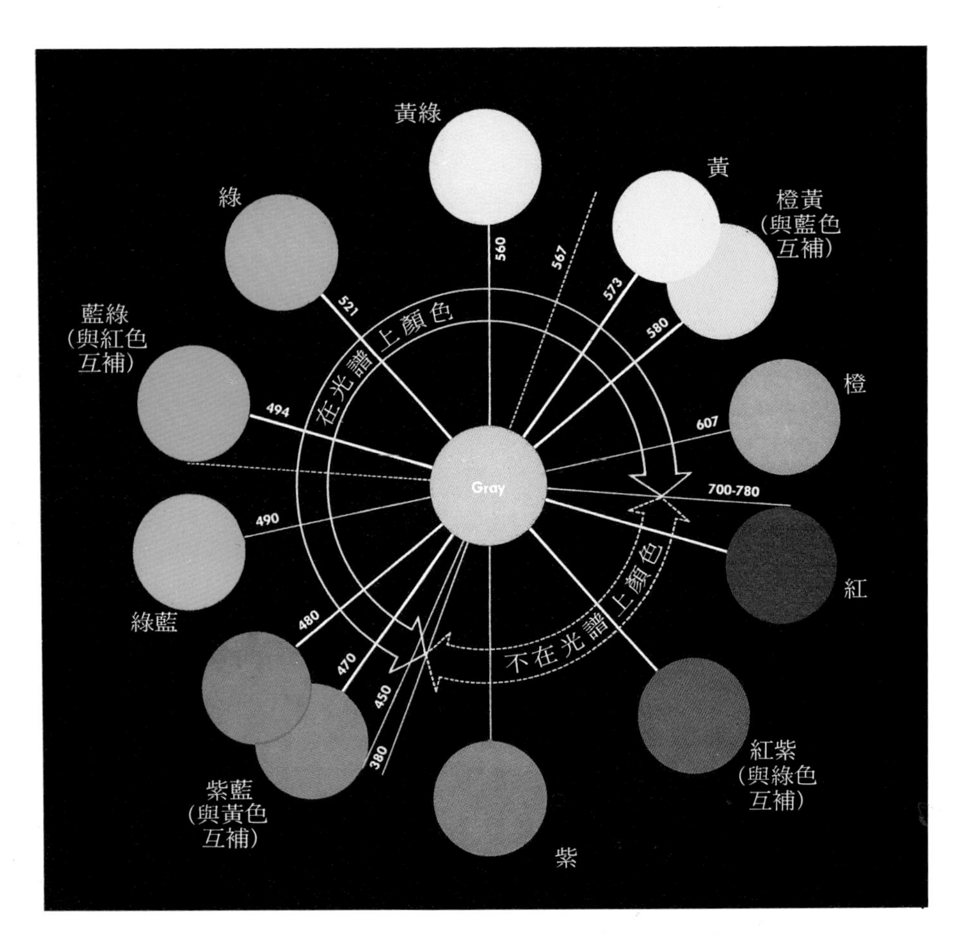

圖 5-15　表示補色的色環

在適當比率的混合之下，相反方向的顏色將產生中央部分的灰色。波長的單位以 nm 表示。注意：色環中的顏色依譜色的次序排列，但其位置不一定和波長一致；色環中亦包括不在光譜上的紅色和紫色。

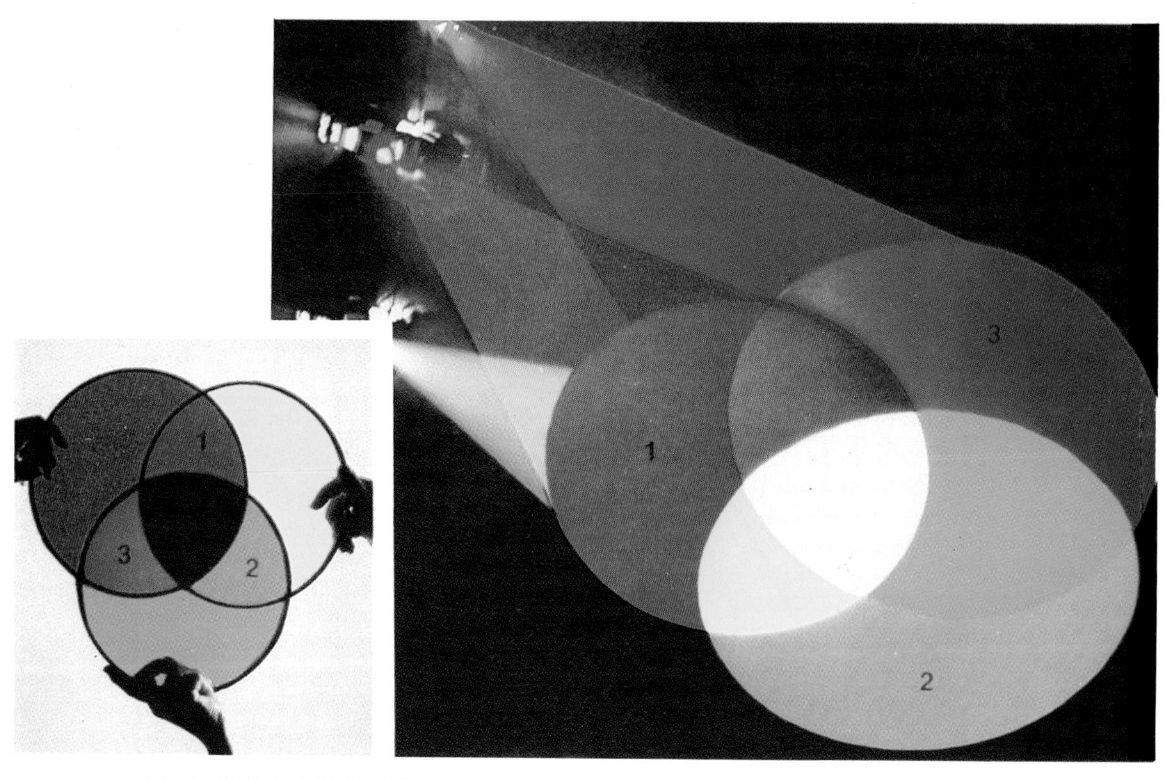

圖 5－16　相加的混色和相減的混色

以光線混合時會產生相加混色（右圖）。紅光和綠光組合成黃光；綠和藍紫則造成藍色；三種顏色相混則成白色。

顏料混合將可產生相減混色（左圖）。通常，藍綠色和黃色相混可產生綠色，而補色卻可產生黑色（參閱本圖所示）。這和相加混色不同，任何人無法就一種顏色來推測其由那些顏色混合而成。例如，就相減混色而言，藍色和綠色會產生藍綠色，但經過濾後，它們亦可產生紅色。注意：圖上顯示的三角部分是運用相加混合的基本色，卻產生了相減混合的效果。

圖 5－17　顏色錐體

三種顏色的向度可由圖上的雙錐體來表示：錐體內的各點表示色彩，半徑表示飽和度，縱軸則表示亮度。顏色錐體的垂直部分，表示單一色彩在飽和度和亮度上的差別。

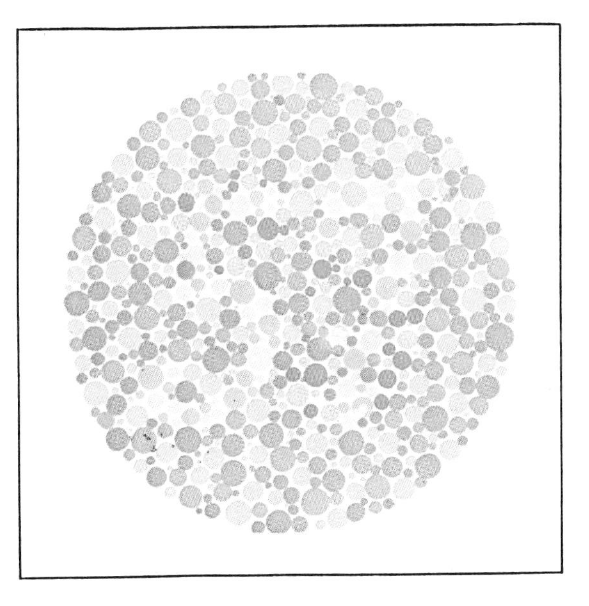

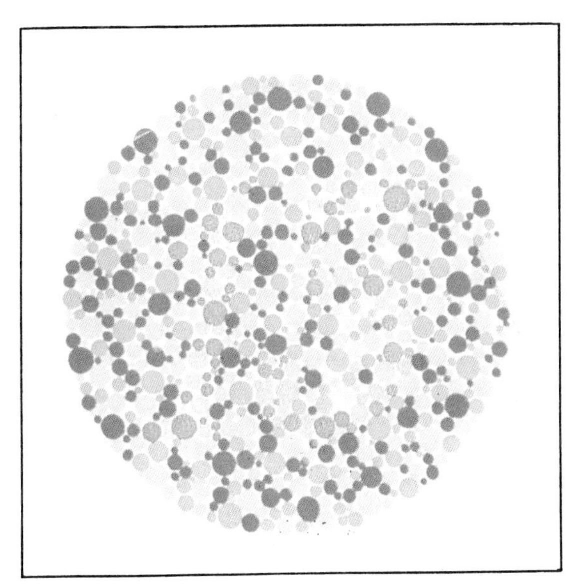

圖 5－18　色盲試驗

本圖是檢驗色盲用的兩種色盤。以左圖來說，紅一綠色盲的人，將只看到數目字 5，而完全色盲的則什麼也看不到；正常人看到的是 57。同樣的，右圖正常人看到的是 15，而紅一綠色盲的人則一無所見。

色盲的對比圖

有紅綠色盲的人，視覺系統大部分的缺陷，是將玫瑰花鮮明的紅綠對比（上圖）看成棕色的陰影（下圖）。

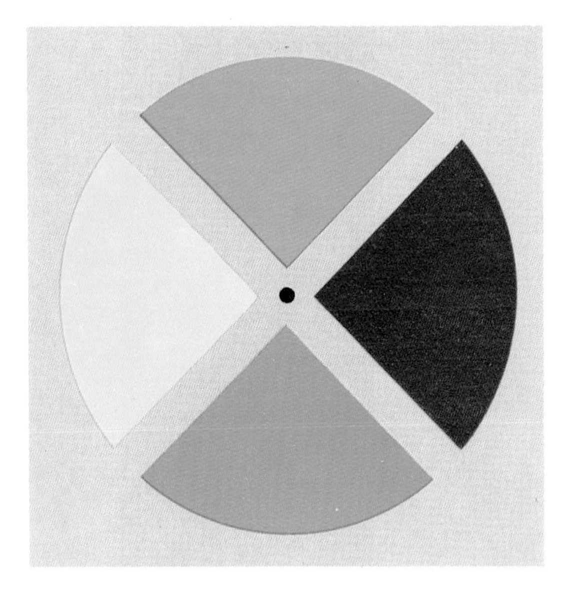

圖 5-19　負後像

凝視左邊彩色圖中心的黑點一分鐘，將你的視線焦點轉移到右邊灰色圖中的黑點。你可以看到原圖色彩的互補色色斑——藍、紅、綠與黃色會被黃、綠、紅與藍色所取代。

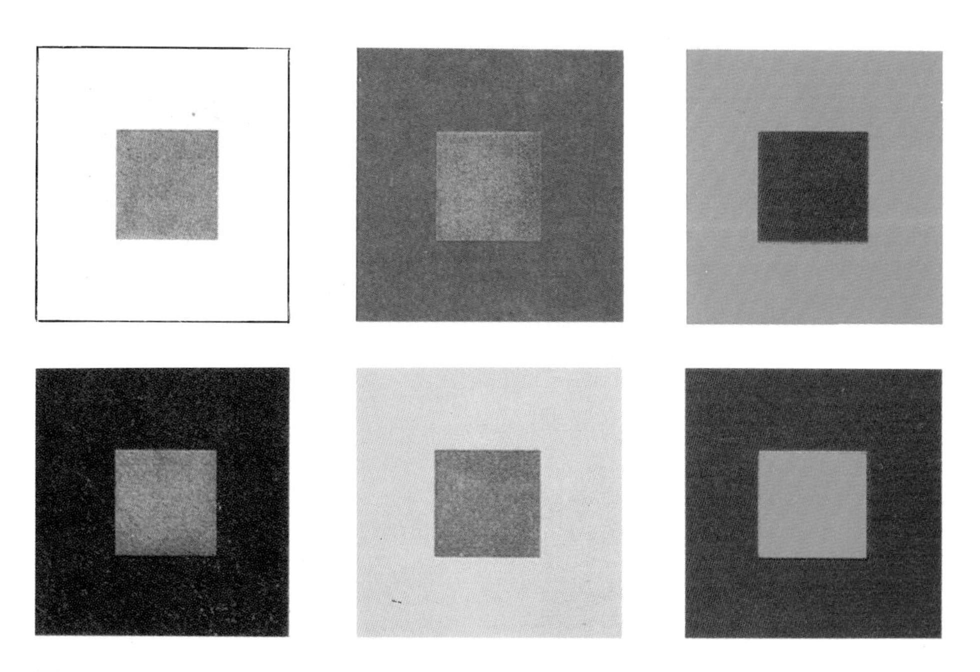

圖 5-20　同時對比

注意以白色為背景的灰色方塊的黑暗效果。同樣的灰色方塊若以黑色為背景，看起來較亮；若以其他顏色為背景，則可產生補色效果。接近補色的顏色（如紅或綠色方塊）會因對比而有增強的作用出現。

所產生的顏色，是綠色而非灰色，但此處談的是光線而非顏料，兩個例子的混合原則並不衝突。光線的混色是**相加的混合**(additive mixture)；顏料因爲會吸收若干光線，所以稱爲**相減的混合**(subtractive mixture)。光線是一切顏色的來源，而顏料只不過是簡單顏色的反射者和吸收者而已。顏料之所以有顏色，主要是在於它們吸收了光譜上的某些部分，而將其餘的反映出來而已。例如，植物的葉綠素是吸收了光線中絕大多數的紫、藍、紅等光波，而將剩餘的綠反映到我們眼中，所以我們所看到的植物是綠色的。黑色顏料吸收了所有的光波，而不反射任何波長的光波；白色顏料則均等地反射出所有光波的顏色(參閱**圖 5-16**)。

和其他顏色比起來，色環上有些顏色較爲基本，也就是說，它們只包含單一的色彩。這些基本顏色稱爲**心理上的基本色**(psychological primary)，通常包含四種顏色：紅、黃、藍、綠。介乎其間的是**第二級色**(secondary color)，如橙色介於紅色和黃色之間、黃綠色介於黃色和綠色之間、藍綠色介於綠色和藍色之間，而紫色則介於紅色和藍色之間。其他的基本色序列，又有所謂的**混合基本色**(color mixture primary)。光譜上任何三個分離色，都可藉相加混合來產生所有的顏色，這三種顏色是紅、綠、藍。因此，色環上介於紅色和綠色間的顏色，可利用純紅與純綠的相加混合來合成，我們所獲得的正確顏色須視紅、綠光的能量而定。這三種顏色可藉相加混合來產生整個色環。

心理上的顏色向度　你如何形容一種顏色呢？光波可藉波長和振幅來作實質上的描繪。但一個人要描繪其所見，通常要訴諸三種**向度**(dimension)：**色彩**(hue)、**亮度**(brightness)和**飽和度**(saturation)。所謂色彩，就是顏色的「名字」——例如紅色、綠色等等。色環的圓周可視爲一套尺度，沿着這個尺度，我們可依照波長的長短，將色彩加以排列。

另一個向度是亮度。亮度通常決定於振幅，但和波長亦多少有點關係。例如，黃、紅、藍三種光波振幅相等，但黃色却比紅色和藍色稍亮，這就是波長的作用。

顏色的第三個向度是飽和度，即顏色的純度。飽和度大的，其顏色純而不帶灰色；飽和度小的，則接近於灰色。飽和度和光波的複雜性有關，單一波長或只由少數不同波長組成的光波，其飽和度大，反之則爲低飽和度。然而，單一波長的顏色亦可能變得更亮(爲白色所吸收)或更暗(爲黑色所吸收),這是因爲它們逐漸喪失其色彩純度的關係,亮度的變化通常都伴隨着飽和度的減少。

顏色錐體(color solid) 我們可以從顏色錐體很清楚地看出色彩、亮度和飽和度之間的關係(參閱**圖 5-17**)。錐體圓周上的點表示色彩向度,半徑表示飽和度,從外圍的完全飽和或高度飽和的顏色,一直到圓心的灰色或不飽和顏色。縱軸則表示亮度,從底端的黑色到頂點的白色。你會發現,當加上灰色的光線時,紅色和紫色會變成粉紅色;橙色和黃色的飽和度降低時,則變成各種不同的褐色。在任一錐體縱向部分上的顏色色彩(波長)都一樣,只是在亮度和飽和度上有變化而已。

顏色錐體有助於我們去瞭解亮度和飽和度間的關係。例如,飽和度最大者,其亮度屬中等,顏色錐體則向上下兩端逐漸縮小而成一點。當將錐體圓周中央的顏色增、減其亮度時,其飽和度逐漸減少,並且向無色彩和飽和度爲零的黑白兩極端靠近。

色盲(color deficiency) 我們如何解釋色盲呢?通常我們把正常眼睛視爲區辨爲三種顏色系統的機構,這三種系統是明—暗、黃—藍、紅—綠,任何其他顏色都可由三者組合而成。一個人在未喪失視覺能力時,明—暗系統通常都是完整的,而色盲就是其餘二者之一或全部發生缺損的現象。正常的視覺稱爲**三色**(trichromat)視覺;其中之一缺損者則稱爲**二色**(dichromat)視覺,一個二色視覺的人有部分色盲;只具有明—暗視覺系統的則稱**單色**(monochromatism)視覺,即完全色盲。

最普通的色盲是紅—綠色盲,其明—暗及黃—藍系統則仍健全。一般而言,男性患者約佔百分之七,女性則不超過百分之一。只具有黑、白、灰等視覺的所謂完全色盲事實上非常少,黃—藍色盲亦很少。大部分色盲都是源自於先天的基因。因爲關鍵的基因是由 X 染色體所攜帶,所以發生在男性的比率遠比女性高得多。這些基因已被移出來分析過(Nathans, Thomas, & Hogness, 1986)。約有百分之六的男性會有**辨色力異常**(color anomalous),百分之二的有色盲;在女性方面,百分比遠小於百分之一,分別是百分之零點四和百分之零點零三。

很多色盲患者並不知道自己的毛病,這是因爲他們尚可以其所具有的色覺能力,從熟識物體上,來學其他物體顏色的名稱的關係。再者,由於我們的顏色字彙無法對飽和度低的顏色加以清楚地描繪，致使色盲患者在這方面所犯的錯誤，不會受到特別的注意。

測驗色盲的方法很多，通常是令受試者讀出很多不同顏色色點爲背景的數目字，該數目字則由另外的色點所組成(參閱**圖 5-18**)，這些顏色主要是用來混淆色盲者的色覺。

後像與對比(afterimage and contrast)　假若你注視一個紅色環以後，再去看一片淺灰色的圖案，你可能會看見一個綠色環在其上，即有**負後像**(negative afterimage)存在。名之爲「負」的原因，是綠色爲紅色的補色，然而，並非所有的後像都來自於補色。在注視過很明亮的光線後，你可能會看到一串連續性的顏色，但看到補色卻是最平常的事。有關後像的說明請參閱**圖 5-19**。

補色具有一種互相增強的作用，兩種補色並排時，每種顏色都比和非補色一起時，具有較大的飽和度，這就是**同時對比**(simultaneous contrast)的效果。這也就是用成對補色(如紅和綠、黃和藍)作爲錦旗顏色的一個理由。同時對比的例子，請參閱**圖 5-20**。

波長的區辨性(wavelength discrimination)　如果在螢幕上呈現的兩種不同波長的光是靠在一起的話，對這兩種波長的差異閾會很明顯地變小。如**圖 5-21** 所示，差異閾的極大值與極小值間的範圍約有五微米，這些值中，最容易區辨的顏色間的差異閾只有一微米。在極大與極小值間，閾限與波長的關係是不規則的函數。一般而言，光波長差約二微米，我們就能區別得出來，因此，在四百到七百微米之間，我們約可區別出一百五十種不同波長的光。

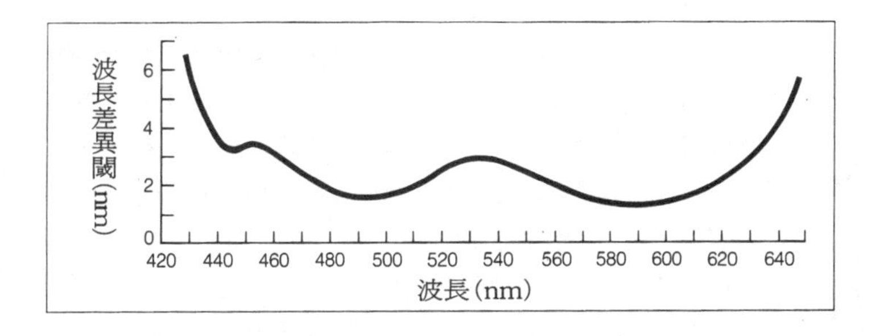

圖 5-21　波長的區辨性

此圖表示出波長的差異閾隨波長的不同而有所不同。在此實驗中，兩種波長的光線是靠在一起呈現出來，受試者必須去判斷顏色是否相同。我們能夠區辨的波長差異大部分是在 1 到 3 nm 之間(取材自 Wright, 1946)。

重要討論：
色覺理論

網膜上的視覺受納器如何將光譜上的各種顏色傳到腦中呢？每一種解釋都以我們曾討論過的三件事實爲出發點：混色、顏色對比和後像、色盲。

最早的色覺理論是英國物理學家湯瑪士·楊(Thomas Young)在西元一八〇二年時提出的，後來經德國生理學家赫姆霍茲發揚而成。他們認爲一切光譜上的顏色，可以由三種顏色的混合來產生。**楊赫二氏三色論**(Young-Helmholtz theory)提出三種顏色的受納器，而每一種顏色對於某些特定波長具有最大的敏感度，三者分別爲紅、藍和綠。所有其他的顏色都可藉受納器，組合這三種顏色的刺激而產生。當紅色和綠色的受納器同時受到刺激時，可產生黃色；三種刺激同時發生就產生白色。該理論的目前發展，是想把三類錐細胞與這三種顏色連接起來。

然而，楊赫二氏論並不能解釋若干色盲的事實。假若黃色是由於紅色和綠色受納器的作用，爲什麼一個紅—綠色盲的人能看到黃色呢？另一種理論是由赫林(Ewald Hering)在一八七〇年提出的。爲了彌補楊赫二氏論的不足，他提出所謂的**心理基本色**(psychological primary)來代替**混合基本色**(color-mixing primary)的概念。在他看來，黃色和紅、藍、綠一樣，也是基本色，而不是其他顏色的混色。例如，橙色是黃色和紅色的混色，而紫色則是紅色和藍色的混色。

由於紅—綠和藍—黃在許多情況成對出現，並有顏色對比與後像的現象，因此，赫林認爲有三類錐細胞存在：一種是反應亮度的黑—白錐細胞，其他兩種則和紅—綠和藍—黃的色覺有關。而每一個受納器發揮功能的方法有二，其一是在**建立階段**(building-up phase, 即**同化**〔anabolic〕)時，產生配對中的一種顏色的色覺；而配對中另外一種顏色的色覺，則在**動盪階段**(tearing-down phase，即**異化**〔catabolic〕時產生。一個受納器不可能同時出現兩種階段，當藍—黃錐細胞受到刺激時，其反應非藍即黃，那就是我們可能看到黃綠色或紫色，但不可能看

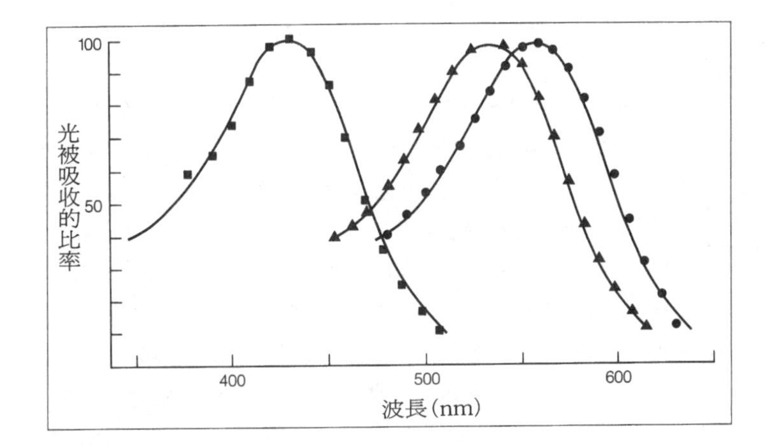

圖 5-22　人類錐細胞的吸收光譜
這些曲線是利用微分光度測定法(microspectrophotometry)測量個人的錐細胞對於光的吸收所得之平均測量值。在此方法中，乃是將捐贈給研究使用的眼睛，將其網膜的一部分切割下來，再使用顯微鏡對準單一的錐細胞，使某一波長的狹窄光線照在此錐細胞上，而且此光線被錐細胞所吸收的比率是可測知的，依此程序重複測量許多不同波長的光。而這些曲線顯示出在每一波長的光，其所吸收光的量與各曲線頂點吸收量的百分比關係。每一曲線相當於一些錐細胞的平均值。此吸收曲線會隨錐細胞中吸收光的色素的密度而有些微改變(取材自 Dartnall, Bownmaker, & Mollon, 1983)。

到紅綠色或黃藍色。當刺激消失時，由於同化——異化的程序的倒轉而產生顏色的對比。在注視藍色環以後，再注視一張白紙，由於異化程序的作用，我們可能會看到黃色環(參閱**圖 5-19**)。赫林的理論因此又稱爲**拮抗歷程理論**(opponent-process theory)。目前這項理論認爲，相對程序並不發生於錐細胞，而是發生在視覺系統中靠近腦部的編碼機構。

色彩拮抗理論與三色理論兩者間的爭辯超過了半個世紀，彼此都有對方不能解釋而自己理論可以解釋的事實存在。

最近的發展，則認爲這兩種理論可能有部分是正確的。馬尼寇(MacNichol, 1964)使用一種叫做**微分光度測定法**(microspectrophotometry)的技術，由人類網膜中的單一錐細胞，來指出不同的光線波長，並藉電腦分析其能量。由錐細胞中，他測定出錐細胞中含有三種感光的色素：一種對藍色波段的波長有敏感性，一種對綠色敏感，另一種對黃色敏感。雖然第三種色素對黃色(五百七十七微米)頗爲敏感，但對光譜中黃紅色的波長(六百五十微米以上)也有敏感性。雖然理論中並未明白指出這三種錐細胞應該稱作藍色、綠色和黃色，或是稱爲藍色、綠色和紅色，但已足以支持楊赫二氏論了。

同時，從微電極的記錄亦證明了在兩極細胞和側膝核細胞中(是視丘的一部分，轉送視覺衝動到視皮質)，有「開」、「關」的過程存在(參閱**圖 5-8**)。有些細胞只反應短波長的光線(刺激「開」的反應)，但不反應長波長的光線刺激

(「關」的反應)；有些則反之(DeValois & Jacobs, 1968)。

有些研究者提出將這兩種理論以二階段論的方法加以調和，此二階段論中有像楊赫二氏理論中的三種不同型態的細胞，這些細胞位於視覺系統較高的階層，提供了色彩拮抗的三種單位。這類理論中發展得最完全的是詹姆森(Jameson)和赫維屈(Hurvich)的理論(Hurvich, 1981)。來自網膜內色彩拮抗細胞的發現(Svaetichin, 1956)，以及在**視丘**(thalamus)上的**側膝核**(lateral geniculate nucleus)的發現(DeValois & Jacobs, 1984)，給了二階段論很大的衝擊。這些在末端的細胞會有自發性的活動，而且對某些範圍的波長的反應是增加活動速率，對另一些波長的反應則是降低活動。色彩拮抗細胞被定義有四種型態：＋R－G、＋Y－B、＋G－R，以及＋B－Y。此處的R、G、Y和B分別表示紅色、綠色、黃色及藍色；而「＋」號則表示速率的增加，「－」表示減少。所以一個＋R－G的細胞，會被光譜中紅色範圍的波長激發，也會被綠色的波長抑制。也有一些細胞是沒有這種拮抗現象(或者稱為**無色**，achromatic)——也就是說，它們對所有的波長的反應都是相同的：＋W－Bk的細胞會被光線激發，而＋Bk－W的細胞則會被光線所抑制。

圖 5-23 是色彩二階段論的圖示說明。這個理論的假設有：(1)四種色彩拮抗細胞被激發或促進作用，都會分別引發四種色彩的感覺出來；(2)無色彩細胞的激發會引起黑暗或明亮的感覺；(3)拮抗細胞與無色細胞反應的比率決定

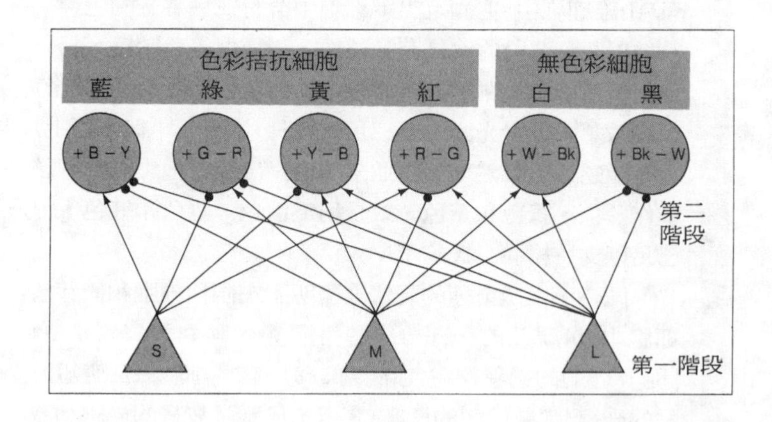

圖 5-23　色彩二階段論

此為色彩二階段論的圖示說明，下方的三角形表示三種錐細胞，它們對波長最敏感的範圍分別是短(S)、中(M)、長(L)。上方的圓表示在第二階段的色彩拮抗細胞及無色彩細胞。圖中間的直線則分別顯示出細胞間神經鍵的地方是促進或抑制作用：↑表示促進作用，↥則表示抑制作用。

了飽和度的大小。我們所知覺到的光線的顏色是由所有細胞引起的感覺總和(包含色彩拮抗細胞及無色彩細胞)。這個理論解釋了許多有關色彩的視覺問題，不過，這種理論卻不能解釋**色彩恒常性**(color constancy, 見第六章)，也不能解釋所有有關**獨立光點**(isolated spot of light)的偵測及發現的現象(Hood & Finkelstein, 1983)。雖然如此，但這項在視覺上有關色彩方面的分析，仍是一項在心理學上重大的學術性成就，而且它也提供了分析其他感覺系統一個典型的方法。

視覺訊息的神經處理

探討視覺刺激後神經活動的研究者認爲，許多傳抵腦部的訊息，是和環境的差異與變化有關。由於桿細胞和錐細胞太小了，要一個一個的研究，事實上很難，所以此類研究大都從低等有機體著手。鱟魚就是很好的研究對象，他的每隻眼睛有八百個受納器細胞，每個都有直接通到腦部的水晶體和神經纖維，我們可在其單一纖維上安裝電極來估計其對光線刺激的反應。結果發現：不同的光線強度將使纖維產生不同頻率的神經衝動，由此可知強度訊息是利用不同速率的神經衝動而傳到腦中。

假若光線投射在一個受納器上，造成其纖維產生神經衝動，附近的受納器亦將受到刺激，最初作用的纖維，則逐漸減低其神經衝動的速率。第二個受納器的活動將抑制第一個受納器的作用，這種抑制效果是相互的，每個受納器都有這種相互抑制的作用。每個受納器的衝動都會傳到視神經，但一部分的衝動則轉向水平神經細胞，而對附近的網膜產生負效果(Ratliff, 1965)，這種機構稱爲**反覆抑制**(recurrent inhibition)。假若 A 和 B 同時接受一種光線的刺激，而我們又刺激了 C，則 C 會抑制 B，B 的神經衝動將減少，B 對 A 的抑制效果亦會降低，因此，雖然刺激 B 的光線強度是一樣的，但因爲 B 受 C 的抑制，所以 B 對 A 的抑制效果亦將減低。由此觀之，當光線存在時，反覆抑制系統會在視神經中造成神經衝動，但假若光線的刺激繼續存在，而建立起抑制作用時，神經的活動將恢復到幾近於原來的水準。假若光線不存在，受納器的作用將變緩慢，但抑制效果仍會持續一段時間，所以，神經活動將落到靜止水

圖 5-24　反覆抑制

遮住一隻眼睛，注視 A 圖中央的黑點，你會發現周圍模糊而略帶亮光的圓形消退了。閉上眼睛數秒鐘，再打開原先使用的眼睛，你會發現圓形再度出現，但隨即又消退了。假若你注視著黑點，直到圓形消退時再將眼光投注在 X 上，你會發現圓形又出現了。每次你將眼光從黑點移到 X 上它都會重現一次。

假若你以同樣的方法使用在 B 圖上，你會發現圓不會消失。雖然你目不轉睛地注視著黑點，但你的眼睛卻不時作小幅度的運動。這種持續但不自覺的小轉動，使得光線能一直刺激網膜上的受納器。當你注視著某些物體的邊緣，雙眼來回移動時，受納器會感受到一種強度的變化。強度的變化和眼球的轉動，能使受納器產生高速率的作用，並使得圓形得以看見。你注視 A 圖的黑點亦會有同樣的情形發生，但因爲此時強度的變化較緩慢，所以眼睛的轉動產生了較小的強度變化。由於其變化太小了，所以受納器的神經衝動很小，而且圓形也因此消失了(取材自 Cornsweet, 1970)。

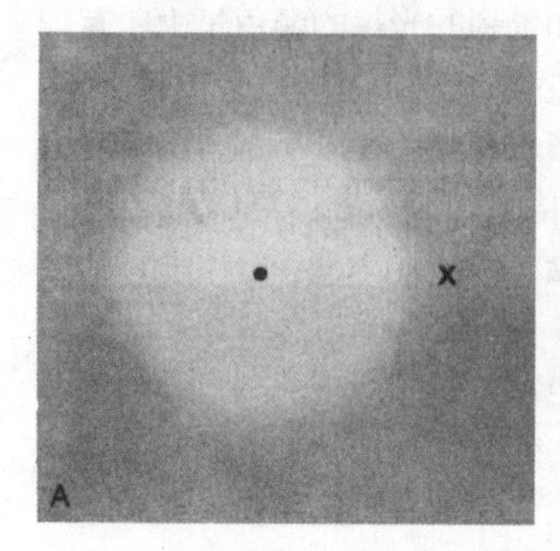

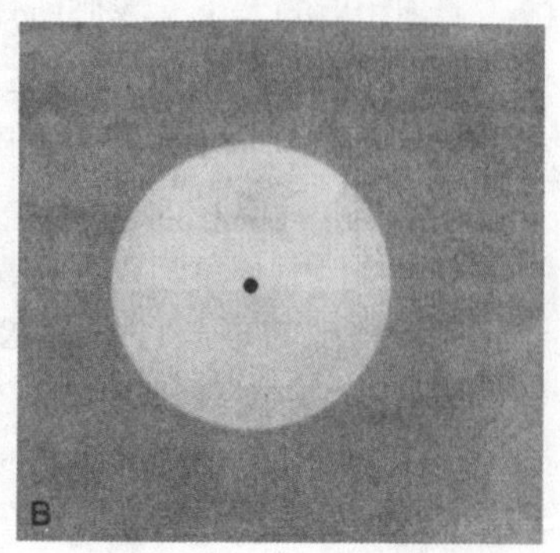

準之下，待抑制效果消失之後，再恢復其靜止水準的狀態。

反覆抑制系統可以傳達環境變化的訊息，而抑制環境穩定和不變部分的訊息。我們可以看出這種系統對有機體的適應價值，因爲注意其周遭的一切變化，對求生而言是很重要的。人類視覺系統的反覆抑制作用請參閱**圖 5-24**。

穩定的影像　反覆抑制的概念指出網膜受納器只反應環境的變化部分，而固定、不變的刺激都將被忽略。爲什麼有些物體經我們注視一段時間以後不會自行消失？這是因爲眼睛一直作連續的運動，所以光線一直可以刺激網膜的受納器。假若我們能穩定我們的眼球，不讓它轉動的話，會有什麼結果呢？讓眼球不動是不可能的，但可以設計一些方法使網膜上的影像保持不動。有一種方法是將一超小型幻燈機，安置在一附於角膜的隱形鏡片上(參閱**圖 5-25**)，將幻燈片打在螢幕上，而戴著鏡片的眼球則注視著它。由於鏡片和幻燈機隨眼球而移動，所以網膜上的影像是穩定的，也就是說，不管眼球如何移動，網膜的影像都將刺激相同的網膜受納器。當打開幻燈機時，受試者

圖 5-25　穩定的影像

本圖的裝置，是爲了說明當我們注視一個影像時，若眼球與該影像之間保持不動的關係，則將一無所見。把一具連接著鏡片的小放映機放置在受試者的角膜上，由於鏡片和放映機隨眼球的轉動而轉動，所以映像將固定落在網膜上相同的部位。但幾秒鐘之內，影像將逐漸消退然後消失 (取材自 Cornsweet, 1970)。

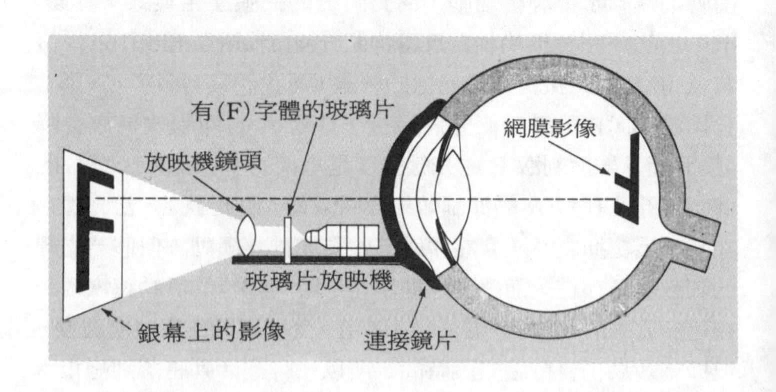

以正常的視覺看著影像，幾秒鐘之內，影像就會慢慢消褪，而在一分鐘之內全部消失。這種現象並非由於安裝幻燈機的誤差所造成，因爲假若已消失的影像在網膜上移動時，它會立刻重現。從反覆抑制和網膜影像的穩定，我們可以得到一項結論：對我們的視覺而言，受納器的光度變化是需要的，假若強度不變，我們將看不到任何東西。我們對一件固定物體的視覺能，要視視覺系統對光度變化的反應，和眼睛將一固定影像，以變化的刺激傳到網膜上而定。

圖形的辨識

視覺解析(visual resolution)　當我們看路標或印刷字這些**圖形**(pattern)有困難的時候，通常都會去找眼科專家。這類看空間圖形的能力稱爲**空間解析**(spatial resolution)。分析力是藉由下面的方法來測得：讓一個人看一張圖表，在上面有許多逐漸變小的圖形，像**圖 5-26**。這類的測試可以使眼科專家測得一個人能偵測到的最小圖形的閾限，此結果可用來作爲**視覺敏銳**(visual acuity)的測量。

最近，研究者找到一個新的方法來研究圖形的偵測。將刺激作成是明暗相間的條紋，稱爲**正弦波光柵**(sine-wave grating, 見**圖 5-27**)。用正弦波光柵來測量敏感度的理由之一是，任何圖形都可以在數學方法上利用**傅利葉分析**(Fourier analysis)將其分解成正弦波光柵的總和。實驗者採用的方法不是用減少條紋寬度直到無法解析來測閾限，而是將條紋的寬度固定不變，改變明暗條紋間的**對比**(contrast)來測出能偵測到的最小對比，也就是**對比閾**(contrast threshold)。在典型的實驗裡，會有幾個條紋寬度不同的光柵供實驗者選擇，這些光柵一次呈現一種，然後改變其間的對比來測出對比閾。對非常窄的條紋(**高空間頻率**, high spatial frequency)來說，對比閾會很高；條紋越寬，對比閾就越小。當條紋很寬(**低空間頻率**, low spatial frequency)時，閾限會再度增大。空間頻率與對比閾的關係可參見**圖 5-28**。

當我們試著去區辨一個光線是靜止不動或是搖曳閃爍的時候，會發生一種小現象，稱爲**瞬時的解析**(temporal resolution)。如果閃爍的速率很快，我們就不會發現有閃爍的現象，這對我們來說是非常有用的，因爲大部分的光源，像日光燈，

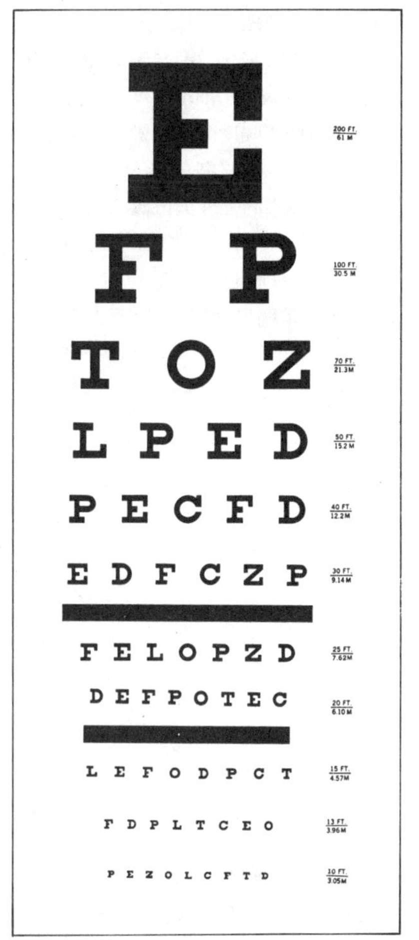

圖 5-26　視覺敏銳度測試

此圖是 Snellen 字母圖表，通常用來測量視覺敏銳度。敏銳度是 20／20 是表示一個人站在距離圖 20 英呎的地方，能夠讀出標準字母那一行。如果這個人須要在字母是兩倍大時才能讀出，他的敏銳度就是 20／40；能夠讀出 20／20 那一行一半小的字母的人，他的敏銳度則是 20／10，依此類推。雖然 20／20 的敏銳度被視爲是正常的，但是許多人在適宜的情況下可以讀 20／10 的那一行的字母。注意：此圖表比眞正的圖表要小很多。

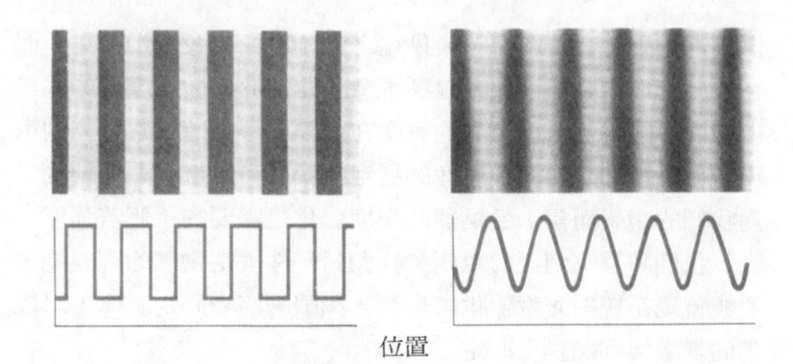

位置

圖 5-27　光柵

左邊的條狀圖形是方形波的光柵(square-wave grating)，下方的曲線表示位置與光強度間的函數。右邊的圖形則稱為正弦波光柵(sine-wave grating)，因為它的強度與位置的關係是個正弦函數。不同的光柵由不同的頻率(frequency，周期數／公分)、對比(contrast，亮暗間最大差值)以及方向(orientation，垂直、水平、45 度等等)所組成的。

都是以非常快的速率在閃爍。但是當光線閃爍的速率變得很慢的時候，偵測到它是否閃爍又會變得很困難。

條紋寬度與對比閾之間確實的關係是什麼呢？我們平常看某些空間頻率的東西會比其他頻率容易看得見，這顯示出，在視覺系統中，通過過濾器傳遞的時候，有些形狀的東西傳送的效果很好，有些則否。**組型過濾器**(pattern filter)可以視為是一種裝置，當呈現一個影像給它的時候(輸入，input)，會計算出另一個影像(輸出，output)。這個輸出的影像是將輸入影像去除掉某些空間頻率之後所餘的部分，就好像在廚房裡用濾器濾掉義大利麵條而僅讓水流通過一樣。在某些情況下，過濾後的影像看起來像是輸入影像模糊的樣子。就我們所瞭解的，視覺系統中的許多神經細胞的功能，就如同是影像過濾器。這個

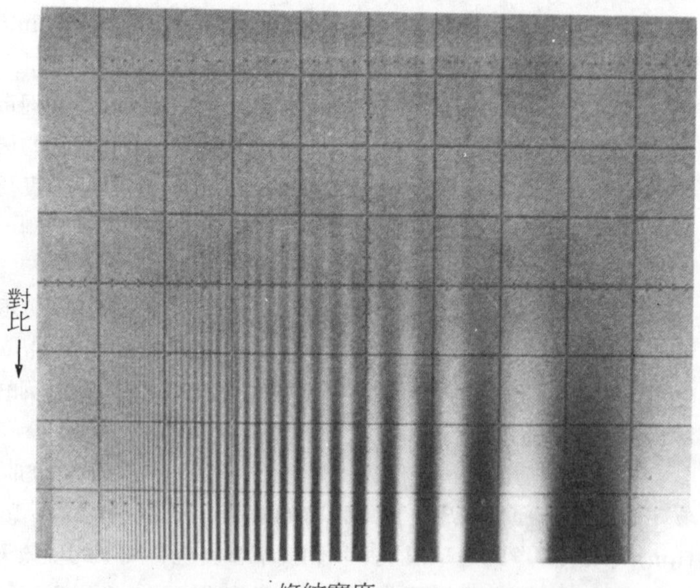

對比↓

條紋寬度⟶

圖 5-28　對比閾和條紋寬度

在這張照片裡，條紋寬度由左而右遞增，對比由上而下遞減。中間條紋在比兩端條紋還低的對比時就能被看見——也就是說，它們在對比度這個軸較上面的地方就能被看見了。當條紋寬度變窄時，空間頻率就隨之降低。此圖表示出對比度是如何隨空間頻率改變。空間頻率在中間的時候，敏感度最高；在往高頻及往低頻的時候，敏感度都跟著降低。

影像過濾器最容易通過的是中間頻率的光，較高或較低的頻率都不容易通過；因此，我們可以用此解釋爲什麼**對比敏感度**(contrast sensitivity)會隨空間頻率的不同而有所改變(見**圖 5-28**)。同樣地，我們也可用此來解釋在**圖 5-29** 所見到的情形。在**圖 5-29** 中，黑色的正方形格子由白線隔開來，在白線交叉的地方，我們的視覺系統會使我們看到一個個黑點存在其中，在過濾圖形的時候，會有相似的黑點產生出來。

圖 5-29　赫曼方格

大部分的觀察者會在白線相交叉的地方看見黑點，這些點並無外界物理刺激存在，而是由我們的視覺系統所產生。用一個最易使中頻光線通過的形狀濾器過濾圖形，在輸出的影像中會出現類似的黑點。此即告訴我們，在人類視覺系統中有濾器存在。

將這項研究推衍到色彩上時，我們對在像**圖 5-28** 的對比敏感度曲線下，是否有不只一個的過濾器置疑。在一九六〇年代，即有研究者提出，在人類的視覺系統中有一些重疊、寬廣的空間頻率的過濾通道(Compbell & Robson, 1968)。從那時開始，大量的實驗提出了有關這方面的證據，證明在視覺系統中的確有這些過濾器存在(Olzak & Thomas, 1986)。

圖形的神經處理(neural processing of pattern)　當光線照射刺激到桿細胞和錐細胞時，它們都會有反應。但是在視覺系統較高層的細胞，特別是在視覺皮質的部分，只有光刺激到視網膜上某特定區域的受納器時，才會對圖形有所反應。網膜上與視覺系統較高層神經細胞相聯結的區域，稱爲該神經細胞的**受納區**(receptive field)。神經細胞對視覺刺激的敏感度，可藉由記錄呈現不同刺激給眼睛時神經細胞的反應來研究(見**圖 5-2**)。

赫伯和韋塞(Hubel & Wiesel, 1968)是由視覺皮質作**單一細胞記錄**(single-cell recording)的創始者，他們也因這項研究而在一九八一年得到諾貝爾獎。他們依對圖形反應型態的不同，將**視覺皮質**(visual cortex)的細胞分爲三種型態：

(1)**簡單細胞**(simple cell)：當眼睛接收到的是一條線的刺激(例如是細棒狀的，或是在亮、暗區交接的邊界是一條直線)，而且它的方向及位置都落在細胞的受納區內。**圖 5-30** 即表示出一個簡單細胞，如何對垂直的以及其他方向傾斜的光條反應。反應量隨著光線方向趨向水平而遞減，不同的簡單細胞會對不同方位的刺激作反應。

(2)**複雜細胞**(complex cell)：也是對特定方向的光條或邊界作反應，但是刺激並不須要落在受納區的特定位置上。它會對落在受納區上任何地方的刺激產生反應，而且當刺激移動跨越過受納區時，複雜細胞會作連續不斷的反應。

(3)**超複雜細胞**(hypercomplex cell)：刺激不但要有特定

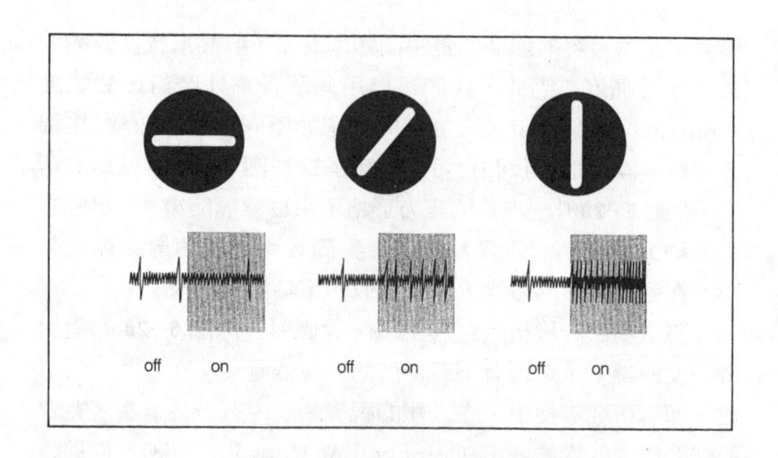

圖 5-30 簡單細胞的反應

此圖表示一個皮質的簡單細胞對一條光線的反應。上面是刺激的形式；下面是反應的型態，每個垂直方向的高峯都代表一個神經衝動。當沒有刺激存在時，只會記錄到一般性的衝動；當呈現出刺激時，視光線出現的位置及方向的不同，細胞可能會也可能不會有反應。圖中的這個細胞對水平方向的光線沒有任何反應，對45度角的光線只有一點點改變，當垂直方向的光線出現時，反應的改變就非常顯著了。

方向，還須有一定的長度，才能引起超複雜細胞的反應。若光刺激的長度短於所須的長度，反應就會降低或完全停止。

這三類的細胞可稱爲**特徵偵測器**(feature detector)，因爲它們會對簡單刺激作反應，而這些刺激可視爲複雜刺激的基本特徵或元素，這些細胞偵測到的特定特徵是什麼仍在爭議中。赫伯和韋塞記錄細胞對亮暗條紋的最大反應，並將這些細胞定爲條紋偵測器。但是其他的研究者則認爲這些細胞對由幾個條紋組成的光柵比單單一條條紋要敏感；也就是說，把細胞稱作是**空間頻率偵測器**(spatial frequency detector)，要比將之稱作是**條紋偵測器**(bar detector)恰當得多(DeValois & DeValois, 1980; Shapley & Lennie, 1985)。

由於我們見到任何東西都大約可由一連串各種不同角度的線條組合而成，所以這些特徵偵測器可能是用來辨認較複雜圖形的區域。有關於我們是如何辨認複雜圖形的理論，將在第六章討論到，屆時即可瞭解這些特徵偵測器在理論中扮演的重要角色。

聽 覺

眼睛對電磁能作反應，耳朵反應的則是機械能——大氣中分子的**壓力變化**，如音叉等振動物，可造成周遭空氣分子的連續振動，由分子(空氣中、水中或其他介質)振動所產生的聲波，是聽覺的刺激來源。和光線不同的是，聲音必須藉著介質才有傳達作用，因此，我們不可能聽到眞空瓶中的鈴鐺聲。

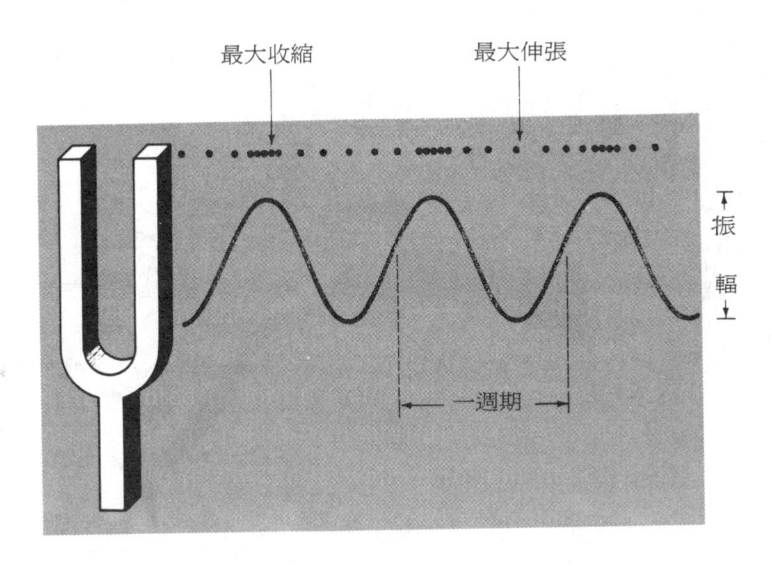

圖 5-31　純音
當音叉振動時，會使空氣分子產生連續的伸張和收縮，此種連續振動的音波可用正弦波表示；此種聲音稱之爲純音。純音可以頻率和強度來描述。如果音叉是作每秒 100 次的振動，則此音叉所產生的音波是以每秒 100 次的收縮振動且其頻率爲 100 赫(Hz)。純音的強度（或振幅）是指波峯和波谷之間的壓力差。任何聲音的波形都可分解成一系列不論頻率、振幅和相位(phose)皆不同的正弦波，當這些正弦波加在一起時，就會等於原先的音波。

簡單的聲波可以**正弦函數**(sine functions)繪圖表示之。**圖 5-31** 表示聲波移動時，**正弦波**(sine wave)的週期如何表示空氣的連續振動。聲波的主要兩種特徵，是**頻率**(frequency)和**振幅**(amplitude)。頻率是以每秒的振動次數爲計算標準，即是每秒整個週期的重複次數。而**赫**(Hertz, 簡寫爲 Hz)則用來表示每秒的週期數。如每秒一個週期就是一赫❷。而振幅則表示振動的大小程度。

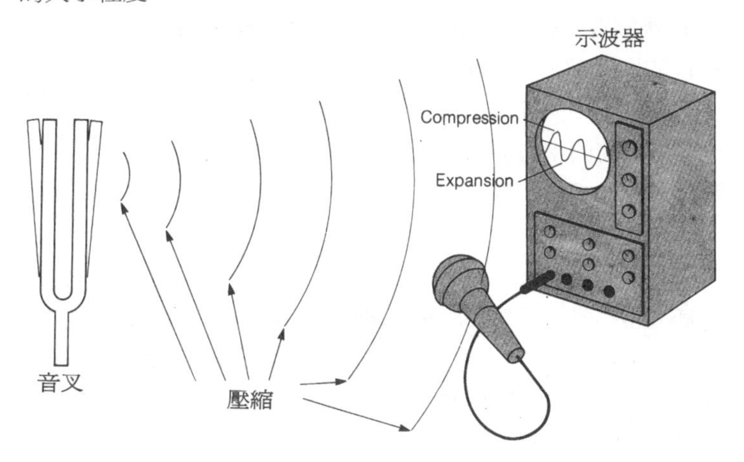

圖 5-32　觀察聲波
利用示波器，我們可產生聲波的圖形。在聲波中的空氣分子振動會引起麥克風的隔板振動。此振動會轉換成電磁訊號，然後示波器便會將此訊號以圖形的方式呈現在螢幕上。
信號音頻率

❷將頻率的單位命名爲赫，是爲了紀念德國的物理學家赫茲(Heinrich Hertz, 1857～1894)。請注意：光波是根據波長來描述的，而聲波則用單位時間內的波數來説明的。

圖 5-33　人耳的構造
圖上是人耳的一般構造。其細部構造請參閱**圖 5-34**。

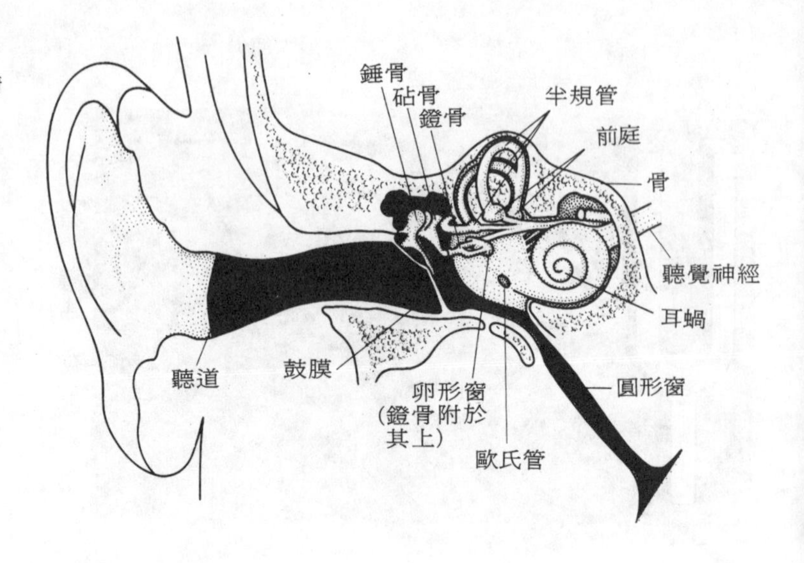

聽覺系統

外耳和**聽道**(auditory canal)相連而達於鼓膜。鼓膜是一層薄膜，專司將聲波傳到耳裡的作用(參閱**圖 5-33**)。鼓膜裏邊的凹處稱爲**中耳**(middle ear)，包括三塊聽骨：**鎚骨**(hammer)、**砧骨**(anvil)和**鐙骨**(stirrup)。鎚骨緊連着鼓膜，鐙骨則連着**卵形窗**(oval window)。卵形窗將聲音傳到**內耳**(inner ear)的聽覺部分——**耳蝸**(cochlea)。由於卵形窗遠較鼓膜爲小，鼓膜小小的振動卽可在卵形窗造成濃縮後而增大的壓力。

卵形窗的壓力會造成耳蝸內液體的振動(參閱**圖 5-34**)。這種壓力在耳蝸內的**圓形窗**(round window)消失。液體中的壓力改速，會移動耳蝸中的**基膜**(basilar membrane)，基膜上是**科提氏器官**(organ of Corti)。基膜上的振動刺激了在科提氏器官上和聽覺細胞相連的**毛狀細胞**(hair cell)。與毛狀細胞以突觸連結的神經原，其長長的軸突形成了部分**聽神經**(acoustic nerve)。在聽覺神經中有將近三萬一千個神經原，比視神經中的百萬個神經細胞少很多。

這些神經原大部分分布在單一個內毛狀細胞(inner hair cell)；另有一些則分布在基膜上及大約十個外毛狀細胞中(Yost & Nielson, 1985)，其主要的神經通路相當複雜。此通路是分別由雙耳到大腦兩側，且在到達聽覺皮質之前與一些神經核形成突觸。至於其他的通路則是由皮質部下行至耳蝸，並

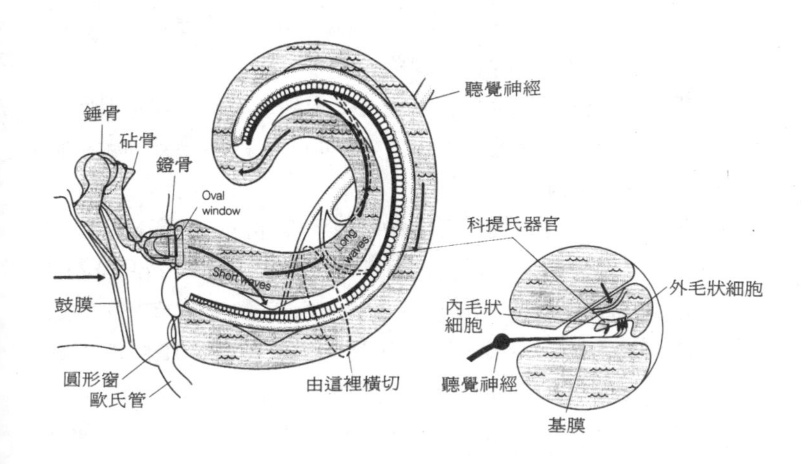

圖 5-34 聽覺受納器

右下圖耳蝸的切面圖，是左圖捲曲狀管的一部分。聲波的振動使得鐙骨刺激卵形窗，造成耳蝸內液體的流動。基膜裡液體的傳送則刺激和聽覺神經相連的科提氏器官的敏感部分。而圓形窗的作用在使耳蝸內的壓力消失。

具有調節在上行通路中的神經活動的功能。

聽覺神經的通路與視覺神經相似，任一耳的神經通路都能傳抵大腦兩半球，而終止於顳顬葉。因此，一個顳顬葉的毀壞，並不會造成任一耳的完全失聰現象。

聲音的聽覺

如同光波一樣，我們對中間頻率的聲音比對靠近兩端頻率的聲音來得敏感(見**圖 5-35** 所示)。

有兩種聽障(hearing deficit)的類型。其一乃是因中耳**傳導不良**(conduction loss)，導致在所有音頻下其閾限均提昇相同水準；另一種則閾限提昇並不相等——在高頻時會引起很大的閾限提昇，這通常是內耳受傷所造成的結果，特別是毛狀細胞的損壞，稱之為**聽覺神經損傷**(sensory neural loss)。毛狀細胞一旦受損即無法再生，此類型之聽障者大多發生在老年人和經常處在非常吵雜環境中的年輕人。因此，對於喜歡或忍受某些強音下的人們，要小心聽力長期受損。過度暴露在九十分貝或更高分貝下，其永久受損的危險性極大。搖滾音樂家、飛機跑道人員及氣壓鑽孔機操作員，較常造成永久性聽力受損。

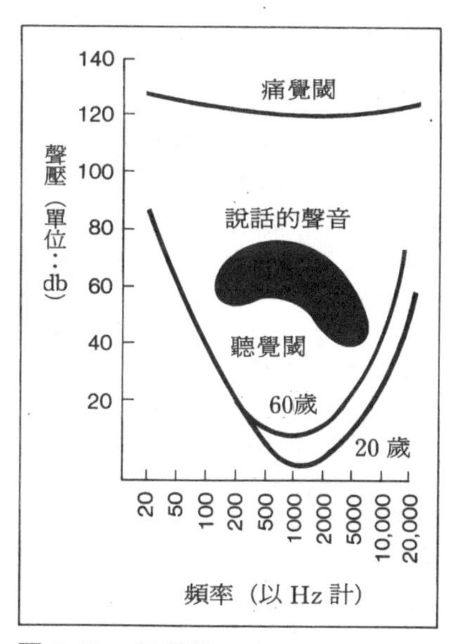

圖 5-35 聽覺閾

橫過本圖上方的是痛覺閾。下方是二十歲和六十歲的聽覺閾曲線。注意：隨著年齡的增加，聽覺主要受五百赫以上頻率的影響。在一千赫附近最敏感。

音 頻

心理學上，和頻率相關的語詞是**音頻**(pitch)——即振動頻率愈高，所感受的音調也愈高。聲波的振幅決定聲音傳到**鼓膜**

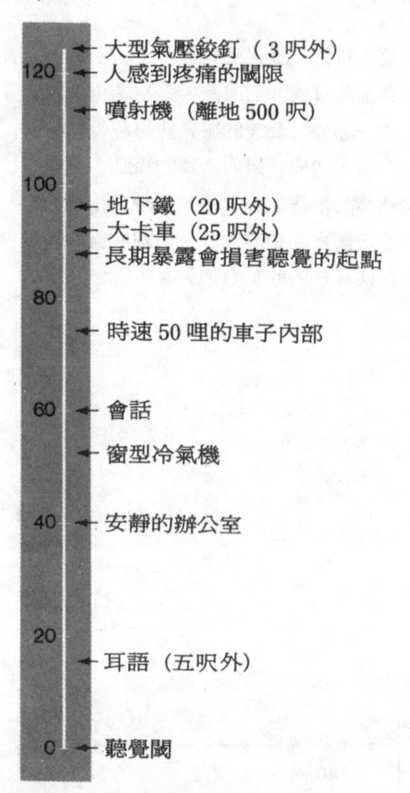

圖 5-36　分貝的尺度
本圖以分貝爲單位，列舉幾種聲音的強弱尺度。如農神五號月球火箭升空時估計爲一百八十分貝。實驗室裡的老鼠若以一百五十分貝的聲音刺激一段時間卽會死亡。

(eardrum)的強度。而和強度有關的則是**響度**(loudness)——當音調不變時，聲音響度愈大。

我們可聽到的頻率範圍大約在二十到二萬赫之間。但所有有機體所能聽到的範圍皆不相同，例如，狗所能聽到的頻率範圍就遠超過人類。

我們都知道強音和柔音間的差異，但建立一個音量強度的衡量尺度並不容易。所以貝爾電話研究中心(Bell Telephone Laboratories)的諸多科學家，致力於聲音強度估計方法的研究，欲將鼓膜所感受到的強度，轉化爲一種可以瞭解的單位——分貝(decibel,一個貝爾的十分之一，是爲紀念亞歷山大・葛拉漢・貝爾［Alexander Graham Bell］而命名的，簡稱db)。分貝的大略概念請參閱**圖 5-36**。分貝的單位爲零時，表示人對一千赫聲音的聽覺絕對閾。大約一百二十個分貝就會造成痛苦；正常說話的聲音大約是六十個分貝；超過九十分貝的聲音若持續刺激一段期間，就會造成暫時耳聾的現象。例如，有些搖滾樂可能造成嚴重的失聰現象。所以飛機推進器和一般的排氣管都裝有減音設備，主要的目的也就是要避免可能的傷害見(**表 5-3**)。

聽覺的絕對閾，隨聲音來源的頻率而異(參閱**圖 5-35**)。在八百至六千赫之間的聲音不需十分貝就可達到聽覺閾，而少於一百赫或大於一萬五千赫的聲音，則要四十分貝以上始可達到閾限。

根據我們對純音的經驗，有二個主要特徵：**音頻**和**響度**。音頻乃是指將聲音量化的一種主觀感受，此量化的主觀聲音就好像由低到高依序排列的量表。不同的頻率有不同的音頻，而振動的頻率愈高，所感受的音頻也就愈高。當振動頻率增爲二倍時(即增加一個音階)，音頻的增加則幾乎是以一常數值增加，這種心理學上的現象即爲音階的基本。正如同光的波長一般，我們也能區辨聲音的頻率，在一百赫時，其差異閾比一赫少，而在一萬赫時，其差異閾則會增加到一百赫。

就像顏色很少由單一的光的波長來產生純色一樣，聲音也很少是由單一頻率的聲波所表示的純音。卽使按下鋼琴鍵上所產生的音調，也包含了二百六十二赫的**基音**(fundamental tone)和其頻率的倍數的**倍音**(overtone)。倍音的發生是因爲鋼琴鋼絲的振動，並不只是整體振動而產生二百六十二赫的基聲，也包括了基音的二分之一、三分之一、四分之一、五分之

表 5-3　分貝的評估和常見造成聽覺傷害之暴露時間

此表格所提供的是一般常見聲音的強度，此強度乃以分貝爲單位，當聲壓爲原來的兩倍時，相當於增加了三分貝（db）。聲壓水準幾乎可與在一般工作距離下的聲音強度相對應。在表格右邊則顯出不同聲壓尺度下，隨暴露時間之不同而引起永久性聽覺喪失的危險。

分貝水準	範　例	造成傷害的暴露時間
0	人耳可聽到之最低聲音（聽覺閾）	
30	安靜的圖書舘、很輕之口哨聲	
40	安靜的辦公室、起居室、遠離路邊的臥室	
50	交通流量少（隔一段距離）、電冰箱、輕聲的爭吵	
60	離空氣調節器二十呎、正常說話、縫紉機	
70	交通繁忙處、辦公製圖機、吵雜的餐廳（一般最常接觸）	關鍵尺度
80	公路、城市交通流量大的地方、距離鬧鐘二呎處、工廠噪音	超過八小時
90	卡車、吵雜的家用器具、工廠工具、割草機	少於八小時
100	鏈鋸、汽鍋工廠、氣壓鑽孔機	二小時
120	在搖滾音樂會的擴音器前、噴沙器、雷響	立即性危險
140	槍的爆裂聲、噴射機	一接觸即有危險
180	火箭發射的聲音	不可避免性聽覺喪失

一等等的音調，因爲每個部分振動，都會產生其特有的頻率。

爲何鋼琴和小提琴演奏同樣音符時，聽起來會有差異呢？一種樂器的聲音不同於他種樂器，主要在於倍音數目的多寡和樂器本身的構造，這種音樂特質稱爲**音色**(timbre)。藉著音色，我們可以辨別出鋼琴和笛的聲音，假若用聲音過濾器消除所有的倍音，那就很難確定是那種樂器奏出的聲音了。和**圖 5-31** 所示的正常聲波不同的是，樂器所演奏出的聲音波狀很複雜，它只保留了基本音頻的波峯與波谷，其高低點雖相同，但聲波則呈不規則狀而非平滑狀。

假若以聲音的向度和顏色比較的話，應有下列的對應關係：

顏色向度		聲音向度
色彩	←→	音頻
亮度	←→	響度
飽和度	←→	音色

色彩與音頻是頻率的作用，亮度和響度是振幅的作用，飽和度和音色則是混合的結果。

兩個聲音一起發聲時，會有什麼結果呢？它們和顏色的混合一樣，並不會喪失其本質，但聽起來可能會有**和諧感**(consonant, 表示愉快)和**不和諧感**(dissonant, 表示不愉快)二種結果。兩種聲音的混合而成第三種聲音，乃基於其頻率的差異，這種**差異音**(difference tone)不一定和基音一致，因此，有些聲音的混合，要比其他聲音悅耳。和聲有一部分須視基因、倍音和差異音間的相互作用而定，因為這三者的作用造成了複雜的音調刺激。

所謂的**噪音**(noise)，是由很多不同頻率組合而成不和諧的聲音。當提及由音譜上所有頻率(各頻率上的能量水準大致相同)所配合成的噪音時，聲學家常稱之為**白色噪音**(white noise)。白色噪音和由光譜上所有頻率組合成的白色光是一樣的，如無線電的靜電干擾和浴室的淋浴，就接近於白色噪音。

噪音將其能量集中於某一頻率帶上，會產生一種特殊的音頻。例如，即使鼓聲中的雜音比樂音成分更多，我們仍以音樂上的術語——貝斯(bass)來形容鼓聲。說話的聲音同時涵蓋了樂音特質和噪音特質的使用：母音是樂音性質的，子音則屬於噪音性質的。

在聽覺方面之混合與**顏色混合**(color mixture)沒有相似之處。當兩個或以上的頻率同時接收時，我們所聽到的是結合各振動頻率的音頻，如果我們仔細聽的話，則可將各振動頻率區分開來。當這些振動頻率十分相近時，所知覺到的會比較複雜，但聽起來並不像是個單一的純音；但在視覺色彩方面，人們則可透過三種錐細胞對三原色的混合而得到大多數的顏色。然而在聽覺上則缺乏此種比較的現象，如果在聽覺上亦有一些調節不同聽覺頻率的受納器，那麼必存在著許多不同的類型。

由探討**遮蔽**(mask)效應之現象中，可以看出此現象可能是由於聽覺系統中存在有**過濾器**(filter)，對不同頻率作反應所產生的。如果一個音(信息, signal)的閾限會隨著另一同時呈現的音(遮蔽者，masker)，則此同時呈現的音(遮蔽者，masker)會遮蔽第一個音(信號)，但此種現象只發生在聲音頻率相近的情況下，若是二個頻率相差很大時，則不會產生遮蔽效應。假設遮蔽效應是發生在兩個音同時經由同一過濾器傳送，則頻率相差很大的音，可視為經由不同頻率的過濾器傳送。由此現象的研究發現，各種頻率的聲音可能透過過濾器傳送。研究者發現頻率過濾器是不對稱且可廣泛地調整(見**圖 5-37**)。

聽覺頻率的過濾是如何完成？在一六八三年，法國解剖學家居弗奈(Joseph-Guichard Duverney)提出了聽覺頻率過濾之機械化處理乃藉共振而達成(Green & Wier, 1984)。他認爲耳朵的結構就好像弦樂器一樣，在此組織中，不同的部位反應不同的頻率，因此當頻率傳至耳朵時，則會有對應的部位振動——就好像在鋼琴附近敲打調音音叉，則鋼琴與此音叉同頻率的弦也會開始振動。此看法被證實是正確的，除了**基膜**(basilar membrane)與弦不同之外。

赫姆霍茲(Helmholtz)將此共振假說發展到音頻理論中的**部位論**(place theory)(詳見「重要討論：聽覺理論」)。此種看法認爲當一特殊音頻被知覺時，則會引起基膜上特定部位的最大位移，但此並不表示我們是用基膜來聽聲音，而是指基膜上產生振動的部位決定我們所聽到的音頻。

至於基膜如何眞正地產生位移，一直到一九四〇年代都尙未被確立。後來馮貝西(Von Békésy, 1960)在耳蝸上鑽了一些小洞測量基膜的反應。經過天竺鼠和屍體之耳蝸研究，他指出高頻率的聲音會引起基膜尾端之振動，當頻率增加時，則最大位移會往**卵形窗**(oval window)之方向移動(馮貝西因從事聽覺方面一系列的研究而得到一九六一年的諾貝爾獎)。

部位論解釋了很多音頻知覺的現象，但並不能完全解釋所有的現象，例如，部位論無法解釋**缺少基音的音頻**(pitch of the missing fundamental)的現象。在前面曾提過，樂器的聲音是一個基音再加上其頻率的倍數的倍音——基音的二倍、三倍、四倍等等。當一個聲音呈現時，其主要的音調乃是以此基音頻率爲主，如果將此聲音的基音頻率去除，則我們會聽到相同的音調。此種現象在十九世紀被發現後，而有**時間論**(temporal theory)的提出。這些理論認爲音頻乃因聲波隨時間不同而不同。時間論指出複雜的聲波在其基音頻率時，會重複產生缺少基音的音頻，即使此聲音並不包含任何其組成音的頻率；如果神經反應必須遵循整個聲波波形的話，那麼聽覺系統就能夠指出且反應出全部的頻率。時間論由聽覺神經之神經衝動的形狀，遵循刺激波形的實驗證據獲得支持，即使任一細胞也無法反應出聲波的每一個週期(Rose, Brugge, Anderson, & Hind, 1967)。然而此種現象在超過四千赫以上時就不存在，即

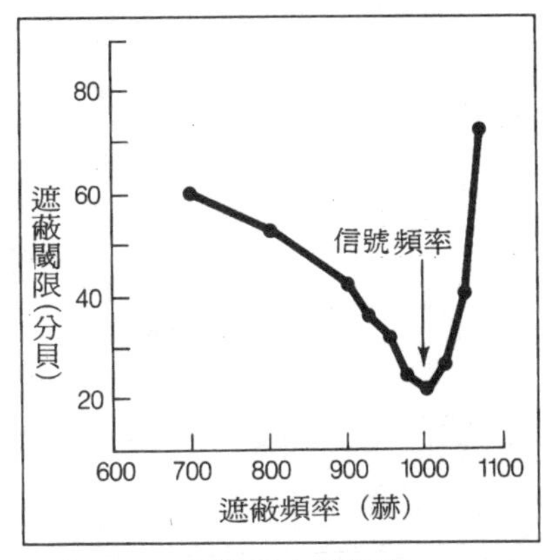

圖 5-37　聽覺頻率過濾器

在此實驗中，受試者所要做的作業是偵測一定強度的一千赫的聲音。此圖形顯示出第二音(masker)的強度恰好能遮蔽原來的信號。當遮蔽頻率逐漸遠離信號頻率時，則遮蔽效果愈來愈差，其閾限會升高。此條曲線與聽覺神經中的單一細胞的閾限曲線非常類似。可將此曲線當成人類聽覺系統中的頻率過濾器之一（取材自 Moore, 1978）。

使我們聽到更高頻率的音調也是如此，因此時間論在其他現象也無法解釋，所以便有了包括部位和時間理論的看法——**複合理論**(duplicity theory)。

與兩階段色覺理論不同的是，複合理論並沒有發展成一完整的理論。最近的主要研究指向部位理論，但卻認爲在基膜部位和音頻的關係比原先部位理論所提「音頻部位一對一的關係」來得複雜(Goldstein, 1973; Wrightman, 1973)。雖然這些理論都認爲聽覺系統是利用在耳蝸和聽覺神經中的複雜頻率編碼，但他們並不能釐清大腦細胞引發音頻的可能性(特殊神經編碼)。

重要討論：

聽覺理論

如同我們所提過的，由耳蝸液體傳送的聲波將造成基膜的振動，也因此刺激了連接在聽覺神經上科提氏器官的毛狀細胞，而傳送到聽覺神經去。但比豌豆還小的科提氏器官又如何使我們能分辨數以千計不同的聲音呢？分辨音頻和響度的又是什能機構呢？

響度似乎是決定於引起衝動的神經纖維總數，及某些特定高閾限纖維的激動情況。所謂高閾限纖維指的是需要毛狀細胞彎曲到相當程度，才能被刺激而引起神經衝動的纖維，而音頻則是一個較複雜的難題。音頻的主要理論有二，一是部位論，一是頻率論。**部位論**(place theory)者假設，聲音的頻率可由因聲波所引起的基膜最大位移的區域來表示。馮貝西(Von Békésy)由於從事這個理論的一系列精密實驗，得到了一九六一年的諾貝爾獎。他在天竺鼠的耳蝸上切了好幾個小洞，並以顯微鏡觀察當不同頻率聲音刺激時的基膜反應。他發現高頻率聲音能使靠近卵形窗的基膜狹窄尾端，引起最大的位移；中度頻率的聲音則在基膜的另一端引起位移；但是低頻率聲音則在整個基膜上引起大約相同的位移。該一現象以及由於中度頻率聲音相當大地區的基膜位移，因此，想以基膜的不同程度位移，來解釋我們分辨低頻率音頻的能力，是不可能的。

由於這樣，乃有頻率論的提出。**頻率論**(frequency theory)者假設，耳蝸的作用和麥克風一樣，而聽覺神經則像電話線一樣。根據這項理論，音頻由傳往聽覺神經的神經衝動來決定，頻率愈高，音頻也就愈高。很多研究顯示，聲音在達到四千赫以前，聽覺神經依聲音的頻率高低而定，因此，五百赫的聲音會造成神經每秒鐘五百次的反應，二千赫的聲音造成二千次反應等等。由於神經每秒鐘只能有約一千個衝動，因此聽覺神經能處理一千至四千赫聲音的能力，就必須以**併發律**(volley principle)來解釋。併發律假設，神經纖維分成好幾個組，而以輪班的方法來產生神經衝動，不同的組群對每個聲波的擠壓產生衝動。一個組群可能在第一次的聲波擠壓發生作用後，而在另一組群發生作用時，處在恢復期，不發生作用；而在聲波的第三次擠壓時，又出來產生神經衝動。因此，雖然單一的纖維不對每一次的聲波擠壓作反應，但是所有的纖維會同時對聲波作反應。對一個二千赫的聲音而言，聽覺神經在每二十分之一秒便會產生一次激烈的活動，每次都有不同組的神經原產生神經衝動。中度頻率的音頻，受併發頻率所決定，而非個別神經纖維衝動的影響。

和色覺理論的案例一樣，最後對音頻分辨的解釋，將包括這兩項理論的某些部分。基膜的振動部位和神經反應的頻率，可能都和聲音頻率訊息的傳送有關。部位論似乎適用於高頻率的聲音，而頻率論則適用於低頻率的聲音。

較精確的聽覺訊息譯碼，在靠近腦部的聽覺通道和聽覺腦皮質裡面進行，一個聽覺神經纖維在傳送訊息至聽覺腦皮質當中，至少和其他四周神經原形成神經突觸連結。在這幾個不同層次上，我們將可發現有的神經原在聲音開始時起作用，或在聲音出現時減低其衝動速率，或對一持續性的聲音連續的引起衝動，或只對同時呈現到雙耳的聲音才起作用。此外，當我們把訊息由聽覺神經向上傳到聽覺腦皮質時，特殊細胞反應的頻率範圍將越來越小，因此，在接近腦皮質時，訊息的傳送將更加精確。而聽覺的一般理論也必然要考慮到，在聽覺系統的每一神經突觸層次上，是否有各種的神經密碼存在，這種神經密碼可以代表各種反應類型。有關進一步的聽覺理論見音頻一節。

重要討論：

義耳和義眼

在科學想像中以人造器官來取代有缺陷的感覺器官已不再是幻夢，有關於以人造器官取代受傷害的眼睛和耳朵的研究工作已進行數年。在一九八四年十一月，美國食品藥物局改良了一種直接刺激聽覺神經的儀器設備，此研究工作對於感覺障礙的矯治及感覺歷程的瞭解均有相當重要的意義。

對於聽覺彌補物的研究，主要集中在給予聽覺神經的電子刺激的儀器設備上。此種設備的設計在於幫助那些毛狀細胞受損及完全是感覺神經性的聽力受損者，但這些人的聽覺神經是完整的且具有功能。大部分的設備都是利用電極，將電極插入穿過圓形窗到達耳蝸，沿著基膜刺激神經細胞(**耳蝸植入**，cochlea implant)。雖然電極進入耳蝸，但耳朵的功能部位仍可運作；耳蝸只是較方便於刺激神經細胞的部位，在此部位比較容易到達和裝置。除了刺激電極外，這些設備尚有其他三個組成部分：一支放在外耳附近用來收集聲音的麥克風；小型電池運作的電子處理儀器，此設備是用來將聲波轉換成電磁訊息，以及一套轉換系統，藉由此系統將電極信號透過頭蓋骨，傳達至植置在耳蝸中的電極。由麥克風和**電子處理器**(electronic processor)傳來的信號可能藉由無線電轉換，由頭蓋骨傳至耳蝸中的電極，如此可避免電線穿過頭蓋骨。

此類相當簡略的設備，是在一九七〇年代早期由霍斯(William House)(**圖 5-38**)所發展出。霍斯將只有六毫米(mm)的一根電極移植置入耳蝸中，此電極之信號基本上是與聲波完全相同形狀的電磁波，雖然無關的頻率已被過濾清除，但當病人使用此套裝備接收聲音時，他(她)會聽到一不同響度的複雜噪音。這些儀器已移植到超過六百位耳聾的人們身上，包括一些希望藉此儀器而能獲得語言的兒童。大部分接受移植者相信此套裝置可提供他們比先前耳聾狀況時更好的進步。有了此裝置，他們至少可聽到聲音，也具備了一些區辨聲音強度的能力。

尚有一些利用多數電極的設備至今仍在實驗階段。這

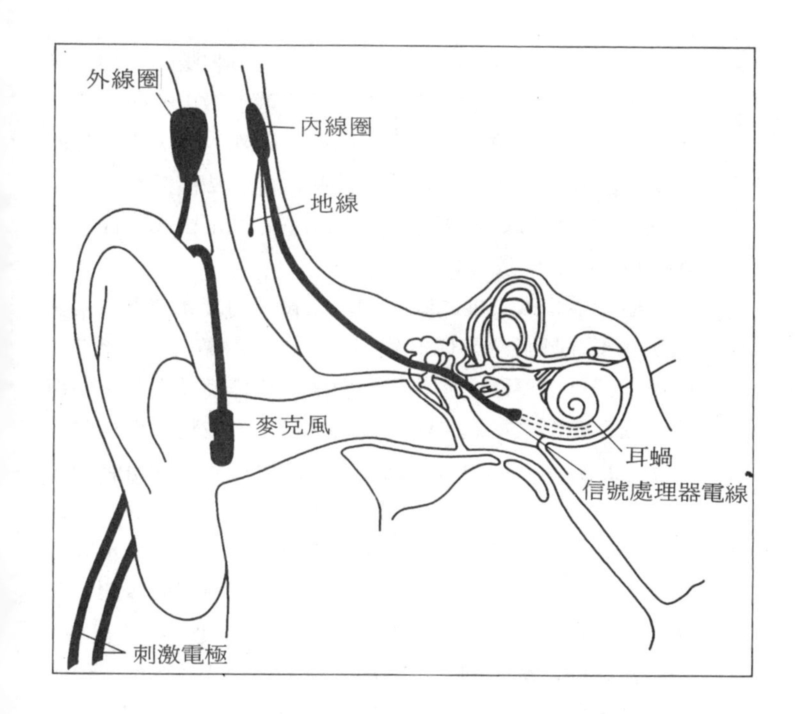

圖 5-38　耳蝸植入

此放大圖所描畫的是霍斯(William House)及其同事所發展的助聽器。聲音可被麥克風收集，而後透過戴在耳上的信號處理器之過濾分析。處理器會產生電磁波形，將此轉換成無線電波經由頭蓋骨傳到植放在耳蝸內的電極。

些設備想更進一步擴展到耳蝸中及獨立地刺激在基膜上一些細胞組，因爲耳蝸只有豌豆一般大小，有一個硬的骨性殼及非常精密細緻的內在組織，因此其技術問題包括如何安置和植入，相當具有挑戰性。大部分這些多重管道植入的裝置，必須有一更精密的電子處理儀器以過濾這些聲音，將其分成不同的**頻率波段**(frequency band)，每一波段只適用一個電極，各波段的聲波可轉換成一電磁信號，且適用於一個電極。雖然初步的結果差異很大，但有些病人卻有相當好的表現，包括在認字得分上有百分之七十以上的正確率。

多重管道儀器裝備的設計是以聲音知覺中的部位理論爲基礎。其理念乃是想取代原先機械式過濾(此種方式會使不同的頻率引起基膜上特殊部位的振動)而採用電子過濾，然後將過濾後的信號傳送到與常人的耳朵相同反應的部位。在某個層面，此設備的成功證實了部位理論。當電刺激作用在基膜的單一狹小區域時，根據部位理論，則可聽到一音調，而且此音調會隨不同的區域反應而不同。然而與部位論相牴觸的是：所聽到的聲音一點也不像是純音，比較像是「鴨叫聲」或是「垃圾筒的重擊聲」，即使它是粗略的音調。時間理論學家可能認為當電刺激的頻率改變時，則聽覺也會改變，事實上，這只產生微小的改變。結果指出，除了部位和時間形式的影響因素以外，尚有其他影響音頻知覺的因素，可能是某些電極無法模擬在基膜上複雜的**時空刺激的型式**(spatio-temporal pattern of stimulation)所致。

至於為盲人發展的義眼則不如義耳的發展來得多。其問題並不在於視覺影像的獲得(電子照相機可以將此工作做得很好)，主要乃在於將視覺影像訊息轉換成大腦可使用的視覺系統形式。近來研究都著重以盲人或正在進行腦部手術的自願病人為對象，直接在其視覺皮質上作電刺激，如果我們知道當不同皮質部位被刺激時，人們看到了什麼，那麼只要控制刺激的部位，就可能隨意地引發不同的視覺經驗。下一個步驟則是利用電子照相機形成景象的影像，將此影像置於盲人之前，然後便可喚起此景象的經驗。

當我們以清醒的受試者為對象，用一微弱的電子信號刺激其視覺皮質的某一狹小區域，則受試者會有視覺的經驗，此現象稱之為**閃光**(phosphene)，這就好像在人們前方的不同方位上，可看到許多細小光點的閃光。他們評估這些光點的大小由「一粒米大」到「如錢幣一般大」；大部分是白色，但有些是彩色的。如果有一些視覺皮質的部位同時被刺激，則相對應的光點通常會一起被經驗到，雖然此提供了一個相當粗糙的視覺型式(Dobelle, Meadejovsky, & Girvin, 1974)，但令人疑問的是：此研究方向是否對受損眼睛的彌補物的製造有所幫助？傳遞至大腦皮質的神經衝動是如此的複雜，以至於人們很難適當地去複製。由此視覺理論的觀點，令人感到有趣的是，受試者在這些實驗中所看到的是一些小光點，而非直線、邊緣或更複雜的知覺。如果特殊神經細胞密碼的假說是正確的，那麼細胞所反應的電刺激必可引發光點狀的感覺。不幸的是，我們並不知道在皮質上的那些細胞被刺激而反應。

聲音的定位

我們能夠正確地感覺出聲源的方向乃依賴著一些因素。通常我們能夠察覺某些角度的方向變化，但卻常常被聲音究竟是由前面或後面傳來而搞混。如果聲源的頻率不同，那麼頻率在三千赫左右的聲源位置之正確率最差(Stevens & Newman, 1934)。此觀察結果得到了一個想法——有二種刺激位置的線索：其一爲聲音到達兩耳的**強度**不同，此乃因聲音被頭部遮蔽所造成；其次爲聲音到達兩耳的**時間**不同。這二個物理線索提出了在高頻時，我們是以**強度的差異**(intensity difference)來偵測其位置，而在低頻時，則以**時間差**(time difference)察覺之。在高頻時，強度的差異比較大，因爲頭部阻擋高頻的聲音比較多；在低頻時，則時間差比較容易被察覺，特別是波峯不相近的時候(見**圖 5-39**)。一些實驗支持此種**二線索論**(two-cue theory)。前後混淆的現象乃是因爲對觀察者而言，聲源由前方或後方來的兩種線索幾乎都相同。我們人耳所能覺察到的二耳時間差大約是十微秒(microsecond)(Durlach & Coburn, 1978)。

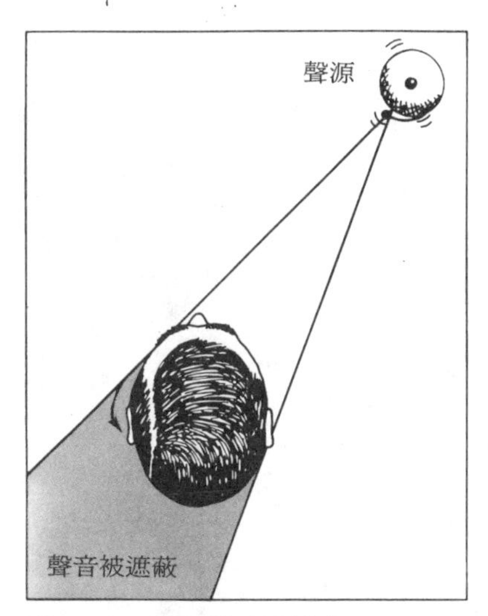

圖 5-39　聲源位置的線索

如果聲音是由頭的右側來的話，則右耳距離聲源的位置比左耳近，結果可知，聲音會先抵達右耳。此線索在低頻時比較有效，因爲頭部所投射的聲音遮蔽，使得左耳的強度減弱。此線索在高頻時比較有效。

其他感覺

和視覺、聽覺不同的其他感覺，對求生而言亦相當重要，但由於大都缺乏模式和組織，所以一般稱視覺和聽覺爲**高級感覺**。我們的符號經驗大都以視覺或聽覺術語來表示，我們說的話可以被**聽到**，寫的文字可以被**看到**；有了音符，音樂才可以唱出來或用樂器演奏。除了盲人所作的布雷(Braille)符號(一種凸起的文字型式)外，我們沒有任何類似的嗅覺、味覺和觸覺的符號表現方式。

嗅　覺

從演化的觀點來看，嗅覺是最原始、最重要的感覺之一。嗅覺器官佔着頭部一個突出的地位，以指引各種行爲；嗅覺到腦部的通路較其他任何感覺更直接。每個鼻腔中，都有**嗅覺上皮細胞**(olfactory epithelium)，其中的受納細胞無須神經突觸就可和**腦嗅球**(olfactory bulb)連接，而腦嗅球就在前葉之下。嗅球和顳顬葉中的嗅覺腦皮質相連，並延伸到附近部位，但其正確的神經連接則尚無法確定。就魚類而言，嗅覺腦皮質構成了整個腦半球；就狗而言，嗅覺腦皮質佔了腦的三分之一，而人類則只有二十分之一。所以美國的郵政總局和海關都使用經過訓練的狗，來辨別包裹裡面是否含海洛因和大麻等毒品，而某些訓練有素的警犬更可以找出藏著的炸藥。

會釋放出分子的物質稱爲揮發性物質，都會成爲嗅覺的刺激物。這些放出的分子必須也是脂溶性的，因爲嗅覺的接受器是被一層類似脂肪的物質所覆蓋著。研究者在研究嗅覺時曾遭遇到困難，因爲嗅覺上的刺激不像聲音和光線那樣，可以用一些向度來描述，因此在控制上也困難得多。絕對閾約空氣五百億分之一分子那麼小，而且不同物質間的變異又非常的大。我們可以確定有嗅覺疲乏的現象，但又不完全瞭解；當我們暴露在某種氣味之下，在每隔一分鐘的時間內，我們所能聞到的強度會降低約百分之七十。兩種氣味彼此不會互相遮蔽，這也就是能使空氣清新的原理；眞正的氣味混合(兩種以上的味道混在一起的感覺)似乎並不會發生。

有些研究者提出了六種基本的氣味，他們認爲所有的氣味都可分解成這六種中的幾種。另一些人則提出七種或更多種的基本氣味(Cain, 1978)。氣味是由幾種類似的分子產生的，這項發現引導出一項假設，當氣味分子的形狀與受納器的形狀互相吻合的時候，這個受納器就被激發了(Amoore, 1970)。這項理論仍有不全之處，例如，何種氣味配何種形狀這種基本的關係都還弄不清楚(Schiffman, 1974)。受納器的種類繁多，而且每一個都會對兩種或兩種以上的氣味分子反應。人們對某些特殊的氣味卻並不敏感(像氰化物)，似乎缺乏這種受納器。

除了氣味的受納器外，嗅覺上皮細胞也包含有游離的神經末梢，這些受納器在任何高濃度的氣味下，都會引起**一般化學上的感覺**(common chemical sense)。這種感覺和皮膚對有毒刺激的感覺很類似，這也就是爲什麼有些氣味會引起鼻子的不舒服，甚至疼痛。

昆蟲以及有些高等動物會以嗅覺作爲聯絡通訊的媒介。牠們特殊的化學物質，像費洛蒙(pheromone)，飄浮在空氣中時會吸引同類靠過來。例如，雌蛾釋放出的費洛蒙能把雄蛾由數英哩以外的地方吸引過來。所以我們可以很清楚地知道，雄蛾是由費洛蒙的氣味找到雌蛾，並不是因爲看見了牠。即使雌蛾被關在由外界看不見的鐵罐子裡，雄蛾一樣可以找到牠；相反地，若在一個氣味散不出去的玻璃瓶裡，雖然很清楚地可以看見，雄蛾仍然不會被引過來。雖然男人和女人的氣味也有不同，但是像蛾的過程發生在人類身上卻大打折扣(Wallace, 1977)，所以香水的使用可說是爲了刺激我們已經退化了的嗅覺通訊。

味 覺

基本的味覺特性是甜、酸、鹹、苦，這些以外的味覺經驗，是由這些味覺特性加上其他感覺融匯而成的。如我們喝一杯咖啡時，並非只以味覺來享受其芳香和溫熱，因爲味覺只提供甜、酸、苦的成分。

味覺的受納器爲**味蕾**(taste bud)，通常分布於舌旁，一直到舌後，一部分則分布於軟顎、咽、喉。味蕾數目通常隨年齡減少，所以老年人對味覺的敏感性比小孩子差。我們發現，舌上各部位對味覺的敏感度都不同，通常舌尖對甜最敏感，舌尖及兩側對鹹較敏感，舌之兩側對酸最敏感，而舌背對苦最敏感。

每個成人大約有一萬個味蕾，每個味蕾由十五至二十個味覺細胞所構成。這種味覺細胞的生殖率相當高，大約每七天就可再形成另一組全新的味覺細胞。當我們喝咖啡不小心被燙到時，會造成味覺細胞的死亡，但它們很快就可以補足。根據植入單一細胞的電極發現，每一個味覺細胞對上述四種基本味覺的反應亦有不同；換句話說，在同一味蕾上，有些細胞只反應甜和鹹，有些則只對酸和鹹有反應。

由味覺神經纖維的神經衝動測量與味覺區辨能力的行爲證據上的研究，發現在味蕾的感受性上，人與其他動物是有所差異的。貓與鷄好像沒有對甜作反應的味覺受納器，但是狗、老鼠、豬和其他脊椎動物則有。該結果可解釋爲何狗常喜歡食用甜點，但貓則往往不喜食用甜點。

味覺的絕對閾很低，但差異閾卻相當高(韋伯常數約爲.2)。這指出，如果你多放調味料到碟子裡，除非多放了百分之二十，否則你是嚐不出來的。味覺的疲乏也會發生，但是恢復得相當快，而且嚐過一樣東西之後，短期內再嚐另一樣東西，味道會有改變。一種味道能蓋過另一種，例如，糖就能把咖啡的苦味蓋過去；牙膏會降低糖的甜度，而且會使桔子汁變得更酸，所以最好在早餐後再刷牙。有種特殊的水果(synsepalum dulcificum)能使任何在嚐過它之後再嚐的東西變甜。雖然可藉由混合產生新的味道(Schiffman & Erickson, 1980)，我們仍然找不出一條通則，可以使何種東西混合之後會和另一樣東西的味道相同。研究者大致同意任何味道都可經由酸、甜、苦、鹹這四種基本味覺的混合來描述(McBurney, 1978)。用單細胞記錄法來測味覺神經纖維，發現單一的纖維就能對各種不同味道的物質作反應。不同的纖維會對許多相同的物質反應，但是感覺卻各不相同，因此，就像其他的感覺系統一樣，味覺神經纖維在傳播時也有重疊之處。

皮膚感覺

通常所謂的觸覺並不只是一種感覺，它最少包括四種感覺：**觸覺**(touch)、**痛覺**(pain)、**熱覺**(warm)和**冷覺**(cold)。這些感覺都來自皮膚表面的**敏感點**(sensitive spot)。而如癢(itch)、酥癢(tickle)、疼痛等其他皮膚覺，只是上述四種感覺的變化而已，例如，用針輕而重複地刺激**痛覺點**(pain spot)，就可產生癢的感覺；而迅速地輕觸皮膚上的**觸覺點**(touch spot)時，即可產生酥癢的感覺。

科學界曾對皮膚感覺的正確受納器，作過廣泛的研究，亦曾因此引起很多爭論。有一段時間，組織學家認爲皮膚上有許多不同的**神經末梢**(nerve-end)構造，每一種皆爲四種基本感覺中的一種受納器。但後來的研究並無法證明這種說法。當研究者在自己的皮膚上標明各種感覺點，並切除皮下組織，用顯微鏡來檢視時，發現在感覺經驗型態和皮下神經末梢間並無一致的關係。只有兩點多少可以肯定的：

(1)植根於**毛囊**(hair follicle)的神經纖維，是觸覺和壓覺的受納器(但這並非唯一的受納器，因爲像嘴唇雖無毛髮，對壓覺的敏感性卻很大)。

(2)和植根於毛囊的神經不同，終止於表皮的**自由神經末梢**(free nerve-ending)對痛覺有反應。

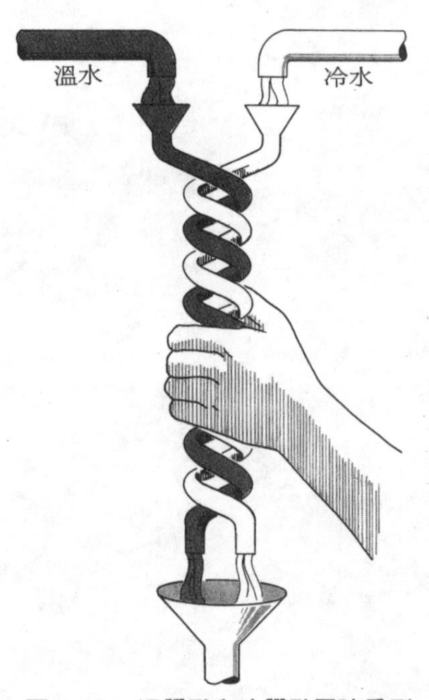

圖 5-40　溫覺點和冷覺點同時受到刺激時會產生「熱」

當冷水(0～5°C)和溫水(40～44°C)各自通過一根管子時，握住管子的受試者會有熱的感覺。這項實驗證明，熱是來自溫覺點和冷覺點的同時受到刺激。

假若皮膚上只有溫覺點和冷覺點，我們如何對熱(hot)有感覺呢？答案是「熱」來自於溫覺點和冷覺點的同時受到刺激，這可由同時有兩種水源的捲曲管裝置來加以說明(參閱**圖 5-40**)。當冷水通過兩根管子時，我們感受到冷；同時，溫水通過兩根管子時，我們感覺到溫暖；但假若一根管子通過冷水，另一根通過溫水，我們將感受到熱。這並非通常產生「熱」經驗的方法，但卻是受納器的反應方法。冷覺點有兩種閾限，它們反應低溫和高溫，對中等溫度則不反應。高溫同時可以刺激溫覺點和冷覺點，當我們感受到熱時，是這種雙重刺激的結果。

傳統上，人類的感覺可分爲五種：視、聽、嗅、味、觸。現在，觸覺已經包含有三種皮膚的感覺（它們分別是對壓力、溫度、有毒刺激的反應），以及一種稱爲**運動覺**（kinesthesis）的感覺。這種感覺的受納器在肌肉及關節裡，能使我們感覺出身體各部位的位置及運動狀態。感官的標準有四項：(1)對一種特定的刺激作反應；(2)能區辨這些刺激；(3)有一套明確的受納器；(4)當感官受到刺激時會引起意識上的經驗。依此來看皮膚的感覺，已經有的受納器是感應壓力、溫度和有毒刺激的。雖然對各種不同受納器的描述在這幾年來已經很複雜了，目前爲止能區分的受納器仍然至少有十三種（Brown & Deffenbacher, 1979），壓力、溫度、有毒刺激三者各有不同的受納器也已獲得證據支持。

壓力（pressure）　雖然我們察覺不出一些壓在全身的靜壓力（像大氣壓力），但我們能感覺出身體表面上的壓力變化，我們能夠偵測到在皮膚上一小塊區域上五毫克的力量。唇、鼻、面頰是對壓力最靈敏的部位；大脚趾則是最遲鈍的。這些不同主要是在位於身體各部位對壓力刺激反應的受納器數目各有不同。在皮膚上上下振動的壓力中，以二百五十赫振動的頻率最易於察覺，高或低於此頻率都沒那麼靈敏。壓力的感覺也有疲乏效果，如果你握著你的男朋友或女朋友的手長達數分鐘而沒有移動，那麼你就感覺不到那隻手的存在了。

我們也能夠感覺出接觸到皮膚的壓力的形狀，用來研究這方面問題最多的方法是測**兩點覺閾**（two-point threshold）。兩點覺閾是指能使皮膚在兩個很小的針頭接觸到時，會產生兩點感覺的最短距離。和壓力的閾限一樣，兩點覺閾也會隨著身體各部位而改變，不過這種改變並無規律可循。在手指的兩點覺閾最低，小腿最高（見**圖 5-41**）。

用閾限測法及單細胞紀錄法都能提供壓力覺的系統中有濾器存在的證據，這使我們能感覺出壓力刺激的位置以及頻率（Loomis & Lederman, 1986），不過，有關壓力感覺的理論發展並不算良好。

溫度（temperature）　因爲維持體溫是生存的必要條件，所以要感覺出體表溫度的變化是非常重要的。溫度的受納器是在皮膚下面的神經，這些神經的末梢是游離的。皮膚表面溫度

圖 5-41　兩點覺閾

此圖繪出全身各皮膚表面的兩點覺閾，單位是毫米(mm)。測閾限的方法是將兩個距離很近的細針頭碰觸皮膚，由受試者告知他感覺到的是一個或兩個針頭。受試者所能辨別出是兩個點時的最小距離即是閾限。此圖中的資料是女性的，不過與男性的也相去不遠(取材自 Weinstein, 1968)。

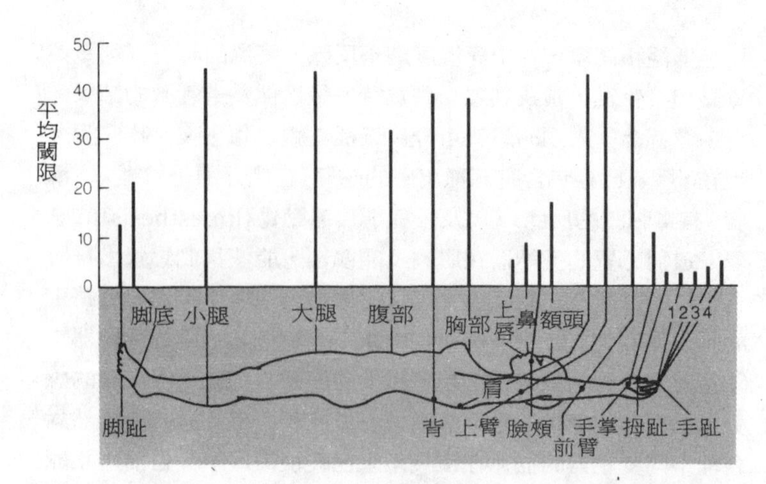

降低會使冷受納器反應，升高則使溫受納器反應(Hensel, 1973)。當皮膚在正常體溫下時，我們在溫度上升攝氏零點四度時即可感覺溫熱，下降零點一五度時就會感到寒冷(Nafe, Kenshalo, & Brooks, 1961)。當溫度改變很小時會有感覺疲乏，所以幾分鐘就會覺得不冷不熱。這種對溫度的疲乏解釋了爲何在泳池裡泡了一段時間的人，以及才把脚伸進泳池的人，兩者對水溫的感覺會有相當大的差異。在冷、溫交界的區域會產生「熱」的感覺(見**圖 5-40**)，這是因爲冷受納器不只會對低溫反應，同樣也會對高溫(約攝氏四十五度以上)反應。所以，一個非常熱的刺激會同時激發溫受納器及冷受納器，而產生熱的感覺。

有毒的刺激(noxious stimulation)　任何刺激的強度只要強到足以引起組織的傷害，就會引發痛苦的刺激，這可能是壓力、溫度、電擊或是刺激性的化學物品。這些刺激會使在皮膚裡的化學物質釋出來，轉而去刺激有較高閾限的受納器。這些受納器的神經末梢形狀很特別，研究者將之區分成至少四種不同的型態(Brown & Deffenbacher, 1979)。

在研究皮膚對毒性刺激反應方面的實驗非常受限制，因爲這類研究的受試者很難找到。大部分的研究使用雷射產生熱來作，疼痛的閾限在攝氏四十五度，能忍受的上限則是攝氏六十一度(Hardy, Wolff, & Goodell, 1947)。實驗上引起的疼痛與臨床上引起的疼痛並不一樣，也不太受寬心劑或止痛藥的影響。

跟其他感覺比起來，疼痛更容易受除了毒性刺激以外的因素影響。這些因素包括壓力、態度、動機，以及聯想暗示，還有催眠、藥物或是針灸；這些影響的存在形成了**痛覺閘門控制論**(gate control theory of pain)(Melzak & Wall, 1965; Melzak & Casey, 1968)。會有疼痛的感覺並不只是受納器受到激發，在脊椎的地方還有個像閘門的神經在控制是否將受納器來的信號繼續傳到大腦去。壓力刺激的出現會把這類水閘關上，所以按摩傷處可以減輕疼痛。態度、聯想和藥物等被認爲作用在傳向大腦的通道上，其實也同樣作用在關閉這道閘門。

運動覺和平衡覺

對於可以讓我們知曉身體各部位的位置和移動的感覺系統，在我們常用的語彙當中並無一個適當的字來形容，而就學術上的名詞而言，這就是**運動覺**(kinesthesis)——是肌肉、肌腱和關節的感覺。位置和移動是由關節的感覺器官來測知的；肌肉和肌腱裏的感覺器官，則讓我們知道肌肉的伸縮，並幫助我們調節肌肉的緊張度，以便負擔物品。

如果沒有運動覺，在維持姿勢、走路、攀爬和控制自由意願的動作上，將會有很大的困難。只要我們一有行動，我們第一步先作暫時性的運動，然後再根據環境的影響去調整，假若物體出乎意料的重，我們就會花更大的力氣將其舉起。當我們走路摔了一跤時，我們會馬上作正確的矯正性動作。運動覺提供環境的回饋訊息給我們，讓我們知曉環境的變化，但我們一直認爲這種感覺是理所當然的，除非一隻脚失去作用時，我們才會明白，如果沒有脚和地板接觸的訊息，走路將會多麼不自在。

運動覺就字面上的意義解釋就是運動上的感覺，這是頭部和四肢相對於軀幹的位置及移動而產生的感覺。如果你懷疑自己是否有這種感覺，下回在午夜醒來的時候，你可以問問自己知不知道自己的胳臂在那裡。當我們主動控制四肢時，由大腦運動中樞傳到知覺系統的信號有助於運動覺，使我們能下達命令給肌肉。運動覺也有非意識及自主狀態的。運動覺綜合了肌肉、肌腱、關節和皮膚上的受納器。當我們用手去知覺某件東西的形狀時，必須摸遍整個物體(有效的觸摸)，這種知覺須要有運動系統、運動覺、皮膚感覺都有同等活動才會產生。「觸覺」這個我們每天會用到的字，包含了如此複雜的過程(Loomis & Lederman, 1986)，而不單只是一種感覺。我們能藉由觸覺而知道熟悉物體的形狀，雖然我們很少只用觸覺去認識東西(Klatzky, Lederman, & Metzger, 1985)。

和運動覺相輔相成的，則是**平衡覺**(equilibratory sense)，它專司與重力有關的整個身體的位置和移動。運動覺專司身體各部位相互間和與外界物體的關係；至於在空間中的身體定位，則由平衡覺來專司其責。

平衡覺的感覺器官有兩個，都在耳內，一個是**半規管**(semicircular canal)，一個是**前庭**(vestibular sac)。半規管有三個，彼此大約互相垂直而形成三個平面，因此，任一平面的身體轉動，對三個半規管中的其中之一會有最大的影響，而平面任一角度的旋轉都將影響到一個以上的半規管。半規管中充滿液體，當頭部轉動時，會對毛狀細胞產生壓力，就如對科提氏器官一樣。液體的流動，引起了毛狀細胞的移動，而刺激聽覺神經裏的非聽覺分枝。當轉動較慢，且數量適中時，就表示我們正在移動；一旦轉動十分劇烈，我們會有頭暈和嘔吐的經驗。

前庭介於半規管和耳蝸之間，可以讓我們瞭解身體在靜止時的位置。它們直接會對頭的傾斜和位置作反應，而不需要轉動的刺激，其受納器亦爲毛狀細胞。此外，尙有水晶狀的**耳石**(otoliths)。耳石給予毛狀細胞正常的壓力，就會讓我們有直立的感覺；若壓力有變化，即表示頭部傾斜。

平衡覺亦能指出，我們是否在一直線上作加速運動，但有時會產生幻覺。這種幻覺通常在飛行時發生，原因不外乎速度的變化、飛機的轉彎和爬高等。例如，當一架飛機逐漸加速時，一隻眼睛被蒙住的人，可能會覺得飛機正在爬高；而當逐漸減速時，他可能會覺得飛機正在俯衝。在視界不良的情況下，飛行員最好相信他的儀器，比他的平衡覺更爲可靠。

感覺的編碼

我們現在回到這章開始時提出的問題：我們如何感覺刺激？在我們討論過許多種感覺之後，要解答這個問題應該可以很清楚地知道必須考慮兩件事：(1)刺激和感覺系統內發生的事件間是如何相關的？(2)這些事件和我們的經驗之間又是如何相關的？

在回答第一個問題時，我們要提出證據指出感覺系統內的神經能對不同的刺激反應。這些神經反應的對象是在某一範圍的光波長、某一時間頻率內的聲音、有特殊空間頻率及方向的視覺光柵組、分子組合……等等。這些調整的工作是由感覺系統內許多不同種類的過濾器來完成，這些過濾器選擇性地使刺激產生的感覺通過，使其轉而去激發在此系統內較高階層的神經。不同感覺神經反應的刺激組常會有重疊的現象，所以一個刺激可能會引起幾個不同神經的反應。有些刺激的向度只須幾種神經(如光波長)，而另一些的向度則須要許多種(如聲音的頻率)。感覺系統很複雜地分爲幾個階層，對同一刺激神經所呈現的狀態在每一層都各有不同，像光波長即是一個好例子。在受納器的層次中，有三種型態的錐細胞在作反應；到對比細胞這個層次，反應的細胞有四種型態。這套感覺系統是很複雜的，所以絕不可能像迪瑪克萊特斯想像的，以爲刺激是以複本的方法呈現。赫姆霍茲提出的理論，刺激是以神經衝動的方式表現的較受證據支持。

那麼，感覺系統內細胞的反應，跟我們經驗到的東西之間又有什麼相關呢？赫姆霍茲的假設是，大腦中每一種神經的激發都會引起一種特定的感覺；若是有超過一種的神經被激發，則會引起一種以上的感覺經驗。赫姆霍茲並沒有提出感覺系統中，不同階層的神經衝動呈現的形式就不同，他以爲色彩的受納器有三種，每種都各有自己與大腦連結的神經纖維。因此，他認爲在系統內所有階層的刺激呈現方式都是相同的，他將整套系統中不同的受納器、神經及感覺分別連結起來。但這並不意味著他認爲光憑受納器就能引起感覺；相反地，他相信受納器只有在激發了在大腦中與其相連結的神經時，才會引起感覺。

由於刺激呈現的方式在感覺系統的每個層次都不相同，所以個別的神經細胞可能在某些層次以下，與一種特定的感覺相聯結，而在其他層次則否。在最低的層次中，單一的感覺，(像「黃」或「熱」)是由一或多個相關的神經細胞來決定的，不過，也不能排除在腦中的一條神經引起一種感覺的可能存在。而事實上，在視覺系統內的拮抗色彩層次中含有四種型態的拮抗神經細胞，每種都與四種色彩感覺中的一種相連結在一起。相同的情況似乎也會發生在嗅覺和味覺上，這些地方的感覺經驗是由一些基本的感覺所組成的。特殊的神經編碼(specific neuron code)並不像聽覺上的頻率，與音頻感覺的連結是單一且唯一的，而是一對多個的。音頻感覺被引發的層次中，特殊的神經編碼須要在同一時間內激發數以百計的特殊音頻神經細胞。一條神經與一種感覺對應的規則就不是唯一成立的，單一的感覺也可能被一組神經所引發，所以，特殊的神經編碼乃是目前假說最適當的(參見 Barlow, 1972)。

摘 要

1. 所有的感覺經驗都有**閾限**，包括**絕對閾**和**差異閾**二種。韋伯律指出，差異閾和刺激強度常成一固定的比值。
2. 在單細胞紀錄法中，用微電極來記錄受納器和神經細胞的電子活動，這個方法使我們可以研究在感覺系統不同層次中的單細胞的絕對閾和敏感度。
3. 視覺的主要特徵是：
   a. 眼睛藉**角膜**、**瞳孔**、**水晶體**和**網膜**來接受光波，而實際上的受納器則是網膜中的**桿細胞**和**錐細胞**。錐細胞集中於**中央小窩**，而遍佈於網膜，它專司黑、白及**有色視覺**的傳達。而分布於眼睛周圍的桿細胞則只能傳達黑、白等**無色視覺**。在夜晚時，通常只有桿細胞會發生作用。
   b. 桿細胞和錐細胞的差別可從**暗適應**的實驗看出。在暗適應中，錐細胞在五分鐘之內達到最大的感覺強度，而桿細胞則逐漸遞增其強度達半小時。
   c. **顏色**可依波長次序排成一個色環，假若排列適當的話，相對的顏色就是**補色**。當補色以相加混合而成混合光時，就彼此互相削減而成一種中性灰色。雖然紅、黃、綠、藍等四種心理原色可以辨認出來，但只要有紅、綠、藍三種原色，就可藉相加混合來產生各種色彩。顏色的三個主要向度：**色彩**、**亮度**和**飽和度**，可在顏色錐體中表現出來。
4. 當光線呈現在周邊(**桿細胞視覺**)時的**絕對閾**大約是五百微米，在中央小窩時閾限一般都會比較高，它的極小值約爲五百五十微米(**錐細胞視覺**)。光強的差異閾隨著強度增加，並且約成一比率(韋伯定律)。此增加量可用一條約爲對數曲線的**強度一反應函數**來解釋(費希納定律)。知覺到的亮度的估計值與強度之間也有類似的關係。所謂**適應**是視覺系統對光線亮度的重新調適，也是與強度—反應函數有關。

5. 大部分的人都能將光波長區分得很淸楚，幾乎任何一種顏色的光，都可由三種波長相差很遠的光混合後，得到相同顏色的感覺。**辨色力異常**的人與正常人對波長、色彩的配對不同；色盲的人則會把很多種顏色的光只看成一、兩種。有四種**基本色覺**(紅、黃、綠、藍)，這些顏色混合後組合出我們對顏色的知覺或經驗，不過我們看不見紅—綠、黃—藍兩種混合的光。這些可以用**色彩二階段論**來解釋，這項理論主張錐細胞有三種型態(此說法也獲楊格、赫姆霍茲兩人的三色理論的支持)，其拮抗的情形是紅—綠與黃—藍兩類(此說獲赫林的**色彩拮抗論**支持)。
6. **後像**和**對比**效果，強調顏色的配對，一種色彩的刺激消失，則其補色出現，而對比效果則是補色間的高峯效果。而**色覺理論**就是以上述的幾個事實爲起點，並嘗試來解釋它們。楊赫二氏論就是從顏色的混合開始，而赫林理論則從後像和對比著手。最近的硏究指出，這二種理論都對了一部分。顏色視覺可能是一種二階段的程序，其中包括網膜中的受納器所呈現的三種反應；這種反應由視覺系統中的細胞以兩種顏色的開關信號來傳達。
7. **空間解析度**是指能看到物體最細微處的能力；視覺敏銳度則是在測這項能力；**對比閾**是用來測這種看空間上圖形能力的另一種方法。當**光柵**的**空間頻率**居中的時候，對比閾最低；當**條紋**變寬或變窄，對比閾都會增高。心理物理和生物學上的證據都顯示出，視覺系統內有空間頻率**過濾器**的存在(能使某些空間頻率通過，另外一些則否)。
8. **音強的絕對閾**在一千赫左右最低，頻率較高或較低，閾限都會增高。聽力受損可分爲不同的類型，而這些聽力受損的類型都會使其閾限增高；通常**傳導不良**在所有的頻率下都會導致較高的閾限，而**聽覺神經性損傷**則是在集中在較高的頻率下。聽覺差異閾會隨**強度**而增加，而強度-反應函數與視覺函數相當類似。
9. 從聽覺理論可引伸出下列幾個事實和原理：
   a. 聽覺器官包括**外耳**，從聽覺管道通到**鼓膜**，再傳到**中耳**；中耳骨將聲波再傳到**卵形窗**，再傳到**內耳**。**耳蝸**是內耳受納器所在的地方；而**基膜**中有許多敏感的毛狀細胞，內耳的液體波動激動了毛狀細胞，毛狀細胞再刺激聽覺神經。

b.聽覺經驗的主要向度是**音頻**，與形成刺激的聲波振動的**頻率**有關；**響度**則與聲波的**振輻**有關。聽覺的絕對閾則端賴聲調的頻率而定，太高或太低的聲調，都必須比中度程度頻率者，具有較大的強度，才能聽得見。

c.絕大多數的聲調都不是純粹的，也就是說，並非僅由一種頻率構成。樂器可由其聲調的**音色**來區分，每個樂器的音質是由**倍音**和其他雜音來決定的，因此樂器不同，音質則不同。由許多不同頻率且不和諧的複雜音集合而成的音，則稱之爲**噪音**。

d.有許多理論想從生理觀點來解釋音頻，其中有**部位論**——強調某頻率在基膜的某一地方產生最大的效果；**頻率論**——認爲音調是由傳至聽覺神經的刺激頻率來決定。證據顯示，部位論可適用於高頻率的聲音，而頻率論則適用於較低頻率的聲音。

10.其他感覺雖然也很重要，但在人的符號行爲中佔著較次要的地位，所以稱爲**低級感覺**。其中包括**嗅覺**，**味覺**，觸、痛、溫、冷等四種**皮膚覺**，肌肉、肌腱、關節等**運動覺**，及**平衡覺**。

11.嗅覺和味覺對動物比對人類重要得多，許多種類的動物都是依賴特殊的氣味來聯絡同類，像費洛蒙。嗅覺與味覺都可被分析出少數幾種感覺來，在最低的層次上，兩者都有廣度大且重疊的化學性過濾器。

12.皮膚感覺有三種：**壓力**、**溫度**、**有毒的刺激**。每種感覺都有特別的受納器對特定的刺激反應。除了有毒刺激的強度以外，還有其他因素會影響痛覺，此衍生出**痛覺閘門控制論**。

13.依照特殊**神經編碼假說**來看，大腦內包含有不同種的神經細胞，每種都對一項特定的刺激反應，並引發出一種特定的感覺。這項由不同種的神經細胞對不同種類刺激反應的理論，得到許多證據的支持。這項調節是藉由感覺系統內視覺的、機械的、化學的，以及神經的過濾器來完成。神經細胞與感覺一一對應的原則，在感覺系統較低階層的地方並不一定成立，有些感覺必須兩種或兩種以上的神經有反應才會引起，所以，這項原則可能在大腦這個階層就能成立了。

進一步的讀物

有關感覺歷程及知覺方面的文章，可參看 Barlow and Mollon, *The Senses* (1982); Brown and Deffenbacher, *Perception and the Senses* (1979); Coren, Porac, & Ward, *Sensation and Perception* (2nd ed., 1984); Goldstein, *Sensation and Perception* (2nd ed., 1984)； Levine and Shefner, *Fundamentals of Sensation and Perception* (1981); Schiffman, *Sensation and Perception* (1982)； Sekuler & Blake, *Perception* (1985)。

關於色彩視覺的書有 Boynton, *Human Color Vision* (1977)； Hurvich, *Color Vision* (1981)。聽覺導論的書則包括有 Moore, *An Introduction to the Psychology of Hearing* (2nd ed., 1982)； Yost. & Nielson, *Fundamentals of Hearing* (2nd ed., 1985)。至於嗅覺方面有 Engen, *The Perception of Odors* (1982)。觸覺方面有 *Schiff and Foulke* (eds.), *Tactual Perception,* (1982)。疼痛方面的書有 Sternbach (eds.), *The Psychology of Pain* (1978)。

以下有四本多方面介紹的手冊可供參考，每本都有幾章是論及感覺系統，這些書是：Carterette and Friedman (eds.), *Handbook of Perception* (1974-1978); Autrum (eds.), *Handbook of Sensory Physiology* (1971-1973); Darian-Smith (eds.), *Handbook of Physiology: The Nervous System*： Section 1, Volume 3; *Sensory Prosses,* (1984); Boff, Kaufman, & Thomas (eds.), *Handbook of Perception and Human Performance:* Volume 1, *Sensory Processes and Perception* (1986)。

→ 方式：① 歸因 attribution p827

a Kelley：covariance p835
ⓐ discriminativeness 區辨性
ⓑ consistency 一致性
ⓒ consensus 同意性

p836 b Jones Davis
ⓐ social desirability 社會讚許
ⓑ unusual 不尋常
ⓒ hedonic relevance 快樂的
ⓓ personalism 密切關係

② 刻板印象 stereotype
③ 投射 projection
④ 月暈效果 halo effect
⑤ 底印效應（第一印象）
⑥ 時近效應

第六章　知　覺

組織和整合 275

組織刺激元素

距離知覺

運動知覺

知覺恆常性

知覺的錯覺

重要討論：瞭解恆常性與錯覺

知覺整合的範圍

辨　認 288

降魔理論

曖昧刺激

脈絡關係、期望和動機的影響

注　意

現階段的理論

閱　讀

重要討論：脈絡關係對字母辨認的影響

知覺的發展 300

嬰兒的知覺

缺乏刺激的養育

控制刺激的養育

知覺-動作的協調

超感覺的知覺 305

ESP 實驗

對 ESP 的懷疑論

我們住在一個充滿物體和人的世界裡——一個不斷以刺激衝擊著我們感官的世界。只有在特殊的情境中，我們才會注意到刺激的單一部分及特徵，如刺激的色彩、亮度、形體、線條和輪廓。然而，在大多數的情境中，我們所看到的是一個三度空間的物體世界，我們聽到的是話和音樂。我們對刺激組型做反應，而對其單一的部分卻所知甚微。**知覺**(perception)即是我們組織、整合這些刺激組型的歷程。上一章，我們所討論的爲單純刺激所表現的單純作業——例如，偵測一道光線或區辨兩個純音——以及單純經驗——如「鮮紅色」。在本章中，我們則討論較複雜的作業表現，例如判斷距離、尺寸大小和形狀，以及辨認物體和事件等。這些作業涉及引發較複雜經驗的較複雜刺激，我們稱之爲**知覺**。

在考慮這些現象時，我們將提出兩個主要的問題：第一、聯結複雜刺激的知覺，是否只是同時引發各刺激元素或特徵單獨呈現時的感覺？我們所謂的**元素**(element)，係刺激所能分割的部分；而**特徵**(feature)係形體上無法分離的層面，如色彩、大小及形狀。第二、假如第一個問題的答案是否定的，那麼，知覺所涵蓋者究竟還有那些呢？

早在一世紀以前，一群**結構論**(structuralism)的心理學家相信，任何知覺皆是一組感覺資料的聚合，每一個感覺與刺激的元素或特徵具有恆定的關係(Titchener, 1896)。我們曾在第五章中提出了有關這個觀念的一些例外情況，就像是補色相混合時看起來是白色。由於此種現象，許多研究者並不同意**結構論者**(structuralist)的觀點，持這兩派相對立理論的是赫姆霍茲(Helmholtz)以及一些**完形心理學者**(Gestalt psychologist)。

赫姆霍茲(1857)假設，知覺係依賴習得聯結及推理。此觀點是巴克力(Bishop Berkeley, 1709)所提出，而赫姆霍茲將之發揚光大。他相信，當刺激呈現時，刺激接收者會經驗到一組感覺，並學習將這些同時產生的感覺加以聯結。稍後，當刺激再次引發這些感覺的其中之一時，個人亦將經驗到相關聯的感覺。所以，當我們遠遠地注視著一件雕刻品時，我們經驗到的是一組視覺；但如果我們走近該雕刻品並觸摸它時，依其距離(抵達該處所需的努力)、形狀(雙手對該雕刻品的探索)和大小(攤開雙手測量雕刻品兩邊的長度)，我們經驗到的是一組肌肉運動的感覺。由於此種經驗的累積，我們學習到不同感覺組型之間的關係。因此，只要我們注視一件物體，我們即是運用這些習得的聯結來推理該物體的屬性。赫姆霍茲對此現象下了一個結論：在標準情境下，我們所知覺到的是可能產生一組感覺刺激的物體。赫姆霍茲將刺激收受者從經驗到物體引發的感覺到認知物體屬性的整個歷程，稱爲**潛意識推理**(unconscious inference)。我們常自動化且潛意識地產生推理，甚至未曾注意到我們所據之以推理的感覺。赫姆霍茲認爲，潛意識推理是一切距離及物體知覺的根源。

完形心理學係本世紀初期崛起於德國的心理學運動。完形心理學家反對「知覺係每一刺激元素或特徵所引發感覺之總合」的觀點，而提出一個截然不同的論點。依據完形理論，整體知覺絕不等於由每一部分所引發的感覺；感覺並非知覺的基本單位，知覺亦不依靠學習而得。相反地，**整體形式**(whole form)才是知覺的基本單位，係由發生於知覺系統(perceptual system)中**知覺組織**(perceptual organization)的過程而引起，既未依靠學習也不仰賴經驗。完形心理學家亦提出幾項描述知覺組織現象的原則，他們認爲，物體以和其形狀一致的形式電動式地出現在腦中。於今觀之，此種電動式拷貝的觀念雖不正確，但其他的完形觀念則甚爲重要。

赫姆霍茲和完形理論提出了幾項有關知覺的重要問題。第一、什麼是知覺的基本單位？是感覺或者是某些更複雜的整體形式呢？第二、知覺所涵蓋的歷程爲何？類似於邏輯推理，或更像是電動拷貝的結構呢？第三、知覺歷程是習得或與生俱來的呢？第四個問題直到最近才成爲重要的爭議，但它亦是根源上述之早期論題：刺激以外的變項，在知覺中扮演著何種角色？尤其是背景、期望、動機是否對知覺有所影響？如答案是肯定的，那麼，其影響的歷程爲何？事實上，這些問題皆不易找到正確答案，因此截至目前，心理學家尚未獲致一致而肯定的結論。研究者須對知覺和影響知覺之變項間的關係，有一深入的瞭解。

組織和整合

完形心理學家稱知覺組織爲多種現象和歷程的組型。知覺組織不同於**知覺整合**(perceptual integration)，乃因知覺組織

圖 6-1　可逆的形像和背景
圖中的高脚杯是形像和背景可逆轉的一項有力的證明。注意，暗色部分和明亮部分都可看成形像或背景。

所依據者爲刺激**元素**(element)間的關係，而知覺整合所依據者爲刺激**特徵**(features)間的關係。我們將先行討論刺激元素的知覺組織，繼而探討在距離知覺、運動知覺、知覺恆常性及錯覺中的知覺整合。

組織刺激元素

完形心理學家致力於研究：如何依據刺激元素或部分間的關係來知覺？此項研究的兩個例證是形像—背景關係，以及知覺組群。

形像與背景(figure-ground relationship)　假如刺激包含兩個或更多可區隔的區域，我們經常只看到刺激的部分，我們所明顯看到的爲形像，其餘則爲背景。被視爲形像的區域，似乎較背景更具有立體感，且似突出於背景之前。但在**圖 6-1**中，**形像-背景組織**(figure-ground organization)是可逆的，依此可逆性而言，**圖 6-1** 黑白兩區域皆可被視爲形像。**圖 6-2** 則更說明了形像—背景可逆的結果。在個人依序組織刺激爲形像和背景時，刺激無須包含同一物體。

除了由視覺外，我們也可用其他感覺來感受形像和背景的關係。例如，在戶外噪音的背景中，我們可以聆聽到鳥兒的歌聲；在管弦樂團的合奏聲中，我們也可以聽出小提琴的旋律。至於決定形像和背景的因素，將在「選擇性注意」中討論。

圖 6-2　達利(Salvador Dali)的作品「奴隸市場」裡面有伏爾泰(Voltaire)不明顯的半身雕像
圖中央是個可逆的圖形。站在拱門下的二個僧侶亦可看成是伏爾泰的半身雕像。

知覺組群(perceptual grouping)　即使是簡單的線條與點的圖形，在我們的注視之下，亦會有次序的關係存在。在**圖 6-3** 的上端，我們看到的，可能是三對線段和右邊多出來的一條線段。但我們也可能看到始自右邊的三對線段和左邊多出來的一條線段。下端的圖亦可能造成相同的結果。這種視覺組織具有強迫傾向，我們所看到的景象，似乎是由刺激的組型而造成我們的看法。整體的特性會影響對部分的知覺看法。根據完形心理學的說法，我們可以說，整體和部分的總和是不同的。

知覺組織的定律 (laws of perceptual organization) 完形心理學家提出了數項知覺組織的定律，大部分與形像背景組織或組群等特定現象有關。例如，**接近律**(law of proximity)指的是彼此相靠近的元素在知覺上易成爲組群；**單純律**(law of simplicity)係指知覺與刺激最單純的形貌相一致。後者雖是一項重要的觀點，但學者並未能賦予「單純性」一個嚴謹明確的定義，以使該定律能預測新刺激如何被感受到(Hochberg, 1978)。

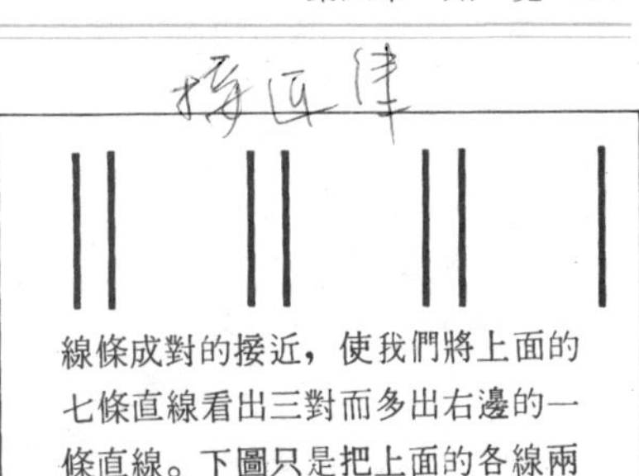

圖 6-3　知覺組群
線條成對的接近，使我們將上面的七條直線看成三對而多出右邊的一條直線。只要把上面的各線兩端稍微延長一小截，就可使我們看出相對的短線成對排列，形成三個破口的四方形，而多出左邊的一條。

距離知覺

距離知覺困擾了早期的知覺學者，因爲他們認爲知覺就如同由平面視像所引發的無深度感覺一般。幾世紀之後，學者才瞭解平面視像的向度與背景中物體的距離有關。科學取向的藝術家如達文西(Leonardo da Vinci)等人，始在其繪畫中描繪出距離的實景，故而在距離知覺的發現中扮演極重要的角色。我們將與背景中距離有關且引發距離知覺的刺激向度，稱爲**距離線索**(distance cue)。數個距離線索的聯結，決定了我們所感受到的距離。依單眼可見或雙眼可見，可將距離線索分類爲**單眼**線索或**雙眼**線索；尙可依是否指出物體與感受者的距離或指出兩距離間之關係——例如，某物體比另一物體較遠，或某物體位於另一物體的兩倍距離——將距離線索分類爲**自我中心距離**(egocentric distance)或**相對距離**(relative distance)。

單眼線索(monocular cue)　雖然雙眼並用有助於距離知覺的正確性，但人們仍可只運用單眼而獲得很好的視覺效果。**圖 6-4** 即說明四種單眼線索。如果一個圖像中包含一列形狀相似但大小各異的物體，我們會以該列物體與我們距離之遠近來判定：較小的圖形看來較遠(參見**圖 6-4 A**)。相關的線索是同

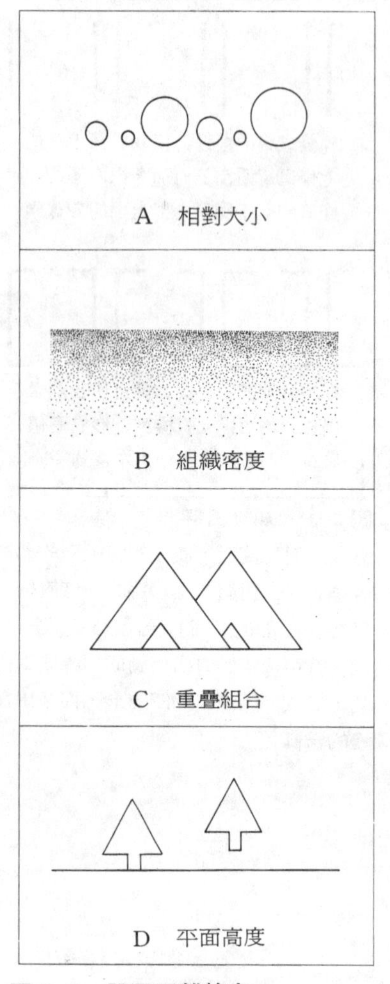

圖 6-4 單眼距離線索

此圖說明了四種單眼距離線索。藝術家用以描繪一雙向度平面上的深度，且此類線索亦顯現於相片中。

種類物體中組織密度的差異，就像是沙漠或海平面等不規則平面上，因距離不同會有不同的組織密度，因此當距離愈大時，其構成分子愈精細(參見**圖 6-4 B**)。假如某一物體的外圍輪廓分割另一物體的外圍，以致阻礙了我們的視線，我們會認爲被重疊的物體似乎較遠(參見**圖 6-4 C**)。而在圖像中位置較高的物體，常被視爲較遠(參見**圖 6-4 D**)。

雙眼線索(binocular cue) 雙眼並用的視覺確實比僅用單眼的視覺有利，主要是因爲每一隻眼睛的視野角度略有差異，所以取得的景物形像亦略有不同。**立體視覺**(stereoscopic vision)提供了深度的逼眞生動的印象，可用一稱之爲**實體鏡**(stereoscope)的裝置加以證驗。實體鏡對每一隻眼睛各呈現不同的相片或圖畫。假如兩張相片所拍攝的位置略有差別，觀看者將感受到極逼眞的深度感。

兩種雙眼距離線索被利用於實體鏡的取像中——**雙眼視差**(binocular parallax)及**雙眼像差**(binocular disparity)(見**圖 6-5**)。雙眼視差僅需一個**視點**(visible point)。兩眼視點的方向不同，相當於兩條視線間的角度(圖中的視角即名之爲雙眼視差)。雙眼像差係指當我們從不同距離注視物體時，左右兩眼網膜視像間的差異(Foley,1978)。此兩種線索是我們的眼睛分別位於頭部兩側的結果。你可以很容易的證實這種網膜像差。閉上一隻眼睛，拿一枝鉛筆在你前面，記下其位置，再閉上眼

實體鏡

福爾摩斯-貝茲(Holmes-Bates)實體鏡，係由福爾摩斯(Oliver Wendell Holmes)於 1861 年所發明，由貝茲(Joseph Bates)製造，盛行於 1860 年代中葉至 1939 年。

睛張開另一隻眼睛，你會發現鉛筆似乎從原來的地方移動了不少。假若你先用兩隻眼睛來看，再記下筆的位置，然後，依次閉上你的眼睛，你就可決定你是以那隻眼睛爲主。假若閉上右眼後筆有移動的情形發生，那你是以右眼爲主的。通常慣用那一隻手即以那一隻眼爲主，如慣用右手就以右眼爲主。通常，雙眼視差是自我中心距離的線索，而雙眼像差則是相對距離的線索。

藝術家能運用距離線索，在圖畫上顯示其深度感；他也能運用距離線索以產生扭曲眞實世界的深度知覺。在艾士奇(M. C. Escher)題名爲「瀑布」的畫作中(見**圖 6-6**)，位於頂端的水流，竟是由底部經由一列水平通道而不可思議地流向頂端。

距離知覺對於知覺理論而言甚爲重要。在一般現象上，深度印象常具有立即性與生動性，尤其當出現雙眼像差時更是如

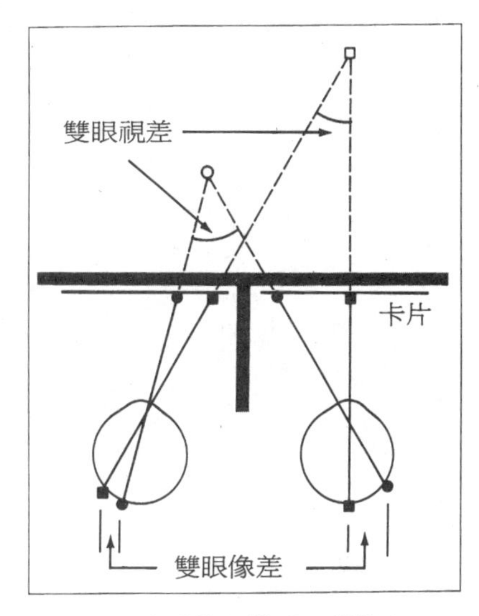

圖 6-5　實體鏡及雙眼距離線索

實體鏡是一種對兩眼呈現不同視像的裝置。在兩眼之前呈現不同的卡片，兩眼間置一障礙物以使左右眼皆只看到一張卡片。如果每一張卡片包含相同的兩個被不同空間所分隔的圖形（一個圓形和一個方形），則刺激同於卡片後不同距離之圓形和方形所產生的刺激。虛線部分顯示，卡片上的視像如何虛擬成空間上不同距離的兩個物體。當出現此類立體視像時，我們將經驗到很逼眞的深度感。

雙眼視差意指兩條視線之間所形成的角度；雙眼像差則意指兩眼中所見到的兩個圖形之網膜視像間的差異。

圖 6-6　似是而非的深度圖

這是一幅名爲「瀑布」(Waterfall)的木刻，由荷蘭藝術家艾埼(M. C. Escher)所雕。由於作者誤用了深度線索，使得瀑布似乎是循著一列水平通道而往上流的。

此。從平面感覺中無法意識地推論其深度；但即使兩眼的視像只是一列隨意分佈的點，我們仍能經驗到逼眞的深度印象(Julesz,1971)。研究者發現，在動物眼球的皮質層中有一神經細胞可在有限範圍內調和雙眼像差(Barlow, Blakemore, & Pettigrew, 1967)。這說明了立體距離知覺像光波或聲頻的知覺一樣是有過濾器的(參見第五章)。

運動知覺

運動知覺是否爲一組靜止狀態的感覺——感覺到物體在某一位置上，繼而又感覺到它在另一位置上？完形心理學家所研究之**閃光運動**(stroboscopic motion，見**圖 6-7**)的現象顯示，上述問題的答案是否定的(Wertheimer, 1912)。閃光運動的產生是由於暗室中的光點一閃即逝，瞬息之後，在接近第一道亮光處再次閃現另一道亮光。此時，光點看來就像是眞實的連續移動一般，並無斷續的感覺。這種現象令人確信，運動顯然是一種知覺，它不只是部分(兩道靜止閃光)的接合，而是依部分的時空關係而定。

我們在電影中所看到的運動，亦是一種閃光運動。影片只是一連串的靜止畫面，每一張畫面均略有不同，組成一系列的連續動作。放映者將畫面極迅速地依序投射在銀幕上，畫面與畫面之間仍有極短暫的間隔。在電影放映的操作中，畫面呈現的速率是一大關鍵。早期的電影，影片間隔速率是十六秒，如此緩慢的速率造成早期影片中的動作像是抽搐且斷斷續續。現今，影片放映的速率是每秒二十四張，即便如此，由於我們視覺系統的暫存解像作用，影片看來仍像在閃動一般，該閃動現象可由每一張畫面閃現三次加以避免。

我們的視覺系統對於**實際運動**(real motion)相當敏感。在最佳狀況下，我們的視動閾甚低：物體只須移動網膜中圓錐體

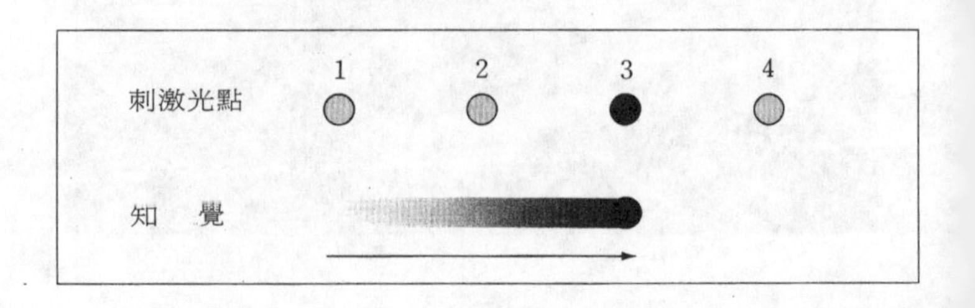

圖 6-7　閃光運動

圖上列的四個圓圈代表四個光點。如果兩光點間的短暫間隔一個接一個快速閃現，看起來就像是一道光的連續運動，如圖下列所示。這就是閃光運動(stroboscopic motion)，我們可以在電影和電視中看到此類運動。

直徑的五分之一，我們即可看見其移動(Nakayama & Tyler, 1981)。在有一結構性背景相對照的情況下——**相對運動**(relative motion)，我們更易於偵視出物體的移動；當背景晦暗不明而物體在移動時——**絕對運動**(absolute motion)，則較難知覺到。在絕對運動中，當我們以視線追隨移動的物體時，網膜上的視像幾乎未曾移動。這種對於相對運動比絕對運動更具敏感性的現象，使我們常會將兩個同時在移動之物體中的一個，看做是靜止的——**誘發性運動**(induced motion)。當一個龐大物體環繞另一個較小型物體移動時，看起來就像是只有小型物體在移動一般；所以，多風的夜色中，我們會覺得雲層不動，而月亮正在天空中橫越哩！

從心理物理及單細胞實驗的證據中顯示，我們的感覺系統具有**運動過濾器**(motion filter)，這些過濾器對某些運動產生反應，每一次反應皆有一定的方向和速度。此類證據大多來自於**選擇性適應**(selective adaptation)的實驗。選擇性適應是當我們觀看物體運動時，我們對相類似的運動所持有之敏感性減低，使得感覺適應力具有選擇性，但此低敏感性的作用並不發生於運動方向與速度都大不相同的物體上。假如我們正注視著向上移動的線條，我們對向上移動的現象將逐漸降低敏感度，但注意向下移動的能力則不受影響(Sekuler & Ganz, 1963)。科學家們對這種現象的解釋是：人類視覺系統中的某些細胞可對不同的移動方向做調整。幾項單細胞記錄的研究亦發現：皮層細胞對移動方向具有調整作用。大部分細胞對其他特徵亦同時具有調整作用，惟某些細胞特別對運動情有獨鍾(Nakayama, 1985)。

此外，我們也須留意，適應之後所產生的結果。假如我們在觀看一座瀑布幾秒鐘後，轉而注視其後的峭壁，峭壁似乎正在向上流動。大多數的運動都會產生此類相對方向的**運動後效**(motion aftereffect)。

當我們的視線追踪一個在黑暗中移動的發光體(如夜空中的飛機)時，該運動對於瞭解運動知覺具有相當重要的意義。一旦眼睛追隨該物體移動，網膜上的視像將產生小而不規則的運動(由於不良的追踪行動)；然而我們所知覺到的是一平滑而連續的運動。這種現象顯示，有關眼睛如何移動的訊息必定被傳送至視覺系統，而影響了我們所見到的運動。視覺系統結合兩眼移動與網膜視像移動等兩種訊息，以決定知覺到的運動。

除了視動之外，對形像運動的敏感性尚有幾項作用，如視深度、從背景中分離出物體、可控制的眼球移動，以及感覺到的身體移動等(Nakayama, 1985)。當我們在一標準的、明亮的環境中移動時，我們也會產生複雜的網膜視像運動型態。這些有關背景和運動的豐富訊息資源，正逐步在開發之中(Gibson, 1979; Ullman, 1979)。

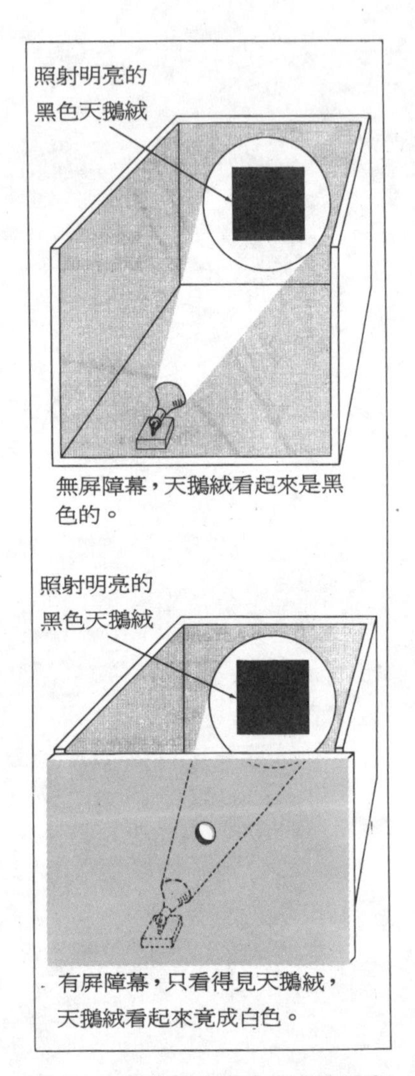

圖 6-8　亮度恆常性中的環境效應
在可見到整個明亮白背景的情況下，即使方形天鵝絨也甚爲明亮，看起來仍是黑色的。但當一個人透過屏障幕的小孔來看天鵝絨時，因只有黑天鵝絨可見，以致天鵝絨看起來竟是白色的——即使在兩種情形下，天鵝絨所接受的照明度相同。

知覺恆常性

假若你環顧一下房間，並且問問自己到底看到了什麼，答案可能是「堆滿東西的房間」或「擠滿了人和東西的房間」。你也可能不用這種一般性的敘述，而專指一個或某一件東西，但你不可能回答說看到了光線和陰影。知覺是以**物**(thing)爲本位的，而非以物的**感覺特徵**(sensory feature)爲本位的。分離的感覺特徵(如藍色的、四方形的或柔軟的)可以被知覺出來，但通常是對事物品質的知覺。你知覺到的是藍色的花、四方形的箱子或是柔軟的枕頭，而非藍色、四方形的或柔軟的。

我們的知覺並非孤立的，它們建立一個可辨認物體的外界，而物體是歷久不變的，因此，你可能會一再地碰到同樣的東西。當你把頭轉過去時，你認爲你以前所看到的東西還在老地方。不管是錯覺、看的角度或其出現的距離爲何，一樣東西都可以恆常和穩定地被知覺。不管實際的光線狀況如何，而認爲一件東西的顏色應是相同的，這種傾向稱爲**顏色恆常性**(color constancy)；不管看的角度如何，認爲一件東西的形狀不變，則稱爲**形狀恆常性**(shape constancy)；不管距離的遠近如何，而認爲物體的大小相同，稱爲**大小恆常性**(size constancy)；而即使我們到處走動，物體看起來，仍然在老地方，則稱爲**位置恆常性**(location constancy)。這種傾常即稱之爲**知覺恆常性**(perceptual constancy)。**恆常性**(constancy)這個字有點誇大，但它清楚的說明了我們對物體的知覺相當穩定。

亮度和顏色恆常性(lightness and color constancy)　黑色天鵝絨無論在陽光下或在陰暗中，我們看來都是黑色的，我們稱此現象爲亮度恆常性。雖然這是在標準化情境下必然的結果，但環境中的變化亦可能加以破壞。將黑色天鵝絨黏貼於白板上，並以明亮的燈光照射，天鵝絨看來仍是黑色；但如在天

鵝絨和觀察者之間置一無任何光澤、中有小孔的黑色屏障幕，且只從小孔中看天鵝絨(見**圖 6-8**)，由於光線透過小孔直達眼睛，比來自屏障幕本身的光度強烈，因此天鵝絨看起來是白色的。當我們在自然情境下去知覺物體時，經常也可見到其他數種物體，亮度恆常性即是依不同物體所反射的光強度間關係而定。

顏色恆常性係物體出現的場所雖有不同，但物體的顏色仍具有其相似性。例如，假若你從一根小管子來看一個成熟的番茄，你無法得知該物體的特性及其周遭環境的性質，因而番茄似乎可以是任何顏色——藍色、綠色或桃紅色——必須依從番茄反射至眼中的波長而定；另一方面，當我們在一般正常情境下觀看一物體時，即使照明度改變甚大，但對我們所知覺到的顏色影響甚微。在光線變化的狀況下，只要有充分的對比及陰影，我們是會認爲物體似乎還保有原來的顏色——即使在有色光的情況下亦然，一輛藍色車的車主不管在明亮的陽光、昏暗的天氣或黃色的路燈下，都會認爲他的車子是藍色的。然而，顏色恆常性並非是絕對的：購物者有時候會發現，在商店燈光下所選購的衣服，拿回家中所看到的顏色竟不相同。心理學家們並不全然瞭解顏色恆常性。對顏色的記憶可能是顏色恆常性的重要因素之一，而從物體反射的光線與從周遭平面所反射光線間的關係也是一重要影響(Land, 1977)。

形狀和大小恆常性(shape and size constancy)　當一扇門經過特殊設計向我們幌來時，映在我們網膜上的形狀經過一系列的扭曲之後，長方形變成梯形，而朝著我們的一邊似乎比另一邊來得長，然後梯形慢慢變得細長，直到映射在我們網膜上的門整個變爲長條形爲止(見**圖 6-9**)。我們可以辨別這種變化，但我們的心理經驗則認爲並無變化。這種門不改變其形狀的事實，就是形狀恆常性。

當一件東西離我們遠時，我們不認爲其大小有所改變，此即大小恆常性。把一枚鎳幣拿在眼前一呎處，並將其移往一隻手臂長的距離外，它是否變小了呢？結果並非如此。鎳幣在十二吋外的網膜映像，爲二十四吋外的一倍(參見**圖 6-10**)。但將之移動一隻手臂長的距離時，它的大小並不減少一半。

就如其他的恆常性一般，大小恆常性亦不是絕對的。遠距離的物體比近距離的同一物體看來較小，假如從一棟高聳的建築物或雲端的飛機上向下俯瞰，任何人都可得到這類的視覺經

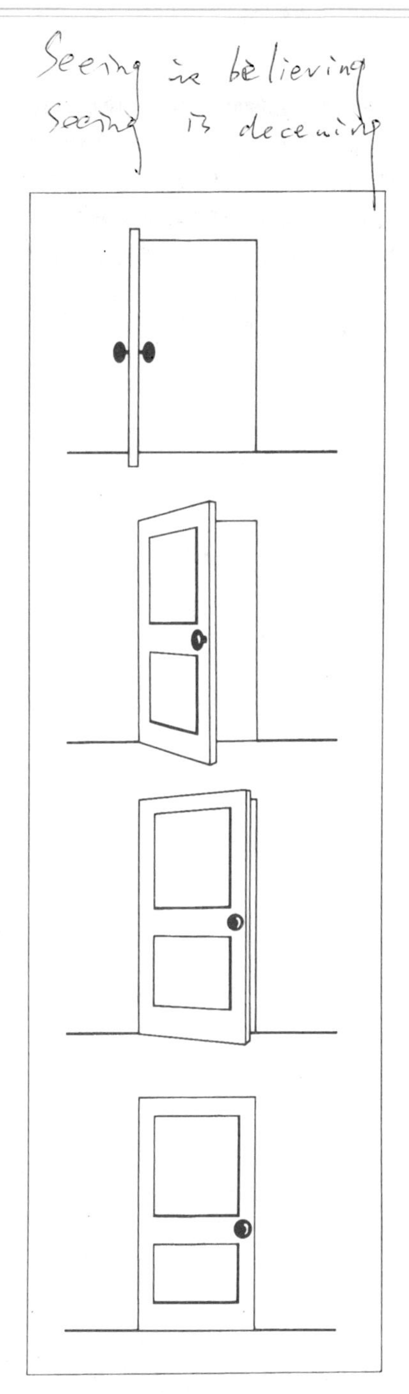

圖 6-9　形狀恆常性

一扇敞開的門所產生的各種網膜視像有相當大的差異，但我們仍恆常地認爲門是長方形的。

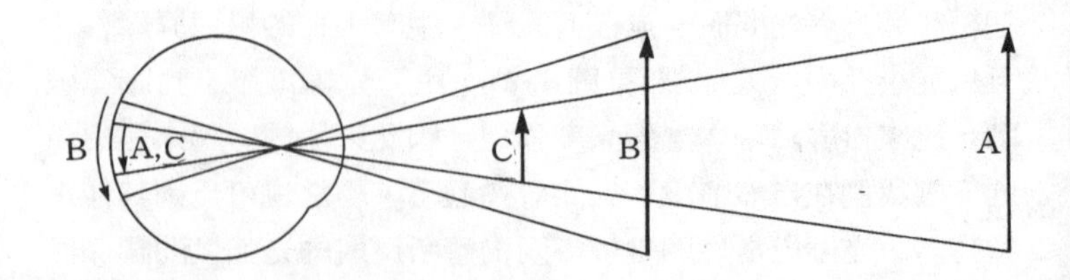

圖 6-10 物體的大小和網膜的視像
本圖說明一件東西的實際大小與物體網膜視像大小間的幾何關係。A、B 兩物的大小一樣，但一物和眼睛的距離是另一物的二倍，結果 A 的網膜視像只有 B 的一半大。C 比 A 小，但距離眼睛較近，A 和 C 網膜視像的大小是相同的。

驗。一般而言，當缺乏距離線索時，物體的大小似乎會隨距離而改變。

位置恆常性(location constancy)　儘管我們移動時，網膜上的視像會有無數變化，但固定物體的位置似乎仍維持恆常不變。我們常將位置恆常性視爲理所當然，但事實上我們的知覺系統必須同時考慮我們本身的移動以及網膜視像的改變。我們不妨嘗試一簡單的試驗：移動眼睛越過一靜止的佈景，如果佈景中的物體亦在移動，物體的視像將依相同方向移經眼睛，然而我們卻未能感受到佈景中物體的移動。我們的視覺系統必須接收眼睛正在移動的訊息，並考慮此項訊息以解釋視像的運動。運用單細胞記錄法，研究者發現腦中的細胞只有在外界刺激移動時才產生反應，當眼睛在靜止的刺激上移動時則無反應(Robinson & Wurtz, 1976)。

雖然上述恆常性的例子都是視覺上的，而且以視覺恆常性的研究居大多數，但恆常性同樣出現在其他的感覺中。例如，若是音調的頻率加倍，我們亦將聽到相同的曲調。所有的恆常性都依刺激特徵間的關係而定：兩相鄰區域的強度、映像大小和距離、視像移動和眼球移動等等。知覺系統將這些特徵加以統整，並且以恆常的方式來反應，即使個別特徵正在改變中亦然。

知覺的錯覺

錯覺(illusion)是知覺產生錯誤或扭曲的現象，已與生物科學藉助測量儀器所描述的事物狀態有所差異。某些錯覺確是**物理上的**(physical)，例如我們看到木棒插進水中所產生的曲折；哈哈鏡中顯現出的扭曲形像；當消防車經過我們身邊時警笛聲調的變化，這些均由於刺激抵達我們感覺受納器時產生了扭曲。其他的錯覺則是**知覺上的**(perceptual)，是經過知覺系統處理的結果，這才是吸引心理學家們致力研究的錯覺。

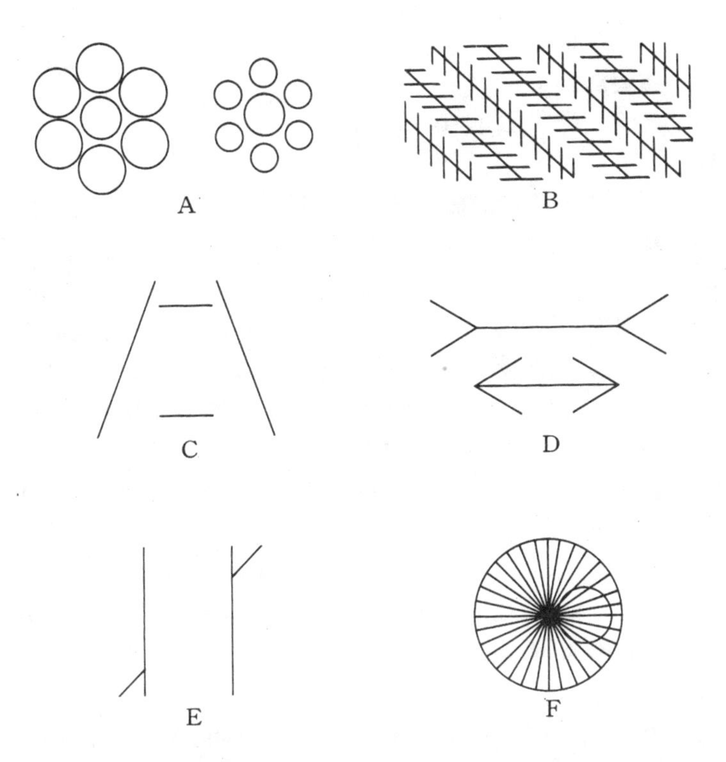

圖 6-11　一些幾何的錯覺

A：中間兩個圓形的大小實際上是相等的，但左邊的似乎比右邊大。B：所有的長斜線實際上是平行線，但看起來似乎不然。C：兩條水平線實爲等長；D 圖亦同。E：兩邊的斜線可彼此串連成一長線。F：大圓內的小圓弧圖，實際上是正圓形。錯覺 A 與 B 圖，可用第五章描述的組型濾過器加以說明；錯覺 C、D、E 和 F 則是這些組型在三度空間上處理的結果。

幾何上的錯覺(geometrical illusion)是知覺性錯覺的一大類別，已受到廣泛的注意。從某些方面來看這些線條圖似乎是扭曲的——線條的長度、方向或彎曲度。**圖 6-11** 顯示出六個例子。A 和 B 可用視覺系統中的**組型過濾器**(pattern filter)加以解釋(第五章)。當這類刺激通過視覺系統的過濾器時，其過濾後的產物即是一與我們視錯覺經驗相同的扭曲形像，此種錯覺是組型過濾器的產物。**圖 6-11** 所顯示的其他錯覺是以三度空間中大小和距離相似的形像爲基礎(Gillam, 1980)。**圖 6-11 C** 即是一個極好的例子，兩條平行線的長度實際上是相等的，但兩邊斜線提供的線索指出：圖上部份比圖下部分更遠，而上面的橫線看來較長。這個現象將在重要討論「瞭解恆常性與錯覺」中加以解釋。錯覺 D、E 和 F 亦是圖形在三度空間上處理的結果。

我們須特別留意**透視性錯覺**(perspective illusion)和大小恆常性之間具有十分相近的一致性。

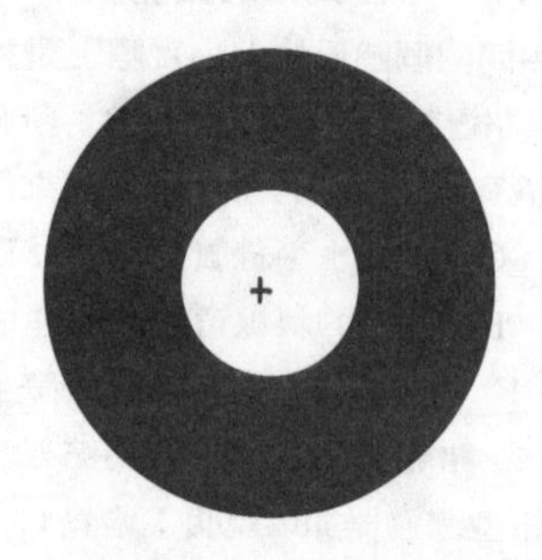

圖 6-12　艾默(Emmert)的實驗
將本書放在良好光線下的正常閱讀距離，全神貫注圖的中心點一分鐘，然後注視遠方白色的牆壁，你將會看到兩個圓形的後像，且似乎較原刺激爲大。接著，將視線轉往眼前的一張白紙上，紙上的後像似乎較原刺激小。假如後像消褪了，眨眨眼可再使其顯現。

重要討論：
瞭解恆常性與錯覺

早期有關知覺的文章，如巴克力於一七○九年出版的論文，認爲知覺係結合許多虛擬的感覺經驗與先前所記憶之其他感覺。恆常性和錯覺顯示出，知覺不同於每一部分所引發的一組感覺。大小、形狀和位置的知覺(無論是正確或錯誤)依至少兩個或兩個以上的變項而定。欲瞭解這些較複雜的現象，須先掌握下列兩點：(1)知覺與影響知覺的刺激變項間有何關聯？(2)知覺系統中如何處理訊息以產生知覺？有關刺激變項和知覺間的關係可以大小知覺來說明。

大小知覺中兩個主要的變項是網膜視像的大小及知覺到的距離。艾默(Emmert, 1881)利用知覺到之後像大小的研究，來區分這兩種變項的效果。他讓受試者注視一高對比視像的中心點約一、兩分鐘之久，然後請他們將視線轉移至白色螢幕上，即可看到一個**後像**(afterimage)。當螢幕較遠時，後像看起來較大；當螢幕移近時，後像也似乎變小了。艾默的實驗簡單易行(見**圖 6-12**)，在你繼續閱讀本文之前，請先做個試驗。

在這項實驗中，網膜視像的大小始終保持恆常，因此只能以知覺的大小來解釋此種變化。艾默主張，知覺的後像大小與觀察距離成一定的比例(艾默定律)，此爲**大小-距離恆定原則**(size-distance invariance principle)：知覺的大小 S' 與知覺的距離 D'，二者之比等於視角 θ(見**圖 6-13**)。以公式表示如下：

$$\frac{S'}{D'}=\theta \text{ 或 } S'=\theta\times D'$$

我們可依此原則來解釋大小恆常性。當物體的距離增長時，其視角減小；但如果距離線索存在，則知覺的距離將增長。所以 $\theta\times D'$ 的結果會保持趨近於恆定，故知覺的大小亦維持趨近於恆定。

大小、距離恆定原則似爲瞭解大小錯覺的基礎。我們對月亮的錯覺即是一最佳實例：當月亮接近水平線時，看起來比它位於天空頂點時還大上百分之五十，但這兩個位

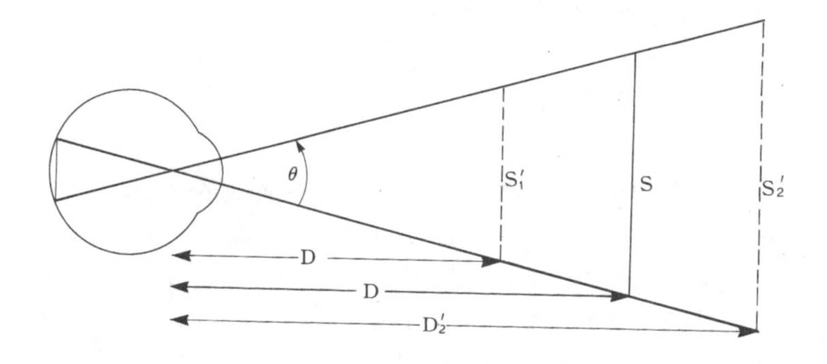

圖 6-13　大小距離恆定原則

視角 θ 是網膜視像大小的比例。物體實際大小是 S，其實際距離是 D。如果物體被知覺的距離為 D'_1，則其被知覺的大小是 D'_2；如果物體被知覺的距離是 S'_1，則其被知覺的大小是 S'_2。知覺大小與知覺距離之比，須等於視角 θ。

置上的月亮投射於網膜視像的大小是相同的。

藉由這些例子的說明可知，大小-距離恆定原則確可解釋各類現象；然而，仍有某些有關知覺性大小和距離的報告顯示並不符合上述原則。例如，當月亮在水平線上時，我們常判定水平線距我們甚近，正和沒有月亮時的情況相反。這似乎使得該原則有必要略作修正，或對上述不一致的現象提出其他的解釋。

學者也提出了其他的恆定原則以解釋形狀、亮度、顏色和位置的恆常性及錯覺，其前提是：兩個以上變項間的關係對於這些知覺的恆常性是一項重要的考慮因素。

現在，讓我們來探討瞭解恆常性和錯覺問題的第二部分：知覺系統中如何運作以致變項間的特殊關係可產生特殊的知覺？赫姆霍茲認為，個人係藉由刺激所引發的感覺來加以推論而導致知覺。在大小知覺的例子中，這意指刺激收受者感覺到網膜視像的大小和距離線索，並據此推論物體的大小，就像是刺激收受者在大小-距離的公式中插入 D′ 和 θ 之值以求得 S′。這是**潛意識推理**(unconscious inference)的例證，由於它發生得極為迅速，刺激收受者並未察覺到感覺或推理的過程。

對於赫姆霍茲的分析，此處不作深入討論，我們只想像推理過程的生理基礎。在知覺系統中，我們發現了許多種過濾器，問題在於：是否可能有一些較高層次的過濾器無法對個別性特徵做調整，而只對特徵間的關係做調整呢？雖然這個想法頗吸引人，但心理學家們在找出這些**恆定-感覺過濾器**(invariance-sensitive filter)方面並無多大成績。唯一可觀的，是我們曾在位置恆常性中單細胞記

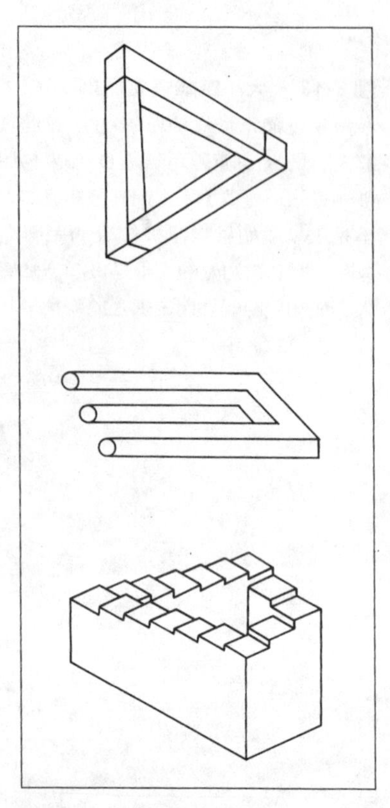

圖 6-14　不可能的圖形
假如你注視這些圖形的任一個部分，它都具有知覺上的意義，但整體來看則是無意義的圖形。可見，知覺整合的歷程只在一瞬間發生於一有限的範圍內。

錄法所探討的細胞，似乎可對眼睛轉動量和網膜上視像移動量之間的差異產生反應。

知覺整合的範圍

我們曾探討了知覺依刺激特徵間關係而定的許多現象，也曾說明這些特徵係同時處理，或者如完形心理學家所說：刺激被視為一個整體來處理。然而須多大的刺激才能被視為一個整體來處理呢？不可能的圖形(impossible figure)是一些很有趣的刺激，其知覺屬性顯示：可視為整體處理的刺激區域，並未超過刺激收受者一瞥之間。**圖 6-14** 就是幾個不可能的圖形，這些圖形似乎是三度空間的，但實際上它們絕不可能出現。這項觀察與完形學派及赫姆霍茲的理論並不一致。另一方面，這些圖形的每一個小區域又似乎是可能且單純的，此點顯示，知覺整合歷程並未擴展很遠。因此，假如將這些圖形縮得極小，它們將會失去深度感及不可能的性質，看起來也就像是平面上的單純線條而已(Hochberg, 1978)。

現在讓我們再次思索本章所探討的理論要題之一：什麼是知覺的基本單位？顯然，知覺並不是一組刺激特徵的連結；知覺依特徵間的關係而定。由此可知，在特定的關係中，存在著與兩個以上特徵相一致的較高層次單位。如同感覺一樣，這些單位可能相當於腦中的某特定神經；同時，這些單位也可能具有階層性：結合較低層次的單位以形成較高層次的單位。知覺即依單位的數個層次而定，決定特殊知覺的層次則有賴於刺激收受者的運作：以一個層次將顏色分類，以其他層次來辨認人的面貌。

辨　認

我們為了辨認某些事物，須將之與其類別做正確的聯結，例如「椅子」；或與其特定的名稱聯結，如「湯姆瓊斯」。當我們在停車場中尋找心愛的轎車、聽到熟悉的曲調或晨起照鏡時，即是正在進行**辨認**(recognition)。辨認是高層次的知覺歷程，需要學習和記憶。

辨認的程度，依我們據以聯結事物的類別大小而定。假定你在一場宴會中遇見某人，十年後你仍認識這個人，則你可能將此人與所有你曾經認識者的類別相聯結。你也可能經驗到更完全的辨認，例如，你也許會說：「嗨，瑪麗，妳是八九級甲班的，妳一點也沒變呢！」

降魔理論

當我們辨認事物時，知覺系統如何運作呢？我們現在所擁有的許多觀念都來自於科學家的努力，他們製造一些儀器以模擬型態辨認的歷程。類似於人類辨認歷程的早期理論之一，是所謂**降魔理論**(pandemonium theory)(Selfridge & Neisser, 1960)。此一模式的設計係運用於電子計算機中以辨認手寫的字母。依據該理論，當呈現一個測試字母時，儀器會辨識其特徵；由於可同時處理數個符號，稱之爲**平行處理**(Parallel perocessing)。這套字母辨認儀共運用二十八個特徵，如垂直線或水平線、不同方向的圓弧，以及開放的空間等。

其主要的假定是：字母可以用一個**特徵表**(feature list)來描述——這些特徵和我們前面所提的非常類似。例如，字母 H 是由二條較直的線和一條較橫的線構成，其頭尾兩端都呈現一種凹狀，這些特徵是字母 H 的構成要素，缺一不可。此外，字母 A 亦由二條多少近乎直的線段和一條橫線構成，且尾端亦有一個凹形，但因其頂端並無凹形存在，所以，根據這些特徵我們就可以分別 A 和 H。

字母辨認儀的設計者以下述類推的論點來闡明其觀點：「當一個人被小魔神盤查時，可能會想到各種特徵，然後對主宰的魔神大喊出答案。」取名爲**降魔法**(pandemonium)即源自這個類推。**圖 6-15** 係用來說明該系統如何辨認 A、H、V 或 Y 四個字母。

降魔理論在兩方面具有其特殊意義。其一是字母辨認的處理過程是**平行的**(parallel)，而非一個接一個的方式；其二，字母辨認儀完全是**被動的**(passive)：對所接收的任何材料，事先均沒有預設性。換句話說，字母辨認儀係由刺激主動地促發，操作者個人的預期、動機均不具任何影響。

人類的知覺系統可能以類似的方式運作。儲存在你記憶中的可能是你某一位親戚(如你的姑母)的特徵，如鼻子的形狀、眼珠的顏色等等。當你碰到一個人時，你的特徵檢查系統便開

圖 6-15　降魔理論

本圖是描述字母辨認儀如何辨認四個字母的簡化模式。基本上係運用下列三種特徵：(1)字母上端的凹狀，(2)橫線，(3)直線。當要檢定一個字母時，這些特徵皆一一核對其是否出現。例如，H 兼具三個特徵；A 有橫線，但缺少其他兩個特徵。將每個字母的一組特徵與特徵表比對，即可明確地辨認出來（取自 Selfridge & Neisser, 1960）。

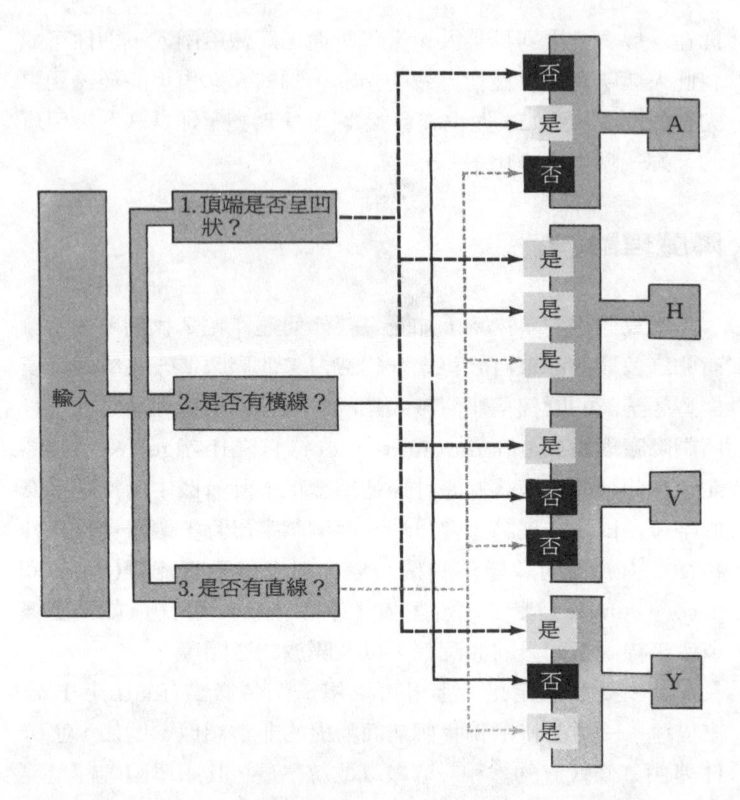

始反應，假若其特徵都符合你記憶中姑母的特徵時，你就知道她是誰了。當然，就我們所知，人類的知覺系統實際上要比這一套字母辨認模式更複雜得多。

另一種較複雜的模式，則是可正確分辨出印刷體與書寫體的字母。此類儀器不再運用平行處理的方式，取而代之的是**序列處理**(serial processing)——將刺激特徵逐一序列處理，這在方法學上係屬於**人工智慧**(artificial intelligence)的一部分，其目的在於使機器能具備多種智慧性行為。雖然此類儀器大多仍在實驗階段，但有些已可在實際運作中派上用場了。例如，郵政單位就裝設了幾部郵遞區號閱讀機，來分辨手寫或打字的阿拉伯數字，以便在幾分鐘內能處理上千封信件。研究者正試圖發展更精密的辨識儀器，使其能從二度空間的視像推理出三度空間的景象；此外正研究中的尚有辨聽儀器，以便能將語音轉換成文字信號。目前的趨勢是：發展知覺儀器的電腦科學家，與試圖瞭解人類知覺的心理學家，正攜手組成互蒙其利的工作群，共同致力於知覺的研究。

這些理論和儀器都有一共通的原則：從刺激中抽取出系列

特徵，並將之與儲存於記憶體中的特徵表比對，當二者相符時，刺激即被確認。人類知覺系統可能亦以類似的方式運作，儲存於記憶體中的可能是某人的特徵表，如嘴巴的寬度、鼻子的高度，以及眼睛的色彩等，當我們遇見某人時，此特徵偵測器就展開運作，如果某人的特徵正好與我們記憶體中的特徵表相切合時，我們就知道他是誰了。特徵表另一個較通用的名詞是**基模**(schema，複數形是 schemata)。個體將刺激的基模儲存於記憶體中，並以從某刺激抽取出的特徵與基模的切合情形，來辨認該刺激。

從刺激抽取出特徵，並將之與記憶體中特徵表(或稱基模)適配的歷程，稱之爲**編碼**(encoding)，意指我們試圖從輸入的刺激中取得一個**碼**(code)，以便能在預先儲存該刺激資料的記憶體中，找出刺激的位置。編碼是**認知心理學**(cognitive psychology)中一個很重要的概念，我們將在第八章中作更深入的探討。

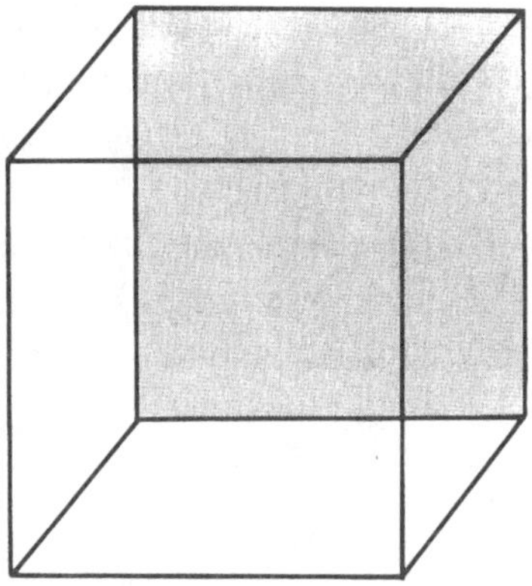

圖 6-16　尼克爾立方體
這是 1832 年瑞士博物學家尼克爾(L.A. Necker)設計出來的圖案，著色部分可以是立方體的前面或後面部分。兩種知覺將不斷地輪替出現。

曖昧刺激

曖昧刺激(ambiguous stimulus)是能以不只一種方式被接收到的刺激。**圖 6-1** 即是一個例子，一幅形像-背景曖昧不明的圖畫；**圖 6-16** 是另一個例子，**尼克爾立方體**(Necker cube)的著色面，既可瞻之在前，也可忽焉在後，兩種知覺將輪替顯現，不斷變化。**圖 6-17** 也是一幅有關曖昧刺激的人像素描，既可視之爲老婦人，亦可看作是年輕少女；但這個刺激並不平衡，老婦人比年輕少女較可能先出現。

圖 6-17　曖昧刺激
這是一幅曖昧不明的人像畫，既可看成年輕少女，也可看作是老婦人。通常，一般會先看到老婦人，繼而年輕少女的左臉頰才會出現。她的左臉頰是老婦人的鼻子，她的項鍊是老婦人的大嘴巴(取材自 Boring, 1930)。

脈絡關係、期望和動機的影響

脈絡關係效應(context effect)意指我們對某刺激的知覺，會受到在時空上與該刺激相近刺激的「意義」所影響。脈絡關係效應並不依賴意識性猜測或對脈絡關係的覺察，若它是刺激產生的背景，則會強化脈絡關係效應；熟悉的脈絡關係可促進知覺的速度與正確性，尤其在刺激曖昧不明、模糊不清時，更見其效益。缺乏脈絡關係時，辨認將難以達成，甚至可能造成錯誤。另一方面，當刺激甚少出現，或首次出現於特殊的背景，以致無法事先預期時，脈絡關係也會產生相反的結果：辨

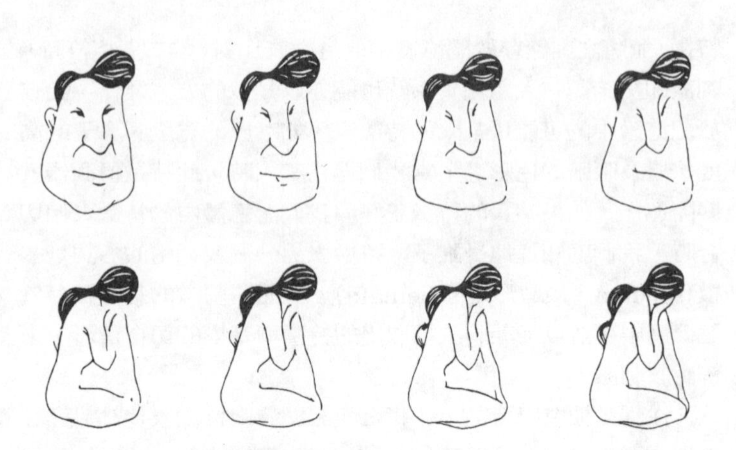

圖 6-18 時間性脈絡關係的影響
請依序注視這些圖像，中間兩幅是曖昧圖案。如果你先前注視的是男人的臉譜，則它們看起來就像是一張略微扭曲的臉；假若你先前注視的是動人少女的畫像，則它們看起來就像是動人的少女(取材自 Fisher, 1967)。

認緩慢或錯誤，或者根本無法辨認。

當刺激曖昧不明時，知覺須依賴脈絡關係而定。假若你在看**圖 6-17** 之前，曾先注視過一個類似**圖 6-17** 年輕女孩的明顯刺激，那麼你在此曖昧圖像中首先看到的也是個年輕女孩。這種**時間性脈絡關係**(temporal context)的影響可用**圖 6-18** 的一組畫像加以說明。請你依左到右、上至下的順序一一注視這些連環圖畫，第四、五幅是曖昧圖案。如果你依方才建議的順序來看，你會將這些曖昧圖案看成男人的臉譜；假若你依反方向順序來看，你會將它們看成是一位動人的少女。**圖 6-19** 更進一步說明了周遭情境表徵所提供的空間關係，將影響我們對曖昧性符號的知覺。

除了刺激明確與否之外，反應的正確性和速度，依個體是否知道將呈現何種刺激而定(Yager, Kramer, Shaw, & Graham, 1984)。假如先向受試者出示一張場景圖像，接著再快速閃現另一張適宜安置於該場景的物體圖像，則受試者對後者的指認會更正確。例如，在注視廚房的相片之後，更易於正確指認出土司麵包，而不致將它看成郵筒(Palmer, 1975)。同樣地，在一個有意義的句子中，我們較易在空格處塡上某些字彙，如英文常考的文意字彙。

當刺激出現於不平常的背景中，我們會經驗到脈絡關係的負面影響。通常很難甚至幾乎不可能辨認這些刺激，例如，已熟悉教授西裝革履形像的學生，很難在周末海水浴場打赤膊的人群中認出他們的教授來。

脈絡關係有時會導致意識性的期待。當你到機場接一位朋友時，即有了意識性的期待；如這位朋友迎面而來，你定然很

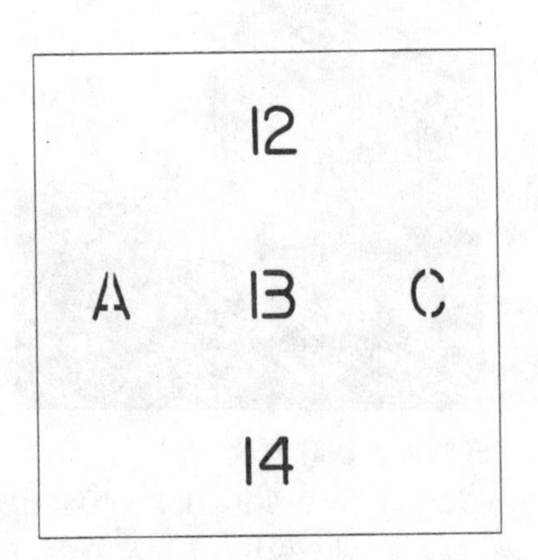

圖 6-19 空間關係的影響
本圖的中心符號是曖昧圖案，若你依橫列來看是「B」，若你依直行來看則是「13」。

快認出他。

此外，某些證據顯示，**動機**(motive)也會影響知覺。一項研究中發現，語言文字若與期望不合時，其知覺閾限較高(McGinnies, 1949)，雖然此結果仍有爭議。某些臨牀學者運用**羅夏克墨漬測驗**(Rorschach Test，見**圖 6-20**)來測量人格(見第十三章)：主試者向受試者呈現一些十分曖昧不明的墨漬圖案，請受試者報告這些墨漬圖案看起來像什麼。受試者的報告常會帶進一些潛藏的動機和情緒。持反對觀點的心理學家認爲，動機和情緒只影響受試者所報告的內容，並非影響其對刺激的知覺。此爭論迄今尚未平息，然而綜合許多證據顯示：脈絡關係對知覺確能產生直接的作用(參見「重要討論：脈絡關係對字母辨認的影響」)；因此，若說動機和情緒也會影響知覺，並不令人訝異(Erdelyi, 1974)。

圖 6-20　羅夏克墨漬圖
該刺激是將墨漬潑撒在紙上，並使其沿一折疊的直線兩邊擴散而產，係一可由多方知覺的曖昧圖案，常被用來評量人格。

正如辨認須倚賴我們對概念、物體和事件的知識一般，脈絡關係效應亦有賴於我們對世界更廣泛的知識，尤其是依我們對特定情境中可能發生與即將發生的知識而定。

注　意

注意(attention)是一複雜的歷程，包括外顯的行爲成分以及內在成分。初次露營者如深夜聽到樹林中傳出聲音，可能會嚇一跳而轉身面對聲響處；同時生理上會發生變化，提高警覺以便隨時採取行動。這一組外顯和內在的反應是爲**定向反射**(orienting reflex)。雖然對於非預期刺激會自動產生此種反應，但如刺激一再重複出現，定向反射也自動停止。

大多數情況下，我們會同時受到多種刺激的衝擊，但我們並不能一一感受到。某些刺激會強行侵入意識之中，使我們的反應集中在少數刺激上；然而，我們也能選擇所接收的刺激。在你正專心閱讀的時候，稍停片刻，闔上雙眼，凝神注意你周遭的各項刺激，此時你聽到什麼聲音？空氣中有何氣味？事實上，在你凝神注意之前，可能從未覺察到這些刺激的存在。假如缺少這種選擇注意的能力，我們可能早就被這些刺激擊潰了。我們所選擇注意的刺激，通常視當時對我們最具重要性者而定，但最凸顯的刺激也最容易被知覺到。可促使我們注意某一刺激的重要因素，包括**強度**(intensity)、**大小**(size)、**對比**(contrast)、**運動**(movement)及**新奇性**(novelty)等；而我們

G	W	N
P	S	T
B	F	Q

圖 6-21　隨機排列的字母
這是史伯林(Sperling,1960)進行其選擇性視覺的研究中所用的字母排列。假如將之快速閃現，受試者通常只能記住四或五個字母；但如分列閃現，受試者多能正確無誤地說出該列的三個字母。

據之以選擇的過程，稱爲**選擇性注意**(selective attention)。

選擇性視覺(selective seeing)　一瞬之間你能看到多少？這個問題已可在實驗室中進行研究：在受試者眼前的螢幕上瞬間閃現一些隨機排列的字母(見**圖 6-21**)，隨後請受試者儘可能寫下他所看到的字母。大學生的平均正確率是四點五個字母，且經過練習也少有進步。所以，我們在一瞬之間所能看到的範圍極其有限(Sperling, 1960)。

當給予某人更多時間注視一幅圖畫時，**選擇性視覺**的其他方面即顯而易見。如果我們仔細觀察此人注視圖畫時的眼睛，會發現其眼睛並非靜止不動，而是正在**掃描**(scanning)。掃描並不是一種平滑持續的運動，通常的情形是：眼睛佇留某處片刻後，再轉往他處。眼睛佇留期間，稱爲**定像**(fixation)；在定像之間幾乎是一眨眼的移動，稱爲**顫動**(saccade)。追踪眼睛的移動有幾個技巧，最簡單的方法是用電視攝影機來監控雙眼，由於雙眼所凝視的對像會反射在眼角膜上，以致眼中與電視機疊影的視像亦可顯現於螢幕上。研究者從這個疊影的視像中，可以判定受試者雙眼所定像的圖畫點，並可藉用重播錄影帶來測量每一次定像佇留的時間。

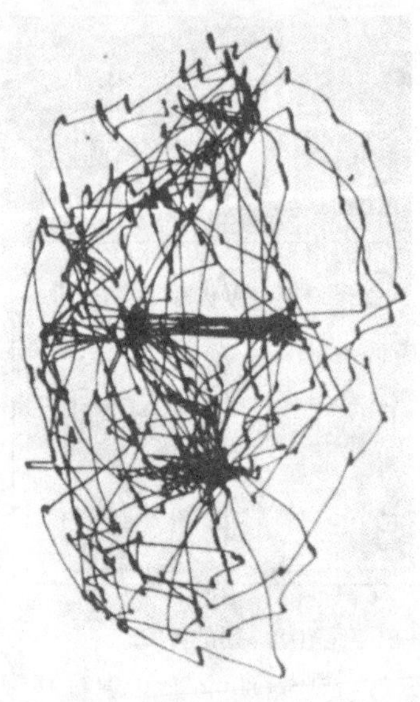

圖 6-22　觀賞圖畫時眼睛的移動
本圖是由一位受試者觀賞圖畫三分鐘內，所做成的眼睛移動記錄（取材自 Yarbus,1967）。

如同先前所提及的，網膜的視覺敏銳度向外圍迅速縮減。眼睛以掃描圖畫的方式移動，以使圖畫各部分均能落入網膜中央小窩，才能鉅細靡遺。對圖畫的知覺，須賴知覺系統將各方掃描的訊息組合成單一的整體景觀，其過程類似於攝影師將一連串部分的快速攝像組合成一幅完整的畫面(見**圖 6-22**)

選擇性聽覺(selective hearing)　聽覺也具有選擇性。例如在一場雞尾酒會中，我們耳邊響著無數吵雜的聲音，但我們絕無法一一聽到這些聲音；據研究顯示，事實上在同一時間內我們只能知覺到一種訊息。該研究的程序是讓受試者戴上耳機，在左右兩耳機內分別播放兩段不同的話，請受試者邊聽邊複誦他所聽到的訊息之一；幾分鐘後關掉播放的帶子，詢問受試者有關他未跟隨複誦的訊息內容，則受試者幾乎無法回答，且對他未曾跟隨複誦的聲音特性所知也極爲有限——無論此聲音是高或低、男聲或女聲(Moray, 1969)。

事實上，在嘈雜的情境中，我們常會選擇想要傾聽的訊息。有助於我們選擇的線索是：聲音的方向、說話者嘴唇的移動，以及說話者特殊的聲音特徵(音調、速度和抑揚頓挫)。即使缺乏這些線索，我們仍能依聲音所獨具的意義來選擇訊息。

選擇的位置(the locus of selection)　我們依注意來選擇刺激，是在知覺系統的何種層次上運作呢？至於未受注意的刺激會怎樣呢？早期的觀念是那些未受注意的刺激，在低層次的知覺系統中即被完全過濾掉了(Broadbent, 1958)。然而，目前有較多的證據指出：知覺系統在短時間內會將未受注意的刺激加以保存，並略作處理——即使它們從未在意識中出現。事實上，我們選擇或拒絕一項訊息是以其蘊含的意義為基礎，這表示選擇之前必有一處理過程。例如，在一段你未注意的對話中，即使是輕聲提及你的名字，也會引起你高度注意。如果未受注意的訊息已在較低層次的知覺系統中完全被排除，上述情形就根本不可能發生了。

現階段的理論

現階段的學者已提出幾個有關辨認的理論，試圖探討脈絡關係效應及選擇性注意，但在理論結構上均未臻嚴謹(Norman, 1976； Posner, 1982； Kahneman & Treisman, 1984)。我們在此處呈現的是一個簡化的理論，同時掌握了幾個理論的精髓，而更接近於威克格倫(Wickelgren, 1979)所提出的觀點。

此理論主張：當腦中特定神經原的反應達到一特定的促動水準(辨認閾限)時，意識性知覺和辨認即會發生。該神經原可受納三種輸入：刺激輸入、注意組型以及選擇性注意(見**圖 6-23**)。**刺激輸入**(stimulus input)依刺激強度和神經原對刺激的敏感度而定。假如神經原對刺激是敏感的，且刺激強度超過神經原的辨認閾限時，將會促動神經原，使其發生作用。**注意組型**(attentional set)是對神經原的內在輸入，依當時環境關係，我們的期望與動機而定，導致神經原受到促動或抑制。**選擇性注意**是一種決定的歷程，活躍的神經原可藉此壓制其他神經原的活動。我們雖不明白此一歷程如何運作，但可能係以彼此競爭的神經原間相互抑制為基礎，**圖 6-23** 中的水平線即用來表示此一歷程。**交互抑制**(reciprocal inhibition)壓抑了較不活躍的神經原，使活躍的神經原更加活躍以達到辨認閾限(Walley & Weiden, 1973)。

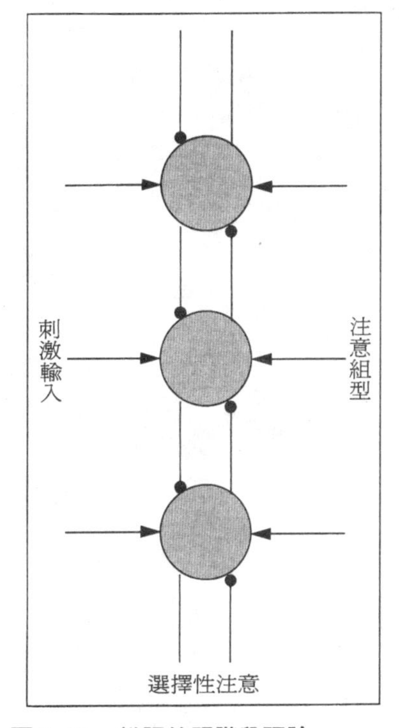

圖 6-23　辨認的現階段理論

圖中的三個圖形象徵知覺系統中數以千計神經原的其中之三。每一種神經原當其活躍時，可引發一種特殊的知覺；三種輸入型式則決定神經原的活動水準——箭頭表示激發性輸入，點表示抑制性輸入。這三種輸入型式是為：刺激輸入(stimulus input)——取決於神經原的敏感度和刺激強度；注意組型(attentional set)——取決於當時脈絡關係、期望和目標；以及選擇性注意(selective attention)——一種對其他活躍神經原的抑制性輸入（圖中以垂直線表示）。當神經原到達活動閾限時，即可經驗到知覺。

早晨醒來時，我們對某些知覺即產生注意組型，這些組型取決於我們正在思考的內容以及最近所發生的事件，雖能促動神經原但仍不足以產生意識性知覺。選擇性注意繼而從活躍的神經原中選擇，並對其做出反應。這個理論並不像降魔理論的字母辨認一般有個主宰的機制，而是由注意的歷程來做決定；因爲在同一時間內，注意有其限制，故刺激的處理通常是序列性的。

閱　讀

閱讀(reading)是一項重要的認知技巧，同時也是教導人們認識其周遭世界的主要歷程。一般成人的閱讀速度是每分鐘一百到四百字，大學生對非技術材料的平均閱讀速度是每分鐘三百字，這比閱讀隨機性文字還快得多，可見文章的脈絡關係在閱讀中具有舉足輕重的地位。

眼睛的移動(eye movement)　閱讀時，眼睛並沒有跨頁移動，而是以一連串的顫動逐一定像，在每一次顫動時眼睛只移動極短的距離——約半個字至一個半字。定像的持續時間平均約爲二百五十毫秒，但實際上仍有頗大的差異——對於易讀的文章，顫動的距離較長而定像的時間較短(Rayner, 1978)。有時候，初次閱讀者還會將眼睛移回已經讀過的字上頭，再次重複閱讀的眼部動作。

圖 6-24 係賈斯特和卡本特(Just & Carpenter, 1980)研究眼睛移動的資料。在此項實驗中，受試者須閱讀一節困難的科學性材料，**圖 6-24** 即是一位受試者閱讀兩句研究材料的定像時間。研究者將受試者對同一字的連續定像單位稱爲**凝視**(gaze)，並計算受試者對每一個句字的凝視次數以及每一次凝視所持續的時間。

結果顯示，除了一些簡短的功能字如「of」、「a」、「the」等之外，受試者幾乎讀每個字都須定像。這是閱讀者初次接觸一篇新的且十分難以理解的閱讀材料時，通常會出現的典型情況。

1　2 3　4　5　6　7　8　9　1　2
1566　267 400　83　267　617　767　450　450　400　616
Flywheels are one of the oldest mechanical devices known to man. Every internal-

3　5 4　6　7　8　9　10　11　12　13
517　684 250　317　617　1116　367　467　483　450　383
combustion engine contains a small flywheel that converts the jerky motion of the pistons into the

14　15 16　17　18　19　20　21
284　383 317　283　533　50　366　566
smooth flow of energy that powers the drive shaft.

圖 6-24　閱讀中的眼睛定像

本圖所呈現的資料是某位大學生閱讀一段科學性文章時，眼睛的定像情形。第一排數字表示受試者對每一句子單字的凝視次序；第二排數字則是凝視時間，以毫秒表示。請注意，在第二字的第四和第五定像之間，次序上是顚倒的 (取材自 Just & Carpenter, 1980)。

此外，受試者對每個字的凝視時間也有頗大差異，例如，flywheel 這個字的定像時間兩次都超過一秒鐘，比其他字更長。事實上，長時間的凝視常發生於閱讀者不熟悉或在文句上具關鍵性的字。文句結束時的定像時間也顯得較長，此乃因閱讀者須多花一點時間以統整整個文句意義之故。

文脈關係效應(context effect)　三種文脈關係效應對閱讀甚有助益：熟悉單字及其拼法，將加速我們對單字中字母的確認；熟悉文法規則有助於確認句中的單字；對文章主題有所認識更會增加我們認字的能力。由於文法及文意的限制，可能出現在文章中某一特定位置的字，其實是十分有限的。

一次定像能使我們從文章中獲得多少訊息呢？試驗的方法是讓閱讀者只看定像點周遭的一個小區域，用以確定該區域對閱讀成績有何影響。研究者應用由眼睛移動所操縱的電腦記錄器，以遮住文章的大部分而只露出一個小區域。當閱讀者每次只能看到一、兩個字母時，閱讀成績極差；一旦可見範圍放大，其閱讀成績也有所進步，但仍不及正常的閱讀速度；直到閱讀者每次約可看到四個單字，其閱讀表現才會回復正常水準(Rayner et al., 1981)。

速讀(speed-reading)　許多速讀課程皆聲稱能促進閱讀速度及閱讀理解，其訓練方式是使閱讀者眼睛定像較少且時間較短，以及學習同時定像於幾個字或一整個片語。通常，在單一次定像中，個人可以牢記一整行文字內容，且由上至下閱讀也快於由左至右閱讀。因此學習速讀者常沿著一條假想線來移動眼睛，使眼睛能在一次定像中收錄一整行字。

速讀的訓練課程之一，是以四分之一秒或更短時間，將短句投射在螢幕上，要求學習者牢記該句並大聲讀出來。如果句子呈現的間隔時間恰當，學習者經由練習可學會一次收納包含四個以上單字的短句；然而，如句子呈現的間隔時間極短，將對學習者造成干擾以致無法記憶。

接受速讀訓練者實際上所學得的技巧是**略讀**(skimming)，使他們能很快掌握文章中的關鍵字和主要觀念。對於較少提到新資料的文章，略讀即能對全文有所理解；然而，如閱讀內容是新且具挑戰性的材料，速讀則常無用武之地。在此情況下，閱讀者幾乎仍須定像於每個字才能理解材料的內容。

上述的結果並非表示，無法加強閱讀技巧；相反地，我們都知道，讀得愈多，其閱讀技巧也愈加精進——對兒童尤然。

若只是強迫自己快速閱讀，實際上並無濟於事。

至於略讀則是一種頗值得開發的技巧(並非速讀)，即使是困難的材料，略讀亦有其助益。例如，閱讀某一章節之前，可藉略讀找出關鍵性論題，並獲得大致印象。由略讀所獲得的訊息有助於架構文章脈絡，及決定何者值得仔細精讀(見附錄 I)。

重要討論：
脈絡關係對字母辨認的影響

假若一組隨機排列的字母，以幾毫秒的時間快速閃現於眼前，我們大約只能說出四至五個字母；然而，以同樣情況呈現一個包含許多字母的單字，我們卻能正確地說出整個字。該如何解釋這種差異呢？讓我們先來探討三個有關的假設。

某些心理學家相信，在呈現一個單字的情況下，我們所收納的仍只是字中的四、五個字母而已，但由於我們對單字及拼字規則的認識以致可以「猜出」其他的字母。此觀點意謂：單字所提供的脈絡關係會影響我們說出的字母，對我們所看到的字母則無任何影響。另一項假設是：四或五個字母是記憶的限制而非知覺的限制——我們能夠收納更多字母，但因它們隨機排列，則僅能「記住」四或五個；如果字母是以單字的排列形式出現，記憶便不成問題，因爲一個單字比幾個字母易記多了。最後，其他的心理學家假設：單字的脈絡關係對於接收個別字母甚有助益；意即，排除記憶和猜測的因素之外，單字中的字母仍比無脈絡關係的字母較易於正確辨認。

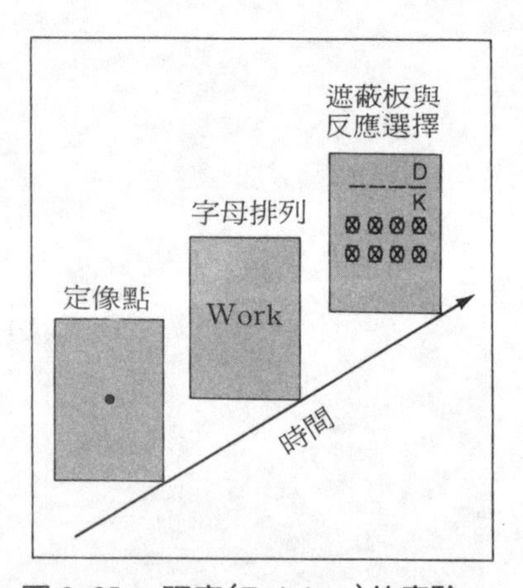

圖 6-25　理查(Reicher)的實驗
本圖說明理查實驗中刺激呈現的順序。首先受試者看到一個定像點，繼而呈現一個字或四個字母的隨機組合——僅呈現數毫秒。隨後，理查在字母出現的位置上呈現一塊遮蔽板及兩個測試字母，請受試者回答：何者與單字或字母隨機組合中該位置的字母相同(取材自 Reicher, 1969)。

理查(Reicher, 1969)試圖設計一項實驗以確定上述三項假設何者正確。他分別將一個包含四個字母的單字和一組隨機排列的四個字母快速閃現於螢幕上；隨後，在字母出現的位置上換成一塊遮蔽板，遮蔽板的上方呈現兩個測試字母(見**圖 6-25**)。兩個測試字母之一須與先前出現過的四字母組中該位置的字母相同，受試者的任務即是將它正確地指認出來。

這個實驗聽似容易，但由於是在極短時間內呈現一組字母，且以遮蔽板排除後像，事實上並不簡單。此外，當組合是一個單字時，兩個測試字母都須能與其他三個字母組成單字，例如，假使組合是「WORK」，第四位置的字母就可能是「K」或「D」；因此，知道單字的拼法也無助於猜測。實驗中途，研究者會預先告訴受試者測試標的位置及兩個測試字，所以無論是就猜測假設或記憶假設而言，本實驗中單字並不比非單字有利。實驗結果顯示：受試者對單字中字母的辨認成績較好，錯誤率也僅及非單字的一半。查理據此表示，我們對單字中字母的辨認能力，確實優於對無脈絡關係字母的辨認能力。意即，第三個假設——單字的脈絡關係可促進對個別字母的知覺——獲得了證實。

麥克萊倫與盧美哈(McClelland & Rumelhart, 1981)亦針對單字脈絡關係對字母辨認的影響，提出一個知覺模式。依此模式來看，知覺系統中存在著一種階層性的偵測機制：由特徵偵測促動字母偵測，二者輪流作用以促動單字偵測(見**圖 6-26**)。此模式的主要特性是其交互作用性質：當單字偵測正在運作時，會產生回饋而促動字母偵測機制對單字中的字母展開偵測，並抑制對單字外其他字母的偵測。這是單字脈絡關係效應的基礎。麥克萊倫及盧美哈稱其理論爲**交互促動模式**(interactive activation

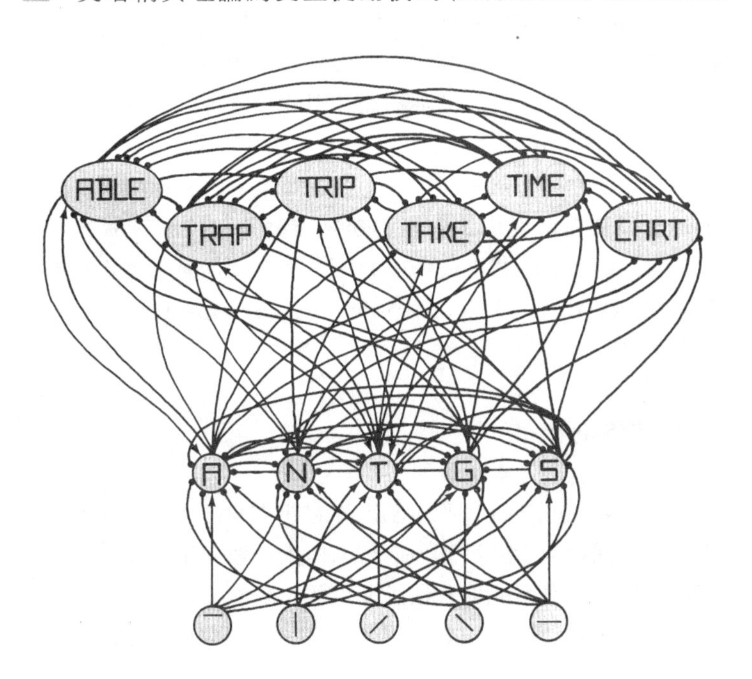

圖 6-26　交互促動模式

這是個人在文脈關係中辨認字母的模式。兩組圖形表示對特徵及字母的偵測機制；橢圓形表示對單字的偵測機制。箭頭代表激發性輸入，點表示抑制性輸入。本圖所呈現者僅是階層性知覺網路中的一小部分（取材自 McClelland & Rumelbart, 1981）。

model)。他們更進一步以電腦來模擬這一套模式，證實該模式可涵蓋許多字母偵測的現象。**圖 6-26** 僅是模式中的一小部分，但看起來相當複雜，而實際上它也只不過是我們知覺系統中的滄海一粟罷了。

知覺的發展

有關知覺的一個老問題是：我們的知覺能力，究竟是來自學習或天生？這是一個先天或後天的問題；有關知覺學習、天賦間的關係的研究，則要回溯到十七、八世紀的哲學家了。

天性論者(nativist)如笛卡兒(Descarte)與康德(Kant)認爲，我們的知識能力是與生俱來的，相反的，**經驗論者**(empiricist)如巴克力(Berkeley)與洛克(Locke)則認爲完全由於經驗的關係。在早期的感覺生理學家當中，赫林與赫姆霍茲就持著相反的看法。赫林以網膜像差爲證據，認爲我們的視覺對深度知覺有著天生的能力，由於每隻眼睛可以納入一個不同的映像，他建立了一套**距離視覺理論**(theory of distance vision)。赫姆霍茲則認爲，視覺的變異太大，以致無法以固定的受納器機制來加以解釋，所以，應該是學習得來的。

現階段的心理學家則相信這兩種觀點是可以統合。今天沒有人會眞正懷疑練習和經驗會影響知覺。問題是：我們知覺能力中與生俱來的程度以及從經驗習得的程度各佔有多少份量？

現階段的研究者對於「知覺係來自學習」的問題有幾個重要爭議：(1)嬰兒具有何種辨別能力？在正常的敎養情境下，隨著年齡發展會有何變化？(2)假若動物被飼養於控制刺激的情境下，對其辨別能力將產生什麼影響？(3)控制情境下的養育方式對知覺-動作的協調(perceptual-motor coordination)有何影響？

嬰兒的知覺

假若嬰兒能告訴我們這個世界看起來像什麼，很多有關知覺發展的問題或者就可迎刃而解。但由於嬰兒不會說話，所以實驗者只有竭盡所能地來估計嬰兒的知覺能力。

爲了研究嬰兒的知覺，研究者必須找到嬰兒的行爲方式以

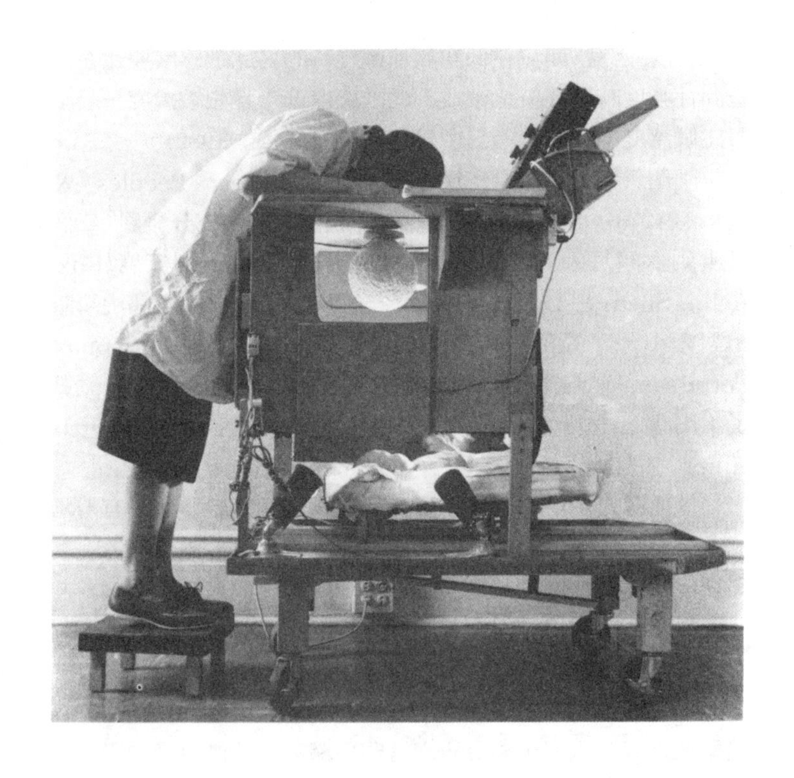

圖 6-27 選擇性注視儀

這個注視室(looking chamber)係研究嬰兒選擇性注視所採用的裝置。讓嬰兒躺在小牀上，仰視天花板上的圖畫和物體；實驗者透過小洞觀察並記錄嬰兒的注視行爲（取材自 Fantz, 1961）。

確定他們究竟可以辨別些什麼。由於嬰兒傾向於注視某類物體，心理學家即應用**選擇性注視法**(preferential looking method)(見**圖 6-27**)來研究嬰兒的知覺能力。此法十分簡單：對嬰兒呈現兩並排的刺激，而實驗者則躲在嬰兒的視覺範圍之外，透過刺激後面的分隔板來觀察嬰兒的眼睛，並測量嬰兒注視每一項刺激的時間；此外，實驗者還時常隨機調整刺激的位置。假如嬰兒一致性地注視某項刺激，我們即可肯定嬰兒具有辨別刺激的能力，意即具有某種**視覺偏好**(looking preference)。

許多研究著重嬰兒的**敏銳度**(acuity)和**對比敏感度**(contrast sensitivity)，最常見的方法是選擇性注視——以線條型態和一成不變的灰色平面做爲兩項刺激；研究者逐漸縮小線條寬度，直到嬰兒不再顯現差別性偏好。對一個月大嬰兒所進行的研究發現，他們能看到平面的型態，但敏銳度極低。敏銳度會在生命的最初六個月中迅速增加，而於一到五歲之間達到成人的水準(Teller, Morse, Borton, & Regal, 1974; Pirchio, Spinelli, Fiorentini, & Maffei, 1978)。研究者以相同方法研究嬰兒的對比敏感度——用波浪式線圖做爲刺激(參見第五章)。結果發現，嬰兒在低空間性頻度時的對比敏感度要比在高空間性頻度時好，但比較成人的敏感度低；且如敏銳度一般，對比敏感度亦在前六個月中迅速增加(Banks, 1982)。

兩個月大嬰兒即能辨別色光與白光(Teller, Peeples & Sekel, 1978)，但他們在三原色的色視覺上並未充分發展。三個月半到六個月大的嬰兒能以雙眼像差線索來辨別深度(Fox, Aslin, Shea, & Dumais,1980)。五個月大時，嬰兒可藉由單眼相對大小線索的指引爬向兩物體中距離較近的一個(Yonas, Pettersen, & Granrud, 1982)。其實，早期的研究就已記載了：出生後一分鐘的嬰兒已能轉頭朝向聲音來源(Wertheimer, 1961)。

總而言之，所有對年幼嬰兒的測試均顯示出嬰兒具有辨別能力，但這種能力一般而言皆低於成人的水準。辨別能力在嬰兒期已有長足發展，且在一歲左右即趨近於成人的水準。

須整合刺激特徵的知覺能力，其發展也是一日千里。例如，大小恆常性知覺在嬰兒期已具雛形(Zeigler & Leibowitz, 1957)。我們雖無法確定嬰兒正經驗些什麼，但嬰兒對刺激的自然反應近似於成人，頗令研究者印象深刻。他們會轉向聲音來源，當物體飛向他們時企圖保護自己，不會從感覺較高的平面上掉下來(見**圖 6-28**)。這些行爲皆具有高度的適應性，且有助於維持人類的生存。嬰兒和成人對相同刺激所表現出反應的相似性，或可視爲：嬰兒與成人可能以類似的方法來經驗這些刺激(Bower, 1982)。

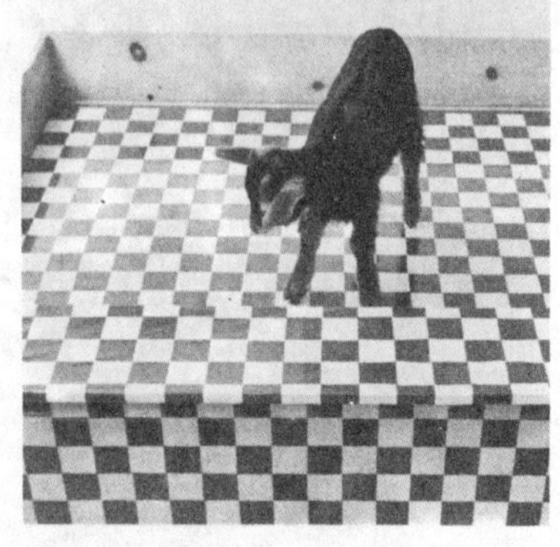

圖 6-28　視覺懸崖

嬰兒和小動物在能移動時，就表現出深度知覺的能力。視覺懸崖由兩個相同樣式的表面構成，二者都覆蓋著一層玻璃。一個表面直接在玻璃下，另一個則差了幾呎。若把嬰兒放在如圖所示的中央部分，他會拒絕爬過較深的一邊；有些嬰孩會用手摸摸玻璃，但仍不敢爬過去(取材自 Gibson & Walk, 1960)。

缺乏刺激的養育

最早期的實驗常採用控制的刺激：將甫出生的小動物飼養在暗無天日的黑籠中達數月之久，直到牠們成熟得足以接受視覺測驗。這類實驗的理論根據是：假如動物必須藉助學習才能獲得知覺，當牠們首次暴露於燈光下時將無法表現知覺能力。實驗結果爲：飼養於黑籠中的黑猩猩，當牠十六個月大第一次面對燈光時，雖能表現出偵測光線的行動，但是尚無辨別型態的能力(Riesen, 1947)。然而，後續研究發現，黑暗中的飼養方式所剝奪的比妨害學習更多，它會導致視覺系統各部分的神經衰退。定量的光線刺激，顯然係維持視覺系統所必備的；若缺乏任何光線刺激，網膜及視皮質層的神經細胞都會開始萎縮。

實際上，此類實驗方式並不能提供我們任何有關學習在知覺發展中扮演何種角色的訊息。

對新生幼貓及小猴子的視皮質層進行單一細胞記錄，發現牠們擁有十分類似成熟動物的簡單、複雜、極複雜的細胞(Hubel & Wiesel, 1963; Wiesel & Hubel, 1974)；新生兒兩眼中視皮質層對刺激的反應，亦和成熟動物的反應相似。差異在於：新生小兒細胞的反應較成熟動物來得慢且較不能敏銳調節。

當始終在黑暗環境中成長的動物被帶進一間明亮的實驗室時，其行動有如全盲一般，其視皮層細胞也不能產生反應；以獨眼方式成長的動物——一隻眼自出生即戴上眼罩，剛卸下眼罩的一眼也幾乎不具任何功能。一旦動物自出生起即被剝奪視覺刺激，剝奪的時間愈長，造成的缺陷愈大。另一方面，對成熟動物而言，即使一眼被蒙上一段長時間亦無損其視力。由此可見，生命早期的視覺發展有所謂的**關鍵期**(critical period)，在此關鍵期中缺少刺激將對視覺系統造成無可彌補的傷害。

圖 6-29　控制的視覺環境
在這項實驗中，小貓自出生至兩個星期係被飼養於黑籠內；然後，每天有五個小時將牠們放置在管狀器中，其餘時間仍留在黑籠裡。管狀器的環境設計係將小貓放在中間的塑膠玻璃平面上，線狀的色管向上下延伸。實驗者讓小貓戴上上頸環，阻擋牠頭向後轉而看到了自己的身軀。五個月後，小貓對垂直線已有極佳的視覺能力，但對於平行線條則有如瞎子一般。進一步以單一細胞記錄發現，其視皮層的細胞極少對平行線條產生反應（取材自 Blakemore & Cooper, 1970）。

控制刺激的養育

另一個研究方向為：將動物飼養於特定的刺激情境下，對動物視覺造成的影響。成長於始終只能看到垂直線條或平行線條之環境下的小貓(見**圖 6-29**)，對於牠們未曾經驗過的其他方向線條，將不產生任何視覺反應，視皮層細胞亦無法調節方向(Blakemore & Cooper, 1970; Hirsch & Spinelli, 1970)。細胞究竟發生了什麼變化？是否退化了呢？有關此一論題的證據尚頗為混沌，但似乎較傾向於細胞退化的假設(Movshon & Van Sluyters, 1981)。

雖然未有研究者剝奪人類的正常視覺刺激，藉由醫療處理有時也會出現這種狀況。例如，眼科手術後，手術的眼睛常須以繃帶包紮或戴上眼罩，如果這類手術的對象是幼兒，此眼的敏感度必大為降低(Awaya et al., 1973)。如果一個人的雙眼在生命早期時不能定點於同一方向——稱為**斜視**(strabismus)，其後將無法擁有雙眼深度知覺，即使斜視已透過手術矯治之後亦然。同樣地，假使**亂視**(astigmatism)——一種視力上的缺陷，無法將平行或垂直的輪廓聚焦，又稱散光——未及時在兒童早期矯治，其後對方向的敏感度也很低(Mitchell &

A

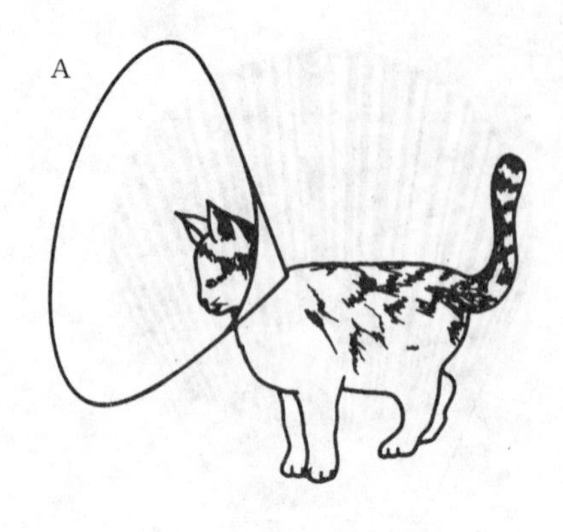

B

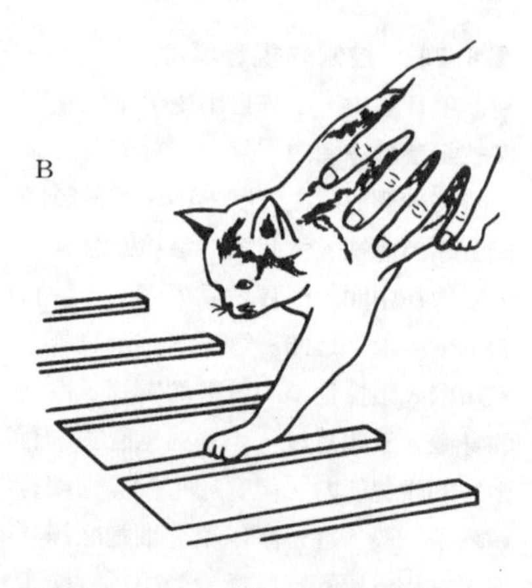

圖 6-30　學習知覺-動作協調

A 圖是一隻戴著頸罩的小貓，避免牠看到自己的四肢和身軀。戴著頸罩時的小貓可在明亮、具某種型態的環境下自由活動六小時，其餘時間則把牠關在黑籠中。

B 圖是測驗小貓藉視覺引導脚安放的設置。耙子的寬約 2.5 公分，長約 7.5 公分。測驗期間，實驗者支撐小貓的身軀、後肢及一隻前肢，將小貓帶到耙子邊緣，以其前肢是否著陸於耙子上來計分(取材自 Hein & Held, 1967)。

Wilkinson, 1974)。這些事實顯示，人類視覺系統發展的早期，亦和動物一樣有「關鍵期」存在；假如刺激在這個時期受到限制，視覺系統將不能正常地發展。人類的關鍵期較動物長，至少可持續八年，不過，嬰兒期的最初兩年最易受到無可彌補的傷害(Aslin & Banks, 1978)。

這些研究證據無一指出我們須透過學習才能獲得知覺，僅說明了刺激對知覺能力的**維持**(maintenance)及**發展**(development)甚爲重要。學習似乎在知覺整合能力的發展上扮演著重要角色，有助於我們辨認事物的能力，以及對脈絡關係效應和期望的解釋。

知覺-動作的協調

雖然我們不必藉由學習來獲得知覺，但我們仍須學習協調動作與知覺。在一些研究中，受試者接收正常的刺激卻無法對刺激做出正常的反應，此種情況下，知覺-動作協調並未發展。

例如，將小貓飼養於黑籠裡四星期後，再將牠們放置在明亮和某種型態的環境中，並讓牠們自由移動(一天六小時)，但須戴上頸罩防止其看到自己的身軀和四肢(見**圖 6-30**)。十二天後，測試其視覺-動作協調情況。測驗設計係將小貓(固定前肢之一，其他自由移動)放到一張沿水平方向擺著耙子的桌面，以確定小貓是否會把脚伸到耙子上。結果所有實驗貓在接近桌面時均伸出其自由活動的脚來，可見牠們能輕易地看到桌面；但有百分之五十的小貓會錯過耙子，這表示他們並未學習到把脚伸向視覺目標。不過，在明亮房間中卸下頸罩幾小時後的小貓，幾乎即已學會伸脚的反應了(Hein & Held, 1967)。

曾有成人自願接受此類實驗，他們戴上遮目稜鏡——扭曲物體的方向。取下這類眼鏡後，受試者幾乎很難抵達他們的目標，且常會絆倒(Held, 1965)。此結果說明：不只知覺-動作協調須賴學習；在對刺激產生反應時，學習也須包含自發的移動。

知覺是習得或天賦呢？這個問題的答案已相當清楚了。我們與生俱來擁有可觀的知覺能力，藉由學習使我們的知覺能力更敏銳，且得到長足發展；知覺系統中最低層級的能力是天賦本能，而較高層級的發展則是學習的結果。

超感覺的知覺

除了呈現的刺激之外，有許多因素會影響到知覺，那麼，究竟有沒有知覺可以不需要感覺器官的刺激呢？這個問題的答案牽涉到導致心理學界不斷爭論的超感覺知覺的課題。儘管有些心理學家相信 ESP 存在的證據，是無庸爭論的(例如，Rhine & Brier, 1968; McConnell, 1969; Van de Castle, 1969)，但大多數的心理學家依舊不相信。

超感覺知覺本身屬於**超自然心理現象**(parapsychological phenomenon)的一部分，所討論的現象主要分爲兩大類：

(1)**超感覺知覺**(extrasensory perception, 簡稱 ESP)，可分爲三種：a.**心電感應**(telepathy)，指由一個人到另一個人的思想傳遞。b.**透視力**(clairvoyance)，指對未向感官提供任何刺激之物體或事物的知覺(如說出一密封信封內的撲克牌數目和牌組)。c.**預知**(precognition)，指對未來事件的知覺。

(2)**心理動力**(psychokinesis, 簡稱 PK)，即一種心理運作影響了一種物質體或能源系統(如擲骰子時，由其心中希望的影響而使期待的數目出現)。

ESP 實驗

研究這些問題的工作者都依循一般的科學法則來研究，並且否認他們的工作與**招魂術**(spiritualism)、**超自然主義**(supernaturalism)和其他玄奧的學說有任何關係。但由於他們處理的現象頗爲不平常，並且又和未受教育者的迷信十分類似，所以，即使是出自合理的探詢，很多科學家還是會加以拒絕。這種不虛心驗證而遽下判斷的情形，在科學界是不正當的。問題的重心應該是，已往的證據是否合乎一般的科學標準。很多不相信這一套的心理學家，現在準備去接受他們認爲滿意的證據。例如，除了以感覺器官的方式外，一個人以腦的作用來影響他人的可能性，在目前的科學架構當中，並非是不可想像的。而預知未來較不可思議，但假若證據夠確實，已往的信念必定會成爲事實。

在 ESP 的例子當中，大部分是根據卡片的實驗。實驗其間，受試者要在各種狀況下，隨機地去猜他看不到的牌組卡片上的符號。通常的 ESP 牌組包括二十五張卡片而有五種不同的花式，因此純靠機會去猜，每一個牌組可猜中的機會爲五次（參閱**圖 6-31**）。即使是一個非常成功的受試者，也很少會有七次以上的命中機會，但他們的分數經常在五次以上，亦符合了統計上的顯著水準。假若實驗者在受試者做反應的時候，心中在想卡片上的符號，那麼，這是一種心電感應的實驗；假若實驗者根本不去知覺卡片上的符號的話，這就是對受試者透視力的一種實驗。

圖 6-31　ESP 卡片

萊恩（J. B. Rhine）是早期研究超心理學的工作者之一。旁邊列出的是他在研究中所使用的 ESP 卡片。

爲了證明這種現象不是由機會造成的，可用一位「敏感的」受試者葛蘿莉（Gloria Stewart）——一連串的試驗來說明（參閱**表 6-1**）。假若這個證據以和其他實驗相同的眼光來看，葛蘿莉在心電感應的反應上顯然超過機遇，但在透視力方面仍覺不足。這種事實亦正好符合了某些反對者的評語：認爲在這種實

表 6-1　一個受試者的心電感應和透視力的結果

從表中可看出不同年代在心電感應及透視力實驗中，每兩百個嘗試次的命中率（取材自 Soal and Bateman, 1954）。

二百個嘗試的年代	每二百個嘗試的命中率 (期望值＝40)	
	心電感應實驗	透視力實驗
1945	65	51
	58	42
	62	29
	58	47
	60	38
1947	54	35
	55	36
	65	31
1948	39	38
	56	43
1949	49	40
	51	37
	33	42
命中期望值	707	509
命中總數	520	520
差異	＋187	−11
每二十五個嘗試的命中率	6.8	4.9

資料來源：Soal and Bateman（1954）

*每組二百次嘗試中，包括五十套心電感應和五十套透視力嘗試，交換運用。

驗上，牌張的安排有問題，因爲她在透視力上的機會表現，顯示得分超過機會性的得分，並非是一種必然的結果，這可能與洗牌方法有關。

對 ESP 的懷疑論

懷疑 ESP 的主要原因之一，是尚未發現證實此種現象的可靠方法。一個實驗者使用的程序，在另一個實驗者身上，不見得會產生相同的結果，即使同一個實驗者對同一個人做長時間的試驗，所得到的結果，亦是暫時的，以後就無法重複這種結果了。這種結果無法重複的性質，是個嚴重的問題，因爲在科學界中，一種實驗上的發現，必須由不同研究者實驗而都得到相同的結果，才能成立。除非 ESP 實驗具有可重複性，否則其眞確性還是有待商榷。

對 ESP 研究產生懷疑的第二個原因，是使用不同的實驗操作方法後，其結果的改變並非系統性的。然而早期研究所獲得之證據仍具有其價值，這種反對並不十分適當。例如，在一項對 ESP 和 PK 與其他變項之關聯性的研究中，受試者在早期試驗的成果比後期更成功，且對 ESP 持贊成態度的受試者將導致正面的結果，反之，不利的態度會得到機遇水準之下的成績(Schmeidler & McConnell, 1958)。研究者也發現，發送刺激者與接收刺激者的情緒狀態均非常重要：在實驗者情緒高張而受試者心情輕鬆的情況下，ESP 的結果最佳(Moss & Gengerelli, 1968)。另外的許多研究發現，ESP 在受試者作夢或被催眠狀態時的效果，比淸醒狀態爲佳(Krippner, 1970, 1971; Van de Castle, 1969)。這些研究結果的差異雖不大，但在統計上已有顯著差異。只可惜這些研究仍存在重複實驗以證實爲一般現象的難題。有關此類研究的評論，詳見庫茲(Kurtz, 1985)及弗萊其爾(Frazier, 1986)。

研究者對於超自然心理現象的爭論並未獲致持平的定論。我們不妨敞開心胸，兼容並蓄各種不同的意見，且容納實證性的資料，而不以偏見來看待此領域的研究。進一步的評論，可參考韓瑟爾(Hansel, 1980)及馬克斯與卡曼(Marks & Kammann, 1980)的著作。

摘　要

1. **知覺**係指判斷距離、大小、形狀，以及確認物體和事件等動作。**結構論者**相信，知覺只是感覺的連結；而赫姆霍茲則提出：我們乃透過學習而從感覺中推論出知覺。**完形心理學家**主張：整體形式才是知覺的基本單位，乃透過組織的歷程產生，而非取決於學習或經驗。
2. 當刺激所涵蓋的內容不只一部分(元素)時，知覺係依元素間的關係而定——**知覺組織**。**形像-背景**組織及**知覺組群**均是知覺組織的例證。
3. 距離知覺以**距離線索**爲基礎。距離線索又分爲**單眼**線索和**雙眼**線索。線索可指出**相對距離**和**自我中心距離**。運動知覺由**眞實運動**或**閃光運動**產生。證據顯示，大腦中某些神經原能調節運動的方向和速度。
4. **知覺恆常性**是指知覺無視於感官所受納刺激的變化，一逕認爲物體似乎保持恆常的傾向。常見的知覺恆常性有**亮度**、**顏色**、**形狀**、**大小**和**位置**等。恆常性取決於刺激特徵之間的關係，但並非絕對的。**錯覺**是指知覺發生錯誤或扭曲。某些錯覺是生理上的，其他是屬於知覺上的。由線形圖案導致的知覺性錯覺，稱爲**幾何上的錯覺**，有些可用**組型過濾**來解釋，其餘則是線形圖被當做**三度空間視像**處理的結果。
5. 對某事物的**辨認**須將該事物與其類別或一特殊名稱連結。有關字母辨認的早期理論，稱爲**降魔理論**，以平行方式來偵測字母特徵。被偵測的特徵須與儲存於記憶體中的特徵表一一比較，字母特徵表與被偵測特徵相符合者，即可被知覺。
6. 可被以一種以上方法知覺的刺激，稱爲**曖昧刺激**，例如尼克爾立方體和老-少婦女的形像。在某一時候只看到某型態刺激的情況，顯示知覺具有選擇性過程——**選擇性注意**。刺激如呈現於具**脈絡關係**的情境中，既可促進知覺(熟悉的脈絡關係)，亦能干擾知覺(不熟悉的脈絡關係)。意識性期待和動機均會影響知覺，當刺激曖昧不明時尤甚。
7. **注意**係指包含**定向反射**、警戒狀態、注視行爲之控制、選擇性知覺(選擇性注意)的幾個歷程。注視是一種外顯的行爲反應；警戒和選擇性注意屬於內在的反應；至於定向反射則涵蓋外顯與內在兩部分。

8. 依現階段的辨認理論所主張，引發知覺的神經原將接收到三種輸入：刺激輸入、**注意組型**——一種由脈絡關係和期望所導致的輸入，以及選擇性注意。當神經原到達促動水準閾限時，即引發聯合性知覺。
9. **閱讀**時，眼睛會沿著文章的字線逐一**顫動**，顫動大小依閱讀者技巧及文章難度而定。文脈關係效應使我們閱讀一篇文章的速度，比閱讀隨機排列文句的速度快得多。以每秒超過四百字的高速來閱讀且不失理解力，實際上並不可能。至於**略讀**則是一頗具價值的技巧。
10. 嬰兒甫出生即具有可觀的知覺能力，此能力在嬰兒期前六個月中將迅速精進，並隨成熟而持續發展。
11. 動物與生俱有可調節刺激特徵的大腦神經原。飼養於黑籠中的新生動物，將會遭致永久性的視覺損傷；以獨眼方式成長的動物，其不見天日的一眼幾乎等於全盲。成熟的動物則即使長期生活於刺激剝奪的環境下，也不至於喪失視力。另一方面，假若早期生長於刺激控制環境下，缺乏特定型態的刺激，無論動物或人類皆對他們未曾經驗的刺激極不敏感。這些結果顯示，生命早期有關鍵期的存在，如在**關鍵期**中缺乏正常刺激，將會導致不正常的知覺系統。
12. **超自然心理現象**包括**超感覺知覺**——三種型態爲**心電感應**、**透視力**、**預知**——以及**心理動力**。許多實驗中顯示，受試者的表現比機遇水準要好。然而，這些現象迄今未獲得能重複實施且可靠的證實，大多數心理學家仍懷疑其存在。

進一步的讀物

第五章列的多數進一步讀物，亦可做爲本章參考之用。討論知覺統合各部分的書，可見 Hochberg, *Perception* (2 nd ed., 1978); Rock, *The Logic of Perception* (1983)。

討論再認與注意的書，可見 Wickelgren, *Cognitive Psychology* (1979); Anderson, *Cognitive Psychology and Its Implication* (2 nd ed., 1985); Spoehr and Lehmkuhle, *Visual Information Processing* (1982); Posner and Marin, *Mechanisms of Attention* (1985); Marr, *Vision* (1982);

Boden, *Artificial Intelligence and Natural Man*(1981)。

論及知覺的早期發展，可見Bower, *Developrnent in Infancy*(2 nd ed., 1982)。而評論超感覺知覺的書則可見Wolman, Dale, Schmeidler, & Ullman(ed.), *Handbook of Parapsychology*(1985); Marks and Kammann, *The Psychology of the Psychic*(1980); Frazier(ed.), *Science Confronts the Paranormal*(1986); Kurtz(ed.), *A Skeptic's Handbook of Parapsychology*(1985)。

第四篇

學習、記憶與思考

②工具 instrumental
操作 operant

増加
$R \rightarrow S^{+}$ — 增強 正(負)
減少 S^{-} — 懲罰

CS
UCR → UCS

二、條件化過程的基本現象 1.

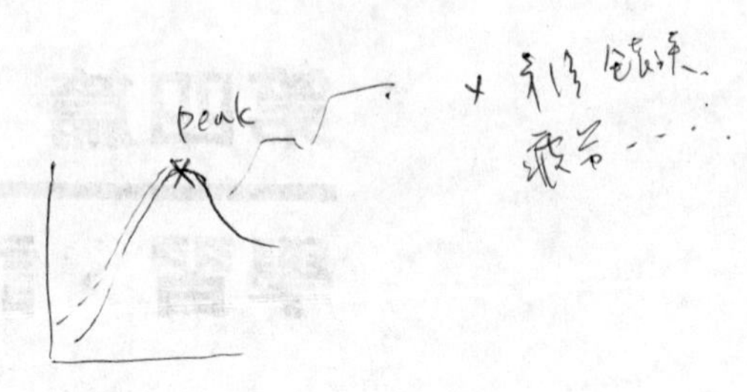

2. 消弱現象 extinction
3. 自然恢復 spontaneous recovery.
4. 類化 generalization.
5. 辨別 discrimination.
6. 高層次條件化
7. 獎懲時制 (schedule)

	時間	比率
連續		
間歇 定		
不定		

§3. 條件化的基本現象

§4. 認知學習

1. 觀察學習
2. 認知圖
3. 頓悟學習 (insight)
4. 自我增強學習

§5. 最佳學習要訣

1. Experience is the best teacher.
2. 材料、方法 ①看實物去動
②語言、動作
③人、事、物 概念

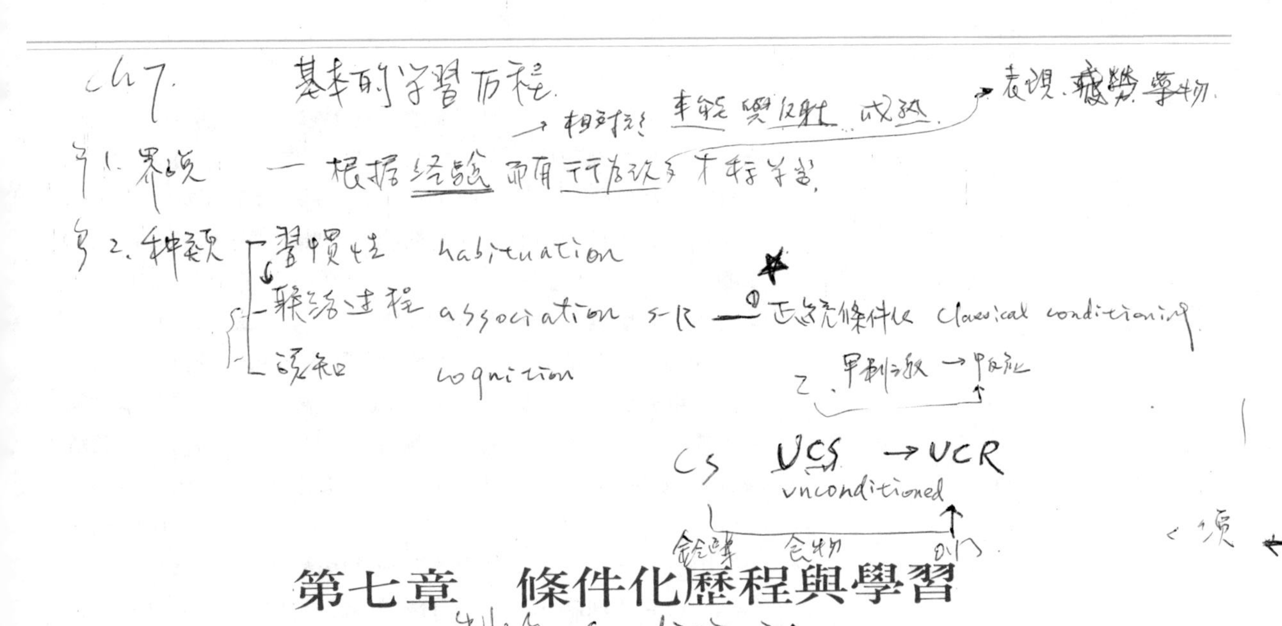

第七章　條件化歷程與學習

行為論取向314

正統條件化學習315

巴卜洛夫實驗

正統條件化學習的其他例證

正統條件化學習法則

接近性與可預測性

重要討論：基本學習的細胞基礎

操作性條件化學習324

效果律

史金納實驗

操作行為的測量

操作性條件化的範疇

重要討論：自主反應的操作性條件化學習

人類行為的操作性條件化學習

某些基本的學習現象

重要討論：增強時制

接近性與控制

增強作用的原則338

影響增強作用的變項

腦部刺激和增強作用

增強作用的本質341

條件化增強物

增強作用的相關性

重要討論：酬賞的經濟論

多重反應學習346

感覺性運動技巧

機械式記憶法

行為論面臨的兩大挑戰350

動物行為學的挑戰

認知挑戰

在人類的生活中，學習無所不在，它不僅包括學會一項新技能、一種學術項目，而且還有情緒的發展、社會互動及人格的發展。我們學會畏懼那些事物、喜愛那些事物、如何表示禮儀及如何表現親密。由於學習的範圍如此之廣，因此在前面的章節中，我們已經討論過許多學習的例子——例如，兒童學習知覺周遭的環境、認同適當的性別、依據成人的標準來控制自己的行爲。但在本章中，將對學習作更系統化的分析。

本章的重點爲**聯結式**(associative)學習，這是最基本的學習形式之一。傳統上特別爲人矚目的兩種聯結式學習爲：**正統條件化**(classical conditioning)和**操作性條件化**(operant conditioning)。在正統條件化中，有機體學習某事件跟隨另一事件出現——例如，嬰兒學會看到乳房後，接下來便是乳水的滋味。在操作性條件化中，有機體學會它所作的某個反應會帶來某特殊後果，例如，幼兒學會當他打了弟妹後，接下來便是父(母)親的不贊許。

行爲論取向

研究條件化的心理學家通常都採取行爲論取向(見第一章)，該取向意味著他們根據以下的一般性假設來運作：

(1)正統或操作性條件化中的簡單聯結是所有學習的基石。因此甚至如學習語言之類的複雜過程，基本上也是學習許多簡單的聯結所組成的(Staats, 1968)。

(2)各種動物的學習法則大致上是相同的，並可以在實驗中顯現出來。因此主宰老鼠如何學會跑迷宮的法則，基本上也主宰了兒童如何學會長長的除法(Skinner, 1938)。

(3)採取外在或環境的原因比內在或意圖因素更能瞭解學習。換言之，行爲最終的原因基本上不在有機體之內——不在於個人的信仰或慾望，而是在於環境的事件，特別是有懲罰性或酬賞性的事件。因此，探討兒童心智的活動對於我們瞭解兒童如何學習語言，可說毫無助益。

以上三個假設使得行爲學者著重於在簡單的實驗情境中，較低等動物(特別是老鼠和鴿子)的行爲如何爲酬賞和懲罰所影響。

行爲論的研究獲致有關簡單聯結式學習的豐富發現，許多將在本章的前六節中提及，然而近年來，行爲論的假設已面臨到兩個重大的挑戰。人類學取向駁斥行爲論認爲相同的學習法則適應於所有有機體和所有情境的說法，而認知理論則反對行爲論以聯結爲學習的唯一基石，並反對以環境因素爲瞭解學習唯一途徑的假設。本章最後將提到這些批評。

正統條件化學習

巴卜洛夫實驗

聯結學習可以**條件化反應**(conditioned-response, 簡稱CR)的實驗來說明。創始者是諾貝爾獎得主，蘇俄心理學家巴卜洛夫(Ivan Pavlov)。在研究消化和相關的自動反射結合時，巴卜洛夫發現，狗不只在吃東西時會分泌唾液，在看到食物時亦然。他認爲吃東西時分泌唾液是一種不需學習就會有的反應，他稱之爲**無條件反應**(unconditioned response, 簡稱 UR)；無條件者，表示不需特別安排就已經會產生。但他堅信，看到食物而分泌唾液是必須經過學習的，換句話說，是必須經過特殊安排的經驗才會產生的，所以他稱之爲條件化反應。巴卜洛夫以各種信號來使狗分泌唾液，例如，開始時配以燈光或聲音，就可在實驗室產生新的刺激反應結合。

巴卜洛夫的方法在狗的面頰動個小手術，使牠的部分唾腺暴露到外面，再加上一個膠囊，藉以計算其唾液的流動。他首先將狗帶進隔音的實驗室，並以韁繩將其固定在一塊平板上。這種初步的訓練是必要的，因爲一旦實驗開始進行，這隻狗就可因韁繩的作用而穩定的站立。實驗時，以遙控方式將肉末送至狗面前的食盤內，並自動記錄唾液的分泌。實驗者可從一個單向鏡中觀察狗的一舉一動。實驗室中的狗是孤立的，和外在的聲光完全隔離(參閱**圖 7-1**)。

燈光(條件化刺激)扭開後，狗可能會稍作運動，但並不分泌唾液；幾秒鐘後，肉末(無條件刺激)出現了，狗餓了且吃掉它。記錄儀器顯示有大量的唾液分泌出來。其後，相同的嘗試又重複了幾次——肉末隨著燈光出現，唾液則隨著肉末的出現而分泌。這種**無條件刺激**(unconditioned stimulus, 簡稱 US)

巴卜洛夫(中)和其助手在實驗室裡。

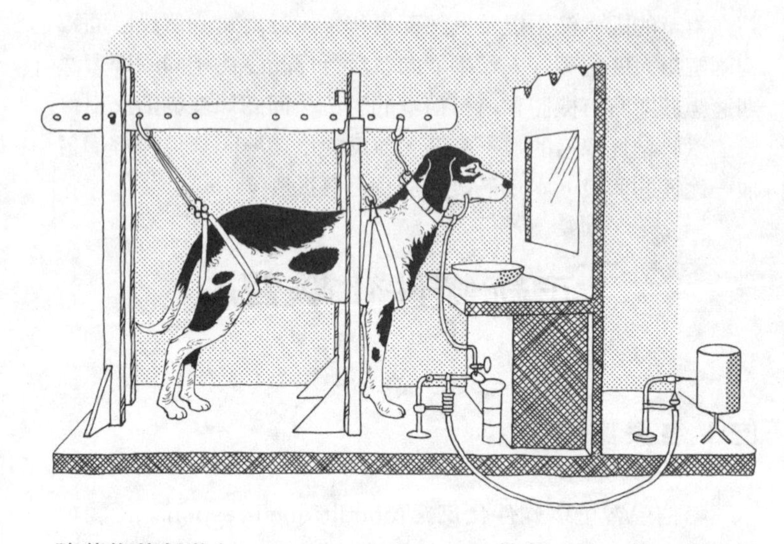

圖 7-1 正統條件化學習裝置
巴卜洛夫所設置的正統唾液分泌條件化學習。這種裝置包括窗上燈光的出現（條件化刺激）及食盤中肉末的送達（無條件刺激）（取材自 Yerkes & Morgulis, 1909）。

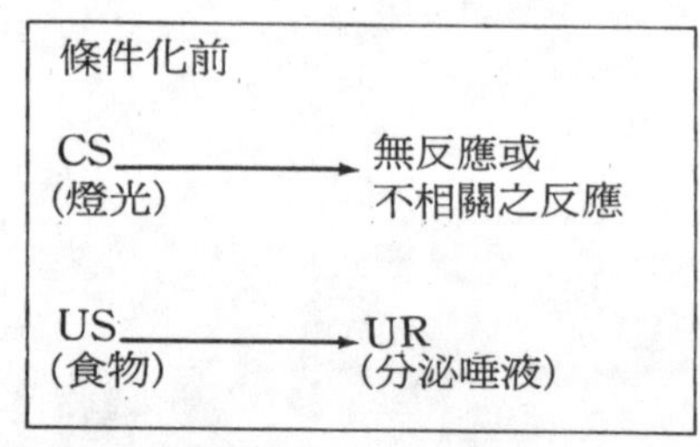

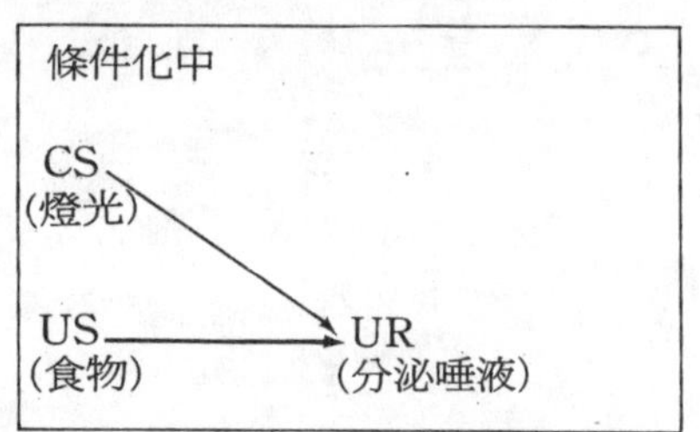

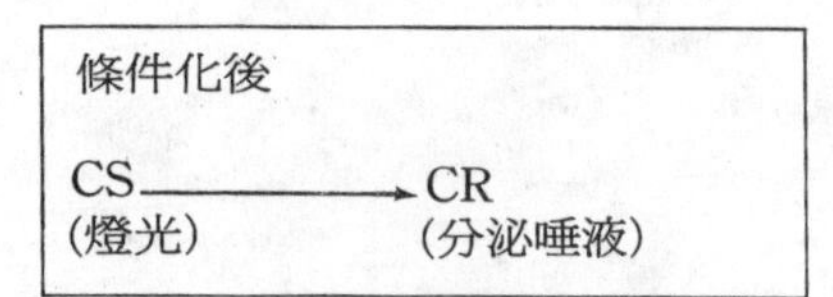

圖 7-2 正統條件化學習之圖示
實驗開始時無條件刺激就能引起反應，並不需要經過學習。需要學的是條件化刺激與反應之間的結合。結合的方法，是讓非條件化反應跟在條件化及非條件化刺激的後面出現。條件化反應類似非條件化反應，只是細節上有些不同而已。

隨著**條件刺激**(conditioned stimulus, 簡稱 CS)之後出現的程序，可以增強動物對 CS 的反應，所以稱爲**增強作用**(reinforcement)。US 有時也稱爲**增強刺激**(reinforcing stimulus)，經過幾次的增強作用後，即使燈光出現後沒有看到食物，狗仍會分泌唾液。此即條件化反應的建立。

假若把條件刺激看成無條件刺激出現的信號，一般的事件程序(條件化刺激——非條件化刺激——反應)就很容易記憶。上述的例子中，燈光就是食物出現的信號。因爲：⑴在一種刺激和反應之間證明有一種聯結存在；⑵聯結學習的完成，所以條件化反應可以看成一種簡單的習慣。

我們以巴卜洛夫實驗作爲正統條件化學習的代表，並在此爲正統條件化學習下個定義(我們還將描述另一種稱爲操作性條件化的實驗，因此，「正統的」這個形容詞我們將只引用於巴卜洛夫實驗)。所謂正統條件化學習，就是將條件化刺激與非條件化刺激配對呈現，使條件化刺激終能引發(原先由非條件化刺激所引發的)反應。對無條件刺激的最初反應，稱爲無條件反應(UR)；由條件化刺激學得的反應，稱爲條件化反應(CR)，請參閱**圖 7-2**。

正統條件化學習的其他例證

在我們繼續討論正統條件化學習以前，先看看其他幾個例證。在動物與人類中，以前我們不認爲是可學習的一些反應的變化，都已成功的加以條件化了。例如，在一項研究中對老鼠的胰島素加以條件化(Sawrey, Conger, & Turrell, 1956)。胰島素(insulin)是一種控制血糖濃度的荷爾蒙，可用來治療糖尿病。胰島素分泌過量會造成嚴重的生理反應，如經常性的暈厥現象。這就是所謂的**胰島素過多症**(insulin shock)。在實驗當中，將老鼠置於明亮的燈光下，並且注射過量的胰島素。此處的燈光和針筒是條件化刺激，造成暈厥反應的胰島素注射則是無條件刺激。在經過幾次的CS和US之後，以對生理無影響的鹽水針來代替胰島素針劑，老鼠同樣會產生暈厥反應，即條件化反應。

在這項實驗中，條件化反應並不如唾液的分泌那樣單純和易於估計，而是一種複雜的生理和肌肉反應模式。下面的實驗是以人爲對象的定量生理條件化測量。如我們將嬰兒置放於寒冷處，其表皮附近的微血管會收縮——可使身體保持溫暖。對這種反應我們雖然不自覺，但卻可加以條件化。嬰兒的左手浸入冰水之前，蜂鳴器就先響起來。蜂鳴是CS，浸入冷水是US。因爲左手血管的自動收縮造成了右手血管自動收縮，所以其收縮程度可由繞在嬰兒右手的充氣橡皮管來衡量。這種試驗重複幾次後，即使只有蜂鳴器響，亦會發生血管收縮的反應(Menzies, 1937)。

正統條件化學習亦可用來研究剛出生五至七天新生兒的學習現象(參閱**圖 7-3**)。對著嬰兒的眼睛吹一口氣的話，嬰兒會自然產生眨眼的反應。假如在發出一種固定的聲音後隨即吹一口氣，不久之後，新生兒一聽到聲音就會與吹氣相結合而產生眨眼的反應。任何人都可用這種方法來研究新生兒的學習。

此外，利用正統條件化歷程，亦可用來說明字義的形成。研究者以無意義的中文字爲條件刺激，以電擊爲無條件刺激，結果發現和電擊配對之中文字亦可引起逃離反應。

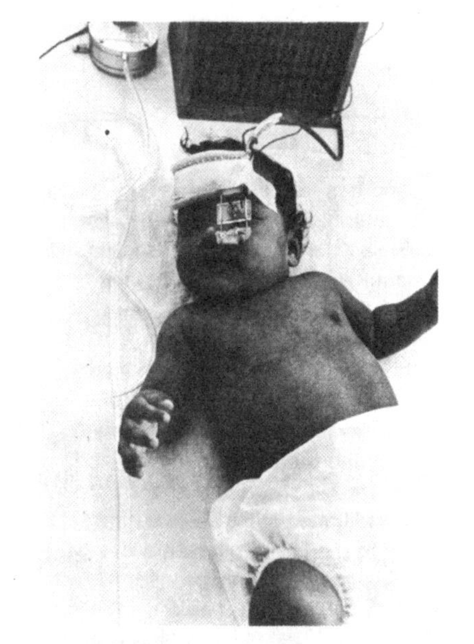

圖 7-3　新生兒眨眼的條件化學習
CS是一種聲音，而US是輕輕的吹一口氣。其後於聲音一開始就會產生眨眼的條件化反應 (Courtesy of Lewis Lipsitt)。

正統條件化學習法則

因爲正統條件化學習代表一種最簡單的學習方式，是以對很多心理學家而言，它是研究學習程序很適當的起點。以下我們將討論幾個最主要的正統條件化學習法則。

條件化的獲得(acquisition)　CS和US每出現一次就稱爲一個**嘗試**(trial)。有機體在學習CS和US之間的聯結之階

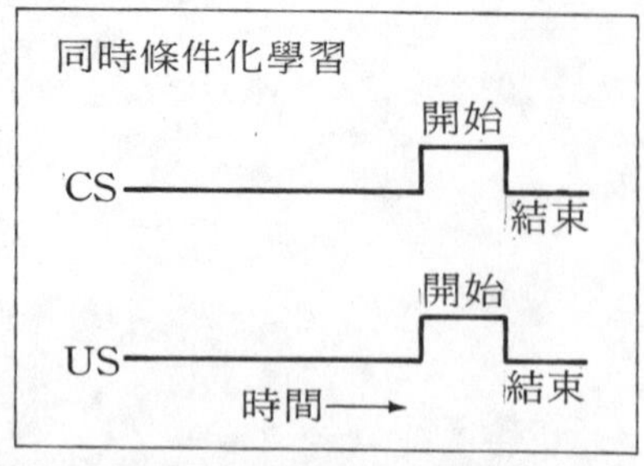

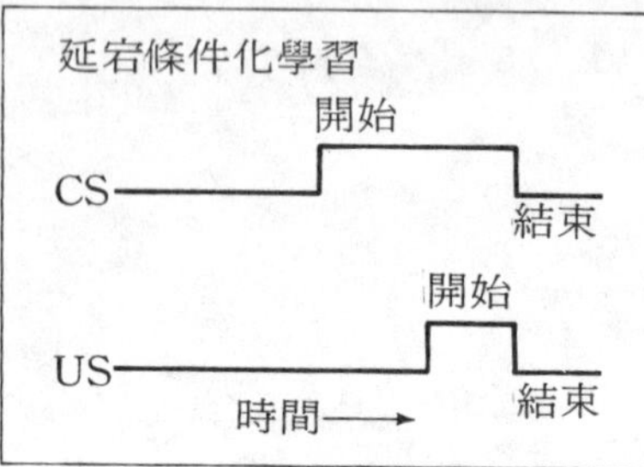

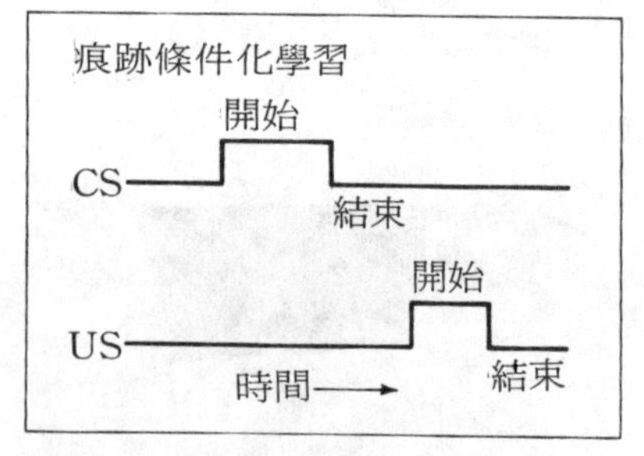

圖 7-4 條件化學習的時間關係
凸起部分代表刺激開始，下降則代表刺激結束。

段則稱為條件化學習的獲得階段。介於 CS 和 US 之間的時間可能會改變。在**同時條件化學習**(simultaneous conditioning)當中，CS 於 US 開始前幾分之一秒才開始出現，並且一直持續到反應發生；在**延宕條件化學習**(delayed conditioning)當中，CS 在 US 開始數秒或更多時間前就開始，一直持續到反應發生。在**痕跡條件化學習**(trace conditioning)當中，CS 很早就出現，且在 US 開始前消失。這三種狀況的說明請參閱**圖 7-4**。

在延宕和痕跡條件化學習中，因為 US 出現前有足夠的時間，所以研究者可就每項嘗試來觀察條件化學習反應。因此，假若在食物送達前就分泌唾液，我們認為它對燈光是一種條件化反應。在同時條件化學習當中，US 出現前時間太短，條件化反應無法先出現，因此必須省略 US 的試驗來決定條件化學習是否發生。例如，假若 CS 單獨出現時唾液分泌已經發生，我們就可認定條件化學習已經發生。延宕條件化學習實驗指出，假若 CS 在 US 前零點五秒左右出現的話，學習的速度最快。

CS 和 US 成對一再出現的話，條件化反應的出現就更持久也更有規律。「增強作用」指的就是讓 CS 與 US 成對出現，因為成對出現的結果使 CR 出現的傾向增強了。**圖 7-5** 左圖顯示，狗對燈光的唾液分泌反應之獲得作用。

在第三次嘗試時，狗對 CS 的反應是分泌七滴唾液；到了第七次，唾液的分泌已停滯下來，且以後的九次嘗試中都維持在大約相同的程度。這種固定的反應就稱為**學習曲線**(learning curve)的**漸近線**(asymptote)；此後再作其他的獲得作用嘗試

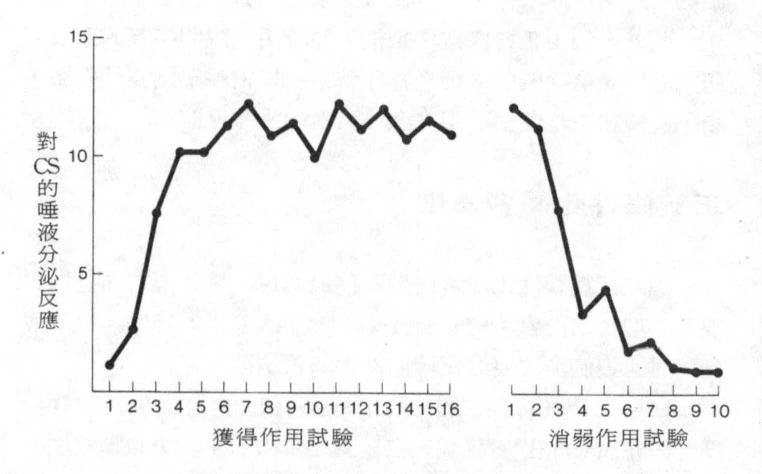

圖 7-5 條件化反應的獲得及消弱作用
左圖的曲線說明利用痕跡條件化學習實驗的獲得作用。縱座標表示對條件化刺激唾液分泌的數量，橫座標則表示嘗試的次數。CR 逐漸增加，於唾液分泌達十一、二滴時接近漸近線。第十六次獲得作用嘗試後，實驗者開始作消弱作用試驗，此種結果顯示增強作用省略時，CR 逐漸降低（取材自 Pavlov, 1927）。

亦無法產生更多的反應。

消弱作用(extinction)　假若無條件刺激(US)一再的省略(即沒有增強作用)，條件化反應就會逐漸減弱。沒有增強作用的條件化刺激一再重複單獨出現的話，即稱爲消弱作用(換另一種說法，消弱作用就是指 CS 單獨出現而不再受增強)。它對動物行爲的影響可參閱**圖 7-5** 右圖。注意：第四次無增強作用的嘗試中，唾液分泌的數量減少到大約三滴，而在第九次消弱作用嘗試時，CS 根本無法誘發唾液的分泌。

自然的恢復(spontaneous recovery)　CR 消除後一段時間，即使未再經條件化，CS 再次出現時仍可誘發 CR 的話，即稱爲自然的恢復。

類化作用(generalization)　對一種刺激的條件化反應已經獲得後，其他相似的刺激亦會引起相同的反應。假若一隻狗對音叉發出的中音 C 會產生唾液分泌反應時，不需其他訓練就會對較高或較低的聲音有分泌唾液的反應。新刺激愈像原刺激，就愈具有替代性，這種類化作用正說明了我們反應新環境的能力。細心的研究顯示出，如新的刺激和原條件化刺激的差別愈大，它能引發反應的程度就會愈降低。

膚電反應(galvanic skin response, 簡稱 GSR)的研究可用來說明類化作用。GSR 是皮膚電的活動中一種易於測量的變化，同時也是一種極有用的情緒壓力指標。一陣輕微的電擊即可誘發 GSR，在本實驗中一個固定頻率的純音作爲 CS，再跟著一陣電擊作爲 US。在 GSR 的條件化完成之後，以較原音高或低頻率的聲音來試驗受試者。**圖 7-6** 顯示的是 GSR 對各種不同頻率的試驗音產生的振幅結果。曲線的最高點表示 GSR 對原先 CS 所產生的振幅；左側的點表示對比原 CS 低的聲音所產生的振幅；右側的點則表示對比原 CS 高的聲音所產生的振幅。諸位可以發現，當聲音的頻率和 CS 的差距愈大，GSR 的振幅就愈形減低，這種關係稱爲**類化作用的梯度**(gradient of generalization)。

刺激的類化作用並不只侷限於一種感官。例如，對鐘聲會產生 GSR 反應的受測者可能一看到鐘或聽到「鐘」這個字就會起反應(雖然在程度上有點減低)。對一個字的意義具有條件化反應的，通常稱爲**語意條件化學習**(semantic conditioning)。蘇俄心理學家窩瀾娃(Volkova, 1953)曾舉出一個關於語意條件化學習和類化作用的例證。她以兒童爲對象，使用修正過的

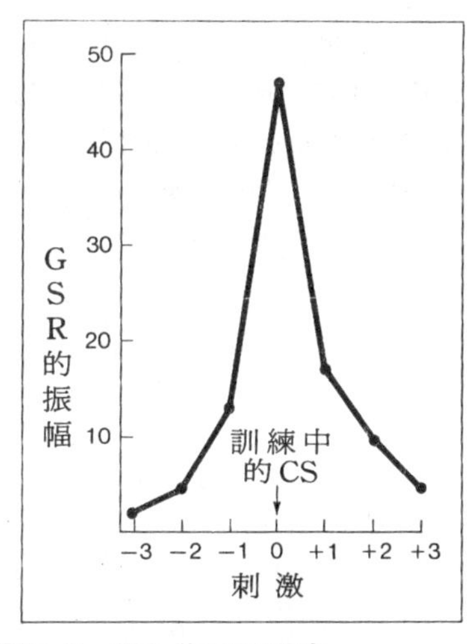

圖 7-6　類化作用的梯度

刺激 0 代表原先條件化電擊皮膚反應的聲音。刺激＋1、＋2、＋3 代表較高音階的受試音，刺激－1、－2、－3 則代表較低音。注意：試音和訓練音的差別愈大時，類化作用的程度就愈減低(取材自 Hovland 1973)。

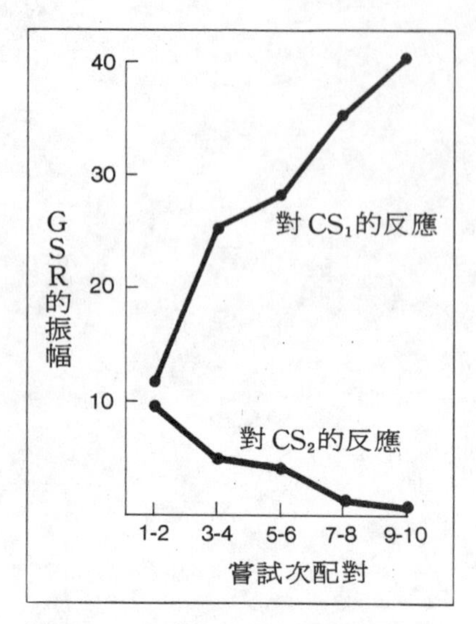

圖 7-7 人類條件化區辨作用的條件化程序

以兩種完全不同的聲音（CS_1=700 Hz, CS_2=3500 Hz）作爲區辨刺激。而以左手食指的電擊——只在 CS_1 出現的嘗試才發生——爲無條件刺激。此處的 GSR 就是條件化反應，跟隨 CS_1 者會逐漸增加，跟隨 CS_2 者卻愈來愈小（取材自 Bear & Fuhrer, 1968）。

巴卜洛夫條件化方法來作實驗。實驗中的 US 是經由凹槽送抵孩童口中的越蔓橘濃湯。其反應亦是唾液的分泌。而 CS 是由實驗者以俄語高聲唸出「好」這個字。在條件化學習完成後，實驗者唸一些俄文句子——這些句子分析起來有的帶有「好」的意義，有的則否——來作類化作用試驗。她發現，對「先驅者幫助他的同伴」、「列寧格勒是個奇妙的城市」等句子兒童會有分泌唾液的反應；但對「學生對老師不禮貌」、「我的朋友病得很重」等句子則否。

區辨作用(discrimination) 與類化作用相對照的，是所謂區辨作用。類化作用對類似的狀況作反應，區辨作用則對有差異的狀況作反應。經由選擇性的增強作用和消弱作用，就可產生條件化區辨作用。請參閱**圖 7-7**。

本實驗用 CS_1 和 CS_2 二個完全不同的聲音，做爲區辨性刺激。CS_1 一出現，就緊跟著一陣輕微的電擊，而 CS_2 出現時並沒有電擊發生。這兩種聲音隨機出現，但出現的次數大致相同。起初，條件化反應（即 GSR）對 CS_1 和 CS_2 的幅度是相同的，但經過幾次試驗後，對 CS_1 的條件化反應幅度逐漸增加，而對 CS_2 的條件化反應幅度卻減少了。這證明了 CS_1 和 CS_2 之間的條件化區辨性。

類化作用和區辨作用都出現在一般行爲中。已經學會對狗叫「汪汪」的小孩，可能對類似的刺激也有類似的反應。而剛學會叫「爸爸」的小孩說不定對所有的人都用一樣的稱呼。但由於增強和消弱作用，最後就只侷限於一個適當的刺激而已。

接近性與可預測性

自巴卜洛夫之後，研究者曾試圖決定產生條件化學習所需的必要條件。巴卜洛夫認爲必要的因素爲 CS 與 US 的**時間接近性**(temporal contiguity)——也就是兩個刺激呈現的時間上必須接近到可產生聯結的程度。在稍早所作的比喻中，CS 有如一顯示某種選擇的道路訊號，或許必要的因素在於 CS 是 US 出現的一個可靠預測指標(reliable predictor)。換言之，爲產生條件化，或許 US 在 CS 呈現後的出現率必須高於 CS 未呈現時的出現率。

芮士可拉(Rescorla, 1967)在一項重要的研究中比較了接近性和可預測性。芮士可拉在實驗的某些嘗試中對狗施予電擊

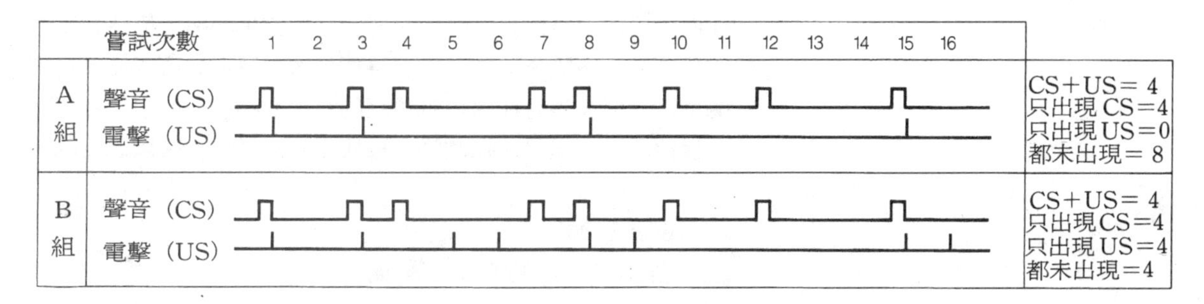

圖 7-8　芮士可拉的實驗

上圖顯示芮士可拉研究中對兩組受試所作的呈現。每組都被呈現了十六個嘗試中的事件。注意：在某些嘗試中，CS 出現後伴隨著 US（CS＋US）；其他嘗試中爲 CS 或 US 單獨呈現；或 CS 和 US 都未呈現。最右邊的欄中列出兩組上述各類嘗試的次數。就兩組而言，CS＋US 嘗試次數相同，只出現 CS 的次數也相同，不同的是只出現 US 的次數。因此實驗者在 A 組建立了一種情境：聲音是電擊即將出現的有效（但非完全）預測物，但在 B 組，聲音不具任何預測能力。A 組很快發展出對 CS 的條件化反應，但 B 組則無法發展此種反應。

(US)，其中的幾次在電擊前先出現一個聲音(CS)。實驗中兩組所接受的程序如**圖 7-8** 所示：兩組在聲音和電擊配對出現的次數上是相同的，變項是 A 組中所有電擊前都先出現聲音，B 組中電擊前可能沒有出現聲音，因此對 B 組而言，聲音不具眞正的預測力。結果顯示聲音的預測力是必要的，A 組很快地被條件化，而 B 組則否(視狗是否對聲音作出逃避電擊的反應而定)。

在實驗的其他受試組中，條件化的強度和 CS 預測 US 出現的能力有直接相關。接下來的研究也支持此種結論：CS 和 US 之間的預測關係比 CS 和 US 配對出現的次數或時間接近性更重要(Rescorla, 1972; Fantino & Logan, 1979)。此外，其他研究更顯示：受試者一旦學會某個特殊的 CS(如聲音)可完全預測某個 US(如電擊)時，會妨礙該受試者學習其他 CS(如和聲音同時出現的燈光)和 US 的聯結。一旦建立了某個刺激的預測性，似乎便不再需要對其他刺激作進一步的學習(Kamin, 1969)。

可預測性對情緒反應而言一樣重要。如果某個 CS 能可靠地預測疼痛的來臨，則 CS 的不出現便預測了不會有疼痛，有機體便可放鬆。因此 CS 在此等於一「危險」信號，它的不出現代表一種「安全」信號。當這類信號脫離常規時，有機體所付出的情緒代價可能相當嚴重。當老鼠學會某個顯示電擊將出現的可靠預測物時，則只有當危險信號呈現時，它們才作恐懼的反應；如果沒有任何可靠的預測物，它們會一直顯得焦慮不安，甚至產生潰瘍(Seligman, 1975)。

同樣的情形也適用於人類的情緒反應。假如醫生告訴一個小孩，某個治療過程會很痛，等於給了小孩一種危險信號，後者會感到恐懼，直到該過程結束爲止。反之，如果醫生總是告訴孩子「不會痛」——而事實上有時的確會痛，那麼孩子便沒有任何危險或安全信號，變成只要置身於醫生診所，便感到強烈的焦慮。許多成年人都經歷過這種焦慮：置身於可能遭受批評的情境，但又沒有任何可資預測的警訊。不愉快的事件就只是不愉快罷了，但無法預測的不愉快事件卻是相當難以忍受的。

重要討論：

基本學習的細胞基礎

正統式和操作式條件化可能是最簡單的聯結學習形式，但學習仍有更基本的形式，便是非聯結式的學習。**習慣化**(habituation)便是一例，有機體由此學習忽略不會產生重大後果的微弱刺激——例如關掉鬧鐘的響聲。非聯結式學習的另一個例子是**敏感化**(sensitization)，如果某個微弱刺激後會跟著出現有威脅或痛苦的刺激時，有機體會學習對此微弱刺激加強反應。研究人員在確認這兩種學習形式的生物基礎上，已獲致極大的進展。

以艾瑞克・肯登(Eric Kandel)及其同事所作的研究爲例，他們以蝸牛爲對象。蝸牛的神經細胞在結構及功能上與人類相近，但其簡單的神經系統卻可讓研究人員去探討個別的細胞。事實上，一隻蝸牛細胞的總數也不過幾千(人類爲億萬)；此外，蝸牛的細胞都分別集合成各個含有五百至一千五百個神經細胞的分群(或稱神經節)，單個神經節可主宰一種習慣化或敏感化。此種發現支持了基本學習以細胞爲基礎的解釋。

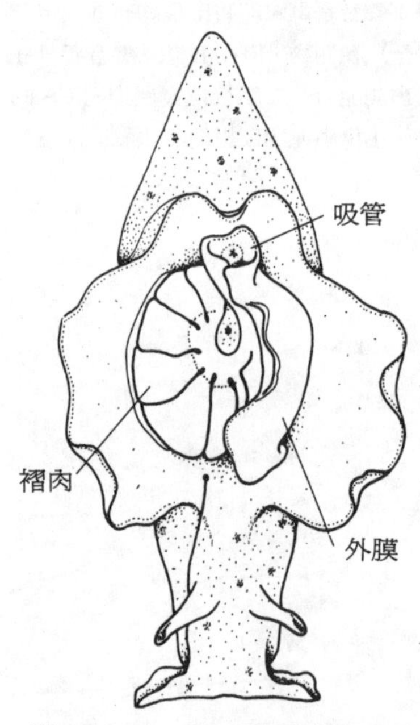

圖 7-9　Aplysia 的褶肉縮回反應
當刺激吸管時，蝸牛會將褶肉縮回外膜的保護層中（取材自 Kandel, 1979）。

Aplysia 是研究者選來做實驗的蝸牛，研究重點是一種退縮反應。如**圖 7-9** 所示，Aplysia 的褶肉位於一小腔中，由一外膜的保護層所覆蓋，當蝸牛的吸管被碰觸時，吸管和褶肉都會縮入腔內，這種退縮是由單個神經節的主宰，並會作習慣化或敏感化。

在習慣化的研究中，每次嘗試中都輕觸蝸牛的吸管。在開始的幾次嘗試中，褶肉縮回的反射很強烈，但在十至十五次嘗試後，便逐漸減弱。究竟此種習慣化行爲的中介者爲何？對吸管的刺激會引發二十四個感覺神經細胞，每一個又引發了褶肉中會引起肌肉收縮的六個動作神經細胞。整個系統的結構可見**圖 7-10** 上方：單一感覺神經細胞與單一動作神經細胞相連結的情形。圖中的小三角形代表神經細胞之間的神經鍵，其中的神經連接處有一空隙，必須透過某種化學的神經傳導物質來傳遞。在 Aplysia 的例子中，感覺神經細胞對動作神經細胞所釋出的傳導物質，引起最初的褶肉縮回，該傳導物質分泌量的減少，便形成褶肉縮回的習慣化作用。因此，這種基本學習形式是由於化學分泌所導致細胞間神經連接的改變所造成的(Kandel, 1979)。

敏感化作用也是透過類似，但較前複雜的方式所完成的。爲敏感化褶肉的縮回，研究人員同樣採取對吸管作輕微的觸及刺激，但在這同時，也對尾部施以一強烈的刺激(見**圖 7-9**)。經過一連串的嘗試後，褶肉的收縮變得更明顯。其中某些神經連接的情形如**圖 7-10** 下圖所示。此時來自尾部的某些神經連接也加入來自吸管的神經傳導路線中。新的連接包括尾部感覺神經細胞與一**促進中介神經細胞**(facilitator interneuron，連接其他神經細胞的一個神經細胞)之間的一個神經鍵，以及連接該中介神經細胞與作出褶肉收縮反應傳導路線的一個神經鍵。重點是：對尾部作強烈刺激所引起的神經活動，修改了縮回反應中的神經連接情形。由此再度看到：吸管感覺神經細胞和褶肉動作神經細胞之間神經鍵傳遞物質的改變，造成了學習，但在此情況下，改變是感覺神經細胞的神經傳導物質分泌量增多(Castelluci & Kandel, 1976)。

我們對敏感化的討論，顯示或許可對正統條件化作此個別細胞式的分析。Aplysia 的褶肉收縮可作正統條件化；而這種條件化正如同敏感化一般，包含了透過第二個刺激來修正褶肉的縮回。事實上，研究者曾對正統條件化提出一套類似解釋敏感化作用的細胞說(Hawkins & Kandel, 1984)。該假設引起了一些爭議(Gluck & Thompson, 1986)，但只要該主張的基本觀念站得住脚，便可能表示：聯結式學習的某些形式，是建立於更原始的非聯結式學習形式上。同時也可能表示：簡單學習的生物基礎並非來自大腦的發號施令，而只是侷限於特殊神經細胞的活動。

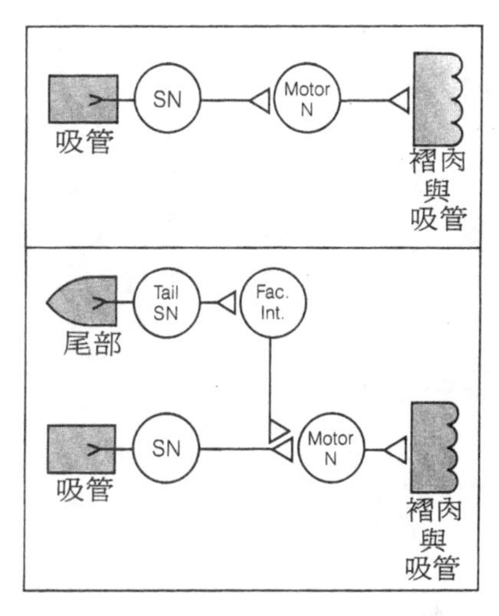

圖 7-10　習慣化與敏感化之部分神經線路

圖上方說明褶肉縮回反應中，單一感覺神經原(SN)和單一動作神經原(Motor N)之間的連結。刺激吸管會引發感覺神經原，再由此引發動作神經原，因而引起褶肉的反應。褶肉縮回的習慣化便是透過感覺和動作神經原之間傳導物質的變化所造成的。圖下方則說明褶肉縮回敏感化過程中的神經連結。此時，對尾部的刺激引發了一個促進者中介神經原 (Fac int)，再由此促進來自吸管感覺神經原所傳送的神經衝動(取材自 Hawkins & Kandel, 1984)。

操作性條件化學習

操作性條件化學習(operant conditioning)是研究聯結學習的另一種方向。以教狗玩把戲而言，在條件化學習以前，你很難指出一種能產生此種行爲的無條件刺激。實際上，你只是盡你所能地來使小狗做出各種動作，事後再給予嘉獎或食物。在此處嘉獎或食物並不是產生此種行爲的無條件刺激。

在巴卜洛夫的實驗當中，條件化反應類似於由無條件(增強)刺激所引起的反應，亦即分泌唾液是狗對食物的自然反應；但在操作性訓練當中，增強的行爲和通常由增強刺激所引起的反應並不相同，例如，翻觔斗並非狗對食物的正常反應，但學習發生時仍然表現了消弱作用、類化作用及區辨作用等原則。

效果律

操作性條件化的研究始於十九世紀桑戴克(E. L. Thorndyke, 1889)所作的一系列實驗。典型的實驗程序如下：將飢餓的貓置於籠內，籠門由一簡單的門閂栓著，一片魚就剛好放在籠子外面。一開始，貓試著將爪伸出欄外以搆著食物，當嘗試失敗時，貓會在籠內走動，作出各種不同的行爲，無意間，牠碰到了門閂，因而得以吃到魚。接著實驗者再將貓放回籠內，籠外再放上一片魚。貓大致重複原先的行爲，直到再度偶然地碰到該門閂。此種過程不斷重複，經過多次嘗試後，貓會消除許多無關的行爲，在被放入籠內時，便直接去打開門閂，跑出來吃魚。因此這隻貓此時已學會打開門閂以取得食物。

上述過程聽來彷彿貓作了「聰明」的舉動，但桑戴克認爲其中「智慧」的成分極少。整個過程中貓並未出現對問題的解決有所頓悟的時刻，反之，其表現是隨著嘗試次數的增加而進步。縱使實驗者曾捉起貓掌去按門閂，顯現了解決的辦法，但貓的進步還是維持緩慢的步調。與其說是頓悟，不如說更像一連串的**試誤**(trial-and-error)行爲，而且當其中某個行爲出現後，立刻給予酬賞時，會增強該行動的學習。桑戴克稱此種增強爲**效果律**(law of effect)。他認爲在操作式學習中，效果律會由一組隨機反應中，只選取出伴隨有肯定後果的反應。此種過程類似於進化過程，**適者生存**法則只選擇可增進生存的物種突變。因此效果率也等於促進了**適應行爲**(fittest responses)的生存(Schwartz, 1984)。

史金納實驗

爲了描述這種條件化學習，史金納介紹了所謂的操作性條件化學習的概念。它與許多正統條件化學習的原則有共通之處，但實驗中的安排與測量均與正統條件化學習不同。

爲了瞭解所謂的操作性條件化學習，我們必須先區別史金納所說的**反應性行爲**(respondent behavior)和**操作性行爲**(operant behavior)。反應性行爲是直接受一種刺激控制的反射行爲，亦就是正統條件化學習中「一看到食物口中即分泌唾液」、「燈光的閃爍使兒童的眼睛收縮」及「敲膝蓋而產生膝蓋骨筋腱的收縮」等無條件反應。而操作性行爲對刺激的關係多少有點不同。這種行爲常常是一種自發的行爲，而非對一種特定刺激的反射性反應。因此一個新生兒的四肢運動可歸入**自發性行爲**(emitted behavior)的範圍。所有所謂的**自主行爲**(voluntary behavior)都是自發性行爲，而非反應性行爲。一種可以影響操作性行爲的刺激稱爲**區辨刺激**(discriminative stimulus)。如電話鈴響就是一種區辨刺激，它只意謂著有人打電話過來，但並沒有強迫你一定要去接電話；即使它具有強迫性，亦是操作性的行爲，而非反應性行爲。

操作性(operant)一詞指的是：這種行爲能操作環境事物，能改變環境事物。例如，走到電話旁並拿起聽筒，是導致電話會談的操作性動作。

為了說明操作性條件化學習，讓我們在實驗室中將一隻老鼠放置於如**圖 7-11** 所示的**史金納箱**(Skinner box)中。因爲老鼠已有一段時間沒吃到東西了，所以我們可假定其**飢餓驅力**(hunger drive)存在(驅力指的是一種因爲體內缺乏某種物質而引起的情形。第十一章對驅力與動機有較詳細的說明)。箱子裡面除了一根凸出的桿子及下面的食盤外，一無他物。桿子上面有一只小燈泡，實驗者可隨時將其打開。

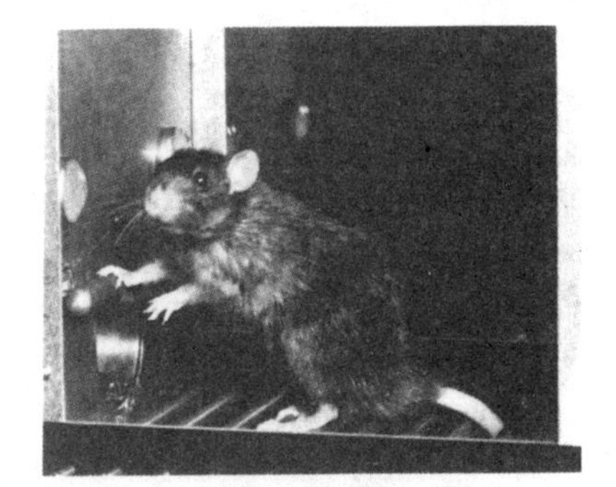

圖 7-11　操作性條件化的裝置
置有老鼠的操作性條件化的箱子之內部裝置。此箱由史金納發展成功，故名「史金納箱」。

將老鼠單獨放進箱子裡，起初它會到處亂跑，並在無意間壓到桿子。在還沒被條件化之前，老鼠壓桿子的頻率稱爲其**操作水準**(operant level)。在操作水準建立起來以後，實驗者再附加上食物盤，這樣每次老鼠壓到桿子，就有一片食物掉在食盤中，老鼠把食物吃完後會再壓桿子。重複下去，由於食物增強了壓桿子的行爲，老鼠壓桿子的次數遂呈現戲劇性的增加。假若食物來源斷絕了(即壓下桿子亦不會有食物出現)，漸漸的，老鼠壓桿子的活動就消失了。和正統條件化反應一樣，操作式反應因沒有受到增強而消弱。在這個實驗中，食物稱爲增強物。

實驗者亦可建立區辨實驗——在燈亮時壓下桿子，才有食物出現，燈熄時則否。這種選擇性的增強作用，導致老鼠只在燈亮時才會壓下桿子。在這個例子中，燈光就是控制壓桿反應的出現與否的**區辨刺激**(discriminative stimulus)。

就上述例子而言，我們可以考量一下條件化的操作性行爲的意義。如同以前所說的，這種行爲可「操作」環境——老鼠因爲壓下桿子而獲得食物。在正統條件化學習當中，受試的動物是被動的，它只是等待，直到條件化刺激及緊跟在後的無條件刺激出現爲止。但在操作性條件化學習當中，受試的動物卻是主動的，除非牠開始從事某些工作，否則其行爲無法受到增強。操作性條件化學習指的是：我們若在一個行爲出現之後立刻給予增強物，就可提高這個行爲將來在類似情形下出現的或然率。通常增強物都可以滿足基本的驅力，如食物滿足饑餓或水滿足口渴就是；但稍後我們將會提到，並不是只有能夠滿足驅力的事物才能做爲增強物。

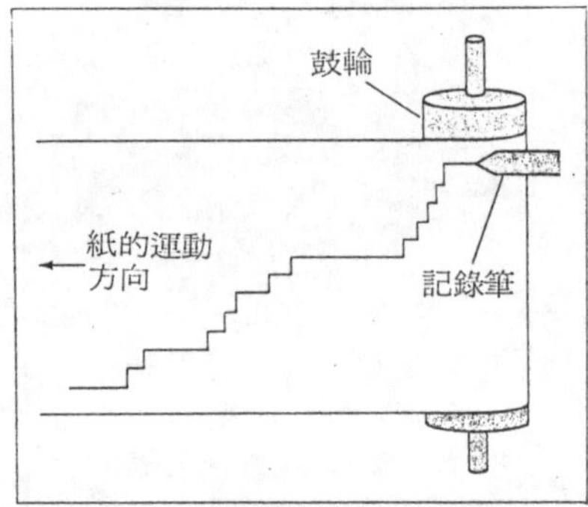

圖 7-12　累積記錄器

滾筒的軸是固定的。當滾筒旋轉時，記錄紙在記錄筆下由右向左移動。筆的裝置使得它只能往上而不能往下移動。當老鼠有所反應時，筆就往上移動一個固定的程度；反之筆就在紙上畫直線，因此每次移動的高度都一樣。但是水平線的長度卻因各反應之間費時的長短而有不同。因爲紙的移動有一定的速率，所以累積曲線的斜度可以表示反應率。當老鼠的反應速率很高時，累積曲線的斜度就十分陡峭，而在老鼠的反應很慢時，就沒有任何斜度可言。

操作行爲的測量

因爲桿子一直裝在史金納箱內，所以老鼠可以「依其所好」的頻率來按桿子，所以**反應率**(rate of response)是操作行爲一種很實用的測量指標。在一定時間內反應的次數愈多，其強度愈大。

操作性條件化學習中的反應率通常以**累積曲線**(cumulative curve)來描述(參閱**圖 7-12**)。史金納箱的桿子和一枝筆相連，這支筆畫在一卷緩慢移動的紙卷上。老鼠沒壓桿子時，這支筆就在紙上畫水平直線。每當老鼠壓下桿子時，筆就向上移動然後繼續以水平的方向移動。由於紙是以固定的比率移動，所以累積曲線的斜度就是反應率的估計量。水平線表示老鼠並無任何反應，陡峭的曲線則表示一種快速的反應率。**圖 7-13 A**

是兩隻老鼠在初習壓桿子期間的累積曲線。A 老鼠有三十個小時，B 老鼠有十個小時沒吃到食物了。實驗的結果，較飢餓的老鼠在反應上較快。

操作性強度的另一個估計量是消弱期間的**反應總數**(total number of respons during extinction)。如**圖 7-13 B** 所示，根據這種估計量，一個單獨的增強作用可以產生相當大的強度。

操作性條件化的範疇

雖然老鼠和鴿子是實驗室中的常客，但操作性條件化還應用了許多其他種屬，包括人類在內。有關人類行爲操作性條件化的一個特殊例子如下所述：有個小男孩如果沒有得到父母的許多注意，便會亂發脾氣，尤其是臨睡前。爲了消除此種發怒，專家建議父母進行正常的睡前儀式，不管孩子的抗議，雖然如此一來，雙方可能都很難受。藉著取消增強物(注意)，發怒反應應會消弱——結果情形正如上所述：經過了七天後，孩子睡前哭叫的時間由四十五分鐘減少到完全不哭(Williams, 1959)。

操作性條件化也應用在許多反應上。多年來，心理學家相信操作性條件化只發生於自主行爲(由身體神經系統所調節的骨骼肌肉反應)，而不會發生於非自主反應(由自律神經系統調節的腺體及內臟反應)。由自律神經系統控制的反應被認爲可作正統條件化，但無法作操作性條件化。但研究者卻證實心跳和其他內臟反應可作操作性條件化，對上述說法提出質疑。

似乎生命本身已提供了這類證據，據報導某些人——印度的瑜珈修行者(yogis)和某些東方民族——能控制自己的心跳速度。瑜珈修行者的確能控制心跳速度，但他們是透過操弄骨骼肌肉(特別是胸、腹部位)而間接達成(Kimble & Perlmuter, 1970)。我們想知道的是直接控制心跳的可能性。但直接控制有許多困難，首先得使個體的骨骼肌肉麻痺(以防止間接的控制)，但如此一來，個體便無法呼吸，而且個體一旦被麻醉，又如何享受增強物？密勒及其同事所作的實驗解決了這些困難(Miller, 1969)(見**圖 7-14**)。他們對老鼠注入箭毒，使骨骼肌肉麻痺，但不影響內臟的反應。以人工呼吸器維持其呼吸，對產生酬賞感覺的大腦部位施以電刺激以爲增強之用。某些動物在

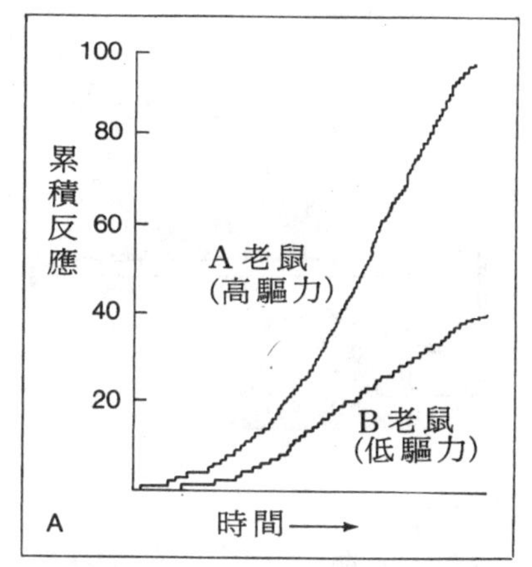

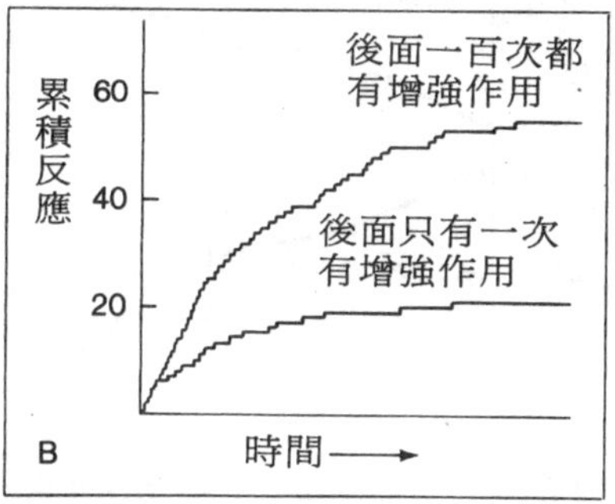

圖7-13

A 獲得作用期間的累積曲線

這是初習壓桿期間兩隻老鼠累積反應曲線的比較。在實驗前 A 老鼠已有三十個小時，B 老鼠也有十個小時沒吃東西了。這兩組老鼠的驅力差異反映在反應率上（取材自 Skinner, 1938）。

B 消弱作用期間的累積曲線

只有一次增強作用和一百次增強作用的老鼠的操作性反應消弱曲線之圖示。圖中顯示出壓桿反應的累積數目；每次反應時曲線就往上移動，而於反應停止時作水平移動（取材自 Skinner, 1938）。

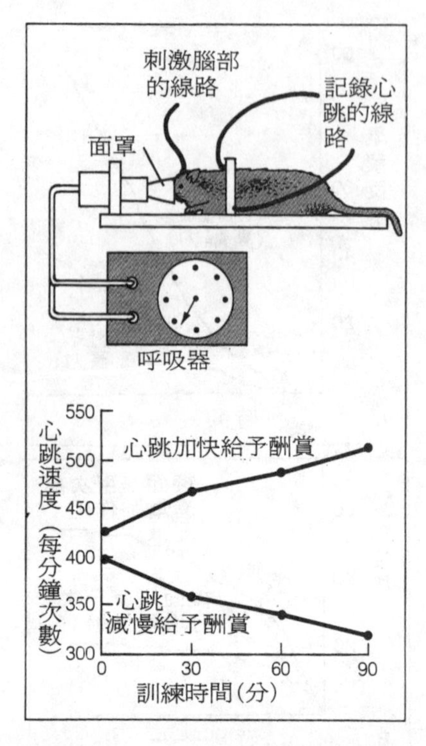

圖 7-14　心跳速度的操作性條件化

上圖為研究心跳速度操作性條件化所使用的儀器裝置圖示。被箭毒麻痺的老鼠靠呼吸器維持生命。透過腦部刺激給予增強；另一線路則記錄老鼠心跳速度。下圖則為實驗結果：當心跳加速予以增強時，其心跳即增加；當心跳減速時才予以增強時，老鼠心跳就減慢（取材自 DiCara, 1970）。

心跳降低時給予增強。其他則在心跳增加時作增強。實驗結果是：隨著增強的不同，心跳速率有所改變(見**圖 7-14**)。實驗者並以類似程序完成其他內臟反應的條件化。

上述結果具有實際的效用，人類受試可透過操作性條件化的訓練，控制如心跳、血壓及胃酸分泌等自主反應。舉例而言，為控制血壓，個人須看視一個連續回饋血壓狀況的機器；每當血壓降低至某個程度，便會亮燈，接著受試者再分析血壓下降時，自己所作、所想的事情，並試著重複此類想法和情緒，以保持血壓的降低。上述過程稱為**生理回饋**(biofeedback)訓練；給予受試者有關自身生理狀態的訊息(回饋)，並對狀況的改變作增強。

這類研究也被利用在醫學上。比起依賴不全然有效又可能有副作用的藥物，學會自我控制，對高血壓患者而言，是更理想的作法。除了對高血壓的控制外，生理回饋技術同樣成功地應用在其他的失調上，如冠狀動脈異常、偏頭痛，以及成人的胃潰瘍和小孩的排泄訓練等問題(Miller, 1985)。有關這些運用值得一提的是：它們源始於以老鼠為對象，並以闡明學術觀點為主的複雜實驗，因此純研究的實際益處經常是不容易預見的。

重要討論：

自主反應的操作性條件化學習

傳統上，把正統條件化歷程視為包括腺體及內臟反應在內的「低」層次非意識學習，而操作性條件化學習則是骨骼肌反應的「高」層次意識學習。事實上，也有人認為，以自主神經系統作為媒介的反應，只有在正統條件化學習中才能學到，而以中樞神經為媒介的反應，也只有藉著操作性條件化學習才能學到。這種假定目前面臨了一系列研究的挑戰，這些研究指出：適當的引用操作性條件化技術，可以訓練動物改變其心跳、血壓及腸子的收縮。

有一個研究訓練老鼠修正其心跳及腸的收縮等二種不同的內臟反應。待正常的心跳基準確定之後，把老鼠分為二組，一組在心跳增加時受到獎勵，另一組則在減少時受到獎勵。由於引用了行為的塑造程序，所以起初和基準有任何小差異的都受到獎勵；其後，為了獲得獎勵，累進的較大差異則是必須的。這種訓練方式就可以改變老鼠的心跳次數，例如，從每分鐘三百五十下降到二百三十下；同樣的方法亦可用來訓練第三組老鼠增加其腸子的收縮，或訓練第四組來減少腸的收縮。

因為內臟會受到反應骨骼肌的拉緊或運動的影響(例如，緩慢的呼吸可以減少心跳的速度)，所以一個受測者可以不直接學習內臟反應，而學習可產生內臟變化反應的骨骼反應。為了控制這種可能性，實驗者將一種可以使老鼠的骨骼肌暫時麻痺，但又不影響其內臟反應的神經控制及意識狀態的藥打進老鼠體內。因為經過麻痺的動物無法以食物或飲料來獎勵，所以必須採用特殊的獎勵方式。這種方法是由老鼠腦中某種「快樂中樞」的電流刺激所組成。每當老鼠產生一種實驗上所需要的內臟反應變化時，在其腦中已知有增強效果的特殊部位，就可以接到一陣短暫的電流刺激。

這項研究的結果可參閱**圖 7-15**。一組老鼠因為加速心跳、第二組因為減慢心跳而受到獎勵。但這二組在腸的收縮方面卻未曾顯出明顯的變化。相反的，第三組因為腸的收縮增加而受到獎勵，第四組因為腸的收縮減少而受到獎勵，而這兩組在心跳方面也不曾顯示任何變化。這種結果顯示出內臟反應的學習可以特定在某一器官系統，而非由於拉緊或移動骨骼肌等一般因素造成的。

不幸的是，這種老鼠實驗目前沒人能夠再度做得成功(Miller & Dworkin, 1973)，因此，是否自主反應不需經

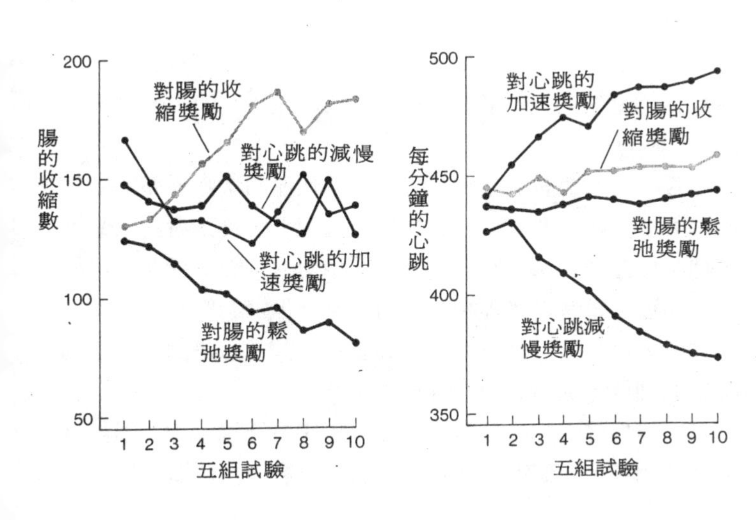

圖 7-15　操作性條件化學習的自主反應

這是從四組老鼠中得來的資料。每一組都因為不同的自主反應而得到獎勵。各組的腸部收縮顯示於左圖，右方則是依其心跳所繪下的圖（取材自 Miller & Banceazize,1968）。

由意識反應，而由操作性學習直接來條件化的問題，迄今尙未獲得解決。然而，這種研究的實際應用是很重要的。人類受試者已可用操作性訓練方法來控制諸如心跳、血壓及可造成潰瘍的胃酸分泌等自主反應。以對血壓的控制爲例，讓受試者看一個可以顯示其血壓的連續回饋的機器。每當血壓降到一個特定標準時，燈會亮起來，受測者就可以分析血壓降低時的所思所爲，並且重複這種思維或情緒以保持此特定血壓。

這類研究在醫學的應用上是極爲明顯的。尤其對有高血壓的人而言，學習去控制自己的血壓，要比依賴只有部分效果且可能引起副作用的藥物來得好。但對自主反應的意識控制迄今仍處於萌芽時期。而實驗的結果亦顯示出，只有少部分人在離開實驗室回到其正常的生活環境時，能保持對心跳或血壓的控制。對大多數人而言，沒有繼續訓練的話，操作性條件化反應將消失得很快。可以隨身攜帶或帶回家使用的條件化學習設備，目前已進入發展階段並進行評估(Engel, 1972)。

人類行爲的操作性條件化學習

下面的實驗中(Verplanck, 1955)，受測的大學生並不知道自己是實驗的對象，而實驗者也儘量避免條件化實驗中的不自然狀況。表面上實驗者和受測者只是在漫無組織的聊天，但實際上實驗者遵循著既定計畫。談話前實驗者決定增強受測者陳述他的意見，諸如以「我認爲」、「我相信」等起始的句子就是。而增強作用就是實驗者在每個句子之後都以「你是正確的」、「我同意」、「沒錯」等來回答。消弱作用則是在每一個句子之後代以沉默。

假若後面跟著增強作用，在意見陳述的次數上即顯出顯著的增加；反之，則會減少。在這種情況下，實驗者對語文行爲的控制和控制老鼠的壓桿行爲十分相似。其間，受測者可能有時會知道實驗者是在控制其口語行爲，但很明顯的，語文條件化的發生並不需要受試者知道其意見的陳述，是由實驗者的增強來控制(Rosenfeld & Bear, 1969)。

操作性條件化學習的原則亦可用來矯正兒童的問題行爲。在某實例中，一個老喜歡在地上爬而不願去玩或參加團體遊戲的害羞的三歲小女孩，就是因爲托兒所老師使用社會性的增強作用而改變其行爲。爲了增加其學校活動的參與，第一步就是要使她站起來。因此，增強作用的程序就是只有在她站起來時，老師才會注意她，否則，就完全把她忽略。由小女孩每分鐘活動的詳細記錄顯示出，兩個星期之後，她的行爲由起初每天百分之九十的時間都在地上爬，明顯的進步到能與其他孩童談話、嬉笑，並且使用學校中的種種設備。

爲了判定增強程序是否即爲促成她站起來和別人交往的原因，實驗者把程序顚倒過來，即當她在地上爬時才有增強作用。結果，兩天之內，她又老是在地上爬了。但奇怪的是，她在其他方面不再有過去的類似行爲。坐在地上或在地上爬時，她已能快樂地嬉戲，並且繼續和別的兒童來往。假若再使用第二個顚倒程序(即再使用原先的方法——只在她站起來時才注意她，否則不理她)，數小時之內她就可站起來參與種種的群體活動，而且往後其各項行爲也都表現得很正常(Harris 等人，1965)。

某些基本的學習現象

類化作用與區辨作用　正統條件化和操作性條件化的共同之處是：有機體會類化自己的學習成果，雖然此種類化作用可能爲區辨作用所抑制。假如有個小女孩因爲拍撫家裡的小狗而受到父母的增強，她很快地會將此拍撫反應類化到其他的狗。但因爲這種動作具有危險性，所以父母可能給予一些區辨訓練，使小女孩撫拍自家的狗時受到增強，而接近鄰家的狗時則否。

次級增強作用(second-order conditioning)　巴卜洛夫曾注意到，一旦狗習得對一種條件化刺激做反應，這種條件化刺激就可用來增強對一種新刺激的反應。假設狗已學會聽到聲音就分泌唾液，這就是**第一級**(first-order)條件化反應。現在我們讓閃光在這種聲音後面出現數次(食物不跟著出現)，此後我們讓閃光單獨出現，亦會誘發條件化反應。巴卜洛夫將這種程序稱爲**次級條件化學習**(second-order conditioning)。第一級條件化學習的條件化刺激(聲音)，在此已變爲**次級增強物**(secondary reinforcer)了。雖然次級條件化學習亦能以正統條件化學習來建立，但用操作性條件化學習則更易於說明。

讓我們看底下這個實驗。在史金納箱中的老鼠壓下桿子之後，隨即出現聲音，跟著出現食物。在老鼠以這種方法條件化後，若老鼠壓下桿子而聲音和食物都不再出現的話，就會產生消弱作用。遲早老鼠會停止壓桿子的行爲。

現在我們讓聲音再度隨著壓桿子的動作出現，但後面沒有食物跟隨出現。當老鼠發現壓下桿子會有聲音出現時，它壓桿子的次數開始急遽的增加。這種聲音可說具有次級增強作用的性質。這種只有聲音和壓桿子動作相連結的反應總數，視其獲得作用期間，聲音和食物配合出現的頻率而定。因此，當聲音和**原始增強物**(primary reinforcer)——食物——結合的次數愈多，其作爲次級增強作用因素的強度也就愈大。

次級增強作用具有重要的實用意義。其原則可作如下的敍述：一旦次級增強物建立起來以後，就可以用來增強新的反應(如壓桿子以外的反應)強化和原先所建立不同的反應，並且亦可利用到和原先訓練時不同的驅力上面。從平常的觀察中我們可以知道，如**社會贊許**(social approval)等增強物，可增強各種不同的行爲，並且，實驗的證據亦顯示次級增強物在各種情況下均可產生作用。在探討這種原則的研究中，實驗者以口渴的老鼠爲實驗對象，每當老鼠壓桿就出現聲音和水。在下一步的實驗中，老鼠是沒食物吃而不是沒水喝，但同樣的聲音亦可激起壓桿行爲。這個實驗說明，只要有任何一種足夠的驅力來激起動物的行爲，即使此驅力與原先的驅力不同，次級增強物依然是很有效的(Estes,1949)。

次級增強作用使得條件化學習的範圍大大的增加了。假若我們作任何學習後面都必須跟著一個原增強物，則我們學習的機會勢將受到相當大的限制。但實際上，任何一個已學得的習慣都能藉著其他習慣來加強。一項口頭上的食物保證，可以增強其他需要食物的行爲；單單只是讚美(而沒有原增強物)，也可以具有增強作用。

部分增強作用(partial reinforcement)　操作性條件化學習顯示出一種高度的秩序性或規則性。此點可藉部分增強作用對行爲的控制來加以說明——所謂部分增強，指的是在行爲出現後有時給予增強物，有時不給。

在正統的實驗中，鴿子啄牆上的圓鍵盤，就可以吃到少數的穀粒(穀粒是啄鍵盤這個行爲的增強物)。這種條件化操作學習建立起來以後，即使增強物出現的次數不多，鴿子的啄鍵行

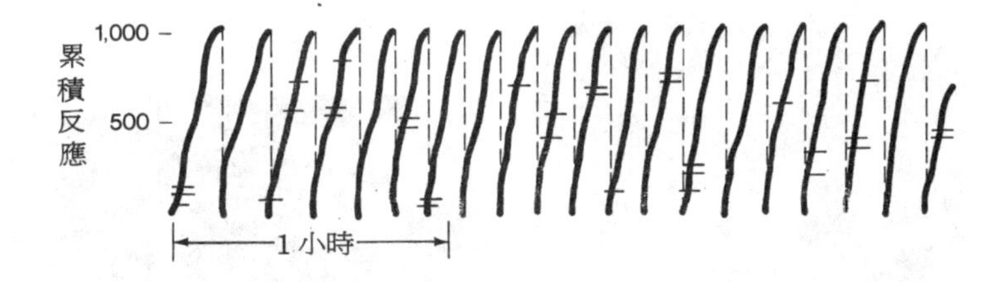

圖 7-16　藉部分增強作用維繫的操作性反應

圖上的曲線是一隻鴿子啄鍵反應的記錄。其增強作用的出現並不規則，但平均每五分鐘一次。每一條橫線代表一次增強作用。每一斜線代表一千個反應。滿一千反應後，反應記錄再重新開始。

爲仍維持一個相當高且一致的速率。鴿子這種規律的啄食可參閱**圖 7-16**，平均是每五分鐘施以增強作用一次(一小時十二次)，鴿子則每小時大約啄鍵六千次。

部分增強作用具有很大的實用意義。例如，小孩的母親不見得因爲他過馬路時注意左右來車就每次給他獎賞。但只需偶爾給予就能使小孩繼續注意左右的車輛增強。打高爾夫球的人即使失誤很多球，但只要能打出一桿漂亮的球，他就會繼續堅持下去。

行爲的塑成(shaping)　在正統條件化學習中，條件化刺激在引發對無條件刺激的反應上，代替了無條件刺激的功用。但是，這種替代性無法解釋行爲上的新奇性——完全新奇的反應之學習。而相反的，操作性條件化學習卻在新行爲的發現上扮演了一個重要的角色。

實驗者可以利用操作性反應中的隨機變化，從其中選擇符合我們所要求的行爲給予增強，如此就可產生新行爲。例如，以訓練鴿子伸直頸子爲例。起初，在鴿子將頸子伸到一般平均高度時，以一些穀粒作爲增強物；然後在超出一般平均高度時才給予穀粒；最後，只在其頸子伸直時才給予穀粒。或者假若以訓練狗用鼻子壓下蜂鳴器的實驗爲例。每一次在它接近蜂鳴器時，就給它食物作爲增強物(但必須一次比一次接近蜂鳴器)，直到眞正接觸到蜂鳴器爲止。這種過程稱爲對動物行爲的塑成，而增強物也只有在反應符合實驗者的意願並排斥其他反應時才出現(參閱**圖 7-17**)。

藉著這種方法，兩位心理學家成立了一種大規模的教導動物表演各種花招的企業。利用這種簡單的技術，他們已經爲電視綜藝節目、廣告影片、展覽會和各種觀光性節目表演等，訓練出數以千計各種不同的動物。例如，素負盛名的佛羅里達州的鯨魚、海豚專集「海底藝苑」(Marine Studio)及加州的「太平洋水鄉」(Marineland of the Pacific)等就是。某著名綜藝節目就是以「普里西里——一隻吹毛求疵的小豬」作爲號召的。演

圖 7-17　行爲的塑造

A.鴿子「認字」：燈光紅色時，鴿子就啄 RED；綠色時，就啄 GREEN（教法：只有當鴿子答對時才給食物）。

B.用行爲的塑造來訓練海豚。

出時，普里西里打開電視機，在餐桌上吃早餐，把髒衣服拿出來放到一個大籃子裡面，用吸塵器吸地板，再從主持人手中各種不同的食物裡挑出牠喜歡的。除此之外，牠還能藉由「是」或「不是」兩個燈來回答觀衆所提的問題。牠並非一隻罕見的聰明豬，事實上，由於豬長得太快了，幾乎每三至五個月就得訓練出一隻新的普里西里出來。這裡面表現出來的不是豬的智慧，而是利用操作性條件化學習和行爲塑成的實驗者的智巧（Breland & Breland, 1966）。

所有這些訓練技術，都是經由一步步選擇較爲正確的反應來增強而塑造成的。增強物必須緊跟在我們所要選擇的行爲之後出現，才最有效。這一點的重要性，可由下述實驗說明。史金納作過一次實驗，實驗中將飢餓的鴿子分別置於各個史金納箱中，間隔任意一段時間後打開電燈，隨後並給予食物的增強。這種方法對鴿子行爲的影響十分驚人，每隻鴿子都產生一種特殊的行爲。假若增強物出現前牠正在啄自己的右翼，那麼這個動作在次數上就會呈顯著的增加。這種次數的增加使得這種行爲的出現，和下一次食物送達之間的關聯更爲密切。不久之後，啄右翼的動作在鴿子的行爲當中就佔上優勢了。因此，即使實際上對增強物的產生並無幫助，但因爲出現的時候和增強作用的時間相吻合，所以每隻鴿子的某些特殊動作或習性就佔了優勢。

賭徒在擲骰子時會對著骰子吹口氣，投手在投球前會習慣性的拉拉帽子、動一動左脚。這些經常是以前成功的表現所強化的結果。當然不是每次表現該種行爲就得到成功，但如同我們前面提到的，部分增強作用比連續性增強作用更能抗拒消弱作用。

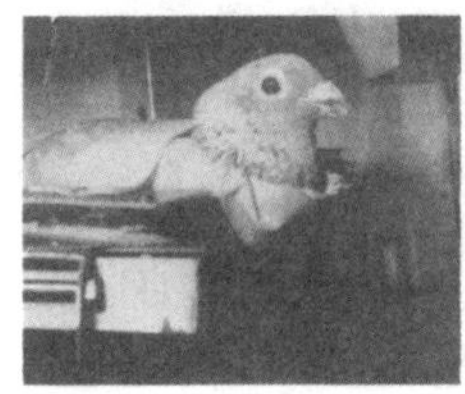

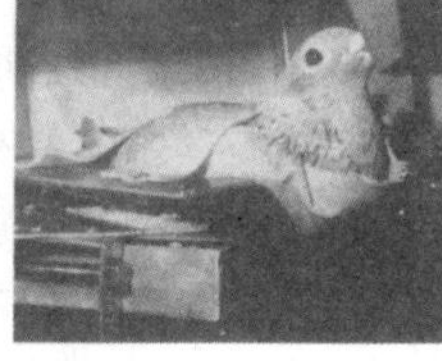

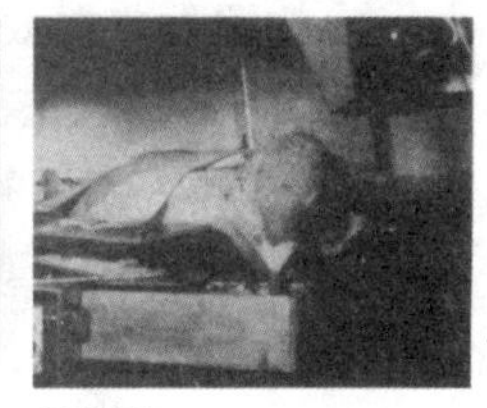

鴿子坐著　發出訊號　得到酬賞

海岸防衛隊曾以鴿子搜尋迷航在大海中的人。這些鴿子經過塑造法的訓練，會辨認橘色——這是國際通用的救生衣顏色。圖中爲三隻鴿子被安置於直昇機腹下的透明小室中，該小室又分三部分，讓每隻鴿子面對不同的方位；當其中一隻鴿子看到橘色物體或其他物體時，便會去啄鍵，因而發出訊號給飛行員，飛行員便可朝著鴿子指示的方向搜巡。就辨識海中的遙遠物體而言，鴿子比人更能勝任，牠們能長時間注視海面而不感覺眼睛疲勞，並具有絕佳的顏色視覺，且對焦範疇爲六十至八十度，而人類只爲二至三度。海岸防衛隊所作的測試中，在機上人員偵察出接近百分之五十目標物的情況下，鴿子能查覺百分之八十五（取材自 Simmons, 1981）。

自主塑成(autoshaping)　討論至此，正統條件化現象和操作性條件化的不同處已清晰可辨，但仍有某些行爲似乎由操作式及正統條件化的共同法則所決定。自主塑成便是其中之一。將一隻從未被作爲實驗對象的飢餓鴿子，放入一小室，小室中有個按鍵，每分鐘便亮一次，持續時間爲六秒，燈光熄滅後(經由自動化裝置)，便給予些許食物，接著按鍵持續五十四秒鐘不亮，之後再亮起，週而復始。在此實驗中，食物的給予和鴿子對按鍵的反應無關；換言之，燈光一滅便出現食物，無論鴿子有無去啄該鍵，此種過程稱爲自主塑成，因爲它不像行爲塑成一般需要實驗者(Brown & Jenkins, 1968)。

在自主塑成中包括正統條件化的過程：透過燈光與食物的重複配對，燈光成爲對食物反應(啄食，UR)的條件化刺激(CS)。一旦鴿子啄食亮鍵，幾乎便立即得到食物，正如同在操作性條件化的實驗中一般。因此，很可能是操作性條件化維持了自主塑成的行爲。

圖 7-18　水與食物的自主塑造反應
上述兩張照片顯示鴿子觸鍵當時的自主塑造反應。上圖是與食物配對時的觸鍵反應，下圖則是與水配對時的觸鍵反應，在兩種情況下，鴿子啄的動作有明顯的不同；上圖有如在進食，下圖則如飲水（取材自 Jenkins & Moore, 1973）。

透過亮鍵與食物的配對，燈光成爲食物的替代，而且鴿子對燈光作出類似於對食物所作的反應。鴿子自主塑成的啄食照片支持了上述的說法(見**圖 7-18**)，當增強物爲食物而非水時，鴿子啄觸鍵時的形狀有如取食。因此與食物配對出現的刺激會引起對食物的反應，如同正統條件化的情形(Schwartz & Gamzu, 1977)。

重要討論：

增強時制

「增強時制」指的是安排增強物何時出現、何時不出現之規則。「部分增強時制」是絕大多數有機體，在自然環境中所接受的增強作用形式的代表，所以特別有趣。此外，當行爲受到部分增強時，動物對刺激環境(包括內在和外在)的變化非常敏感。因此，在對輻射線治療、藥物、疲勞及其他變項執行效果的評估上，這些時制可說是一種天然的測量器。早期的太空探險當中，科學家常在太空艙中飼養老鼠、鴿子及其他動物，並將其置於一個部分增強程序中。經由實際飛行中對反應率變化的觀察，他們得以瞭解加速、失重及類似狀況的影響。

雖然研究過的增強時制不在少數，但基本上他們都可由底下兩點來分類：(1)要不是用計時的方法，就是用計數的方法，來決定何時給予增強物；(2)增強物的出現，如果不是規則的，就是不規則的。由這兩點，我們可定義下列四種基本時制：

(1)**固定比率**(fixed ratio, 簡稱 FR)　在這一時制中，增強物在一個固定的反應數目後面發生。例如，假若每二十個反應發生一次，沒受增強的反應對受增強的反應的比率就是二十比一。

(2)**固定時間**(fixed interval, 簡稱 FI)　自上一個增強物出現過後的一段固定的時間，增強物緊跟在第一個自發反應後面出現。例如，就一個一分鐘的固定間隔時間時制而言，必須經過一分鐘以後的第一個反應才會受到增強，亦即只要經過一分鐘，第一次反應就會有食物跟著出現。

(3)**不定比率**(variable ratio, 簡稱 VR)　此時制和固

定比率類似，也是採用計數的方式決定是否給予增強物。在二十比一的固定比率時制中，我們每隔一個固定的數目(例如二十個反應)才給一次食物；在二十比一的不定比率時制中，我們有時每隔一個反應就給食物，有時隔四十次才給，有時隔五次才給，其平均是二十次。

(4)**不定時間**(variable interval, 簡稱 VI) 在這個時制中，增強作用在一特定的時間週期之後發生，但從一個增強作用到另一個增強作用的時間週期卻都有所變動。一個簡單的一分鐘不定時間時制，可能就從零到一百二十秒的值域中，隨機設置介於增強作用間的時間週期而產生；這種程序所產生的時間週期平均爲一分鐘，但其間隔時間範圍可能從零秒到二分鐘不等。

這四種增強時制產生了具有特性的反應形式。在 FI 程序中，動物的反應模式暗示著牠必須小心地遵守著時間間隔。在一個增強作用後，其反應比率馬上降至近於零的地步，而在間隔時間接近終了時又快速的增加。在 VI 程序中，反應的出現率相當穩定，因爲受試的動物並不知道何時是間隔時間的終了，所以這種結果是可預期的。爲了在時間一到時能很快的受到增強，動物必須以一種相當穩定的比率來反應。

固定和不定比率時制可使動物產生快速的反應率。假若比率小，其反應出現率遠較計時的程序爲快。反應會在增強作用之後馬上發生；假若比率大，在每一個增強作用之後可能要作一段短暫的停頓，然後緊跟著穩定的快速反應。在比率時制上，動物的反應宛若知道下一個增強作用端賴其反應的數目而定，所以牠以最快的速度來反應。

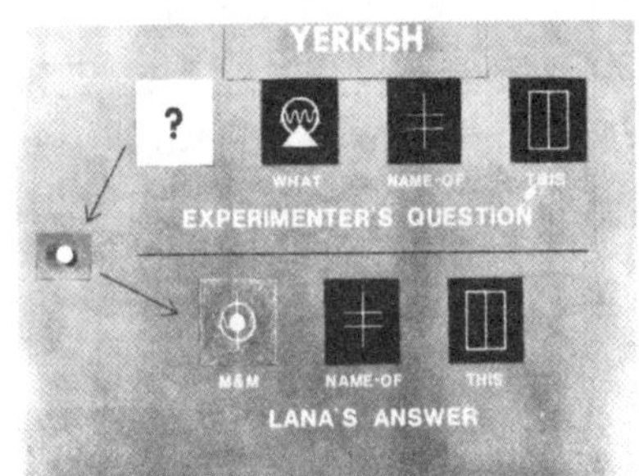

藉著塑造技術的作用，可以教導動物很多複雜的反應。在亞特蘭大的約克靈長類研究中心（Yerkes Primate Research Center），一隻名叫拉娜的黑猩猩就學會了回答問題的技巧，並且也懂得按下電子計算機上面的儀器信號來表達需要。下圖是顯示實驗過程的一個例子。實驗室外的研究者拿著一顆糖果，並且按下儀器的信號來表示下面的問題：「這是什麼？」黑猩猩按下的回答信號是：「這是糖果。」第九章裡面我們還會列舉一些其他的例子來說明黑猩猩如何學會和人聯繫。

接近性與控制

如同正統條件化的情形一般，在此也將討論使操作性條件化得以發生的必要因素爲何。同樣的，時間上的接近也是其中因素之一：行爲之後立即出現增強，將可完成條件化(Skinner, 1948)。另一個和可預測性有密切相關的因素便是**控制**(control)：只有當個體增強解釋爲有賴於己身的反應時，才會出現條件化。梅爾和塞利格曼(Maier & Seligman, 1976)所作的一些實驗對控制因素比對時間上的接近，給予了更多的支持。

他們的基本實驗過程包含兩個階段。在第一個階段中，部分狗學到遭受電擊與否，取決於自己的行爲(由自己控制)，而其他狗學到自己對電擊的出現無控制力。想像狗成對地被測試，兩隻狗都以皮帶束起以限制其行動，並不時遭受到電擊。其中一隻可藉著用鼻子碰觸近處的控制板而停止電擊；另一隻狗則對電擊無法施以任何控制。當前者受到電擊時，後者也同時被電擊，當前者停止電擊時，另一隻的電擊也隨之停止。因此兩隻狗實際上被電擊的次數是一樣的。

在實驗的第二個階段中，實驗者將兩隻狗放入新的設置中——一個箱子以一柵欄分成兩個小室。每次嘗試中會先出現一個聲音，指示這個小室即將出現電擊。爲了逃避電擊，狗必須學會在聽到警訊時，跳過柵欄進入另一小室。結果是第一階段中的「控制」狗很快地學會此種反應，而「被動」狗卻呈現不同的景象：一開始它們毫無跨過柵欄的舉動，隨著嘗試的進行，它們的行爲更顯得被動，最後甚至顯出全然無助狀。爲何有此差異？因爲在第一階段中，被動狗學到電擊在自己控制能力之外，而且這種「想法」使得第二階段中的條件化無法完成，而「控制」狗的「想法」則是使條件化完成的因素。許多其他的實驗結果也支持此種看法：只有當個體知覺到增強的給予爲自己所能控制時，才會出現操作性條件化學習(Seligman, 1975)。

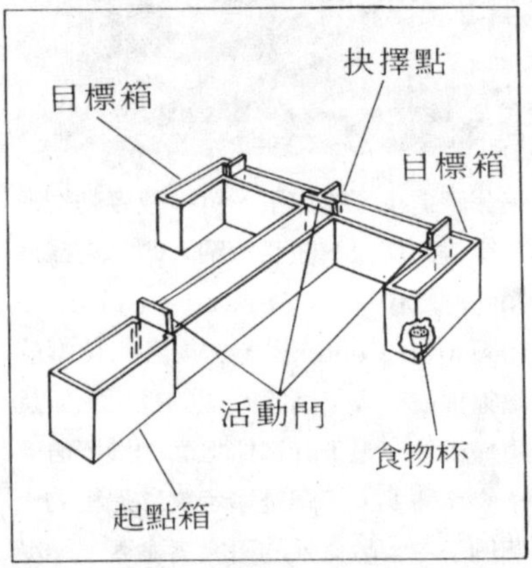

圖 7-19　T 形迷津

圖中顯示的是簡易抉擇學習研究中的一個迷津。將樹脂玻璃蓋在起點箱上，目標箱則可以絞鏈來移動，這樣在改進或抓出老鼠時都很方便。從上端用繩子及滑輪來操縱的活動門，可避免老鼠一旦作了抉擇之後再折回原路。注意：目標箱是經過特別設計的，目的在避免老鼠從抉擇點上看到食物杯。

增強作用的原則

在我們討論到正統條件化學習時，我們曾使用「增強作用」這個名辭，以表示無條件刺激和條件化刺激成對出現的狀況。而在操作性條件化學習中，增強作用指的是例如食物或飲水，在所要求的反應之後出現。換句話說，在正統條件化學習當中，增強作用「誘發」反應；而在操作式條件化學習當中，增強作用「跟隨著」反應。雖然兩種狀況中的增強作用有很大的不同，但其結果都是所需的反應出現可能性的增加。因此，我們可以爲增強作用下一個定義：所謂增強作用，就是「任何能使一個刺激增加其誘發反應的機率之事件」。習慣上，我們將增強物分爲二種，一種是其出現可使反應機率增加的**正性增強物**(positive reinforcer)，如食物；另一種是其終止可使反應機率增加的**負性增強物**(negative reinforcer)，如電擊。

在專論動機的第十一、十二兩章中，我們會對增強物的特質作更仔細的討論。這裡我們只討論一些決定增強效果的因素。

影響增強作用的變項

心理學家對許多影響增強作用的變項，已作過一番有系統的研究。無疑的，增強物的多寡是一項重要的變項。一般而言，在一定的範圍之內，增強物的量愈大，學習的速度愈快。這種關係可用 T 形**迷津**(maze)的實驗來說明(參閱**圖 7-19**)。先將老鼠放在起點箱中，牠會跑到所謂的**抉擇點**(choice point)去，在抉擇點牠必須決定一下，要到達備有食物的某一目標箱中，究竟應該左轉或是右轉。實驗時將老鼠分成三組，結果每一組在抉擇點作正確的轉彎後，所得到的食物數量都不一樣：一組四個，另一組二個，第三組一個。每隻老鼠每天作四次試驗，其每天正確反應的比率顯示於**圖 7-20 A**。注意，增強物數量最大的組，學習速度也最快，而其他二組在學習上則較慢。因為只有二種選擇，所以曲線開始的比率是零點五，換句話說，老鼠作正確轉彎的機會有百分之五十。

增強作用的延宕(delay of reinforcement)是增強作用另一項重要的變項。在訓練動物或小孩時，一般都認為在反應之後馬上給予獎勵或處罰是最有效的一種方法。對喜歡欺負弟妹的孩子而言，等父親下班後再給他一個耳光，要比當場給予處罰在效力上小了許多。

從下面的實驗可以證明立即增強作用的效果。在 T 形迷津中裝一個特殊設備，使食物能延宕出現。第一組的老鼠在進入正確的目標箱後，馬上獲得食物(零秒延宕)，第二組延了五秒，第三組則在三十秒後才得到食物。**圖 7-20 B** 是這三組老鼠的學習曲線。延宕零秒和五秒的兩組在第九天就都幾乎達到最佳反應；延宕三十秒的則表現得很差，絕對不可能有高水準的成績。

腦部刺激和增強作用

對腦部某部位的電流刺激能造成增強效果，這是一項頗為驚人的發現。一九五三年，歐茲(Olds)曾利用微電極來研究老

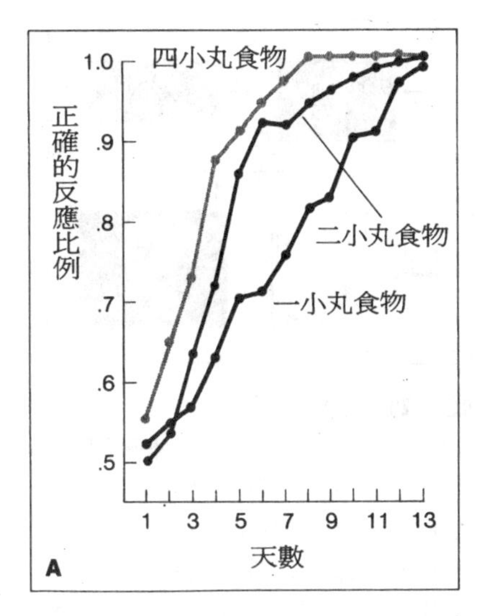

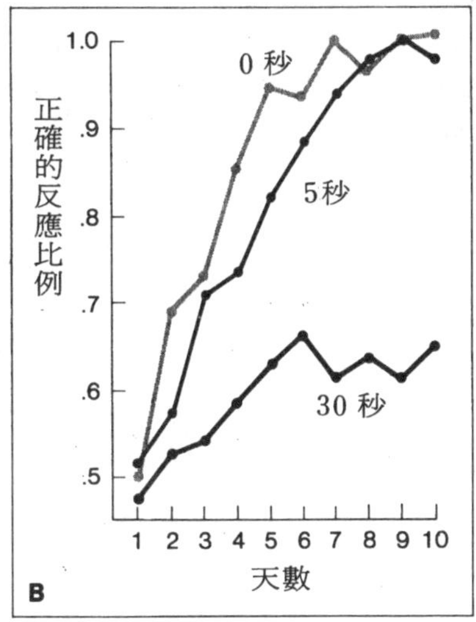

圖 7-20 A　增強物的多寡
圖中是三組老鼠在 T 形迷津實驗中的學習曲線。在進入正確的目標箱時，每一組所得到的食物數量都不同。有一半的訓練成左轉是正確反應，另一半則是右轉才是正確的反應(取材自 Clayton,1964)。

B　獎勵的延宕
圖中顯示的是三組老鼠的學習曲線。從進入正確的目標箱到獲得食物每組所需的時間各不相同。

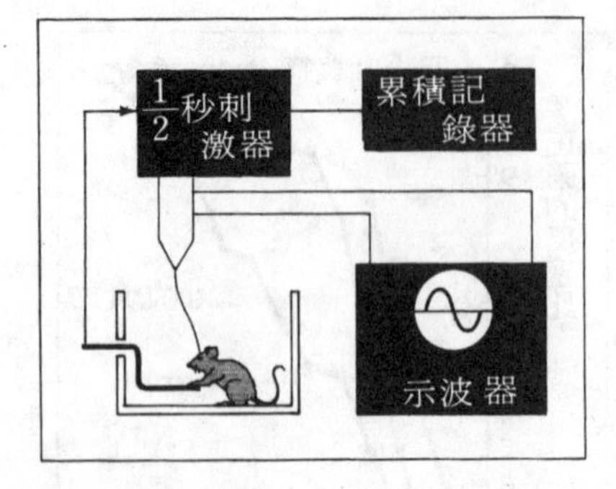

圖 7-21　腦部刺激

老鼠每壓下桿子就會產生一陣每半秒鐘六十周的電流，但必須放開後重新壓下桿子才會有另一陣電流出現。其反應速率可見於累積記錄器中。藉著示波器的作用，實驗者得以控制電流的輸送。將電極植入下視丘中的老鼠，每分鐘的反應可高達一百次（取材自 Olds & Olds, 1965）。

鼠腦中的網狀結構。這些微電極可在不影響老鼠的健康及正常生活的狀況下，永久植入其腦中，並且，在通電之後可以產生不同強度的刺激。有一個電極無意中被植入下視丘附近，在將電流接上電極後，歐茲發現，每當受到電流刺激，老鼠就會跑回原先被電的位置去。進一步再在其原來被電的位置加以電流刺激後，發現大部分時間裡老鼠都待在那裡不肯離去。歐茲後來發現，他可以用前面提過的「行爲塑造」的方法，將老鼠引到籠中任何一個位置。而在腦中相同部位植入電極的其他動物，則在史金納箱中學到壓桿動作來產生對本身的電流刺激，因爲每次壓下桿子時都會形成電流通路而自動產生一陣短暫的電流（參閱**圖 7-21**）。這些動物壓桿活動的速率非比尋常，一般記錄是平均每小時二千次，可連續十五至二十小時，一直到它疲倦停下來爲止。

目前，植入微電極的實驗已引用到腦部及腦幹的其他部位。某些部位（基本上是下視丘）受到刺激的增強作用效果十分具有威力：爲了獲得電流刺激腦部，在通過電柵欄時，飢餓的老鼠要比爲獲得食物時更能忍受電擊的痛苦（Olds & Sinclair, 1957）。假若在一個 T 形迷津中只能就食物或電流刺激選擇其一，老鼠挨餓的日子又不超過十天的話，它會選擇電流刺激（Spies, 1965）。另一方面，腦幹中某些部位的刺激，亦具有負性增強物的作用。若把電極移到腦部的這些部位，這些喜歡電流刺激的老鼠會急速的壓桿子，接著又突然停止並且離開桿子遠遠的。顯然新的刺激是不愉快的。其他的動物亦學到以各種反應來避免這個部位的刺激，如推動一個輪子來關掉電路等（Delgado, Roberts, & Miller,1954）。

在尋找腦中的中性、負性或正性增強作用區方面，目前已獲致很大的發展。除了電極的植入外，決定增強作用是否爲正性或負性的兩項重要變項，是刺激的**強度**（intensity）和**持續時間**（duration）。在某一點以下，增加刺激的強度也就加大了增強作用；一旦超過這一點，強度的增高反而會使效果變小，強度太大了，甚至會引起厭惡——這可能是因爲刺激擴散到負性增強作用區的關係。實驗的結果顯示，短暫的刺激較具有增強作用，刺激延長太久反而會引起反效果。這種事實和一般所認爲中庸程度的刺激，就經驗上來說是最愉快的看法剛好一致，同時和「過與不及，皆非所宜」的觀點也相符合。

心理學家迄今仍在爭論腦部刺激研究的意義。假若認爲我們已經發現解剖學上的增強作用區，則一切可就順利了；我們就可以說，刺激老鼠的腦幹區位時，其感覺和以食物緩和飢餓或以水解渴的經驗是相似的。不幸的是老鼠並不能描述其感覺。我們目前所擁有的受測者資料都是來自非正常狀況的病人(如精神病、癲癇症或癌症末期等患者)，因此其結果並不能馬上適應正常的個體。病人的口頭報告說，刺激邊緣系統上的某些部位之後，會彷彿從痛苦與焦慮之中解脫出來，以及「感到非常奇妙」、「快樂」或有「醉酒」的感覺。這些病人每個小時刺激其腦部多達千餘次，並且在醫院所准許的六個小時電刺激時間之內其他事都不做(Campbell, 1973)。

就某些觀點而言，以腦部刺激爲增強作用的學習，和以食物或其他外在獎勵作爲增強作用的學習，並不依循相同的法則。腦部刺激壓桿反應的消弱作用，要比以食物或飲水作爲獎勵的消弱作用要快得多。假若關掉電流，動物的反應會突然停止；但若再稍加刺激，則會很快地再開始反應。並且，對食物或飲水具有很大效用的部分增強作用，對腦部刺激而言卻沒什麼效用。諸多資料在在顯示出腦部刺激的操作和其他增強物有所不同。

增強作用的本質

先前所討論的增強作用，可能對讀者產生某些誤導，事實上，增強作用的本質如下所述：

(1)許多不具生理顯著性的事件也可成爲條件化增強物(相對於增強物必然具生理顯著性的看法)。

(2)某事件是否具增強效果，只能看它所增強的活動而定。

(3)負面或**嫌惡**(aversive)的事件，如電擊或令人痛苦的噪音，也會對行爲產生極大的作用(相對於增強物必然爲正面事件的想法)。

以上三種本質將在本章中分別討論。

條件化增強物

前面所提過的增強物，大多數爲初級增強物，由於它能滿足基本的慾望，如食物。如果操作性條件化只適用初級增強物，那麼前者在人們日常生活中便不會如此普遍，因爲初級增強物並非如此常見。但基本上任何刺激都可透過與某初級增強物的持續配對，而成爲**次級或條件化增強物**(secondary or conditioned reinforcer)；次級增強物廣爲拓展了操作性條件化的範疇。

對典型的操作性條件化實驗所作的少許更動，說明了條件化增強物作用的情形。當史金納箱中的老鼠壓桿子時，會響起一種聲音，接著馬上呈現食物(食物爲初級增強物；聲音會成爲條件化增強物)。動物在經過此種方式的條件化後，實驗者開始進行消弱過程，使老鼠壓桿子時，既無聲音也無食物出現，最後老鼠會停止壓桿子。接著再出現聲音但未出現食物。當老鼠發現壓桿子會產生聲音時，壓的速率會明顯地增加，克服原來的消弱作用，縱使此時並無食物出現。可見透過正統條件化，聲音已取得一種增強的特性：由於聲音(CS)持續地與食物(US)配對，因而成爲食物出現的訊號。

人類生活中充滿各種條件化增強物，最常見的兩種爲金錢和贊許。基本上，金錢是一種有力的增強，因爲它和許多初級增強物的配對十分頻繁——例如我們用錢買食物、飲料和舒適。至於贊許，甚至沒有任何初級增強物的允諾，也可維持許多種行爲。

增強作用的相關性

將增強作用視爲刺激或事件全或無特性的想法是很自然的，但將增強物以**活動**(activity)視之更合適；換言之，增強壓桿行爲的不是食物本身，而是吃食的動作。兩個活動(其中一個活動會增強另一個活動)之間必須存在何種關係？

普力邁克原則(Premack's principle) 根據普力邁克(David Premack, 1959)的看法，個體所作的任何活動，都會增強該個體所較少進行的其他活動。

例如，普力邁克讓孩子選擇玩彈球機或吃糖，喜歡吃糖的孩子如果玩彈球機能導至吃糖結果時，將會增加他玩彈球機的比率；換言之，吃糖增強了玩彈球的活動，然而對喜歡玩彈球的孩子而言，情形剛好相反，只有當吃糖可增加他們玩彈球的機會時，才會增加吃糖的活動。

從上述實驗，普力邁克發展出增強作用中的兩層式概念：

(1)對任何有機體而言，都存在一種增強階層，位於階層頂端的增強物爲有機體最可能去從事的活動。(2)階層中的任何活動可藉著位居其上的活動來增強(增加其發生率)——而它本身也可增強位居其下的任何活動。第二個陳述便是**普力邁克原則**。它代表長久以來父母要求孩子出去玩之前得先做好功課的一個技巧，而不是讓孩子答應先玩了以後再做功課。

教師也在課室中使用普氏原則來管理孩子的活動。例如允許孩子寫好功課後可以出去玩，能增進孩子的書寫能力。甚至托兒所中的三歲幼兒也對此原則的運用有良好的反應。對這些「學生」而言，處於增強階層較高處的活動包括滿室追跑尖叫，如果孩子能先表現被要求的行爲，便允許去做這類活動。例如，在教室正襟危坐聽講的行爲之後，便是一陣鈴聲及可以「出去玩了」的指示。只需短短幾天，教師便可對課室中的行爲作完美的控制(Homme et al., 1963)。

剝奪的重要性　增強階層是一直維持不變，或是隨著個體的動機狀態而改變？雖然對喜歡玩彈球甚於吃糖的孩子而言，吃糖一事不會增強他們玩彈球的行爲，但普力邁克發現，當孩子飢餓至某程度時，增強的關係會扭轉，吃糖變得能增強玩彈球。同時他還發現(1962)，類似結果出現在以老鼠爲對象的更多研究中，一隻口渴的老鼠會爲了飲水而跑，而一隻很久沒動的老鼠會喝水以得到跑轉輪的機會。其他研究結果更加重剝奪在決定某事件增強潛力上所扮演的角色。當有機體被剝奪某種自然活動的正常出現頻數時(如老鼠的跑)，該活動會成爲較有潛勢的增強物(Timberlake & Allison, 1974)。

重要討論：
酬賞的經濟論

我們所討論過的簡單操作式實驗，都未能抓住人類行爲中的一個重點：人們大多數的反應代表著在各種替代反應中的一個選擇。爲研究此種選擇，操作研究者利用至少讓動物有兩種反應的實驗，選擇的差異可能在於增強物的不同，或增強作用的安排，或兩者皆有不同。例如，一隻鴿子可選擇兩個鍵之一，啄其中一鍵會得到食物，啄另一鍵得到水；或是兩個鍵都會帶來食物，但程序不同，一個鍵要啄五下才有增強，另一個鍵則得啄十下。

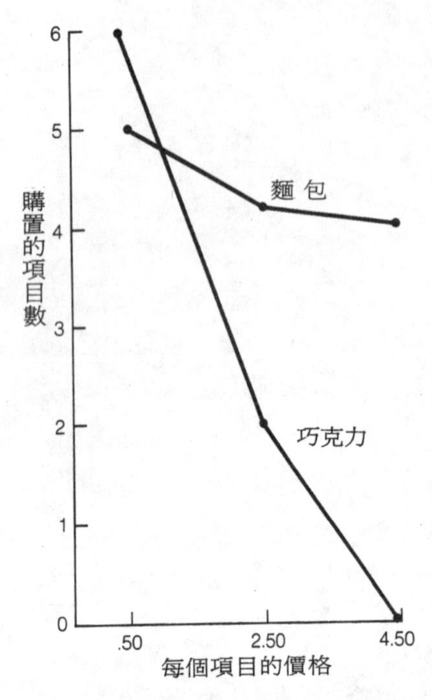

圖 7-22　對麵包和巧克力的假設需求曲線

當一條麵包的價格由五毛漲至四塊半；購買麵包的數量幾乎毫無減少；對麵包的需求是不具彈性的。反之，當一隻巧克力棒的價格由五毛漲至四塊半時，購買的數量急遽地下降；對巧克力的需求是彈性的。

爲分析選擇實驗中的行爲，研究人員開始借用經濟學的概念和原理(Rachlin, 1980)。爲瞭解經濟原理和鴿子啄鍵之間的關係，可將選擇實驗中的鴿子視爲需選擇如何分配牠有限的反應——牠的資源，如同經濟學理論中處理個人如何分配自己有限資源的問題一般。

以下將藉著三個例子來說明如何以經濟學原理來探討操作性條件化的情形。每一個例子首先都給予有關的經濟原理，接著再考慮它們如何應用在操作性實驗上。

需求曲線　經濟學中一個重要的觀念，便是對可以某種價格買到的必需品——如麵包或巧克力——的需求。如果改變價格，便會產生如**圖 7-22** 所顯示的一條**需求曲線**(demand curve)。注意：巧克力的需求曲線隨著價格的增加而急遽的減少；它的價格愈高，我們買的愈少。因此對巧克力的需求被稱爲是有彈性的。反之，麵包的需求曲線幾乎不受價格的影響；無論它的價格如何，我們大概還是買相同的數量，因此對麵包的需求是不具彈性的。這些現象都符合麵包爲必需品而巧克力爲奢侈品的想法。

現在考慮此曲線與操作性條件化的關係。對老鼠和鴿子而言，價格相當於爲「得到」某增強物必須做的反應數(此爲增強作用的時制)。此種相等性如**圖 7-23** 所示，圖中爲老鼠對食物的需求曲線。由此曲線可知：一隻老鼠在不同的「價格」(增強作用的時制)下，會「購買」(爲得到食物的工作)多少食物(增強)。結果是：無論是每兩次或每八次反應才給予酬賞，老鼠都會去「購買」同樣數量的食物，這顯示對食物的需求曲線是不具彈性的。**圖 7-23** 的另一條需求線是對大腦的刺激。此曲線顯然具有彈性，因爲「購買」量隨著「價格」(獲得一個增強所需作出的反應數)的增強而急遽地減少。

圖 7-23 的曲線對有關增強本質的問題也有所啓示。我們常會問及那種增強比起他種更具優勢，例如食物和腦部刺激。過去對此問題感興趣的研究人員曾設計一種實驗：一種反應可帶來食物，另一種反應則帶來腦部刺激，兩者的增強時制都一樣。如**圖 7-23** 所示，此種實驗的結果完全取決於時制的選擇。當一個增強需作兩個反應時，腦部刺激是強勢選擇，但在價格較高時(八個反應)，食物則稍佔上風。有關何種增強物較有力的問題，只有在對兩種增強

物的需求皆爲非彈性或彈性，且需求曲線相同時，才有直接的答案(Hirsh & Natelson, 1981)。

必需品的可替代性　對選擇的經濟分析之一考慮了選擇之間的互動。假設我們想探討汽油和大衆運輸之間的一個選擇。由於對兩者必需品都是彈性的需求曲線，我們預期當汽油價格上漲時，人們選擇大衆運輸的情形會增多。事實的確如此，但這是由於汽油和大衆運輸彼此可替代。反之，考慮汽油和廉價的市區停車之間的選擇，兩者爲**互補**的必需品(當其中一樣擁有愈多，對另一樣便想要的愈多)。現在，汽油價格的增強將不再導致另一必需品的需求增加。

類似的情形見於操作性條件化：對選擇的操作性研究必須考慮兩種增強物是可替代或爲互補。假設一隻鴿子可啄兩個鍵中的任一個，兩者都帶來食物增強，這些增強便是可彼此替代。因此，如果我們使某個鍵的價格降低(要獲得一個增強只需五個反應，另一個鍵則需十個反應)，鴿子會增加對較低價格鍵的啄數，並減少對較昂貴鍵的啄數。反之，當增強物爲食物和水時，彼此爲互補，當我們降低食物鍵的價格時，鴿子對兩個鍵的啄數都會增加(鴿子吃得愈多，對水的需求也愈多)。因此價格差異對選擇的影響有賴於必需品之間的關係(Schwartz, 1982)。

開放與關閉系統　我們迄今所討論的，都只是在**關閉系統**(closed system)中的經濟原理——換言之，即是必需品無其他替代來源的情況。我們可以汽水的例子說明此一概念：對汽水的需求是彈性的，汽水價格的下降會導致你購買的數量增加，但這只有在你除了以市場價格購買，此外別無其他方法可獲得汽水的情況下，才會如此。如果你有個免費供應你汽水的廠商，那麼你的購買當然不必受價格的影響；後者便是處於一種**開放的系統**(open system)，需求的觀念便不適用於此。

操作式研究也出現上述的情形。有個以食物爲增強的實驗可以兩種不同方式來執行，分別是開放與關閉系統。在開放系統方式中，如果動物在實驗進行中，沒有得到足夠的食物，在下一次實驗之前，會先得到一些補充；在此，動物擁有獲得想要必需品的另一個方式。在關閉系統方式中，則無實驗間的補充。如果增強時制逐漸苛求(得到增強

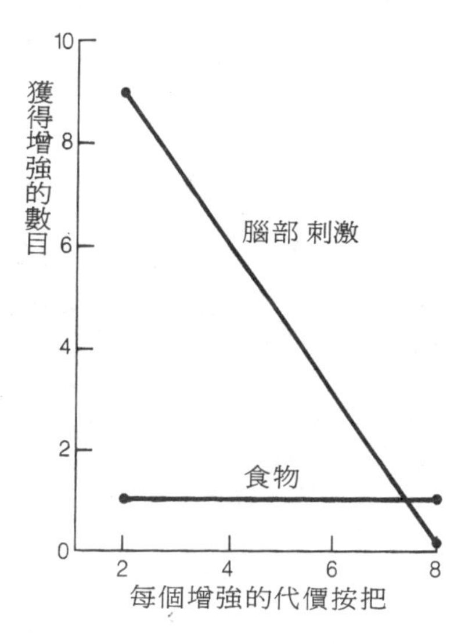

圖 7-23　食物和腦部刺激增強物的需求曲線

隨著食物增強的「價格」由兩次按把增至八次按把，老鼠取得食物的數量幾乎未改變：對食物的需求是不具彈性的。反之，當腦部刺激的「價格」由兩次按把增至八次按把時，取得的增強數量明顯地減少；對腦部刺激的需求量是彈性的。

所需的反應由五十增至一百)，在兩種情況下的行爲會有所差異。在開放系統中，隨著相當苛求的時制，動物獲得的增強數量減少；這一點並不符合對食物需求不具彈性的觀念。在關閉系統中，則無論增強時制爲何，所獲得的增強數量都一樣，正符合食物需求不具彈性的情形(Schwartz, 1982)。

多重反應學習

迄今我們所討論的都是單一、可明確指認的行爲之增強及消弱反應。雖然其中有些反應十分複雜，但仍然可證明爲單一行爲。不過，大多數的學習都包含行爲模式或次序的獲得，如運動技巧的學習或一首詩的背誦等。這些行爲模式即是所謂的**多重反應學習**(multiple response learning)——包含一個以上、可明確指認的行爲的一種學習方式，其事件的次序通常是固定的，以符合環境的要求。**鏡描**(mirror drawing)、**目標追踪**(target tracking)和**機械式記憶法**(rote memorization)等三種是心理學家常用的研究方法。前兩種屬於**感覺運動技巧**(sensorimotor skill)，最後一種則是**語文**(verbal)的學習。三種幾乎是每天日常生活中所必須運用的學習技巧。

圖 7-24　鏡描
受試只能從鏡中看到一星形輪廓，而企圖用鉛筆順著輪廓畫好星形。由於鏡中圖形左右顚倒，受試必須學會新的手眼協調技能。這是件困難但受試卻覺得相當有趣的作業。

感覺性運動技巧

所謂的感覺性運動技巧是指在感覺控制下的肌肉運動。諸如騎脚踏車、從跳板跳水、彈鋼琴及打字等都是感覺性運動技巧，而非只是一成不變的精巧活動而已。騎脚踏車的人必須注意到沿路的交通狀況；跳水者必須依跳臺的高度來調整其各項動作；音樂家看著樂譜將感情融入彈奏技巧中；打字員打字時必須依原稿來打。諸如此類都是技能受到**感覺控制**(sensory control)的表現。

研究此類技能時，心理學家並未將自己限制於實驗室中。事實上，最早的研究是由布萊安(Bryan)及哈特(Harter)於一八九七年所完成的電報收發的實務學習。不過，最佳的法則通常都是先在實驗室中發展成功，然後再運用到複雜的實際狀況。鏡描即是說明此種情形最方便的一種實驗。這種實驗藉著研究**眼手協調**(eye-hand coordination)所發生的種種困難，來學習其技巧發展上的重要性，並依此改進我們的技巧。

在典型的鏡描實驗當中，受測者看著鏡中如星星等幾何圖形及描繪其形狀(參閱**圖 7-24**)。受測者明白，正確的做法是按照圖形所描繪出來的一條平滑曲線。假若受測者依照原來習慣來描繪的話，就會造成困擾。因爲當他把得自鏡中的視覺線索當成直接視覺線索時，他會發現筆並不能依其意願來運行。雖然開始時所描繪出來的只是一條鋸齒狀的曲線，但在受測者修正其運行方式之後，即可逐漸達到最佳狀況。原來的習慣在圖形的轉角處可能再次造成干擾，但經過實際練習後，曲線慢慢變得平滑並且逐漸接近原來的圖形。

技能學習的曲線　實驗者通常用和正統條件化學習類似的學習曲線，來記錄技巧學習的過程。**圖 7-25** 所顯示的是兩種鏡描的學習曲線，一種是在一定時間內不斷嘗試的**集中練習法**(massed practice)，一種是每天只嘗試一次的**分散練習法**(spaced practice)。雖然有例外的情形，但一般而言，分散練習法的效率較高。這種比較顯示出學習曲線和兩種變項之間的關係。

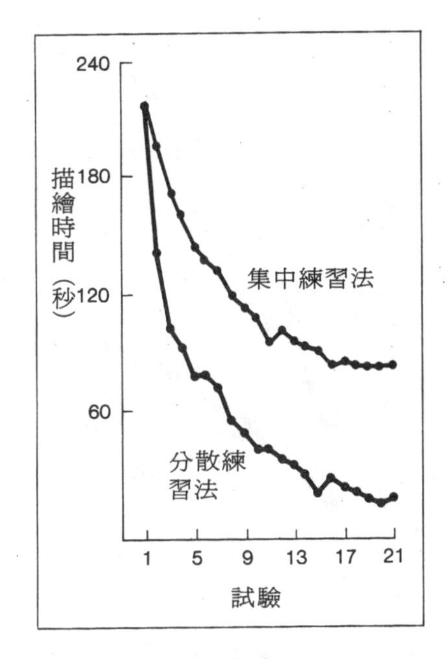

圖 7-25　鏡描的學習曲線

熟練的程度可以描繪鏡中圖形所需的時間來測量，當技巧進步時，其所需時間就減少了。上端的曲線代表集中練習法——所有的試驗在一特定的時間內發生的曲線。下方的曲線代表分散練習法——每天只作一次試驗的曲線（取材自 Lorge,1930）。

於**圖 7-25** 中，熟練的程度以描繪鏡中圖形所需的時間來測量。隨著練習，愈來會愈熟練，所費的時間也愈少，曲線也隨著學習而下降。假若熟練程度的得分是隨著練習的增加而增加，則學習曲線會上升。目標追踪法的得分亦與此類似。例如令受試者將一支唱針的針頭，和一個設於類似一般唱機的唱盤上的金屬圓片保持接觸的話，當唱針與轉動的金屬片接觸時，連接時鐘的電路就接通了。受測者的得分依其和金屬片保持接觸的時間長短而定。例中，上升的曲線代表熟練程度的增加。因爲接觸的時間愈長，受試者的得分愈高(參閱**圖 7-26**)。

不論曲線是升或降，其曲度都可以每次試驗得分的改變來描述。**圖 7-25** 和**圖 7-26** 所顯示的都是二種**報酬遞減曲線**(curve of decreasing gain)。所謂報酬遞減，就是現行嘗試到下一個試驗執行上的改變總是小於以前的嘗試所發生的變化。研究感覺動作技巧時，這些是最常見的曲線。這也正說明了爲何在學習一種技巧時，常會使學習者氣餒的理由。因爲在一開始時，其報酬及滿足是顯然可見的；但逐漸的，其進步會愈來愈慢，因而使得學習者感到失望。

練習造成的質改變　一條學習曲線所代表的是整個實驗過

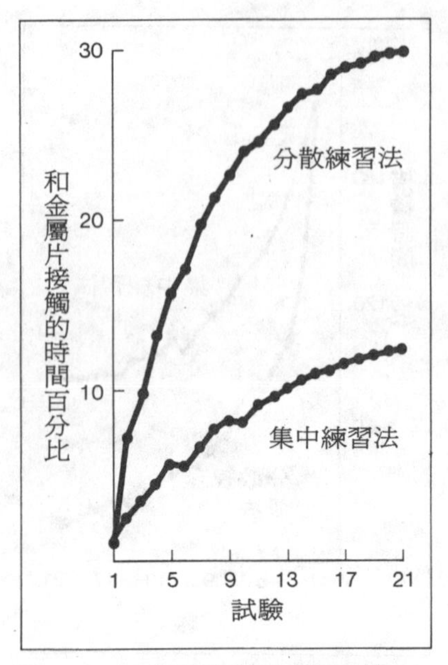

圖 7-26 目標追踪法的學習曲線

每次嘗試的持續時間是三十秒。採集中練習法的受測者每次試驗的間隔時間是十五秒，用分散練習法的則是四十五秒。例中的依變項是每次嘗試和金屬片接觸的時間百分比（取材自 Bourne & Archer,1956）。

程中的結果，彷彿受試者自始至終都依循著相同的行爲模式，並且僅效率上有所改進而已。但很可能在改進過程當中，受試者的行爲方法會有所改變。例如，在研究打字技巧的學習時，有些研究者發現有由學習字母字鍵位置的字母習慣(letter habit)到以連續打出熟悉字型的單字習慣(word habit)。有時，當這些層次不同的學習習慣發生衝突時，在學習曲線上就會出現一段無法進步的時期。這段期間稱爲高原期(plateau)，因爲在此之前，進步已經發生過了，而要在獲致更高層次的學習，才有更大的進步。

機械式記憶法

所謂**機械式記憶法**(rote memorization)，就是和**內容記憶法**(substance memorization)相反的逐字反覆學習的一種記憶法。機械式記憶法的實驗方式有兩種。一種稱爲**系列記憶法**(serial memorization)，如背誦詩句或戲劇的臺詞等就是。在實驗中，讓受測者記憶一連串的單字，因此，每個單字對後面一個字而言都是一種刺激。第二種稱爲**單字對聯學習**(paired-associate learning)，很類似學習外國語文的一種方法，這些字通常用「刺激——反應」的配對方式來學習。若以本國文字作實驗，如「準備——害怕」、「不小心——茫然」、「飢餓——安靜」等就是；刺激字先出現，再學習到反應字。這種配對並非以一種特殊的次序來學習，端賴實驗而定，其意義上的關係並不一定。

在作這種實驗時，通常用**記憶鼓**(memory drum)來測驗受試者(參閱**圖 7-27**)。其方式是在一固定時間中，在記憶鼓的窗口，一次出現一個字。在這個字出現後，令受試者事先說出下一個要在窗口出現的字。藉著實驗過程中受試者的記憶得分，實驗者即可依其記錄描繪其學習曲線。

圖 7-27 記憶鼓

記憶鼓定時向前滾動時，窗口就會出現要記憶的材料。

機械式記憶法中的**預期法**(anticipation method)就是讓受試者說出下一個即將出現的字。這種方法不論系列記憶法或是對聯記憶法都可適用。在系列式記憶法中，所預期的字一出現在窗口就變成下一個預期字的刺激字，它同時具有刺激字和反應字兩種特性(參閱**圖 7-28**)。在對聯記憶法中，刺激字只具有刺激的特性，不是反應字。當刺激字出現在記憶鼓的窗口時，受試者就去預期其反應字，而在下一個刺激字出現以前，這一

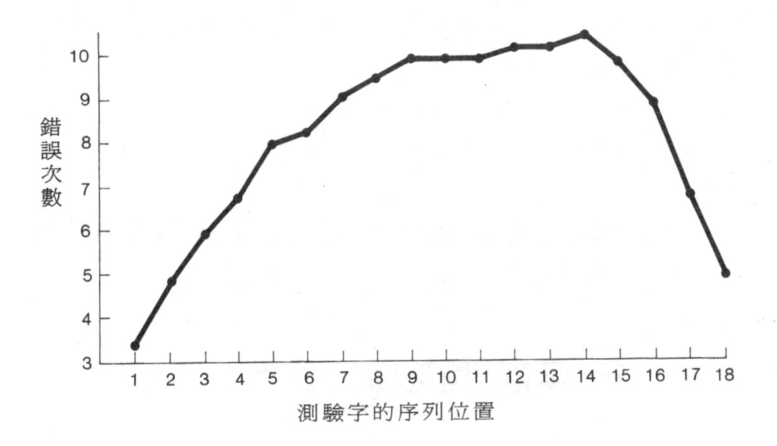

圖 7-28　系列預期法

受試者必須藉著系列預期法來學習十八個不相關的字。這些字在記憶鼓的窗口逐一出現。在出現一個字之後，受試者試著去預測下一個即將出現的字。過了一會兒，第二個字出現了，這樣他可以知道他所預期的是對或錯，並且也對下一個要預期的字提供了線索。在一個嘗試做完而下一個嘗試還沒開始之前，都會有一段短暫的休息時間。在第一次嘗試時，因爲受試者以往根本沒見過這種表，而全憑其出現時的那一段時間來研究，所以無法得到任何正確的預期。但在後來的幾次嘗試當中，他所能做出的正確預度次數則愈來愈多了。圖中曲線所顯示的是在精通這分測驗表的過程當中，未能正確地預期每個系列位置下一個字的錯誤總數。注意：表上的第一個字最易精通，最後一個字次之，而中間的字就比較困難。這種方形的曲線是經由系列預期法在學習測驗表中獲致的（取材自 Atkinson,1957）。

對刺激字會一起出現一段短暫的時間。

爲描述實際狀況中的對聯程序，我們將簡單地介紹一下第二外國語學習的研究。在這種實驗當中，所使用的設備要比記憶鼓來得精密。其方式是將口述的德語翻譯成正確的英文。受試者對德語一竅不通，坐到一架和電腦相聯結的打字機前時，他戴上一副耳機。當耳機發出一個德國字時，受試者必須將正確的英文翻譯打出來，讓電腦檢查其反應是否正確。假若是正確的，就會出現一個「＋」的符號，否則，電腦就會把正確的英文打出來。受試者學習翻譯的時機很短，然後這個程序就在下一個字重複進行一次。在整個測驗字表都試過以後，實驗者就

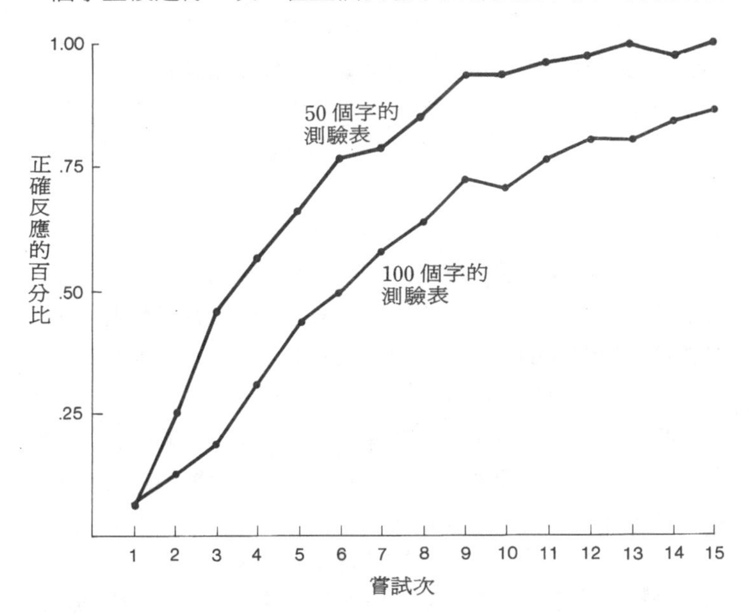

圖 7-29　對聯學習曲線

正確預期反應的百分比，是經由歷次的對聯學習實驗所獲得的。字數較少的學習速率較快（取材自 Atkinson, 1972）。

將其項目次序隨機重新排列，再一次進行同樣的實驗。測驗表每試過一次都是一次新的嘗試。

將受試者分成二組，一組的學習表上列了五十個字，另一組列了一百個字。其歷次嘗試的正確反應百分比請參閱**圖7-29**。

注意，測驗字數較少的學習速度較快。這是實驗者預期的結果，每次需精通的項目愈多，其學習速度愈慢。

行為論面臨的兩大挑戰

本章一開始便提到行為論者條件化觀點所面臨的挑戰，一是來自動物行為學者(研究動物在自然環境中行為的生物學者和心理學者)，一是來自認知心理學家。前者主張各種屬的學習法則並不相同；事實上，同一種屬在不同情境中的學習法則也有差異。認知心理學者則相信：甚至對動物而言，也只有藉著考量內在因素，如目標和心理表徵等，以及外在因素，才能瞭解其行為。以下將分別討論這些質疑。

動物行為學的挑戰

雖然動物行為學家和行為論者都研究動物的行為，但他們在許多方面有相異之處：其一是動物行為學家總是以自然環境下的觀察來研究行為，而非在實驗室中對行為作分析，如同行為學家所作的情形一般。另一個差別是動物行為學家對遺傳的強調重於學習，而行為學家恰好相反。在某些情況下，這種差異導致研究內容的不同——動物行為學家著重於非學得的天生行為，而行為論者著重學得的行為。在其他情況中，此種差異導致觀點的不一致：當動物行為學家將注意力轉至學習時，他們會辯稱學習受制於動物的遺傳天賦；而行為學家則假設相同的學習法則適用於不同的種屬。動物行為學家認為當動物學習時，必定依循遺傳既定的「行為藍圖」；正如同建築藍圖已限制了該建築物的功能範圍，而行為的藍圖則對有機體所能學習的聯結類型加諸了遺傳的強制。

支持動物行為學家觀點的早期資料，來自使用操作式技巧來教動物玩把戲的心理學家。據這些訓練者的報告：動物經常學到某些和訓練的目標行爲不同，但更接近其本能行爲的一些把戲。在一個研究中，訓練者試圖讓一隻小雞靜立在一平臺上，但雞堅持抓扒著地面。因爲抓扒地面和雞本能的覓食行爲有關，因而壓過訓練者所欲教導靜止站立的行爲。所以本能強制了動物所能學得的範疇，在其他研究中，一開始成功學會某要求行爲的動物，稍後又會轉變至其種屬特有的本能覓食行爲反應。

正統條件化中的限制　條件化中限制現象的最佳證據之一，來自味覺嫌惡的研究。在一個典型的實驗中，讓老鼠喝一種有味道的溶液——香草味。喝過之後，老鼠輕度中毒並生病，康復之後，再給牠香草溶液，此時老鼠會遲疑地避開該溶液，因爲牠已學會聯結香草味和中毒。此種逃避正是正統條件化的例子：先前溶液的味道爲 CS，生病的感覺爲 US，經過條件化後，味道成爲生病會來臨的警示。

根據行爲學者的看法，燈光或聲音應該都和味道一樣，可扮演相同的警示角色。建立燈光和生病感之間的聯結應該不會比味道和生病感間的聯結困難。但結果卻不然，如同以下實驗過程所示：讓老鼠去舐裝有香味溶液的管子，每次老鼠一舐該管，便出現一響聲和燈光。因此老鼠同時經驗到三種刺激——溶液的味道、燈光和響聲。接下來，老鼠輕微中毒。此處的問題是：那一個刺激會與生病感相聯結？爲解答這個問題，在研究的最後階段，對老鼠呈現同一支管子，有時管中溶液味道和以前一樣，但沒有燈光或聲響；有時是溶液沒有味道，但呈現燈光和聲響。結果老鼠在味道出現時會避開溶液，但在燈光、聲響呈現時則否；因此可以說老鼠只聯結了味道和生病感。上述結果無法認定味道是比燈光加聲響更有力的 CS，因爲在實驗的另一個情況中，讓老鼠遭受電擊而非中毒。此時在實驗的最後階段中，老鼠只在呈現燈光和聲響時避開溶液，而單出現味道時則否(Garcia & Koelling, 1966)。

由此看來，味道可警示生病，但對電擊則否，而燈光加聲響則能警示電擊而非生病。爲何存在此種聯結的選擇性？這點並不符合行爲論者的觀點：由於味道和燈光加聲響同樣都是有效的 CS，而生病和被電擊也都是有效的 US，因此任何一個 CS 應該都能與任一個 US 產生聯結。相反的，**聯結的選擇性**(selectivity of association)則相當符合動物行爲學家的看法。就老鼠天生的習性而言，牠(以及其他的哺乳動物)依賴味覺以選擇食物，可能這是味覺和腸胃反應之間的一種遺傳決定（或「既定」）的關係，它限制了老鼠所能學習的聯結內容。這種既定關係形成味道與生病之間的聯結，但不形成燈光與生病的聯結。此外，在老鼠生活的自然環境中，外在因素產生的痛苦如冷或受傷，總是來自外在的刺激，因此外在刺激和「外在痛苦」之間可能具有某種既定關係，它形成了燈光和電擊之間的聯結，而非味道和電擊之間的聯結。

如果老鼠學會聯結味道和生病，是由於它符合老鼠選擇食物的自然方式，那麼具不同選食物方式的其他種屬，在學習味道和生病的聯結上，可能有所問題。鳥類通常以「看」而非「嚐」來選取食物，牠們很快學會聯結燈光和生病，但不會聯結味道和生病。簡言之，如果我們想知道何者會被何者條件化，便不能對CS和US作單獨評量，必須同時著重兩者，並考慮其組合對既定關係的反應程度。此結論和行爲論者認爲相同學習法則適應用於各種屬、各情境的假設，顯然出入頗大。

操作式條件化中的限制　對學習的限制同樣出現在操作條件化中，此時的限制，包括了反應與增強物之間的關係。此處將以處於兩種不同情境的鴿子來說明：**酬賞學習**(reward learning)，動物學得受到食物增強的某種反應；以及**逃離學習**(escape learning)，動物學得停止電擊而受到增強的某種反應。在酬賞的案例中，當反應爲啄鍵時，鴿子的學習比反應爲拍翅膀時要快得多。在逃離的案例中，情形剛好相反(Bolles, 1970)。

同樣的，上述結果也不符合相同法則適用於各種情境的假設，但卻符合動物行爲學家的觀點。在鴿子的實驗中，給予的酬賞包括進食和啄取(但非拍翅)，正是鳥類自然進食活動的一部分。因此，啄取與進食之間有種遺傳決定聯結的說法是合理的。至於有一危險情境的逃離實驗，鴿子對危險的自然反應包括拍翅(但非啄取)。我們已知鳥類有一套自衛反應的行爲，而且牠們只有在實驗中的有關反應爲這些天生自衛反應之一時，才能迅速地學會逃離。總之，操作性條件化仍需依循行爲的藍圖，而非隨意學習任何聯結的方式。

不同類型的學習　聯結的限制並非動物行爲學家對行爲論所作的唯一質疑，它同時探討了動物學習中有別於聯結學習的一些重要類型，其中較顯著的兩個例子爲鳥類的**銘記**(imprinting)和鳴唱學習。

銘記是指為幼鳥對雙親形成依附基石的學習類型。剛孵出的小鴨沒有了母鴨的餵養，會跟著人類、毛製誘捕物及牠剛出生時所見到的任何會動的東西(見第十章「重要討論：本能與母性行為」)。銘記和標準的聯結學習不同，因為它只於**關鍵期**(critical period)中發生，該關鍵期由出生開始到學得適當的親代模式為止，而似乎沒有任何一種聯結學習只發生於生命的極早期。

鳥類的叫聲也是對聯結學習的另一個挑戰；鳥類學會同類的叫聲，部分是來自同伴。例如，將一隻雄麻雀在孤立環境中養大，成年時牠將無法作正常的發聲；反之，牠會發出類似其同類音調的某種粗糙的片段。因之在這過程中，似乎包含模仿的因素；但模仿並不能涵蓋一切，因為如果使該麻雀暴露於其他鳥類的叫聲中，對此麻雀的學習絲毫不起作用。這些結果顯示麻雀具有某種天生的**樣板**(template)或構成鳥叫聲的模式，只有適合該樣板的叫聲才會影響它的學習(Marler, 1970)。此種「適合某種天生樣板」的概念和聯結學習相去甚遠。

認知挑戰

以往我們所考慮到的學習種類，似乎都偏重於將行為的組織導入刺激-反應聯結式的學習。但在研究更複雜的學習方式時，我們必須把注意力放在知覺和訊息，或者說是**認知過程**(cognitive process)上面。過分強調刺激-反應聯結很可能導致太偏重零碎的行為活動，而忽略了組織關係和意義。過分強調「習慣成自然」的老師可能會採用機械式記憶法和反覆練習法來教學，而不管學生對其所學能否組織、瞭解。

堅持認知觀點的人認為，學習——特別是人類的學習，不能完全以刺激-反應來解釋。他們認為，學習者在記憶中，將以往學到的各種資料加以儲存、組織，而形成**認知結構**(cognitive structure)。在做實驗以決定所學幾何時，受試者必須將實驗刺激傳入腦中，並在記憶中檢視一番，以確定適合的行動。而其行為則視記憶中的認知結構及試驗的上下文而定。因此，受試者的反應，是隨著試驗狀況的特性及其以往記憶而改變的一種**決策過程**(decision process)。認知心理學家即使在以動物作實驗的正統條件化學習當中，亦未將之闡釋為一種新的 S-R(刺激-反應)結合的組成。通常都假定，動物的記憶中儲存著已

圖 7-30 利用多數竹竿解決問題的黑猩猩

利用短竹竿，黑猩猩將搆得著水果的長竹竿撥了過來。藉著領會竹竿和水果間的關係，解決這道難題。

往實驗所發生的種種，當試驗此種認知結構時，動物的反應由所儲存的資料來決定。對於條件化刺激，動物所學的並非自動地分泌唾液，而是學著期待食物。就是這種期待的心理作用使其分泌唾液。就正統條件化學習的層次而言，認知的方法可能是一種累贅，但在分析複雜的學習方式時，則要比 S-R 學說在推理方面提供更大的彈性。

頓悟實驗

移居美國的德國心理學家庫勒(Wolfgang Köhler)，對包括刺激——反應聯結在內的許多學習方式的研究，提出了反對意見。他以黑猩猩爲對象，作了一系列有趣的實驗。在解決問題的過程中，黑猩猩經由**頓悟**(insight)的方式掌握了解開問題之鑰，換句話說，不是以嘗試錯誤方式來解決問題，而是感受出解決問題的關鍵。下列爲典型的庫勒實驗。

一隻名叫蘇丹(Sultan)的黑猩猩被關在籠子裡，籠外放著香蕉，蘇丹用籠裡放的竹竿無法勾得到香蕉。籠外放著一根較長的竹竿，黑猩猩用手拿不到，但可以用籠裡的短竹竿勾到(參閱**圖 7-30**)。蘇丹先以籠內兩根短竹竿嘗試去勾香蕉，但失敗了。隨後，牠將籠裡的網撕開，用網繩將兩根竹竿綁在一起去勾香蕉，但一樣勾不到。牠到處打量，突然再拿起短竹竿，走到柵欄旁將籠外的長竹竿勾過來，最後用長竹竿勾到了香蕉。事實上，從牠看到長竹竿的那一刻開始，其每一步驟都是沒有間隙的連續整體。雖然使用短竹竿來勾長竹竿是一個可完全分別的行動，但觀察中顯示，它是在一種內部的猶疑不決和懷疑之後突然發生的——在打量過其和目的物的關係後，立刻採取行動而獲得目的物。

通常我們都認爲人類具有某種程度以上的頓悟能力。有時這種頓悟出現得頗富戲劇性，相當於我們常有的一種「令人驚訝」的經驗。就如同在黑暗中點亮了燈一般，問題的解決突然間變得十分清楚。請參閱**圖 7-31**。

假若我們用一般解決問題的辦法來處理**圖 7-31** 的問題，我們可能會先立下一個代數方程式，再一步步解出鳥兒每次飛行的距離。例如，我們知道這隻鳥以時速八十哩的速度向東作第一次飛行，同時，從東邊來的車子以時速四十哩的速度向西行駛。我們可以毫不費力的算出，在鳥和車子相遇時，鳥飛行的距離等於車子行駛路程的二倍。因此，相遇時，車子距起點三十三點三三哩，而鳥飛了六十六點六六哩。但在鳥往回飛的時候，我們必須考慮到在鳥飛了六十六點六六哩的同時，另一部車子所行駛的路程。依同樣方法可算出在鳥往回作第二次飛行時所飛的距離，繼續下去，即可算出兩車相遇時鳥總共飛行的距離。

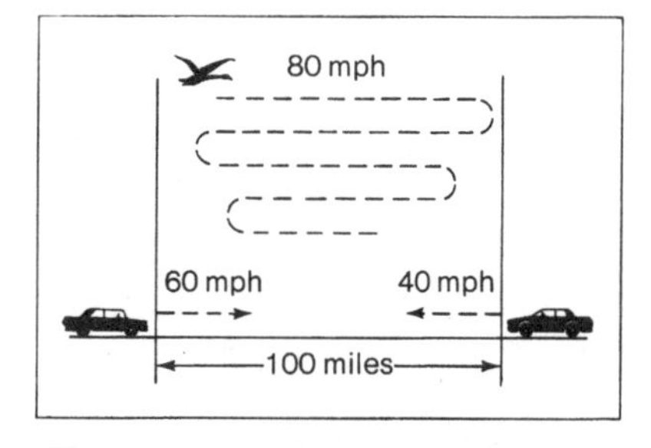

圖 7-31　頓悟問題

相距一百哩的兩部車相對行駛。西邊的車子時速六十哩，東邊的車子時速四十哩。有一隻鳥以一定的速度從西邊的車子起飛，在兩車之間不停地往返飛翔。若鳥飛翔時速是八十哩，請問在兩車相遇時，這隻鳥已飛了多少哩？這個問題不需數學訓練即可解答。

解決此類問題所意謂的頓悟是什麼呢？最重要的是，先不要決定這隻鳥每次飛行的距離，我們不妨用另一種方法來試試看。問題給我們的線索是：兩車相遇時這隻鳥飛了多遠？一旦這個問題解決了之後，其他就快了。假若你已求得答案，起初的疑惑就會頓時一掃而空，明白什麼叫做頓悟了。

雖然影響頓悟學習的變項很難完全得知，但仍有一些基本的特性：

(1)頓悟端賴問題情境的安排而定。應用已往的經驗並不能保證得到問題的解答；只有在所有關鍵要素的安排使你能看出其中關係時，才能輕易達到頓悟的境界。例如，蘇丹面向香蕉，而竹竿是放在牠的背面，則蘇丹就不容易頓悟了。以人的頓悟為例，因為人類能在心裡對一個問題作多重新的安排，所以在尋求答案時，可形成一種狀況的心像，並在心像中對種種目標加以重新安排。這種心裡的作用往往是在不自覺的狀態下進行的。而也只有在發現答案時，他才會突然明白，原來他早已在思索這個問題了。

(2)一旦答案以頓悟方式出現時，它會很快的再次出現。答案逐步出現是嘗試錯誤學習的法則，但在頓悟學習中，它的出現是突然的。既然黑猩猩曾經使用竹竿來勾香蕉，那麼在下一次牠亦會去尋找竹竿。

(3)因頓悟而得到的答案可以運用於其他狀況。頓悟實驗中所學到的，並非是對一種特殊的 S-R 的因果關係，而是對目的與方法間的關係的一種認知。因此，其工具是可替代的。如**圖 7-31** 中以船來代替汽車，對問題的解決並沒有影響。

所謂高效率的學習者，必須是機智且能適應環境，他必須能將本身所知運用於新的狀況，並且為自己發掘出以前未曾面臨的問題的答案。強調頓悟學習將有助於問題解決行為的發展。

符號學習

若干被歸類爲條件化反應的學習，事實上可納入「什麼導致什麼」的符號學習中。這是托爾曼(Edward C. Tolman)的論點。他相信大多數的學習都是一種符號學習。在迷津試驗中的老鼠可能會發展成一種迷津圖或是迷津的**認知結構**(cognitive structure)，而非只是一種左轉或右轉的因果關係學習，假若將其熟悉的途徑堵住，這隻老鼠可能依已知的空間關係來採行其他的途徑。

符號學習可定義爲：學會期望在一個特定的情境裡面，某一個刺激會跟隨著另一個刺激出現。注意，此處所學會的是一種期望而非一連串反應的系列次序。雖然這種期望可能引起動物一種特殊的反應，但這種反應並非一成不變的。也就是說，一個反應可能很快的被另一個反應所取代，但對期待的刺激所將達到的目的而言，這二者都是一樣的。因此，假若迷津裡面灌滿了水，一隻已經學會在迷津內的目標箱中去獲得食物的老鼠，將毫無錯失地游到目標箱。這隻老鼠顯然已經知道了目標箱的位置，而不是一種特定的刺激——反應關係。既認爲所學到的是一種環境的一系列期望或認知圖，而不是一種特殊的反應，所以符號學習不是一種條件化學習，而是一種需要「領會」的學習。

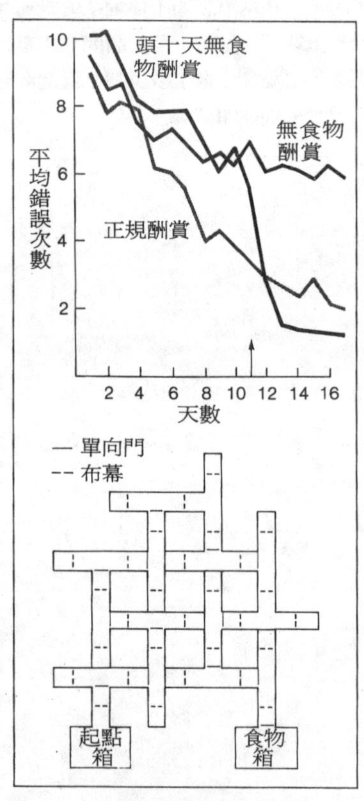

圖 7-32　老鼠的潛伏學習

注意：在第十一天以酬賞來加強後，以粗黑線表示的第三組老鼠表現得甚至比第一組更好。下端是本實驗中所使用的迷津的圖形（取材自 Tolman & Honzik, 1930）。

潛伏學習　潛伏學習的實驗證實了認知結構的觀點。所謂**潛伏學習**(latent learning)，廣義而言是指任一種在學習時行爲無任何徵象的學習。而典型的潛伏學習大都在低度驅力或是缺乏酬賞的狀況下發生，一旦驅力增強或是適度的增強作用出現時，以往所學的就會突然派上用場。上面的實驗就是一個例子。將三組老鼠置放於如**圖 7-32** 所示圖形的迷津中。在第一組到達迷津終端的目標箱時就給予食物；第二組達到目標箱時不給食物；第三組在前十天先不給食物，後七天到達目標箱時才給食物。奇怪的是第十一天開始，第三組錯誤的次數有了明顯的下降，在表現上有時甚至比第一組還好。很明顯的是，這一組老鼠在得到食物以前就已經學到了迷津的空間方向了。托爾曼認爲，這一組老鼠已經將迷津中的死巷、歧途及到達目標箱的正確途徑有系統地組成了一幅圖案。

爲了將酬賞與懲罰的影響行爲加以理論化，托爾曼說明了

學習(learning)和**行爲表現**(performance)的不同。在潛伏學習的實驗中，老鼠雖然已經學到了迷津的空間方向，但這種學習在行爲上並不明顯，非得等到酬賞引起了老鼠的行爲動機才會出現。托爾曼認爲，以學習而言，酬賞或懲罰具有一種傳達訊息的功能，它們導致「什麼引起什麼」，而非只侷限於一種特殊反應或摒棄其他反應。就另一方面而言，在行爲表現上酬賞和懲罰具有決定即將發生反應的功能。而具有最大期望酬賞的反應會發生得最快，效率最高。

理論上的解釋

如同本章所曾提到的，在如何解釋學習上，心理學家有許多不同的看法。有人將學習看成是一種 S-R 的關係，有的卻強調認知的程序。當我們檢驗正統或操作性條件化學習時，S-R 的方法顯然較佳。它對一種現象提供了簡單而直接的解釋——我們不需假設刺激與反應之間有中介的心理事件存在。有些心理學家認爲，即使是最複雜的學習方式，亦可解析爲 S-R 的方式。對他們而言，S-R 關係是構成一切複雜行爲的「行爲原子」。

但在較複雜的人類學習方式中，S-R 關係尚未能有一個令人滿意的解釋。我們在後面三章將會提到，如同記憶與解決問題等現象，用 S-R 關係是很難解釋得非常完全的。這種解釋很快的變得難以運用，並且在指引研究的新途徑上是沒多大助益的。所以，心理學家就慢慢的轉而注重認知關係了。這種改變我們將留待後面的記憶、語言與思維中討論。

就我們的觀點而言，認知學習和 S-R 關係學習具有一種**互補**(complementary)的作用。單獨而言，都有所遺漏，都無法完全解釋學習的特性。

或許我們可以將學習的種類放在一個簡單的直線座標上，一端是自發性的學習(S-R 關係)，一端是頓悟和理性的學習(認知原則)。那些毫無知覺、經由正統條件化所學到的習慣在直線座標的一個極端。當我們看到美食而流口水，或是碰到一種依以往經驗證明是很危險的狀況而覺得緊張時，可能就是這種條件化學習。再往中間移動，可能是一種有知覺但部分自發的學習，如學習外語和游泳等是。另一端則是需要很多複雜關係事實的理性學習。大多數的學習都將落在這線上的某一點——一種由簡單關係和理性所混合而成的學習。

這種**混合理論**(mixture theory)對很多心理學家而言是太折衷了，他們寧可選擇一種立場而去指責立場與之相反的理論。然而，就實際的運用而言，採用這種不偏重任一方的態度是最佳不過了。因此，在教導孩子閱讀時，不但要教他練習字和音的關係，同時也要讓他明白發音規則和上下文對意義的影響。

目前對行為論的認知挑戰

我們已描述了正統和操作性條件化中需作認知解釋的某些現象，尤其是可預測性及控制條件化過程中的重要性。在正統條件化中，在到達聲音可預測電擊的程度後，老鼠學會某個聲音和電擊之間的聯結；在操作性條件化中，如果狗在先前的實驗過程中，學到電擊非自己所能控制時，牠將無法學會跳過障礙以逃避電擊。**可預測性**和**控制**正是認知的觀念；舉例而言，「可預測性」意指相信某事會發生；而「相信」則是心理世界的一部分，而非生理的部分。

尤有甚者，可預測性能與其他認知面相連(例如記憶)以對正統條件化提供更詳細的解釋。根據韋格納(Wagner, 1981)的看法，人類具有可複誦訊息的短期記憶(見第八章)，較低等的動物亦然。此外，動物的短期記憶在條件化中扮演著關鍵的角色。在條件化進行的早期，US 是新的、不可預測的；接著，個體在短期記憶中複誦 CS-US 的聯結；此種複誦過程基本上便是學得正統條件化反應的媒介。一旦 US 的出現不再是意外，複誦便逐漸減少，而且不再有進一步的學習。

其他的研究也曾重複了托爾曼有關老鼠腦中認知地圖的研究，為說明其過程，讀者可看**圖 7-33** 的迷宮圖形，該迷宮有一中央平臺，八條路線從中向外伸出。每個嘗試中，研究者都在每條路線末端放置食物，老鼠需學習探訪每一路徑(以得到食物)而不回到已走過的路。老鼠對此的學習情形相當好；在經過二十個嘗試後，牠們都不會回到原先走過的路線(甚至在對迷宮噴以刮鬍水以消除有無食物的味道線索後，老鼠依然如上述反應)。最重要的是：老鼠很少採用人類所用的策略——例如以明顯的順序來走過這些路徑；相反地，老鼠的行走是隨意的，顯示牠並非學到一種不變的反應順序。那麼，牠學到的是什麼？可能老鼠是發展出一種地圖的表徵，牠區分出各路線之間的空

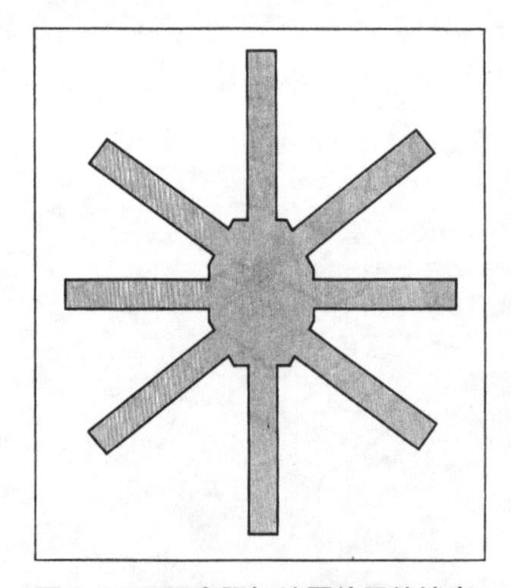

圖 7-33 研究認知地圖使用的迷宮
採用此迷宮的實驗中，老鼠必須學會分別探訪幾個路徑，而不能重複（取材自 Olton & Samuelson, 1976）。

間關係，而且在每個嘗試中，牠對走過的每一路徑作了一個「心理的記號」(Olton, 1978, 1979)。

動物學習中具有認知成分的最有力證據來自哺乳類的研究。特別令人印象深刻的研究是顯示猩猩可學得某些原被認為人類所獨有的抽象概念。在典型的研究中，猩猩學會使用不同形狀、大小、顏色的塑膠代幣來代替字眼，例如，牠們可能學習某個代幣意指「蘋果」，另一個代表「紙」，但代幣和代表的物體之間並不具實體的相似性。猩猩能學會這種代表的意義，顯示牠們理解「蘋果」和「紙」這些具體概念。更令人驚奇的是，當呈現兩個「蘋果」代幣或兩個「橘子」代幣時，牠們學會使用「代表」相同的代幣，在呈現一個「蘋果」、一個「橘子」的代幣時，牠們會使用「不同」代幣。同樣的，猩猩似乎也瞭解因果關係：當呈現剪刀和剪過的紙時，牠們會使用代表「原因」的代幣，但呈現完整的紙和剪刀時，便不會如此(Premack, 1985a; Premack & Premack, 1983)。

雖然上述實驗的重要性不在話下，但認知觀點最有力的支持證據來自對人類所作的研究，這些研究顯示在理解學習、記憶、思考和語言時，有必要採取認知的探討。

摘　要

1. 行為論對條件化所採的假設是：(a)單純的聯結是所有學習的基礎；(b)相同的聯結法則適用於各種屬、各情境；(c)外在原因比內在原因更能解釋學習。
2. 巴卜洛夫用狗做的正統條件化實驗，對各種學習如何形成提供了幾個實用的原則。這些包括增強作用、消弱作用、自然恢復、類化作用和區辨作用。
3. 操作性條件化中，反應是對環境而作，而不是由某未條件化刺激所引起的。最早進行操作性條件化研究的為桑戴克，他指出動物所作的試誤行為，而且伴隨有增強的任何行為都將會被加強(效果律)。
4. 史金納的**操作性條件化實驗**，將條件化原則擴展至無法由無條件刺激來誘發的反應上。操作性行為可施於環境中產生增強物作用，而也由於增強物之出現而使此行為將來更可能會出現。

5. 反應出現率是一種實用的操作強度的測量方式。**部分增強作用**最能顯示操作行爲的規則性——因爲長期和規律的反應可由部分增強作用來產生。所謂**次級增強**就是一個刺激聯合一個增強性刺激以獲得增強性能，這個事實增加了條件化的範圍，並且說明了如社會贊許和金錢等誘因等的酬賞價值。
6. 馴獸師可藉著增強，符合其需要的反應，而去除其不需要者的方法來**塑成行爲**。因此，操作性條件化能解釋新奇行爲的學習。實驗顯示，日常行爲的某些方面可藉著操作性條件化加以控制。
7. 所謂**增強作用**就是指任何能使一刺激增加其誘發反應的機率之事件。增強的次數、延宕和量之大小比率都是影響學習的重要變項。
8. 條件化增強作用是指某個刺激與某增強物聯結，本身因而獲得增強的特質，此種作用擴大了條件化的範疇。根據普力邁克原則，個體較常作的活動可增強較少作的活動。
9. 懲罰是指壓制或消除反應的事件。就訊息性而言，懲罰對學習是有益的。個體可藉著對某個懲罰事件出現前的訊號有所反應，而學會逃避懲罰。在此種逃避學習中，增強可能是恐懼的降低。
10. 條件化學習通常都直接運用於單一可識別的反應上，但很多學習卻比這種更複雜。這些複雜的學習就是**多重反應學習**。其中二個例子就是如鏡描和目標追踪等**感覺運動技巧**，以及如系列學習和對聯學習等**機械式記憶**。
11. 實驗者將多重反應學習的結果描繪下來就形成一條**學習曲線**，它顯示出熟練程度隨著練習而改變。經過幾次嘗試後，這些曲線通常都出現一種**報酬遞減**的現象。從低層次到高層次學習習慣的改變，可能有一段時間沒有任何進步，這種現象則稱爲**高原期**。
12. 動物行爲學家對行爲論的質疑之一，是反對相同的學習法則見於各種屬或同一種屬所處的各種情境。動物行爲學家認爲動物學習的內容受限於其遺傳既定的行爲藍圖，這方面的證據來自味覺嫌惡的研究：老鼠很快學會生病感和溶液味道的聯結，但無法學會聯結生病感和燈光。相反的，鳥類學會聯結燈光和生病，但學不會聯結味道和生病。這種區別正是鳥類和老鼠在覓食活動上的天生差異所致。
13. 條件化或多重反應學習都強調特殊反應或語文習慣的獲得。

有些心理學家反對過分強調這種專由刺激-反應關係產生的自動學習特性。他們認爲，對於情境的瞭解才是最重要的。庫勒的**頓悟**實驗指出，問題的安排可使解答變得容易或困難，而一旦因頓悟而找到答案時，就可重複運用於新的情境。

14.托爾曼的**符號學習**實驗，亦同時強調瞭解所扮演的角色及認知結構的發展。從**潛伏學習**實驗得到的結果，對那些只重視特殊反應結果的獲得，而不考慮和受試者有關的**認知象徵**的理論提出了相反的論證。

15.從上述強調的幾個論點中，我們都可以學習到東西。學習有一部分是由**聯結過程**而來，對學習者而言，較少有理性的引導；有一部分是由**認知過程**而來，學者能夠領會到知識的關係及組織。

16.認知論對行爲論的批評是後者認爲只能靠外在或環境的因素來理解行爲。根據認知論者的看法，智力是個體對外界種種作心理表徵的能力，因此是對這些心理表徵而非對外界本身來運作。在某些情況下，這類運作有如心理上的試誤。

進一步的讀物

Pavlov 的 *Conditioned Reflexes* (1972)是正統條件化歷程的經典之作。Skinner 的 *The Behavior of Organisms* (1938)是操作性條件化歷程的書籍。

有關學習的一般介紹，如 Schwartz 的 *Psychology of Learning and Behavior* (2nd ed, 1984)對於條件化有通盤的檢討，包括動物行爲學和認知方面的討論。另外理想的教科書有 Domjan 和 Burkhard 的 *The Principles of Learning and Behavior* (1985)。Staddon 的 *Adaptive Behavior and Learning* (1983)試圖結合有關條件化的傳統研究和動物行爲學的發現，而 Mackintosh 的 *Conditioning and Associative Learning* (1983)則對正統條件化作認知取向的探討。更進一步的讀物爲六册 *Handbook of Learning and Cognitive Processes* (1975-1979)，其中包涵了學習與條件化的大部分；而 Honig 和 Staddon 的 *Handbook of Operant Behavior* (1977)，則對操作性條件化作了廣泛的討論。

早期的認知取向探討見於兩本書：Tolman, *Purposive*

Behavior in Animal and Men(1932, 1967); Köhler, *The Mentality of Apes*(1925, 1976)。較近的書籍則爲 Premack, *Gavagai: The Future of the Animal Language Controversy*(1985b)。

對各種學習理論的檢討，說明當時歷史環境及典型實驗的書，請看 Hilgard and Bower, *Theories of Learning*(4th ed., 1975); Glaser(ed.), *The Nature of Reinforcement* (1971); McGuigan and Lumsden (eds.), *Contemporary Approaches to Conditioning and Learning*(1973)。

有一些學習的教科書，採獨立的觀點，強調學習實驗室的貢獻，例如 Deese and Hulse, *The Psychology of Learning* (3rd ed., 1967); Rachlin, *Introduction to Modern Behaviorism*(1970); Hill, *Learning, A Survey of Psychological Interpretations*(2nd ed., 1971); Logan, *Fundamentals of Learning and Motivation*(1970)。另一本較深入但容易閱讀的書是 Estes, *Learning Theory and Mental Development* (1970)。

討論學習過程的數學理論的書，可見 Atkinson, Bower, & Crothers, *An Introduction to Mathematical Learning Theory*(1965)；Coombs, Dawes, & Tversky, *Mathematical Psychology: An Elementary Introduction*(1970); Krantz, Atkinson, Luce, & Suppes(eds.), *Contemporary Developments in Mathematical Psychology*(1974)。

第八章　記憶與遺忘

記憶的種類365
再整合記憶
回　憶
再　認
再學習
記憶程序的種類
重要討論：全現心像
記憶的特質370
記憶三個階段
舌尖現象
語意記憶的組織
遺忘的本質374
不用而退化
干擾的影響
動機性的遺忘
重要討論：RNA 與記憶痕跡
記憶是永恆的嗎？379
記憶的兩段論
記憶的不同類型
短期記憶382
編　碼
儲　存
提　取
短期記憶與思考
記憶組集
長期和短期記憶
長期記憶394
編　碼
提　取
儲　存
編碼–提取交互作用
遺忘的情緒因素
重要討論：童年的失憶
失憶症：記憶的崩潰
重要討論：凝固理論和遠事失憶症
記憶的增進410
記憶組集與記憶廣度
想像與編碼
背景與提取
組織和記憶
練習時的自我重述
過度學習對保留量的影響
PQRST 法
建構式記憶419
簡單的推論
刻板印象
基　模

所有的學習都是一種記憶，假若我們對以往的經驗無法保留任何記憶的話，我們就學不到什麼東西了。我們的思維完全是記憶的作用。萬物中只有人類能具有過去、現在、未來的時間觀念，主要也是因爲記憶的緣故。

記憶的方法之一是將一個事件及其周遭環境予以回想或再整合。**回想**(recollect)是一般用辭；**再整合**(reintegrate)則是一種術語，意指基於部分線索對早期經驗的重新結合或重新建立。例如，只有在某些因素「提醒」你時，你才會對高中畢業典禮的一切作一番再整合。你可能會記起當時樂隊演奏的曲子、致辭時臺上的擺設、當時和你談話的朋友，甚至典禮接近尾聲時的心情。這種再整合的記憶雖常常是完整而又深入，但並不一定非完整深入不可。

不只是在回憶個人早期經驗時才會有再整合的情形；當我們要回想一些非個人經驗的消息時亦會有再整合的現象。例如，你如何回想埃及女王克麗佩脫拉的種種事蹟呢？首先，你會想到一、二個獨立事件，藉著這些你會去思索、探究，直到對這個主題的知識能結合成一體爲止。並非所有的資料都在一下子同時回想起來；你必須從很多不同的角度，藉著記憶的探究逐步將與主題有關的知識作再一次的整合。**記憶的搜尋**(memory search)相當有次序，一件事讓你回想起另一件事，逐一結合成整體的資料。但有時也會有一些和我們當時在想的東西毫不相關的記憶會突然出現。

很多記憶缺乏這種再整合的特性。例如，你可能不必結合每一個分立的句子就可以很完全地將一首詩背出來，甚至根本記不得在什麼樣的狀況下學會這首詩的。由於藉著**回憶**(recall)而產生的記憶要比知識或早期經驗的再整合更易於測量，所以前者是實驗中最常用的一種方法。

另一種研究記憶的方法是**再認**(recognition)。再認也者，就是指出是否曾見過某一件事物，能否指出曾見過某一件事物當然和記憶有關。例如：「這聲音很熟，是什麼呢？」或是「我的朋友有一幅畫和牆上這幅一樣，但我忘了是誰了。」一種研究方法是所謂**再學習**(relearning)。最後你將發現，以前你曾學過的東西在目前學起來，要比未學過的在速度上快了許多。

再整合、回憶、再認和再學習都是記憶的跡象，每一種都是記憶的一個不太相同的層面。

記憶的種類

再整合記憶

心理學家對再整合記憶較少研究，主要是因爲檢驗個人過去的種種細節上頗爲困難。有些人使用了催眠術，結果顯示出一個人在催眠狀態下，回憶七到十歲的學校生活要比在淸醒時更爲精確。而昔日同學或老師名字的記憶，即是證明的依據(Reiff & Scheerer, 1959)。

有關法庭證人的證詞之研究(study of testimony)，就是要研究目擊者的供述有多可靠。在課堂上，我們可以請實驗助手演出一齣犯罪案件，但不讓學生知道這是假的案件，然後令學生記錄下全案的經過。即使有的學生堅信自己記得很淸楚，卻也難免歪曲了事實。例如，本書作者曾演出下列案件：一個工人打斷作者的演講，於是作者和這個工人發生爭吵。工人說話時帶著德國口音。雖然劇中扮演工人的演員實際上有著金黃色的頭髮、深褐色的眼睛，但太多數的學生卻因其北歐人的外表和德國口音而對顏色說出了錯誤的推論——他們滿懷信心地描述工人的眼睛是藍色的。這種實驗涉及到法庭上人證的可信度問題。

有關個人記憶的研究，心理治療學家所從事的要多於實驗心理學家。在心理分析中，兒童期的記憶是治療的重要基礎。這其中有一個特殊但未完全爲人探究淸楚的問題，即人們對兒童期之經驗所能記得的是少之又少。這就是佛洛伊德所謂的**兒童的失憶**(childhood amnesia)。有個理論認爲，兒童對環境的感受和大人非常不同，因此大人無法以他現在的想法來回憶自己小時候的事情；要想回憶兒時的細節，必須要回復到小時候的思考方法——這當然是不可能的，所以我們無法回憶很多幼期的經驗。記憶的儲存和語言的發展可能也有密切的關係，小時候語言能力較弱，因此我們無法記得小時候的經驗。

回　憶

回憶的種類當中，最容易做實驗的，就是主動去做出過去學過的某些行爲。你可能以「騎上一輛自行車」來表示你記得如何騎自行車；你亦可能以背誦的方式，來表示你知道哈姆雷特臨死前的獨白。你正在證明，假若沒有過去的經驗，現在的行爲必將有所不同；簡單的說，假若過去的一切行爲未留任何遺跡，你不可能會騎脚踏車。

爲了在實驗中對回憶的數量有一個數量上的統計，研究者經常使用對聯學習(參閱第七章)，並且允許受試者在記下一些實驗題目後能有一段過渡時間。過渡時間可能是幾分鐘、幾小時、幾天，甚至幾個月不等。然後受試者回到實驗室來，將出現的每個刺激與其以前的反應相聯結。這種正確回憶的百分比稱爲回憶得分。

再　認

當我們對某些事物再認時，我們知道它對我們而言是熟悉的，我們以前一定和這類事物有過接觸。再認是一種很普通的經驗，卻也是一種既複雜又神祕的心理過程。整個過程都是完全自動發生的。例如，當我們碰到某人時，我們可能會說：「雖然我忘了你的名字，也忘了什麼時候在什麼地方見過你，但我確定我們曾經見過面。」

我們可以從錯誤的再認(即誤將一件不曾見過的東西認爲是曾見過的)中，學到一些和再認有關的東西。法語中，déja vu (以前曾經見過)這個詞常常用來描述引起熟悉感，但又顯然是陌生的周遭事物。這種經驗的重要性和信服性，使得希臘哲學家柏拉圖相信人有「前生」(上輩子)存在。比較合理的解釋是：沿街道旁的大厦建築格式很類似你過去見過的大厦，但你並不自覺，或者你曾聞到花園的花香，但你不記得自己曾聞過，所以，頓覺一份曾是此中人的熟悉感，但實際上你不曾來過此處。換句話說，這是來自過去經驗的一種類化。

在作再認的實驗研究時，我們必須區分正確和錯誤的再認。我們可以將六十張照片給受試者看，然後再拿另外六十張照片和原來的照片混在一起，令受試者將他先前看過的六十張照片挑出來。爲了矯正瞎猜，我們可以用和矯正是非題測驗分數相同的方法算出再認分數，其公式爲：

$$再認分數=\left(\frac{答對數目-答錯數目}{總數}\right)\times 100$$

假若原先的六十張照片受試者都將之歸類爲「熟悉的」，其餘歸類爲「不熟悉的」，那麼他的再認分數是一百分。假若受試者只是全憑運氣瞎猜，可能是對錯各佔一半，那麼他的分數是零。

再學習

研究記憶的另一方法，就是去證明學習已往熟悉的東西，要比陌生事物在速度上來得快。即使有些在表面上看起來已經完全忘記了，但假若以前學過的話，再學習時就容易多了。現在我們以一個小孩學習希臘文選的研究來說明。

實驗者連續三個月每天對一個一歲大的嬰孩讀相同的三篇希臘文選，而每篇都包括二十行的抑揚六音步詩；三個月後，再以同樣的時間和方法朗讀另外三篇。這個程序一直持續到二十一篇朗讀完畢。

這種早期經驗剩餘影響的研究，在孩子八歲、十四歲、十八歲時，以記憶實驗來進行。在這三個年齡時，分別讓他學習他以前學過和完全陌生的兩種不同性質但數量上相等的希臘詩。結果發現：八歲時，學習以前學過的比以前未學過的，在時間上節省了將近百分之三十；但在十四歲時，只節省百分之八；而到十八歲時，則沒什麼差別了。這項研究證明了，即使對孩子而言，實在無意義的古典希臘文，在第一次學習後五年多再學習，仍然可以節省學習的次數或時間(Burtt, 1941)。

在**再學習法**(relearning method)中，實驗者使用的方法和回憶法差不多。第一次學習後經過一段時間，然後在第二次學習時測驗其**保留量**(retention)。受試者以前所學習過的，必須依據標準方法來符合某些**熟練標準**(criterion of mastery)，在再學習相同材料時能達到這一標準，例如很流利地背出一首詩即是一種標準。假如第二次學習時的練習次數少於第一次，我們就可以下列的公式來表示其**節省分數**(saving score)：

圖 8-1　保留曲線

無意義音節的保留量可藉著再學習來測量。其中，節省分數的百分比是個依變項（取材自 Ebbinghaus, 1885）。

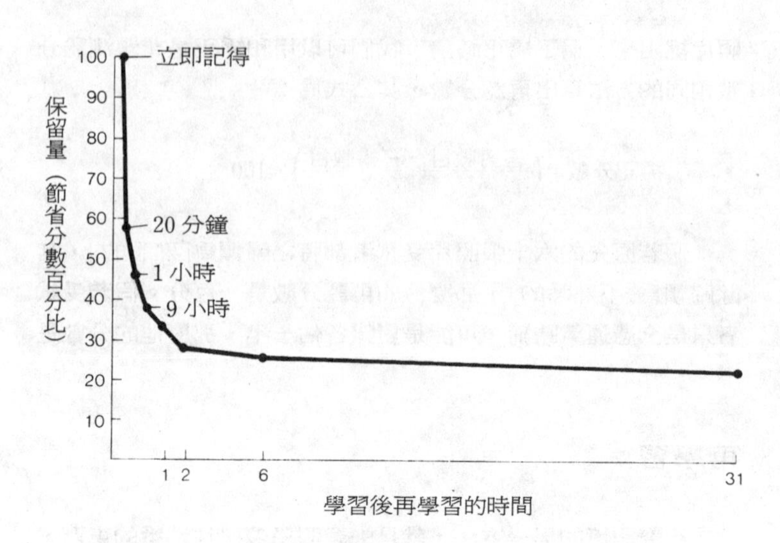

$$節省分數=\left(\frac{第一次學習練習次數-第二次學習練習次數}{第一次學習的練習次數}\right)\times 100$$

假若再學習時，不需任何練習就可以達到第一次學習的標準，那麼節省分數是一百；假若再學習的練習次數和第一次相同，則節省分數爲零。

愛賓豪斯(Hermann Ebbinghaus, 1885)曾從事一項研究來說明節省分數的使用。他以自己爲實驗對象，研究記憶與時間的關係。他首先去學習記憶七個不相關的文字表，直到能連續二次毫無錯誤地背出來爲止。二十分鐘後，他再學習第一個文字表到與第一次的標準相同爲止。接著他又學習其他不同的文字表，而介於第一次學習與第二次學習的時間也各有不同，分別是一小時、九小時、一天、二天、六天、三十一天等。**圖 8-1** 以節省分數來顯示其每一個文字表的保留量。因爲曲線所表示的是因不同時間而產生的不同學習保留量，所以這種曲線稱爲**保留曲線**(retention curve)。

記憶程序的種類

所謂的再認、回憶、再整合及再學習等記憶程序，很難嚴格劃分。但每一種記憶因受試者的需要而有所不同，所以用一種方法或許可以測知早期經驗的記憶，但用另一種方法則不能。例如，無法用再整合記憶或無法立即回憶的早期經驗，可能可以用再認或再學習的方法來測知。而再認通常是比回憶法更能敏銳地測量記憶量。例如，拿出一張名人的照片要你說出他是誰時，你可能會發現，從一張名單上挑出他的名字要比用回憶的方法容易。然而，在特殊狀況下，回憶可能比較容易。例如，我們經常能夠正確的想到一個字的拼法，但一旦要在兩個類似的字當中作個選擇的話，則可能無法認出來。

對個人的過去經驗而言，和日期有關的記憶與和日期無關的記憶之間(如熟悉單字的記憶)，可能有重大的差異存在。假使個人記得他查過一個特殊的字，則這種回憶就是具體經驗的再收集，但大多數的字都不能和個人歷史關連一起。在**失憶症**(amnesia)的病例中，個人的記憶幾乎是一片空白的，但患者依然能以其熟悉的語言和人交談、購買戲票、計算應付的帳款及其他許多事情，顯示和日期無關的記憶和非私人記憶沒有喪失。再認具有再整合的一些特性(以前有過的經驗)，而回憶則可能是自動的，不需和個人的過去歷史扯上關係。

重要討論：

全現心像

儘管我們之中大多數都能將自己所見到的視覺印象，加以保留，但這種印象通常只是一個輪廓並且是不清楚的。可是，有些人卻能像照片一樣將所見到的一切完全保留。對一張圖片他們只要一瞥，即使圖片已經拿掉了，他們也仍然能「看見」，不是用腦去想，而是確實在他們眼前的某個地方。他們能將此種心像保留數分鐘之久，將之視同空間中一種固定的形象加以審視，並且能以比記憶更精確的方式加以描述。這種情形通常稱爲**攝影的記憶**(photographic memory)，換個心理學的專有名辭，就是**全現心像**(eideticimage)。

全現心像是一種少見的現象。對兒童的研究報告中指出，只有百分之五的人能將這種視覺心像清晰地持續半分鐘。現存的證據顯示，過了青春期以後這種現象就更罕見了。在典型的實驗中，實驗者將一幅以淺灰色顏料繪成的圖畫放在畫板上，拿給一個兒童看半分鐘，然後拿掉圖片，令兒童描述他所見到的。大多數的兒童不是說什麼都沒有看到，就是只描述出圖片的**後像**(afterimage)而已；但有

圖 8-2　全現心像測驗
這是一幅全現心像的試驗圖。拿給小學生看半分鐘後，有個兒童在其全現心像看到貓尾巴上有十六條花紋。此圖是「愛麗絲夢遊仙境」中的一段。

些人的描述卻非常清晰。在被問及圖畫的內容時，甚至可以說出如貓尾巴的條紋有多少(參閱**圖 8-2**)，或夾克上的鈕扣數目等細微末節。他們往往必須仔細檢查他們的全現心像，然後才能作答。

在對兒童所作的全現心像研究中顯示，要產生一個心像，讓兒童看上三、五秒是必須的。而兒童本身的報告亦指出，假若他們看圖畫的時間不夠，儘管他們或許還記得圖畫中所包含的各部分，但他們無法形成各部分的整體心像。而用力眨眼或將視線自畫板移開通常都會使心像消逝(Haber, 1969)。

曾有人認爲，全現心像具有促進視覺成爲記憶的功用，但現有的證據顯示並不盡然。就長時間的記憶而言，具有全現心像的兒童，並不比其他的兒童爲佳。事實上，在看著圖畫時，假若要具有這種能力的兒童逐一說出圖畫各部分的名稱，他將無法形成一個心像。換句話說，具有全現心像的兒童不是以心像的方式，就是以口語記憶的方式，來保存外來的刺激資料，他們無法同時以兩種方式進行。

其他的證據亦指出，全現心像是一種視覺現象，而非依靠記憶的現象。例如，具有全現心像能力的兒童，在將心像從畫板移轉到其他平面時，這種心像就消失了。此外，全現心像並非一種攝影式的複製，它們依然會有所增減，和記憶一樣，會對原始資料產生歪曲現象。圖畫中孩子特別感興趣的部分，在他的全現心像中特別細膩地複製、重現出來。

記憶的特質

心理學家發現對記憶畫分出幾種特質，有助於對記憶的瞭解。特質之一爲記憶的三個階段：**編碼**(encoding)、**儲存**(storage)和**提取**(retrieval)。另一特質爲記憶的類型，不同的記憶可用來長期或短期儲存訊息，並儲存不同種類的訊息(事實的記憶和技能的記憶)。本節只討論前者，記憶類型留待稍後再討論。

記憶三個階段

近年來，心理學家研究記憶的方法已由**行爲論**(或稱刺激-反應學派)轉移到**認知論**去了，部分是因爲行爲論在處理實際的問題時，實在不敷使用，部分也是因爲一些新發現的現象，與原先的假設發生矛盾。爲了處理刺激和反應之間的心理過程，心理學家採用了認知論的觀點。他們將記憶分爲三個階段：**編碼**(encoding)、**儲存**(storage)和**提取**(retrieval)。所謂編碼，就是將感覺刺激轉變爲一種可以記憶程序儲藏的方式；儲存是指將所記得的資料轉變爲記憶的一種程序；而提取則是指在需要時探測出所記憶的資料的一種程序。這三個階段可比喻爲一種事務檔案系統。起初接到電話時，將其以文件方式輸入檔案歸檔，這份文件可能會記下日期、來電者的姓名和電話內容，依此決定其歸檔處並將其儲存起來。往後需要這份資料時，必須尋找檔案以提取之。記不起的某些事可能是由於輸入錯誤、資料未加儲存，或是需要時無法提取的緣故。現今許多對記憶的研究試圖界定出在不同情境下，發生於每一階段的心理運作，並解釋這些運作如何差錯而導致記憶的失敗。

因爲我們從記憶中提取一個單字或一個名字太容易了，所以我們通常對其作用程序不甚明白。有時候對某一件事物我們雖然確定自己知道，但一時之間卻無法立刻回想出來。例如，你可能無法立即想出國校三年級時級任導師的名字，但假若你用各種方法好好想一陣子，可能就可以想起他的名字。在某些狀況下，當你早已不再思索時，你可能會突然想起他的名字。此類事件似乎表示，雖然我們的意識並不知道，但內心深處的記憶儲存卻會繼續作主動的搜索。

舌尖現象

對於某種事物(如單字、名字等)我們確定知道，但一時之間又無法立即想起時，這種感覺狀況稱爲**舌尖**(tip-of-the tongue, 簡稱 TOT)現象。這個單字似乎已到嘴邊，卻要依賴主動的記憶搜索來提取正確的單字。

布朗和馬克尼爾 (Brown & McNeil, 1966) 曾作過一個 TOT 現象的實驗研究，證明在我們探求一個特殊的單字(即目

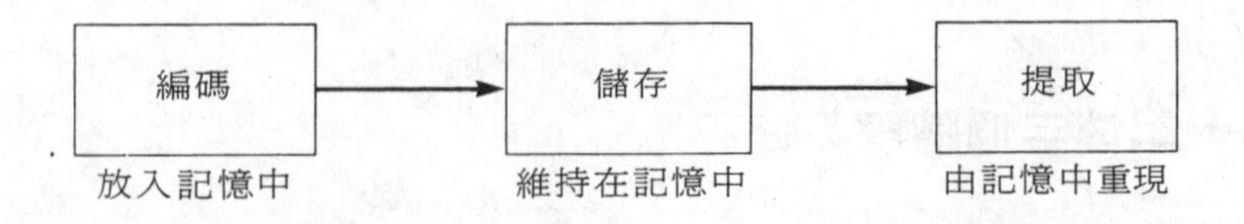

圖 8-3 記憶的三個階段
現代的記憶理論將遺忘歸因爲在某一個或一個以上階段的失敗。

標字)時，我們所想到的單字通常都和目標字具有某些類似的特性。實驗過程中，他們讓一羣大學生看一些罕用的英文字母的定義——如 cloaca(下水道)、ambergris(龍涎香)、sampan(舢板)等。對某些受試者而言，有些是屬於認識的字彙，而非他們常用的字彙。有些學生覺得自己知道這個字，但無法立即想出來(TOT 現象)，這時就可以詢問他們與他們思及的字有關的問題，以促使他們想出正確的字。

研究中發現，處在 TOT 狀態下的受試者，對目標字的性質擁有許多資料。他愈接近成功的階段，這些資料就愈精確。他所想到的字可能和目標字意義類似，或者發音類似。例如，假若目標字是舢板(sampan)發音相似的字可能是塞班島(Saipan)、暹羅(Siam)和馬來布裙(sarong)等，而意義類似的字可能是駁船、船宅或中式大船。在發音相似字的分析中顯示出，TOT 狀態下的受試者，對目標字的音節數目，及第一個字母的辨別具有高度的正確性。但最後一個音節或字尾他們亦能分辨，只是正確性較低。

提取並非單純的全或無的過程。我們可能僅記得一個單字的某些有關資料，而忘卻其他的特性。此類研究引起我們對記憶中如何儲存資料，而在後來又如何提取的有趣的臆測。這些我們在底下討論。

語意記憶的組織

我們可以從記憶中將儲存的資料回復過來所花費的時間，看出記憶的組織。我們可能會懷疑，記憶難道只是一只摸彩袋？記憶中資料的儲存一定具有某些組織，否則我們的回憶必定是完全的偶然性。當然，個人歷史背景的不同，也會造成記憶組織的獨特性。但某些資料，特別是語言知識及其運用，在一個社羣中應具有共通性，且在每個人之間應有一種或多或少類似的組織。使用語言所必備的記憶，稱爲**語意的記憶**(semantic memory)(Tulving, 1972)。

寇林斯和克維連(Collins & Quillian, 1972)認爲，語意記

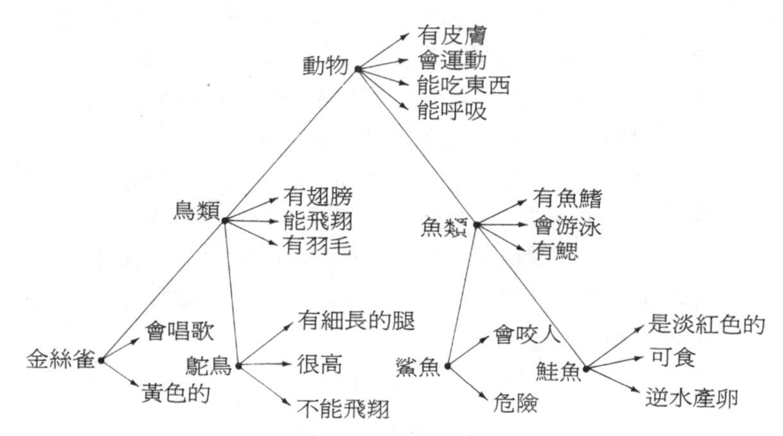

圖 8-4 語意的網狀結構

圖中是一種假設的三層次記憶結構說明(取材自Collins & Quillian, 1972)。

憶可能是一種互相連結的網狀組織。**圖 8-4** 說明的就是部分的**語意網狀組織**(semantic network)。在這網狀組織中，每個字的儲存都伴有幾個指示字。單字的概念就是幾個指示字連結的交點。這個網狀組織的基本假設是：關於一種特殊階層事物資料的儲存，只限於該層系當中。在鳥類皆有的資料(如翅膀、羽毛)，並未儲存在每種鳥的交點中。當然，「金絲雀有翅膀」這個事實，可以透過推理而發現金絲雀是一種鳥類，而且有翅膀。這種資料儲存方式可以節省記憶空間。當然也有例外，如鴕鳥不能飛翔的事實就儲存在鴕鳥的交點中。

根據這種模式，一段敍述只有在其中的字句能貫穿語意網狀組織的狀況下，才會被認爲是眞的。以**圖 8-4** 而言，欲肯定「鯊魚能運動」這段敍述有一定途徑，其推理程序如下：鯊魚是一種魚，魚是一種動物，而動物能運動。

要驗證這種模式，可以令受試者判斷一段敍述的眞僞。眞的敍述有好幾種方式。第一種如「金絲雀是黃色的」，這種敍述已將敍述的特性儲存於本身的例證之中。另一種則如「金絲雀能飛」，其中所敍述的特性例證儲存於上一層次中。其他如「金絲雀能吃東西」的敍述則將其特性例證儲存於上二個層次中。如「鮭魚有翅膀」即是非眞敍述。當敍述出現時，受試者須馬上判斷其眞僞，由實驗者記錄下判斷所花費的時間。

如果我們假設從這種層系中的一個交點移到另一個交點需要時間的話，這段時間就能反映受試者決定眞僞的速度。**圖 8-5** 顯示的就是作一個眞實判斷所需的時間。圖上的點是三個不同層次的敍述例句。如「金絲雀是黃色的」就是在語意網狀組織的同一層次上，而「金絲雀能吃東西」則需要受試者從金絲雀的交

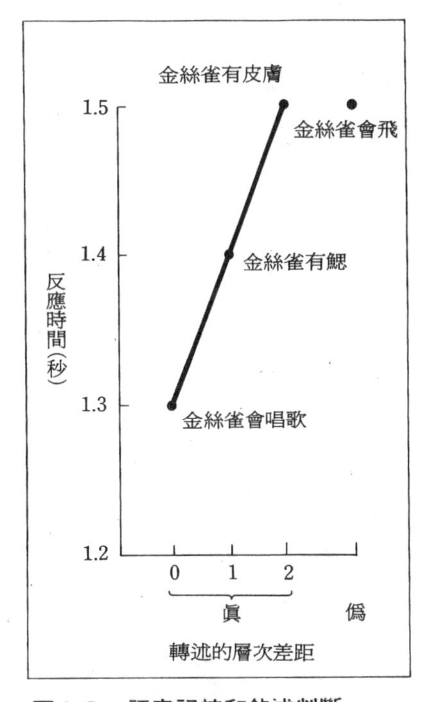

圖 8-5 語意記憶和敍述判斷

語意層次的數目愈多，判斷的時間愈長(取材自Collins & Quillian, 1972)。

點移動二個層次到動物交點上。語意層次的數目愈多，決定一段敘述爲眞所需的時間也就愈多。這項實驗支持了**圖 8-4** 所顯示的語意記憶。雖然人類的記憶組織並不完全依循此一方式，但這項實驗支持了**層次**(hierarchy)觀點。

上述的研究包含了很多問題和混淆的變項，因此，要評價這個發現必須謹愼。以目前的研究而言，一般都支持「語意資料是一種記憶的網狀組織」的結論。而此類的研究工作則讓我們能推論出語意的網狀組織結構，並且告訴我們有關我們如何領會語言的種種知識。

遺忘的本質

我們爲什麼會忘記事情呢？傳統的解釋有三種。因爲這三個解釋彼此都不矛盾，所以都能幫我們更進一步瞭解記憶的特性及遺忘的理由，三種遺忘的原因是：(1)不用而退化；(2)干擾的影響；(3)動機性遺忘。

不用而退化

有一種對於遺忘最古老的解釋，也許也是大多數外行人所認爲的，那就是遺忘只是因爲時間的過往。這種解釋假設：學習在腦中留下一種物理的**痕跡**(trace)，而這種痕跡在學習之前是不存在的。隨著時間的過去，腦中的新陳代謝作用引起了記憶的消弱或退化，於是以前學習的痕跡就慢慢的蛻變，終至完全消失。

粗略學習的材料經常會很快的遺忘。這種經驗恰可證實不用而退化的論點。即使你在一次演講中想辦法逐字記下其定義，你亦可能會發現它正慢慢的消弱。遺忘的圖片或故事也顯示了消弱是隨時間而去的一種作用。當初次看到一張圖畫時，對於其各部分細節都記得很清楚，但隨著時間的消逝，這些細節就慢慢被忘記了，最後只剩下輪廓而已。

看起來這種退化理論似乎相當可信，但缺乏直接的證據支持；相反的，有不少證據顯示其可疑——至少不是一種完美的解釋。**圖 8-1** 的保留曲線，在某種場合下是可以解釋的。在很多狀況下，即使中間不作任何練習，學習的效果仍然可以持續一段很長的時間。如游泳或開車等多種運動技巧，即使我們已經幾年未練習了，也仍然不易忘記。某些口語的東西可以保留很長的時間，但有的卻很容易忘記。我們可能還記得小學六年級時背過的詩句，但可能忘掉我們高中時代學過的東西。爲什麼退化的作用程序會有兩種不同的效果呢？

退化理論不易解釋下面這個現象：我們認爲已喪失記憶有時會恢復。例如，人在接近老年時，對於當天所發生的事往往只有一個概略的印象，但有時卻能很清楚的記起年輕時候的種種。此外，還有其他的例證，例如，自小時候起就未再使用過外語的精神病人，有些居然可以說出這種外語。這些都證明了，不用的記憶不見得就會退化。

雖然似乎有很多證據反對退化理論，但不可否認的，若干遺忘的發生是因爲時間的因素導致了神經系統的功能變化。目前，我們所能肯定的是，退化理論無法解釋所有的遺忘現象。

干擾的影響

對於遺忘現象的另一個解釋則認爲，決定遺忘並不在乎時間過去多少，而是在於學習和回憶間的干擾。新學習的內容可能干擾業經學習的內容。這種干擾理論可藉魚類研究權威史丹佛大學首任校長朱爾敦(D. S. Jordon)的一段故事來說明：由於他是一所新大學的校長，所以經常要當面叫出學生的名字，但他每記得一個學生的名字，就忘了一種魚的名稱。據說，他因此不再去記學生的名字。儘管故事本身缺乏事實根據，但也說明了新學習如何爲舊學習的回憶所干擾。這種新學習干擾舊學習的現象稱爲**逆向抑制**。而另一種基於相同原則的干擾理論——**順向抑制**則認爲已往學習的內容將干擾新材料的學習及回憶。

逆向抑制(retroactive inhibition)　逆向抑制可以實驗來證明。實驗中分爲二組，每一組的人都要去學習無意義音節的表 A；然後再令實驗組學習 B 表，但控制組不必。最後要這二組去回憶 A 表。假若控制組的回憶效果明顯的較實驗組爲佳，我們就可以將這種差異歸諸逆向抑制。這項實驗可由右圖來說明。

逆向抑制的實驗安排

	階段 1	階段 2	階段 3
實驗組	學習 A 表	學習 B 表	回憶 A 表
控制組	學習 A 表	休息或做其他不相關活動	回憶 A 表

假若休息一段時間不加入任何活動再作回憶的話，仍會產生某些遺忘的現象。這能夠用逆向抑制理論來解釋嗎？也許可

順向抑制的實驗安排			
	階段 1	階段 2	階段 3
實驗組	學習 A 表	學習 B 表	回憶 A 表
控制組	休息或做其他不相關活動	學習 B 表	回憶 B 表

以，不過我們必須把清醒的過程視爲一種主動學習才可以。這種逆向抑制理論的延伸，可以由經過一段時間的睡眠和清醒的保留量的比較來驗證。假若清醒會干擾回憶，那麼睡眠後的保留量將會較佳，因爲其中的干擾較少。如**圖 8-6** 所顯示，人們在清醒時比睡著時更易於遺忘。入睡後的一、兩個小時，我們會忘掉一點點，但過後我們整個晚上所遺忘的不會比前一、兩個小時多太多。

因此我們可以認爲，逆向抑制不僅在介於最初學習和回憶間的正常學習發生，同時也發生於正常的清醒干擾下。對於遺忘現象的解釋，逆向抑制確可佔一席之地。

順向抑制(proactive inhibition)　另一種干擾則是發生在舊學習材料干擾了新學習的回憶中。讀者可將左列的圖與逆向抑制研究的圖(上頁下方)比較一下，即可瞭解兩者的差別。

上述的實驗證明了和逆向抑制所發現的類似的結果，控制組的回憶遠比實驗組爲佳。實驗組以前的學習確實干擾了對 B 表的回憶。

安德梧(Underwood, 1975)曾表示，當實驗對象是有經驗的受試者時，順向抑制扮演了一個重要的角色。如**圖 8-7** 所示，受試者以前學得愈多，其新學習的保留量愈少。在一長串連續的「學習和回憶」週期中，順向抑制的影響是十分驚人的。在每個週期中，受試者將一個新的表學習到可以背誦的程度，然後在兩天以後再去回憶所有的表。這個實驗共有三十六個連續的週期，而每個週期都包含一個新的對聯列表。受試者，大概可以回憶第一表的百分之七十；而到最後一個表時，回憶的數值幾乎是零(Postman, 1969)。

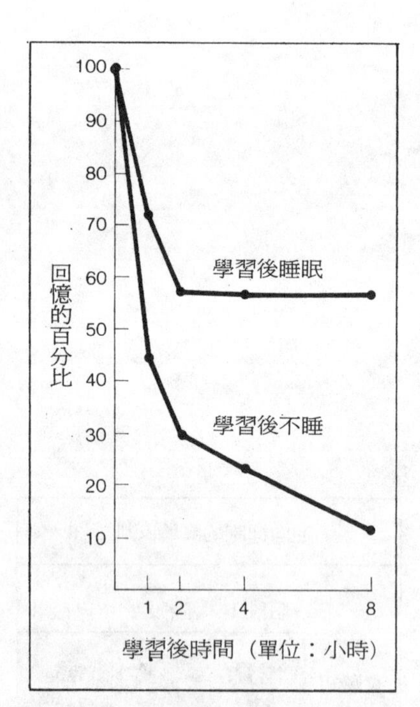

圖 8-6　逆向抑制

圖中所顯示的是剛學習後到回憶的這段時間，受試者睡或不睡的保留量（取材自 Jenkins & Dallenbach, 1924）。

或許你會想，假如新學的東西會受這麼重的干擾，那我們學新東西幹什麼？反正不久就會干擾而遺忘！讓我們在這裡慎重指出，順向和逆向抑制對無意義的音節字母有較大的影響，對於有意義的東西，它的效果較小。此外，若將一樣東西學得滾瓜爛熟，順向和逆向抑制的干擾效果就變小了。但不論如何，有著相當的證據支持抑制在遺忘中所扮演的角色。

動機性的遺忘

以上對於遺忘的解釋不是強調生理程序對記憶遺跡的影響，就是強調新舊學習材料間的干擾，但二者都忽略了在記憶與遺忘中人類動機所扮演的角色。這種忽略不可以等閒視之，因爲一個完美的遺忘理論無法忽略人們所嘗試去做的事——不論記憶或遺忘。

潛抑(repression)　動機性遺忘的觀點之一就是**潛抑作用**，其中某些記憶因爲與我們個人的問題有關，所以變得難以回憶。但在適當的狀況下，仍然可以顯露出來。潛抑理論認爲，無法回憶的是因爲其提取對個人而言，是難以接受的——可能因爲會產生焦慮或罪惡感。

失憶症(稍後再詳細討論)所顯示的遺忘特性，或許可以幫助我們對潛抑現象的瞭解。失憶症的病患並非記憶全失，相反的，他仍然具有平常的活動能力，所遺忘的只是他個人的資料——姓名、家庭、住址及個人的過去。對於失憶症的研究發現，這種病症在開始以前通常都經歷過一段嚴重的情緒震動，最後以失憶症作爲逃避的手段。

精神病的個案能對記憶的潛抑及其提取，提供令人信服的證據，下列的個案就是一個例子：

> 一個四十歲左右患憂鬱症的男子進入精神醫院，腦海中飄浮著死亡的念頭。經調查結果，在病人小的時候，他的母親過世，他非常悲慟。對母親死亡的唯一記憶，就是在睡夢中被搖醒，然後被帶到很遠的醫院去。當他和姐姐到達醫院時，母親已經去世了。母親的死亡對他的打擊很大，而他的主治醫師亦表示，他目前的很多徵兆都是從那天而來。爲了幫助他回憶那段時間的種種，醫師試著問他一些問題，看看他是否記得那天晚上所發生的事。結果仍然是一無所獲。但就在和醫師見面晤談過的當晚，這些被潛抑的記憶以另一種方式出現在他的夢中。
>
> 病人夢見自己看到兩個鐘，一個在走，一個已經停了。還在走的鐘恰好走到二點四十分，停擺了的鐘則停在四點四十分。這個夢使他十分困惑。

由於這兩個鐘可能都代表著兒童期被潛抑的記憶，所以醫師詢問了他的姐姐有關其母親死亡的種種。她說，她只記得他們在清晨二點半左右被搖醒，然後被車子載到醫院去，抵達醫院時大約是四點半——他們的母親剛剛過世。

不管是姊姊記的時間較正確還是弟弟較正確，總之，夢中的時間和實際的時間十分接近是很可信的。對病人而言，這段記憶是意識所達不到的，但經由醫師在治療過程中的探究，使

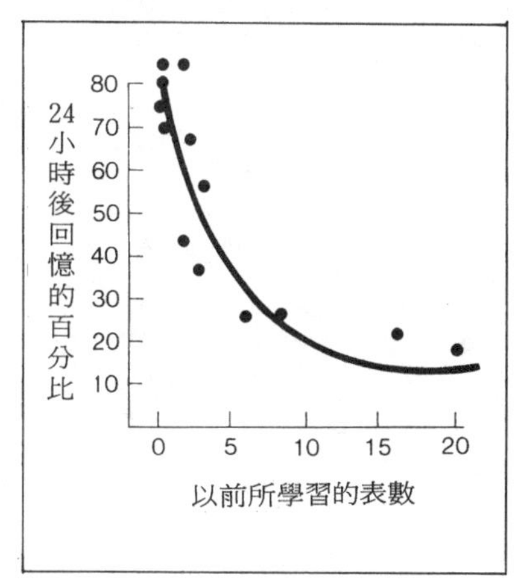

圖 8-7　順向抑制

圖中每一點都表示實驗的結果。實驗中，以前所學的列數表較少的，在經過一天後，保留量要大於所學的列數表較多的（取材自 Underwood, 1957）。

得這段記憶得以在夢中重現。

截至目前爲止，已做過不少這方面的研究，主要是想去證明，一般沒有記憶困擾徵兆的人，是否亦有潛抑現象的出現。雖然心理分析的研究中指出，潛抑是一種很普遍的現象，但實驗的結果並不能充分證明。每隔一陣子就有人說他的新實驗證明了潛抑現象；然而，這些實驗不是不可靠(別人做不出相同結果)，就是潛抑作用影響太小了，致使其實驗價值變得很有問題。但是，若能發現一種研究潛抑實驗的有效程序，就能使目前只依賴臨床觀察的記憶研究能顯著的推展。

重要討論：

RNA與記憶痕跡

記憶痕跡(memory trace)這個名詞前面我們曾經提過，但仍須作一番解釋。所謂記憶痕跡，是一種**假設建構**(hypothetical construct)，而非我們目前所知的腦中的那一部分。它指的是當我們經驗過某件事後神經系統中所產生的一種改變。當我們說記憶痕跡消失或是產生變化時，我們主要是表示：當我們回憶時，所想起的和原始記憶不同。

記憶能持久，表示腦部結構有了持久的變化。有一種假設是，某些變化發生於細胞的生化特質中；更確定的說，**核糖核酸**(ribonucleic acid, 簡稱 RNA)可能就是擔任記憶化學媒介的複雜分子(Hyden, 1969)。

我們都知道**去氧核糖核酸**(deoxyribonucleic acid，簡稱 DNA)是一種專司遺傳的物質。因爲所謂的遺傳因子(或稱基因)主要就是由 DNA 構成的。DNA 的排列形成了遺傳的符號次序，而這種特殊的排列方式就決定了完全的個體——有著眼睛和雀斑、一個會跳動的心臟、一個可以思考的腦的個體。遺傳的構造是由 DNA 分子所組成的，假若我們一個(僅僅一個)DNA 上的指示語代表一個字母來拼英文的話，就可以拼成好幾套二十四冊的大英百科全書。

DNA 一直待在細胞核中，並且製造出可分擔責任的助手來控制細胞的活動。這些所謂的助手就是在細胞核中製造出來的各種形式的 RNA，它們游離到細胞質中控制細胞功能。海登(Hyden)認為，DNA是非常穩定的東西，它能傳導「種族記憶」；RNA較不穩定較易改變，說不定能具有傳遞記憶的功能。

眼前有三種研究支持這種看法。第一，注射一種妨礙RNA形成的化學物。例如，將一種已知對RNA之合成有妨害的抗生素，注射到在迷津中已學得逃避電擊的老鼠身上去，結果牠們逃避電擊的記憶完全消失了(Flexner, 1967)。第二，經由訓練，可以造成神經細胞中RNA的改變。例如，先以食物為獎賞來訓練一隻小老鼠在一條細斜的電線上保持平衡，然後將維持平衡的前庭神經細胞剖片以顯微鏡來分析的話，會發現這些神經細胞不僅具有更多的RNA，並且比未受過平衡訓練的老鼠在構造上有著明顯的不同。因此，特殊訓練能造成相關細胞中RNA合成速率的改變(Hyden, 1967)。

第三種實驗則涉及RNA在記憶中扮演的角色(McConnell等人, 1970)。實驗中以正統條件化學習的方法來訓練一種渦蟲，這種渦蟲棲息於水槽中。在水中通過一陣短暫的電流後，渦蟲反應出一種明顯的肌肉收縮。假若電擊開始時就配合著燈光，經過幾次配合後，單有燈光就可以引起肌肉的收縮。然後在已受過電擊、燈光配合的渦蟲身上抽取其RNA，注射到未受訓練的渦蟲身上，再以這些渦蟲作實驗，結果發現，注射過已訓練渦蟲的一組在學習這種條件化反應上，比未經注射的一組快。但是，這類實驗或其他相關試驗的結果並不一定會成功，所以有關這種移轉效果的結論並不一定十分可靠。

假若以後的研究能證實，學習經由RNA傳導並可移轉到別的有機體這種假設，則從一種科幻小說的觀點來看就很有意思了。例如，未來當學生的就可以不必拚命的學習諸如微積分這種科學了，因為他可以由其數學老師身上抽取RNA，再注射到自己身上！

記憶是永恆的嗎？

記憶是永恆的嗎？有一種理論認為一個事件只要被存進記憶裡，就永遠存在那裡，不會喪失、不會改變。這個理論和前面我們所討論到的各種理論(如記憶痕跡的退化、干擾的影響和動機性遺忘)有關。痕跡退化理論強調記憶的損耗或物理損失。動機性遺忘則認爲資料永久儲存在記憶中，但某種情緒的結果使得記憶資料無法提取。干擾假設則對永恆與非永恆兩種立場均能支持；即干擾物可以是的的確確摧毀記憶痕跡，也可以只是藉著建立某種限制或障礙使其無法追回原先的記憶痕跡的完整。

這兩種型態的遺忘(一種是資料的損壞，另一種資料沒有壞，只是找不到)稱爲**痕跡式遺忘**(trace-dependent forgetting)和**線索式遺忘**(cue-dependent forgetting)(Tulving & Madigan, 1970)。痕跡式遺忘是因爲記憶痕跡退化的緣故。在線索式遺忘中，資料儲存於記憶中，但是可以使其被提取的關鍵線索卻付之闕如。此種遺忘在 TOT 狀態下尤爲明顯。

在大多數的狀況下，想不起來的原因可能痕跡式遺忘和線索式遺忘都有。但有些記憶是否永恆這個問題，具有理論上和實務上的重要含意，以現階段的研究而言，我們無法有個定論。然而，明顯的證據顯示，我們腦中所記憶的，數量之多遠超過我們的想像。當我們專心去回想一件特殊事件時，我們經常會發現，我們所能回憶的要多於我們所認爲的。在催眠術下回憶兒童期的一切即是支持記憶永恆論的另一個例子。

在手術進行當中，對癲癇患者的腦部施以電流刺激就會發現一個更令人訝異的證據。癲癇發作時，無法以藥物控制，但若將癲癇干擾所集中的腦組織部位切除的話，有時會產生較有利的影響。爲了保證切除之後腦部的重要功能不受干擾，醫生在接受局部痲醉的病人身上以電流刺激勾劃出其周圍部位。在手術進行當中，病人的意識仍然清醒，可以描述出受到電流刺激時腦中各部位的感受。腦刺激可以將病人的記憶清清楚楚的勾引出來。根據病人的報告，當電流刺激時，腦海中會突然浮現已往的種種及當時的感受。這些勾引出來的東西，似乎的確是過去的經驗，例如兒童期情景或以前所聽過的樂團演奏等都是。有一個病人看到了自己正在家裡和堂兄弟們談笑，雖然那是兒童期的舊事，但在當時卻是歷歷如繪，彷彿時光倒回一樣。

這些過去經驗的回想要比平時的記憶清楚多了。電流彷彿打開了一卷記載著過去種種的影片，而這些卻也是病人長久以來所忘的。只要將通電的電極置於腦中的一部位，過去的經驗就會浮現，但一拿掉電極，這種現象就會突然停止。

奇怪的是，假若將腦中能引起某一經驗的部位切除，通常並不會使人遺忘該事件。這可能是因爲資料實際上儲存於腦中的其他部位，而先前電極所引起的神經活動正好刺激了這一個遙遠的部位。也可能是腦中對一已記憶的事件有好幾份拷貝，切除腦中某一特殊組織部位，只是毀掉其中一份拷貝而已。

電流刺激的研究，爲我們的假設提供了強而有力的證據，即在回憶的能力消失時，很多記憶仍可長時間保持完整。除了電流刺激和催眠外，是否還有其他方法也能敲開這也隱密記憶的秘密，這是一個有趣的問題。

記憶的兩段論

因爲光靠一種解釋無法正確地闡釋遺忘，很多心理學家主張**記憶兩段論**(two-process theory of memory)。他們提供出兩種型態的儲存機構，一種儲存剛剛經驗的記憶，另一種則儲存經常受到注意的回憶資料。這種機構分別稱爲**短期記憶**(short-term memory, 簡稱 STM)和**長期記憶**(long-term memory, 簡稱 LTM)，二者的差別就像你記憶中家裡的電話號碼，和剛剛從電話簿上查到的電話號碼的差別一樣。你的電話號碼，和你的住址、姓名、語言用字及文法、加法表、乘法表及你一生中的大事都儲存於 LTM 中。除了對某一個字或某一個熟悉的名字有著心理上的障礙，這些記憶算是相當永恆的；相反的，諸如你剛查到的電話號碼、老師剛在課堂上介紹過的定義，以及一個陌生人的名字，則都暫時儲存於 STM 中。除非你蓄意集中你的注意力在這些資料上(即將其轉移至 LTM)，否則這些資料都將很快的消失(參閱**圖 8-8**)。

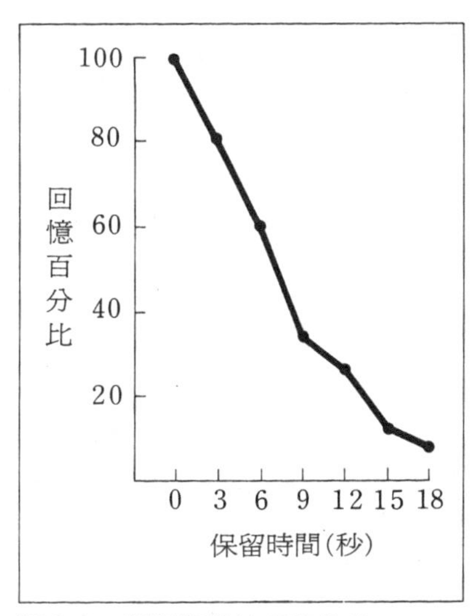

圖 8-8　短期記憶的保留曲線
受試者依次在 3 、 6 、 9 、12、15、18 秒後回憶由三個子音字母（如 XJR）所組成的重音單字。單字先以聲音的形式出現，接著會出現一個數字，受試者在數字出現後開始倒數。倒數須等到令他回憶單字的信號出現時才停止。倒數的程序主要在避免受試者複誦這個單字。由圖上可知，在這種狀況下經過 18 秒才來回憶的話，其效果幾乎等於零。如果能避免複誦，短期記憶資料的回憶就會很快的消失（取材自 Peterson & Peterson, 1959）。

記憶的不同類型

短期與長期記憶　記憶的三個階段在各種情況下，並非都以相同的方式運作。在要求我們對訊息儲存幾秒鐘和要求儲存較長時間——從幾分鐘到幾年——的情境，記憶似乎有所不同。前者是放入短期記憶，後者反映長期記憶。

當我們在知道某個名字後立即回憶時，似乎未曾用到提取，好像名字仍然還活靈活現，存在我們的意識中。但在幾個小時後試著回憶該名字時，提取常會很困難，因爲名字已不在我們的意識中。短期和長期記憶的差別，有如意識中知識和前意識知識——我們雖具備但目前未想到的知識——之間的差別。我們可將記憶想成是一組龐大的知識，其中只有一小部分可隨時處於主動活躍狀態，其餘的部分爲被動的。短期記憶爲此主動部分，長期記憶則屬被動部分。

對失憶症患者的研究，更支持了區別短期、長期記憶的重要性。在各種形式的失憶中，人們很難長久記住一件事，但記上幾秒鐘卻沒問題。因此，嚴重的失憶症患者可能無法認出他的醫生，縱使幾年來他幾乎天天看到這個醫生，但在被告知醫生的名字時，他又能毫不困難地重複一遍(Milner, Corkin, & Teuber, 1968)。

儲存不同訊息的不同記憶　直到不久之前，心理學家仍認爲所有需作儲存的內容，都使用相同的記憶系統。例如，同樣的長期記憶基本上是用來儲存個人有關老祖母的葬禮，以及騎單車所需的技巧等這些訊息的綜合。但最近的證據顯示，這種假設是錯誤的，特別是人們似乎使用不同的長期記憶來分別儲存事實和技能。我們也可能使用不同的長期記憶來儲存關於外界的一般事實(如 12 的平方等於 144)和有關本身經驗的個人事實(「我眞受不了那個數學老師」)。

理想的作法是先區分出儲存不同內容的各種記憶系統，並就每一種系統描述其長期和短期記憶中的編碼、儲存和提取階段。以目前所獲得的硏究資料而言，此種目標未免太大，而我們已知的大部分都是有關事實(尤其是個人事實)的記憶，本章並將以此爲重點。以下便是討論短期和長期事實記憶中，編碼、儲存和提取的本質。

短期記憶

即使在對訊息只須記上幾秒鐘的情況中，記憶還是包括了編碼、儲存和提取三個階段。

編　碼

爲將訊息編入短期記憶中，必須先注意訊息。由於我們的注意力有選擇性(見第六章)，因此短期記憶只包含被選擇的訊息，這點意味著暴露在我們之前的許多訊息，甚至根本不會進入短期記憶，更遑論後來的提取了。

許多被標爲「記憶問題」的困難，其實是注意力的過失。舉例而言，如果你買了些雜貨，稍後有人問你結帳店員的眼睛是什麼顏色，很可能你答不出來，因爲你根本未曾注意到這些事。

音碼(acoustic coding)　當訊息被編入記憶中時，是以某種譯碼或表徵型態儲存。例如當你看到一個電話號碼並保存它直到你撥完號碼，你是以何種形式來代表這些數字？是視覺表徵——數字的心像？是聲音——這些數字唸出的音？還是語意(以意義爲基礎——該數字具備的某些有意義的聯結？研究指出我們可使用任何一種形式將訊息編入短期記憶，雖然當我們試圖以**複誦**(rehearse)——在心中不斷地重複——使訊息處於活動狀態時，似乎音碼是更常被使用的方式。當訊息由語文項目如數字、字母或字所組成時，複誦是一種相當常見的策略。因此在試圖記住某電話號碼時，我們最常將這些數字作成音碼，並對自己複誦這些音，直到撥出這個號碼爲止。

在一個研究音碼的實驗中，研究人員對受試者短暫地呈現有六個子音的列表(如 RLBKSJ)；當表上字母消失時，受試者得依順序寫出六個字母。雖然整個過程只花上一、兩秒鐘，但受試者卻時常犯錯，而錯誤的字母和正確的字母具有發音相似的傾向。以上面的例子而言，受試者可能寫出 RLTKSJ，以聲音相近的 T 取代了 B(Conrad, 1964)。這個發現支持了受試者對每一字母作聲音編碼的想法(如 bee 代表 B)，有時會漏失掉該編碼的某部分(如只保留了聲音的 ee 部分)，因此寫出發音與剩餘部分有相符合的字母(tee)。

類似的實驗也產生另一種有關音碼的結果：當呈現的字母發音相似時(如 TBCGVE)比發音不同時(如 RLTKSJ)，對項目作順序的回憶較爲困難。另一個例子是以中文讀者所作的研究，對這些受試者短暫呈現一系列中文字，接著要他們依順序寫出來，當每個字發音都不同時，受試者能正確地寫出六個字，但在所有字都爲同音字時(因此無法作音碼)，只寫對了三個。消除音碼運用的結果是減少了半數的回憶(Zhang & Simon, 1985)。

視覺編碼(visual coding)　上述研究中，中文受試能回憶出三個同音字的正確順序，顯示他們同時也以某種視覺表徵來保存這些項目。其他實驗指出雖然我們可對語文材料作視覺編

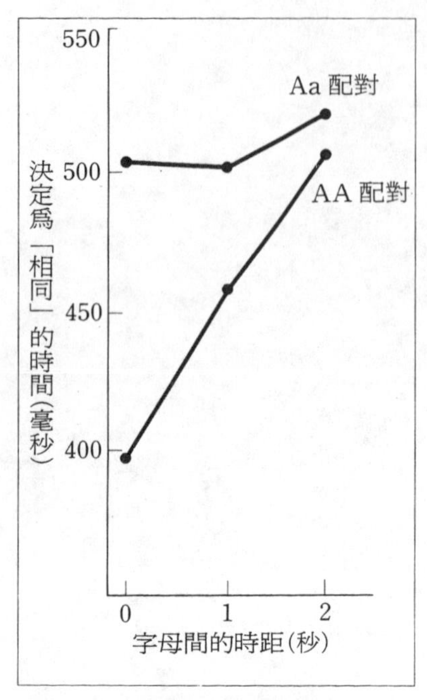

圖 8-9 視覺譯碼的消退

每次嘗試中，都對受試者連續呈現兩個字母；其時間差距由零至二秒。受試者得決定第二個字母的發音是否與第一個相同，其呈現情形如下所示：

A———→ A

A———→ a

第一個字母時距第二個字母（0 ～ 2 秒）

當時距大約為一秒時，對第一個字母的視覺譯碼應該尚未消失，因此，受試者可能對字母作直接的視覺比較，這種比較可適用於類似 AA 的配對，但 Aa 的配對只能以發音來比較。所以我們可預期對 AA 的決定會快於對 Aa 的決定。當時距約為兩秒時，視覺譯碼已經消退，只有字母的聲音還留在短期記憶中，此時 AA 和 Aa 的決定時間應該一樣，因為兩者此時都需要以音碼來判斷（取材自 Posner & Keele, 1967）。

碼，但此種編碼經常會迅速消退。例如，當你看某個地址「7915 THIRD AVENUE」時，可能在一、兩秒之內存有這個視覺編碼。這種表徵會保存外觀細節，如該地址全為大寫字母。但幾秒鐘過後，所留存的將只剩該地址的聲音(音碼)，而且這種編碼不會保存有關字母型態的訊息。**圖 8-9** 的實驗顯示出視覺編碼的消退。

音碼的優勢性主要是在語文材料上。當個人必須儲存非語文項目時(如一些很難描述的圖畫,因此也很難對它作聲音的複誦)，視覺編碼便較重要。少數人——多半是兒童——能在短期記憶中保持幾乎如相片般清晰的視覺映象。他們能對圖畫作短暫地注視，在圖畫移開後，仍然「看到」圖畫的映象在眼前。此即前述的全現心像。

儲　存

有限容量(limited capacity)　有關短期記憶的最驚人發現，或許便是它極有限的容量了。一般而言，其範圍是七個項目，或多或少二個(7 ± 2)，有些人只能儲存五個項目，有些可能多達九個。由於在記憶能力上的個別差異極大，因此上述的確切數字聽來不免令人生疑，但是記憶能力的差異主要是來自長期記憶。就短期記憶而言，大多數正常成人的容量均為 7 ± 2。此種恆定的數字是實驗心理學家中早已知悉的事實。愛賓豪斯(Herman Ebbinghaus)早在一八八五年便開始對記憶的實驗研究，結果顯示他本人的記憶限度為七個項目。過了大約七十年，喬治密勒(George Miller, 1956)對此恆定數深感驚奇，並稱它為「奇妙的數目 7」。同樣的記憶限度見於非西方的文化中(Yu et al., 1985)。

心理學家藉著對受試者呈現各種無關項目(數字、字母或字)的系列，並要他們依順序回憶出項目的方式，確定了 7 ± 2 的數字。這些項目呈現的時間都很短，受試者無法將它們和長期記憶中的訊息相連；因此回憶的項目數反映的只是短期記憶的儲存容量。在一開始的嘗試中，受試者只能回憶出少數幾個項目——大約三、四個——這是他們可輕易做到的。接著隨著嘗試次數的增加，回憶的項目數也漸增，直到實驗者確定了受試者依正確順序所能回憶的最多項目數，此數目(一般是五至九之間)便是該受試者的**記憶廣度**(memory span)。這種作業十分簡單，讀者可自行試做：下次當你有機會瞥過一連串名字時，對它看過一次，然後轉開視線，並看看自己能按順序回憶出幾個名字，很可能就是在五個至九個之間。

遺忘(forgeting) 我們可能短暫地保存七個項目，但多半會很快地忘掉。遺忘的發生是由於原來的項目爲新項目所**取代**(displace)，或是原項目隨時間而**消退**(decay)。

取代的觀念適合容量有限的短期記憶，這個有限的容量顯示我們可將短期記憶想成大約有七個凹槽的心理箱，進入短期記憶的每一個項目進到自己的凹槽中；只要項目數沒有超過凹槽數，我們便可正確地回憶出各項目，但是當所有凹槽已被佔滿，又有一個新項目進入時，舊有項目之一必須讓位，新項目取代一個舊項目。爲說明起見，可假設你的短期記憶空無一物(見**圖 8-10**)，接著進來一個項目，好比有人向你介紹了芭芭拉・科恩，於是科恩這名字便進入了你的短期記憶。稍後其他名字又被介紹給你，短期記憶中的名字逐漸增多，最後到達了你記憶廣度的極限。接下來進入短期記憶的名字便有個機會取代科恩；在一個新項目進入後，取代科恩的機會只有一個，兩個新項目進入後，便有兩個機會，依此類推。換言之，科恩會在短期記憶中消失的可能性，隨著隨後進入的項目數作穩定的增加。最後，科恩終將讓位。

取代現象已獲實驗多次的證實。在某個研究中，對受試者呈現包含十三個數字的表，一次只呈現一個。在最後一個數呈現之後，給予一個**探測**(probe)數字(因爲受試者得使用它來探

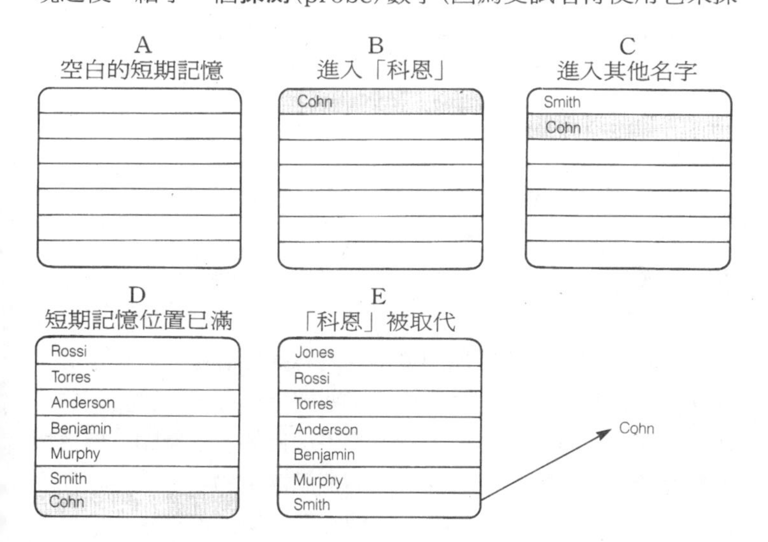

圖 8-10 因取代而產生的遺忘
由於短期記憶有限的容量（7 ± 2），使得新項目的加入造成原有項目的消失或被取代。

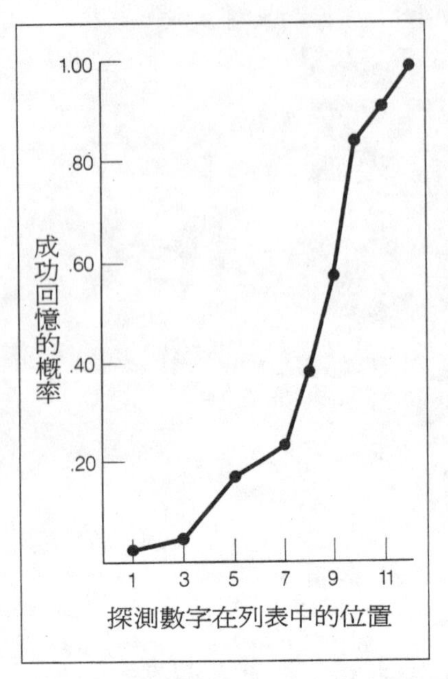

圖8-11 回憶和探測數字位置的關係 當探測數字處於列表末端時，待回憶的數少，回憶出的概率高；當探測數字處於列表前端時，待回憶的項目多，回憶出的概率低（取材自 Waugh & Norman, 1965）。

測自己的記憶)。此探測數字總是和列表中的數字之一相同，接著要求受試者回憶該探測數字之後的項目。舉例而言，給予3916975382564 的數字系列和探測數字 2，受試者應回答 5(該探測數字只在列表中出現一次的數字)。如果探測數字處於列表末端時，隨後的項目應該還存在短期記憶中(因爲才剛呈現)，因此被回憶出的可能性很大。當探測數處於列表前端時，後面跟隨著許多項目，大多數可能被取代而無法回憶出。探測數位於列表中間時，取代的機會處於上述兩者之間，如同回憶的概率。**圖 8-11** 顯示此實驗的結果支持取代的說法。某個數字的呈現和回憶之間的項目愈多，則該數字被回憶出的可能性愈低。

短期記憶遺忘的另一個主因是訊息隨著時間而消退。我們可將某個項目的表徵想成一種會在幾秒鐘之內消退的痕跡。此種觀點的證據之一是：縱使沒有新訊息的進入，某個項目也會在幾秒鐘內由記憶中消失的例子(Reitman, 1974)。另一個證據是：作爲記憶項目的字發音較長時，短期記憶廣度的容納的字較少；例如當出現的字爲「harpoon」「cyclone」時，比字爲「bishop」「pewter」時，廣度較小(試著唸出這些字，看看每個字發音時間的差異)。產生此種作用的基本原因在於當字呈現時，我們會對自己唸出這些字，唸的時間愈久，某些字的痕跡在回憶之前便已消退的可能性也愈大(Baddeley, Thompson, & Buchanan, 1975)。

因此似乎在我們記憶前端的訊息必須很快地讓位給後來者，一個主要的例外是加入複誦：經過複誦的項目不容易被取代或消退(在有關取代或消退的實驗中，多要求受試者不要作複誦)。複誦能維持訊息免被取代，由於我們無法在複誦舊有項目同時又編譯新項目；換言之，透過阻止新項目的編碼，複誦可防止取代的發生。而且複誦以更直接的方式防止消退，對已部分消退的項目作複誦會使它回復完全的強度。

提　取

在此，我們可將短期記憶中的內容視爲活躍於意識中的訊息，直覺的想法是：可立即取得這些訊息；毋須去「挖掘」它，因爲它就在那裡。因此提取與意識中項目的多寡無關，但這種直覺是錯誤的。實驗結果顯示出短期記憶中的項目愈多，提取的過程會愈緩慢，顯示「提取」需對短期記憶進行搜尋：一次檢視一個項目(如同你得對一組盤子一只只檢查,以找出有缺口的一只)。此種短期記憶的系列搜尋以非常迅速的方式進行——太快了,以至於讓人未能意識到它的存在。有關此種搜尋過程的大部分證據,來自史登柏格(Sternberg, 1966)所使用的實驗方式:在實驗的每一嘗試中,對受試者呈現一組數字,稱為**記憶列表**(memory list),受試者得將它暫時保存在短期記憶中。由於每個記憶列表包括一到六個數字,因此受試者不難達到此要求。接著將記憶列表移開,出現一探測數字,受試者必須決定該數字是否曾出現在記憶列表上。例如,如果記憶列表為 361,探測數為 6 ,受試者應回答「是」;如果給探測數 2 ,則應回答「否」。在此作業上,受試者極少犯錯,但有趣的是受試者作決定的速度。**決策時間**(decision time)便是指探測數字出現至受試者按下「是」或「否」鍵的時間。由於決策時間很短,因此測量的設備以毫秒(千分之一秒)為單位。

圖 8-12 顯示此類實驗的資料:決策時間隨著記憶列表的長度呈直線增加的趨勢。此點意味著短期記憶中每一個多出的項目會對搜尋過程增加一定量的時間——大約為四十毫秒。當然受試者不會感受到這種短暫的時距,但資料顯示決策時間隨著短期記憶中必須被搜尋的訊息數量而增長。同樣的結果見於字母、字、音或人像為記憶項目所作的研究:多一個項目,會使得提取時間增加約四十毫秒(Sternberg, 1969)。心理學家以精神分裂患者、吸大麻的學生,以及來自無文字部落的人民等團體為對象所作的實驗,也得到類似的結果❶。

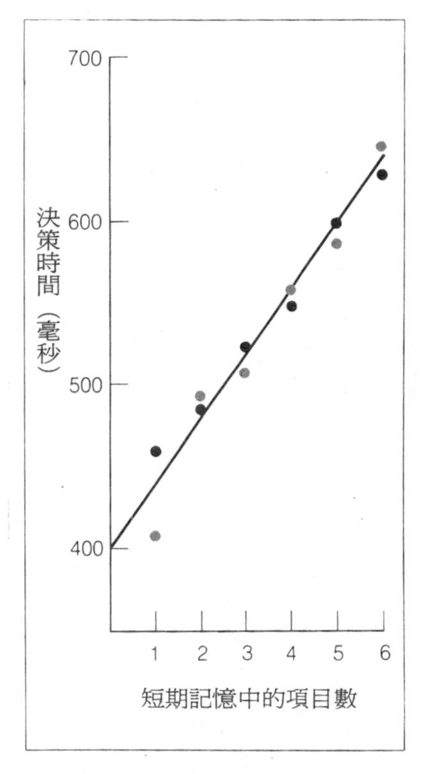

圖 8-12　提取為一搜尋過程

決策時間的增加與短期記憶中的項目數有直接的關係。灰點代表「是」反應;黑點代表「否」反應。兩種決定的時間都形成一直線(取材自 Sternberg, 1966)。

短期記憶與思考

短期記憶在意識思考中扮演一個重要的角色。當我們試圖解決某個問題時,經常使用短期記憶作為心理活動的空間:我

---

❶圖 8-12 的資料雖符合短期記憶系列(一次一個)搜尋的看法,但也可作其他的解釋:有些研究人員辯稱探測數字是同時和所有的記憶項目作比較,但每次比較所需的時間隨著短期記憶中的項目數而增加(Townsend, 1971)。其他則聲稱提取基本上為一引發過程(activation process);當探測數字的表徵處於引發的關鍵水準以上時,便會決定該探測數存在短期記憶中,而且短期記憶中的項目愈多,對每個項目的引發愈小(Monsell, 1979)。

們用它來儲存問題各面，以及取自長期記憶和問題有關的訊息。爲說明起見，讀者可想想如何以心算做 35× 8 ；你需要短期記憶來儲存數目(35 和 8)、運作內容(乘法)，以及九九乘法(8 × 5 ＝40 和 3 × 8 ＝24)。當你在作心算同時，還得記住某些字或數目時，心算表現水準會降低；讀者可試著進行上述心算同時還記住一個電話號碼 7451739(Baddeley & Hitch, 1974)。其他研究顯示短期記憶不僅用在數字問題，同時也用在我們日常遇到的各種複雜問題上(Ericsson & Simmon, 1984)。

短期記憶在理解語言上所扮演的角色較不直接。如理解一個簡單句之類的「低層次」過程，似乎不包括前述的短期記憶系統(見 Crowder,1982)。此種看法的證據之一是：因腦傷使得記憶廣度低於正常的人，在瞭解簡單句方面並無困難。顯然，就對句子的正常瞭解而言，並不需要一個正常的記憶廣度。甚至正常人瞭解句子，並稍後認出該句子的能力，不會因爲聽覺短期記憶的被阻礙而受到影響(阻礙的方式是當受試者看句子時，要他們說一些無關的字語)。

另一方面，短期記憶似乎在較高層次的語言過程中，扮演了一個重要的角色，例如作交談或閱讀一篇論文。在爲瞭解而閱讀時，我們通常必須在意識中將新句子和中文較先出現的材料相印證、比較。此種新舊的印證似乎發生於短期記憶，因爲短期記憶容量較大的人，在閱讀測驗上的得分高於其他人(Deneman & Carpenter, 1981)。其他研究也顯示：一篇文章的易讀性部分有賴於有關的材料仍存在短期記憶中的可能性(Miller & Kintsch, 1980; Malt, 1985)。

短期記憶似乎也存在我們每日對他人所作的種種想法中，舉例而言，在對人格的研究中，當受試者被要求根據一次的見面對某人形成印象時，他們傾向於以 7 ± 2 個左右的特質來描述對方(Mischel, 1968)。短期記憶的容量似乎限制了我們一次所能存入的印象或想法的數目。

記憶組集

迄今我們只討論了短期記憶，但在現實生活中，短期和長期記憶同樣重要。短期和長期記憶之間一個特別重要的互動，便是所謂**記憶組集**(chunking)的現象。

在記憶廣度作業中，受試者通常能以正確的順序重複出 7 ± 2 個的語文系列。因此，你可能無法複述出如 SRUOYYLERECNIS 之類的字母系列，因爲它包含了十四個字母。但是如果你注意到這些字母剛好是 SINCERELY YOURS 的相反，那麼這個作業便會簡單得多。藉著知識的運用，可將必須存在短期記憶中的項目數由十四減至二。但這種拼字知識來自何處？當然是來自長期記憶。你可使長期記憶將新材料重編成較大的意義單位，並將它儲存在短期記憶中。這種單位稱爲記憶組集，而且短期記憶對此的容量也是 7 ± 2 組 (Miller, 1956)。

有時當字母代表某種有意義(但不是字)單位時，我們也能不靠形成字來組合這些字母。例如 IB-MFB-ITVUSA 字母串很不容易記住。但是將分段改變而使字母串成爲 IBM-FBI-TV-USA 時，每個成分都變成了一種熟悉的單元。結果是四組單位，而整個字母串也很容易記住(Bower & Springston, 1970)。數字也可作記憶組集，149—2177—619—87 的數串超出我們的記憶容量，但 1492—1776—1987 便不成問題。一個普通的原理便是：我們可透過對字母或數字系列重組成長期記憶中有關的單位，來擴大短期記憶。

長期和短期記憶

現行區分 LTM 和 STM 的理論有很多，我們在此簡化其中一種理論來說明基本觀念(Atkinson & Shiffrin, 1971)。他們認爲有兩個儲存機構，一個儲存 STM，一個儲存 LTM；現在將兩種記憶間的相互關係，以**圖 8-13** 的流程圖表示。STM 可以看成是一個消失迅速的系統，而 LTM 則是一個永久的儲

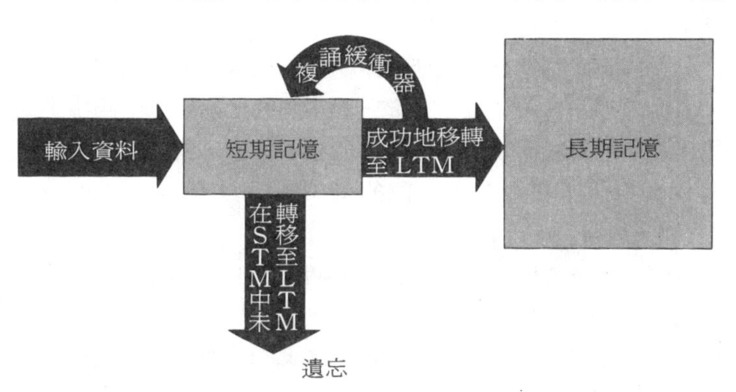

圖 8-13　記憶兩段論的流程圖
這是長短期儲存機構的圖示法。輸入的感覺資料先進到 STM 中，其間可藉複誦來保留，但以後若不是成功地轉移至 LTM 中儲存就是已經遺忘。

存系統。依我們前面的分法，STM 可以歸類爲痕跡式的遺忘。進入 STM 的記憶痕跡常常會很快的消失。相反的，LTM 可以歸類爲線索式的遺忘。儲存於 LTM 中的資料都是永久性的，但我們的提取能力還得視有無適當的線索而定。

輸入的資料先進入 STM 中，假若不注意，就會很快的消失。然而藉著複誦，卻可在 STM 中保留經過選擇的資料。資料若是經過複誦，在 STM 中的痕跡就可避免消失——最起碼短時間內不會消失；換句話說，每一個逐漸消失；的痕跡都因複誦而翻新。但可藉複誦而同時保留於 STM 中的項目有限，某些項目若不經常複誦就會很快的消失。這些同時保留在 STM 中的痕跡稱爲**複誦的緩衝器**(rehearsal buffer)。我們可以把複誦緩衝器認爲是一個可容某固定數量的填塞物的盒子。其中的填塞物都代表一種刺激的輸入。當新的填塞物放進盒子時，舊的填塞物就必須爲它們挪出空間。除非是特別重要且進入複誦緩衝器階段，否則進到 STM 的資料就會開始消失。資料保留在複誦緩衝器中，直到個體認爲自己已知曉這項資料，或是他的注意力轉移到別的資料上爲止。因此，資料藉著複誦暫時儲存於 STM 中，直到替代的新資料出現爲止，而 STM 中的資料亦可能轉移到長期記憶上，假若在這種轉移發生前資料就消失的話，它就永遠消失了。

LTM 的容量與 STM 相反，是無限的。因此，任何從 STM 轉移至 LTM 的資料都有永久儲存的地方。但即使資料的儲存是永久性的，若是在 LTM 中提取這些資料所需的線索不完全，仍然無法記憶。例如，在 TOT 狀態下的個體，就是因爲發現所需資料的線索不完全。如果一時之間無法憶起所需的資料，一般人都會縮小其思索範圍，設法先提取某些和目標字具有類似特性的單字。這些相似的字可提供額外的線索來找出目標字。

長期記憶的儲存和大型檔案櫃極爲相似。就如同每一位管文書的人都知道，將資料放進各種不同的抽屜中是一回事，要找出需要的資料卻不是一件容易的事。例如，詹先生寫信到市議會去抱怨水質污染，全信的檔案區分就得依下列項目：「詹」、「抱怨」、「污染」。

兩段論替遺忘的發生找出了幾個原因。第一，假如我們無法回憶不久前才發生的事，這也許是因爲後來輸入 STM 的資料使原來的資料消失。第二，長期回憶的失敗可能是因爲資料根本未轉移至 LTM 中，或是回憶當時的線索有所欠缺。一個知道前後文但考試時卻無法想起答案的學生，可能是看書時只稍作瀏覽，事後未再複誦所致；或者即使問題亦儲存於中，但如果試題對其提取無法提供足夠的線索，也會造成遺忘。

前述關於遺忘的理論如何適用於 LTM 與 STM 的觀念呢？雖然 STM 中的資料是相當正確的，但在轉移至 LTM 以前，有些資料(痕跡)還是有消失的可能。不過，一旦轉移儲存於 LTM 中，這些資料就相當固定，並且不必憂慮它們會消失。然而，假若 LTM 中儲存著相似的資料，我們就不易回憶起正確的資料。這就是順向及逆向抑制現象的效果。

經常使用的資料有許多不同的線索可提取出來。以檔案櫃而言，相當於所謂的**交叉索引**(cross-index)。這些資料隨取隨用，毋須費心尋找。有時候，當某些資料的回憶使我們感到痛苦時，我們可能會暗示我們的提取機構去忽略這些資料，但這並不表示這些資料已經消失。這就是動機性的遺忘。當抑制因素不存在時，它們仍可提取。

以下將討論兩段論的實驗證據及其疑點。

生理證據 我們前面所描述的理論，通常被稱爲**訊息處理模式**(information-processing model)。這是一種流程圖，其中並沒有提到實際的生理結構或神經系統。在複雜行爲的研究和神經生理學的研究，兩者之間顯然還存在著一個相當大的差距。而很多心理學家認爲，使用簡單的圖示來描述從最初刺激的輸入到反應的輸出的資料流程，是二者之間極爲有用的一座橋樑。

然而，在記憶的兩段論中，有些神經學上的資料是來自癲癇手術時的證據。假若在顳顬葉的特殊部位深處造成傷害的話，病人就無法把新資料從 STM 轉移到 LTM 中。這一類病人能夠回憶手術前的各種技巧或資料，但在新的學習上就有相當大的困難。例如，手術後幾個月病人搬家了，新居只離舊居幾步之遠，但一年之後，儘管他仍能完全的記得老地址，卻無法記住新地址，亦無法單獨找到回家的路。他記不得常用物品放置的地方，並且可以一直閱讀同一本雜誌而不覺得他曾讀過。有些病人在手術後甚至記不得他們所碰見的人的名字——儘管他們曾和這些人交談過無數次。事實上，假若談話之際和他交談的人走出室外幾分鐘，待那人回到室內時，他已不認識了(Milner, 1964)。

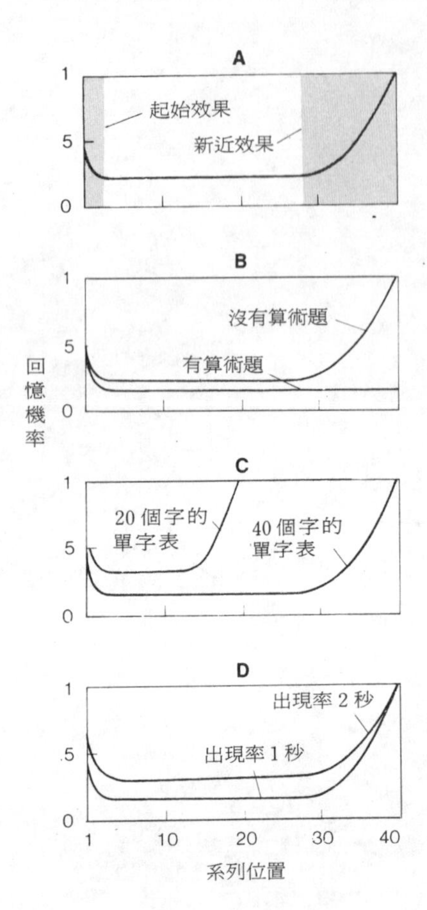

圖 8-14　自由回憶實驗

回憶機率隨著項目在表中的系列位置而改變，這點可由起始效果和新近效果看得很清楚(A)。假若在單字出現和回憶之間插入算術問題的演算，新近效果就消失了(B)。字數較多的列表比字數較少的不易回憶(C)。此外字的出現率較慢，亦能造成較佳的回憶(D)。

就短期記憶本身而言，這種手術後的影響並不見得就是一種缺點。假若專心的反覆練習，他們可以記得由阿拉伯數字所組成的一系列數目字。這種人甚至能很快速而精確的算出複雜的心算題目。但是，複誦不會造成永久性的學習。例如假若嘴裡一直唸著要到什麼地方去買什麼東西，他就有辦法到店裡去買一份報紙。但一旦他們的嘴巴停下來，他們就忘了自己要去幹什麼。顯然的，問題出在他們無法將新資料從 STM 轉移至 LTM 中。資料可以流連在短期記憶中，卻無法固定於長期記憶中。

自由回憶實驗　兩段論的證據亦可得自所謂的**自由回憶**(free recall)實驗。有一種狀況和自由回憶實驗很類似，就是要你說出你上次宴會中出席人員的名字。在典型的自由回憶實驗中，拿出一張不相關的單字表，一次只給受試者看一個單字，然後受試者可以不依次序來回想這些單字，如此就可看出表上每一項目在表中以其位置爲函數的回憶機率。這個函數畫下來即呈如**圖 8-14 A** 一樣的 U 型曲線。表中最初幾個字的回憶機率較高稱爲**起始效果**(primacy effect)，最後七至十個字劇增的機率則稱爲**新近效果**(recency effect)，根據兩段論，新近效果由 STM 提取，而序列位置較前的部分則只從 LTM 提取。實驗時，受試者須在單字表出現後三十秒內迅速算出一道困難的算術題，然後再去回憶。我們可以認爲，因爲算術題造成 STM 中所有單字的消失，所以回憶是來自 LTM 的提取。實驗完成之後，新近效果消失了，但列表位置曲線中的較前部分並不受影響(參閱**圖 8-14 B**)。假若能控制一個會影響 LTM 但不影響 STM 的變項，新近效果部分就不會受影響，但曲線較前的部分將發生變化。「一個表所包含的字數」就差不多是這樣的一個變項。字數較多的表比較不易回憶，但列表本身的長短對新近效果沒影響(參閱**圖 8-14 C**)。「字的出現速度」也是對 LTM 的影響大於 STM 的變項。假如我們使字的出現率加快，會使所有前面部分的字較難回憶，但新近效果卻不會有變化(參閱**圖 8-14 D**)。

在自由回憶實驗中，每次實驗通常要使用很多單字列表。假若在末了要受試者回憶該實驗所出現過的單字，其回憶只能來自長期記憶。以其在每一表中的系列位置爲函數的單字回憶機率，可以畫成一個函數圖，即實驗終了的回憶機率，可和單字出現後立即回憶的系列位置曲線作個比較(參閱**圖 8-15**)。如同我們預測的，起始效果保留於延宕回憶曲線中，但新近效果消失了。簡而言之，系列呈現位置曲線的新近效果似乎來自STM和LTM，而新近效果前面的部分則只來自LTM。

兩段論認爲，受試者在STM中形成了容量固定的複誦緩衝器。實驗開始時，緩衝器內是空的；實驗開始後，連續的項目進到緩衝器中，直到滿了爲止。因此，每一個進入緩衝器的項目就取代了原先的舊項目(這種取代作用自然依賴好幾個因素，但這項理論認爲，其取代近乎是一種隨機程序)。在自由回憶實驗中，當最後一個項目出現時，新近的項目仍在複誦之中，因此假如我們要受試者立即回憶，這些項目被記得的可能性就高了許多——這就是我們所說的新近效果。兩段論認爲資料從STM移轉到LTM中，端賴每一項目在複誦緩衝器中時間的長短而定，時間愈長，接受複誦的就愈多，而轉移到LTM中的資料也愈多。因爲最先出現在表上的項目進到緩衝器時，緩衝器幾乎仍是空的，所以它們比後來出現的項目在緩衝器中待的時間要長，因此也接受了更多的複誦。這種額外的複誦使得最先出現的項目轉移到LTM中的數量較多，這就是起始效果。

這項理論運用於其他實驗都獲得相當的成就。無疑地，理論本身的細節並不算正確，但它畢竟爲廣濶的記憶現象提供了一個很好的解釋(Atkinson & Shiffrin, 1971)。

兩段論的疑點 雖然兩段論成功地解釋了許多現象，但卻無法回答某些問題(Craik & Lockhart, 1972)。一個主要的爭議是關於複誦。兩段論假設複誦可將訊息轉移入永久記憶；換言之，單純地重複字眼，不帶任何組織或其他記憶相連結的意圖，會增進長期的回憶。某些實驗支持了此種說法(Nelson, 1977)，某些則否(Craik & Watkins, 1973)。事實上，部分心理學家早就已經懷疑這種單純的複誦並非將訊息轉入長期記憶的有效方式。早在四分之三個世紀以前，心理學家史坦佛(E.C. Stanford)已注意到，他連續二十五年幾乎是每天必讀的五篇早禱文(至少經過五千次重複)，並未成功地深植在永久記憶中。史坦佛爲測試自己的記憶，由禱文中取出一字，看自己能夠連著回憶出多少內容，結果他發現對於部分禱文，他甚至沒有辦法對一個線索回憶出三個字。顯然長達二十五年的複誦，並未留下太多的記憶(Stanford, 1917; cited in Neisser, 1982)。

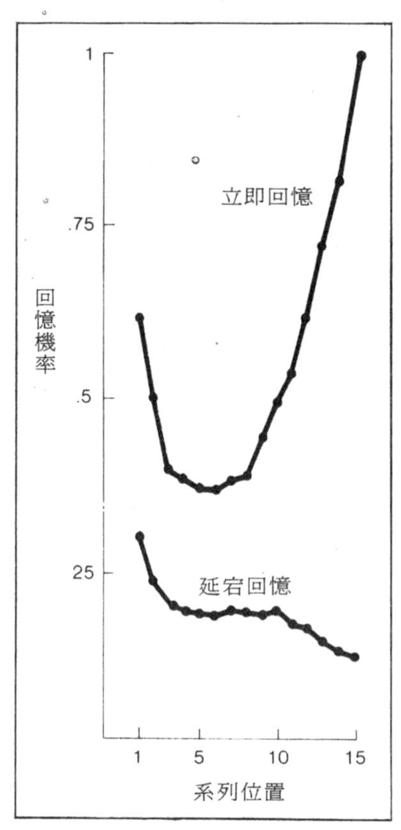

圖 8-15 立即回憶和延宕回憶

從要求受試者回憶整個實驗中的所有單字，可以測出延宕效果。並依其系列位置畫出回憶機率。這個研究將延宕回憶和立即回憶加以比較。在延宕回憶中，強調了新近效果的短暫特性（取材自F. Craik, 1970）。

對兩段論的另一個挑戰是來自支持此理論的自由回憶證據，在顯現這些證據，我們注意到對最近出現的項目回憶得特別好，由於這些項目仍存在短期記憶中，並稱此爲**新近效果**(recency effect)。但新近效果並不一定表示短期記憶的存在，因爲這類效果也可出現在取自長期記憶的回憶。例如，在球季結束之際，要足球員自由回憶這一季的所有戰役，結果發現他們對最後的幾場比賽記得最好，這種新近效果不可能是反映出短期記憶，因爲回憶是在比賽已結束的幾個禮拜後才作。反之，這種效果可能來自對長期記憶的搜尋(Baddeley & Hitch, 1977)。或許稍前所述的自由回憶研究中的新近效果也是相同的情形。因此，長期記憶新近效果存在的事實，減少了它作爲兩段論支持證據的說服力。

長期記憶

長期記憶所包含訊息的儲存時間，由短至幾分鐘(如稍早交談中表示的一個看法)以至於長達一生(如成人的童年記憶)。在長期記憶的實驗中，心理學家一般是研究經過幾分鐘、幾個鐘頭、幾週後的遺忘情形，很少以年或十年爲單位。

討論長期記憶時，我們仍將區分三個記憶階段——編碼、儲存和提取，但在此有兩個較複雜的情形。第一，不同於短期記憶的情形是：長期記憶中的編碼和提取之間有重要的互動，對此互動，我們將在討論編碼時，提到有關提取的某些方面，並對編碼和提取的互動作個別的討論。另一個情形是我們很難確認長期記憶的遺忘是來自儲存的遺失或提取的失敗。爲解決此問題，我們將在討論提取之後，再提儲存，以便對支持儲存遺失觀點的證據有更清晰的瞭解。

編　碼

意義編碼(encoding meaning)　對語文材料而言，優勢的長期記憶表徵既非聽覺也非視覺，而是基於項目的意義所作的譯碼。如果你去記一長串無關的字，並記著在一小時後回憶出，無疑會有錯誤出現，但是許多記錯的字和正確的字意義相近。例如，當原來列表上的字爲 quick 時，你可能將它回憶成 fast

(Kintsch & Buschke, 1969)。當項目爲句子時，以意義來編碼更見此效果。在聽過某個句子幾分鐘後，存在記憶中的大多只剩該句的意義。假設你聽到下列句子 The author sent the committee a long letter。兩分鐘後，你無法分別你是聽到上述句子或是意思相同的另一個句子 A long letter was sent to the committee by the author(Sachs, 1967)。

意義編碼在日常生活中到處可見。當人們報告某個複雜的社交或政治場合時，可能會記錯某些特別細節(如誰對誰說了什麼，某件事被說出的時刻，那些人在場)，但卻能正確地描述當時發生的基本狀況。因此在著名的水門案醜聞中，官方目擊人(約翰・狄恩)後來對某些特別情況中的所說所爲有不少錯誤的描述，但他整個證辭卻正確地描述了這個事件(Neisser, 1981)。

加入有意義的連結(meaningful connection)　通常我們所需記住的項目是有意義的，但項目間的連結卻不然。在此種情況下，可透過在項目間產生自然或人工的連結，來增進記憶。舉例而言，人們想學看懂樂譜，必須記住五線上的音分別是 EGBDF；雖然這些符號本身是有意義的，但順序看來卻像隨意的。許多初學者就將這些符號轉成下列句子「Every Good Boy Does Fine.」；每個字的頭一個字母便是符號，而句中各個字之間的關係爲這些符號提供了有意義的連結。這類連結有助於記憶，因爲它們提供了字與字之間的提取路徑：一旦提取了「Good」，便有路徑或連結至「Boy」。

許多實驗顯示增加了有意義的連結是一種有力的記憶輔助。在一個研究中，要求受試者記住一長串無關的成對字。稍後，當呈現一對中的第一個項目時(刺激)，受試者便得說出第二個項目(反應)。假如「horse-table」是其中一組配對，在出現「horse」時，受試者得反應出「table」。其中一組受試者被指示以一包含兩個項目的句子來記住每一字對。例如就「horse-table」而言，可想出「The horse kicked the table」這個句子，因此句子對項目作了有意義的連結，也建立了項目間的提取路徑。至於控制組則不給指示。結果發現得到指示的一組配對字的回憶達到百分之七十五，而控制組只回憶出百分之三十五(Bower, 1972)。

將無關的字母或字作成句子，並非是對語文材料添加意義連結的唯一方式。另一個辦法是使用想像。在類似上述的實驗中，第一組被指示以形成包含兩個字的心像來記住字對——如一匹馬躍進一張桌子的景象。在此實驗中，第一組回憶量大約也是控制組的兩倍。因此使用心像或句子來加入意義的連結，都可增加字與字間提取的路徑，進而增進記憶。

雖然意義可能是在長期記憶中表徵語文材料的優勢方式，但我們有時也對其他方面作編碼。例如記住詩並將它逐字背出，在這類情況中，我們所譯的不只是詩的意義，尙有字眼本身。我們也可在長期記憶中使用音碼；當你打一個電話，對方答「喂」時，你常可認出對方的聲音，在此之前，你必須在長期記憶中對他人的聲音作了音碼。視覺印象、味覺、嗅覺也可編在長期記憶中。因此，如同短期記憶一般，長期記憶對語文材料有其編好的譯碼(一般而言，長期記憶爲意義編碼，短期記憶爲音碼)，但仍可使用其他的譯碼。

推敲(elaboration)　不僅以意義作編碼可產生最佳記憶效果，對意義的編碼愈深入或愈詳盡，記憶的效果也愈理想。如果你得記住教科書的重點，當你著重意義而非字眼本身時，將可作較好的回憶。而且對它的意義瞭解得愈深、愈透澈，回憶的情形也更好。

布雷蕭和安德森(Bradshaw & Anderson, 1982)所作的實驗說明了上述的看法。受試者閱讀名人的事蹟，稍後再作回憶，有些事實只作簡單的敍述，如「在生命的一個重要時刻，莫札特由慕尼黑啓程前往巴黎」，部分事實有原因或結果的進一步說明，如「莫札特希望離開慕尼黑以躲避一段緋聞的糾纏」。稍後受試者作記憶測試時，對有說明的事實比單獨呈現的事實回憶得較多。基本上，對記憶表徵加入原因(或結果)，使受試者得以建立由原因至目標事實的一條提取路徑，如下所述：

莫札特由慕尼黑至巴黎的旅程

莫札特想躲開在慕尼黑的一段緋聞糾纏

在回憶時，受試者可直接提取目標事實，或透過來自原因的路徑作間接的提取。甚至當完全忘掉目標事實時，也可藉著提取出原因而作推論。

複雜如教科書內容的材料，也可經由詳細的說明而獲益。

這一點已經經過下述實驗的證實：在閱讀文章之前，先給予一組受試者一組事前的問題(和後來測試的問題不一樣)，這些受試者在閱讀文章時，可找出上述問題的答案。試圖找出這些答案，會使得受試者在閱讀文章時更詳盡周延。控制組則未接受任何事前問題。稍後兩組進行測試時，第一組正確回答的題數多於控制組，由此，我們再度看到助成推敲的實驗技巧增進記憶的情形(Frase, 1975; Anderson, 1985)。

提　取

長期記憶中的遺忘許多來自無法取得訊息，而非失去訊息本身；換言之，記憶差所反映的經常是提取的失敗而非儲存的失敗(讀者請注意：此與短期記憶不同，短期記憶的遺忘是由於儲存容量有限所致，提取被認爲是不會失誤的)。由長期記憶中提取項目有如在一間大圖書室中試圖找出某本書，找不到這本書，不一定意味著書不在此，可能是你找錯了地方，或是它被放錯地方，因此無法被取得。

提取失敗的證據　日常經驗本身便爲提取失敗提供了許多證據，每個人都有過一時想不起來某件事、某個經驗，稍後才又想起的時刻。你是否也有過考試當中記不起某個人名或日期，交卷後才想起的經驗？另一個例子是所謂的「舌尖」經驗，也就是某個名字或字眼在回憶能力邊緣，呼之欲出又說不出來的情形(Brown & McNeill, 1966)。除非找到這個正確的字語(我們的搜尋方式是撈取一堆字眼，並摒除相近但非全然正確的字)，否則我們常會感到坐立難安。

另一個例子是個人在催眠狀態下，有時會記起早已忘記的童年回憶。雖然我們對這類觀察缺乏具體的證據，但至少他們表示某些似乎已遺忘的記憶其實並未消失，只是取得很困難，需要正確的**提取線索**(retrieval cue, 能幫助我們提取某種記憶的任何線索)。

支持提取失敗導致遺忘的有力證據，是下述的實驗：要求受試者記住一長串字，其中有些字是動物的名字，如狗、貓、馬；有些是水果名，如蘋果、梨子、橘子；有些是家具等(見**表 8-1**)。在作回憶時，將受試者分成兩組，一組給予提取線索，如「動物」、「水果」等，控制組則無。結果有提取線索的一組所回憶的字比控制組多。接下來的測試中，當兩組都給予提取線

待記的列表		
狗	棉花	油
貓	毛	瓦斯
馬	絲	煤炭
牛	人造絲	木材
蘋果	藍	醫師
橘子	紅	律師
梨子	綠	老師
香蕉	黃	牙醫
椅子	餐刀	足球
桌子	湯匙	棒球
床	叉子	籃球
沙發	盤子	網球
小刀	鐵鎚	襯衫
手槍	鋸子	短襪
來福槍	釘子	褲子
炸彈	螺絲起子	鞋子
提取線索		
動物	布料	燃料
水果	顏色	職業
家具	餐具	運動
武器	工具	衣著

表 8-1　某個提取失敗研究的例子
未得到提取線索的受試者對記憶列表中的回憶字數較得到線索的受試者少。此種現象顯示長期記憶中提取階段的問題，是造成某些記憶失敗的原因（取材自 Tulving & Pearlstone, 1966）。

索時，他們的回憶字數變得一樣多。因此，兩組最初的差異必然是來自提取的失敗。

由上述討論可知：提取線索愈佳，回憶得愈好。這個原則說明了對記憶作再認測試的表現較回憶測試爲佳的原因。作再認測試時，受試者被問及是否看過某個特別項目(如「你有沒有在派對上見到亨利・史密斯？」)。測試項目本身就是絕佳的提取線索。反之，在回憶測試中，我們必須以最少的提取線索來產生記住的項目(如「回憶出你在派對上見到的每一個人」)。由於再認測試中的提取線索一般而言較回憶測試中的線索來得有效，因此對前者的表現比對後者的表現佳(Tulving, 1974)。

干擾(interference)　在減少提取的因素中，最重要的便是干擾。如果將不同的項目與同一線索相聯結，當我們試圖運用此線索來提取其中一個項目(目標項目)時，其他項目也會浮現並干擾我們對目標項目的回憶。例如，你的朋友丹恩搬了家，你記住了他新的電話號碼，那麼你會發覺，想提取舊號碼還眞不容易。因爲你是用「丹恩家的電話」來提取舊號碼，但這個線索此時已引發了新號碼，干擾了前者的出現。或是假設你在停車場保留的車位，在使用一年之後有了變動。一開始，你也許覺得很難由記憶中提取出你的新停車位，因爲你正學習聯結新位置和「我的停車位」，但是這個線索提取出舊車位，干擾了對新車位的學習。在上述兩個例子中，提取線索(「丹恩家的電話」或「我的停車位」)引發某個特別目標項目的力量，隨著與這些線索相聯結的其他項目數而減少。與該線索聯結的項目愈多，它的負荷愈重，提取的效果也愈差。

干擾可發生於各個層次。在某個實驗中，受試者首先學習聯結專業人員的名稱和各種事實。例如：

(1)銀行家被要求對群衆演說。

(2)銀行家打破了一個瓶子。

(3)銀行家未曾延宕行程。

(4)律師知道接口是裂開的。

(5)律師漆了一間老穀倉。

職業名「銀行家」和「律師」在此處爲提取線索。由於「銀行家」聯結三個事實，而「律師」只聯結兩個，因此在回憶其中任何一個事實時，「銀行家」將不如「律師」有效(「銀行家」是超載較多的提取線索)。當受試者接受再認測驗時，對於有關銀行家的事

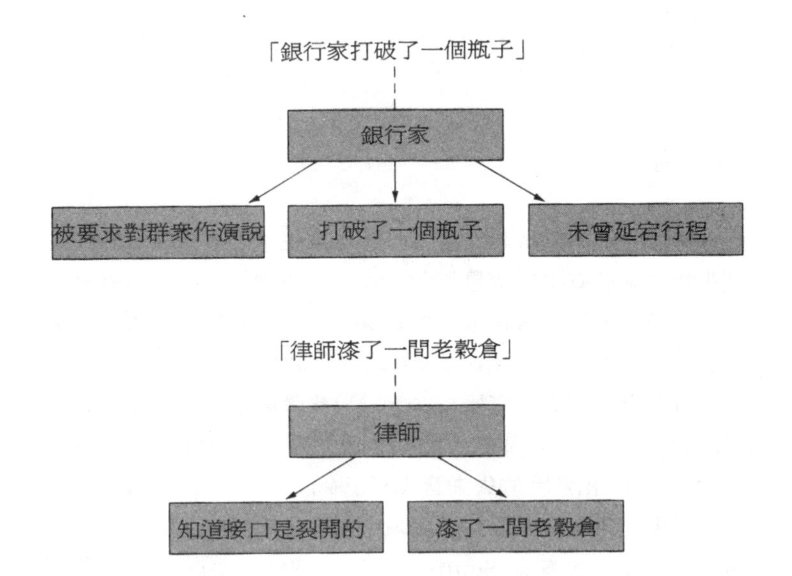

圖 8-16　提取爲一搜尋過程的說明
當呈現「銀行家打破了一個瓶子」時，「銀行家」一詞找到長期記憶中銀行家的表徵，由此表徵出發，三條路徑有待搜尋。當呈現「律師漆了一間老穀倉」時，「律師」一詞找到了律師的表徵，由此有兩條搜尋的路徑。另一種解釋是：「銀行家」一詞會引發銀行家表徵，此種引發隨之同時分散至三條路徑上。

實比對有關律師的事實，他們花較長的時間來認出。因此在此研究中，干擾延緩了提取的速度，其他許多實驗顯示：如果目標項目十分微弱，或干擾很強時，干擾甚至會導致全然的提取失敗(Anderson, 1983)。

這些干擾作用顯示長期記憶中的提取包含一種搜尋的過程。爲說明起見，讀者可參考上述的句子「銀行家打破了一個瓶子」如何被再認：「銀行家」一詞找到它在記憶中的表徵，並設定了開始搜尋長期記憶中相關部分的位置(見**圖 8-16**)。一旦設定，便需搜尋三條路徑以找出「打破瓶子」的事實。反之，如果測試句爲「律師漆了一間老穀倉」，需搜尋的路徑只有兩條(見**圖 8-16**)。由於搜尋的時間隨著需考慮的路徑數而增加，因此對「銀行家」句子的提取將比對「律師」句子的提取來得慢。一般而言，一個提取線索所聯結的事實愈多，提取也就愈困難，因爲每個事實等於增加一條待搜尋的路徑。

有關搜尋過程的另一個思考方式是以引發來討論。當受試者試圖認出「銀行家打破一個瓶子」時，他們引發了「銀行家」的表徵，接著同時散延到與「銀行家」相連的三條路徑(見**圖 8-16**)。當有足夠的引發力到達「打破一個瓶子」時，該句便能被認出。干擾的產生是由於來自銀行家表徵的引發必須分布到各有關的相連路徑上，所以，與「銀行家」相連的事實愈多，對每一條路徑的引發力便愈微弱，因此得花較長的時間達到足夠的引發力來取得某個特別的事實。由此看來，以引發散布的觀點來看提取，也可解釋干擾爲何減緩提取的原因(Anderson, 1983)。

儲　存

提取失敗不是遺忘的唯一原因，**某些**遺忘來自提取的失敗並非意味著**所有**遺忘皆是如此。我們所學過的一切不可能全部存在記憶中，等待著正確的提取線索，有些訊息幾乎可以確定是由儲存中消失了(Loftus & Loftus, 1980)。

有關儲存喪失的直接證據，來自接受**電擊**治療以減輕嚴重抑鬱的人(這種對腦部所作的輕微電擊會產生一種短暫的類似癲癇的發作，和暫時的失去意識，見第十六章)。在這些案例中，患者喪失對某些在電擊前幾個月中所發生事件的記憶，但卻未忘記較早發生的事情(Squire & Fox, 1980)。因電擊而來的記憶喪失也出現在實驗室中的動物身上(以老鼠爲對象時，記憶喪失期間爲幾分鐘而非幾個月〔McGaugh & Herz, 1972〕)。此類記憶喪失不可能來自提取的失敗，因爲如果是電擊干擾了提取，那麼所有的記憶都應受到影響，而不只於最近的記憶。較可能的情形是：電擊干擾了鞏固新記憶的儲存過程，以致未能鞏固的訊息便由儲存中喪失。

心理學家在決定鞏固的生理基礎上，也獲致了一些進展。位於腦部中央皮層下的**海馬體**(hippocampus)，在鞏固過程中所扮演的角色，似乎是一種橫面連繫的系統，連結了某一特別記憶分別儲存於腦中不同部位的各部分(Squire, Cohen, & Nadel, 1984)。

然而海馬體並非是記憶最終的儲存所，因爲當它被摘除時，舊有記憶仍保持完整，長期儲存的場所幾乎可確認是在大腦皮層。

編碼-提取交互作用

在描述編碼階段時，已提過編碼所進行的運作(如推敲)會使得提取較容易進行。另外兩個編碼因素也可增加成功提取的機會：(1)在編碼同時對訊息作組織；(2)確保訊息被編譯的背景內容類似於提取時的背景。

組織(organization)　階層式的組織爲何可增進記憶？或

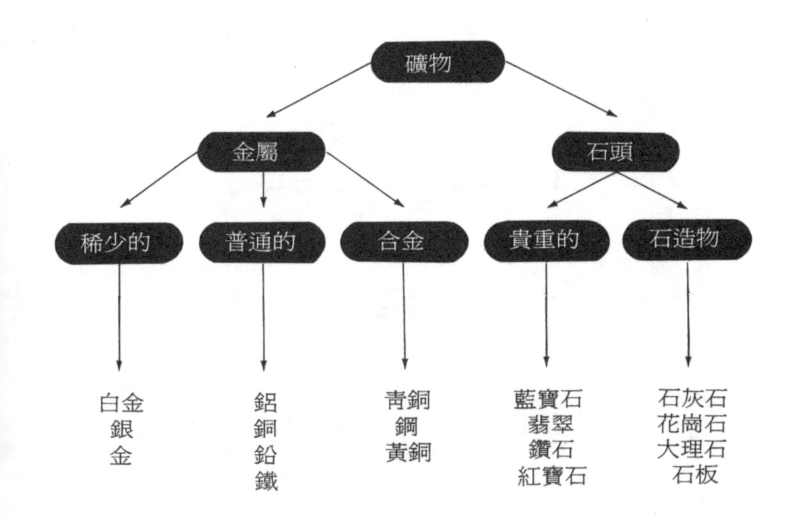

圖 8-17　層級組織

表上的單字以層級樹狀方式來排列，每一交會點下的東西都包含於同一層級中。當我們要去回憶表上的單字時，利用這種結構規則來作有效的提取計畫(取材自 Bower,1970)。

許是它使得提取的搜尋過程更有效。爲說明起見，讀者可假設前述實驗中的受試者使用一種系列式搜尋。曾見過呈階梯組成字眼的受試者(如**圖 8-17**)，可依下述方式運作：首先他們找到一個較高階層的字群，例如「金屬」，由此字群，先搜尋低階層的字群，如「普通金屬」，再接著找此字群的特殊字語(「鋁」、「銅」、「鉛」、「鐵」)。透過此種方式，受試者毋須搜尋一大組字，這裡只有兩個高層字群，每個所連結的低層字群不超過三個，每個低層字群包含的字則不超過四個。因此階層式的組織可讓我們將一個大搜尋分成一系列的小搜尋，在小搜尋行動中，我們較不會一再地找上相同的字眼——這正是我們在搜尋未經組織的材料時，所常發生的情形(Raaijmakers & Shiffrin, 1981; Gillund & Shiffrin, 1984)。

組織也可抵消干擾所帶來的破壞作用。在前述要受試者記住如「銀行家被要求對群衆演說」、「銀行家打破了一個瓶子」，以及「銀行家未曾延宕行程」之類事實的實驗中，認出三個句子之一所花的時間，比認出屬於另一職業下二個句子之一所花的時間長，但可透過對事實的組織消除此干擾作用，如果第一句改爲「銀行家被要求爲船行下水禮」，則有關「銀行家」的事實將以「爲船行下水禮」爲主體而獲統合。此時，受試者認出這三個事實之一的時間便不再長於認出另一職業的兩個事實之一的時間，這顯示組織具有抵消干擾的功能(Smith, Adams, & Schorr, 1978)。

背景內容(context)　當你提取某特殊片段時，如果背景

圖 8-18　背景對提取的影響

在一個說明背景如何影響提取的實驗中，受試者首先學習成對的面孔，如圖上方（由於只有右方臉孔被測試，因此稱為測試臉孔，左邊的稱為背景臉孔）。接著在記憶測驗中，再對受試者呈現成對的臉孔，並問他們測試臉孔（右邊）是否為先前所看過的。在某些題目中，背景臉孔和原先配對中的一樣，在其他題目中則不一樣。受試者在背景臉孔相同時，作出較多的正確決定（取材自 Watkins, Ho, & Tulving, 1976）。

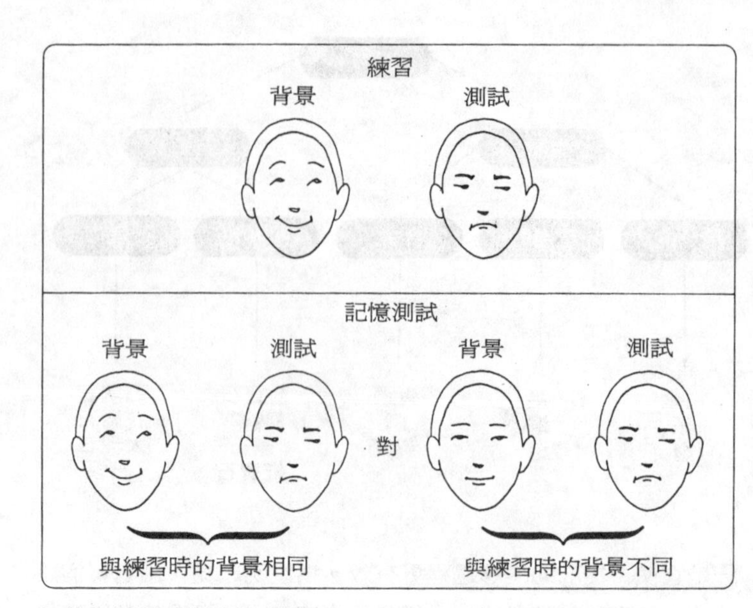

內容和編碼時的背景相同時，將會較容易(Estes, 1972)。舉例而言，當你沿著當年小學教室的走廊走過時，將會幫助你記起一、二年級時同班同學的名字；同樣的，你記取與父母之間某個情緒時刻的能力，在你再度身歷其境(當時事情發生的場所)時，此種能力會增加。這點可說明為什麼我們重訪故居時，往日回憶常會泉湧而出。某事件被編碼時的背景，本身就是最有力的提取線索之一，而且有許多實驗證據支持這一點(見**圖 8-18**)。

背景對記憶者而言，不一定是外在的環境，如物理位置或某個臉孔。我們編譯訊息時內心的狀態也是背景的一部分，舉一個極端的例子：假如我們在某種藥物(酒精或大麻)的作用下經歷了某事件，或許在相同的藥物狀態下能作最好的回憶。在這類案例中，記憶將部分有賴於學習時的內在狀態，稱為**狀態依賴學習**(state-dependent learning)。雖然對狀態依賴學習的支持證據有所爭議，但卻顯示當提取時的內在狀態與編碼時相符合，會增進記憶(Eich, Weingartner, Stillman, & Gillian, 1975)。

遺忘的情緒因素

從動機性遺忘的論點，我們可以知道，情緒可以影響 LTM。情緒對 LTM 影響可分四方面來談：

情緒引發的情境，不論正面或負面，均較中性來得較易憶及。我們較會組織並複誦激動性的記憶，例如，你可能忘掉看過某部影片，但是當你看電影時戲院失火了，你會向你的朋友一再描述當時的情境，這段記憶即被你複誦與組織。我們知道，複誦與組織可增進對 LTM 的提取，許多研究者會發現「對情緒性情境比非情緒性者記憶較佳」就不足為奇了（Rapaport, 1942）。

然而在某些情況下，負面情緒會妨礙提取，許多學生有過下述經驗：

> 「你正參加一項不太有把握的考試。你幾乎看不懂第一個問題，更別談作答了。此時開始出現驚慌的徵兆，雖然第二題並不難，但前一題引起的焦慮延伸到這一題，當你看第三題時，不論它有多簡單，你就是無法作答，你已陷入全然的恐慌。」

記憶在此發生了那些事？對第一題作答的失敗產生了焦慮，焦慮經常伴隨著一些無關的想法，如「我會被當了」或「每個人都將知道我有多笨」。這類想法會干擾提取與問題有關訊息的任何企圖，或許這便是記憶宣告失敗的原因。根據此種觀點，焦慮並非直接導致記憶失敗；而是引起（或聯結）無關的想法，這種無關的想法干擾了提取，因此造成記憶失敗（Holmes, 1974）。

情緒也可透過**背景作用**（context effect）影響記憶。如同前面所提到的，當提取時的背景與編碼時相同，記憶情況最佳。由於學習時的情緒狀態是背景的一部分，如果在悲傷時學習某些材料，日後在同樣的悲傷狀態下，能對材料作最佳的提取。實驗結果已顯示實驗室中的情緒—背景作用：受試者同意一週之內天天寫日記，記下每一情緒事件，並註明是快樂或不快樂的情緒。一週後交回日記，受試者回到實驗室並接受催眠（這些受試者經過事先選擇，為可催眠性高的人）。半數受試者被催眠處於愉快的情緒，半數處於不愉快的情緒。實驗者請所有受試者回憶自己在日記中所記的內容。處於愉快情緒中的受試者所回憶的大多數事件，原先都被評為「快樂」；至於處於不愉快情緒的受試者所回憶的多是經歷時被評為不愉快的事件。如同所預期的：提取時的主要情緒和編碼時的主要情緒相同時，回憶得最多（Bower, 1981）。

我們已談過情緒影響記憶的三種方式，每一種都依據原先談論過的原則——複誦、干擾與背景作用。有關情緒與記憶的第四種觀點即是動機性遺忘，是佛洛伊德的潛意識理論所導出新的原則。佛氏認爲童年的某些創傷經驗，在多年之後如果進入個人的意識中時，會使個人爲焦慮所擊倒(此與前述考試例子不同，後者的焦慮是意識可以忍受的)。此類創傷經驗與日後和它相聯結的經驗，據佛氏說法是儲存在潛意識中，或稱**被潛抑**(repressed)；只有當某些與其相連的情緒分離出來(通常是透過治療的方式)時，這類經驗才會被提取。因此，潛抑代表提取的失敗，主動地隔斷對目標記憶的接近。這種主動隔斷的觀念使得潛抑假設(repression hypothesis)和前述的觀點出現質的差異(有關佛氏理論更完整的討論請見第十三章)。

由於潛抑是如此顯著的現象，我們當然希望在實驗室中來研究它，但事實證明這個願望很難達成。爲在其實驗室中引出眞正的潛抑，實驗者必須讓受試者經歷某些相當創傷的經驗，但道德的考量卻禁止如此作法。至於已執行的實驗，只讓受試者暴露於輕微的困擾經驗，而這類研究的許多結果，對潛抑假設提供了某種程度的支持(Erdelyi, 1985)。

重要討論：

童年的失憶

人類記憶中最顯著的現象之一是每個人都會有某類型的失憶：幾乎沒有人能記得一歲以前的事情，雖然這是經驗最豐富的時段。佛洛伊德(1948)是最早討論此種現象的人，他稱之爲**童年的失憶**(childhood amnesia)。

佛洛伊德觀察到他的個案一般都無法回憶三歲前至五歲前的事情，因而發現了此現象。乍聞之下，也許你會認爲這沒什麼不尋常，因爲對事件的記憶隨時間而下降，而且成年期距離幼兒期之間有一長段的時間。但童年的失憶不可只以一般遺忘的例子來看視。多數三十歲的人能對高中時代的事記得很淸楚，但十八歲的人卻很少能告訴你有關他三歲之前發生的任何事情，而兩個例子中的時距大致是相同的(約十五年)。更有力的證據來自對一群十八歲的受試者所作的研究，這些受試者被要求試著回憶出生命各時期的個人記憶。對某事件的記憶的確會隨著發生後時日的遷移而逐漸下降，但六歲前所發生事件的下降速度，比六歲後事件的下降速度快得多(Wetzler & Sweeney, cited in Rubin, 1986)。

在其他研究中，要求人們回憶出童年記憶並載明日期。對大多數受試者而言，最初的記憶大約是發生在三歲或三歲以後，然而少數受試者會報告出一歲前的記憶。但有關這類回憶的問題是：我們無法確定這些「記得」的事件是否眞的發生過(可能是受試者重建構出的記憶)。有個實驗克服此一問題：要受試者回答二十個問題，內容是已知曾發生過的童年事件——如弟妹的出世，這類細節可由他人來證實。這些問題包括母親入院(「她是那一天入院的？」)、母親住院的日期(「你去看過她嗎？」)，以及母親和嬰兒的出院回家(「她是那一天回來的？」)等事件。受試者爲大學生，他們在弟妹出生時的年紀由一歲至十七歲不等；結果如**圖 8-19** 所示：所回答出的問題數目爲弟妹出生時受試者年齡的函數。假如弟妹出生時，受試者年齡小於三歲，則對這些事情一件也記不起來！如果大於三歲，回憶量會隨著事件發生時年齡的增加而增加。這些結果顯示出三歲前記憶幾乎全爲空白的情形。

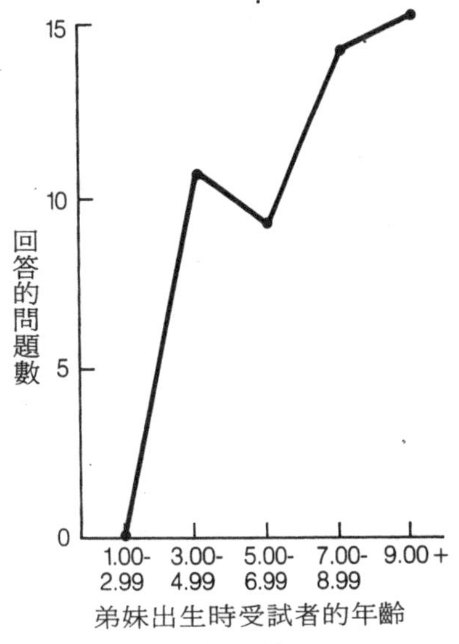

圖 8-19　早期記憶的回憶

在一個研究童年失憶的實驗中，大學生受試者被問及二十個有關弟妹誕生時事情的問題。結果平均的答出數爲弟妹出生時受試者年齡的函數。如果弟妹在受試者四歲之前誕生，沒有人能夠記得有關的任何一件事；在此年齡之後，回憶便隨著事件發生時的年齡而增加(Sheingold & Tenney, 1982)。

金絲雀會唱歌黃色的　鳥類鴕鳥有翅膀能飛翔有羽毛有細長的腿很高　不能飛翔　動物　有皮膚會運動能吃東西能呼吸魚類鯊魚有魚鰭會游泳有鰓會咬人危險鮭魚淡紅色的可食逆水產卵

那些因素導致童年的失憶？佛洛伊德認爲這是由於幼兒潛抑自己對父母所產生的性和攻擊情緒所致，但這種解釋只可預測與性和攻擊想法有關事件的失憶，事實上童年的失憶是包含各類的事件。另一個較被接受的解釋，是認爲童年失憶來自幼童對經驗的編碼和成人對記憶的組織方式，有極大的差異。成人以分類和基模來建造其記憶(「她是屬於這一種人」、「這是另一種情況」)，而幼童在編入經驗時，不會將它與有關的事件連結。兒童一旦開始形成事件間的聯結，並對事件作分類時，早期經驗便告消失(Schactel, 1947)。

造成幼兒期記憶形式轉變的原因爲何？生理發展是因素之一，與記憶鞏固有關的海馬體，直到一、兩歲左右才成熟。因此兩歲前發生的事件未能充分地鞏固，以致日後無法回憶出。轉換爲成人記憶的其他原因中，認知因素佔多數，尤其是語言的發展和求學的開始，語言和學校中強調的思考方式提供了組織經驗的新方式，這些方式可能和幼童編入經驗的方式不符。有趣的是：語言發展在三歲時達到第一個高峯，而入學一般始於五歲，三歲到五歲似乎是童年失憶結束的年齡。

組織的改變也許並非童年失憶的全部解釋。**技能**(skill)記憶和**事實**(fact)記憶之間的差異，在此可能也扮演了一角。我們在嬰兒期學得的主要是技能，它們不會在稍後發展出的事實記憶中呈現。對猴子所作的研究支持了此種假設：如同成年猴子一樣，三個月大的猴子可學會一種**技能**作業(一種刮的作業)，但牠們無法學會成年猴子輕易完成的一種**事實**作業(Mishkin, Malamut, & Bachevalier, 1984)。

失憶症：記憶的崩潰

從失憶症患者身上，我們獲知許多有關記憶的知識。失憶症意指記憶的部分或全部喪失，起因有很多，包括腦部的意外傷害、中風、酒精中毒、電擊、腦炎和手術(如摘除腦部海馬體以減輕癲癇症狀)。無論原因爲何，失憶症的第一個症狀都是無法學得新訊息、無法記住每天發生的事，這稱爲**近事失憶**(anterograde amnesia)。有許多這類病人住院多年，但一直記不得洗手間的位置。有個被長期研究的患者，姑隱其名爲 NA，他無法進行一般的交談，因爲他的思路無法持續而會中斷。另一個稱爲 HM 的患者則老是閱讀同一本雜誌，而且認不出已連續醫治他二十年以上的醫生。

失憶症的第二個症狀就是無法記住受傷或生病前發生的事。這種**遠事失憶**(retrograde amnesia)的程度在每個患者有很大的差異。除了遠事和近事記憶的喪失外，典型的失憶症患者外表正常，他(她)們有正常的字彙和對外界的常識，而且一般而言，並未顯出喪失智力的現象。

對不同階段的影響　失憶症患者記憶喪失的情形是反映出記憶某個階段的損壞，或每個階段都受損？研究證據指出每個階段都會受到影響。有些患者顯示出編碼的缺陷，如果能給他們較多的時間去編入材料，則稍後的回憶表現便能和正常人相同。有些人則可能顯示出提取和儲存的缺陷。對某些失憶症患者而言，對受傷或生病之前的記憶喪失(遠事失憶)，涵蓋了生命的時光的大部分。此種喪失必然來自提取失敗，因爲受傷前許多年所發生的事早已經過正常的編碼和鞏固。反之，有些患者的遠事失憶只涵蓋了幾個月的期間；這類有限的記憶喪失顯示儲存階段受到干擾，因爲鞏固過程基本上只需幾個月的時間(Hirst, 1982; Squire & Cohen, 1984)。

很可能有兩種類型的失憶症，每一種和腦傷的部位有關，並且影響不同的記憶階段。因此，在腦部海馬體區域受傷的患者遭遇的主要是儲存缺陷的問題；這些患者的遠事失憶只限於新近發生的事件。相反的，海馬體完好而視丘受傷的人，可能具有編碼和提取的缺陷。這類患者的遠事失憶在時間上便無限制，而且只要給予額外的編碼時間，他們對新訊息的回憶相當正常。雖然不同類型的失憶症和不同腦傷部位有關的假設，符合許多研究發現，但仍是備受爭議的話題(Squire & Cohen, 1984; Corkin et al., 1985)。

事實與技能記憶　有關失憶症的顯著特徵之一是：並非各類記憶都受到干擾。雖然失憶症患者通常無法記住過去生活的舊有事實，或學習新的事實，但他們在記住及學習知覺和動作技能上卻沒有問題。這點指出人們對事實和技能有不同的記憶。

失憶症中所保存的技能包括**動作技能**(motor skill)，如綁鞋帶或騎自行車等；**知覺技能**(perceptual skill)，如寫或唸出投射在鏡中的字(與正常的字相反)；以及**認知技能**(cognitive skill)，如對部分字母認出一個字或產生一個字。以閱讀鏡中相反字的能力爲例，要做好此作業得稍做練習(讀者不妨拿此書面向鏡子)，失憶症患者，練習進步的速度幾乎和正常受試者相同，雖然他們根本不記得自己參加過前面的練習(Cohen & Squire, 1980)，這顯示出他們對技能有正常的記憶，但卻對產生此技能的學習階段毫無記憶(後者爲事實)。

類似的情形出現在認知技能上，如同單字完成的作業(例如，mot ___是什麼字？)。在一個實驗中，先對失憶症患者和正常受試者呈現一組單字列表，接著再出現列表中字的部分字母以及不在原列表中字的部分字母，要求受試者拼出這些字。正常受試者的表現如同預期：當測試字母取自原列表時，所拼出的字較多。有趣的是：失憶症患者也是如此，而且多出的程度也和正常受試者相同。因此，當記憶以技能方式顯現時，失憶症患者的表現正常。然而，在實驗的另一個情況中，再度呈現原來的單字和新的單字，受試者得辨認那些字曾出現在列表上，此時，失憶症患者所記住的遠較正常受試者爲少。因此，當記憶以「事實」顯現時(「這個是我剛才在列表上看到的字」)，失憶症患者的表現便遠遜於正常人(Warrington & Weiskrantz, 1978)。

如果瞭解技能和事實這兩種知識的差異有多大,那麼對於這兩者為不同記憶的觀念便不會感到訝異。技能知識為「知道如何做」;而事實知識為「知道這個」(Ryle, 1949),而且兩者經常不交會。我們知道如何繫鞋帶,但很難將它描述成一串事實。某種技能的知識似乎以表現該技能所需的步驟作為表徵,而這類知識只有靠執行這些步驟來提取(Anderson, 1982)。

個人事實與一般事實記憶　甚至在事實的領域中,也有重要的區分。有些事實屬於個人的片段,而其他則為一般的眞相。例如,你對自己高中畢業典禮的記憶是一種**個人事實**(personal fact),還有你對前一天晚餐內容的記憶也是。甚至你對剛才讀到某個以失憶症患者閱讀鏡中單字實驗的記憶也是一種個人事實。在上述各個例子中,每個片段的編碼都牽涉了個人(你的畢業、你的晚餐等等),而且經常還包含了特殊的時間、地點。所有這些都與**一般事實**(general fact)相反,後者如你對「單身漢」一詞為未結婚男子的記憶或知識,或是「九月有三十天」、「亞伯拉罕・林肯曾是美國的總統」等等。在這些例子中,知識以和其他知識的關係,而非與你本人的關係來編碼,而且不具時間和地點。例如,你可能無法記得當你學習每隔四年的二月為二十九天時的背景情境(Tulving, 1985)。

個人事實與一般事實是否儲存在不同的記憶?失憶症的情況顯示的確如此。除了嚴重的記憶喪失外,大多數失憶症患者似乎擁有正常的智力,這點顯示他們具有對外界的正常字彙和正常知識。在大多數失憶症中,一般事實的記憶維持完整,但個人事實的記憶則受到干擾,顯示這兩類事實的確分別儲存在不同的記憶中。此外,實驗也指出失憶症患者在需要提取一般事實的作業上表現正常(Weingarten et al., 1983)。

重要討論:
凝固理論和遠事失憶症

有很多證據顯示,一旦資料進到 LTM 後,需要一段時間使其牢牢地記錄於記憶中。這種所謂的**凝固理論**(consolidation),主張經由學習而造成的神經系統中的變化要視時間而定;即記憶痕跡在其尚未穩定時,極易因干擾而消失。假若記憶痕跡在這段期間無法凝固，它就不會再出現；假若不分散，痕跡凝固後就變成長期記憶中相當永久的部分，並能抵制未來的破壞。

支持凝固理論最早的證據是來自意外事件後，對腦震盪或腦部受傷個體的觀察。這些人在意外發生後，對意外事件之前那一小段時間全都記不得了。這種喪失意外事件前記憶的症狀稱為**遠事失憶症**(retrograde amnesia)，其所遺忘的部分自幾分鐘到一小時以上不等，完全看受傷的程度而定，例如，在車禍中腦部受傷的人對肇禍原因，通常都想不起來。這種現象和凝固理論所認為的，在成為永久記憶前，神經活動在經驗發生後需要一段凝固時間完全一致。

在實驗中可用一種很強的**電擊**(electroconvulsive shock, 簡稱 ECS)來產生遠事失憶症。先訓練一隻動物學習一些事，學習後不久施以 ECS 來造成短暫的昏迷，然後在幾天後測驗這隻動物對已學得反應的保留量。其中主要的變項是介於學習和施以 ECS 間的時間。有一個實驗，在老鼠學習後分別在零秒、二十秒、三十分鐘或一個小時後施以 ECS。當次日再測驗這幾隻老鼠時發現，介於訓練和 ECS 間的時間愈長，其學習反應的保留量就愈多。間隔零秒的老鼠根本沒有任何保留，而間隔一個小時的老鼠則表現出幾乎完整的保留(Hudspeth, McGaugh, & Thompson, 1964)。

遠事失憶症的研究曾用過多種不同的動物，並且使用 ECS 以外的方法來產生相同的效果。雖然這些實驗的結果有好幾種不同的解釋，但沒有一個能證明是十全十美的。不過，愈來愈清楚的是，記憶痕跡的長久儲存需要一段凝固時間(McGaugh & Herz, 1970)。

藥物心理學的研究亦支持「凝固時間」這個概念。使用某些藥物(如番木鱉鹼、尼古丁、咖啡因和安非他命)似乎可加速記憶的凝固程序。使用這些藥物的動物在其學習達到一定標準時，所需的練習次數較少且錯誤也較小。我們可以假設記憶在凝固時，這些藥物對神經程序多少具有一些加速作用，或許是使 RNA 合成加速，但事實如何仍不得而知(McGaugh, 1970)。

記憶的增進

當我們問及「如何增進記憶呢？」心中自然會想到三個因素：(1)資料的記錄及儲存；(2)一段時間不用時如何保留；(3)回憶時如何有效地追回這些資料。其中那一點最有助於我們記憶的改進？改進我們的保留能力似乎不可能是主要的方法，因爲除非我們在儲存與回憶之間，長期沉睡或是不做任何活動才能夠減少干擾。然而，儲存和提取的狀況必然會影響記憶。由改進資料的記錄，可以使我們對即將記憶的東西能有更具統合的表示法，而學習材料的**過度學習**(over-learning)，將會增加完全儲存程序的可能性。同樣的，如果學習材料經過一番組織，在我們回憶某一部分時，就連帶回憶整個記憶結構的話，將有助於資料的回復。同理，在研究時提供提取線索，將有利於提取程序。例如，若注意到肥胖的童先生和汽油「桶」的相似處，在你第二次碰到他時，將會對他的名字提供一個提取線索。

在討論過短期及長期記憶的基本現象後，我們可以朝兩方面探討增進記憶的問題。第一，我們將提及如何增加短期記憶的容量；其次，討論增進長期記憶的各種方法。透過增進編碼與提取的效率，這些方法得以奏效。

記憶組集與記憶廣度

對多數人而言，短期記憶的容量無法超過 7 ± 2 個組集，然而，我們可擴大組集，由此增加記憶廣度中的項目數。本章先前提過：呈現 149-2177-619-87 數串，如果將它重編成 1492-1776-1987，便能記住全部十二個數字，而短期記憶也只儲存此三個組集。雖然在此實驗中，可將數字適當地編成三個較熟悉的日期，但對大多數其他的數串此法無法奏效，因爲我們並未記住許多日期。但是如果能發展出適合每一數(字)串的重編系統，那麼短期記憶將獲得驚人的進展。

以下是對某個特定受試者的研究，發現這類一般性的重編系統，並加以運用，使其記憶廣度由七個增加至八十個左右的隨機數字(見**圖 8-20**)。該受試者姑稱之爲 SF，具有一般大學生的正常記憶能力和智力。他連續三年進行此記憶廣度作業，每

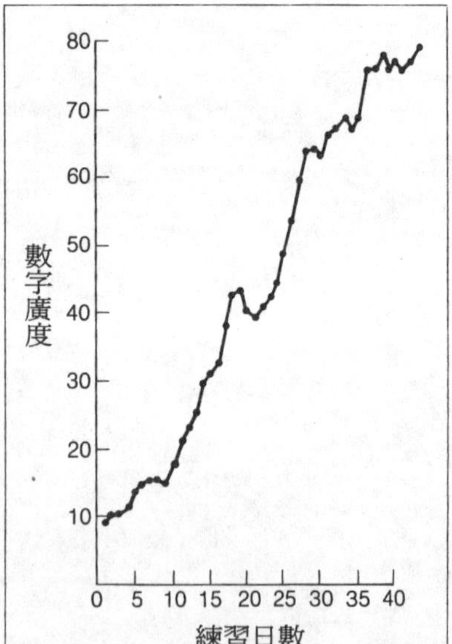

圖 8-20　SF 所回憶出的數字數

該受試者透過一種使用記憶組集和階層式組織的重編系統，增加了記憶廣度，全部練習時間大約爲二百一十五小時(取材自 Ericsson, Chase, & Faloon, 1980)。

週約為三至五個小時。在這段期間，身為長跑健將的 SF，設計出將四個數字一組的數串重編成跑步時間的策略。例如，SF 將 3492 重編為「3：49.2——一英哩賽跑的世界級記錄」，對他而言，這是個單一組集。由於 SF 熟悉許多跑步時間(換言之，這些儲存在他的長期記憶裡)，因此他可輕易地將大多數一組四個數重編成記憶組集。在無法如此作的情形(如 1771 便不能作成跑步時間，因為第二個數目太大)，SF 便試著將四個數字重編成較熟悉的日期。

運用上述的重編系統，使得 SF 的記憶廣度由七增加至二十八個數字(由於 SF 的七個組集，每一個都包含四個數)。但他是如何達到將近八十個呢？謎底是透過對跑步時間作階層式的組織。在 SF 短期記憶中的一個組集可以指示三種跑步時間；在回憶時，SF 由此組集的第一個跑步時間，產生四個數字，接著移到第二個跑步時間，產生四個數字，依此類推，因此每個組集便等於十二個數字。現在我們可以看出為何 SF 能將記憶廣度擴大至八十個數字，這是心理學文獻中迄今最大的記憶數量。它來自增加每一組集的大小(透過將此項目和長期記憶中的訊息相連)，而非增加短期記憶中的組集數。當試驗由數字轉至字母時，SF 的記憶廣度又回復到原來的七個——七個字母(Ericsson, Chase, & Faloon, 1980)。

上述研究是探討增進短期記憶表現的主要先驅方案之一，至於增進長期記憶的研究，很早便受到注目，也是本章以下內容的重點。首先我們將先觀察如何編譯材料，使它更容易提取，並考慮如何增進提取的效率。

想像與編碼

在回憶詩或故事時，通常都加上所描述行動的想像。**心像**(mental imagery)很難定義，但絕大多數的人都會同意，雖然他們所描述的清晰度和包含內容的多寡有所不同，但每個人都具有形成心像能力。記憶力傑出的人常以視覺心像來處理新事物。某蘇俄記者的故事即是一例。以一系列數字來測驗他時，他會想像這些數字是寫在一張紙上(並且是他的筆跡)。回憶一連串東西時，他將這些東西的影像依其次序排列。例如，假想他從普希金廣場到高爾基街散步，同時想像每一件東西是放在街道的某一點。在回憶這些東西時，他再重複假想散步，逐一說出沿街的東西。簡而言之，他將口頭材料轉變爲想像物，並且藉著街道的顯著背景來保持其次序。藉著這種所謂的**位置記憶法**(method of loci)，他可以記得一百個以上的數字、數學公式，而且幾年後記憶猶新(Luria, 1968)。

位置記憶法不需要太多的練習。假想你正走進你住的地方，先進到前廳，再到客廳，然後是餐廳、厨房、臥室等等。假若你利用這種位置記憶來記購物單，如麵包、啤酒、牛奶等，你可能會形成一系列的心像。一條麵包排在走廊的電燈上、一個肥胖的蛋坐在客廳的火爐旁、一罐啤酒在餐桌上、一隻牛在厨房裡、一隻豬睡在牀上等等。在回憶購物單時，你只要想想和每個房間有關的東西就行了(參閱**圖 8-21**)。

這種心像和全現心像不同。全現心像是在眼前現出的全然反射，而心像是個體爲了幫助回憶而創造的一種可能、非圖畫形式的東西。

心像的效果可由實驗中得出。實驗時，將一百張卡片每次只給受試者看一張，每一張卡片上都任意印上兩個毫不相干的

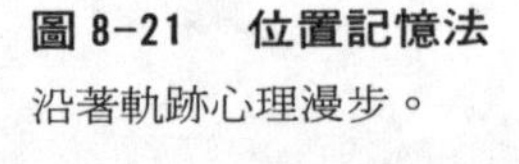

圖 8-21　位置記憶法

沿著軌跡心理漫步。

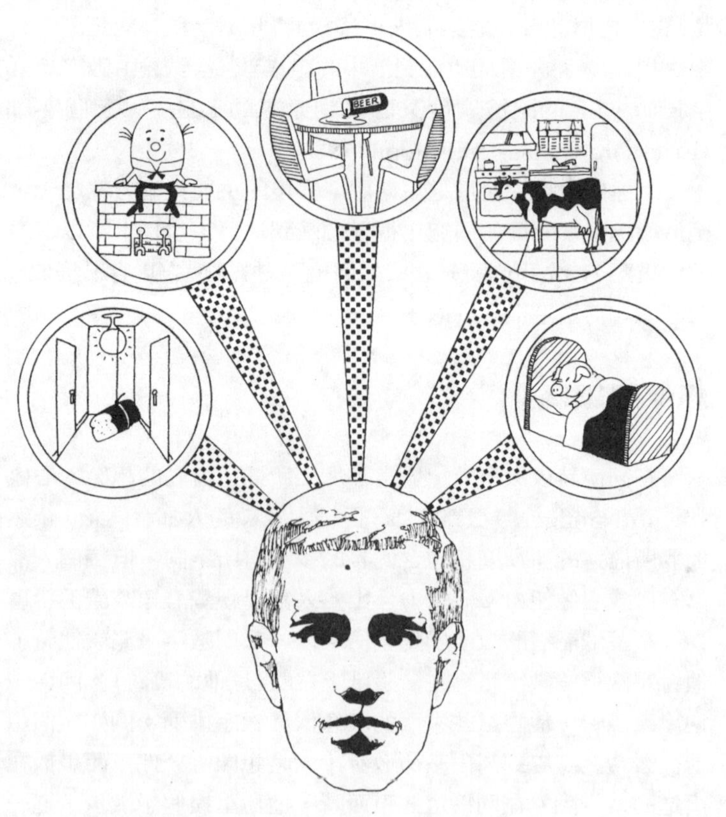

具體名詞，如狗——脚踏車等。看完卡片後，受試者在看到第一個名詞時要說出第二個名詞。受試者中有一組以想像一種視覺上的景象來聯結這兩個字的相互關係。實驗者令他們盡可能包括各種細節來形成各種稀奇古怪的心像。例如狗——脚踏車，可以想像成一隻穿著小丑服裝的「狗」騎著一部老爺「脚踏車」。另外一組則只交予學習任務，並且僅交代他們要好好學、好好複誦，這樣以後第一個字出現時就可以爲第二個字的回憶提供一些線索。兩組的學習時間一樣，但利用心像的一組其成績遠超過另一組。在一個實驗中，心像組可以回憶百分之八十，但控制組卻只有百分之三十。即使如此，心像效果實際上仍被低估，因爲控制組中有些受試者已不知不覺地使用心像來記憶了(Bower, 1972)。

最近的實驗證明，將心像利用於外語字彙的教學上，可能具有不同凡響的效果。實驗中的受試者以前未學過西班牙文，他們要在一段固定的時間內去學一系列的西班牙文單字，他們會聽到每個單字的發音，螢幕上同時會出現每個單字的英文解釋。之後就有一個測驗，其中包括讀出每個單字和說出其英文意義。使用心像法的實驗組平均答對了百分之八十八，而使用機械或記憶法的控制組只答對了百分之二十八(Raugh & Atkinson, 1975)。

以心像法研究一個字時需要兩個步驟。第一步是弄清楚所說出來的西班牙文和英文中那個字的發音是類似的。例如告訴受試者去注意 Caballo 這個字中有一部分和英文的 eye 一樣(整個字的發音類似英文中的 cob-eye-yo)。這種英文發音類似的字在西班牙字中都可以找到，就稱作**關鍵字**(keyword)。因此，在研讀時，每個西班牙字都和其關鍵字及英文翻譯並列。**表 8-2** 是這個實驗中的一部分(熟悉西班牙文的讀者會知道，關鍵字和其西班牙字中的發音可能略有不同)。

西班牙	關鍵字	英文翻譯
caballo	[eye]	horse
charco	[charcoal]	puddle
muleta	[mule]	crutch
clavo	[claw]	nail
lagartija	[log]	lizard
cebolla	[boy]	onion
payaso	[pie]	clown
hilo	[eel]	thread
tenaza	[tennis]	pliars
jabon	[bone]	soap
carpa	[carp]	tent
pato	[pot]	duck

表 8-2　連結西班牙字和其英文翻譯的關鍵字實例

第二步是發展出一種心像，其中關鍵字可以一種圖畫方式和英文翻譯相互作用。以 Caballo(意指馬)爲例，其圖畫可能是馬尾輕拂著一隻眼，或是一隻在馬的前額上眨動的眼睛，或是一隻馬正踢一隻巨眼。不論合不合邏輯，我們教導受試者去把握第一個進入心中的心像，並且依此建立一幅清晰的圖畫。

學習單字的心像法可描繪成是藉著關鍵字的媒介，而連接西班牙字和對應的英文的一個鏈鎖。其圖形的變化範例可參閱**圖 8-22**，其中西班牙字藉著**發音的特性**(acoustic property)和

圖 8-22　心像與外文學習

這是如何使用心像來連結西班牙字和其英文翻譯的二個實例(取材自 Thorndike & Bower, 1974)。

關鍵字相連結，而關鍵字又以受試者所產生的心像和其意義相連接。

很自然的，我們會認爲，這麼一個複雜的技術可能不會太有效率(劉英茂，民 66)。但評估研究指出，這種方法是相當有效的。而可能也因爲其複雜性，實用性似乎隨著練習而增加。因此，有規律地用來作爲學習外國語文課程的輔助方法是最有效的(Atkinson & Raugh, 1975)。

國內，以中文字做研究，亦可發現心像的效果。莊仲仁(民 64)，黃榮村、劉英茂(民 67)以高、低心像值的中文詞來做對聯學習實驗，發現心像對回憶都有顯著幫助。不過，劉英茂(民 66)以高中一年級學生爲對象，要求他們用心像記憶法學習英語字彙，發現效果反而較差，這可能是因爲心像記憶法所要處理的訊息過多所致。

雙重入碼系統　這種研究指示，記憶中資料的輸入包括二個不同的程序。能以圖畫方式輸入記憶的資料稱爲**非語文心像程序**(nonverbal imagery process)，能夠以口頭敍述方式輸入的則稱爲**語文的符號過程**(verbal symbolic process)(Paivio, 1971)。學習具體的東西或事件時，非口語心像程序的效果最好，學習抽象的口語資料則以語文符號過程爲最佳。在前述實驗中，受試者若被教以心像法，則這二種程序(非口語及語文程序)就都被應用了；若不教以想像的方法，受試者將只依賴語文符號過程。這二種不同程序的假設，頗符合我們前面所討論過的腦部構造——大腦右半球控制了心像程序，左半球控制了語文象徵程序。

背景與提取

由於背景是有力的提取線索，因此我們可以藉著重現學習產生時的背景來增進記憶。如果你是在某間教室聽了心理學課程，那麼當你身處此間教室時，對此課程的內容能作最佳的記憶，因爲教室的背景是課程內容的一種提取線索。這點可直接應用在教育上，學生在平常上課的教室中考試，而且監考者又是授課老師時，考試成績會較理想(Abernathy, 1940)。

雖然在大多數情況下，當我們必須回想某些事時，軀體上無法回到當初學習的背景；如果你想不起某個高中同學的名字，你無法爲了記起他而回到舊日所讀的中學。然而在這種情形下，你可以試著在內心重建出該背景。爲提取遺忘已久的名字，你可能想到當年在高中所在的班級、俱樂部和參與的種種活動，看看這些能否帶出你正在搜尋的名字。當受試者在實驗中使用這些技巧時，經常可以回憶出原以爲早就忘掉的高中同學的名字(Williams & Hollan, 1981)。

有關於內心重建背景的另一個例子如下所述(Norman, 1976)。假設有人問你：「兩年前十月的第三個星期一下午一點，你在做些什麼？」你很可能回答：「開玩笑，誰會記得這種事！」但是重建出背景卻可導致令人訝異的結果：

> 「兩年前，我是高中生。讓我想想看，十月——那是第二學期囉，那個學期我選了什麼課？哦，對了，是化學。這就對了——每天下午我都待在化學實驗室；這就是兩年前十月第三個星期一的下午一點鐘，我在的地方。」

在上面的例子中，恢復背景似乎解決了問題，但是，我們無法確定你是眞的記起自己當時身處化學實驗室中，或者只是你的推論。無論如何，你可能由此獲得正確的答案。

組織和記憶

所謂記憶，就是依據不同程度的組織規則，將各種型態的項目加以組合；其提取之難易，端視所表現出組織程度的高低而定。在學習各種資料時，學習時的組織程度愈高，以後的回憶就愈佳(Mandler, 1974; 魏保羅、曾志朗，民 61)。

下面的實驗可說明記憶的組織效果。令受試者記憶四個不同的單字表，受試者所看到的單字是以如**圖 8-17** 所示的樹狀組織出現。實驗組看的圖中，單字之安排是有規則的，如**圖 8-17**；控制組看的圖中，單字之安排毫無規則。兩組均花相同的時間學習。當看完後進行測驗時，實驗組回憶率是百分之六十五，而以隨機排列來學習的控制組只有百分之十九。進一步的資料分析顯示，使用組織過的樹狀分枝圖來學習的受試者，在回想時利用這個組織來追回單字。

有實驗指出許多組織技巧有助於學習不相關的項目。如受試者可將一列無關項目組織成一篇故事而加以記憶(見**圖 8-23**)，此後，測試十二組此種列表時(總計一百二十個字)，受試者可記起其中百分之九十的字，由此可見，這種記憶效果相

圖 8-23　將字組成一個故事

上圖是將十個無關字眼編入一個故事的例子。大寫的字便是列表上的字（取材自 Bower & Clark, 1969）。

A LUMBERJACK DARTed out of a forest, SKATEd around a HEDGE past a COLONY of DUCKs. He tripped on some FURNITURE, tearing his STOCKING while hastening toward the PILLOW where his MISTRESS lay.

A VEGETABLE can be a useful INSTRUMENT for a COLLEGE student. A carrot can be a NAIL for your FENCE or BASIN. But a MERCHANT of the QUEEN would SCALE that fence and feed the carrot to a GOAT.

One night at DINNER I had the NERVE to bring my TEACHER. There had been a FLOOD that day, and the rain BARREL was sure to RATTLE. There was, however, a VESSEL in the HARBOR carrying this ARTIST to my CASTLE.

當驚人，而且不難做到。

此時，你或許承認心理學家已爲組織無關項目的列表，想出來種種技巧。但可能你會辯稱你必須記住的不是無關項目的列表，而是別人告訴你的故事、上課的內容，以及閱讀的內容，例如閱讀本章。但這類材料不是已經過組織嗎？而且這不是意味著前面提到的技巧派不上用場嗎？答案是兩面的，本章內容當然不是一些無關字的組合，但關鍵點是任何內容較長的材料(如本章)總會有組織的問題。稍後你可能回憶出心像輔助學習，但這並不會帶出任何有關短期記憶中的音碼之類的記憶。這兩個主題似乎並無密切相關，但也存在某種關係：兩者都是處理現象編碼。瞭解此種關係的最佳方式是留意本章的標題與副標題，因爲這些顯示出本章內容組織的方式。最有效的學習

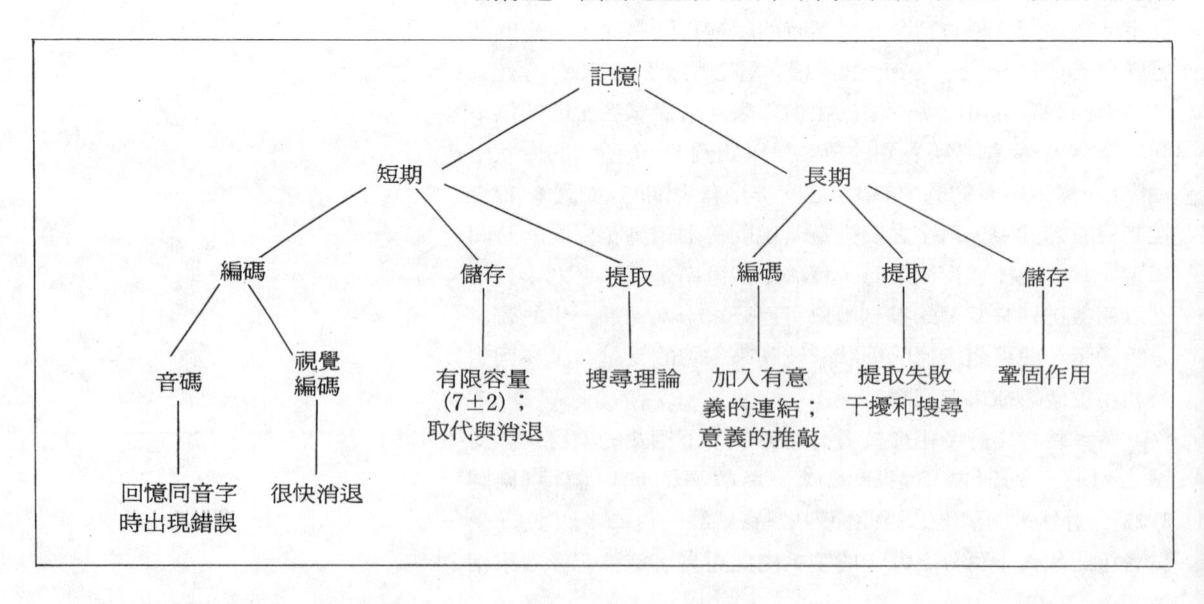

法便是內心記住此種組織方式，例如，你可試著畫出如下列的階層樹來抓住本章組織的各部分；甚至由自己作出的階層綱要會更有用。當組織方式爲本人親自設定時，似乎對記憶最有益處。

練習時的自我重述

當我們在學習一樣東西時，通常都會作**自我重述**(self-recitation)。自我重述並不是指「死背」，而是指用自己的話重述學習的內容。這種自我重述可增加學習材料的保留量。假設我們讓一個學生在兩個小時內，去學習可在三十分鐘內閱讀完畢的東西。假如這學生在兩個小時內將學習材料閱讀四次，其效果要比只讀一次然後自己詢問材料中的問題來得差。在此，自我詢問就等於是一種自我背誦。在自我重述時記不清楚的可以再看一次，因此當然比較有效。一般而言，在讀書時若騰出一大半時間做自我重述，是很有效率的。許多研究均如此發現。

花在自我重述的學習時間的多少，要看學習材料及準備使用的測驗種類而定。不過，學習時間的百分比可能高於我們直覺上所認爲的。一項著名的實驗指出，研讀歷史時，自我重述的時間佔百分之八十時效率最高。如**圖 8-24** 所示，自我重述的時間愈多，回憶得愈好。

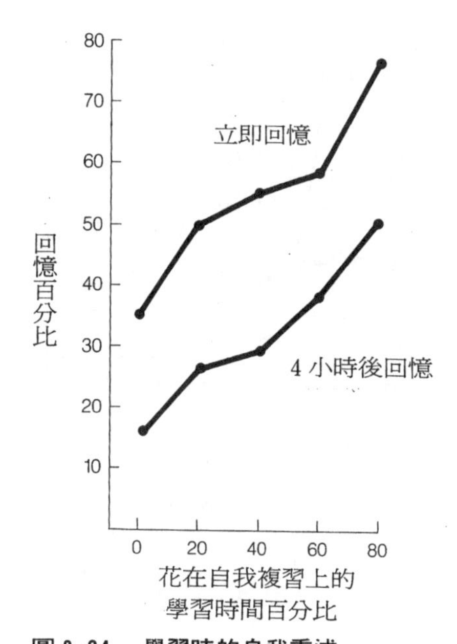

圖 8-24　學習時的自我重述

花在自我重述的時間愈多，回憶愈好。上面的曲線是剛學完後立刻測的，下面是四小時後測的(取材自 Cates, 1917)。

在一般的學習過程中，自我重述法迫使學習者對需要學習的材料加以選擇。此外，自我重述也是對以後提取資料的一種練習方式。例如，學習者就以後的考試方式，對歷史做一簡述，或是以回答問題的方式，自己重述操作性條件化的基本原則。簡而言之，學習一樣東西時，愈早蓋起書本做主動的回憶就愈有效。

過度學習對保留量的影響

要長期保留的東西必須經過過度學習，即超越簡易回憶的學習。實驗中，令三組受試者以系列預期法記憶一個單字列表(參閱第七章)，結果每一組都達到不同的過度學習程度。過度學習爲零的一組是將表中的字練習到完全能背誦爲止；在過度學習百分比爲五十的一組中，平均要練習前一組的一倍半；在百分之百的一組中，練習次數是第一組的二倍。一至二十八天

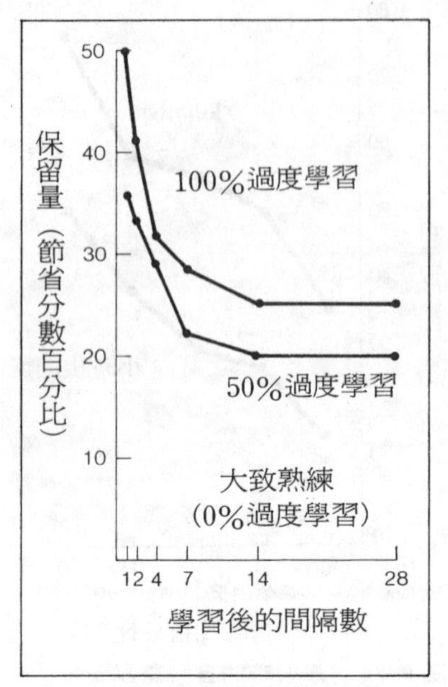

圖 8-25　過度學習對保留量的影響
圖中顯示的是學習一含十二個名詞的單字列表時，過度學習程度不同的三組的記憶保留量。保留量的測量以後來再學習時的節省分數爲主(取材自 Krueger, 1929)。

後他們重新再學習同樣的一張單字表。實驗結果如**圖 8-25** 所示，其中的依變項是再學習的節省分數(參閱第七章)。圖中曲線顯示，過度學習的程度愈高，不論間隔時間多少，其保留量愈多。國內亦有人做類似的研究。研究對象爲小學一年級兒童，分組學習六個生字，發現在練習期間，各組的學習成績，隨其所作練習次數的增加而增加，但練習次數達到某一限度之後，再增多的練習次數，對學習後記憶量的增加，並未有顯著的影響(張春興、劉鴻香，民 56)。

游泳、滑雪或騎脚踏車都是極爲過度學習的技能，因此這些兒時學習的技能即使多年不用，仍能保留完美不足爲奇。技能本身並不只達到簡易的熟練點而已，它已因反覆練習而超出最初的學習效果甚多。雖然過度學習並不足以解釋技能和訊息保留量間的差異，但它確實是一個重要的影響因素。

PQRST 法

截至目前，我們已討論記憶的某些特殊原則(例如組織幫助記憶搜尋的原則)，也顯示如何應用在增進記憶上。在以記憶原則建立實際的應用，我們也可以作反方向的研究，由衆所週知的記憶增進技巧著手，並顯示這些技巧如何根據記憶原則運作。

最常見的一種增進記憶法稱爲 PQRST 法，目的是爲了增進學生學習並記住教科書內容的能力(Thomas & Robinson, 1982)。此法的名稱取自五個階段的頭一個字母：**預習**(preview)、**發問**(question)、**閱讀**(read)、**自我重述**(self-recitation)和**測試**(test)。我們可透過如何運用此法來學習本章，以說明 PQRST 法。第一個階段，學生預習本章內容，對本章的主題和章節有個概念；預習包括閱讀本章最前面的一段內容，接著作掃瞄，但特別留意各主要段落的標題，並仔細閱讀篇末的摘要。這種預習方式可引導學生對本章內容加以組織，甚至可能作出如前所述的階層式組織。如同我們一再強調的：組織材料有助於個人日後的提取能力。

第二、三、四階段(發問、閱讀和自我背誦)則應用在本章的每個主要分節。以本書爲例，每一章大約分爲五至八節，學生在進入下一節時，應先將發問、閱讀和自我背誦等步驟運用於每一節。在發問階段中，學生仔細閱讀該節及分節的標題，並將它們轉爲問題。在閱讀階段，學生以回答這些問題的眼光來閱讀這一節。在自我重述階段中，讀者試著回憶本節的主要概念並背誦訊息（採默唸方式，獨處時唸出聲亦可）。例如當你對本章這一節運用這些階段時，你可能看標題並發問：「記憶廣度能增加到多少？」或「PQRST 法究竟是怎麼一回事？」接下來你閱讀本節並試著找出你問題的答案（例如，「有人能將他自己的短期記憶廣度增加到接近八十個數字」）。然後你試著回憶主要的概念（例如「你可增加一個記憶組集的大小，但無法增加組集的數目」）。發問和閱讀階段幾乎必然會引發學生在作編碼時，會對訊息加以推敲；自我重述階段則引發學生練習提取。

測試階段則發生於完成整章之後，學生試圖回憶出自己所學過的重要事實，並理解各種事實之間的關係。這種步驟可促進推敲，並提供提取的進一步練習。總而言之，PQRST 法正是依據增進記憶的三個基本原則：組織材料，推敲材料，並練習提取（有關此法的更完整描述，見附錄 I「如何閱讀一本教科書：PQRST 法」）。

建構式記憶

本章通篇所討論的研究，使用的材料有兩種：一爲簡單的語文材料（如無關字列表），一爲較複雜的材料（句子、教科書章節），因爲許多原則同時可應用於簡單和複雜的材料。然而，有些原則似乎只應用於複雜、有意義材料的記憶；這些原則中最重要的是：記憶是**可建構的**（constructive）。

當我們聽到某個句子或故事時，通常將它視爲某個眞實事件的一個未完成的敍述，而且我們會運用自己知道外界如何運作的一般知識，對該事件建構出一個較完整的描述。我們的作法是加入可能隨著前面敍述而來的句子和故事，例如，聽到「麥克在酒吧鬧事，打破了一個瓶子」，我們會連想到該瓶子是啤酒或威士忌瓶，而不是牛奶或汽水瓶。我們將此推論加入對該句子的記憶，因此我們全部的記憶便超出了原先呈現的訊息。藉著利用「想當然耳」的一般知識（如酒吧有啤酒瓶），我們添加了原有的訊息，這樣作的原因是爲了我們想對自己解釋所聽到的事件。所以建構式記憶是我們對瞭解外界需求的副產品。

簡單的推論

當我們讀一個句子時，經常會對它作推論，並將此推論和句子一同儲存。在一個研究中，受試者學習如下列的句子：

(1)三隻烏龜坐在一塊浮木上，一條魚在下面游著。

如果魚在浮木下游著，則必然也在烏龜下面。假如受試者作了此種推論，它將成爲他們對此句子記憶的一部分。稍後，受試者會認爲他們曾看過句子(2)：

(2)三隻烏龜坐在一塊浮木上，一條魚在牠們下面游著。

由於句子(2)對句子(1)作了如此自然的推論，因此受試者不易分辨自己眞正看到的是那一個句子(Bransford, Barclay, & Franks, 1972)。

上述研究中所作的推論的確不假。如果烏龜坐在一根浮木上，有東西由浮木下經過，那麼基本的空間事實顯示該物必然也由烏龜下經過。但有些研究卻指出：人們傾向於作推論，甚至在此推論不一定正確時，也會將它形成記憶的一部分。此種傾向在閱讀教科書時尤其顯著，因爲在連接各個內容時，常需要用到推論。例如在某個實驗中對受試者所呈現的故事：

(1)普洛瓦是法國一個景色如畫的王國
(2)康曼是普洛瓦王位的繼承人
(3)他已經等得不耐煩了
(4)他想砒霜會很有效

當閱讀這個故事時，受試者會在某些地方作推論，在第三行，他們會推斷康曼想當國王，這樣一來能連結第三行和第二行，但這並非是必然的推論(康曼可能是等待國王接納他)。第四行，受試者推論康曼決定毒死國王，以連接第四行和第三行，而這一推論亦非必然正確(也許康曼想毒死的是其他人，而且砒霜還有其他用途)。當稍後測試受試者究竟看過那些句子時，他們很難區分出這些句子和上述的推論。由此再度顯示很難區別眞正呈現和人們自己添加的部分(Seifert, Robertson, & Black, 1985)。

在視覺景象上，推論也會影響記憶，如以下研究所述：對受試者呈現一段車禍意外的影片，接著詢問他們對有關該意外的記憶。有個關於行車速度的問題以兩種不同的方式來問，有些受試者被問到：「當車子彼此撞得稀爛時，它們的速度有多快？」另一些人被問道：「當車子碰到對方時，它們的速度有多快？」聽到「撞得稀爛」的受試者可能會推想該意外十分嚴重，或許比他們實際所記住的還嚴重，因此他們很可能利用此推論改變自己的記憶，加重它的破壞程度（見**圖 8-26**）。被問及「碰到」的受試者應較不會如此作，因為「碰到」一詞意味著比「撞得稀爛」來得輕微。

實驗後一週所作的記憶測驗支持上述的分析。在該測驗中，受試者被問道：「你看到了玻璃碎片嗎？」影片中並無玻璃碎片，但被問到「撞得稀爛」問題的人比被問「碰到」的人，較會作錯誤的回答，表示曾在影片中看到玻璃碎片。上述的「撞得稀爛」問題可能導致受試者對意外記憶的重建，而此重建的記憶包括了如玻璃碎片之類，從未在原影片中出現的細節（Loftus, Schooler, & Wagenaar, 1985）。或許受試者也可能不會將對「撞得稀爛」一詞所作的推論，納入自己對意外事件的記憶中，而會在記憶測驗時藉助這些推論（McCloskey & Zaragoza, 1985）。任何一種解釋對於法律上目擊者的證詞，都具有重大的意義。問話的些許改變便可能改變一個目擊證人的記憶結構。

圖 8-26　意外事件的重建記憶
上圖代表受試者對意外的原始記憶。當他被問及「車子『撞得稀爛』時的速度有多快」時，可能導致他推論出意外的嚴重程度，使他在重建原始記憶時，意外事件的情形較像下圖（取自 Loftus & Loftus, 1975）。

刻板印象

我們建構記憶的另一個方式是透過社會**刻板印象**（stereotypes）的使用。所謂刻板印象便是對某一群人的人格特質和身體屬性所作的一組推論。例如，我們對典型德國人（聰明、嚴肅、一絲不苟）和義大利人（浪漫、漫不經心、好玩樂）的刻板印象。這類描述很少能應用在同一團體的許多人身上，而且經常形成社會互動中的誤導。然而這裡我們在意的不是刻板印象對社會互動的影響（見第十七章），而是它對記憶的影響。

當呈現有關某人的訊息時，我們有時會將此人刻板化（如「他是你所謂的典型義大利人」），接著將刻板化印象中的訊息和真正呈現的訊息相結合。因此我們對某人的記憶，部分是來自刻板印象。當此刻板印象無法適用於該對象時，我們的回憶會被嚴重扭曲。英國心理學家罕特（Hunter）提供了此種扭曲的第一手資料：

「十月二十三日，我在大學中遇見一位具有顯著北歐人長相的男學生。我對他類似維京人外貌的記憶相當深刻——他的金髮、藍眼、長骨架。好幾次，我想到他時，都會連想到一些有關北歐的事。我將他想成「完美的維京人」，想像他乘長船橫渡北海，作探險之航。後來在十一月二十三日，我再次看到他，我認不出來，還是他先自我介紹。並不是我忘了這個人，而是我對他外貌的記憶和眞實有極大的扭曲。他和我對他所形成的種種印象有相當大的出入：他的頭髮比我想的暗，眼睛不那麼藍，骨架沒那麼魁梧，而且還戴了眼鏡(他一直都戴著)。」(Hunter, 1974)

顯然，罕特對該學生的記憶被嚴重扭曲。他對北歐人的刻板印象似乎如此強烈地蓋過了眞正對學生外貌所編入的訊息，形成了一個高度建構的記憶，它和該學生外觀的差異如此之大，以至於無法做爲再認的基礎。

刻板印象也會對記憶產生反溯的影響。我們可能先聽到對某人的一段相當中性的描述，稍後才發現對方屬於某一特殊團體，接著便使用我們對該團體的刻板印象，來調整自己對原先描述的記憶。在描述此種現象的一個研究中，受試者首先閱讀某個名爲貝蒂的女人，一生中種種事件的一個敍述。該敍述由貝蒂的出生以至成年前期，並包含有關她社交生活的事實，如「雖然她在高中時代一直沒有固定的男友，但她也外出約會」。讀完故事後，再給予可導致刻板印象的額外事實。一組受試者被告以貝蒂日後形成女同性戀者的生活型態。第二組則被告以貝蒂日後結了婚。顯然第一組會將貝蒂納入他們對「女同性戀者」的刻板印象，而第二組則將她納入對「已婚婦女」的刻板印象。這類刻板印象影響了對原先敍述的再認。被告知貝蒂爲同性戀的受試者，對「她一直沒有固定的男友」比對「她也外出約會」記得更清楚。而被告知貝蒂結了婚的受試者，情形剛好相反。兩組都對原先敍述的記憶重新建構，使它符合自己的刻板印象，或是當他們記不得原先的敍述時，會使用這些刻板印象來回答問題(Snyder & Uranowitz, 1978; Bellezza & Bower, 1981)。由此可見，對人的記憶似乎特別容易被建構；我們的記憶正是眞實以及我們想像應該爲何之間的一個妥協。

基　模

心理學家使用**基模**(schema，複數為 schemata)一詞代表對一組人、物、事件或情境所作的心理表徵。上述的刻板印象便是基模的一種，因為它們代表對人的分類(如義大利人、女人、同性戀者)。至於「狗」、「桌子」等普通的歸類也是另一種基模，因為它們也表示物體的種類。基模不僅用來描述我們對特殊物體和事件的知識，而且還包括對於在某種情境中作何舉動的知識，例如，大多數成人具有如何開車的基模(發動、踩油門等等)，和如何在餐廳吃飯的基模(進入餐廳、找位子、要菜單、點菜等等)。除了極年幼的孩子，每個人都擁有從不同的地方找到回家的路的基模。

以基模來知覺、思考，能使我們以經濟、迅速的方式來過濾、組織和處理大量的訊息。有了基模，我們不需去知覺並記住每個新遇到的人、物或事的所有細節，只須注意它類似我們記憶中既有的某個基模，並編入和記住它最突出的特點即可。然而我們為此「認知經濟性」所付出的代價，便是當用來編碼的基模不十分適合新來的刺激時，該物體或事件的記憶可能會被扭曲。

巴列特(Bartlett, 1932)或許是最早就基模對記憶的影響進行系統研究的心理學家。他認為當我們試圖將故事納入基模時，會發生此種記憶扭曲，和我們將人納入刻板印象的情形極為相似。研究結果肯定了此種假設。例如受試者在閱讀有關某人進入一家餐廳的短文之後，會傾向於回憶出關於此人進餐、付帳的敘述，甚至當短文中根本並未提及這些行動時，也是如此(Bower, Black, & Turner, 1979)。

另一方面，基模也經常是記憶的有力輔助，例如，我們閱讀的某些故事內容很難理解並記住，除非我們能將它們納入適當的基模。為說明此點，讀者不妨看看以下這一段並試著作回憶：

> 其實這個過程相當簡單，首先你先將東西分門別類，當然一類也許就夠了，這得看東西的多寡而定。如果你因為缺乏設備而必須另覓他處，這就是下一個步驟；否則你就可以開始進行了。記住分量不要超過。換言之，太少總比太多來得好。短期

內這點也許看來並不重要，但卻很容易產生混亂。一個錯誤也會帶來昂貴的代價。一開始整個過程似乎很複雜，但很快地，它將成爲生活中的一部分。在短暫的未來很難看出此種作業的必要性，但接下來就不一樣了。在完成此過程後，我們再將東西分成不同的種類，並放在適當的地方。最後它們將會再派上用場，整個過程將一再重複。然而，這就是生活的一部分(取材自 Bransford & Johnson, 1973)。

在閱讀此段時，想弄清楚它究竟是什麼意思不免有些困難，因此，你對它的回憶也可能相當差。但如果得到該文是描述「洗衣服」的提示時，你就可以利用自己對洗衣服的基模來解釋文中的各部分。所謂的「程序」指的便是洗衣服，「東西」指的是「衣服」，「不同種類」則是「不同顏色的衣服」，依此類推。當你重讀這篇短文時，你對它的記憶應該可以改善許多。由此可見基模可幫助也會損害記憶。

基模似乎影響長期記憶中的編碼和提取階段。當我們閱讀某個故事時，如果某特殊基模處於活躍狀態，我們會傾向於編入與此基模有關的事實。這點可以以下的簡單故事來說明：

(1)史蒂芬和艾德加去看電影。

(2)史蒂芬和艾德加在排隊等候時，談論有關生意的事。

(3)史蒂芬喜歡該電影，但艾德加認爲太濫情。

假設句子(1)激發了我們的電影基模，則編入句子(3)的可能性將大於編入句子(2)，因爲句子(3)和基模更有關。稍後回憶該故事時，如果我們記得它和看電影有關，便會利用電影基模來搜尋記憶。例如，故事中有無提到任何對該影片的反應？因此，基模透過引導搜尋過程來影響提取(Brewer & Nakamura, 1984)。

在困難的記憶作業中，提取可能完全由基模來引導，舉例而言，假如有人問你在何處遇到某人，你可能查詢一個個基模，看看是否其中一個曾被用來作爲編入該目標對象的背景(「是在某個派對、班級、餐廳或看電影時遇到的？」)。這些相關的基模——派對、班級等等——成爲關鍵性的提取線索，而且記憶幾乎全然屬於建構的記憶(Kolodner, 1983)。

記憶爲高度建構性的情境，似乎和前述的簡單情境有很大的差異。以對一組無關字眼的記憶爲例，記憶過程**保存**(preserve）輸入的情形多於建構新事項的情形。然而就算這種簡單的情境也有建構的一面，例如對輸入賦予意義的心像法，或是當我們閱讀類似上述洗衣服的短文時，我們仍然必須保持它的某些特別處，以便作正確的詳細回憶。因此，記憶的兩面——保存與建構或許一直都存在，至於相對的分量則視實際的情境而定。

摘　要

1. 當我們回憶過去的事物時，我們有數種方式。**再整合記憶**不僅根據其內容，且根據其發生的時間和地點，將過去的事件重新組合，但這種豐富的記憶在心理實驗中卻很少研究過。比較易於測量的是只需要一種熟悉感的**再認**，和只需將以前學過的東西說出來的**回憶**。以前已熟悉的材料於**再學習**時的節省分數，是以前學習的另一種測量方式。
2. 我們可以將記憶看成三個階段：**編碼**、**儲存**和**提取**。所謂編碼就是將感覺資料轉變成記憶系統可以處理的資料。儲存就是將這些資料傳達至記憶中。提取則是在需要時，將記憶中資料找回的過程。這三個階段其中任一有所缺失，就會導致錯誤的記憶。
3. **線索式遺忘**在**舌尖現象**（簡稱 TOT）時最爲明顯，這種狀態是記憶中明明是儲存有我們所要說的東西，但因爲適當線索的缺乏而無法找出來。而另一方面，**痕跡式遺忘**是記憶痕跡退化的結果。對癲癇症病人腦部施以電擊刺激支持了下述假設，即是很多記憶是相當持久的，遺忘只是一種線索的缺乏或不夠而已。
4. 對遺忘的傳統解釋包括：(a)**不用而退化**；(b)**干擾的影響**，其中包括順向抑制和逆向抑制；(c)**動機性遺忘**。這三種解釋是互補的，而不是互相矛盾的，並且每一種解釋都使我們注意到了遺忘的重要特徵。因爲這三者中任一種，都無法單獨解釋遺忘的所有事實，所以產生了遺忘的兩段論。
5. 遺忘的兩段論包括**短期記憶**（簡稱 STM）和**長期記憶**（簡稱 LTM），前者和痕跡式遺忘有關，後者和線索式遺忘有關。資料保存於**複誦緩衝器**，主要是防止短期記憶的退化，而增加其輸往長期記憶的可能性。假若學習材料需要保存於長期記憶中的話，學習後的**凝固**期是必須的，遠事失憶症的研究結果亦支持這個觀點。

6. 短期記憶中的訊息多以音碼形式存在，雖然我們也可使用**視覺譯碼**。**音碼**的優勢或許主要應用於語文材料上。
7. 有關短期記憶的最顯著事實是它的儲存容量限於 7 ± 2 個項目或**記憶組集**。在到達此極限時，便產生遺忘：新項目以**取代**舊項目的方式進入短期記憶。短期記憶中遺忘的另一個主因是訊息隨時間而**消退**，無論取代或消退都可由**複誦**來彌補。
8. 提取的速度隨著短期記憶中項目數的增加而減緩，顯示提取可能包含一種**搜尋過程**。短期記憶似乎作為解決某類問題的心智「工作場所」，例如心算和對測驗的作答。
9. 長期記憶中的訊息常是根據其**意義**來編碼。假如項目本身有意義，但彼此之間無關連，則透過添加有意義的關連，提供了提取的路徑，可使記憶得以增進。對意義所作的**推敲**愈多，記憶的效果愈好。
10. 許多長期記憶中遺忘的例子來自**提取的失敗**。當同樣的提取線索尚聯結其他項目，因而產生**干擾**時，較可能出現提取的失敗。此種干擾作用指出由長期記憶中提取是透過某種搜尋過程來完成。此種搜尋可能是逐一檢查各路徑，或是一種**引發力分散**的過程。
11. 某些長期記憶的遺忘來自由儲存中喪失，特別是**鞏固**新記憶的過程被干擾時。鞏固作用的生理位置包括了位於腦部大腦皮層下方的**海馬體**。
12. 各種失憶症的普遍症狀是無法學得新訊息（近事失憶），以及無法記得受傷或生病前發生的事件（遠事失憶）。在某些失憶症的案例中，記憶的崩潰似乎發生於儲存階段，而其他案例中，則似乎發生於編碼和提取階段。大多數失憶症中所喪失的是有關個人的事實，至於技能和一般事實的記憶則保持完好，顯示**個人事實**、**一般事實**和**技能**可能有分別的記憶。
13. 要增進記憶，主要需改進資料編碼和提取方法。學習時若使用**心像**、**組織圖**、**自我重述**和**過度學習**都有助於編碼和提取程序。
14. 增進編碼（和往後提取）的其他方式包括在編碼時**推敲**項目的意義，並**組織**材料（階層式的組織是最理想的方式）。增進提取的最佳方式為試圖在提取時恢復編碼時的**背景**，並在學習時練習提取訊息。許多增進編碼和提取的有關原則，都被納入研習教科書的 PQRST 法中，該方法的五個步驟分別是**預習**、**發問**、**閱讀**、**自我重述**和**測試**。

15. 對複雜材料的記憶(例如故事)經常是**建構式的**。我們傾向於使用對外界的一般知識來建構一個較完整的記憶。建構可包括對所呈現材料的**簡單推論**，也包括將材料歸入**刻板印象**以及其他的**基模**(爲一群人、物、事件或情境的心理表徵)。

進一步的讀物

有關記憶的介紹性書籍，較新且可讀性較高的有：Anderson, *Cognitive Psychology and Its Implications* (2nd ed., 1985); Glass and Holyoak, *Cognition* (2nd ed., 1986); Klatzky, *Human Memory: Structures and processes* (2nd ed., 1980); Norman, *Learning and Memory* (1982)；Reed, *Cognition: Theory and Applications* (1981)。除了這些教科書外，Neisser (ed.), *Memory Observed* (1982) 也提供了在自然背景下回憶的一個調查。

對記憶的理論作更深入探討的書，請看 Anderson, *The Architecture of Cognition* (1983); Tulving, *Elements of Episodic Memory* (1983); Estes (ed.)，*Handbook of Learning and Cognitive Processes* (vol. 6, 1975, 1979); Baddeley, *The Psychology of Memory* (1976)；Crowder, *Principles of Learning and Memory* (1976)。

檢討記憶及學習生理基礎的書，請看 Deutsch, *The physiological basis of memory* (1973)；Squire and Butters (eds.), *The Neuropsychology of Memory* (1984)；Bower and Hilgard, *Theories of Learning* (5th ed., 1981)。

第九章 四月10

§1. 思考與語言的關聯

§2. 語言的本質 — 語音、字形、字義、子句結構 （聽說讀寫）

2～14歲 關鍵期（學語言時）

§3. 語言的發展

§4. 語言的功能

§5. 問題解決

1)

粉蝶兒紛飛去了，戀情卻心已成灰

想當年一別去了，是萬隱易去難回 〃 ～鄭

1. 假說 → 搜集資料 → 驗証

2. heuristics 啟發性學習

⇒ algorithm

次目標分析

減少目標與現況的差距

3. 先綜合後再分析

analysis by synthesis

4. 準備 → 醞釀 → ~~驗証~~ → 驗証期

豁朗

§6. 創造

第九章　思考與語言

符號和概念 431
符號和意義
概念的形成
一個概念的成分
概念習得
概念結合
推　理 439
演繹推理
歸納推理
語言與溝通 443
語言的層次
語言單位與過程
理解與產生之間的差異
語言的發展 453
兒語和初始的字語
字語和意義
原始句子
複雜句子
學習過程
內在因素
語言發展的不變性
重要討論：大腦的分區
其他種屬能否學會人類語言？
語言與思考方式 468
兒童思考與語言
重要討論：動物能學會語言嗎？
語言相對假說
心像式思考 473
心像與知覺
心像運作
視覺創造性
活動中的思考：問題解決 476
問題解決的策略
對問題的呈現
專家與新手
思考的訊息處理模式 480
電腦程式和流程圖
模擬模式
電腦模擬
重要討論：一般的問題解決者

思考是人類最複雜的行爲方式，亦是最高級的心理活動，但它和其他行爲的差異並未大到令我們畏懼的程度。事實上，很多行爲方式都可列入思考的範疇。在我們等待上課時作的白日夢是一種思考，解一道數學問題，寫一封信，或是作一項旅行計畫亦是一種思考。我們的思考很多都具有高度的實用性，且一旦舊習慣無法單獨奏效時，我們亦很可能會去思考——思考能幫助我們到達我們想去的地方及做內心想做的事。

思考可以視爲一種認知過程，它具有使用符號來表示物體或事件的特性。當我們吃蘋果或走過一個房間時，我們並不需要思考(當然我們亦可能思考)；但假若我們想去吃目前沒有的東西或者不打算繼續前進時，我們就必須使用**符號關係**(symbolic reference)來思考了。這種符號關係塑造了思考的特性。思考可以處理我們所記得的不存在的及想像的東西或事件——如同處理那些剛剛進到我們感覺系統的資料一樣。因爲思考是象徵性的，所以它所涵蓋的內容要比我們其他的活動爲廣。思考將目前的感覺及活動併入主題，但卻以超越現實的方式來說明其意義。因此，思考是反映所感受到的事物，並加以處理的一種活動。人類最偉大的成就來自能作複雜思考並溝通思考的能力。

在各種案例中，都可將思考視爲一種「腦部的語言」，而由內省顯示其中不只一種語言。一種**思考形式**(mode of thought)相當於一連串我們似乎「在心中聽到」的句子，稱之爲**命題式思考**(propositional thought)。其他形式則相當於心像，尤其是我們可在心中「看到」的視覺映像，稱爲**心像式思考**(imaginal thought)。最後是第三種形式**動作式思考**(motoric thought)，相當於一系列「心理動作」(Bruner, Olver, & Greenfield et al., 1966)。雖然認知發展的研究多少注意到兒童的動作式思考，但對成人思考的研究則強調其他兩種形式，尤其是命題式思考，這種趨勢將反映在本章的內容上。

以下四節將討論命題式思考中的重要主題，包括：一個命題的成分，亦即**概念**(concept)的研究；命題式思考的組織，亦即**推理**(reasoning)的研究；命題式思考的溝通，亦即**語言**(language)的研究；以及此種溝通的發展，亦即**語言習得**(language acquisition)的研究，接著再轉至思考的視覺形式。最後一節將討論活動中的思考——**問題解決**(problem solving)的研究——並考慮命題式和心像式思考的運用。

我們首先討論符號如何獲得其意義，以及操作符號的方法；其次我們要討論語言(語言是符號的豐富來源)的獲得和結構。最後再探究一些其他複雜的認知過程。

符號和概念

符號和意義

所謂**符號**(symbol)，就是指任何以非本身事物來代表本身的東西，如「書」這個字就是表示硬封面裡面的印刷物，具有這種特性的東西稱爲書 ——當然「書」這個符號本身並非眞正的書。我們可以用這一個符號性的語言符號來思考、談論一切具體的書本。因此，語言文字是我們的**符號系統**(symbol system)中一個重要的組成因素。

符號並不只限於熟悉的語言文字，還有其他象徵語言，諸如邏輯語言或數學語言。實體的符號包括停止符號、教堂的十字架、音符、紅旗子或是紙幣等。符號通常都代表其他的東西，當然我們亦可能談論到象徵符號本身，如描述一個字的拚法或一個符號的書寫方法，但我們必須使用其他的象徵符號來完成這種描述。

因爲語文是一種豐富的符號歷程，所以我們的思考有很多都以語言來表示。但不依賴語言的思維仍是可能的，例如，有些作曲家就宣稱，在尙未完成或尙未以樂器演奏以前，他們「聽到」了他們所作的曲子。不使用語言，我們仍可想像一種舞步、一場網球或者其他運動比賽。

每一種象徵符號都可傳達一種意義，它能提供有關的事物資料，因此，能使感受其意義的人產生適當的行爲。象徵性刺激可產生和其本身不同的其他刺激的適當反應，例如，「毒藥」提醒人們一種危險的存在，但危險並非這個象徵性符號本身；「停止」符號可阻止行動，但並非符號本身有任何障礙或危險。因爲符號和文字能傳達意義是十分熟悉的事，所以在何者構成意義及符號和其意義間的關係如何，就引起了若干理論上的爭辯。

如果所有的象徵符號都只限於特殊的事物或動作，諸如東西的名稱或特定的方向，理論上的意義分析，就不會太困難。這種有限制性的稱爲**外延意義**(denotative meaning)，卽只限於你所能指出的東西，而且對能瞭解它們的人而言，基本上是類似的。但很多字除了外延意義外還具有**內涵意義**(connotative meaning)。內涵意義是情緒性的，通常都以某種價值或偏好程度來表達，但因爲每個字的內涵意義對不同的人而言，有著不同的感受，所以常會引起誤會。

爲了能更準確地決定內涵意義，奧斯古(Osgood)發明了**語意差別**(semantic differential)法。因爲這種方法一方面和意義有關，一方面又提供幾種不同的意義方向，所以稱爲語意差別法。儘管不同的個體對內涵意義的領會不同，但對熟悉的字而言，許多人仍具有類似內涵意義的傾向。例如，對美國的大學生而言，「好」(good)和「佳」(nice)具有何種內涵意義的差別呢？使用語意差別法後發現，「好」通常指的是男性，而「佳」指的是女性。對於兩性的相同敍述可能是「他是個好人」和「她是個佳人」。你可以發現，內涵意義並非十分理性的(Osgood, 1967)。

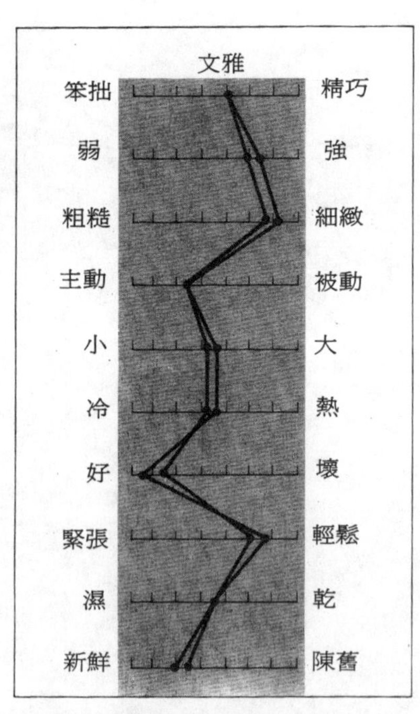

圖 9-1　奧斯古的語意差別法

以語意差別法評定「文雅」這個字的內涵意義所得到的剖面圖。這個研究的受試者分成兩組，每組二十人，圖中各點爲這兩組受試者的中位數反應。

使用語意差別法來決定一個字的內涵意義時，可以令受試者根據一些成對的相反詞來評定這個字，如「強弱」等。將兩個形容詞分別置於一個「七點量尺」(seven-point scale)的兩端，受試者依其判斷評定形容詞在圖上的某一點，藉此指出其方向和強度。**圖 9-1** 就是學生們爲「文雅」(polite)一詞所定的量表值。注意，所使用的形容詞和文雅的外延意義無多大關係。

起初，語意差別法所使用的形容詞大約有五十對，但在分析過很多英文字之後發現，大多數字的內涵意義都可以三種基本向度來表達：**評價**(如好——壞、潔——髒等)、**力量**(如強——弱、輕——重等)和**活動**(如快——慢、主動——被動等)。這三種向度可以解釋大多數的內涵意義，其中尤以評價因素爲最重要。後來的研究發現，我們可利用這三種向度，說明各種語言的內涵意義。

對區分文化團體的不同而言，語意差別法也是一種極爲樂觀的方法。**圖 9-2** 表示霍比(Hopi)、祖尼(Zuñi)和拿瓦左(Navajo)等印第安族對二組字的評等。雖然人類學家認爲這三種部落的文化完全不同，但霍比族和祖尼族彼此卻有類似之處，而拿瓦族和這兩族的差異則較大。我們可以從語意差別剖面圖中看出文化的相似性。

概念的形成

當一個符號代表一組具有共同特性的事物時，我們就說它指示一個**概念**(concept)。女孩、假日、蔬菜是基於共同元素的概念；相等(equality)、較長(longer)、較平滑(smoother)則是屬於一般關係的概念。我們使用概念來整理及分類我們的環境。除了專有名詞外，大多數的字所指的都不是單獨的事物，而是某一類事物。「在第十街轉角的房子」定出了一個特殊的東西，而光是「房子」這個字則泛指一般的建築物而言。概念有不同程度的普遍性——建築物(building)這個概念比房子(house)具有更高的普遍性，而房子則比小屋(cottage)更具有普遍性。

所謂「人為萬物之靈」，主要是因為我們使用語言和學習概念的能力。老鼠可以學到三角形的概念——若選擇任何形狀及大小的三角形即給予獎勵，其他圖形一律不予獎勵，牠們就會對三角形有固定的反應。猴子可以學到「同中求異」(oddity)的概念(參閱**圖 9-3**)。牠們可以學習在二同一異的三件東西中，挑出那一個不同的東西來。而不同的嘗試有不同的刺激(例如，這個嘗試是兩個圓形和一個長方形，下一個嘗試是兩個長方形和一個圓形)，所以猴子所學習的並非對特殊事物的反應，而是一種抽象的概念。

概念學習利用了心理學上的類化作用和區辨作用(參閱第七章)。在學習三角形的概念時，起初老鼠對任何圖形都有反應(類化作用)，但因為除了三角形的反應外都得不到獎勵，所以最後只對三角形有反應(區辨作用)。孩子在學習「狗」這個概念時，可能會將所有的小動物都認為是狗(類化作用)，但經由父母的糾正及個人的觀察，慢慢會學習到傳統所謂的狗(區辨作

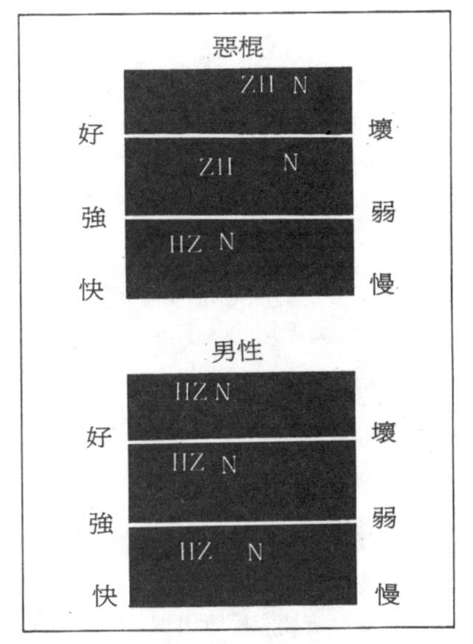

圖 9-2　語意差別法反映出文化的差異

這是霍比(H)、祖尼(Z)和拿瓦左(N)等印第安族對二組字的評定。注意：祖尼族和霍比族的內涵意義較為接近，與拿瓦左人的差異較大(取材自 Maclay & Ware, 1961)。

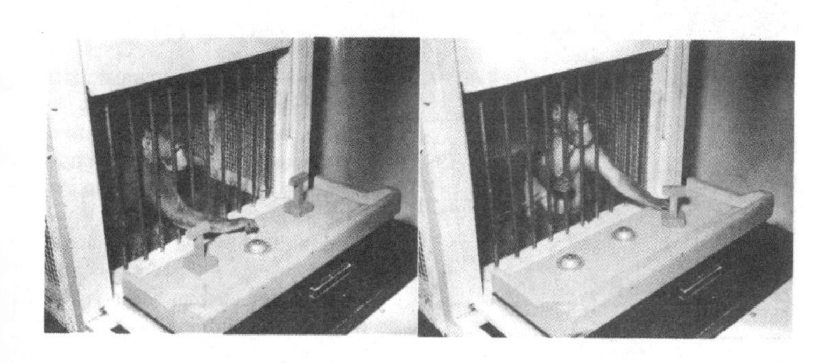

圖 9-3　猴子解答同中求異問題

一隻猴子可以學習在二同一異的三件東西中挑出那一個不同的東西來。

用)。小孩亦可能學習到以更進一步的概念來分辨友善的狗——搖著尾巴表示可接近，和不友善的狗——咆哮意謂著走開是最佳的反應；最後，學習到如何分辨各種動物。

由於具有語言能力，人類可以處理各種概念——從相當具體的狗到高度抽象的憂鬱、公正和神等的概念。但那一種概念的完成最快呢？海伯達(Heidbreder, 1947)的研究指出，具體的特性遠比抽象的形式及數字關係更容易接受。這些研究以如**圖 9-4** 所示的材料，採配對方法來做研究。在每個嘗試中，一次展示一張圖片給受試者，受試者必須對每一張圖片配對一種反應。實驗者以任意一個無意義的字當作一種反應的概念。其

嘗試 1	嘗試 2	嘗試 3	嘗試 4	嘗試 5
RELK	FARD	LETH	MULP	LING
FARD	DILT	MULP	LETH	FARD
LETH	RELK	FARD	LING	DILT
LING	MULP	DILT	RELK	MULP
MULP	LING	LING	DILT	LETH
DILT	LETH	RELK	FARD	RELK

圖 9-4　概念的形成

圖中的圖片一次出現一張，每個嘗試都從每一欄的頂端到底部。每一張圖片出現時，受試者要能反應出和其配對的無意義字（這個字列於每一圖片下）。在第一個嘗試時，受試者不知道那一個字和那張圖片配對，但經過幾次嘗試後，受試者逐漸能對所有的圖片有正確反應。注意：圖片並無重複，所以並非對一種特殊刺激學習一種特殊反應，而是學習對概念作反應。實驗中的概念是：RELK 代表臉，LETH 代表建築物，MULP 代表樹，FARD 代表圓形，LING 代表二個，DILT 代表五個（取材自 Heidbreder,1947）。

中，MULP 指的是樹的概念，FARD 指的是圓形物體的空間概念，而 DILT 指的是五件東西的數字概念。在第二個嘗試中，表示相同概念的新圖片，仍然配以原來的反應。例如，**圖 9-4** 中的六張圖片出現於第一個嘗試中，新的六張圖片出現於第二個嘗試中。繼續這個實驗，直到受試者在一個嘗試中對所有刺激皆能有正確的反應爲止。

一系列此類的實驗顯示，物體概念(如鞋、書、鳥)最易學習，空間概念次之，再其次爲數目概念。以我們的思考而言，物體概念比抽象概念更容易學習。根據國內的研究，我國幼童的辨別形狀與顏色的能力發生在先，認識形狀與顏色之名稱發生在後，而對於各種形狀與各種顏色的辨識能力，並非同時出現。兩歲至兩歲半的受試者多能辨識圓形、方形、紅色以及黃色，而對三角形與藍、綠二色的辨識力較差。至五歲後，全部受試者都能辨識圓形、方形及三角形。至六歲後，始全部能辨識紅、黃、綠、藍四色(蘇建文，民 56)。皮亞傑(Piaget)的智力發展階段理論指出，孩童最先學習的是物體概念，較大時才能發展較抽象的概念。奇怪的是，某種腦傷會使一個人喪失抽象概念的反應能力，而只對具體概念有反應。例如，他有辦法將球準確地投進三個距離不等的籃子中，但是不能分辨出那個籃子距他較近，那個距他較遠。由於在某種腦傷時，這種抽象思考的降低頗爲顯著，所以概念學習的表現有時也作爲診斷的依據。

一個概念的成分

每個概念都包括一個**原型**(prototype)和一個**核心**(core)。原型包含能對概念例子作最佳描述的屬性，而核心則是作爲概念成員之一的較重要屬性。以「單身漢」的概念爲例，你的原型可能包括以下這些屬性：年過三十的男性、獨居、有活躍的社交生活。對一個典型的單身漢而言，這些屬性或許是眞的，但並非適用於所有的單身漢(想想看有個六十歲的老人，和他的姐姐住在一起，也很少外出)。相反的，你對「單身漢」此一概念的核心也許包括了已成年、男性、未婚等屬性；這些正是身爲此概念成員的必要屬性(Armstrong, Gleitman, & Gleitman, 1983)。

另外以「鳥」的概念來說明：你的原型很可能包括了飛翔和

啁啾作聲的屬性——這的確能對鳥作最佳舉例，例如知更鳥和藍樫鳥，但對某些鳥類(如鴕鳥和企鵝)便不適用。你所作的核心可能是有關鳥類某些生理基礎——如擁有某種基因，或至少父母都同爲鳥類。請注意上述兩個例子中，原型屬性都相當顯著，但並非概念成員的完美指標，而核心屬性則可用來檢視概念的成員。

原型與核心在「單身漢」概念中所扮演的角色，和在「鳥」概念中的角色不同。在「單身漢」中，因爲核心屬性(如已成年)和原型屬性(年過三十)一樣明顯，所以我們主要使用核心來決定某人(事、物)是否爲此概念的一個例子。在「鳥類」中，由於核心屬性(基因)非眼睛所能親見，因此我們主要以原型來決定概念的成員。所以看到一隻小動物，我們不會去查牠的基因或追究牠的父母，而只會查看牠是否會飛、會啁啾作聲，並利用這些訊息來決定牠是不是一隻鳥。如「單身漢類」的概念稱爲**正統概念**(classical concept)，而「鳥類」的概念則稱爲**模糊概念**(fuzzy concept)——因爲我們無法對自己的決定完全有把握(Smith & Medin, 1981)。

模糊概念的某些例子比其他案例擁有更多原型屬性。以鳥類爲例，知更鳥擁有飛翔的屬性，而鴕鳥則無。某個例子擁有的原型屬性愈多，人們會認爲它是該概念較典型的例證。因此，比起鴕鳥，人們會認爲知更鳥是更典型的鳥類；以蘋果而言，紅色蘋果比綠色蘋果更典型(由於紅色似乎是「蘋果」概念的一個屬性)。

此外，一個例子的**典型性**(typicality)會影響許多心理過程(Rosch, 1978)。其一是分類，當人們被問及某個圖畫中的動物是否爲鳥時，他們對知更鳥是立即答「是」，而對小雞則需要較長的決定時間。另一個受典型性影響的是記憶，當要求人們說出所能想及的各類衣物時，典型的項目如「套裝」便出現於較不典型的項目「背心」之前。典型性也影響我們日常的推論。假設當你離家在外，覺得身體不舒服，想去看醫生，你所想的將會是美國式的醫生原型，中年的男醫生最符合此原型。爲什麼？因爲我們見到的醫生大多數是中年男性，這些屬性已成爲原型的一部分。如果你找了一位瓊斯醫生，結果發現「他」是位年輕女性，你可能會感到很意外。

概念習得

我們可透過兩種不同的方式來學習一個概念：接受外在教導有關此概念的種種，或透過經驗學習。採用何種方式端視學習的內容而定。外在教導多是學習概念核心的方式，而經驗似乎是學得原型的標準方法。因此，有人會告訴小孩，「強盜」就是強行拿走他人財物，而且沒有歸還意圖的人(核心)，而小孩的經驗使他(她)預期強盜是懶惰、無用、衣冠不整以及危險的(原型)。

兒童同時必須學會，對概念成分而言，核心比起原型是更理想的指標，兒童要學會這點，得花一段時間。在一個研究中，對一群五至十歲的兒童呈現一些描述項目，並要他們決定這些項目是否屬於某些概念。以「強盜」的概念爲例，有個描述符合個人對「強盜」形成的原型，但不符合其核心：

「有個邋遢、卑鄙的男子，口袋裡放著槍，來到你家，搬走了你的電視，因爲你的父母不想要這架電視，並告訴該男子可以搬走。」

另一個對強盜的描述，則是一個符合其核心，不符合其原型的人：

「一個相當友善、愉快的女人上前來擁抱你，接著沒得到你的允許，便將你的馬桶拆了拿走，也沒有歸還的意思。」

較年幼的孩子常認爲原型式的描述比核心式的描述，更接近概念的例子。一直要到十歲以後，兒童才呈現明顯的轉變，由原型轉以核心作爲概念決定的最後基準(Keil & Batterman, 1984)。

幼童如此執著於概念原型的原因，是由於他們對原型的學習早於核心。甚至十八個月大的孩子也似乎習得了有關「人」、「嬰兒」、「狗」、「杯子」和「食物」等概念的原型。嬰兒從很早便能學習原型，因爲他們使用一種簡單的策略，只需去注意相似性，而不作抽取。在此種**範例策略**(exemplar strategy)中，當兒童遇到某個概念的已知範例時，會儲存該範例的表徵。日後，當他們必須決定某個項目是否爲該概念的例子之一時，他們會比較它與先前儲存概念範例的相似性。如果相似程度夠高，他們便決定此新項目爲概念的一個例子(Kemler Nelson, 1984)。

範例策略用在典型的例子比非典型例子更有效。由於兒童所學的第一個範例常是個典型的例子，新例子與典型例子愈相似，便愈可能被作正確的歸類。因此一個幼童對「家具」的概念，可能只包括最典型的例子(桌、椅)，他可使用範例策略來分類該概念的其他許多例子，例如沙發和書桌，因爲這些和學得的範例很相似。但是該幼童可能不會對看來和學得範例不同的概念例子作正確的分類，如枱燈和書架。當學習以範例爲基礎時，典型的例子將會被正確分類，但非典型的例子可能就會被摒除於概念之外(Mervis & Pani, 1981)。

雖然範例策略會一直是我們習得概念的方式之一，但隨著年齡增長，我們將開始使用其他的策略——**假設驗証**(hypothesis testing)。我們假設那些屬性是決定某項目是否屬於某概念的關鍵因素，分析所有可能的例子是否具備這些關鍵屬性，如果導致正確的決定，便維持原先的假設。此種策略很明顯地適用於劃分如「單身漢」之類的概念，因爲核心屬性可用來作爲關鍵屬性。

概念結合

我們不僅需要瞭解個別的概念，也得瞭解如何結合這些概念以形成命題式思考。結合的一個通則是：結合概念以產生包含對人或物所作描述的一個命題；該描述稱爲**述語**(predicate)，該人或物稱爲**主語**(subject)。在「羅利有雙美麗的眼睛」命題中，「羅利」爲主語，「有雙美麗的眼睛」爲述語。在命題「這個裁縫睡著了」中，「這個裁縫」爲主語，「睡著了」爲述語。在命題「老師們工作得太辛勞」中，「老師」們爲主語，「工作得太辛勞」爲述語。注意：在某些情況下，述語是一種屬性(「有雙美麗的眼睛」)，有時是一種狀態(「睡著了」)，有時是一種活動(「工作得太辛勞」)。

將概念結合成命題，是邁向複雜思考的第一步，其餘的部分則透過結合命題本身來完成。同樣的，我們似乎只能透過某些特定方式來進行。將命題結合成思考，最簡單的方式便是單純地加以連結，例如「安妮喜歡吃蔬菜，但艾德較愛吃比薩」。結合命題一個較複雜的方式，是將一個命題依附另一個命題的一部分。在「班恩喜歡藍色毛毯」中，有兩個命題：「班恩喜歡毛毯」，以及「毛毯是藍色的」。第二個命題依附於第一個命題述語的一部分。結合命題或思考最複雜的方式，或許是把一個命題插入另一個命題中。例如，在「安妮喜歡這家餐廳對每個人而言都是個意外」中，包含兩個命題：第一個是「安妮喜歡這家餐廳」，此命題接著作為第二命題的主語，第二命題「對每個人而言都是個意外」則為述語。因此，第一命題嵌入第二命題中，這種嵌入使人們得以形成十分複雜的思考(Clark & Clark, 1977)。

推　理

當我們作命題式思考時，思考的順序是有組織的。有時是透過長期記憶的結構來組織，例如，打個電話給你父親的想法，會使你想到你們最近在家裡所作的一次交談，接著由此想到修理房子閣樓。產生此種系列的原因是由於有關你父親的種種在你的記憶中相互連接，有關你房子的種種事實亦然，這些連接提供了你各種思考之間的連結。但記憶的聯結並非組織命題式思考的唯一方式。當我們試圖作推理時，我們的思考系列以一論證形式呈現，在此，一個命題相當於一個我們想導出的主張或**結論**(conclusion)，其餘的命題則為支持此主張的理由，或稱為該結論的**前提**(premise)。

演繹推理

邏輯的角色(role of logic)　根據邏輯學，某些論證為**演繹有效**(deductively valid)的意思是：假如論證的前提為眞，則該論證的結論不可能為錯誤(Skyrms,1986)。例如有個論證如下：

(1)如果外面正在下雨，我就要帶把傘。

(2)外面正在下雨。

(3)因此，我要帶把傘。

當被問及該論證是否為演繹有效時，人們多能對此簡單的論證作正確的判斷。問題是：我們如何作此類判斷？多數演繹推論的理論假設我們會運用邏輯法則，來試圖證明前提之後的論證結論。讀者可參考下述的法則：

「如果你有一個形式爲『若 p 則 q』的命題，以及另一個命題 p，接著你便可推出命題 q。」

基本上，成人知道此一法則(或許是潛意識的)，並使用它來決定前述的論證是否有效。他們會將第一個前提(如果外面正在下雨，我就要帶把傘)和「若 p 則 q」的法則相聯結；將第二命題(外面正在下雨)和法則的 p 相聯結，因而推出 q(我要帶把傘)。

當論證較複雜時，我們將會更意識到自己所依循的法則。在評估下列的論證時，我們對法則運用了兩次：

(1)如果外面正在下雨，我就要帶把傘。
(2)如果我帶了傘，我會把它弄丟。
(3)外面正在下雨。
(4)所以，我會弄丟我的傘。

對命題 1 和命題 3 使用前述法則，讓我們推出「我要帶把傘」，並再度對命題 2 使用同一法則，得到的命題讓我們推出「我會弄丟我的傘」——這正是結論。人們會使用這類法則的最佳證據，便是一個論證所需使用的法則數，是該論證難度的良好指標：所需的法則愈多，人們犯錯的可能性愈大，而且作正確決定所需的時間也愈長(Osherson, 1976; Rips, 1983)。

偏差與自行發現(bias and heuristic)　邏輯法則並非演繹式推理的全部。只有命題的邏輯形式才會觸動此種法則，但我們評估-演繹式論證的能力經常有賴於命題的內容。以下的實驗問題將可說明此點：對受試者呈現四張卡片，在一類問題中，每張卡片一面爲字母，另一面爲數字(見**圖 9-5** 上圖)。受試者必須決定得翻出那兩張卡片，以決定下述結論是否正確：「如果卡片的一面爲母音，則另一面必爲偶數。」雖然大多數受試者正確地選出了「E」卡，但只有不到百分之十的人也選了「7」卡——這是另一個正確的選擇(如「7」卡的另一面爲母音字母，則結論便不成立)。

然而在同性質的另一類問題上，受試者的表現有極大的進步(見**圖 9-5** 的下圖)。此時卡片上分別寫上「啤酒」、「可樂」、「22」和「16」。飲料卡另一面分別爲「22」或「16」，而數字卡另一

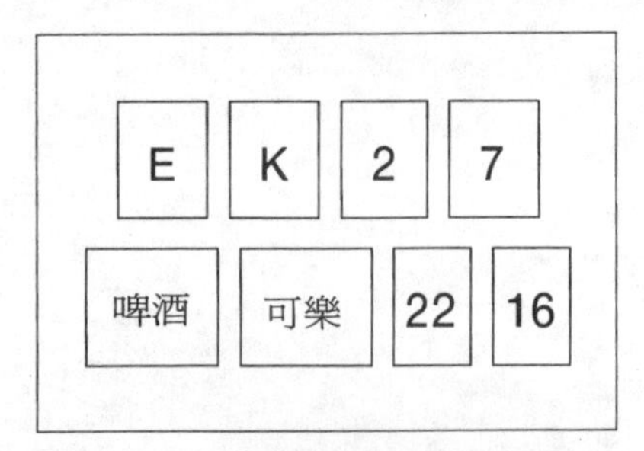

圖 9-5　內容對演繹推理的影響

圖上方的問題要受試者決定應翻開那兩張卡片以測試下述假設：「假如某張卡片的一面爲母音，則另一面爲偶數。」(取材自 Wason & Johnson-Laird, 1972)。

下方的問題則要受試者決定翻那些卡片以測試以下假設：「如果有人在喝啤酒，他（她）必須超過十九歲。」(取材自 Griggs & Cox, 1982)

面也分別爲「啤酒」或「可樂」。受試者得評估的結論是「如果有人喝啤酒，他(她)必須超過十九歲」。這類問題邏輯上和前類問題相同(「啤酒」相當於「E」，「16」相當於「7」)；但這次大多數受試者作了正確的兩個選擇(翻出「啤酒」卡和「16」卡)，因此可見命題的內容影響了所作的推理。

上述發現顯示當我們面對演繹式問題時，並非總是使用邏輯法則。反之，我們有時會採用**自行發現法**(heuristic)——這是一種很容易使用，而且常能導致正確答案(但並非必然達成正確答案)的抄捷徑過程。受試者在解決上述飲酒問題時，可能會由長期記憶中提取有關飲酒的相關事實(只有年輕的飲酒者會被查詢，以確定他們是否違反法令)，並將此事實應用在目前的問題中(Rips, 1986)。另外，受試者也可透過對情境設定一個具體的表徵來解決飲酒的問題。例如，他們可能想像有兩個人各拿著一杯飲料，背後有個號碼，接著受試者檢視這種表徵，看看背後寫「16」的人是否拿著一杯啤酒。根據此種想法，我們以問題內容所指示的具體例子來作推理(Johnson-Laird, 1983)。

歸納推理

邏輯的角色　某個非爲演繹有效的論證，也可能是個好論證。這類論證具備有力的歸納性，意即當前提爲眞時，結論不太可能爲僞(Skyrms, 1986)。一個具有強烈歸納性的論證例子如下：

(1)米契在大學中主修會計。
(2)米契目前在一家會計事務所工作。
(3)因此，米契是個會計師。

該論證並非有效的演繹(米契也許厭倦了會計課程，並找了個夜間守門員的工作)。在此，歸納的強度是或然率的問題，而非必然，歸納的邏輯根據爲或然率的理論。

我們經常在進行並評估歸納式論證。在這同時，我們是否依賴或然率法則？一個相關的或然率法則爲**基數法則**(base-rate rule)，也就是某群體成員數愈多(亦即群體的基數愈多)，某人、事居於某群體成員(如果米契爲會計師群體的一員)的或然率愈高。因此，加上以下命題：「米契參加一個百分之九十的成員爲會計師的俱樂部」，可加強我們對米契是個會計師的論證。另一個有關的或然率法則爲**連結法則**(conjunction rule)：某命題的或然率不可低於該命題與其他命題相連結的或然率。例如，「米契是個會計師」的或然率，不可能低於「米契是個會計師，而且年薪超過三萬元」的或然率。基數和連結法則是歸納推理的敏銳指標，而且大多數人當法則明顯呈現時，也會依循此法則。然而在日常粗糙的推理中，人們常會違反這些法則，如下所述。

偏差與自行發現 特維斯基和康尼曼(Tversky & Kahneman)在一系列的實驗中顯示：人們在作歸納判斷時，會違反或然率理論的基本原則，其中違反基數法則的情形尤其常見。在一個實驗中，告訴一組受試者，一群心理學家對一百個人(其中三十名爲工程師，七十名爲律師)作晤談，並寫下對這些人的人格描述。接著再給受試者五個描述，要他們指出被描述的對象爲工程師的概率爲何。有些描述爲工程師的典型(如「傑克對政治話題毫無興趣，他的空閒時間大多用在家庭木工上」)；有些描述是中性的(如「廸克是個能力很強和未來前途看好的人」)。結果受試者認爲典型式的描述是工程師的可能性，高於認爲中性描述是工程師的可能性。另一組受試者則給予相同的指示語和五個描述，此外，他們被告知所描述的一百個人當中，七十名爲工程師，三十名爲律師(恰與第一組的情形相反)。因此對兩組受試者而言，工程師的基數有很大的差異。但此差異並未出現作用：第二組受試者所給予的評定基本上和第一組一樣。兩組都評定中性描述有百分之五十的可能性爲工程師。可見受試者完全忽視有關基數的訊息(Tversky & Kahneman, 1973)。

人們同時也不注意連結法則。在一個研究中，對受試者呈現下列描述：

> 「林達現年三十一歲，單身、外向、相當聰明。大學時主修哲學……而且相當關切有關差別待遇的話題。」

接著受試者估量下列敍述的或然率：

> (1)林達是個銀行出納員。
>
> (2)林達是個銀行出納員，而且是婦女運動的活躍分子。

敍述(2)是敍述(1)與命題「林達是婦女運動活躍份子」的連

結。結果多數受試者違反了連結法則：對敍述(2)判定的或然率高於敍述(1)。注意這裡的謬誤是：每個主張婦運的銀行出納都是銀行出納，但有些女性銀行出納卻不是婦運分子，而林達可能是其中之一(Tversky & Kahneman, 1983)。

該研究中的受試者以林達似乎更像一個支持婦運的銀行出納爲基礎來作判斷。雖然受試者被要求去估計或然率，但他們反而估計林達與「銀行出納」和「支持婦運的銀行出納」兩概念原型的**相似性**(similarity)。因此相似性估計被用來作爲估計或然率的自行發現方式，由於相似性常與或然率有關，且較容易計算。使用相似性自行發現法也說明了人們爲何忽視基數的原因。在前述的律師與工程師研究中，受試者可能只考慮該描述與他們心中「工程師」和「律師」原型的相似性。因此，當給予的描述對「工程師」和「律師」原型的符合程度相同時，受試者會判斷該描述爲工程師或律師的可能性一樣高。

我們用來估計或然率的另一個自行發現法爲**因果關係自行發現法**(causality heuristic)：人們透過情境各事件之間因果關聯的強度，來估計該情境的或然率。例如，人們會判斷敍述(4)比敍述(3)或然率更高。

(3)一九九〇年間，北美會發生一場大洪水，將會淹死一千名以上的人。

(4)一九九〇年間，加州會發生一場大地震，造成一場大洪水，將會淹死一千名以上的人。

判斷第四句比第三句可能性高，是違反連結法則的另一個例子。此時產生違反的原因是由於第四句中的洪水和另一個事件(地震)有強烈的因果連結；但在第三句中，只提到洪水，沒有任何因果連結。總而言之，雖然歸納推理應該是個或然率的問題，但它經常包含著對因果關係和相似性的判斷。

語言與溝通

語言是溝通命題式思考的方式。此外，它更是一種普遍的方式：每個人類社會都有一種語言，每個具備正常智力的人類都會學得他(她)的母語，並毫不費力地使用。語言的自然性有時會使我們誤以爲使用語言不需作特別的解釋。這種想法當然不對，有些人能閱讀，有些人則否；有些人能作算術，有些人則否；有些人能玩棋，有些人則否。但基本上每個人都能學會並使用一種相當複雜的語言系統。這正是人類心理學中一個基本的謎題。

語言有兩種主要功能：(1)假若言者和聽者共用一種共同的文字意義，則它是和別人聯繫的工具；(2)它提供有利於我們思考的一種符號和規則系統。語言的研究包括語言學和心理學。語言學家所研究的是語言結構的正式描述，包括發音、意義以及文法。心理學家所研究的是我們如何獲得語言能力，及這個系統如何發生作用。這二種研究方式各自獨立的話，則難以發生作用，所以心理學與語言學結合起來共同研究語言的獲得及使用的心理歷程，稱爲**語言心理學**(psycholinguistics)❶。

語言的層次

使用語言分兩方面：**產生**(production)與**理解**(comprehension)。在產生語言中，我們以一命題式思考開始，將它轉換成一個句子，最後化爲能表達此句子的音。在理解語言方面，我們以聲音開始，以字對聲音賦予意義，結合這些字造出一個句子，然後由此句子抽取出一個命題。因此使用語言似乎包含移經不同的層次，**圖 9-6** 則明顯地顯示這些層次。最高層次爲句子單位，包括句子與片語。次高層次爲基本意義單位，包括字與載有意義的字的部分(如字首「non」)。最低層次爲語音。相連的層次之間關係密切：一個句子的各部分是由字和其他基本意義單位所構成的，而後者又來自語言建構而成。因此語言是一種多層次系統，透過基本的意義和句子單位，將思想和言語相連起來(Chomsky, 1965)。

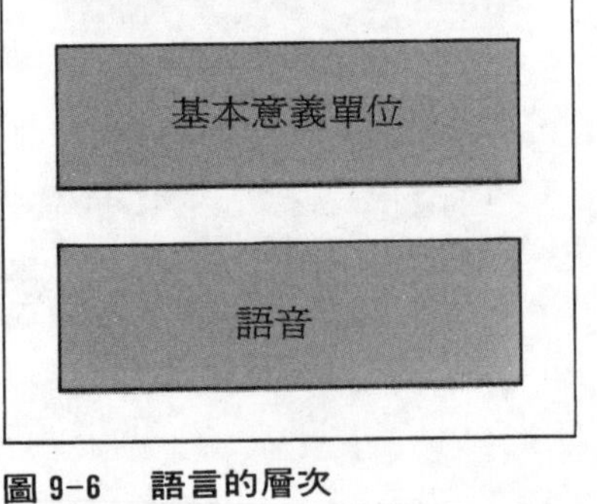

圖 9-6　語言的層次

最高層次爲句子單位，包括片語和句子，次高層次爲基本意義，單位包括字和載有意義的字的部分，最低層次爲語音。

每層次的單位數目相差極大，所有語言都只有有限數目的語音；英文大約有四十個音。但結合這些語音的法則卻能產生幾千個字(對成年人而言，擁有二萬個至三萬個字彙不足爲奇)。同樣的，結合字的法則則可產生幾百萬個句子(假如不是無限的話)。因此語言的基本屬性中有兩個分別如下：它是基於

❶對我國語文研究有興趣者，可參看劉英茂先生（民 67）的一篇文章〈中國語文的心理學研究：國內近年來的發展〉，裡面有詳細的檢討及評論。

多層次結構而成的，而且它是多產的；種種法則使我們得以結合某層次的單位，成爲下一層次數量龐大的單位。所有人類語言都具有這兩種屬性。

語言單位與過程

音素與字素(phoneme and morpheme)　所有的語言都具有某種數目的基本發音，稱爲音素。有些語言只有十五個音素，有些則多達八十五個。在英語中，包括母音和子音的音素大概有四十五個。而一種語言有意義的最小單位則稱爲字素。字素可能是字首或字尾，並且可能包含一個以上的字素。像「talk」、「dog」和「strange」等都是單一字素，而「strangeness」則包含兩個字素——「strange」和「ness」，二者都有其意義(字尾的「ness」表示具有某種性質的意思)。

英語中的字素超過十萬多個，假如四十五個音素中再給以各種組合，則字素可再大幅增多。不過，在每一種語言中，音素的次序和結合都有所限制。例如，在英語中，我們極少使用兩個以上的子音來形成一個字素(且不可能超過三個)，但即使如此，也只有某些子音能互相結合。英語中的字有以「str」或「spl」起首的，但絕沒有和斯拉夫語一樣的以「zb」或「vg」開始的。語言對於音素次序設下的限制，有助於避免錯誤的溝通。如果字素使用音素各種可能的結合，那麼一個音素的變化就可以產生一個新字素，一種基於此種系統的語言很容易導致溝通誤差。所以，當我們偶爾看到排版錯誤所造成的「fwice」時，我們知道以「fw」開始的字在英文中是不可能的，所以我們會從最可能的字義猜起，進而猜出這個字應是「twice」。

每種語言都有不同的一套音素，這也是我們在學說某種外國語言時，常感到困難的原因之一。其他語言可能使用我們母語中從未出現過的語音；單是聽這些新音素就得多花點時間才聽得懂，更不用說發出這些音了。或者其他語言可能未對我們母語中作爲兩個音素的音加以區分。例如在日本語中，將英文裡相當於「r」或「l」的音當成相同的音素。

當音素以正確方式結合時，便形成字，每種語言對於音素應如何相連都有自己一套規則。以英語爲例，在字首「p」之後，不能跟隨「b」(試著唸出「pbet」)。在我們說和聽時這類規則表現出它們的影響力。例如我們能毫不費力地發出從未聽過的無意義字的複數，如「zuk」和「zug」。根據一個簡單的規則，「zuk」的複數便是加上「s」音素。但在英語中，「s」不能跟隨在字尾的「g」後，因此對「zug」的複數，我們必須使用其他規則——加「z」音素，如「fuzz」。或許在形成複數時，我們沒有意識到這些差異，但是在應用時卻毫無問題，彷彿在未曾意識到這些規則的情況下，我們還是「知道」結合這些音素的規則；換言之，我們服膺這些自己也說不上來的規則。

字素是語言的最小意義單位。多數字素本身便是單字——如「time」；其他爲接尾辭(如「ly」)或字首(如「un」)，這些複合字形成一個更複雜的字，如「timely」或「untimely」。多數字是代表一些特別的內容，如「house」或「run」，而某些字主要是使句子合乎文法；這類文法字或文法字素包括冠詞和介係詞，如「a」、「the」、「in」、「of」、「on」、「at」等等。有些字首和接尾辭也扮演同樣的角色。這類文法字素包括字尾的「ing」(如動詞加上「ing」形成進行式——「kicking」)，「ed」(加在動詞後成爲過去式——「kicked」)，以及「s」(加在名詞後成爲複數——「boys」——加在第三人稱單數動詞現在式後——「The boy kicks」)。稍後我們會看到，學得文法字素的方式和學得內容字的方式不一樣。

許多複雜的字其實只是單純的字加上一堆字首和接尾辭。一個極端的例子是「antidisestablishmentarianism」，它可分成「anti」+「dis」+「establish」+「ment」+「ary」+「an」+「ism」(一共七個字素)。字首和字尾如何與字結合，每種語言都有一套規則。以英語爲例，字尾「er」通常加在動詞後成爲名詞，代表經常表現該動詞所描述的行動的人，如「speak-speaker」和「paint-painter」。在產生和瞭解語言時，我們是否眞的使用了這些規則？我們溜出口的話顯示事實的確如此(例如，想說「McGovern favors busting pushers」的人，會衝口說出「McGovern favors pushing busters」(Garrett, 1975)。字素「bust」和「push」被掉換，而音素「ing」和「er」+「s」仍留在正確的位置上。這點指出人們將字素視爲個別的單位。

當然就一個字而言，最重要的一面是它的意義。我們可將一個字視爲一個概念的名稱；因此，它的意義便是它指稱的概念。有些字是**模糊的**(ambiguous)，因爲它們指稱的不只一個概念。如「club」，可代表一個社交組織或是擊打時使用的物體。有時我們會意識到一個字的模糊性，例如在聽到「He was

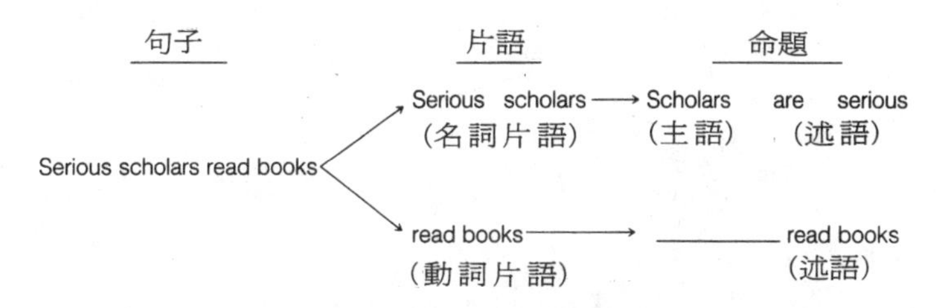

圖 9-7　片語與命題
由一複雜句抽取命題的第一步，便是將句子劃分成片語。

interested in the club」時。但在多數情況下，句子的背景會使字的意義充分顯現，因此我們不會意識到任何模糊性——如「He wanted to join the club」。然而就算在後者，仍有徵象顯示我們會不自覺且短暫地想到這個模糊字的兩個意義。尤其當該字剛好在字尾時(He wanted to join the club)，無論是指那種意義，人們對它的反應都會比平常來得快。這點顯示在理解一個句子時，「club」的兩個意義都會被激發，而且每種意義都可接上有關的字(Swinney, 1979)。

句子單位(sentence unit)　句子單位包括句子和片語。這些單位的重要屬性之一，便是它們相當於一個命題的部分。此種相等性使得說話者能將命題放入句子中，而聽話者能從句子中抽取出命題。

前面提過，任何命題都可分成主語和述語，一個句子也可劃分成幾個片語，每一片語相當於一個命題中的主語和述語，或等於整個命題。例如，我們可毫不猶豫地將一簡單句「Irene sells insurance」劃分成兩片語「Irene」和「sells insurance」。第一個片語稱爲**名詞片語**(noun phrase)，因爲它以一個名詞爲主，指出一個內在命題的主語。第二個片語稱爲**動詞片語**(verb phrase)，提供了命題的述語。較複雜的例子如「Serious scholars read books」，這個句子分成兩個片語，名詞片語「serious scholars」和動詞片語「read books」，名詞片語表達一個完全的命題「scholars are serious」；動詞片語則表達另一命題「scholars read books」的部分(述語)(見**圖 9-7**)。再次我們看到了句子單位和命題單位之間明顯的互通性。

將一個句子分成主詞和動詞片語，再將這些片語劃分成更小單位(名詞、形容詞、動詞等等)的過程，稱爲**語句構成分析**(syntactic analysis)(參閱**圖 9-8**)。這類分析指出人們在理解句子時所使用的單位。例如在一個研究中，受試者聽「The poor girl stole a warm coat」之類的句子。每個句子呈現後，立刻給予受試者一個取自該句的探測字，並問探測字之後是那個字。

圖 9-8　反應潛伏期和片語結構
樹狀圖底部所列的數字代表反應測驗字所需的時間。例如，poor 出現時，受試者要 1.33 秒才能說出 cold。特別注意名詞片語和動詞片語間反應時間最長（取材自 Wilkes & Kennedy, 1969）。

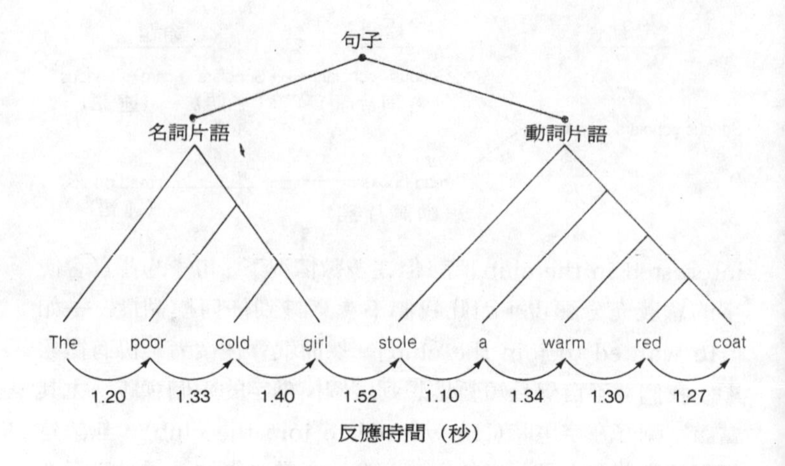

當探測字和反應字來自同一片語（「poor」和「girl」），比來自不同片語（「girl」和「stole」）時，受試者的反應較快。因此人們是將句子劃分為片語，每個片語成為記憶中的一個單位。當探測字和反應字來自同一片語時，只須提取一個單位（Wilkes & Kennedy, 1969）。

片語結構和規則學習（phrase structure & rule learning）　和控制音素的次序一樣，規則也支配了：(1)如何從字素形成單字（例如，複數後面加「s」）；(2)如何從單字形成句子。一個句子可以用數個層次來分析，發音可以用音素來加以分析和分類，音素亦可以組合成字素和字等有意義的單位，而單字則可形成片語顯示句子的結構。語言學家發現，以不同的片語組織來描述一個句子很多用處。這種描述稱為句子的片語結構（參閱**表 9-1**）。

圖 9-9 顯示二個句子的片語結構。這種片語的標示顯示出，單字間的相互關係及其在句中的地位。停頓的地方亦可由片語結構確定。例如，朗誦第一個句子時，我們讀的方式通常是（the dog）（chased）（the ball），而不是（the）（dog chased）（the ball）或（the dog）（chased the）（ball）。在一般的交談中，只有流利的說話者能一直依循著句子的片語結構來斷句。我們之中，絕大多數都在思索表達思維的適當文字時卽停頓於片語中間。然而，儘管存在著這種思考，我們的聽者依然能聽出正確的停頓位置。以一個實驗為例：在說出一個句子時，一個會滴答作響的東西在各種不同的時候發出聲音，而人們感受到的滴答聲卻是出現在片語的邊緣，而非它實際上發出聲音的

表 9-1　語言的產生模式

片語結構文法由麻省理工學院的強斯基(Noam Chomsky)首創，並且已在語言心理學中佔了一席重要的地位。這種文法包括所謂的改寫規則(rewrite rules)。例如，一個由名詞片語(NP)和後面的動詞片語(VP)組成的句子(S)，可以 S → NP+VP 的規則方式來改寫。箭頭就是將左手邊改寫爲右手邊的符號。改寫規則告訴我們，符號 S 能以 NP+VP 來代替；同樣的，其他規則亦可將 NP 和 VP 分解爲其組成因子。以下列相當簡單的英文文法片斷爲例（定冠詞＝DET，助動詞＝AUX）：

1. S → NP+VP
2. NP → DET+N
3. VP → AUX+V+NP
4. N → (girl, man, paper, ……)
5. V → (run, hit, took……)
6. AUX → (will, can, may……)
7. DET → (the, a some……)

我們可以使用這些規則造出「The girl will read the book」這類句子。程序以下列的樹狀圖來表示：

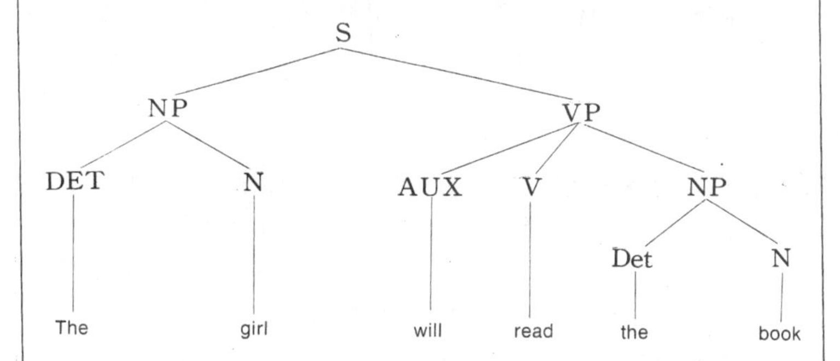

規則 1 使我們將 S 改寫爲 NP+VP；規則 2 將 NP 改爲 DET+N；規則 7 將 DET 改爲 the；規則 4 將 N 改寫爲 girl；同法，改寫 VP，最後形成一個句子。

因爲這些規則都針對著片語，所以稱爲片語結構規則(phrase-structure rules)。如果依據變換規則(transformational rule)，可將一個句子改寫爲不同的句子。例如，將主動語氣的「John hit the ball」，改寫爲被動語氣的「The ball was hit by John」。因爲二者都來自同一觀念，所以對主動和被動句間的相似性而言，變形規則文法已掌握了我們的直覺。

有些語言心理學家認爲，不管是單字間關係的變換（片語結構法則），或是句子間關係的變換（變換規則），都足以反映出廣泛的心理特質。

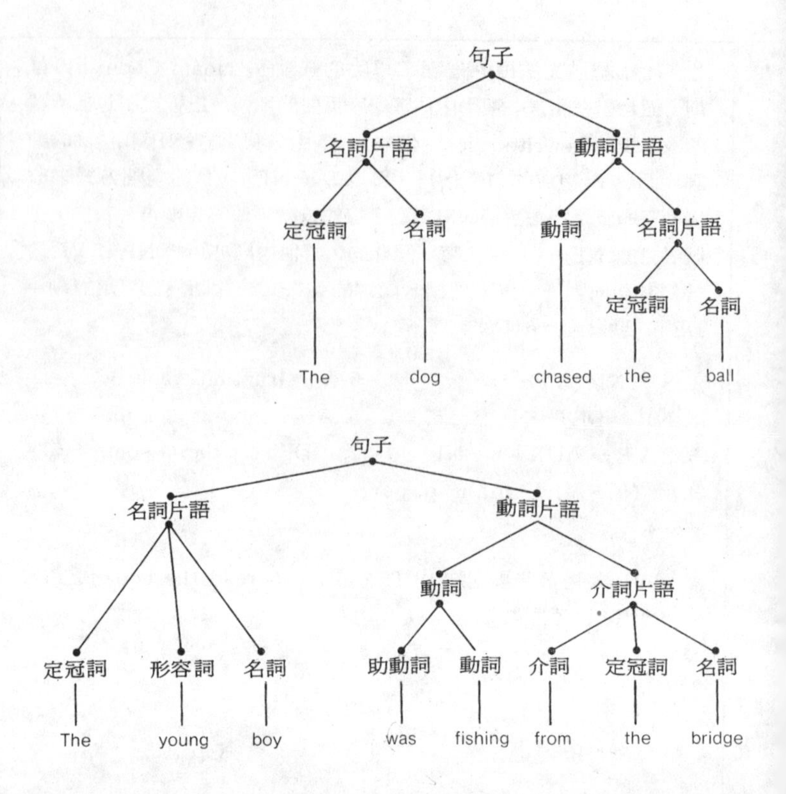

圖 9-9　樹狀圖所表示的兩個句子的片語結構

這種片語標示顯示出單字間的相互關係，以及每個單字在句子中所扮演的角色。

各點。此外，滴答聲不僅被轉移至停頓位置，它們所轉移至的位置的也僅限於片語邊緣所標示出的停頓。這種結果指出，句子的片語結構是語文知覺的自然單位——在正式的會話中，聽者並非以每個字為感受單位，而是以片語為單位。這種感覺單位能避免干擾，雖然滴答聲在片語間出現，但感受到的卻是在片語邊緣(Bever, Lackner, & Kirk, 1969)。

如前段所述，片語結構對記憶中資料的回憶，也有明顯的影響。**圖 9-8** 顯示一個例句和其反應時間。注意，這個片語結構在「girl」和「stole」之間有一個中斷點。在「girl」出現時，反應出「stole」這個字所花的時間比其他兩個字都長。種種實驗的資料顯示，這些句子以片語結構方式儲存，測驗開始後，反應的速度端視測驗字在句中的片語結構位置而定。

深層結構和表層結構(deep and surface structure)　語言是一種聯繫聲音與意義的系統。同一種意義可藉不同方式的發音來表達。例如，「John read the book」和「The book was read by John」所表達的意義相同。相反的，一種發音可能有幾種意義。「They are eating apples」這個句子可以解釋為一些

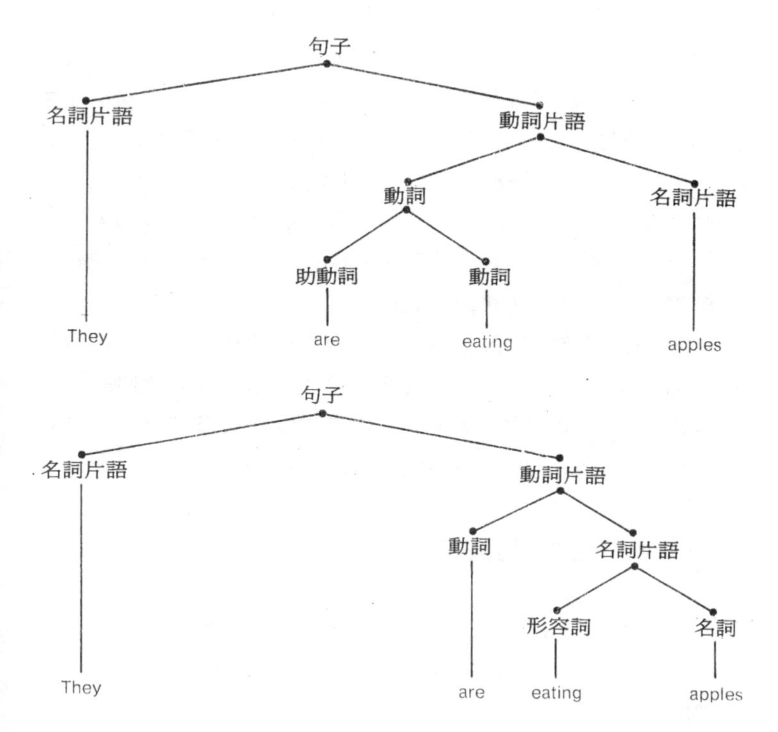

圖 9-10 一個含混的句子
圖中顯示的是對「They are eating apples.」這個含混句子的兩種片語結構。

人正在吃蘋果或是這些蘋果是可以吃的(參閱**圖 9-10**)。此種例子導致一個句子深層結構和表層結構的分別。深層結構的概念大都用於涉及這個句子的目的——即隱藏其後的思維。表面結構是實際的發音順序——該句子的產物。

通常假定，深層結構藉著一系列的規則來轉變爲表面結構。理論上，這些**變換規則**(tranformational rule)確定了思維與實際句子間相互關係。簡單的陳述句與其深層結構的關係較爲密切(如「The boy fed the dog」)，比起被動句(如「The dog was fed by the boy」)或否定句等其他較複雜的句子，其所經歷的變換較少。

記憶的轉譯 與深層結構有關的問題是：當我們聽到任何資料時，是什麼樣的資料輸入了記憶中？我們可以記得剛剛聽到的，但我們通常無法每個字重複一次。似乎，即使句子的外貌已經忘了，訊息的意義仍會記得。這種現象可由對句子的記憶實驗來說明。實驗時，讓受試者聽散文章節的錄音帶，中間插播一些測驗句子。這些測驗句有些和散文中的句子是一樣的，有些改變敍述方式但意義不變，有些則改變意義。例如，散文中有一句「這個女孩打這個男孩」，敍述方式的改變可能是「這個男孩被這個女孩打」，意義的改變可能是「這個男孩打這個

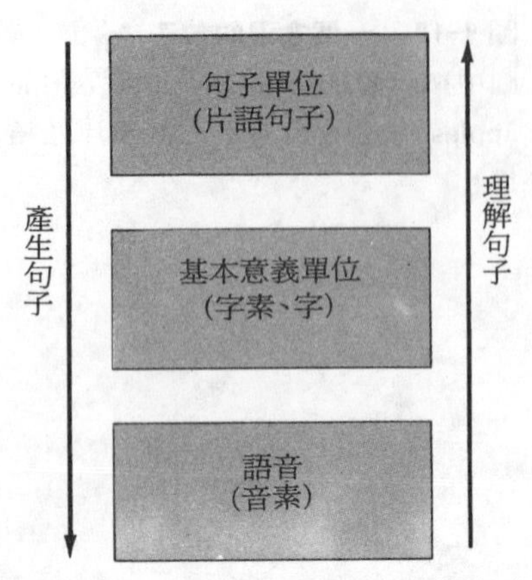

圖 9-11　語言的層次以及理解和產生句子

在產生一個句子時，我們會將一個命題式思考轉成一個句子的片語和字，再將這些字轉換成語音。在理解句子時，我們反其道而行——利用語音造字和片語，再由這些單位中抽取出內涵的命題。

女孩」。

假若受試者剛看過這個句子，則無論在原先句子或是任何改變(不論敍述方式或意義)的判斷上，受試者都做得相當正確。然而，當插入幾節散文後，再給他測驗句的話，受試者只知道意義的改變而不能察覺敍述方式的改變。很明顯的，原先句子敍述方式的記憶只維持到瞭解的程度爲止，一旦完成語意的解釋，就只剩對其意義的記憶了。

句子的意義能輸入記憶中，但表面結構和文體細節卻很快的被遺忘了(Sachs, 1967)。在中文字的記憶方面，鄭昭明(民67)發現，受試者對語音淸晰列表的記憶，要優於語音混淆列表的記憶，顯示漢字的記憶可能涉及語音的轉譯。

理解與產生之間的差異

對語言層次的分析，爲語言研究提供了一個有用的領域。但這種層次取向卻顯示語言理解和產生之間的關係需作更進一步的探討。

圖 9-11 顯示語言層次描述一個修正後的型態。該圖指出理解句子正是產生句子的相反過程。爲產生一個句子，我們以一命題式思考開始，將它轉譯成句子的片語和字眼，最後將這些字轉化成音素：我們由最上層一直進行至最下層(「由上而下的處理」)。但在理解句子時，我們則朝相反的方向移動——由底層到上層：我們聽到音素，利用它們造出句子的字和片語，最後由句子單位抽取出命題(「由下而上的處理」)。

雖然這種分析描述了在句子理解和產生過程中的某些情形，但卻有過分簡化之虞。理解句子絕不只是產生句子的相反過程。許多句子我們能瞭解卻無法產生(例如，以我們稍微熟悉的外語說出的句子)。而且有時在瞭解了幾個字後，我們會馬上猜想整句的意義(內在的命題)，並利用這種猜測來幫助我們理解句子的其餘部分。在這種情況中，理解方向不僅由下至上，而且也是由上至下。爲說明此一現象，讀者可假設在一場有關在餐廳吃飯的交談，你的朋友說：「食物眞糟，我忍不住向經理抱怨。」在聽到「糟」字後，你可能立刻假設句子的其他部分將是表現有關向某餐廳人員抱怨的一個想法。在此案例中，你可利用自己有關在餐廳用餐的旣存知識(如第八章中，我們對此稱爲餐廳基模)，來引導對句子的理解。在理解交談和故事上，這種基模引導相當常見(Adams & Collins, 1979; Schank, 1982)。

層次分析的另一個限制是當說話者說出某個特殊的句子時，未曾考慮**說者的意圖**(speaker's intentions)。某人說「這房間太冷了」，意思可能是回答主人的話「你怎麼啦？」，或是想要主人關上窗子。在兩個背景中所包含的命題都一樣(我們可預期某個房間的寒冷)，但是溝通此命題的兩個目標則有極大的出入(Grice, 1975)。研究資料顯示人們會「抽取」說話者的意圖，作爲理解過程的一部分。

語言的發展

前面對語言結構的簡短描述，正指出了一個孩子學習說話以前橫阻在他前面的困難。他不只要熟悉正確的發音，並且要熟悉其意義及各種表達思想的固定方法。一個孩子在這麼短的時間內(四至五年)完成這麼一件困難的工作，已成爲心理學家極感興趣的項目之一。

一般都認爲小孩因模仿而學會說話。藉著模仿父母和練習說話方式，小孩逐漸的修正自己的說話方式，直到接近大人的語言爲止。最近，仍然有許多心理學家秉持這種觀點——語言的獲得可以正統及操作性條件化學習原則來解釋(Skinner, 1957)。

近來由於語言學及語言心理學的推動，使得人們對兒童語言發展出一種完全不同的觀點。這個新的觀點認爲，兒童具有某種天賦的語言處理機制，使得兒童建立起其本身的語言使用規則。這些規則形成了兒童的語言運用理論，不斷修正其理論，直到能正確地說出大人的語言爲止。根據這種觀點，對所有的兒童而言，這些規則的出現次序都一樣，並且很少受環境所影響——只要兒童能受到語言刺激。因此，所有正常的兒童都具有一種母語，這是一種不教即會的技能。相反的，有些技能(如游泳、閱讀、算術)即使加以相當的教導，仍可能不太熟悉。

強調學習角色的語言獲得觀點，和行爲學習或 S-R 理論有很密切的關係；而強調以某種天賦能力爲基礎的規則發展觀點，則與認知心理學有較大的關係。本節將探究兒童的語言發展，並注意支持這兩種語言發展觀點的證據。

兒語和初始的字語

剛出生的幾個月之內，嬰兒所能發出的聲音很有限，但到六個月左右時，嬰兒就開始可以發出變化多端的複合音。這種結合大人語言的音節反覆練習稱爲**兒語**(babbling)。在兒語初期，嬰兒能發出形成語言基礎的大多數聲音。實驗顯示，此時，中國嬰兒和蘇俄或英國嬰兒的兒語並沒有什麼不同(Atkinson, Macwkinney, & Stoel, 1970)。但到了九個月左右時，兒語的聲音就有所限制了，嬰兒開始集中於其最初使用的字語聲音上。就某種意義而言，嬰兒停止了發聲的練習，而集中於形成最初字語的音節上。

不論嬰兒的母語爲何，最初的字語都由「p」、「m」、「b」、「t」幾個子音和「e」、「a」兩個母音所構成。這就是爲何在很多語言中，「mama」和「papa」都很類似的原因了，這也是爲何英國嬰兒在會說「cut」以前先會說「tut」，瑞士嬰兒在會說「kata」前先會說「tata」，日本嬰兒在會說「ka」以前先會說「ta」的原因(McNeill, 1970)。

字語和意義

發出一個字語的聲音是一項成就，而要使字語具有意義以前(字語能代表某些事物)，尙須多加努力。兒童如何學會將字詞和特殊事物相結合呢？

最簡單的例子是父母一再重複兒童所熟悉的事物。例如，每看到孩子抱著洋娃娃就說「洋娃娃」。經由這種將字語和東西的一再配對後，孩子就學習到聯結這二者了。最容易觀察的例子莫過於當孩子想觸摸父母禁止的東西時，父母會叱喝「不可以！」並且打孩子的手。由起初因爲被打而將手縮回的反應，很快就會因字語而產生反應。觀察者可以說，孩子已學到「不可以」的意義。可見這和正統條件化學習是一樣的。

在聯結意義和字語的學習過程中，操作性條件化學習仍有其重要性。假若孩子發出的聲音和某個字語很接近，如「muk」(milk)等，其父母就會很快的加以鼓勵——如給他牛奶喝。如此，當孩子餓的時候，發出這種聲音的可能性就很大。

雖然有些孩子的早期字語，具有和大人一樣的意義，但很多研究指出，大多數孩子早期字語的使用與解釋，和大人並不相同。例如，「狗」這個字可能被泛指爲所有四隻腳的動物，或者所有會動的動物，或者所有具有毛皮的東西。這就是意義的**過度延伸**(overextension)，也是我們在「概念的形成」一節中所討論到的問題。

意義過度延伸的發生是因爲孩子只用一、二個特徵作爲標準。慢慢的，孩子就會因特殊特徵增加，而縮小其意義範圍。因此，假若狗的概念包括了所有四隻腳的動物，在孩子再學到「牛」這個字時，他就必須在其標準上再增加幾個特性。就牛而言，增加的特徵可能是聲音、大小(比狗大)、形狀(有角)等。同時他亦可能在其狗的概念中再添加幾個特徵(如叫的聲音爲「汪汪」等)。當他學到更多有關狗的字語時，他就限制這個字的意義，直到接近大人的意義爲止。

在兒童大約三、四歲時，意義的過度延伸現象就比較不明顯，但關係相近的字語仍會使其困惑。例如，多——少、高——矮、異——同、前——後等，其中之一都可能代表其相對字的意義。三歲左右的兒童不僅無法分別多和少之間的異同，甚至還將之當成同義字。兒童在這個時候能正確地指出蘋果樹上有許多蘋果，但問及何者較少時，他可能會指著蘋果較多的蘋果樹。他似乎知道「較少」這個字語和數量有關，但解釋卻和「較多」一樣。

對於相反詞的研究亦顯示出相同的結果。兒童起初將「異」、「同」都認爲是「同」，將「前」、「後」都認爲是「前」。只有在每個字的意義中增加一些特性，兒童才能分別這種相反詞之間的差異(E.Clark, 1973)。

因此，我們可以發現，兒童經由漸近的辨別歷程——從很多特定字語所針對的事物特性中——瞭解字語的意義。

原始句子

對事物的口頭反應，只是語言學習歷程中的一小部分。兒童的字彙到了相當程度，即開始發展爲句子，直到能瞭解長而複雜的句子，及產生屬於自己的句子爲止。這是比學習單一字語的使用更複雜的問題，並且這種文法能力，好像不是靠學習字與字之間的次序而獲得的。因爲，經由操作性條件化學習或正統條件化學習程序所學到的，字與字間的組合非常的多。兒

狗咬貓

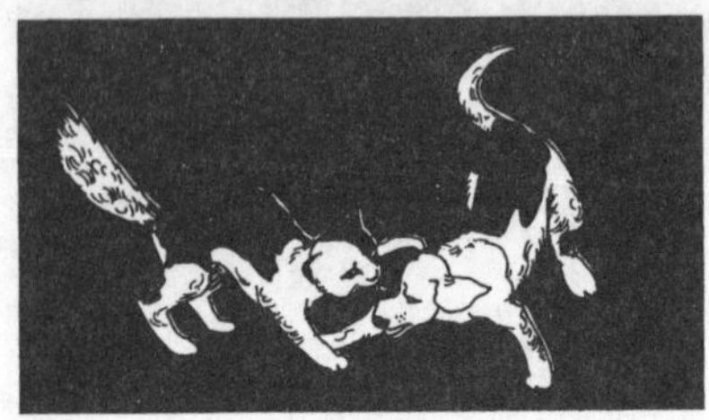
貓咬狗

圖 9-12 文字次序和意義

檢驗兒童對文字次序所表示的主客關係的瞭解程度的一對圖片(取材自 Brown, 1973)。

童所學習到的，似乎是可產生可接受的字語次序的規則。即使成人也無法說出這些規則的正確形式，但我們卻知道其正確的說話方式。例如，「ran handsome rapidly boys」，因爲排列次序並未依循英文句子的特性，所以不成一個句子。我們無法接受這種句子，不僅因爲我們從未聽過這種句子，而且因爲這種句子不符合我們的造句規則。

簡易學習法則難以解釋兒童文法次序的獲得的另一個原因，來自一項事實，即有很多兒童最早的文法結構，並非來自對大人所說句子的模仿。在兩歲左右，小孩常會說出一些根本不是從大人那兒聽來的句子。他模仿的並非整個句子，而是省掉了其中的介詞、冠詞、字尾和助動詞等。在這個(兩歲左右)發展階段的語言，特稱爲**電報語言**(telegraphic speech)，因爲孩子通常只保留父母言語中的次序，卻去掉了較不重要的部分。

在這個階段中，相同的「電報性質」，亦出現在兒童自然發展的語言中。他自己所使用或經常重複的，通常都是那些對他而言，最具有意義的語言及別人所強調的語言。在大多數語言中，所強調的字經常也是傳達該句意義的字。例如，在英語會話中，我們甚少強調冠詞或介詞，此種現象在法語、俄語和西班牙語中亦然。但在德語中則甚強調「a」(ein)、「the」(das)等冠詞及「my」(mein)等代名詞所有格，因此，德國小孩有保留這些字於電報語言的現象(Park, 1970)。

因此，無論在模仿的或是自然發展的早期言語中，孩童較易保留的大人言語，通常是最具意義或是最突出的部分。正確的文字次序是兒童早期分辨意義的線索之一。以**圖 9-12** 來詢問兩歲的兒童何者是狗咬貓、何者是貓咬狗，百分之六十能正確答出，而三歲的兒童則有百分之八十五可以正確的回答(Brown, 1973)。

幼童早期的說話方式雖然很簡單，但卻能達成大多數的語言基本功能。最初的「二字句子」(two-word sentence)大都用來稱呼東西(如「see shoe」)和描述行動(如「car go」)的。數量和性質的修飾語(如「pretty」、「big」)出現得較早，而否定式則發展得較晚(如「不」餓、「沒有」水)。文化比較研究顯示，各國兒童的早期語言發生的方式和次序以及所具有的功能相當的類似。**表 9-2** 列出使用不同語言的小孩，所講的二字句子。

在這個語言發展階段，兒童所能瞭解的要多於他所能表達

表 9-2　使用不同語言的小孩所講的二字句子

從表中可比較使用英語、德語、俄語及薩摩亞語言的幼童所講的「二字句子」我們可以發現，其功能相當近似。

說話的能力	語言			
	英語	德語	俄語	薩摩亞語
定位，名字	there book that car see doggie	buch da [book there] gukuk wauwau [see doggie]	Tosya tam [Tosya there]	Keith lea [Keith there]
要求，期望	more milk give candy want gum	mehr milch [more milk] bitte apfel [please apple]	yeshchë moloko [more milk] day chasy [give watch]	mai pepe [give doll] fia moe [want sleep]
否定	no wet no wash not hungry allgone milk	nicht blasen [not blow] kaffee nein [coffee no]	vody net [water no] gus' tyu-tyu [goose gone]	le 'ai [not eat] uma mea [allgone thing]
描述事件或情境	Bambi go mail come hit ball block fall baby highchair	puppe kommt [doll comes] tiktak hängt [clock hangs] sofa sitzen [sofa sit]	mama prua [mama walk] papa bay-bay [papa sleep] korka upala [crust fell]	pa'u pepe [fall doll] tapale 'oe [hit you] tu'u lalo [put down]
表示所有權	my shoe mama dress	mein ball [my ball] mama hat [mama's hat]	mami chashka [mama's cup] pup moya [navel my]	lole a'u [candy my] polo 'oe [ball your]
修飾，性質	pretty dress big boat	milch heiss [milk hot] armer wauwau [poor dog]	mama khoroshaya [mama good] papa bol'shoy [papa big]	fa'ali'i pepe [headstrong baby]
疑問	where ball	wo ball [where ball]	gde papa [where papa]	fea Punafu [where Punafu]

的；此外，他所表達的意思也多於他的二字句表面上所說的。因此，「媽媽書」這個句子可能表示「媽媽的書」，但也可能表示「媽媽，那本書給我」。從其說話的上下文，我們可以知道他瞭解句子的意義有差別，但很明顯的受到字數長度的限制，而無法說得完全。爲了使別人瞭解他所說的，孩童必須學習正確的文法結構，來產生更長的句子。

複雜句子

從二字句到更複雜的句子，兒童的進步頗爲快速。到了三歲，很多孩童都能構成如**表 9-3** 的複雜句。兒童在句法和用字上的進步有相當可循的規則。例如，延伸二字句的方法之一，是以一個所有格來修飾名詞，如「want　hat」(要帽子)變成「want daddy hat」(要爸爸的帽子)。兒童語言中最初出現的複雜結構是受詞的補助語，我要回家(I want to go home)即是一例；第二步就是使用連接詞來形成複雜句，如「你玩這個，我玩這個」(you play with this one and I play with this one)即是一例。對所有的孩童而言，發展的次序相當地類似。例如，

表 9-3　二、三歲孩子的複雜句

表中依序列出兩歲到兩歲十個月的孩童使用複雜句的一些例子。從例句中可看出兒童在句法及用字上均依可循的規則發展（取材自 Limber, 1973）。

年　齡	例　句
二　歲	你看那本書，我看這本書。
二歲六個月	我是這樣做，他也應這樣做；他沒有這樣做，所以大孩子出不來。
二歲八個月	那隻老鼠不可怕，牠是圖書館的朋友。
二歲八個月	你玩這個，我玩這個。
二歲八個月	他被黏住了，不過我把他拉開了。
二歲八個月	我穿不上，太小了。
二歲八個月	他仍然喝牛奶、吃通心粉。
二歲十個月	這兒有個位子，假若它是小的，就是我的。
二歲十個月	我到水族館看魚。
二歲十個月	我要這個娃娃，因爲她很大。
二歲十個月	當我是個小女孩時，我說那是「吱吱叫」，但現在我會說「這是一隻椅子」。

有人比較中國孩童和美國孩童的發音平均長度，發現兩者十分類似：句子的長度，隨著年齡而一致的增加；而發音的平均長度，二十四個月大的孩童爲二點五個字，三十二個月大的孩童爲七點七個字(陳福藍、震貝克，民 63)。

在延伸句子長度的同時，孩童亦從簡單的語句進步到有文法變化的語句。明顯的證據來自詢問字(如什麼、誰、爲什麼等)的出現。起初，他只能使用單一變化的句子，如「這隻狗能吃什麼？」。後來他已能使用詢問字，但詢問字後面的主詞和助動詞卻無法作正確的變化；此外，孩童能作正確的「是非問句」變化，如「這隻狗能吃東西嗎？」(Bellugi-Klima, 1968)。

有時孩童說的話中，其文法結構並非完全模仿成人的言語，如「我放這個在什麼地方？」，就是大人從未使用過的問句。在發展過程中，孩童似乎由他自己的一套規則系統，逐漸接近成人的規則系統，再透過自己的系統過濾大人的言語。

學習過程

現在我們對兒童在語言發展過程所學得內容已有所瞭解，接著便是探討他們是如何學來的。無疑學習佔有一席之地，這也是爲什麼在英語家庭中長大的孩子會說英語，在法語家庭中長大的孩子會說法語的原因。天生的因素也扮演了一個角色；這便是所有家庭中的孩子都學會語言，而寵物則學不來的理由

(Gleitman, 1984)。本小節將討論學習，並在下一小節討論天生的因素，兩種討論皆強調句子單位與造句法，因為它正處於能對語言習得作最好說明的語言層次。

模仿與條件化歷程(imitate and conditioning)　模仿成人是兒童學習語言的可能途徑之一。雖然在學習字(父母指著電話，說「phone」，孩子試著重複這個字)時，模仿可能扮演某種角色，但它不可能是兒童學習產生及理解句子時的基本方式。幼兒常會說出一些從未聽見大人說過的句子，如「All gone milk」。甚至在只會說兩個字階段的孩子，也試圖模仿較長的成人句子(如「Mr. Miller will try」)，他們產生常見的電報式話語(Miller try)。此外，兒童所犯的錯誤(如「Daddy taked me」)顯示他們試著運用某些類似規則的東西，而不只是單純的模仿成人(Ervin-Tripp, 1964)。

某些語言學家和心理學家認為兒童不可能透過模仿來學習一種語言。因此，我們所理解的二十個字的句子數目，據估計為 10^{20}，如是靠模仿學習，一個人必須先聽這些句子；但如果 10^{20}個句子以正常速度唸出，則單是聽這些句子所需的時間就已超過地球的年齡了(Miller, 1965)。

第二個可能是兒童經由條件化歷程學得語言。成人可能在兒童產生一句合乎文法的句子時給予酬賞，在犯錯時給予懲罰。若要此方式奏效，父母必須對孩子說話的每個細節作反應。但是布朗、卡茲登和貝魯奇(Brown, Cazden, & Bellugi, 1969)發現：只要孩子說的話能讓人明白他的意思，父母一般都不在意他怎麼說；他們很少企圖改正孩子。下面的例子是母親改正孩子用語錯誤的例子(McNeill, 1966)：

孩子：Nobody don't like me.
母親：No, say, "nobody likes me."
孩子：Nobody don't like me.
母親：No, now listen carefully; say"nobody likes me."
孩子：Oh! Nobody don't LIKES me.

假設驗証(hypothesis testing)　模仿與條件化的問題在於他們只專注於特殊的發音(一個人只能模仿或增強某些發音)。但是兒童時常學習某些一般性的事物，例如規則；他們似乎會對語言的某規則形成一個假設，加以驗証，奏效則保存起來。

以字素「ed」爲例，作爲英語中的一個普遍法則，「ed」加在動詞現在式後，便成爲過去式(如「cook-cooked」)，但許多不規則動詞並未依循此規則(如「go-went」和「take-took」)，兒童從一開始便使用許多這類不規則動詞來表達概念，可見兒童很早就能正確使用某些不規則動詞的過去式(可能他們是經由模仿而學得)。他們學習某些規則動詞的過去式，並發現了「對現在時態加上 ed 變成過去式」的假設。該假設使得他們對所有動詞都加上 ed，包括不規則動詞在內。他們會說「Annie goed home」和「Jackie taked the book」等這些自己從未聽過的句子。最後，他們還是能學會某些動詞是不規則的，並且停止對「ed」的過度使用。

兒童是如何產生這些假設的？所有兒童在形成假設時，都會利用少數**運作原則**(operating principles)作爲引導。其中之一便是注意字尾，另一個便是注意指示意義變化的字首和接尾辭。有了這兩個原則，兒童便能想到動詞尾部的「ed」代表過去式的假設，由於「ed」是和意義改變相聯結的一個字尾。第三個運作原則是避免例外，這點証明了兒童說明爲什麼一開始會將 ed 等於過去時態的假設，類化到不規則動詞的原因。部分此類原則如**表 9-4** 所示，而且似乎存在於索邏賓(Slobin, 1971, 1984)所研究的四十種語言中。

兒童也會學習一個句子中各字排列的構成規則，例如在英語中，「句子的主詞在動詞之前」。兒童是如何認識如「句子主詞」和「動詞」這類句子構成單位的？不是透過直接的經驗，因爲兒童在聽一個句子時，只得到了一連串的字和其指稱的概念。最大的可能是兒童會假設構成單位相當於熟悉的概念單位。如果有個小女孩假設動詞相當於行動(一個概念單位)，句子主詞爲行動者(另一個概念單位)，當該兒童聽到以下句子：「爹地打球」，她能想像行動者在行動之先，因此便假設「句子主詞在動詞之前」。但是這種取向的問題在於假設的相通性不一定成立。當她聽到下述句子「爹地長得像爺爺」，無行動或行動者時，該怎麼辦？由於兒童無法再依賴他(她)的相通性，也許會依賴她假設的規則：「爹地」必定是句子主詞，「長得像」是動詞，因爲「爹地」在「長得像」之前。因此，該兒童又回復句子構成單位和規則的老方式(Pinker, 1984)。

1. 尋找字形式的系統性變化。
2. 尋找可清楚指示意義變化的文法指標。
3. 避免例外。
4. 注意字尾。
5. 注意字、字首、接尾辭的順序。
6. 避免構成成分的干擾或重新安排（如句子單位）。

表 9-4　幼童在產生假設時所使用的運作原則

許多國家的兒童在學習說話、理解語言時，似乎都依循這些原則(取材自 Slobin, 1971)。

內在因素

如同前述，人們對語言的某些知識來自天生。但是對於此種天生知識的程度和本質卻有值得爭議的問題，其中之一爲它的**豐富性**(richness)。如果天生知識非常豐富，那麼所有人類語言彼此之間應有強烈的相似(因爲它們都植基於相同的天生知識)，而且語言學得過程對各種語言也應該都一樣。第二個是**關鍵期**(critical period)的問題。如同第七章所提到的，先天行爲的特色之一，是只有在關鍵期中呈現正確的線索，個體才能學得此行爲。語言習得過程中是否也有此關鍵期？第三個有關先天的問題是它的**獨特性**(uniqueness)：學會某種語言系統的能力，是否爲人類所獨有？以下將分別討論這三個問題。

語言與語言習得的相似性　對不同語言的研究顯示：某些特色可能普遍存在所有語言中。以下將以強斯基(Chomsky, 1980a)的研究爲例子來說明：在英語中，簡單的敍述句將轉換成是-否問題，如：

The man is here.　Is the man here?
The man will leave.　Will the man leave?

那些規則能描述敍述句如何轉成問句？可能性之一是只包含字單元，而不包含構成單元的規則。

> 字的規則：由左至右查看此一敍述句，直到第一次出現「is」、「will」等字眼，將此類字眼移到句子開頭，以形成問句形式。

包含一個句子構成單位的規則是另一個可能的情形：

> 句子構成規則：由左至右查看敍述句，直到在第一個名詞片語之後第一次出現的「is」、「will」等字眼；將這類字移到句子開頭，形成問句。

在英語中，顯然句子構成規則是正確的。在敍述句「The man who is here is tall」中，我們會等到第二個「is」的出現——跟隨在名詞片語(the man who is here)之後的「is」——再作移位，同樣的原則——將敍述句轉換成問句有賴於句子構成規則——存在於所研究的各種語言中。在自然語言有數千種的情況下，這種普遍性值得注意。有人也許認爲其中一、兩種語言進化的程度，使得一種較簡單的字規則便能處理此種轉換。而研究中毫無例外的事實顯示：所有語言必然都受限於某種先天的限制。

語言習得的順序提供了另一種支持證據：我們有關語言的先天知識相當豐富。雖然周遭成人的語言有極大的出入，但所有兒童的學習順序(由單字、兩字的電報式以至複雜句)卻顯現出驚人的相似性。事實上，縱使在周遭沒有語言使用者作爲楷模的情況下，兒童還是會歷經正常的語言習得過程。有群研究人員曾以六個耳聾孩子爲對象，這些孩子的父母聽覺正常，而且決定不讓孩子學手語(sign language)。在兒童接受有關讀唇和發聲的指導之前——其實就是在他們獲得任何英語知識之前——他們已開始使用一種稱爲家用信號(home sign)的動作系統。一開始，他們的家用信號是一種簡單的手勢，但最後卻呈現出一種語言的屬性。例如，它是以字素和句子構成層次來組織，包括個別的信號和信號的組合，這些聾童(他們創出自己的語言)和一般聽覺正常的兒童歷經相同的發展階段。因此，一開始聾童一次只比出一種手勢，之後便將這些手勢結合成表達兩、三種概念的「句子」。這個驚人的結果支持了我們先天的語言知識的確相當特殊的想法(Feldman, Goldin-Meadow, & Gleitman, 1978)。

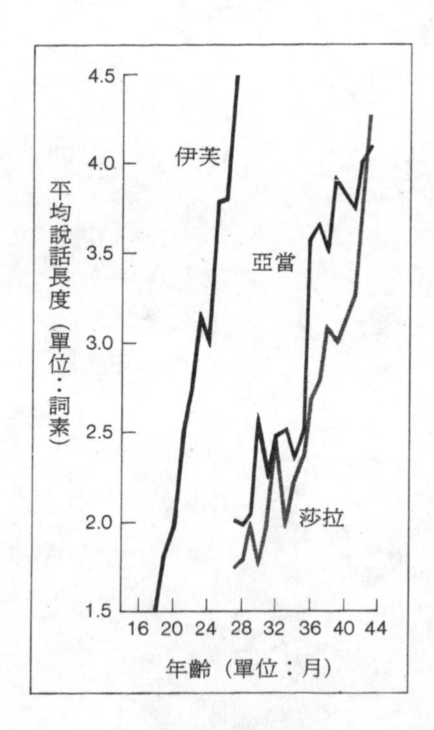

圖 9-13　說話的成長和年齡
圖中所示是三個小孩說話平均長度的發展過程。注意：伊芙在二十六個月大時，其說話的長度就達到四個字素，而亞當和莎拉直到四十二個月左右才具有這種水準（取材自 Brown, 1973）。

語言發展的不變性

雖然速度上有所差別，但所有的兒童對各種文法複雜性的熟悉次序大致相同。一個兩歲的兒童可能要比一個四歲的兒童使用更長、更複雜的句子(參閱**圖 9-13**)。語言的發展速度無疑受到很多因素所影響，其中包括智力和在家中說話的次數。

然而，兒童得到語言知識的次序，似乎依循著一個固定的順序，而這種順序和其所聽到的特殊說話方式，或某種文法結構說話方式的次數，似乎沒有太大的關係。在其他語言中，大都可以發現與英語語系兒童相同的發展次序——其中只有少許差異。

我們如何解釋這種語言獲得階段的普遍性呢？有一種可能：人腦天賦有一種處理語言訊息的能力，兒童將這種能力運用於他所聽到的語言上，並且在生理功能臻於成熟時，從中摘取各種複雜的文法規則。有些秉持這種觀點的心理學家指出，在語言的發展過程中，有一種由生理功能決定的關鍵期存在，即個體在十四、五歲以前若無語言能力（到了這種年齡，腦部已停止成長），他將無法再具有語言能力（Lenneberg, 1967）。支持這種假設的證據很難發現，稀有的個案則來自對所謂**蠻童**（feral child, 意指從小在荒野中長大的兒童，如狼童即是一例）語言教育的失敗，但這種結果可能全和心智遲滯的因素混淆不清。證據顯示，就學習第二種語言來說，十歲以後才開始學習要比在兒童時代開始學習，困難且較不自然，而學會後亦將有一種腔調。

另一種可能是：兒童以一種不變的順序來學習語言，理由是他們對環境進展的看法與操縱，亦採同樣的順序。語言的發展通常能夠反映認知的發展。因爲若無法瞭解其代表的概念，兒童就無法正確的使用這些語言文字。例如，所有的小孩在未有時間概念以前，就多少具有一點空間概念。在兒童期早期，兒童就開始將自己和玩具導入不同的位置關係裡面。在語言的獲得過程中，兒童最初使用的介詞就是「在裡面」（in）和「在上面」（on），而這二者都說明及固定了空間位置；但像「進入」（into）這種既包括位置又包括方向的介詞，發展得較晚，同時表達時間關係的「在一分鐘內」、「在一週內」又更晚（Clark, 1973）。這些觀察證據顯示，特殊文字方式的獲得，完全受到兒童認知發展的影響。

撇開天賦的語言能力不談，語言的獲得，端賴文字意義的學習，以及一般造句規則的發展而定。兒童先有自己的規則系統，再逐漸修正至接近大人的規則爲止。

重要討論：

大腦的分區

如果先天因素在語言習得過程中佔有重要的一席之地，那麼人類大腦有特化語言區應該不會令人覺得意外。第二章的「重要討論：語言與大腦」中，曾提到大腦左半球某區域的受傷會導致**失語症**（aphasia）。我們還強調了腦傷部位和造成的缺陷主要是產生或理解之間的關係。目前的討論則著重腦傷部位和缺陷爲句子構成或概念知識之間的關係。

第二章中提到大腦皮層左半球有兩個對語言相當重要的區域：**布洛卡氏區**(Broca's area)在前端的突出上，**溫尼克氏區**(Wernicke's area)則在太陽穴後頭骨的部位(見**圖 2-9**)。任一區的受傷都會導致某種失語症。

以下的交談說明**布洛卡失語症**(Broca's aphasia)患者語言受干擾的情形(Gardner, 1975)，「E」爲訪談者，「P」爲患者：

E：你在海岸防衛隊嗎？

P：不，呃，是，是……船……麻塞諸……諸塞……海岸防衛……好多年〔手抬起兩次表示「十九」〕。

E：哦，你在海岸防衛隊待了十九年。

P：噢……對……對。

E：你爲什麼住院呢？

P：〔指著癱瘓的手臂〕手臂壞了。〔指嘴〕說話……不能說(say)……說(talk)，你看。

E：爲什麼會這樣呢？

P：頭，摔下，老天爺，我……哦天，撞(str)、撞(str)……撞了(stroke)。

E：你能告訴我，在醫院你都做些什麼？

P：好的〔以下採原文，使讀者更明瞭其語言干擾的本質〕Me go, er, uh, P. T. nine o'cot, speech……two times……read……wr……ripe, er, rike, er, write……practice……get-ting better.

談話相當不順暢，甚至在簡單的句子中，也常有停頓和遲疑。這與**溫尼克氏失語症**(Wernicke's aphasia)患者的流利言語正成對比(Gardner, 1975)：

「Boy, I'm sweating, I'm auful nervous, you know, once in a while I get caught up. I can't mention the tarripoi, a month ago, quite a little, I've done a lot well, I impose a lot, while, on the other hand, you know what I mean, I have to run around, look it over, trebbin and all that sort of stuff.」

除了流利程度外，布洛卡失語症和溫尼克失語症尚有其他顯著的差異。前者的說話主要只有內容性的字眼，文法字素和複雜句幾乎絕無僅有，而且一般而言具備電報式本質，如同語言習得過程中的兩字階段。反之，溫尼克失語症的語言保留了句子結構，但內容則明顯地缺乏。顯然他們很難找到正確的名詞，偶爾還會改變字(如「tarripoi」和「trebbin」)。這些發現顯示布洛卡失語症是句子構成階段受到干擾，而溫尼克失語症是字和概念的層次受到干擾。

兩種失語症的特徵獲得了實驗結果的支持。在測試句子構成缺陷的研究中，受試者必須在每一次嘗試中聽一個句子，並以選出一張該句子所描述的圖畫來表示自己理解此句子。有些句子可不必使用太多句子構造的知識便可瞭解，如「The bicycle the boy is holding is broken」，單由個人對其中概念的知識，就可想出是脚踏車壞了，不是男孩子壞了。其他句子則需要廣泛的句子構成分析才能瞭解，如「The lion that the tiger is chasing is fat」，個人必須以字的順序來決定肥胖的是獅子，不是老虎。在不需作太多構成分析的句子中，布洛卡失語症患者的表現幾乎和正常人一樣，正確率接近百分之九十。但對於需作廣泛分析的句子，他們的表現則落至猜測水準之下；反之，溫尼克失語症患者的表現則不受需作句子構成分析的影響。因此是布洛卡失語症似乎在句子構成上受到部分的干擾(Caramazza & Zurif, 1976)。

另一個實驗則測試概念的缺陷。對受試者一次呈現三個字，要他們選出其中兩個意義最相近的字。這些字包括動物名詞(如狗、鱷魚)和人類名詞(如母親、騎士)。正常的受試者以人類和動物的區分作爲選擇的基礎，例如，在呈現狗、鱷魚和騎士時，他們會選前兩個，但溫尼克症患者卻忽略了此種基本的區別。雖然布洛卡失語症患者的表現和正常人有些差異，但他們的選擇至少還注意到人類與動物的區別。因此概念上的缺陷在溫尼克失語症患者身上，顯然比在布洛卡失語症患者上更顯著(Zurif, Caramazza, Myerson, & Galvin, 1974)。

雖然上述兩者都是最常見的失語症，但仍有其他類型的失語症，每種都與特殊的腦傷部位有關。一個特別的案例是**傳導失語症**(conduction aphasia)，此類患者表現出良好的句子構成和概念知識，但卻無法重複一個剛聽到的句子，有時甚至無法重複一個字。因此當一個病人一再被要求重複一個「不」字後，會叫起來：「不，不，我告訴你我就是無法說不！」但他仍然不能單獨重複一個「不」字(Gardner, 1975)。如果傳導失語症患者腦傷的部位是連結布洛卡和溫尼克區的部位，這種特殊的症狀便不難瞭解。爲重複一句話，句子必須先在溫尼克氏區註記，再傳到布洛卡氏區，在此有產生句子所必須的架構。如果通路受損，重複便受到干擾，雖然理解和產生都仍保持完好。這種推理顯示患者語言缺陷的本質，可用來診斷腦傷的區域(Geschwind, 1972)。

其他種屬能否學會人類語言？

有些專家相信我們學習語言的先天能力爲人類所獨有(Chomsky, 1972)。他們承認其他種屬也有溝通系統，但認爲這些和人類的系統具有質的差異。以黑猩猩的溝通系統爲例，牠們的發音和手勢的數目都有限，而且比起人類的語言，牠們溝通系統的產出性也相當低，前者能將少數的音素結合成數千個字，再將字結合成無數的句子。另一個差異是人類語言建構於幾個層次上，而猩猩的溝通則不然。尤其在人類語言中，字素層次(有意義的元素)和語音層次(無意義的元素)之間，有明顯的區別。猩猩的溝通中則無此二元式的構造，因爲每個符號都具有意義。此外，猩猩不會以改變其符號的順序來改變訊息的意義，而人類則會，例如，「Jonah ate the whale」和「The whale ate Jonah」的意思完全不同。

猩猩的溝通系統比起人類還相當貧乏的事實，並不表示猩猩不具有學習更富產出性系統的能力，或許是牠們的系統已足以滿足其需要。爲決定猩猩是否擁有和我們一樣的先天能力，必須瞭解牠們能否學習人類的語言。

直到一九七〇年左右，所有試圖教導猩猩說話的研究都宣告失敗。然而這些失敗可能是來自猩猩發聲能力上的限制，而非牠們語言能力的限制。加納夫婦(Gardner)自雌猩猩娃雪一歲大時開始訓練牠美國手語的研究即是一例(詳見「重要討論：動物能學會語言嗎？」)。在四歲時，娃雪能做出一百三十種不同的手語，而且理解的還不只此數，牠還能將一個手語由一個情境類化到另一個情境。例如，牠首先學會將「多些」的手語和

「多些搔癢」連在一起，接著將它引用來指示「多些牛奶」。娃雪並不是特殊的例子。其他猩猩也學得相當的字彙。有些實驗使用人工道具溝通而非手語。普力邁克(Premack, 1971)曾教一隻名叫莎拉的猩猩使用塑膠製符號作爲字，並透過對這些符號的操弄來溝通。至於魯巴(Rumbaugh, 1977)所研究的猩猩拉那，則以鍵盤方式來溝通。該鍵盤上有一百個按鍵，每個鍵代表不同的字，拉那在鍵盤上打出牠的訊息。在一系列類似的研究中，派特森(Patterson, 1978)教一隻名叫可可的猩猩學符號語言，由可可一歲大時教起，到十歲時，可可擁有的字彙超過六百個符號(Patterson & Linda, 1981)。

這些研究是否證實了其他種屬——猩猩——能學習人類語言？猩猩的符號相當於我們所使用的字，而且符號背後的概念也和人類一樣；但是猩猩是否能學會如人類一般將字組成句的方式來組合這些符號，卻令人懷疑。人們不僅能將「snake」、「Eve」、「killed」和「the」組成「The snake killed Eve」，而且也能將同樣的字依不同順序，組成「Eve killed the snake」。雖然有某些證據顯示猩猩能將符號組成類似句子的系列，但卻少有證據顯示牠們能改變符號的順序，以產生一個不同的句子(Slobin, 1979)。

甚至有關猩猩能將符號結合成句子的證據也已受到了挑戰。在早期的研究中所報告的案例，是一隻猩猩產生似乎爲有意義的符號系列，如「Gimme flower」和「Washoe sorry」(Grardner & Gardner,1972)。隨著資料的累積，卻逐漸顯現出猩猩的**發語**(utterance)具有高度的重複性，和人類的句子不同。因此，「you me banana you banana me」這種典型的猩猩符號，在人類兒童中也極少見。由於這種高度的重複，使得有些研究者認爲它們和人類句子有本質上的差異(Seidenberg & Petitto, 1979)。在猩猩發語較像一個句子的案例中，可能牠只是模仿人類老師所作的符號系列。因此娃雪許多類似句子的發語都發生於回答問題時，例如老師問：「Washoe eat？」娃雪就回答：「Washoe eat time」。在此娃雪對符號的組合可能是對老師組合方式的模仿，而這並非人類兒童學習組合字的方式(Terrace et al., 1979；相對的看法請參考 VanCantfort & Rimpau, 1982)。

無疑地，有關猩猩能否學會人類語言的研究和爭辯將會持續下去，或許新的訓練方式能使猩猩學會將符號串成人類所使用的句子。另外，未來的研究可能支持以下的結論：雖然猩猩能發展出一種類似人類的字彙，但牠們無法學會以人類使用的系統方式來組合這些符號。如果是這種情形，至少也算是支持「語言是使人類有別於其他動物」的一貫想法。

語言與思考方式

兒童思考與語言

兒童使用語言的能力，和其處理概念與**關係**(relationship)的能力有密切的關係。這種關係可由一個實驗來說明。實驗中，先教學齡前兒童選擇一對方盒中較小的一個，兩個方盒都各有一個蓋子。如果選的是較小的一個，那麼盒子打開後他會發現裡面有一個精巧的小玩具。如果選的是較大的盒子，那麼這個盒子是打不開的。開始時先以一個六吋的和一個八吋的來作實驗。假若他已學會正確的選擇六吋的盒子，就可以用較小的盒子進行更艱難的實驗。

接著受試者面臨了兩種配對測驗，每一對測驗所使用的盒子都比原來的小。其中，稱為「近對」(near pair)的大小和原來的較接近(四點五吋和六吋)，而稱為「遠對」(remote pair)的，則比原來的小很多(一點四吋和一點九吋)。如果孩子已經學會了**轉移**(transpose)，即不論盒子是否減小，會選擇小的盒子，也就是換句話說，必須在遠對和近對中都選擇較小的盒子。結果請參閱**圖 9-14**。大多數的孩子在近對中都表現得很好，但遠對測驗的準確性，則有賴年齡的增加。

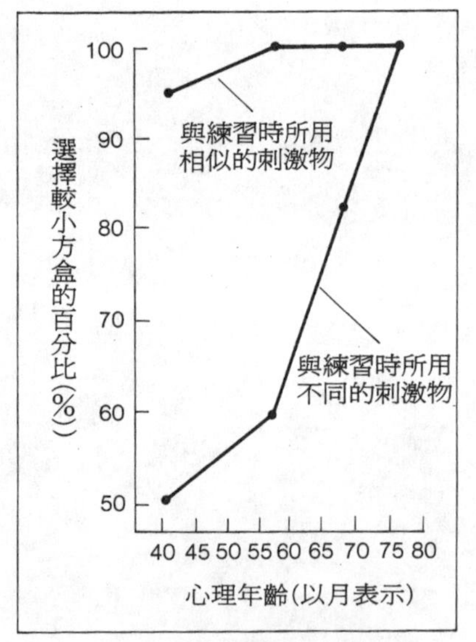

圖 9-14　語言和關係的知覺

較年長的兒童(能以「較小者永遠是對的」方式說出測驗關係)，能將他們在一近對中所學到的轉移到另一遠對的測驗上，而年紀較小者只對和原來大小接近的配對，才有正確的反應(取材自 Kuenne, 1946)。

年長的小孩能在遠對中作正確的反應，顯然和其語言的使用有關。如果孩童能說出「較小的永遠是對的」，他就可在遠對中作正確的選擇。當然，較年長的小孩在解決問題上，有較多的發展——不論是否依賴語言的發展。雖然年紀較小的孩子對語言的使用也到了某一程度，卻無法將語言作為轉移過程中的一種思考工具。我們不必將語言和思考視為同樣的東西，但這二者確有密切的關係存在。聾啞兒童和正常兒童的行為比較研究顯示，語言有助於問題關係的解決和概念的形成，但並非認知能力發展的絕對基礎(Robertson & Youniss, 1969)。

重要討論：

動物能學會語言嗎？

有些動物彼此之間無疑是可以互通訊息的。很多動物常以嚎叫來表示危險的逼近。蜜蜂甚至可用舞蹈來傳達食物的方向和距離。在接近食物時，舞蹈方式是繞圈子，遠一點的食物則以阿拉伯數字「8」的舞蹈形狀來表示，舞得愈快，食物距離愈遠(Von Frisch, 1974)。但這種訊息的傳達，並不等於語言。訊息資料可藉口頭或其他方法來傳達，其中最有效而且溝通量最大的就是語言符號。這就是人類與低等動物的最大分野。但是，最近對猿類的實驗卻顯示，語言能力並非人類所獨有。

長久以來，心理學家就一直對教導動物說話感到興趣，但成效不顯。四十年前，一對心理學家夫婦飼養了一隻名叫裘兒(Gua)的雌猩猩，並將其發展過程和他們的兒子作了個比較。雖然裘兒對英語顯示了相當程度的瞭解，並且對大約七十種的命令有所反應，但牠從未學會說話(Kellogg & Kellogg, 1933)。後來另一對心理學家夫婦也飼養了一隻叫維琪(Vicki)的猩猩，並且致力於對維琪語言能力的訓練。他們採用各種語言訓練。爲了使牠發出各種聲音，甚至採用自然的方法將其嘴唇定型。但經過三年以後，維琪只能發出三種聲音——和mama、papa、cup極爲接近的三種聲音(Hayes, 1951)。

因爲認爲實驗的失敗乃是由於猩猩的發音器官不適於發出人類的聲音，近年來曾嘗試以一種所謂的美國手語(American sign language)——一種聾人使用的手勢語言——來教導黑猩猩(Gardner & Gardner, 1971)。由於猩猩靈巧的手指，這種方法似乎很有希望。最初實驗的對象是一隻名叫娃雪(Washoe)的雌猩猩，訓練時間從一歲持續到五歲爲止。娃雪住在一間設備十分完善的活動房屋裡，裡面有足夠的活動空間，但聽不到任何說話的聲音。飼養牠的人藉著手語和娃雪相互連繫。娃雪到三歲時已可正確的使用三十四種手語，並且可將其結合成兩字句或三字句。五歲時牠已懂得數百種手語，並且可將其作一百三十種以上的結合。

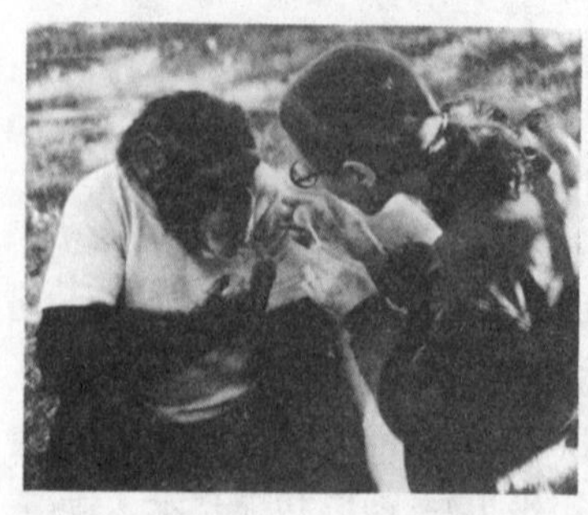

圖 9-15 娃雪所使用的兩個符號
娃雪對糖果(左圖)表示「甜」的符號，對羊毛帽(右圖)則做出「帽」的手勢。

起初手語的教導依循著行爲塑造(參閱第七章)的程序來進行。例如，當娃雪要通過一扇門時，牠可能舉起雙手以手掌敲門。這是「開」(open)的最初手勢。等到娃雪雙手舉在門上時，實驗者就可以塑造出一種接近「開」的手語。慢慢的，假若娃雪以其雙手形成正確的手語姿勢，實驗者就引導牠做出所要的手語動作。這種訓練方法要比等待正確動作的自然發生有效得多。最後，娃雪只要觀察和模仿就可學到很多手語。

除此之外，娃雪亦能將一種狀況的手語引用到另一狀況中。例如，因爲牠非常喜歡「搔癢」，所以「多些」(more)這個手語牠第一次就是和「搔癢」聯結在一起學習的。而「多些」這個手語慢慢就被引用到要求食物等其他狀況上了(如更多的牛奶等)。

將娃雪熟悉的東西的圖片拿給牠看，並且問牠：「這是什麼東西？」牠都能以正確的手語表示。娃雪並且喜歡自己動手翻閱雜誌，假若看到認識的東西，牠會以手語說出東西的名稱。我們作了一項詳細的記錄記載牠每天的談話，同時，我們也使用一套設備來作有系統的測驗計畫(參閱圖 **9-16**)。

娃雪能依次結合很多手語，和二歲兒童所使用的句子類似，如「聽狗」(聽到狗吠時)、「你喝」等。一般而言，娃雪的手語次序都能符合文法，但卻無法永遠正確，例如，有時候牠會說成「喝你」，而不是正確的「你喝」。無論如何，即使二歲的兒童亦難免常犯同樣的錯誤，而且在語言符號中，文字次序的限制並沒有那麼大。一種對聾童手語次序的發展的研究，可和娃雪的語言發展作一適度的比較。也只有在這些資料可用時，娃雪的溝通能力的評價才能和人類兒童的語言學習相比較(Brown, 1973)。負責實驗的內

表 9-5 猩猩所使用的手語

本表中所列的只是娃雪(Washoe)所使用的少數幾個手語，娃雪所會的手語相當多(取材自 Cardner & Cardner, 1972)。

手語的意義	說明	內容
來一給我	招手動作，用手腕或指關節作支軸。	對人或動物所做的符號，有時也對手拿不到的東西。
多一點	指尖併攏，通常放在頭上（正確的美國手語形式：小指尖反覆地觸擊）。	在要求繼續或重複像旋轉或搔癢等活動、再度要吃的東西等。有時也用來要求重複如翻觔斗之類的動作。
打開	兩手平伸靠攏，掌心向下，然後當手掌轉向上時拉開。	在屋子窗戶、房間、車子、電冰箱或碗櫃門前；在瓶子、水龍頭前。
快一點	攤開手在手腕處搖動（正確的美國手語：手在搖動時，食指與中指並排伸長，但攤開手也可以接受）。	時常緊接著「來一給我」、「出去」、「打開」與「走」，特別是當娃雪的服侍有所延擱時；當牠看到別人正為牠準備食物時也會用這個手勢。
聽一聽	食指摸耳朵。	在聽到大或怪的聲音如鈴聲、汽車喇叭、音爆等。在要求別人將手錶拿到牠耳朵旁時也用這種手語。
傷害	食指伸長相互對刺。可用來指示痛的位置。	表示割傷和打傷牠自己或別人。這種手語往往在一個人的皮膚上弄出紅印點或撕破衣襟時出現。
抱歉	握緊的手時斷時續地拍打肩膀（正確的美國手語形式：握緊的手在胸口作繞圈式撫摸動作）。	在咬過某人或某人被別的方式弄傷時（不一定被娃雪弄傷）。當要牠為做錯了事而道歉時。
狗	反覆拍著大腿。	看到狗或聽到狗叫。
不一樣	食指的指尖作成鈎形，並自握著的手形伸長，鈎形的手指互相抓住然後拉開。	為兩個或兩個以上外形不同的物體，如不成對的鞋子或玩具積木，或一隻鞋和一個玩具積木。
幫助	伸平的手反覆地握著另一隻手的拳頭。	為困難的工作求助，操作鎖與鑰匙，用繩繞著一根橫木打結。

圖 9-16　用以測驗娃雪的設備
在兩房間中間的牆內設一個小房間，東西的圖片就放映在房內的銀幕上，觀察者 O_1 站在小房間旁邊觀察娃雪的符號手勢，但看不到圖片。開始時，娃雪先要打開房間的門，門打開後，O_1 以符號詢問娃雪所看到的，並且將娃雪的回答以紙片記錄下來，由牆中的訊息缺口傳給實驗者(E)。實驗者操縱一部旋轉放映機，以事先安排的隨機次序，將圖片放映出來。單面銀幕就裝在放映銀幕上，這樣第二位觀察者 O_2 便可以觀察娃雪的行動，並確定 O_1 記錄的符號手勢。

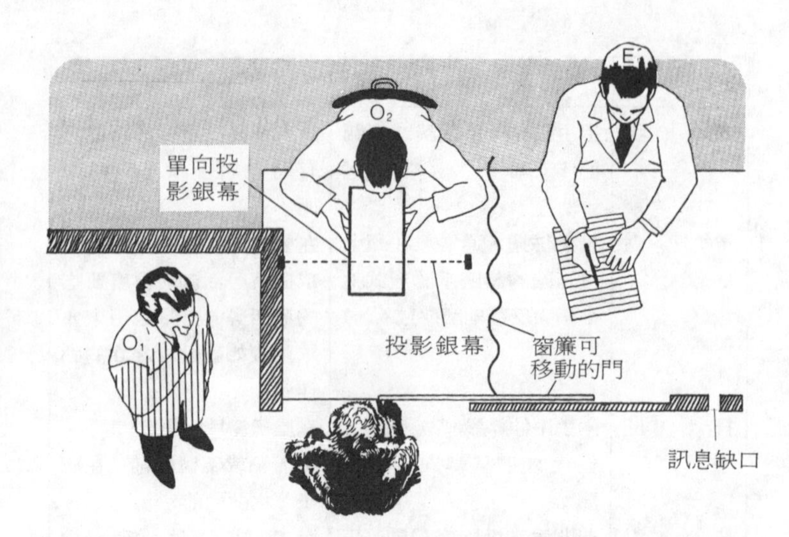

華達大學的艾倫(Allen)和加納(Gardner)，在四年的訓練過程之中，記錄下娃雪的語言發展後，發現除了到達每一個階段的時間較晚之外，牠的語言發展和人類差不多。

加納將訓練娃雪的經驗所得，引用到另一項新的計畫上。這項新計畫以猩猩的新生兒爲對象，而以聾人爲教師(娃雪在開始訓練時已經一歲大了，並且，雖然訓練娃雪的人懂得美國手語，但這並非他們的基本語言)。加納計畫訓練一批猩猩到心智成熟(十二歲到十六歲)爲止，並且進一步研究文法的發展。例如，以**圖 9-12** 的圖片用於**圖 9-16** 的測驗中，以決定猩猩是否能明白物體的賓主關係。

這一類研究計畫顯示，人和猩猩間的語言隔閡，並不像我們以前所想像的那麼大。

語言相對假說

我們大多數人都認爲，外界實體的存在，和我們所談論者不同。例如，我們相信，以一種語言來表示的觀念，都可以譯爲另一種語言。這種想法相當根深柢固，所以對它產生懷疑，不免令人大吃一驚。但研究美國印第安語的華夫(Whorf)發現，這種直譯往往是行不通的。在他研究的語言中，有一種就是名詞和動詞毫無分別，另一種語言是現在式、過去式和未來式毫無分別，另外一種則對灰色和褐色有相同的稱呼。這種差異使他作了如下兩個結論：(1)結構完全不同的語言對事物的認知有很大的不同。(2)由於語言結構的不同，因此我們對世界的看法也不一樣。

因爲華夫的理論主要在表示思維和語言的關係，所以稱爲**語言相對假說**(linguistic-relativity hypothesis)，這已成心理學家和人類學家們爭論的主題。大多數人都接受了語言和認知方式的關係，但却想探究，人的深刻經驗如何影響其語言。愛斯基摩人對不同的雪有不同的語言(這是我們很難分辨的)，菲律賓的火魯魯島(Hanunóo)對米有九十二種稱法。對我們而言，華夫理論最重要的一點，是表現了語言和思維的密切關係。

對這項理論極感興趣的學者，曾以兩組拿瓦左族(Navajo)的兒童來作實驗。這兩組都住在保留區中，但一組只會說英語，另一組只會說拿瓦左語。拿瓦左語中對有關「拿」的行爲(放下、提起，拿在手中等)的說法，隨著被拿物件的形狀而不同，共有十一種，圓的東西一種，圓而細的東西一種，長而有彈性的一種等等。卽使是很小的小孩，都知道且能正確地使用這些名稱。將這些小孩和說英語的同齡拿瓦左族孩子做比較，看他們以形狀、式樣、材料來分類事物，而不以顏色來區分事物的次數。對一般小孩而言，所給予比較的東西大都以顏色爲基礎來比較。拿瓦左語系的小孩則以形狀爲基礎來分類東西，且在年紀上要早於英語系的小孩。由於拿瓦左語須花更多的注意力在東西的形狀和材料上面，所以拿瓦左語系的小孩，就得花更多的注意力在四周事物的形狀上(Carroll, 1964)❷。

心像式思考

本章一開始曾提到，除了命題式思考外，我們尚以心像方式來思考，尤其是視覺映象。此種視覺思考即爲本節的重點。

心像與知覺

許多人覺得自己以視覺方式來進行某些思考。通常似乎是提取過去的知覺或知覺的部分，接著便以一種眞實的知覺表徵

---

❷：對這個研究的重要評論，以及深入討論語言相對假說的文章，請見 Miller and McNeill (1969) 及 Slobin (1971)。

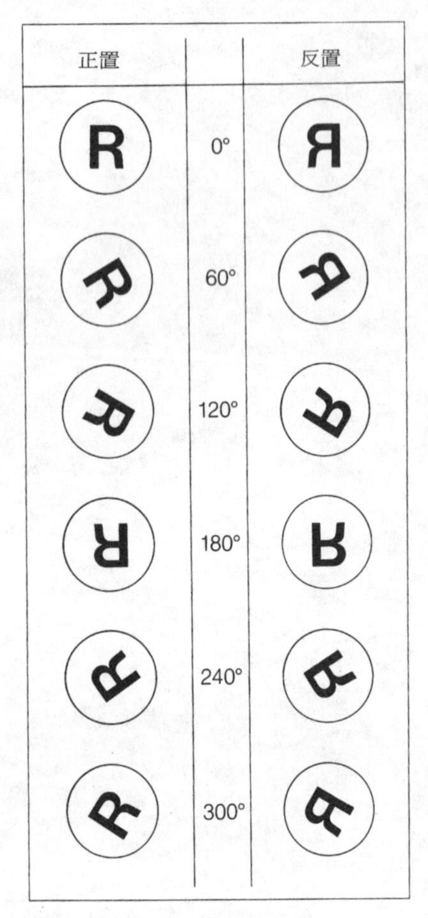

圖 9-17　心理移轉的研究
上圖爲心理移轉研究中對受試者呈現的字母。在每個嘗試中，受試者必須決定該字母爲正置或反置。中間的數字表示偏離垂直的角度(取材自 Cooper & Shepard, 1973)。

來運作。例如，當被問及「德國牧羊犬的耳朵是什麼形狀」時，大多數人會說他們形成一隻德國牧羊犬的視覺映象，並「看」牠的耳朵以決定其形狀。如果有人問我們：「當 N 作九十度旋轉時，會形成那一個新字母？」我們會先形成一個大寫 N 的心像，接著再「旋轉」九十度，「看」它是什麼形狀。如果有人問：「你父母家中的起居室有幾扇窗戶？」人們會想像該房間，並「掃瞄」此房間來數窗戶(Shepard & Cooper, 1982; Kosslyn, 1983)。

雖然上述例子以主觀的印象爲基準，但卻顯示心像包含了在知覺中使用的相同表徵和過程。我們對物體和地點的心像具備視覺細節，我們以「心靈的眼睛」看到了德國牧羊犬、N 或起居室。此外，我們對這些心像的心理運作，似乎類似對眞實視覺物體的運作；我們對起居室心像的掃瞄，和掃瞄一個眞實房間的情形極爲相似，旋轉 N 心像的方式也和旋轉眞實物體一樣。

心像可能如同知覺，因爲它由相同的大腦部位來傳達。有關的支持證據來自對大腦右半球某個部位受傷患者的研究。這類患者會對左視界的視覺忽略；雖然不是目盲，但他們卻忽視視界左半邊的全部事物，例如，男性患者可能忘了刮左邊的鬍子。這種視覺忽略會延伸到心像上。當患者被要求建構出一個熟悉場所(如某購物區)的心像，在報告出所有的細節時，他們可能只報告心像右方的東西(Bisiach & Luzzatti, 1978)。腦傷會對知覺和心像帶來同樣的問題。

心像運作

我們已提到對心像的心理運作方式，類似於對眞實視覺物體的運作。許多實驗也對此主觀的印象提供了客觀的證據。

曾被深入探討的運作之一爲心理的旋轉。在一個實驗中，受試者在每個嘗試中都看到一個大寫字母 R，該字母呈現時的位置有垂直正置的 R 和垂直反置的 R，以及作不同角度旋轉的形狀(如**圖 9-17**)。受試者必須決定該字母爲正置或反置。結果發現字母相對於垂直位置的旋轉愈大，受試者作決定的時間愈長(見圖 **9-18**)。該發現顯示受試者會對字母作心理的轉旋，直到呈垂直位置，再決定它是爲正置或爲反置。

另一個運作是對物體所作的掃瞄。在一個有關心像掃瞄的研究中，受試者先學習一個假想的島嶼地圖，包括七個重要地點。接著移走地圖，要受試者對它形成心像，並固定於某特別的地點(見**圖 9－19**)。之後，實驗者指示其他某地點，由原先固定的地點開始，受試者掃瞄其心像，直到發現實驗者所指的地點，並在「到達」時按鈕。固定點和指示點之間的距離愈長，受試者的反應時間也愈長，例如，當兩地點分別處於島嶼不同邊時，將比在同一邊的反應時間爲長。該結果顯示受試者掃瞄心像的方式，和掃瞄眞實物體時十分相近。

心像與知覺運作的另一個共同點是兩者都受限於表面的大小(grain size)，以電視的螢幕爲例，影像的表面決定了所呈現圖像的細節可到多小而仍可被知覺到的程度。雖然腦中所進行的不是眞正的掃瞄，但我們仍可將心像想成發生一種心理媒體上，其表面大小將限制我們對此心像所能查覺的細節數量。如果表面大小固定，則較小的心像將比較大的心像不易查覺。關於這一點有許多支持證據。有一個實驗讓受試者先形成一種熟悉動物的心像—例如貓，接著要他們決定該想像中的東西是否具有某特殊屬性。結果受試者對較大的屬性(如頭部)比對較小屬性(如爪)的反應時間來得快。在另一個研究中，要受試者以不同的大小——分別爲小、中、大——來想像某種動物，接著問受試者他們所形成的心像是否具有某種屬性。結果發現對較大的心像反應得較快。因此，心像和知覺一樣：表面愈大，我們便能愈快看到某物體的細節(Kosslyn, 1980)。

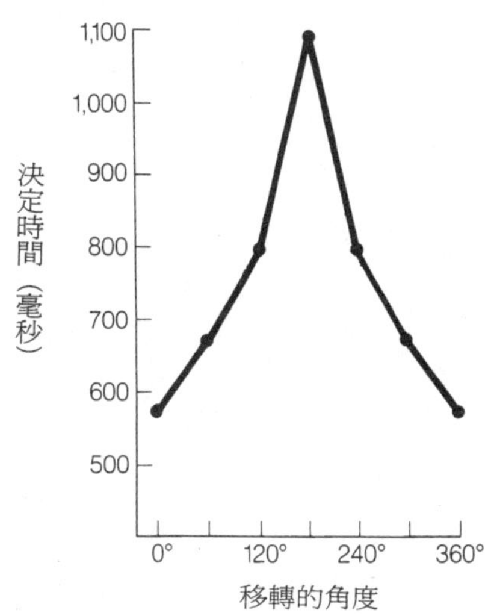

圖 9-18 心理移轉研究中的決定時間
決定某個字母爲正置或反置的反應時間，在移轉 180°時爲最長，移轉是以垂直（0°）爲準作順時鐘的移轉(取材自 Cooper & Shepard, 1973)。

視覺創造性

有關科學家或藝術家透過視覺思考，產生富創造性作品的例子不計其數(Shepard, 1978)。雖然這些例子不算有力的證據，卻也是視覺思考力量的最佳指標之一。令人訝異的是：在如數學和物理學之類高度抽象的領域中，視覺思考似乎是相當有效的方式。以愛因斯坦爲例，他曾說過他很少以文字來思考，而是以「能隨意複製和組合的心像」來產生種種想法。最明顯的例子或許是化學。史特拉杜尼茲(Friedrich Kekule von Stradonitz)曾試圖瞭解苯元素的分子構造。有天晚上他夢見一個彎曲的蛇狀物體，突然交纏成一個封閉的環狀，咬住自己的尾巴。這個蛇狀構造被證實便是苯元素的結構；一個夢中的景象爲一個重要的科學問題提供了解答。對作家而言，視覺心像

圖 9－19　掃瞄心像
受試者由南至北掃視島嶼的映像，找尋指示地點。彷彿受試者的心像有如一個眞實的地圖，如果掃瞄的距離較大，則掃瞄心像的時間也較長(取材自 Kosslyn, Ball, & Reisen, 1978)。

也是一種創造的力量；克立芝(Samuel Coleridge)著名的詩篇〈*Kubla Khan*〉應該是來自一個長時期的視覺心像。

活動中的思考：問題解決

對許多人而言，解決一個問題便是思考本身的縮影。在問題解決中，我們追尋一個目標但無一蹴可幾的方法。我們必須將目標劃分成幾個次目標，或再將次目標分成更小的次目標，直到到達有辦法獲得目標的層次(Anderson, 1985)。

以下便是用簡單的問題來說明此過程。假設你得找出一個陌生對號鎖的組合，你只知道該組合有四個號碼，而且當你轉到正確的數字時，會聽到喀啦一聲。你的總目標是找出這組合；大多數人會將總目標分成四個次目標，每個次目標就是找出組合中的一個號碼。你的第一個次目標是找出第一個號碼，對此，你有一套完成程序——慢慢地轉動鎖，傾聽喀啦聲。第二個次目標是找出第二個號碼，可使用同樣的程序，以下依此類推。

由此看來，人們用來將總目標劃分成次目標的策略，便成了研究問題解決的一個主題。另一個主題是人們如何對一個問題作心理表徵，因為這點也會影響我們解決問題的快慢。以下便是對此兩個主題的討論。

問題解決的策略

我們所知有關分解總目標的策略，許多是來自奈威爾和西蒙(Newell & Simon, 1972)的研究。其典型的作法是研究人員要受試者在試圖解決難題時，說出自己的思考過程，他們分析受試者的語文反應，作為查覺內在策略的線索。這些研究界定出不少通用的策略。

策略之一是減少問題情境中**當前狀態**(current state)與**目標狀態**(goal state)的差距，在其中找到解答。以上述號碼鎖為例，一開始當前的狀態是一個數字都不知道，而目標狀態則有全部四個數字的知識。因此我們設定了逐漸減少兩種狀態間差距的次目標；找出第一個數字為完成第一個次目標。此時，我們的當前狀態包括了第一個數字的知識。而當前狀態和目標狀態仍有差距存在，於是再以找出第二個數字來減低差距，以下依此類推。因此，在**減少差距**(difference reduction)之後的關鍵想法便是我們設定讓我們處於更接近目標狀態的次目標。

另一個類似上者但較精巧的策略爲**手段-目的分析**(means-ends analysis)。在此，我們比較當前狀態和目標狀態，以找出兩者之間最重要的差異；消除此差異成爲我們主要的次目標。接著我們尋找達成此目標的方法或程序。如果找到此程序，卻發現當前狀態中的某些事物會阻礙我們對此程序的運用，我們會找出另一個新的次目標來消除此障礙。許多常識性的問題解決情境便使用了此策略。以下便是一個例子：

> 我想帶孩子去托兒所。在我既有和我想要的兩者之間最重要的差異是什麼？距離。什麼(程序)可改變距離？我的車。我的車不能動。怎樣才能讓它動？換個新電池。那兒有新電池？我的修車廠(Newell & Simon, 1972, as cited in Anderson, 1985)。

手段-目的分析較減少差距複雜之處，在於它能讓我們採取行動，甚至它會導致當前狀態和目標狀態之間相似性的暫時減少。在上述例子中，修車廠可能在往托兒所的相反方向，因此到修車廠將暫時增加了與目標間的距離，但卻是解決問題的必要步驟。

另一個策略是由目標倒推回來。在解決數學問題時，此法尤其有效，如**圖 9-20** 所示。該問題如下：若 ABDC 爲一長方形，證明 AD 和 BC 爲等長。在**倒推法**(working backward)中，可依下述方式運作：

> 如何能證明 AD 和 BC 等長？如果我能證明三角形 ACD 和 BDC 相等就可以。如果我能證明兩邊和其夾角相等，我就能證明 ACD 和 BDC 兩個三角形相等(Anderson, 1985)。

由此可見，我們由總目標推至次目標(證明三角形相等)，由此次目標再推至另一次目標(證明兩邊及其夾角相等)，直到到達能作立即解決的次目標爲止。

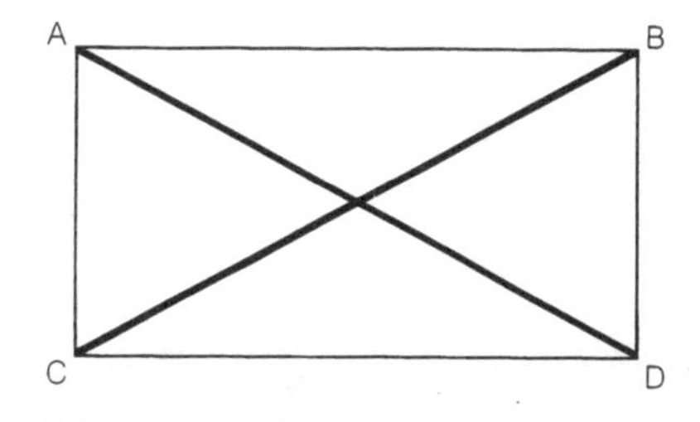

圖 9-20　一個幾何證明題
若 ABDC 爲一長方形，證明 AD 和 BC 邊爲等長。

對問題的呈現

解決問題並不只靠我們分解問題的能力，也有賴於我們如何對問題作表徵。有時是命題方式最有效，有時是視覺映像較佔上風。爲說明起見，請參考下述問題：

「有天早晨，恰好就在日出時刻，一個僧侶開始爬一座山。有一條寬約兩呎的窄徑蜿蜒通往山頂的一座廟。僧侶行路的速度不一，時時停下來休息。日落後不久他抵達了寺廟。幾天後，他開始沿原路下山，在日出時開始，同樣地沿路走走停停。他下山的平均速度當然較上山平均速度爲快。證明這段路程中有一地方是僧侶兩次行程中在一天中同一時間到達的。」(取材自 Adams, 1974)

許多人在解決此問題時，會以一命題式表徵來著手。他們甚至會試著寫出一堆式子，結果是把自己弄得更糊塗。其實如以視覺來呈現，問題將會簡單得多。我們所需要的只是想像一個僧侶由下往上走，一個由上往下走。無論速度爲何，兩個僧侶必然會在某時、山徑的某處相見。因此，這段路程中必然有一處是該僧侶兩次行程中在一天的同一時間中到達。的(注意：該問題並未要求你答出該處所在)。

有些問題透過命題或心像的操作便可解決。以下述問題爲例：「艾德跑得比大衛快，但比丹恩慢，三個人當中誰跑得最慢？」以命題方式來解決此問題，我們能將問題的第一部分表徵成一命題，「大衛」爲主語，「比艾德慢」爲述語。第二部分也表徵成一命題，「艾德」爲主語，「比丹恩慢」爲述語，接著便可演繹出大衛比丹恩慢，因此大衛最慢。若以心像來解決此一問題，我們可以一條線上的各點來表示三人的速度，如：

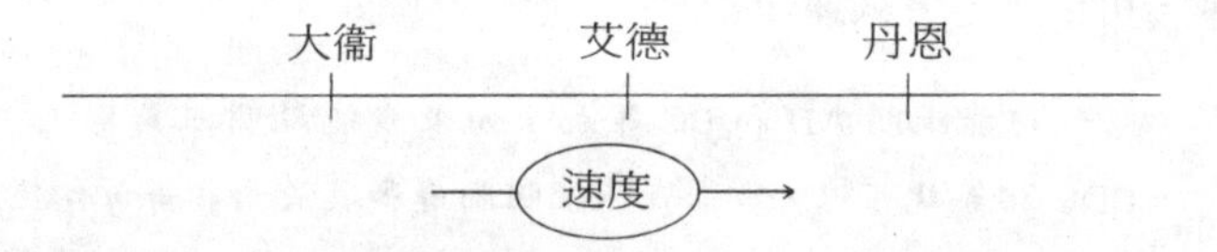

接著我們只需直接由此心像「讀」出問題的答案。有些人偏好以命題方式來呈現問題，有些則傾向以視覺心像來呈現(Johnson-Laird, 1985)。

除了命題與心像外，另一個問題是有關表徵的內容。我們對問題感到棘手的原因，時常是因爲我們未在表徵中放入重要的元素，或是在表徵中放入不重要的部分。下面以一實驗來說明。對一組受試者呈現以下問題：給予如**圖 9-21** 的材料，要在一扇門上立起一根蠟燭。解決辦法是將盒子釘在門上，以盒子爲支持蠟燭的平臺。大多數受試者無法解決此問題，主要是由

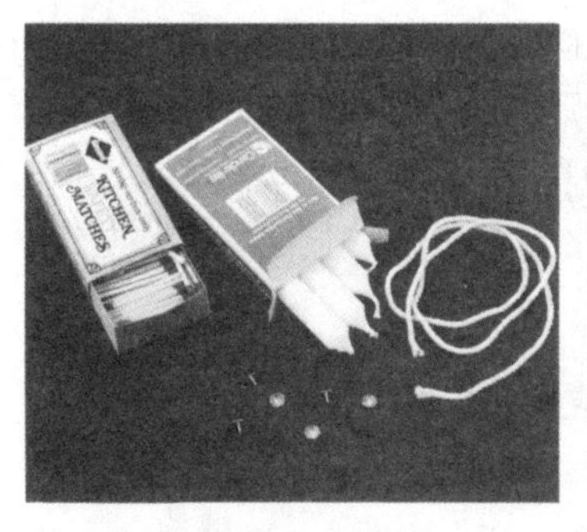

圖 9－21　蠟燭問題中所給予的材料
給予左圖的材料，你如何使一根蠟燭站立在一扇門上？解決方式如右圖所示。

於他們把盒子當成容器，而非平臺。另一組受試者也接受同樣的問題，但圖釘則不在盒內。結果這組受試者解決問題的情形較成功，主要是因為他們較少在表徵中納入盒子的容器屬性，並較多納入盒子的支持屬性。

專家與新手

任一特定領域中(物理、地理學、棋藝等等)，專家解決問題的方式和新手有本質上的差異。這些差異來自專家使用的表徵與策略和新手不同。專家在記憶中儲存較多的特殊表徵，可用來解決問題。以專業棋手為例，他能對一盤下了二十個棋子以上的複雜棋局看上五秒，便能毫無遺漏地重擺出此棋局；新手在此情況下，只能重擺出 7± 2 個棋子(見第八章)。專家能達成此種記憶成就，是由於多年的訓練，他們已發展出許多可能棋局的表徵；這些表徵使他們能以二、三個記憶組集來對一個複雜棋局作編碼。此外，這些表徵在他們進行棋賽時，便已存在心中；一個知名的棋手大約可儲存五萬個棋局，並學會出現某一棋局作何反應。因此，專業棋士能「看出」可能的走向；這點和新手大有差異(Chase & Simon, 1973;Simon & Gilmartin, 1973)。

甚至在遇到新問題時，專家的表現也有別於新手。對物理問題解決的研究最能說明此點；例如，一個專家(如物理學家)會以解決問題所必須的物理原則來呈現一個問題，如「這是一個屬於『每個動作都有一個相等及相對反應』的問題」；反之，新手(如初學物理的學生)則可能以表面的特點來呈現同一問題，如「這是一個傾斜平面的問題」(Chi, Glaser, & Rees, 1982)。

專家和新手所採的策略也有所不同。在物理問題解決的研究中，專家傾向於從問題所給予的條件推向解決之道；而新手則傾向於反向行事(倒推法)。同時就困難的問題而言，專家通常能在產生方程式前，便試著形成一套探討問題的計畫，而新手則無任何通則在心，便開始套方程式(Larkin, McDermott, Simon, & Simon, 1980)。

思考的訊息處理模式

從事問題解決時，人類使用的語言和概念最爲複雜。不論問題是如同 9 ×82 那樣簡單的計算，或是如證明一個數學定理那樣困難，思考過程都難以分析。想用聯結論或刺激-反應連結來解釋思維的傳統理論，沒有一個是適當的。我們可以看出，語言的獲得，並不只是一連串單字的聯結而已；同樣的，問題解決也不是爲了獲得解答，單純地從最初線索依循著一系列的刺激和反應，到最後的解答。我們常根據各種不同的規則和程序，將許多資料加以分類和重組，所處理的資料可能儲存於記憶中或是馬上可以從環境中得到。問題解決的特性，和由高速電腦處理資料的方法，有很多相似性存在。這些相似性使得我們致力於人類思考模式的建構，並用來發展組織及規劃電腦系統的方法和程序。

目前，電腦已能輕易的從事以前只有人才能做的工作。電腦可平衡銀行帳目、計算薪資、準備退稅、控制生產工廠、翻譯外文材料、玩西洋棋等等。事實上，許多在二十年前我們認爲需要思考能力的工作，現在都可由電腦來做了。這是否意謂著電腦眞的能「思考」？立即答否(說電腦只能做已經設計好的事)未免稍嫌草率。具有思考能力的人類，也可能只會做已設計好的事——不論是由天賦或是經由訓練而來。

電腦程式和流程圖

在說明以電腦爲工具，研究認知過程以前，簡短的描述電腦程式的基本特性，應該是有用的。電腦自己無法想出解答一個問題的方法，除非我們能給予明細的指令。這些指令就構成了所謂的**電腦程式**(computer program)，將所要解決的問題拿來分析，並將其分成幾個組成的部分，是寫下一個程式的首要步驟。這件事的最佳方法之一，是去構建一個**流程圖**(flow chart)，就像足球教練在黑板所畫的比賽圖形一樣。流程圖顯示問題各部分的相互關係，就如同教練的球員位置分配圖一樣，同時，它也顯示出各種不同部分如何結合在一起。一旦問題以流程圖方式構建完成後，圖上每個部分都必須分成更小的部分，說明每步操作的細節指示。光是流程圖的一個部分，在程式中就可能需要一百個以上的個別步驟，然後，材料才可能輸入電腦中。

圖 9-22 顯示出一個十分簡單的訊息處理問題的流程圖。這個圖說明了在英文教科書的一個章節中，其文字長度分配的研究。輸入程式中的教材須先打卡。流程圖上的四方形表示所要作的工作，而菱形則表示要作的決策。這個流程圖本身並非十分搶眼，但當這些運作相互連接成為複雜的層次時，電腦就能從事非常智巧的作業了。

電腦程式的流程圖，是描繪訊息系統的一種便利方法。人類有機體可看成是一種訊息處理系統，因此，有時以流程圖來作為心理過程模式是十分自然的。根據流程圖而來的模式就成了所謂的**訊息處理模式**❸。很多心理學家認為，訊息處理模式對心理現象的推理是十分合適的，尤以複雜的認知程序為然。

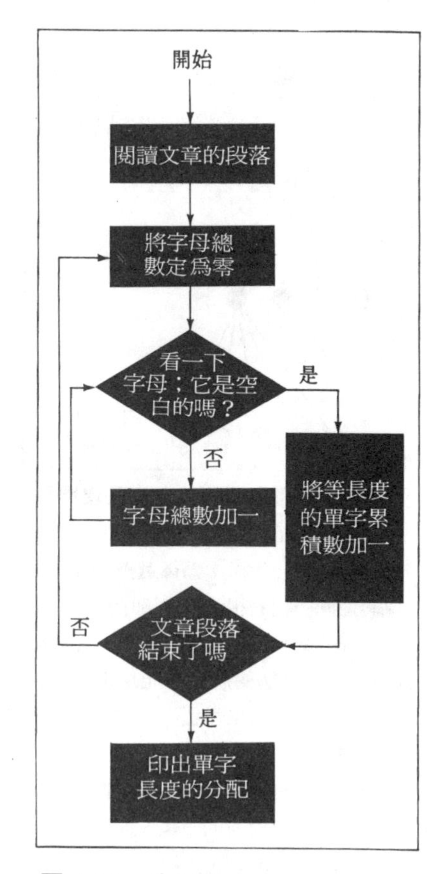

圖 9-22 流程圖
本圖說明了計算單字長度分配的一個簡單程式。這個程式的輸出結果是計算教科書中有一個、二個、三個等字母長度的單字數目。

模擬模式

用來反映人類認知活動的電腦程式稱為**模擬模式**(simulation model)。發展訊息處理模式以證明符號邏輯中定理的奈威爾和西蒙(Newell & Simon, 1956)，是模擬複雜認知過程的鼻祖(詳見「重要討論：一般的問題解決者」)。他們的程式有人戲稱為**邏輯理論家**(logic theorist)，這個程式在證明或解決問題時，並不搜尋所有可能的路徑。更確切的說，邏輯理論家中所使用的方法，是應用了人類證明定理所用的**自行發現法**(heuristic method)。自行發現是一種策略、計謀、捷徑、秘密設備或是任何在解答難題時，對探索所下的限制性步驟。自行發現並不保證可以發現解答，但它大大的減少獲得解答的探索時間。人類的思考，明顯地使用了自行發現法。棋藝高手用自行發現方式來解決其問題，因為他並沒辦法預見可能的每一步棋(參閱**圖 9-23**)。在解答幾何題目時，我們通常會作幾條輔助

❸記憶的訊息處理模式，在第八章已經討論過了。

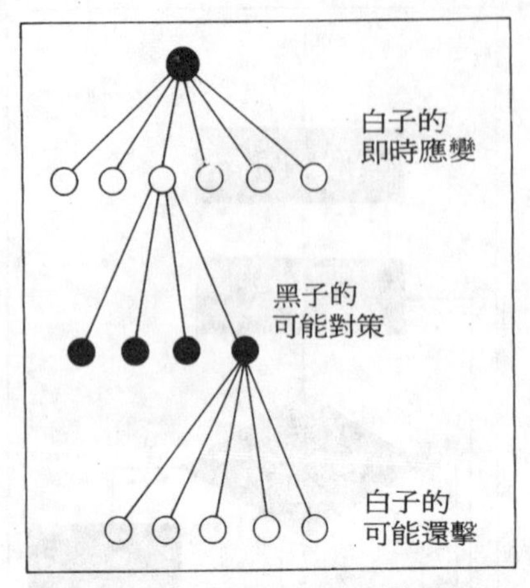

圖 9-23　窮盡搜尋與自行發現搜尋
解決下棋和相關遊戲的問題的方法之一是列舉出每一步棋，然後選擇一種可以保證邁向勝利的棋步。本圖中說明一局棋中部分的可能樹狀圖(tree of possibilities)，整個樹狀圖可能是由每個分支追循到一個結果爲止。每個分支的末端都標明了白勝、黑勝或是和局。白方可能會檢視整個樹狀圖，並選擇一步可以在最後吃掉對方的王棋，而不管黑方棋要怎麼下。原則上，棋藝的列舉法可以寫成電腦程式，並使得電腦成爲一支常勝軍，但是，完整的棋藝樹狀圖可能有 10^{120}個不同的棋步，所以可行性並不大。假如要使用這種窮盡搜尋，可能終其一生都很難下完一盤棋，即使用目前最快速的電腦來做這種列舉法，其結果亦是一樣。相反的，發展出模擬人類棋手的下棋電腦，我們必須寫出一套程式，使其行爲能具有靈智——使用如「控制中盤棋勢」、「保護你的王」等等的自行發現法，則必須以一種選擇的方式來探索問題樹狀圖，就是去發現那些可能保證勝利的途徑，而摒棄會導致失敗的方法。

線，希望藉此構成一個新圖形使我們看出原本不太明顯的關係。這種新構建可能有所幫助，但並沒有含有保證的意思。

人類使用的自行發現過程，雖然尙未十分清楚，但在大多數的問題解決中，它們無疑扮演了一個重要的角色。幾個和人類思考有特殊關係的自行發現方式實例(如上一節所述)，在此值得再重述一番。其中之一就是**倒推法**，我們從要證明的結果開始，一步一步的倒推到最初所得到的條件爲止。另一個是**擬定計畫法**(make-a-plan)。我們思考一個答案已知、但類似我們要去解決的問題，然後再將這個問題的解答方法，作爲解答更難問題的藍圖。第三種是**手段-目的步驟**，就是將目前的狀況與我們想得到的狀況作比較，發掘狀況間的差異，再尋求一種可以減少差異的操作方式，重複這種步驟一直到獲得所需要的結果爲止。

邏輯理論家和它的各種自行發現方法，是非常傑出的人類思維的電腦模式，例如，它就曾被用來證明懷海德和羅素(Whitehead & Russell)所著《數學原理》(*Principia Mathematica*)第二章中的五十二個定理。邏輯理論家已爲其中的三十八個定理作了適當的證明，而其中有些證明甚至比懷海德和羅素原來提出的還精密。當然，邏輯理論家的設計並非爲了比人類做更快、更好的證明，它不過是以一種實際的解題方式來模擬人類的行爲。當吾人能設計電腦來從事此類工作，並以極類似人類的方式來運作時，那麼，在思維程序的瞭解上就有了確實的進步。

因爲有了邏輯理論家的發展，許多研究者已爲一系列的心理過程設計了模擬模式，如概念的形成、語言的瞭解、態度的改變、作曲、下棋，甚至精神官能人格過程等。這些令人興奮的發展，在揭開人類思維之謎上有著相當大的重要性。但是，模式的發展是雙向的，除了電腦的發展以外，實際的問題須有透徹的瞭解，才能設計出適當的程式。由於電腦只能按照指示去做事，所以在電腦程式中，所有的步驟必須清楚而完全地加以規定。如果描繪電腦程式的心理學家，在解釋問題解答的步驟中做了不正確的假設，這個程式就沒有作用，起碼無法顯示出配合人類行爲的精確結果。電腦能夠檢驗心理學家的理論假設的適切性，以解釋研究中的心理過程，相信可以解釋心理過程的定理假設正確性的作用。電腦最主要的優點，是其速度和注意到各程式中所要求的所有細節。

電腦模擬

為探討人們如何解決問題，研究人員常使用**電腦模擬**(computer simulation)的方式。要受試者解答一個複雜問題時，一面說出自己的思考，研究者便以此口頭報告作為設計電腦解決問題的指引。之後電腦的輸出可用來比較人們對此問題的運作——一連串的動作——並看看兩者是否符合。如果符合，電腦程式便可提供有關問題解決部分方面的理論。

為何以電腦來理解人？西蒙的說法最有意思：「人類能思考是由於他們能以神經細胞來傳導，電腦也是以管(tubes)或片(chips)來進行此一簡單運作。」(Simon, 1985)這些簡單的過程包括閱讀、輸出、儲存、符號比較等，符號相符時作一種反應，不符合則作另一種反應。以電腦所能模擬人類解決問題的程度而言，我們支持西蒙的主張。

以下探討在模擬人們解決一簡單數學式的電腦程式。若數學式為 $3x+4=x+10$，也許你會以下述方式來分析：

> 「此數學式的解決應該是 x 後有個等號，等號後是個數目——不是任何數都可以，必須適合原來的式子。首先我想去掉式子左方的一個數字，因為我試圖作出 x 等於某個數字的形式。因此在 $3x+4=x+10$ 中，我減去 4（我知道兩邊得同時減去 4），得到一個新式子 $3x=x+6$。但我不想 x 在式子的右方，所以我又去掉它，成為 $2x=6$。我不要有兩個 x，只要有一個 x 在式子左方，因此又除以 2，得到 $x=3$。」(取材自 Simon, 1985)

上述的分析可化為四個法則：

> (1)如果式子左方有數字，先在式子兩方減去此數。
> (2)如果式子右方有 x，由式子兩方減去此 x。
> (3)如果式子左方的 x 前有數字，式子兩方皆除以此數。
> (4)如果得到「x＝數字」的式子，停下來檢查答案是否正確。

也許你並不完全依循這些法則，但它們都隱藏在你解決數學式子的能力之中。這些法則可立即轉換成電腦程式，所謂程式只是一組詳細的指示(以該電腦使用的語言寫出)，規定出電腦必須採取的每一步驟。法則可視為此種指示。因此作模擬得先對過程中的知識作嚴謹的分析，再譯成電腦語言。

電腦模擬並非毫無缺點，有些人認爲我們所瞭解有關人類心理過程的知識，尙不足以評估電腦的程式。例如，我們如何確定電腦的記憶和人類的記憶相似？有些則質疑電腦和人之間的基本相似性：他們認爲電腦只能做被指示去做的事。然而很有可能人類也是只能做遺傳和經驗已「指定」他們去做的事。另一個批評是有關人類思考的生理基礎——大腦，和電腦的線路差異極大。顯然大腦和電腦外形、結構上不同，但組織和作用的方式可能很相近。對於以電腦作爲理解人類心理歷程的程度，至今仍是一個未定的問題。

本章雖是討論人類的思考和語言，但也提出有關非人類種屬這方面能力的問題。我們討論了猩猩對語言的學習、電腦的思考，這類討論和比較顯示我們可透過和非人類智力的比較，增進對人類智力的理解。

重要討論：

一般的問題解決者

模擬複雜認知過程的能力本身，就是一項主要的成就。但更重要的是，爲各種不同的問題(如證明幾何定理的模式和描述精神官能行爲模式)所發展出來的訊息處理模式，這些模式間有許多共同的組成過程。這種模式間過程的共同性顯示出，建立一個複雜的認知過程的一般理論已爲期不遠。西蒙和奈威爾首開先河在許多訊息處理模式中分離出有共同性的組成因素，並將之集合成一個單一模式，這就是他們所稱的**一般性的問題解決者**(general problem solver, 簡稱 GPS)。他們認爲，我們應能以 GPS 來結合任何特殊工作(如下棋、定理證明、作曲)的特殊資料，使用人類所具有的策略和技巧，來發展出一套能解決問題的混合模式。

GPS 以人應付問題的方法來模擬人的行爲。這種程式十分複雜，在此只能描繪其大概的要點。GPS 的實際程式是建立於二個基本過程，這二個過程反覆進行，直到問題解決了或是因太難或是無解時才停止。第一個過程中的一部分稱爲**問題解決組織**(problem-solving organization)，可以設定次目標俾有利於問題的解決。然後評估這些次目標，並選擇一個較佳的次目標注意加以探索。這具有一種**執行**(executive)或是**決策**(decision-making)的功能，這個過程包括了探索和評估。例如，一個次目標可能是解答一個已經簡化了的一般性問題。一旦選擇了次目標之後，接下來的這個過程則稱為**手段-目的分析**(means-ends-analysis)，它運用相關的自行發現方式來達成次目標。這個過程需要訊息處理機制，以所給予的資料開始，並繼之以各種轉換，就像解決普通問題一樣。因為自行發現法並不保證解答，假若最初的方法失敗了，那麼，執行的路線就必須轉向較有創造性的次目標。

由 GPS 來說明複雜認知過程的方式，是很有前途的。假若訊息處理模式能只以少數幾個基本方法和有限的訊息處理過程為基礎，並模擬複雜的人類行為的話，那麼我們對人類行為的瞭解就眞的有了相當的進展。

心理現象的訊息處理模式的發展，目前雖仍在萌芽階段，但其結果卻是令人興奮的。西蒙和奈威爾辯稱，以少數的基本過程，來解釋大多數的人類思考和問題解答的方法，已有了實質上的證據，而這些過程須以適當的體系來安排，以產生極端複雜的結果。他們認為，基本上，人類的訊息處理系統的運作是系列性的，它一次只能處理幾個符號，而這些符號必須置於有限的短期記憶中，並且，其內容須能很快地重組和改變。受試者運用有效策略的主要限制，是來自短期記憶相當小的容量，和訊息從短期記憶輸送到長期記憶時，需要花費相當長的時間。

摘　要

1. 思考是一種以**符號**來表示事物的行為。因為它能利用所記憶的、不存在的，或是想像的東西，而使得非目前的事件亦具有參考價值，所以它比利用知覺或是操作來解決問題強了許多。
2. 符號代表某些其他的事物。有些符號是具體的東西，如一個「停止」穿越的號幟。因為文字是相當有力的符號，語言也因而成為思考程序中一種重要的媒介物。符號可以傳達**意義**，但心理學家並不同意在符號和其所代表的東西間(即其意義)，有相當精確的關係存在。

3. 表示固定和特殊的**外延意義**，和表示評價或偏好的**內涵意義**之間，是有區別的。藉著**語意差別法**我們可以測量其內涵意義。
4. 當一個符號代表一類事物的共同特性時，我們就說它涉及一個**概念**。**概念形成**的研究顯示，具體概念通常比如數字等的抽象概念容易獲得。
5. 思考以不同型態呈現，包括**命題式**、**心像式**和**動作式**思考。一個命題的基本成分爲一個概念，與一群體相連的一組屬性。概念包含**原型**，用來描述最佳範例的屬性)和**核心**作爲概念成員之一最主要的屬性)。在**正統**概念中——如「單身漢」，核心屬性扮演主要的角色；在**模糊**概念中——如「鳥」，原型屬性佔優勢。
6. 兒童常以**範例策略**來學習概念的原型。依此技巧，如果某個新項目和概念的某個已知範例夠相像，便會被歸爲概念的例子之一。當兒童逐漸年長，將會利用**假設試驗**作爲學習概念的另一個策略。概念可結合形成命題，每個命題都包含一個**主語**和一個**述語**(predicate)。
7. 作推理時，我們會將命題組成論證。有些論證爲**演繹有效**：若前提爲眞，則論證的結論不可能爲僞。在評估一個演繹論證時，我們常試圖以邏輯法則來證明前提後的結論。但有時候，我們會使用**自行發現法**，以命題的內容而非其邏輯形式來運作。
8. 有些論證具有強烈的**歸納性**：如果前提爲眞，則結論不太可能爲僞。在產生及評估此種論證時，我們常忽略了或然率原則，而依賴注重**相似性**或**因果性**的自行發現法。例如，我們可能以某人與某團體原型的相似性，來估計此人屬於此團體的可能性。
9. 語言是思維中最主要的符號來源。語言的構造可依幾個層次來分析：**音素**是聲音的基本單位，**字素**是意義的基本單位，而**片語**是構成句子的單位。藉著**片語結構**的分析，我們可以瞭解簡單陳述句的意義，但是較複雜的句子通常必須在**深層結構**，或在句子意義構成的關係上，做一次以上的**轉換**。
10. 正統和操作條件化學習，在文字意義的獲得上，扮演了一個重要角色，文法的學習則不只包括了簡單的刺激—反應聯結，爲了發展可接受的文字次序，還必須學習**規則**。不論所學的是什麼語言，各國的兒童在早期，句子意義種類的表達和文法結構**次序**的獲得，都是相似的，和學習的語言無關。這種不變性反映了語言和認知發展間的密切關係。

11.人們學習語言的天生能力是否爲人類所獨有，一直是個爭議的問題。最近的研究顯示：猩猩能學會相當於人類文字的符號，但卻很難學會如同人類一般，以系統方式來組合這些符號。先天因素在語言習得中佔有重要地位的說法，正符合人類大腦中有一主司語言特殊區域的發現。這些區域包括**布洛卡氏區**傳導句子構成，**溫尼克氏區**則似乎和概念、意義有關。

12.語言和思考有密切的關係。因此，兒童只有大到足以用語言來說出解答時，才能解決某些轉換問題。根據**語言相對假設**，一個人使用語言的方式，決定了他對世界的看法。

13.思考的**訊息處理模式**，利用了輸送到電腦的程式指令，來模擬人類問題解答過程的**流程圖**。如**手段-目的分析**等自行發現法，在減少解答問題所需的探索時間上，是相當有價值的。一般問題解決者，結合了許多訊息處理模式所共有的自行發現法，爲複雜的認知過程，設計出一套一般化的理論。

14.並非所有思考都以命題方式表現，有些是以視覺心像呈現。這類心像包含了如同知覺中所發現的視覺細節。此外，導致某種知覺問題——**視覺忽略**——的腦傷，也會在心像上產生類似的問題。而且對心像的**心理運作**(如掃瞄和旋轉)正如同知覺上的運作。

15.問題解決的過程需要將一個目標分解成較容易達成的次目標。這類分解策略包括**當前狀態**和**目標狀態**之間的**差距減少**；**方法—目的分析**，消除當前及目標狀態之間最重要的差異)；以及**倒推法**。有些問題採命題式呈現較方便解決，有些則採視覺呈現較有效。

16.專業問題解決者和新手的差別有三點：前者對問題有較多呈現；他們以解決原則而非表面特點來呈現新問題；並且傾向於採前推式分析而非倒推法。研究問題解決的一個有效方法爲**電腦模擬**，亦即寫出和人們所用方式相同的電腦程式來解決問題。

進一步的讀物

討論概念的研究，可見Smith and Medin, *Categories and Concepts*(1981)。檢討推理研究的書，可見Slovic and Tvesky(eds.), *Judgement Under Uncertainty: Heuristics and Biases* (1982)。探討心像的入門書，可見 Kosslyn, *Ghosts in the Mind's Machine*(1983)；Shepard and Cooper, *Mental Images and Their Transformations*(1982)。問題解決與電腦模擬模式的討論，可見Newell and Simon, *Human Problem Solving*(1972); Barr and Feigenbaum (eds.), *The Handbook of Artificial Intelligence*(1982)。

有一些書是討論語言心理學的。典型的教科書有Clark and Clark, *Psycholoy and Language: An Introduction to Psycholinguistics*(1977); Foss and Hakes, *Psycholinguistics: An Introduction to the Psychology of Language* (1978); Slobin, *Psycholinguistics*(2nd ed., 1979); Tartter, *Language Process*(1986); Carroll, *Psychology of Language* (1985)。至於較深入的討論，尤其是處理杭斯基(Chomsky)的語言與思考理論的書，可見Chomsky, *The Psychology of Language*(1974)。解釋早期語言發展的書，可見Brown, *A First Language: The Early Stages*(1973); Pinker, *Language Learnability and Language Development*(1984)。

第五篇

動機與情緒

第十章 动机 — why

§1. 界說 arouse 原動力 . sustain 持續 . direct 導向目標

§2. 理論

① 神經生物論

② 心理分析 本能 instinct. life and death

③ 行為學派

④ 人本學派 — Maslow

自我實現
自尊
愛與歸屬
安全
生理

Rogers → fully functioning (功能全動)

⑤ 認知學派

歸因論 attribution

§3. 种類

- 基本 primary
- 次要 secondary. learned

親合 affiliation + 親合

支配 + 順從

dominance submissive.

求助 . succordance

滋養 → nurturance

△ 成就动机 (achievement) ↑

1. 追求成功 > 害怕失败
2. 冒險 中難度
3. 目標設定
4. 努力.
5. 自我概念
6. 内在动机 > 外在动机.
7. 歸因 (努力. 能力.)

	内	外
固定	能力	難度
变动	努力	運氣

二. 自我實現的要項
1. 正確的認知
2. 接受 acceptance

第十章　基本動機

生存動機與恆定作用 492
恆定作用的本質
體溫調適的恆定作用系統
渴的恆定作用系統
饑　餓 497
饑餓的變項
飽食偵側器
大腦的機制
肥胖症 503
卡路里攝取量增加的因素
減少精力消耗的因素
體重控制
重要討論：某些人是自然發福的嗎？
成熟的性慾 510
荷爾蒙控制
神經控制
早期經驗
文化的影響
同性戀
早期的性發展 521
出生前的荷爾蒙
荷爾蒙與環境
變　性
母性的行為 524
生物的決定因素
環境的決定因素
重要討論：本能與母性行為
好奇動機 528
探索與操作
感覺刺激的需求
不同動機間的共通原則 532
驅力減低
喚起水準

上述篇章已討論過人類所能「做」(do)的——如學習、記憶、思考——現在則要來探討人類所「慾求」(want)的。關於慾求與需求的研究，正是**動機**(motivation)這個主題之下所探究的重點，所關注者是指引行為者行動並促使其充滿活力的因素。一個饑餓的有機體將引導行為去尋求食物以攝食；而口渴則驅使個體產生飲水的行動。比起沒有受動機影響的有機體來，這些行動都是較為主動活潑且精力旺盛的。

饑、渴只是衆多動機中的兩種，在本章中我們將處理**基本**(basic)動機——人類和動物與生俱有的、未經學習的動機。這類基本動機可分為如下三種類型：首先是個體的**生存需求**(survival need)，如饑餓和渴等；其次是生物基礎的**社會需求**(social need)，如性和**母性的**(maternal)行為；最後則是和有機體的福祉並無直接相關，包含了**好奇**(curiosity)的動機。在某一類型的動機中，根本的問題是其共同特性是什麼？即如符合生存需求的衆多動機是否全部由相同的原則來操作？如果是的話，這些原則中的任一種是否可引用到基本動機的其它類型？底下將透過討論來探究這些問題。

生存動機與恆定作用

恆定作用的本質

許多**生存動機**(survival motive)依循**恆定作用**(homeostasis)的原則來運作。所謂恆定作用是指身體在面對變遷的外在環境時，有維持內在環境不變的傾向。例如，健康的個體其體溫維持著一定的溫度，縱然外在環境的溫度變化超過一百度，個體的體溫變化也只改變一至二度。同樣地，健康的個體內常存在相對一定數量的水分，縱使環境中水的取用量急遽改變，亦可維持一段時間的恆定。這類內在的持久性就生存而言是必要的，實質上，個體體溫高於或低於正常溫度四度時會導致死亡，正如四到五天滴水不沾會渴死一樣。

自動調溫器是一機器恆定作用系統的例子，它的目的在當房子外(外在環境)的溫度有所變化時，能調節房子裡(內在環境)溫度相對不變。自動調溫器的運作可提示我們大部分的恆定

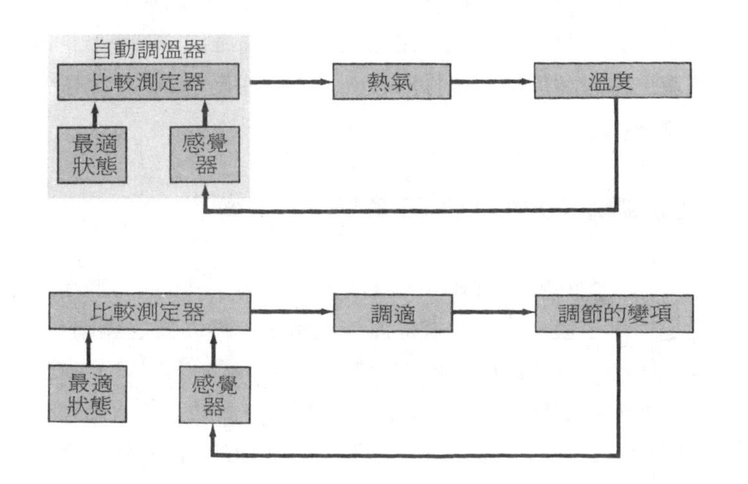

圖 10-1　恆定作用系統
圖的上半部說明自動調溫器的作用。室溫輸入自動調溫器，而由感覺器偵測輸入的溫度並與最適狀態比較。如果感覺到的溫度低於最適狀態，熱氣將開始運轉。圖的下半部說明一般的恆定作用系統。該系統包含由感覺器偵測的調節變項，並由一比較測定器來評估這感覺到的變項；如果感覺到的變項低於最適狀態，則將作調節。

作用原則，如**圖 10-1**。自動調溫器包括測量室溫的**感覺器**(sensor)，呈現所需溫度的**最適狀態**(ideal value)，以及比較感覺的溫度與最適狀態的**比較測定器**(comparator)。如果感覺到的溫度低於最適狀態，自動調溫器將點燃熱氣以提昇室溫到最適狀態爲止；如果過高的話，則關閉熱氣。

我們可將上述的描述類推到所有的恆定作用系統，如**圖 10-1** 下半部所呈現的，這系統的核心是一將有所調適的特殊變項(如本例中的室溫)，要調適這個變項，系統必須包含這個變項的最適狀態、測量這變項的感覺器、一比較測定器(或中央控制)，以及系統規畫好的調適作用，使變項在高於或低於最適狀態時，能運作或關閉。這一架構將使我們明瞭大多數的人類動機。在體溫控制的例子裡，體溫是調適的變項；就渴而言，細胞與血液中的水分，是所要調適的變項；就饑餓來說，有些調適的變項是符應於消化作用的各種產品(如血糖、脂肪等)。上述例子中，身體內的感覺器偵測最適狀態與實際調適間的變化，以矯正平衡。研究者在探索這些恆定作用系統時，更試圖找出這些感覺器的位置、調適作用的進行程序，以及腦中扮演比較測定器角色的區域。

我們可以運用恆定作用架構來區別**需求**與**驅力**(drive)之間概念的差異。需求是背離最適狀態的生理部分；而驅力則是它相對應的心理部分，是由需求所導致的狀況或衝動。以饑餓爲例，需求的引起是因血糖的水平低於最適狀態，而自動地修正這一生理的不平衡狀態，個體即藉由胰臟作用釋放糖分到血管中。但是，當這些自動作用的器官仍不能維持一平衡狀態時，將產生驅力並促使組織採取行動以恢復平衡(如尋求含高糖分的食物)。

體溫調適的恆定作用系統

在人類的所有動機中，維持我們自身有一舒適的溫度，可說是提供了恆定作用系統最直接的例子。然而**體溫調適**(temperature regulation)並非動機的最佳典範，因它只是關於生存方面。細胞無法在一定的溫度限制之外活動：高於攝氏四十五度(華氏一百一十三度)，許多在細胞中的蛋白質變得遲緩而不能發揮其功能；低於攝氏零度(華氏三十二度)，細胞內的水分即成爲結晶狀以致傷害細胞。

血液溫度此一調節變項，經常能精確地反應出體溫，血液溫度的感覺器分布在嘴裡(嚐出熱與冷的食物)、皮膚(感覺冷與熱)、脊髓與腦中。腦中所包含的主要區域是**下視丘**(hypothalamus)，位於大腦的基幹，是由一群細胞核聚集而成，和大腦的其他部分及腦下腺均有聯結。除感覺器之外，下視丘的前面區域被認爲包含比較測定器和最適溫度狀態，因此下視丘的前半部運作有如自動調溫器。如果老鼠的這部位被破壞，它將不再能調適自己的溫度；而如果直接地打擊下視丘的前半部(用鐵線插入該部位)，老鼠的體溫將下降，縱使它自身並不感覺熱(Barbour, 1912)。

一旦下視丘的自動調溫器認爲體溫是在最適狀態之外，它將進行一連串的調整，有些是自動的、生理的反應。如果體溫過高，皮膚的毛細管會擴張，使皮膚表面下的溫熱血液數量大爲增加，於是額外的熱度將逸出皮膚而降低體溫。流汗是另一種降低熱度的生理方法，汗腺遍佈在身體各處(如人類、牛、馬等)；而汗腺位於舌頭的動物(像狗、貓、鼠等)會藉著喘氣來散熱。如果體溫降得太低，生理調整的第一件事是緊縮皮膚的毛細管，讓血液遠離寒冷的空氣，以使維持生命組織所必需的熱量保留下來；另一方面，身體也會透過發抖來產生熱量。

除了生理的反應之外，我們同樣可做行爲的調適。當感到冷或涼時，我們會添加衣服或找一處溫暖的所在；而感覺太熱時，則脫掉衣服或找個涼爽的地方。個體行爲的調適和生理的反應有許多不同的層面：行為調適是**自主的**(voluntary)行動，歸因於我們自身；而生理的調整是非自主的反應，大部分歸因於身體的組織(如汗腺)。個體所產生的生理調適是符應生理的需求(生物的平衡)，至於所採取的行為調適則是符應於驅力。生理的調整直接影響到內在的環境，行為的調整則影響外在的環境(如加上衣服驅除寒冷)，進而影響內在的環境。這兩種調適的型式分別位在下視丘的不同區域：前半部調適我們的生理變化，而後半部則是調整行為(Satinoff & Rutstein, 1970; Satinoff & Shan, 1971)。

渴的恆定作用系統

水分吸收的調整是我們生存的另一要素。水是身體的主要元素，組成全身重量的大半；也是許多細胞組織和血液的構成要素，主要作用在於携帶養分和氧氣到細胞組織中並帶走廢物。但我們經常失去水分——由皮膚表面蒸發或是流汗及排尿，因此必須適量地補充失去的水分。

渴(thirst)的恆定作用系統比體溫更加複雜，因為身體必須調適兩個變項：在身體細胞內水分的數量和細胞外的水分數量，接下來我們將討論這兩個變項。**細胞內液體**(intracellular fluid)的流失是因細胞外水分中的鈉大量集中，由於鈉無法滲進細胞膜，水分便藉著滲透作用離開細胞(一種促使細胞膜內外鈉數量平衡的壓力)。體內所有的細胞都可能發生脫水現象，但只有特定的細胞扮演感覺器的角色：這些是**滲透受納器**(osmoreceptors，如此稱呼是因它們有著滲透作用)，位於下視丘，脫水會使得這類細胞微微變形或萎縮。因此，縱使被調適的變項是水分，感覺器亦能偵測出細胞形狀和大小的變化。除感覺器之外，在下視丘的前半部同樣包含有關聯細胞內液體流失的比較測定器和最適狀態。

一旦下視丘偵測到這些變化，它將促使恆定作用系統來運作，這類的生理調適作用將未排出成尿液之前尚儲存在腎臟中的水分重新吸收入血液中。特別是，來自滲透受納器的神經活動會刺激**腦下垂體**(pituitary gland，位於下視丘的下方)釋放**抗利尿素**(antidiuretic hormone，簡稱 ADH)。ADH 調適腎臟重新將水分吸收到血液中，繼而形成非常濃縮的尿液(經過一夜睡醒，將發覺到尿的顏色比平常其他時候深，並有濃烈的味道)。然而，這種生理的構造只能維持身體水分一定程度的平衡。當水分嚴重缺乏時，行爲的調適就很需要了，你將感覺十分口渴。上述情況說明了爲何漢堡和油炸食物使人感覺口渴，而吃鹽分多的食物時，會增加細胞外鹽分的集中，使得水分離開細胞，這時萎縮的細胞促使感覺器去調節這種口渴的驅力。即使沒有細胞脫水的現象，血量的降低也會使有機體覺得渴。一位大量失血的人會覺得十分渴，雖然其餘血液的濃度並沒有改變。參加激烈活動的人隨著出汗、鹽分喪失，急切地希望喝大量的水，即使水稀釋了後來血液中鹽分的濃度。可見一定有某種受納器對血液及體液的總量很敏感，而與濃度無關。

證據指出：在血量及體液量降低時，會使**凝乳酵素**(rennin，由腎臟分泌到血液中的一種物質)發生作用，以攝取水分。凝乳酵素是飲水的線索，可以引起血管緊縮，防止更多的血液喪失；也可以促進**高血壓蛋白**(angiotensin)激素的釋放，進入血液裡面。高血壓蛋白使下視丘中的特定受納器(稱爲**定量受納器**［volumetric receptor］)產生活動，而有渴的感覺。假使直接把高血壓蛋白注入老鼠的下視丘，則老鼠會喝下大量水分。

因此，細胞脫水及血量減少這兩種生理狀態會刺激下視丘引起喝水行爲(**見圖 10-2**)。細胞脫水直接對下視丘產生作用，使有機體開始喝水，同時刺激 ADH 由腦下垂體釋放出來，ADH 告訴腎臟重新吸收水分進入血液中。血量降低則促使腎臟分泌凝乳酵素，再使高血壓蛋白激素釋放入血液裡；當高血壓蛋白進入下視丘時，乃激起有機體的飲水反應。

在體液濃度變高時，大腦傳送信號給腎臟，從尿液當中重新吸收水分回血液中；在血量少時，腎臟傳送信號給大腦，要求有機體開始喝水。在這兩種狀況下，訊息都由荷爾蒙載運。

究竟何種神經機構告訴有機體停止喝水，到目前還無法確定。細胞充水(脫水的相反)可能不是滿足渴的主要刺激，因爲在液體流入許多細胞以前很久，有機體就停止喝水了。來自嘴巴的信號(嘴巴測量攝水的數量)及胃部的信號(胃部因水而膨脹)，可能壓抑了下視丘細胞的活動，而停止喝水。但確切的過程還相當模糊。

由於某些動物(如老鼠)下視丘的吃食區和飲水區重疊，故對渴機構的研究頗爲複雜。在下視丘外面的區域也和喝水有關，尤其是邊緣系統。因此，水分攝取的調節包含了許多大腦區域的複雜神經組合。

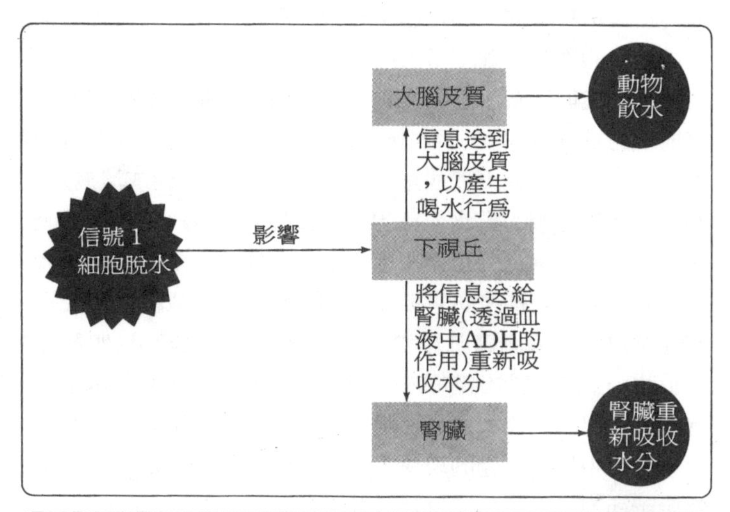

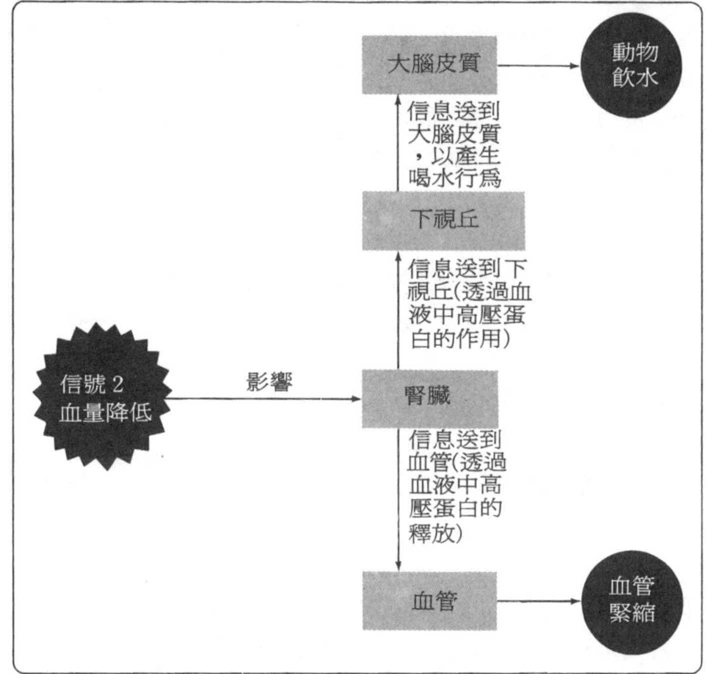

圖 10-2　調節水分攝取的控制機制

上面的方格表示細胞脫水時下視丘的影響效果，下面的方格則表示血量減低對腎臟的影響，及對下視丘的間接效果。

饑　餓

饑餓(hunger)是一強而有力的激發物。當食物變得稀少時，我們所有的精力和思維就都會集中於如何去獲取食物。那麼引發吃食行爲的內在信號是什麼呢？如果說人們吃東西只是因爲正逢用餐時間，那是極不充分的理由。在不同文化之間，人們進餐的次數有著相當大的不同(每日一至五次)；然而，只要食物的獲取不難，不同文化的人們所進食量應是相同的。同樣地，認爲當胃部空洞而引起疼痛感時，必須以吃來紓解也是不充分的理由，因爲那些割除胃器官的人(因癌症或潰瘍)，仍然可以調節他們的進食。我們也不僅是受到食物色香味的吸引而吃，因爲當食物的色香味都沒了時，我們還是必須要攝食。

那麼究竟是什麼訊息促使我們必須要吃？最近的研究指出個體能自主地偵測儲藏在體內的各種營養素之數量(如葡萄糖和脂肪)，而當這些儲存的營養素降到一定的、危急的水平之下時，那會促使我們去攝食。這一基本的恆定作用系統，在研究者的觀察中是一普遍的現象，如許多動物都有固定的體重，縱使給予所有他們想要吃的食物，也只能攝食到維持體重的程度。不過，就饑餓來說，它較一般簡易的恆定作用分析還要複雜：一方面有好幾種變項需要調節；另一方面，停止進食並非因爲食物的儲藏已達到最適狀態，而是因爲**飽食**(satiety)感覺器偵測到已有充分的食物進入系統(身體)中。相同地，並不是每個人都能維持恆定作用，只要逛一逛街，就可發現過度攝食(**肥胖**, obesity)和攝食不足的人(**食慾減退**, anorexia)比比皆是。爲瞭解饑餓，首先要探討有關調節的變項(即評估和引發攝食行爲的感覺器)；其次要討論告知吾人何時已吃夠的飽食偵測器，也就是調節攝食和飽食信號的腦部組織；最後則是探究在肥胖症中所發現到的失效的恆定作用。

饑餓的變項

對於饑餓的研究較偏向於探討**新陳代謝**(metabolism)和**消化作用**(digestion)。爲使人體內細胞能發生功能，需要一定的營養素，它們是消化過後的最終產物，包括有葡萄糖(血糖)、脂肪以及氨基酸，這三種都是饑餓的調節變項。

葡萄糖扮演的角色是最好的例證。腦部活力的提供有賴於葡萄糖，包含有營養物的感覺器。感覺器(位於下視丘)能測量葡萄糖爲細胞吸收的程度，更精確地說，它們可測量葡萄糖在動脈和靜脈中數量的差異。研究者在狗和貓的下視丘中植入微電極，以記錄注射胰島素和葡萄糖前後的腦部神經活動。他們發現在注射葡萄糖之後，位於下視丘後半部的細胞減少活動，是因有信號通知葡萄糖的濃度已足夠；而在注射胰島素後，由於胰島素會降低血糖的水準，該部位的細胞則會增加活動，顯示葡萄糖的濃度不足。當感覺器指出葡萄糖濃度太低時，將引發生理的和行為的調節，也就是由身體釋放儲存的葡萄糖到血管中，或是此一饑餓的個體會積極尋找可吃的食物(Stricker, Rowland, Saller, & Friedman, 1977)。

個體內的氨基酸和儲存在特別脂肪細胞中脂肪的數量，也同樣受調節作用影響。個體要調節氨基酸，係因它們是製造蛋白質的主要成分；而值得注意的是，當儲存的脂肪消退時，也會引致個體攝食的行為。儲存在人體內的脂肪可轉化成脂肪酸，這是身體活力的主要來源，因此，缺乏脂肪將導致精神體力不振，下視丘的功能就是在偵測脂肪細胞基準量的消褪與否。而在脂肪轉化成游離脂肪酸的過程中所產生的**甘油**(glycerol)似也是調節的變項。所以說，饑餓包含著複雜的恆定作用系統。

飽食偵測器

如果我們沒有在儲存的營養物達到最適狀態之前停止攝食，我們大約要花四個鐘頭來吃一餐。所幸自然賦予我們飽食感覺器以解決這個窘況，它們位於消化系統的前半部分，可通知大腦所需的營養已補充完備並停止攝食。因此，攝食的停止和負責開始攝食的系統有所不同。

這些飽食感覺器位於那裡呢？首先，一可見的明顯部位是嘴和喉嚨。研究者為清楚地確定是否嘴和喉嚨包含飽食感覺器，將實驗動物的食道切開，並將切口接到皮膚外面來。當這動物攝食時，牠所吞嚥的食物不能順利到胃裡(因此在胃部或其它部位的飽食感覺器不能發揮作用)，這時牠將吃得比平常的分量還多，然後停止攝食，這意味飽食感覺器存在於嘴裡和喉嚨。然而，隔不了多久，該動物又開始覓食，這意味著那些飽食感覺器似乎只有短期的效應(Janowitz & Grossman, 1949)，應該還有其它飽食感覺器位在消化管道的更下方。

其次，是位於胃部和十二指腸，都含有飽食感覺器。如果營養物在一饑餓動物還未攝食之前，就直接注射到胃裡時，牠將吃得比平常少。所以，縱使胃在「感覺饑餓」上扮演著小角色，但牠在「感覺空虛」上仍有實質的地位。直接注射營養物到十二指腸也同樣導致攝食的減少。這些飽食感覺器據研究者指出，可能是CCK(cholecystokinin)荷爾蒙，當食物進入十二指腸時，腸液分泌出CCK，以限制從胃部到十二指腸的食物比例，大腦偵測出血管中CCK的含量當作飽食的信號。有許多研究發現注射CCK可以制止攝食，這都和上述的假設相符合(N. Carlson, 1985)。

另一主要儲存飽食感覺器的部位是肝臟，它是從消化系統中首先接收水溶性營養素的器官，也因此它的受納器對於被消化的營養物能有一正確的衡量。如果將葡萄糖直接注射到饑餓動物的肝臟中，它會減少攝食的量。肝臟中的感覺器偵測在腸液裡的營養物含量，並將這訊息傳送到大腦中(Russek, 1971)。簡短地說，我們可想像由遍及全身的飽食感覺器建構一恆定作用系統，在該系統中被調節的變項是營養物的全部含量。

大腦的機制

飽食系統中調節攝食的單位最有可能位於腦部，特別是下視丘，它已被證實和體溫控制、液體調節以及攝食有關。下視丘很適合作為管理饑餓的調節中樞，因為它包含比腦部其它區域更多的血管，而且經常受到血液中化學狀況的影響。下視丘的兩個區域特別重要：**下視丘側部**(lateral hypothalamus，簡稱LH)與**下視丘中部**(ventromedial hypothalamus，簡稱VMH)。

圖 10-3　下視丘型的超食
破壞下視丘腹中部，使老鼠吃得太多，體重變為正常體重的三倍。

研究大腦某區域功能的方法之一，是破壞該區域的細胞和神經纖維，然後觀察該區域控制力消失後的動物行為。這類技術會導致兩種併發症狀，首先是「LH 併發症」，發生於下視丘側部的細胞組織被破壞時，一開始動物(老鼠)拒絕吃食或飲水，除非透過靜脈注射養分，否則牠將死亡；經過數週的靜脈注射後，大部分的老鼠即會復元——首先牠們只吃美味而濕潤的食物，但不會去飲水，最後牠們將會吃乾燥的食物並開始飲水。其次是「VMH 併發症」，發生於下視丘腹中部的細胞組織被破壞時，有兩個不同的階段。一是起初或動態的階段，實驗的動物會貪婪地過度攝食，此階段約為四到十二週的時間，有時體重會變為正常的三倍(見**圖 10-3**)；另一為靜態的階段，牠將不再超食，甚至於將牠的食物攝取量降到低於原來正常量的程度，並維持著牠新的肥胖體重。這種 VMH 併發症狀，從受調查的每一種動物——老鼠、雞到猴子——都可觀察得到。就人類而言，研究者已注意到 VMH 中腫瘤或受損傷的患者，都會攝食過度並變成相當臃腫。

原先，心理學家將 VMH 與 LH 併發症狀解釋爲二元饑餓中樞的實體——一是在下視丘側部的**攝食中樞**(feeding center)，一是下視丘腹中部的**飽食中樞**(satiety center)。他們相信破壞側部的細胞組織會瓦解攝食中樞，使得該實驗動物很難以攝食；而當破壞腹中部的細胞組織時會瓦解飽食中樞，這使得該動物很難以抗拒攝食。然而，爲何 LH 受損壞的老鼠在受到照顧後的數週內，即使體重減輕許多，但最後還是會精確地調整牠們的食物攝取量呢？同樣地，如果 VMH 受損壞會破壞飽食中樞，爲何這些動物在靜態階段時會正確地減少它們的食物攝取量？最近的研究發現早已推翻這種二元中樞的解釋。

新的發現主張側部與腹中部區域是關聯到全身體重的調節。讓我們再考慮腹中部受損的肥胖老鼠，研究者早已注意到牠最後在靜態階段會達到並維持新的肥胖體重。但是如果這老鼠的食物被限制了，體重即會降低到原來、正常的水準；若是牠再被允許自由地吃食，又將過度吃食到新的肥胖狀態。腹中部區域的細胞受損，明顯地會干擾實驗動物體內的長期體重控制系統，使體重調節至一較高的狀態，進而，如果這些老鼠被強制攝食直到牠們變成相當肥胖，牠們將減少食物攝取量以回復到牠原來「正常肥胖」(normal obese)的體重(見**圖 10-4**)。

下視丘側部受損的情況同樣干擾了體重控制，使體重調節至一較低的狀態，在原先拒絕所有食物和飲水之後，罹患 LH 併發症的老鼠重新開始攝食和飲水，但是牠們穩定地維持在一較低的體重水平，正如同 VMH 併發症的老鼠維持在一肥胖的

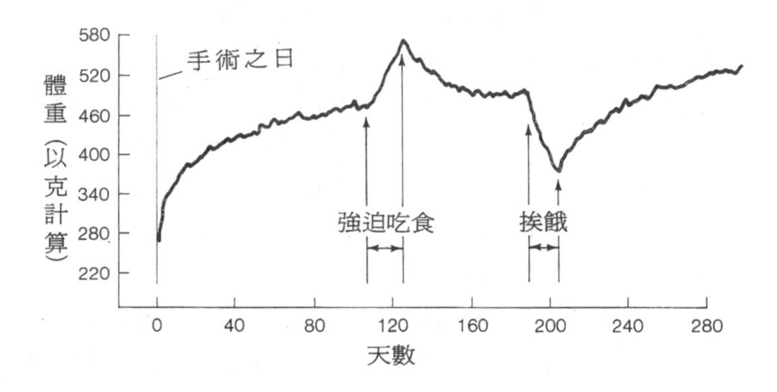

圖 10-4　強迫攝食及挨餓對 VMH 毀壞的老鼠體重的影響

VMH 破壞之後，老鼠開始超食，體重上升，一直到新的、肥胖的體重穩定爲止。強迫攝食及挨餓，對體重的影響只是暫時性的；老鼠一下子又恢復原來穩定的狀態(取材自 Hoebel & Teitelbaum, 1966)。

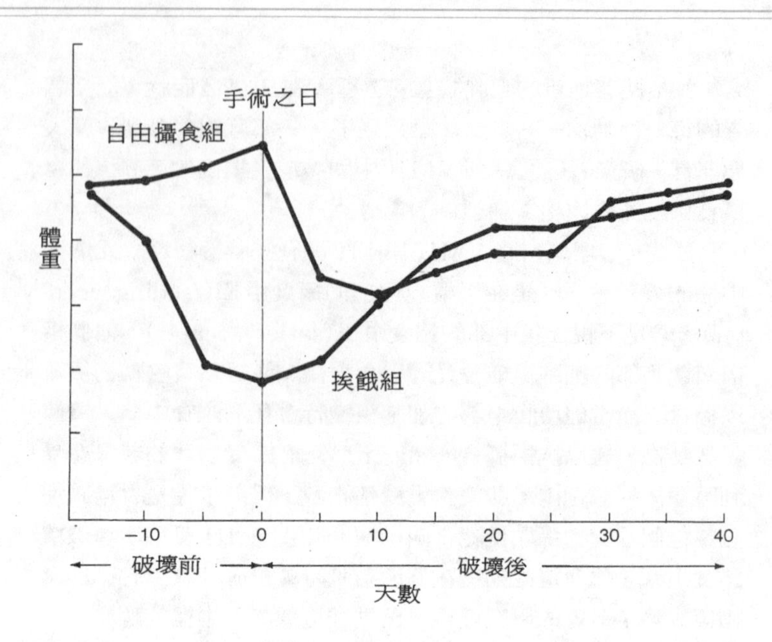

圖 10-5　體重與下視丘側部

LH 破壞之前，一組老鼠是挨餓的，一組則可以自由攝食。手術後，挨餓的老鼠食量增加，體重升高；自由攝食組則體重減低。這兩組老鼠的體重在同樣的水準下穩定下來。

體重水平(Mitchel & Keesey, 1974)。這行爲顯示出一長期體重控制系統已遭受損害。在 LH 受損之前即挨餓的老鼠，在手術之後不會拒絕攝食，事實上，這群老鼠大部分都有攝食過度的現象，直到牠們的體重達到一新的水準(低於正常體重的標準，但高於手術前挨餓的體重)。這些結果如**圖 10-5** 所述。

上述的發現指出：LH 與 VMH 對於體重的**設定點**(set point)具有交互抑制的效應，傷害腹中部區域會提高設定點，而傷害側部區域則降低設定點。如果我們小心謹慎地同時破壞老鼠這兩個區域中等量的細胞組織，則老鼠既不會吃食過度也不會降低攝食量，而是維持著在動手術之前的體重標準(Keesey & Powley, 1975)。

另外對 VMH 與 LH 併發症的解釋，是假設這些反應並非肇因於下視丘細胞組織的被破壞，而是由於分布在該下視丘區域的約五十條神經纖維受到干擾。研究者較爲關注下視丘本身受損的效應，因這種損傷同樣會影響到通過該區域的副交感神經系統，繼而改變新陳代謝的作用，以致許多的營養物會轉化成脂肪(儲存起來)，而僅有很少的養分被用在新陳代謝的過程中，結果使得下視丘受損的動物處在經常需要養分的狀況，因此它經常會吃食過度。換言之，VMH 受損的老鼠可能會吃食過度，只因爲牠一直處於饑餓的狀態。

下視丘側部的損傷同樣會妨礙到被稱爲 nigrostriatal bundle 的神經纖維。這類纖維的作用在於激使器官去從事所有的行為，不只是攝食而已，因此纖維受損會導致活動上出現問題及其它毛病(如**帕金森氏症**, Parkinson's disease)。這些活動上的毛病或許就是為何 LH 併發症狀的老鼠起初一點也不想飲食的原因，實際上，當 nigrostriatal bundle 受損時，會出現和 LH 併發症早期同樣的癥兆(Friedman & Stricker, 1976)。

顯然，早期對 VMH 和 LH 併發症狀的解釋已被推翻。自從 1960 年代初期開始，心理學家試圖說明饑餓的引起是由於饑餓中樞、體重設定點，乃至關於外部的神經纖維。或許這些解釋並非不相容的：LH 的受損可能同時降低體重的設定點和妨礙激使活動的神經管束。大腦是一相當複雜的器官，我們不能奢求用一簡單的模式來說明其區域與心理功能之間的關係。

肥胖症

前文中已強調過饑餓的恆定作用歷程，但攝食行為常顯示出不同於恆定作用的一些歧異點；對某些人而言，其體重與恆定作用觀點似有所出入。個體對食物的視覺、味覺及嗅覺可能並非調節攝食的主要因素，實質上，它們只具有部分的影響力。例如，有些人在酒足飯飽之後，仍垂涎可口的點心，此時，饑餓的線索並非來自於個體內部，因為並沒有任何生理需求的現象。

一般而言，攝食的恆定作用調節出現偏差，即是所謂的肥胖症(最少就人類而言是如此)，這在我們生活的周圍是相當普遍的現象。據粗略估計，在三千四百萬的美國人當中，有百分之二十的人超過他們身體結構的適當重量。肥胖症是危險的：一九八五年「美國國家健康組織」(National Institute of Health)的委員歸結出肥胖症是主要的健康敵人，如高度的糖尿病及血壓，以及心臟病等。每年有百萬人花費數百萬元在減肥的食物和藥品上，早已不足為奇；不幸地，大部分的人並沒有成功，同時少數減肥成功的人，不多久又恢復了原來肥胖的體重。減肥的困難之處，部分是因為肥胖是種**自我生有**(self perpetuating)的作用：體重超重以及**節食**(dieting)，均會改變個體新陳代謝作用和能量的消耗，更易令人變胖。這些問題乃激起了許多研究，以探討肥胖的起因和控制之道。

許多研究者同意肥胖症是一複雜的問題，包含遺傳、新陳代謝、營養、心理、社會以及環境種種因素等。肥胖或許不是單一的失調，但是有許多身心失調都是以肥胖爲主要的癥兆(Rodin, 1981)。一個人如何變肥的問題就好像一個人如何到達匹茲堡一樣——有著許多方法和途徑，而你要「選擇」何種途徑是決定於你來自何處(Offir, 1982)。

下文將討論體重增加的三個主要原因：卡路里的攝取、卡路里的消耗以及遺傳。概略來說，人們之所以肥胖是因爲：(1)吃得太多；(2)精力消耗太少；(3)先天遺傳肥胖的特質。對於遺傳因素的探討，我們將保留在重要討論中探究，值得注意的是，並沒有任何單一的因素可以放諸四海而皆準。

卡路里攝取量增加的因素

意識自制的瓦解 有些人在節食之後仍然肥胖。肥胖症者經常會破壞他節食的計畫而狼吞虎嚥吃得更多，結果，他所攝取的卡路里遠超過尚未節食之前。由於節食是種**意識自制**(conscious restraint)，因此，意識自制的瓦解是卡路里攝取量增加的因素之一。

爲對意識自制的角色有更完整的瞭解，研究者發展出一份詢問有關節食與體重的問卷(例如，你多久節食一次？你曾在一月中減輕的最大體重是多少？)，也探討個人對於食物與攝食的關注程度(例如，你是否在公共場合能有固定的食量而在獨處時毫無節制？你對於飲食過度是否有罪惡感？)。結果顯示幾乎所有人(不分胖瘦)皆可被區分爲兩種類型：對飲食具有意識自制者和未意識自制者。此外，飲食自制者之攝食行爲，比飲食未自制者，較接近於肥胖的人(與實際體重無關)(Herman & Polivy, 1980; Ruderman, 1986)。

有個實驗室的調查顯示出當自制被瓦解時的情況。研究者要求部分自制與未自制的攝食者(都是正常體重)喝兩杯或一杯的牛奶，部分則不作此要求；然後給予他們數種不同口味的冰淇淋，並鼓勵他們可以盡情享用。結果被要求喝多瓶牛奶的未自制攝食者，他們只吃一點點冰淇淋。相反地，先前喝了兩杯牛奶的自制攝食者，比起那些沒喝或只喝了一瓶牛奶者的人還吃了更多的冰淇淋。對於瘦、胖與正常體重的人所作的類似實驗結果顯示，節食在預測飲食行爲上是一重要因素，而並非體重，像上述三個不同體重的團體在沒喝或喝了二瓶牛奶後，所吃冰淇淋的分量並沒多大差異。但是，當換成自制對未自制的分析資料時，發覺未節食者(飲食未自制者)在喝完兩瓶牛奶後所吃的冰淇淋比未喝牛奶時少很多，而節食者(飲食自制者)相反地吃了更多的冰淇淋(見**圖 10-6**)。

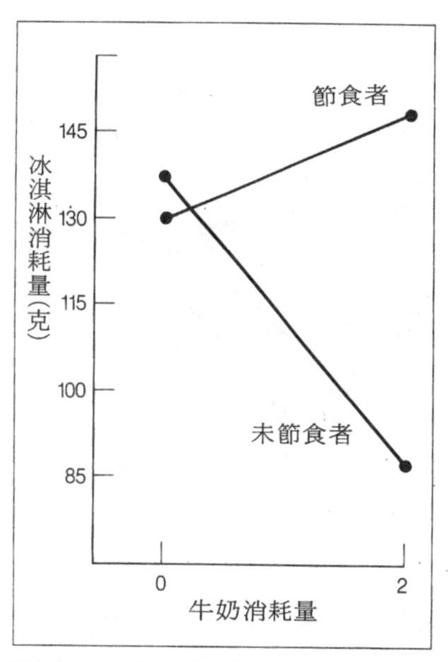

圖 10-6　飲食自制與未自制者
節食者在喝下過度牛奶後，將較未控制食物攝取者吃下更多的冰淇淋(取材自 Hibscher & Herman, 1977)。

在實驗中被強迫喝牛奶的行動，使個體不再能控制自身的飲食行為。一旦自制的攝食者失去控制，將吃得比未自制者還多。但所謂失去控制，在此並非唯一的作用性因素，另外**剝奪**(deprivation)在本質上也會激使吃食，並且它是獨立於個體感情控制之外。在有關的實驗中，老鼠首先被剝奪了好幾天的食物，然後再讓它們攝食到恢復原來正常的體重，最後，則無限制地供給食物並任由牠們取食。結果發現曾被剝奪食物的老鼠吃得比其他更多，換句話說，先前的剝奪導致後來的攝食過度，縱使原先被剝奪食物時所減輕的體重已經恢復原狀了，而牠仍是攝食過度(Coscina & Dixon, 1983)。這或許能解釋精神性食慾不振個案所顯示的**攝食弔詭**(其主要症狀是體重銳減)：食物需求的剝奪使個體變得羸弱，但最後卻導致攝食過度的現象。

為何先前的剝奪(食物)最後卻導致攝食過度呢？進化論中提供了一個答案。歷史上某些未開發國家中，人們的食物被剝奪，是由於環境中資源貧乏的緣故；一旦可取得更豐富的食物，那麼他們的反應將是過度攝食，並盡可能將大量的食物儲存到體內。因此，演化的結果保留了食物被剝奪之後過度吃食的能力。在饑荒時期，這種能力傾向使人類得以協助自己度過難關，然而一旦與饑餓沒有利害關係時，這種傾向卻使得肥胖症者體重超重(Polivy & Herman, 1985)。

情緒的喚起　超重患者的自陳報告常發現：當他們緊張或焦慮時易於攝食過度，這確有實驗的支持。肥胖者在高焦慮情境中比低焦慮情境吃得更多，而體重正常者則在低焦慮情境下吃得較多(Mckenna, 1972)。其他的研究指出任何類型的情緒困擾皆會喚起一些肥胖者增加食物的攝取量。在一項研究中，體重過重與正常的學生在四個學期中分別觀看了四部影片，其中三部會引致不同的情緒：一是苦惱的，一是歡笑的，以及性刺激的；最後一部是無聊的旅行紀聞。受試者觀看過每一部片子後，研究者均立即請他們品嚐並評鑑好幾種的餅乾；結果，肥胖者在觀賞完前三部影片的任一部後皆吃了許多塊餅乾，而

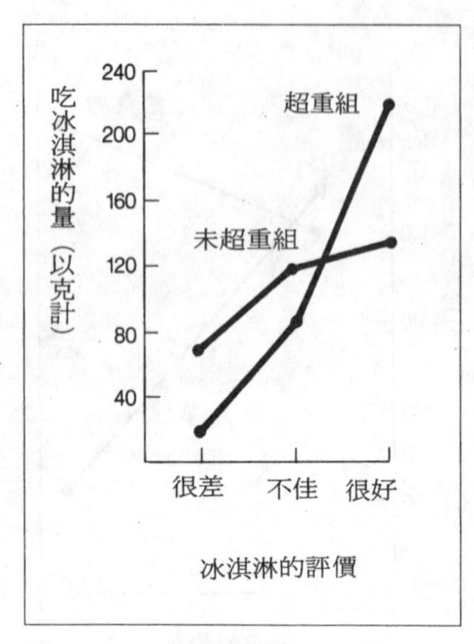

圖 10-7　味道和肥胖

食物品質對肥胖及瘦小受試者食量的影響。受試者評定冰淇淋的品質，並可盡情地吃(取材自 Nisbett, 1968)。

第四部則不然；至於體重正常者不管是看過那一部影片之後，吃的數量均相差無幾(White, 1977)。

爲何肥胖者在情緒緊張時吃得較多？這有兩種假設可以解釋：其一，肥胖者在嬰兒時期，由於照顧者將他們所有的苦惱訊號都解釋爲饑餓而加以餵食，致使長大後這些人很難區分饑餓和其它情緒(如焦慮)間的不同；其二，有些肥胖者在回應產生焦慮的情境時，就是拼命地吃，以使他們紓解焦慮，並感到舒適。這兩種假設正可用來說明不同種類的肥胖者。

對外在線索的回應　相對於體重標準的人，肥胖者較容易感受到外在的饑餓線索(如食物的味道、氣味及外觀)，而不易察覺內在的饑餓線索(如內部的飽食信號)。有項探討味道對攝食行爲效果的研究，將受試者分爲兩組：一組體重超輕，一組超重。研究者允許每個受試者隨心所欲地吃香草冰淇淋，然後要求受試者評定冰淇淋的品質。其中，有半數人吃到的是含乳脂較濃、高價位的品牌；另外半數人則給予價錢低、摻奎寧、帶些苦味的品牌。**圖 10-7** 表示受試者評定的品質及其吃冰淇淋量的關係。當冰淇淋被評定爲「很好」時，肥胖受試者吃得最多；而體重超輕組的消耗量則較不受味道的影響(Nisbett , 1968)。

減少精力消耗的因素

新陳代謝的速率　正常人中有三分之二的精力消耗是用於新陳代謝的歷程(基本的身體功能)，因此，新陳代謝的速率是體重控制的主要決定因素：低新陳代謝速率會消耗較少的卡路里，致使體重較重。在肥胖者的細胞組織中新陳代謝速率較瘦小者低，所以，個體基礎代謝速率低者，其瘦小細胞組織部分被脂肪所取代，這說明了肥胖者在攝取卡路里的量正常時，仍舊發胖的原因。

新陳代謝速率在食物剝奪期間(如節食)緩慢了下來，結果這期間的卡路里消耗量，部分被低速率的新陳代謝彌補過來，使得節食者難以達成他們的目標。進化論的主張在此可再派上用場：由於剝奪經常意味環境中食物的缺乏，有機體對此剝奪所採取的反應就是減低他們消耗卡路里的速率。

活動與運動　通常活動與運動會消耗人們的精力，當然，運動會耗損卡路里；人們所做運動愈多，所消耗的卡路里就愈多。但是，運動同樣會影響基礎代謝，如果一個人一直靜坐著，

那麼新陳代謝的機制就無法正常運作，其速率則變爲較緩慢(Garrow, 1978)。超重的人若缺乏運動則會造成惡性循環：肥胖使身體活動較遲滯且不舒服，而缺乏活動會使卡路里耗損量較少，身體更加肥胖。因此，運動在減輕體重上是很重要的，不僅是因爲可增加卡路里的消耗量，而且亦有助於調節正常的新陳代謝功能(Thompson, Jarvie, Lakey, & Cureton, 1982)。

體重控制

對於肥胖症的討論，使我們發現了許多導致及維持肥胖的因素：以吃來緩和激烈的情緒；飲食療法演變成漫無節制；因肥胖的細胞組織、飲食療法及缺乏運動，引起新陳代謝速率減緩。這些因素均會導致惡性循環，但有許多事例已被證實仍可打破這個循環，如某些成功的減肥計畫。爲減輕體重並保持苗條，超重的人必須認知到焦慮與情緒激動的情境均會引起他們超食，因此節食很容易演變成禁不住誘惑而吃得更多；惟有運動才是減肥成功的最有力方法。

爲了妥善控制體重，必須建立新的飲食與運動習慣，這是一項研究比較各種減肥方法後所獲致的結論。研究時間爲六個月，在這期間肥胖者被分成三組，以不同治療方式來進行：(1)飲食與運動習慣的行爲改變法。(2)使用抑制食慾的藥物治療法。(3)行爲改變與藥物治療法同時運用。此外，這三組實驗組，均給予運動與營養方面的輔導，包括每日不超過一千兩百卡路里的節食單。行爲改變組的受試者被要求記錄他們每日飲食的情況，以察覺刺激他們超食的情境，並改變與超食有關的條件，藉以提醒自身要有適宜的飲食習慣，並發展適當的運動療法。除了這三組實驗組以外，還有兩個控制組：一組是由等候參與這項研究的人組成，他們未接受任何實驗處理；另一組則由一位醫生以傳統晤談方法來處理體重的問題。

表 10-1 顯示這項研究的結果。正如預期的，三個實驗組所減輕的體重遠超過另二個控制組。在實驗結束時，結合行爲改變與藥物治療的實驗組減去最多的體重，每個人平均減少三十三點七磅的體重；藥物治療組也減去幾乎相同的重量(三十一點九磅)；而行爲改變組的重量減去較少(二十四磅)。然而，在實驗結束的一年後有驚人、相反的發展：行爲改變組重新增加

表 10-1 不同實驗組體重減輕情形

經六個月實驗後及結束一年後的體重減輕情形。其中控制組的體重資料在一年後無法獲得(取材自 Craigbead, Stunkard, & O'Brien,1981)。

	實驗後減輕之重量	一年後減輕之重量
實驗組		
行爲改變組	24.0 磅	19.8 磅
藥物治療組	31.9 磅	13.8 磅
二者兼具組	33.7 磅	10.1 磅
控制組		
等候實驗組	2.9 磅(增加)	———
晤談治療組	13.2 磅	———

的體重遠低於另外兩個實驗組，他們最終減輕十九點八磅；而藥物治療組與兩者兼具組只減少十三點八磅和十點一磅。

爲何會導致這種相反的轉變呢？逐漸增強的**自我效能感**(self-efficacy)可能是因素之一。接受行爲改變實驗的人可能將他們體重減輕歸因爲自身的努力，因此在實驗結束後仍加強他們持續控制體重的決心。另一方面，接受藥物治療的人可能歸因於藥物，而不能發展出自我控制的感覺；當不再服用藥物時，他們自我效能感太小，以至於無法使他們避免恢復舊有的飲食習慣。同時藥物也會減輕他們對於饑餓的感覺，一旦停止使用藥物後，這兩組就沒有充分的準備來對抗日益增加的饑餓感。

重要討論：

某些人是自然發福的嗎？

肥胖症是遺傳的：肥胖的家長較易有肥胖的小孩，這一現象並不必然涵蘊生物學的解釋(或許小孩僅僅是模仿他的家長)，但有證據顯示肥胖症的某些層面確有生物學根據。例如，雙生子的研究指出了遺傳扮演相當重要的角色，同卵雙生子具有相同的肥胖症，而異卵雙生子則不然(Stunkard, Foch, & Hrubec, 1986)。

有關肥胖症的生理基礎之研究主要集中於**脂肪細胞**(fat cell)，它們是身體儲存脂肪的所在。身體組織因脂肪細胞數量的不同而有所差異，這差異有部分是來自遺傳，主宰生物體的肥胖與否。有一研究發現，肥胖者的脂肪細胞數量是正常人的三倍(Knittle & Hirsch, 1968)。在其他研究中發現，脂肪細胞數量爲正常之兩倍的老鼠，牠們的肥胖程度也爲正常老鼠的兩倍；而當研究者切除其部分的肥胖細胞數量後，這些手術過的老鼠將只有其他老鼠的一半體積而已(Hirsch & Batchelor, 1976; Faust, 1984)。

脂肪細胞的數量並非全部由遺傳所決定，若生命早期攝食過度也會增加這類細胞的數量。最近的研究指出即使在成人期，攝食過度同樣會增加脂肪細胞數，只是這時增加的程度較低而已。事實上，遺傳仍然對這些細胞的總數設定重要的限制範圍，它決定脂肪細胞的最低數量(因有機體不能沒有脂肪細胞)；此外，攝食過度所產生的新脂肪細胞或許本身就是被遺傳決定的。

脂肪細胞量並非唯一的關鍵因素，這些細胞的大小也具有相當的重要性。攝食過度會增大脂肪細胞，而節食則相反。雖然如此，大多數有機體的脂肪細胞之大小仍保持相對的穩定。

因此，有兩個生理基礎的因素，即脂肪細胞的數量與大小，它們在每個人之間存在著很大的差異性，並與肥胖症有著相當的關聯。研究者相信這兩種因素的結合可能決定一個人的**設定點**(或**最適狀態**)，這是下視丘所試圖要維持的。因此，那些具有相同身高和骨骼的人，如果他們脂肪細胞的數量與大小有所不同時，必然也將有胖與瘦的差別。如果這個假設是正確的話，對某些人而言肥胖是他們「正常的」體重，這類人如企圖減輕體重，且長期處於節食的狀況下時，將使他們的體重低於生理決定的設定點，於是他們將總是感到饑餓——就如同瘦子在節食中所感覺到的一般(Nisbett, 1972)。

史丹卡(Stunkard , 1982)研究這種**設定點的假說**(set-point hypothesis)，認爲抑制食慾的藥物主要作用是降低這個設定點，其次才是抑制食慾。他的說明足以解釋本文在討論肥胖症的藥物治療時之發現。藥物降低受試者的設定點，促使體重減輕，但只要不繼續服用藥物後又使設定點輕易恢復到原先的標準。這種促使個體增加體重直到原先設定點的生理壓力，對於藥物減肥者產生的影響遠大於那些不藉助藥物來減肥的人。上述說明使人懷疑在減肥中所使用抑制食慾藥物的效力。

設定點的假設頗值得注意，但也引人爭論。例如，根據這假設，對食物線索的增強反應是肥胖的結果而非原因。許多肥胖者由於節食而使他們的設定點保持在標準之下，而這種剝奪食物的作法促使他們對食物線索的接受性增強。如此一來，支持這假設的人主張：肥胖者節食愈久(即減輕的體重愈多)，他們對食物線索即愈爲敏感。但實驗並不能證實這個假設，對食物線索的敏感性，不管某人減輕多少體重，仍然保持著相當的穩定性(Rodin, 1981)。

設定點的假設激起許多值得注意的研究，但有太多相反的發現使它不足以作爲肥胖症的一般理論。或許，誠如前述提及的，肥胖症不太可能找出共通的理論。然而，設定點的假設仍有可能解說某些特定型態的肥胖問題，特別是那些童年早期就已超重的小孩，經常終其一生都還是超重。較正常爲高的設定點可能是過度消耗的理由之一，但無疑地絕非全部的理由。許多超重者並不是突然變肥胖的，他們的脂肪儲存已有數月或數年的歷史，這種「慢性的肥胖症」，肇因於逐漸消耗的卡路里遠超過身體能量的消耗。

成熟的性慾

性與**母性驅力**(maternal drive)是另外兩種有力的動機。性驅力有時會強大到幾乎變成強迫性的觀念；而母親(或父親)保護幼兒的慾求也能強烈到使她不感覺痛苦的存在。就像本書已討論過的生存動機，性(和某種程度的母性行爲)是不經學習的動機，也是人類和其它動物所共有的，植基於生理基礎的心理學家已經開始去瞭解它的眞諦。性與母性行爲和前述的體溫、口渴及饑餓等基本動機之間有著相當重要的不同；性與母性行爲是社會動機——其滿足必須涉及其他的有機體——而生存動機所關注者僅是生物自身而已。此外，諸如饑餓和渴等動機是來自細胞組織的需求，性和母性行爲並未涉及有機體爲求生存而需要調節和處理的內在不足。總之，社會動機並無助於恆定作用的分析。

關於性有兩個重要的區別必須謹記在心。首先，雖然我們在青春期開始性方面的成熟，但事實上我們性別角色的基礎是立基於子宮內孕育時。因此，必須對成熟的性慾(即開始於青春期的變化)和早期的性發展有所區別。其次，對於性行爲和性感受的生物決定與環境決定因素也應有所區別。在探討性發展和成熟性慾的許多層面中有一個基本問題：即行爲或感覺是生物的產物(特別是指荷爾蒙)、環境的產物(早期的經驗與文化規範)、或是兩者的交互作用呢？

荷爾蒙控制

青春期(大約十一至十四歲)荷爾蒙分泌的變化，將導致身體的改變，使能區辨出男性與女性。**圖 10-8** 即說明性荷爾蒙的系統。內分泌腺製造荷爾蒙(化學傳遞者)，並經由血管流動到目標器官，這歷程開始於下視丘分泌**刺激-釋放生殖腺素**(gonadotropin-releasing factor)時，這些化學物傳遞者會指引腦下垂體去製造「刺激生殖腺」的荷爾蒙，這些荷爾蒙的目標是生殖腺——卵巢與睪丸。刺激生殖腺有兩種型式，其中一個是**刺激卵泡荷爾蒙**(follicle-stimulating hormone, 簡稱FSH)，在女性方面，FSH 可刺激卵泡的成長，卵泡是卵巢中的細胞群，可以維持卵子的發育，並分泌女性荷爾蒙**動情激素**(estrogen)；在男性方面，FSH 可刺激睪丸中精子的製造。另外一種是由腦下垂體產生的，在女性稱爲**輸卵管荷爾蒙**(luteinizing hormone, 簡稱 LH)，在男性則稱**輸精細胞刺激荷爾蒙**(interstitial-cell stimulating hormone, 簡稱 ICSH)。LH 的

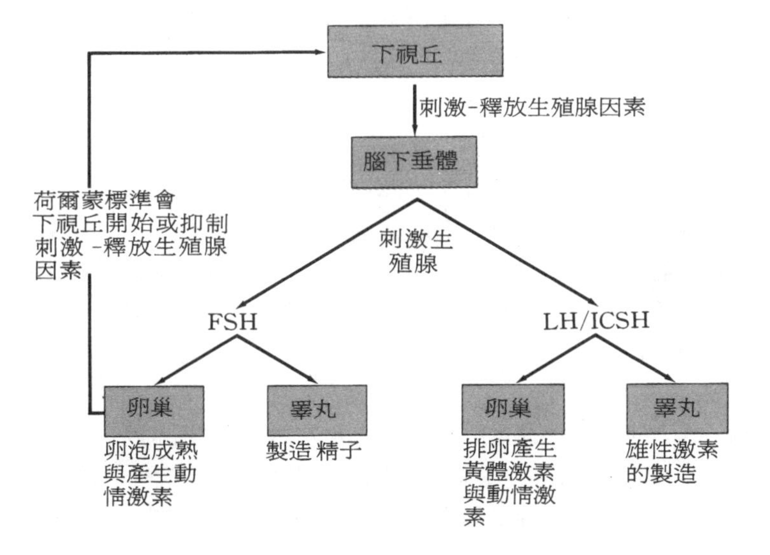

圖 10-8　性荷爾蒙系統

下視丘藉由荷爾蒙指引腦下垂體，而腦下垂體則指示生殖腺分泌性荷爾蒙(取材自 Offir, 1982)。

分泌物會引致排卵，即由卵泡釋放出成熟的卵子，並使卵泡分泌**黃體激素**(progesterone)，這是另一種女性荷爾蒙；ICSH則刺激**雄性激素**(androgen)的產生。雖然上文提及許多專有名詞，但它的基本架構是十分簡單的：下視丘透過荷爾蒙指示腦下垂體，而腦下垂體則指導生殖腺。

由生殖腺製造的荷爾蒙：動情激素、黃體激素和雄性激素(此係誤稱，因男性和女性都可製造這三種激素，只是數量有所不同)被稱作**性荷爾蒙**(sex hormone)，這些荷爾蒙主要是在青春期時使身體發生變化。在女孩方面，動情激素促使胸部發育，並改變身體脂肪的分布而表現出女性的體態，而且使女性生殖器成熟。在男孩方面，**睪丸素**(testosterone，雄性激素的一種)有助於臉毛、腋毛及陰毛的成長，也會引起聲音的低沈，促使肌肉強壯與外在生殖器的成熟。

究竟這些荷爾蒙在成熟的性吸引和**性喚起**(sex arousal)中扮演什麼角色呢？對其他動物而言，性吸引與荷爾蒙標準的變化有非常密切的關聯，然而，人類的荷爾蒙在性吸引上並不是最重要的。爲評估荷爾蒙的分配對於性喚起的影響，其方法是研究**閹割**(castration)的效應。在男性方面，所謂閹割經常指切除睪丸，這將抑止性荷爾蒙的製造。以較低等動物(如老鼠和天竺鼠)所作的實驗發現，閹割導致性活動急驟下降，甚至消失。當然，目前並沒有對人類男性進行這種控制實驗，心理學家主要依賴對那些患重病(如睪丸癌)男性的觀察，他們都曾經歷**化學的閹割**(chemical castration，合成荷爾蒙抑制或阻止雄性激素的作用)，而研究結果顯示有些人因此對性失去興趣，另有些人仍過著正常的性生活(Money, Wiedeking, Walker, & Gain, 1976; Walker, 1978)。顯然地，雄性激素只在部分人身上有助於性的慾求。

另一種評量荷爾蒙對性慾求是否有所助益的方式，是探究荷爾蒙變動與性慾求之間的關係。當男性的睪丸素水準較高時，他是否較爲易於感受性興奮呢？結果並不然，研究者發現並沒有什麼有力的證據可證實這個關係，一旦睪丸素達到正常的水準時，縱使增加更多的睪丸素，對於性喚起並沒有多大影響。

然而，缺乏荷爾蒙對女性性喚起之影響是相當驚人的，而這現象和其他動物截然不同。割除雌性的卵巢，所有的動物——由爬蟲類到猴子的性活動都會中止，這些被閹割的雌性不會再接受雄性，同時抗拒各種進一步的性要求。唯一例外的是人類女性，雖然在更年期(卵巢機能已停止作用)，大多數女性的性動機並沒有降低。事實上，更年期之後，有些婦女對性的興趣更高，可能是因為她們覺得沒有懷孕顧慮的緣故。

對於更年期之前女性荷爾蒙變動和性喚起之間關係的研究，顯現出同樣的結論：荷爾蒙對低等動物的性喚起有著實質控制，但對人類則不然。對雌性哺乳動物來說，隨著受精率的變化，荷爾蒙有週期性的變動。在週期的第一段時間，卵子準備受精，卵巢會分泌動情激素，促使子宮作好著床的準備，並喚起性興趣；排卵之後，卵巢又分泌出黃體激素和動情激素。受精週期或動情週期會影響許多動物的性動機，大部分雌性動物只有在排卵期、動情激素達到最高潮的週期內，才會接受雄性動物進一步的性要求(這時她們是「熱情如火」)。然而，靈長類動物較不受動情週期的影響，母猴、無尾猿及猩猩在週期的各個階段都會性交，不過排卵期仍是性活動最劇烈的階段。在人類女性方面，性活動較受社會與情緒因素的影響，而動情週期的影響幾乎微乎其微。

總之，脊椎動物之成年性行為受荷爾蒙控制的程度由低等至高等逐漸降低。然而，縱使像人類的高等動物仍部分受荷爾蒙控制，如男性受化學閹割後所產生的效應。

神經控制

神經系統同樣也控制了部分的性喚起與性行為。

性行為的神經控制頗為複雜，同時，隨著動物種屬的不同，影響性行為的機制也有所不同。就男性而言，某些基本反射(如男性的勃起、骨盤運動及射精)受脊髓的控制，而不受大腦的影響。不過，如果脊髓受到相當嚴重的傷害，上述的這些行為仍然可能發生。此外，對於女性脊髓受傷的臨床研究，亦證明陰道的潤滑可能也是受脊髓的控制(Offir, 1982)。

但是對於性喚起與性行為調節的主要器官還是大腦(性治療學家稱作**性感帶**〔the most erogenous zone〕)。脊髓的反應受大腦的調節，男性的勃起也能直接受大腦思維的指示來控制。有些關於大腦在性行為中所扮演角色之正確知識，是來自對動物的實驗。雖然每一種動物的性調節中樞不同，但大部分的性喚起及性行為調節中樞位於下視丘裡。利用電流刺激老鼠下視丘的後部，不但會產生插入行為，而且產生一套完整的性行為。在刺激雄老鼠的這些區域之後，老鼠並非不分青紅皀白地爬到母老鼠身上，而是輕咬母老鼠的耳朵及捏抓著她的頸背，向母老鼠求愛，直到母老鼠有反應為止。除非電刺激中止，否則接著會發生性交及射精行為。在電流的刺激下，即使性已獲得滿足的公老鼠也會把門打開，使母老鼠進來，向她求愛及性交(Caggiula & Hoebel, 1966)。

早期經驗

環境對於成熟性慾同樣也有很大的影響，其中決定因素之一就是**早期經驗**(early experience)。對低等哺乳類來說，經驗對交配行為的影響不大。性交時，沒有經驗的老鼠，和有經驗的老鼠一樣有效率。其性交行為的模式相當特殊，看來似乎是天生的。然而，當我們由低等哺乳類轉向高等哺乳類時，經驗及學習在性行為上扮演的角色越來越重要。

養在一起的小猴子，遊戲時往往會表現出許多姿勢反應，這在以後的性交是必要的。雄性嬰猴在和伙伴角力時，會以下半身攫住對方，表現出插入反應，這是長大後性模式的一部分。在受到攻擊性強的雄性嬰猴威脅時，雌性嬰猴會退怯，同時站得穩穩地，這在後來也演變為性交的一部分：雌猴穩穩站住，以支撐性交時雄猴的體重。這些性前反應早在出生後六十天就有了，而在猴子長大時，這些反應的次數更多，姿勢更為老練(見**圖 10-9**)。由於這些反應早期就有了，可見這是對特定刺激的天生反應，然而反應的改進及更老練是經驗的結果。由此顯示學習在成熟動物性模式的發展上頗為重要。

經部分隔離(猴子養在另一個鐵籠裡面，牠可以看到猴子，但無法接觸)的猴子，成熟後，通常無法性交。在這種狀況下長大的公猴，能夠表現出性的機械式的技巧，牠們能夠經手淫而射精，次數和正常猴子一樣多。但在面對性感、挑逗的雌性時，牠們竟手無足措，無法進行異性性交行為。牠們處於亢奮狀態，但只會無目的地摸索雌猴或自己的身體(Harlow, 1971)。

在隔離下養大的猴子除了沒有能力履行特殊的性反應之外，通常其變態行為還包括：個別的社會反應無法定型，以及無法形成各種情愛關係。在第三章，我們知道在隔離下、和鐵絲網母猴在一起、缺乏和伙伴接觸的母猴，長大後是個糟糕的

圖 10-9　嬰猴的遊戲及成年猴子的性行爲

A.第一次的性前時期。B.基本的性姿勢。C.錯誤的性反應：母猴正確，公猴錯誤。D.不適當的性反應：公猴正確，母猴錯誤。

媽媽。牠們無法和其他成熟的猴子相處，不是表現出恐懼、奔逃的行爲，就是攻擊性太強。哈羅(Harlow, 1971)認爲靈長類(人類也是一樣)正常的性行爲，端賴：(1)特定性反應的發展，如抓住雌性及性交行爲；(2)荷爾蒙的影響；(3)兩性間感情的維繫。感情的維繫是由和媽媽及伙伴間的交互作用自然發展的結果。透過這些交互作用，年輕的猴子學會信任別人，牠可以把自己細緻的部分呈現給別人，而不用擔心受到傷害；牠學會接受別的猴子，由身體上的接觸獲得快樂；牠發展適合於自己性特徵的行爲模式；同時，有尋找其他猴子伙伴的動機。依照哈羅的看法，這些經驗對履行正常兩性性功能是必須的。異常的性模式通常是因母子間的關係或伙伴間的感情關係有困擾，或產生分裂造成的。

雖然這些猴子的發現不能衍伸來解釋人類的性發展，同時也不能把人類嬰兒隔離起來作實驗。不過，臨床上的觀察和上述發現頗爲一致。人類嬰兒透過和母親間溫暖和愛的關係，首先發展出信任感及愛的感覺(見第三章所討論的艾雷克遜提出來的社會心理階段概念，以及基本信任感發展的概念)。這種基本的信任感對滿意於和伙伴間的交互作用是必要的。同時，在青少年期以前，或青少年期，和異性的青少年有親切的關係，是以後長大成人兩性親密關係的基礎。

文化的影響

文化的影響是環境決定因素的另一層面。

和其他靈長類比較之下，人類的性行爲受文化的影響最大。每個社會對性行爲都有一些限制，即使最原始的社會亦然。幾乎所有的文化都禁止近親相姦(即和鄰近的親屬產生性關係)。其他性行爲，如小孩子的性活動、同性戀、手淫及婚前性關係，也被許多社會視爲異端。依照人類學家對**開化前文化**(preliterate culture)的研究，發現每個文化容許的性活動量及類型頗不一樣。某些較放縱的社會鼓勵自瀆活動及小孩的性遊戲。小孩可能更進一步接受性教育，並觀察成人的性活動。例如，非洲的齊瓦族(Chewa)相信：除非小孩時常做性方面的練習，否則他們長大以後無法傳宗接代。

在另一個極端，限制嚴格的社會想控制兒童的性行爲，避免小孩學會和性有關的任何事情。南美洲的坎納族(Cuna)認爲：在結婚以前，小孩子必須對性一無所知。例如，他們不能看動物交媾、生殖。而在非洲的阿山鐵族(Ashanti)，如果和沒有經過青春期儀式的女孩發生性關係，則男女雙方都要接受被處死的懲罰。同樣的現象也可在對某些成人性行爲的態度上發現，在某些未開化的社會裡，同性戀是個人成長的必要手段；但在某些社會，發生同性戀的人卻必須被處死(Ford & Beach, 1951)。

從最近的情形來看，和其他西方社會比較起來，美國還算是限制較多的國家。傳統上，西方社會一直想忽視或否認青春期前有性存在，同時，認爲婚姻後的性交，是滿足性需求的唯一合法方法。其他各種性表示(同性戀活動、口和性器官接觸、婚前性行爲及婚姻外的性行爲)會受到譴責，並且在許多狀況下，爲法律所禁止。但這並不意味著許多社會的成員不會表現

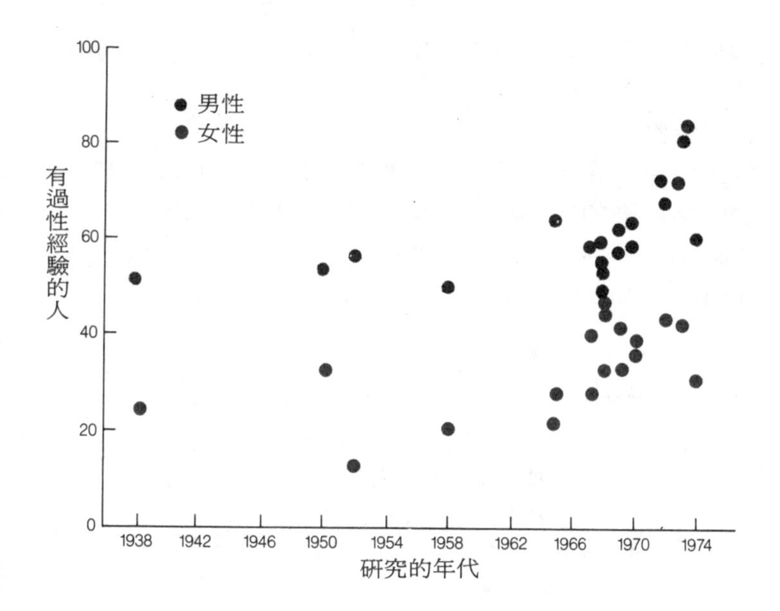

圖 10-10　婚前性經驗的研究報告

每一項資料代表對大學男生與女生婚前性經驗的研究發現。特別值得注意的是於一九六〇年代驚人上升的統計數字。

出這種活動，而是說這些活動往往會伴隨著羞恥感。

在今天，人們的許多性活動要較二十五年前放縱多了。例如，和過去比起來，今天的美國人較能接受婚前性行爲的觀念，產生這種關係者不乏其人。一九四〇年對美國大學生的一項訪問顯示：二十一歲的大學生中，有百分之二十七的女生及百分之四十九的男生有婚前性行爲(Kinsey 等人，1948,1953)。一九七〇年對大學生的一些調查指出：婚前發生性行爲的人數百分比更高，女生由百分之四十三至百分之五十六；男生由百分之五十八至百分之八十二(Packard, 1970; Hunt, 1974)。**圖 10-10** 指出一項橫跨三十五年時間對婚前性行爲的研究報告。其中性行爲在女性方面的改變遠大於男性，而且最大的改變是在一九六〇年代。這些變化使得許多的社會現象觀察者斷言：一九六〇年代有一場性的革命。

然而，性革命主要是行爲上的，而非感受上的。從對大學生的訪問中得知，僅有百分之二十的大學生認爲他可以全然接受兩個萍水相逢的人之間的性愛(Replau, Rubin , & Hill, 1977)。此外，一項對第一次性經驗的調查亦指出，雖然有多數受訪者以他們不再是處男、處女爲傲，但很少人感覺到愉快(Hunt, 1974)。正當性行爲革命正如火如荼的進行中，上述的調查結果透露出傳統對性的價值與感受。

在同樣的訪查中，雖然女性在性行爲方面已類似男性，但她們對某些婚前性行爲的態度還是有別於男性。大多數有婚前性經驗的女性，只和一、二位她們在心理及情緒上可以接受的性伴侶發生關係；相反地，男性則經常是逢場作戲。在一項調查中，男性婚前性伴侶的平均數是六人(Hunt, 1974)。另一項更深入的研究中發現，當大學生被詢及有關「性功能」的各方面問題時，男性和女性所關注的重點有非常大的出入(Tavris & offir , 1977)。女性經常表達恐懼和不安全感，如下述：

1. 懷孕的恐懼。
2. 被強暴的恐懼。
3. 被征服的恐懼並擔心不再受重視。
4. 擔心如果說「不」將會受到排斥。
5. 手淫——是否可以接受。
6. 擔心生理上會排斥她們的性伴侶。
7. 失去自尊的恐懼。
8. 擔心感情尚未成熟時就過度地迷戀。
9. 對婚前性經驗的罪惡感。
10. 當她們不想性愛時卻不得不然的壓力。
11. 擔心不能滿足性伴侶的需求。
12. 對於無法達到性高潮的困窘或過度關注。

男性則較易陳述對女性的抱怨而非表達他們自己的衝突或困擾，如：

1. 發現性伴侶對各種性經驗均抱持開放態度。
2. 總是要追逐、等候的性關係。
3. 當他們要求性關係時，經常無法如願。
4. 不想進行性活動，卻語帶譏刺的女性。
5. 不肯爲自己性慾負責的女性。
6. 以操縱者的作風，表現其性魅力的女性。
7. 極端拘謹的女性。
8. 被動的女性。
9. 挑釁的女性。
10. 必須在不情願、不眞實情況下說愛她。
11. 被期待對性完全瞭解。
12. 在性愛中無法彼此溝通感受或需求。

這些不同的回答反映出在年輕與未結婚的男女之間，對性與愛兩者關係的不同態度。

同性戀

同性戀(homosexuality)這個語詞可應用到男性或女性身上，但女性同戀者較常被稱爲**女同性戀者**(lesbian)。許多專家同意金賽(Kinsey)博士的觀點，即同性戀並非截然二分，非此即彼(either-or)的方式：性行爲是一連續性向度，兩極端就是所謂的同性戀或異性戀者；然而，大多數人則是位於兩者之間的各種混合體。許多男孩在幼童時期會與其他男孩一起玩性遊戲，而且大多數男人也會有一次或多次的同性戀遭遇。不過，根據某些研究的評估，大約只有百分之四的男人變成極端同性戀者。至於女性較不像男性會與其他同性有性的互動，不管是兒童期或成年期，而且大概只有百分之一至二的女性會成爲極端同性戀者。有些人則是**雙性戀者**(bisexuality)，可與兩種性別的人同時建立性的關係；此外，有些已婚的人也能和同性的人發生同性戀。

在一九六〇年代末期性革命大行其道之前，同性戀一直被視爲一種心理疾病或不正常的異常性慾。目前，雖然許多人仍將同性戀視爲不自然的現象，大多數的心理學家與精神病醫師，認爲這只是性表達的**變體**(variant)而非**變態性慾**(perversion)，更不是心理疾病的結果或指標。事實上，在心理衛生的研究中，同性戀者和異性戀者一樣都有良好的調適能力(Hooker, 1957; Sahgir & Robins, 1973)。

生物與環境的決定因素　不論對同性戀的研究是如何縝思細慮，截至目前對其形成的原因所知仍是微乎其微。就可能的生物決定因素而言，同性戀者與異性戀者之間的身體特徵並沒有足以信賴的差異。雖然有些男同性戀者顯得女性化，而有些女同性戀者相當男性化，但並不盡然如此。生理上差異的所在較有可能是荷爾蒙，然而有關的證據卻不一致。有些研究發現男同性戀者的睪丸素含量較異性戀者爲低，但有些研究卻指出這兩者在荷爾蒙的所有水準間並沒有差異。況且，當男同性戀者被注射添加的男性荷爾蒙後，他們的**性驅力**(sexdrive)會增強，但他們的**性偏好**(sex preference)還是不會改變。

至於同性戀的環境因素之假設也顯得相當微弱，如有人主

表 10-2　影響性偏好的因素

本結果是根據一九六〇至七〇年代對居住於美國舊金山地區，爲數一千五百名男女同性戀者所進行的訪問調查。調查者分析受訪者成長過程中與父母和兄弟間的關係，與同儕和朋友的關係，以及對男性、女性概念所瞭解的程度。統計分析即在探討上述因素和成年性偏好的關係(取材自 Bell, Weinberg, & Hammersmith, 1981)。

1. 男孩與女孩的性偏好可能在青春期時就已決定了，縱然這時他們尚未有活躍的性活動。
2. 在這些受訪者中，同性戀多是由於曾經驗性的愉悅感受而指明或受到增強，這些感受通常發生於他們第一次「前衛的」同性戀活動之前三年或更早。成年期同性戀傾向的發展中，是這些感受扮演著重要角色，而非同性戀活動。
3. 本調查中的男女同性戀者並非由於幼年或青少年時期特別缺少異性戀的經驗。然而，他們之所以會有別於異性戀者，主要是因爲他們不能從這類異性戀經驗中獲得滿足。
4. 本調查中的男女同性戀者，其童年期性別角色的不一致，與未來成爲同性戀者的傾向有著重要的關聯。
5. 受訪者在成長階段對異性家長的認同，對他們未來是否成爲同性戀或異性戀者，並沒有特別意義。
6. 本調查中的男女同性戀者，在變成同性戀者的過程中，與父親關係的欠佳扮演著重要的角色，遠超過他們與母親之間的關係。
7. 男性與女性的性心理、性別角色不一致，對男性較有影響，而家庭關係對女性較爲重要。

張父母必須爲孩子的同性戀負責，但一項對同性戀者的廣泛研究指出，父母的影響力對孩子的性偏好僅只有極微的決定力。這項研究的主要結果已摘要在**表 10-2**，認爲性偏好依附於複雜的感受型式和小孩彼此間的互動，並非可歸因於單一的心理或社會的決定因素。

較有希望的研究途徑是探究生物與環境之間的交互作用。史托姆(Storms, 1981)假設性偏好源自青少年早期性驅力發展與社會發展之間的交互作用。特別是青春期(由於荷爾蒙的遽增)時性驅力肇起，促使**性別取向**(sexual orientation)方面隨之建立。性驅力如不尋常地過早發展，將會導致同性戀，因爲此時個體的社會環境主要是由相同性別的青少年所組成(從幼童到少年期時，男孩與女孩較傾向於形成分離的、相同性別的團體)。所以，成人期的性偏好立基於個體在青春期時的性驅力，以及所面對的社會環境。如果環境中的分子主要是相同性別者，那麼成人的性偏好將較傾向同性戀；如果生活環境中會與許多異性交往，成人的性偏好將傾向於異性戀。這個理論似可說明**表 10-2** 中部分對同性戀的觀察報告。

性別差異　前述討論同性戀時，已注意到男性與女性對性

的態度有所不同——女性較易於將性視爲愛情關係的部分。這種差異同樣出現在男女同性戀者之間，女同性戀者多與其愛人有較長期的關係，同時只擁有少數的性伴侶。貝爾等人(Bell & Weinberg, 1978)的調查發現，女同性戀者大都只有十個以下的性伴侶，而男同性戀者的性伴侶則常數以百計。同時，女同性戀者較強調性關係的浪漫層面，因此，對於生活中的性慾和浪漫，與異性戀或同性戀並無多大關係，而是男性與女性之間的差異。

早期的性發展

人類爲能在成年生活中滿足社會的和性的經驗，人生早期即必須發展出適當的**性別認定**(gender identity)，換言之，男性要視自己爲男性，女性亦然。這種發展是相當複雜的，從生命孕育時即開始，直到死亡。

出生前的荷爾蒙

就懷孕後的受精卵而言，只有胚胎的染色體能分辨它將發育成男孩或女孩。在這階段中，外觀上並無男女性別之不同，只是其中部分細胞組織最後將發育爲睪丸或卵巢，正如生殖器的小莖將轉變成陰莖或陰核。但是在二至三個月之間，如果胚胎的遺傳是男性(即爲 XY 染色體)，則初生的生殖腺將發展出睪丸；相反地，如果是女性(XX 染色體)，則會發育爲卵巢。一旦睪丸或卵巢開始發育，將會製造性荷爾蒙，它們會控制內在生育結構和外在生殖器的發展。因此，性荷爾蒙對於出生前胚胎發育的重要性遠勝於成年後的性慾。

在生殖發育中佔有相當重要地位的荷爾蒙是雄性激素，如果胚胎的性腺製造出足夠的雄性激素，新生兒將具有男性生殖器；如果雄性激素不夠充分，縱然在遺傳上是男性的，新生兒亦將具備女性生殖器。女性胚胎的結構發育則毋需女性荷爾蒙，只要沒有男性荷爾蒙的干擾即可。簡言之，自然將只製造雌性動物，除非有雄性激素的介入。

雄性激素的影響力不僅止於身體結構，這種影響力可稱作**男性化**(androgenization)。早期的男性化有助於男子氣概的特徵和往後所顯現的行爲。在一連串的實驗中，懷孕的母猴被注射睪丸素(雄性激素的一種)，然後仔細觀察牠們所生下的雌猴。這些雌猴的身體構造發生了變化(陰莖取代陰核)，所表現的行爲和其他正常的雌猴也有所不同，如在遊戲中較具有攻擊性，在性遊戲中較爲男性化，也較不受周遭的同伴所脅迫(Goy, 1968; Phoenix, Goy, & Resko, 1968)。這結果顯示在猴子中有些性別角色所固有的行爲(如雄性的攻擊力)可能受荷爾蒙左右。如果這種結果可應用於人類的話，那麼吾人性別認定的某些典型層面是較受荷爾蒙而非社會環境所控制。有些研究者曾主張，較常在男性身上出現的不平凡特徵，如音樂天分和**難語症**(dyslexia , 閱讀上的無能)部分是由於男性荷爾蒙的過度化所致(Geschwind, 1984)。然而有關人類中荷爾蒙控制的問題仍然是議論紛紛。

荷爾蒙與環境

就人類而言，對於出生前荷爾蒙和早期環境的效應等知識，主要藉由對**陰陽人**(hermaphrodite)的研究而得來。陰陽人是指同時具有男性和女性細胞組織的個體，他們具有十分不明確的生殖器(即可被描述爲很大的陰蒂或很小的陰莖之外部器官)，或是外部的生殖器和內部的性器官(睪丸或卵巢)不一致。之所以會這樣是因出生前荷爾蒙不平衡所致，亦即遺傳上是女性的胎兒卻有著太多的雄性激素，或男性胎兒的雄性激素不足，因此，嬰兒出生時即被貼上錯誤的性別標籤。那麼這陰陽人嬰兒其性別認同究竟是什麼呢？如初生嬰兒因具有不明確的外部生殖器而被視爲男孩，但成長後卻被證實遺傳上應爲女性(XX)，並且擁有卵巢時，其性別認同究竟該如何判定呢？

在許多諸如此類的例子中，該個體被設定的標籤和被教養的性別角色，對其性別認定上將較基因和荷爾蒙具更大的影響力。例如，有兩個遺傳上爲女性的嬰兒，因胎兒時的性腺製造太多雄性激素，使得外部生殖器不明確(雖然她們的內部器官確是女性)，於是她們都接受手術來矯正過大的陰蒂。其中一個嬰兒的生殖器被「女性化」，並被教養爲女孩；另外一個則被矯正爲類似陰莖，並被教養爲男孩。研究報告指出這兩個小孩各自以其性別角色成長，這女孩「行爲似男孩的頑皮」，但外觀上是女性的；這男孩則被同伴以男性的角色接受，並對女孩表現出羅曼蒂克的興趣。類此的事例說明了個體的性別認定較受他的標籤及被敎養的方式所影響，而較不受他或她的荷爾蒙所左右。

但是同樣也有事例得到與上述完全相反的結論，最著名的例子是幾年前發生於多明尼加共和國(the Dominican Republic)的偏僻村落裡。主要是有十八位遺傳上爲男性的人，由於他們的細胞組織缺乏出生前身體製造的雄性激素，使得出生時雖然內部器官確爲男性，但外部生殖器卻較接近女性，包括類陰蒂的性器官。這十八人均被敎養爲女性，這當然和他們的遺傳基因與出生前的荷爾蒙環境不太協調，但當他們成長到青春期時，男性荷爾蒙的分泌促使其身體發生變化，並使類陰蒂的性器官轉化爲類陰莖的器官，於是大多數被以女孩角色敎養的男孩立即被視爲男孩。雖然他們對於作爲男性的性別認定顯得有點難以調適，不過當他們出外工作時大多是做礦工或伐木工人，並且立即找到他們的另一半(女性伴侶)。在這事例中，生物力戰勝了環境力(Imperato-McGinley 等人, 1979)。然而，關於這些多明尼加陰陽人仍有許多爭議，主要因他們被以女性角色敎養的情形並不是很淸楚，特別是在發現他們有不明確的生殖器以後，他人的對待態度在此事例中並未說明。

主張環境決定的支持者也指出他們自己不能採信的事例。譬如，有一對相同性別的雙生子具備完全正常的出生前環境，但在七個月大時發生一樁悲劇：其中一名男嬰的陰莖出現斷裂現象。當該名嬰兒十個月大時，苦惱的家長獨斷地運用手術使他轉變爲女孩，割除陰莖並植入預先準備的陰道，同時也爲她們注射女性荷爾蒙並以女孩的角色敎養。幾年之後，這小孩似乎已具有女性的性別認同：她比她的兄弟還較喜歡女孩的衣服、玩具及活動。這事例使人震驚的有：(1)環境的力量遠勝過基因和出生前的正常環境。(2)可在具相同基因及出生前荷爾蒙，但敎養方式不同的個體之間作番比較。然而，生物決定的擁護者對這麼單一事件還是持懷疑態度。

吾人對於性別認定能做什麼樣結論呢？基本上出生前荷爾蒙和環境相調和時，兩者均是性別認定的主要決定因素。但當兩者有所牴觸時——如有些陰陽人所顯示的——大多數學者相信環境具主宰力量，但這仍是個爭論的問題，一旦有更多其他的資料被收集到時，專家的意見可能會有所改變。

變 性

有些人雖知道自己的身體與其性別是一致的(即他們的內部與外部器官都是男性)但他們的性別認同卻是相對的性別(即視自己爲女性)。像上述這類的人(經常是男性)時常感到自己是被生錯了身體。他們通常並不是同性戀者，多數同性戀者滿足於自己的身體構造，並同化自己爲適切的男性或女性，他們僅只是偏好和自己同性的人爲伍。相反地，變性者將自己視爲不同性別的人(通常自孩童時就開始)，並非常不喜歡自己的生理外觀，以致他們需求荷爾蒙與手術來改變其性別和第二性徵。

美國的醫生已經進行過數以千計的變性手術。就男人而言，可用女性荷爾蒙來隆大胸部，抑制鬍鬚的生長，以及使手指更爲圓潤；而外科手術則包括睪丸的切除，割除部分的陰莖並將其餘部分改造成陰道和陰唇。就女人而言，可用男性荷爾蒙來增進鬍鬚的生長，促使肌肉更爲堅實，並使聲音低沈；外科手術則包括切除卵巢和子宮，抑制胸部組織，甚至於建構類陰莖的器官。雖然變性手術可在生理外觀上造成顯著改變，但是由於這種手術將徹底改變一個人，因此惟有在經過細心的評量後才能付諸實行。欲變性的個體須先經過諮商與荷爾蒙的處理，並被要求在手術前的一年或更久的時間裡以異性的身分生活。對於變性手術是否可使變性者感覺到更好的調適，專家的意見仍是衆說紛紜(Hunt & Hampson, 1980)。

對於變性的問題如何解釋呢？有一種有趣的假設是這樣的：有些變性的事例源自出生前荷爾蒙的錯誤，這和陰陽人的產生有點類似，但是出現在胎兒發育的後期階段。這類錯誤是發生在外部生殖器形成之後，影響性行爲的腦部組織完全發育之前，使得個體對他的性別認定感和他或她的生理性別有所衝突。然而，這只是推測，我們只能假定環境的與生物的因素在變性事例中扮演著某種角色(Money, 1980)。

母性的行爲

對許多物種來說，照顧下一代是強而有力的行爲決定因素，甚至比饑餓、渴或性的力量更大。假使小老鼠被誤放到巢外時，母老鼠會重新把小老鼠放到巢裡去。當把母老鼠和小老鼠分開時，母老鼠會衝破各種障礙，克服各種痛苦，抵達小老鼠的地方。母老鼠穿過通電的鐵柵，把小老鼠重新抓回巢裡的次數，比牠饑餓時找尋食物、渴時攝取水分的次數要多。雖然人類並不總是像母鼠那樣始終作爲負責任的父母，但就照顯下一代而言仍是人類基本動機之一。

生物的決定因素

就如同性慾的事例，荷爾蒙在低等動物的母性行爲中扮演主要的角色，對靈長類則不然。未性交過的老鼠被交付以剛出生的幼鼠時，將會開始築巢、舐身、保護牠們，並以照顧者的態度面對幼鼠。如果將剛生育母鼠的血漿注射進未性交過的雌鼠體內，則牠在一天之內即會表現出母性行爲(Terkel & Rosenblatt, 1972)。母性行爲模式似乎在老鼠腦中天生就已設計好，而荷爾蒙的作用即在增進這些神經機制的興奮活動。荷爾蒙效應須依賴兩種因素間的平衡，一是女性荷爾蒙，包括動情激素和黃體激素；一是位於腦下垂體前部所分泌的**泌乳激素**(prolactin)，它可刺激乳汁的分泌。

就人類而言，較少受到荷爾蒙的影響。如果說人類的母性行爲主要受到荷爾蒙的指導，那人類的小孩就不至於頻傳受家長虐待的事件。有些婦女遺棄或甚至於殺害她們的新生兒，毆打小孩的情形也到處可見，較吾人所能理解的還多。根據一保守的估計，美國每年大約有三十五萬名小孩受到其監護人在生理上、情緒上及性方面的虐待；而另一項估計主張每年有一百四十萬到一百九十萬的小孩，處於來自家庭成員嚴重傷害的危險中(Wolfe , 1985)。這些事件中的家長一般來說在其孩提時期也曾經歷過微乎其微或幾乎沒有的慈愛，並且還經常受到其父母的毆打。這些情形在在指出早期經驗對父母行爲表現上的重要性。在人類與靈長類中，經驗遠超過「母性荷爾蒙」所可能產生的影響力。

但我們也不能完全忽略生物決定力。**動物行爲學家**(ethologist , 即在自然環境中研究動物行爲的科學家)曾指出某些在人類母性(或父性)行爲中可能有的生物決定因素。其中的一項可能性是嬰孩獨特的、可愛的特徵，如大頭、大眼睛、朝天鼻、豐潤的臉頰等，這些均可作爲家長對其嬰兒之情感和行爲的**先天引發物**(innate releaser)。換言之,人類(其他物種亦是)的進化中包括嬰孩獨特的可愛特徵,以誘發成人的母性(或父性)情感。另外,同樣的,嬰孩的微笑也是天賦特徵,似乎亦是母性行為的誘發因素(詳細討論請參見「重要討論:本能與母性行為」)。

環境的決定因素

靈長類裡的母性行為主要受經驗與學習的影響。如果雌猴是在隔離狀態中長大,當牠們變成母親將不會表現出正常的母性行為(見第三章)。對於幼猴,牠們顯得沒有多少的關愛,一般來說是忽略了幼猴,但當牠們注意到幼猴時,有時會殘暴地虐待牠們。母猴可能試圖毆打幼猴的頭部,且在極端的例子中,牠們甚至毆打幼猴致死(Saomi, Harlow, & Mckinney, 1972)。完全被隔離成長的母猴所表現出來對幼猴的可怕教養方式,和被不適任家長所教養的人們對其小孩的虐待,似乎異曲同工。那些受不當教養的家長似乎命定地轉移到他們後代的身上。

奧地利的動物學家勞倫茲(Konrad Lorenz)證實了小鴨跟在他後面,而不是跟隨著母鴨。理由是小鴨孵化之後,第一眼看到的運動體是他。

重要討論:
本能與母性行為

對於行為的研究中,**本能**(instinct)的概念已有一段長久的歷史。二十世紀初期,心理學家相當依賴本能概念,試圖用以解釋所有的人類行為(McDougall, 1908)。在二〇年代,本能的概念已較為不受重視,部分因為有許多行動被名實不符地標識為「本能的」,部分則因這個概念並不適合當時興起的行為論的理論(Stellar & Stellar, 1985)。但晚近自五〇年代開始,一群歐洲的動物行為學家將本能的研究置於科學的探索中,並再度注意這個概念。他們認為,行為之所以被標識為「本能」,它必須是先天已被決定的,且只有某些種屬才具有的行為,同時為其種屬成員共同具有的表現形式。因此,**先天性**(innateness)、**種屬特有**(species-specificity)以及**固定行動模式**(fixed-action pattern)等均是對本能行為的研究依據。

動物行為研究的成功領域之一是動物的母性行為。動物照顧下一代的反應模式，可以說是典型的本能行爲的一個例子。築巢、移除羊膜囊、使新生兒能夠呼吸、餵養新生兒、將迷途的幼兒帶回巢裡等複雜的行爲模式，似乎都不是學來的。母松鼠和其他同種屬的母親一樣，用相同的方式履行母性的義務。因此，這行爲是種屬特有而且它的行動模式是固定的。

動物行爲學家提出的一個概念是**銘記**(imprinting)。所謂銘記是一種早期的學習，是幼小動物接觸父母的基礎。一隻以人工孵化法、沒有母鴨在的場合下新孵出的小鴨，會跟定人類，或木製的引誘物，或其誕生時第一眼看到的運動體。當小鴨注視木製引誘物十分鐘之後，小鴨就會把引誘物「銘記」起來，於是牠會依偎著引誘物，跟隨在引誘物之後，即使有障礙也是一樣，同時較喜歡它，而不喜歡一隻活生生的鴨子(見**圖 10-11**)。一般說來，銘記大部分發生在孵化後的十四個小時內，但在出生後兩天內的任何時間都可能發生。在這段時間之後，銘記很難產生或不可能發生，因爲這時小鴨已經開始害怕陌生的物體。這是發展上**關鍵期**(critical period)的例子。假使在有機體生命中的關鍵期或特定期間裡，行爲不發生，則這種行爲永遠不會出現。

圖 10-11　小鴨的銘記行爲

新孵化的小鴨跟在模型鴨後面繞圓圈。小鴨馬上會銘記模型，一直跟在它後面，而不跟著同種的活母鴨走。小鴨隨著模型走時，付出的努力愈大(如爬柵欄)，銘記愈深刻。

在一些物種裡(狗、綿羊、天竺鼠)，都能發現到銘記的現象，但鳥類的發展更爲清晰。鳥類在出生後不久就能走路及游水(此時，其他許多動物還待在巢中)。這種天生的機制，使得幼鳥能夠跟在母鳥(照理應該是第一次看到的運動體)後面，亦步亦趨，以免漫遊在危險的世界裡面。

對野鴨的研究發現：在鳥類的銘記上，刺激是很重要的；同時，這種現象開始很早，甚至在出生以前就發生了。在小鴨破殼而出前的一個星期，小鴨在卵內就會發出聲音來。針對著這個聲音，野鴨媽媽會有所反應，並咯咯地叫，隨著小鴨孵化時間的接近，叫的次數增加得越多。孵化前後的聽覺刺激，再加上出生後在巢裡的觸覺刺激，使得小鴨完全把出現在巢裡的母鴨銘記起來。如果未孵化的小鴨聽到的是人的錄音：「來，來，來」，而不是鴨媽媽的聲音，則在孵化以後，小鴨會銘記發出「來，來，來」聲音的引誘物，這與銘記發出和母鴨聲音相同的引誘物是一樣容易的。然而，在孵化以前聽到母野鴨叫的小鴨，較可能銘記和母鴨叫聲一樣的引發物(Hess, 1972)。

另外由動物行爲學家發展出來的一個概念是**引發物**(releaser)的觀念。所謂引發物是指促使某種行爲特性表現出來的特殊環境刺激。因此，在海鷗媽媽嘴旁的紅點或黃點是引發物，引起小海鷗的啄食反應，促使母海鷗將食物反芻起來給小海鷗吃。我們可以使用各種紙板模型，上面點的顏色及形狀不同，觀察小海鷗啄食的情形，以決定誘起鳥類反應的引發物的特性爲何。

雌性棘魚脹大的腹部會引起雄性的求愛行爲。像梟的圖形會使鳥類產生圍攻行爲(一種假裝攻擊的行爲)，因爲梟是牠們天然的敵人。雄斑鳩的鞠躬及唧唧咕咕的講情話，會引發雌斑鳩的整套生殖行爲(築巢、下蛋及孵蛋)，同時間接或直接地，荷爾蒙及生理結構也會產生變化(Lehrman, 1964)。

種屬發生的層次愈高，特殊性的種屬行爲愈少，而由學習決定行動，以滿足需求的可能性愈大。但卽使如此，我們總是有著某種固定的行爲模式，例如，人類嬰孩的**基本反射**(rooting reflex)：新生兒的臉頰觸到母親的奶頭時，他的頭會翻轉過來(上下晃動或轉動)，同時張開嘴巴。假使嘴巴接觸到奶頭，則他會閉起嘴巴，並開始吸吮。這種行爲模式是自動自發的，卽使嬰兒睡著時也會發生。在六個月左右，基本反射會消失，自主性的動機行爲取而代之；標準六個月大的嬰孩，看到瓶子時，手會伸出去，並想把瓶子塞到嘴裡。

好奇動機

我們在上面討論過的所有動機(饑餓、渴、性及母性行爲)都是與人類或其他物種的生存有所關聯。早期的心理學家相信，已經滿足生物需求的有機體能夠處在安靜的狀態，但這種說法現已被證實是錯誤的。人類和動物都有尋求刺激、主動探索環境的動機，縱然這些活動並無法滿足身體的需求。因而，底下我們將簡要地探討動機的第三種型式——好奇。

探索與操弄

我們似乎一生下來就有**探索**(exploration)和**操弄**(manipulation)某些對象的驅力。當動物置身於新的環境時，往往會跑跑嗅嗅一番，像狗或貓在住進新房時就是這樣。假使置身於 T 形迷津的老鼠第一次向右轉，則第二次老鼠在十字路口向左轉的概率很高。這可能是老鼠喜歡探討其未探索過的領域。在這個例子裡面，老鼠既不饑餓，也不口渴；同時，在目的箱裡面也沒有食物或水之類的獎賞物。我們只能稱這種行為為探索行為，或經驗花樣、新玩意兒的動機表現。

探索行動的另一種形式是操弄或研究事物。我們給嬰孩嘎嘎作響的玩具、木製體育館模型及其他玩具，因為我們知道他們喜歡握著玩具，上下搖晃，或拉它一把，或移動玩具。換句話說，雖然沒有其他動機存在，但嬰孩會表現出操弄行為(張肖松、楊國樞，民 49，民 50)。猴子也喜歡做同樣的活動，事實上，猴子的英文字「monkey」做動詞用時，是指玩弄的意思。有一些實驗顯示了猴子確實喜歡「玩弄戲耍」(monkey)。假使把不同的機械設備放在檻欄裡(見**圖 10-12**)，則猴子會把它拆開來，隨著練習次數的增多，技巧更高明。然而，除了操弄本身的滿足之外，猴子沒有獲得任何獎賞(Harlow, Harlow, & Meyer, 1950)。如果每次猴子把謎題解開之後，就餵食牠，則其行為會發生改變：為了馬上獲得食物，牠的操弄興趣會降低。

有時操弄具有**研究**(investigation)的性質；有機體拾起物體，注視著，並扯開它，看是否能發現更多的東西。皮亞傑(Piaget)曾以人類嬰兒為對象，觀察嬰兒早期的反應。出生後的最初幾個月裡面，嬰孩學會拉線，使懸掛著的鳴響器喀拉作響，這種操弄行為往往會使嬰孩手舞足蹈。在五至七個月，嬰孩會把蒙在臉龐上的布拿下來，玩躲貓貓的遊戲。在八至十個月，嬰孩開始注意到隱藏在其他事物後面或底下的東西。十一個月左右，會把事物放在不同的地方或位置，做做「實驗」(Piaget , 1952)。這種好追究及研究的行為，是成長中孩子的典型行為。也許我們可以將之稱為好奇心，或發展勝任環境能力的需求。不過，這種動機的發展似乎是和有機體的各種生理需求無關。

圖 10-12　操弄動機
猴子把門鎖拆開來，雖然除了操弄本身以外，沒有其他的「獎賞」存在。

感覺刺激的需求

感覺剝奪的研究(sensory deprivation)　探索及操弄提供新奇有變化的感覺輸入給有機體，有的研究已經證實了這種感覺的輸入是必要的。在這些研究裡面，研究者使有機體收受到感覺刺激量大爲減低。我們在第三章已經瞭解：如果在生命早期，感覺受到剝奪，則對以後的行爲有戲劇化的影響。同樣地，當成人正常的感覺刺激量遭受剝奪時，也會有戲劇性的變化。這方面的研究是由加拿大的馬克基爾(McGill)大學首開先河的，研究者要求大學生躺在一張位於光亮、隔音房間裡的臥床上。他們戴著半透明的遮塵眼鏡，因此只能看到微弱的光線，而無法看清物體的形狀及模樣。同時，帶上手套及紙做成的袖子，以減低觸覺刺激(見**圖 10-13**)；而抽氣機及冷氣機的聲音造成了輕微固定的噪音。實驗者允許受試者有短暫的進食及方便的時間，但攝食及方便的地點，刺激也較正常者爲少。在兩、三天之後，大部分受試者都拒絕繼續再做實驗，即使有報酬也不幹，因爲情境實在太難受了。

受試者在接受上述處理之後，開始產生幻視，由光線閃爍不定、產生幾何圖形，到彷彿置身夢境，不一而足。他們變得缺乏時空觀念，無法清晰思考及集中精神，同時解決問題的能力降爲很低。簡單地說，在感覺剝奪的狀況下，對個人的機能有不良的影響，其症狀和精神病患的經驗頗爲類似(Heron, Doane, & Scott, 1956)。

另外也有類似的研究，只是實驗過程不同而已。在某些研究裡面，把受試者整個人自頸部以下，全部浸入放溫水的桶子裡，一連浸幾天，以進一步剝奪感覺刺激。研究結果因過程的不同而有所差異；不過，所有的受試者都相當討厭感覺剝奪的狀況，他們覺得厭煩、無法安靜、容易激怒以及情緒困擾。顯然地，人們需要刺激有所變化，而對刺激缺乏的狀況產生敵意的反應(Zubek, 1969)。

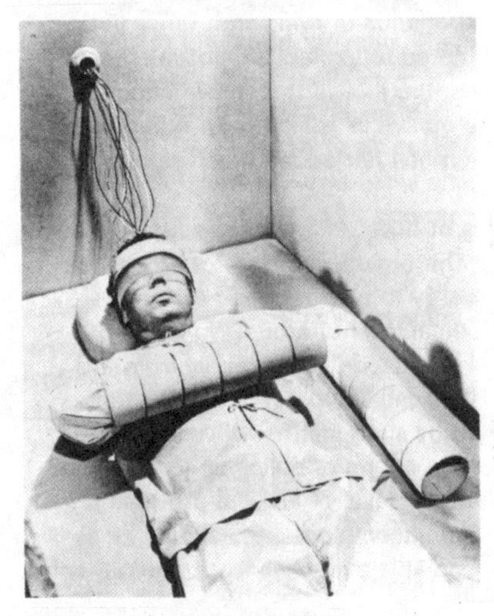

圖 10-13　感覺剝奪實驗
用紙板作成的袖子及半透明的遮塵眼鏡減低了刺激。

尋求刺激的個別差異　正如同人們在本章所討論的動機上有著程度上的不同，好奇動機的個別差異似乎更爲特別而明顯。朱克曼(Zuckerman , 1979)爲了測量其間的差異，發展出一套名爲**感覺探求量表**(Sensation Seeking Scale,SSS)的評量工具，這量表包含一欄設計好的題目，以評估個體參與冒險

表 10-3　感覺探求量表

取自 SSS 的題目樣本和評分方法。每道題目包括兩個答案，請選擇最能描述你自身喜好或感受的答案。如果兩者都不喜歡，請選擇較不討厭的，而不要讓任何一題留下空白。

1. A.我無法忍受無聊或愚蠢的人。
   B.我發現幾乎每個與我交談的人都有新鮮事。
2. A.一幅好的圖畫，應該有震撼或激動感官的作用。
   B.一幅好的圖畫，應該能予人祥和與安寧的感受。
3. A.騎機車肇事的人可能有某些無意識地傷害自己的需求。
   B.我喜歡騎乘機車。
4. A.我寧願居住在一個理想社會中，那裡每個人均生活得安全、尊嚴以及快樂。
   B.我寧願選擇漂蕩不拘的生活。
5. A.我有時喜歡做些帶點挑戰性的事情。
   B.感覺敏銳的人，多會避免危險的活動。
6. A.我不喜歡被催眠。
   B.我喜歡被催眠。
7. A.生活最重要的目標是充實而多采多姿的經驗。
   B.生活最重要的目標是尋求和平與快樂。
8. A.我喜歡跳降落傘的活動。
   B.我不喜歡跳離飛機，不管有無降落傘。
9. A.我喜歡逐漸地浸入冷水中，給自己時間適應水溫。
   B.我喜歡直接潛入海洋或跳進冷水池裡。
10. A.當我度假時，我寧可要一間舒適的好房間和床。
    B.當我度假時，我寧可在戶外露營。
11. A.我喜歡善於表達情緒的人，縱使他們性情多變不定。
    B.我喜歡冷靜甚至行動遲緩的人。
12. A.我喜歡固定在一地的工作。
    B.我喜歡需要經常旅行的工作。
13. A. 在寒冷日子裡我絕不在室外逗留。
    B.我會因寒風的刺激而精神振奮。
14. A.我對於老是看到相同面孔會感到厭煩。
    B.我喜歡來自日常朋友的舒適、親密的友情。

計分方法

將下列你所圈選的題目計分 1 分：1 A, 2 A, 3 B, 4 B, 5 A, 6 B, 7 A, 8 A, 9 B, 10 B, 11 A, 12 B, 13 B, 14 A。然後將總分加起來並和下列分數對照，以瞭解你自身的感覺探求情況。

0-3 非常低，4-5 低，6-9 平均，10-11 高，12-14 非常高

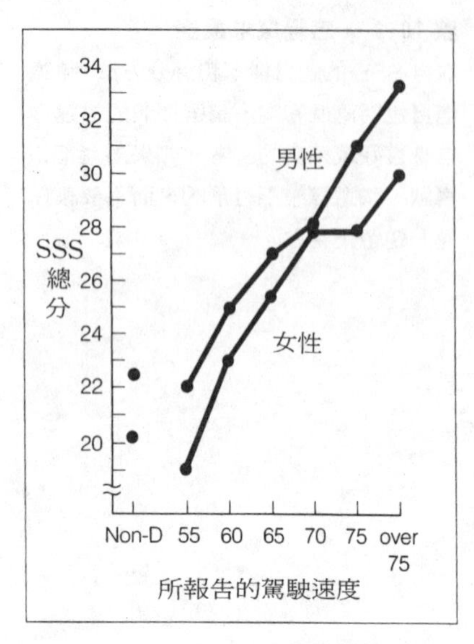

圖 10-14 SSS 分數與駕駛速度

受訪者被詢及當高速公路狀況良好且時速限制爲 55 MPH 時，他們通常駕駛的速度爲何。結果顯示所報告的駕駛速度和 SSS 分數間有顯著的關聯。非駕駛者(Non-D)和那些駕駛速度在時速限制以下者有著較低的 SSS 分數，且 SSS 分數隨著駕駛速度的增加而提高。基本上，男性在 SSS 上的分數較高於女性(取材自 Zuckerman & Neeb, 1980)。

活動、尋求新的感覺經驗型式、享受社會刺激的興奮以及避免無聊等慾求的程度。**表 10-3** 呈現這分量表上的題目樣本。你或許也想在進一步閱讀前，先來回答這些問題。

運用 SSS 的研究顯示出在尋求刺激方面的高度個別差異(Carrol, Zuckerman, & Vogel, 1982)。進而言之，感覺探求是與情境變化相一致的特質；那些喜歡在生活中享受新經驗者，在其他領域上，也常描述自己是一位冒險者。心理學家發現 SSS 的分數高者，和許多行爲特徵有關聯：如參與高危險性的運動、職業或嗜好(跳傘、飆車及潛水等)；尋求性和藥物經驗的多樣化，對一般人視爲恐怖的情境也絲毫不感害怕(如黑暗及蛇等)，在賭博時孤注一擲，以及喜好新奇的食物等等。縱使被問及描述其正常的駕駛習慣時，高感覺尋求者所報告的駕駛速度也較低感覺尋求者還要快(參見**圖 10-14**)。

感覺探求的變化會影響個體對不同感覺探求者的反應。高感覺探求者認爲較低感覺探求者令人厭倦，並過著處處受拘束的生活；相反地，低感覺尋求者則認爲感覺探求較高者是在進行有害無益且有勇無謀的活動。這類態度在選擇結婚對象時顯得極爲重要，研究顯示丈夫與妻子之間的 SSS 分數有著其特殊意義的相關：高感覺探求者傾向於嫁娶志同道合的伴侶，而低感覺探求者亦然。這項特徵的適配性似可作爲婚姻圓滿與否的預測指標(Fisher 等人 , 1981; Farley, 1986)。如果說夫妻中有一方是非常高 SSS 分數者，而另一半是非常低 SSS 分數者，那麼婚姻不協調的可能性將大爲增加。

不同動機間的共通原則

一般來說，動機係根據生存需求、社會需求以及滿足好奇的需求來劃分範疇。當探討這些典型差異時，我們尚未觸及其間的相似處。在本章的最後部分，將探究心理學家認爲所有基本動機間共通的兩項原則。

驅力減低

在一九四〇及一九五〇年代，許多心理學家深信所有的基本動機的運作是根據**驅力減低**(drive reduction)的原則：動機是受到個體經歷的生理狀況(如緊張)之減低所指引，並且個體藉由緊張或驅力的減低而感受到喜樂。驅力減低理論似乎可以應用到生存動機方面，當食物被剝奪時，我們會因攝食而實在地感受到緊張的減低，這種減低被體驗爲喜樂。但就性的動機而言，驅力減低就顯得較不眞實，如要使其合理，那麼驅力減低理論必須主張：性活動之所以有益，是因性高潮發生時緊張減低。

驅力減低理論近年來已逐漸失勢，部分是因它對於性的說明已被證實有所不足。在一項老鼠的實驗中顯示，縱使公鼠每次與雌鼠性交當中，即射精之前，就被實驗者移開，牠依然會選擇將時間耗在母鼠身上。這個例子中，緊張持續增加著，且沒有任何的驅力減低或酬賞，但很明顯的，性刺激本身就是項酬賞(Friedman 等人, 1951)。

同樣地，驅力減低理論也從未切合好奇動機。依據理論，低水準的感覺刺激應該產生較少的驅力，因此較吸引人；但就感覺剝奪的研究顯示，低水準的刺激是非常不愉快的，而不管是什麼事物都會產生驅力(緊張)。另一方面，驅力減低理論認爲每個人都會避免產生高度緊張的極端情境，但證據顯示有些人(或許主要是那些高 SSS 分數者)經常會尋求此類的刺激情境，如喜歡雲霄飛車和空中跳傘(Geen, Beatty, & Arkin, 1984)。

喚起水準

今日的心理學家較喜歡**喚起水準**(arousal level)的原則，而排斥驅力減低說，依據這項原則，人們會尋求最適的驅力或喚起水準。人與人之間的最適狀態有所不同，正如刺激尋求所顯示的個別差異。諸如饑、渴等生理剝奪會促使喚起水準高於最適狀態，因而激使個體行動以減低水準。相反地，像感覺剝奪情境因只有很少的刺激，會促使有機體提高它的喚起水準。我們在環境中尋求刺激(包括性刺激)、新奇以及複雜的事物，但只能到達某一定點。雖然喚起水準的觀念仍受到批評，但它卻較驅力減低說更適合作爲基本驅力的共通原則。

摘　要

1. 動機指引行爲並給予能量，有著不同的形式，包括生存的、社會的及好奇的等。像饑、渴之類的**生存動機**是根據**恆定作用**來運作，維持有機體恆常不變的內部環境。恆定作用包括有**調節的變項**、測量變項的**感覺器**、變項的**最適狀態**、**比較測定器**以及**調適**，這系統的運作是因變項的水準高於或低於最適狀態時。
2. 體溫調適是恆定作用事例之一。其中調節的變項是血液溫度，感覺器分布在身體不同區域，包括有下視丘。最適狀態與比較測定器同樣位於下視丘。調適可分爲自動的生理反應(如發抖)或自主的行爲(如穿衣)。
3. 渴是另一種恆定作用動機，有兩個調節的變項：細胞內液體與細胞外液體。細胞內液體的流失受**滲透受納器**所偵測，下視丘的細胞對脫水會作出反應，促使釋放**抗利尿素**(ADH)，以調適腎臟重新吸收水分到血管中。細胞外液體是受腎臟內**定量受納器**所偵測。
4. 饑餓是複雜的恆定作用動機，有許多調節的變項，包含葡萄糖、脂肪及氨基酸等。現已知道葡萄糖感覺器位於下視丘和肝臟。除了激使**攝食的感覺器**之外，也有著**飽食偵測器**，主要位於消化系統中的胃、十二指腸及肝等處，它們會通知大腦所需的營養物已上路了。
5. 在大腦裡面，調節攝食的重要區域爲**下視丘側部**(LH)與**下視丘腹中部**(VMH)。破壞 LH 會使得減少攝食，而破壞 VMH 則會超食。對於這種結果的解釋是，LH 和 VMH 對體重的**設定點**具有交互作用抑制的效應，破壞腹中部會提高設定點，而破壞側部則會降低。另外的解釋假設這個效應是由於經過下視丘區域的神經纖維受損。
6. 人們在下列情況裡會變胖：(1)攝取太多的卡路里；(2)消耗太少的卡路里；(3)遺傳天賦上是胖的。當肥胖的人被問及爲何攝食過多的卡路里時，發覺肥胖者通常在破壞節食計畫後攝食過度、當情緒激動時吃得更多，以及較正常體重的人對外在饑餓線索更爲敏感。有關爲何消耗太少的卡路里，肥胖者經常是因有較低的新陳代謝速率(由於節食或高比率的脂肪組織)，並且通常缺少運動。治療肥胖症時發現，能否持續保持體重端視個人對攝食習慣的自我控制而定，行為改變與規律運動即是達成有效的攝食習慣的方法。

7. 女性荷爾蒙(**黃體激素**和**動情激素**)與男性荷爾蒙(**雄性激素**)負責個體在青春期時的身體發育，但在人類性喚起方面所扮演的角色有限。相反地，在低等動物中，荷爾蒙實質地控制著性的各方面。
8. 人生早期和父母與同儕共處的社會環境，對成年人的性慾有很大影響。在隔離的環境中長大的猴子，成年後會出現許多性問題。就人類來說，有關成熟性慾的其他環境決定因素是**文化規範**和**態度**。
9. 出生前的荷爾蒙對於性的發展相當重要。如果胎兒的性腺分泌足夠的雄性激素，新生兒將有男性生殖器；如果雄性激素不足，則新生兒將有女性生殖器，縱使它遺傳上為男性。荷爾蒙的失衡會導致**陰陽人**(同時具有兩性細胞組織的個體)。個體成長時被設定的**標籤**及**性別角色**，比其基因和荷爾蒙，對往後的性別認定具有更大的影響力。
10. 低等動物的母性行為顯現出天賦的特質，並受荷爾蒙的激使。然而，就靈長類與人類來說，母性行為主要受經驗的影響。被隔離成長的猴子當牠們成為母猴時，也無法表現出任何平常的**母性行為**。
11. 人類和動物顯得具有天賦的**好奇動機**，以**探索**與**操弄**客體。對客體的操弄提供該有機體富於變化的感覺刺激；而**感覺剝奪**的研究顯示了缺少變化的刺激將瓦解正常的運作功能。
12. 心理學家過去相信所有的基本動機是受**驅力減低**所控制，即所有動機均是受緊張減低所指引。但驅力減低說無法對有關性和好奇動機提供令人滿意的說明，現在較為人接受的原則是人們尋求**最適的喚起水準**。

進一步的讀物

有關體溫、渴、饑餓及性等的調適之生物學研究，可參看 Carlson, *Physiology of Behavior* (3rd, 1985)；Rosenzweig and Leiman, *Physiological Psychology* (1982)。

對於人類性慾的介紹，可參考 Offir, *Human, Sexuality*

(1982)。而對飲食的正常與不正常型式之解說，可參見 Logue, *The Psychology of Eating and Drinking* (1986)；Stunkard(ed.), *Obesity* (1980)。

對於一般動機的評論，請參考 Geen, Beatty, and Arkin, *Human Motivation: Physiological, Behavioral, and Social Approaches* (1984)；Atkinson and Birch, *An Introduction to Motivation* (1978)；Stellar and Stellar, *The Neurobiology of Motivation and Reward* (1985)。

有關動物行爲學的評論可參見 Lorenz, *The Foundations of Ethology* (1981)；McFarland, *Animal Behaviour: Psychobiology, Ethology and Evolution* (1985)。

ch 11.

要素：
① 生理反應
② 認知狀況
③ 主觀感受
④ 表情
⑤ 行動.

情緒理論.

1. 事件 → 反射動作 / 生理變化 → 解釋反應 → 情緒.

2. 事件 → 資訊傳到大腦且身體各部 → 反射動作 / 大腦評估 → 情緒.

3. 事件 → 認知評估
↓
生理變化 / 反射動作 → 認知評估 → 歸因 → 情緒

4. A.B.C 理論（理性情緒論）. activating event / Belief / Consequence p795

5.3 情緒與生活

1. 工作效率

2. 身體健康

壓迫 → 腦部生理部分

心身性疾病

3. 如何調適

第十一章 情 緒

情緒的成分 538

自主性喚起 539

生理基礎

情緒的強度

重要討論：以生理反應測謊

情緒的區分

認知性評估 545

情緒強度與區分

認知評估的內涵

臨床上的應用

情緒的表現 550

天生的情緒表現

學習在情緒表現上的角色

大腦位置與情緒

情緒的強度與分化

重要討論：情緒的抗衡歷程

情緒的適應性 557

激發水準與工作表現

情緒狀態的持久性

攻擊是一種情緒反應 558

攻擊是一種驅力

攻擊是習得的反應

攻擊的表現與舒洩作用

重要討論：攻擊本能及其抑制

人類所經歷的基本**情感**(feeling)，不僅僅是**動機**(motive)——饑餓與性等，還包括**情緒**(emotion)——如快樂與生氣。情緒和動機之間的關係十分密切：情緒與動機同樣具有激發與指導行為的作用，亦常伴隨動機性行為而發，例如，性不僅是一強而有力的動機，同時也是快樂的潛在泉源。

動機與情緒兩者間，並無明顯的分野。區分這兩者的最普通方法，是情緒通常由外在刺激引發的，情緒表現是針對著引發情緒的環境刺激；反之，動機往往是由內在刺激引發的，同時，行動的方向是自然而然地朝向著環境內的某些事物(如食物、水、伙伴)。二者另一項分野是，情緒必然促發自主神經系統，動機則不然。此類區別並不是絕對的，例如，在沒有內在饑餓線索的狀況下，外在誘因(如看到食物或聞到可口食物的香味)也能夠引起饑餓。而內在刺激，如嚴重剝奪食物的情境(饑餓)，則能產生不愉快的情緒反應。然而，情緒與動機兩者在激發來源、主觀經驗以及對行為的影響上仍有所差異，須分別加以討論。

情緒的成分

一世紀以前，有位哈佛心理學家詹姆士(William James)曾提出一個問題：「何謂情緒？」(James, 1884)。此後，心理學家與生理學家均致力於研究該問題的答案，其成果歸結為下列五項情緒的成分：(1)主觀經驗。(2)個體內在的反應，尤其是自主神經系統的反應。(3)對特定的正性或負性事件的**信念**(belief)或**認知評估**(cognitive appraisal)。(4)臉部的表情。(5)對可知覺情緒來源的反應。

研究情緒的關鍵性問題，即在於釐清這些成分彼此間的關係，例如，如何導致情緒的主觀經驗？意即，是否必須有自主神經系統的喚起(或激發)才有情緒經驗？是否有其特殊的信念，或是特別的臉部表情？第二個關鍵性問題是，何種因素使得不同的情緒感覺有差異？換句話說，何種因素能**區分**(differentiate)情緒？為了瞭解這兩個問題間的差異，必須特別注意情緒經驗的**自主性喚起**(autonomic arousal)，而且自主性喚起的型態在各種情緒中大致相同，因此無法加以分辨。

這兩個問題將是本章討論的主題，我們將依次探討自主性喚起、認知性評估，以及臉部表情。此外，情緒反應與攻擊亦是本章探討的重點。

自主性喚起

生理基礎

當我們的情緒經驗很激烈的時候(如恐懼或憤怒)，我們會察覺身體的變化——心跳及呼吸加速、口乾舌燥、喉嚨發乾、肌肉緊張、汗出如漿、戰慄發抖及胃有虛脫感。**表 11-1** 列出第二次世界大戰時，飛行員訴說的恐懼症狀。由此可見，在情緒狀態下，身體的變化是相當複雜的。

在緊張的情緒下，大部分的生理變化是來自於自主神經系統中**交感神經**(sympathetic division)的作用，以便採取緊急行動(見第二章)。交感神經系統和下列的變化有關：(1)血壓增高，心跳加快。(2)呼吸急促。(3)瞳孔放大。(4)皮膚電阻減低。

當執行戰鬥任務時，你覺得	經常發生	有時發生	總計
心臟及脈搏跳動很快	30%	56%	86%
肌肉相當緊張	30	53	83
容易激動、生氣或令人難受	22	58	80
口乾舌燥	30	50	80
「呼吸不正常」或「冒冷汗」	26	53	79
胃中翻騰	23	53	76
不眞實感，這是不可能的	20	49	69
常常想小便	25	40	65
發抖	11	53	64
頭昏腦脹，亂成一團	3	50	53
虛弱或昏倒	4	37	41
任務完成後，無法詳細地回憶剛剛發生的事	5	34	39
噁心嘔吐	5	33	38
無法集中精神	3	32	35
屁滾尿流，弄髒褲子	1	4	5

表11-1　戰鬥機駕駛員的恐懼症候
本表中所列資料，係根據二次大戰時 1985 位飛行軍官及 2519 位機員所做的報告(取材自 Shaffer,1947)。

(5)血糖濃度增加，以供給能量。(6)受傷的時候，血液的凝結速度加快。(7)消化道的運動減低或停止；血液由胃腸轉出，流向大腦及骨骼肌。(8)皮膚上的毛髮悚然豎立，產生雞皮疙瘩。

交感神經促使有機體輸出能量，而當情緒平息之後，**副交感神經**(parasympathetic system，保存能量的系統)取代交感神經的作用，使有機體恢復正常的狀態。

這些自主神經系統的活動係由大腦中的特定區域所引起，包括**下視丘**(hypothalamus)——在許多生理動機中扮演重要的角色，以及部分的邊緣系統。由這些區域所發出的衝動，傳送至控制自主神經功能的大腦細胞核。自主神經系統直接作用於肌肉及內部器官，以產生某些身體上的變化(如前所述)，並間接刺激腎上腺荷爾蒙，而產生其他的身體變化。這些在個體面對壓力時的反應中亦直接扮演著決定性角色的荷爾蒙，是由腦下垂體接收直接來自下視丘的信號後分泌的。

激烈的生理反應是情緒狀態(如憤怒與恐懼)的特徵，此時有機體必須準備行動——例如，抵抗或逃避(在威脅或壓力情境下的**抵抗或逃避反應**〔fight-or-flight response〕，將在第十四章中詳述)。同樣的反應也會發生於愉悅興奮或是性的生理反應中。然而，悲傷抑鬱的情緒，則會令人行動遲緩。

情緒的強度

爲了究明激烈的生理反應與主觀的情緒經驗之關係，研究者以脊髓創傷來研究個人的情緒狀況。當脊髓受創嚴重時，傷處下方的感覺即無法傳達至大腦，雖然這些感覺部分由交感神經系統所引發，但創傷則減低了自主性反應對情緒的作用。在一項研究中，將脊髓受傷的退役軍人依其嚴重程度分成五組，其中一組的創傷在頸部附近，只有**副交感神經**的分枝，全無**交感神經**分布；另一組的創傷靠近脊柱基部，同時分布著交感及副交感神經；其他三組則界於二極端組之間。這五組代表一連續性的身體感覺區：在脊髓中愈高點的創傷，自主神經系統對大腦的回饋亦愈少。

每個受試者都接受晤談，以瞭解個人在恐懼、憤怒、悲傷及性興奮情境下的感受。受試者必須回憶個人在受傷以前的一件情緒激發事件，並和受傷後的事件比較，以說明兩種狀況的情緒經驗強度及改變程度。受試者的恐懼及憤怒狀態的資料，如**圖 11-1** 所示。顯然地，受傷的部位越高(即身體的感覺越少)，則受傷後，情緒的降低越大。對性興奮及悲傷而言，也產生同樣的關係，亦即自主性喚起的障礙，導致主觀情緒經驗的減弱。

根據脊柱上部受傷的病人的說法，他們能夠有情緒活動，但卻沒有情緒感受。例如，「那是一種冷漠的憤怒。有時，當我知道不公平時，我會表現憤怒的行動。我叫喊、咒罵及大吵大鬧，因爲假使你不偶爾這樣做的話，別人會佔你的便宜。不過，我並不喜歡這樣做，這只是一種心理上的憤怒而已」，或「我說我是害怕的，就像我在學校碰到棘手的考試一樣，但我並沒有眞的感到害怕，我既不緊張、心旌搖蕩，胃部也沒有空洞的感覺，這和以前是不一樣的」。

依照這些人的說法，當他們面臨適切的情境時，他們會表現適當的情緒反應，但他們不能感受到眞正的情緒。換句話說，缺乏自主性的激發作用，對情緒經驗的影響很大。

這是一個重要的實驗，但並不全然客觀——各人的情緒狀態均不相同，受試者所評定的僅是其個人的經驗。有一項追踪研究提供了更客觀的情境：所有受試者均處在相同的情境中，並由獨立的評審來評定其情緒經驗。研究者向脊柱受傷的男性受試者展示著衣與赤裸女性的圖片，並請其想像自己正與每一位圖片上的女性獨處。然後，請受試者報告其想法與情感，評審則評定其所表達的情緒。結果顯示：受傷部位較高的患者，其所報告的性興奮情緒較少(Jasmos & Hakmiller, 1975)。

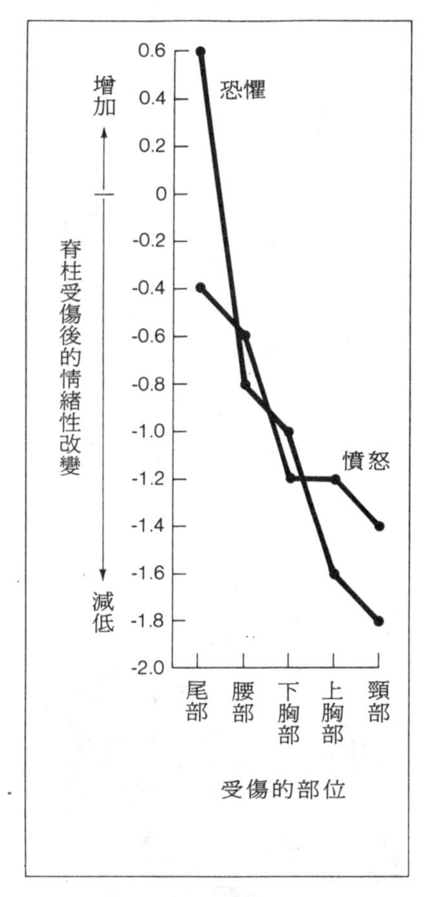

圖 11-1 脊柱受傷和情緒

脊柱受傷的受試者比較其受傷前後的情緒經驗強度。依照改變的程度，將個人的報告以數字表示：0代表沒有改變；輕微的改變者(如「依我的猜測，我覺得改變不大」)，當降低時，以－1表示；升高時，以＋1表示；而強烈的改變（如「我覺得改變很大」），則以－2或＋2表示。請注意：受傷的部位愈高，受傷後情緒減低的程度愈大（取材自 Schachter, 1971,；Hohman, 1962）。

重要討論：以生理反應測謊

倘若自主性反應是情緒所不可避免的部分，而說謊的結果亦可能引發某種情緒，則我們即能以此類反應來推測某人正在說謊。這是**謊言偵查測驗**(lie-detector test)所依據的理論，其所使用的儀器稱爲**多項記錄儀**(polygraph)，該儀器測量數種已知爲自主性喚起的生理反應，其測量與記錄的項目，通常包括心跳速率、血壓、呼吸及**膚電反應**(galvanic skin response，簡稱 GSR，是情緒反應發生時皮膚上電導的快速變化)。

操作多項記錄儀的標準程序，是在受試者完全放鬆時進行初次記錄，此項記錄卽作爲評量其後反應的**基準線**(base line)。然後，查核者卽謹愼地詢問一連串問題，請受試者回答「是」或「否」。某些問題是**關鍵性的**(critical)，犯罪者在回答時可能會說謊；另外一些問題則是**控制性的**(controlled)，卽使無辜的人回答這類問類時也可能會說謊(例如，「你曾經拿過某些不屬於你的東西嗎？」)，其他問題則是**中性的**(neutral)(例如，「你住在聖地牙哥嗎？」)，關鍵性問題均散布於控制性與中性問題之間，並且多項記錄儀在所測量的問題與問題中間，給予受試者充分的時間休息，以便其恢復正常狀況後再繼續測試。通常，只有犯罪者在關鍵性問題上會顯露出比他人更激烈的生理反應。

然而，應用多項記錄儀來測謊並非萬無一失。對問題的反應只能顯示出受測者的情緒被喚起，而無法得知其「爲什麼」有此情緒反應。一位無辜的受測者，可能對問題的某些字眼感到非常緊張而產生情緒反應，因此當他說實話時，看起來似乎在撒謊。另一方面，一個經驗老到的撒謊者，卻可能不會顯示太大的情緒反應。而一位知識淵博的受測者，則可能由於思考某些令人興奮的事，或在回答中性問題時肌肉緊張而「難倒」了機器，於是該反應的基準線與關鍵問題的反應情況相當。**圖 11-2** 顯示實際說謊與模擬說謊的反應。在此實驗中，受測者拿起一個數字，並試圖隱藏起來，不讓查核者看到。這個數字是 27。當受測者否認數字是 27 時，他的心跳速率及 GSR 會發生顯著的改

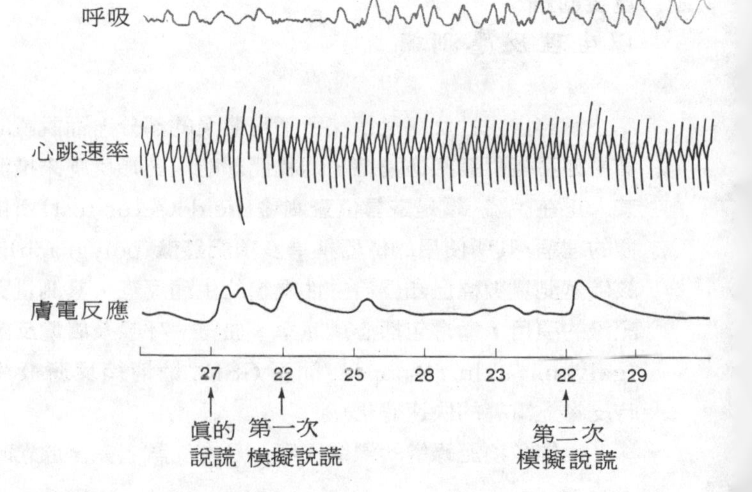

圖 11-2　多項儀
手臂夾袖器測量血壓及心跳速率；環繞在肋骨架的肺量器測量呼吸的速率，而手指電極則測量 GSR(Lafayette 儀器公司造的)。右圖表示受試者說謊及假裝說謊時的生理反應。呼吸曲線(圖上方)顯示，當個人打算假裝說謊時，個人會克制呼吸。而在第二次假裝說謊時，心跳及GSR都有顯著的改變(取材自Kubis, 1962)。

變；而受測者假裝數字是 22 時，其脚趾會顯得緊張，心跳速率及 GSR 的反應也頗爲顯著。

由於上述及其他問題，因此測謊器的結果不能做爲法庭上的證據。然而，在做初步犯罪調查，及甄選誠實的員工時，這種測驗還是時常使用的。多項記錄儀也可用來做研究工具，以探討及測量個人對心理壓力的情緒反應，或觀察藥物對生理反應的效果。

美國多項記錄儀聯盟的代表主張：該測謊器若由技巧熟練的操作者實施，其正確率應爲百分之九十以上。但批評者則認爲其正確率極低，例如，李肯(Lykken, 1984)即指出：在眞實生活情境的研究中，該謊言偵查測驗僅有百分之六十五是正確的；而一位無辜者則有五成通不過該測驗的機會。他批評該測謊器不僅偵測出伴隨謊言而產生的生理反應，而且對於混身被儀器束縛的誠實者亦是一種壓力。然而，許多企業界人士仍相信，這些測驗的利益要比其危險來得有價值，因此在私人企業中，多項偵查測驗的使用正方興未艾。無論是刑事審理或私人案件，任何人均有權拒絕多項偵查測驗，但對於拒絕者而言，難保不會對其生涯或者是工作機會有不利的影響。

另一種類型的測謊器則測量一般人耳所聽不見的聲音變化，例如控制聲帶的肌肉輕微振動的聲音。儀器所記錄下來的聲音，會經過**聲壓分析儀**(voice-stress analyzer)的解析，成爲方格紙上可見的線條表徵。一個輕鬆愉快的說話者，其聲帶顫動的波紋就像是一陣和緩的波浪(見**圖 11-3** 的左圖)；而一個深受壓力的說話者，其聲帶顫動的波紋也像受到極大的壓力(見**圖 11-3** 之右圖)。

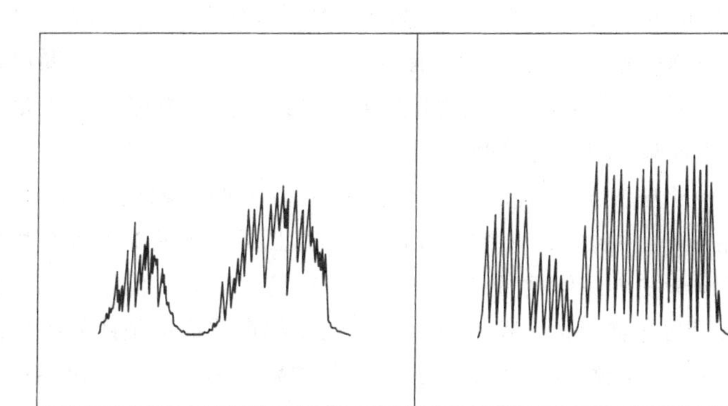

圖 11-3　聲壓組型

聲壓分析儀可以圖型記錄語言。一位輕鬆的發言者其圖型呈現如左圖般系列波紋，此型波係由聲帶輕微顫動而得；在壓力下，顫動受到壓抑，則會呈現類似右圖上的波紋(取材自 Holden, 1975)。

聲壓分析儀在謊言偵測中的運用，即如同多項記錄儀——中性問題中散布著關鍵問題，並比較受測者對此兩類問題的反應情況。當受測者回答關鍵問題時，其反應仍為和緩的波浪形，則表示所言屬實(因聲帶顫音無法隨意控制)。不過，一個受強大壓力的波紋，僅能表示該受測者相當緊張或焦慮，而無法肯定其說謊。

使用聲壓分析儀的好處是，受試者身上不必像使用多項記錄儀一般連接著許多電路設備，甚至受試者不在現場，分析儀也可透過電話或利用收音機、錄音帶、電視訊息來作用。雖然聲音的分析可不必經由受測者同意，但使用時仍應有道德上的考慮。此外，聲壓分析儀的精確性亦頗令人關注，尤其在區別罪犯與無辜者時，更不容有太大的誤差。近年來，許多研究者已致力於探究聲音變化與情緒的其他生理層面之關係(Rice, 1978; Lykken, 1980)，以達到更精確的測量。

情緒的區分

自主性喚起顯然影響了情緒經驗的強度，但它是否會使情緒有所差異呢？愉快、憤怒、懼怕等生理活動是否有不同的型態呢？這個問題須回溯詹姆士有關情緒的早期報告(James, 1884)，他認為吾人對身體變化的知覺即是主觀的情緒經驗，例如，「因為我們奔跑，所以感到害怕」、「因為我們毆鬥，所以感到憤怒」。丹麥的一位生理學家郎格(Carl Lange)也在同一時期持著類似的看法，另是他所提出的身體變化，包括自主性喚起。這個理論即合稱為**詹郎二氏論**(James-Lange theory)，所討論的重點是：由於自主性喚起的知覺(或者其他的身體變化)構成情緒經驗，且不同的情緒有不同的感受，因此每一種情緒必定有其特殊的自主性活動型態。詹郎二氏論的基本主張是，自主性喚起使情緒有所差異。

此理論於一九二〇年代受到來自生理學家康南(Walter Cannon, 1927)的衝擊，他提出三項主要的訾議：(1)雖然我們能夠清楚地瞭解何種情緒是個人曾經經歷過的，但不同情緒狀態間的身體變化，差異不大；(2)內在器官的構造是比較不敏感的，不可能快速地產生神經及內部的變化，而成為情緒感受的來源；(3)用人工方法促進身體的變化(如注射副腎上腺素入人體)，以產生情緒作用，並不能產生眞正的情緒。第三項批評明確地否定自主性喚起可區分情緒的說法。

心理學家針對康南所提出的第三點進行深入的研究，逐漸發展出測量自主性喚起之成分的更精確方式。近來的研究已成功地發現了不同情緒之生理型態差異。特別是艾克曼及其同事(Ekman et al., 1983)所進行的研究中顯示：不同的情緒間有自主性型態的差異。研究者在教導受試者臉部肌肉的特殊收縮方式之後(藉由鏡子與訓練的協助)，讓受試者對六種情緒中的每一種——驚訝、厭惡、哀傷、憤怒、恐懼、快樂——作出其情緒的表現。受試者須維持其情緒表達十秒鐘，研究者則測量其心跳速率、皮膚溫度及其他自主性喚起的指標。這些測量的數字即顯露出情緒間的差異(見**圖 11-4**)。憤怒、恐懼、哀傷等消極情緒的心跳速率，較快樂、驚訝、厭惡等情緒狀態來得迅速；前三種情緒可由皮膚溫度的高低來區分：憤怒時的膚溫較恐懼或哀傷時爲高。

此項結果至爲重要，然而仍無法作爲詹郎二氏論的明確佐證，或逕指自主性喚起是區分情緒類別的唯一成分。艾克曼的研究僅證實了情緒間存在著某些生理上的差異，而無法證實各情緒間所知覺與經驗到有性質上的差異。即使自主性喚起有助於分辨某些情緒，但並非所有的情緒均可依此分辨，例如，滿足與自大即很難從生理反應中區別。因此，康南批評詹郎二氏論的前兩個論點即獲得支持：自主性喚起並不足以區分情緒經驗，人爲誘導的生理喚起絕非眞正的情緒。職此之故，許多心理學家仍堅信，在自主性喚起之外，必定有某些事物更具有區分情緒的功能，此即個人對特別情境的認知性評估。

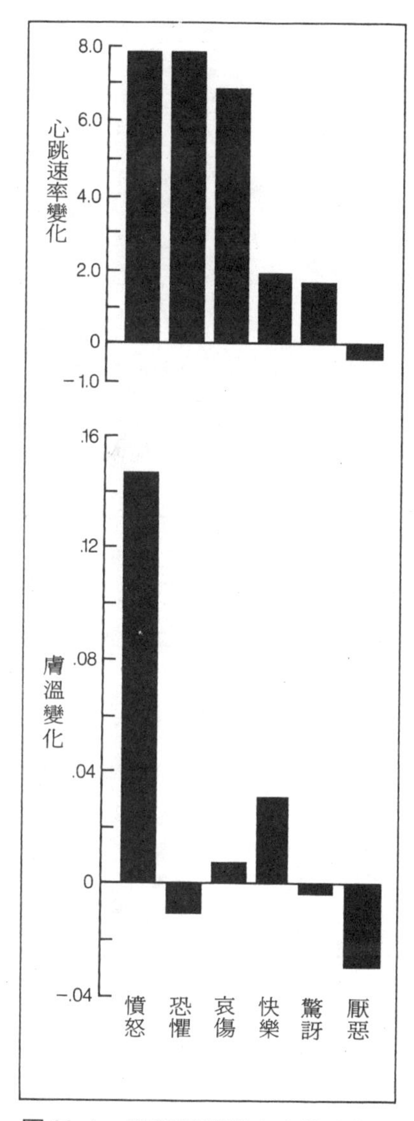

圖 11-4 不同情緒間自主性喚起的差異、憤怒

心跳速率(A)與右手指溫度(B)的變化、憤怒、恐懼、哀傷等情緒的心跳速率變化，較快樂、驚訝、厭惡等情緒更爲顯著。就手指溫度而言，則憤怒的溫度變化較其他情緒有顯著的差異（取材自 Ekman, Levenson, & Frieson, 1983）。

認知性評估

當我們經歷某一事件或行動時，我們會依據個人的目標或現狀對此事件或行動加以解釋，此類評估的結果即稱爲**認知**(cognition)或是**信念**(belief)，包含正性或負性兩種(如「我很高興我贏得這場競賽！」或「這次考砸了，我感到很難過！」)。**認知性評估**(cognitive appraisal)分爲兩個主要部分：評估過程及所產生的信念。

情緒的強度與區分

我們對情境的評估，常是導致情緒經驗的主要因素，這是顯而易見的。如果我們所乘坐的車子正在陡坡上向下滑動，我們會感到恐懼；但只要我們得知「車子」是遊樂園中滑行軌道的一部分，恐懼感就大爲減低。若是有人告訴你，他無法接受你的見解，而那人偏巧是你的好朋友，你可能會覺得相當生氣或受到傷害；然而要是那人是一個以前未曾謀面的精神病患，那你可能絲毫不爲所動。當我們看到影片中非洲土著正在切割一個年輕男孩的身體時，如果我們認爲土著正凌虐這個男孩，即會感到他們非常殘暴；但若是相信土著正在進行一項成人的儀式，則會較爲超然地冷眼旁觀。已有無數的案例足以證實，我們對情境的認知性評估，決定了情緒的強度(Lazarus, Kanner, & Folkman, 1980)。

認知性評估對於情緒的區分也有重大的影響作用。不同於自主性喚起者的是，由認知性評估所形成的信念足以區分許多情緒類別，而評估的過程又可作爲計算情緒喚起速度的依據。因此，在描述情緒性質時，常須特別強調情緒的信念。我們會說「由於她偏袒不公才令人生氣」或「我竟被拋棄了，眞令我吃驚」。偏袒不公與拋棄二者均是認知過程所形成的信念。

研究者經由觀察得知，認知評估足以決定情緒經驗的性質；亦卽，如果某人被安置於自主性喚起的中性狀態中，則其情緒性質純粹由其對該情境的評估來決定。夏荷特與辛格(Schacter & Singer, 1962)首先進行一項重要的實驗來考驗上述的主張。

實驗者將一種可以引發自主性喚起——如增加心跳與呼吸速率、肌肉顫動，以及顫慄感覺的液體腎上腺素(epinephrine)注射入受試者體內，實驗者所操弄的變項爲對受試者提供有關腎上腺素的結果。部分受試者被告知該項藥物將產生陶醉感，其餘則獲知該藥物會使他們感到憤怒。每一位受試者被告知該注射液的「結果」之後，他卽被留在等候室內，與另一位假裝是受試者的實驗助理在一起。如果眞的受試者所得到的訊息是該藥物會產生陶醉感，實驗助理卽表現出十分興致盎然的樣子(摺紙飛機、將紙團當足球踢進廢紙簍……)。若是受試者所得到的訊息是該藥物會使人感到氣憤，則實驗助理卽表現出怒氣騰騰的模樣(抱怨此項實驗、對受試者所填答的問卷表示憤慨、撕毀問卷、快步走出等候室)。

訊息的操弄，目的在影響受試者對情境的認知評估，而實際狀況亦證實該項假設：受試者所表現的情緒經驗，與其所獲知的訊息相當吻合。獲知會產生陶醉感的受試者多將其情緒評為「快樂」；反之，獲知會感到憤怒的受試者多將其情緒評定為「憤怒」。兩種情境的自主性喚起雖相同，受試者所經驗的情緒卻截然不同，顯然情緒是由受試者對情境的認知評估來決定。

然而，即使在快樂與憤怒的情境中有相同的自主性喚起，但它顯然仍不是中性的(Marshall, 1976; Maslach, 1979)。受試者所評定的情緒經驗，比實驗助理所表現的更為負向(較不快樂，或較憤怒)，顯示由腎上腺素所引發的生理喚起並非愉快的經驗。所以，純中性的喚起，是否為情緒的肇因，仍有待證實。一項後續的研究即提供了實證的資料。首先，讓受試者接受激烈的體能訓練，隨後安排他們被實驗助理所激怒。體能訓練旨在引發中性的生理喚起，並持續至受試者被激怒時，使生理喚起與受刺激而產生的憤怒連結，以導致更激烈的怒氣。實驗證實接受體能訓練的受試者比未接受訓練者，對刺激者產生更攻擊性的反應(Zillman & Bryant, 1974)。

上述研究的結論，列示於**圖 11-5**。

在某一情緒性的情境中，刺激事件引起了自主性喚起與認知評估，二者分別導向喚起的知覺與產生情緒信念，而依此決定個人所經驗的情緒(喚起的知覺與產生情緒信念二者並非全然獨立，通常喚起的知覺係導因於情緒的信念——「我的心跳急促是由於我非常生氣」)。同一刺激事件會同時引發生理喚起和認知評估。方才提及的研究中，實驗者所安排的情境使生理喚起和認知評估有不同的根源(如注射液與實驗助理的行為)，以便實驗者能分別分析每一成分在情緒經驗中的角色。這些研究顯示，喚起與評估二者均會影響情緒經驗的強度——有時候，認知評估能單獨決定情緒經驗的性質。雖然生理喚起有助於區分情緒，其重要性仍較認知和評估略遜一疇❶。

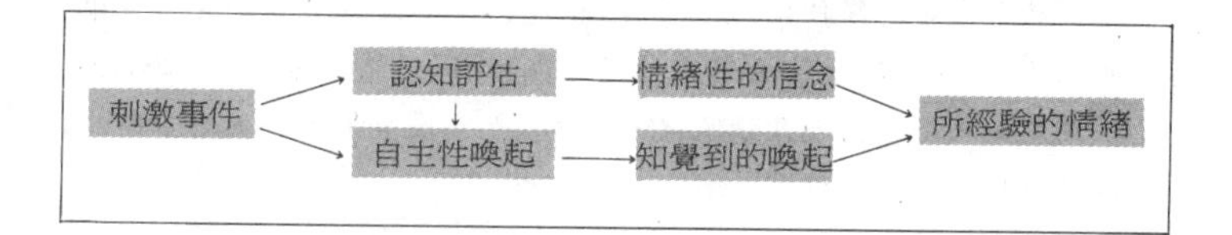

圖 11-5 情緒經驗的成分(1)
對認知評估與自主性喚起二者的知覺所形成的信念，導致了情緒經驗（取材自 Reisenzein, 1983）。

情緒	情　境
哀傷	失其所愛
害怕	威脅
憤怒	阻礙
喜悅	準配偶（男女朋友）
信賴	團體成員
厭惡	可怕的事物
期待	新的領域
驚訝	突然而奇妙的事物

表 11-2　基本情緒及其成因
八種基本情緒及其相關的情境（取材自 Plutchik,1980）。

認知評估的內涵

當然，並非每一種情境都會誘發某種情緒，因此可導致情緒反應者，必然是某一特殊的情況。曼德勒（Mandler, 1984）認爲此種特殊情況是「對正在進行中的行爲或思考所形成的**干擾**（interruption）」。憤怒或恐懼經常是由於意圖進行的活動受到阻礙；而喜悅或驚奇，可能是因干擾本身乃是一種預期的積極性事件。干擾可謂是評估過程的開端。雖然干擾亦是自主性喚起之始，但它主要特性仍在於決定情緒經驗的性質。

明瞭何種干擾情境會導致我們恐懼的評估，何種干擾情境會導致喜悅或其他各種情緒，乃是必要的。事實上，我們必須探討各類不同情緒的成因。針對這個問題，心理學家採取兩種不同的方法。第一種方法是假定有一「基本」情緒存在，將每類情緒與基本生活情境連結。**表 11-2** 即列示數類情緒（如恐懼）及其肇因的情境（如威脅）。基本情緒在人類文化與動物世界中均可發現，其普遍性爲我們提供了明瞭基本干擾情境的線索，而此法更適於解釋較低等動物的情緒。

另一究明情緒之情境面的方法，乃強調認知過程，此一方法較適用於解釋人類的情緒。它雖以個人所面臨的基本情境層面爲出發，但此論尚連結了這些情境面的不同組合，例如**表 11-3** 所示：情境之一是對於預期事件的期待性，情境之二是該事件的發生與否，此二層面的連結（**表 11-3** 的左邊）即產生四種可能的情境，每一種情境又引發了不同的情緒（在此例中只討論四種情緒是爲了便於解釋）。當期待中的事件發生時，我們會感到喜悅；若期待中的事件未發生，我們會感到悲傷；而當非期待事件發生時，則我們會感到煩惱；若非期待事件也並未發生，我們即會有輕鬆的感覺。舉例來說，假如一位年輕女孩與一位富吸引力但又有酗酒毛病的青年結婚，她可能只感到快樂，而她的情敵會覺得傷心，她父母會相當煩惱，而他父母可

情　境	情緒
期待且發生	喜悅
期待，但未發生	悲傷
非期待，但發生	煩惱
非期待，未發生	輕鬆

表 11-3　基本情境層面及其結果
兩種情境層面的連結及其相關情緒（取材自 Roseman,1979）。

---

❶有未包含認知評估的情緒事例（Zajonc, 1984）。尤其，兒童時期的恐懼經驗常是正統條件化的結果（見第七章）。例如，在醫院等候室中的兒童，如果先前已有看醫生的痛苦經驗，很可能會感到萬分恐懼，即使是成人亦然。在此種狀況下，成人的經驗並非由於他對當時情境有認知性解釋的結果。

能會有如放下心中石頭般的輕鬆哩！此法的特點即在於其詳細究明評估的過程，也顧及廣泛的情感經驗。

臨牀上的應用

認知評估可以區分情緒的事實，有助於我們瞭解某些臨牀觀察上所呈現的難題。依據臨牀研究者之報告，有時候患者似乎正經驗著某種情緒，但患者本身卻未能察覺，即患者有時並無主觀的情緒經驗，然而卻以某種形式來反應出情緒——例如，雖然患者並未感到生氣，但其行動卻似乎滿懷敵意。所以，在事件過後他可能也會感覺得到自己的情緒，並且同意在事件當時必定也隱含了該情緒。佛洛伊德(1976)認爲，這種現象就如對「痛苦」念頭的潛抑，而當前對於評估與情緒的研究，正可印證其假設。由於個人對情境所持的信念，經常左右了情緒的性質，若阻止信念進入感覺系統(潛抑)，即可使得個人不經驗到該項情緒。

臨牀分析與實驗研究上所關注的另一點，是情緒的發展。在臨牀分析上主張：個人快樂或沮喪的感覺，從幼年至成年改變極微；眞正有所發展者僅是對此類感覺的想法(Brenner, 1980)。所以，無論是三歲或三十歲，快樂的感覺應是相同的，然而使我們感受到的快樂程度卻有很大的差異。這種發展型態十分吻合我們對情緒的論述。快樂和沮喪的感覺可能會引發自主性喚起的回饋，而且此種自主性喚起的特性，終其一生均不會有所改變。相反地，此類感覺所連結的想法，乃是情緒性的信念，將隨著其他認知層面的發展而有所變化。

我們對某一相似的現象，常會有因人而異的評估，情境引發情緒的程度，乃是受我們先前的經驗所決定。面對一位非常吹毛求疵的的雇主，某些人僅覺懊惱，但其他人則感到震怒。何以有此差異呢？想必又是由於先前經驗的不同：可能那些被激怒者過去也曾經遭遇到吹毛求疵而獨裁的人，當前的事件又勾起往日不愉快的經驗；而那些僅覺懊惱者並無此類經歷。先前經驗與現實情緒的連結，即是評估的歷程；意即，先前經驗影響我們對現時情境的信念，而這些信念又形成我們現時所經驗的情緒(先前經驗與現時情緒另一種可能的連結方法是正統條件化歷程，特別是恐懼之類的情緒)。

情緒的表現

天生的情緒表現

情緒的表現基本上是天生的，全世界的小孩子，在受傷及悲傷時會哭，愉快時會笑。以生來盲聾的孩子為對象的研究，發現隨著孩子的成長，和各種情緒有關的臉部表情、姿態和手勢會發展出來；雖然他們沒有機會觀察別人的情緒表現，但到了適當的年齡，就自然會顯現出來。

達爾文爵士(Sir Charles Darwin)曾探討眼睛失明的孩子及動物的情緒表示。在他一八七二年出版的書《人類及動物的情緒表現》(*The expressions in man and animals*)裡，他提出情緒進化論的看法。根據達爾文的說法，人類表示情緒的許多方式都是遺傳來的，原來都具有生存的價值。例如，厭惡或拒絕的表示，是因為有機體為逃避某些令他不愉快的食物而來，達爾文說：

> 從最簡單的意義上來看，所謂「厭惡」是指對某種食物的防衛。但厭惡也會引起煩惱，通常厭惡會伴隨著皺眉；而表現出來的手勢，像是要把防衛對象推得遠遠的，或者有著無限的戒心……
>
> 極為厭惡的表示，可從嘴巴周遭的運動看出來，這和嘔吐前的準備動作是一模一樣的。嘴張得大大的，上唇收縮得很厲害

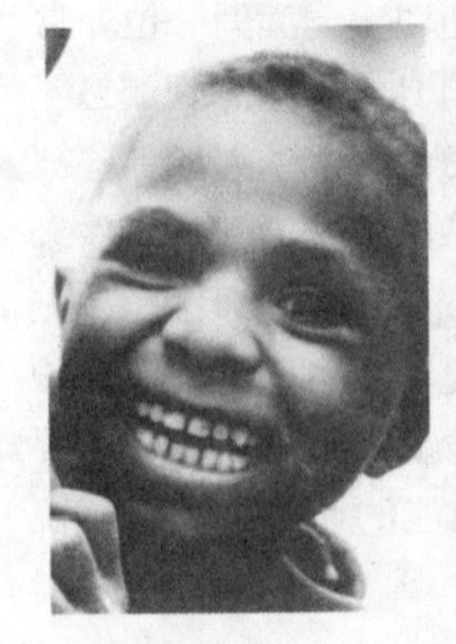
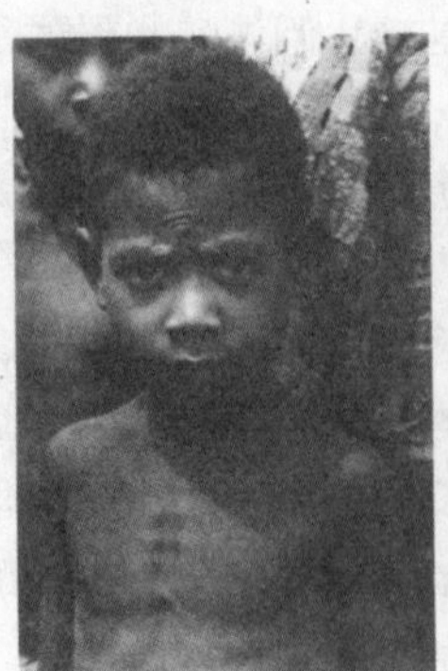

作為傳達情緒的臉部表情具有普遍性。由新幾內亞土著與美國人的照片中，可以證實情緒是藉由相同的臉部表情來傳達。從左到右的圖片所呈現的情緒依次是快樂、悲傷和厭惡。

> ……眼皮半闔，或者眼睛轉向一邊，或整個身體轉過去，和輕蔑的表示頗爲相像。這些動作就好像宣布對方是不屑一顧的、令人輕視的……看起來，全世界一樣，向地上吐痰是輕視及厭惡的象徵；而顯然地，吐痰也表示拒絕吃某種食物，以免引起嘴巴的不快。

某些臉部表情，似乎全世界都是一樣的，代表同樣的意義，而和個人生長的文化無關。當我們把代表快樂、憤怒、悲傷、恐懼及驚奇等臉部表情的照片，給不同五種文化的成員（包括美國、巴西、智利、阿根廷、及日本）看，結果他們都很容易地指出每種表情所代表的情緒，即使是偏遠地方、茹毛飲血、從來沒有和西方文化接觸的部落（新幾內亞的霍兒〔Fore〕族及丹尼〔Dani〕族），也能夠正確地判斷面部表情。而從錄影帶裡面，美國的大學生也能相當正確地指出霍兒族土著的情緒表現，雖然他們會把恐懼及驚奇的表情混淆在一起（Ekman, 1971）。

學習在情緒表現上的角色

雖然某些情緒表示大部分是天生的，但透過學習之後，會有所改變。例如，憤怒可能從打鬥、口出三字經、離開房間（拂袖而去）等表現出來。憤而離開房間絕不是生下來就會的情緒表現，而顯然地，口出三字經也是學來的。

利用某些臉部表情及姿勢來表示情緒，是受文化教導的結果。有一個心理學家曾經閱讀了一些中國小說，以探討中國作家描寫人類情緒的情形。和西方的作家一樣，中國小說也用了

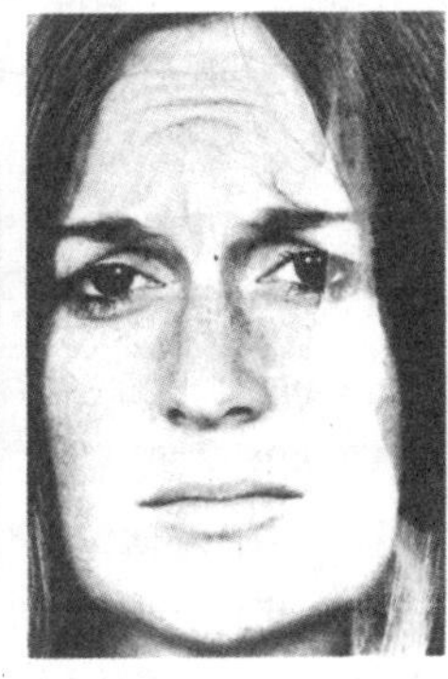
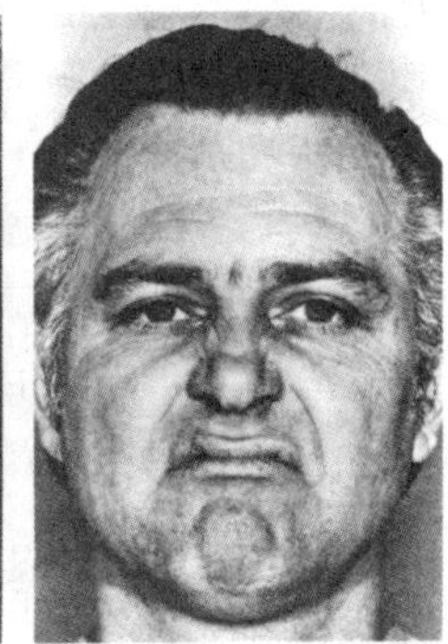

許多身體上的變化(臉紅、臉色蒼白、冒冷汗、顫抖、起鷄皮疙瘩)，以象徵情緒表現。然而，他發現，在某些情緒表現方面，中國小說的描述，和西方是截然不同的。如果不熟悉中國文化的話，西方讀者很容易誤解底下從中國小說摘錄下來的句子(Klinebery, 1938)：

「她杏眼圓睜。」
(她憤怒起來)
「他們咋舌不已」
(他們非常驚訝)
「他手足無措」
(他頗爲煩惱及失望)
「他抓頭搔耳的」
(他頗爲高興)

因此，在情緒的基本表現(這可能是無國界之分的)再高一層次，爲傳統化及刻板化的情緒表現方式，這已經成爲一種「情緒語言」，該文化的每個人都能領會。許多演技精湛的演藝人員，都能使用觀衆瞭解的臉部表情、音調及姿勢，將情緒傳達給觀衆。在模擬情緒時，雖然許多人的演技不佳，但他們能夠將傳統的情緒表現加以誇大，以傳達情緒，如咬牙切齒及握緊拳頭表示憤怒；嘴唇內翻緊閉代表悲傷；眉頭高舉表示懷疑及不贊同。

大腦位置與情緒

情緒的表示既普遍化，同時也具有相當的特殊性，特別的肌肉用以表達特殊的情緒。此種普遍性與特殊性的結合，顯示出有一特殊的神經系統可以說明人類原始的情緒表現；而據最近的研究證據指出，該神經系統位於大腦右半球。

該項證據的來源之一，是研究者將情緒表現的圖片呈現在受試者左視區或右視區(第二章曾說明右視區進入的影像將投射在大腦左半球)，由受試者判斷該圖片所表示的情緒爲何。當圖片呈現在其左視區時(意即投射於腦右半球)，他們的判斷既快又正確。此外當臉部的左右兩邊傳達不同的情緒時(半邊愁眉苦臉時，另半邊可能笑容滿面)，呈現於左視區的表情對受試者的衝擊較大。另一項有關情緒表示位置的證據，是對於因重擊或意外事件而腦部受傷患者的研究：僅腦右半球受傷的患者，其對於臉部的情緒表情，比之僅左半球受傷的患者，更難以正確的指認(Etcoff,1985)。

辨認情緒表情的系統似乎具有高度的特殊性，也與我們對臉孔的辨認能力有所不同，意即某人或許對辨識臉孔有極大的困難，但他卻仍能辨認出情緒的表情(Bruyer et al., 1983)。如果對腦右半球的各區進行電擊，則辨認臉孔的能力與辨認情緒的能力也分別受到不同的影響：辨認臉孔的能力會因後腦頂部受電擊刺激而喪失，情緒辨識能力則會因太陽穴受到刺激而喪失(Fried et al., 1982)。

情緒除了透過臉部表情來傳達之外，也藉由聲音型態的變化來表示(尤其是音調、音速、重音等的變化)，例如音調遽升表示害怕。接收這些情緒線索的神經系統亦位於大腦右半球，因此當研究者將情緒性的聲音呈現於受試者的左耳或右耳(分別投射在大腦右半球及左半球)，受試者較能正確指認在左耳所呈現的聲音。而且，腦右半球受傷的患者，比腦左半球受傷的患者較難以確認聲音中所傳達的情緒(Ley & Bryden, 1982)。

情緒的強度與分化

臉部表情除了具有傳情達意的作用之外，亦有助於我們的情緒經驗，稱之為**臉部回饋假說**(facial feedback hypothesis)。依據此項假設，當我們接收(或稱「知覺到」)自主性喚起的回饋時，我們也接收(或稱「知覺到」)了臉部表情的回饋，而且此種回饋與情緒的其他成分相連結，以產生更強烈的情緒經驗。這意味著：若你能使自己咧嘴微笑並讓此笑容持續幾秒鐘，你將會逐漸覺得快樂；若你眉頭深鎖，你也會慢慢感到緊張和憤怒(你不妨試試看)。為了支持假設，研究者要求受試者對某一引發情緒的情境儘量誇大其臉部的反應，結果顯示這些受試者所報告的情緒經驗，比未被要求誇大臉部反應者更強烈(Laird,1974)。其他的研究也指出，臉部表情將透過漸增的自主性喚起，而對情緒產生間接的影響作用。此種的影響已在先前討論的實驗中證實——特殊的情緒表現，在心跳與膚溫上會產生變化。因此，在導致情緒經驗的因素表中，須加上情緒的表現(見**圖 11-6**)。

圖 11-6 情緒經驗的成分(2)
情緒的表現、情緒的信念及知覺到的喚起，均是導致情緒經驗的因素(取材自 Reisenzein, 1983)。

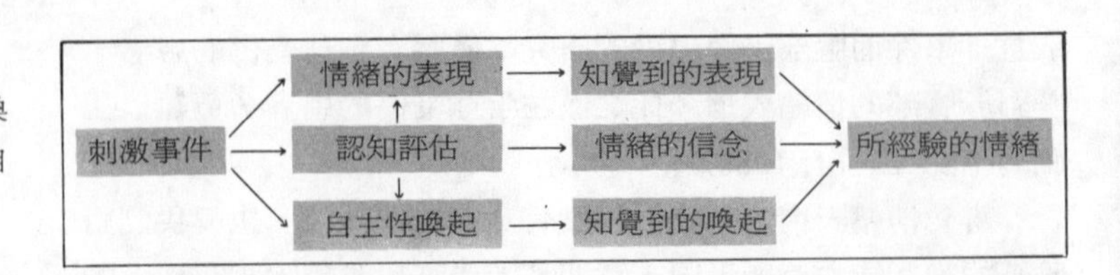

不過，臉部表情究竟如何影響自主性喚起或是受試者的情緒經驗呢？一位法國生理學家溫保(Israel Waynbaum, 1906)提出一個有趣的答案，而傑庸克(Zajonc, 1985)則再次研究證實。依照溫保及傑庸克的說法，臉部肌肉的收縮，會影響附近血管的血流，換句話說，會影響腦部的血液流動，從而決定腦部溫度以及傳導神經的活動——後者可能是臉部皮膚活動的部分。因此，當開懷大笑時，臉部肌肉收縮，以致流向大腦的血液增加，而有渾然忘我的陶醉感。 許多研究者也相信：臉部表情對情緒性質具有決定作用。雖然基本情緒的表情截然不同，但對於情緒的差異性仍有所影響。湯普金(Tompkins, 1980)認為，來自臉部表情的回饋，提供了分辨正性情緒與負性情緒的方法。未來的研究將會支持臉部表情可以使情緒分化的觀點，於是我們又回到詹姆士的主張：情緒是對特定的身體變化有所知覺；臉部表情也是身體上的變化之一——因為我們正在笑，所以感到快樂。

重要討論：
情緒的拮抗歷程

強烈的情緒具有中斷性既已獲得證實，何以有些人會一再進行一如跳傘時激烈的喚起性活動呢？有個古老的笑話說他們之所以如此，是由於「當他們從激烈的活動中停止時，會產生相當美好的感受」。這確實令人驚奇，但也是一針見血的實話，這就是**情緒的拮抗歷程論**(opponent-process theory)(Solomon & Corbit, 1974; Solomon, 1980)。

此論假定大腦是用來對抗或壓抑情緒狀態的組織。每一種情緒狀態均有一項足以消除該狀態的對立狀態；當情緒喚起(稱之為A)時，亦立即引發其對立狀態(稱之為B)，使整個系統及時恢復原狀：

基準線→狀態 A →狀態 B →基準線

此歷程已在典型傘兵訓練的情緒反應中得到例證(Epstein , 1967)。當他們首次跳傘時(降落傘尙未張開之前),其反應是恐懼(狀態 A);著陸之後,受訓的傘兵經常會有數分鐘的時間茫然失神,爾後才綻露笑容。著陸後那種陶然忘我的感覺(狀態 B),終將淡化而恢復至正常行爲的基準線(見**圖 11-7 A**)。

看看**圖 11-7 B** 左邊的曲線圖,即可瞭解情緒的暫時性歷程。一旦情緒發作,就如 a-歷程,引起狀態 A;a-歷程展開行動後,b-歷程隨之被喚起作用,以致抗拒或壓抑 a-歷程所產生的情緒狀態。無論何時,a-歷程與 b-歷程所顯示的情緒狀態或反應的強弱均不相同,此差異在圖 **11-7 B** 左上圖的曲線中可明確看出。

左上圖的曲線亦說明了情緒經驗的時間歷程。當引發情緒的刺激初次呈現時,在幾秒鐘內即會有情緒發作,並達顚峰狀態;若刺激事件持續進行,情緒會有輕微減弱繼而維持穩定的現象。起初是因爲 a-歷程尙未出現對抗而可達致狀態 A 的顚峰;然而當 b-歷程逐漸行動後,抵銷了 a-歷程,使得狀態 A 由顚峰滑落。一旦撤除引發情緒的刺激,即會經驗到相對立的情緒。原因是 a-歷程立即消逝無蹤,b-歷程則減弱速度十分緩慢;在 b-歷程的運作中,可以經驗到狀態 B。

跳傘的自由降落無疑是引發情緒的刺激事件,a-歷程即刻運作,導致狀態 A 的情緒顚峰——強烈的害怕感,隨

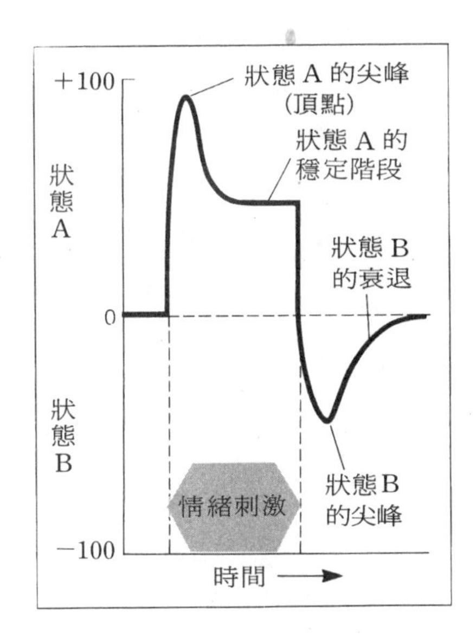

圖 11–7 A　情緒反應的暫時性互動
情緒喚起性刺激產生情緒反應的標準型態。圖 11–7 B 左上圖的曲線亦同。

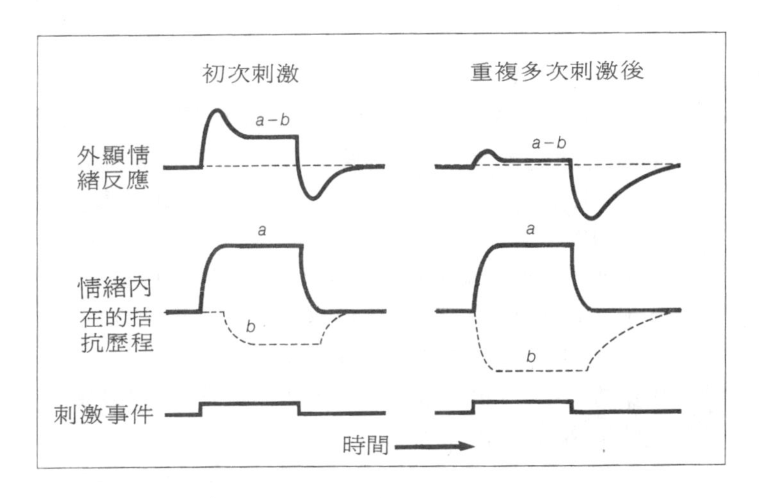

圖 11–7 B　情緒的拮抗歷程
左圖說明對最初所呈現刺激的情緒反應;右圖顯示重複呈現多次刺激之後的反應。在外顯反應圖中的上曲線,是由拮抗歷程相互作用而成(意即由中列圖所顯示的 a–曲線減去 b–曲線而得)。下圖則表示引發情緒的刺激事件之呈現與否。尙須注意的是:當刺激呈現時,b–歷程有短暫的潛伏、強度漸增、較逐漸緩慢地減弱等現象,此類變化可以解釋當刺激一再呈現之後,情緒反應有所改變之因(取材自 Solomon, 1980)。

後(仍在自由降落之中)，b-歷程逐漸被喚起，並減弱了狀態A的強度，但跳傘者仍然感覺到相當程度的害怕，直到降落傘張開，害怕才大減。跳傘者著陸之後，引起害怕的刺激事件全然撤除，則a-歷程立即消失，只餘b-歷程持續作用，並增強至狀態B——輕鬆的感覺。此種情緒反應的型態在日常生活經驗中均可觀察到，但也常因文化因素或刻意對情緒有所壓抑或控制，而使該反應型態益形複雜。圖**11-7 B**顯示在控制嚴密的實驗情境中，情緒狀態的遞變過程。

上述的討論，僅考慮到情緒喚起事件初次呈現的拮抗情況，但跳傘者大多重複許多次跳傘活動，抗衡歷程論亦考慮此刺激事件一再重複的狀況。抗衡歷程論認爲，初次經歷喚起刺激時，b-歷程較弱且較慢發生；但重覆經歷該刺激，會強化b-歷程的力量，直至其以最大的強度立即發生作用。圖**11-7 B**右圖即表示此作用。結果，狀態A所顯露的情緒程度大減，而當刺激撤除之後，狀態B的強度則相對地大增。喚起刺激引發情緒的初次拮抗，將是一強勁的A狀態之後，緊接著中度的B狀態；但在連番經驗後，狀態A的強度減弱而消失，狀態B的強度則逐漸擴增。因此可以理解人們爲何常常不停地進行高度刺激性活動的緣故。

藉著分析重複暴露在喚起事件下對情緒的影響，也可以闡明藥病的現象。初次只服用少許鴉片即可產生一種通常用來形容全身有著強烈性歡悅的感受、稱之爲「興奮」(rush)的愉快經驗。緊接著「興奮」，是一種較不強烈的「幸福」(euphoria)狀態，當藥效消褪後，用藥者會落入一種稱之爲「退縮」(withdrawal)的嫌惡狀態，然後慢慢消失。此反應型態可由**圖 11-7 B**左圖中曲線看出。鴉片藥效在狀態A(興奮)中達到高峯，接著強度稍降(幸福)；當藥效消失時，即出現狀態(退縮)，此狀態依時遞減，直至消失爲止。

如果用藥者一再持續服用同一劑量，則此情緒歷程會發生如拮抗歷程論所預測的變化(見**圖 11-7 B**右圖)：此時不再有興奮經驗，而「幸福」感受極微或完全沒有；「退縮」症候則變得相當強烈，且持續很久。亦即，經常用藥者用藥時將只有輕微的情緒「高潮」，卻緊接著強烈且延長時間的情緒「低潮」期。

起初服用藥病的藥物是爲了可以產生愉快的藥效；然

而重複服用後，卻只是爲了消除前次用藥所持續下來令人不快的拮抗歷程，結果形成一種惡性循環：愈常服用某藥物，產生的拮抗歷程也愈強烈、愈持久。爲了排除此不愉快的後效，服藥者會再度用藥，如此，將更進一步強化了拮抗歷程。一位經常服用藥物者之所以持續服藥，並不是爲了想經驗此藥物原先所能帶來的情緒高潮，而只是爲了減低前次用藥所產生的低潮。這種惡性循環很難被破壞，這也是大部分藥物治療計畫有高失敗率的原因。拮抗歷程並不能提出治療藥癮者的處方，但是卻能提供我們一套評估這些治療計畫的有用架構(Solomon , 1980)。

情緒的適應性

在我們的日常生活中，情緒究竟扮演著什麼樣的角色呢？究竟幫助我們生存呢？抑或是令我們困擾及不適應的主要源頭？這些問題的答案，端看情緒的強度而定。

喚起水準與工作表現

溫和的情緒喚起水準，能夠使個人對工作的機警性及興趣增加。然而，不管愉快與否，當情緒變得十分亢奮時，通常會減低工作績效。**圖 11-8** 的曲線表示情緒喚起水準和工作表現效能間的關係。在喚起水準最低的時候(如剛睡醒的時候)，神經系統的機能尚未完全恢復，知覺訊息無法通過。工作績效在喚起水準中等時最佳；而喚起水準高時，則降低下來。根據臆測，這可能是因爲中樞神經系統是相當活躍的，能夠馬上對許多事物做反應，因此阻礙了適當反應的表現。

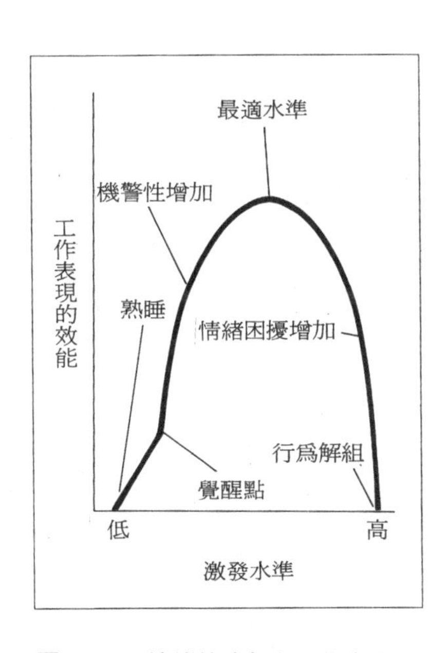

圖 11-8　情緒的喚起和工作表現
曲線表示情緒喚起水準和工作表現效率間的假想關係。隨著工作或行爲的差異，曲線的圖形也許稍有不同（取材自 Hebb, 1972）

隨著工作的不同，喚起的最適水準及曲線的形狀會有所差異。簡單、學習良好的習慣較不容易受到情緒喚起的影響；而依賴幾種思維過程統合的複雜反應，則容易受到情緒喚起的破壞。在非常害怕的一刹那，你可能還能夠寫出你的名字，但玩西洋棋的能力，可能受到嚴重的傷害。

個人的行爲受情緒喚起破壞的程度，因人而異。觀察人們在危急時的反應，如火災或山洪爆發，發現有百分之十五的人，行爲仍舊是有組織、有效能的。大部分人——大約百分之七十的人，有不同程度的行爲解組現象，但還能夠有效地履行某些功能。只有百分之十五的人完全解組，無法履行所有的功能；他們可能尖叫著、跑著或表現出漫無目標、非常不適切的行為(Tyhurst, 1951)。研究戰鬥中或心理壓力大的士兵，發現只有百分之十五至二十五的人能夠沉著地計數著開火，而其他的人則在原地呆若木鷄，無法開槍射擊；換言之，當情緒十分激動時，會嚴重損害到控制有組織的行為過程。

情緒狀態的持久性

有時，情緒不會很快地釋放出去，而繼續停留在漠然或無法解決的階段。也許，使個人憤怒(如和老闆間衝突的延伸)或使個人恐懼(煩惱心愛的人患了慢性疾病)的情境會繼續存在著好一段時間。這種高亢的喚起狀態，往往會使個人有效履行功能的能力受到損害。有時，持續性的情緒緊張，會損害到生理健康。在**身心異常**(psychophysiological disorder)的疾病裡面(如心身症 psychosomatic illness)，癥狀是生理上的，但主要的原因卻是心理上的。這些不同類型的疾病，如潰瘍、氣喘、偏頭痛、高血壓及皮膚疹，都和情緒壓力有關係。在第十四章，我們還會做更詳細的說明。不過，在這裡仍舊必須注意，和損害心理效能一樣，長期的情緒壓力會損害個人的生理健康。

攻擊是一種情緒反應

當我們處於情緒之中，可能會有多種不同的反應方式，有時是極力抑制情緒的表達，或者僅是言語上的表示(「雖然我並沒有表現出來，但是我非常生氣」)。我們常會表現出典型的情緒反應——快樂就抿唇微笑或開懷大笑，恐懼時則瑟縮不安，生氣了就會出現攻擊性的行動等等。在這些典型的情緒反應中，心理學家最戮力研究者是：**攻擊**(aggression)。

此種特殊的反應方式使得攻擊被視為具有重要的社會意義。就社會而言，在核子武器廣泛製造之後，單一的攻擊行動即可造成慘痛的災害；就個人而言，許多人曾經驗到攻擊性的念頭或衝動，而克制這些念頭或衝動的方法，對個人健康或是人際關係，均有極大的影響。攻擊之所以如此重要的另一項原因是，攻擊乃各種社會互動理論所研究的基本重點，如佛洛伊德**心理分析論**(psychoanalysis)視攻擊為一種驅力，而**社會學**

習論(social learning theory)則認爲攻擊是習得的反應。這兩派觀點，在對攻擊的研究中具有主導性的地位。

通常，我們把攻擊定義爲個人存心傷害別人(包括身體上的傷害及語文上的傷害)或破壞物品的行爲。在這裡，關鍵字是**存心**(intent)。假使我在嘈雜的升降機裡面，不小心踩到了你的腳，但我馬上說抱歉，則你不能說我的行爲是攻擊行爲。如果我在你要走到座位上唸書時，把腳伸出去，故意把你絆倒，則你將毫不猶豫地斥責我的行動是攻擊。

攻擊是一種驅力

我們僅探討心理分析與社會學習論對攻擊的看法。此兩派理論將在第十三章討論人格時詳細說明，並於十五、十六兩章討論偏差行爲及其處理方法時再次提及。

佛洛伊德早期的心理分析論認爲，我們大部分的行動均受本能所決定，尤其是性本能。當本能受到挫折時，攻擊驅力即隨之而生。後來的心理分析派學者提出**挫折-攻擊假說**(frustration-aggression hypothesis)，主張當邁向目標的努力受到阻礙時，個人會產生攻擊驅力，激發攻擊行爲，傷害或毀壞使自己受挫折的人或物體(Dollard et al, 1939)。從而，攻擊性的表現減低了驅力。對挫折來說，攻擊性是優勢的反應；然而，假使個人過去因攻擊而受到懲罰，則可能會產生其他反應。依照這種想法，攻擊性不是天生的；不過，由於到處都有挫折，必然會產生攻擊驅力，因此必須找尋舒洩口。

支持攻擊是一種生物驅力的研究，如下所述。這些研究顯示：當我們用溫和的電流刺激動物下視丘的某特定區域時，會引起動物的攻擊行爲。如果我們把電極植入貓的下視丘，並給予刺激，則貓會怒吼、毛髮豎立、瞳孔放大，同時突擊籠裡的老鼠及物品。刺激下視丘裡的其他區域(但和上述區域頗爲接近)，會產生截然不同的行爲：貓不會表現出上述發怒的行爲，而會漠然地偷偷走近老鼠，撲殺之。

利用同樣的技術，也會使猴子及老鼠產生攻擊行爲。一隻在實驗室養大的野鼠，未曾殺過或看過野生的野鼠撲殺家鼠，能夠和家鼠在籠裡和平相處。然而，假使野鼠的下視丘受到神經化學物質的刺激時，野鼠會表現野生野鼠的行爲——攫住同籠的家鼠，加以殺害。殺害時，是用牙齒啃咬頸部，嚴重傷害到脊髓，使對方致死。看起來，似乎這種刺激引起了天生的殺

圖 11-9　刺激大腦和攻擊性

透過遙控的無線電控制器，將溫和的電流送入植於猴子下視丘的電極，則猴子是否會表現攻擊行爲，端看猴子的地位層級而定。

害反應；在這個時候，殺害反應是最佔優勢的。相反地，我們把阻礙神經化學物的物質注射入老鼠大腦的同一個地區，則一隻撲殺家鼠的野鼠會變得溫馴，暫時能夠和平共存(Smith, King, & Hoebel , 1970)。

對較高等的哺乳類而言，像本能攻擊的模式，頗受大腦皮質的控制，也因此受到經驗的影響。群居的猴子會建立起支配的層級，一或兩隻公猴擔任領袖，底下有各種層級的下屬。當我們把電極植入猴王的下視丘並通電時，則牠會攻擊下屬的公猴，但不攻擊母猴。同樣地，我們刺激階級較低的猴子的下視丘，則引起退縮及順從的行爲(見**圖 11-9**)。因此，並不是刺激下視丘，就自動自發地引發了攻擊行爲。下視丘可能把信息傳給大腦皮質，說明它的「攻擊中樞」已經亢奮起來，而皮質在選擇表現出何種反應時，會考慮環境的性質及過去經驗的記憶。

人類亦然，我們也有控制攻擊行爲的神經機制。但這些神經機制的作用，大部分是屬於一種**認知控制**(cognitive control)。有些大腦受傷的人會對某些刺激產生攻擊反應，這在正常人是不會產生的。在這些個案上，控制攻擊行爲的重要機制已經受損。有一個研究指出：神經受傷對人的影響頗大，這些人一再地表現出暴力及攻擊行爲(Mark & Ervin, 1970)。而正常人表現攻擊行爲的次數、表現行爲的形式，以及表現攻擊行爲的情境，則通常取決於經驗及社會的影響。

攻擊是習得的反應

社會學習論著眼於人際互動，而其出發點則是動物學習行爲的研究(就像第七章所討論者)。此論的重點在於人類的行爲型態依環境事件的影響而定：某些行爲可能獲得獎賞，而其他行爲則產生不愉快的結果，透過不同的增強過程，促使人們選擇較爲成功的行爲型態。社會學習論與純粹行爲論相異之處，乃其強調認知過程的重要性。由於人們能以象徵性的符號來描述並思索所處的情境，因此能預知行動可能的結果，同時據以改變其行爲。

社會學習論也強調**替代學習**(vicarious learning)的重要性，所謂替代學習是指從觀察中學習。許多行爲模式的學習都是從觀察別人的行爲，及行爲的後果而來。情緒也可由替代學習中學得，透過對他人情緒反應的觀察，以及看到他人經歷痛苦或愉快的經驗，我們會學到適當的情緒反應。一位看過哥哥在牙醫椅上痛苦萬分的孩童，第一次進牙醫診所時，會感到害怕。社會學習論者強調**模仿對象**(model)在傳達特有行爲及情緒反應的重要性。同時，他們也花了許多時間及精力，來研究模仿對象傳遞行爲的方式——究竟何種模仿對象是最有效果的？那些因素決定了模仿行爲的表現？

社會學習論者由於強調學習，因而主張攻擊和其他學得的反應沒有兩樣，而不認爲攻擊是一種本能，或因挫折產生的驅力。攻擊可以透過觀察及模仿學得，尤其是攻擊行爲受到增強時尤然。當個人在達成目標的途徑上，受到有壓力事件的困擾及阻礙時，會產生不愉快的情緒激動。隨著個人學習來的因應壓力情境的反應不同，個人由這種情緒激動引起的反應也不一樣。受挫折的人可能會去找他人幫忙，或攻擊他人，或退縮，或更努力去克服障礙，或用藥物及酒精來麻痺自己。個人會選擇一種個人在過去受挫折時，解決挫折最成功的方式，來減輕挫折。根據此一觀點，挫折所激起的攻擊行爲，主要是人們已經學會以攻擊行爲來反應不利的情境(Bandura,1977)。

圖 11-10 顯示社會學習論與心理分析論(挫折-攻擊假設)在攻擊概念上的差異。社會學習論的假定是：(1)挫折僅是攻擊行爲的因素之一；(2)攻擊是一種**反應**(response)而非驅力。

攻擊的模仿(imitation of aggression) 社會學習論的研究顯示，攻擊也像其他的反應一般，可以透過模仿而學習。

育幼院的孩童，在觀察成人利用不同的攻擊行爲，攻擊吹氣脹大的小丑玩偶之後，小孩會模仿大人的許多行動，包括模仿非世俗及不平常的攻擊行爲模式(見**圖 11-11**)。當研究者擴大實驗，
放映兩種具攻擊性的模仿對象的影片時(一種影片的模仿對象

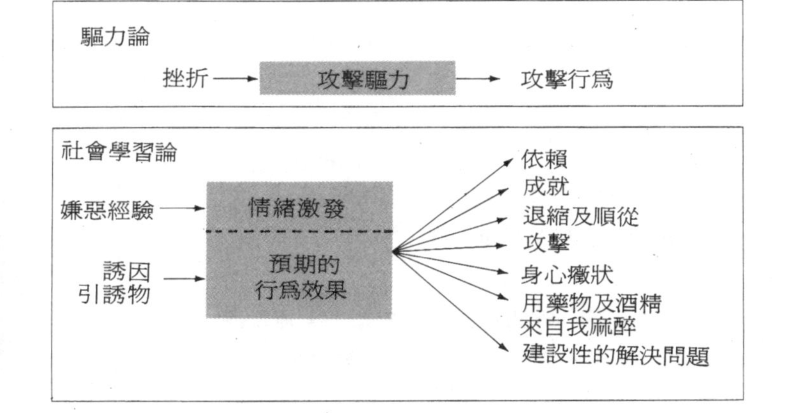

圖 11-10 決定攻擊性的動機要素
上述簡圖表示心理分析論(挫折-攻擊假設)及社會學習論對決定攻擊性的要素的看法。依照社會學習論的看法，由不愉快經驗而來的情緒激動，可以引發各種不同的行爲，端看此種行爲以前是否受到酬賞或保證能達到目標而定。認知因素(包括過去行爲結果的知識，及在目前情境下對正性、負性誘因的評估)使個人能夠預知行爲及行動的後果。

圖11-11 孩童模仿成人的攻擊行爲
育幼院孩童，觀看成人利用各種攻擊方式攻擊吹氣膨脹的小丑玩偶的影片之後，男孩、女孩都會採用成人表現的各種行動來攻擊玩偶，包括高舉摔下、用鐵槌敲擊及用腳踢。

是活生生的人攻擊小丑玩偶；另一種影片則以卡通的方式，表現同樣的攻擊行爲)，結果頗令人驚訝。觀看這兩種影片的孩童，對玩偶的攻擊行爲都比直接觀察活人攻擊玩偶者多。**圖11-12** 表示各組攻擊行爲的總數，以及學習模仿對象特有攻擊行爲的次數。顯然地，觀察活生生的模仿對象者，增加攻擊行爲的可能性較大。

攻擊的增強(reinforcement of aggression) 攻擊也與其他反應一樣，對增強事件極爲敏感。許多研究顯示，觀看模仿對象因表現攻擊行爲而受到增強的兒童，最易學得並表現出攻擊反應。某次研究中，研究者花十星期時間觀察兒童，記錄其人際間攻擊的事件及攻擊行爲之後緊接出現的正增強(受害者退避或啼哭)、懲罰(受害者反擊)，或中立反應(受害者毫不理會攻擊者)。對於最富攻擊性的兒童，正增強幾乎是其攻擊行爲最常見的反應；起初並無攻擊性，卻因偶然以反擊來抵抗攻擊而成功的兒童，本身也漸漸產生攻擊的舉動(其攻擊亦受到增強)；而攻擊性最輕微的兒童，則是那些反擊行動並未成功者(未獲增強)。顯然，攻擊的後果在行爲塑造中扮演了相當重要的角色(Patterson, Littman, & Bricker , 1967)。

攻擊的表現與舒洩作用

試圖區別「攻擊即驅力」與「攻擊即習得反應」二者之研究，經常著眼於**舒洩作用**(catharsis , 藉由強烈的體驗而舒洩某種情緒)。假如攻擊性是一種持續的能量(驅力),攻擊性的表達應具有舒洩作用,可以減低攻擊感及攻擊行動的強度。另一方面,假如攻擊性是一種習得的反應,則攻擊性的表達可能會使攻擊行動增加(攻擊性受到增強)。目前,諸多研究證據均有利於「攻擊乃習得反應」的觀點。

攻擊行動(aggressive acting) 心理學家曾進行多項研究,以確定攻擊性是否會因爲表達而減少。對孩童的研究指出了,參加攻擊活動不是提高了攻擊行爲,就是維持同樣水準的行爲,絕不會降低攻擊性(Nelsen,1969)。一般說來,以成人爲對象的實驗也產生了同樣的結果。當給予大學生有重複電擊別人的機會(對方不能報復)時,隨著攻擊行爲的增加,大學生變得喜歡懲罰別人。憤怒的受試者,在成功地打擊他人之後,會表現較多的懲罰行爲,而心平氣和的受試者較少。假使攻擊行爲具有舒洩作用的話,則憤怒的受試者在產生攻擊行動之後,攻擊驅力會降低;於是隨著攻擊行爲的增加,他的懲罰行爲會越少(Berkowitz,1965; Geen & Quanty, 1977)。

在眞實生活情境中亦可發現有關舒洩作用的證據。美國加利福尼亞太空工作者有部分突然被被解聘了,研究者首先安排這些解聘者接受晤談,談論其對公司及主管作法之感受;繼而要求他們將此感受寫在紙上。如果攻擊性具有舒洩作用的話,這些被解聘者在晤談中表達了極度的震怒之後,寫在報告紙上時其氣憤的情緒應所剩不多。結果卻與上述假設完全相反:凡在晤談中勃然大怒者,在報告中的表達更有過之而無不及。換言之,晤談中的怒火「點燃」了攻擊性。另一項研究則注意到文化中的敵意和其日常所進行比賽類別之關係——大部分好戰的文化也喜愛玩富戰鬥性的遊戲或比賽。這又一次證實了攻擊性似乎會助長攻擊性,而非使其消除(Ebbesen,Duncan, & Konečni, 1975)。

這些結果與「攻擊具舒洩作用」的說法大相逕庭,但仍有攻擊表達後可減輕其影響力的狀況,例如,攻擊性的行爲可能會引發攻擊者焦慮的感覺,從而抑制進一步的攻擊行動——尤其在攻擊者觀察到其行動的傷害性後果後,攻擊性會更受抑制。此種攻擊行爲的結果也常被解釋爲攻擊驅力減低。因此,即使在行動中表現出敵意並未減輕其攻擊性,它仍能使攻擊者感覺較舒服些。但這多半是由於攻擊者感覺到更有力量,而非減低了攻擊驅力。

暴力行爲之觀察(viewing violence) 大部分有關攻擊行

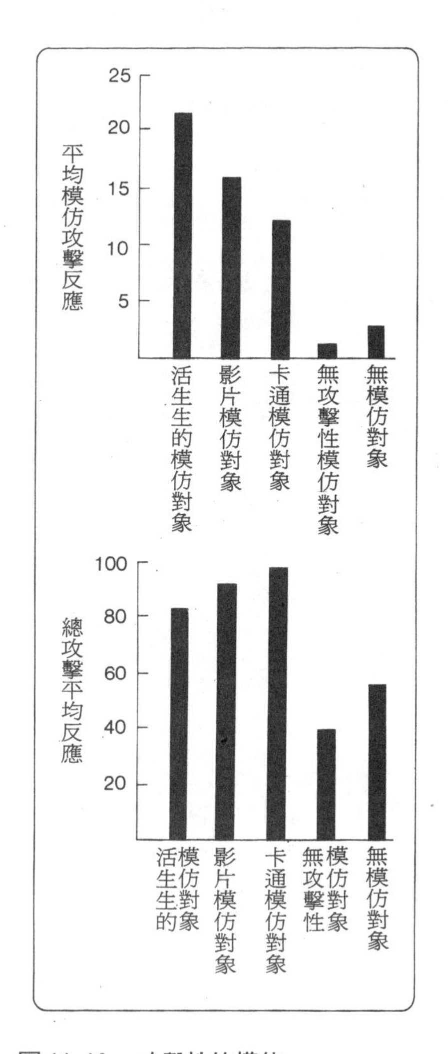

圖 11-12 攻擊性的模仿
和觀看無攻擊性模仿對象的孩童比較起來,觀看攻擊性模仿對象(不管是活生生的對象或影片)的孩童,攻擊行爲較多。我們必須注意,觀看活生生模仿對象的人,產生較多的特有攻擊行動;而觀看影片模仿對象者(包括眞人及卡通書),則各種攻擊反應的總數較多(取材自 Bandura, 1973)。

爲的研究是針對直接表現出攻擊的後果；那麼，當觀看電視或電影的暴力鏡頭時，這種間接或替代性表現攻擊的方式究竟有什麼影響呢？是否它具有舒洩作用，可以經由幻想，把攻擊驅力舒洩掉？或者觀察者在看完模仿對象的暴力行爲之後，會引發攻擊性？我們已經知道，在實驗情境下，小孩子會模仿活人或影片的攻擊行爲。但在較自然的情境下，又怎樣呢？透過大衆傳播媒體傳播暴力行爲的程度多寡，可以解答這個重要的問題。

某些電視業者宣稱：觀看電視上的暴力鏡頭是有益處的，觀衆可以從觀賞中，舒發個人的攻擊衝動，在此，觀衆能夠降低個人表現攻擊行動的可能性。佛洛伊德也許會同意這個觀點：攻擊性的本能說或驅力說認爲攻擊性會積聚著，直到以各種形式的攻擊行動(包括實際攻擊行動及替代性攻擊行動)加以舒洩爲止。相反地，社會學習論則認爲激發狀態或憤怒可以用非傷害行爲來加以降低，或其他比攻擊行動更好的行爲來降低。

有一些研究，探討孩童觀看商業電視的效果，孩童觀看電視是受到控制的：有一組孩童每天觀看具暴力性質的卡通影片一段時間；而另外一組則觀看非暴力的卡通影片同樣長的時間。研究者仔細記錄孩童在接受觀察的期間內，每天攻擊活動的多寡。結果發現，常常觀看攻擊性卡通影片的孩童，在和伙伴互動時，攻擊行爲增多了；但觀看非攻擊性卡通者，則人際間的攻擊性沒有改變(Steuer, Applefield, & Smith, 1971)。

某些相關研究顯示，觀看電視暴力鏡頭的次數或時間，和孩童使用攻擊行爲來解決人際衝突的次數間，有正相關存在。當然，相關並不能意味著有因果關係存在：也許攻擊性強的孩子較喜歡看暴力的電視節目。爲了控制這種可能性，有一個縱貫式的研究追踪了孩童觀看電視的習慣十年。接受研究的孩童頗多(超過八百人)，開始研究時，年齡約在八歲、九歲之際。研究者蒐集了每個孩子看電視的時間、收看節目的種類、家庭的一些特性，以及同學對受試者攻擊性的評量等資料。其中有一項主要的發現，喜歡觀看充滿暴力電視節目的男孩，其人際關係較具攻擊性；而喜歡觀看低暴力的節目者，則較少有攻擊性。

十年以後，研究者訪問了原受試者(現在年齡爲十八至十九歲)中的四百個以上的人，要他們談談個人喜歡看的電視節目，做一項測量虞犯傾向的測驗，並由伙伴評量其個人的攻擊行爲。由**圖 11-13**，我們可以看出，在九歲時，喜歡看暴力性節目者，和十九歲的攻擊性之間，有正相關存在。即使我們用統計方法，控制孩童的攻擊性，但兩者間的相關還是顯著。由此可見，個人原來的攻擊性水準，影響孩童看電視偏好及成人攻擊性的概率不大。

令人最感興趣的，是女孩看電視的習慣和攻擊行爲間的關係，在兩種年齡層上並不一致。這個發現頗符合其他研究的結果：除非女孩受到增強，否則女孩比男孩較少模仿攻擊行爲。在我們的社會裡面，當女孩表現出攻擊性時，甚少受到增強；反之，男孩則較常受到增強。同時，也可能因爲電視裡面的攻擊角色，都是由男性扮演的，所以女孩找不到攻擊性強的模仿對象來模仿。

簡而言之，大部分的研究結論是，觀看暴力行爲確會增加人際衝突，尤其是青少年更甚。此論點顯然有別於視攻擊爲舒洩作用或驅力的觀點。

觀看暴力爲何影響社會行爲　爲什麼觀看暴力會導致攻擊行爲呢？先前曾提及，原因之一可能是影片中的暴力鏡頭成爲學習攻擊的模仿對象，這是社會學習論的重要論點。調查所得的原因如下：

(1)示範攻擊行爲的型態：兒童及青少年常會模仿電視上所看到的暴力行爲。有一個案例中，受害者的父親向電視台採取法律訴訟，要求兒童觀賞時間內的電視節目應爲戕害他們九歲女兒負起法律責任。政府機關的報告亦指出，許多暴力犯罪均是電視節目暴力情節的翻版(Mankiewicz & Swerdlow, 1977)。

(2)漸增的喚起作用：兒童觀看暴力性電視節目時，情緒喚起較觀看非暴力性節目激烈，膚電反應(GSR)亦有顯著增加(Osborn & Endsley , 1971)。如果觀看者本身也遭遇挫折或困擾，則此情緒喚起即會與其他引起生氣情緒的喚起相連結。

(3)減低對暴力的敏感度：由觀看暴力所激起的情緒，會因再三接觸而減低了對暴力行爲的生理反應。事實上，無論兒童或成人，觀看影片上的暴力鏡頭，均會減弱對眞實生活中攻擊行爲的情緒反應(Thomas, Horton, Lippincott, & Drabman , 1977)。因連續觀看影片暴力鏡頭以致情緒鈍化，將影響我們在眞實生活中對受害者遭遇的同情心，也降低了我們幫助受害者的意願和準備。

(4)減少對攻擊行爲的壓抑：當某人激怒我們時，即使我們

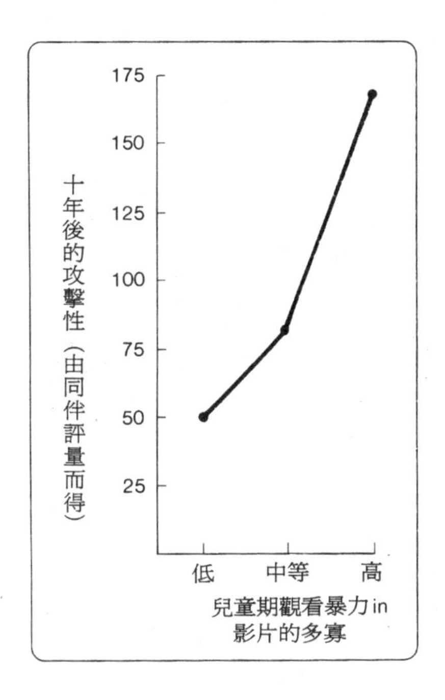

圖 11-13　孩童觀看電視暴力節目與長大後的攻擊性

九歲男孩喜歡看暴力電視節目的程度和其攻擊性行爲成正比（取材自 Eron, Huesmann, Lefkowitz, & Walder, 1972）

感到生氣，覺得受了傷害，我們通常仍會壓抑這種情緒，而不使其表現出來。實驗則顯示，觀看他人表現出的攻擊行為會減弱壓抑的力量(Doob & Wood,1972; Diener, 1976)。

(5)扭曲了解決衝突的方法：在電視或電影中，人際衝突常以人身攻擊的方式來解決，忽略了其他可行的化解之道。看到「好人」以暴力手段征服「壞人」，會使觀衆以爲這種行爲是可接受的，甚至是正當的；尤其是對無法區別虛構故事與現實生活的兒童，更易造成不良的影響。

不同性格的兒童，受影響的原因有別。例如，或許只有具攻擊性的兒童才會因觀看暴力鏡頭而減少對暴力行爲的壓抑。一般而言，本身有學校或社會困擾的兒童、具有暴力特質的兒童，最易受到電視暴力鏡頭的影響(Huesmann, Lagerspetz, & Eron, 1984)。

上述的調查並未能顧及所有可能導致攻擊行爲的因素。生氣和攻擊常見的原因尙包括喪失自尊或察覺到他人不公正的行動(Averill, 1983)；但這類因素並非本章所討論——攻擊即驅力，攻擊是習得反應——的主題。此外，激起攻擊性也包含許多社會性的因素，如貧窮、人口膨脹、過度擁擠、權威者(如警察)的行動、各個文化團體的價值觀等。我們將在第十八章中討論這些社會影響力的因素。

針對攻擊所進行的研究，使我們更明瞭情緒反應是十分複雜的事件。同樣地，情緒的每一項成分——自主性喚起、認知評估，以及情緒的表現——本身即是含蓋多樣因素的複雜現象。在浩瀚人生中，我們所知的仍只不過是滄海之一粟而已。

重要討論：

攻擊本能及其抑制

佛洛伊德認爲攻擊性是一種本能，這個概念在最近動物行爲學家於自然環境中探討動物行爲時，又重新提到了(Lorenz, 1966; Eibl-Eibesfeldt , 1970)；同時，在許多暢銷的書籍中(如 Ardrey, *The Territorial Imperative,* 1966; *The Social Contract,* 1970; Morris, *The Naked Ape* , 1967)都有進一步的說明。他們的基本觀念是認爲人類和動物都有天生的攻擊性，不過動物可以學會控制他們的攻擊衝動，而人類不會。

掠捕性的肉食動物殺害其他種屬的動物來當食物。至於同種動物間的打鬥，主要是為了爭奪食物、伴侶、築巢位置與保護牠的後代。同一種族成員間的打鬥具有幾種功能：它使得同類動物間彼此居留空間加大，以妥善利用食物，每個團體都有它自己的「地盤」；同時，由於在競爭之下，才能獲得雌性的芳心，所以只有強而有力的雄性才能傳宗接代。

依照勞倫茲(Lorenz)的看法，動物可以安逸地享受牠的攻擊利益，因為透過進化的過程，牠們會抑制自己，不會傷害到自己的同類。許多物種都有威脅或攻擊行為的儀式形態，看起來，這些形態大部分都是天生的(見**圖 11-14**)。牠們戰鬥之前先表現出威脅行為，以防止打鬥；然後依照形式化、儀式化的模式開始打鬥；打鬥的結果通常很少嚴重傷害到對方或置之死地，因為失敗的一方會表現出屈服的信號(例如，野狼臥下並把喉嚨露出來)，這會抑制勝利的一方做進一步的攻擊。

然而，人類已經發展出威力強大的武器，可將人類毀滅於一旦。假使所有的戰鬥都停留在赤手肉搏與用牙齒攻擊對方，而沒有棒棍、岩石之利，則我們也會發展出抑制過程，以免毀滅了我們自己的種屬。

因此，勞倫茲認為(和佛洛伊德一樣)攻擊性是一種天生的本能，必須找尋某些出氣口。他認為一個和平社會的規範包括：攻擊性有安全出口，例如競爭性的運動、擴大我們的「家族」觀念及地域觀念，涵蓋更多的人；瞭解引發攻擊能量的刺激為何——團體內的威脅、對團體外者的憎

圖 11-14　打鬥行為的儀式化模式
野公牛對敵人表現出形式化的挑戰姿勢，以保衛自己的領土。這些小衝突每天都會發生，但不會發生流血的結果。A.兩個敵手站著，頭垂在地上，互相打量著對方。B.突然間，牠們前膝著地，兩眼瞪著對方，準備打鬥。C.假裝感受到危險，抬起頭來嘲弄著對方，這似乎是一種放鬆緊張的做法。D.在這個關頭，挑戰可能會中止，或演變為短暫的以角纏鬥。

恨、有說服力的領導者，或者將憤怒的人集合起來做暫時性的接觸。

勞倫茲認為透過刺激物的作用，可以緩和攻擊行為。這種想法是一種假說，由於沒有實徵資料做基礎，曾受到別人的批評。巴奈特(Barnett, 1967)指出：許多動物沒有天生的信號，以停止攻擊；同時，牠們使用的刻板化信號，對敵人的反應，也具有不同的效果。其他的抨擊則來自蒙太古(Montagu, 1968)所編的書，裡面有許多文章，抨擊上述(和人類及動物有關的通俗讀物)書籍觀點的正確性。

和勞倫茲的標準相反，社會學習論強調必須盡量減低競爭及受挫折的情境，以免引發攻擊行為；而且使人們瞭解，採用攻擊行為來解決問題，比其他方式的行為得到的酬賞少。顯然地，攻擊性是一種天生的力量，或攻擊性是學來的行為間的爭論，對社會採取控制攻擊行為行動的意義很大，也是很重要的。

摘　要

1. 情緒的成分包括；**主觀經驗**、**自主性喚起**、**認知評估**以及**情緒的表現**。一個關鍵性問題是，喚起、評估和表現如何導致情緒的主觀經驗？另一個問題是，何種成分可區分情緒？
2. 強烈的情緒是由**自主神經系統**的**交感神經**所引發生理喚起的結果。脊髓受傷者——使自主神經系統的回饋有所限制——較少經驗到強烈的情緒。因不同情緒的喚起型態(如心跳速率、膚溫)有所差異，故自主性喚起也有助於區分情緒。
3. 認知評估是對情境的分析，形成了**情緒性的信念**。此種評估影響情緒的強度與性質。當個人處於無區別的喚起狀態時(注射腎上腺素)，其情緒經驗的性質幾乎全然取決於對該情境的認知評估。認知評估足以區分情緒的事實，有助於解釋為何先前經驗會影響情緒，以及為何我們會產生並未覺察到的情緒。
4. 伴隨基本情緒而生的臉部表情，具有普遍性的意義：來自不同文化者，均認同照片中人所表達的情緒。辨認情緒表現的能力位於人大腦右半球，在神經學上有別於辨認臉孔的能力。情緒的表現，除具溝通作用外，亦導致個人對情緒的主觀經驗。

5. 情緒經驗的適應取決於其強度和持續時間。強烈情緒如持續過久會導致嚴重的傷害，或令人崩潰。
6. **攻擊**是憤怒的典型反應(雖然仍有其他原因會導致攻擊)。早期的**心理分析論**認為，攻擊是一種挫折引起的驅力；**社會學習論**則主張，攻擊是一種**學得的反應**。
7. 低等動物的攻擊性是受**下視丘**的神經機制所控制。老鼠或貓的下視丘受到刺激，會出現「狂叫」或「撲擊」的反應。人類或其他高等動物的攻擊行為則受大腦皮質層所控制。
8. 攻擊性的社會學習論中，攻擊反應可經由**模仿**以及正增強頻率的增加而學得。
9. 證據顯示，攻擊性不僅增強其後的攻擊行為，同時也使其維持在相同的水準。間接或替代的攻擊表現也有類似的作用：兒童觀看電視暴力鏡頭的數量，與其暴力行為的程度有正相關。
10. 觀看暴力鏡頭會導致攻擊行為，乃因為其教導觀察者攻擊的手法、增加自主性喚起作用、減低對暴力的敏感度、減少對攻擊行為的壓抑、扭曲了解決衝突的方法。

進一步的讀物

介紹現代心理學家對情緒看法的書籍有：Strongman, *The Psychology of Emotion* (2 nd ed., 1978)。技術上的處理請參考 Mandler, *Mind and Emotion*(1972)；Plutchik and Kellerman(eds.), *Emotion : Theory , Research, and Experience*(1980)。探討臉部表情和情緒的趣味書籍有：Ekman, *Emotion in Human Face*(2nd ed., 1982)；Ekman , *Telling Lies: Clues to Deceit in the* Marketplace, *Politics and Marriage*(1985)。有關測謊程序的評論與分析請參閱：Lykken, *A Tremor in the Blood: Uses and Abuses of the Lie Detector*(1980)。情緒的心理分析論，主要見於下列的兩本著作：*Freud, Beyond the Pleasure Principle*(1975); Freud, *New Introductory Lectures on Psychoanalysis*(1965)。情緒的社會學習論，請參考 Bandura, *Social Learning Theory*(1977)。有關攻擊的著作，包括 Johnson, *Aggression in Man and Animals*(1972)； Bandura, *Aggression: A Social Learning Analysis*(1973)；

Montagu (ed.), *Learning Non-aggression: The Experience of Non-literate Societies* (1978)； Tavris, *Anger: The Misunderstood Emotion* (1984)；Hamburg and Trgueau (eds.), *Biobehavioral Aspects of Aggression* (1981)。

第六篇

人格與個性

第12章　聰明與愚癡—心智能力與其測驗

deviation 離差

§1. 智力的定義　Intelligence Quotient = 學習的能力
商

§2. 測驗的類型　適應的能力

§3. 好測驗應具備的條件　解決問題的能力

能力：特殊（一般 = 智力；特殊）
成就：一般；特殊

人格／智力
個別／團體
文字／圖形
難度／速度
信度 reliability
效度 validity
標準化

第十二章　心智能力與其測驗

能力測驗的型式574

性向測驗與成就測驗

一般性與特殊性

好測驗所需具備的條件578

信度及效度

標準一致的過程

智力測驗581

歷史背景

比奈的方法：心理年齡量尺

智商(IQ)

包含一個量表以上的測驗

團體測驗

測驗的預測效度589

測驗得分與學業表現

測驗表現上的團體差異

使用測驗來預測表現

智力的本質593

因素論

重要討論：訓練與測驗通

重要討論：不受文化影響的智力測驗

訊息處理論

智力的面向

重要討論：多重智力理論

智力的年齡變化607

IQ 的穩定性

智能的成長

智力的遺傳基礎與環境的影響609

遺傳關係和智力

遺傳力的估計

環境的影響

重要討論：種族智力的差異

智能的兩極617

智能不足者

資賦優異者

能力測驗的展望622

性向和成就測驗的分野模糊

能力測驗的應用

大衆對測驗的攻擊

每個人在智力、知識及技能上的差異是很大的。我們在決定個人是否有勝任工作的技能，以及是否有接受大學教育的智慧以前，我們必須發展可靠的方法，以測量個人現有的能力及潛在的能力。在我們這個複雜的科技社會裡面，使每個人特有的才能，和工作要件互相配合，不但有利於個人，而且對社會有益。本章內容爲人們能力上的差異，以及用來測量這些差異的測驗。至於衡量人格差異的方法將於第十三章提及。其實無論測驗的目的爲何，作爲一個好測驗所須具備的條件都是一樣的。

利用能力測驗對學童作分班或作爲申請進大學和專校的依據，以及工作上選人的標準，長久以來一直是個爭議性的話題。本世紀初，能力測驗首度問世時，是用來作爲辨識特殊秉賦者並給予特別機會的一種客觀無私的方法。測驗成績好的人可以藉由自己的表現——而非家世背景、財富、社會地位或政治影響力——來獲得工作或深造的機會。作爲民族大熔爐的民主國家，美國在爲學生分等及選僱員上，特別喜歡用能力測驗。舉例而言，每年有數千人應試的美國國家公務員考試，始於一八八〇年，目的是爲了確保這些職位能由適當的人來擔任，而不是成爲執政黨的酬庸公具。

許多人認爲能力測驗迄今仍是決定個人所能勝任，以及在工作職業上提供建議的最佳可行方式。有些人則宣稱這些測驗過於狹隘、自限；他們以爲能力測驗並未測出決定人們在學校或工作上表現優異與否的最重要因素，尤其是動機、社會技能和領導的特質等等，而且這些測驗對少數團體不利。以下將分別討論這兩種觀點。

能力測驗的型式

絕大多數高中畢業生對能力測驗多少都有過經驗，如駕照考試、閱讀與計算的測驗、高中畢業的會考，以及對某科目(如打字、歷史、化學等等)的測試等，都是能力測驗。

個人目前能做什麼事，和個人接受適當的訓練後能做什麼事，是不一樣的。我們並不期望醫科的學生能割盲腸；或接受飛行前訓練的學生，能夠駕駛噴射機。但是我們期望這些學生有獲得上述技能的潛力。在做評鑑時，清楚地區分學習能力及既有的技能，是很重要的。一個測驗的設計，是用來測量及預測個人是否能夠完成某種訓練的能力者，稱爲**性向測驗**(aptitude test)，包括一般智力測驗及特殊能力測驗。而告訴我們個人現在能夠做什麼事的測驗，稱**成就測驗**(achievement test)。像智力測驗能夠預測你在大學的表現，所以是性向測驗；而期末考的目的，是想瞭解你學了多少，所以是成就測驗。這兩種測驗都是能力測驗。

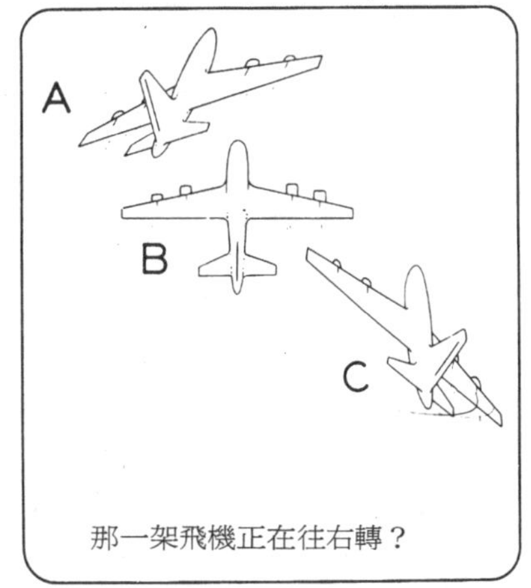

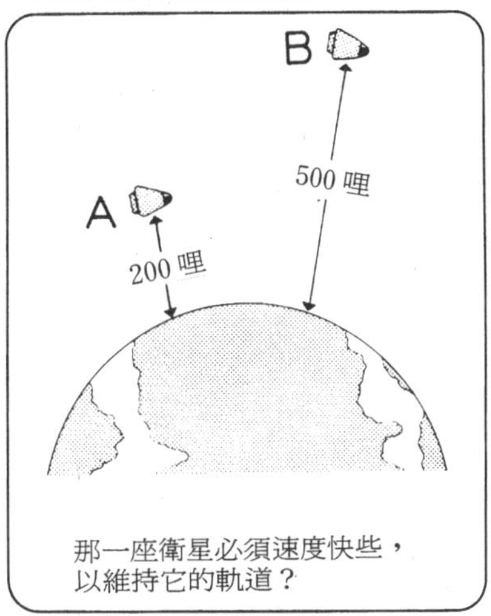

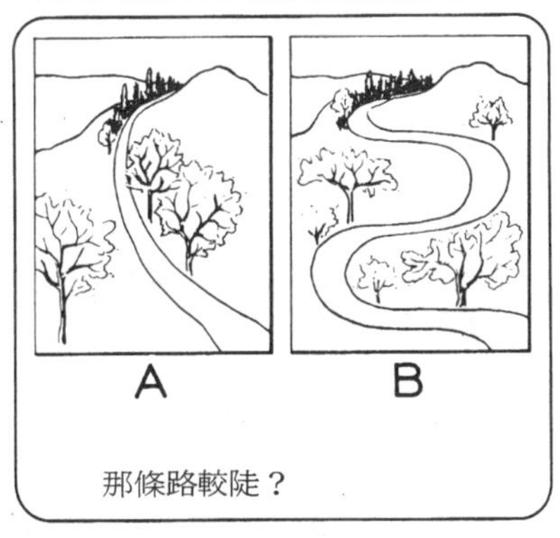

圖 12-1　三個測量機械思考力的測驗題目

性向測驗與成就測驗

從定義上來看，性向測驗是能夠預測表現的，可惜這個目標尙未能達到。因爲性向測驗的題目(測驗所包含的單位)必須包括個人現在所能做的行爲樣本。因此，除了成就測驗之外，我們是否能夠建構其他測驗呢？——答案是肯定的，即這種難題還不至於造成僵局，因爲我們可以直接從表現上來建構測驗，而不必透過所要預測的行爲。例如，對成功的飛行來說，其中一個重要的能力是瞭解機械原理。因此，飛行員的性向測驗可能要包括機械知識的測驗(見**圖 12-1**)——雖然從另外一個觀點來看，機械知識測驗是一種成就訓練。簡單地說，性向測驗與成就測驗間的區別，不在於題目的內容，而在於兩種測驗的目的。

性向測驗　用來預測一般能力表現的性向測驗，稱爲智力測驗。而其他的性向測驗，則測量較特殊的能力。機械性向測驗測量各種手眼協調的能力；音樂性向測驗測量個人對聲音高低、拍子及音感的辨識能力，這些能力可以預測個人接受訓練後的音樂表現；文書性向測驗測量個人稽核數字等的技巧，以預測個人以後在辦公文書上的成就。許多性向測驗的編製，也可用來預測個人在特定工作及職業上的成就。從第二次世界大戰開始，軍方設計了一些測驗，來甄選飛行員、無線電技師、潛水艇官兵及其他較專業化軍種的人員。

通常，我們可以組合許多測驗來測量性向。飛行員性向測驗，不但包括機械知識的測量，也包含空間定位、手眼協調及其他技能的測驗。組合許多測驗，用來預測，這種測驗稱爲**測驗組合**(test battery)。利用這種測驗時，我們可以把個別測驗的得分給予加權，以便作最佳的預測；亦卽，預測能力較佳的個別測驗較爲重要，而預測能力差者較不重要。假使手眼協調測驗，較能夠預測飛行員的成功與否，而空間定位測驗預測力較差，則手眼協調分數的加權值要比空間定位分數高。

成就測驗　成就測驗通常用來作爲學校及政府機關的考試，但也可用來測量某些以後要開業的專業人員，是否學會了專業知識，如律師、醫生或會計師。對這些以後將以該專業知識爲飯碗的人來說，成就測驗的結果是相當重要的。一位通過考試的人，能夠獲得開業資格及執照，或有機會進入個人期望的行業裡面。而沒有通過考試的人，則沒有資格進入該行業。因此，如果測驗是非常不適當的，則使用這種測驗是不公平的。基於這種認識，測驗的編製必須十分小心，測驗要能夠測量到我們想測量的東西，且分數能夠代表受測者的能力，這一點是非常重要的。

心理學家對成就測驗的發展感到興趣的理由有二：第一、我們需要這種測驗，尤其在教育界或政府機關。第二、成就測驗提供一個標準，以判斷性向測驗的預測是否有效。當我們編製性向測驗來測量飛行員是否成功時，首先必須要有優良的飛行標準，以便作爲測量性向的準則，否則將無從預測起。如果大學教授對學生的評分，不是依照學生在課業上的成就而來，而隨便給分，則想用性向測驗來預測分數，是徒勞的。因此，成就測驗提供一個標準或**效標**(criterion)，作爲預測性向之用。如果我們能夠使成就考試更加精密，則更能有效地作預測。當然，其他效標，如工作表現是否優異，也可作爲預測的標準；我們可以工作績效的測量，作爲成就測驗的標準。

介於性向-成就兩端之間的各種測驗，也可依相關先前經驗的特殊性來區分。處於連續尺度一端的是用以測量對某個特殊主題(如音樂理論、歐洲歷史，以及交通工具的正確操弄等)精通程度的能力測驗。另一端則是性向測驗，例如一個音樂性向測驗，目的是想預測某學生在未接受任何指導之前，將可由音樂課程上受益的程度。因此**音樂性向側面圖**(musical aptitude profile)(Gorden, 1967)並不需要有任何音樂技巧上的知識；它是測試個人辨別音調、節奏的能力。雖然該測驗不要求特殊的經驗，但是個人理解英文指示語的能力，以及他(她)過去聽音樂的經驗(東方或西方音樂)，都難免會影響測驗結果。

稍後我們將可看到「智力」測驗(用來測量個人一般學習能力的性向測驗)的表現，多少受到先前經驗的影響，雖然在設計之初，已盡可能選取不會反映出特殊訓練結果的問題。

介於性向測驗(與相關的先前經驗關連極小)和成就測驗(測量對某特殊主題的精通程度)之間的有同時測量性向與成就的測驗。如許多大學接受申請時所要求的**學術性向測驗**(Scholastic Aptitude Test, 簡稱 SAT)，包含測量字彙和理解閱讀內容能力的語文部分，以及測量解決有關算術、代數、幾何等問題能力的數學部分。因此，雖然該測驗是以學過的材料(個人在受教育的十二年間所學得的語文及數的技能)爲內容，但它卻試圖避免有賴於某方面知識的問題，而是著重個人使用學得的技能來解決新問題的能力。

一般性與特殊性

能力測驗也可依一般-特殊連續向度作區分(見**圖 12-2**)，因爲這些測驗的內容廣度各有不同。音樂性向側面圖將會落在此一向度的「特殊」一端，如同測量數學能力的測驗，或是閱讀測驗等。上述測驗測的都是相當特殊的能力。處於此向度「一般」一端的如高中能力測驗和學術性向測驗(如 SAT)，其目的是想測量在許多領域上的教育發展，另外則是被稱爲「智力測驗」的大多數測驗。所謂智力測驗是用來預測個人在種種能力上表現的性向測驗。這類測驗所包含的項目，通常無法靠著對已學得技能的回憶或應用來解答；它所著重的項目要求的是有關分

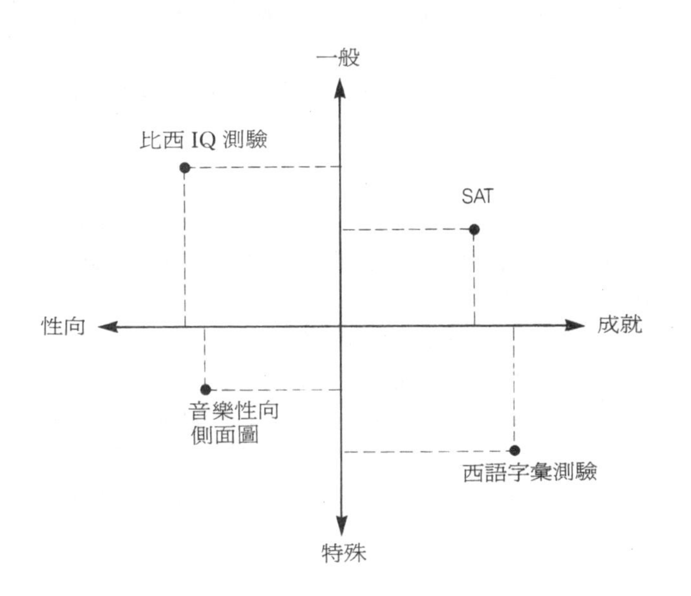

圖 12-2　描述能力測驗的兩個向度
所有測驗都會落在性向-成就和一般-特殊兩個座標所組成的平面上。例如，西語字彙測驗或測量受試者一分鐘可正確打多少字的打字測驗，會落在靠近成就及特殊一端的點上。至於不需任何音樂知識，想預測個人接受音樂課程後表現的音樂性向側面圖，也是測量一種特殊的能力，但卻接近性向-成就座標上的性向一端。大多數智力測驗（如史比智力測驗和魏氏智力測驗）測的是一般的能力，而且主要是用來測量性向而非成就。學業成就測驗，如 SAT 和 ACT (American College Testing Program)則屬於相當一般性，測量學生在語文、數學分析和理解的能力，但卻不推測個人在某科目上的優勢。

析、理解抽象概念、運用先前知識來解決新問題等能力的組合。智力測驗通常包括了語文、圖形和數的作業，目的是為了測量一般智力能力，以預測個人接受教育或訓練後的成就，這種目的固然有其價值，遺憾的是它被冠以「智力測驗」的名稱。這種字眼暗示人們擁有某種所謂「智力」的天生能力，而且這種能力的多寡是固定的，不為教育或經驗所影響。稍後，我們會看到影響個人智力測驗得分的許多變項。此外，有些人也許比其他人更善於完成某些作業，但是各種能力並非如此一致：某人在某項作業的表現優於一般人，並不表示他在所有作業上都優於一般人。

好測驗所需具備的條件

在美國社會中，許多事情都仰賴測驗分數。由小學、中學以至大學，幾乎都以各種測驗作為分組、畢業和入學的依據。大多數想上大學的高中生都得接受 SAT 或類似的測驗，如美國大學測驗計畫(American College Testing Program, 簡稱 ACT)。這些測驗分數再加上高中成績，決定了個人上大學的機會。申請法學院和醫學院的人還得接受特殊的測驗——法學院入學許可測驗(Law School Admission Test, 簡稱 LSAT)和醫學院入學許可測驗(Medical College Admission Test, 簡稱 MCAT)；許多研究所要求學生得考 GRE(Graduate Record Exam)。申請進入專業訓練機構(如牙科、護理、藥學、會計、企管等)的人也得接受特殊的入學測驗。一旦訓練課程完成後，還得通過更多測驗以取得開業執照或證書。幾乎每個行業——如水管工人、美容師、物理治療師、醫生、臨床心理學家、律師等等——的證書或執照，都需通過某種考試。此外，許多企業和政府機構也是以測驗分數作為選才、安置和升遷的依據。

由於測驗在我們生活中扮演如此重要的角色，因此測驗是否測量了它想測量的東西，以及測驗得分是否正確地反映出受測者的知識和技能，都是我們應考慮的首要課題。一個有用的測驗，其分數必然是可靠、有效的。

信度及效度

如果我們想把測驗應用在科學研究或其他方面，則測驗分數必須是能夠信賴的。對心理學家來說，這指的就是測驗必須是可靠的及有效的。

當測驗分數是可信賴的、複製的及一致的，則測驗分數是**可靠的**(reliable)。混淆的、不純的測驗，對受試者來說，可能不同的時間具有不同的意義。當測驗太短時，測驗的可靠性可能不高，獲得的分數可能是主觀的。如果測驗重複測量，或不同的兩個人打分，得到的結果沒有一致性時，則結果可能是不可靠的，而不管我們的計分是多麼的仔細。因此，假使想有信心地運用結果，則我們必須要有可靠的測驗。

爲了評價信度，對同一個人做同一個測驗而言，我們必須得到兩種獨立的分數，以決定測驗的信度。獲得兩種獨立分數的方法，有將測驗裂半、重複做測驗、給受試者兩種版本相等的測驗等方法。假使我們能夠從一群人身上，得到許多對分數，則可求出測驗的信度。如果在兩種測量上，得到的測驗分數水準類似，則測驗是可靠的。由於測量上的誤差，所以有點差異是理所當然的，也因此我們必須求出兩組分數有關係的程度的指標。這種關係可由相關係數——也就是說明兩組分數互有相關的量度上看出。兩組測驗分數間的相關係數稱爲**信度係數**(reliability coefficient)。一份經過精心編造的心理學能力測驗，其信度係數爲 r＝.90 或 .90 以上。

當測驗能夠測量到我們想要測量的東西時，則測驗是**有效的**(valid)。如果大學的經濟學考試裡面，充滿了許多有陷阱的題目時，則這個考試可能只測量到學生的智力，而不是測量學生在課堂裡學到的經濟學。也許這種考試是可靠的，但對測量課業成就而言，卻不是有效的測驗。此外，例如測量幽默感的測驗，可能會選列一些玩笑方面的題目，但這些題目可能只有十分聰明的人及識字的人才能意會到。所以這個測驗可能在測量某方面上(智力？教育成就？)是可靠的，但在測量幽默感方面卻是無效的。

對每個人而言，爲了測量測驗的效度，我們也要得到兩種分數：一爲測驗分數，而一爲測驗所想要測量事物的量度，這種量度稱爲**效標**(criterion)。假使我們設計一個測驗，用來預

在分類綜合測驗裡的測驗	效度係數
效度係數較高的語文測驗	
一般常識	.49
工具性思考	.46
機械原則	.42
數字及表格閱讀	.40
空間定位II	.38
效度係數較高的工具測驗	
複雜協調	.42
辨別性的反應時間	.41
方向桿控制	.36
雙手追逐	.35
旋轉追逐	.31
飛行員標準九(組合分數)	.64

表 12-1　預測飛行訓練是否成功的測驗效度係數

表中分別列出語文及實作測驗中效度較高的測驗類別及其效度係數（取材自DuBois, 1947）。

測個人是否學會電碼接收的工作，則爲了決定測驗是否有效，首先，在一羣人接受電碼接收訓練以前，必須加以測驗(做性向測驗)。而在這些人接受訓練、獲得電碼的知識之後，則舉行考試，看他們每秒鐘能接收多少字。由後面這個測量裡，我們也可以得到一組分數，這組分數具有效標作用。於是我們能夠求得早先測驗分數與效標分數間的相關係數，此相關係數即所謂的**效度係數**(validity coefficient)。由效度係數可以看出測驗能夠符合測驗目的的程度。效度係數越高，則從性向測驗來作預測的效果越好。

假使我們想利用測驗來幫助個人作重要的決策時，如職業選擇，則測驗的效度係數必須夠高。不過，當接受測驗的人很多時，則即使測驗的效度係數不高，也頗有用處。例如，第二次世界大戰時，利用許多測驗來甄選空勤專家，發現效果很好，可以預測空勤人員的工作表現，雖然某些單一測驗的效度係數不高。這些測驗的效度係數，如**表 12-1** 所示。雖然沒有一個測驗的效度高於.49，但從測驗組合得來的「綜合」分數，和效標的相關爲.64。

測驗分數是預測的基礎　當測驗的信度及效度係數都很高時，則測驗是令人滿意的，但利用測驗來預測的問題還是存在。較容易瞭解的預測方法，是根據**臨界分數**(critical score)來作預測的。採用這種方法的時候，我們選擇量表分數的臨界點。只有分數超過臨界點的受試者才錄取，接受飛行訓練、醫學教育，以及其他測驗的目的。

運用臨界分數的例子，可從空軍的飛行員甄選計畫看出來。在這裡，組合分數是標準九，每個飛行員的預測評定分數由一到九。由**圖 12-3** 可看出，標準九低的人，在飛行訓練被刷下的可能性大；而標準九高者，被刷下來的可能性就比較小。因此，在經歷這種測驗之後，施測者可以在訓練前淘汰標準九低於五的人。換句話說，以標準九得分五爲臨界分數。如**圖 12-3** 所示，在採用五爲臨界分數之後，只有百分之十七錄取的人無法完成訓練。

而大部分無法完成訓練者，都是在臨界分數以下者。例如，臨界分數低於五的人裡面，有百分之五十四的人無法完成初級飛行訓練。

然而許多測驗所欲預測的能力遠比打字技能包含更廣，且更不易測量。以醫學院入學許可測驗(MCAT)爲例，它(配合其他資料）是用來選取醫學院學生；如果該測驗的目的是為預測個人在醫學院的成就，則可以個人的平均學業成績作為一個效標；求其 MCAT 分數和平均學業成績的相關，也是確認該測驗有效與否的方式之一。但是如果 MCAT 是為了預測成為一名成功的醫師，則確認有效的問題將會棘手得多。我們該選取何者為效標：年收入、研究成果、對社區福祉的貢獻、患者或同事的評價？縱使施測者同意其中某個效標，但該效標可能很難加以測量。

能力測驗的效度——它們對表現的預測力——將於稍後討論，此處所需記住的是：評價一個測驗的效度必須考慮測驗的目的，以及由其分數所作的推論。

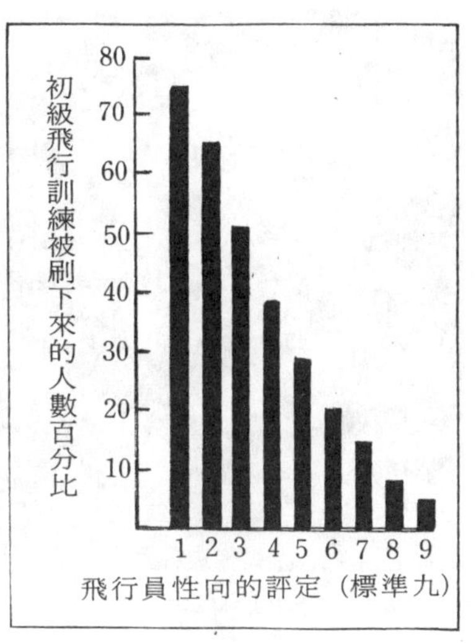

圖 12-3　臨界分數的依據

圖裡表示在每個標準九分數上，飛行訓練失敗的人數百分比。空軍以標準九為五的分數，做為空軍人員是否接受飛行訓練的標準（取材自 DuBois, 1947）。

標準一致的過程

一個測驗的信度與效度相當有賴於施測及計分過程的一致性。如同進行所有科學的測量一般：在測量能力時，我們也試圖控制情況以盡可能降低其他變項的影響。因此被廣泛使用的能力測驗包含了界定清楚的指示語、時間限制（或無時間限制）和計分方法。在每一次施測時，主試者所作的解說以及呈現測驗材料的方式都必須標準化。

當然，並非所有其他變項都在意料之中或可加以控制，如主試者的性別和種族可能有所不同。這類特性和主試者的舉止（如臉部表情、聲調等等）都會影響受測者的表現，雖然這些變項無法控制，但在評估測驗結果時，應將其影響列入考慮。因此，假如有個黑人男童在接受某白人女性主測時，表現很差，那麼我們應該考慮該兒童在面對黑人男性為主試者時，動機和焦慮程度會有不同的可能性。

智力測驗

對任何測驗而言，信度、效度和標準化測試過程是最基本的要求，無論該測驗是用來測量人格特徵、對某特殊事物的精通程度，或在大學、專校的表現。本章討論重點主要是測量一般智力能力的測驗，這類測驗常被稱為「智力測驗」，但如稍早所提：許多心理學家認為這種稱呼並不恰當。何者構成智力迄

高爾登(Sir Francis Galton)

今尚無一致的定論，而且考慮智力時也無法撇開個人的文化背景和經驗。在討論智力測驗時，讀者應記住上面這幾點。

歷史背景

達爾文(Charles Darwin)的表兄弟高爾登(Francis Galton)爵士，是第一個編製測驗來測量智力的人。高爾登是一個博物學家、數學家，對個別差異頗感興趣。他創造了相關係數(在心理學的領域裡面，相關係數扮演著重要的角色)，也導出了指紋法及優生學的觀念。高爾登在一八八四年倫敦博覽會時，對九千名以上的遊客做許多種測驗(測量頭的大小、反應時間、視力、對視覺圖形的記憶、呼吸量及手的握力等變項)。他這種有點莫名其妙的做法，正顯示了他的想法——超人的智慧是與過人的體力連在一起的。無疑地，高爾登會發現，我們無法用頭部大小來區分卓越的英國科學家和凡人的不同；而握力的大小，和其他智力的測量也不太有關係。高爾登的測驗用處不大。

至於我們今天所談的智力測驗，是由法國心理學家比奈(Alfred Binet,1857-1911)草創的。法國政府要求比奈設計一套測驗，以偵測出智能太低而不能接受正常學校教育的孩子。於是比奈乃假設，智能的測量可從需要推理及問題解決的作業上看出，而非從知覺-運動技能來看，由此編製測驗。後來經法國的另一位心理學家西蒙(Theodore Simon)精心校訂後，比奈在一九〇五年將量表付梓出版，在一九〇八年及一九一一年又分別做了一次修訂。這套比奈量表，就是目前的智力測驗的祖先。

比奈(Alfred Binet)

比奈的方法：心理年齡量尺

比奈認爲，愚笨的兒童和正常的兒童類似，但在心理成長方面較爲遲滯；因此，他推論愚笨的兒童能夠通過正常兒童年齡較低者的測驗。換句話說，愚笨兒童在某年齡的智力，相當於一般兒童較低齡的智力。比奈也認爲，智力的改變，隨著年齡的增高而增長。因此，他設計了**心理年齡**(mental age, 簡稱MA)單位量尺。相對於**實足年齡**(chronological age, 簡稱CA)——即由個人出生到接受測驗那一天，有心理年齡平均分數與之對應。對一個聰明的兒童來說，MA 高於 CA；而對一個愚笨的兒童來說，MA 低於 CA。站在老師及其他從事兒童教育的人的角度而言，心理年齡量尺是容易解釋的。

項目選擇　由於智力測驗是用來測量個人聰明的程度，而不是測量經特殊訓練後的結果，所以它所含蓋的題目，應該不具任何特殊的目的。換句話說，智力測驗是一種性向測驗，而不是一種成就測驗，建構測驗時，必須注意到這一點。

有兩種主要的方法，可以找出不受特殊訓練影響的題目。其中一個方法，是選擇新穎的題目，使得沒有受過教育的孩子，答得和接受過家庭教育或學校教育的孩子一樣好。**圖 12-4** 爲新穎題目的例子。在這個例子裡面，我們要求孩子選擇相似的圖形，但假設兒童對這些設計並不熟悉。第二種方法，是選擇熟悉的題目，假設每個受試者都具有必備的過去經驗，能夠考慮這些題目。底下這個問題，是熟識題目的例子❶，我們假設每個人都耳熟能詳：

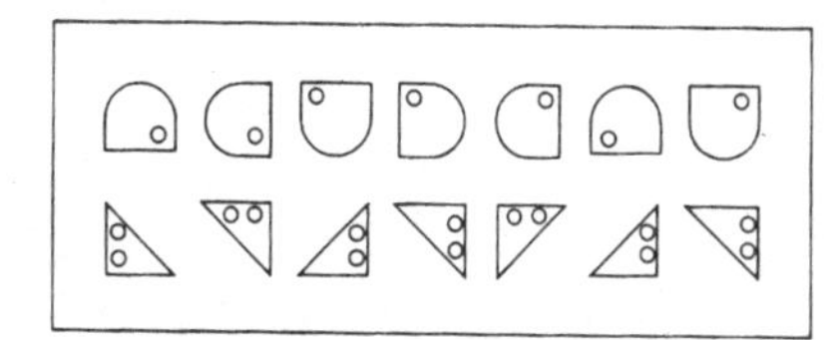

圖 12-4　某個用來做智力測驗的新穎題目

測驗的指導語是這樣的：「這裡有一些圖形要你做記號。請在一行當中，把和第一個圖形一樣的圖形勾出來。」（取材自 Thurstone & Thurstone, 1941）

> 如果句子是不合理的，則在 F 做個記號；如果是合理的，則在 S 做個記號。
>
> S F　陳太太沒有孩子，所以我知道陳太太的媽媽也一樣。

這個題目是否「公平」，純看孩子是否懂得中文而定，他必須能夠閱讀、瞭解句子裡的每一個字。對這些熟識中文的孩子而言，是否能找出句子裡的毛病，是測量智力的有效測驗。

在比奈式的智力測驗裡面，許多題目都假設個人具有一般性的熟識度。例如，在每個量表裡面，幾乎都有字彙測驗。因此，必須假設每個人都熟悉測驗所用的標準語言。

由於測驗不見得能夠完全符合其假設，所以從某些方面來看，智力測驗是粗劣的工具。某一個家庭的語文環境，不見得和另一個家庭一樣，每個家庭給孩子看的讀物及強調的認知目標不同。而即使像新穎題目那樣，是受到知覺辨別影響的，也可能受到文化或次文化的影響，在某個文化或次文化下可以學得，有的則不然。雖然有這些難題，但我們仍舊能夠把合乎推理的題目選出來。這些題目是經過多次的驗證與嘗試，把不良的題目汰除後保留下來的，構成目前的智力測驗。不過，我們也要記住，利用智力測驗來預測某文化下的學習表現時，必須

❶改寫自 Thurstone & Thurstone, 1941。

經過一番校正的過程。

題目檢驗(item testing)　察看題目，並決定題目的回答是否需要用到智慧，是不夠的。某些「有陷阱」或「漂亮」的題目，可能因受試者的猜測，而成爲不好的題目。相反地，許多呆板的題目(如一般常識性的題目)，卻成爲十分有用的題目。因此，假使每個人學習到「回答」的機會一樣，則這個題目是「公平」的。

究竟比奈及後來的智力測驗專家，如何能知道已經找到了良好的題目呢？有一個檢驗題目的方法，是研究在不同的年齡層下，孩子答對題目的比例是否有變化。根據心理成長的概念，在回答題目時，除非年長的孩子答得比年紀小的孩子好，否則這些題目不佳。

檢驗題目的第二種方法，是看某題目的反應結果，是否和整個測驗的反應結果一致。這點我們可求個人在某題目上的及格與否和其他題目分數間的相關。假使測驗的每個題目都測量某些共同的事物，則每個題目的分數，必須和總分互有相關。

上述兩種檢驗題目的方法，說明了一個「漂亮」的題目(隨著年齡的提高，通過的百分比增加，及和總分的相關不低)必須具有效度及信度。第一種方法間接證明了效度的存在，說明智力必須能夠區分出年長的兒童與年幼兒童的不同；第二種方法則透過內部的一致性，證明信度的存在。

當前的比奈測驗　原本由比奈編製的測驗，在美國也經歷了多次的修訂。第一次是在一九一一年，由高達(Goddard)修訂的。幾年以後，即一九一六年，托孟(Terman)在史丹福大學再加以修訂，這是最著名，且應用最廣的版本，一般人稱之爲史比(Stanford- Binet)測驗。這個測驗，在一九三七、一九六〇及一九七二又分別做了修訂。至於我國，則在民國十一年做第一次修訂，由陸志韋主持；接著在民國二十五年做第二次修訂。第三次、第四次修訂分別於民國四十九年、民國六十六年完成，均由路君約主持。

在比奈測驗當中，題目是依照年齡分層級的，在每個年齡裡，該年齡的孩子大部分都能通過(答對)此年齡層的題目。現行的史比測驗裡，每個年齡的題目有六題，內容不同，答對一題，可以得到兩個月的心理年齡分數。

施測的過程是這樣的：首先先找出兒童的**基本心理年齡**(basal mental age)，所謂基本心理年齡是指兒童完全答對題目的心理年齡水準。有了基本年齡之後，受試者在較高年齡層的題目裡，每答對一題，就加上兩個月的心理年齡。例如，假使有一個兒童，完全答對心理年齡爲六歲的題目，則其基本心理年齡爲六歲。如果他在七歲的題目裡，答對兩題，則心理年齡加四個月；如果在八歲的題目裡，答對一題，則再加上兩個月，於是這個兒童的心理年齡分數，爲六歲六個月，而不管其實足年齡若干。由於測驗考慮到每個人的發展可能參差不齊，只要答對一題即給兩個月的心理年齡分數，所以兩個兒童答對的題目雖然不一樣，但得到的心理年齡分數可能相同。

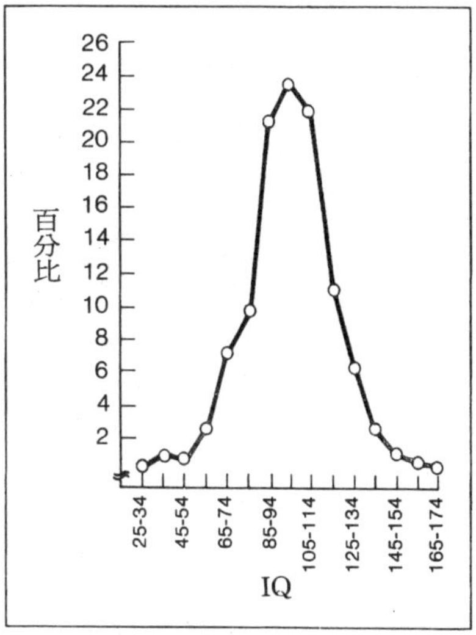

智商(IQ)

托孟採用一個方便的指標，來說明個人聰明的程度，這個指標是德國的心理學家史登(William Stern)提出來的，即所謂的**智力商數**(intelligence quotient)，通常簡稱爲 IQ。這個指標說明了智力是心理年齡和實足年齡的比例。

$$IQ=\frac{\text{心理年齡(MA)}}{\text{實足年齡(CA)}}\times 100$$

乘以一百的目的，是爲了消除小數點，同時，當心理年齡等於實足年齡時，使得 IQ 剛好等於一百。顯然地，假使心理年齡低於實足年齡時，IQ 小於一百；而心理年齡高於實足年齡時，IQ 大於一百。

我們究竟要如何解釋 IQ 呢？和其他許多個別差異(如身高的差異)的情形一樣，智力分配的圖形也是像鐘形一樣的「常態」分配，如**圖 12-5** 所示。在這種曲線裡面，大多數人的分數都集中在中間，而朝著兩極端，人數逐漸減少。利用普通形容詞來說明不同智力水準，如**表 12-2** 所示。

史比測驗在經過一九六〇以後的修訂後，作者引入新方法，從表來計算智商。在本質上，IQ的意義和以前並沒有兩樣，但從表上來做校正，可以更正確地解釋每個年齡層的IQ。目前經刻意安排後，每個年齡的平均IQ爲一百，而標準差爲十六❷。

目前我們採用的 IQ，是個人的測驗分數因個人的年齡調整得來的，所以不再是一個「商數」，但因爲大家都熟識，且爲了

圖 12-5　IQ 的常態分配曲線

2904 個兒童及青年的 IQ 分配，他們的年齡由二到十八歲。圖上所述的各組的分數，是由標準化的史比量表得來的(取材自 Terman & Merrill, 1937)。

IQ	語文說明	各組百分比
139 以上	極優異	1
120-139	優　異	11
110-119	高於平均	18
90-109	平　均	46
80-89	低於平均	15
70-79	邊　緣	6
70 以下	心理遲滯	3
		100%

表 12-2　對史比測驗智商的解釋

❷標準差的概念，請看附錄的解釋。

方便起見，仍用 IQ 來表示。

一般用以描述不同智力水準的形容詞亦如**表 12-2** 所列。

包含一個量表以上的測驗

以後因襲比奈的測驗，也採用許多種題目，來測量智力；然而，通過某類題目所得到分數的意義，是否和通過其他類別題目的分數意義一樣？對一位善於運用測驗結果的人來說，他們會發現，其實不然。每個人都具有不同的長處與短處，例如，有的人在字彙測驗上得分較高，而在操弄圖形板(form boards)的測驗上得分較低。由此，他們推測，我們測量到的能力不是單一的能力，而是綜合的能力。

獲得某種能力的訊息，而非只得到單一心理年齡分數的一個方法，是把測驗的題目分成二組以上，每一組單獨計分。**魏氏**

表 12-3　包含在魏氏成人智力量表的測驗

除了做某些修正之外，魏氏兒童智力量表的測驗和成人者一樣。

測　驗	說　明
語文量表	
常識	包含一些常識性的問題，如「一年有幾個星期呢？」
思考	測量處理實際問題的知識及能力，據以評價過去經驗，如「假使你在森林裡迷失了，你要如何出來呢？」
算術	利用語文方面的問題，來測量算術推理能力。
相似性	詢問個人某些事物或概念（如蛋及種子）相似的地方，藉以測量抽象思考能力。
數字羣	以聲音呈現一羣數字（如 7-5-6-3-8），要個人由前或後複誦，以測量注意力及機械記憶。
字彙	測量語詞知識。
作業量表	
數字符號	在有限的時間內，將數字和不同的形狀記號配對在一起，測量學習速度及書寫速度。
圖形完成	把未完成的圖畫部分找出來，並說明之。測量視覺敏感度及視覺記憶。
積木設計	把積木排成圖片要求的設計，測量覺察及分析圖形的能力。
圖片排列	將許多連載卡通式的圖片按照順序排列，以說明一則故事，測量瞭解社會情境的能力。
事物組合	將許多殘缺的紙板組合起來，形成有意義的事物，如人或大象；測量部分與全部的關係的能力。

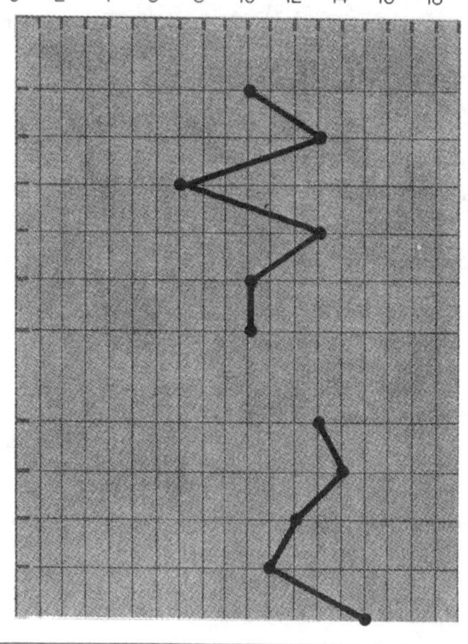

測驗		分數	
常識		10	
思考		13	
算術		7	
相似性		13	
數字羣		10	
字彙		10	
語文分數		63	
數字符號		13	
圖形完成		14	
積木設計		12	
圖片排列		11	
事物組合		15	
分數		65	
作業總分		128	

語文分數 63 IQ 108
作業分數 65 IQ 121
總分 128 IQ 115

圖12-6　魏氏成人智力量表(WAIS)的剖面圖

本圖是一位十六歲男生的測驗分數。右表表示這些測驗的分數可組合爲語文、作業及整個量表的分數。手冊上通常會列有表格（以年齡來調整），將測驗分數轉換爲 IQ。請注意：受試者的作業 IQ 比語文 IQ 高出十三個點。

成人智力量表(Wechsler Adult Intelligence Scale, 簡稱 WAIS，如**表 12-3** 所述)❸ 及**魏氏兒童智力量表**(Wechsler Intelligence Scale for Children, 簡稱 WISC)❹ 所用的題目類似比奈測驗，但把整個測驗依照題目內容，分成兩個部分，一爲**語文量表**(verbal scale)，一爲**作業量表**(performance scale)。所謂作業方面的題目，是指需要操作及排列積木、念珠、圖片及其他事物方面的題目，刺激及反應都是非語文的。在診斷時，利用一個測驗裡面的獨立量表來描述，較爲方便。**圖 12-6** 表測驗的剖面圖，以及如何將測驗分數加起來，成爲 IQ。

一般說來，由魏氏量表的整個量表(語文及動作)或語文量表得來的分數，和史比量表得來的分數，頗爲相近；而魏氏量表裡的語文量表和作業量表間的相關爲.77。

---

❸我國對 WAIS 的修訂，首先由黃堅厚在民國四十三年應司法行政部之請，根據我國社會文化背景，加以修訂。後來，爲適應各級學校學生輔導之用，盧欽銘、簡茂發又於民國五十七年修訂一次。

❹在我國，魏氏兒童智力量表最早曾由柯永河在臨床上修訂使用。民國六十八年，由陳榮華等人做一次修訂。

史比測驗使用分類的項目來測量智力。直到一九八六年的修訂版之前，所有項目對總智商分數的貢獻都一樣。一個孩子可能在字彙測驗上表現極佳，但在畫幾何圖形的測驗上表現不好。主試者可能會注意到這種長處和短處，但它卻未能反映在智商分數上。配合目前視智力為不同能力組合體的看法，一九八六年的修訂本將其測驗歸為四類智力能力：語文推理、抽象與視覺推理、數的推理，以及短期記憶。每一類各有一個分數，**表 12-4** 即是各類項目的範例。

表 12-4　取自一九八六年史比智力量表的部分項目

雖然該測驗並無年齡分層，但這些都是給六至八歲兒童的典型項目。

語文推理	
字彙	字的定義，如「錢幣」和「信封」
理解	回答問題，如「人們在那裡購買食物？」和「人為什麼要梳頭？」
不合理	找出圖畫中「好笑」的地方，如一個女孩在湖中騎腳踏車或禿子在梳頭。
語文關係	說出一系列中前三個項目相像之處以及它們和第四個有何不同：領巾、領帶、手套、襯衫。
數的推理	
數	作簡單的算術作業。
數列	填入一數列的最後兩個數目，如 20　16　12　8　__　__。
造出數學式	由給予的數作成正確的式子，如 2　3　5　＋　＝，正確答案之一為 2＋3＝5。
抽象／視覺推理	
型態分析	以積木複製一個簡單的樣式。
複製	複製主試者所呈現的某個幾何圖畫。
短期記憶	
串珠記憶	呈現不同形狀的珠子串在一根棒上的圖片，再要受試者根據記憶以實物來複製。
對句子的記憶	重複主試所說的句子，如「睡覺時間到了」和「肯恩畫一幅畫給媽媽作生日禮物。」
對數字的記憶	重複主試所唸的一串數字，如 5-7-8-3，順背和倒背。
對物體的記憶	依次各別呈現一些物體，如一個鐘、一隻象。在一張包含有其他物體的圖畫中（如有一輛車、一隻象、蛋和一個鐘）依先前呈現順序，正確地辨認原來的物體。

史比量表一九八六年修訂版被使用的時間，尚不足以讓研究人員和臨床專家來衡量界定這些特殊智力能力的診斷價值。

史比量表和魏氏量表都符合優良測驗的條件；換言之，它們都具備了良好的信度與效度。史比量表再測的信度係數約爲.90；WAIS 則爲.91。同時兩者對於校中的成就都能作相當有效的預測；其測驗的智商得分和學校成績的相關大約.40 至.60 之間。

魏氏量表的積木設計測驗

受試者想用方塊排出圖形所示的設計。

團體測驗

史比量表和魏氏量表都屬於個人測驗，也就是由某個受過特殊訓練的主試對個人單獨施測。團體測驗則是由一主試同時對一群人施測，而且通常是紙筆測驗的形式。比起團體測驗，個人測驗的優點有許多：主試者可確定受試者是否瞭解問題，能評估個人的動機(如該受試者是否用心在作)，且透過仔細觀察受試對不同作業的解決方式，獲得有關個人智力上長處、短處的額外線索。然而當得評估一大群人時，團體能力測驗也很有用。例如軍隊便以一組測量一般智力和特殊技能的團體測驗，選擇適合各種職務(如飛行員、電腦程式人員、電子技師等)的人員。

其他測量一般能力的團體測驗，有 SAT 以及美國內政事務委員會用來選取公職人員所用的專業與行政工作考試(Professional and Administrative Career Examination, 簡稱 PACE)等。

測驗的預測效度

一般能力的測驗如史比量表和魏氏量表，的確預測了校中的成就，同時也爲多數人認爲「聰明」一事提供了一種測量。小學教師應要求對班上學生依「聰明」程度來區分時，其分等與智力測驗得分的相關在.60 至.80 之間。若非教師的判斷有某些有趣的偏差，該相關係數可能更高。例如，老師傾向於高估班上最年幼的孩子，並低估最年長的孩子；顯然地，他們以心理年齡而非智商作爲判斷的依據。同時老師也傾向於高估女孩而低估男孩。一般而言，較活躍、會社交、有自信——參與活動的

各級學校	相　關
小　學	.60-.70
中　學	.50-.60
大　學	.40-.50
研究所	.30-.40

表 12-5　智商分數與學業成就之間的相關

表中所列爲智力測驗得分與各個求學階段學業成就之間的典型相關。

自願者以及常舉手作答——的孩子，會被老師及同伴視爲較那些退縮、安靜的孩子聰明，縱使他們的測驗成績可能不相上下，在這種情況下，能力測驗得分將比老師的判斷提供更正確的能力估計。

測驗得分與學業表現

智力測驗分數和學業表現(如等第、完成學業的可能性)的相關很高，至少在小學、中學是如此。在史比和魏氏智力量表上得分較高的孩子，在校中成績較好、較喜歡學校、待在學校中較長。但隨著教育程度的提高——由小學、中學、大學至研究所——智力測驗得分與學業表現之間的相關逐漸減少(見**表 12-5**)。有些因素和此現象有關，接著我們將會看到最重要的因素之一便是**選擇**(selection)。

目前，我們已提到學業表現與測量一般學習性向的測驗(即所謂可得到智商分數的智力測驗)之間的關係。至於用來測量已發展成的能力以及用來預測大學中表現的學術性向測驗(如SAT)又是如何呢？多年來接受 SAT 的學生已近百萬，許多研究也求了 SAT 分數與大學一年級生學業平均分數的相關。該相關係數隨不同的研究而有差異，SAT 語文部分的相關中數約爲.38，數學部分則爲.34(Linn, 1982)。

上述相關多少低估了測驗分數與大學成績的關係，因爲效標資料(平均等第)只來自實際上了大學的人。假如每個人接受 SAT 後都上了大學，再以測驗分數和其第一年的成績求相關，則相關係數將會高得多。一個相關係數的大小會受到有關測量變異性的數量影響；一般而言，團體的選擇性愈大，分數的範圍愈狹窄，相關愈低。如果整個大學適齡群體都接受測驗，且全部上了大學，則測驗分數和第一年成績的相關也會來得較高。

有個例子可說明爲何在一選擇的團體中，相關會較低：在拳擊比賽的體位分類之前，體重原是比賽結果的一個良好預測。無論訓練如何，二百五十磅重的人通常會打敗一百五十磅重的人，因此體重與獲勝之間的相關很高。然而，一旦作了體位分類，拳擊對手的體重彼此相彷彿(重量級對重量級、輕量級對輕量級等等)，於是體重就不再是比賽結果的良好預測指標(Fricke, 1975)。

雖然選擇因素對 SAT 分數與成績之間相關的影響不若上述例子那般極端，但仍不容忽視。舉例而言，在 SAT 語文部分分數歧異大的大學新鮮人班中，SAT 語文分數與其學業成績的相關平均為.44。在分數歧異較小的大一班上，相關則為.31(Schrader, 1971)。團體愈具選擇性(或同質性愈高)，相關便愈低。

假如對 SAT 分數與大一成績之間的相關作統計的「修正」——考慮群體的選擇因素，出來的相關係數約為.50。此係數在可預測性上究竟意味著什麼？.50 的相關表示在 SAT 分數分配上屬前五分之一的一名學生，在大一平均成績分配上也屬於前五分之一的機會為百分之四十四，但 SAT 分數屬後端五分之一的學生，得到上述成績水準的機會只為百分之四(Schrader, 1965)。在缺乏測驗分數的情形下，機會當然只為百分之二十，SAT 分數對預測的助益極大，但 SAT 得分相同的學生大一成績的相差也很大。

測驗表現上的團體差異

當群體中的某群人成為研究對象時，常會出現能力測驗上平均表現的差異。例如，通常來自中高所得家庭的孩子得分較貧窮家庭的孩子來得高。在一般性能力測驗中所發現的平均差異，同樣見於成就測驗上，無論作為受測兒童的團體是以父母職業、教育程度或所得來分類(Speath, 1976)。某些少數團體的成員，如黑人、拉丁裔美國人、印第安人等，比起白人也具有能力測驗得分較低的傾向(Coleman et al., 1966; Bock & Moore, 1982; Jones, 1984)。

男女在某些測驗上的得分也有不同，取決於測驗如何發展的過程。大多數智力測驗(如史比和魏氏智力量表)建構時便已透過刪除造成較大性別差異的項目，或對男性、女性有利的項目加以平衡，儘量減少性別差異。未消除性別差異的一般性能力測驗之一(區分性向測驗)，便顯出高中女生在有關事務處理速度、正確性和語言使用上遠勝於同齡男孩，而男孩則在機械推理和空間關係測驗上的表現優於女孩(Linn, 1982)。在 SAT 上，男女在語文部分的表現一樣好，但數學部分則男性的得分較高(Benbow & Stanley, 1980)。

在提及團體表現的差異時，必須特別強調兩點：第一，這些只是平均的差異；比起團體內的變異，團體間的差異通常算很小。因此有些來自貧窮家庭的孩子得分比大多數來自高所得家庭的孩子高，或是有些較富有的孩子得分比大多數貧窮孩子的得分為低。第二，如稍後所將提到的：在平均測驗分數上的團體差異，不可視為天生能力有所差異的證據。它們反映出的或許是有關家庭環境和學習機會上的差異。雖然如此，但是在平均測驗分數的團體差異會反映出在學校或工作上成功機會的可能性時，便得去理解這種差別。

以下將提到不同種族、社經地位的團體在測驗表現有所差異的幾個可能因素，但團體差異的存在，並不意味著測驗在預測表現上無效。能力測驗對少數團體之學生在學業成績上的預測，正如同對白人學生的預測一樣有效。例如，SAT 分數不僅可預測白人學生在大學中的成績，同樣也能對黑人和墨裔美人學生的大一成績作預測(Linn, 1982)。

說能力測驗無偏差並非否認事實存在著對少數團體不利的社會差別待遇，無疑地，對少數團體較不利的機會，造成他們在能力測驗和某些效標得分上較低。

使用測驗來預測表現

雖然能力測驗在預測學業表現上頗有用處，但它們只有一個測量分數，且應該配合其他訊息共同使用。舉例而言，高中成績與大一成績的相關，大約和 SAT 與大一成績的相關一樣高。這項事實對於入學測驗的有用性產生了一些疑問。但我們可以說：大學入學測驗分數可為不同高中給分的歧異性作一調整(每個高中給的成績，可能有不同的標準)。事實上，同時以 SAT 分數和高中成績來預測大學成績，將優於單獨使用其中一項所作的預測。

能力測驗可對個人能否閱讀並理解某些教材或解決數理問題，提供一個良好的預測，但測驗無法衡量個人的社會特性、對工作的意願或人際技巧。測驗為學業成就的預測提供了一些基礎，但並不表示某個學生將來會成為傑出的科學家、作家、教師、律師或醫生等等。

入學測驗的分數只提供了單一的訊息，應該配合其他的測量(如高中成績、推薦、特殊成就)來預測申請者未來的學業表現。

智力的本質

有些心理學家視智力爲一理解和推理的一般能力，並以各種不同的方式顯現。比奈便是持這種看法。雖然他的測驗包含許多不同類的項目(測驗記憶廣度、算術技巧、字彙常識等等)，但是比奈也注意到，聰明的兒童傾向於在所有項目上的得分都較遲鈍的兒童爲高；因此他假設：這些作業測的是一種基本能力的抽樣。

「智力似乎包含一種基本的才能，在現實生活中相當重要，這種才能是一種判斷，或所謂良好的辨別力、實際的辨別力、主動力、一種調適自我與環境的才能。善於判斷、理解和推理，這些都是智力的基本活動。」(Binet & Simon, 1905)

魏氏智力量表所含的分測驗雖然多，但其作者魏斯利卻也相信「智力是個人作有目的的行動、作合理思考、有效應付環境的一種集合或整體的能力」(Wechsler, 1958)。

因素論

如上所述，有的心理學家視智力爲一種一般能力，其他的心理學家則認爲智力是一大群特殊能力的結合，這些能力之間成正相關；他們採用**因素分析**(factor analysis)的統計方法，想更準確地說明構成智力的基礎能力有哪些。因素分析是一種統計技術，能夠找出最少的向度或因素，解釋許多受試者在各種測驗上之反應的關係(相關)。由於這個方法相當複雜，所以在這裡，沒有辦法詳細說明。不過，**表 12-6** 可以讓我們對因素分析的性質及目的，有個確切的瞭解。

一般智力因素　因素分析的創始人史畢曼(Charles Spearman)，認爲每個人都具有一般智力因素(稱爲 g 因素)，只是量的多寡不一而已。個人才智的聰明與否，端看 g 因素的多寡而定。依照史畢曼的想法，g 因素是決定個人在智力測驗上的表現的主要要素。此外，每個人也有特殊因素，稱爲 s 因素，是和特殊能力或特殊測驗題目有關的。例如，測量算術或空間關係的測驗，測量的是 s 因素。每個人接受測驗測量到的智力，

表 12-6　因素分析法

表中列出九種性向測驗的相關矩陣及因素矩陣，用框框框起來的表示這些測驗間有共同因素。

什麼資料可以用因素分析法來分析？因素分析的主要步驟爲何？通常資料只是受試者在不同測驗上的分數，這些測驗都是用來測量各種心理內容或過程的。在許多受試者裡面，每個受試者在各個測驗上，都會得到一項分數。然後，這些分數之間可以求相關。換句話說，我們想知道許多受試者在測驗 1 上的得分，和測驗 2 、測驗 3 等的關係如何。這些相關可以畫成一個相關表，即所謂的相關矩陣(correlation matrix)。這種矩陣的例子如下所述，本矩陣是依據九種測驗來的：

測驗	2	3	4	5	6	7	8	9
1	.38	.55	.06	−.04	.05	.07	.05	.09
2		.36	.40	.28	.40	.11	.15	.13
3			.10	.01	.18	.13	.12	.10
4				.32	.60	.04	.06	.13
5					.35	.08	.13	.11
6						.01	.06	.07
7							.45	.32
8								.32

上面矩陣裡面的相關，有的用框框框起來，這表示這些測驗之間，具有共同的特性，不是其他測驗也具有的。不過，這種判斷可能不太適切，因爲測驗 2 和測驗 4、5 及 6，相關也高，但沒有含蓋在長方形框裡。因此，我們可以用因素分析的方法，說明上述做法準確的程度。如果在相關矩陣裡面，有的相關頗高，具有統計上的顯著性，而有的相關接近於零相關，則顯然地，某些測驗測量某種能力，而另外的測驗測量另外的能力。因素分析的目的，就是想告訴我們這些能力測量的準確性。

然後，因素分析採用數學方法（通常以高速電子計算機輔助），計算每個測驗和一些因素間的關係。這種測驗分數和因素間的相關，即所謂的因素負荷量(factor loadings)。如果一個測驗，和因素 I 的相關爲.05，和因素 II 的相關爲.10，和因素 III 的相關爲.70，則本測驗在因素 III 的「負荷」較大。例如，上述九個測驗的相關矩陣，會得到下述的因素矩陣(factor matrix)：

測驗	因素 I	因素 II	因素 III
1	.75	−.01	.08
2	.44	.48	.16
3	.72	.07	.15
4	.08	.76	.08
5	−.01	.49	−.01
6	.16	.73	.02
7	−.03	.04	.64
8	.02	.05	.66
9	−.01	.10	.47

在因素矩陣裡面，用長方形框起來的負荷量，表示測驗和因素間的相關較高者。這個結果，和我們在相關矩陣發現的結果一樣，但在這裡更精密了。不過，測驗 2 的問題仍然存在，因爲測驗 2 在因素 I 與因素 II 的負荷量大抵相似。因此，測驗 2 不是一個「單一因素」的測驗。找出這三個能夠解釋九種測驗相關的因素之後，我們可從因素負荷量高的測驗的內容，來說明及解釋每個因素的意義。嚴格說起來，因素分析是一種數學過程，但因素的命名及解釋，則純靠心理學的訓練。

是 g 因素的多寡，再加上各種 s 因素的大小得來的。因此，個人在數學上的表現，可能是個人的一般智力和數學性向作用的結果。

主要能力(primary ability)　最近的研究人員薩史東(Louis Thurstone, 1938)反對史畢曼強調一般智力的說法，他認爲智力可以分裂成幾種主要的能力。爲了發現這些能力，他運用因素分析的方法，分析含有各種題目的許多測驗。有的題目是和語文思考有關的，有的題目則和數學計算有關的……等等。他想利用較明確的方法，將智力測驗的題目歸類，而非像史比測驗及魏氏測驗，採取粗略的題目分類法，將測驗分爲語文及作業量表。

在求得各測驗分數的相關之後，薩史東運用因素分析法，求取基本的因素。同時，把最能代表發現因素的測驗題目湊在一起，編成新的測驗；然後把新測驗施測於另一組受試者，重新分析相關。這樣做了幾次研究之後，薩史東指出了七個因素，爲智力測驗裡面的主要能力，如**表 12-7** 所述。

薩史東設計一個綜合測驗，來測驗每一種能力，這個測驗稱爲**主要心智能力測驗**(Test of Primary Mental Ability)，應用頗廣。然而，本測驗的預測力，不見得比用魏氏量表來測量一般智力好。薩史東想利用因素分析，來找出智力的基本元素的希望，顯然沒有完全達成。這有幾個原因，首先，他的主要能力不是完全獨立的，互相之間有顯著的相關，這支持了史畢曼的概念——有一般智力因素存在。還有，利用因素分析找

表 12-7　主要能力

表中列出根據薩史東所提出的七種主要能力及其意義。

能力	說　明
語文思考	瞭解語詞意義的能力；字彙測驗測的是這個因素。
文字流暢性	在解字謎或思索文字押韻的問題時，快速思考文字的能力。
數字	運用數字及計算的能力。
空間	當同樣的圖形方向改變時，能夠仔細辨認空間關係的能力。
記憶	回憶語文刺激，如文字配對或句子的能力。
知覺速度	在視覺上，能夠明察秋毫的能力，能很快看出兩圖形間的相似性及相異之處。
推理	根據有限的幾個狀況，找出一般原則的能力。如當出現數列的一部分時，能夠找出整個數列來。

出來的因素個數，完全看選出的測驗題目的性質而定。有的研究者採用其他的測驗題目，得到了更多的因素。例如基爾佛(Guilford, 1967)認為，特殊的智力，至少有一百二十個之多。

其他的研究人員使用不同的測驗項目和不同的因素分析法，界定出二十至一百五十個代表智力能力範疇的因素(Ekstrom, French, Harman, & Derman, 1976; Ekstrom, French, & Harman, 1979; Guilford, 1982)。因素多寡與種類的缺乏一致性，使人對因素分析方式的效度產生懷疑。雖然如此，因素分析仍是研究智力表現的一個基本技巧(Cronbach, 1984)。

智能結構模型(cubical model of the structure of intellect) 基爾佛(Guilford)並不接受「一般性智力因素」的概念，而認為智力是由許多因素群組成的，就像薩史東所提的主要能力一樣。他認為，當我們把題目組合在一起形成測驗時，往往忽略了智力的許多部分。我們通常根據內容，來區分語文能力測驗題目與非語文能力測驗題目的不同，例如文字和圖片是不一樣的。然而，受試者如何運用測驗題目的內容(如記憶之或用它來推理)，會受到作業(task)性質的影響，而較不受測驗內容的影響。假使別人給你看十二種物品的圖片，然後要求你回憶這十二種物品的名稱，則這個作業包含語文能力或圖形能力呢？當然，別人呈現給你看的是圖片，但大多數受試者會賦予物品名稱，再默唸物品的名稱，而不是直接記下圖片本身。

基爾佛堅稱智力測驗的題目，必須不能只用內容來區分，

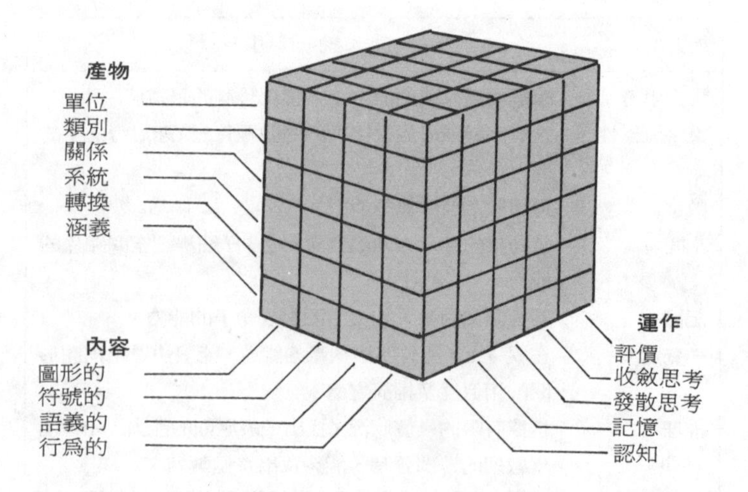

圖 12-7 基爾佛的智能結構模型

立方體內的每個小方塊，代表獨特的智力。智力測驗的題目可以依據內容、受試者在題目裡必須履行的運作類別，以及特定內容經某種運作後產生的產物等來區分。依照基爾佛的看法，內容有四種，運作有五種，產物有六種，產生一百二十種智力。

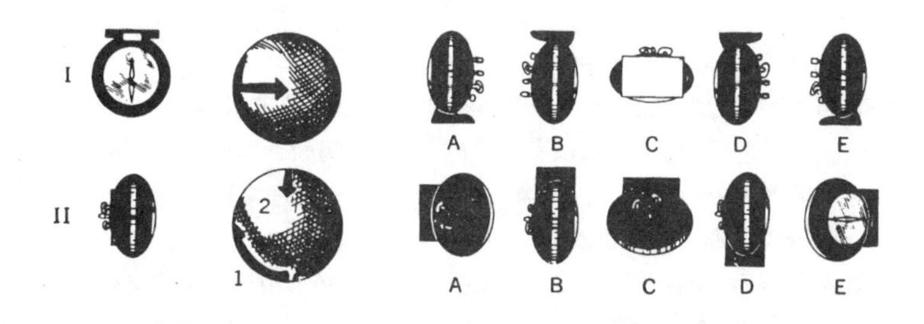

圖 12-8　透視力測驗
在每一行裡面，當最左邊的鐘，依照圖形所示的箭頭方向轉的時候，會變成什麼樣子？請想一下。右邊所示的鐘裡面，哪一個能夠表示旋轉後的樣子？在第II題當中，第一次及第二次旋轉，請按照1—2的順序來。本測驗包含「圖形的」內容、「認知的」運作及「轉換的」產物。（答案分別為B與C）

必須注意到作用於**內容**(content)上的**運作**(operation)，及結果的**產物**(product)。他提出來的智力結構模型(**圖 12-7**)，顯示四種內容、五種運作及六種產物，可以組合成一百二十種獨特的智慧因素。由於每一種內容、產物及運作的定義頗長，在這裡無法詳細說明，不過可以舉一些例子來說明各類的分野。如果我們給受試者一張文字列表，上面的字詞是沒有關連的，要他學習，並在事後要他回憶，則這個測驗的內容是語義方面的，因爲測驗包含字詞；運作是記憶方面的；而產物爲受試者所回憶的文字列表或「單位」列表。如果我們考慮字謎測驗的情形，要求受試者把四個英文字母(如PANL、CEIV、EMOC)重新排列，形成熟悉的字(plan、vice、come)，則本測驗的內容，是符號方面的，因爲測驗包括許多字母符號；運作是認知方面的，因爲受試者必須能夠認識這些顛三倒四的字；而產物是文字(即「單位」)反應。另外一個例子，請看**圖 12-8**。

基爾佛的模型包含那麼多因素的理由之一，是他把智慧的概念擴大了，而非只利用標準的智力測驗來測量。大多數的智力測驗測量**收斂思考**(convergent thinking)——問題的解決有界定良好的正確答案。基爾佛也把測量**發散思考**(divergent thinking)——問題的解決有許多種答案——的測驗納進來。這種測驗題目的例子，如下所述：「你認爲磚塊可以用來做什麼呢？」當個人提出較不尋常的答案時(如「可以加熱，使臥舖保持溫暖」、「可做武器用」、「可做書櫥內的架子」)，則其發散思考的得分較高。和收斂思考比起來，這種思考和創造性的關係較爲密切，同時也確實含蓋在智慧的範疇裡面。某些「創造性方面的題目」，如**表 12-8** 所示，在大多數智力測驗裡面，頗爲少見。

比較傳統性智力測驗和測量發散思考的測驗間關係的實驗，發現兩者間的關係，如**圖 12-9** 所示。換句話說，創造力高的人，智力通常也高；但智力高的人(即傳統智力測驗所測量者)則不見得創造力也高。

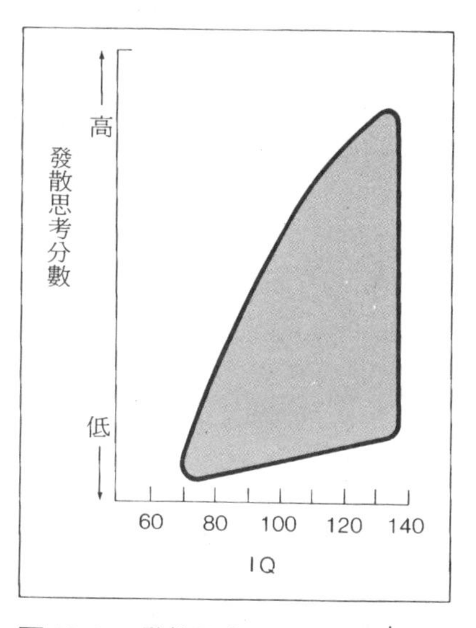

圖 12-9　發散思考和 IQ 間的關係
每個人的IQ分數與發散思考分數的點，都位於這個圖形裡面。研究指出，每個人的點都在著色區域裡面。發散思考分數高的人，IQ也較高，而非較低；但有許多發散思考得分高的人，IQ平平；且IQ高並不保證發散思考的分數也高（取材自 Guilford, 1967）。

表 12-8　用來測量創造力的測驗題目

表中列出八種學者們測量創造力的測驗類別及例題。

1. 發明才能（Flanagan, 1963）
   a. 有一陣罕見的暴風，把小鎮電視台的發射塔吹垮了。電視台座落於鎮上的大平原上，旁邊沒有高大的建築物。電視台以前那座三百呎高的發射塔能夠使大片農業區接收到電視。管理當局想趕快把發射塔建立起來，恢復以前的服務，這個問題應如何解決？
   b. 產品製造的部分過程，是杯狀鑄物的內緣，必須用機器塑成螺紋。公司發現，壓成螺紋後的金屬碎片，如果不加以刷掃，很難從鑄物底邊將之清除。一位設計工程師想了一個辦法，可以解決這個問題。
2. 不平凡的用途（Guilford, 1954）
   儘量說出底下物品的用途：a. 牙籤　b. 磚　c. 報夾
3. 最後結果（Guilford, 1954）
   一旦政府法令及地方法令廢止，你想會發生什麼事情？
4. 故事結尾（Getzels & Jackson, 1962）
   請用三種方式，將底下的故事結尾：有道德觀念的、幽默的，及悲哀的等三方式。
   淘氣的狗
   有一隻頑皮的狗，喜歡靜悄悄地走到行人後面，出其不意地咬行人一口，因此，他的主人在牠的頸上掛了一串鈴子，以便提醒行人注意。這隻狗覺得很得意，整天響叮噹地走遍小鎮的每個角落。但一隻老獵狗告訴牠……
5. 產品改良（Torrance, 1966）
   給受試者許多事物，如小孩的玩具或其行業上使用的工具，要求他提改良建議。
6. 形狀的意義（Wallach & Kogan, 1965）
   給受試者看許多幾何圖形（如底下所述者），並要求他儘量想出圖形的意義。

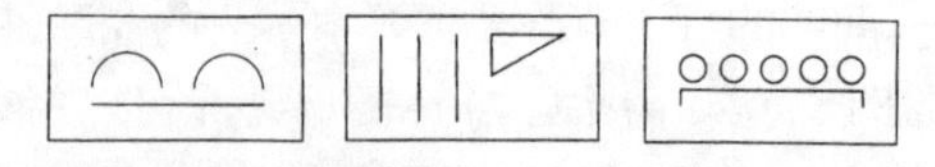

7. 遙遠的聯結（Mednick, 1962）
   找出第四個字，以便把前面三個字聯在一起：
   a. rat-blue-cottage　　b. out-dog-cat
   c. wheel-electric-high　　d. surprise-line-birthday
8. 字的聯想（Getzels & Jackson, 1962）
   請儘量想出底下每個英文字所代表的意思：
   a. duck　b. sack　c. pitch　d. fair

看起來，因素分析似乎也無法對智力的種類及性質有個清楚的交代。利用因素分析得到的能力種類及數目，純看測驗題目的特殊性而定。假使你想把記憶的測量更加細分，則你可以把測驗分割爲「聽覺記憶」、「印刷文字記憶」及「幾何圖形記憶」等等。在某些情況下，這種細分是有助益的。在許多實用狀況下，利用這些界定範圍廣大的能力（如薩史東所述者）中的少數能力，可以預測某些工作成功的可能性；同時，我們也能夠看各種不同的能力，是否隨年齡、社經地位及文化背景等因素的不同，而有所不同。

究竟智慧是一個單一的一般因素(g)呢？還是多個互有關係的特殊能力？依照現有的證據來說，我們可以下個合理的結論：智力是某些一般能力再加上特殊能力。說明某些人在標準智力測驗上，相差十分或十五分的說法是沒有意義的。一位 IQ 低但有一點特殊能力的人，可能在許多情境下，表現得比 IQ 高的人還要好。但如果 IQ 的差距在三十分以上，則在表現上可能也有差異，IQ 高的人在各種實際工作測量上，都表現得較佳。

重要討論：

訓練與測驗通

報紙上天天都有廣告宣稱可增進個人在 SAT、LSAT、MCAT、GRE 和 GMAT 等入學考試得分的課程。有關此類測驗的訓練成了獲利頗豐的行業，然而訓練可提高測驗分數的程度卻是一個受爭議的話題：如果訓練的確可導致較高的分數，則付得起此種課程費用的申請學生豈不是佔了其他付不起費用學生的便宜？

熟悉測驗程序所帶來的幫助是顯而易見的。先前有接受測驗的經驗而知道進行過程的人，將比經驗較少的人有信心。測驗通(test sophistication)一辭所指包括熟悉各種作答案格式，會留意選擇項目中出現的所有答案，而不是覺得彷彿正確便選了第一個答案；知道不要在困惑的問題上花太多時間，並由項目中找尋額外的線索；知道何時可用臆測也有幫助：如果答錯沒有處罰，則不知道答案時用猜的便很合算。

指導作測驗的策略以及使用類似的測驗問題作練習是大多數課程的內容。一些印行的練習小册也可用來作類似的自我訓練。熟悉測驗形式、對應試策略的常識，以及作類似題目的練習，的確會帶來較高的測驗分數，但這種差別只有與測驗生手(如新近的移民或來自極少考試學校的學生)相比才顯明。美國高中畢業生在校中對測驗已有相當經驗，可能不會再由額外的練習上獲益許多。

對特殊受試者的指導又是如何呢？入學測驗是用來測量個人對某學習領域的性向，而且測驗建構者也試圖避免某些可藉由短期訓練或指導即可增進得分的項目。雖然如此，SAT 的語文部分仍對字彙依賴頗重，同時數學部分中許多問題都與高中代數和幾何常識有關。在這些方面自覺不足的人作個複習是有用的。部分研究顯示：對平時不常研讀數學的學生施以數學的訓練，會提高他們在 SAT 數理部分的得分，但對選讀數學課程的人而言，此種作法的助益極少。以字彙卡、字典幫助閱讀對語文部分的測驗也有所幫助。

最近三十年來，許多研究試圖決定訓練對 SAT 分數的影響。這些研究包含了不同的訓練方法以及公私立高中的課程，和外售的教學計畫，但研究結果的歧異頗大——有賴於課程的長短和形式，以及有無控制組(控制組重要的原因是由於選修訓練課程的學生，在某些方面——特別是動機水準——的確與未選修的學生有所差異，我們很難在缺乏一比較組的情況下，來評估其測驗分數)。

米西克與楊布拉特(Messick & Jungeblut, 1981)曾發表有關 SAT 訓練研究(包含控制組)的分析。他們的結論是：舉例而言，三十個鐘頭有關語文技巧的指導，在 SAT 語文部分的分數平均可提高十四分。數學技巧方面的三十個鐘頭指導，則在 SAT 數學部分平均可多得二十六分。換言之，六十個鐘頭的指導意味著總分多出四十分。而 SAT 分數分布是由四百至一千六百，因此上述的微小差異不足以影響大局。西蒙尼和利亞得(Der Simonian & Laird, 1983)後來作的研究也獲致類似的結論。

有些研究(沒有控制組)報告在 SAT 兩個部分上增加的得分要較上述高得多，分別爲五十至八十分(Pallone, 1961 ； Marron, 1965)。但是在這些研究中的受試者都加入了長達六個月的密集訓練課程。在此，問題成爲教育和訓練之間的差異。一年的高中英文及代數課程的確會增高

SAT 的得分；那麼六個月的訓練課程會產生類似的結果也就不足爲奇了(Jones, 1984)。

對於有關入學測驗訓練課程的建議，我們的意見是：爲了公平起見，提供教導測驗時的策略及練習作些測驗項目取樣的短暫課程，將有助於平衡受測經驗不同的學生之間對測驗的熟悉程度。複習語文、數學和幾何或許對這方面基礎不好的人有所助益，但是對一般高中教育程度的人而言，可能並不值得在這類訓練課程花許多時間或金錢。

重要討論：

不受文化影響的智力測驗

心理學家已經花了很多力氣，來建構不受受試者特有文化影響的測驗，而不像我們所熟知的比奈測驗一樣。在這些心理學家當中，卡台爾(Cattell, 1949)建構的測驗，稱之爲**超越文化**(culture-free)測驗；戴維斯及艾爾斯(Davis & Eells, 1953)則稱之爲**文化公平**(culture-fair)測驗。不管名稱怎麼樣，他們都想建立一套測驗，不受受試者個人特殊文化背景的影響。

讓我們考慮底下的題目：

請挑出一個意義和其他語詞不同的字出來：

大提琴　豎琴　鼓　小提琴　吉他

這個題目是艾爾斯(Eells, 1951)等人舉的例子，用以說明個人的經驗會影響到他的反應。當把這個測驗施測於孩童時，百分之八十五家庭社經地位高的孩童，會答「鼓」，這是測驗編製者認爲正確的答案，但對家庭社經地位低的孩子來說，只有百分之四十五會答這個答案；大多數社經地位低的孩子會答「大提琴」。在列表裡面，他們較不熟悉這個字，因此，認爲這個字和其他字不同。然而，來自社經地位高的孩童，則較熟悉大提琴，而且至少聽過大提琴這個語詞，而不像來自貧窮家庭的孩童一樣。

在這個研究裡面，其他許多題目亦反映了階層上的差異，而非個人能力不同。例如，對來自高社經地位家庭的孩童來說，在下述題目裡，答對者較多；而來自低社經地位家庭的孩童，答對者較少。

請在下面的列表裡，找出三個相似的事物來。

商店　香蕉　籃子　蘋果　種子　李子

這個題目的目的，是要孩子知道香蕉、蘋果和李子是水果；而商店、籃子及種子不是水果。然而，我們很難相信，許多來自貧窮家庭的九歲、十歲的孩子，竟然不太熟悉這六個字，或不知道何者是水果。雖然，到目前爲止，我們還不知道環境差、限制大，對哪一種能力的影響較大。當然這些題目也許是不受文化影響的，卽使在答案上顯示有階層差異存在，因爲也許階層與階層之間，眞的就有認知表現上的差異，所以測量能力的題目本身，是「不受文化影響的」。

雖然編製「不受文化影響的」測驗的人，期望頗爲殷切，但得到的結果卻頗爲黯淡。在某些例子裡面，雖然階層間分數的差異減小了，可是在更多的例子裡面，卻發現這種測驗還是有階層的差異存在，就像一般測驗一樣。尤有進者，在預測學術成就方面，這種新編的測驗，要比傳統的測驗還要糟糕。也許從原則上來看，這種不受文化影響的測驗是不可能存在的，個人的表現總是會受到文化背景的影響，而和測驗的性質無關。因此，再加上新測驗的種種難題，普通的比奈式測驗的預測力，要比未經過深入效度研究的新測驗好(或一樣好)。

有一個以奈及利亞鄉下兒童爲對象的研究，可以說明文化經驗對個人在**寇氏方塊測驗**(Kohs block test)上表現的影響。寇氏方塊測驗是一種智力量表，包括十六種彩色的方塊，每個方塊有兩面是紅色的，兩面是白色的，另外兩面則各以對角線爲界，一邊爲紅色，一邊爲白色，紅白相間。主試者呈現畫好的圖案給兒童看，要求兒童把方塊加以排列，以得出相同的圖案。當我們呈現**圖 12-10** 中的第一張圖案給八歲的奈及利亞小孩看時，他很容易地就排列出來，第二張次之，但第三張就不容易了。以美國兒童的常模來說，這些小孩的平均智商爲八十。然而，當施測者呈現由方塊合成的圖案，而非繪畫者時，兒童能夠很快地排出施測者要求的圖案。同時有了這種經驗之後，他也能依照繪出的圖案組合方塊，如前面所述者的方式一樣。研究者認爲：一旦這些兒童能夠「領會」施測者在其他

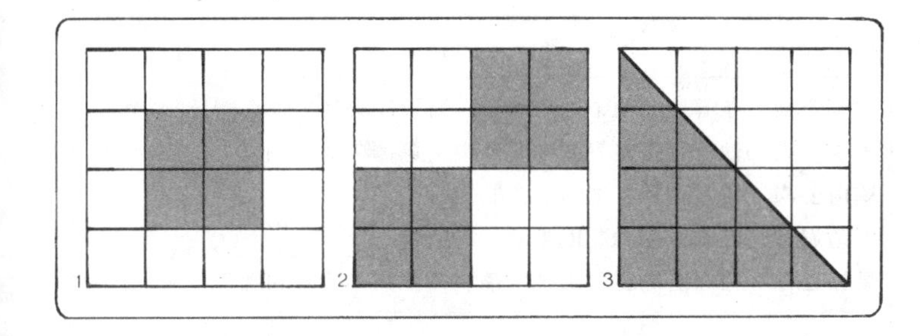

圖 12-10　用來測量奈及利亞鄉下兒童的圖案

對奈及利亞八歲兒童來說，如果第三種圖案是以繪畫的方式出現，要求兒童排列方塊時，頗不容易；但以方塊方式出現，則較爲容易。一旦有了這種經驗之後，兒童也能夠依照繪畫的圖案組合方塊（取材自 D'Andrade, 1967）。

情境下的期望之後，他們的表現不見得比美國兒童差。對這些從小就在鄉下長大的兒童來說，他們甚少有機會去接觸圖案、熟悉圖案所代表的意義。即使是成人，也往往被地圖、建築圖或平常照片(有時會發生)攪得頭昏眼花。

因此，在某個文化下，視爲理所當然的事物，在另一個文化下，不見得如此。這種說法，亦可應用於一個國家之內，各次文化可能不同的論點上。

訊息處理論

一九六〇年之前，對智力的研究以因素分析取向一枝獨秀。然而隨著認知心理學的發展及其對**訊息處理模式**(information-processing model)的強調，產生了一種新的研究取向。該取向的定義雖因人而異，但基本的想法在於以人們從事智力活動時所運作的認知過程來理解智力(Hunt, 1985)。

進一步而言，訊息處理取向所尋求的問題是：(1)各種智力測驗中包含了那些心智運作過程？(2)這些過程進行的速度如何？其正確性有多高？(3)這些過程所運作的訊息心理表徵爲何種形式？該取向不以因素來解釋智力，而是企圖界定出處於智力行爲下的心理過程。訊息處理取向假設在某作業上出現的個別差異，取決於各人所運作的特殊過程，以及該過程的速度與正確性。其目的是使用某特殊作業的某種訊息處理過程模式，以界定出對各過程部分的恰當測量。這些測量可能只是對一選擇題的反應，或可能包含了受試者的反應速度，甚至還有眼球活動和腦波。其想法是使用任何必須的訊息以估計每個分過程的效率。

訊息處理過程可藉史登柏格(Sternberg, 1985)的研究及其智力的構成模式來說明。他假設：受測者擁有一組心理運作

表 12-9　智力的構成要素
史登柏格對解決問題中所運作的許多要素過程分類的基模(取材自 Sternberg, 1985)。

構成要素	過　程
中間要素	在解決問題中用來執行計畫及作決策的較高層控制過程
表現要素	執行計畫並完成中間要素所選擇決定的過程
學得要素	學習新訊息中所包含的過程
保留過程	提取原存於記憶中訊息的過程
轉移過程	將保留的訊息由某一情境轉至另一情境的過程

過程——稱之爲**構成要素**(component)，以一種有組織的方式運作而產生在智力測驗上可見的反應。許多要素都屬於**表 12-9** 所列出的五種分類。史登柏格由一智力測驗選出某特殊作業，並在一系列實驗中使用以嘗試界定出該作業中所包含的要素。舉例而言，假設如下的類比測驗：

律師：客戶::醫生：(醫藥，病患)

經過一系列有關類比問題的實驗，史登柏格作了以下的結論：其中的關鍵要素爲**編碼過程**(encoding　process)和**比較過程**(comparison process)。受試者藉著對詞形成一種心理表徵來對類比問題中的每一個詞作編碼，因此便由個人的長期記憶中提取詞的一組屬性。例如，「律師」一詞的心理表徵可能包含以下屬性：大學程度、熟悉法律程序、在法庭上代表委託人等等。一旦個人對類比中的每個詞都形成心理表徵後，比較過程便掃瞄這些表徵，以找出可解決問題的恰當屬性。

類比問題還包含其他過程，但史登柏格已顯示在此作業上的個別差異，主要決定於編碼和比較過程的有效性。實驗結果指出：在類比問題上得分高的人，通常花較多時間在編碼上，並形成較正確的心理表徵。反之，在比較階段時，得分高者在配對屬性上較得分低爲快，但兩者的屬性配對都一樣正確。因此得分高主要是其編碼過程的有效性，但是他們解決問題所需的時間卻是複雜的組合：緩慢的編碼速度和快速的比較(Pollegrino, 1985)。

因素取向和訊息處理取向爲智力測驗的表現提供了互補的解釋。如薩史東所提的主要能力因素，在界定長處、短處的廣泛範疇上很有用：它們可指出某人文字流暢性和語文思考方面很強，但推理方面弱。如果加上其他測驗，則訊息處理分析可爲與缺陷有關的過程提供一診斷性的側面圖。一種過程的分析可指出在中間要素(如選擇用來解決問題的策略)、保留要素(如對相關訊息回憶的緩慢、不正確)，或轉移要素(如缺乏將由某一情境的所學轉移至另一情境的能力)等層次上的缺陷。

智力的面向

史登柏格為推廣其取向，宣稱一個完整的智力理論應包含更多的構成要素過程，而非僅在實驗室或典型測驗情境下所找出的幾種。他建議：此一包含更廣的要素不僅有關「學業的智力」，同時也應延伸至「實用的智力」；這些要素可經組織以成組的方式運作，並可大致作以下的區分：

(1)學習以及由經驗中獲益的能力。

(2)作抽象思考、推理的能力。

(3)適應多變、不定外在環境的能力。

(4)促使自己迅速完成自己必須作的事情的能力。

其他心理學者無論是採因素取向或訊息處理取向——大致都會同意上述各點。今日所使用的大多數智力測驗，對前二種能力的衡鑑都相當有效，但是對後二者則幾乎無能為力。無疑地，這便是為何一般的智力測驗在預測學業成就上極有效，但對個人在學業以外成就的預測力較低的原因。我們以目前的測驗型態來測量智力的能力或許已到了極限，必須發展出可更正確地測量動機和實際解決問題能力的新方法，以改進智力測驗的預測力。這些新方法也許需要較傳統紙筆測驗的情境更具互動性的測驗情境。電腦控制的測試也可能提供所需互動的彈性和豐富性，目前已有研究朝此方向進行。

重要討論：

多重智力理論

郝華・加納(Howard Gardner, 1983)曾提出對智力的一種研究取向，該取向在許多方面類似於因素和訊息處理取向。雖然如此，他的方式仍有許多獨特的性質，值得特別的探討。

根據加納的看法，沒有所謂單一的智力；相反的，智力至少有六種不同的分類，該六種智力彼此不相干，每一種都根據自己的法則在腦中以一個別的系統方式運作。此六種智力分別是：(1)語言。(2)邏輯-數字。(3)空間。(4)音樂。

(5)軀體-運動。(6)個人。前三者是一般所熟悉的智力成分，加納對它們所描述也類似於其他理論家所提的想法。後三者則令人訝異，甚至讓人覺得這些是微不足道的，但加納相信它們應擁有相當於前三者的地位。例如，他主張在人類的歷史中，音樂能力比邏輯-數理智力更重要。在人類的演化中，邏輯科學的思考遲遲才出現，但音樂與藝術的技能早在文明之初便已是人們生活中的一部分了。

音樂智力包括知覺音調和節奏的能力，它是音樂能力發展的基礎。軀體-運動智力則是控制自身的動作以及熟練地操作、處理物體的能力；如舞蹈家和運動員，他們對自己身體的動作擁有精確的控制；又如畫家、網球選手和外科手術人員等都能精細地操弄物體。

智力有兩種可視爲獨立的要素，分別是個人內在以及人際間的智力。個人內在的智力是監控本身感覺和情緒，加以區辨，並利用這些訊息來引導自己行動的能力。人際間智力則是注意並瞭解他人的需要和意圖，並監視其情緒和脾氣，以作爲預測對方在新情境將如何反應的參考。

加納由幾個觀點來分析每一種智力：所包含的認知運作、天才和其他非凡人物的出現、腦傷個案的資料、不同文化中呈現的面貌，以及演化發展的過程。

由於遺傳或訓練，某些人某種智力的發展可能超過他種智力，但就一般人而言，每一種智力應該都會發展至某種程度。各種智力之間彼此互動、互相影響，但仍以半自動的方式運作。每種智力都是大腦中的一個單位，依自己的法則和程序來運作；某種腦傷會損壞一種智力，但對其他智力毫無影響。加納並非提出不同心智功能自成單位的第一個人，但大多數持此種看法的理論家，仍假設有一種中樞控制過程(或執行規律)調節著各單位的活動。然而加納卻相信：不需假設此一執行控制過程的存在，也可解釋行爲。

在西方社會裡，前三類智力受到相當的重視，也是標準化智力測驗所測量的內容。但歷史和人類學上的證據顯示：在人類歷史的早期，甚至在某些非西方文化中，其他智力更受重視。此外，文化所注重的活動會影響某種智力的發展，例如，一個擁有軀體-運動天賦的男孩，生在美國可能成爲棒球員，在蘇聯可能成爲芭蕾舞者。

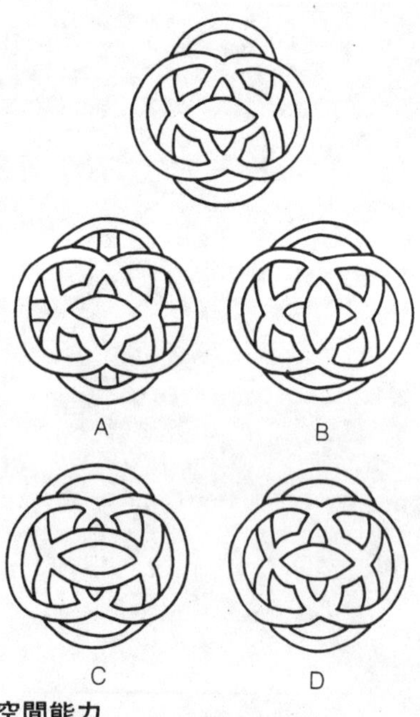

空間能力

找出配對圖形的速度是空間能力的指標之一。圖中下面四個圖形，有一個和最上方的圖形完全一致。

加納對個人、音樂和軀體-運動智力的想法富有啓發性，並引發測量這類智力，使用它預測其他變項的新嘗試。如同前面所述，一般 IQ 測驗是大學成績的良好預測者，但在預測日後的表現(如工作上的成就或事業的進展)上卻不見得有效。其他能力(如個人的智力)的測驗，或許有助於解釋某些大學成績優秀的人，日後失敗的原因。無論個人對加納報告的評斷爲何，對於「智力不只於語文和數量技能」這一點，他提出了有力的看法，社會也將因此而受益。

智力的年齡變化

編製比奈測驗的原則，是影響智力測驗成績的心智過程隨著年齡而發展，因此，從兒童期開始，心智年齡的分數都是恰當的。IQ 的觀念是從底下的假設衍生而來的：聰明孩童的心智年齡，發展得比愚笨孩童快，所以我們可以從心智年齡(MA)及實足年齡(CA)的比例中，得到一個常數值。上述兩種推測，都頗爲正確(如**圖 12-11** 所示)，雖然後者還必須做若干的限制。國內得到的研究結果亦大致類似，兒童及青少年智力的發展，有隨著年級升高而遞增的共同趨勢(簡茂發，民 68)。

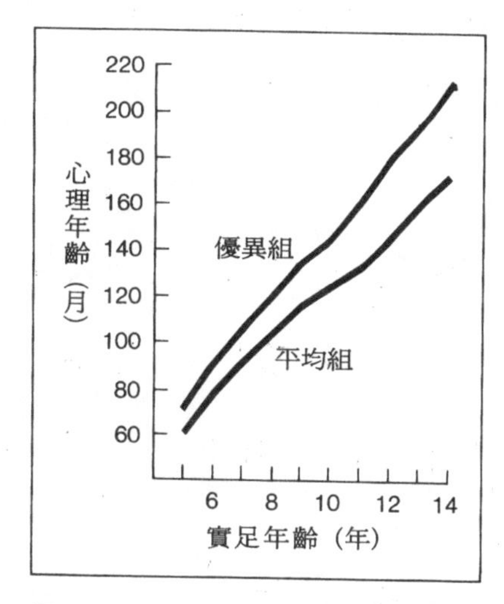

圖 12-11　心理年齡差異的一致性
選擇兩組五歲男孩，一組男孩的智力測驗分數較高，一組等於平均分數。優異組的心理年齡發展得較爲快速，平均組較慢。當他們逐漸長大時，兩者 IQ 的差異，幾乎成爲一常數 (取材自 Baldwin & Stecher, 1922) 。

IQ 的穩定性

對大多數人來說，IQ 的發展速率是相當穩定的；一旦個人達到就學年齡之後，即使兩次施測的期間距離很長，個人的 IQ 也不可能有急驟的轉變。**表 12-10** 說明個人在不同年齡時，IQ 得分間的相關。由表中可看出，七歲時的 IQ 分數，和十八歲時的相關爲.71。換句話說，假使我們知道個人七歲時的 IQ，則能夠相當準確地預測十八歲的 IQ。但表中也顯示了，智力測驗如果是在二歲或二歲以前測量者，則和後來的測量間相關不高。理由之一是嬰兒智力量表所測量者，主要是**視覺-動作能力**(visual-motor ability)；同時，嬰兒早期的智力，彈性是相當大的。然而大體而言，孩童的年齡超過七歲之後，其 IQ 分數是後來能力相當良好的預測指標。

		再測年齡(歲)			
		7	10	14	18
測驗年齡(歲)	2	.46	.37	.28	.31
	7		.77	.75	.71
	10			.86	.73
	14				.76

表 12-10　不同年齡間智力測驗分數的相關
表中所示者爲個人在不同年齡下，IQ 間的相關值。七歲時的 IQ，和十歲時的 IQ 相關爲.77，和十八歲的 IQ 相關爲.77。請注意：當兩次施測的年齡差距越大時，則相關越小. (取材自 Jensen, 1973) 。

對大多數人來說，雖然過了七歲之後，智商的變化不大，但對某些人來說，IQ 可能還有重大的改變。假使說個人所處的環境狀況及學習機會有重大的改變（不管變好還是變壞），則個人智力測驗上的分數會有急驟的轉變。有一個縱貫式的研究，重複測量一大群人由出生到三十六歲時的 IQ，發現對某些人來說，IQ 的變化竟然超過十五分以上（Bayley, 1970）。對孩童而言，促使 IQ 產生重大改變的變項不容易清楚說明，但情緒及動機因素顯然佔有重要的地位。例如，有一個研究，發現早期智力增加的孩童，性格上較智力後期增加的孩童為活潑、情緒獨立、具有攻擊性，且主動參與環境的探索工作（Sontag 等人，1958）。而後期智力的顯著變化，通常和強烈的成就動機有密切的關係。

智能的成長

在以心理年齡來計分的測驗上，如果個人的智力成長完全和平均標準一樣，則成長曲線成一直線：每個年齡的心理年齡和實足年齡相等。我們也可以從另外一個方向，不必由心理年齡的觀念來測量心智成長，來觀察智力隨實足年齡改變的情形。薩史東主要能力測驗的計分方式，就是採用上述方式。雖然各種能力的成長速率不一樣，但在兒童期的成長率很快，而在十三、四歲則緩慢下來（見**圖 12-12**）。

圖 12-13 表示智力測驗分數轉換為智力絕對量度後的結果。這個結果是利用魏氏測驗等大型測驗，經縱貫式研究而來的——從出生到三十六歲的受試者都是同一個人。由圖上可看出，智力的增進一直到二十六歲，過了二十六歲以後，曲線成水平，直到三十六歲都沒有變化。

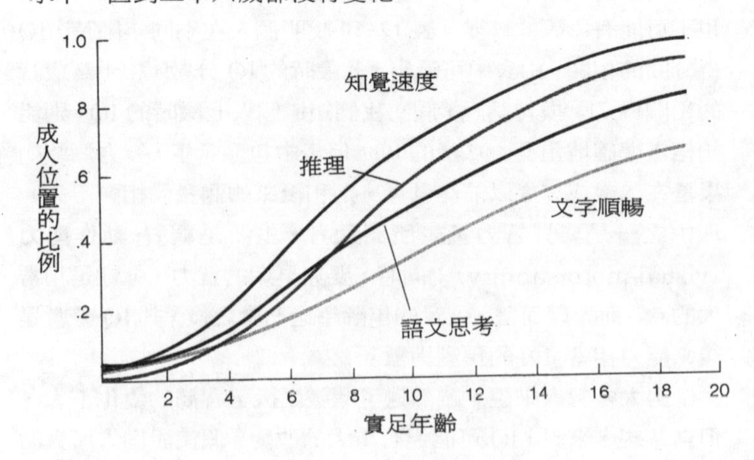

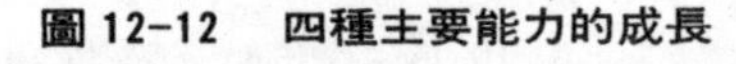
圖 12-12　四種主要能力的成長
本圖的量度是以成人位置 1.0 為準的。因此，對知覺速度而言，達到成人位置的百分之八十時為十二歲；對推理而言，為十四歲；對語文思考而言，為十八歲；對文字流暢而言，為二十歲以上。（取材自 Thurstone, 1955）

請記住**圖 12-13** 的曲線是一種**平均**，事實上，有的人的IQ，在二十六歲以後還繼續上升；而有的人則開始下降。當我們察看四十歲以後的智力變化情形，上述混淆還一直存在著，而且產生許多問題。有一個典型的研究，顯示四十歲以後到六十歲，個人的智力穩定地下降；而六十歲以後，則急驟下降(如**圖 12-14** 所示)。但分析資料之後，發現中、老年的智能減低，純看**個人**及測量的**能力類別**而定。一個身體良好、繼續參加激勵活動的人，即使年齡超過七十歲，智力還是沒有什麼下降。身體機能欠佳，尤其是血液循環至腦的力量逐漸降低，很容易使智力急轉直下。假使你同時蒐集到上述兩種人的資料，並組合起來，則你可能得到一條虛偽的平均曲線，如**圖 12-14** 所示者一樣。

在需要速度及運用短期記憶的智力方面，於三十歲及四十歲之間達到頂點，然後開始下降，而和一般常識有關的智力測驗方面，則隨著年齡的升高，下降不多。特殊能力的下降速率，則和個人的職業有關。從事需要智慧活動的人，心智能力和他人早期的智力一樣，並不會降低。

個人在超過某個歲數之後，智力測驗分數降低，並不意味這個成人沒有能力勝任他的生活角色。老年人累積的知識及生活經驗，能夠補足智能上速度及效率方面的損耗，甚至有過之而無不及。事實上，在某些情境下，老年人比聰明但缺乏經驗的年輕人還有勝任能力。

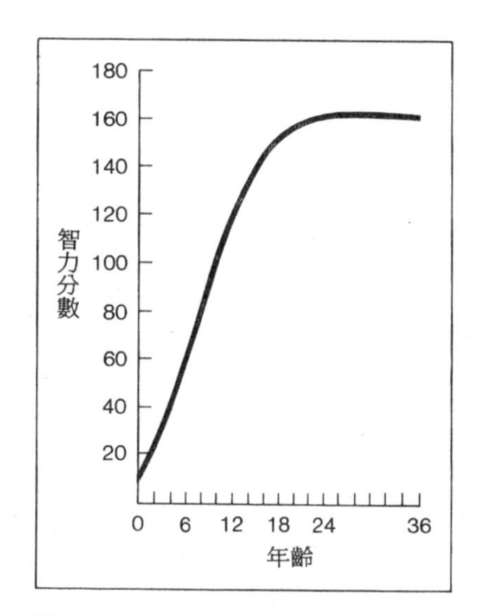

圖 12-13　智力成長曲線

根據大型量表之縱貫研究，得來的智力成長曲線（理論上的）。本圖的智慧分數乃以現行的某些「以年齡爲準」的測驗而來的，包括貝氏嬰兒量表(Bayley Infant Scales)、史比測驗及魏氏成人測驗等，然後將分數轉換爲智力的絕對量度。

智力的遺傳基礎與環境的影響

我們的智力究竟多少是天生的？而又有多少是透過經驗得來的？在人類行爲的許多爭論裡面，遺傳與環境的爭論幾乎全部發生在智力的領域上。懷疑智力有遺傳基礎的專家不多，然而遺傳和環境對智力的相對貢獻孰輕孰重，則意見不一。

遺傳關係和智力

大多數強調智力是遺傳而來的證據，都來自對不同遺傳關係者 IQ 的相關研究。**圖 12-15** 摘述這方面許多研究的結果。一般說來，遺傳關係越相近，測量得來的智力也越相近。父母的

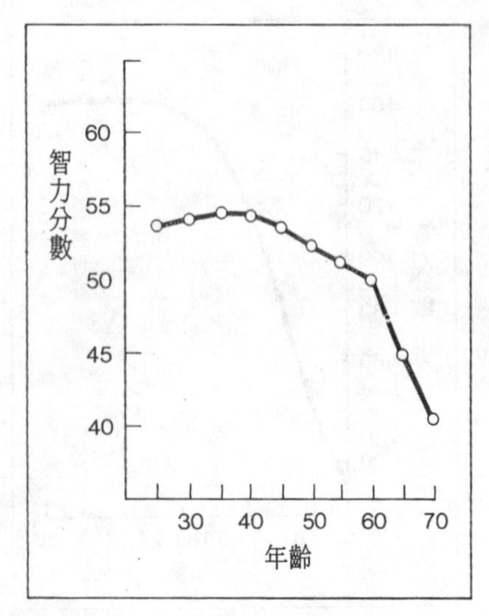

圖 12-14 各年齡的智力變化

本圖的分數是由五種主要能力測驗而來的組合分數，其中對速度測驗，如文字流暢測驗的加權值較大。在三十五歲左右，智力臻於最高；在六十歲左右，則急驟下降（取材自 Schaie & Strother, 1968）。

圖 12-15 遺傳關係和 IQ

上圖是各種血緣關係間，智力測驗分數的相關係數，本圖是五十二個研究的概括結果。圖中所示的各條水平線，爲各個研究所得的相關係數的區間，每條線的×表示平均（取材自 Erlenmeyer-Kimling & Jarvik,1963）。

IQ 和親生子女的 IQ 相關爲.50；和養子女的相關爲.25。同卵雙生子因爲由同一個卵發展而來，受同種遺傳的影響較大，所以 IQ 之間的相關頗高，爲.90 左右。異卵雙生子的相關爲.55(因爲他們的發展是由異卵而來，所以遺傳上的相似性，不見得比普通兄弟姐妹大)。即使分開養育的同卵雙生子，其 IQ 的相關也高於.75，比撫養在一起的異卵雙生子爲高。

不過，雖然遺傳對智力的影響很大，但**圖 12-15** 也指出了環境的重要性。請注意養育在一起的孩童，其 IQ 的相似性會提高，即使兩者毫無血緣關係亦然。同時，雖然養子女智力和親生父母較爲相似，而和養父母較不相似，但因爲環境的改進，養子女的智力都比因親生父母而來的智力要高(Skodak & Skeels, 1949)。

遺傳力的估計

在人群裡面，每個人的特質都是有差異的(如智力或身高)，這種差異究竟有多少變異量是由遺傳基因來，應該是可以估計的。在**圖 12-15** 所提到的相關裡面，我們可以把由智力測驗分數得來的觀察變異量分爲四種單元：(1)不同的家庭，其環

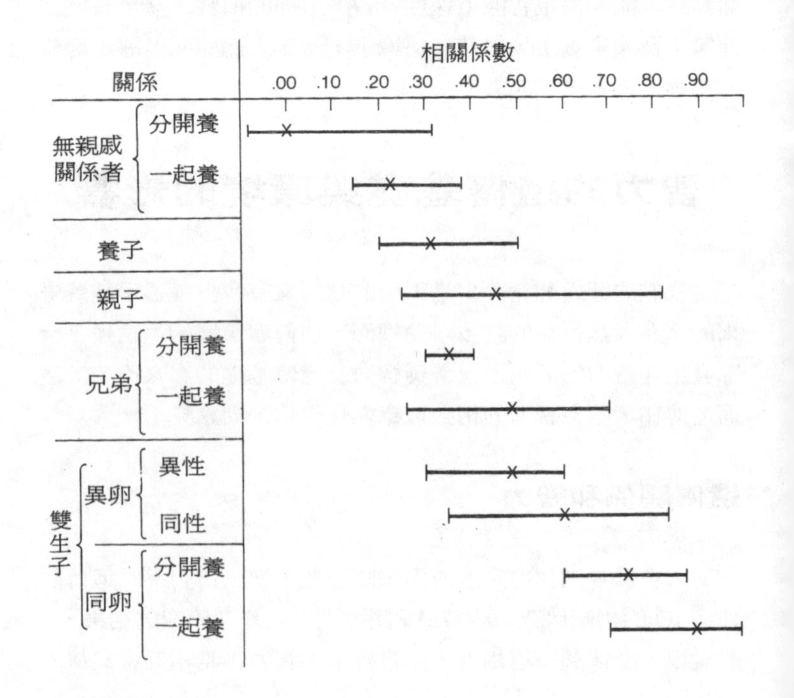

境不一樣；(2)家庭之間的遺傳性不同；(3)家庭內個人與個人間的環境不同；(4)家庭內，個人與個人間的遺傳性不同。經過嚴密的計算之後，顯示 IQ 分數總變異量的四分之三，是來自遺傳因素；而環境因素加上測量誤差，佔總變異量的四分之一。根據**圖 12-15** 所示的資料來計算，**遺傳力**(heritability)爲.74。遺傳力是一個專有名詞，指的是在羣體之內，特質的變異量歸之於遺傳差異的比例大小。

由於據以分析的資料種類不同，計算的方法也不一樣，所以智力遺傳力的估計值，由.45 到.87 不等(Jensen, 1973)。估計值較低的理由，是我們認爲 IQ 分數的許多變異比例，都來自於遺傳與環境間的**共變**(covariation)。換句話說，含有某種基因的父母，可以透過基因的直接傳遞，以及提供環境，來影響後代的子孫。因此，聰明的父母不但供給「聰明的基因」給子女，而且會提供較聰穎且激勵性質的環境給子女。

不管我們是否接受遺傳力估計的概念，顯然地，智力受到遺傳因素的影響。但某些重要的事實必須銘記在心：第一、遺傳力估計值的概念，是應用於處於某種條件下的母群體，而非個人。例如，假使我們說，中國學童在史比 IQ 分數上的遺傳力爲.70，並不意味著對某個孩童來說，其 IQ 有百分之七十受到遺傳的影響。第二、即使智力頗受遺傳成分的影響，但環境條件還是相當重要的。例如，有一種遺傳病症因代謝失調而來，稱爲**苯酮尿症**(phenylketonuria,簡稱 PKU)，假使出生後沒有發現，會導致心理遲滯。原因是患此病的嬰兒，對苯丙酮酸無法做適當的代謝，於是積聚於大腦裡面的毒物，會破壞大腦裡的組織，而阻礙了正常智力的發展。幸好一個簡單的尿液檢驗，能夠指出這種異常，同時，只要供給含低苯丙酮酸量的食物給嬰孩，就能使他的智能正常發展。因此，由遺傳而來的特質，會受到環境條件決定性的影響。

換言之，遺傳力是某特質在某特定母群體之內的變異可歸因爲遺傳差異的比例。遺傳力範圍由 0 至 1。當同卵雙生子在某特質上比異卵雙生子更相像時，H 值接近 1；若在此特質上同卵雙生子間的相似性和異卵雙生子之間一樣時，H 值接近 0 。

除了比較同卵、異卵雙生子外，還有許多估計 H 值的方式。支持我們作此估計的理論無法在此詳述，但大多數的遺傳學教科書都會提及。此處我們只需說：H 值測量了某群體中所觀察到的變異是來自遺傳差異所佔的比例。值得注意的是：H

苯酮尿症

苯酮尿症是因爲遺傳上的基本代謝失調所致。這對姐妹患了 PKU，圖右較年長的女孩，因爲沒有認出異常，未做預防工作，乃導致遲滯。年幼女孩則出生以後，馬上給予特殊食物，所以發展頗爲正常。

關係	相關
同卵雙生子	
一起撫養	.86
分開撫養	.72
異卵雙生子	
一起撫養	.60
兄弟姐妹	
一起撫養	.47
分開撫養	.24
父母／兒女	.40
養父母／兒女	.31
堂(表)兄弟姐妹	.15

表 12-11　智力的家族研究

表中所列爲有關測量家族成員智力相似性研究的摘要。其資料爲不同關係的人，其 IQ 測驗得分的平均相關係數。一般而言，相關的型態顯示：兩名家族成員之間相同基因的比例愈高，其 IQ 的平均相關也愈高（取材自 Bouchard & McGue, 1981）。

値是以某母群體而非個人爲準。例如，身高的 H 値爲.90，意即從某母群體中所觀察到的身高變異，有百分之九十是來自遺傳上的差異，百分之十來自環境的差異(並非表示一個五呎十吋的人，其中六十三吋是來自遺傳因素，其餘的七吋是環境的因素)。在討論智力時，H 値常被誤用爲個人智力來自遺傳的部分，這種用法其實是錯誤的。

智力的遺傳力估計隨著各個研究而有很大的出入。有些研究者所報告的數値高達.87，有些則低至.10。**表 12-11** 所示，H 値的估計爲.74。遺傳力估計値差異如此大的事實，顯示研究中有不少影響結果的未控制變項。我們必須記住：遺傳力研究乃是以實地研究，而非控制嚴密的實驗室實驗爲基礎。實地研究一般都難免受到未控制變項的影響，而且不同的研究者常會作出不同的結論(Teasdale & Dwen ,1984)。

使情況更棘手的一點是：衡量遺傳力時的假設可能並不完全正確。例如，在研究雙生子時，是假設他們(無論同卵或異卵雙生子)在一起長大，經歷大致相同的環境，但事實也許並非如此。同卵雙生子看起來較異卵雙生子相像，這一點便可能使得父母和其他人對他們比對待異卵雙生子更一致(例如同卵雙生子被穿著一樣衣物的情形便較異卵雙生子爲多)。

在缺乏較佳控制的研究下，我們無法對遺傳力作出可靠的估計。遺傳力顯然對智力有影響，但影響的程度尙未確定。它或許不若某些研究者所聲稱的高(見 Jensen, 1980)，但也非完全不存在——如同另一些批評者所提的(Kamin, 1976)。

最可能的情形是：智力能力由許多基因決定，這些基因的個別影響力雖小，卻是可累積的。如果只包含五至十對基因，其可能的組合便會產生 IQ 分數的一個常態分配，造成智力能力的廣泛差異，甚至在一個家庭內也可能如此；高智商父母擁有低智商孩子或相反的情況，並非不尋常之事 (Bouchard, 1976)。

環境的影響

我們可將個人的基因視爲替智力設了上下限，或形成了智力能力的範圍。環境因素——個人在發展過程中所遭遇到的——則決定了個人的 IQ 會落於此範圍之內的何處。換言之，基因不會直接影響行爲，而是建立對環境作出適當的**反應範圍**

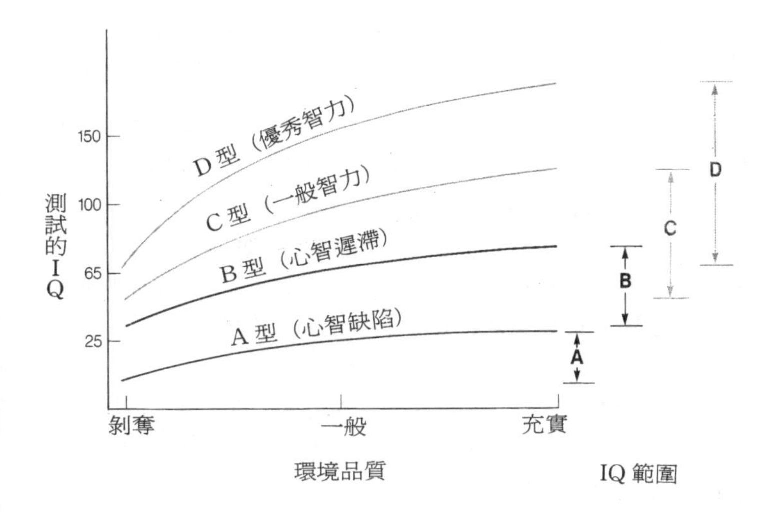

圖 12-16　不同環境對 IQ 的影響

圖中曲線代表四個天生智力不同的人的反應範圍。例如 D 型的人在剝奪的環境下成長時，IQ 約爲 65，但在極充實環境下，其 IQ 可超過 180。右邊的垂直箭頭表示每一型的 IQ 分數範圍（取材自 Gottesman, 1963）。

(reaction range)。**圖12-16**便說明了此種觀念，顯示出在剝奪、一般和充實環境中長大，基因天賦不同的人理論上的 IQ 反應範圍。在每一個案例中，充實的環境會提高個人的 IQ，剝奪的環境則使 IQ 降低。但不同類型的人有其特殊的反應範圍。一個天賦一般或優秀智力的人，在正常的環境情況(C 型和 D 型)下，其反應範圍要比心智遲滯(B 型)和心智缺陷(A 型)的人大得多。同時，擁有優秀天賦的人(D 型)使用充實環境的能力最強，在剝奪的情況下，IQ 降低得最多。不少研究都顯示：逆境對於中上能力孩子的影響最大(Weisman, 1966； Scarr-Salapatek, 1971; Scarr, 1981)。

決定個人智力潛能可發展至何種程度的環境因素包括了營養、健康、刺激的品質、家庭中的氣氛、行爲引起的回饋等。假設有兩名擁有相同基因的兒童，如果其中一個擁有較佳的產前及產後營養，得到較多的智力刺激和擁有富情緒安全感的家庭，學業成就也得到較適當的報酬，那麼該兒童在一年級的測試時，應會得到較高的 IQ 分數。研究指出：來自高、低社經地位家庭的孩子，其智商差異在出生之後以至入學這段期間會逐漸加大，顯示環境因素會加強出生時所存在的智力差異(Bayley,1970)。

逆頭趕上計畫　由於來自社會低層的兒童早在入學之前便有認知發展落後的現象，因此出現提供這些孩子早期智力刺激的計畫。

一九六五年，美國國會通過了對貧窮宣戰的方案，其中部分計畫便是為二至五歲來自貧窮家庭的兒童提供學習經驗。這些由迎頭趕上方案所支援的各計畫，執行取向各有不同：有些計畫是由老師到家探視兒童，和他們一起玩，一週數次。活動內容包括玩積木、看圖畫、認顏色，並教導孩子一些概念。簡言之，這些教師帶給貧窮孩子的智力刺激，正是一般上層社會兒童由父母處所獲得的。訪視教師也教父母如何為小孩提供此類活動。在其他計畫中，則讓孩子參與特殊課程，在此他們與教師作類似遊戲與學習的活動。有些計畫的對象包括了父母，有些則否。

一般而言，這類早期教育計畫的結果是良好的。參加過此計畫的孩子，比未參加者入學時在史比或魏氏兒童智力量表上的得分較高，且較自信並較富社交能力。

追踪研究指出：早期教育計畫會產生某些持久的好處。例如，曾有研究對三歲時曾參與過特殊學前計畫的貧困兒童追踪至高中；到了十五歲時，這些學生比未有此學前經歷的配對控制組學生超前了一個等級。

此外，和控制組相比，這些學生具有以下特色：(1)閱讀、算術和語言使用測驗的分數較高；(2)較不需要上特別加強班；(3)反社會行為較少；(4)出校門後，保住工作的機會較大(Hohmann, Banet, & Weikart, 1979; Palmer & Anderson, 1979; Lazar & Darlington, 1982; Zigler & Berman, 1983)。

迎頭趕上計畫顯示出：早期的智力刺激可對日後在學表現產生重大的影響。但任何特殊方法都沒有父母的參與來得重要。讓父母主動地參與，使他們對自己孩子的發展產生興趣，並告訴他們如何提供孩子更富智力刺激的家庭環境的計畫，可產生最大的收穫。

環境對智力表現的影響甚至比迎頭趕上計畫更可觀，以下便是對以色列集體農場的兒童所作的研究所顯示的情形。過去有段時間，以色列一直面臨一個問題：不同文化世系的猶太人之間，智力及教育背景存在著極大的差異。歐洲世系猶太人的平均智力一般而言超過來自阿拉伯國家的猶太人頗多，其間的平均 IQ 差異至少和美國黑人、白人之間的差異一樣大。唯一的例外是居住在某些集體農場中的兒童，他們未和父母同住，而是住在兒童之家，由一受過特別育兒訓練的婦女照顧。在此特殊的情況下，兒童的 IQ 分數和祖先所來自的國家無關：父母來自阿拉伯國家的孩子所得的分數和父母來自歐洲的孩子一樣好。雖然 IQ 分數的個別差異仍然存在，但卻已和個人的祖先無關(Smilansky, 1974)。由此我們可看出一個充實的環境可幫助兒童充分發展其智力潛能。

重要討論：

種族智力的差異

最近關於遺傳影響智力的爭論，已經轉向「種族智力差異受遺傳影響的可能性」上——更具體來說，想探討黑人的智力是否天生就比白人差的問題。從這個問題受到熱烈的討論，以及對社會政策頗為重要的觀點上來看，我們蒐集可用的證據，是很重要的。

美國黑人(一組人)在標準智力測驗上的得分，要較美國白人(一組人)低十到十五分，這是個不爭的事實，爭論的地方在於我們如何解釋這種差異。有的解釋持著我們前面說過的看法，認為這種差異受到 IQ 測驗的性質，以及環境因素的影響。例如，大多數的智力測驗都是以白人的母群體為標準的，且由於黑人與白人生長的環境不同，過去經驗也不一樣，因此，智力測驗的內容，可能不適用於黑人團體。還有，黑人孩童對測驗的反應也異於白人孩童(尤其當施測者是白人時)。所以測量黑人智力的問題，夾雜著測驗是否適切，以及由白人施測人員獲得的資料是否有偏頗的問題。

過去，黑人及少數種族團體受教育的機會，遠比美國白人為少。然而，自一九五五年以來，透過特殊教育計畫，美國政府盡了最大的努力，提供同樣的款項及設備給學校，以培養低特權團體的成就水準。整體說來，這種特殊教育計畫不是頂成功的；黑人與白人在學業成績上的差異，仍舊和以前一樣。一九六九年，詹孫(Arthur Jensen)在《哈佛教育評論》(*Harvard Educational Review*)發表了一篇論文，其結論頗令人物議。他認為，上述計畫之所以沒有效果，是因為美國白人與黑人的智力，在天生上就有差異。詹孫指出，在解決問題的抽象能力上，黑人比白人差；但在記憶方面，兩者相等或黑人較優。他建議教育計畫的改變，必須考慮這種天生的差異(請參看 Jensen,

1973)。

詹氏的文章引發了爭論的大風暴，隨著文章的發表，許多論文及爭論都出來了。由於爭論的內容實在太複雜，因此，我們只好做重點摘記。

(1)種族的概念通常指的是人口統計因素，而非生物概念。雖然黑人與白人在外表上的差異頗大，但在許多情況下，基因結構的差異(在這裡基因的個數知道)，種族與種族之間的差異比種族內的差異要小。

(2)智力遺傳力估計值的差異，因個人的假設不同而異。詹孫的遺傳力係數估計爲.81，但其他的研究人員發現的遺傳力係數低於.35。估計值低的研究人員，把大多數的變異，歸之於遺傳與環境間的交互作用。

(3)在黑人母群體裡面，淺膚色(假設和白人有交配過)和IQ有正相關的傾向。不過，這種相關不高(標準上爲.15)；而且可以依據環境差異來做解釋：膚色淺的人較不容易被區分出來，而有較多的受教育機會。在芝加哥對高IQ的孩童做研究，並沒有發現他們較具有高加索的血統，而不像其他黑人群體一樣(Witty & Jankins, 1936)。

(4)在異族通婚當中，如果媽媽是白人的話，則生下來的孩子，較媽媽是黑人者的IQ高(Willerman等人, 1970)。這證明了母體環境的影響力(誕生前後的環境影響力)，而不是遺傳的效果。由於這個研究沒有測量父母的IQ，所以我們不排除另外一種可能——上述差異可能是因爲兩種婚姻的父母平均智力不同造成的。不過，美國的戶口調查資料顯示，黑人丈夫、白人妻子的教育程度，和白人丈夫、黑人妻子者大致相同。

(5)有一個研究探討第二次世界大戰後，駐紮德國美軍和德國婦女私通生下孩子的智力，發現父親是白人的兒童的平均智力，和父親是黑人者類似，理由是撫養孩子的環境相像(換句話說，孩子都是由德國母親撫養，社會地位相同，同時集中在同一個學校或教室上課)。這個結果強烈地支持了環境是決定種族IQ差異的主要因素(Eyferth等人, 1960)。

上述論點都是羅林(Loehlin)、林賽(Lindzey)及史伯樂(Spuhler, 1975)等人，深入探討種族智力爭論後，得出結果的一部分。有興趣的讀者，可以自行去閱讀這篇文章，對這方面的爭論，當有進一步的瞭解。

針對詹森原來的論文，產生了許多種的反應。有的人同意詹氏的觀點，認爲白人、黑人 IQ 的差異，是智力天生有所差異的緣故。雖然在這群人裡面，有的人不太同意詹氏對遺傳和環境的相對加權值的看法。其他有的人則認爲詹森的許多研究，在方法及統計上都有毛病。他們在蒐集了同樣的資料後，下結論說：沒有任何證據證明智力測驗分數的差異，是因遺傳因素而來(Kamin, 1974)。第三種人的結論似乎比較恰當：從現有的 IQ 資料，想有效地推論種族智力的差異乃由遺傳而來，是不可能的(Layzer, 1974)。黑、白種族文化的差異，及心理環境的不同，都會影響到認知能力的發展，影響的過程及方式均頗爲複雜。沒有一個研究能夠成功地估計上述因素的影響力，也沒有辦法消除上述因素的作用。利用不受文化影響的智力測驗來處理這個問題，還停留在相當膚淺的階段；而運用現行的方法，想把受文化因素影響的認知發展部分，與不受文化影響者區分開來，是不可能的。除非我們有系統地使養育黑、白種族的環境有所差異(且差異的估計十分穩定)，否則我們無法下任何有效的結論，說明種族間的智力差異是遺傳造成的。

智能的兩極

智能不足者

智能不足者和正常人之間，並沒有顯著的分野，有許多人是處在正常與低於正常之間。將孩童歸類爲遲滯孩童，所能告訴我們的相當有限；同時，一旦我們將各種遲滯程度及種類的孩童，均稱爲遲滯孩童，往往會使人誤解爲「低能」。

智能不足者的普遍性　據估計，在美國約有百分之三的人是心智遲滯的(Isaacson, 1970)；對學童而言，智能不足學童所佔的比率，在美國約爲百分之四點二十四，日本爲百分之四點二，我國爲百分之四點三(盧欽銘，民 59)；當然這個百分比會因效標的改變而異。通常，IQ 低於七十的人，稱爲**遲滯**(retarded)；但比智力測驗分數更重要的，是個人的社會勝任能力——個人能夠自己照顧自己。農場工人雖然無法完成學校教育，但他受雇於人，能夠獨立生活，所以在他的環境裡面，他是正常的，即使他看起來傻兮兮的；同樣的人，如果生活在都市裡面，也許生活就會有困難。因此，愚蠢但正常的人和低於正常人者間的差異，完全看個人所處社會情境的複雜性、個人是否能夠獨立而定。從社會標準來看，個人從一個地方遷移到另一個地方時，所屬的類別可能就會改變，雖然他的智力測驗分數還是老樣子。

大多數遲滯者的 IQ 介於五十至七十之間，還是**可以教育的**(educatable)。透過適切的幫助，他們能夠學會一技之長，供養自己，並找到安身立命的地方。例如，在學習方面，如果學習材料較有組織、難度適當、學習次數多，則智能不足兒童的學習效果，愈能接近相同年齡的普通兒童(陳榮華，民 63、民 67)。他們長大成人後的智力水準，相當於八到十二歲孩童的平均智力。IQ 在三十至五十的遲滯者，人數百分比較低(約爲全部人口的千分之三)，是**可以訓練的**(trainable)。雖然這些人大多要接受別人的幫助，但他們能夠學習，以照顧自己日常的生活，同時，在庇蔭的環境下，能夠履行個人自己的功能。他們的成人智力水準，相當於四歲到七歲孩童的平均智力。這些人當中較聰明者，能夠說一般人所說的話，也能夠教他讀寫，但識字有限。IQ 低於三十的人，則有嚴重的障礙，完全必須依賴他人的照顧，這些人在總人口裡面，佔不到千分之一。

從民國五十九年開始，我國的國民小學有「啓智班」，國民中學有「益智班」，其目的即在訓練「可以教育」及「可以訓練」的兒童及青少年，使他們成爲有用的中華民國國民。

智能不足的起因 在許多智力低的案例裡面，我們無法發現生理上的起因。本質上，這些孩童的生理狀況都是健全的，沒有任何病歷或傷歷可能引起腦傷。這種遲滯是最少的，個人因爲**一般性的缺乏**(general deficiency)而受到損傷，沒有明顯、能夠指認的創傷。這些人通常來自低智力的家庭，生活在貧乏的環境裡面。這種遲滯稱爲家庭與文化的遲滯。我們認爲這種遲滯的起因，是遺傳和環境因素兼而有之的。智力低的人往往無法找到待遇不錯的工作，他們和其他低智力的人結婚，生下來的孩子，智慧也相當有限。此外，周遭環境(如嬰兒營養缺乏、醫療照顧闕如、缺少智慧上的刺激及父母的關心)又進一步地損傷了個人的智能。因此，造成了惡性循環。

而在嚴重遲滯的案例裡面，我們可以指出某種生理起因，包括腦傷、生病或意外事件，而阻礙了正常的智能發展。在這些案例裡面，心理障礙通常和腦傷有關係；同時，在神經系統裡面，能夠發現明顯的構造缺陷。這種孩童，稱之爲**心智缺陷**(mentally defective)的孩童，而不是**心智遲滯**(mentally retarded)，因爲他們智能的損傷，是因爲生理有缺陷而來的。這種心智缺陷的人，在各種家庭或社經團體都會發現，和遺傳背景沒有關係。

影響大腦正常發展的每個狀況，都能引起心智缺陷。大腦的生理受損，或出生時的缺氧(缺氧症)，都可能造成智能的損傷。據估計，每一千人當中，就有一個嬰孩受到這種損傷，使嬰孩的智能頂多發展到十二歲(Isaacson,1970)。在懷孕早期幾個月裡面，母親疾病的傳染，如德國麻疹、梅毒等，都會引起嬰兒的腦傷，就像母親服用某些藥物一樣。

某些心智缺陷的類型，是因爲某種遺傳缺陷導致身體的新陳代謝違常而來。我們前面討論過的 PKU，就是這種缺陷的一種，不過在數量上，這種案例相當少見。另外一種較常見的病症爲**唐氏症**(Down's syndrome, 即爲**蒙古症**)，是因爲生理異常而引起的嚴重心智缺陷。蒙古症兒童的體細胞，含有四十七個染色體，而不是正常人的四十六個染色體。顯然地，多出來的這個染色體是來自母親，在受精之前，母體卵細胞染色體的分裂不當所致。在多數情形下，患蒙古症的孩童都由年紀較大的母親生下來的。對二十歲的母親而言，其嬰兒患蒙古症的概率爲二千分之一，但對四十歲的母親而言，其嬰兒患此症的機會爲五十分之一，理由並不清楚。不過，年長婦女的生殖系統改變，可能要對這種遺傳誤失負最大的責任。也可能母親的年齡愈大，身體暴露於放射物質下的機會愈大，而引起基因的突變。雖然蒙古症是因母體而來，不過它不會遺傳❺。這是因爲生殖誤差，而使製造出來的孩子和父母不一樣。假使父母都很年輕，則他們不用害怕蒙古症會傳給後代的(Lejeune, 1970)。

某些患唐氏症的孩童，能夠學會說一點話，及熟習做簡單的小工作。不過大部分人都不會說話，只能發出嘶啞的聲音，

患唐氏症的雙生子

通常西洋人把患有唐氏症的孩童稱爲「蒙古種型」，因爲他們的眼皮有斜斜的裂痕，小小的摺層覆蓋在眼角的內面。他們的其他特徵包括：身材矮小，頭部圓而小，牙縫稀而鬆，舌頭微吐、厚實、有縐摺，手足方形而粗短。他們的步伐通常有點笨拙。死後的屍體解剖發現，蒙古症兒童的大腦裡面，許多部分的腦細胞都沒有發展。

❺在一種很罕見的唐氏症裡面，只有百分之四的案例可能是遺傳的。

而無法照顧自己最基本的生活。和其他遲滯的孩童比較起來，蒙古症的孩童通常較爲親切及溫順。由於他們在生理上有缺陷，所以健康很差，有百分之六十的人，在十歲以前就死掉了。

智能不足者的處置 我們時常會看到一些報告，說明在提高低能者的IQ分數上，已經獲致重大的成就。報紙的標題及雜誌的文章，使得許多有遲滯孩童的父母燃起了希望之火。不幸的是這種報導本身並不正確，因爲今天我們所得到的整個證據並不樂觀。證據並沒有證明我們可以使心理低能者獲得戲劇性的改進，雖然這也不意味著遲滯或有缺陷的孩童無法接受幫助❻。

對智能不足的孩童來說，他們可以接受許多處置。他們能夠配合其智能水準，學習社會習慣及學習職業技能。然而，這種敎導不能和提高IQ混爲一談。對許多智能低的人而言，當其社會適應頗爲良好時，其IQ可能會增加一點，不過，我們不能期待如果環境良好時，他們的IQ會有長足的提高。

許多智能低的人，能夠和周遭的人和睦相處。許多追踪的研究，以在學時被評定爲IQ低、有心智遲滯的孩童爲研究對象，發現這些人的一大部分，在長大成人之後，能夠自給自足。

資賦優異者

托孟(Louis Terman)

在量表上，和低能相反的另外一端，即爲資賦優異。在智力測驗發展出來以後，我們能夠選擇許多資優的兒童來做研究，並追踪他們的事業。這些研究當中，最著名的當推托孟(Terman)及其助手在一九二一年開始的研究。他們以一千五百名以上在學年齡的天才兒童爲對象，追踪至長大成人，以至中年。最後發表了追踪四十年的報告(Oden, 1968)。

這些人的選擇標準，是IQ在一百四十以上者。大約每一百名的兒童當中，就有一名的智力那麼高。而IQ高於一百六十以上者，則一千名當中，還不到一名。

托孟選擇的天才兒童，比一般人的身材要好。他們在小學

❻如果孩童有特殊問題，是因爲文化背景不同或學校的學業成就太低，則有辦法幫助他。家庭經濟太差的兒童，不能因爲其學業成績太差，而將之視爲低能兒童。透過適當的幫助之後，這些兒童的學業成就通常可以有所進步，而且IQ亦可能會增長。

時的平均身高，比其他同年齡的人高一吋，出生時的體重也比常人重。他們較早開口說話，也較早會走路。當施測開始的時候，有八分之七的人年級超過同年齡的人，而沒有一個人的年級較低。他們閱讀的書籍爲數頗爲驚人，且涉獵層面廣。但閱讀課外書籍，並不會妨礙到他們優越的領導能力及社會適應力。

上述發現的這些天才兒童的特性，和一般人所說的天才多病弱、社會適應不良，剛好相反。所有的證據都與平常人的看法矛盾，托孟所選的資優兒童，不但智力高，同時身體健康、社會適應力強、具領導能力。國內對資優兒童的研究，也發現他們焦慮感低、較富自信、心理困擾較少(吳武典，民 68)。

天才兒童是個小大人　托孟選擇的天才兒童是否能和早期表現徵兆吻合，可以從這些人長大後的表現來估計。雖然整體說來，他們頗受注意，但並非所有的研究對象都有成功的歷史。有的人在大學時就被淘汰下來了，有的人職業適應不良，有的人犯了法。不過，在成人智力測驗的分數上，成功組和不成功組並沒有多大差異。最成功組和不成功組間的平均 IQ 差異，只有六分。IQ 分數上的小小差異，並不能解釋成就不同的原因。因此，我們必須下結論說：對成功而言，非智能性質的因素是很重要的。

在這種比較之下，「成功」與「不成功」究竟有何意義呢？在托孟研究裡面的受試者，可以依其成就分爲三組：最成功的人(A 組)、中度成功的人(B 組)和最不成功的人(C 組)。成功的效標主要是指：「受試者運用其智力的程度」。包括名列美國名人錄、美國科學名人錄、有文學或科學代表作、位列重要管理職位、在智慧及專業上有傑出的成就等，都列入考慮。

雖然在 IQ 上，A 組和 C 組的差異並不大，不過，從他們的記錄裡面，可以發現在許多方面都有差異，尤其在社會適應及成就動機上。這是屬於人格及動機特質的差異，而不是智能的差異。

究竟這種稟賦是否能遺傳給下一代呢？在對上述人的後代做測驗之後，發現他們後代的平均 IQ 爲一百三十三，雖然如預期的，但分數的區間差異頗大，有低能的，也有分數高達二百以上的(Oden, 1968)。

能力測驗的展望

在許多種不同的能力測驗裡面，我們選擇了智力測驗來做詳細的說明。雖然智力測驗仍舊有缺點，不過智力測驗還是心理學當中，應用最廣的一項工具。假使這種測驗繼續發展下去，同時，我們不過分要求它的價值，只想瞭解它的測量所能告訴我們的事物，或不因爲它的缺陷而貶低它的價值，則此種測驗的用途將持續下去。爲了討論智力測驗的源流及影響，我們將從其他能力測量的展望，及其用途與社會結果的關係，來看智力測驗。

性向和成就測驗的分野模糊

我們在前面說過，性向必須在有成就之前測量。有人認爲性向是天生的潛能，而成就則完全是訓練而來，這是錯誤的看法。其實，這兩者都是天生潛能、一般化的經驗，及特殊訓練作用下的複雜結果。因此，學術性向測驗(有人喜歡用「智力測驗——預測學校或大學成績之用」這個名稱)包括已經學過的材料，即使個人以後修習的課程，沒有必要用上數字或歷史等科目的知識。而成就測驗則預先假定，受試者已經熟悉材料的特有部分。

上述兩種測驗的分野模糊，可從底下的例子看出來。在美國，每年大約有八十萬名高中學生接受國家學術才能資格測驗(National Merit Scholarship Qualifying Test)。這個測驗是給所有感興趣的學生測驗，而不管他們在學校學的是什麼科目。不過，這個測驗還只是測量教育發展的測驗而已，而不是單純的性向測驗；它同時測量了學生的性向及在校作學問的效力。本測驗的主要用途，是用來預測個人入大學後是否有成功的可能，效果頗佳。例如，通過學術才能測驗的第一批學生，在一九五六年進大學攻讀。針對著這批學生，做了大約十年的研究。結果發現，大約有百分之九十六的學生畢業於大學，同時，有百分之五十的男生及百分之四十的女生，獲得了更高級的學位(Stalnaker, 1965)。假使我們把性向測驗定義爲是用來作預測的測驗，則國家學術才能測驗當然是進大學攻讀的性向測驗，然而，其他成就測驗及高中成績也可用來預測大學成就，也是性向測驗。

事實上，為了預測的實用目的，測驗的內容究竟反映個人的潛能或良好學業成績的結果，是無關緊要的。然而，從瞭解智能本質的觀點來看，學業成績良好是否能提高潛在智能，是必須注意的。

能力測驗的應用

能力測驗受關心的話題之一，是利用它來對學童作分班。得分低的兒童可能被編入專為**緩慢學習者**(slow learner)的特別班，得分高的則編入課程加速或教材更多的班級。除非學校給予定期的重測且緩慢學習班能注重學業技能，否則兒童最初的分班便可能決定了他(她)未來的學業前途。有些原本具備唸好大學潛力的年輕人，可能因為早期大學預備課程的分數不理想而受挫。父母和老師必須認清楚：測驗分數(無論是智力測驗或成就測驗)只能測量目前的表現。對智力測驗的質疑主要不在學業方面，而在於它們是否眞正測量出天生的能力，因此測驗分數會隨著環境而改變。

利用測驗對學童作分類一直是受到爭議的美國社會話題，由於少數民族和低階層的兒童，因為團體智力測驗和成就測驗分數，被編入學習緩慢特別班的比例太大，來自父母的控訴已促使某些州禁止利用團體智力測驗來分班(Wigdor & Garner, 1982)。

這個問題並不單純。能力測驗(智力與成就測驗)可能在學校中被濫用、誤用。老師常不知如何解釋測驗結果，並可能以單一測驗分數對某個孩子的能力作了輕率的結論。更重要的是：分班的依據應包括各種因素，絕不能只以測驗分數為準。孩子醫護及發展的歷史、社交能力和家庭環境等，都是將孩子劃分為緩慢學習者之前所應考慮的變數。

能力測驗在適當使用下，可發揮重大的功能。它能幫助教師將一大群不同才能的學生分成同質的學習團體(在閱讀及數學理解程度大約相等的學生可一起上課)。能力測驗也可作診斷式的使用，以增進劣勢及少數團體兒童的受教育機會。在某團體智力測驗上得分低的孩子(這類測驗只應作為最初的篩選工具)，應該得到更深入的評估。個別測試有助於發現以下事實：

⑴該團體測驗的分數是否爲孩子目前能力的正確測量；⑵找出孩子特殊的智力長處和短處；⑶找出增進孩子技能的最佳指導計畫。測驗應該是用來作成適合個人需要的教導方式，而非對個人作標記。

比較智力測驗和成就測驗的得分，通常可產生有價值的資料。例如，有些兒童在數學或閱讀的成就測驗得分低，但可能在某智力測驗的得分相當高。這種差距應可提醒教師考慮到該兒童的數學及閱讀技能未發展純熟，需要特別的注意。這種學生一旦解決特殊的學習問題後，可能在學業上的表現突飛猛進。如果少了來自智力測驗的訊息，該生或許會被編入緩慢學習的班級。

值得關心的另一點是能力測驗所測量的才能類型。如同先前所提：SAT 和其他入學測驗已證實可成功地預測大學中的成績。但如果大學審核入學者過分注重測驗分數，便可能忽略了擁有特殊天賦(如藝術、戲劇或音樂)的學生；也可能忽略了將精力和熱忱完全投注於某特殊領域的學生(例如作過一項得獎的科學方案或一項創新性的社區計畫)。在任何的選擇過程中，除了智力和學業性向測驗外，應同時考慮其他方面的訊息。

我們必須不斷地評估某個測驗分數對某個人或某特殊目的而言的，其效度如何，而且不斷改進衡鑑的方法。但是除了上述這些限制，能力測驗仍是評斷何種工作、課程或訓練最適合某人的最有效輔助物，其他的選擇極少；完全依賴主觀判斷會導致此類測驗所欲排除的偏差，至於隨意的分配，對個人或社會而言，都毫無益處。

大衆對測驗的攻擊

對心理測驗的攻擊，集中在幾個反對意見上：⑴測驗侵犯到隱私權；⑵測驗分數是隱秘的；⑶利用測驗選擇出來的人才不見得最佳；⑷對少數民族團體而言，測驗是不公平的。在使用測驗時，這些問題都必須嚴肅地加以考慮，底下將一一說明之：

⑴由於測驗是針對個人的，不見得會侵害到個人的隱私權。原則上，當測驗的目的是良好的、測驗是用來幫助個人作生活計畫及避免失敗時，測驗和參加運動競技前的身體檢查，效果是一樣的(我們會告訴患有心臟病的孩童，最好不要去參加

長跑）。

(2)使測驗分數保持隱密的目的，是爲了防止父母對測驗分數太過信任，以至於對孩子的分數低於平均或有心理障礙，產生過分的反應。心理學家瞭解影響測驗表現的因素頗多，因此對測驗表現較差的人，會重複施測或留餘地。然而，這樣良好的理由，卻招來了與預期相反的不利結果，這可能是因爲大家太看重測驗分數的緣故。事實上，測驗分數並沒有那麼重要。因爲智力測驗的最大用途，是用來預測學校成績的，個人知道他的智力低所受的損害，並不比個人瞭解他的學業成績差所受的損害大。對智力測驗態度的研究顯示，我們較常把測驗分數告訴孩童，而不給他們能提高對自己智能看法的其他估計值（Brim, 1965）。換句話說，除了智力測驗的分數以外，孩童還有許多指標，可以說明他比其他孩子聰明或愚笨。

(3)依照托孟對天才個人的研究，顯示用智力測驗來預測成功，尙有缺陷，創造性、特殊才能、動機、毅力及其他人格變項，都是很重要的。心理學家特別強調，教育及企業機構的甄選政策，必須考慮到這些非智能的因素。配合其他的訊息來運用，則智力測驗的結果是相當有價值的。

(4)對低特權及少數團體而言，測驗的公平性是相當複雜的問題。針對這些問題，心理學家做了許多研究（Loehlin 等人，1975）。有一點許多人都忽略了，就是當我們適當地運用測驗時，能力測驗可以提供一個客觀的標準，可以克服某些人對少數團體的歧視。因爲測驗測量的是能力，而不是社會地位。有一個研究比較黑人反應者與白人反應者對測驗的態度，發現在工作甄選及升遷時，階層低的黑人的確較喜歡運用測驗，而白人的反應者則較不喜歡（Brim, 1965）。

摘　要

1. 能力測驗包括**性向測驗**（測量個人學習能力及預測個人能完成訓練的能力）及**成就測驗**（測量個人既得的技能，指出目前個人能做什麼）。這兩種測驗往往採用同類的題目，其差異只有在目的的不同。
2. 爲了能作預測起見，測驗必須符合某些規範。**信度**研究告訴我們，測驗分數是否具有內部的一致性；**效度**研究則告訴我們，測驗是否能夠測量到我們想測量的事物，依照可接受的效標，它的預測狀況有多好。

3. 決定測驗預測準確性的一個方法，是設立一個**臨界分數**，使得分數低於這一個分數點的人，都沒有完成訓練或計畫的能力。假使臨界分數能夠區分訓練成功與失敗的人時，則測驗是一個有用的預測指標。
4. 第一個成功的智力測驗，是比奈一九〇五年在法國編製的。我們得感謝他發展出來的**心理年齡**概念，依照這個概念，愚笨兒童的心理年齡發展較慢，他們的反應相當於年紀較小者的反應。相反地，聰明兒童的反應，超出他的年齡。後來修訂的比奈量表，也沿用這個概念，其中最流行的，是**史比測驗**。
5. 托孟(他是編製史比測驗的主要人物)採用**智商**(IQ)作爲心理發展的指標。原本智商是指**心理年齡**和**實足年齡**的比值。而最近的史比量表，則調整 IQ 的量度，使得每一實足年齡的 IQ 平均爲一百，而標準差爲十六。因此，現代的 IQ 不再是比值，而是因個人受測時的年齡，調整而來的分數。
6. 有一種常用的智力測驗，稱爲**魏氏智力量表**，包含**語文**和**作業**兩量表，因此，可以同時獲得這兩種能力的消息。
7. 魏氏成人智力量表(WAIS)和魏氏兒童智力量表(WISC)，是兩種使用很廣泛的能力測驗，都有語文和作業量表，可算出各項的得分。史比量表和魏氏量表皆屬個別測驗，由受過特別訓練的主試者對單一個人施測。團體能力測驗則可同時對一大群人施測。
8. 能力測驗的得分，和我們所認爲「聰明」之事以及學業成績的測量相關很高，但它們未能測量到動機、領導力及與成功有關的其他重要因素。
9. 我們可以用**因素分析法**，來決定智能所涵蓋的能力。史畢曼認爲智力包括一個**一般因素**(g)加上許多**特殊能力**(s)。薩史東指出七種主要的心理能力，他認爲這是智能的基本元素。基爾佛的**智能結構模型**，提出一百二十種不同的智力，許多這種智力都是**發散思考**的能力，而不是**收斂思考**的能力。證據指出，不管是一般智能或是特殊能力都很重要
10. 另一個研究智力的方法稱爲**訊息處理取向**。該取向的基本觀念，乃是找出人們在面臨問題解決作業時所運作的認知過程，以試圖瞭解智力行爲。訊息處理取向曾對許多測量智力

作業中所包含的心理歷程作了詳細的分析。因素取向和訊息處理取向可爲智力測驗的表現提供互補的解釋。兩者都可增進我們對學業智力的瞭解，但它們共同的缺點在於無法證實能有效地測量實用的智力。

11.六歲以後，大多數人 IQ 的發展都相當穩定，然而有的人在良好或不良的環境條件下，IQ 會有重大的改變。心智能力會一直增長到二十六歲，然後十年呈水平狀態，至四十歲後開始下降。不過，下降的速率，和其他特殊能力的測量一樣，純看個人的健康及職業性質而定。

12.對基因關係程度不等的人，求其彼此間 IQ 相關的研究顯示：遺傳在智力上佔有一席之地。然而遺傳的估計卻常改變；營養、智力、刺激和家庭的氣氛等環境因素，都會影響個人的 IQ 將落於遺傳所定「反應範圍」的某處。

13.在智力量表上的兩端，一端是**智能不足**，一端爲**天才**。決定孩童是否低能時，社會標準和智力分數一樣重要。在**家庭與文化遲滯**方面(因爲父母的智能低及生活條件剝奪而來的)，我們找不出任何生理上的缺陷。相反地，對心智缺陷的兒童來說，通常都有一點腦傷。腦傷可能來自於懷孕時母體的感染、生產時受傷、遺傳問題(如唐氏症)，或其他異常原因。低能的兒童能夠學習；在督導之下，許多人能做對社會有用的工作，甚至能夠獨立。

14.從整群人來看，天才由小到長大成人，成就都比其他人大。天才的一生，往往使許多人誤解，他們是適應不良的一群。不過，光有優異的智能，並不能保證一定成功。有的天才兒童，雖然智力分數一直很高，不過成人生活卻適應不良。

15.大衆對測驗的攻擊，主要是認爲測驗侵犯到隱私權、測驗分數秘密、依測驗選出來的人才不見得最佳、測驗對低特權及少數團體不公平。心理學家對這些抨擊的回答並不完全，不過他們知道，能力測驗的施予，必須負起社會責任。

進一步的讀物

評論個別差異及心理測驗的文章，請看 Cronbach, *Essentials of Psychological Testing*(4 th ed., 1984)；Kail and Pellegrino, *Human Intelligence: Perspectives and Pros-*

pects (1985); Sternberg (ed.), *Human Abilities: An Information-processing Approach* (1984); Anastasi, *Psychological Testing* (5 th ed., 1982)。更深入處理上述問題的書，可見 Sternberg (ed.), *Handbook of Human Intelligence* (1982); Wigdor and Garner (eds.), *Ability Testing: Uses, Consequences, and Controversies* (1982)。

討論智力的一般性書籍，可見 Sternberg, *Intelligence Applied: Understanding and Increasing Your Intellectual Skills* (1986)。討論智力測驗及其爭論發展史的書，可見 Fancher, *The Intelligence Men: Makers of the IQ Controversy* (1985)。

智力遺傳的討論，可見 Plomin, Defries, & McCearn, *Behavioral Genetics: A Primer* (1980)。討論智力的種族與社會階層差異的書，可見 Scarr, *Race, Social Cless, and Individual Differences in IQ* (1981); Lewontin, Rose, & Kamin, *Not in Our Genes: Biology, Ideology and Human Nature* (1984)。

討論迎頭趕上計畫及兒童照顧的書，可見 Bond and Joffe (eds.), *Facilitating Infant and Early Childhood Development* (1982); Zigler and Gordon (eds.), Day *Care: Scientific and Social Policy Issues* (1981)。

第十三章　人格及其衡鑑

人格的塑造 631

生物的影響

共同的經驗

獨特的經驗

瞭解人格的途徑

重要討論：遺傳對人格的影響——分開撫養的同卵雙生子

特質論 637

特質論的評價

社會學習論 641

增強與社會學習

個人與情境的交互作用

對社會學習論的評價

心理分析論 645

人格結構

人格發展

佛洛伊德理論的修正

對心理分析論的評價

人本論 650

羅傑士的自我論

對自我的其他方法

人本論的評價

人格的衡鑑 656

觀察法

人格量表

投射技術

重要討論：包南效應

人格的一致性 666

前後時間的一致性

不同情境的一致性

互動論

人格學說的統整 671

當我們說某人的「人格高尙」時，通常是指個人的道德水準不錯，人們對他的反應頗佳。有些刊登廣告說明「可以改進你的個性」的課程，是想教導你學習社交技巧，強調你說話時應有的姿勢及態度，以便使別人產生良好的反應。

人格的另一個普通的定義，是以個人顯著的特性爲主的。因此，我們可能說某人具有「攻擊人格」或「害羞的人格」。

然而，心理學家在論及人格時，他們最關心的通常是個別差異——能夠區分個人和他人差異的特性。心理學家對人格的定義不只一種而已，也不同意人格定義只有一種。但爲了方便起見，我們把人格定義爲：決定人們適應環境的行爲模式及思維方式的特性❶。

在定義裡面的特性，隱涵著個人行爲的一致性——個人往往採取某種方式去思維及行動，而不受情境影響。例如，你可能想到一個你認識的人，他是一個好好先生，無論人家怎麼逗弄，他都不會生氣；但其他有的人，則稍微受到刺激，他就暴跳如雷。行爲是人格特性和社會、物理情境間，交互作用的結果。不過，隨著個人對行爲在各種情境都會出現，或只在特定的環境下才產生的看法不同，人格理論也不太一樣，這我們在後面還會談到。究竟「誠實」的特質在大部分情境都會顯現出來呢？還是只展現在特定的情境裡面？

當我們討論行爲時，通常指的是**公衆人格**(public personality)——他人所看到和聽到的你，以及你對世界的看法。公衆人格包含了你的表情特徵和擧止風格(你說話型態和自我表現的方式)、你的一般性情(你通常是快活的或暴躁的)、對威脅情境的反應方式，以及所表現的態度等等。雖然在盛大社交場合中，你的行爲可能和三兩好友相聚時表現大不相同，但是你的公衆人格仍然可被他人所觀察到，也可以用一些方法來測量。

人格另有隱密深藏的一面。**私有人格**(private personality)包含了你不被他人分享的幻想、思考和經驗。你可能有一些從未告知別人的特殊經驗、一些孩子氣或羞於啓口的願望，以及藏在內心的夢想和記憶。等待上課或在樹林中閒逛時那些盤旋在腦海中的想法和回憶，是你部分私有人格之一。你可能會

---

❶有關人格的定義，可參看楊國樞《人格心理學》中人格的定義，見陳雪屏主編《雲五社會科學大辭典》第九册：心理學，臺北市，臺灣商務印書館，民60年，204頁，裡面有詳細的討論及說明。

對親密好友吐露一二，不過大體上仍舊歸你獨自擁有。

要想鉅細靡遺地描述個人人格，必須把許多因素包括進去：智力成長過程中學得的動機、情緒反應、態度、信念及道德價值。上述因素當中，有的因素我們已經在前面幾章裡討論過了。在這裡我們要討論的是，這些因素在某人身上是如何組織的，而有別於他人。

人格的塑造

嬰兒生下來就具有某些潛能，這些潛能的發展，端看成熟及成長中所遭遇的經驗而定。雖然在醫院育嬰房裡的新生兒，看起來都很相像，但隨後受遺傳影響的生理特性會表現出個人特徵，以茲區別。智力及某些特殊能力，如音樂才能，大部分也是遺傳而來的，而某些情緒反應的差異，可能也是天生的。有一個研究發現，嬰兒出生不久之後，我們就可從活動水準、注意時間長短、對環境變化的適應，以及一般態度等特性，看出相當穩定的個別差異。有的嬰孩可能比較好動、容易惱怒、願意接受新的事物及陌生人；有的嬰孩則可能相當文靜、注意力一直集中在某個活動上、對新的事物頗有戒心。在許多小孩裡面(一百位或更多)，這些原始的脾氣特性會持續下去，一直到十四歲以後(Thomas, Chess, & Birch, 1970)。

父母對特性不同的嬰孩反應不同。透過這種互相影響的過程，會加強嬰孩出生時顯現的特性。究竟嬰兒出生時的潛能會發揮到什麼程度，純看個人成長時的經驗而定。雖然所有的各種經驗都是個別性的，不過，我們可以將之分爲兩類：一爲共同經驗，在同樣的文化下或次文化團體裡面，大部分人成長時都具有的經驗；一爲特有經驗，無法從文化賦予我們的角色裡看出。

生物的影響

嬰兒出生後所表現在性情和活動力上的差異，說明了遺傳因素的影響。有關人格特性的遺傳研究，重點在於雙生子的探討。第十二章所舉同卵雙生及異卵雙生子智力比較的例子，提供了估計遺傳可能性的基礎。

表 13-1　雙生子的人格相似性

本研究中有一百三十九對同性別雙生子（平均四歲半），由母親在三個人格特性上加以評量。雖然同卵雙生子比異卵者較可能會有同等待遇（因而較可能有相似的環境），但從相關值的大小，應該可以看出基因遺傳在人格上仍具相當重要的決定性（取材自 Buss & Plomin, 1975）。

	男孩相關		女孩相關	
	同卵	異卵	同卵	異卵
情緒性	.68	.00	.60	.05
活動性	.73	.18	.50	.00
社會性	.65	.20	.58	.06

有個研究要那些同性別雙生子（平均四歲半）的母親來評定自己孩子的人格特性。結果同卵雙生子比異卵雙生子被認爲在情緒反應、活動力和社交性來得相似見（**表 13-1**）。以人格測驗施測於成人身上，同卵雙生子比異卵雙生子更多相似答案（Loehlin & Nichols, 1976）。

人們常以比較相同的方式來對待同卵雙生子，因此人格的相似性可能來自於對待方式的類同。由同卵雙生子出生後分開撫養的研究可以證明該說法的對錯。那些出生後分開撫養與未分開撫養雙生子的比較結果，顯示了有趣的答案——即使不在一起長大也未減少其人格的相似性。更有相反的說法認爲分開撫養的雙生子比未分開者可能更爲相似。因爲在一塊長大的雙生子可能刻意發展出不同的特性。如果其中一個參加了足球隊，另外一個可能去參加演辯社；或其中一個鋼琴彈得好，而另外一個則是學習繪畫。然而分開撫養的雙生子因爲無須與對方競爭，則更能依照天生的傾向來發展（見「重要討論：遺傳對人格的影響——分開撫養的同卵雙生子」）。

雖然雙生子研究證實了某些人格特性是遺傳而來，但並無證據顯示這些特性是由某遺傳基因來決定。身體長相的相似或許是他們人格相似的部分原因。

體型（body build）　我們由一些刻板印象（如「心寬體胖」或「高高瘦瘦戴付眼鏡像個智者」）可以看出體型和人格特性的關連。這種想法並不是新學說。莎士比亞曾就凱撒的嘴中說過：「我願在我左右的人都是肥胖的，頭髮梳得光光的，夜裡睡得著覺的。那邊的那個卡西亞斯面容消瘦，他想得太多了，這樣的人是危險的，願他胖一些才好。」

然而，欲找出體型和特定人格特性的關係時見（**圖 13-1**），發現其相關值很低，所以大部分的心理學家並不認爲體型分類具有任何意義，因爲每個人的體重和肌肉強度隨年齡、飲食及運動狀況而改變。你可能認識一些矮小肥胖、性情隨和且個性

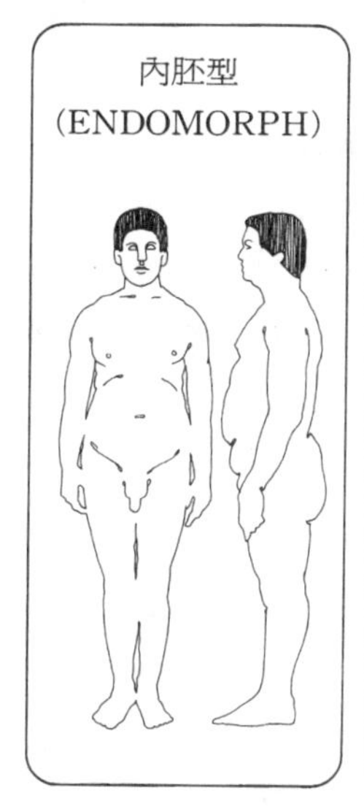

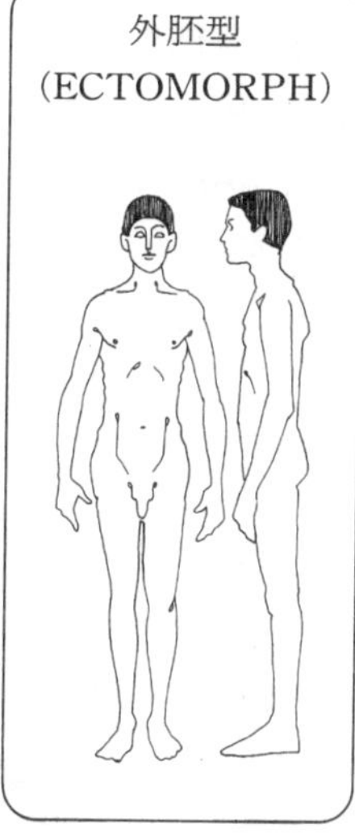

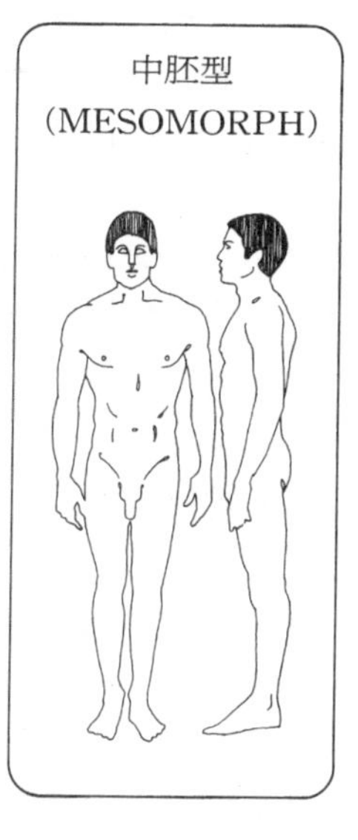

圖 13-1　體型和人格

此圖係克萊區邁(Kretschmer,1925)所提依體型將個體人格分類的理論。很少研究支持這項說法，大部分的心理學家對這種分類表示懷疑。

慵懶的人，但可能你也知道一些雖矮小肥胖但卻害羞畏怯的人。

無可否認地，個人的體型對人格有些影響，主要因爲體型的限制會影響其能力表現以及他人的看法。例如，一名短小笨拙的女子，事實上不可能希望自己成爲芭蕾舞者、服裝模特兒或全能籃球運動員；而一個身高超過六呎的人，也不太可能是奧林克運動會的體操選手。一個肌肉發達、體格健壯的男子，可能喜歡冒險或愛管閒事，而瘦弱的人卻早就學會如何避免打架並且以智力取勝。所以說，體型並不能決定人格特性，但它可以藉由影響他人對自己的看法、自己與他人互動的性質，以及自己所喜歡或厭惡情境的不同而塑造人格。

身體生理(body physiology)　除了體型差異之外，個體在一些生理測量項目上也有所不同(例如內分泌腺的大小、自主神經系統的反應力，以及神經傳導體之間的平衡)，而有些人格差異與其生理及生物化學的差異有關。有個例子是一系列稱爲「尋找感覺」探討人格特性的生理基礎之研究。由人格測驗測得個體尋求新經驗和達成冒險願望需求的程度，得分高者(即尋求感覺者)其影響神經傳導的酵素(氧化酶氨基酸，簡稱 MAO)血液濃度比得分低者爲低。MAO 的作用是調節兩神經傳導體的收縮，它在情緒和動機行爲上扮演重要角色(詳見第十五章)。

MAO 與動機情緒行爲的關係可從幾項理由上得到驗證。MAO 水準受個體年齡及性荷爾蒙的影響。血液中 MAO 的量不能眞正代表腦中的濃度。這個現象的意義是有趣的：一名特技駕駛和一名棋手的身體化學作用不同。而且 MAO 水準是有遺傳性的，所以「尋求感覺」可能是一種家族特性。

無可否認，能量水準和情緒是受複雜的生理、心理及生物化學過程的影響(見第十五章)。至此，我們很難去分開因與果事件——確定受生物遺傳影響的程度和源自生活經驗而得的差異。

共同的經驗

在文化的薰陶之下，每個家庭都具有某些共同的信念、風俗及價值觀。當孩童漸漸長大，他就會學到文化期待他表現的行爲。其中的一個期待，是個人必須符合其性別角色，大多數文化對男性及女性行爲的期待不同。雖然性別角色可能因文化而異，但在每個文化裡面，由於男孩及女孩的性別有異，因此，男孩和女孩的人格不同，是「理所當然」的。

在一個地大物博的國家裡面，文化頗爲複雜，包括許多**次文化**(subculture)。每個次文化對道德價值、清潔的標準、衣著的款式，以及對成功的界定等，都有不同的看法。次文化團體對人格的發展頗具影響力。和女孩比較起來，雖然每個男孩都具有某些人格特性，但我們對在城市長大的貧苦小孩的行爲期望，和在市郊長大的家境小康者的期望不同。

某些角色(例如職業)是我們自己選擇的。不過，這些角色也受到文化的薰陶。文化期待醫生、卡車司機、藝術家及歌劇中的歌手，表現出不同的行爲。當然，近年來，職業刻板印象不像以前那麼嚴格。我們不會被留披頭的總經理、女性架線工、理平頭的搖滾歌手嚇到。然而，假使個人的行爲和職業圈內的人一致，個人會感到較舒服。

當然，成人的行爲會符合社會及職業角色的要求，這是可以預卜的。因此，在正式酒會、政治聽證會、足球比賽及葬禮等不同的場合，都會表現不同的行爲。

雖然在文化及次文化的壓力之下，會使個人產生相似的個性，但在同一個團體下長大的人，其人格不見得完全一樣，理由有二：(1)文化對個人的衝擊不是毫無二致的，因爲文化的傳遞必須透過某些人(如父母及他人)，這些人的價值觀和習慣不一定完全一樣；(2)個人具有一些獨特的經驗。

獨特的經驗

每個人對社會壓力的反應，各有獨到之處。每個人行爲的差異，可能肇因生物因素(如體力、警覺性、忍耐性)的不同，而這可能是父母的賞罰不同，及模仿對象的行爲不同造成的。雖然也許孩子不是父母的翻版，但從孩子身上，可以看到父母的影響力。這種影響力可以從李維士(Sinclair Lewis)的小說《藝術工作》(*Work of Art*)中的兩個主角歐德(Oral)和米倫(Myron)身上得到證明。他們認爲自己的人格是家庭環境下的產物。

> (歐德說)我的父親是一位偷懶怠惰的老醉鬼，我的媽媽除了煮飯之外，什麼也不知道。她太忙了，沒有時間照顧我。而我認識的小孩都是一些嘴巴不乾淨的懶惰蟲，常常糾纏水池旁邊那些流浪漢。我從來沒有機會接受正式的教育，而我也自暴自棄，認爲自己是個不惹眼的小鬼。因此，很理所當然的，我成爲一個無賴，不以寄生在小雜貨店裡爲恥。我認爲我天生就是個懶骨頭，唯一的嗜好就是老酒和女人。這些當然都是早期的成長環境所造成的美妙結果。我的成長是相當違反傳統的，因此我是一位反完美主義者，但我不否認新鮮的快樂及美的神聖。
>
> (米倫說)我的父親是一位閒散的人，喜歡喝酒，也喜歡說故事給小孩子聽。我的母親不太有時間照顧我們，我從水池附近的流浪漢口中聽到不少髒話。也許這樣，因此我不向別人借錢，我勤奮工作，遠離酒色。這些都是我長大的環境帶來的。和許多人相反，這種環境使我變成一位善良、健全、保守的新英國人，崇尚完美主義。❷

在早期環境相同的狀況下，產生這兩種極端的反應，在現實生活裡似乎不太可能發生，但個人對相似環境的反應，可能不同。

除了獨特的生物遺傳因素及文化傳遞的方式，會影響個人的行爲之外，個人特有的經驗也會影響個人行爲的形成。長期輾轉床褥的人，可能從別人的照顧當中獲得滿足，並期望獲得

---

❷ Sinclair Lewis, *Work of Art*(1934).

別人的幫助，因此，深深地影響到個人人格的結構。父母死亡可能會使個人的認同中斷，喪失認同的目標。意外事件、見義勇為的機會、從比賽中獲勝、遷徙等經驗，都和個人的發展、成長有關，但卻不容易由文化來預測，雖然這些經驗的影響效果多少都會受文化的影響。

瞭解人格的途徑

個人共同及特有的經驗，和遺傳潛能產生交互作用的結果，形成了人格。這幾個因素是如何來的？會產生什麼樣的結果？最完美的人格是怎麼樣的？這些都是人格理論要說明的對象。一般說來，人格理論約可分為四類：特質論、心理分析論、社會學習論及人本論。這些理論所提出來的人格結構觀念(如特質、原我-自我-超我、學得的習慣或自我概念)以及觀念**建構**(construct)，和行為間的關係差異頗大。他們據以衡鑑或測量人格的方法也有所不同。本章的其餘篇幅，將扼要地說明這些理論方向的主要建構，點出這些建構和行為間的關係，同時舉例說明人格衡鑑的方法。除非我們能找出滿意的方法來測量人格變項，否則我們不能客觀而科學地研究人格。在後面，我們也會瞭解到：測量人格所用的方法，頗受個人人格理論概念的影響。

重要討論：

遺傳對人格的影響——分開撫養的同卵雙生子

我們先前提過同卵雙生子的人格特質比異卵雙生子更為接近。這項事實雖顯示遺傳的重要，仍然很難區辨環境與遺傳二者的影響力。同卵雙生子長相神似，可能使父母及其他人以同等方式對待他們，所以比異卵雙生子所經歷的環境也較相近。

探討遺傳對人格及行為影響的理想情境，是同卵雙生子出生後就分開在不同的環境中撫養。基於人性立場不允許此種實驗控制，而明尼蘇達大學一項名為「明尼蘇達分開撫養雙生子研究」，幾乎完全達成了控制。三十對同卵雙生子，平均六星期大時就被分開在不同的家庭中長大，一直到十多歲才見面(有的甚至是參與此研究才與對方謀面)。

他們參與了長期晤談，回答有關童年經驗、恐懼、嗜好、音樂性向、社交態度和性知識等問題，接受一連串的生理及心理測驗。這研究尚要持續數年，至少有二十對會進行到實驗結束。初步的研究結果顯示了驚人的相似性。

成長背景最不同的是 Oskar Stohr 和 Jack Yufe。他們出生在千里達，父親是猶太人，母親是德國人。甫一出生他們就被分開。母親帶 Oskar 到德國，由信奉天主教兼納粹的外婆撫養。Jack 跟著父親長大，部分的青年期他在以色列的集體農場度過。這二家庭未有來往，二兄弟過著截然不同的生活，而他們初次來參加實驗就表現相當的相似性。他們均留有短髮，戴金邊眼鏡。他們的行為舉止和脾氣都接近。二人都有某些特異習慣：喜歡吃辣的、喝甜的，都健忘，喜歡把塗了奶油的土司泡在咖啡裡。

另外一對背景相當不同的英國主婦，在二次大戰時分開在二社經地位不同的家庭。她們分開後沒見過面，第一次見面時兩人手上各戴了七個戒指。雖然彼此社經地位不同，許多測驗的結果相似，能力測驗的表現幾乎一致，只是在低社經家庭長大的得分高一些。

在未仔細分析資料時，容易使人注意雙生子的人格相似性而忽略差異。無論如何，初步結果很令研究者驚訝，因為他們在許多能力和人格測驗的得分太一致，甚至比同一人重複做兩次測驗還相似。所有測驗最相同的是能力測驗分數、腦波型態、社交性，以及所謂的氣質和能量水準。

研究結果雖如此明顯，研究者並不十分肯定。因為研究樣本太小，而且找出雙生子之間的人格差異，似乎比找相似性更重要。如果能指出他們在某些變項上有不同，我們就知道這變項並不受遺傳的影響。

特質論

人格的特質取向嘗試找出並描述直接影響個體行為的基本特質。特質取向的研究重點在於公衆人格，關切的是人格的描述以及行為的描述。特質論認為個體在某些人格向度上相異，而每一種人格向度代表一特質，因此我們可以採智力量表、情緒量表、攻擊性量表等來評量個體。為了對人格做完整的描述，我們必須知道個體在向度上的情形。

總之，所謂**特質**(trait)是指個人有別於他人的特性，這些特性是較爲永久且一致的。當我們私下裡，利用友善的、小心的、容易興奮的、有智慧的或焦慮的形容詞，來描述我們自己或別人時，我們就是採取特質論的方式。這些字眼較爲抽象，都代表著某種行爲。當我們看到一個人在許多場合之下，都表現出攻擊行爲，則我們會描述這個人爲具有攻擊性的。當我們謹記著特質方面的字眼都是由行爲的觀察而來的，則將攻擊性視爲一種特質是可行的，最糟糕的是把特質視爲行爲的起因。假使我們說一個人打破他室友的頭，是因爲他的攻擊性特質使然，則我們沒有解釋任何東西。我們從行爲來推測特質的存在，但我們不能反過來，用特質來解釋行爲。

埋首於特質論領域中的心理學家，著重於探討下列幾件事情：(1)決定基本的人格特質，以便有意義地說明人格；(2)發現一些方法，以測量人格特質。什麼是人格特質呢？在中文和英語裡，說明行爲特性的字眼何止萬千，如何把這些字眼減除，變成有限個數且有意義的特質呢？有一個方法是利用**因素分析**

表 13-2　五種人格特質向度及其部分元素

表中列出這種人格特質及相關的描述性配對形容詞（取材自 Norman, 1963）。

特質向度	描述性的配對形容詞*
外　向	饒舌的——沈默的 開放的——秘密的 冒險的——小心的
贊　同	紳士的——頑固的 合作的——唱反調的 好脾氣的——易怒的
正　直	謹慎的——不小心的 負責的——不可信賴的 保守的——自由的
情緒穩定	安靜的——焦慮的 平衡的——神經性的 不憂鬱的——憂鬱的
文　化	對藝術敏感的——對藝術遲鈍的 精緻的——庸俗的 有智慧的——沒有頭腦的

*量表兩端的形容詞構成了向度。

(factor analysis)的方法。因素分析是一種複雜的統計技巧(在第十二章中曾有詳盡的討論),可以將許多變項濃縮爲少數的幾個獨立向度。利用這個方法,幾百個測驗的反應,可以濃縮爲有限的幾個向度或因素,可以解釋所有的反應資料。

例如,假使你有許多配對的字眼,以正反的方式來說明人格特性,如謹慎的——不小心的、冷靜的——焦慮的。你要求一群人用這些配對字來評定他的朋友。利用因素分析的方法,來分析這些評定資料,會得出相當少數的幾個向度或因素,能夠解釋上述所獲得的大部分評定資料。有一個研究,採用因素分析的方法,得出五個特質向度,如**表 13–2** 所述。

在建立人格測驗時,有不同的策略。16PF(The Sixteen Factor Personality Questionnaire)❸的編製是根據因素分析來的,結果如**圖 13–2** 所示。把許多人對特質的描述做因素分析之後,問卷的編製者得出十六個基本人格特質的因素。然後,他又設計許多問題來測量每個因素。例如,在「在社交場合裡,你是否對你的出身還念念不忘?」的問題當中,如果答「否」,表

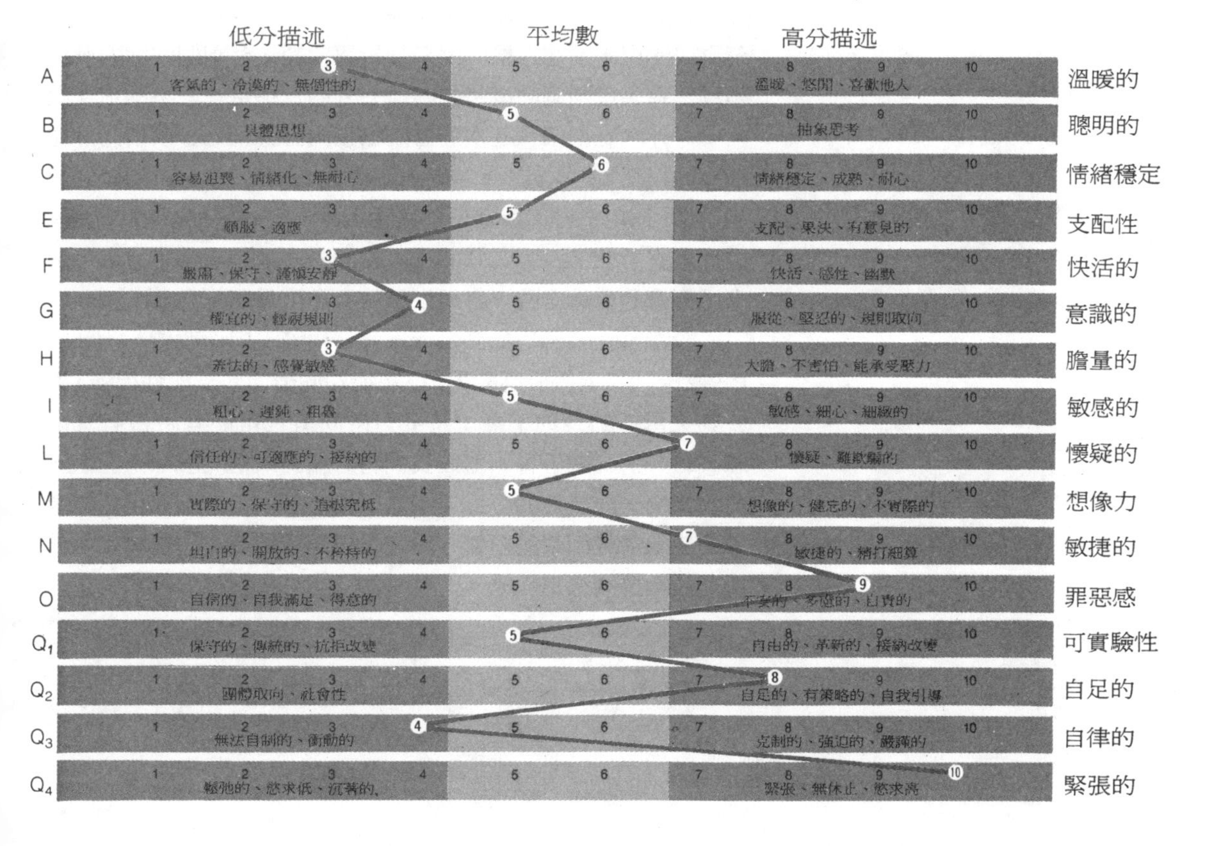

圖 13–2　人格剖面圖

本人格剖面圖中的十六種人格因素是由多次人格評定後因素分析而得。其中因素 A 到 O 是個體間的評定經因素分析得到,4 Q 因素是自我評定的資料分析得來。依據這十六因素編定的人格測驗可以測量個體在每因素上的程度,得分可繪成剖面圖(取材自 Cattell, 1986)。

示在因素 E 中傾向支配性這一邊。注意因素本身只具有統計性質，稱為 A、 B、 C……等而已，其實這也是作者原來的命名方式。至於給予各因素的特質名稱，是作者個人的猜測，認為該因素代表某特質是最恰當的。當然作者的猜測是有所依據的，主要是根據資料和因素之間的關係，以及現實生活行為和因素之間的關係而來。

特質論的評價

看起來，因素分析似乎提供一個相當直接的方式，可以得出一群有意義的基本特質，但很不幸地，由於統計技巧的差異，以及選來做分析的資料類型不同(如自我評定或由他人評定)，每個研究不見得得出相同的基本因素。在某個研究發現的因素，在另一個研究可能付之闕如。雖然有的研究者發現五個因素，確信這五個因素是基本的人格向度，但其他人卻發現基本的人格向度有二十個之多。

雖然大家所發現的基本人格特質不太一致，但這些發現卻有重複的現象。在人格的因素分析研究裡，有兩個向度的發現頗為一致，這兩個向度是內向——外向及穩定——不穩定。內向——外向是指個人基本的著眼點指向自我(自己)或指向外在世界的程度。在本質上，這個向度和容格(Carl Jung)所做的分類一樣。穩定——不穩定是指情緒上的向度，在情緒穩定方面，個人是安靜的、適應良好的及可靠的。在情緒不穩定方面，個人是憂鬱的、焦慮的、容易生氣的及不可靠的。

對特質論的另一批評是行為會隨情境不同而改變。一個 16 PF 支配因素上得分高的男孩，可能在同儕面前支配性很強，對於其父母或師長則不然；甚至對待同儕也可能有時很有支配慾，有些情況卻不會。隨後我們將討論到人格測驗並不能很成功的預測不同情境的行為。預測行為時必須考慮到人格特質會受到特定情境因素的影響。研究結果顯示特質和情境的交互作用是最重要的決定因素。

---

❸中文版本由劉永和翻譯，劉永和、梅吉瑞（民 59）修訂。

社會學習論

特質論強調行爲的個人決定因素，認爲特質傾向使個體在不同情境做出一致的反應。情境也具有一些影響力：小華對被一漂亮的女服務生不愼灑了一身咖啡時的反應，不至於如同在交通擁塞時被卡車司機超車那般憤怒。但是依特質論來說，小華在這二情境之下比起 16 PF 攻擊量表得分低的小明所表現的攻擊性都要強烈。

然而，社會學習論強調的是決定行爲的環境或情境因素。行爲乃是個人和環境變項持續互動的結果。環境條件經由學習塑造了行爲，而行爲繼而形成環境，個人因素和情境因素彼此互相作用。因此要預測行爲必須瞭解個人特質如何與情境特質交互影響。

增強與社會學習

我們在第十章曾經提過，從社會學習論的方向來探討動機，往往把注意力集中在個人學得的因應環境的行爲模式上。站在本理論的觀點上，每個人行爲的差異，乃是因爲個人在成長的過程中，學習的條件有所差異的緣故❹。

某些行爲模式是透過直接的經驗學得的，個人表現出某種行爲模式，而得到獎賞或懲罰。然而，即使沒有直接的增強，個人也可能學得某種反應。理由是我們可以運用複雜的符號過程，把我們的觀察透過編碼，儲存到大腦中，因此，我們從觀察當中學到某些事情；換句話說，當我們觀察別人的行動及其行動後果，就能夠學會這件事情。因此，依照社會學習論者的看法，增強作用對學習不是必要的，雖然增強可以集中學習者

---

❹社會學習論這個名詞曾經引用於人格的行爲論裡面。最早的社會學習論，是想利用學習原則，如驅力，刺激、反應及增強的概念，來解釋心理分析的想法（如 Miller & Dollard, 1941）。而在本書中，社會學習是指目前的想法（如 Bandura,1973; Mischel, 1973），完全摒棄佛洛伊德的概念，強調社會及認知因素、與模仿對象的角色，在決定個人行爲上是極爲重要的。

的注意力。人類的許多學習都是**觀察學習**(observational learning)或**替代學習**(vicarious learning)。

雖然增強作用對學習不是必要的，但對學得行爲的表現卻頗爲重要。社會學習論的一個重要假設，是個人會朝著受到增強的方向去表現行爲。個人學得行爲的儲存庫是廣濶的，個人在某特定環境是否表現出某特定行爲，全看個人對行爲後果的期望而定。大多數青春期的少女都知道打鬥的方法，她們應該看過同學打架或電視上的打鬥鏡頭，用拳頭或脚捶、踢對方等。但對女孩來說，這種行爲很少受到增強，所以在平常的狀況裡，不太可能發生。

控制學得行爲表現的增強，有(1)直接的增強——包括有形的酬賞、社會讚賞或責難、減輕嫌惡狀況等；(2)替代性增強——看到他人表現類似行爲後，受到獎賞或懲罰；(3)自我施予的增強——由自己讚賞自己或譴責自己，來評價自己的表現。我們在前面提過，在社會學習論裡，自我施予的增強扮演著重要的角色，因此社會學習論者想找出有助於自我賞罰的條件，由此來控制個人的行爲。

個人與情境的交互作用

特質論者假設人格是一致的，所以我們可以根據個人的永久特質，來描述個人的特性。社會學習論者則認爲**情境**(situation)是決定行爲的重要因素。個人在某情境是否表現出某種行爲，受到情境的特性、個人對情境的評價，以及個人在類似情境表現出某行爲是否受到增強(或個人觀察到他人在類似情境的經驗)等因素的影響。因此，只有在個人面對的情境，以及個人期待扮演的角色是相當穩定而一致的，個人才會表現出一致性的行爲。然而，在不同的情境裡，大多數的社會行爲不可能得到同樣的獎賞。個人必須學會能夠區分在某些環境之下，表現出某種行爲是適當的；而在某些環境之下則不然。有時，個人在許多不同的情境下，表現出同樣的反應，都會得到獎賞，於是會有**類化**(generalization)的現象產生，個人在各種情境下，都會表現相同的行爲。因此，假使一位男孩的父親，在男孩攻擊兄弟姐妹、老師或玩伴時，都給予增強，則男孩可能會發展出廣泛的攻擊性格。不過，通常攻擊反應會得到區分性的酬賞，有時得到酬賞，有時沒有，有時甚至遭受懲罰，所以個人能夠學到區分情境的不同，來表現攻擊行爲。

個人變項(person variables)　預測個體在某特定情境的行爲表現時，社會學習論強調認知發展和社會學習經驗上個體差異的重要性，其他如攻擊、依賴等的動機性特質比較不受關切。下面列出一些與情境變項互相作用影響行爲的個人變項(改寫自 Mischel, 1973)：

(1)勝任能力。智力、社會技能及其他能力。

(2)認知方式。個人捕捉訊息，把消息組織成有意義單位的習慣，或選擇性的知覺方式。

(3)對後果的期望。對各種不同行爲獲得某種後果的期待，以及對某些刺激所代表的意義的預期(如「眼睛閃爍不定」可能代表不老實)。上述兩種預期，都受到個人對別人行爲意向的推測的影響。

(4)對後果價值的主觀看法。即使個人的期望一樣，但因爲個人對後果價值的主觀看法不同，因此個人會表現出不同的行爲。例如，有兩個學生都預測某行爲能討得教授的喜歡，但對一個學生來說，這種行爲的後果是重要的，對另一個學生來說，則是不重要的。

(5)自我調節系統及計畫。由於每個人自己訂定的目標不一樣，指引行爲的法則、對成功和失敗的賞罰、個人做計劃的能力及執行任務的步驟迥異，因此個人的行爲也有所不同。

上面所述的每個變項，和某情境條件間的交互作用，決定了個人在該情境是否表現出某行爲。

自我創造環境(self-generated environment)　個體不只對環境因素被動反應而已，行爲與情境的關係是互動的。經由反應我們創造了某種環境條件，而這種情境更影響行爲，舉一簡單的實驗爲例：把老鼠放入裝有電擊網的史金納箱，每分鐘定時通過電流予以電擊，老鼠壓桿則能停止電擊。學到了壓桿行爲的老鼠就建立了逃避懲罰的環境；而未學到壓桿行爲的卻要經歷不愉快的「電擊環境」。換句話說，潛在環境是相同的，而眞實環境視其行爲而定。

同樣地，個體也會選擇並且影響其生活情境。首先，我們喜歡待在令自己舒適的環境中，自己的喜好、特性、態度得以發揮且受鼓勵，自我概念也得到支持。因此外向者比內向者喜歡尋找肯定、競爭及親密的社會環境(Furnham, 1981)。愛好感官享受者從事令自己戰慄的活動(Zuckerman, 1979)，而那些維護自我成功意像的人，喜歡的卻是成功了歸之於本身能力，失敗了歸因於外在環境(即使失敗也不威脅到自我意像)的情境(Jones & Berglas, 1978)。

其次，當我們進入某情境後(不管是否出於自願)，常常會因自己的因素而引起情境的改變。一個競爭心很強的人可以將一團和氣的情境刺激成劍拔弩張；老是與人爭吵會引起他人的仇視；表現和善可親的人也會得到別人的好臉色。所以情境部分來自個體本身的塑造。

對社會學習論的評價

因爲社會學習論特別強調引發特有行爲的情境變項，且必須準確地指明這些變項，所以對臨床心理學及人格理論的貢獻頗大。社會學習論使我們對人類的行動有進一步的瞭解：人類的行動是對特殊狀況的反應，而不是內在、潛意識力量的象徵性表現。社會學習論者把注意力集中在控制我們行動的狀況上，並透過狀況的改變來改變行爲。在第十六章我們還會再談到：謹愼地應用學習原則來改變適應不良的行爲，是相當有效的。

別人對社會學習論的抨擊，是它太強調情境因素對行爲的影響力，而忽略了個別差異。例如，他們對天生的差異不太感興趣，但事實上，遺傳上的因素可能是使某人被動、反應慢，而他人主動、反應快的主要理由。許多人格理論學家，對社會學習論者的推論，認爲人格不具穩定性，頗不以爲然。他們指出：社會學習論所採取的實驗方法(測量不同情境的行爲差異)，較易看出情境變項的作用，及容易強調行爲的改變。相反地，採用相關法，以指出個人在某情境下的行爲與在另外情境下行爲間的關係時，則較容易看出個別差異及行爲的穩定性(Bowers, 1973)。

有的研究同時測量各種情境下的行爲，經過統計分析之後，發現利用不同情境或個別差異的穩定性，來解釋行爲的變異，大抵相同。絕大多數的變異比例，是由個人與情境的交互作用而來。這表示個人對情境的看法，是影響行爲的重要因素。因此，決定個人行爲的主要因素，因社會情境對個人的意義不同，而有所差異。

心理分析論

心理分析論對人格的看法，和特質論差異頗大。特質論者透過對一群人的研究——通常資料的獲得是採自我報告的方式，由個人描述自己，來發現穩定的人格向度。相反地，心理分析論則根據對個人人格的深度研究，來說明人格。同時，依照心理分析論的看法，動機是**潛意識的**(unconcious)，自我報告不見得正確。而個人的語文報告及外顯行爲，是個人的潛意識過程經歪曲之後的表現。

佛洛伊德經過四十年的臨床工作，理論洋洋大觀，涵蓋在二十四册著作裡面——由一九○○年出版的《夢的解析》(*The Interpretation of Dreams*)到佛洛伊德死後一年(一九四○年)出版的《心理分析大綱》(*Outline of Psychoanalysis*)。在這裡，我們只能大略地說明佛洛伊德的人格理論。讀者如果對佛洛伊德的理論不夠熟悉，請自行參閱本章後面所列的書目。

佛洛伊德把人的心(mind)比作一座冰山，浮出水面的部分較少，代表**意識經驗**(conscious experience)，而大部分掩蓋在水平面以下，代表潛意識。潛意識是衝動、熱情及原始本能的儲藏庫，影響了我們的想法及行爲。這種心靈的潛意識部分，正是佛洛伊德所要探討的對象；探討時，他採用**自由聯想**(free association)的方式。所謂自由聯想是指個人必須把浮現在意識裡的想法、行動等，報告出來，而不管這些想法或行動多麼可笑、瑣碎。利用自由聯想法，再加上夢的回憶、早期的童年記憶，佛洛伊德玄思默想地找出決定人格的要素。

人格結構

佛洛伊德認爲人格是由三個主要部分組成的：**原我**(id, 又譯爲本我)、**自我**(ego)及**超我**(superego)。每個部分都有其自己的功能，三者產生交互作用，以控制行爲。

原我　原我是人格的起源，可以在新生嬰兒身上看到，然後才發展出自我和超我。原我包含了各種遺傳來的性質，包括本能驅力——性及攻擊。它和生物過程緊密地連繫著，提供能源(即**慾力**，libido)給三個系統運轉。當能量水準提高時(不管是受內部刺激或外在刺激而來），原我便產生不舒適的緊張感，於是原我必須馬上尋找降低緊張的方法，使有機體恢復正常的狀態。換句話說，原我必須馬上找出方法來滿足原始、不愉快的衝動。就像新生兒一樣，原我遵循著**快樂原則**（pleasure principle），不管外在的顧慮怎麼樣，它總是想避苦趨樂。

爲了減低緊張，原我可能會形成事物的心像，或藉幻想來消除緊張。因此，一個饑餓的人可能會產生美食當前的心像，以滿足自己的願望。依照佛洛伊德的說法，夢代表願望的滿足，出現在我們夢境裡的事物及事件，代表我們期待滿足的原我衝動。佛洛伊德認爲精神病人的幻想，是願望滿足的一個例子。佛洛伊德把這種沒有考慮到現實，不合理地想滿足自己的需求的企圖，稱之爲**原始過程的思維**（primary process thinking）。

自我　心像並不能滿足需求。饑餓的人不能吃他的心像、幻覺來降低饑餓，必須顧慮到現實，這也就是自我所扮演的角色。由於我們必須因應現實世界，所以自我乃獨立於原我而發展出來。假使饑餓的人要降低饑餓，則他必須要攝取食物；如果在環境裡找不到食物，則他不能馬上解除饑餓的搔痛。因此，自我遵循**現實原則**（reality principle），它能夠面對現實，只有在適當的環境條件下，才去解除自己的緊張。自我的作用是所謂的**次級過程的思維**（secondary process thinking），本身是面對現實的、合乎邏輯的，並計畫著如何滿足需求。對原我來說，原我採用原始過程，直接滿足自己的衝動或透過想像滿足自己的願望，使緊張馬上降低下來。而自我則考慮到現實世界。例如，它會延遲性需求的滿足，直到狀況適當之後。在本質上，自我是人格的「執行者」，因爲自我決定了什麼行動是適當的，那一種原我本能必須滿足，用那一種態度去滿足。因此，自我處在原我的要求、現實的世界，以及超我的要求之間，擔任中間人的角色。

超我　人格的第三部分是超我。超我代表已經內化的社會價值觀及社會道德，是父母或其他人教導孩子的。超我依據社會標準來判斷個人的行動是對還是錯。總之，原我追求愉快，自我依循現實，而超我則追求完美。超我的發展，乃針對父母賞罰的反應而來。超我包括了**良心**（conscience）及**理想自我**（ego- ideal）。良心含蓋了各種讓個人受到處罰或譴責的事物；而理想自我則包括了各種讓孩子得到酬賞的行動。良心處罰個人，使個人有罪惡感；理想自我則獎賞個人，使個人以己為榮。

原先父母採直接酬賞及懲罰的方式來控制孩子的行為，後來父母的標準併入超我，於是孩子的行為能夠由自己控制。孩子沒有必要別人告訴他偷竊是錯誤的，他的超我會告訴他。

超我的主要功能是：(1)抑制原我的衝動，尤其是社會所禁止的事，如性和攻擊。(2)說服自我以道德目標取代現實目標。(3)追求完美。

有時人格的三個部分會產生衝突：如自我會把滿足原我需求的行動延後；而在行為不符合道德規範時，超我和自我、原我會產生鬥爭。但對正常人來說，通常這三部分組成一個團隊，互相搭配，表現出統合的行為。

焦慮及焦慮的防衛　佛洛伊德認為原我衝動(主要是性本能及攻擊本能)、自我的抑制力及超我間的衝突，構成了人格的動機來源。由於社會譴責攻擊性及性行為的隨意表現，所以這些衝動不能馬上及直接表現出來。孩子在早期就學會了他不能在衆目睽睽下，打他的兄弟姐妹或把玩性器官。最後，他會把父母對其衝動滿足的限制內化，形成超我。社會(或社會的代表物、父母)對衝動表現的限制愈大，則人格的三個部分產生衝突的可能性愈大。

原我的願望產生的力量相當大，必須用某些方法表現出來；壓抑這些表現並不能減除原我的願望。假使個人期待做某些事情，但可能遭受處罰時，則他會變得焦慮。焦慮是種令人感到不舒適的緊張狀態，因此會激勵個人消除焦慮。降低焦慮的一個方法，是利用掩飾的方式來表現衝動，以避免社會的懲罰及超我的譴責。例如，攻擊衝動可藉賽車、競選等來表現。

降低焦慮的另外一個方法，稱之為**潛抑作用**(repression)，是把衝動從意識中，趕到潛意識裡去。上述降低焦慮的方法，都稱為**防衛機構**(defense mechanism)，表示這些機構可以保衛人格，以免受到焦慮的創痛。依照佛洛伊德的看法，各種防衛機構並不能百分之百解除緊張，殘餘的緊張會以神經質、不安的方式表現出來，這是人類在文明進化的過程中，所必須付出的代價。理論上，假使一個社會完全讓原我的本能自由表現，而不稍加約束，則人們完全可以免除焦慮或緊張，但這種社會可能無法長存。每個社會都必須對行為稍加約束，以保障團體的幸福。

防衛機構是佛洛伊德對精神官能行爲及精神病行爲的看法的主要基礎，我們在第十五章還會詳細討論。在這裡，我們要注意的，是每個人在原我、自我及超我系統平衡方面，各有不同；同時，個人免除焦慮的方法也不一樣。由個人接近問題情境的方式，可以看出個人所學得的處理人格三部分衝突的方法。

人格發展

佛洛伊德認爲，人格的發展大部分是在出生後最初五年的某些固定階段發生的。成人人格的個別差異正反映出個人在**性心理發展階段**(the stage of psychosexual development)時，對衝突的處理不一。在每個發展階段裡，原我的能量(卽**慾力**，libido)和不同的活動連結在一起。我們已經在本書第三章討論過佛洛伊德的性心理發展階段，在這裡只簡單扼要地提一下。佛洛伊德的性心理發展階段包括：(1)**口腔期**(the oral stage)，由出生到一歲，從哺乳及吸吮大姆指，刺激嘴巴來獲得快感；(2)**肛門期**(the anal stage)，在二歲左右發生，當父母訓練幼兒如厠時，從排泄當中獲得滿足；(3)**性器期**(the phallic stage)，由三歲到六歲左右，由玩弄性器官當中得到滿足；(4)性器期之後，緊跟著**潛伏期**(the latency period)，此時，孩子較不注意自己的身體，把注意力轉移到因應環境的技巧上去；(5)**生殖期**(the genital stage)，在成年以後，年輕人開始能夠照顧他人、愛護他人，而不斤斤計較自我的滿足。早期每個階段的經驗會和生殖期的經驗結合起來，以滿足成人的性需求，及達到生兒育女的目標。

不論在那一個階段，如果該階段有問題產生，如剝奪或過分放縱，則會有**固著**(fix)在該階段的情形產生。依照心理分析論的看法，在每個階段裡都有適切的活動，但個人的慾力和適切活動的連結是片面的，因此，當嬰兒固著在口腔期，純靠別人來滿足自己的需求時，一旦長大成人，還是會保留依賴的本色，同時喜歡吃(東西)、喝(酒)、抽(煙)等口腔活動，來獲得快樂。這種人就稱爲具有「口腔」人格者。

如果個人固著在性心理發展中的肛門期時(或具有肛門人格)，則可能會有潔癖，過份尋求秩序、整齊，同時抗拒外界的快樂，頑固地拒絕外界的娛樂。

佛洛伊德理論的修正

後期的心理分析家認爲佛洛伊德太過強調人格的本能和生物因素，忽略了個體的社會性。新佛洛伊德派(包括阿德勒、佛洛姆、何妮、沙利文等人)提出人格的形成受到個體周遭的人、社會、文化的影響甚於其生物需求的主張。他們比較不重視潛意識，相信個體在做計劃和決定時是理性的。

近來許多心理分析家強調自我的角色。自我分析家哈特曼(Heinz Hartman)與拉帕波(David Rapaport)相信人出生即具有自我。自我係獨立於原我而發展，它以實際可行的方法來滿足原我的衝動。自我的功能便是因應環境以及解釋經驗。自我的滿足包括行爲的探究、操弄及能力表現。當代心理分析家並不否認原我的概念，也不忽視生物驅力在激發行爲上的重要性。只是他們對於諸如與父母心理分離程度、對他人依附及涉入程度、自我滿足、自尊及自我能力的感覺強度等課題，同樣感到興趣。

對心理分析論的評價

心理分析論對人的心理與哲學觀念的衝擊頗大。佛洛伊德的最主要貢獻，乃他確認潛意識的需求及衝突對人類行爲的激勵頗大，而且又強調了兒童早期的經驗，對人格發展頗爲重要。而由於他對性因素的著重，使我們瞭解到性在適應問題上所扮演的角色，同時使性的科學研究變爲可能。但也有許多批評，認爲佛洛伊德過份強調性在人類動機上的地位。佛洛伊德的觀察，是維多利亞女王時代，那時候性的標準相當嚴格，因此，許多病人的衝突是圍繞在性需求方面，這是可以理解的。在今天，雖然心理疾病仍舊頗多，但因性而來的罪惡感較爲少見。性衝突不是人格困擾的唯一因素，甚至不是主要的因素。

有一些批評也指出：佛洛伊德的人格理論，完全根據他對情緒有困擾的人的觀察而來，並不能適切地說明正常而健康的人格。而且，佛洛伊德的許多概念是性決定論。例如，他認爲女性的心理性發展來自於陰莖妒羨，以及缺乏陰莖伴隨的自卑感，這種說法依目前我們所知社會因素中角色對性別認同重要性而言，顯然是不夠周延的。一個小女孩可能不是對她兄弟的陰莖感到妒忌，而是妒忌因性別而擁有的獨立、權力和社會地位。

專家公認心理分析論的影響力頗大，但作爲一種科學的理論，心理分析論的問題仍多。由於佛洛伊德理論的架構十分模糊，難以定義，所以佛洛伊德的理論甚難加以驗證。例如，他沒有告訴我們，究竟什麼樣的行爲代表個人固著在性心理發展階段的肛門期，而什麼樣的行爲表示個人沒有固著的情形。根據探討口腔性格及肛門性格的研究指出，父母教養孩子的方式對孩子後來的人格影響力較大，而在性心理發展某階段所發生的特殊事件，對後來的人格影響力較小。

心理分析論所做的預測，能夠用實徵研究來證明者不多。依照佛洛伊德的看法，即使行爲差異頗大，但可能都表示相同的衝動或衝突，亦即都是以相同的衝動或衝突爲基礎的，所以頗難預測。例如，當做媽媽的痛恨或拒絕孩子時，她可能會處罰或咒罵孩子；但也可能否認敵對的衝動，而對孩子表現出十分關懷、過分保護的行爲（佛洛伊德把這種現象稱爲 **反向作用** reaction formation）。因爲同樣的動機基礎會導致截然不同的行爲，所以從行爲來推測是否有某種動機存在，頗難肯定。

大多數修正與擴展佛洛伊德理論的心理分析家，對能幫助他們瞭解病人的概念感興趣，而無論在理論建構或研究方法上卻鮮有訓練。近來，將心理分析系統化，使名詞和理論能進行實驗評價成爲新的課題(Silverman & Weinberger, 1985)。

人本論

探討人格的人本論者頗多，雖然他們著眼的方向不太一樣，但都強調人類有自我導向、自由選擇的潛力。他們相當注意「自我」及個人主觀的經驗。

人本論反對心理分析論及行爲論的概念，認爲這兩個理論對人性的看法太機械化——以爲人在內在本能或外界刺激的衝擊之下，是無助的。人本論者很少用動機架構來解釋行爲，而常用個人對自己的知覺、個人的現實經驗及個人對世界的看法，來說明個人的行爲。

大多數的人本論都強調人性的光明面——每個人都想使自己成長及自我實現。他們也強調「此時此地」對個人人格的影響，而不強調兒童早期事件的影響力。

羅傑士(Carl Rogers,1970)可說是人本論的先軀。他在他的著作中指出，欲瞭解行爲的最好方法乃是從個體的內在參考架構著手。「個體擁有基本的傾向努力去達成、維持以及助長個體經驗」。「個體把他所知覺和接受的感覺經驗統整成一協調的系統，如此有助於他接納其他的獨立個體」。

羅傑士(Carl Rogers)

羅傑士的自我論

和佛洛伊德的作法一樣，羅傑士的人格理論，是從他特有的治療方法上衍變而來的，根據他幫助有煩惱的人的經驗，他發展了一套與衆不同的人格理論。他的「非指導性」或「以當事人爲中心」的治療，假設每個人都有改變的動機與能力；治療人員的工作，只是幫助當事者加速改變而已。在第十六章我們還會討論到，在理論及治療方法上，非指導性的治療和心理分析論者的主張，差異頗大，大得令人吃驚。在心理分析的治療裡，治療人員「分析」患者的歷史，以找出問題的癥結。而非指導性的治療，則假設每個人自己是自己的專家，自己最瞭解自己。因此，瞭解影響患者人格形成的因素及最佳的改變步驟的人，是患者自己，而不是治療人員。治療人員的角色像環繞在患者周遭的佈告牌一樣，而患者則主動地去探討及分析自己的問題。

羅傑士的人格理論的最重要觀念是**自我**(self)。他承認最初並不願意使用自我這個不太科學的字眼：

> 「就我個人而言，起初我的工作信念認爲『自我』是一個意義含糊、不具科學意義、不在心理學家字典中的名詞。後來我慢慢發現，當個案被允許自由表達問題及態度時，毋須透過任何指導，個案傾向於由自我的角度談論問題。譬如：『我覺得我不是眞正的我』、『我眞的不知道自己是誰』、『我不願他人洞悉眞正的我』、『我從未有機會做我自己』、『拋開束縛做個眞正的我多好』、『如果我能脫掉面具，將成爲堅固的自我』。很顯然，自我是個案的重要經驗，他們的奇怪思想使他們困擾於不能做個眞正的我。」

自我概念(self concept)　羅傑士的人格理論的最重要觀念是自我。自我包括具有「我」之特性的一切想法、知覺及價值觀，也含蓋了對「我是什麼樣的人」及「我能做什麼」的瞭解。個人對自我的看法(卽自我概念)，又影響了個人對世界及對自己行爲的知覺。一位自我概念強、積極的人，對世界的看法，迥異於自我概念弱的人。自我概念不見得要能反映現實，一個非常有成就、受人景仰的人，可能認爲他本身是失敗的。

個人會從自我觀念上，評價個人的各種經驗。一個人所表現出來的行爲，會和個人的自我意像一致；當個人的經驗或感受和自己的意像不一致時，個人會有威脅感，並否認此種經驗或感受的存在，至少排除在意識之外(卽羅傑士所謂的**未象徵化的**〔unsymbolized〕經驗)在本質上，這種想法類似佛洛伊德的潛抑作用，雖然羅傑士認爲，在成長的過程中，這種潛抑作用不見得是無可避免的(端看父母對孩子的態度而定)，也不是永久不變的(在治療時，個人能夠發現眞實的自我，顯露出人格的潛抑部分)。依照佛洛伊德的想法，潛抑作用是無可避免的，同時個人的某些經驗，總是存在潛意識裡。

當個人的經驗和個人的自我概念不一致時，個人會否定這種經驗。隨著否定的經驗領域擴大，自我和現實間的鴻溝加深，個人潛在的焦慮感增大。還有，個人的自我意像和個人的感受及經驗不一致時，個人會防衛自己，否認事實，因爲事實會使他產生焦慮。如果不一致性實在太大了，則防線會崩潰，而引起嚴重的焦慮或其他形式的情緒困擾。相反地，一位適應良好的人，其自我概念和個人的思想、經驗及行爲是一致的；自我是有彈性的，而不是僵化的，因此能夠改變自我概念，同化新的經驗及構想。

在羅傑士的理論當中，還有另外一種自我，即爲**理想的自我**(ideal self)。所謂理想的自我，是每個人心所嚮往之的自我，我們心目中所要追求的人——我們每一個人都有一個理想的自我。這個概念類似佛洛伊德**理想自我**(ego-ideal)的概念。當個人理想的自我和眞實的自我越接近時，個人越感到滿足與幸福。如果兩者的差距很大時，則個人會不快樂與不滿足，甚至犯罪的可能性或成爲虞犯少年的可能性也較大(蘇薌雨、楊國樞，民 53)。

因此，有兩種不一致是存在的：一個存在於自我和現實的經驗間，一個則存在於自我和理想自我間。究竟這種不一致性是怎麼發展出來，羅傑士也有他的一套說法，如下所述。

自我的發展　由於孩童的行爲一直受到父母及別人的評價

(有時是正性評價，有時是負的)，所以孩童很快就能學到那些行爲及想法是有價值的，那些則無。這種沒有價值的經驗會從自我概念裡面排除掉，即使這可能是相當有效及自然的經驗。例如，對小孩子來說，解除內部或膀胱的生理緊張，是相當愉快的經驗。然而，除非在適當的狀況下或獨自一個人的狀態下大小便，否則父母會責備孩子，說這種行動是「壞的」或「頑皮的」。爲了獲得父母的歡心或給予正性的注意，孩子必然會否定他的經驗。他一定會否認從大小便上可以得到滿足。

個人對弟妹們有競爭感及敵視感是非常自然的，他們侵佔了別人對自己的注意及照顧。但是當他打他的小妹時，父母通常會皺起眉頭，處罰這種行爲。因此，孩子必須修正他的自我概念，使這種經驗能夠吻合個人的自我意像。他可能會認爲他是壞孩子，而感到羞愧；也可能認爲父母不喜歡他，而感到被拒絕了；他也可能會否定他的感受，以後不再打他的妹妹。上述這些態度，都含有一些對眞理加以歪曲的意味在內。對孩子而言，第三個方案是最容易接受的。但他這樣子做的時候，他會否定他眞正的感受，而進入潛意識裡。事實上，打妹妹是相當快樂的，可是再也不見容於他自己。個人越是否認自己的感受，一切以別人的價値爲重，則個人越覺得自己是不舒服的。

顯然地，一定有某些限制來約束行爲。爲了便於管理家務及維持衛生起見，對排泄有某些限制；此外，孩子不能打他的兄弟姐妹。羅傑士認爲處理上述行爲最好的方法，是父母承認孩子的感受是正當的，但解釋父母的感受，以及加以約束的理由。

對自我的其他看法

近年來許多探討人格的學者重新對自我概念的重要性感到興趣，主要有兩大學派的研究。認知論認爲自我概念乃是引導著訊息處理的一個記憶結構；社會心理學者著重的是自我概念形成的方式，以及如何透過社會交互作用而形成。

自我概念和認知　在第一章裡我們區分了心理學的認知論和現象學派，然而二者其實互有相通之處。我們很難把一理論或某學者單獨劃分爲某一學派。從廣義而言，羅傑士的人本論也屬於認知學派，因爲二者都關心個體如何知覺並瞭解外界和自己；它也是現象學派，因爲二者都是依賴個體主觀經驗的報告而非外顯行爲的測量或他人的觀察。舉個例子來說，個案中心的心理治療法是依據個案在不同時間(開始治療及六個月後)，對自己描述「眞正我」和「理想我」的一致性程度，來評定個體的自我成長情形。「眞正我」和「理想我」愈一致，代表心理治療後自我的成長。這自我報告就是羅傑士理論的基本模式。

認知論將自我看成是自我概念的系統，或稱爲**自我基模**(self schemata)。它將有關自我的訊息加以組織整理。所謂基模乃是儲存於記憶中的認知結構，它代表眞實世界中各事件、物體及關係的抽象表徵。自我基模就是由過去經驗衍生對自我的歸納或理論。我們對自己容貌、性情、能力和喜好的特性更形瞭解。每個人成爲自己的專家。瞭解自己是害羞、固執、有創意、在衆人面前侷促不安、是可親的父母等，同時對「害羞」、「固執」或「可親」字眼的意義有更深切的認識。有關自我的這些歸納，或稱自我基模，引導我們處理與自己有關的訊息，我們會尋求與自我基模一致的訊息，也會表現符合基模的行爲(Markus & Sentis, 1982)。

假如，私底下你不贊同室友的意見，而表面上附合了他。若你的自我基模「機智」(tactful)和「獨立」(independence)是重要特質，你會把這種表面同意其實反對的行爲，解釋爲表現機伶而非順從。但是若「順從」(compliant)和「不夠果斷」(non-assertive)是你的重要基模，你可能將這行爲解釋爲無法堅持己見。

認知論者不同於現象學派，通常以實驗室的研究來驗證自我概念。實驗證實自我基模確實會影響個體對有關自身訊息的處理。對某些範圍具清楚自我基模的個體而言，作自我判斷顯然比那些不具有肯定概念的人容易得多。例如，一個擁有獨立——依賴基模的人，能很快自我評定其他相似的特質(如服從、義務、自信)，而不具此項自我概念的人則不然。其餘如男性化——女性化或外向——內向等人格向度的研究結果也雷同(Markus & Smith, 1981)。

自我基模同時影響我們對訊息的注意和回憶，我們花較多時間在符合自我概念的訊息上，與自我概念相異的訊息常被忽視，而且對於一致訊息的記憶力比矛盾訊息好。事實上，我們會遺忘那些不符合自我基模的訊息(Markus, 1977)，或是扭曲事實以便增加自我概念的信心(Simon & Feather, 1973)。

這些研究結果顯示自我概念可以幫助個體解釋經驗，因而建立一穩定的世界。因爲自我基模對於相異訊息具有抗拒性，有些人的自我概念與別人的評價相去甚遠的現象便不足爲奇了。

私我和公衆我(private and public self)　自我有私我和公衆我二部分，私我包括個體的思想、情緒、信念。公衆我則是個體表現於外造成他人印象的行爲舉止等。這二種我都能影響行爲：我們的行爲同時受到本身感覺和信念以及所處社會情境(別人對我的作爲如何反應)的引導。

有些情境促使我們注意私我，有些情境則使我們注意公衆我。在參加實驗的受試者面前擺面鏡子，能提昇受試者的私我，他們通常會注意使行爲符合本身的信念，或注意自己的情緒；若有電視攝影或觀衆則能加強對公衆我的注意——有改變自己的態度符合他人意見的傾向。所以，當時情境會使個體較注意自我的隱私面或公衆面，因而影響經驗及行爲。

個體對於能影響本身的任何情境的自我注意力具有個別差異。不管總是注意自己或是注意**自我偏見**(self-preoccupation)，每個人的程度不同。例如有些人很內省，時常思索自己的感覺和動機，而有些人總是爲著如何給別人印象而費心思。

自我注意的傾向稱爲**自我意識**(self-consciousness)。**表 13-3** 列出了一些測量自我意識的問卷項目。答案的分析結果顯示私我和公衆自我意識是相當獨立的向度。它們並不是一連續向度的兩端，而是二種不同的傾向。因此，在自我意識這一層面得分低的人，不見得在另一層面有高得分。事實上這量表可以把人區分爲四組，一組是很在意私我，卻忽略公衆我；另一組則很注意公衆我，不甚清楚私我；第三組對二種我都很瞭解；第四組則對二者都不甚關切。

大部分的研究強調前二組情形。私我自我意識得分高的人(傾向內省)比得分低者容易受情感狀態的影響。被激怒時他們表現較多的憤怒行爲，觀賞令人愉悅或悲傷影片時他們較容易感動(Scheier, 1976; Scheier & Carver, 1977)，同時他們不容易受暗示，較能抗拒政治宣傳，對自己行爲的描述也較正確(Scheier, Buss, & Buss, 1978； Scheier, Carver, & Gibbons, 1979; Carver & Scheier, 1981)。基本上得分高的人比得分低的人更瞭解自己，也較能將隱密的內在世界與配偶或好友分享(Franzoi, Davis, & Young, 1985)。

那麼，在公衆自我意識量表得分高的人有什麼特性呢？研

私我自我意識
我經常反省自己
我很注意自己內在的感覺
我老是想瞭解自己
我經常探究自己
我很在意心情的變化
我會仔細分析自己
我還算瞭解自己
我很清楚解決問題時自己心境的變化
我常扮演幻想世界的主角
我有時感覺到站在他處觀察自己

公衆自我意識
我關心別人對我的看法
我常常想著給人好印象
我關心如何去表現自己
我知道自己外表的樣子
我清楚自己的容貌
我出門前從不忘記照鏡子
我在意自己行事的風格

表 13-3　評估私我與公衆自我意識的問卷
表中分別列出描述私我意識與公衆自我意識的陳述句 (取材自 Fenigstein, Scheier, & Buss, 1975)。

究指出他們對於團體拒絕很敏感；對自己所做印象整飾的效果較能預測，認爲社會認同(例如身體特徵、肢體語言、行爲舉止和團體地位)是自我的重要因素(Fenigstein, 1979; Tobey & Tunnell, 1981; Cheek & Briggs, 1982)；而女性高得分者比低得分者注重穿戴打扮(Miller & Cox, 1981)。

自我意識的私我和公衆我二向度可以解釋人格一致性的問題。私我意識得分高且公衆我得分低的人，在不同情境中行爲的一致性，高於私我得分低且公衆我得分高者。私我自我意識得分高的人的行爲能符合自己的態度和信念，不會爲了社會情境的需要而改變行爲。

人本論的評價

由於現象學派強調個體的獨特經驗和對事件的解釋，因此探究人格時重新重視私我經驗的角色。羅傑士比任何學派更強調完整的、健康的人，認爲人性是正向的、樂觀的。但是人格現象學派(人本論)顯然不完美；它無法提供足夠的行爲因果分析。自我概念雖是行爲的重要決定因素，又是什麼來決定個體的自我概念呢？一個夠周延的理論應當包含影響自我概念的情境和變項。

自我概念即使影響行爲，這種關係並不是很明確的。一個人可能認爲自己很誠實而值得信任，但是在不同的情境下他表現的誠實程度仍不同，而且信念和態度的改變也不盡然導致行爲的改變。可以確定的僅是：人們會改變信念去符合自己的行爲。

心理學上研究自我建構爲時已久。早期的研究對自我所作的界定很難驗證而且不可觀察。自我通常與心靈的原因(如靈魂、意志等)一起存在，所以這概念是不可信、不科學的。近年來結合了認知學派和現象學派的方法，把自我認爲是人格理論的重要概念，並且採用可嚴格評定的方法來進行研究。

人格的衡鑑

不管是採任何理論來研究人格，都需要評定人格變項，其實人們一直在進行非正式的人格評價。我們在結交朋友、選工作夥伴、政治選舉投票、選擇結婚對象時，均不斷對未來行爲做預測。有時候預測結果是錯的，因爲我們注重自己喜歡或厭惡的特殊特質，因此導致第一印象的扭曲，更因而影響了對該個體其他特質的知覺。這種依據一特殊特質而做判斷的現象就是**月暈作用**(halo effect)。有時我們是根據刻板印象來評價，或有時被評定的對象已經過一番整飾，因此我們所做的人格評定不一定正確。

某些場合需要客觀地進行人格衡鑑，例如，甄選一高級主管時，老闆要瞭解應徵者的忠誠度、應付壓力的能力；幫助學生選擇職業時，輔導者如果瞭解該生的人格，就能給予更佳的建議；決定那種治療方式最能幫助該心理困擾的人時，也需要客觀評定人格。用來衡鑑人格的方法可分爲三種；觀察法、人格測驗和投射技術。

觀察法

經過訓練的觀察者可以在自然情境(觀察一位與同學互動的小孩)、實驗室情境(觀察一位學生試圖完成一份在規定時間內無法完成的測驗)，或者在晤談場合中研究一個人的反應。晤談與一般交談有所不同，因爲它有特定目的——例如，藉此評估一位應徵工作者、瞭解病人是否會自殺、評估某人情緒困擾的嚴重程度，或者預測一位犯人是否有違反假釋規定的可能。晤談可以是**非結構式的**(unstructured)，這種方式大多由接受晤談者決定討論的話題，雖然晤談員技巧性地透過補充性的問題，仍可以引發進一步的訊息。晤談也可能是**結構式的**(structured)，即遵循一標準方式(類似問卷)進行，以確定含蓋了所有相關的話題。非結構式的晤談較常用在臨床或輔導情境；而結構式的晤談則多用於應徵工作者或研究受試者等對象上，藉此獲得晤談員想要的所有被晤談者的資料，以進行比較。

影響晤談訊息正確性的因素太過繁瑣，不在此討論。不過由研究顯示，晤談過程中晤談員任何細微的行爲改變都會引起被晤談者言談舉止的重大不同。例如，晤談員適時的微微點頭就能使被晤談者更侃侃而談。晤談員談的愈多，被晤談者也會更樂意傾訴(Matarazzo & Wiens, 1972)。以晤談作爲測量人格的工具，晤談員很容易犯錯誤和偏差。所以採此方法要選擇能勝任的晤談員。

有時測量人員想直接觀察行為是不可能的，這時候可以採用自我報告的方法。例如，研究者可以給受試者一系列引起焦慮的情境列表，要求受試者指出最可能引發焦慮的一個，或要求受試者寫日記，把引發焦慮反應的活動及狀況記錄下來，提供給研究者。

人格量表

另一種評定人格的方法是依賴個體的自我觀察，進行所謂**人格量表**(personality inventory)。本質上，人格測驗是一種問卷，個人報告在某些情境下的反應或感受；它也類似一種標準化的晤談。通常人格量表詢問每個人同樣的問題，而答案的形式，則以容易計分(以機器計分)為主。人格問卷的設計，可能只測量單一的人格向度(如內向——外向)，或同時測量許多人格特質，而能夠繪出分數的**剖面圖**(profile)。

在建立人格量表時，有不同的策略。前面提過 16 PF(the Sixteen Factor Personality Questionnaire)的編製是根據因素分析來的，結果如**圖 13-3** 所示。把許多人對特質的描述做因素分析之後，問卷的編製者得出十六個基本人格特質的因

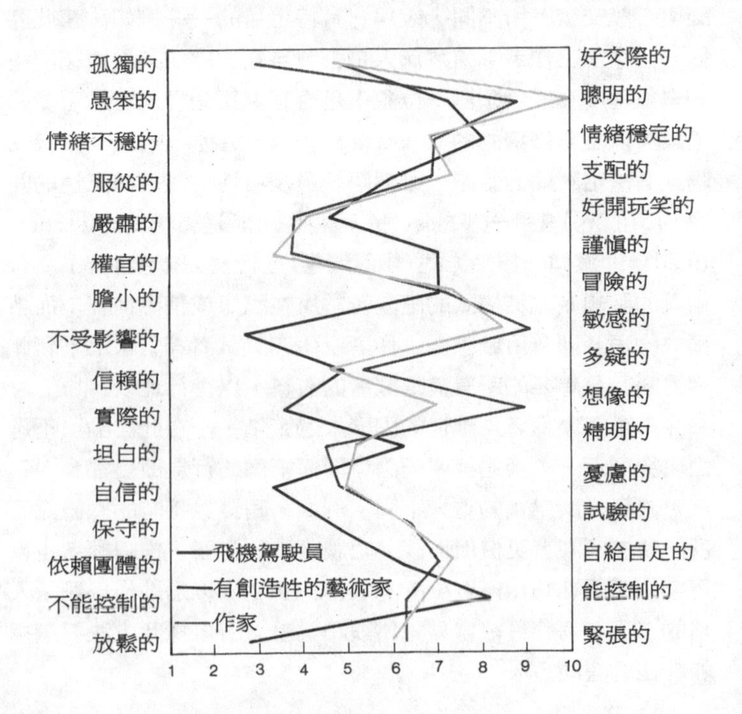

圖 13-3　人格剖面圖

特質的名稱代表十六種人格因素，這十六個因素是由許多評定資料，經因素分析而來的。我們給因素兩個名稱：一個是給高分者取的，一個則是給低分組取的。因素 A—O 是由他人評定的資料經因素分析得來的，而最後的四個 Q 因素，則只有在自我評定的資料裡面才會發現。根據這十六個因素編製的人格測驗，可以測量每個因素的水準，而能夠把分數繪成剖面圖——不管是個人或團體都可以。黑色剖面圖表示一群航空公司駕駛員的平均分數，深灰色及灰色剖面圖則為一羣藝術家及作家的平均分數。注意：作家和藝術家的特質較為類似，而和駕駛員的差異較大（取材自 Cattell, 1973)。

素。然後，他又設計許多問題來測量每個因素。

圖 13-3 裡的每個因素都有兩個名稱：一個是高分者的名稱，一個是低分者的名稱。當我們繪出個人在各個因素上的測驗分數時，我們可以得出個人的**人格剖面圖**(personality profile)，可以簡單扼要地說明個人的人格。在**圖 13-3** 裡的黑色剖面圖，表示一群航空公司駕駛員的測驗平均分數；而深灰及灰色剖面圖，則指一群藝術家及作家的平均分數。我們可以看到，在某些人格特質上，藝術家、作家和駕駛員有顯著的差異。

另外的一種人格測驗——**明尼蘇達多相人格量表**(Minnesota Multiphasic Personality Inventory, 簡稱 MMPI) ❺，則根據**實徵建構**(empirical construction)法編製的，而非因素分析。這種方法並不假設特有的人格特質，並設計問題來測量這些人格特質，而把許多問題施測於一群界定良好的人或組別身上，這些人在某些外在效標上，偏離常模。只有能區辨出各組間有顯著差異的題目才保留下來，編成問卷。例如，我們要編製能夠區分精神分裂症與正常人的量表時，必須把許多問題施測於兩個組，一組爲效標組，包括被醫院診斷爲精神分裂的病人；一組爲控制組，他們的人數和效標組一樣多，從來沒有過精神分裂的問題。只有能夠區分兩組有顯著差異的題目才保留下來，作爲測量精神分裂症的量表。表面看起來，能夠區分正常人和精神分裂症患者的題目(如「我覺得我似乎不是世界的一份子」)，當做爲一種量表的時候，可能可以區分正常人和精神分裂症患者的不同，但也可能無法區分。因此，必須透過實徵建構的方法，比較兩個截然不同組別的反應，來保證測驗題目和所要測量的人格特性有正的(實徵的)關係。

編製的 MMPI 原本目的，是幫助臨床人員做人格異常的心理診斷。本量表包含幾條陳述(有關於態度、情緒反應、生理及心理症狀，及過去經驗的陳述)，受試者在每個題目上，可以答「是」、「否」或「很難說」。底下是其中的幾個題目：

我沒有做過危險的事，因爲那太刺激了。

我很少做白日夢。

---

❺最先介紹 MMPI 到我國來的，是民國四十三年臺大心理系應屆畢業生黃碧月和包重齡。後來由路君約以海軍爲受試對象，加以修訂(路君約，民 56) 。

我的父母一定要我服從，即使那件事情不合理。

有時我的思緒轉得比我說話的速度還要快。

反應的計分方式，是根據受試者的回答和各種有心理症狀之病人的答案間的關係而定。

由於 MMPI 是依照效標組間的差異來的，因此我們對個人所說的是否眞確，並不特別關心。我們所注意的，是個人的回答是相當重要的。假使所有的精神分裂症患者，在「我的媽媽從來沒有愛過我」的題目裡都答「是」，而所有的正常人都答「否」，則這一題的反應可以區分這兩組人，而不管受試者媽媽的行爲究竟是怎麼樣。相對於問卷編製者假設某些答案代表某種心理違常，這是根據實徵建構法編製問卷的優點之一。通常在底下的陳述：「我認爲大多數人都是因虛僞而獲得成功的」裡面，如果答「是」，表示有**妄想症**(paranoia)的徵象。但當這個題目包含在 MMPI 時，研究者發現：被診斷爲妄想症的患者，答「是」的次數明顯地小於正常人。

雖然 MMPI 量表最先是設計來診斷嚴重人格異常的人，他們也廣泛採用於正常人。由不同量表高低分組群體的資料可提供完整的人格描述，最近使用電腦分析分數解釋結果見**圖 13-4**。由於 MMPI 未包含足夠的正常人特質(如誠實和合作)，心理學家建議把 MMPI 作爲其他測正常人格特質測驗的輔助工具。

加州心理量表(CPI)　另一種依實徵建構建立的心理量表稱爲加州心理量表。CPI 包含了 MMPI 的部分問題，不過 CPI 是針對正常人格特質設計，包含支配性、社會性、自我接納、責任感和社會化等特質。以高中生和大學生爲比較組，要他們依所述特質對班上同學評定高低分組，也就是支配性量表的效標組是被評定爲高分組(攻擊性、自信、自我依賴)，控制組是被評定爲低分組(退縮、缺乏自信、壓抑)。效標組和控制組形成的支配量表的項目有顯著的差異。

一些 CPI 量表所測量的特質與學業成就有關，學者探討這些量表得分與大學成績的相關。有研究指出在成就與服從得分高的人，有關服從課題的科目(有固定學習教材，需要客觀考試)表現好；而在成就與獨立得分高的人則是強調獨立學習，需自我引導的課程表現好。成績最好的學生則是兩量表都有高得分的人(Domino, 1971)。

ROCHE PSYCHIATRIC SERVICE INSTITUTE

MMPI REPORT

CASE NO: 718365　　RPSI. NO: 10000
AGE 39　MALE　　DEC. 22,1977

THE PATIENT'S RESPONSES TO THE TEST SUGGEST THAT HE UNDERSTOOD ITEMS AND FOLLOWED THE INSTRUCTIONS ADEQUATELY. IT APPEARS HOWEVER, THAT HE MAY HAVE BEEN OVERLY SELF-CRITICAL. THE VALIDITY OF THE TEST MAY HAVE BEEN AFFECTED BY HIS TENDENCY TO ADMIT TO SYMPTOMS EVEN WHEN THEY ARE MINIMAL. THIS MAY REPRESENT AN EFFORT TO CALL ATTENTION TO HIS DIFFICULTIES TO ASSURE OBTAINING HELP. IT FURTHER SUGGESTS THAT HE CURRENTLY FEELS VULNERABLE AND DEFENSELESS, WHICH MAY REFLECT A READINESS TO ACCEPT PROFESSIONAL ASSISTANCE.

THIS PATIENT MAY EXHIBIT CONCERN OVER PHYSICAL SYMPTOMS WHICH, ON EXAMINATION, REVEAL NO ORGANIC PATHOLOGY. HE MAY BE IRRITABLE, DEPRESSED, SHY AND SECLUSIVE, WITH A RIGIDITY OF OUTLOOK AND AN INABILITY TO FEEL COMFORTABLE WITH PEOPLE. HE SHOWS LITTLE INSIGHT INTO HIS PERSONAL ADJUSTMENT. PSYCHIATRIC PATIENTS WITH THIS PATTERN ARE LIKELY TO BE DIAGNOSED NEUROTIC, CHIEFLY WITH SOMATIC FEATURES. MEDICAL PATIENTS WITH THIS PATTERN ARE DIFFICULT TO TREAT BECAUSE THEY APPEAR TO HAVE LEARNED TO LIVE WITH AND TO USE THEIR COMPLAINTS. ALTHOUGH THE PATIENT MAY SHOW A GOOD RESPONSE TO SHORT-TERM TREATMENT, THE SYMPTOMS ARE LIKELY TO RETURN.

IN TIMES OF PROLONGED EMOTIONAL STRESS HE MAY DEVELOP PSYCHOPHYSIOLOGICAL SYMPTOMS SUCH AS HEADACHES AND GASTROINTESTINAL DISORDERS. HE APPEARS TO BE A PERSON WHO REPRESSES AND DENIES EMOTIONAL DISTRESS. WHILE HE MAY RESPOND READILY TO ADVICE AND REASSURANCE, HE MAY BE UNWILLING TO ACCEPT A PSYCHOLOGICAL INTERPRETATION OF HIS DIFFICULTIES.

THERE ARE SOME UNUSUAL QUALITIES IN THIS PATIENT'S THINKING WHICH MAY REPRESENT AN ORIGINAL OR INVENTIVE ORIENTATION OR PERHAPS SOME SCHIZOID TENDENCIES. FURTHER INFORMATION WOULD BE REQUIRED TO MAKE THIS DETERMINATION.

THIS PERSON MAY BE HESITANT TO BECOME INVOLVED IN SOCIAL RELATIONSHIPS. HE IS SENSITIVE, RESERVED AND SOMEWHAT UNCOMFORTABLE, ESPECIALLY IN NEW AND UNFAMILIAR SITUATIONS.

THIS PERSON IS LIKELY TO BE AN INDECISIVE INDIVIDUAL WHO LACKS SELF-CONFIDENCE AND POISE AND IS LIKELY TO BE INHIBITED AND SLOW IN RESPONSE. HE HAS DIFFICULTY CONCENTRATING, AND MAY BECOME DISORGANIZED UNDER STRESS. ALTHOUGH SUPERFICIALLY CONFORMING AND COMPLIANT, HE MAY EXHIBIT CONSIDERABLE PASSIVE RESISTANCE.

THIS PATIENT HAS A TEST PATTERN WHICH SUGGESTS THE POSSIBILITY OF SEVERE EMOTIONAL PROBLEMS. PROFESSIONAL CARE IS INDICATED.

THIS PATIENT'S CONDITION APPEARS TO FALL WITHIN THE NEUROTIC RANGE. HE IS USING NEUROTIC DEFENSES IN AN EFFORT TO CONTROL HIS ANXIETY.

NOTE: ALTHOUGH NOT A SUBSTITUTE FOR THE CLINICIAN'S PROFESSIONAL JUDGMENT AND SKILL, THE MMPI CAN BE A USEFUL ADJUNCT IN THE EVALUATION AND MANAGEMENT OF EMOTIONAL DISORDERS. THE REPORT IS FOR PROFESSIONAL USE ONLY AND SHOULD NOT BE SHOWN OR RELEASED TO THE PATIENT.

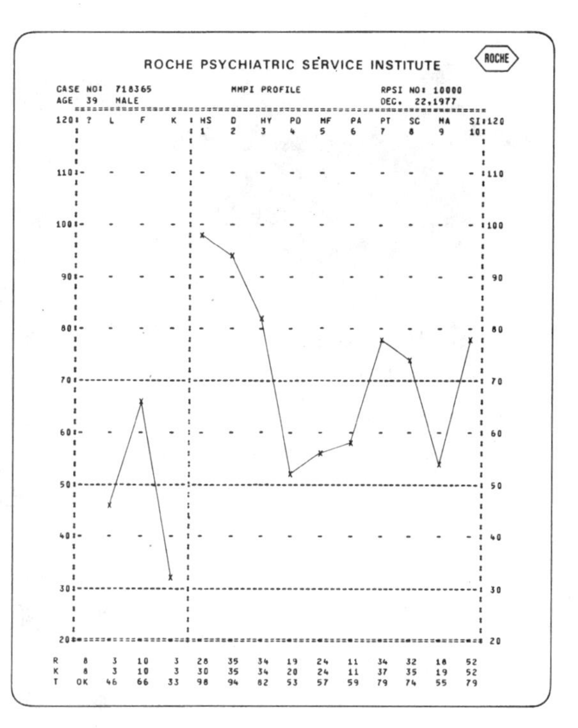

圖 13-4　MMPI 附有解釋的電腦剖面圖

人格量表通常需要個體能瞭解問題的意義，並且要願意誠實回答。許多人格測驗項目的所謂好答案十分明顯，塡答者可能會試圖隱藏自己眞正的想法而選擇預期的答案。如果測驗是由公司老闆施測，應徵者一定會全力以赴，且盡量選塡老闆所喜愛的答案。假若聲明以測驗結果進行心理治療計畫，塡答者可能作答會有偏差，使自己顯得需要幫助，即使塡答者想客觀正確地作答，他們也可能會受**社會欲求**(social desirability)的影響，如 MMPI 的陳述「我相當欠缺自信」，即使自己覺得無自信，但是因爲我們的社會贊同「自信」，欠缺自信是不好的，所以實在很難讓人回答「是」。

另一個影響測驗回答的原因是「贊同」傾向——有些人總是同意問題陳述。例如，有個人對「我是個無憂無慮快樂的人」回答「是」，然後對「我有時極度沮喪」又回答「是」。這測量結果顯示該個體有同意問題的作答傾向，而他的回答對我們的研究幫助不大，爲了調整同意傾向，編量表時應盡力去修飾問句，使每個問題呈中性立場；也有其他方法用來減輕人格量表的作假、社會欲求傾向及贊同反應，但成效不大。

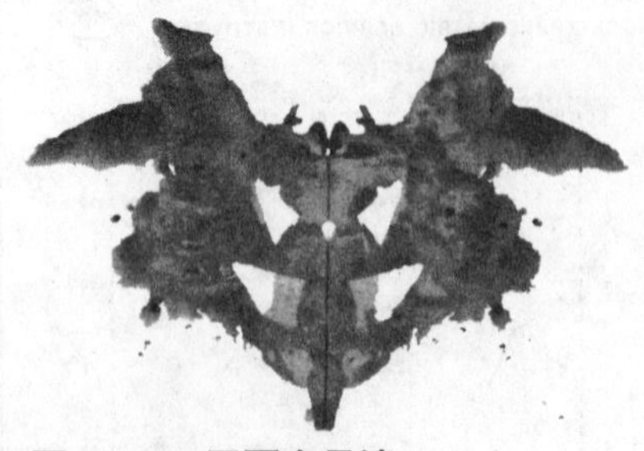

圖 13-5　羅夏克墨漬

這個墨漬是羅夏克測驗中所採用的標準墨漬之一。施測者詢問受試者看到什麼？把他所看到的告訴施測者。本墨漬從那一個角度都可以。

投射技術

利用心理分析論來瞭解個人人格，首先必須找出個人的潛意識衝突的動機。因爲人格的大部分都是潛意識的，所以個人也沒有辦法說出一個所以然來。心理分析學家必須解釋個人行爲的象徵意義，以便找出深層的動機基礎。**投射測驗**(projective test)就是用來揭露潛意識動機的一個方法。

投射測驗呈現一模糊的刺激給個人看，個人依照他的意願來做反應。在理論上，由於刺激是模糊的，不要求個人做特殊的反應，因此，個人會把他的人格投射在反應上，就好像電影放映機把影像投射在銀幕上一樣。通常，我們假設投射測驗能夠激起受試者的想像，透過想像上的產品，可以看出個人的內涵。有兩種投射技術廣爲人們所用：一爲羅夏克測驗，一爲主題統覺測驗。

羅夏克測驗(Rorschach test)　羅夏克測驗❻是瑞士精神病學家羅夏克，在一九二〇年發展出來的，包括十張系列的卡片，每一張卡片上顯示著相當複雜的墨漬，就如**圖 13-5** 所示者一樣。有些墨漬是彩色的，而有些墨漬是黑白的。施測時，研究者告訴受試者仔細看卡片上的墨漬，一次看一張卡片，並報告他所看到的事物——亦即類似於各張卡片墨漬所看到的事物。等受試者做完十張卡片之後，施測者通常會回到每個反應上，要求受試者詳細說明某些反應，並告訴施測者究竟墨漬的那一方面給他特殊的印象。

受試者的反應可以依照三個類別來計分：⑴**位置**(location)——反應究竟含蓋了整個墨漬，還是只有墨漬的一小部分？⑵**決定物**(determinant)——受試者根據墨漬的形狀、顏色來做反應，還是根據結構、濃淡的差異來做反應？⑶**內容**(content)——反應代表什麼事物？除了某些病態的案例之外，內容在顯示人格的動態方面，是最不重要的，這和許多人的想法正好相反。

心理學家曾經設計了幾套精密的計分系統，同時考慮了上

---

❻從民國四十年至五十五年間，我國學者對羅夏克測驗的研究頗多，讀者有興趣的話，可自行找《測驗年刊》或《臺大心理系研究報告》等期刊參閱。

面三個類別，但因爲研究證據並沒有證明這些系統的預測價值較高，所以大部分心理學家不根據計分系統來分析受試者的反應，而從個人對反應記錄的廣泛印象來做評價，以及受試者對施測情境的一般反應(如個人是防衛的、開放的、競爭的、合作的等等)來做解釋。

圖 13-6　類似主題統覺測驗所用的圖片

圖片通常有著某種程度的模糊性，因此，受試者會依照個人的經驗或想像來觀看圖片。

主題統覺測驗(thematic apperception test)　另外一種常見的投射技術是主題統覺測驗(簡稱爲 TAT)。本測驗是穆雷(Henry Murray)於一九三〇年左右，在哈佛大學發展出來的。由於本測驗的圖片都是實物景觀，而不是墨漬，所以沒有像羅夏克測驗那樣，模糊度頗高。施測時，施測者把一系列的圖片拿給受試者看(圖片類似**圖 13-6** 所示)，要求受試者根據每張圖片，說出一則故事。施測者儘量鼓勵受試者自由想像，並把浮現在心中的故事說出來。通常測驗會顯示基本的「主題」，使個人想像出某些事物。**統覺**(apperception)表示個人會根據個人的先前經驗，按照某種知覺方式去觀看、閱讀圖片。因此，本測驗的名稱隱示著：個人根據個人的知覺，來解釋模糊的圖片；而個人利用個人喜歡的情節或主題來描述故事，可以反映出個人的幻想。在以 TAT 做測驗時，受試者大約要針對二十張圖片來說故事。假使有某些問題困擾著受試者，則會在一些故事裡面顯示出來。

一位二十一歲的男人，在看到類似**圖 13-6** 所示的圖片之後，說出底下的故事：

> 她爲即將回家的人準備了一個房間，打開門來做最後一瞥的巡視。她可能期待著她的兒子回家。她想把一切東西恢復原來他離家時的樣子。看起來，她似乎具有十分強烈的暴君性格。她讓她的兒子到外面去過自己的生活，但當她的兒子回家之後，她將再掌管一切，這只是她統治的開始。她的兒子深深地被她驚人的氣勢所震懾，又將淪入她所控制的規律有序的生活裡面。他將依循著她所指定的道路，沈重地走下去。這些正表示著，她完全支配著兒子的生活，直到她老死(Arnold, 1949)。

雖然原來的圖片只顯示著一個女人站在敞開的門旁，但受試者卻由此想到兒子和母親的關係，說出母親支配兒子的故事。當受試者說出這個故事之後，醫療人員進一步肯定了故事中所描述的情節，正是受試者個人所面臨的問題。

在分析受試者對 TAT 卡片的反應時，心理學家會注意重複出現的主題，因爲重複出現的主題，可以顯示出個人的需求、動機或處理人際關係的手腕等。

對投射測驗的批評　心理學家也設計了其他許多種的投射測驗。這些測驗包括：對一系列語詞做反應，首先想到什麼，就寫(說)什麼；補足語句未完成的句子，如「我總是希望……」、「我的媽媽……」或「當他們……時，我就該走了」。事實上，任何一種能夠引起個人產生獨特反應的刺激，都可用來做投射測驗。因此，你可以把一塊黏土揑成不知名的形狀，詢問人們究竟黏土的形狀像什麼。也許你可以得到許多種不同的反應，這些反應能夠反映出個人人格的一部分，但很難說出這些反應是什麼，是個人暫時的偏見呢？知覺的精確度呢？還是根深柢固的衝動表現呢？許多種投射測驗的相關研究不多，因此，運用這些投射測驗來測量人格的用途有限。

然而，羅夏克測驗及 TAT，則經過深入的研究，可惜結果並不漂亮，使得心理學家對投射測驗的熱誠逐漸轉爲黯淡。由於人們對羅夏克測驗反應的解釋，多憑臨床人員的判斷，所以羅夏克測驗的信度頗低。對兩個不同的施測人員來說，同樣的測驗結果，可能得到完全不同的評價，這可能是每個人把自己主觀的解釋，投射在反應上面。此外，爲了證明羅夏克測驗具有預測行爲的能力，同時能夠區分兩個組別的不同，心理學家也做了許多研究，但這些研究的結果不佳，損害了羅夏克測驗的聲譽(Cronbach,1970)。

TAT 比羅夏克測驗稍微好一點。在發展特有的計分系統之後，TAT 的**計分者間的信度**(inter-scorer reliability)頗佳(例如，在測量成就動機及攻擊性的主題方面，已有計分系統)，不過 TAT 分數和外顯行爲間的關係尙頗爲複雜。個人在故事裡面的先成之見，不見得會影響外顯行爲。一個人在編的故事裡面，充滿了攻擊的意味，但在實際行爲上，可能頗爲溫馴，不具攻擊性。顯然地，個人把自己的攻擊衝動表現在幻想上，來彌補自己對攻擊傾向的壓抑。假使我們從 TAT 的分數裡面，同時估計個人對攻擊傾向的壓抑，以及攻擊傾向的強度，則 TAT 分數和行爲間的關係是可預測的。對不太壓抑的男孩(可由測驗結果看出)來說，故事內容的攻擊性多寡，和外表攻擊行爲間的相關爲.55；對非常壓抑的男孩來說，攻擊主題的多寡和外表攻擊行爲間的相關爲-.50(Olweus, 1969)。

因爲個人對 TAT 的反應，只是個人行爲的樣本而已，所以只有在顧及其他 TAT 的主題，及受試者的性別、教育程度及社會階層等因素時，某個故事的主題才顯得有意義。通常技術老到的臨床人員會根據 TAT 的故事，對個人的人格做暫時性的解釋，等蒐集更多的資料或訊息之後，才決定是要採信 TAT 的結果，還是拋棄掉。只有 TAT 的故事，通常沒辦法作有效的預測，不過在治療時，它可以幫助臨床人員發現受試者的衝突，並作進一步的探討。

重要討論：

包南效應

雖然沒有科學根據可證實出生時星球的位置會影響人格(Carlson,1985)，占星術(研究天體運行影響人類命運的學說)依然十分流行，人們閱讀占星學書籍，關心星座圖，相信個性多少可由所屬星座來預測。占星術的描述十分籠統，所以每個人或多或少都覺得適用於自己。

研究發現人們似乎會把籠統描述(一般描述)認為正是自己個性的寫照。有個實驗以大學生為對象，給他們一份人格問卷。數日之後每個學生收到一份封好的信件，內附有一打字報告，要他們評定該描述的正確性。每個人收到的是同一份人格描述，絕大多數的學生都認為該描述很像自己。下面列出部分評價句子：

- 你很挑剔自己，有時候你是外向的、可親的、愛交際的，有時你是內向的、機警的、冷淡的。
- 在壓力情境下，你有時感到自我懷疑。
- 雖然你很關心父母，有時候你不贊同他們的意見。
- 性調適帶給你困擾。

這些陳述就像占星術的人格描述一般籠統，因為這些陳述對許多人而言具眞實性，於是就相信了它的正確度，這種現象稱為**包南效應**(Barnum effect)，如包南(P.T. Barnum)的名言：「每一分鐘都有傻瓜誕生」。

許多研究指出，當告訴研究對象該人格描述是由投射測驗得來，比讓他們以為是晤談或人格量表得來，能使他們評定為較正確(Snyder, 1974)。顯然地，投射測驗似乎有股神秘力量：人們總認為有時自己也不瞭解某些舉動。

晤談和人格量表則太平常了，使他們自覺到自己的回答太容易被控制。

而占星學家、手相學家、撲克牌算命的廣被接受，就是因為人格描述過程充滿神秘氣氛，而且有些算命仙很善於從求算者的外表舉動找到個人的蛛絲馬跡(線索)。只要有部分說法符合了本身的特性，人們往往全盤相信算命仙的話，認為奇準無比了。

人格的一致性

從日常生活中我們發現人格是相當穩定的。我們知道某人很和善，某人很蠻橫，某人競爭心強，某人逍遙懶散，對於所熟識的人我們看到了此人人格的一致性，因此深信自己能預測他們在不同情境的行為。

大部分的人格理論也贊成人格有穩定核心特質。特質論者認為個體具有某些基本人格特質，表現在每日的種種情境中，甚至於一輩子如此。因此，若某個人在一些情境下表現出相同的行為時，我們就有信心去預測他在另一情境或甚至幾年後會如何。心理分析論也提到了一致性：兒童期的衝突(例如過度如廁訓練)導致一些永久的人格特徵(固執、潔癖、愛挑剔)。

自我論認為自我概念係影響行為的重要因素，所以行為有一致性。即使人生可能遭遇什麼變化，對自己的看法總是不變的居多。而且，思想與行為的一致性與健康很有關係。人格異常的人常常失去這種一致感。

但是有時研究也無法證實行為是否有一致性，而僅憑人們的直覺期望罷了。人格的一致性尚在心理學家的爭論中。

前後時間的一致性

縱貫法研究人格顯示人格具相當的穩定性。有個研究追蹤超過一百名對象達三十五年之久。他們讀國中時首次接受了標準化程序的人格特質評定，後來在高中、三十多歲及四十多歲時各再接受評定，每次的評定者都不同，結果從國中到高中的三年時間，百分之五十八的人格特質有正相關，從高中到四十五歲是百分之三十一的項目有極高的相關。**表 13-4** 列出了最具

相關值 國中與高中	相關值 高中與成人	評定項目
男性		
.58	.53	是個值得依賴和信任的人
.57	.59	可以控制需求和衝動；不能延宕滿足
.50	.42	自我欺騙
.35	.58	喜歡唯美的印象
女性		
.50	.46	基本上個性服從
.39	.43	愛與人一起，群居性高
.48	.49	叛逆性，不服從
.45	.42	關心哲學問題(如信仰、價值觀、生命意義)

表 13-4　人格的穩定

這個表列出了從國中到成人期最穩定的人格特質。由相關值的大小，從早期評定我們可容易的預測成人以後的特性(取材自 Block, 1971)。

時間一致性的人格特質(Block, 1971, 1981)。

另外有橫斷研究包括二十到六十八歲的對象，以自我評定、配偶評定及五名熟人評定的結果發現三特質——外向、衝動控制及情緒穩定相當一致(Conley, 1985)。

穩定和改變(stability and change)　雖然有些人的特質相當穩定，有些人卻有極大的變化。在今日這個科技進步的時代，許多人深深感到矛盾，他們不知道該保持自我概念，或者發展新的自我角色和行為。人格發展隱含了一致與變化性。

人格最容易發生改變的階段是青春期和成年早期，縱貫研究發現，國中階段的人格穩定程度的個別差異最大。有些人很早人格便已穩定，有些人則從高中到成年中期還有顯著的變化。一般而言，這些改變來自於青春期時，他們對社會價值觀和成人價值觀所感到的衝突和壓力。例如，男性改變者被認為在高中時代他充滿不安全感、易受傷害、不知何去何從、不成熟、以同儕文化為取向；女性則被描述為不安、叛逆、強調獨立、認為父母是老古板。

而那些人格特質沒有改變的人則是能輕易達成追求社會價值的目標。他們接納自己，並且統整傳統角色和現實文化的價值。男性被描述為自信、成熟、適應良好、進取的；女的則是服從、進取、接受傳統角色、與父母和其他成人維持良好關係。所以說，即使引起人格改變的個人因素很多，我們可得到一結論：人格有改變的人認為生活需要奮鬥，非改變不可；而對無改變者而言，生命是平坦的路程。

不同情境的一致性

以上所述大部分的人格特質具有時間的穩定性，可是少有研究探討不同情境下的行爲，以瞭解人格是否穩定——例如在家裡以及在學校表現的攻擊行爲。有關此課題的研究廣爲有興趣探討人格的心理學家所爭論。爭論的焦點在於不同情境行爲是否有一致性，是否可以特質取向來預測行爲。

研究行爲一致性的始祖是在二○年代晚期由哈松(Hartshorne)和梅伊(May)進行。他們給一萬一千名國小及高中生做了許多行爲測驗，以測量在不同情境中(家、學校、運動競技、教堂)的利他、自我控制和誠實等特質。以誠實爲例，這些學生參與了一些有機會說謊又能不被人知的情境——順手拿走遊戲的銅板、不誠實作答單槓能吊幾下、在家裡工作時數等。這些不同情境中行爲的相關值很低。任何二個測量誠實的測驗相關值是.23。因此哈松和梅認爲誠實或不誠實並非一單純的特質，行爲是隨情境而定。

對特質論的爭論一直到四○年代米歇爾(Walter Mischel, 1968)又重新提起。他和上述二人一樣認爲情境對行爲的影響力較大。他以治安委員會的老師爲對象，根據在國內受訓時接受的人格問卷來預測派到國外的表現。結果他非常失望地發現，即使盡了一切努力，他仍然無法作好的預測(Mishel, 1965)。後來他做了文獻探討的工作，這些研究都是以人格測驗測量某項人格特質，然後在某實驗工作或自然情況下引發同一特質，並測量之，再求二者的相關。他發現絕大部分探討人格測驗與情境測量特質的相關值很低，低於.30，而同一特質在不同情境下的相關值也很低(Mischel, 1968)。

米歇爾的文獻探討引發了究竟人格特性及情境特性何者對行爲影響較大的爭論，使人格心理學家重新檢討自己資料蒐集的過程，並對這種**一致性矛盾**(consistency paradox)給予不同解釋。一致性矛盾被認爲是由於我們直覺到個體的特質可導致一致行爲，然而研究卻無法證實該直覺。

有些社會學習論者相信行爲大部分受情境決定(行爲依賴特定情境的性質而定，而非依個體特質而定)。他們認爲行爲的一致性其實是來自觀察者的謬誤。人們對他人的行爲作了過多的一致性歸因，事實上該行爲者並不見得確實表現出一致行爲。謬誤的原因很多，下面提出四點：

(1)人的許多特徵是相當穩定的——外表容貌、說話語氣、手勢等。這種不變的特徵使我們產生了人格一致的印象。

(2)我們會依據以前對該個體行爲的認識而過度推論實際的觀察，我們會依自己的**內隱人格理論**(implicit personality)認爲某特質應該和某行爲有關。對「同性戀」、「女強人」或「運動家」的刻板印象，使我們對他們的行爲作過度的一致性歸因。

(3)由於觀察者在場使得行爲者的表現不同。觀察者在場這個刺激，使行爲者每次均表現出觀察者在場的行爲，而當觀察者不在時，他們的行爲可能全然不同。

(4)個體的行爲是任何情境的顯著特徵，我們會高估了行爲是由人格特質影響的程度，低估了行爲由情境因素影響的可能性。當我們看到某人攻擊行爲時會認爲他有攻擊傾向，在其他時候他也是如此，即使情境是完全不同。這種低估情境對行爲影響的傾向稱爲**基本的歸因謬誤**(fundamental attribution error)。

認爲行爲是由持久特質所決定的人格心理學家們(如特質論和心理分析論者)相信人格是一致的，並不像研究不同情境行爲的結果。他們指出人格研究方法論的問題，強調需要再集合測量不同情境的行爲，以考慮一致性的個別差異。

綜合測量(aggregated measure)　那些指出情境一致性低的研究，大部分行爲樣本都很小。例如，以個體在攻擊量表得分與在實驗室表現的攻擊行爲求相關；或是嘗試找出在某情境下的助人行爲(慈善樂捐)與另一情境(幫助一窮困的人)的關係。此類研究行爲樣本的代表性不夠，可以把幾個測相同特質的行爲測量研究合併起來，得到**綜合分數**(aggregated score)。以哈松和梅伊的研究爲例，採用綜合分數所得的相關值高出許多，學生在其中一半誠實測驗的得分與另一半得分的相關值是.72，比原來任二測驗相關值.23高出許多，顯示了較高的一致性(Rushton, Jackson & Paunonen, 1981)。

這個方法也可以用來證明特質的時間一致性。有一研究要大學生逐日記錄長達二或四星期之久的時間表，詳細記錄每天愉快與不愉快的經驗，伴隨此經驗的情緒，以及行爲衝動(想要如何做)和實際行爲。若僅比較受試任何二天的反應，其相關值很低(低於.30)；而隨記錄的日數增多，信度係數值也呈穩定增加(Epstein, 1979; Epstein & O'Brien, 1985)。其他研究也有相似的結果。李恩(Leon, 1977)以四個星期時間觀察評定受試社交性及衝動傾向的變項發現，任何二天評定的相關值都很低，而前十四天和後十四天的相關值則達.81；也就是說，只要有足夠的行為樣本，我們發現特質有相當的穩定性。這項研究的意義是，若我們想要成功的判斷他人(是否能合夥創業、是否可信賴，或是否是合適的結婚對象等)，我們需要多方觀察。行為樣本太小則預測會犯錯誤，如同一位心理學家所說：

> 「不管是賭錢或善用人際關係，大多數結果是正確的。我認為妻子是溫暖、善解人意的，這並不表示我相信她永遠不會對我發脾氣或永遠不會誤解我(如果她的行為始終不會隨情境改變，那她也僵化得像個機器人了)，而是說，依據我的判斷，她的行為大致能符合這些歸因，使我願意以未來幸福作賭注。要注意的是，與預測有關的事件樣本是其他事件樣本的平均行為。(Epstein, 1977)

一致性的個別差異　大部分的人格特質研究都假定每個人都能以每個特質來加以描述，人的不同只在於擁有特質的多少。即使有些人的某些特質有一致性，但是所有特質都保持一致的人幾乎沒有。我們描述朋友時會舉出最恰當的特質，而描述另一朋友時我們就會選用另一些特質。所以就任何個體而言，我們只會就那些重要特質預期他們的一致性。

有個研究要大學生在一系列特質中去評定自己的情境改變性(Bem & Allen, 1974)。描述自己某特質穩定的人在不同情境表現出較多的一致行為；而描述自己特質是易改變的學生則不然。例如，認為和善是自己的穩定特質的學生，在不同情境下，由父母、同學及觀察者評定其和善特質，即得到相當一致的結果(相關值為.57)，而描述和善是自己的易變特質的，所得評定較不一致(相關值為.27)。

假若如同這項研究所指出的，每個人在不同特質上的穩定性不同，那麼隨機選取受試者時，一定會有部分人在這項特質上是穩定的，另外一部分人有變動性。因此，為了嘗試證實情境間一致性而採用混合有這些受試的團體為樣本，所得結果自然很差。

後來的研究指出，表現行為一致性的人分為兩種：一種是許多的行為都有一致性(「一致」可能就是他本身的特質)，另一種是僅在一或兩種特質(如攻擊或善交際)有一致性。與行為一致的個別差異有關的是內在情感的知覺，那些在**私我意識量表**(見**表 13-3**)得分高的人，其行爲情境一致性比得分低者爲高(Underwood & Moore, 1981)。他們比較依自己的感覺作反應，而不是依據情境的要求。

互動論

個體與情境的爭論逐漸獲得解決。大部分心理學家同意預測行爲時我們必須瞭解個體的特徵以及情境特性。個體擁有穩定的人格特質使他容易以某些方式表現行爲，但是他們也會隨情境條件而有所區別。即使攻擊性很強的人在教堂時表現仍相當寧靜；而最無攻擊慾的人在球場上可能也很強悍。一致性和可變性是研究人格時都必須注意的。

除了修正行爲以符合情境需求，人格特質也會使人們尋求或避免某些情境。個體若覺得有支配他人的需求，他會尋找當面挑戰的機會；而一個順從的人就會避免這種情境。一旦置身在某情境中，他們的行爲也會影響情境。一個行爲舉止老是與人產生摩擦的人，比處事圓滑、注意他人感覺的人，更容易造成敵意的情境。

認爲個體與情境有複雜性互動的稱爲**互動**(interactionism)(Bandura, 1978; Endler, 1981)。行爲取決於個體的穩定特質和所處情境的交互作用。個人特質、外顯行爲和情境變項三者形成了一條鏈，彼此互相影響。也就是說，行爲造成了情境，但它也可以影響個人特質。例如，成功地克服了一挑戰情境的人，可能因而改變自己原本順從的特質。

人格學說的統整

我們已經以多種方式來陳述人格。每種學說都曾提及個體特質如何產生，以及如何與環境條件相互作用來影響行爲。究竟那一種理論才是最好的呢？是否應當建立一統合的觀點呢？心理學家們正在尋求答案。人格心理學尚處於轉變銜接的狀態，目前尚無任一單純的理論足以解釋人格，當前的研究趨向是統整數個學說。

在決定個別差異與環境條件二者影響行爲的加權比數時，

可以把情境視爲具有**提供訊息**(providing information)的作用，使個體依據過去經驗或能力來解釋並因應它。有些情境是很有影響力的。例如，紅燈標幟使大多數開車者停車；他們知道紅燈亮的意義，有遵守的意願，並且見到紅燈亮了有能力停下來，因此預測紅燈亮時駕駛者停車的行爲成功率很高。有的情境力量很微弱。一位美術老師放映抽象畫幻燈片給學生觀賞，並要他們發表感想，我們可預期回答必然是多樣性的，因爲繪畫對每個人的意義不同，也就不期望有共同的答案。情境力量微弱時，個體差異成了決定行爲的重要因素。有些研究者嘗試依行爲的可變性將社會情境分爲情境力強或弱兩類(Schutte, Kenrick, & Sadalla, 1985)。

目前的人格研究更強調認知過程，並想要與其他學說抗衡。每個人的智力不同，知覺事件、記憶事件以及解決方法的策略能力均不同。傳統的觀念認爲智力與人格無關。雖然本書智力和人格分開在不同章節中討論，但是它們確實有密切的關係，例如，研究指出個體對物體和事件的分類能力與其人格特質有關。分類類別較廣的人通常經驗也比較開放(Block, Buss, Block &, Gjerde, 1981)。未來的研究可能把智力(特別是個體解決問題和應付新情境的認知過程)包含在人格定義下。

另外一個研究人格的重要領域是社會交互作用，情境中的其他人是該情境的重要特徵，所以在社會情境中的行爲是一連續互動的行爲：你的行爲決定了別人將如何行動，而別人的反應又影響了你的行爲，如此循環不息。此外，**旣定的社會角色**(prescribed social roles)、對他人的印象、對他人歸因的性質都會影響行爲。這些將在十七、十八章中討論。

摘　要

1.人格指的是**行爲**、**思想**和**情緒**的型態**特徵**，決定**個體**對**環境**的**調適**。它包含了可被他人觀察的**公衆人格**，以及甚少表現的思想和經驗的**私我人格**。

2.有些人格**特質**(如情緒和能力)受**生物遺傳**因素影響。由**文化**及**次文化**團體得到的**共同經驗**，和個人的**獨特經驗**與天生的**氣質**，共同塑造了人格。研究人格的幾個重要理論是**特質論**、**社會學習論**、**心理分析論**和**人本論**。

3.特質論假設，人格可以從其在某些**連續性**的**向度**及**尺度**上的位置來描述。我們可以用**因素分析**的方法，來找其基本的**特質**。從因素分析的研究，得到兩個相當穩定的向度，即**內向——外向**與**穩定——不穩定**。

4.社會學習論認爲，人格的差異乃因學習經驗的不同而來。個人的反應，可透過沒有增強作用的**觀察**而學得；但個人是否**表現**出他所學得的反應，則頗受**增強作用**的影響。本論特別強調**特有情境下**的行爲，而不強調在各種情境下，都會有的廣泛的人格特性。個人只有在某種情境之下，才表現出一致的行爲；或者個人期待扮演的角色，頗爲穩定，個人才會有一致的行爲。

5.心理分析論假設人類的許多動機，都是**潛意識**的，只能由行爲來作間接的臆斷。人格包括三個系統，即**原我**、**自我**及**超我**。這三個系統會產生交互作用，有時會發生衝突。原我是非理性的、衝動的，透過**原始的思維過程**，如願望的滿足，來尋求立刻的滿足。自我是**現實**及合乎**邏輯**的，會延緩需求的滿足，直到找到社會接納的方式後；超我(意識及理想中的自我)是**道德**的化身。

6.在動力方面，心理分析論主張**焦慮**是由原我衝動的**潛抑**而來的，可利用**防衛機構**來降低之。發展方面，心理分析論認爲某些人格類型(如口腔型或肛門型)是因個人**固著**在某性心理階段造成的。

7.導源於心理分析論的人格衡鑑包括**投射測驗**，如羅夏克測驗及人格統覺測驗(TAT)。由於這些測驗的刺激是模糊的，因此，我們假設個人會把他的人格，透過反應投射出來。

8.社會學習論者衡鑑人格的方式，是找出發生某特有行爲的情境類別(利用**觀察法**或**自我報告**)，並注意和行爲表現有關係的刺激條件。透過刺激條件的改變，可以改變行爲。

9.人本論者對人格的看法，特別注意個人的世界觀、個人的**自我概念**，以及個人推動自己，朝向成長及**自我實現**的力量。依照羅傑士的觀點，人格最重要的部分，是**自我**與**理想自我**間的一致性，羅傑士所謂的基本動機力量(即個人邁向自我實現的天生趨向)，通常會和學來的**正性關懷**需求及**自我關懷**需求產生衝突。

10.**縱貫法**研究發現了人格特質的**時間一致性**，雖然有些人很早就固定了其特性，有些人則從高中到中年時改變甚大。

11.同一特質在兩不同情境的相關值低，以及個人特質分數和情境相關性低的研究，結果引起了「究竟個人或情境二者影響行爲孰重」的爭論。社會學習論認爲行爲比較受情境影響；特質論和心理分析論提出以**集合測量**方法來解釋情境及個人一致性的個別差異。

12.互動解決了情境與個人的紛爭。行爲造成個人特質和情境變項的相互影響作用。情境提供了個體解釋訊息的依據，而以個體過去的經驗及能力作反應。

進一步的讀物

一般人格的書籍包括 Hall, Lindzey, Loehlin & Manosevitz, *Introduction to Theories of Personality* (1985); Mischel, *Introduction to Personality* (4th ed., 1986); Feshback and Weiner, *Personality* (2 nd ed., 1986); Singer, *The Human Personality: An Introductory Textbook* (1984); Phares, *Introduction to Personality* (1984)。

社會學習論部分，請看 Bandura, *Social Learning Theory* (1977); Mischel, *Introduction to Personality*。

佛洛伊德的理論多蒐錄在他最適合閱讀的 *New Introductory Lectures on Psychoanalysis* (1933;1965 新版)。人格的心理分析論的其他參考書包括有 Holzman, *Psychoanalysis and Psychopathology* (1970); Eagle, *Recent Developments in Psychoanalysis: A Critical Evaluation* (1984)。

人本論觀點的書有 Maddi and Costa, *Humanism in Personology: Allport, Maslow, and Murray* (1972); Keen, *A Primer in Phenomenological Psychology* (1982)。介紹羅傑士觀點的有 Rogers and Stevens; *Person to Person: The Problem of Being Human* (1967); Rogers, *Carl Rogers on Personal Power* (1977)。有關自我的研究有 Suls (eds.), *Psychological Perspectives on the Self* (Vol. 1. 1982), Suls and Greenwald (eds.), *Psychological Perspectives on the Self* (Vol. 2. 1983)。而 Frager and Fadiman, *Personality and Personal Growth* (2 nd ed., 1984) 則是專門著重於最關心人性探討的人格理論介紹，並包括一部分專門討論如瑜珈、禪與佛

學及回教神祕主義派之東方人格理論。

Cronbach, *Essentials of Psychological Testing*(4 th ed; 1984)中則有很多章討論人格衡鑑。

第七篇

壓力、精神疾病與治療

第十四章　壓力與應對方式

壓力概念 680
壓力的定義
認知評估
對壓力的生理反應 682
緊急反應
一般適應症候群
對壓力的心理反應 685
認知損傷
情緒反應
重要討論：因應、克服監禁
壓力的來源 692
衝　突
生活改變
日常困擾
影響壓力的情境因素
壓力的因應 698
情緒焦點的因應：防衛機構
重要討論：防衛機構的適應性
問題焦點的因應
壓力與疾病 707
潰　瘍
重要討論：控制面對壓力時的生理反應
心臟疾病
免疫系統
抗拒壓力的個體

不管我們在應對問題時是多麼地富於機智，生活環境中總不可避免地須面對壓力。我們的動機一向不容易滿足：困難必須克服，許多不同選擇必須加以決定，同時還必須忍受一些耽擱遲滯。今天快速發展的社會對我們每一個人均製造了許多壓力，我們也習慣性地面對一種急迫感：愈來愈多的壓力只有愈來愈少的時間可以解決。環境及工作上的**壓力源**(stressor)——空氣及噪音污染、交通阻塞、工作完成期限以及負擔過重的工作量——在我們日常生活中逐漸顯現。我們每一個人對這類壓力的反應均發展出獨特的方式。廣義而言，我們對壓力情境的反應和處置，正決定了我們能夠多適切地適應生活。下面三章，我們將審視一些人們面對壓力的方式，以及不恰當的應對如何對適應產生威脅。我們亦將討論多種偏差行爲以及治療的方法。

壓力概念

壓力(stress)已成爲一普遍性話題。對於壓力的有害影響，以及如何控制或避免它，我們已有無數的資訊。但是，什麼叫做壓力呢？這個名詞該如何界定，目前並不一致。不同的研究者根據他們的研究取向而有不同的定義。

壓力的定義

研究壓力的主張分成三個較大範圍。第一個主張界定壓力是一種**反應**；研究者對於辨識困難情境下所產生之生理及心理反應方式感興趣。當強調反應時，我們正描述壓力狀態或是處於壓力下的有機體。一位在壓力方面研究的先驅者——漢斯·塞利耶(Hans Selye)將壓力定義爲「身體對於任何加諸於上的非特定反應」(Selye, 1979)。藉著「非特定」，他認爲相同的反應模式可經由各種不同壓力刺激或壓力源而產生。我們稍後亦將談談這個壓力-反應模式。

另一個主張則專注於刺激，概念裡的壓力在環境術語中是需要特別反應的一個事件或一組環境。在此架構中，研究者研究悲劇性事件(如颱風、地震或火災)，以及慢性壓力式環境(如被囚禁或擁擠)。我們稍後將會看到，他們同時也研究介於壓力式生活事件的累積(如失去工作離婚或喪失配偶)及生理疾病後產生的危機兩者之間的關係。另外他們也試圖辨別造成壓力情境的特徵。

第三種主張則認爲壓力既非是一種刺激,亦非一種反應,它只是一種**處理方式**(transaction)——或關係——介於汲取或耗損人類行爲資源之個人與環境間的互動。這個處理方式的主張,堅持僅把壓力認定在刺激或反應行爲是不夠的。有些情境對每一個人而言均有壓力(自然災害、威脅生命的疾病,或是失去所愛),另外比較不激烈的經驗(考試、夫妻間的爭執、交通阻塞)對部分人而言有壓力,其他人則否。面對壓力情境的反應,甚至只是對痛苦刺激所產生的生理反應,均可能受心理因素強烈的影響。爲了要進一步地瞭解壓力,我們必須知道個人是如何依其特殊的動機、需要和因應來源,來評估情境。從處理方式的主張來看,壓力反應出一種個人評估介於個人及環境之間的關係,而壓力不但汲汲吸取個人資源,同時也危及了個人的健康(Lazarus & Folkman, 1984)。兩項決定個人與環境之間關係壓力取向的關鍵性過程,爲**認知評估**(cognitive appraisal)及**應對**(coping)。認知評估爲一項個人何以視某些情境具威脅性,以及威脅程度爲何的評量過程;而應對則關係到使用行爲及認知上的策略,以控制被認定爲具壓力和併發情緒的情境。

認知評估

我們在第十一章曾討論過對情境的認知評估是如何地影響曾經歷過情緒的質量及強度。當我們特別仔細地談論到壓力時,認知評估正是評量一個事件對個人身心健康有何意義的過程。這項評估是雙重性的。**初級評估**(primary appraisal)質疑著:這對我有何意義?我是否沒事或者有了麻煩?**次級評估**(secondary appraisal)則質疑:我能怎樣做?初級的評估可能評斷情境爲:(1)無關個人身心健康;(2)是良性(正面)的;(3)有壓力。一個被評定爲壓力式的狀況包含三種判定類型。人們可能判定他或(她)是否已受到某些損害(例如,失去所愛,喪失能力的傷害,或自尊的損害),或者這個判定涉及可能發生這類損害或喪失的威脅(threat),第三種即判定此情境是一種挑戰(challenge):它可能對個人而言有潛在利益,但也同時包含若干危險性在內(Lazarus & Folkman, 1984)。

工作陞遷可被視爲既是威脅也是挑戰，不管是其中那一項，情境都極具壓力，因爲個人必須重新調整所做的努力，以應付新的要求。主要的差別在於對挑戰的認知評估產生了愉悅情緒(如渴望及興奮)，而威脅則被負面情緒(如恐懼和焦慮)所包圍著。在一項有關考試壓力的研究中指出，多數學生表示在期中考前兩天同時產生威脅及挑戰兩種感覺。

如果初級的評估認爲情境具壓力(或有麻煩了)，那麼次級評估則回答了該問題——有任何事情我能做的嗎？對於此類壓力事件的答覆，通常依循個人過去類似情境的經驗，以及他(她)個人能力資源——包括解決問題技巧、士氣、社會支持及其他的物質資源。

對壓力的生理反應

在知覺到威脅時，身體會引發一系列複雜的內在反應。如果威脅很快被處理，這些緊急反應也就自然消失，我們的生理狀態也就恢復正常。如果壓力情境繼續存在，則隨著我們試圖對慢性壓力源作調適，自然會產生不同的內在反應**組型**(set)。

緊急反應

不管你是掉入冰冷的溪流，面對揮舞大刀的攻擊者，或是因第一次跳傘而嚇壞了，你的身體都會產生類似的反應。不管是否有壓力源，你的身體自動地隨時準備應付緊急狀況。瞬間反應的能量是必要的，所以肝臟會釋出多餘的糖份(葡萄糖)，來增強肌肉的能量；身體亦會分泌荷爾蒙以刺激脂肪及蛋白轉換成糖份。身體的新陳代謝速率變快，以預備肌肉活動時大量能量的損耗。同時心跳速率、血壓及呼吸頻率增加，肌肉亦緊繃。在這段時間內，一些不是最基本需要的活動(如消化運動)就減少，唾液及分泌液停止分泌，肺活量增大。因此，早期壓力的現象就是口乾。腦內啡(endorphin)——體內分泌的天然止痛劑——也開始分泌，同時血管表面收縮，減緩血液流量以防受傷出血。脾臟釋出更多的紅血球以協助攜行氧氣；骨髓亦製造更多的白血球以防止感染。

大多數這些生理反應均由下視丘控制的自主神經系統加以調節(見第二章)。下視丘在緊急事件發生時，能控制自主神經系統並促進腦下垂體發揮功能，被稱之為**壓力中心**(stress center)。

自主神經系統及內分泌系統均以複雜的方式整合壓力反應。例如，自主神經系統刺激腎上腺內核心(**腎上腺髓質**，adrenal medulla)，使血液中充滿**腎上腺素**(adrenaline)。腎上腺素和身體許多器官細胞的受納器相互作用，以增加心跳速率和血壓，並促使肝臟釋出多餘的糖份。

下視丘亦同時指示腦下垂體分泌兩種重要的賀爾蒙。其中一種為刺激提供可用能量給身體的**甲狀腺**(thyroid gland)。另一種則為**親腎上腺皮質素**(ACTH)，它會刺激腎上腺外層(腎上腺皮質)分泌一種稱之為**類皮質酮**(corticosteroid)的荷爾蒙，而這種物質亦在新陳代謝過程以及自肝臟釋出葡萄糖時扮演非常重要的角色。親腎上腺皮質素同時主導身體其他器官分泌約三十種荷爾蒙，而其中每一種荷爾蒙在身體調適緊急狀況時均十分重要。

這個複雜內在的反應類型被同時稱之為**抵抗或逃避**(fight-or-flight)反應——因為它可使身體的器官預備好攻擊或避開(Cannon, 1929)——以及**警報反應**(alarm reaction)(Selye, 1979)。這種反應為多樣不同的生理及心理壓力源所左右。既然「抵抗-或-逃避」的生理要素在協助個人(或動物)應對形體威脅時有其價值，它們也就不太適合處理許多最新的壓力源。事實上，不是經由適當生理活動所引發長期的**激起**(arousal)狀態可能導致疾病，我們稍後再談。

一般適應症候群

如果壓力源持續發生不終止會如何？身體要如何適應？塞利耶以實驗方式來研究這個問題已數年。他用動物(以老鼠為主)試驗不同種類的壓力源(冷、熱、非致命劑量的毒藥、恐慌)，發現牠們均產生一種相類似的生理改變型態。他稱這種生理反應為**一般適應症候群**(general adaptation syndrome, 簡稱GAS)，其中包含三個階段：**警報反應**、**抵抗**(resistance)和**耗盡**(exhaustion)(見**圖 14-1**)。

警報反應是身體對壓力源的初期反應，它包括兩個步驟。

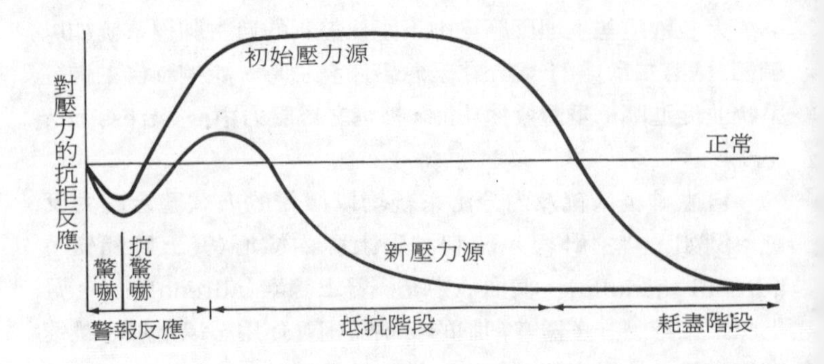

圖 14-1　一般適應症候群
上面的曲線代表長時期地對抗壓力源。在警報反應階段間，抵抗力輕微地滑落（驚嚇時期），而後大幅增加（抗驚嚇時期）。抵抗力在抵抗階段持續增加，並且在整個階段居高不下。如果壓力源繼續保持一段長時間，身體即進入耗盡階段，同時抵抗力最後逐漸消失。當身體狀況依然在面對壓力源時另一個新的壓力源侵入，則抵抗力大幅減弱，如同圖內下層曲線所指。

在**驚嚇時期**(shock phase)，體溫及血壓下降，心跳速率增快，肌肉反應遲緩。緊跟著這些反應之後，抗驚嚇時期(counter-shock phase)立即發生。在此時期，身體對外來刺激做反彈，並激起防衛本能。警報反應的抗驚嚇時期正是前面敍述的主要緊急反應；然而這樣高張力的激起狀態身體無法持續太久。如果壓力源不至於嚴重到導致死亡，器官即進入抵抗階段。

在抵抗階段，腦下垂體持續分泌親腎上腺皮質素，以刺激腎上皮質繼續分泌類皮質酮。這些荷爾蒙協助增加身體的抵抗力。腎上腺在抵抗階段時期體積會變大，顯示出高活動狀態。當面對特定壓力源的抵抗增強時，多數於警報反應期分裂瓦解的生理過程均恢復正常。面對此壓力源數天後，實驗動物開始適應，腎上腺體即恢復成原先大小，並重新分泌新的類固醇荷爾蒙。但是，雖然一切事情在表面上似乎正常，體內腺體功能仍繼續保持張力。如果第二個壓力源在這時候出現，動物可能無法抵抗甚至會死亡。因爲在面對最初壓力源的特定抵抗力增強時，一般性的抵抗力會因而降低。

如果長時期抵抗具傷害性的壓力源，器官對其他壓力源的抵抗能力會消耗殆盡，則耗盡階段開始。在此階段，腦下垂體及腎上皮質無法繼續分泌荷爾蒙，部分警報反應階段之症狀重新出現，亦可能導致死亡。當實驗動物在長時期面對壓力源後死亡，它們的腎上腺被發現已經受到損壞，在免疫系統中扮演非常重要角色的淋巴結及淋巴腺亦均已萎縮，同時它們的胃均有出血性潰瘍現象。

一般適應症候群敍述了在實驗室被觀察動物的生理改變。然而塞利耶也認爲任何長時期壓力，其經驗均依循相同過程——人類及動物都一樣。例如，如果我們參與一項不適應且必須全力以赴的工作，剛開始的適應非常不容易，同時需要許多生理及心理上的能量才能應付。隨後我們經歷一適應期，使得我們可以應對工作並抵抗壓力。最後，我們失去容忍、負荷的力量，並且爲工作上的持續性要求變得疲憊不堪。

一般適應症候群在解釋我們稍後將討論有關壓力的一些疾病時有其參考價值。但是，自動物性實驗研究中可發現，這些研究的結論並不認可人們在面對壓力反應時認知評估的重要性——認爲對於該情境的認知意義決定何種生理反應應該發生。除此之外，一些證據指出，生理反應依自然壓力源的性質而有所不同(Terman, 1984)。

對壓力的心理反應

伴隨著壓力生理反應而來的，是一些負面情緒和認知功能的減弱。

認知損傷

工作表現，特別是一個複雜工作，在高情緒激起水準時有降低的傾向(見**圖 11-8**)。壓力會損害減弱我們的專心程度以及邏輯組合思考的能力。壓力將使我們無法專注於手邊的工作，並使我們的思緒傾向於憂慮行動後果以及自我否定想法。例如，學生對考試有憂慮的傾向——一種被稱之爲**考試焦慮**(test anxiety)的情形——通常爲憂慮可能的失敗及自我能力的不足。他們因這類負面思緒而嚴重地分心，以至於無法依照指示作答，且忽略或誤解問題所提供的明顯線索；當憂慮激增時，學生對於提取早已學會的答案都有困難。

處在壓力狀態下，人們慣於表現過去曾經奏效的行爲模式。生性小心的人可能變得更爲小心，並且完全退縮；而積極的人則可能失去控制，漫無目的四處亂闖。如果初期的應對沒有成功，憂慮狀態通常會加劇，使得個人更不敢嘗試，而無法對問題思考出其他解決之道。人們此時就像是陷入起火燃燒的建築物內，因爲他們一意地想推開只能向內開啓的出口大門，在驚慌中，他們已無暇思考另一種動作的可能性。

情緒反應

壓力情境所引起的情緒反應範圍，自興奮愉悅（當發生的事件被認爲是苛求但可以處理的一種挑戰）到比較普通如憂慮、生氣、氣餒及失望等情緒。如果壓力情境繼續維持，則我們的情緒可能在上述各反應中重複改變，全看我們應對努力的成功與否而定了。

焦慮（anxiety）　對威脅性情境我們主要的反應是焦慮。談到焦慮，我們指的是「擔心」、「掛念」、「緊張」和「恐懼」等組成的不愉快情緒反應；我們皆曾在不同時間內經歷不同程度的焦慮。不同的理論家對焦慮的看法亦不同，全視其認定何者對人們具威脅性而定。因此，我們將不再提出更明確的定義。

佛洛伊德是頭幾位注意到焦慮重要性的人之一，他把焦慮分爲**客觀焦慮**（objective anxiety）及**精神官能焦慮**（neurotic anxiety）。客觀焦慮是指對環境裏察覺到的危險所作的實際反應；佛洛伊德把客觀焦慮視爲**恐懼**（fear）的同義語。精神官能焦慮是以個人內部的潛意識衝突爲基幹而來的。由於衝突是潛意識的，所以個人不能瞭解他焦慮的理由。許多心理學家發現，區分恐懼和焦慮的不同，仍舊是有意義的。不過，不管是根據生理上的反應，或個人對其感受的描述，上述兩種情緒，並沒有十分顯著的分野，所以我們認爲焦慮和恐懼兩個字眼，是可以交互使用的。就像焦慮的程度不同一樣（從輕微的疑慮到令人心悸），個人對引起個人不快的原因的瞭解程度也不一樣。通常，個人稍微能夠知道焦慮的理由（當焦慮是由於內部衝突而引起時），不過，無法清晰地指認每個包含在內的因素。因爲焦慮包括了緊張及不舒服的狀態，所以個人有逃避及降低焦慮的動機。在日常生活當中，個人會發展不同的方法，以因應產生焦慮的情境及焦慮感。我們將簡要地說明這些因應行爲。不過，首先讓我們較詳細地討論焦慮的概念。

佛洛伊德認爲，精神官能焦慮是原我的衝動（主要是性和攻擊），和原我、超我約束力間的潛意識衝突。由於原我的衝動可能和個人的價值觀互相矛盾，或和社會規範產生衝突，所以原我的衝動會威脅到個人。例如，一個對母親深懷敵意的女性，可能在意識上不能察覺到這種感受，因爲這和她必須愛父母親的信念發生衝突。如果她知道這種實際感受時，她可能會產生焦慮，理由是她的自我概念會破碎，認爲自己不再是個可愛的女兒，或者她可能處於失掉母愛或母親支持的危險局面上。同時，在她對母親感到憤怒時，她的焦慮感會提升，成爲一種指示潛在危險的信號。然後，她就必須採取某些防衛性的策略來因應危險。這種策略(防衛機構會在本章「情緒焦點的因應：防衛機構」一節中討論)是佛洛伊德精神官能行爲理論的重要部分。而所謂策略，是指避免產生焦慮的衝動進入意識的各種方法及手段，以免個人知曉。

和心理分析論相反，行爲論或學習論者並不注意內部的衝突，而認爲透過學習，焦慮和某些情境連結在一起。例如，小孩害怕老鼠的原因，是老鼠和引發恐懼的刺激(如很大的聲音)連在一起的緣故；同時，這種恐懼會類化到其他毛絨絨的物品上。有時，兒童期學來的恐懼很難消除掉。因爲個人會盡量避免及逃離引發焦慮的情境(這是他的第一個反應)。因此，他永遠沒有機會發現這個情境不再是危險的。也因爲這個原因，所以大家都知道逃避反應是很難袪除的。一隻在梭箱(一種裝置，有兩個隔間，以柵欄隔開)學會跳過柵欄，以避免電擊的動物，會一直繼續跳到另外一邊去，即使原來伴隨有電擊的信號不再伴隨著電擊。因爲牠再也不給自己有機會，去學習原來電擊已經沒有了。

同樣的，對一個碰到惡犬而跑開的孩子而言，他將沒有機會發現，許多狗都是友善的。由於碰到狗就跑開是一種增強(因爲這能夠降低恐懼)，因此小孩子會一直表現出這種行爲。而逃避引發焦慮的情境，使得小孩沒機會重新評估威脅的性質，或學習因應這種情境的方法。也由於這個緣故，所以對小孩而言，引發焦慮的情境會持續下去，到成人後，個人還會逃避這個情境。

對焦慮的第三種看法是，認爲人們在遭遇到似乎超出其控制力的情境時，會感到焦慮。該情境可能是全新的，個人無法加以組織、整合到我們的世界觀或自我概念中；它也可能是曖昧不明的情境，我們必須不斷調適觀念去迎合、解釋它。覺得無助及非我所能控制的感覺，似乎是造成焦慮經驗的主要因素。稍後將提及，在壓力情境下，我們感受到焦慮的大小，大致上是看我們自認爲對情境所能控制的程度而定。

憤怒與攻擊(anger and aggression) 對壓力情境較常有的另一種反應是憤怒及所引發的攻擊。實驗研究顯示，有些動物對許多種壓力源——包括擁擠、電擊、未如預期得到食物等——均表現出攻擊行爲。若有兩隻動物在無法逃避的籠內開始遭電擊時，牠們會互相打鬥；當電擊中止時，攻擊也隨之停止。

當經歷挫折時，兒童通常會生氣且表現出攻擊行爲。正如第十一章介紹過的**挫折-攻擊假說**(frustration-aggression hypothesis)所述，當個人到達目標的努力受到阻礙時，會引發攻擊驅力，而表現出傷害造成挫折的物或人的行爲。雖然研究指出，攻擊並非挫折不可避免的反應，但確爲反應的方式之一。

國內的研究，發現母親的體罰或懲罰愈加嚴厲，則兒童的攻擊行爲愈多。因爲懲罰本身使兒童產生痛苦，而構成挫折，進而激發攻擊行爲反應(蘇建文，民 64)。而在玩具實驗裡面，當孩子受到挫折後，踢、敲、拆開及破壞的行動，都顯著地增加。在自由玩耍的情境裡面，只有少數兒童踢或敲打玩具，而在挫折環境裡面，絕大部分的兒童，都表現出這種行爲。

有時，我們會直接攻擊使我們受到挫折的人或物。在平常的遊戲情境裡面，如果一個小孩搶另了一個小孩的玩具，則第二個小孩會攻擊第一個小孩，並奪回玩具。對成人來說，攻擊可以是語文攻擊，而不是人身攻擊(利用輕視、鄙夷的聲音回答對方)。當個人受到阻礙時，會十分憤怒，而用某種直接攻擊方式表現出來。

例如，在玩具實驗裡面，因爲鐵網是阻礙的來源，所以兒童首先要解決的問題，是移除障礙或消除鐵網。這種攻擊行動，並沒有敵意的成分在，而只是一種學習來的解決問題方式。當障礙是另外一個人的時候，首先表現出來的傾向是把對方視爲阻礙，攻擊對方。不過，直接攻擊並非是對挫折的唯一反應方式。

有時，受到挫折的人沒有辦法直接攻擊挫折的來源，因爲挫折的來源可能是模糊的及無形的。人們不知道要攻擊誰，只好暴跳如雷，並尋求某些事物來發洩。有時，使個人受到挫折的人是相當有力量的，攻擊他將是危險的。在這種狀況下，個人不會直接攻擊對方，而採取**替代性的**(displaced)攻擊方式(詳見下一節「防衛機構的替代作用」)。所謂替代性的攻擊，是指攻擊無辜的人或物，而不攻擊使我們受到挫折的人或物。一個在工作上受譴責的人，可能把他的怨氣發洩在家庭裡面。小華和同寢室的室友發生口角，可能和小華期中考考得一團糟有關係；一個和遊伴相處不好的孩童，會去抓貓的尾巴。

代罪羔羊(scapegoat)的例子，就是一種替代性的攻擊。受到挫折的人，把責任歸罪在無辜犧牲品的頭上，並向他攻擊。一般而言，對少數民族的歧視，很多都含有替代性攻擊的成分或代罪羔羊的味道在內。一八八二年至一九三〇年間，美國南方地區的棉花價格，和同地區被處私刑的人數成反比(棉花價格越低，被處私刑的人愈多)，表示這裏面含有替代性攻擊的意義在內。當白人的經濟挫折越大，因為他們無法怪罪棉花價格，只好利用替代性的攻擊，處罰黑人等代罪羔羊的團體，所以對黑人的攻擊也就越多。

有一個研究，以參加暑期野營的男孩為對象，可以說明挫折和代罪羔羊間的關係。這些男孩必須參加一段漫長而煩人的測驗，由於考試時間太長了，因此他們耽誤了一場電影——他們這一週不能遠足到某個小地方看電影。在測驗前後，研究者調查他們對日本人及墨西哥人的態度，結果發現不友善的感覺有顯著的增加。男孩把他們的憤怒，用語文方式發洩到潛在的對象上面去，而不敢直接攻擊施測者(Miller & Bugelski, 1948)。

此外，受到挫折之後，產生的攻擊方式，也受文化的影響。一般說來，我國大學生在面對挫折情境時，產生的「責己反應」較多，而「責人反應」較少；而美國及日本的常模，則「責人反應」較多，「責己反應」較少。這可能是我國學生受「不怨天、不尤人」的傳統觀念影響所致(黃堅厚，民 57)。

冷漠與抑鬱(apathy and depression)　有一個因素，會增加人類行為研究的複雜性，這個因素就是，對不同的人來說，他們對同樣情境的反應方式不同。因此，雖然一般人受到挫折的反應是主動攻擊，但有的人的反應方式剛好相反——他們冷漠、退縮、漠不關心。我們不曉得為什麼面對同樣的情境時，有的人產生攻擊反應，有的人則應得冷漠。不過，看起來學習似乎是個重要因素。就像其他行為一樣，對挫折的反應也是能夠學習的。當兒童受到挫折時，他憤怒地亂打一通，然後發現他的需求滿足了(不管是透過自己的力量，還是父母趕快過來安慰他)，則下次再碰到阻礙的時候，他可能就會依樣畫葫蘆，表現同樣的行為。如果兒童爆發的攻擊沒有成功，則他會發現，利用這種行動是無法滿足需求的，於是在面對挫折的情境時，他會採用冷漠或撤退的方式。

動物研究已經證明了，有一種反應叫做**學來的無助**(learned helplessness)。把狗放在梭箱裡面，狗很容易就學會要跳到另一個隔間去，以逃避從地板柵極傳來的電擊。假使在柵極通電的幾秒鐘以前，燈亮了，則狗會學會根據信號，跳到安全的隔間裡面，以免受到電擊。然而，假使以前狗曾被放到一個情境去，在這個情境裡，電擊是不能避免及逃離的(到那裡去都會受到電擊)，則狗很難學會在適當的時機，產生逃避的反應。這隻動物只是默默地坐在那裡，接受電擊，雖然牠可以很輕易地跳到另外一邊，消除不舒服的狀態。即使實驗者演練適切的程序，把牠拉過柵欄，有的狗還是學不會。因爲在這以前，牠已經學到了牠是沒辦法逃避電擊的，牠是無助的；而這種學來的無助是相當難以克服的(Seligman, 1975)。

重要討論：

因應、克服監禁

假想你被囚禁在一間面積狹小且無窗戶的密室，沒有人可以談天，沒有書籍或報紙可供閱讀，沒有紙筆可供書寫。好幾個月過去，你還是沒有機會出去吸口新鮮空氣，看看太陽、月亮、青草或樹木。俘虜你的人所提供的稀少食物只有些微營養，使得你經常處於饑餓狀態；受傷或生病均無法醫療；你的雙手被限制或是被鐵鍊綁縛在床上好幾天，一直到囚禁結束。

要構思出許多足以引起極大挫折感、無力及無助感的情境並不簡單。但是許多在越戰及韓戰期間被俘的美軍就必須忍受這類單獨禁閉數月甚至長達數年之久。一個用來協助越戰美軍戰俘克的服監禁恐懼的方法，就是他們先前所接受的監獄生存技能訓練。

研究拘禁的人質、戰俘或是集中營囚犯的報告中指出：面對無任何逃跑希望的挫折感或受創心靈，淡漠及沮喪是正常反應。面對持續性的剝削、折磨及生命威脅，許多囚犯變得孤立、無動於衷，並且無視發生於他們四週的事物；有些囚犯可能因此放棄嘗試克服情境或者繼續生存。和被釋放的美國韓戰戰俘交談後，顯示出幾乎所有囚犯在囚禁期內均曾感受到退縮和產生淡漠感。有些人全然放棄希望，他們蜷縮在床鋪上等死，不吃不喝也不照顧自己。有兩種似乎有助於拯救瀕臨死亡者的方法：叫他們站起來做點事情，不管事情是多麼微小；或者是讓他對目前或將來的一些計畫感興趣。就某些意義而言，這兩種治療方式主要在提供個人一個可以讓他(她)努力追尋的目標(Strassman, Thaler, & Schein, 1956)。

考慮到韓戰美軍戰俘在韓戰期間的反應，使得主管軍事者發展了使軍人預先克服囚禁、挫折的新計畫。根據越戰期間被俘人員的報告指出，他們的生存訓練非常有幫助。這類訓練可以使個人知道如何保持生理或心理的活動，同時彼此提供協助，致力解決日常問題以克服壓抑和無力感。劫後歸來的被俘美軍認為最有效的行為包括溝通、思慮將來和肢體運動，最無益處的行為有想自殺、自言自語及憂心家人等(Richlin, 1977)。

在許多越共俘虜營內，囚犯通常被關在單獨的小密室，而警衛則嚴格執行禁止通話的命令。如果和另一個囚犯談話被抓到，則意味著嚴厲的酷刑。但是，部分戰俘還是發展了獨特的溝通方式並且相互教導。手指輕拍的聲音、咳嗽、吐痰及清喉等動作均用來傳遞訊息。囚犯也可以利用暗號方式(如走過另一位囚犯密室時拖長脚步聲)做溝通。還有一位戰俘在打掃監獄時，利用揮動掃帚把訊息傳遞給每一位囚犯(Stockdale, 1984)。

擁有克服囚禁壓力的策略也就顯示了有助於生存下去。雖然美軍戰俘在越南被俘年限超過韓戰的兩倍(部分案例則長達八年)，而囚禁在越南的美軍戰俘卻比韓戰時的美軍戰俘，在回國時更能保有較佳身心狀況。越南美軍戰俘在囚禁期的死亡率也比韓戰美軍戰俘來得低：概略約有百分之三十八的美軍戰俘於韓戰期間死亡，而囚禁在越南的戰俘只有百分之十五的死亡率。

但是，在總結這種生存訓練使得死亡率有所差異之前，我們應該也瞭解到韓戰及越戰俘虜在某些方面有所不同。大部分於韓戰期間被俘虜者多為步兵，除一小部分是軍官外，大部分均為徵召者。然而多數囚禁在北越者為駕駛員，就平均數來看，他們在被俘虜時均較成熟(平均約三十一歲)，而且大多比韓戰俘虜資歷高。由於經過駕駛員的挑選過程，使得越南戰俘顯得情緒比較穩定且比一般軍人有著更高的動機。他們的成熟、情緒穩定在生存能力上扮演異常重要的角色。另一項影響韓戰俘虜生存率的因素，是戰俘所囚禁之處非常的寒冷，進而剝奪了他們生存的體力。

總而言之，生存訓練不再是影響越戰戰俘忍受囚禁能力的唯一變數。但是，這類準備眞的可以幫助人們克服被囚禁時的壓力。正因爲如此，美國政府正爲有高度被俘危險的軍事及外交人員提供生存訓練。

壓力的來源

許多事情均能引起壓力，其中部分的重大改變會影響大衆——如戰爭、工業事件(如排放放射性或有毒物質)、天然災害；其他重大改變足以影響個人生命——如搬到新地點、更換工作、結婚、失去朋友、生場重病等。除了這些重大改變之外，需要重新做調整適應的均爲生命中的小**困擾**(hassles)而已，例如遺失皮夾、陷入交通瓶頸、與上司爭執等等。

雖然把重點置於環境壓力源已經變得非常普遍，壓力的來源通常仍是以一種個人內在相對立動機間的**衝突**(conflict)的形式存在。

衝　突

當兩個動機相互起衝突，其中一方動機的滿足同時引起另一動機的挫折。例如，一個學生不一定要被認定是傑出的運動員，而只要獲得要求達到的成績仍可進入法學院。即使只有一個動機，當目標可由數種不同方式達到時，衝突還是會發生。例如，你可以從許多大學得到良好的教育，但是選擇進入那一所大學就呈現出衝突的局面。雖然最終你會達到目的，可是達到目的之過程可能因爲必須做出決定而中斷。

在我們的社會裡，下列動機中普遍存在著衝突且難以解決。

(1)**獨立對依賴**(independence vs. dependence)：處在壓力時期，我們可能希望採取孩童時期依賴的性格，讓別人照顧我們，並解決我們的問題。可是另一方面，我們被教導要靠自己的力量站起來，而認爲負責是成熟的標記。

⑵**親密對隔離**(intimacy vs. isolation)：一種想要和其他人保持密切關係，並且分享我們內心深處想法情感的慾望，和如果我們太過坦誠時會被傷害或拒絕的恐懼相衝突。

⑶**合作對競爭**(cooperation vs. competition)：在現代的社會，一直強調競爭和成功。競爭自早年孩童時期兄弟間起持續到學校，而在商業及事業競爭上達到高峯。但同時我們也被鼓勵要相互合作並協助彼此。

⑷**衝動表現對道德標準**(impulse expression vs. moral standard)：在所有的社會裡，衝動必須加以約束以合乎規範。我們在第三章曾提到，多數幼童時期的學習包括將文化規範內化以限制個人衝動。性及攻擊是我們的衝動中最常與道德標準發生衝突的兩個領域。違反這些標準將導致強烈的罪惡感。

這些是最可能產生嚴重衝突的四個領域，我們試圖在這些可能產生相當程度壓力的對立動機之間，找尋一個可以妥協解決之道。

生活改變

任何個人生活的改變——不論是否愉快——均需要重新適應。從個人歷史的研究中顯示出，生理及情緒的反常通常集中於發生重大改變期間。在一個試圖測量生活轉變的研究中，研究人員發展一分生活事件量表(見**表 14-1**)。表中的生活事件從最大壓力(配偶的死亡)到最小壓力(輕微的犯規行爲)按次序排列。

爲了要製作這個量表，研究人員檢視數以千計的受訪者以及其醫療背景，以辨識何種事件人們認爲最具壓力。因爲婚姻(一個正向事件，不過個人亦需要經歷相當長的適應期)對大多數人而言均爲一重要事件，它被置於量表中央並賦予其特定值五十分。研究人員訪問了將近四百位男女(不同年齡、背景及婚姻狀況等)，並把婚姻拿來與其他生活事件做比較。受訪者被問及「這個事件比婚姻需要更多或更少精力適應？」以及「這種重新適應需要較多或較少時間加以完成？」受訪者接著被要求對每一事件，依據他們個人對其嚴重性的評量以及所需適應時間給予評分。這些評分就用來組成**表 14-1** 的生活量表。

爲了要達到測量個人經歷所承受壓力的量值，受訪者被要求重新檢視一段特定時期內所做的選擇，把這些生活改變值加

生活事件	分數
喪失配偶	100
離婚	73
分居	65
牢獄期間	63
家人的死亡	63
個人受傷或生病	53
婚姻	50
失業	47
婚姻和解	45
退休	45
家人健康狀況的改變	44
懷孕	40
性別差異	39
新增家庭成員	39
重新適應事業	39
財務狀況的改變	38
好朋友的逝去	37
更換至其他單位工作	36
流當抵押品	30
工作責任的改變	29
兒女離家	29
法律訴訟	29
個人的傑出成就	28
妻子開始或停止工作	26
學校開學或結束	26
生活狀態的改變	25
個人習慣的改變	24
與上司爭執	23
住處改變	20
更換學校	20
休閒生活的改變	19
宗教活動的改變	19
社交生活的改變	18
睡眠習慣的改變	16
飲食習慣的改變	15
休假	13
聖誕節	12
輕微的犯法行爲	11

表 14-1　生活事件量表

這個量表又被稱爲福爾摩斯及雷奇社會重新適應評分表，以生活改變方式來測量壓力(取材自 Holmes & Roche 1967)。

起來進而得到所有的壓力分數。在使用生活事件量表的研究中，我們可以發現，個人生活壓力事件的多寡以及個人情緒和身體健康間有著穩定一致的關係。在一年內其生活改變總值介於兩百和三百分之間者，有超過半數的人下一年度會出現健康問題；改變總值超過三百分的人，有百分之七十九於下一年度會有身體不適及生病的現象發生。

為了解釋生活改變及產生疾病間此一關係，生活事件量表編輯者假設：個人經驗愈多的重大改變，個人也就必須更加努力去適應。而這種努力會減低身體對疾病的天然抵抗力；不過其他研究者依下列理由對這樣的結論有所懷疑。

(1)要把壓力影響與節食、吸菸、飲酒和其他一般健康習慣分開討論是件困難的事。個人試圖克服重要的生活改變(新工作、喪失配偶等)時極可能增加他們暴飲暴食的機會，並減少睡眠與運動。在這些案例中，個人易罹患疾病的原因較可能肇因於健康習慣的改變，而非直接肇因於壓力削弱了個人對疾病的抵抗力。

(2)人們對於生理症候關注的程度以及尋求治療協助態度的不同，使得同樣有上呼吸道感染或胃痛的毛病時，某人可能忽視而另一人則可能去找醫生。比較不滿意生活的人比起參與自己喜歡活動的人，更傾向於注意自己生理特徵及尋求大夫幫助。因為這些生活改變的研究資料大多來自於醫學報告，選擇性因素在找尋協助上就可能相當重要。壓力因素在左右尋求協助的行為上可能比在引發實際疾病上來得更為重要。

(3)生活事件量表上的部分項目可能是產生疾病的結果而不是主因。個人的不穩定情緒或生理健康不佳可能會引起婚姻、工作及財政方面的困難，或者也會改變社交活動及睡眠等習慣。

(4)該量表假定每一項改變都是一種壓力。但是後續的研究並未發現正性的生活改變與健康不佳有關，以及長時期缺乏變化(無聊)的生活方式是有壓力的。改變(或者缺乏改變)是否會造成壓力，完全取決於個人的歷史以及現有的生活環境。

一個最近研究發展的量表，藉詢問個人並指明每個事件的**可欲性**(desirability)及**衝擊性**(impact)，來探討上述最後一項疑問——以判斷該事件是好或壞，並評估對生活所產生的影響。因此，更換一個新工作(或是住所)是好是壞，均由個人來回答這項調查。我們可從利用本表所做研究中發現：人們如果遭遇到一大堆他們認爲是不好的事情，則比較容易在六個月後產生情緒或是身體方面的問題(Sarason, Johnson, & Siegel, 1978)。

日常困擾

或許日常困擾不能算是最主要的生活事件，但卻會在我們日常生活中造成極大的壓力。爲了調查這個可能性，一群研究員進行一項爲期一年的研究，探討日常困擾對中年男女生活的影響。他們利用生活事件問卷以及檢查表，來記錄「困擾」或每天生活中所發生令人氣憤的事情，也記錄「興緻高昂」或者其他愉悅的事情。困擾的例子包括找不到物品、關切金錢的擁有、太多干擾、承擔太多責任、不夠時間陪伴家人以及爭吵。研究員發現日常困擾的累積量比起人們生命中的主要事件而言，是預測其情緒及生理健康更好的依據。

研究同時也顯示出，生活的重大改變所形成的壓力，部分是人們日常困擾所產生的。例如，寡婦對於喪失丈夫的悲哀，可能因日常瑣事增加而加深；她必須處理一些不熟悉的責任，如修理汽車、處理財務狀況及準備退稅等。生活改變(失去工作、離婚、失去所愛)擾亂個人日常生活方式的程度愈大，人們愈容易產生困擾與不和諧。

在下「生活改變及日常困擾均會引起健康不佳及心理疾病」的結論前，我們必須考慮個人是如何地評估一件事情，以及他(她)解決問題的能力與技巧。改變工作對一個人而言可能會產生沮喪，但亦可能對另一個人而言是件值得興奮的挑戰。一個人可能以哲學的態度面對交通阻塞，而只產生些許的不悅，另一個人則可能暴跳如雷。每一個人均依其生活狀況及應對技巧來考量何爲困擾。有些困擾可能只是不當的應對反應。一個對於處理批評有所困難的人，比沒有此一弱點的人，似乎在工作時比較容易發生**權威中心**(authority-centered)的困擾。處理不當以及易受傷害的脆弱性所引發的困擾，遠較環境中偶發狀況產生的困擾，更會影響身體健康以及士氣。

影響壓力的情境因素

認知評估和應對技巧是影響壓力嚴重性的個人變數。人們對於相同的壓力情境，依照他們認定的意義以及他們對自己應對困難的信心，而有不同的反應。但是，部分特定壓力源的特性確實會影響壓力的嚴重性——亦即它的可預測性及控制性。

可預測性(predictability)　如果能夠預測壓力事件的發生(即使個人無法控制)通常也會減低壓力的嚴重性。實驗室內的實驗結果顯示，人類及動物均寧可選擇可預測而非不可預測的嫌惡事件。一項實驗研究老鼠在警示電擊和非警示電擊中如何選擇，如果老鼠在一系列電擊實驗開始前壓下橫桿，則每次電擊前均有警告聲響；如果老鼠不壓橫桿，則電擊產生時均無警告聲響出現。所有的老鼠均很快地學會壓橫桿，顯示出牠們寧可接受可預先測知的電擊。

人類本身通常也會選擇可預測而非不可預測的電擊測試。他們在等待可預測電擊時比較不會情緒激動或感到沮喪；同時，對於同量的電擊測試，他們對可預測電擊比較上不像對不可預測電擊那麼反感(Katz & Wykes, 1985)。我們該如何解釋這個結果？對於不可預知的電擊我們沒有「安全」期；對於可預測電擊，受試者(人類或動物)可以放鬆到一個程度，直到警示號誌警告電擊將發生。另一個可能性就是在嫌惡事件發生前，警示標誌可以使受試者先行有部分的準備，以減少對神經系統有害刺激的影響。

在眞實生活情境裡，缺乏預測性——或是不肯定性——往往使得個人很難去應付壓力事件。例如，一位癌症病人所面對的主要問題之一，就是他們必須接受連自己都不確信是否已經完全治癒的治療，直到數年後，他們仍必須每天面對著不確定：一個潛伏著疾病的未來。

一個類似逐漸侵蝕的不確定性，同樣對居住在三浬島(賓州中部的一小鎮)的居民產生了相當程度的慢性壓力。當核能廠放射性氣體外洩的意外發生時，許多居民相信他們已暴露在放射線下，並且憂慮日後會產生的影響。與實驗控制組相比較，這些居民有著較多情緒性和生理上的問題，並且在意外發生後兩年內的工作表現亦不佳(Baum, Gatchel, Fleming, & Lake, 1981)。

另一個例子是有關丈夫被報導在越戰中失蹤的妻子們，因爲不知道她們的丈夫到底是生是死，使得她們難以平息悲傷好好生活下去。比起丈夫死於作戰及丈夫被俘虜的妻子們，這些女人的身心狀況顯得十分衰弱(Hunter, 1979)。

控制性(controllability)　對壓力事件稍加控制可以減少壓力的嚴重性。在一項研究中，安排受測者觀看受害者慘死的影片；實驗組可利用一按鈕停止觀看。控制組亦在同一時間觀看相同影片，不過他們不能停止影片的播放，而由實驗組控制。實驗組比起控制組，對影片的播放顯得較不會憂慮(經由膚電反應測知)(Geer & Maisel, 1972)。

另一項研究則把兩個受測組放在一大聲且極端不愉快的噪音環境中。其中一組可以利用按鈕結束噪音，不過事先要求他們非到不必要不按鈕(另一組則無法控制噪音)，結果沒有任何一位受測者按了鈕。然而隨後的解決問題表現，無控制鈕的一組明顯地就不若有控制鈕的一組來的好，證明了他們被噪音困擾程度比控制組來得高。這個實驗證實了如果我們可以控制不愉快事件的持續時間，則可以減少憂慮，即使這類控制力從未眞正使用，或者這種信念是錯誤的(Glass & Singer, 1972)。

社會支持(social support)　情緒上的支持以及他人的關懷，可以把壓力轉化得比較可以忍受。如果個人必須獨自面對離婚、心愛人的死亡或是嚴重的疾病，則壓力更具破壞性。許多研究指出，個人有較多的社會連結(配偶、朋友、親戚及社團成員等)則活得較久，同時比起甚少社交活動的人更不會屈服於壓力式疾病(Cohen & Wills, 1985)。朋友和家人可以在許多方面提供支援。藉著誠心的愛護，他們支持了我們的自尊並且把問題置於一旁。他們亦提供資訊忠告，同伴情誼使我們忘卻煩惱，另外在財力或物力上給予我們幫助。這些均有助於減低無助感並增強我們對自己有能力克服困難的信心。

但是，有些時候家人和朋友也會增加我們的壓力。低估了問題的嚴重性或者盲目保證不會有事，比起絲毫不表示意見，反而會產生更多焦慮和不安。一個探討研究生在面對重要考試時的研究指出，配偶切合實際的精神上支持「我很擔心，不過我知道你會盡全力」，比起配偶持否定任何失敗可能性的態度「我不擔心，我確信你一定會通過」，更來得有幫助，因爲後者顯示該生不但要擔心考試，同時也擔心會失去配偶對自己的敬意(Mechanic, 1962)。

當我們與他人共同面對困難時，我們較能忍受壓力。社區性的災難(如洪水、地震、颱風或戰爭)通常似乎也會帶給人們某些好處(Nilson et al., 1981)。當人們一起對抗共同敵人或朝共同目標努力時，個人的焦慮與衝突似乎會被置諸腦後。例如，在二次大戰倫敦遭到猛烈轟炸期間，因情緒困擾去尋求協助的人數顯著地減少。

壓力的因應

因爲壓力情境所引起的焦慮和生理反應令人非常不舒服，個體通常會做出一些可以減緩不適的反應。這個由個人試圖處理壓力的過程稱之爲**因應**(coping)，其中包括兩個主要形式。第一個把重點放在問題本身：個人評估壓力情境並採取適當措施改變或避開壓力。另一個則專注在對問題的情緒反應上：個人試圖減少焦慮，而不直接處理產生壓力的情境。前者被稱爲**問題焦點的因應**(problem-focused coping)，後者則爲**情緒焦點的因應**(emotion-focused coping)(Lazarus & Folkman, 1984)。

假設你接到警告，你有一科必修課程可能被當掉時，你或許會與教授洽詢重新釐定一份工作表，以完成必修課目的要求，然後照著工作表進行。或者你也可能因爲無法在剩下時間內完成這要求，而決定在暑假時重修此課。這兩種方式就是問題焦點的因應方式。另一方面，你也可能拒絕接受失敗的可能性而試著減緩失敗會帶給你的焦慮；或者說服自己大學文憑是毫無價值的，抑或你可能利用酒精來麻痺焦慮的感覺。這些都是情緒焦點的因應方式。

每個人都有其獨特方式來處理壓力情境，通常是同時結合問題焦點及情緒焦點策略。多數的範例中，解決問題是比較健康的主張。不過，並不是所有的問題都可以獲得解決(諸如惡疾或失去所愛等)，每個人都需要減緩情緒壓力直到他們能全面性地面對狀況。我們通常運用情緒焦點因應方式以保持希望及我們的士氣，使得我們可以繼續發揮功能。大致上，情緒焦點的因應方式，在一個人經歷高張力壓力和他認爲沒有任何反應可以緩和威脅性情境時比較可能發生，而相對地，問題焦點的因應形式，則通常比較會應用在中等壓力下，即在狀況被評估可以改變時(Lazarus & Folkman, 1984)。

部分情緒焦點策略訴諸於行爲——例如，從事運動以忘卻心中問題，喝杯酒，尋求朋友在情緒上的支持；其他策略則屬認知活動，例如，暫時將問題考慮擱置一旁——「我認爲這件事不值得操心」——或藉改變情境意義來減緩威脅——「我不再認爲她的友誼是那麼的重要」等。這兩項敍述指出了人們會重新評估壓力以減少威脅性。

我們對問題重新評估時可能比較注重實際；或許，再想一想，這問題似乎就不值得大驚小怪了。雖然有時候爲了要減少焦慮，我們必須欺騙自己，並且曲解實際的狀況。

情緒焦點的因應：防衛機構

佛洛伊德用**防衛機構**(defense mechanism)這個字眼，來說明個人防衛焦慮的潛意識過程。個人會運用某種方法，歪曲現實，使得個人免於受到外界的威脅或引起焦慮內部衝動的威脅，而能夠保護自己。防衛機構並不能改變危險的客觀環境，它們只是改變個人對環境的想法而已，多多少少，各種防衛機構，都含有**自欺**(self-deception)的成分。

各種防衛機構對事實的歪曲及自欺的程度並不一樣，抵擋危險來源的程度也不一樣。抵擋外在威脅的最原始防衛方式是**否定現實**(denial of reality)——個人拒絕承認現實，以免受到困擾。

防衛內部衝突的最原始方式，則是**潛抑作用**(repression)——把對個人威脅太大的記憶或衝動，從意識知覺裡面排除掉。

我們多少都會應用到防衛機構來協助自己度過難關，直到我們可以比較直接地應付壓力情境。防衛機構只有在成爲個人回應問題的主要反應模式時才顯示出人格失調。

心理學家已經提出了一些防衛機構，不過大家不見得完全同意各種「基本」的防衛機構表，也不見得同意裡面所含的心理過程。在這裡，我們將提出一些較重要的防衛機構。在討論底下的防衛機構以前，我們記住下述三點注意事項：

(1)防衛機構是一種心理建構，是由觀察個人的行爲方式推測而來的。當我們觀察行爲的時候，這是一種有用的方法，可以幫助我們摘述當時及以後的想法。不過，雖然有些防衛機構已有實驗證據支持；但其他機構則很少有科學上的驗證。

(2)對人類行爲加以標示(如投射作用、合理化作用或潛抑作用)，可以提供有用的描述性知識給人們，不過，這不是對行爲的解釋。所謂解釋是指，我們必須瞭解個人在處理問題時，依賴防衛機構的原因及理由。

(3)各種防衛機構都會在正常人的每天生活中發現。偶爾爲之，它們可以增進個人生活的滿足，而有助於生活的適應。只有在個人解決問題時經常應用防衛機構，防衛機構變成支配的角色，才表示個人的人格失調。

潛抑作用(repression) 佛洛伊德認爲潛抑是最基本且最重要的防衛機構。談到潛抑，太過恐懼、痛苦的刺激或記憶將從知覺意識中排除；會引起羞恥、罪惡或自我貶抑的記憶通常會被壓抑。佛洛伊德相信，潛抑孩童時期的某些衝動是世界性共有的現象：他堅持所有的男孩子對母親均有性吸引的感覺，並對父親有敵對及敵視的態度(伊底帕斯情結)，而這些衝動均被潛抑以避免從事該項行爲後帶來的痛苦。稍長，個人可能因爲潛抑情感或記憶不再符合他的自我意識而引起的焦慮，因而對所關切者的敵對感覺及個人失敗經驗，均可能自意識中的記憶處消失。

潛抑必須與**壓制**(suppression)有所區分。壓制是有計畫的自我控制過程，將衝動及慾望保留(或者公開否認而私自隱藏)，或是專注一項工作而暫時擱置痛苦的記憶。個人都很清楚壓制了的想法，但對潛抑的刺激或記憶多無所知。

佛洛伊德認爲潛抑很少完全成功。被潛抑的衝動會威脅著要衝入意識狀態，因而個人會不明所以的變得焦慮不安，而採用下列防衛機構之一，使部分被潛抑的衝動不被察覺。因此，下列各種防衛機構可視爲幫助潛抑發揮作用的機制。

合理化作用(rationalization) 當伊索寓言裡的那隻狐狸，因摘不到葡萄而不想摘時，牠說：「因爲葡萄是酸的」。這種行徑正符合了一種防衛機構——合理化作用的說法。所謂合理化作用，並不表示「行動是不合理的」，而是我們賦予我們的行動合乎邏輯及社會要求的動機，使我們的行動，看起來是理性的或適當的。合理化作用有兩種功能：(1)當我們沒辦法達到目標時，它可以使我們的失望消失——「我本來就沒有這個目標的」；(2)它能夠提供我們行爲一些可接受的動機。假使我們的行動很衝動，或行爲的動機是我們不願意承認的，則我們會採取對我們較爲有利的方式，來解釋行爲。

爲了找「好」理由，而不是找「眞」理由時，我們能夠找到一些藉口。這個藉口看起來似乎是合理的，而且在該狀況下可能也是眞實的，只是這些藉口是斷章取義的，不能說明整個事件的全貌。底下的例子可以說明平常的合理化作用：

(1)喜歡或不喜歡是一種藉口。一個沒被邀請去參加舞會的女孩說，假使有人請她去，她也不去，因爲她不喜歡參加舞會的那群人。

(2)歸罪於他人或以情境做爲藉口。「媽媽沒有把我叫醒」，「我有太多其他的事要做」。這些陳述可能是眞的，不過，對個人沒有表現出某種行爲來說，卻不是眞正的理由；假使個人眞的關心上述這件事，則他會有警覺性或注意時間。

(3)「無可避免的」是一種藉口。「因爲以後老式車的保養費很貴，所以我買了這種新型的車。」

然而，上述例子都顯示出，個人愚弄了他自己，而不是別人；這些藉口的目的，是在意識上使個人覺得舒適一點。此外，我們也得舉一些較具說服性的例子，說明在個人不知道的狀況下，也可能產生合理化作用。換句話說，合理化作用可能是潛意識動機作用的結果。一個個案接受催眠後的陳述，可以說明這種現象。

受試者在接受催眠之後，催眠師告訴他，他從昏睡狀態醒過來之後，會望著催眠師的口袋；且當催眠師從口袋拿出手帕時，他會去打開窗戶。然後，催眠師又告訴受試者說，他將記不得催眠師告訴他做的事。受試者從恍惚狀態醒來之後，還有點昏沈，不過已經周旋在房間其他人之間，和他們閒話家常。不多久，受試者會偷偷地望著催眠師的口袋。當催眠師有意無意地掏出手帕時，受試者感到一陣衝動，想去打開窗戶。他往窗戶的方向走去，不過有一點躊躇。潛意識裏，他要把他的希望合理化，所以他找一個理由，解釋他打開窗戶的衝動，他說：「這裏有點沉悶，不是嗎？」找到必要的藉口之後，他打開窗戶，感到一陣快慰(Hilgard, 1965)。

投射作用(projection)　我們每個人都具有我們所不希望擁有的特質或性質，這是我們不願意知道的。有一種潛意識機構能夠保護我們自己，以免知道這些特質，稱爲投射作用。利用投射作用，我們把這種不希望有的特質，過戶給他人，誇大他人具有這種特性，以保護我們自己。假使你有喜歡抨擊及苛責他人的傾向，一旦你察覺到這種傾向時，你不太喜歡這種特性。然而，假使你認爲在你周圍的人都是殘忍或不友善的，則不管你對他們多麼不厚道，你不會以爲這是你卑劣的特質造成的，你只不過是以牙還牙而已。假使你能夠說服自己相信，每個大學生在考試時都會作弊，則你會認爲，考試投機一下也不是什麼壞事，通常，這種投機的傾向，你是不願意知道的。其實，投射作用是合理化作用的另外一種形式；不過，因爲在許多文化裏面，時常會看到投射作用的傾向，所以獨立闢出一個篇幅來討論它。

有一個以大學兄弟會的成員爲研究對象的實驗，證明了投射作用是很普遍的。實驗者要求兄弟會的成員，評定其他成員是否具有個人不期望有的特質，包括吝嗇、頑固及雜亂。同時，也要求每個成員評定自己是否具有這些特質。結果非常有意思，具有不期望特質程度高的人(可由別人對他的評定看出)，並不知道自己具有這種特質(可由自己對自己的評定看出)。同時，這些人往往認爲其他學生比較具有這些特質，而其餘的學生則不認爲如此。這些相關都很低，不過，假使我們從投射機構上來解釋，則是相當符合我們的預期的(Sears, 1936)。

反向作用(reaction formation)　有時，我們會表現出強烈的相反行爲，以隱藏眞正的動機，這種傾向稱爲反向作用。一位不想要孩子的媽媽，可能會因不歡迎孩子的降臨而感到罪惡感；爲了向孩子保證她是愛他的，以及證明她是好媽媽，她會過分放縱及保護孩子。

有一個個案，媽媽想爲女兒做任何事，但卻不瞭解女兒爲什麼不欣賞她。她自己做了很大的犧牲，送女兒去學習昂貴的鋼琴課程；每天，女兒練習鋼琴時，她就坐在旁邊幫助她。雖然她以爲她對孩子相當慈愛，不過，事實上，她要求嚴苛且有敵對感。當母親表現上述行爲的時候，她並不知道自己有敵對感。在意識上，她認爲自己是仁慈的；不過，在潛意識裏面，她對女兒是殘忍的。女兒依稀能察覺這種狀況，因此產生了一些徵狀，使得母親帶女兒到兒童輔導中心求助。

在參加「抗爭」活動的人裏面，通常能夠發現反向作用的現象存在。這些「抗爭」活動，包括檢查黃色書刊或防止殘害動物等。事實上，查禁黃色書刊的人，可能很容易迷上春宮文學。因此，他們參加「反黃色」的活動，以免自己被迷惑，並使別人相信他是「純潔的」。無可置疑地，在狂熱的反活體解剖論者當中，有許多人害怕自己有殘害動物的傾向，因此，他們對動物的保護，變得多愁善感，而認爲其他人不能殘害動物。

然而，對某些人來說，有反向作用的存在，並不意味著他們的行爲不是因爲他們有這種動機而來的；並非每個改革者提……〔在雜誌上，〕……我讀到你的一篇關於酒精中毒的文章……。像你這樣受過良好教育的人，竟然爲治療酒精中毒者，而屈身在這樣的工作裡面——使多少無助的貓兒受到苦痛……醉鬼是沒有必要去治療他的，做是一個沒有心靈的白癡，他是屬於貧民窟的，也得留在那兒。與其使那些無助的貓兒受苦受難，爲什麼不給那些醉鬼一點苦頭吃呢？或把你的精力放在法律上，拿出撲滅醉鬼的公訴狀？這些醉鬼對大家是沒有好處的，他們是社會的寄生蟲，把他們從街道上驅除出去，關到監獄裡面，然後，叫他們自給自足，或乾脆不顧法律，餵他們吃砒霜，讓他們自生自滅。如果沒有這些人，這個世界一定更美好。……我最大的願望，是使你瞭解，你將受到比貓兒痛苦千萬倍的痛苦。……如果你是所謂的精神醫學家，則我將很高興地告訴你，我是一個平常的人。我是我自己，我問心無愧，知道我沒有殘害過任何一隻生物。我可以安心睡覺，不會看到嚇人、恐怖的死貓——因爲我知道牠們做完你的研究之後就得死亡。你必須接受最大的處罰，我希望我會活著看到有關你的報導——你肢體不全，在嚥下最後一口氣以前，受到長期的折磨，則我將仰天長笑——聲音大又悠長。

圖 14-2　反向作用

反向作用的例子，可由上面信件的摘錄看出來。這封信是一位反活體解剖論者寫給馬捨門(Masserman)醫生的，馬醫生用貓爲實驗品，來做酒精中毒的研究（取材自 Maserman, 1961）。

倡改革，是因隱藏或不明顯的衝動而來的。時常虐待動物的行徑必須改進，有心人爲了這個理由，會貢獻自己的心力。不過，這些關心社會的改革者，和防衛自己以免自己不能接受的衝動表現出來的人，是不一樣的。後者過分追求「抗爭」的活動，同時在某些場合之下，會露出他眞正的動機(請看**圖 14-2**)。

有些人狂熱地致力於與道德淪喪、酒精和賭博相抗爭的活動，可能也正顯示出反向作用的形成。通常這類人士對這些問題的初期有對應上的困難，同時他們熱心參與改革，可能也是另一種抵抗自我再度墮落的方式。

理性作用(intellectualization)　所謂理性作用，是指利用抽象、理性的字眼，來描述情緒上受威脅的情境，使情境變爲超然。對每天的工作是從事生死事務的人來說，這種防衛機構是必要的。醫生及護士連續要面對許多受創傷的人們，他們不能把自己的情緒投入病人堆裡面。爲了有效地履行其功能，他們保持著超然的立場是應該的。我們在情緒那一章說過，當我們看到使我們心慌的景象時，採用理性化的防衛機構，能夠使我們的痛苦減輕。

伴隨著新而強烈的性衝動，青少年會產生不安的情緒。有時我們可採用抽象、客觀的方法，加以討論，使他們忽略這些情緒，渡過這段期間。只有在個人完全排除情緒經驗而到處濫

線與方塊
走在倫敦街道，
我小心看著脚；
兩隻脚在方塊裡面，
大群的熊等在街角，
要吃踏到線的笨鳥。
請回洞穴睡覺，
我說大熊看吧，
我總走在方塊裡了！

圖 14-3　消除作用是一種防衛
大人及小孩都想利用一種有法力及拘泥儀式的方法，來避免煩惱及恐懼，以降低焦慮感。個人通常不知道焦慮的眞正理由，這可從梅爾寧(Milne)的詩中看出。孩子害怕的，並非眞的是「等在街角的熊」(取材自 A. A. Milne)。

用理性作用時，理性作用才會產生問題。

消除作用(undoing)　所謂消除作用，是指用來預防或補償某些自己不能接受的想法或衝動的行動。通常這種行動是重複而拘泥儀式的——例如，在人行道上走路時，避免自己踏到地磚的邊，或固定踏在某幾塊磚上(見**圖 14-3**)。消除作用和有魔力及迷信的想法有關，通常根源於兒童期。在我們做小孩的時候，當我們做錯了事，大人會要我們道歉或賠償。假使我們說了道歉的話或接受處罰，則我們就能夠贖罪，重新又有了良知，開始了新的一天。懺悔及贖罪的行動，使我們能夠避免更嚴厲的處罰。因此，孩童會相信，某些行動能夠彌補做錯的事情，或預防即將降臨的災禍(例如，你會把你的動物玩具全部擺在枕頭旁邊，你睡在中間，就能夠驅除夜裡的恐怖)。

成人也有自己一套的迷信儀式。棒球投手在投球以前，會用力拉拉他的帽子，並用左脚尖在小土崗的凹洞上點三下。賭徒在擲骰子以前，會吹吹骰子。演員在登場時，會穿某套衣服，或戴某個珠寶，來表示自己的運氣頗佳。人們通常把這些行動和過去的成功經驗連在一起，因此，在面對類似的情境時，會表現出這些行動。如果這些行動儀式受到干擾，則會產生焦慮。上面所述者是正常防衛機構的消除作用。在第十五章，我們將討論消除作用被誇大時的樣子(不僅浪費時間，而且刻意講求儀式)——強迫症。

替代作用(displacement)　我們接著要討論的防衛機構，是替代作用。這種機構能夠成功地履行其功能(如降低焦慮)，同時也能使個人無法接受的動機，獲得部分的滿足。所謂替代作用，是指滿足動機的一個孔道，受到了阻礙，乃經由另外一條孔道，來滿足受阻的動機。替代作用的意義，可由底下的例子，看出一點端倪。當我們不敢對使我們受挫的來源表示不滿時，我們會把怒氣發洩在威脅較小、較方便的對象上。

佛洛伊德認爲，替代作用是處理攻擊及性衝動的最好方式。基本的驅力是無法改變的，但滿足驅力的對象則可以改變。例如，對父母親的性衝動是無法得到滿足的，但其他合適的可愛慕對象能夠取而代之，滿足這種衝動。性愛的衝動，如果不能直接獲得滿足，則可間接地表現在創造活動上，如藝術、詩歌及音樂。敵對的衝動，也可用社會能夠接受的方式表現出來，如參加人身接觸的運動。

事實上，替代作用也許不能眞正消除受到挫折的衝動，但當基本驅力受到阻礙時，替代性的活動，能夠幫助我們降低緊張。例如，當性需求無法得到滿足時，模仿母親的活動、盡母職或找尋伴侶，能夠降低性需求不滿足而來的緊張。

否定作用(denial)　當所面對的外在事實是如此地不愉快，個人可能會否定事實的存在。面對性命垂危子女的父母，可能拒絕承認任何嚴重事情會發生，即使他們已被通知診斷結果及將來可能發生的狀況。因爲他們無法忍受在瞭解事實後所產生的痛苦，所以他們只能採取否定式的防衛態度。比較不極端形式的否定則可見於個人經常忽視批評，無法認知別人對他的不滿，或忽略所有顯示婚姻伴侶有外遇的線索等。

有時候，否認事實可能比面對事實更理想。在一系列嚴重危機中，否定態度可以給個人一些時間以平常心面對微小的事實。例如，遭電擊的受害者或脊柱受傷者如果全然瞭解他們處境的嚴重性，則有可能完全放棄希望；然而希望却是激發個人努力去嘗試的誘因。軍人在面對戰鬥或是被俘虜時，若否定死亡的可能性，將可幫助他們維持生存的功能。在這些情況下，否定有其明顯的適應性價值。然而，當人們延遲尋求醫療協助時，否定的負面影響也就突顯出來了。例如，婦女可能否定胸部的腫塊爲癌症徵兆因而延遲就醫。

重要討論：

防衛機構的適應性

我們前面的討論，較強調防衛機構的反面。但有的專家認爲，我們較少注意那些健康、積極的人，如何處理他們的挫折及衝突。我們也可以把前面描述的防衛焦慮的行爲，視爲因應衝突的有效方式，是另外一種的適應，只不過較爲消極。

許多機構不但具有防衛性的一面，也具有正面或**因應**(coping)的一面。否定作用(拒絕面對讓自己受創傷的想法或感受)，是選擇性覺知或注意的一種。它的積極面是注意力集中，專心一致，暫時把痛苦的想法拋開，以便做好份內的工作。投射作用，是對他人未表示出來的感受或想法，產生的誇大及錯誤的敏感。但敏感的積極面，可能就是**同理心**(empathy)，即能夠欣賞別人感受的能力。**表 14-2** 列出一些基本的過程或機構，每一種機構同時列出防

表 14-2　機構及其表現出來的行爲

表中根據心理機構的類別，呈現出同一機構類別消極防衛與積極因應方式。

機　　構	防　衛　方　式	因　應　方　式
區辨作用：能夠把自己的構想和感受區分開來的能力。	**理性作用**：把個人的構想，從適切的情緒裡面獨立出來。	**客觀性**：將構想和感受分開，以便在必要時做理性的評價或判斷。
符號化作用：分析經驗、預期後果及考慮方案的能力。	**合理化作用**：提供明顯可接受的方式，來解釋行爲，以隱蔽原本的衝動。	**邏輯分析**：仔細分析導致這個情境的因素。
選擇性的知覺：集中注意力的能力。	**否定作用**：拒絕面對痛苦的想法或感受。	**專心一致**：暫時把痛苦的想法拋開，以做好身邊的工作。
敏感度：瞭解他人未表示出來的想法及感受的能力。	**投射作用**：把自己不好的屬性歸諸於別人，否認這種屬性是自己的一部分。	**同理心**：站在別人的立場考慮，重視別人的感受。
衝動的轉向：改變自己發洩衝動的目標或對象。	**替代作用**：暫時性或沒有結果的潛抑自己不能接受的衝動，可能用另外一種不是頂適切的對象來取代。	**替換作用**：找出另外一種社會接受的孔道，以滿足自己原始的衝動。
衝動的約束：利用抑制的方法，控制自己衝動的能力。	**潛抑作用**：全面地壓制自己的感受或構想。被壓制的題材能用象徵性的事物，如夢顯現出來。	**壓抑作用**：暫時把衝動擱置一旁，等有適當的時間、地點及對象，才表現出來。

來源：修改自 Kroeber(1963)。

衛面及應對面。對面對衝突情境的人來說，他可能同時採用幾種機構的防衛方式、應對方式，或兩者兼而有之。評估個人心理健康的程度，乃看個人習慣應用這些機構的防衛方式、應對方式的比例而定。

問題焦點的因應

爲了要因應壓力情境而非所引起的情緒，我們可以避開或找尋其他改變或解決問題的方式。解決問題的策略包括確定問題、找尋其他可能的解決之道、評估各種策略的得失利害，並從中選擇因應的方法。個人如何去熟練地運用這些策略，則視個人經歷的多寡、智慧能力以及自我控制力而定。

問題焦點策略也可能影響到個人內在，個人會改變自我而非改變環境；改變個人的抱負水準，找尋令其他人滿意的資源及學習新技能等均是。舉例來說，當個人面對具慢性壓力來源的工作時，這樣的策略可能是最好的解決之道。

此處要強調的是：大多數人均同時應用情緒焦點及問題焦點來因應處理日常生活的壓力。許多研究均要求人們把一年之內所經歷過的壓力事件記載下來；而請受試者在檢查表上報告個人在處理事務時的思維方式及行為。研究結果顯示出，幾乎每個人都會運用情緒焦點及問題焦點策略，來處理實際上的每個壓力來源(Folkman & Lazarus, 1980; Folkman et al., 1986)。

有時候這兩種因應方式會相互影響。例如，一位在考試開始前感到極度憂慮的學生，當他把注意力放在考試上，他的焦慮就逐漸減低。在這個例子裡，問題焦點因應(回到考桌上應考)降低了情緒壓力。有時候情緒焦點和問題焦點因應也會相互妨礙；一個必須做出困難決定的人，承受著他無法忍受的壓力，而為了要減低壓力，促使他過早下了個不智的決定。在這個例子中，個人運用減低壓力的策略反而干擾他無法有效解決問題。

壓力與疾病

在討論到人體對一般適應症候群的抵抗階段，我們注意到身體嘗試著適應持續存在的壓力源，而使得身體資源逐漸枯竭，也使得疾病更易入侵。慢性壓力可能引起生理上的不適應(如胃潰瘍、高血壓及心臟病)，同時也會損害免疫系統，減弱身體抵抗入侵細菌及濾過性病毒的能力。事實上，醫生估計超過半數的醫療問題中，情緒壓力扮演著重要角色。

心身症(psychosomatic disorder)就是生理疾病，而一般學者相信其中情緒狀態扮演著重要角色。心身症一詞衍生自希臘字 psyche(心靈)和 soma(身體)。一個普遍存在的偏差觀念就是，患有心身症的人不是眞正的生病，也不需要醫療看護。相反地，心身症同時反應出生理失調與組織損傷和疼痛間的關係。尤其值得注意的是，壓力所引起的胃潰瘍，不同於長時期服用大量阿斯匹靈所引起的潰瘍。

傳統上，有關心身症藥物的研究，均致力於諸如氣喘、高血壓、潰瘍、腸炎和關節炎等疾病。研究者希望找尋介於特殊疾病和在面對壓力式生活事件時個人所持有的對應態度(或者說是因應方式)兩者之間的關係。例如，患有高血壓的人感覺其生活是具威脅性的，而必須隨時保持警覺；那些深受腸炎之苦的患者，則可能是生氣但無法表達忿怒。不過，多數特殊疾病與持有態度相關性的研究均未重獲驗證。因此，「人們運用相同方式因應壓力將會感染相同疾病」的假設仍未被證實。唯一的一項重要的例外，是冠狀動脈疾病與 A 型行爲模式的研究，我們稍後再談。

時至今日，對心身症研究的焦點範圍更爲廣泛，並且**心身藥物學**(psychosomatic medicine)一詞已由**行爲藥物學**(behavioral medicine)所取代。行爲藥物學是一種吸引心理學家及藥物學家整合多種學科的新興學問。它主要在尋求瞭解社會、心理及生物方面的變項是如何結合引起疾病，以及行爲和環境該如何改變方能促進身體健康。

潰瘍

潰瘍是胃部內層的損壞(洞口)或是過多胃酸所引起的十二指腸炎。在消化過程中，胃酸和酵素的作用是將食物分解成分子狀態，使身體得以吸收運用。如果酸性物質分泌過多，它會逐漸地磨損保護胃壁的黏膜。許多因素均能引起胃酸分泌的增加，心理壓力正是其中之一。

由動物實驗中發現，壓力會引起潰瘍。一系列以老鼠所進行的實驗中，在鼠尾施以輕微電擊以產生壓力。受試的老鼠三隻一組，如**圖 14-4** 所示：左邊一隻可藉轉輪中止電擊；此外，在施放電擊之前均有警告信號；如果該鼠在適當時機轉輪則可延宕下次電擊出現的時機。中間老鼠則與左邊老鼠「共軛」，亦即牠與左邊老鼠接收同樣強度及長度的電擊，但是不能控制電擊。右邊老鼠則與左邊二鼠接受同樣裝置，但是並未通電，因此未受電擊。

這些動物經歷此實驗一段時間後，實驗者檢查其潰瘍情形，結果發現：能設法控制電擊的老鼠比起那些無能爲力的「共

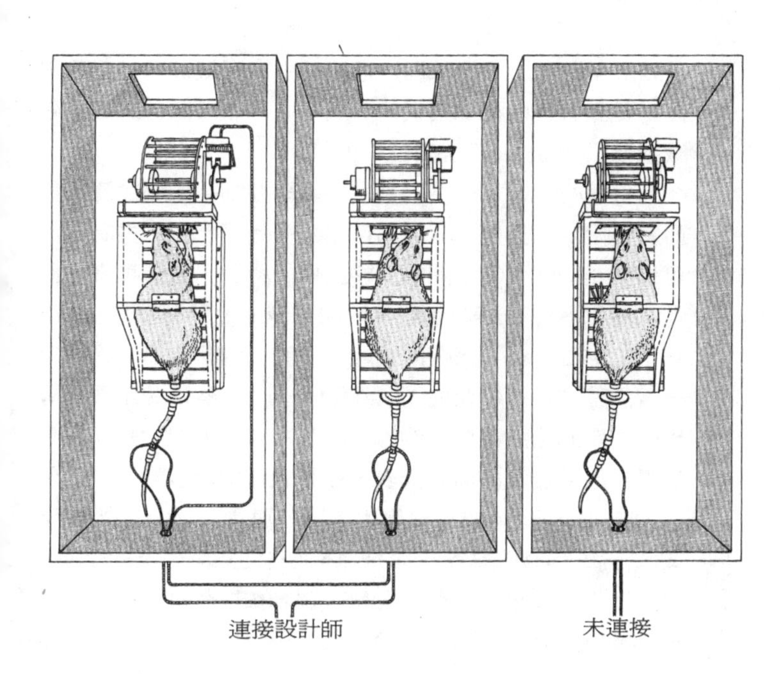

圖 14-4　老鼠潰瘍症的實驗

左邊老鼠是逃避反應的受試，牠可藉轉動輪子中止電擊；此外轉動輪子還可延宕下次電擊。中間老鼠的電線和左邊老鼠的相連，因此這兩隻老鼠所受的電擊相同，但是中間老鼠的轉動輪子行爲並不能中止電擊。右邊的是控制情況，雖連有電線，但不受任何電擊（取材自 Weiss, 1972）。

軛」同伴，較少發生潰瘍；至於控制組，因爲沒有接受電擊，也就沒有潰瘍(Weiss, 1972)。

這項實驗以及其他類似的研究，證明了長時期暴露在無法控制的壓力下，確實會造成潰瘍。雖然沒有進一步的研究，我們無法把一般動物的研究結果類推到人類身上；但是壓力似乎是造成潰瘍的因素之一——特別是有高度分泌胃酸傾向的人。

重要討論：

控制面對壓力時的生理反應

使用於協助人們面對壓力情境以控制生理反應的技巧有**生物回饋**(biofeedback)、**鬆弛訓練**(relaxation training)及**認知行爲治療**(cognitive behavior therapy)等。所謂生物回饋訓練，亦即個人接受有關自己生理狀況報告的資料(回饋)，然後試圖改變現狀。例如，在學習控制因緊張而引起頭痛的過程中，電波連接前額使得任何前額肌肉的活動，均有電波可測及、放大，並回饋給個人做爲視覺信號。這個信號或聲響，當肌肉收縮時提高反應頻率，而在肌肉放鬆時減低頻率。藉著學習控制聲響頻率，個人可以學習到如何使肌肉放鬆(前額肌肉的放鬆，通常也可確

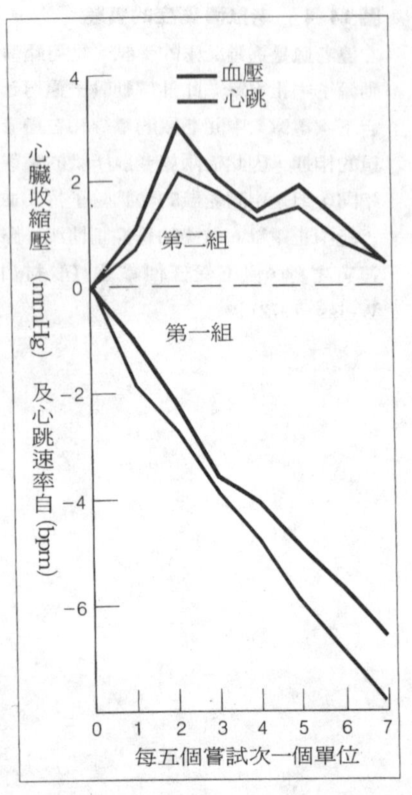

圖 14-5　血壓和心跳速率的操作性條件化歷程

一群男性受試者當他們的血壓及心跳速率同時減少時（第一受測組）接受生物回饋訓練，另一組則於血壓及心跳速率同時增加時才接受相同的回饋訓練（第二組）。當任何一組的受試者輸出十二個連續正確的心跳／血壓反應時，我們會提供幻燈片（風景照或裸體女人）和獎金做爲增強刺激。在單一條件化的受試期間，受試者顯著地感受到能夠同時地對血壓及心跳速率做出控制；而以接受刺激來降低上述功能的受試者將於數個測驗期後漸增控制力；而接受測驗以提高兩項功能者的受試組，其控制力將比較不一致（取材自 Schwartz, 1975）。

定頭部及頸部肌肉的放鬆)。在接受生物回饋訓練四至八週後，受測者可以瞭解緊張的形成，並且無須機器的回饋來減低緊張(Tarler-Benlolo, 1978)。

生理的活動過程由自主神經系統控制，如心跳速率和血壓。傳統上我們一直認爲自主神經是不能任意控制的。可是，在一九六〇年間的實驗結果，顯示出老鼠可由操作性條件化歷程(見第七章)來增加或減少心跳速率(Dicara & Miller,1968)。隨後的實驗室研究，也證明了人類可以學習調整心跳速率及血壓(見**圖 14-5**)。這些研究結果引導出一些新的治療高血壓的方式。其中一個方式就是先讓患者看自己被監測的血壓圖表，並且教導他們放鬆不同部位肌肉的若干技巧。首先教導患者緊繃肌肉(例如，用力握拳或收縮腹部)以及放鬆緊張情緒，並且注意感覺上的差異。然後，從脚及足踝處肌肉開始，逐漸擴展到身軀，最後到控制頸部及臉部的肌肉。患者學習調適肌肉張力並結合生物回饋放鬆訓練，經證實可以降低部分人的血壓(Tarler-Benlolo, 1978)。

在整理了數篇利用生物回饋及放鬆訓練以控制頭痛及高血壓的研究報告後，其結論是：最重要的變項就是學習如何放鬆(Runck, 1980)。有些人在接受生物回饋訓練時，可以學習到較快速的放鬆，其他人僅接受肌肉放鬆訓練，而無任何特殊的生物回饋訓練，也可以得到相同的效果。放鬆肌肉訓練的有效與否，全看個人。部分對於應用藥物來降低高血壓不感興趣的人，對於肌肉放鬆訓練比較有反應；不過，其他經由放鬆訓練來學習控制血壓的人，很可能在最後放棄練習，因爲他們覺得練習過程太過耗時。

能夠運用控制生物回饋以及實驗室內的肌肉放鬆訓練以控制生理反應的人，在面對實際壓力狀況下應用這類技巧會有困難，特別是他們不斷受到會令他們感到緊張的因應方式之影響時。另一項控制壓力的主張，是改變個人回應壓力情境時的認知及行爲反應。認知行爲治療法主要在協助個人辨認使他們產生生理反應症狀的壓力情境種類，並且改變他們因應這些情境的方式。例如，要求一位飽受頭痛壓力的患者開始記錄復發時間，並且評估頭痛的程度以及發生時的情境爲何。第一步先教導他如何監測自己對壓力情境的反應，並要求他把自己的感受想法，連同事發前後的行爲表現記錄下來。經過一段時間的自我監測後，特定關係也就在情境變項(例如上級及同事間的批評)、想法(我沒辦法做對事情)及情緒上、行爲上和生理的反應(沮喪、退縮及頭痛)中顯現出來。

下一步驟就是辨別可以解釋頭痛反應的預期及信念(例如，「我期待每件事均能十分完美，所以任何輕微的批評都令我感到不快」，或者是「我嚴格地評斷自己，然後變得沮喪，最後引起頭痛」)。最後且最困難的步驟就是致力改變壓力情境，及個人對壓力情境的思考方式，或他個人的行爲。其中也包括找尋比較不具壓力的工作，瞭解個人對完美表現的需求只有導致對錯誤行爲的不必要焦慮，或是在工作中學習更肯定的行爲以替代退縮不前。

認知行爲治療對於克服壓力情境的概略敍述並不符合實際程序，進一步的說明請參見第十六章。生物回饋、放鬆訓練及認知行爲治療法，在協助人們控制面對壓力時的生理反應上很有效果。有部分研究建議，以認知行爲治療所得到的進步比較可以保持長久(Holroyd, Appel, & Andrasik, 1983)。這並不令人驚訝，因爲日常生活的複雜要求通常需要彈性的配合技巧。學習肌肉放鬆技巧可能不是應付生活壓力的最有效方式。控制壓力的計畫經常結合著生物回饋、肌肉放鬆訓練和認知行爲上的調適技巧。

心臟疾病

壓力同時在心臟疾病的形成上扮演著重要角色。一個研究領域所指認的行爲模式，稱之爲「A 型」(Type A)行爲，就是有心臟病傾向的人格特徵(Friedman & Rosenman, 1974)。A 型人格被描述爲具極端競爭性以及成就取向。他們對時間有迫切性，覺得無法放鬆，並且在面對遲延或無能力者時變得不耐煩且生氣。這種假設說法主要是針對外觀自信十足，卻是持續性自我懷疑的犧牲者。他們總想在愈少時間內完成更多工作。一些共同的 A 型行爲則列在**表 14-3**。相對的，B 型(Type B)人則定義爲無 A 型人所表現特徵者。B 型人可以不覺得罪惡而放鬆自己，並且不會狂熱地工作；他們不常表現急迫感以及隨之而來的不耐煩，同時也不輕易生氣。

許多項長期研究指出，具 A 型人格的人比起 B 型人格者

表14-3 A型行爲特徵

一些標示出容易使人罹患心臟病的行爲模式(取材自 Friedman & Roseman, 1974)。

1. 想要或同時做兩件事情。
2. 以愈少的時間計畫從事愈多的活動。
3. 對周遭環境或美的事物無法注意或感興趣。
4. 催促別人談話。
5. 當被迫排隊或跟在一輛自己認爲開得太慢的車子後面開車時感到極度的憤怒。
6. 深信如果要把一件事情做得完美，一定要自己動手才行。
7. 說話時同時做手勢。
8. 經常性的抖動膝蓋或急促地拍動手指。
9. 衝動的說話方式或經常使用猥褻字眼。
10. 對於準時行爲經常吹毛求疵。
11. 很難無所是事地閒坐著。
12. 不論做任何遊戲都一定要贏，即使是和小孩子一起玩也是如此。
13. 用次數來衡量自己和其他人的成功程度（看病人的次數、寫的文章數）。
14. 嘴唇發聲、點頭、握拳頭、敲打桌面或說話時用力吸氣等。
15. 在看別人做自己認爲可以做得更快或更好的事情時變得沒耐心。
16. 迅速眨眼睛或眉毛上揚。

更容易患有心臟病(Rosenman et al., 1975; Haynes, Feinleib, & Kannel, 1980)。A 型行爲是如何地影響冠狀血管系統至今尙未完全瞭解；A 型人所感受到的壓力所產生的生理影響，可能增高血液中的膽固醇濃度，一種促成血液栓塞的過程，也可能使血壓升高或增加另一種荷爾蒙的分泌(腎上腺素)，而這種荷爾蒙可影響心跳規律的正常性。研究中同時指出，與 B 型人比較起來，A 型人在面對壓力工作時較容易改變方法和策略(Wright, Contrada, & Glass, 1985)。

一九八一年美國心臟協會在審閱 A 型人格證據後，決定將 A 型行爲歸於「易引發心臟疾病的危險因素」。不過，另外兩個近期研究結果，並沒有發現任何介於 A 型 B 型人格型態及心臟病併發兩者之間的關係(Case, Heller, Case, & Moss, 1985; Shekelle et al., 1983)。部分研究者相信這是因爲目前 A 型行爲的定義太過分歧的關係。他們認爲時間的急迫性和競爭力並不是最重要的因素，而最重要的變項看來是「氣憤」。多項研究報告指出，一個人的攻擊程度比起他整體 A 型行爲特徵而言，更能準確地預測心臟病的發生(Thoresen, Telch, & Eagleston, 1981; Dembroski, MacDougall, Williams, &

Haney, 1985)。因此，沒有耐性及具有野心似乎比持續性焦慮更不具傷害性。

一項有超過一千名曾經歷至少一次心臟病復發者共同參與，目標在於改變 A 型行爲的實驗計畫，其結果相當的成功。實驗組的受試者經由此計畫的協助以改變他們的 A 型行爲(如減低他們對時間的急迫感)。受試者被要求練習排成一列(一個 A 型人難以忍受的狀況)，並且利用機會反省在平常無暇思索的事情，或仔細觀察人群，或與陌生人談話等。治療同時還包括：學習改變某些特殊行爲(如打斷別人談話或快速地交談、飲食等)、重新評估基本信念(如「所謂成功即工作量多」)，並且設法使家庭及工作環境比較不具壓力(如鼓勵夫妻一方減少不必要的社交行爲次數)。

本研究的主要依變數爲另一次心臟病復發。研究結束後四年半，實驗組中再次復發心臟病的比率，幾乎只有沒被教導如何改變生活方式的控制組復發率之半。很明顯的，學習如何調適 A 型行爲對個人健康有所助益(Friedman et al., 1985)。

這個研究同時發現「敵意」爲心臟病復發的最有力的預測指標。個人經驗再次心臟病復發者，其中許多人因之死亡。他們與同樣具有 A 型特徵、家庭背景及對長期壓力反應大致相同而仍健在的人，並沒有什麼不同，但是他們在敵對行爲測量的得分上則高出約二至三倍。

另有一個成功地降低 A 型人敵對意識的研究報告。受試者爲一群美國陸軍軍事學院的軍官學員，這些人均無心臟病跡象，不過因爲他們均具備高分數的 A 型特徵，將來很有可能會罹患心臟疾病。一個爲期八個月的設計用來改善 A 型行爲特徵的諮詢計畫，最後產生了許多根本的改變。最戲劇性的改變就是敵對意識及對時間迫切性的降低；經歷過降低 A 型人格特徵訓練的受試者，在研究後期顯示其血液中的膽固醇含量顯著降低(Gill et al., 1985)。此計畫目前仍在繼續進行，以瞭解 A 型諮詢計畫的影響有多大、效果的持久性，以及實驗組受試者是否比沒有接受諮詢計畫的控制組受試者較少患有心臟疾病。

免疫系統

一項與行爲藥物學相關的研究領域爲**心理免疫學**(psychoimmunology)，這也正是身體的免疫系統如何爲心理變項影響的研究。免疫系統就像是一個監控機能，以防衛身體免於遭受會引起疾病的微生物入侵。它能調節整合我們身體對癌症、感染性疾病、過敏性疾病及自動免疫失常(例如關節炎正是免疫細胞攻擊身體的正常組織所產生的)的敏感性。漸增的證據顯示出壓力會影響免疫系統保護身體的能力。

許多動物實驗研究證實了以實驗方式產生的壓力，會使身體更容易感染上各種傳染病媒(Borysenko & Borysenko, 1982)，以及增加腫瘤生長的速率(Riley, 1981)。不過有關以人體爲實驗所得的資料，自然更難獲得且難以解釋說明。如早先所述，在考慮到壓力與疾病間的關係時，壓力事件對有關健康行爲的影響(飲食、睡眠、香烟及藥物的使用)是不容被忽視的。雖然如此，從文獻中確實指出：壓力可以影響我們免疫系統的功能及對感染性疾病的抵抗力(Jemmott & Locke, 1984)。

兩篇研究報告列舉了各種與降低免疫反應有關的心理壓力源。其中一篇研究發現了考試期間或處在學術壓力時期，學生表現出低水平抗體，以抵抗呼吸道感染(Jemmott et al., 1985)。另一篇研究則顯示出妻子死於乳癌的鰥夫，他們的淋巴球(一種白血球細胞，爲身體免疫系統的主要構成者)數目在他們的妻子死亡後一個月內銳減，部分案例甚至維持這種狀況長達一年之久(Schleifer, Keller, Mckegney, & Stein, 1979)。

爲什麼當壓力源和破壞免疫功能之間的連結相當強烈時，只有部分感受壓力的人身體不適？二位研究者設計了一項實驗來測試控制壓力源的能力是否可以改變免疫系統的功能。我們早先談到的控制能力爲減低壓力嚴重性的因素之一。在這項實驗中，用一套類似**圖 14-4** 的器具，老鼠則被置放於可控制或者不可控制的電擊下。兩組接受等量電擊，不過只有其中一組可利用轉動輪盤終止電擊。

爲了要測量免疫系統反應，研究員研究老鼠的 T 細胞(一種用來消滅入侵病毒的淋巴球)在測知一入侵者時其數目能增加多少。他們發現能控制電擊的老鼠與沒有接受電擊的老鼠一樣，能適當地增加免疫細胞的數量；而無法控制電擊老鼠的 T 細胞，則增加得相當緩慢。由此可知電擊(壓力)只對無法控制電擊老鼠的免疫系統產生影響(Laudenslager et al., 1983)。

利用一個類似的實驗，同樣的研究者研究無法控制的電擊對另一種免疫系統的影響：一種被稱爲**天然殺手**(natural killer cell，簡稱 NK)的 T 細胞的消滅腫瘤的能力。NK 細胞在偵測腫瘤及協助防範癌腫瘤的發展方面扮演一重要角色。不具備壓力感或是可以控制壓力源的老鼠，均能正常地消滅腫瘤細胞，而置於不可控制壓力下的老鼠，其 NK 細胞則比較無法消滅腫瘤細胞(Maier & Laudenslager, 1985)。

或許壓力式生活事件(如喪失配偶)導致對免疫反應的壓制。這種現象是因爲個人感覺到他們無法控制負面因素，亦有部分研究支持這樣的觀點。一項研究報告指出，經歷許多負面生活事件且不以焦慮或失望來回應這些事件的人，有著相當高密度的 NK 活動量，甚至於高過經歷較少生活壓力的人；那些對生活壓力有著高度焦慮及沮喪反應的人，則有較低密度的 NK 細胞活動量。適當地處理壓力似乎同時也提高了 NK 的活動水平(Locke et al., 1984)。

免疫系統的複雜是令人難以置信的，它運用各種武器間交互作用，以相當複雜的方式來防衛身體。雖然如此，它到底是如何作用至今仍然未知。至於它與神經系統的關係更不爲人所知。科學家一度相信，免疫系統乃獨立於其他生理系統而個別發揮其功能。可是，目前的研究卻愈來愈明顯地指出：免疫系統以及神經系統之間有許多解剖上及生理上的連接。舉例來說，研究人員發現淋巴球具有接受多種不同神經傳導物質的受納器，所以這些免疫系統細胞同時也能接受來自大腦的訊息，以改變其運作方式。

至於在心理免疫學領域內，其他有關神經及免疫系統間的連結，我們將自「內心態度如何影響健康」的相關課題中，得到一個比較清楚的瞭解。

抗拒壓力的個體

有些人一再經歷壓力事件而不氣餒，有些人只因爲些許的壓力源而感到不悅。從整體看來，兩個主要調和壓力源影響的變項，有個人對情境的認知評估，以及他因應壓力源的方式。數位研究人員試圖更明確地確定使得個人能夠抵抗壓力的人格特徵有那些。一項受試者超過六百位而均在同一家公司擔任助理或經理的研究，請受試利用檢查表來檢視過去三年所經歷過的壓力事件或疾病等，並且自其中選擇兩組做比較：第一組選擇壓力事件和疾病的分數高於平均者，而第二組則選擇壓力事件部分的分數與第一組差不多，但在疾病方面則低於平均數者。兩組受試組員均塡寫詳細的人格問卷。結果分析指出高度壓力、低度疾病的人與在壓力下得病的人，在三項主要範圍有所不同：他們在工作及社交生活上較爲投入；他們比較有接受挑戰及改變的傾向；他們覺得比較能夠控制生命中的事件(Kobasa, 1979)。

當然，其中可爭議的是，這些人格差異與其說是疾病發生的原因，不如說是其結果。例如，當我們生病時就不太可能參與工作或是社交生活。研究人員爲此進行一長期研究，用以考量商業主管在生病前的人格特徵；然後以爲期兩年的時間來監控，並對他們的生活壓力及生病程度計分。結果顯示出主管對於生活的態度被列爲高度參與性及控制感，而且狀況改變時抱持正面反應者，比起在這些方面分數低的人更健康(Kobasa, Maddi, & Kahn, 1982)。這其中對於改變的態度顯然是最重要的因素：把改變視爲挑戰的人(例如，認爲失去工作是找尋新生涯的機會而非嚴重挫折)傾向於感受較少壓力，並會把狀況轉變成對他們有利的情境。

抗拒壓力的特徵或堅強的人格特質可歸納爲**承諾**(commitment)、**控制**(control)及**挑戰**(challenge)。這些特徵和我們討論過影響壓力嚴重度的因素有關連。例如，處在壓力時期保持和其他人的關係，可以提供社會支持；而控制生活事件的感覺，反應出能力感並影響其評估壓力事件的方式。人們如感覺到他們能夠控制壓力情境(取代無力感)時，比較會採取行動彌補狀況。至於挑戰觀念也關係到認知評估方式，因爲他們相信改變在生活中是正常現象，並且也可視爲是成長的機會而不是對安全的威脅。

摘　要

1. 壓力一直被定義爲一種**反應**、一種**刺激**，和一種介於環境要求及個人的因應能力之間的**處理**過程。根據處理方式的主張，個人在評估某一事件將耗損個人資源或危及身心健康時，便會產生壓力。
2. 個人的**認知評估**可以決定壓力的等級。**初級的評估**在於估算情境是否有所關聯，是否具正面性或者極富壓力(亦即，持續性損失、損失的威脅或挑戰等)。**次級的評估**在於估算個人因應威脅的資源條件。

3. 有機體在處理知覺威脅時的生理機能反應(如緊急事件時，抵抗-或-逃避反應)，是由**下視丘**控制的**自主神經系統**來調節。下視丘同樣指示腎上腺體分泌**親腎上腺皮質荷爾蒙**(ACTH)，其主要活動在於分泌一些身體對緊急事件調適時扮演重要角色的其他荷爾蒙。
4. **一般適應症候群**(GAS)主要在描述身體對持續性壓力的調適過程，其階段包括**警報**(警嚇及抗驚嚇時期)、**抵抗**及**耗盡**階段。
5. 面對壓力時的心理反應包括**認知損傷**(對於專注有所困難以及行爲的僵化)和各種不同的情緒反應，如**焦慮**(客觀性與精神官能性)、**憤怒**和**攻擊性**(直接和轉換過的)，和**冷漠**以及**抑鬱**(可能反映了**學來的無助**)。
6. 壓力的來源包括對立動機間的**衝突**、主要**生活改變**，及日常生活的**困擾**。**預測**壓力事件的發生以及盡力**控制**它的持續期限，可以降低壓力的嚴重性，另外其他人的**社會支持**也可降低壓力。
7. 在因應壓力情境時，人們常使用結合了**問題焦點的因應策略**(指主要在改變情境)及**情緒焦點的因應策略**(主要在減低焦慮而沒有直接處理問題)的方式。有些情緒焦點的因應策略歪曲了現實，而被稱作**防衛機構**，包括有**潛抑作用**、**合理化作用**、**反向作用**、**投射作用**、**理性作用**、**替代作用**及**否定作用**。
8. **心身症**爲一種情緒被認爲扮演重要角色的生理疾病。**行爲藥物**，一種科際性的學問，正試著去發掘社會的、心理的，及生物的變項是如何結合在一起以產生疾病，以及行爲和環境該如何改變以促進身體的健康。
9. 長期壓力可以造成生理上的失調，如潰瘍及心臟方面的疾病；也可能因損害身體的免疫系統，而使我們的身體更易感染傳染性疾病。**A 型人格特徵**(敵意、不耐煩、時間壓力和野心)使個人有發生心臟方面疾病的傾向。無能力控制壓力事件顯示出在潰瘍的形成及減弱免疫功能方面扮演重要角色。
10. 個人抗拒壓力的人格特徵(泛指那些經歷許多生活壓力事件仍然健康者)可以下列名詞概爲略述：**承諾**、**控制**及**挑戰**。

進一步的讀物

Hamberger 及 Lohr 所著之 *Stress and Stress Management: Research and Applications* (1984)，主要討論的是不同形式的壓力、一些相關研究的發現以及各種控制壓力的方法。壓力的轉換模式在 Lazarus 和 Folkman 所著之 *Stress, Appraisal, and Coping* (1984) 書中有所介紹。至於對於壓力之預防及控制等認知行爲主張，請參閱 Meichenbaum 及 Jaremko 等所著的 *Stress Reduction and Prevention* (1983)；和後面附錄的一篇論文，由 Meichenbaum 所著的 *Stress Inoculation Training* (1985)。

另外由 Millon、Green 和 Meagher 編輯的 *The Handbook of Clinical Health Psychology*，包括了本章所討論的大部分文章，也包含了健康心理學的發展領域所討論的事物，例如，因應危及生命存續疾病的問題、慢性疾病以及殘障、老年和病人順應配合醫療程序等問題。請同時參閱由 Schneiderman 及 Tapp 編寫的 *Behavioral Medicine: The Biopsychological Approach* (1985)。

一篇由 Ana　Freud 所提供防衛機構的典型解釋出自於 *The Ego and the Mechanisms of Defanse* (1967)，有關治療方式的介紹參考自 Coleman,　Butcher 和 Carson 所著的 *Abnormal Psychology and Modern Life* (1984)。

第15章 Are you OK? 一偏差行為

§1. 正常與異常分野
1. 統計
2. 適應不佳
3. 理想

§2. 疾病的分類
P.4

第十五章　偏差行爲

偏差行爲 720
偏差的觀念
什麼是「正常」？
偏差行爲的分類
焦慮症 726
一般焦慮和恐慌症
恐懼症
過激強迫反應
焦慮症的瞭解
情感症 736
憂鬱症
重要討論：自殺與憂鬱
躁鬱症
情感症的瞭解
精神分裂症 747
精神分裂症的特徵
精神分裂症的瞭解
人格違常 757
心理病態人格
心理病態人格的起因
重要討論：心理違常與法律

幾乎每一個人在一生中都有感到焦慮不安、沮喪、憤怒或自覺能力不足的時候。遇到威脅或可怕的情境時，我們也都會訴諸各式各樣的防衛機構。只有當這些反應成爲習慣以後，我們才視之爲**心理疾病**(psychopathology)。心理疾病這個名詞除了包括一般人所說的精神病外，還包括各種的心理失常。酒精癮、藥物癮、過度撒謊，以及因情緒問題所引起的生理症狀等，都是「心理疾病」，也就是說，**偏差**(abnormal)行爲就是心理疾病。然而，我們應該如何定義「偏差」？「正常」行爲和「偏差」行爲的分野並不十分明顯。

偏差行爲

偏差的觀念

我們所謂的「偏差」行爲究竟是什麼？我們究竟又憑藉什麼標準和「正常」行爲做區分？這兒並沒有一致性意見。但是，大部分試圖描述偏差行爲均根據下列一項或多項定義。

用來描述偏差行爲的標準很多，偏差本身的意思是「偏離正常」。人的許多特徵，如身高、體重、智力等都差不多在某一範圍之內，絕大多數的人身高落於身高的平均值附近，只有極少數人有偏差(過高或過矮)，這個偏差定義以**統計頻數**(statistical frequency)爲準。所謂「偏差行爲」指的是統計上不常發生或偏離常模的行爲，但是這個定義卻也將特別聰明或特別適應的人視爲偏差。因此，定義偏差行爲的時候，我們必須考慮統計頻數以外的因素。

我們所居住的社會也會依據其**社會標準**(social standard)，將某些行爲視爲偏差。通常(但並不一定)這種行爲在該社會中也是統計頻數很低的。但是，某一社會視爲正常的行爲可能會被另一個社會視爲偏差。例如，在沒有人講話的時候聽到聲音，在絕大多數社會中是偏差行爲，但在某些印地安族中卻一點也不稀奇。除此之外，同一社會對偏差行爲的看法也會與世推移。二十年以前，大多數美國人視吸食大麻、海灘裸體或同性戀爲偏差，現在則視這些行爲爲不同的或非典型的生活型態，不再視它們爲心理疾病的證據。由是觀之，正常和偏差隨時間、社會而不同，一個人的行爲完全由其所處之社會團體的標準來評判。

偏差行爲的第三個定義乃以行爲的**適應程度**(adaptiveness)爲基礎。根據這個定義，偏差行爲就是**適應不良行爲**(maladaptive)，這種行爲對個人和社會都有不良的影響。依照這個效標，因害怕群衆而無法搭車去工作的人、企圖自殺的女孩、野蠻衝動的小孩都可視爲偏差。

第四個效標以個人的主觀感受來定義偏差。絕大多數(並非全部)被診斷爲心理疾病的人都覺得自己很悲慘，他們一般都相當焦慮、沮喪、憤怒，有時候還會失眠、沒有胃口、頭痛等。輕度心理疾病，即**精神官能症**(neurosis)，可能只有沮喪不安一個症狀，不仔細觀察的話，會使你覺得病人一切正常。

以上沒有一個定義對偏差行爲提供了完全令人滿意的描述。一般說來，在診斷心理疾病時，這四種效標——統計的、社會的、行爲適應、主觀感受——都用上了。**法律上的**(legal)偏差定義以一個人是否有能力判斷「是」、「非」爲準，這個診斷方式比上述四種效標更差。

什麼是「正常」？

正常比偏差更難定義，在現代結構複雜而且變化迅速的社會裡尤其困難。傳統上，心理學家特別強調個體對環境的適應。正常的人格特質可以幫助一個人適應其所處社會——與別人和睦相處並在社會上佔一席之地。現在有許多心理學家認爲適應這個名詞含有順從別人的意思，不能充分描述健全人格。他們現在比較重視積極屬性，如獨立性、創造力、自我潛能的實現等。馬士洛(Maslow)就視**自我實現**(self-actualization)爲人類最高的動機，能夠自我實現的人就是心理健康的人。

從另一方面來說，能夠達到馬士洛的自我實現標準的人少之又少。我們絕大多數都過著相當呆板的生活，每天爲生存需要而奔波，但我們並沒有適應不良或心理不健康的現象。絕大多數的人都無法達到馬士洛的標準。

正常行爲或人格的定義雖然莫衷一是，絕大多數心理學家卻都同意下列特質是心理健康的指標。這些特性無法確分心理健康與心理疾病，它們只代表了一般正常人所具有的特性。

(1)現實的充分知覺。正常人都對自己的反應、能力、環境有充分、實際的評估。他不會時常誤會別人所做所爲，他以相當實際的眼光來評估自己的能力——既不高估自己，也不低估自己。

(2)自我瞭解。適應良好的人大都能覺察自己的動機和感覺。雖然沒有任何人能夠完全瞭解自己的感覺和行爲，但是正常人比心理失常的人有較深入的自我瞭解。正常人比較不會隱藏重要的感覺和動機。

(3)控制行爲的自主能力。正常人對控制或引導自己的行爲比較有信心。他偶爾也可能衝動行事，但必要的時候，他能夠抑制自己的性衝動和攻擊衝動。他有時候可能會做出不符社會標準的行爲，但是，他這種行爲是他自己的意志決定的，不是衝動的結果。

(4)自我尊重和自我接受。適應良好的人都有自我價值感，並且覺得被周遭的人所接受。他和別人處得很好，在社會情境中能夠自動自發，同時，他不會認爲必須順從團體的意見。疏離感、無用感、不被別人接受等，是心理疾病者常存的感覺。

(5)形成親密關係的能力。正常人能夠和別人形成親密滿足的關係。他對別人的感覺和需要相當敏感，他不會過度講求自我需要的滿足。而心理疾病者卻經常過份的關心自己的安全，變得極端的自我中心，於是只重視自己的感覺、目標，只能冀求別人的感情，卻無法回報別人。

(6)工作能力。心理健康的人能夠在工作上表現他的能力，他具有生活熱忱。心理緊張或內心衝突的人則顯得懶懶散散，並且很容易感到疲勞。

有些人認爲受到衝突折磨的人會把他們的痛苦昇華，變成創作泉源。藝術家高更和梵谷都是情緒有問題的人，有人懷疑如果他們適應良好的話，是否能創作出偉大作品。這個問題引起了廣泛的爭論。雖然有極少數人能夠把他們的困擾轉化爲力量，絕大部分的人卻因爲情緒衝突，而限制了他們的生產力和創造力。

偏差行爲的分類

許多類型行爲均被歸類爲偏差。部分偏差行爲相當激烈且短暫，多半源自於特殊的壓力事件；其他則爲慢性且爲永久性。有些偏差行爲起因自疾病或神經系統的損壞，其他則是不正常社會環境或是錯誤學習經驗下的產物。這些因素通常彼此重疊且相互影響。每個人均有其獨特的言行及情緒問題，沒有兩個人有完全相同的舉止或共同分享相似的生活經驗。但是，現在有足夠的類似點使得心理衛生專家可以將這些因素分類成不同範圍。

任何一種分類系統均有其優點和缺點。如果多種類型的偏差行爲有各種不同成因，我們希望能夠根據行爲相似性把個別差異行爲加以分組，以尋找人們可能產生的相同表現方式。診斷指標可以使和情緒困擾病人相處者，能夠更快速且精確地溝通訊息。精神分裂症的診斷經常指向個人行爲。明瞭個人發生的症狀與其他人相類似程度(病情進程是循著特別過程，或自特定治療中受益)，亦有助於決定如何治療病患。

但是，缺點也隨之出現。如果我們太過依賴診斷指標，將會使我們過份重視個案的特殊行爲徵候，並且期望患者能夠符合分類。我們也可能忘記適應不良行爲的指標不是行爲的解釋。分類並不能告訴我們行爲是如何形成，或者什麼原因使得患者繼續其行爲；同樣也該注意的就是我們標示個人行爲(而非個人)爲偏差。因此，我們會述及某人舉止類似精神分裂症(可能隨著時間有所改變)，而不說某人是精神分裂。標定行爲應該依據狀況而定，而不是針對個人。

在美國被多數心理健康專家最常使用的心理疾病分類，就是「心理症狀的診斷及統計手册第三版」(簡稱爲 DSM-III)。這本手册十分符合世界健康組織所制定的國際通用規格。有關 DSM-III內心理症狀的主要範疇，均列在**表 15-1**，其中部分症狀將於本章後段有更詳盡的討論。

DSM-III在每個主要標題下都列有更爲廣泛的副標題，以及可以執行診斷時必須要有的症狀描述。對於個人的完整診斷內容包含甚廣。除了主要的診斷目錄外，它還包括：

(1)有關個人顯著人格特徵以及因應壓力之描述。

(2)關於瞭解及治療病人時任何現存生理疾病的清單。

(3)記錄任何可能促成異常的壓力事件。

(4)一項個人於從前在社交或職業上的表現有多好的評量。

所有這些變數在治療及預知方面均十分有幫助。

或許你曾聽過**精神官能症**(neurosis)及**精神症**(psychosis)等類名詞，並且對於它們應歸到**表 15-1** 範圍內心理症狀描述之那一類別覺得困惑。傳統上，這些名詞指的是主要的診斷

表 15-1　心理疾病類別

表內所列項次爲DSM-III的主要診斷類別。每一類別均包括許多次要類別。另有一些剩下的類別（即難以歸類者）在本表則予以省略（取材自美國精神醫學協會 1980 所載）。

1. 嬰兒、孩童或青少年時期的心理異常
   包括心智遲滯、過動症、兒童期焦慮、飲食異常症（如厭食症），以及其他偏離正常發展行爲。
2. 器質性心理異常
   包含直接和腦部傷害或生化環境異常有關的心理異常症狀；可能是年紀大、神經系統退化病變（例如梅毒或 Alzheimer 症），或是有毒物質的攝取（例如鉛中毒或嚴重酒精中毒）所產生的結果。
3. 物質濫用
   包括過度使用酒精、安非他命、古柯鹼及其他會造成行爲改變的藥物。大麻和煙草也包含在這範圍，而這也引起相當程度的爭議。
4. 精神分裂症
   一組與現實脫節，思考及知覺上明顯的困擾，以及奇怪行爲等特徵所組合的心理異常現象。
5. 偏執症
   伴隨被害妄想，有多疑、敵意等特徵的心理疾病；其他部分與現實的接觸則爲正常。
6. 情感症
   正常心情受到困擾；患者可能非常憂鬱，過度興奮，或是在興奮及憂鬱兩時期內變換。
7. 焦慮症
   包括以焦慮爲主要徵狀的心理疾病（一般焦慮症或恐慌症），或者是除非患者避開特定恐怖狀況（恐懼症）否則即感到焦慮，或是試圖抗拒特定儀式性或堅持某一特定想法會反覆出現（強迫症）。
8. 身體症
   主要是生理上的症狀，不過不是以器官性毛病爲主，而是心理上的因素爲首要影響角色。包括轉換症（例如，一位非常不願意照顧生病母親的女士突然間產生了手臂的麻痺）以及慮病症（過份專注健康及害怕生病，即使沒有擔心的必要）。
9. 解離症
   因爲情緒問題所引起意識、記憶及認同功能的暫時性改變。包括健忘症及多重人格。
10. 心因性異常
    包括性別認同、性能力表現和性目標的異常。同性戀只有在個人不滿意他（她）的性行爲導向並且想改變時才被考慮爲異常。
11. 其他未歸類之衝動控制障礙
    這個項目包括人們尋求幫助的許多問題，如婚姻問題、虐待兒童。
12. 人格違常
    長時間的不適應行爲造成個人在應對壓力或解決問題時表現出不成熟或不恰當方式。反社會人格及自戀性人格爲兩個重要例子。

範疇。精神官能症包括一群具有焦慮、不快樂經驗及不適應行爲等，但不至於嚴重到需要住院治療的失調現象。個人雖然不具完全正常的能力，但仍可在社會中正常運作。精神症包括嚴重的心理失調，個人的行爲及思潮均被混淆影響，使得他(她)無法接觸眞實情境以配合日常生活要求，所以通常需要住院治療。

不論是精神官能症或精神症，均不在DSM-III的主要範疇內。造成這種早期分類系統分歧的原因很多，主要的考量在於診斷的精確性。這兩種精神症狀的範圍包含甚廣，同時也顯現出許多不同類型的心理失調症狀。結果是，心理衛生專家無法針對特定個案一直保持相同的診療結果。DSM-III試圖根據每一項特殊的行爲徵侯來分組失調症狀，而不是暗示有關徵兆的源由或治療方式來獲得更多的認同。其主要目的在於描述臨床工作者觀察到的有心理問題者之行爲，而使這些觀察所得能正確地與心理衛生專家做溝通。因此，DSM-III比第二版包含了更多的病例敍述。早先被歸類爲精神官能症的失調症狀(因爲病因被視爲內在衝突形式)，均在DSM-III[illegible]分類爲三個大項：**焦慮症**(anxiety disorder)、**身體症**(so[illegible]toform disorder)以及**解離症**(dissociative disorder)。

雖然精神症已不再是一主[illegible]DSM-III還是可以辨視被診斷[illegible]**精神分裂症**(schiz[illegible]**妄想性精神病**(paranoid diso[illegible]der)、部分**情感**[illegible]isorder)，以及於患病期間表現出[illegible]行爲的[illegible]**害者**(organic mental disorder)[illegible]式，並且對於[illegible]能患有**幻覺**(hallucin[illegible]奇怪景象)或**妄想**(錯誤設[illegible]強而有力的個體所控制[illegible]

這些[illegible]的心理異常症狀後會更加明瞭。本章的其餘部分，[illegible]、情感症、精神分裂以及一種人格失調類型。酗酒及藥癮([illegible]被歸類爲**物質使用異常**，substance use disorder)在第四章有深入研究。另外多重人格、解離症亦在第四章有所討論。

焦慮症

我們大多數人在面對威脅或壓力情境時均感到焦慮和緊張。這種感覺是對壓力的正常反應。只有在多數人均能毫無困難地應付狀況時仍產生焦慮，才會被視爲不正常。焦慮症包括一系列失調現象，而以焦慮爲主要症狀(**一般性焦慮**〔generalized anxiety〕及**恐慌症**〔panic disorder〕)，或者是當個人試圖控制部分不適應行爲所經驗到的焦慮反應(**恐懼症**〔phobia〕及**過激強迫反應**〔obsessive-compulsive disorders〕)。

一般焦慮和恐慌症

一個患有一般焦慮症的患者每天生活在高度緊張狀態下，他(她)經常含糊或感覺不自在或在大多數時間均感到焦慮，對於微小的壓力亦容易過度反應。平時最常聽到的生理抱怨有：一種困擾不安的睡眠、疲倦、頭痛、昏昏欲睡及快速心跳等。除此之外，患者亦不斷地憂慮一些潛在性的問題，並且很難集中注意力或做決定。然而，當患者最後做出決定時，這項決定很快就變成另一種擔憂(「我是否已預見所有的可能性？」或者「結果會是悲劇嗎？」)。

曾經經歷過一般焦慮症者通常也經驗過恐慌感——突然之間感受到激烈的、壓倒性的焦慮或懼怕。當感覺恐慌時，個人覺得某些可怕的事情就要發生。這類感覺通常伴隨著心跳悸動、呼吸急促、冒汗、肌肉顫抖、無力及噁心等症狀。這些症狀均因自主神經中交感神經系統的刺激而發生，並且也是人們在極度害怕的情形下經歷的反應。在嚴重恐慌感發生時，人們會害怕死亡。下面一段個人敍述說明了這類經驗的可怕：

> 「我記得當時正走在街上，明月如鏡，但是突然間我對四周事物感到陌生，就像在夢境一般，我的內心起了一陣恐慌，我強做鎮定走了約四分之一英哩路，可是恐懼感益發嚴重……就在此時，我全身汗水淋漓，內心顫抖，心臟噗咚跳個不停，可是兩脚像生了根似的無法動彈……恐怖極了。我無助地站著不知

我經常爲心跳聲音所困擾。
一點點的煩惱都會使我神經緊張並易怒。
我經常無緣無故突然間感到害怕。
我經常擔心因而使我的心情不愉快。
我經常爲體力完全消耗及疲憊感到不舒服。
要下定決心對我而言一向不容易。
我似乎一直在擔心一些事情。
我一直覺得緊張且保持高張力狀態。
我通常不認爲自己能夠克服自己的困難。
我一直過度緊張。

表 15-2　一般焦慮症狀

列在表內的陳述爲患有慢性高度焦慮症患者的自我描述 (取材自 Sarason & Sarason, 1984)。

如何是好。唯一保持清醒的就是回家的念頭。我緩慢地步向回家途上，攀附著路邊籬笆。在最後回到家前，我都無法仔細回顧這趟歷程。走入家中，我的情緒全然崩潰，只能無助地哭泣……後來幾天我都不敢外出；就是外出，也只是和母親及小孩到幾哩外的祖母家。我的一位表姊曾提議一起去嬸嬸家，可是我內心不自覺地產生恐懼，使得我確信當時自己就要死去。因爲這個念頭的產生，我幾乎無法獨自一人外出，即使有別人陪伴亦有極大的困難。」(Melville,1977)

通常經歷過一般焦慮症及恐慌症的人對於自己究竟害怕什麼一無所知。這類型焦慮有時候稱爲「漂浮性焦慮」。因爲它不單在某些特殊狀況才發生，甚至在許多不同情境下也會發生。

恐懼症

相對於輕微的一般焦慮症而言，恐懼症所產生的害怕更爲特殊。某些對多數人而言均不會考慮到危險性的刺激或情境，一些人卻反應出相當的恐懼，此即稱之爲恐懼症。患者通常瞭解他(她)的恐懼是不合理的，可是還是會覺得焦慮(範圍自強烈的不安到恐慌)；只有避開產生恐懼的目標或情境才能解決緊張的現象。

我們大多數人都會害怕某些事物，根據報導，一般成年人最常有的七種恐懼爲：蛇、高的地區、暴風雨、醫生、疾病、傷害和死亡(Agras, 1975)。我們可自**圖 15-1** 中看出，對各類特殊恐懼的程度隨著年齡的不同有所改變；這同時也顯示出一種介於一般恐懼及恐懼症間的連續性，也使得它們之間的區別更爲不明確。不過，除非恐懼感覺對個人的日常生活有相當的影響，否則通常不會被診斷爲恐懼症。一位女子對於封閉場所所產生的恐懼，使得她無法進入電梯；或是一位男士對人群的恐懼，使得他無法到戲院或走在人群擁擠的人行道上等，皆是常見的恐懼症範例。

DSM-III把恐懼症區分成三大類：單純恐懼症、社交恐懼症及廣場恐懼症。**單純恐懼症**(simple phobia)爲對特定物品、動物或狀況所產生的恐懼感，如對蛇、高度、封閉場所以及黑暗等莫名的害怕等。某些人可能產生單純恐懼症，但在其他方面皆正常。比較嚴重的案例中，個人多患有與生活多層面相關

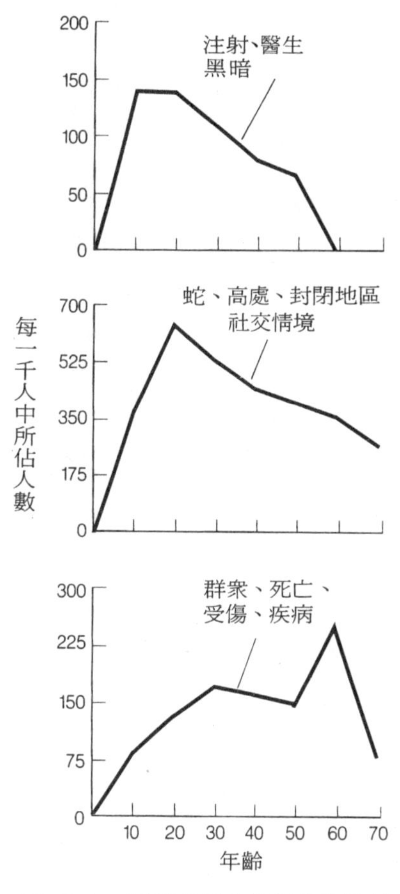

圖 15-1　隨著年紀恐懼對象的改變
這個圖形顯示出不同年齡者所報導對特殊對象恐懼消長的分佈情形。隨年齡層變化而有相同消長情形的恐懼同時呈現在同一圖中。例如，上圖顯示出對注射、醫生及黑暗的恐懼最高峯在十歲，之後漸降。中圖則顯示對蛇、高度、封閉地區及社交情境的恐懼在二十歲達到高峯。下圖則顯示對群衆、死亡、受傷或疾病的恐懼在二十歲以後變得更爲普遍(取材自 Agras,Sylvester, & Oliveau, 1969)。

連的數種恐懼症，並且可能爲壓抑性或強迫性的行爲所交織圍繞。

患有**社交恐懼症**(social phobia)的人對社交場合會產生極度的不安全感，同時也有股誇張性的恐懼令他們感到不自在，通常他們很擔心會不由自主地因手的顫抖、臉紅或發抖的聲音等現象而顯露出其焦慮情緒，而這些恐懼通常不甚實際：患者害怕會發抖卻無此跡象；害怕說話會口吃或顫抖實際談話卻很正常。對於公衆做演講或是在公共場合用餐的恐懼，通常是患有社交恐懼症者最常有的抱怨。

有些恐懼症患者除了害怕某種事物外，其他一切正常，但是多數患者會同時顯出其他精神官能症候，例如，有一位十八歲的大一學生到學生健康中心請求幫忙，每次他離開宿舍到學校的時候都會感到恐慌。「有時候情況特別糟，使我覺得就要崩潰了。那種感覺實在可怕，我已經不太敢離開宿舍。」他不瞭解這種感覺來自何方，因爲他和同學、教授都處得很好。從課堂回到宿舍以後，他無法專心看書，也無法和別人交談。但是在寢室裡面他覺得相當舒服。

晤談期間，這個年輕人談到了他所害怕的一些事，像染上梅毒和變成禿頭。這些恐懼有時候相當強烈，使他不斷地擦手、抓頭，直到紅腫，甚至出血爲止。此外，他從不飲公共場所的水，不上宿舍或家裡以外的厠所。他知道他害怕過度而且毫無根據，但也覺得他的憂慮和警覺，是避免更嚴重的心理苦悶所必需的。

這個學生的過去生活史顯示他一直非常關切他的性別，憂慮他是不是一個十足的男性。少年時期他就儘量避免和其他男孩遊玩，因爲他跑不過別人，球也打得比別人差。他的母親也禁止他和別的孩子玩，因爲她認爲和野孩子玩容易受傷。他相當晚熟，當別男孩已經進入青春期的時候，他的發育還比不上別人；他相當憂慮自己變成女孩，害怕別的男孩會冒犯他。

他的青春期終於到了，他卻仍然憂慮他的男性身分，有時甚至會幻想自己變成女孩，這時候，他變得焦慮不安，並且不時有自殺的念頭。

治療者的短期目標是以系統減敏法(詳見第十六章)消除他那離開宿舍時所引起的恐懼感，然而，要徹底消除恐懼的話，必須解決病根所在的性認同的問題(Kleinmuntz, 1974)。

廣場恐懼症(agoraphobia)爲人們最普遍尋求專業協助的

恐懼症，也是最無能爲力的症狀。這個字義在希臘文爲「對市集的恐懼」。患有廣場恐懼症者害怕進入不熟悉地區；他們避開廣大的空間、人群及旅行。在一些比較極端的個案中，患者可能會對離開熟悉的家庭環境產生恐懼。我們可自下面一位患有廣場恐懼症女士描述生活中發生的事故，看出這種恐懼是多麼令人感到沮喪。

> 住在隔壁的女士是一位非常好的人，我很喜歡她。有一天，她問我是否願意開車到離我們住處約五哩遠的一家新開幕購物中心，我不知道要怎樣告訴她我是絕對不可能離開這附近的。她一定注意到我是多麼地沮喪，但是我的內心正在激盪，有如即將掉落地面的樹葉一般。我假想自己處在人群中迷失了或者昏迷過去；我被購物中心開幕的人潮所驚嚇。這次我找了個藉口推辭，但是我不知道下次該怎麼說。或許我該告訴她一些有關我自己的奇怪行爲。」(Sarason & Sarason, 1984)

廣場恐懼症者通常有被恐慌襲擊過的記錄。患者深以爲離開安全的家即喪失能力，且沒有人可以協助他們，因而感到恐懼。擁擠的封閉場合難以逃生(如巴士或戲院)特別令人害怕。廣場恐懼症也對開闊空間感到恐怖(廣大的水域、空曠的景觀、空蕩的街道)，但對空間環繞著樹木或容易接觸的封閉空間(或許是家的象徵)，則感到較爲安適。廣場恐懼症患者通常非常有依賴性；有高比例的案例早在發生廣場恐懼症好久之前，即顯示出童年時期的分離焦慮(害怕離開母親)(Gittelman & Klein, 1985)，是以單純恐懼症及社交恐懼症容易治療，而廣場恐懼症則困難許多。

過激強迫反應

過激強迫反應指的是病人不由自主的想某個他不願意想的念頭，或做某個他不願意做的動作。過激指的是不受歡迎想法的干擾；強迫則是指某種動機或儀式的不可抗拒衝動。過激想法與強迫行爲經常隨同出現——例如，病菌四伏的過激想法和不斷洗手的強迫行爲契合在一起。

我們每一個人偶爾會有某種想法縈繞心頭(瓦斯到底有沒有關？)或者做出某種固著行爲(敲木頭以期帶來好運)。但是過激強迫反應症患者，卻時時被過激想法和強迫行爲困擾，因而嚴重妨礙了日常生活。他知道自己想法和行為的無理，但卻無法控制它們。

最常見的過激想法和不道德衝動或性衝動有關。某些年輕人會有公開暴露性器官的念頭；做媽媽的可能會不時的想把孩子溺死；做丈夫的可能充滿毒殺妻子或以鐵鎚毆擊太太的想法。這些念頭訴諸行動的可能性幾乎等於零，但是當事人卻無法控制它們。他害怕這些過激的想法，卻不瞭解它們為什麼縈繞腦際，他不但怕自己眞的做出這些事，也懷疑自己是不是瘋了。

我們現在舉一個例子來說明過激想法。故事的主人翁是一個年輕婦女，她時常有謀殺他那二個孩子的念頭。研究的結果發現，她父母嚴禁她表示對別人的不滿和憤怒，種下她的過激強迫反應的病因。一旦正常的憤怒或敵意被壓抑或否認，它們就以間接方式顯現出來：

> 患者三十二歲，有二個小孩，她時常有謀殺孩子的念頭，有時候則想謀殺丈夫。這些想法令她恐怖不安。只好尋求專家的幫助。她把這個問題藏在心中將近兩年之久，最後實在已經無法忍受了，才把它說出來。
>
> 這些困擾她的念頭，和一般婦女偶爾不堪孩子煩擾時的想法大致相同。一般父母比較不會壓抑他們的感覺，他們偶爾會說：「氣死我了，今天眞想把小牛丢出去。」他們在說這句話的時候並不覺得罪惡或害怕，並且很快就忘了。但是這個患者並不如此，她非常害怕這個念頭、咀咒這個念頭。對她而言，想法和行動同樣的會令她不安、害怕。
>
> 這個婦女從小就養成了壓抑、否認敵意和焦慮的行為模式。為了逃避這些可怕的想法所引起的罪惡感，她想盡辦法疏離、否認這些想法。她說：「它們和我的感覺無關，它們絕不是我的想法……」
>
> 患者有個焦慮、不安全、不許她表示敵意和憤怒的母親。患者在幼年時期就知道必須壓抑、否認愛和喜歡以外的一切情緒。患者是三個孩子中的老大，負有看顧弟妹的責任，她覺得失去了父母的親情，因此很恨她的弟妹。她偶爾會有謀殺弟妹的念頭，這個念頭使她深感罪惡，因此這個念頭和伴隨的情緒就被她完全壓抑在潛意識裡。等到她結婚生了孩子後，這些早期的衝突又重現了(Laughlin, 1967)。

強迫行爲的形式很多，從最簡單的迷信行爲——例如在寫作業以前整理書桌，或在考試以前燒香拜佛，到極端複雜、費時、費力的儀式都有，如下述個案所示：

> 一位三十歲的婦女有一套很奇怪的儀式行爲，這個儀式幾乎佔去了她每天的工作時間。她在上床睡覺以前一定要把家中所有門窗仔細檢查三次，以確定已經完全鎖上。瓦斯爐、熱水器等亦然，以防止瓦斯溢出。洗澡、穿衣耗費了她很多時間，因爲她時常連著洗三、四次澡——以藥皂用力擦洗——直到她認爲已經乾淨可以穿上衣服爲止。她只穿容易洗滌的衣服，不相信乾洗可以把病菌除去，每一件衣服都必須洗三次以上她才敢穿。準備食物也一樣不厭其煩。飯前、飯後都要用沸水洗碗碟，不是她自己煮的食物不敢吃。這個婦人向來都非常注重清潔，但她這些「安全手續」愈來愈厲害，最後終於形成病態，妨礙了她的日常生活。她有時候會覺得這樣做很愚蠢，但是，想要中止這些行爲又會令她煩燥不安(Atkinson, 未發表的個案報告)。

有時候，尤其在緊張的情境中，做某種儀式或固定行爲可以使我們覺得好過些。但是，過激強迫症患者卻在平靜不緊張的情境中做了過度的儀式，這些費盡心血、費時費力的儀式行爲有兩個功能：第一個功能是在混亂可怕的情境中建立秩序，仔細完成的行爲模式可以防止錯誤的發生；第二個功能是把可怕的衝動壓抑下來，以免引起焦慮，忙碌的人極少有機會去想不好的念頭或從事不當的行動。

我們有時候稱一個人特別地愛乾淨、小心以及非常專注細節爲具有強迫性人格——或是有時候稱爲**過激強迫性人格**(obsessive-compulsive personality)。這類型人通常對本身的思慮、行爲及道德性方面趨於嚴格要求。我們可以很容易就假設過激強迫性人格是處於壓力下個人自然發展的過激強迫性的反應。但是這項假設並未獲得足夠證據支持。人格測驗的結果顯示出，具有過激強迫反應者並沒有過激強迫性人格的特徵(Rachman & Hodgson, 1980)。我們另外該注意的是，患有過激強迫性人格者通常對於他們的小心謹慎及對細節的注意感到自豪；個人患有過激強迫反應症者，則憎惡過激強迫徵狀並且希望將之除去。

焦慮症的瞭解

我們並不知道爲什麼有些人患有慢性焦慮症，但是他們的行爲似乎只是回應了對危險情境感到無能爲力。焦慮症理論主要探討內在衝突、對外在事件的學習反應、認知方面的不適應和生物因素。

心理分析觀點　心理分析理論認爲焦慮來源是內在及潛意識的。個人必然潛抑了某些可能危及自尊或人際關係間難以接受或危險的刺激。在可能引發這些刺激（通常爲性或攻擊性的）的情境中，患者感受到極大焦慮。因爲焦慮來源爲潛意識狀態，患者並不知道他（她）爲何感到焦慮。

自心理分析觀點而言，恐懼症乃藉著將焦慮轉換到可以避免的事物或情境的方式來因應焦慮。例如，前面報導的個案中，該名十八歲的學生可藉著待在房間以遠離其他男人，或是避免使用公共廁所以防止同性戀衝動的產生。過激及強迫性行爲通常也用於保護個人免於瞭解焦慮的眞實源由。過激性想法則爲不被接受的而被潛抑並予以僞裝掩飾的一群衝動（敵意、挫折、不正常的性需求）。當患者認爲他們不是自我個體的一部分時，他們可能會運用強迫性行爲以放鬆或彌補禁制的衝動。一位有謀害嬰孩過激想法的母親，可能覺得必須於夜間多次檢視以確保小孩是安全的。強迫性儀式通常也用來驅除個人意識中具威脅性的刺激：一個很忙碌的人沒有太多機會思考不當想法或是做出不恰當的行爲。

行爲論觀點　致力於學習理論架構的心理學家，把焦慮當做是特定外在事件的影響多於內在的衝突。當個人覺得無法應付每天的許多情境，並且大多數時間均感到焦慮時，一般焦慮症即產生。恐懼症被認爲是一種逃避反應，可直接自害怕經驗（被狗攻擊後對狗產生恐懼）或是觀察其他可怕反應中學得。

正統條件化歷程的應用範例提供了一項爲何無傷害性物體或情境變成恐懼焦點的解釋：一個中性物質（條件化刺激）連同一創傷性事件（非條件化刺激）出現，會產生對中性物質的恐懼感（條件反應）。例如，一個想採黃色花朵而被蜜蜂叮咬的小孩，以後對黃色花朵產生了恐懼感。在被認定爲恐慌個案中，可將突發性的創傷事件以正統條件化歷程予以適當解釋。在實驗室中以動物及人類爲受試的實驗裡有許多證據顯示出，聯結中性物質及驚嚇情境會使受試對該中性物質產生強烈恐懼感。不過，這項對恐懼感的解釋也有問題。單純恐懼症幾乎一向是限定在特定物體上，而不是創傷事件發生時同時存在的任何其他物質。爲什麼？例如，對一般性黑暗有所恐懼，而對睡衣產生的恐懼則不存在，即使這兩項均可能和夜間創傷有所關連。爲什麼我們對蛇或昆蟲產生恐懼，而不是小孩子或綿羊？爲什麼我們對槍枝的恐懼甚少，即使這項物品和傷害有所關連？

預設條件化(prepared conditioning)此一概念曾被提出來做爲一種解釋。人類在生物學上傾向於或是「已預備好」對幾種特定危險物品或情境會有害怕反應。當這些物質或情境和創傷情境一起出現，恐懼條件化迅速反應並且難以消除(Seligman,1971;Seligman & Rosenhan,1984)。大多數常見的恐懼症在我們遠祖時確實曾發生過危險。而「自然選擇法則」(natural selection)可能有利於能迅速學習到「陌生人、高度、蛇、大型動物及黑暗具危險性」的這些祖先們(他們接觸危機情境的機會最少)。進化過程也可能篩選一些早期被認爲是危險的特定物質，而針對這些創傷情境已能迅速做出條件反應。相對地，我們對其他物質(如綿羊、槍及電源插座)，因爲它們從不具危險性或是它們是晚近才發明的，而未經自然選擇過程，使得我們對其比較不容易建立起害怕的條件反應。因此，恐懼症可說是已預備的正統條件化學習，而非一般正統條件化學習。

一系列的實驗室實驗偏向支持人們已準備好學習害怕某些特定東西的看法。此類研究主要是以志願受測學生爲對象，而選用一些預備性刺激(蛇或蜘蛛的圖片)以及非預備性刺激(房子、臉孔或花朵的圖片)，分別進行恐懼條件化歷程。圖片介紹後緊接著短暫但令人疼痛的電擊。恐懼條件化學習則經由膚電反應測得，結果發現，在預備性刺激中的產生比非預備性刺激快了許多。事實上，條件化學習在一次配合電擊及蛇和蜘蛛圖片下即可產生，卻要四至五次配合臉孔、房屋或花朵圖片的電擊，才會對上述物體產生恐懼。接下的實驗中發現，對於槍枝的條件化學習其結果類似花朵而非蛇或蜘蛛(Ohman, Fredrikson, Hugdahl, & Rimmo, 1976)。

把恐懼症當做是預備性學習有助於解釋恐懼的非理性以及不被消除。在正常的恐懼條件化學習下，一旦非條件化刺激(如電擊)不再配合條件化刺激，則恐懼感很快消失，但在預備恐懼條件化學習中則不然。在一項研究中，學生接受條件化訓練對蛇、蜘蛛或房屋及臉孔配合電擊以產生恐懼。在條件化學習後半段(當電流被除去時)，對於房屋及臉孔的恐懼馬上消除，不過對蛇及蜘蛛的恐懼依然存在(Hugdahl & Ohman,1977)。

部分恐懼症顯示出來自實際的害怕經驗，其他則可能經由觀察替代學習。易產生恐懼的父母傾向於使小孩也共同感受恐懼。小孩子在觀察他(她)的父母對不同情境反應恐懼時，可能將這樣的反應視爲正常。實際上的研究發現，恐懼的母親和小孩之間有高相關存在。

下章中我們將會看到，在學習理論架構下對恐懼症的治療，主要是運用了許多不同技巧，以減少對引起恐懼的物質或情境的害怕。

認知論觀點　焦慮症的認知分析主要致力於焦慮者對情境的考慮以及可能發生的危險。患有一般焦慮症者對特定情境易於做出不實際的主張及看法，主要是那些遙不可及的危險性。他們經常過度評估損害程度以及可能的損害情形。這類型心態使得患者過度小心，一直在找尋危險的徵兆。例如，房內突然發出的聲響被解釋爲盜賊入侵；街道上的尖銳剎車聲音表示某人的小孩遇到危險。這類過度小心以及對損害可能的期待，源自於身體對危險持續存在的動員狀態。因此，這類對抗或逃避反應(顫抖、快速心跳、濕冷的雙手、緊綳的肌肉)的生理特徵大部分時間均會呈現出來。

認知論對強迫性的看法，是假設我們或多或少有著一些內心不願意但是連續出現的想法，例如，歌曲的詞意或廣告叮噹聲響時常直接闖入意識中。但是我們可以與處理一些偶爾經過腦海令人厭惡的想法一樣忽視這些意象。愈是容易引起焦慮的想法內容，個人也就愈難(不論強迫或不強迫)消除。我們愈是感受到壓力，這些想法發生頻率及強度也就愈強。如果一個人自開始就產生焦慮，強迫性想法將會更加困擾且難以去除。

如果一事件對非強迫性者可能引起困擾，他(她)會發現這類想法不可接受而不會變得焦慮，同時也很容易忘卻它；相反地，強迫性者會因該想法而引發焦慮，並且這種焦慮將會減低他(她)排除情緒上障礙的能力。這種想法會繼續存在，同時強迫者無力消除此想法又導致進一步的焦慮，而這使得個人更易於受到原先看法的侵擾。

根據認知觀點而言，強迫性儀式爲一種企圖藉某些確保安全的行爲動作來中和不好的想法。因此，被疾病和細菌強迫觀念佔據的人會清洗食物及雙手數十次；相信門未上鎖的人一個晚上可能要檢查好幾遍。這些行爲經由焦慮的解脫而重新被增強，解脫現象只是暫時性的。強迫性思考會隨著強度及頻率的增加而重複發生，每當想法再起時，儀式也就必須每次舉行。

下一章我們將探討認知論者利用停止強迫性想法的技巧，協助患者中止強迫性思考的作法。對於一般焦慮及恐懼症的治療，則在於協助個人發展對自己以及所遇到情境作更爲實際且合理的評估。

生物觀點 焦慮症容易在家庭成員中相互影響，約百分之十五患者的父母或兄弟姊妹有類似的症狀(Carey & Gottesman, 1981)。這項發現當然無法證明這類異常行爲有其遺傳基礎，因爲這些患者通常生活在一起，也經歷相同的生活環境。不過，兩個類似的研究以較肯定的證據支持了兩類焦慮症(恐慌症及產生恐慌的廣場恐懼症)有遺傳傾向。同卵雙生子是自同一個卵子分裂並有著相同的遺傳；而異卵雙生子則發展自不同卵細胞，在基因遺傳上不相同。同卵雙生子中其一發生恐慌症時，另一位患同症的可能性是異卵雙生子間的三倍(Torgersen, 1983)。

我們尚不瞭解究竟遺傳了什麼，但是研究者正調查一可能性：可能是腦部化學系統不平衡因而造成焦慮。一九六〇年，一組統稱爲 benzodiazepines 的藥物發展出來，並冠以 Valium 及 Librium 商業名稱上市。這些藥物在降低焦慮方面有相當效果(我們將在下一章討論它們的優缺點)。研究者接著發現了這種藥物之所以有效，在於它們結合腦部部分神經特殊受納器，因此影響神經傳導功能。對於腦部，抗憂鬱藥物接受區的發現，開展了對「體內本身可能有物質依同一方式調節焦慮以保持適當平衡」的研究。迄今「天然的 Valium」尚未找到，但是研究者已對 benzodiazepine 受納器的認識，以及某些特定化學物質是如何運作以增加或減少焦慮有更多的瞭解(Costa, 1985)。

在 benzodiazepine 接受區部分明顯可見的有三個特定「接駁」區域：一爲 benzodiazepine 分子發揮其抗憂鬱效果的區域，另一區爲產生焦慮的複合物(可於 benzodiazepine 作用後阻斷其影響效能)，第三個爲一組可同時阻塞 benzodiazepine 以及引起焦慮複合物的效果之物質。這三個接受區的被指認出來，表示腦部分泌的部分物質可以產生主觀經驗上的恐懼及焦慮，而其他一些物質則會制止這種效果。這些物質的比例可能決定了個人是情緒穩定或處在焦慮狀況(Agras, 1985)。

在焦慮症中，生物因素在恐慌症方面最爲明顯。特定的化學物質可使自然產生恐慌症的個人再度發生恐慌，雖然相同的化學物質對於正常人或是因外在刺激產生恐慌症者並不發生效果。其他的藥物則可以阻塞自發性恐慌的發作(Lader, 1985)。然而，即使恐慌症有其生物化學基礎，環境經驗無疑地也扮演著一重要角色。這類失調現象可能經由生物上因素及兒童時期經驗的互動而形成。有些兒童可能天生較容易產生焦慮，當被剝奪母愛時，這些小孩比其他小孩更容易產生分離焦慮。此外，如前所言，分離焦慮通常是形成成人恐慌症的前兆。

情感症

情感症(affective disorder)是個人有情感或心情上的困擾。患者可能有嚴重的憂鬱或躁狂(極度地興奮)，或者可能交替表現憂鬱及興奮期。這種心境的改變可能非常極端，使得患者必須住院治療。

憂鬱症

幾乎每個人或多或少有時候會感到憂鬱。我們大多數人均有感覺悲傷、懶散和對任何活動(即使是愉快的活動)均不感興趣的時候。憂鬱是一種對許多生活壓力的正常反應。在許多情境中，最容易引起憂鬱的就是課業或工作上的失敗、失去所愛及瞭解疾病或老化現象正耗盡個人精力資源等。憂鬱只有在反應過度，並且在多數人均開始恢復正常時仍無法釋懷，才會被考慮爲不正常。

雖然說憂鬱被描述爲心情失調的一種，它的存在實際上有四種症狀，除了情緒或是心情症候外，還有認知、動機及生理症狀。患者不需同時具備這四種症狀才可被診斷爲憂鬱。但是同時具備愈多徵兆患者感受憂鬱的強度也就愈大，我們也就愈確信患者正深受憂鬱之苦。

悲傷和頹喪是憂鬱最明顯的情緒症狀，患者覺得無助及不快樂，通常會哭泣一陣子，並可能考慮自殺問題；同時伴隨憂鬱的產生，會有失去對生命的感念以及生活的樂趣。過去可以帶來滿足的活動似乎變得無聊且無趣。憂鬱患者逐漸喪失對平日休閒活動和家庭活動的興趣及嗜好。多數的憂鬱患者不再對昔日生活中的一些主要嗜好表現出興緻，並且多數人表示他們也對其他人失去興趣或感情。

在認知方面的症狀主要是個人會產生負面思想。憂鬱患者有自我評價偏低、無能感和將失敗歸咎自己等傾向。他們對將來感到沒有希望，並對自己能做什麼以改善生活表示悲觀。

在憂鬱狀態中動機一直處在低潮。憂鬱患者易傾向於被動，對主動進行活動方面有所困難。下面是一則患者與治療者之間的對話，顯示出這種被動性(Beck, Rush, Shaw, & Emery, 1979)。患者曾因企圖自殺而住過院，成天坐在長椅上動也不動。他的治療者試圖勸告他參與一些活動：

治療者：我知道你大部分時間都待在長椅上，是眞的嗎？

患　者：是的，因爲這樣才能帶給我心靈所需要的平靜。

治療者：當你坐在長椅上，你的心情如何？

患　者：大部分時間我覺得可怕極了，我只希望自己會掉到隨便一個坑洞而死去。

治療者：你是否認爲再坐上個兩三小時會感覺好一點？

患　者：不，都一樣。

治療者：所以說你只是坐著而希望看看是否能找到心中的寧靜。但是這聽起來似乎不像會使你的憂鬱狀況有所改善。

患　者：我覺得好無聊。

治療者：你是否考慮活動一下？基於許多理由，我相信增加你的活動性可能對你有所幫助。

患　者：這兒沒什麼好做的。

治療者：如果我可以列出一系列活動名單，你是否考慮嘗試其中一些活動？

患　者：如果你覺得有用的話。不過我想你只是在浪費時間，我一點都不感興趣。

憂鬱症生理方面的症狀有：沒有食慾、失眠、疲倦、沒有精神。由於憂鬱患者思考方式是往內而非注意外在事件，他(她)可能因此誇大疼痛的感覺而過分擔心健康問題。

從這些症狀的描述可見，憂鬱是一種令人衰弱的失調病症。幸運的是，大多數憂鬱期只是短暫時間。憂鬱者不論有無治療均可逐漸恢復正常。大約四分之一患者憂鬱期持續不到一個月；二分之一不超過三個月；另外四分之一長達一年或更久。只有約略十分之一的憂鬱患者沒有恢復正常，而繼續保持慢性憂鬱症(Lewinsohn, Fenn, & Franklin, 1982)。遺憾的是憂鬱期會復發，約略一半有過憂鬱時期的患者會有另一次憂鬱經驗。一般來說，在首次發生憂鬱前，個人性格愈穩定，就愈不會復發憂鬱症。

重要討論：

自殺與憂鬱

大多數憂鬱症的悲慘結局就是自殺。在美國，每一年度據報導有兩萬五千人以自殺結束生命，其中大多數人(至少百分之八十)正患有憂鬱症。可是，自殺死亡的消息因許多原因而不被報導：因為伴隨死亡而來的恥辱，家屬可能要求醫生或驗屍官在狀況不甚明確時將死亡因素列為意外。除此之外，許多單一車輛造成的意外可能是自殺事件；部分參加危險運動或職業的人、染上致命習慣者(如大量使用藥物)或身罹重病而停止服藥者，均可能正在尋死以求解脫。結果是每年實際自殺的人數可能接近五萬人，而試圖自殺未遂者約為自殺人數的二至八倍(Shneidman, 1985)。

女性企圖自殺者大概是男性的三倍之多，但是男性在自殺成功方面則三倍於女性。女性企圖自殺數目較多可能與女性憂鬱症患者較多有關。事實上男子企圖自殺較容易成功的原因與其選擇的方法有關，女性習慣使用比較不致命的方式，如割腕或吞服大量安眠藥，男性則多半使用武器、吸入一氧化碳或是上吊等方式。

企圖自殺者最常引用的理由為：憂鬱、寂寞、病重、婚姻問題，而男性尚有財務或工作困難等因素(Farberow & Shneidman, 1965; Shneidman, 1985)。

大多數的自殺者年齡在四十歲左右，並且年齡逐漸增高直到超過六十歲。近來自殺問題在青少年及青年間逐漸增加。事實上，美國國內介於十五到二十四歲間青年的自殺事件已超出過去二十年的三倍。每一年這個年齡群約有二十五萬年輕人企圖自殺，而其中超過五千人自殺成功(Davis, 1983)。大學生傾向於自殺者則兩倍於同年齡而非學生的年輕人。

大學生自殺率日漸增加的現象不只發生在美國，在歐洲各國、印度和日本亦然。一些用來解釋大學生重大失望的可能理由爲：第一次離家而必須面對新問題；當競爭比高中時代更爲劇烈時，仍盡力保持優良學業成績；生涯選擇的猶豫不決；缺乏老朋友且對新朋友感到焦慮不安所引起的寂寞感。

一項記錄自殺大學生的生活及學業的研究發現，他們的情緒比較不穩，嚴厲地逼迫自己，比起他們未自殺的同學更容易憂鬱。他們也曾一再告訴其他人他們的自殺企圖。重要的導火線有擔心學業、工作、身體健康和與他人的關係發生難題等(Seiden, 1966)。但是，我們無法確定是否這些因素引起自殺行爲，或者學業困難及人際關係等僅爲嚴重憂鬱的次要問題。通常憂鬱症的徵候之一就是擔心身體的健康。

自殺的大學生一般平均比其班上同學有較高的學業成就，然而大多數自殺的青少年其高中成績記錄反而甚爲低落。這類青少年有退學或是在校行爲發生問題的傾向。企圖自殺的青少年最明顯的特徵就是社會孤立：他們描述自己是一個孤獨者，大多數的雙親已經離婚或分居，許多人有酗酒的雙親，此外，他們企圖自殺時有四分之一不住在家中。

另一個影響年輕人自殺行爲的因素就是藥物的濫用。一項研究結果指證，三十歲以下自殺的年輕人超過半數有大量使用藥物。究竟是濫用藥物造成人們憂鬱而導致自殺行爲，或是他們利用藥物因應憂鬱而在無效果後自殺，則還不清楚。不過從許多例子看來，他們似乎在心理問題形成之前已濫用藥物了(Rich, Young, & Fowler, 1985)。

某些人做出自殺的行爲是因爲他們發現實在無法忍受情緒壓力，除了死亡以外沒有任何解決辦法。他們唯一的動機就是結束生命，而在其他個案中，案主並不眞想結束生命，而只是利用他(她)所處困境的嚴重性加深他人印象而已。他們產生自殺企圖的動機，來自於傳達失望感覺並改變別人的行爲，類似的例子有：一位女士在她的情人威脅要離開她時，服用大量安眠藥；一位學生在感受到雙親要求他達到能力所不及的壓力時，服用安眠藥自殺等，像這類的自殺企圖只是一種尋求幫助的表示而已！

有些專家在一個人故意造成自我損害(如服食超過處方規定或是一般被認定爲治療用劑量等)非致命性行爲時，使用**準自殺**(parasuicide)一詞(Kreitman, 1977)。「準自殺」一詞比「企圖自殺」來得受歡迎，因爲它不意味著希望死亡。如前所敍，我們可以看得出「準自殺」比「企圖自殺」行爲還來得多。不過多數有自殺行爲者均經歷這種混亂局面及壓力，使得他們的思緒難以釐清。他們不確信自己是該繼續生存或死去，他們希望同時做到這兩件事情，然而通常只是其中一項動機強過另一項。因爲事先曾嘗試過自殺者，將來最可能眞正自殺，因此所有「準自殺」個案均不可等閒視之。只有極少數人不會將自己意圖告訴他人而自殺。因此，當一個人談到自殺時，他可能眞的會執行。是以許多社區已成立了利用電話聯繫或者個別晤談方式，供有困擾者尋求協助的自殺防治中心。

戲劇性的自殺案件(如自高橋躍下)通常報紙或電視會有煽動性的報導。有足夠的證據顯示，這樣的公開報導會鼓勵有自殺傾向的人衝動地做出相同的行爲。一項在加州所做爲期七年的研究指出，經由新聞媒體大肆報導自殺事件後一週內，自殺率就比平常升高九個百分點，而致命性車禍及私人飛機空難事件(可能爲僞裝形式的自殺)也會提高(Phillips, 1978)。

公開報導也可能爲想要自殺者造就出一些非常有名且具吸引力的「風景名勝」。舊金山的金門大橋即爲時下世界著名的自殺區，該處曾發生過接近七百個經官方報導的自殺死亡事件，以及另兩百件未被注意的自殺事件。而綿延六英哩長並與金門大橋相同高度的海灣大橋，就少有自殺案例，即使有也很少受到注意。一位研究者發現半數來自東部海灣地區試圖跳橋自殺者，全都經過海灣大橋，而前往金門大橋向下跳。顯然的，沒有人會反此道而行(Seiden, 1981)。因此，媒體公開報導確實相當有影響力，它提供有自殺傾向者一個模仿的範例。

躁鬱症

大部分的憂鬱症發生時並未伴隨狂躁現象，不過約略有百分之五到百分之十的憂鬱症可視爲**躁鬱症**(manic depression)的一部分。躁鬱症又被稱爲**兩極化失調**(bipolar disorder)。患者由一極端徵狀持續發展到另一極端徵狀。

躁型症狀不一定要顯示出憂鬱現象，不過這種情形甚少見。一旦個人有過躁型症狀的經驗，終究會產生憂鬱現象，而所產生的鬱型症狀亦類似於我們先前敍述過的特徵。

和其他情感症比起來，躁鬱症算是較少見的。在美國大約百分之二十的成年婦女及百分之十的成年男子某些時候曾患過憂鬱症，而只有約人口總數的百分之一有躁鬱症現象，這種現象在男女之間皆相等。躁鬱症不同於其他情感症，主要在於它傾向發生在生命早期，而且可能發生在家中其他成員身上。躁鬱症患者對不同治療藥物反應各異，並且如不接受治療復發可能性極大。這些事實說明了，在躁鬱症方面，生物學上的變項比心理學上的變項扮演著更重要的角色。

情感症的瞭解

憂鬱是情感症當中最普遍存在的一種現象。因爲憂鬱現象是相當平常且容易使人變得衰弱的，許多人致力於瞭解它的成因。我們將簡單地審視一些研究觀點來瞭解情感症。

心理分析觀點　心理分析論解釋憂鬱是一種對失落的反應。不論發生的是何種性質的失落(失去所愛、失去地位、失去朋友精神上的支持)，憂鬱的個人因當時情境喚起對童年時期失落所發生的恐懼(得不到雙親的關愛)而反應強烈。個人對情感及關懷的需要，在童年時期爲了某些理由得不到滿足，進而日後生活上的失落引起個人退化至早期的無助和依賴狀態。因此，部分憂鬱者的行爲在此代表的是一種對愛的渴望——一種無助的表示，以及對情感或安全感的訴求(White & Watt, 1981)。

對失落感的反應因爲絕望者的忿怒感覺而變得複雜。一項心理分析論研究假設人們有憂鬱傾向時，因爲害怕失去可以依附者的支持，會習慣性的壓抑他們敵視的情感。當事情變得不順利，他們會把忿怒內射並且責怪自己。例如，一位女士可能對解雇她的上司覺得極端敵視，可是因爲她的敵意引起焦慮，她便利用投射的防衛機構來內化自己的感覺：她並沒有生氣，而是別人在生她的氣。她假定她的上司有十分恰當的理由拒絕她，因爲她是位無能且一無是處的員工。

心理分析論指出，憂鬱症患者的低度自尊及無用感，源自於一種像小孩一般渴望雙親贊成同意的需求。小孩子的自尊取決於雙親的支持及情感。一旦長大成熟，價值感應自個人的自我成就以及能力中衍生。傾向於憂鬱者的自尊主要依靠外在因素來源：其他人的同意與支持。當這些支持失敗，個人即可能陷入憂鬱狀態。

憂鬱現象的心理分析論主要重點在於失落的現象。過份依賴旁人的支持和對氣憤的內射，似乎對部分憂鬱患者所表現的行爲提供了一合理的解釋，但是卻不容易予以證實或駁斥。部分研究指出，傾向於有憂鬱症狀者比起一般人而言，較可能在生命早期中失去父母其一(Roy, 1981; Barnes & Prosen, 1985)。但是一些經歷其他類型心理疾病患者的個案歷史中，也發現有失去雙親(經由死亡或分開)的情形，且多數忍受這種失落的人在成人階段中並沒有發生情緒性問題(Tennant, Smith, Bebbington, & Hurry, 1981)。

行爲觀點　學習論者假設缺乏增強作用在憂鬱症上扮演一重要角色。他們將憂鬱患者的缺乏活動性以及悲傷的感覺，歸因於低比例的正性增強作用和(或)高比例的不愉快經驗(Lewinsohn, Mischel, Chaplin, & Barton, 1980；Lewinsohn, Hoberman, Teri, & Hautziner, 1985)。許多會加速引發憂鬱的事件(如心愛人的死亡、失去工作或健康受損)均會降低習慣性的增強作用。另外傾向憂鬱症者可能缺乏社交技巧，以獲得正性增強作用或是有效地解決不如意事情。

一旦個人變得憂鬱、無活動力，他們主要的增強來源爲接受親戚和朋友的同情與關懷。這種做法也可能會加強不適應的行爲(哭泣、抱怨、批評自我、談到自殺)。但是長期陪伴鬱鬱寡歡、不思振作的患者是件非常勞累的事情。憂鬱患者的行爲最終還是會使得即使是最親近的親友也疏離他，因而造成進一步增強的減弱及個人的社交孤立與不快樂。低頻率的正性增強進一步減低個人可被稱許的活動與行爲表達。而這些活動與獎勵的減少以惡性循環方式持續。

認知觀點 認知論所設定的憂鬱不只專注在人們做了些什麼，而是他們如何觀察自己及外在的世界。一個由貝克(Aaron Beck)所發展出的比較具影響力的認知論，係衍生自與憂鬱患者廣泛接觸的治療經驗(Beck, 1976)。貝克的理論指出，傾向有憂鬱症狀的個人，通常會發展出從負面及自我批評觀點來評估事件的一般態度。他們預期自己會失敗而非成功，並且他們在評估自我表現方面易誇大失敗而貶抑成功(例如，一個在許多科目中僅僅一科分數不佳的學生，考慮自己不合適追尋學術成就；一位律師儘管面對一連串值得讚美的成就，卻仍認為自己不合適)。當事情不順心時，他們也易於責怪自己而非環境(當老天不做美，下陣雨破壞了戶外野餐的氣氛時，主人責怪自己而不是天氣)。根據這個觀點，鼓勵憂鬱患者在社交上變得活躍以得到正性的增強作用將不會有所助益，因為他們只可能找新的機會責怪自己。對憂鬱症的認知治療，則在試圖辨認並更正處在憂鬱狀態下的扭曲想法；另外，也教導憂鬱患者控制他們認為無法超越的情境。

另一個由塞利格曼(Martin Seligman)提出對憂鬱的認知主張，衍生自第十四章所討論的**學來的無助**(learned helplessness)。根據這項理論，當人們相信他們的舉動不管是快樂或痛苦都已沒有差別時，就會感到憂鬱。憂鬱的發生在於對將來無助的期待。憂鬱患者預期不好事件會發生，並相信他(她)根本無法阻止這類事情的發生。

塞利格曼提出三個有關無助感的向度。第一個向度就是個人將問題視為**內在**(internal)或**外在**(external)。無助感理論假設一個人如果相信問題是發自內在，而個人無能力控制最後結果時，個人很可能變得很憂鬱。因此，當了一門必修學科的學生把失敗歸因於不夠努力(她不夠用功)，比較另一位將失敗歸咎於其他外在因素(教師講授教材的能力不足、期末考不公平)更容易發生憂鬱症狀。

第二個有關的向度就是個人認為情境**穩定或不穩定**(stable or unstable)。例如，學生可能將他的學科失敗歸因於缺乏能力——他很用功，不過他在過去類似課程的表現也不好。根據這個理論，這個學生應該比上述兩位學生來得更憂鬱。因為他把失敗歸因在穩定的內在想法(未來不太可能改變)。

第三個向度與**整體性-特殊性**(global-specific)的連續向度有關。一位將事件發生結果做為證據，來解釋他是完全無助的的人，比起那些認為自己僅在某些特定情境無助的人，更容易陷入憂鬱。因此，如果當了許多科目就認定自己是「愚蠢」者，比僅當掉語文課程就認定自己缺乏這方面特殊能力的學生，更容易變得憂鬱。

摘要上述，塞利格曼的理論假設個人以內在、穩定不變及整體性理由來解釋負面事件者——都是我的關係，這種事才會不斷地發生；這將影響我所做的每件事情——當負面事件發生時容易變得憂鬱(Peterson & Seligman, 1984)。

貝克及塞利格曼的理論刺激了許多對憂鬱患者認知過程的研究，同時研究結果也證實了自我批判態度及歸因無助感均為造成憂鬱的重要因素。不過，這些想法是否在憂鬱期前預先發展而非伴隨發展，則迄今尚未明瞭。貝克及塞利格曼的理論假定個人變得憂鬱是因為抱持著一種穩定性，類似人格特質的憂鬱認知型態使得他們容易憂鬱。許多以輕微憂鬱患者做為試驗對象的研究(多數是大學生)發現，自我批評、無助感的認知型態以及面對負性事件所經驗憂鬱的程度三者間有關係(Peterson & Seligman, 1984)。但是，大多數有關因嚴重憂鬱而住院治療患者的研究雖發現憂鬱認知方式伴隨著憂鬱情況的發生，不過在憂鬱期後卻不十分明顯，一旦患者的憂鬱症狀復發，他們與控制組(未曾憂鬱過者)在解釋負性事件上並無不同(Hamilton & Abramson, 1983; Fennell & Campbell, 1984)，因此，對事件持有憂鬱說明型態可能只是憂鬱的一種症狀而非原因。然而這卻是一個重要的做法，因為患者對負性信仰的強度確實可預測他自憂鬱期復原的速度。

個人在憂鬱形成期間對負性事件的解釋方式，不像個人主宰自己生活的信仰那麼重要。我們在第十四章提到過壓力情境，如果個人相信自己可以控制它們時比較不會產生困擾。個人對因應負性事件的能力有信心，則可對憂鬱症產生抵抗力。

生物觀點 發生情感症(尤其是躁鬱症)的原因，似乎有相當大的比率來自於遺傳。雙生子研究的證據指出，如果同卵雙生子其中之一被診斷為躁鬱症，則另一位雙生子有百分之七十二的機會也會得到相同症狀；異卵雙生子之間的相關性則僅有百分之十四。這些數字稱為**一致率**(concordance rates)，意指雙生子其中任何一人有某特徵而兩人均得到此特徵的可能性。同卵雙生子同時患憂鬱的一致率(百分之四十)也超過異卵雙生子的比例(百分之十一)，不過這兩個比例間的差異比起患躁鬱症雙生子比例間的差異少了很多(Allen, 1976)，這個比較指出了躁鬱症者在基因因素方面比憂鬱症者有著更密切的關係。

基因因素在情感症方面的特殊角色尚未十分清楚。但是，看來似乎生化間的不規則性與情感症也有所關連。愈來愈多的證據指出，我們的心情由**神經傳導物**(neurotransmitter)所控制。許多化學物質在不同的神經系統部位被使用爲神經傳導物質，它們之間維持平衡才能確保行爲正常。在情感症方面據信扮演非常重要的角色的兩種化學物質爲腎上腺素(norepinephrine)及血清張力素(serotonin)，這兩種神經傳導物質屬於一種稱之爲生物基因胺酸(biogenic amine)的複合物，它座落在腦部控制情緒行爲區(邊緣系統及下視丘)。一個被廣泛接受的假說是：憂鬱的形成與這兩種神經傳導物質之一(或同時)的缺乏有所關連，不過，證據並非是直接的，大致上只是根據部分藥品對行爲及神經傳導物質的活動性所產生的影響而定。例如，用來治療高血壓的蛇根鹼有時候會產生嚴重憂鬱等副作用，動物實驗研究亦顯示了這種藥物會降低腦部血清張力素及腎上腺素的水平；相反地，安非他命會產生情緒高亢並影響腦部神經傳導物質的分泌。

有效解除憂鬱症狀的藥物主要是在於增強神經系統中腎上腺素及血清張力素的可用性。兩種主要的抗憂鬱症藥物以不同作用方式增強神經傳導物質的水平。氧化酶氨基酸抑制劑(monoamine oxidas inhibitor, 簡稱 MAO)可抑制酵素的活動，並破壞腎上腺素及血清張力素，進而增進腦部這兩種神經傳導物質的凝聚。三環抗鬱劑(tricyclic antidepressant)可以抑制血清張力素及腎上腺素的重新吸收作用(一種神經末梢分泌的神經傳導物質由神經末梢重新吸收的過程)，進而延長這類物質的活動週期。因爲這些藥物都會影響血清張力素及腎上腺素，所以要明確區分這兩種物質在憂鬱症發生期間的角色甚爲困難。部分研究指出血清張力素扮演主要角色，另外亦有研究認爲腎上腺素才是主角。可能的解釋就是每種神經傳導物質不同類型的憂鬱症中關連性亦有所不同。

運用新技術的研究正致力於瞭解抗鬱劑對神經細胞的後突觸結合受納器(postsynaptic receptor)所產生的長期影響。抗鬱性藥物需要長時間才能奏效：三環及 MAO 抑制劑必須在舒解憂鬱症狀前一至二星期服用。這些觀察並不符合下述發現：這些藥物在第一次服用後僅暫時增加腎上腺素及血清張力素的水平，幾天後，神經傳導物質恢復到原先水平，因此，增加腎上腺素或血清張力素水平不可能是解除憂鬱的生理機制。先前證據指出這些抗鬱劑會增加後突觸結合受納器對腎上腺素及血清張力素的敏感性，在時間流程內所發生的變化情形與藥物對這些徵候發生效用正好完全吻合(Charney & Heninger, 1983; Charney, Heninger, & Sternberg, 1984)，因此，即使病人的腎上腺素或血清張力素再次降低，他們一樣可以更有效的應用這些神經傳導物質，因為受納器對於接受這些物質變得更為敏感了。

使心情及情緒正常運作的神經傳導物質系統本身異常複雜，我們也只是對它們的功用開始有初步的瞭解而已。事實上，目前已有一些新藥被證實能夠成功的降低憂鬱症狀，而不會影響血清張力素及腎上腺素水平，顯示出其他的神經傳導物質系統亦與憂鬱有關。數個神經傳導系統單獨或聯合發生功能可能是造成憂鬱症的原因(McNeal & Cimbolic, 1986)。

無疑的，情感症與神經系統內的生物化學變化有關。目前仍屬未知的是：生理上的改變究竟是心理上改變的因或果？例如，故意表現得像是經歷狂躁期的人，其神經傳導水平的改變類似實際狂躁病患者(Post, Kotin, Goodwin, & Gordon, 1973)。腎上腺素的降低可能會造成幾種憂鬱症狀，不過，造成憂鬱反應鏈(causal chain)的先前環結可能是感到無助或者失去情緒支持。

脆弱性及壓力　我們討論過的理論對於憂鬱的性質指出了許多要點。來自遺傳的生理特徵可使一個人易於發生心情的極度改變。早期經驗(失去父母關懷或是透過個人自身努力仍無法得到滿足)亦可能使個人具**脆弱性**(vulnerable)，個人在日後生活容易產生憂鬱。這類促使病人產生憂鬱之壓力事件的報導，通常仍屬於日常生活經驗範圍內，他們所經歷的仍為一般人可自行處理而不至於產生不尋常的憂鬱，因此，「脆弱性」此一概念主要在瞭解為什麼有人在面對特殊壓力經驗時會患有憂鬱症，而其他人卻不會。

已發現會造成**憂鬱脆弱性**(vulnerability to depression)的因素，包括社交技能的不足、貧窮、過於依賴他人、子女年齡在七歲以下、沒有親近及親密的可信賴對象，最後一項因素最為重要，尤其就女性而言。這也是在許多不同研究中最常被證實的看法(Brown & Harris, 1978; Campbell, Cope, &

Teasdale, 1983; Bebbington, Sturt, Tennant, & Hurry, 1984)。與丈夫或朋友保持親密、互信互賴關係將可減低面對壓力生活情境時變憂鬱的危險。這同時也符合研究(第十四章所討論)所指出社會性支持可以減低壓力事件的嚴重性。

憂鬱的成因有許多,範圍可自「完全由遺傳上生物化學異常而定」到「全然由心理及環境因素所產生的結果」。大多數的個案均介於兩個極端之間,並且還混雜有基因、早期發展及環境上的因素等。

精神分裂症

精神分裂症(schizophrenia)主要標定在一群嚴重的人格解組、事實的扭曲,以及無法在日常生活中發揮功能等失調現象。列在DSM-III目錄內的精神分裂症一般較爲正確,因爲多數專家相信精神分裂症包括許多種失調,不同種類的失調現象有其不同成因,但是精神分裂症雖已是歷史性名詞,仍一直被廣泛使用至今。

精神分裂症在各種文化皆會產生,即使是遠離工業文明壓力的地方亦然,而且自古至今,這種症狀者常受到非人道處置。在美國每年大約一千人中有六人因患精神分裂症而接受治療。這類疾病通常在年輕時候發生,而其最高發生率介於二十五到三十五歲之間。有時候精神分裂症以逐漸孤僻及不適當行爲的緩慢增加而形成,但也有的時候精神分裂症的產生非常突然,其特徵爲強烈紊亂及不穩定情緒。這樣的例子通常藉著個人生活傾向孤獨、自我封閉、不安全感等一段壓力時期而加速形成。**圖15-2**所敍述的案例,雖然缺乏形成突發性精神分裂症的強烈反應,但多少也符合了後者(突發性)的敍述。

精神分裂症的特徵

不管精神分裂症發展的速度是快或慢,其所呈現的症狀相當多且有所不同。精神分裂症的主要特徵在下列標題摘要中有所描述。然則並不是每個認定是精神分裂症的患者,都必定會顯示出這些特徵。

思想及注意力的紊亂(disturbance of thought and

圖 15-2　一位精神分裂症患者

短文中描述一位精神分裂症患者的簡短病歷。

WG，一個英俊、有運動員外型的十九歲年輕人，在家庭醫師的介紹下，被許可參加精神疾病服務處的活動。男孩的雙親表示，在加入接受治療的幾個月前，他們兒子的行爲有極劇烈的轉變。他在高中曾是個品行優良的學生；但是他現在必須離開大學，因爲他所有的學科均不及格。他曾經擅長於許多運動——游泳、舉重、田賽——也得過許多獎勵，可是他現在再也不運動。雖然他一向注意自己的健康，也甚少提及任何身體上的問題，不過幾週以來，他重複含糊地抱怨有關頭部和胸部方面的不舒適，正如他所說，他正處於一個非常糟糕的狀態，過去幾天，患者大部分時間均待在自己房內，空洞地望著窗外；他變得（相當無特徵）不再關切個人的外表及習性。

雖然毫無疑問的，患者最近的行爲表現出極大的變化，而與患者父母進一步的談話瞭解到，患者在童年及青春期的適應亦不甚健康。除非是身處高度組織化的情境(structured sitouations)下及可以獨自打發時間（通常是練習舉重），他總是羞怯地不知所措。雖然他在運動方面很有成就，他並沒有眞正親密的朋友。

精神疾病服務處人員發現要與這位病患交談非常困難；因此，幾乎不可能進行一般性的診療晤談，大部分時候患者均不願提供任何訊息，他只是以一種平淡單調、避免情緒渲染的方式直接回答問題。通常他的答覆無法邏輯性地符合問題，觀察者總會發現要想記錄他們與患者之間的對話確實爲一大負擔。在與他談了一陣子話後，觀察者往往不知道他們之間的談話所言爲何。

有時候，患者所說的話以及他的情緒表現之間顯然不一致，例如當感性地談到他母親因爲一次跌倒導致嚴重疾病而久病在床時，這個男孩只是吃吃地笑。

有時候，WG 變得易怒，同時以一種奇特的強烈語氣說話。有一次，他說到「電流感覺」及「一道電流」在腦子裡，另一次，他談到當晚上躺在床上睡不著時，常常聽到一個重複的聲音說道：「你必須去做這件事」。患者覺得他多少有些被自己本身以外的力量控制，並對他的雙親（以尙不明確的方式）做出暴力行爲。

attention）　情感症的特徵爲心情紊亂，而精神分裂症的特徵則爲思想紊亂。下列摘錄自一位患者的手稿，由此可以看出要瞭解精神分裂症的想法是多麼的困難：

> 「如果事情隨著農業時序運行而轉變且對各種事物計時，當我陳述一些已被驗證的事實，我是引用以前的文件……另一項我所關切的是我的女兒的右耳垂有耳洞，她的名字一直是瑪莉亞。許多抽象事物在這些牛奶產品糖漿中未被說明及完成，而

其他事物，因爲經濟上的關係及分化、附屬，破產、工具、建築物、公債、國家股票、氣候、貿易、瀕臨毀滅的政府及電器品保險絲等，正如前述未必完全屬實一般。」(Maher, 1966)

這些字句各別分開尚稱合理，但彼此並不相關連。不相關字句間的並列以及特殊字彙的結合(有時候稱爲「字彙沙拉」)正爲精神分裂症患者書寫及說話的特徵。

精神分裂症患者的思考失常，似乎反映了他們無法把無關的刺激濾除的事實。正常人能夠選擇自己的注意目標，然後從所受納到的一大堆訊息中，抽出有關的。如果無關的刺激無法濾除或壓制，我們就無法有效的處理問題。精神分裂症患者似乎無法濾除無關刺激或者抽取有關訊息，他同時接收到許多訊息，卻又無法處理那麼多的訊息。以下所述是一位精神分裂症患者的自白。

「我無法專心。注意力無法集中令我煩擾不堪。我聽到許多聲音。我好像是發報機，各種聲音都傳到我這裡來，但我卻無法處理那麼多東西。我無法傾聽其中任何一個聲音。」(McGhie & Chapman, 1961)

無法壓制無關刺激的現象，可以由精神分裂症患者的思考中顯現出來。精神分裂症患者語無倫次的現象部分，就是無關刺激的干擾造成的。

「我可能是個『藍嬰孩』而不是『社交嬰孩』，但也可能是一位戰前出版的藍皮書內的藍心嬰孩。」

患者患有心臟病因此自我宣稱「我是一個藍嬰孩」。基於社會地位意識造成「藍色嬰孩」與「藍血」(貴族血統)的聯想，且被不是「社交嬰孩」的意念所中斷。最後一個句子顯示了兩個意義的相互影響；主要意念在於顯示「藍色嬰孩是可以存在於社會藍皮書(美國名人錄)內」。

知覺的紊亂(disturbance of perception)　在精神分裂發生期，患者通常宣稱世界對他們而言似乎有所不同(噪音似乎更大聲，顏色也更爲搶眼)，他們的身體和以前不同(他們的手可能變大或變小，脚變長，眼睛在臉上的位置改變)。部分患者無法在鏡中分辨自己或者在鏡中看到三個影像。在急性精神分裂症發作期，許多患者經歷過無法做整體性思索的一段時期。例

圖 15-3　知覺破碎

本圖為一位精神分裂症婦人所畫的面孔。由圖中可知她很難對一張臉有完整的知覺（取材自 Arieti, 1974）。

如，他們無法把護士或醫生視為存在個體，但是能夠感覺其中一部分(鼻子、左眼、手臂及其他)，**圖 15-3** 的繪畫則顯示出精神分裂症患者對於整體的分裂感。

情緒的紊亂(disturbance of affect)　這裡所謂的分裂並不是指**多重人格**(multiple personality)，而是指思考過程與情緒的分離。精神分裂症患者的主要症候之一，是情緒的遲鈍或者情緒表現與情境不符(例如在歡樂氣氛中突然大哭)。因為我們的情緒為認知過程所影響，因此伴隨情緒反應改變而發生了無組織思慮及知覺，是不會令人感到訝異的。以下為一位患者的自我描述：

> 「當我在討論一件事情時，我多半同時也思索半打以上的事情。對人們而言，一定很奇怪我對正在討論的事情發出無關緊要的笑聲，但是他們並不知道我的內心在想什麼，以及我腦海中所思考的。我可能和你一起討論一些相當嚴肅的問題，不過一些好笑的事情也可能同時進入心中，令我不得不發笑。如果我能夠一次只專注一件事，我就不至於看起來是如此可笑了。」(McGhie & Chapman, 1961)

由現實中退縮(withdrawal from reality)　在精神分裂症發生期，患者與其他人的互動關係顯得退縮，並且變得十分專注他(她)的內在想法及幻想。這種自我專注的型態被稱為**自閉症**(autism, 源於希臘字 auto, 意指「自我」)。如先前引述所言，一個表現不適當情緒行為的個人，可能依其自我內在世界而非外在事件產生反應。自我專注行為一旦強化，可以使個人不知道時間或者他(她)究竟身在何處。

在急性精神分裂症的個案中，自現實生活中退縮是暫時的，而在慢性個案裡，退縮行為可能更為長久並且使患者完全無法對外在事物做出反應。患者可能連續幾天保持沉默了無動靜，必須像嬰兒般地加以照料。

妄想與幻覺(delusion and hallucination)　在急性精神分裂症發生期間，扭曲思想過程及知覺往往伴隨有妄想產生。最普遍的妄想就是相信一股外力正試圖控制個人的思想和行為。這些**影響妄想**(delusions of influence)包括深信個人的思想被廣播到世界各地，所以人人都可以聽得見；怪異的想法(不是自己的)不斷地灌輸進入個人的心靈，或者是某些外力把情感和行動強加諸身上。另外較常發生的就是相信某些特定人士或團體正威脅陰謀算計個人，此即**被迫害妄想**(delusion of persecution)，比較不常見的就是相信個人是有權勢且重要的，即**誇大妄想**(delusion of grandeur)。

有被迫害妄想的患者我們稱之為**偏執狂**(paranoid)，他(她)們可能變得相當多疑，怕被下毒或抱怨被監視、跟蹤或談論。一般所謂的無動機犯罪(無明顯原因或理由攻擊或殺害別人)，有時候被認為是患有偏執狂精神分裂症者所為。

幻覺可能單獨發生或只是妄想的一部分，幻聽(通常是聲音告訴患者如何做或者評論他的行為)最為普遍。幻視(如看到奇怪物體或鬼神)比較少發生。其他感官的幻覺(身體散發難聞氣味、食物中嘗出有毒的味道、觸摸或被針刺戳的感覺)更不常發生。馮尼格(Mark Vonnegut)在寫到有關他自己的精神分裂症狀的經驗，敍述了他的第一次幻視：

> 「在一個晚上，當我想要上床睡覺時，我仔細地聆聽自己的心跳聲。突然間我變得非常害怕，害怕心臟會停止跳動。這時候也不知道從何處跑來一張不可思議、有皺摺、紅色的臉孔，起自遙遠的一小點，疾馳向前變得非常巨大，我什麼都看不到，我的心跳也停止了。這一段時間拖得好長好長。我試圖趕走這張臉孔，但是它嘲弄我，後來我還是慢慢恢復了控制自己心跳的能力，不過還不知道如何使用它。我覺得似乎掌握了自己的生命，卻無力阻止它從我的指縫間溜走；我試圖看著臉孔的眼睛，並且瞭解到我已經離開所有的熟悉背景。
>
> 「他或是她，不論是什麼，似乎不怎麼喜歡我，可是最糟糕的莫過於它不停地向前進。它絲毫不尊重我的個人空間，無意保持一個談話的距離。當我可以輕易地看清楚它的特徵，且我們多少在體形上概略相等時，我認為和它之間距離約一至二呎，而實際上卻是數百英哩之遙，它仍不停地逼進我直到我只看見它的鼻子，它還是不停地向前逼進。
>
> 「沒什麼東西能比這張臉孔更眞實，它的眞實性使得直布羅陀嚴石看來只是像是棉花糖而已。我眞希望自己能躺著不動以得到足夠的休息，無論如何，期望自己不要睡著的想法，遠遠不及會與世界失去聯繫的可能性更令我感到害怕。」(Vonnegut,1975)

精神分裂症的症候繁多且多變，因為其中部分症狀直接源自於疾病，而其他則可能來自於對精神病院的限制性或無聊生活的反應以及對藥物影響，所以試圖從這些不同症狀理出頭緒的工作可能因而變得十分複雜。

精神分裂症的瞭解

愈來愈多的研究正試圖對精神分裂症的性質進行瞭解，以及它與其他心理疾病的不同。在一項企圖解釋精神分裂症狀態在溝通及知覺上紊亂現象的研究中，部分研究員已研究出被診斷爲精神分裂症者的認知功能——他們選擇性地接收刺激，儲存資訊於記憶中並使用語言；其他研究員就基因遺傳、神經系統功能以及腦部生物化學方面，比較精神分裂症患者和其他人在生物學上的不同；還有些研究員檢視如社會階層、家庭互動及生活壓力事件等環境因素對精神分裂症的影響。

儘管有這麼多研究，我們對精神分裂症的成因仍未有相當瞭解。不過有些研究還蠻有進展的，以下我們將討論其中三種觀點。

生物觀點　愈來愈多的證據指出精神分裂症的發展有遺傳的傾向。家族研究指出精神分裂症患者的親戚，比起來自無精神分裂症成員家庭的人，更容易產生這種疾病，**圖 15-4** 說明了一個人在基因上與被診斷爲精神分裂症者有關係時，終其一生有發展成精神分裂症的危險機率(risk)。值得注意的是，同卵雙

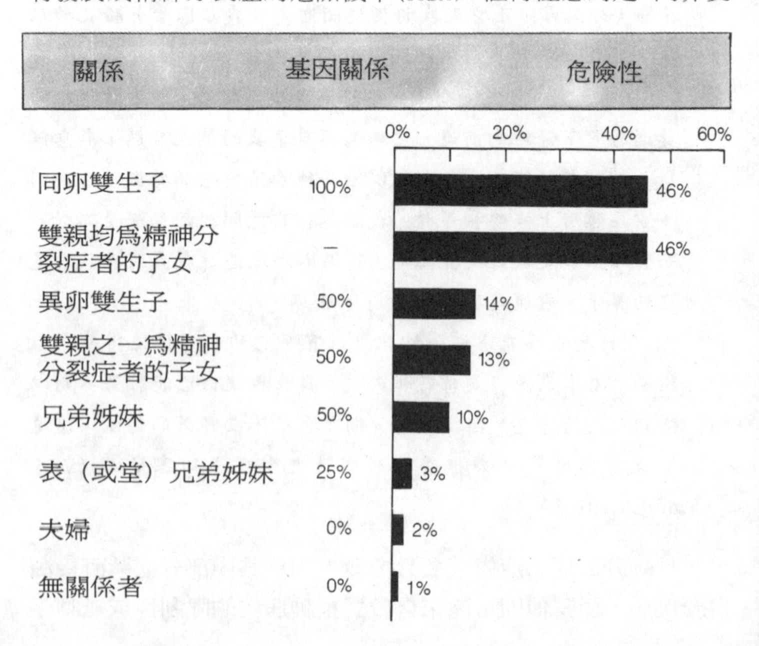

圖 15-4　基因關係以及精神分裂症
終其一生個人是否有發生精神分裂症的危險機率，大致上要看個人在基因上和精神分裂症狀相關連的密切程度，而非他所處環境而定。在個案中患者雙親均爲精神分裂症，基因相關性無法以百分比表示，但是個人相對於父母「基因值」的回歸係數爲 1，同卵雙生子間亦如此（取材自 Gottesman & Shields, 1982）。

生子其中之一患有精神分裂症時，另一也發展出此疾病的機率是異卵雙生子間的三倍，是與精神分裂症無關之個人發展出此疾病機率的四十六倍。然而，只有少於半數的精神分裂者的同卵雙生兄弟有精神分裂症現象，即使他們享有相同基因。這個事實證明了環境變項的重要性。

基因的傳導方式迄今未明，要想在目前預測何種人有發展精神分裂症的危險，也是不可能的，遺傳型態指出許多基因均有關係，而不僅是單一顯性或隱性基因在作用(Nicol & Gottesman, 1983)。

學者假定精神分裂症基因有造成身體化學系統的不平衡或缺陷的傾向，研究員經歷數年即企圖找出患有精神分裂症者和正常人間生化系統的差異。許多報導指出正常人與精神分裂患者在血液或尿液化學成份上確有差異，而這些研究在瞭解精神分裂成因方面也被視爲重大突破，遺憾的是，大多數這樣的發現尚未被重複驗證或只是與個人精神分裂症狀以外的變項有關，尤其後者在探究精神分裂症成因的研究中已成爲一項主要問題：在精神分裂症患者(而非控制組病人)中發現的異常性可能是疾病的原因或結果，或者可能是治療，例如，第一次住院的精神分裂症患者，在住院期間通常會產生數星期的強烈不安、激動，無疑地這些反應會造成身體上的改變。這些改變(缺乏睡眠、不適當飲食及一般壓力)無法被認爲是異常的原因。其他生物化學上的異常可能與治療方式有關。大多數的精神分裂症患者均接受藥物治療，有時候還追踪藥物在血液中殘存情形。部分長期住院的狀況(如改變飲食習慣)可能也會造成生物化學平衡上的改變。

上述因素使得所發現精神分裂症及控制組間差異的問題變得複雜，同時也告訴了我們有關精神分裂症的源由。儘管有這些現有的障礙，目前進行的研究，由於對神經傳導物質的瞭解漸增及測量腦部活動新技術的採用，已提供了相當好的開始。

情感症的生化理論專注在腎上腺素及血清張力素，而精神分裂症的研究則把重心擺在多巴胺(dopamine)上——一種在腦部某區活動的神經傳導物質，據信與情緒的調節運作有關(邊緣系統)。多巴胺假說假設精神分裂症是由於腦部某些特定突觸產生太多的多巴胺所致。這種超量的生產可能因爲神經傳導物質的過度分泌或是**重新吸收機制**(reuptake mechanism)的不正常運作。此機制的功能爲回收多巴胺並以水氣泡形式儲存在神經細胞突觸內，另外一個可能性就是多巴胺受納器的過於敏感，或是有太多的多巴胺受納器。有關多巴胺重要性的證據來源有二：其一，一個能有效解除精神分裂症狀的稱爲抗精神病藥劑的藥物，可以減少腦部的多巴胺的使用量。研究者相信這些藥物主要是藉著阻塞多巴胺受納器而得到此結果。這些藥物不能完全治癒精神分裂症，但是，它們可以減少妄想及幻覺、增進注意力，亦可使精神分裂症狀不太明顯。此外，學者已發現另一種在阻絕多巴胺受納器方面有著同樣效果的特殊藥品(Creese, Burt, & Snyder, 1978)。

進一步證據指出，多巴胺新陳代謝的異常性可能導致精神分裂的形成。這項研究主要來自觀察安非他命的效果，安非他命亦可增加多巴胺的分泌。藥物服用者在過度服用安非他命劑量所呈現的精神病行爲，非常類似精神分裂症狀，而他們所呈顯的症狀可藉服用治療精神分裂症相同的抗精神病藥物緩和。當治療精神分裂症患者使用低劑量安非他命時，症狀變得更糟糕。在這些案例裡，藥物本身不會產生精神分裂症狀，只是使患者現有的任何症狀更加惡化(Snyder, 1980)。

因此，增加多巴胺的活動量會使精神分裂症狀更加惡化，而阻塞多巴胺受納器可以避免症狀惡化。實際上，精神分裂症患者和正常人的多巴胺代謝功能運作的差異至今仍未知。

雖說多巴胺假說似乎頗有斬獲，它還是存有部分問題，例如，有些精神分裂症患者服用抗精神病藥物後仍未有所改善。無疑的，精神分裂症不是一種單純疾病，而是多種異常的組合。有些個案可以歸因於過多的多巴胺，而其他個案可能肇因於仍未被指認的原因。研究者目前正使用新的技術——陽離子釋放斷層攝影術(PET)以及電腦化成軸斷層攝影術(CT)——研究精神分裂症患者的腦部活動，並找尋功能及結構上的異常。

社會及心理學上的觀點 在美國和其他國家所做的許多研究顯示出，精神分裂症發生在低階層人的比率，遠高過於中產及上層階級人士(Dohrenwend, 1973; Strauss, 1982)，沒有人知道爲什麼社會階級和精神分裂症有關，不過也提出了數項解釋：

(1)不同的診斷。治療者不太願意把「精神分裂症」標示在高收入患者身上，因爲如此一來對他們的患者會產生損害性影響。

(2)往下遷移(downward drift)。因爲他們的應對技巧很薄弱，患有精神分裂症的人在完成教育及獲得理想工作上有所困難。他們逐漸遷移至社會底層並且成爲下層階級的一份子。

(3)增加壓力。生活在高犯罪率、荒廢住宅及不合適學校的貧窮地區，自然會產生足夠的額外壓力，以促成精神分裂症的發生。特別是個人在先天遺傳上有精神分裂傾向者尤然。

證據顯示出上述主張可能是事實，特別是後面兩項(Kosa & Zola, 1975; Brenner, 1982; Fried, 1982)。

在心理因素與引起精神分裂症的相關性的研究中，多專注在親子關係以及家庭內的溝通方式上。精神分裂症患者的家族研究報告顯示，有兩種與此疾病似乎有關的家庭關係，其中一種型態是雙親意見南轅北轍，不願意合作以追求共同目標，彼此相互貶損並試圖控制另一方，以爭取小孩子的向心力。第二種型態彼此沒有公開的衝突，雙親中獨斷的一方顯示出嚴重心理病態反應，另一方則只有視之爲正常而被動地接受(Lidz, 1973)。兩種家庭型態均顯示父母親獨斷、不成熟及利用小孩子達成自己願望，兩者皆易使小孩感覺困擾、被拒絕以及對別人眞實感情無法肯定。在某種意義上，小孩在成長階段學習接受他們雙親對現實的扭曲，並且視爲正常。

幾個精神分裂家族互動的觀察報告指出，溝通問題是構成父母異常的重要因素。他們似乎看起來無法專注並與對方討論相關事務。他們的對話因此變得不連接同時又令人感到困惑，如同下列例子(Singer & Wynne, 1963)：

> 女兒：(患者，抱怨著)沒有人會聽我說，每個人都想讓我「安靜」(still)而已。
>
> 母親：沒有人要殺(kill)你呀！
>
> 父親：你如果多和聰明人接觸，你就該記住一件事情，「安靜」是名詞而不是動詞。

這個家庭的成員明顯地不是以明確意義方式和彼此交談。每個人都遵循他或她獨特的思考訓練方式；在接連幾次類似這樣的對話後，即使是一個正常人也可能最後變得患有思考性障礙了。

除了造成困惑及不明確性的溝通方式外，後來發生精神分裂症狀者的雙親傾向於以一種敵視和批評性態度對待他們的小孩。當小孩做錯事，他們批評個人甚過其行爲，並且告訴小孩他們本身的想法及感受，而不聽對方的意見。這種混淆式的溝通方法及雙親負面態度的組合，比單獨憑這些變項更能預期未來發生精神分裂症的可能(Goldstein, 1986)。不過，因果關係可就不是那麼清楚。父母親的溝通問題及負面態度，可能源自於他們子女被診斷爲精神分裂症之前的困擾行爲或異常反應。換句話說，雙親異常是造成子女不適應行爲的原因，抑或子女不正常性格(分心、無法專注及其他)是雙親異常行爲的原因，這個問題尙無法答覆，但是，無論他們在形成精神分裂所扮演的角色爲何，家庭分裂以及雙親拒絕性態度，在決定病情的嚴重性以及復原方面的預測極爲重要(Roff & Knight, 1981)。

除了家庭關係的困擾，其他的創傷性事件(如父母或其中之一的早逝)在患有精神分裂症者的家庭背景中，佔有高於平均值的比例。童年生活有多種不同的壓力也可能造成這種異常，大致說來，童年生活愈有壓力，所產生的精神分裂症狀愈是嚴重。

脆弱性及壓力 多數生活在貧苦環境或童年經歷困擾壓力者並不會產生精神分裂現象，有些人最後被視爲精神分裂症可能早在生命之初就有產生這類異常的遺傳傾向。不過似乎也不能完全以遺傳因素來解釋精神分裂症。無疑的，遺傳基因及環境壓力交互作用產生了異常，這種狀況可能類似過敏症的形成：對過敏症有遺傳傾向者，也必須有特定的環境事件發生才有可能引發反應。

目前約有五十項長期性研究正持續進行中，這些研究以被認定爲發展精神分裂症具高危險群的小孩爲對象，自童年追踪到成年時期，試圖發掘此異常是否會發生的一些決定因素。大部分的研究中，小孩子因爲至少有一位患精神分裂症的雙親而被視爲高危險群(Mednick, 1983; John, Mednick, & Schulsinger, 1982; Steffy et al., 1984)；其他的研究者則根據他們相信是精神分裂徵兆的行爲特徵或是心理測量，來選擇他們的高危險群(Garmezy, 1974; Mednick et al., 1984)。

高危險群受試者通常配合著來自無心理疾病者之家庭及無早期精神病徵候的控制組兒童。兩組的發展均經由時段性測驗及訪視父母、教師及同學而加以詳細監視。一旦有高危險群受試者發生精神分裂症候，將配合他(她)同時選擇另一位未發病高危險群受試者以及控制組的一位成員一起進行研究。如此一來，發生精神分裂症患者的背景，才可以和未發病之高危險群及低危險群受測者做一比較。

這樣的研究大多數起自六〇年代或七〇年代，直到目前還在進行中。而這些受測者現在都已成爲青年，有些已經是精神分裂症患者，另外還有許多位在下一個十年內可能也會發生精神分裂症，因此，目前可用的資料主要是高危險群和低危險群的比較。這些資料指出了高危險群小孩和成年精神分裂症患者許多方面皆相同，例如，高危險群小孩在社交能力方面表現不佳，並且對於需要時時注意或抽象思考方面的工作，表現不甚理想。

先前的資料指出，後來發生精神分裂症的高危險群受試者，和仍爲正常的高危險群受試者在下列方面有所不同，發生異常的受試者有下列特徵：

(1)可能在出生時經歷了影響其神經系統功能的難產過程。

(2)比較可能在童年早期與母親分開。

(3)可能有父親住院的情況，病因從酗酒到精神分裂皆有。

(4)比較可能在學校表現出不適當行爲。男孩子被老師形容爲憂鬱、孤單和有紀律問題；女孩子則是退縮、孤立和自我控制差。

當有更多來自現行高危險群的研究資料可供運用時，我們對先天及環境因素如何互動產生精神分裂症，應該會有更進一層的瞭解。

人格違常

人格違常(personality disorder)是一種存在已久的不適應行爲。在第十三章，我們描述人格特質爲對環境長久的知覺與因應方式及其自我概念。當人格特質變得如此僵硬且不適應時，這些人格特質會明顯地破壞個人發揮生活功能的能力，我們稱之爲人格違常。人格違常包括在因應壓力或解決問題的方式不成熟及不適當。這些通常在青少年早期即顯現出來，並且可能一直持續至成年。

和同樣會產生不適應行爲的情緒症或焦慮症患者不一樣的是，患有人格違常的人通常不會感到氣憤或焦慮，也無改變自身行爲的動機。他們不會與現實脫節或是呈現出明顯的解組行爲，這也和患有精神分裂症患者不同。

DSM-III表列了十二種人格違常，例如，患有**自戀性人格違常**(narcissistic personality disorder)者被描述爲自我重要性的膨脹反應，充滿對成功的幻想，經常要求讚美及注意力，對別人的需求卻不敏感，並經常剝削別人；**依賴人格違常**(dependent personality disorder)則被描述爲對生活有被動傾向，無能做決定或接受責任，有自憐的傾向，並且需要別人經常性的支持。

大多數列在DSM-III上的人格違常症狀尚未成爲研究的課題；此外，不同種類人格違常特徵有重疊現象，所以在對患者分類的一致性上甚差。人格違常最常被研究及診斷最可信的就是反社會人格，即心理病態人格。

心理病態人格

心理病態人格(psychopathic personality)的人缺乏責任感和道德心，不關心別人，也不和別人建立情感，他們的行爲完全由他們自己的需要決定。換句話說，他們缺乏良心。一般人在兒童期就知道要約束自己的行爲，考慮別人的處境與需要。心理病態人格的人除了自己的需要以外，極少考慮別人。他依照衝動行事，尋求需要的立即滿足，並且無法忍受挫折。由於時常違犯社會規範，所以有時候又稱爲**反社會人格**(antisocial personality)。但是絕大多數有反社會行爲的人，並沒有上述所說的各種特徵，因此以心理病態人格稱之比較適當。反社會行爲可能起自很多因素(如參加不良幫派或犯罪集團，尋求別人注意的病態衝動，無法控制自己的衝動或與現實脫節)，絕大多數不良青少年或成人罪犯多少都會關心別人(自己的家庭或同夥)，也有一點道德心(不會出賣朋友)，而心理病態人格則除自己以外，不理會別人，不管他的行爲傷害別人多深，他都無動於衷。

心理病態人格的其他特徵，包括撒謊、不管是否會受傷皆盲目尋求刺激、不因受到懲罰而改變行爲等。平常心理病態人格給人的印象，是相當聰明、溫文隨和、具有吸引力，而且很容易操縱別人——換句話說，是個相當好的「詐欺藝術家」。他誠懇和能力十足的外表，常使他們得到很好的工作，但是他們極少待得下去。他們的衝動立刻促使他們逃亡，並留下一大堆爛攤子：大量的債務、遺棄家庭、浪費公帑或罪行累累。被抓到的時候，他們就會表示懊悔，並且言明「下一次我一定會好好的幹下去」。他們藉此逃避了懲罰，並得到新的機會。他們極少言行相符，他們所說的話和所做的事幾乎毫無關係，現在就舉一個實例說明這種人格的特徵(Mahel, 1966)：

他是個四十歲的男子，因僞造支票和侵佔公款被起訴。他和一位十八歲的少女同時被捕，他們結婚才數個月。她並不知道他以前結過婚。故事的主角已有二次重婚被起訴的記錄，僞造支票則高達四十次以上。

他被捕的戲劇性過程，說明了心理病態人格衝動而且缺乏察悟能力的特徵。他曾經在一家小餐館當經理，餐館老板住在鄰鎮，只在每個禮拜的末尾來查查帳，看看經營情形。他就住在餐館樓上，他的底薪很低，不過可以抽成。

就在第一個禮拜的末尾，他把所有的收入捲逃一空，並在牆上寫了一些字跡潦草的留言，說他把所有的錢拿走了，因爲待遇太低，並且說他和他的太太就住在離餐館不遠的公寓裡。他似乎無意逃避緝捕。幾天後，他就被捕了。

審訊期間發現他在過去幾個月內，連續在各大都市的百貨公司兌換支票。他寫上數額然後要太太去兌現，他說她不知道他銀行帳户內並沒有存款，所以兌現的時候一點也沒有懷疑。簽支票或重婚的時候，他都從從容容地做，一點也不覺得不安。但他對警察那麼快就找到他，似乎感到相當的驚異。

這個人的過去生活背景，顯示他曾經受過良好的教育(大部分就讀私立學校)。他的父母也相當有錢，他們計劃讓他讀大學，但他的學業成績卻不夠好(測驗結果顯示出他的智力相當高)。既然進不了大學，他就參加保險推銷訓練班，在訓練期間他表現得相當好。他面貌相當帥，話也說得非常流利。

正當他似乎會成爲一個成功的保險銷售員的時候，又出了麻煩。他沒有把客户繳納的頭一次保險金交給公司，私下把那些錢拿去花掉了。他顯然不明瞭公司的會計系統，能夠立刻將這一類私吞款項的行爲偵察出來。他甚至怒責公司爲何不從他的薪水中將他私吞的款項扣除。還好，公司並未採取法律行爲，但是他卻被迫辭職。他所侵占的款項則由他的父母償還。

就在那個時候，他應徵入伍，進入軍官班受訓，成爲少尉軍官，被分派到步兵單位。他在那兒又出了事。他不但忽視職守(服勤時喝醉酒，私帶婦女入營區)，還僞造支票。經軍法審判的結果，他被撤職。從那時候起，他的生活方式就是找一個供他吃喝的女人，玩膩了以後再換一個。

> 他這一次被判五年徒刑，在庭上他發表了一篇條理分明的長篇大論，要求庭上憐憫和他一起被起訴的年輕婦女，他表示很後悔毀了她的一生，並且說很高興有這麼一個機會向社會補償他的罪行。

心理病態人格最顯著的兩個特徵是「毫無感情」(完全的缺乏任何忠誠感與同情心)和「無犯罪感」(完全不會對自己的行爲感到眞誠的悔恨)。

一般來說，對心理病態人格者給予懲罰的時候，肉體性的處罰(如給予電擊)及社會性的處罰(如別人的抨擊)效果較差，而實質性的處罰(如金錢等實質物品的收回)效果較佳。故以實質性處罰做爲主要的增強方式，可以降低心理病態人格者的犯罪行爲(陳國基，民 69)。

心理病態人格的起因

心理病態人格是由那些因素造成的呢？我們可能會以爲這種人都是來自缺乏適當道德訓練的家庭，實際情況並不那麼簡單。雖然有些心理病態人格者，確實是來自獎勵或增強反社會行爲的家庭和社區，卻也有許多來自父母都是社會名望人物的「好」家庭。

現在還沒有完善的心理病態理論，每一個個案的起因可能都不相同。現有的研究大部分集中於生物因素與親子關係對心理病態人格的影響。

生物因素 臨床上，心理病態人格極少對將來的痛苦或懲罰感到焦慮，實驗研究也證實了這一點。有一個研究從青少年法庭拘留所中選出兩組青少年罪犯，其中一組是心理病態人格組，另一組是正常反應組。然後再測量這兩組青少年在休閒期間、壓力狀況、呈現視覺或聽覺刺激時的膚電反應(GSR)。

在壓力狀況下，實驗者在受試者的腿部裝上假的電極，並且告訴他，在十分鐘內他會受到一個相當強但不會造成傷害的電擊(受試者前面放了一個大鐘，使他能夠預估電擊的到來，事實上並沒有電擊)。實驗結果顯示，在休閒期間或對視覺及聽覺刺激的反應期間，兩組受試者的膚電反應沒有差異。然而，在預期電擊的十分鐘期間內，非心理病態組卻顯得非常的緊張，在時鐘顯示電擊將來臨的一瞬間，皮膚電阻陡然下降(顯示焦慮突增)，但心理病態組沒有一個顯示這種反應(Lippert & Senter, 1966)。

其他的研究則顯示，心理病態人格學會逃避條件化反應的速度比正常人或精神官能症患者慢，他們的自主神經系統活動(如 GSR、心跳、呼吸速率、血壓)也比一般犯人低(Lykken, 1957;Hare, 1970)。這些發現導致了一個假說：心理病態患者的自主神經系統可能天生就反應過低。這一點可以解釋爲什麼他們需要不斷尋求刺激；爲什麼不會對反社會行爲所帶來的危險和懲罰感到焦慮。然而，這種解釋必須有所保留。心理病態人格患者可能認爲實驗情境不過是個遊戲，因此他們就特別冷靜地控制他們的反應。

雙親的影響　心理分析理論認爲良心和超我的發展，端賴兒童早期與成人(尤其是雙親)的親密關係。正常的孩子都會內化他父母的價值(父母的價值通常也就是社會價值)，因爲他想要模仿父母，並且怕自己若不依照父母的價值去做，就會失去父母的愛，但是如果小孩得不到父母的愛，他就不會怕失去父母的愛，因此，他也就不會認同父母或內化父母的行爲原則。這種解釋似乎相當合理，但卻並不盡然。許多被父母拒絕的小孩，並沒有變成心理病態人格，有些心理病態人格是由於父母的縱容所致。

另一種說法強調父母的獎懲方式和孩子的模仿。根據這個說法，一個小孩如果學會以可愛、後悔等來逃避懲罰的話，他就很可能成爲心理病態人格。如果小孩從未因做錯事而受到懲罰，如果小孩一直以口頭上的後悔和以後絕不再犯的承諾來逃避懲罰，他可能會認爲實際行爲本身並不重要，重要的是後悔的做作；如果這個小孩在其他方面被父母縱容(不必工作或等待就可以得到獎賞)，他就無法學會忍受挫折。缺乏挫折忍受力和認爲可愛迷人可以解決一切問題，是心理病態人格的兩大特徵。除此之外，一個受到過度保護、從未遭受挫折或沮喪的小孩，可能無法體會別人的憂愁和不安(Maher, 1966)。

一項對男性心理病態人格者雙親所做研究顯示，做母親的對他們大多十分縱容，做父親的則顯得漠不關心。一般說來，這些父母比較關心他們在社區中的地位，而隱藏一切家庭問題，使得小孩認爲表面比眞實更重要。

不可否認的，有許多家庭的交互作用型態，會造成心理病態人格。父母的獎懲或表達感情不一致、角色行爲不一致而使孩子沒有適當的對象可以模倣等，都是造成心理病態人格的家庭因素(Buss, 1966)。

重要討論：

心理違常與法律

心理失常的人犯了罪，法律應該如何處理？許多社會科學家、法律專家以及任何一個與犯罪有關的人，都非常關心這個問題。心理病態人格很可能會犯下滔天大罪，但是，根據法律定義，這種人不屬於瘋狂，因此，不會被判送入精神療養院接受治療，而必須服刑。

由於心理因素作祟而無法對行爲負責的觀念，首次出現於一七二四年的英國法庭。有一個法官堅持：「如果一個人不知道他做了什麼事，而他和野獸沒有兩樣……那麼他可以不必爲自己的行爲負責。」法律責任的標準，則在一八四三年毋納屯(M'Naghten)事件發生後才頒布。毋納屯是蘇格蘭人，他患了妄想型精神病，妄想當時的英國首相皮爾(Peel)迫害他。他在一次刺殺皮爾的行動中誤殺了皮爾的秘書。法庭裡的法官根據毋納屯的生活背景、現有行爲和親友的報告，認定他是瘋子，因此判他可以不對自己的行爲負責，把他送進精神病院。當時的英國女王維多利亞不滿意這個判決(她覺得這是一項政治謀殺)，因此要求大法院再審。再審的結果維持原判，並且訂定瘋狂的法律定義。這就是著名的毋納屯法令。這條法令規定：如果被告嚴重瘋狂，不知道自己做了什麼事；或者知道自己在做什麼事，但是卻不知道這件事不對，應該判爲無罪。

分辨是非的能力仍然是判定瘋狂與否的基礎。許多參與審判的心理學家和精神科醫師，都覺得毋納屯法令過於狹窄。許多明顯地患了精神病的人，被問到某種行爲是對還是錯的時候，仍然能夠正確的答出來。有竊盜癖的人知道偷別人的東西是不對的，但是卻無法控制自己的衝動。有些國家於是將「不可抗拒的衝動」也引入法條。在這些國家裡，一個人即使做了壞事，而且也知道自己做的是壞事，但是法官若認爲他的罪行是由於強烈不可抗拒的衝動所支使的，他在法律上就屬於瘋狂的人。

一九六六年美國上訴法庭採用了更合理的瘋狂定義。

美國司法部經過十年審愼的研究，提出犯罪責任的定義：如果一個人在犯罪當時，因爲心理疾病或缺陷，而沒有充分的能力去體認自己行爲的謬誤或服從法條的規定，那麼他可以不爲他的犯罪行爲負責。「充分的能力」這句話的意思是說，「一點點能力上的受損」並不構成逃避刑責的條件，但是也不需要「完全失去能力」才可以不負刑責。「體認」的意思是說心智上明瞭是非是不夠的，當事人必須多少能夠瞭解行爲的法律及道德後果。這個新法令雖然尚未完全普及全美國，但採用的法庭已經愈來愈多。

心理失常的人是否應該負法律責任的問題非常複雜，葛律克(Glueck, 1962)曾提出一個革命性的刑法觀念。他認爲法律有兩個功能：犯罪的判定和刑法的執行。被告如果精神上有問題的話，法官的主要職責，是決定被告是否眞的犯罪；一旦犯罪事實確立，就由犯罪學家、心理學家、精神科醫師等組成的陪審團，來評估被告的行爲本質和起因，並決定應將被告送進精神病院療養或是入獄服刑。如果入院療養的話，還應該不時地評估被告的進步情形，等到情況令人滿意之後再釋放。這種做法比由法官判決被告的療養時間更爲恰當。

摘　要

1. 偏差行爲的診斷標準有四種：**統計頻數**、**社會標準**、**行爲適應**和**個人主觀的感覺**。良好的心理健康的特徵，包括對現實的充分知覺、自我瞭解、自我控制、自尊、良好的人際關係和工作能力。這些特質無法清楚區分健康心理與心理失常，不過它們可以說是正常人所具備的重要特質。
2. DSM-III根據特殊行爲症狀將心理疾病加以分類，這種分類系統主要在溝通訊息及提供研究的基礎。但是因爲每一個案例都很獨特，所以診斷標示不應該用來論斷個人。
3. 焦慮症包括**一般性焦慮**(經常擔心及緊張)、**恐慌症**(突然發生排山倒海式的憂鬱)、**恐懼症**(對特殊物品或狀況產生不合理的恐懼)及**過激強迫反應**(持續保有不想要有的想法，加上有股急切衝動或壓力想去做出某種特定行動)。
4. 心理分析論將焦慮症現象歸因爲尚未解決的潛意識衝突。學習論認爲焦慮是一種對外在事件的反應，並且提出**預設條件化**概念以解釋恐懼症。認知論強調焦慮者對潛在危險的思考方式：他們高估可能產生傷害的程度，使得他們感到緊張，並在生理上隨時準備面對危險。他們無法去除強迫性想法，並試圖以強迫性行爲中和不好想法。生物學觀點則認爲部分焦慮症的案例(特別是恐懼的產生)，起因於控制焦慮的神經傳導物質分泌不平衡。

5. **情緒症**是心情上的困擾：**憂鬱**、**狂躁**或是於兩者之間的互換型態的**躁鬱症**。悲傷、對生命失去感念、負面想法、缺乏動機是憂鬱症的主要徵候。心理分析論視憂鬱爲對**外在支持的需求**，以及傾向於**將忿怒內射**的個人對**失去父母親情的反應**。學習論則專注**正性增強功能的減弱**。
6. 貝克的**憂鬱認知論**認爲，有憂鬱傾向的人經常從負面及自我批評的觀點來評估事情。塞利格曼的**學來的無助論**則把憂鬱歸因於對以**內在**、**穩定**及**全面性**原因解釋**負性事件**的一種解釋方式。憂鬱性認知可能伴隨憂鬱症出現，但卻非造成憂鬱症的主因。
7. 部分情緒症可能受遺傳性特定神經傳導物質新陳代謝異常的影響(如腎上腺素及血清張力素)，有憂鬱傾向遺傳因子及早期經驗，可能使人們在處於壓力下時變得**脆弱**，最後並導致憂鬱。
8. **精神分裂症**主要是很難過濾不相關刺激，有知覺紊亂、不當情緒反應、妄想、幻覺以及退縮等特徵的一種思考失調疾病。對產生精神分裂症原因的研究，集中在先天上具有精神分裂傾向之遺傳基因而引起疾病失調，可能是神經傳導物質的代謝功能發生故障(多巴胺假說)以及社會因素及分歧的家庭關係等。高危險群兒童的研究則企圖找出一些能預測精神分裂病的徵兆。
9. **人格違常**是長期的社會不良適應行爲，例如酒精癮、藥物癮和心理病態人格。心理病態人格的特徵包括衝動、只關心自己的需要、無法和別人形成親密關係、缺乏焦慮感和罪惡感，以及經常惹上法律麻煩。自主神經系統的反應不足，以及父母獎懲不一致，可能是心理病態人格缺乏良心的主要原因。

進一步的讀物

一般有關異常心理學的教科書包括：Davison and Neale, *Abnormal Psychology:An Experimental Clinical Approach*(4th ed., 1986); Sarason and Sarason, *Abnormal Psychology:The Problem of Maladaptive Behavior* (4th ed., 1984);Seligman and Rosenhan, *Abnormal Psychology* (1984);Coleman, Butcher, and Carson, *Abnormal Psychology and Modern Life*(7th ed., 1984); Goldstein, Baker, & Jamison, *Abnormal Psychology: Experiences, Origins, and Interventions*(2nd ed., 1986).

至於心理疾病的遺傳觀點在下列刊物述及：Plomin, DeFries, & McClearn, *Behavioral Genetics: A Primer* (1980); Gottesman and Shields, *Schizophrenia:The Epigenetic Puzzle*(1982).

Agras所著的*Panic: Facing Fears, Phobias, and Anxiety*(1985)提供了一項由害怕演變成的恐懼症過程的有趣探討。另外以患者觀點探討精神病在Green的*I Never Promised You a Rose Garden*(1971) 有詳細描述；還有Vonnegut的*The Eden Express*(1975)中亦有類似的介紹。*Holiday of Darkness*(1982)一書由Endler所著，書中介紹了心理學家提供人一些對抗憂鬱的經驗，並討論不同的治療效果。

第十六章.

(Ch 19)

第十七章 成人之道 一心理衛生

(Chil

§5. 人際關係 perceiver object.

1. 平衡論.
2. 社會交易論.
3. 公平論.
4. 得失論　gain-loss

中　增資記

§6. 社會影響力.

1. 社會規範 norm
2. 〃 比較 comparison.
3. 〃 助長 facilitation
4. 〃 抑制 inhibition
5. 〃 從眾 conformity

§7. 領導

§8. 環境與社會行為

第十六章　心理治療

歷史背景 768

早期的收容所

現代治療設備

與心理治療有關的專業人員

心理治療方法 772

心理分析

人本治療法

案主中心治療法

行為治療法

認知行為治療法

團體治療法

重要討論：「心理疾病」還是「不良適應行為」？

折衷方法

專業治療人員

重要討論：心理治療的電腦模擬

心理治療的效果 798

心理治療的評估

各種心理治療法的比較

心理治療的共同因素

重要討論：寬心劑反應

身體治療 806

化學治療法

電擊治療和精神病外科手術

心理健康的增進 812

有益於心理健康的條件

增進心理健康的機構

自助的極限

圓鋸法的考古學證據

圓鋸法是一種治療心理失常的古老療法，在患者頭骨上鑿洞。很明顯的，當時人相信這些頭骨上的洞能夠讓鬼靈與魔鬼，跑出身體內部。

上一章談到了種種心理失常，本章中我們所談的是治療心理失常的各種方法。這些方法可以概分爲兩大類：心理治療——以心理學方法來改變行爲，以及身體治療法——企圖以生理學方法(藥物、電擊、手術等)來改變行爲。

心理失常的治療與失常起因理論間有極爲密切的關係。心理失常者的治療簡史，說明了治療方法隨著失常起因理論、與人性理論之改變而改變的情形。

歷史背景

古代中國人、埃及人、希伯來人都認爲心理失常是邪魔附身所致。因此治療就是祈禱、符咒、鞭打、服草藥等，以驅魔避邪。如果這些方法無法奏效，浸水、焚燒、拿石頭打到死等殘酷作法就出籠了。舊約利未記中說「魔鬼附身的人或者是巫師，都應該處死，用石頭打死，把他們的血染在石頭上」。雖然附身的絕大多數是魔鬼，但也有聖靈附身的例子，聖靈附身的人受到尊崇。在這個時期，心理失常的治療操於神父、牧師之手，他們有驅邪的本領。

心理失常的瞭解，起步於希臘醫師希波克拉特(Hippocrates)。希波克拉特拒棄鬼神附身的觀念，他認爲心理失常是體液(body fluid)不平衡所致。他和追隨他們的希臘、羅馬醫師呼籲，以較人道的方式對待心理失常的人。他們強調舒適的環境、運動、適當的飲食、按摩、舒服的澡，以及一些比較爲患者所不喜歡的方法，諸如放血、通便、枷鎖、牢籠等，當時雖然沒有任何收容機構，卻有許多患者被仁慈的醫師收容在祀奉希臘和羅馬神祇的廟裡。

圖 16-1 早期處理心理失常者的方法

十九世紀初，英國的收容所使用這種旋轉器，患者站在其中高速旋轉。

然而，這方面的進步很快地中止下來。到了中世紀，迷信和鬼神之說再度盛行。心理失常者被認爲是撒旦的徒衆，具有超自然力量，可以造成水災、旱災、瘟疫、殺害別人。中世紀的人相信殘酷的對待瘋子就等於是懲罰惡魔，因此拷打、饑餓、用燒紅的鐵烙(**圖 16-1**)等都是正當的。這種觀念造成十五世紀至十七世紀間數千無辜人命的喪生。

一種早期治療法，在患者頭上以熱鐵烙之，以恢復感覺。

早期的收容所

中世紀末，爲了處理徘徊於街頭的精神患者，精神患者收容所於焉設立。不過當時的收容所，與其說是治療中心，不如說是監獄；病患鎖在污穢不見天日的斗室中，過著非人的生活。直到一七九二年，平乃爾(Philippe Pinel)主持巴黎的精神患者收容所時，這些不幸的人們所受到的待遇才稍有改進。他解除精神患者的鏈鎖，用以試驗他的假設：精神病患應該以體貼而善意的態度對待之。令那些懷疑平氏是否發瘋了的反對者吃驚的是，平氏的試驗竟然成功了。解除患者的鏈鎖，把患者從土牢中安置到乾淨充滿陽光的房間裡，以善意的態度對待他們，竟然使許多被認爲已經毫無希望的患者的病情大大改進，甚至出了院。

本世紀中，醫藥和心理學都有長足的進展。梅毒螺旋菌的發現說明了一般梅毒性痲痺患者的心理失常，是生理原因造成的。這個發現鼓舞了醫師探討心理失常與生理的關係。佛洛伊德及其追隨者的研究奠定了環境因素與心理失常之間的關係。而巴卜洛夫的實驗研究則說明了心理失常症候可以在實驗室中引發的事實——他強迫實驗室中的動物去做牠們能力所不能及的辨別學習，結果這些動物出現了類似急性精神官能症的症候。

十九世紀末，有一種治療法把患者用馬具吊起來搖動。當時的人認爲這樣可以安靜患者的神經。

雖有這些科學進展，二十世紀初期的一般大衆仍不瞭解心理失常，並視精神病院及其中患者爲恐怖可怕的事物。心理健

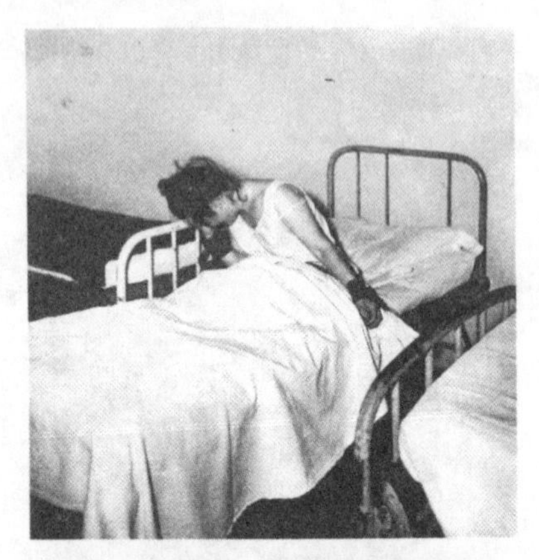

俄亥俄州一間瘋人院的情形（一九五〇年代）

康教育始於畢爾斯(Clifford Beers)。畢氏年輕時患了躁鬱型精神病，曾在數個私人和州立醫院接受治療。當時雖然已不用鏈鎖及其他拷打的方法，卻仍然使用緊身衣來限制激動的患者。一般州立醫院因缺乏資金而過度擁擠、食物不良、管理人員毫無同情心、殘酷成性，這些不良因素使得患者情況愈來愈嚴重。畢氏痊癒以後，把他的經驗刊印成書，那就是著名的《尋回自我的心》(*A Mind That Found Itself*)。這本書引起了大衆的注意。畢氏不停的努力使大衆瞭解精神病的眞相，並組織了美國國家心理衛生委員會(National Committee for Mental Hygiene)。一九五〇年，這個機構和其他兩個相關團體組成現在的美國國家心理健康協會(National Association for Mental Health)。心理健康運動在教育大衆、刺激兒童臨床診所的設立、社區心理衛生中心之設立等方面貢獻良多。

現代治療設備

心理失常者的治療設備，在過去三十年間有長足的進步。二次大戰後美國退伍軍人管理局(Veterans Administration)所創設的精神病院比一般州立醫院好得多，刺激了州立醫院的改善，雖然有些州立醫院仍屬管訓性質，患者充塞、環境髒亂。今日的精神病院絕大多數都非常乾淨、管理良好、環境清幽、而且相當忙碌——受過專業訓練的人員，指導患者從事各種活動。每天的作息表都是依照每一位患者的特殊需要、興趣而訂的，當然其中必須包括個別治療、團體治療，或職業治療的時間，以教導患者一些生產技術或鬆弛患者的緊張。病情大有進步的患者，可以在醫院各部門兼差，一方面可以賺點錢，一方面可以使他們有貢獻力量、造福別人的感覺。

許多精神病院位於大學或醫學院附近，便於研究與訓練計畫的同時並進。這些醫院可以做爲心理治療人員、精神科醫師、以及社會工作者、護理人員、職業治療人員等的實習場所。一般大醫院也都設有專門的精神病醫療中心。

心理失常者的治療在過去十年間有個明顯的改變——患者盡可能在家裡或社區中治療，除非必要，儘量避免住院治療。不管醫院設備多好，住院有其天生的缺陷。住院切斷了患者與家庭、朋友的聯繫；會使患者感到自己見不得人；使患者無法與外在環境溝通；養成患者的依賴性，使患者不再主動去解決問題。美國在一九六三年頒布的「社區心理健康中心法案」(The Community Mental Health Centers Act)中，正式撥款興建社區治療中心，到現在爲止，已建了四十個以上的治療中心。這些中心提供多項服務，包括(1)在病情尙未轉劇以前輔導有情緒困擾的人；(2)短期住院；(3)部分住院。部分住院的人可能是白天在中心接受治療，晚上回家過家庭生活，或者白天工作，晚上治療。

由於現行的治療方法收效不彰，早期的發現與預防益形重要。爲了達到早期發現、早期預防的目標，學齡期的心理服務逐漸受到重視。研究顯示，小學時代有情緒問題的小孩，並不會因成長而解除問題，這些孩子進入高中後問題有愈來愈嚴重的傾向。

許多在住院治療時有所進步，且經由協助後可以處理自己身邊事物的患者，無法獲得後續適當的門診治療照顧，或是任何協助以認識新朋友，找尋住處或工作。其結果是，無數的心理疾病患者生活在類似「旋轉門」的日子裡；因爲無法成功地因應自己的問題而時常進出醫療機構。大約半數以上自州立醫院辦理出院的患者在一年內又重新入院。

目前並沒有任何良策可以輕易地解決這個問題。明顯地，基金的援助應該朝向兩個方向。一個是改善門診服務以協助那些經由適當幫助就可以獨立生活的患者。另一個就是爲那些無法在受保護環境外正常發揮功能，以及自醫院轉出可以獨立生活的患者，設計發展選擇性住屋方案(例如，小團體住所)。一些證據指出住屋治療中心的經營花費較少，同時比較起傳統醫院對於患者更能產生治療效果。

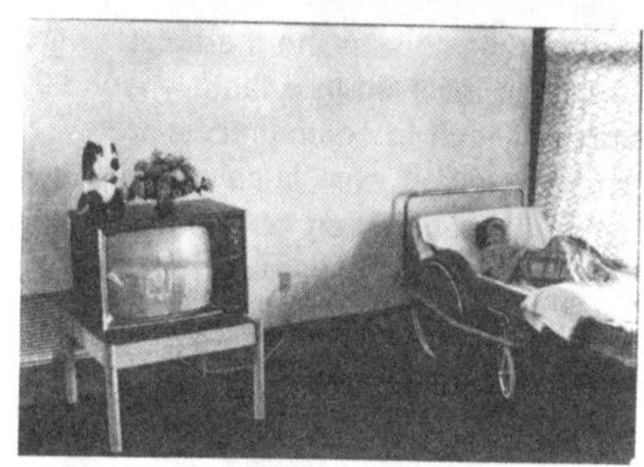

一間改進過的病房（一九七四年）

與心理治療有關的專業人員

不管在那兒治療——醫院、社區心理健康中心、私人診所或辦公室——都有好幾種專家參與。精神科醫師、臨床心理學家、社會工作人員，常聚在一起，共同解決某一個個案，當然，他們也有單獨作業的時候。**精神科醫師**(psychiatrist)除了扮演心理治療的角色以外，還負責患者的醫藥。**心理分析專家**(psychoanalyst)是精神科內一種特殊專家，他們所應用的方法和理論源自佛洛伊德。心理分析專家必須花費二年的時間，在心理分析機構，學習心理分析的特殊技術。心理分析專家必然是精神科醫師，但是精神科醫師不一定是心理分析專家。

臨床心理學家(clinical psychologist)必須接受高級的心理學訓練，通常擁有博士學位，在測驗、診斷、治療、和研究方面有特殊的實習經驗。臨床心理學家實施並解釋心理測驗，參與心理治療，並做研究。

精神社會工作人員(psychiatric social worker)通常擁有社會工作的碩士學位，並受過家庭晤談的特殊訓練，能把治療帶入家庭或社區中。透過所受的特殊訓練，社會工作人員除了參與患者的治療工作外，並負責收集患者的家庭資料，與患者的親友晤談等。

精神病院內尙有另外一種專家——**精神護理人員**(psychiatric nurse)。精神護理人員是特殊的護理人員，必須接受過處理精神病患的特別訓練。

討論心理治療方法的時候，我們並不特別指出心理治療人員的專業。任何接受過上述四種專業訓練、並發揮其所長的專家，都是心理治療人員。

心理治療方法

心理治療(psychotherapy)這個名詞包括很多種方法，每一種方法的目的都是幫助情緒困擾的人改變行爲，使他們能夠滿意地適應其環境。以後讀者將會讀到，有些心理治療人員認爲行爲的修正及改變，取決於當事人對自己潛意識動機與衝突的瞭解；有些人則認爲可以不必透過對不適行爲的起因與發展的探討，而成功的處理他的問題。方法儘管不同，所有心理治療方法具有某些共同的特性。心理治療是兩個人——患者或**案主**(client)與**治療者**(therapist)——之間的溝通。治療者鼓勵患者表明他的恐懼、情緒和經驗。治療者則以同情和瞭解的態度來處理患者的問題，不可做任何判斷或批評，也不可有情緒涉入的現象，必須保持態度的客觀，這樣才能明晰的瞭解患者的困難。

心理治療方法對輕度的心理失常(精神官能症)治療效果最佳，也有一些治療精神病的報告。精神官能症患者，通常都明瞭他們的問題，冀求別人的幫助，也能夠與治療者溝通。相反的，精神病患常生活於虛幻世界，與現實脫離，因此極難溝通。

與精神病患建立關係費時長久，但卻是治療的必要步驟。還好，新近出品的某些藥物可以幫助我們達到這個目的。

心理分析

最爲一般人熟悉的心理治療法，是**心理分析**(psychoanalysis)。心理分析以佛洛伊德的觀念爲基礎。心理分析專家並不多，一九七〇年的時候，美國心理分析學會的成員約只有一二五〇個。成員雖少，但其影響力卻相當大。

除了治療方法外，佛洛伊德還提出了一套深深影響現代思想的理論，它的影響範圍包括心理學、文學、醫學、以及社會科學。本文中，我們所關心的，是心理分析療法，不是心理分析理論，但是，我們必須謹記，一切心理分析療法都建基於心理分析理論。

自由聯想(free association)　心理分析專家治療患者的時間通常很長，可能持續數年以上。心理分析療法可以說既深入又廣泛。治療初期，患者描述其症狀、並回憶其一生中相關的事件。接著就進行自由聯想——心理分析的基本方法之一。自由聯想的目的，是要把患者意識不到或意識得到但卻否認的感覺和想法，提到意識之中，並以語文表達出來。

自由聯想的時候，患者必須遵照一個基本原則：把心中一切說出來，不可選擇，也不必編篡，這個原則不易遵循。患者一生中都在學習自我控制，學習控制口舌，學習思然後言。患者卽使盡力的想遵循這個原則，也無法把一切感覺和想法說出來。患者有時候會覺得某些想法微不足道，某些想法過於愚昧，某些想法失之輕率，因而未能表達出來。

例如，假使有一個人因爲看顧殘廢者而失去了行動自由，這時候他在潛意識中，可能希望患者死亡以恢復自由。但是他一定會否認這個想法，因爲這個想法違犯了社會規範、以及他對患者的忠誠。實際上，這種死亡願望可能時常縈繞心頭，但是他所受的教化卻要他否認這個念頭。他可能會以幻想或其他與死亡有關的方式表現出來——例如哼些葬禮時吹奏的曲調。承認而不壓抑這個想法，可以把他以前沒有意識到的想法和感覺慢慢誘發出來。經過多次練習，他就可以把許多深深潛抑的想法和感覺完全浮現於意識之中。

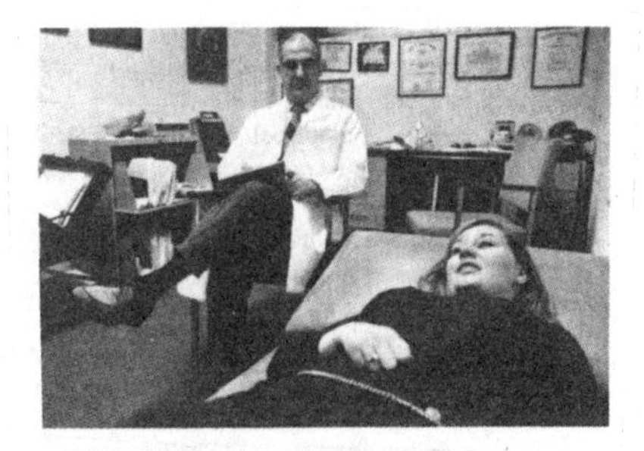

現代心理分析躺椅

人會無意識的壓抑或拒絕某些想法和感覺的回憶，因爲他害怕這些想法和感覺會威脅他、或貶損他的自尊。治療者必須幫助患者克服這種抗拒的心態。有時候患者會在順利的聯想中停止下來，他再也想不出任何事情，心中一片空白。這種情形表示他抗拒某一個被壓抑事件的回憶。有時候，患者會忘記下一次的治療時日，這也是一種抗拒的表徵。

闡釋(interpretation)　心理分析專家，以闡釋來克服患者的抗拒，並使患者深入的自我瞭解。闡釋的可能方式有二種：第一個是分析專家提醒患者注意他的抗拒情形。當患者發覺聯想系列突然中止，忘記下一次會面時間，或想要改變話題等的時候，會有所警惕，知道自己發生了某些事。第二個是分析專家私下推論患者所做描述的背後動機，然後給患者一個有利進一步聯想的暗示。患者有時候會說一些似乎無關緊要的事，並向分析專家抱歉，這時候，分析專家應該指出，某些微不足道的事可能是重要的線索。注意，分析專家必須隨時提醒自己，不要對患者指示什麼是重要的，什麼為不重要的；重要不重要應該由患者自己去發現。

分析專家在分析初期和末期所做的闡釋，可能會稍有不同。分析初期的闡釋是要幫助患者瞭解抗拒。分析專家應該利用各種方式——例如，說明某些看來微不足道事物的重要性，或把患者所說的似乎無關的想法組合起來。但是，隨著分析的進展，分析專家對患者的聯想內容，應做愈來愈複雜的闡釋。

感情轉移(transference)　一切心理治療的關係都是社會性的，是患者與治療者之間的互動。心理分析治療中，患者對分析專家的態度，對病情的進展有重大影響。患者遲早會對心理分析專家產生強烈的情緒反應，患者可能會極尊敬治療者，也可能厭惡，也可能翻來覆去。患者把治療者當做情緒反應的對象的傾向稱為感情轉移。感情轉移的解釋雖然莫衷一是，卻是心理分析治療法的一大基礎。根據心理分析理論，患者常視治療者，與其父兄有相似特性的態度，雖然治療可能根本不像。

舉個例子來說，一個年輕女郎接受一位心理分析專家的治療。有一天，當她進入分析室的時候，說道：「很高興妳今天沒有穿過去幾次見到妳時所穿的花邊衣服，我討厭妳穿那件衣服。」這時候，分析專家指出，她從來沒有穿過任何花邊衣服。原來在前幾次治療期間，患者一直把治療者當做媽媽看待，誤認治療者也穿著她媽媽常穿的花邊衣服。驚愕的患者最後接受了治療者對這個事件的解釋，並瞭解了感情轉移的意義。

感情轉移並不一定出於錯誤的知覺，患者有時候只不過把他對早年生活中重要人物的感覺，表現於分析專家身上而已。分析專家可以根據這些感覺，解釋被歪曲的衝動本質。例如，一直尊崇兄長的患者，發現治療者具有某些與其兄長相似的特性，使他想起兄長。任何對治療者的攻擊，都可以顯示患者對其兄長的潛在敵意。治療者可以研究患者對他的態度，進而幫助患者瞭解他對別人的行爲。

發洩、頓悟和解決(abreaction, insight, and working through)　患者在心理分析治療的進步，通常歸因於三種主要經驗：發洩，逐漸瞭解自己的困難，以及再三的面對衝突、解決衝突。

當患者能夠自在地表達被壓抑的情緒，或重新體驗強烈的情緒經驗時，他就經驗了所謂的發洩，這是一種情緒的清理。情緒的發洩使患者感到舒服，但光是發洩並不能消除衝突的原因。

患者瞭解衝突的根本原因，稱爲頓悟，有時候頓悟來自某一被潛抑經驗的回憶，但是一般人所認爲的，心理分析治療是因某一戲劇性事件的突然憶起而痊癒的觀念，卻是錯的。患者的麻煩極少是由單一原因所造成的，頓悟更是逐漸累積下來的。頓悟和發洩必須同時並進：患者必須瞭解他的感覺，並感覺到他所瞭解的。

當繼續做分析時，患者會經歷一段很長的再教育過程，稱爲解決。患者必須在各種情境中，再三檢討同一衝突，必須面對事實，並且以比較成熟有效的方式去反應。經由解決過程，患者愈來愈能夠面對原有衝突的威脅，不再產生過度的焦慮。

成功心理分析的最終結果，是人格的改造，使患者能夠踏實的處理他的問題，不再出現接受治療時的症候，進而過著更舒適、更豐富的生活。

心理分析費時長久、也相當昂貴。對能夠流暢的表達個人感覺，且有高度解決問題動機的人來說，最爲有效。

自佛洛伊德時代起，多樣化的心理治療法根據佛洛伊德的理論開始發展。這些方法所共通使用的前提爲：心理失調產自潛意識的衝突及恐懼。不過，也因爲這些方式在許多方面不同於正統心理分析法則，而被稱之爲**心理分析治療法**(psychoanalytic psychotherapy)。如第十三章所討論，在佛洛伊德時代之後的心理分析家比較能夠承認社會及文化因素的重要性，而不只是以生物驅力模塑人類行爲。他們也更加強調自我在指揮行爲及解決問題時的角色，同時也較少強調潛意識性及攻擊驅力的角色。

心理分析的傳統方法也被加以修正。當今的心理分析治療法傾向於簡潔及不激烈。治療者通常會限制治療時間的長度，使得患者以及治療者均能在固定時間內共同解決問題，並達成某些特定目標。排定的見面會談次數不宜多，通常一星期內一至二次。如此，患者在面談期間方有時間思考所討論的問題，並檢視自己針對分析治療所做的日常互動行爲。這種會談比較不強調重組孩童時期經驗，反而增加的是強調個人與他人之間的互動方式等問題。自由聯想方式爲對重要議題的直接探討所取代；同時心理分析治療者可以在等待患者提出問題前更適當且直接地提出適切的話題。在治療過程中，轉移仍被視爲一重要部分，治療者也可能試圖限制情感轉移時的強度。

心理分析治療者一樣重視潛意識動機及恐懼對多數情緒性問題的影響，並同樣強調內在世界和問題解決過程在治療過程的重要性。我們稍後就可看到行爲治療者並不同意上述觀點。

人本治療法

人本治療實踐者通常關切個人的獨特性以及專注在個人對成長及自我實現的自然傾向。人本治療者並不闡述個人的行爲，可是心理分析專家會如此做分析，或是如同行爲治療者一般地試圖修訂。人本治療者的目標即在促使個人自我思考及情感的探究，並且協助個人達成他(她)的解決方法。這種主張在我們回顧案主中心治療法(人本治療法的一種，現稱**個人中心治療法**［person-centered therapy］)時會更加清楚。

案主中心治療法

案主中心治療法(client-centered therapy)又稱爲**非指導治療法**(nondirective psychotherapy)，這種治療法是由羅傑士(Carl Rogers)及其同事提出來的(Rogers, 1951, 1967, 1970)，這種治療法的目標是要案主或患者明瞭自己、解釋自己的病因，因此稱爲案主中心。由於治療者並不特意將患者的注意力導向某一特殊問題(例如患者的婚姻關係或患者的早期經驗)，因此這種治療法又稱爲非指導治療法。不同於心理分析法的是，案主中心治療法並不有意的將患者的問題和患者的早期經驗聯在一起。患者的問題只和患者現在的態度和行爲有關。因此，案主中心治療專家，並不認爲患者的生活史是必要的，也不認爲必須安排個案晤談，以搜集患者的生活背景資料。

案主中心治療法說起來相當簡易，實際上卻要有高超的技術。治療專家首先解釋晤談的本質，及問題的解決與否決的技術。治療專家首先解釋晤談的本質，及問題的解決與否決定在案主；案主可以在任何時間自由離開，想不想再回來悉聽尊便；雙方的關係是私下、保密的；案主可以自在的談論任何切身問題，不必怕有洩漏的危險。治療過程中，案主談得最多。一般說來，案主都有一大堆話要傾吐。治療專家機警耐心的傾聽。當案主談話中止，要治療專家說些話的時候，治療專家通常只是進一步澄清，接受案主所表示出來的感覺。例如，若案主一直說他不勝母親嘮叨，治療專家可能說：「你覺得你的母親想要控制你嗎？」治療專家的目的是要澄清案主所表達出來的感覺，切忌做判斷或加油添醋。

一般說來，治療初期，患者的自我評估相當低。治療過程中，患者不斷面對自己的問題，並以自己的能力去解決這些問題，積極的自我期望會逐漸顯現。有一個個案在開始的時候說道：

> 「我每一件事都不對勁，我覺得反常。最簡單、平常的事我都做不好。我確信我沒有一件事做得成，我相當無能。有時候我會模仿成功的人，但是，我只不過外表上有點像他們而已，根本卻摸不著他們的神髓。」(Snyder et al. 1947)

到了最後一次晤談，案主顯示了下述與初次晤談極端相反的態度：

> 「我要過一種自己選擇的生活方式，我確實改變了。我以前一直爲別人而活、爲達到某些能力所不能及的標準而活。我已經明瞭我並不是非常聰明，但是對付日常問題綽綽有餘，我不再自視過高。現在我和別人處得愉快多了，我從工作中享受到成功的感覺。」

這種進步是不是典型、穩定的呢？實驗人員於是仔細的分析錄音下來的晤談資料。將案主的敍述予以分類製圖，可以發

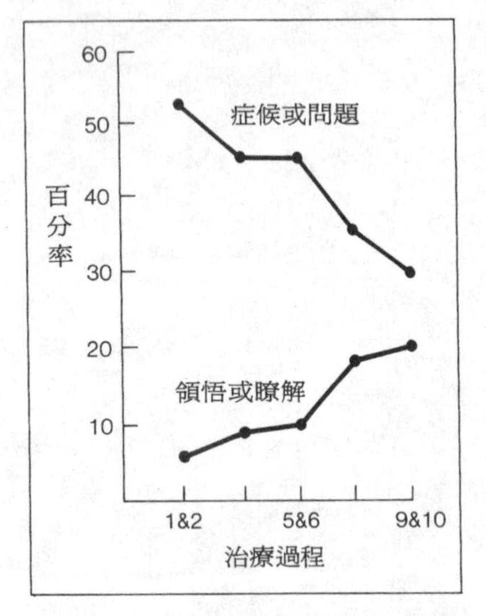

圖 16-2 案主中心治療期間的改變
治療過程中，患者對問題的重述逐漸減少，代之而起的是領悟性敍述的增加(取材自 Seeman, 1949)。

現治療過程有相當一致的格調。例如，治療初期案主大部分時間都在談論他的困難，敍述他的問題、他的症狀。然後，他漸漸的加入一些與問題有關聯的領悟或人格背景。若將案主的一切敍述分成「問題的敍述」與「瞭解及領悟的敍述」二類，我們就可以看出治療過程中「領悟」逐漸增進的情形(見**圖 16-2**)。

治療專家到底做了些什麼，而造成案主的改變？第一，他製造了一個使案主可以感覺到自我價值與意義的氣氛。這個氣氛並非來自技巧，而是來自治療專家對患者的尊重與信任——信任患者都有能力對其問題做建設性的解決。

治療過程中，治療專家並不僅僅是一個被動的聽衆；否則的話，患者就會覺得治療專家對他沒有一點興趣。治療專家必須注意傾聽，並在言語中顯示他也和患者一樣，可以感覺出患者對某一件事的看法。在羅傑士首創案主中心治療法的時候，他特別強調：「治療者必須澄清案主表達出來的感覺」。現在羅傑士認爲這個觀點未免過於理智，於是轉而強調「治療者與案主採同一參考架構」與「站在和案主相同的觀點去看問題，但避免情緒涉入」。要有治療效果的話，案主的改變必須是感覺上的、態度上的——並非只是理智瞭解而已。

就羅傑士的看法而言，治療關係中最重要的條件，是治療者必須是「眞誠、協和一致的人」，也就是說，治療者並非只是擔任某種角色或從事特殊專業而已，必須與患者維持誠摯、開放的關係。一般人都不會對心口不一，言不由衷，或不夠誠懇的人表明心跡。

雖然提倡案主中心治療法的學者和開業的專家，提出了許多有關的資料。但要確切的指出，這種治療法的有效範疇及其缺陷，相當困難。現有資料顯示，對具有相當語文能力且主動尋求幫助的人而言，本方法非常有效。對那些並非主動要求幫助的案主，以及難以溝通的嚴重精神患者而言，直接的指導方法比較恰當。

行爲治療法

心理分析法和案主中心治療法都是「領悟式」治療法，它們的目的是要幫助患者去瞭解他們的眞正感覺與動機，以便面對或解決他們的問題。心理分析法強調早期衝突對現在行爲的影響；案主中心治療法則強調現有問題的瞭解。最近才出現的一種心理治療方式，不重視領悟而重視問題行爲本身，這種方法不考慮問題的潛在起因，它使用來自學習理論的技術來改變行爲。其基本假設是：不良適應行爲都是學習而來的，我們可以利用學習實驗中所發展出來的技術，以新的適當行爲代替原有的不良適應行爲。根據這個觀念所發展出來的心理治療法，稱爲**行爲治療法**(behavior therapy)或**行爲矯正法**(behavior modification)，因爲它的目標是矯正行爲，而非領悟問題或解決潛意識衝突(Lazarus, 1971; Wolpe, 1969; Ullmann & Krasner, 1969; Bandura, 1969)。

行爲治療專家指出，雖然領悟或自我認識是個值得追求的目標，但卻無法保證行爲的改變。我們經常能瞭解我們在某一情境中的行爲起因，卻無法改變自己的行爲。假若你不敢在課堂上發言，你可能會把你的恐懼歸因於過去事件——每一次你想表示意見的時候，父親就責罵你；母親曾經批評過你的文法……等等。瞭解你的恐懼背後的原因，可能對你在課堂上的發言毫無幫助。

行爲治療專家堅持，領悟並非行爲改變的充分或必要條件，而必須應用各種技術來矯正行爲。

系統減敏感法(systematic desensitization)　行爲治療專家所使用的方法中，有一個應用了**反條件化**(counter-conditioning)的原則：以增加不相容的或相反的反應，來削減或消除不良適應行爲。渥爾比(Wolpe)首創這種改變行爲的方法，並舉了一個實驗範例。他使貓得到實驗**精神官能症**(neurosis)，然後再以反條件化治癒之。貓在籠中取食的時候予以電擊，最後貓不但拒絕在籠中進食，實驗室中任何一個地點牠都拒絕。正常的吃食行爲受焦慮的抑制，而且焦慮範圍由電擊地點類化到整個實驗室。渥爾比認爲這種情形，和精神官能症患者焦慮類化的情形幾乎一樣。爲了要治療貓的精神官能症，使牠回復正常的飲食，一定要消除焦慮反應。渥爾比發現他可以利用漸進的餵食程序降低貓的焦慮。他首先在距電擊實驗室相當距離的房間裡餵貓。開始的時候，貓會有點恐懼反應，但很快的就會因進食順利(沒有電擊)而克服。漸漸的，進食地點愈來愈接近原來的地點，接近的步調不可過快，以免擾亂了進食。一旦貓能夠在原先受干擾的實驗室中進食以後，牠很快的可以在原先受到電擊的籠子中進食。貓的精神官能症於是乎治好了。

將這種治療過程應用到患者身上的時候，行爲治療專家首先必須要找出引起患者焦慮的情境。然後將這些引起焦慮的情境或刺激列成表，從引起輕微焦慮的情境，依序排列到引起強烈焦慮的情境，稱爲**焦慮層級**(anxiety hierarchy)。依據鬆弛與焦慮是正好相反的說法，治療專家可訓練患者鬆弛(用催眠暗示或鎮靜藥物)，並引導患者目視引起最輕微焦慮反應的情境(等於是在距實驗室很遠的地方餵貓)。如果在這種情境下，患者能夠維持鬆弛，就進入焦慮級中第二個情境。如果患者說仍然焦慮不安，那就要再度鬆弛患者，要他目視或想像同一情境，直到他不再焦慮爲止。這一系列過程不斷的進行，直到原先引起患者最強烈焦慮的情境，不再引起患者的焦慮(感到鬆弛)爲止。也就是說，患者經過反條件化歷程，以鬆弛反應代替了焦慮反應。

表 16-1 表示治療某一「焦慮不安」、「害怕一切」的年輕婦女所用的焦慮層級表。經過一年的治療後，這個婦女已經克服了幾種強烈恐懼，包括獨自走路回家、和憂慮別人對她的想法。此外，在自信以及社會關係上，也有長足的進步。除此之外，我國的研究亦證明本法對考試焦慮(鄭心雄，民 63)及懼蟑螂症、懼老鼠症(吳英璋，民 67)頗有效果。

有時候，在應用系統減敏感法的時候，治療者會使用眞正引起焦慮的刺激，而不用想像情境的方式。治療者要患者在逐漸接近引起強烈恐懼的刺激的一系列過程中，鬆弛自己。這種方法對性無能、性冷感、各種恐懼症等相當有效。例如，治療性無能時，患者首先接受鬆弛訓練，然後在身邊躺著女性的時候鬆弛自己，把他的性活動侷限於性交前的愛撫，而不要想及或注意性交，等到與性活動有關的焦慮大大的降低，且性反應強度多次大增以後，才鼓勵患者進行實際的性交。類似的程序也被用來治療女性的性冷感(Masters & Johnson, 1970; Madsen & Ullmann, 1967)。

自我肯定訓練(assertive training)　反條件化程序也可用於其他與焦慮相反的反應，例如自我肯定反應。有些人常因爲焦慮而不敢表示或說明他們的感覺，別人佔他們便宜的時候，也不敢說「不」。自我肯定訓練(開始時對著治療者練習，然後再應用到眞實生活情境上)不僅使當事人降低焦慮，更可因而發展出比較成熟、有效的應對技巧。治療者首先找出患者被動的情境，然後幫助他想出並練習可能而有效的自我肯定反應。

表 16-1　以系統減敏感法治療一位懼怕獨行及容易被批評所困擾的婦女時，採用的焦慮層級表。

行動

1. 搭街車到鬧市中購物。
2. 由妹妹陪同到服裝店訂製衣服。
3. 和朋友一同搭火車到哥倫比亞參加會議。
4. 和朋友一同搭車到哥倫比亞去玩。
5. 搭街車到鬧市去看牙醫（第一次）。
6. 搭街車到公園去看電影。
7. 第一次單獨搭車到克利夫蘭郊區。
8. 單獨駕車到克利夫蘭。
9. 單獨駕車到服裝店。
10. 和幾個朋友搭飛機去辛辛那提。
11. 搭火車到哥倫比亞去看比爾。

批評

1. 媽媽提醒妳說還沒有寫感謝信給送妳禮物的親戚。
2. 叔叔大聲責問妳爲什麼不常去看他。
3. 媽媽說妳已經好久沒有和她一起上教堂。
4. 媽媽說妳已經好久沒有去探望外祖母了。
5. 媽媽批評妳的朋友說：太隨便了！
6. 妳的繼父說天主教徒都是笨蛋！
7. 妳逾時還書，圖書館員不太高興地看看妳。
8. 巡視的醫師發現了病童抽筋，他向同事說：你知道爲什麼必須巡視吧！
9. 當妳寫字的時候，比爾看著妳的肩膀，說有點髒。
10. 比爾說妳的腰太寬，應該多運動。
11. 比爾埋怨妳在約會時不大講話。
12. 妳們參加比爾朋友的舞會。妳說錯了個字，比爾糾正妳。
13. 妳母親無意間發現妳在抽煙。

下述情境是自我肯定訓練中最常見的問題情境：

有人突然在你前面插隊。

朋友要你做一件你不願意做的事。

老板不公平地指責你。

把壞的物品退還商店。

看電影的時候被後排的講話聲吵得很煩。

修車工人沒有把你的車修好。

戒煙的嫌惡條件化方法

每次吸煙者噴一口烟時，就以機器回噴她滿臉腐臭的烟霧。該治療法若配合其他療法，如以節拍器要她以比平常要快的速度吸煙，已證實相當有助於減低吸煙量。

絕大多數的人都不喜歡上述情境，也有一些人不敢表示他們的意見，把憤恨埋在心中，自我肯定訓練可以幫助你解決這一類的問題。

嫌惡條件化(aversive conditioning)　雖然反條件化歷程主要用於處理焦慮或恐懼反應，它也可以用來引發逃避行爲。

把嘔吐藥物和酒精配在一起，或者每當酒癮者擧起酒杯的時候，就給予電擊，可以使酒癮的人逃避酒精。嫌惡條件化也用於治療男性同性戀者——每一看到裸露男性的照片就給予電擊(Feldman & MacCulloch, 1971)。這種方法相當有效，雖然說以懲罰抑制某一個反應並沒有完全解決問題，治療者還必須教當事人一個適當的行爲方式。因此，另一方行爲(例如學習與女性自在、親密的相處)若能同時並進，同性戀的治療必然更爲有效(Krasner & Ullmann, 1973)。

控制增強物、系統減敏感法、和嫌惡條件化，都是正統條件化的應用。這兩種方法都是以新的反應連結於舊的刺激。在系統減敏感法中，鬆弛或者自我肯定與原來引起焦慮或逃避的刺激相連結。在嫌惡條件化中，逃避反應代替了原有的趨前反應。

有些行爲矯正方法，根據工具式條件化而來。治療者想要消除患者環境中，增強不良適應行爲的因素，並且同時提供增強作用，以學習新的適應行爲。我們以前談到社會學習人格衡鑑法時，曾擧了幾個以這種方法改變行爲的例子。我們看到一個小孩的孤立傾向怎樣受到學校老師無意間的增強，也說明了改變小孩孤立行爲的過程。

有時候，治療者想要獎勵或增強的行爲，發生頻數太低甚至根本不會出現，例如啞童或精神分裂病患的說話行爲。這時候就要應用類似於史金納的**行爲塑成法**(shaping of behavior)，增強接近或者朝著適應行爲的反應，治療者並逐漸要求接近的程度，直到適應行爲出現爲止。例如，對某一個退縮的精神分裂患者(十九年來一直不曾說話)而言，嚼口香糖是個有效的增強物。開始的時候，只要患者看一看前面所擺的口香糖，治療者就賞他一塊，然後要他動嘴唇時才給，接下來是發出聲音才給，然後是說出「口香糖」才給。這一切都在數個星期內發生了。一旦患者會說「請給口香糖」時，他就開始回答治療者的問題。患者唯有以語言提出要求，否則醫院者不給予任何幫忙。

例如，患者若把外衣脫下交給護士，表示他想要散步時，護不予理會，除非他以語言表示他的意願。其他增強作用逐漸取代口香糖，而這個以往從不開口的精神分裂患者，所說的話也愈來愈多(Isaacs et al., 1965)。

類似的程序也證實了，可以有效的教導有嚴重問題的小孩說話、與別的小孩交往、靜靜的坐著看書、以及適切的回答問題(**圖 16-3**)。這些小孩都沒有正規的早餐或中餐，只有在他們的反應接近治療者要求的行爲時，才給予食物。這種程序看起來相當殘忍，卻是建立正常行爲的有效方法。一旦小孩開始對基本的酬賞(如食物)反應，社會酬賞(如讚許、注意、特權等)也會漸漸有效。

有許多醫院(如臺北市立療養院)利用**代幣制度**(token economy)來訓練醫院中的患者。患者如果表現良好——例如穿著乾淨適當、幫助別的患者、和其他患者交談等等——都可以得到一些牌子，然後用這些牌子交換食物、香煙或看電視的權利等。這種計畫確實改進了患者的行爲，並改善了醫院的整體功能。

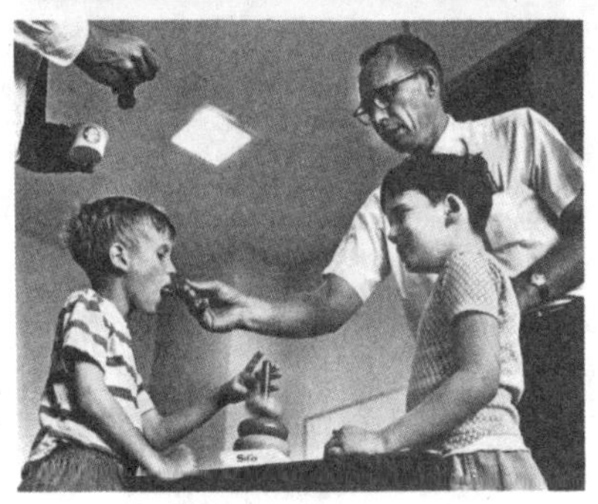

圖 16-3　行爲增強作用
這兩個自閉症小孩參加 UCLA 神經精神醫療中心所辦的行爲治療計畫。每當他們相互溝通，立刻得到做爲增強作用的食物。其他方法包括懲罰（電擊）以及模仿。右邊小孩剛開始的時候不說話而且自毀，一年後就回家過正常生活，二年後進入特殊學校求學。

模仿(modeling)　改變行爲的另一種有效方法稱爲模仿。有一個研究使用模仿法以及其他幾種行爲矯正法共同消除懼蛇症(Bandura et al., 1969)。受試者是年輕人，他們都非常怕蛇，因而限制了他們許多的日常活動——例如，打掃環境、打掃庭園、甚至散步、遠足。研究員首先測量他們敢趨近活而無毒的蛇的程度，再依據他們懼怕的程度，分成四個配對組。第一組觀看影片，影片內容是成人和小孩把玩無毒蛇，對一般個人而言，影片情境愈來愈可怕，但片中人物卻樂在其中。每一個組的受試者都先接受過鬆弛訓練，只要受試者覺得影片情節引起他們的焦慮，可以立刻請求停止放映。研究者就把影片倒回到剛才引起焦慮的地方，並再度實施鬆弛訓練。這種程序稱爲「符號模仿」(symbolic modeling)。第二組受試者則模仿眞人玩蛇的行爲(**圖 16-4**)。受試者在別人的指導下，逐漸地敢戴手套去摸蛇，然後赤手摸，把蛇抓在手中，讓蛇蜷住他們的手，甚至讓蛇爬過身體。這種程序稱爲「活生生的模仿及參與」。第三組受試者接受系統減敏感程序。第四組是控制組，不接受任何特殊訓練。

圖 16-5 表示受試者接受不同治療程序之前和之後，趨近蛇的反應次數。與控制組比較起來，這三個治療組都有進步，

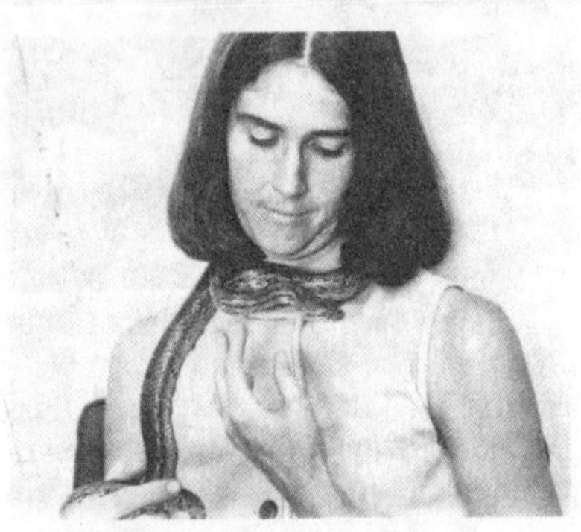

圖 16-4　以模仿治療懼蛇症
照片中是一位女性把玩無毒蛇。這種模仿方式再加上實際的接觸，可以有效地消除懼蛇症。

其中又以「活生生模仿及參與組」進步最大。這一組中幾乎所有受試者都完全克服了他的懼蛇反應。以後的追踪研究顯示受試者的懼蛇症不再發生。

系統減敏感法、自我肯定訓練、嫌惡條件化、增強作用、模仿等方法，都被行爲治療專家成功地用來治療各式各樣的問題。這些方法看起來似乎冷酷無情，實際上，治療者卻非常關心患者的福祉，並特別強調患者與治療人員間親密關係的重要性。這些特性是任何治療方法所不可或缺的——缺乏的話，行爲矯正技術不可能圓滿。

行爲治療方法和其他心理治療法的最大差異，是它不強調感覺、領悟，而強調行爲。行爲可以直接用學習原則來矯正。一旦行爲中不良的成分除掉或改變以後，別人就會對你顯現比較正向、積極的反應，進一步刺激行爲的變化。這時候，就不需要繼續應用外在酬賞或懲罰來維持良好的行爲。

比較傳統派的治療者和心理分析專家認爲，行爲治療法是一種膚淺的治療方法，批評它只是處理症狀，不理核心的衝突。他們宣稱行爲治療法的效果完全來自治療者與患者間所建立的良好關係，不是治療方法的功效。行爲治療專家則反駁說，傳統治療方法的成功，完全是因爲治療過程中，無意間應用了學習原則所致。當患者談到令他感到罪惡不安的行爲或衝動時，治療者並不會採取厭惡或不贊成的態度來增強患者的罪惡感，罪惡感因而消失。上述兩種說法孰對孰錯？唯有進一步的研究，比較行爲治療法與傳統治療法的效能，才能看出端倪。不管怎麼樣，行爲論已向傳統治療觀念提出挑戰，並成爲心理治療實務的一支生力軍。

治療者在協助患者複習或練習更合適的行爲過程之間，行爲模塑通常配合角色扮演行爲。下面節錄自心理治療者協助一位年輕人克服向女朋友要求約會時所產生的焦慮。心理治療者要求該年輕人假裝利用電話和女孩子交談，最後並提出約會的要求。

患　者：順便一提(暫時停止)，我不認爲你星期六晚上打算出去。

治療者：談到要求一個確實的約會，你是做對了。不過，如果我是一位女孩子，我想我可能會對你所說的感到有些不愉快。「順便一提」聽起來似乎你只是很偶然地要求她出來。另外，對這個問題你所提出來的句子好像在建議她最好不要和你出去。假設我是你，聽聽看這句話怎樣「這個星期六有部影片在大學戲院上映，我想去看，如果你沒有其他計畫，我想請妳一起去看。」

患　者：聽起來不錯，就像是你很確信自己，同時也很喜歡那位女孩。

治療者：那爲什麼不試一試？

患　者：你知道大學戲院上映的電影嗎？我很想去看看，如果妳星期六沒有其他更好的計畫，我想請妳一起去看。

治療者：好多了，你的聲調非常好，但是最後一句，「如果妳星期六沒有其他更好的計畫」聽起來似乎你不認爲你可以提供更多計畫，何不再試試看。

患　者：我想在星期六晚上去看大學戲院的電影，如果你還沒有其他計畫，我想邀請妳一起去。

治療者：好多了，很好，事實上你的態度充滿自信，有力且誠摯。

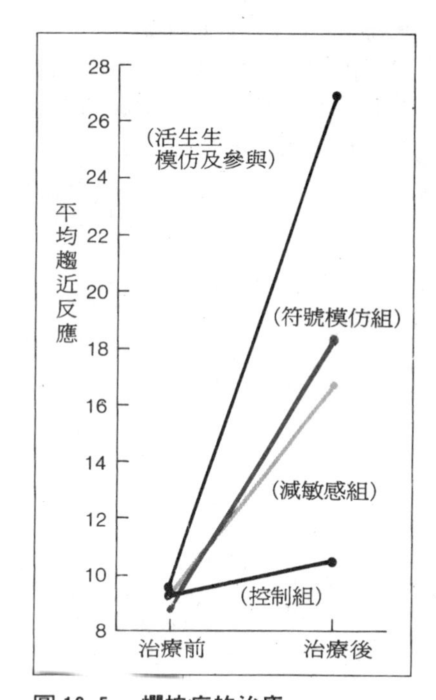

圖 16-5　懼蛇症的治療

接受不同行爲治療前、後，受試者趨近蛇的平均次數(取材自 Bandura, Blanchard, & Ritter, 1969)。

自我調整(self-regulation)　因爲患者和治療者之間每星期很少見面超過一次以上。患者必須學習控制或調整他(她)的行爲，使得不在治療時間以外仍能有所進步。更且甚之，如果患者自己覺得對自己的進步負責，他們也就比較可能努力維持進步。自我調整包括監督或觀察個人的行爲，並使用不同技術方式(自我增強、自我懲罰、刺激情境控制、發展不相容的反應)以改變不適應行爲。患者運用詳細記錄記載各種引發不適當行爲的情境以及不相容的反應等等來監控其行爲。對有酒癮的人則記錄他(她)最想飲酒的各種情境，以及如何控制上述情境或是設計避免飲酒的反應行爲——如果有人覺得無法不參與他的同事在中午時間所舉行的雞尾酒會，可以設定自己在辦公桌上吃午餐以避開酒會；如果他在下班回家後想飲幾杯酒放鬆自己一下，可以代之以打網球或是循著社區慢跑做爲解除緊張壓力的方式。這兩種活動都與飲酒的行爲不相容。

自我增強(self-reinforcement)即爲達到一特定目標後立刻獎勵自己。這種獎勵方式可以是稱讚自己，欣賞自己喜愛的電視節目，打電話給親朋好友，吃自己喜歡的食物。相對的，

表 16-2　飲食的自我調整

本計畫顯示出利用學習原則以協助控制飲食(取材自 Stuart & Davis, 1972; O'Leary & Wilson, 1975）。

自我調整

日誌　詳細記錄你吃的任何東西，記錄食用量，列出食物名稱及卡路里值，何時進食以及吃的情境。這個記錄將建立保存你目前體重的卡路里吸收量，亦將有助於辨別促使及增強你飲食行爲的刺激爲何。

體重圖表　決定你想要減去多少體重，並且設定一個星期的目標。你的每週減肥目標應該很實際（介於一至二磅之間），在方格紙上記錄你每天的重量。除了顯示你的體重因攝入食物的多少而有所不同。這個書面記錄在使你注視將達成之目標時會增強你節食的努力。

控制刺激情境

運用這些過程方法來縮小與飲食有關的刺激範圍：

1. 只在早先預定的時間內用餐，在特定的桌上，用特定的座墊、餐巾、碗盤等等，不要在其他時間或地點吃東西（例如，在廚房裡）。
2. 用餐時不要連結其他活動，如閱讀書報或看電視等。
3. 屋內儲放僅供節食期間使用的食品。
4. 僅在用完餐後再購買食品，且只限於規定的食物。

改變實際飲食行爲

運用下列程序來破壞引發自動進食的鎖鍊反應。

1. 吃的很慢並專心注意在食物上。
2. 在容器添增食物前先行咀嚼並吞嚥。
3. 繼續食用前暫時性地將餐具置放不動。

發展不相容反應

當上述時間外仍感覺想吃東西時，找一個與進食不相容的替代性活動。例如，跟著音樂做運動，外出散步和朋友聊聊天（最好是知道你在節食的朋友）。研究你的節食計畫以及體重圖表以瞭解你究竟減了多少體重。

自我增強

如果你一天以來確實保持了適當的飲食行爲，安排一個你喜歡的活動來獎勵自己（看電視、閱讀、設計一套新睡袍、拜訪一個朋友）。當減去相當可觀的體重時，計畫更大的獎勵活動（例如，買一個你一直想要的東西）。自我懲罰（不同於前述的獎勵），通常因爲節食到底是一種相當壓抑性行爲而比較沒有效果。但是你可以藉由立刻提醒自己負面結果，或是看看自己身著泳裝不甚令人欣賞的相片來減少飲食方面的頻率。

自我懲罰(self-punishment)即是在無法順利達到目標時給自己安排一些不合意的行動，如剝奪自己正在享受的(例如，不看自己喜好的電視節目)或者強迫自己做些不愉快的工作(如打掃自己的房間)。根據個人想要改變的行為種類，我們可以結合如自我增強，自我懲罰或控制刺激及反應，按各種方式來進行自我之調整計劃。**表 16-2** 的條例指出了對吃方面自我調整計畫。

認知行爲治療法

我們目前所討論到的行爲治療程序專注在直接修正行爲而比較不注意個人的思考及推理過程。基本上，行爲治療者忽視認知方面的重要性而比較採信嚴格的刺激-反應觀點。他們把對信仰及態度上的考量當做是對華森(Watson)於本世紀初反對的非科學性內在反省的另一種反彈。然而，近年來行爲治療者漸漸增加對認知因素角色的注意(個人思考預期對事情的解釋)以決定行爲及調整改變行爲。

認知行爲治療(cognitive behavior therapy)是一種運用行爲改變技術，同時結合了改變其不當信念過程的一種治療方法之一般性名詞。治療者試圖藉由教導他們以更有效方式解釋及思考他們的經驗協助人們控制一些困擾性情緒反應，如焦慮及憂鬱等。例如，我們曾經注意過並曾討論貝克的憂鬱症認知理論，憂鬱症患者傾向於從負面及自我批評觀點來評論事情。他們預期失敗甚於成功，同時在評估自我表現時傾向於誇大失敗及貶抑成功。在治療憂鬱症狀時，認知行爲治療者努力協助患者認淸自己被扭曲的思考，並加以改變以合乎實際。下列對話表現了治療者是如何經由仔細地問題導引使得患者能瞭解自己不切實際的想法本質。

治療者：你爲什麼想結束生命？

患　者：沒有雷蒙，我就一無所有……如果沒有雷蒙，我不可能快樂的……但是，我無法挽救我們的婚姻。

治療者：你的婚姻生活是怎麼一回事。

患　者：打從一開始就註定是一場悲劇……雷蒙總是不忠於我……過去五年我幾乎很少看到他。

治療者：你說沒有雷蒙你不可能過得快樂…那麼當你和雷蒙在一起可曾快樂？

患　者：不，我們總是爭吵，而我覺得是每況愈下。

治療者：你說沒有雷蒙你將一無所有，那在你遇見雷蒙之前，你是否也覺得一無所有？

患　者：不，我覺得自己很充實。

治療者：如果你在遇見雷蒙之前感到自己很充實，爲什麼你會覺得需要他是爲了使自己感到充實？

患　者：(猶豫)嗯……

治療者：如果你能離開婚姻的束縛，你是否認爲男人會對你感到興趣——知道你現在是單身？

患　者：我想或許他們會這樣。

治療者：你是否可能因此而找到一位比雷蒙更持久穩定的男人？

患　者：我不知道…我想是有此可能……

治療者：那麼如果妳結束了這場婚姻，到底妳實際上損失了什麼？

患　者：我不知道。

治療者：如果你離婚是否有可能使自己過得更好一點。

患　者：沒人可以擔保這點。

治療者：你是否有一個眞正的婚姻。

患　者：我想沒有。

治療者：如果妳沒有一個眞正的婚姻，那麼決定終止這個關係會有什麼損失？

患　者：(一段時期沈默)沒有，我想沒有。

當治療者鼓勵患者以各種不同方式明確地表達自己狀況並審視測試其中內含意義時，行爲因素在治療中就扮演著相當重要的角色。例如上述對話的女士，可能被要求在平時固定時段內記錄自己的心情，並且記錄對所做事情時她的憂鬱、自尊感受的起伏變動。如果她發現了當她與她的丈夫互動後感受比獨處或是與他人交往更不好，這個訊息可以用來質疑她原先所相信的她「沒有雷蒙不可能快樂」。

認知行爲治療者通常結合特殊指示的行爲改變技巧來處理負面想法。一個用來協助患者克服廣場恐懼症的計畫包括有系統性減敏感法(如最初先行假想，之後伴隨著實際漸漸離開家裡)加上正面想法的訓練。治療者教導患者以正面自我指導方式(鎭定點，我並不孤獨，即使我會產生恐慌，也會有別人會來幫

表 16-3　憂鬱的因應

一項結合行為及認知技巧治療憂鬱的計畫。這是一個十二堂課的概要敍述，成功地使用在小團體中的憂鬱患者(取材自 Lewinsohn, Antonuccio, Steinmetz, & Teri, 1984)。

自我改變技巧的指示

指向目標行為並記錄其發生率的基準線，找出發生在目標行為之前的事件或情境以及隨後的結果（正面或負面）。設定欲改變的目標以及選擇增強物等。

放鬆訓練

學習漸進式肌肉放鬆技巧以應付通常伴隨憂鬱而產生的焦慮，監控每天生活狀況中的緊張事物並運用放鬆技巧。

增加愉悅情境

監控愉快活動的發生頻率，並且計畫每週進度，使得每天都能夠同時包含負面或中性活動以及和快樂情境間的平衡。

認知策略

學習增加正面想法以及減少負面想法的方式，另外辨別「非理性」想法並且加以質疑。運用自我指引（自我對談）方式協助處理問題情境。

自我肯定訓練

辨別非自我肯定但會增加憂鬱情緒的情境，學習經由模塑方式及角色扮演來更肯定地處理社交互動行為。

增加社交互動

辨別引起低度社交互動的的因素（例如習慣性獨自活動、因缺乏社交技術而感到不安），決定需要增加活動（如邀請朋友相聚）或減少的活動（如看電視），以改進愉快社交互動的程度。

助我)取代自我失敗方式的內心對話(我太緊張了，我知道自己只要離開家裡就會昏倒)。**表 16-3** 則描述了治療憂鬱的一項包括有改變行為，以及改變態度技巧的計畫。

認知行為治療者同意改變一個人的信念是件重要的事情。因為如此才能造成行為的持久性改變。但是，大多數人仍主張透過行為過程對認知歷程的影響比起完全以語文方式的影響來得更為有力。例如，為了克服在課堂上發表演說的恐懼，朝正面思考會有所助益：「我很清楚這些內容，同時我也確信自己可以很有效率地表達我的意見」；「題目是有趣的，其他學生也會欣賞我所做的演說」。但是，在同學面前或是一群朋友前成功地發表演說更可能大量減少焦慮。成功的表現可以增強我們主控大局的感覺。事實上，班度拉即建議所有有效的治療程序均在提供個人控制感或是**自我效能**(self-efficacy)；觀察其他人的成功因素，在口頭上說服自己，我們可以處理一困難情境，並從內心的線索判斷我們是輕鬆的並在自己控制當中，這些均有助於我們產生自我效能的感覺。不過，最大效能感則來自實際表現，及個人主宰情境的經驗中。因爲本質上而言，沒有什麼比實際成功更爲有效的了(Bandura, 1984)。

團體治療法

大部分情緒問題起自不良的人際關係——孤立感、排斥感、寂寞、無法與別人愉快的溝通、缺乏親切的友誼等。除了處理焦慮與衝突外，心理治療者處心積慮的要幫助患者，建立較完滿的人際關係。患者和治療者間的關係，雖然有助於患者的人際技巧，但是患者如果無法把學到的技巧用於日常生活情境，就等於毫無效用。從這個觀點出發，我們就能夠明瞭團體治療法的優點。在團體治療中，患者在別人面前提出自己的問題，處理自己的問題，觀察到別人對他的反應，舊的處理方式失敗時嘗試新的方法……

各種治療專家(心理分析、案主中心、行爲治療)都修正他們的方法，使能適用於團體。團體治療在許多場合獲得成功——精神病和精神官能症療養院、心理健康診所、問題兒童之家、甚至工商界。一般說來，團體治療大約是由六至十二個具有類似問題的人組成的。治療者坐在一旁，讓成員們互相交換意見、相互批評、討論他們自己的症狀和別人的症狀。開始的時候，成員都會覺得不安、抗拒、防衛，但是會逐漸地變得比較客觀、瞭解自己的行爲、明瞭他們的態度和行爲對其他成員的影響。他們認同、理解其他成員的能力會逐漸增高，當他們幫助了其他成員、對別人的問題提出有意義的解釋或中肯的評論後，自尊、自信也因而大增。

團體治療優於個別治療的地方有：(1)省時，一個治療者可以同時幫助幾個患者；(2)使患者感覺到他並不是唯一有困擾的人，別人也有類似的罪惡感、焦慮、或敵意；(3)患者有機會與治療者以外的各種人溝通，對自己的態度和行爲可以有更深入的瞭解。

敏感度訓練(sensitivity training)　過去十多年來，團體治療已經從解決情緒問題擴展到人際關係的建立。在現今這個孤立、疏離的時代裡，人們愈來愈關心人我之間開放、坦誠的溝通。敏感度訓練簡稱 **T-組訓練**(T-group)，也稱作**會心團體**(encounter group)通常是由十二至二十位成員組成，這些成員利用週末或其他空閒時間聚在一起，其目的在瞭解他們自己、或別人的人際行爲。討論內容以平常不容易看得到的態度和感覺爲主。團體領導人(或稱爲推動者，因爲他的主要工作並不是領導)，鼓勵成員表達他們的感覺和動機，或探討別人的感覺和動機，其目的是刺激意見的溝通、打破隔閡與防衛，並達到開放與坦誠。

羅傑士曾研究過各式各樣的敏感度訓練團體，結果發現了相當一致的改變型態(Rogers, 1970)。一開始，當推動人表明他不負指導團體的責任時，會引起一些混亂不安，成員也不願意表達自己的感覺。如果某一成員說出了個人感覺，可能就會遭到別人攻擊，懷疑在團體中表達那種感覺是不是恰當。經過一段時間以後，參與者逐漸開始談他們在團體外所遭遇到的感覺和問題，然後轉入團體內的關係。一般說來，成員所表達出來的第一個感覺，常是對自己或對別的團體的不良態度。當一個人發現他所表達的感覺被別人接受了，信任的氣氛開始滋長。最後，團體成員開始不耐於防衛、封閉，他們亟欲打破矯飾，強調自我表白、開放。外界所講求的友善、圓滑面具不容於團體內。理論上，一個人在敏感度團體中影響了別人，同時也受到別人的幫助和接受。這應該會對這個人的自覺或行爲，有相當的助益。但是，敏感度訓練效果的研究，卻懷疑這種訓練方法的有效程度。有一個研究發現，只有三分之一參與者有積極的改變，三分之一沒有改變，三分之一有反效果——這些人不是中途退出訓練，就是事後認爲訓練不但沒有解決問題，反而加重了他們的問題(Lieberman, Yalom, & Miles, 1973)。

敏感度訓練提供機會讓心理健康的人，從別人對他們的反應中，更加瞭解自己，但它在改變行爲方面的效能，卻不如個別治療，而且自尊薄弱的人，可能受不了別人的批評與壓力，而受到傷害。因敏感度訓練而引起的意外(包括因參與而變成精神病或自殺的事件)，可以採用慎選參與者、慎用推動人等方式減至最低。

會心團體已式微不流行，取而代之的是漸增的自我協助團體。這是一種自願性組織，成員經常會面以交換資訊並且彼此支持以克服困難。匿名戒酒社就是最著名的自助式團體。另外有復原組織，一個開放給曾經患有心理疾病患者的組織。其他自助團體則協助人們克服特殊壓力情境如離婚及單親生活。

婚姻及家庭治療(marital and family therapy) 情感溝通、滿足個人需要以及對別人需求的適當回應等這些問題，在彼此關係親密的婚姻及家庭生活中會變得更加強烈。因爲牽涉不只一個人，同時是以人際關係的問題爲主，我們可以將婚姻治療及家庭治療視爲特殊形式的團體治療方式。

高離婚率以及有更多夫妻尋求協助以改善彼此不良關係的現象，促成了夫妻或婚姻治療的成長。研究顯示出雙方共同參與治療比起僅單方面參與治療，更能有效地解決婚姻方面的問題。

婚姻治療方面有許多主張，但是大部分均專注於協助雙方溝通他們的情感，並發展對對方需求的敏感度，進而彼此能更進一步的瞭解，更有效地處理彼此間的衝突。部分夫婦在結婚時抱持著非常不一樣、且通常有不切實際的丈夫及妻子之角色期待；而這也正足以破壞他們之間的關係。治療者可以協助他們澄清彼此的期待並且達成雙方的協議。有時候夫婦會商議**行爲合約**(behavioral contract)，同意每個人行爲的改變是爲了共同發展出令人更滿意的關係；同時也明示彼此之間可使用的獎懲方式以確保這些改變。

家庭治療雖然與婚姻治療部分重疊，但是多少有其不相同的來源。它的發展是爲因應許多離開家庭接受個人治療而有進步的個人(通常是住院治療)但回家後又復發者。很明顯的，許多這樣的人來自一受困擾家庭。如果要維持個人的進步則需要改變其家庭情境。家庭治療的基本前提是「認定患者」所呈現出的問題爲一整個家庭的毛病，亦即**家庭系統**(family system)的運作不是很正常。其中主要困難可能在於家庭成員間的溝通不良或是家庭成員分裂成幾個小團體而相互排斥。例如，一位與丈夫關係不和諧的母親可能會將重心完全放在小孩子身上。結果是丈夫及女兒覺得被忽視，而兒子卻因母親令人喘不過氣的關切及父親姊妹們直接表現的敵意而感到憤怒，以至於在學校產生了問題。這男孩子在校行爲可能是尋求治療的理由，然而很明顯的，這只是非常基本的家庭問題而已。

在家庭治療中，整個家庭經常與一至二位治療者會面(通常是一位男性一位女性)。治療者在觀察家庭成員的互動後，試圖協助每一位成員瞭解他(她)與其他人的關係，以及他(她)的行爲是如何造成家庭問題。有時候播放錄影記錄使家庭成員明瞭他們彼此是如何互動。其他時間，治療者可能到家中訪問藉以觀察在自然情境下家中成員間的衝突以及語文上的互動。通常有問題的行爲均由於家庭成員間的反應而增強。例如，小孩子發脾氣或是青少年的飲食問題通常會不經意地因父母親對他們的注意而增強。治療者亦可指導父母親監督自己以及小孩子的行爲，以確定他們的反應如何增強問題行爲，並據以改變增強問題行爲的反應。

重要討論：

「心理疾病」還是「不良適應行爲」？

一個人有了某種偏差行爲，例如，懼怕群衆、強迫行爲、或者寂然不動，這些是「不良習慣」還是「內在失常的症候」？這是行爲治療專家和領悟治療專家爭論的焦點。行爲治療專家說「改變了行爲就治好了失常」。心理分析專家和其他傳統的治療專家則堅持「不良適應行爲不過是內在疾病的外在症候」。他們認爲心理失常類似於生理疾病，只治療外在症候而未除去內在病理是徒勞無益的(醫生對付梅毒時，不僅用藥膏塗抹疹塊，還用抗生素消滅梅毒螺旋菌)。根據這種看法，恐懼症或其他精神官能症，不過是複雜情緒困擾的表徵，除去恐懼症而不治療根本問題，可能會造成**症候轉換**(symptom substitution)。症候轉換指的是由於根本衝突未解決，因此患者的原有症候雖然消失了，卻又出現了新的症候。有些人批評行爲治療是專門消除表面症候的膚淺治療法，由於根本衝突並未解決，患者很容易發生症候轉換。

行爲治療專家當然不同意上述說法，他們強調不需要任何內在衝突，即可解釋偏差行爲。精神官能症是條件化反應過程中，形成的一組不良習慣，一旦習慣(即症候)消失或由適應習慣取代，病就好了。症候就是問題，症候消失了，問題就解決了。這項爭論難以裁奪，但是證據顯示症候轉換的現象並不時常發生。治療後的追踪研究，發現經行爲矯正法治療成功的病例，在兩年內極少出現新的症候(Grossberg, 1964; Paul & Bernstein, 1973)。症候的移除通常都使當事人情緒更健康、穩定、自尊、自信大增，別人對他們的反應也相當友善。

偏差行為應該被視為「心理疾病」，還是「不良適應行為」的爭論更難處理。儘量不採疾病觀念似乎優點較多(至少精神官能症是如此)。我們似乎應該把注意目標集中於實際問題，例如應該怎樣改變人類行為，使我們能夠有效的處理日常問題。正如某一位精神科醫師的說法：「我們的敵人並不是邪靈、巫師、命運、或者心理疾病。我們並沒有任何需要用醫療來驅逐、戰鬪的敵人。我們有的是生活中的問題——不管是生物的、經濟的、政治的、或社會心理的。」(Szasz, 1961)

從另一方面來說，完全否認嚴重的心理失常涉及任何疾病，也是不公平的。現代的研究顯示了「生理」和「心理」功能的複雜關係。把精神失常視為獨立的問題是錯誤的簡化。

折衷方法

除了以上討論的治療方法以外，還有許多心理治療的方法，**表 16-4** 列了其中幾個。絕大多數心理治療專家，並不很嚴格、很固執的只採用某一種特殊方法。他們採取**折衷辦法**(eclectic approach)，從各種方法中選一個他們認為最適用於特殊患者或特殊病情的。他們的理論取向，可能傾向某一特殊方法或學派，但自由的捨棄該學派中他們認為不適用的觀念，並採取其他學派的優點或技巧。簡言之，他們的治療方法有相當的彈性。例如，處理焦慮性精神官能症患者的時候，先用鎮靜劑和鬆弛訓練來降低患者的焦慮水準(心理分析專家就不會這樣做，因為他認為焦慮是促使患者探討潛在衝突所必需的)。為了要幫助患者瞭解問題的起因，他可能會討論患者的早年經驗(案主中心治療專家不探究過去)，但卻覺得深入探究到兒童時期是毫無必要的。他可能應用教育方法，例如，告訴性觀念錯誤、深受自己性衝動所擾的青年正確的性知識和生育知識，幫助他解除焦慮；或者向焦慮性精神官能症的患者解釋自主神經系統的功能，使他知道某些症候，如心悸、手抖等並不是生病的表示。

名　　　　稱	重　　　　點	方　　　　法
格式塔治療法 (Gestalt therapy)	掀開未解決的衝突，發掘意識所不覺知的事物，以瞭解「完整」的人格。強調一個人的深刻自覺。	團體情境中治療，但治療人員一次只處理一個人。發掘幻想、夢、衝突等，以增進自覺。集心理分析之重內在衝突、行爲治療之明瞭行爲，以及人本主義之自我實現於一身。
現實治療法 (Reality therapy)	澄清一個人的價値觀，並以這些價値來評估現有行爲和將來的計畫。	治療者幫助患者體認各種可能行動的後果，並幫助患者做決定或設定目標。患者若同意遵守某一計畫或行動，可以簽個合約。
理性—情感治療法 (Rational-emotive therapy)	除去某些「不合理」的觀念，例如：「永遠被每一個人愛和尊敬是必要的」，「人必須在每一個方面都相當特出」，「人幾乎無法控制他們的悲哀和不幸」等。認爲認知的改變會產生情感的變化。	治療者反駁或攻擊患者的觀念，勸使他採取比較理性的看法。
交流分析法 (Transactional analysis)	瞭解行爲背後的眞正目的；消除遁辭和虛僞以便明瞭行爲的本貌。	團體治療。配偶或團體成員間的溝通內容，以人格中發言者的角色——父母、孩子、或成人（類似於佛洛伊德的超我、本我和自我）——以及說話目的來分析）。
基本治療法 (Primal therapy)	消除因早年基本需要（饑餓、溫暖、隱私、擁抱，以及依天賦自由發展的需要）受阻或不滿足而產生的基本痛苦（Primal pains）。由於基本需要不滿足而產生的痛苦與緊張必須發洩以後，精神官能症才有痊癒的可能。和現實治療法及理性情感治療法相反，強調「感覺」，不重視「領悟」。	先讓患者經歷一段孤立不眠的時刻，以減低患者的自我防衛。因此當患者見到治療者時就不會壓抑他的感覺，並以原始方式、強度表現出來。
催眠治療法 (Hypnotherapy)	減輕症狀並藉協助個人將事實置於一旁，並運用建設性想像力以增強自我的過程。	治療者利用許多不同種類的催眠程序，嘗試著藉由專注個人注意力，直接建議改變症狀或取代另一種行爲，並加強個人因應能力方面來減低衝突及疑慮。

表 16-4　心理治療的方法

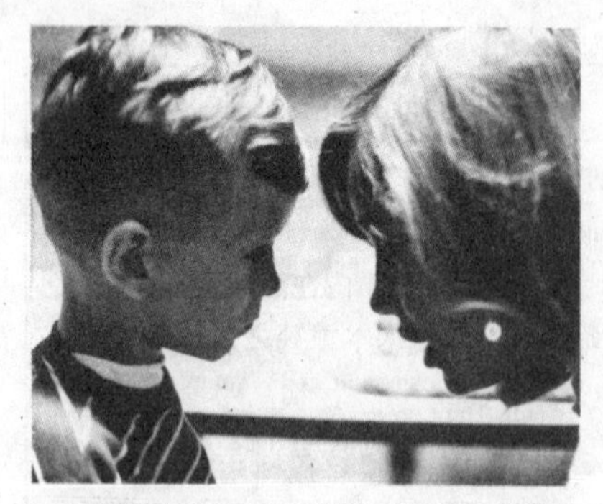

非專業性治療者
大專學生和其他志願者有助於醫院與心理衛生中心治療計畫的成效，不管他們是否受過特殊的治療訓練，或只是提供與作伴。

另一種心理治療專家可能會採用「改變患者的環境」的方法，這我們前面尚未提到。例如，心理治療專家可能會覺得一個和父母有嚴重衝突的年輕人，如果待在家庭裡的話是不可能克服他的問題的。在這個例子中，他可能會建議這位年輕人參加外地的短期訓練班，或到別的地方謀求工作，以暫時離開家。偶爾，幼童的家庭環境可能對他的心理健康十分有害，在這種情況下，治療專家可能會在法院和社會福利機構的幫助下，替小孩找尋適當的養父母。

非專業治療人員

由於心理服務的需要量大增，治療人員不夠，現在已有訓練非專業人員以協助心理衛生工作的傾向。例如，以大學生看護住院的精神患者(Matarazzo, 1971)；訓練子女已經成家立業的老年婦女，照顧社區心理中心的青少年、輔導幼兒的母親解決幼兒的行為問題、看顧精神分裂病童(Rioch, 1967; Donahue, 1967)；訓練以往有過精神失常、藥癮或受過管訓的人，去幫助那些有類似問題的人。

有一個計畫招收男性大學生做助理治療人員，幫助專家處理有行為問題的小孩。問題兒童共有五十對，每一對兒童都根據年齡、社經地位及其他變項配對的。每一對兒童中，任意選一位接受學生助理的輔導，另一位當做控制組，不做任何治療。第一位學生助理每個禮拜和他的小患者會面二、三次，每次數小時，會面的時候，小患者想做什麼，助理就一起做。學生助理所接受的訓練包括：(1)二次「人際關係」研習會，每次半天；(2)每個禮拜和專業人員討論一次。這個計畫的結果顯示，有孤立和退縮行為的小孩獲益最大。學生助理自己也覺得他們處理小孩問題的能力增高了，他們和朋友間的關係也有進步(Goodman, 1970)。採用非專業治療人員的構想還停留於試驗階段，但已有的報告，卻充滿了信心與希望。

重要討論：

心理治療的電腦模擬

心理治療最近有一個革命性的改變，那就是以電腦來模擬心理治療專家的診療(Colby & Enea, 1967)。患者坐

表 16-5　電腦和患者之間的對話摘錄

程式：我想要多瞭解你的背景，尤其是有關家庭生活的。
患者：我父母處得不好。
程式：多告訴我一些關於你父親的重要事情。
患者：他很難相處，他相當擅權。
程式：你喜歡你父親嗎？
患者：不，我不喜歡。
程式：你一定有某些地方像你父親。
患者：他喜歡釣魚，我也一樣。
程式：你幼年時崇拜你父親嗎？
患者：我並不崇拜他。
程式：為什麼？
患者：因為他太衰弱了！
程式：我知道了，現在告訴我有關他的其他事情。
患者：他非常頑固、獨斷。
程式：你和他之間磨擦非常厲害嗎？
患者：是的，我們時常爭論。
程式：你大概怕他吧！
患者：當然是的，他曾經大發雷霆。
程式：你大概還怕老年人吧！
患者：我們談其他的事吧！
程式：好的，請說。

取材自：Colby & Enea, 1967

在連接於電腦的打字電報機前，把他想說的話打出來，電腦則送出打字的答案。

程式的設計原則相當複雜，基本過程如下所述。先設計程式使電腦認識數百個重要字或子句，如「我恨」、「我憂慮」、「我的母親」等，然後從一組可能適合於該重要字或子句的答案中選擇一個。所選的答案可能只是輸入的句子上加上一些適當的字而已。例如，患者：「我的母親討厭我！」，程式：「你為什麼覺得你的母親討厭你？」，電腦也儲存重要主題以做為以後回答之用。如果輸入的句子不含任何重要字或子句，電腦就會把患者導離該話題，或回到原來談論的主題，例如，患者：「今天天氣眞好！」程式：「我們再回到原來的地方多談談你母親吧！」**表 16-5** 是電腦和志願者間眞正的交談摘要。這個交談，和心理治療人員剛開始接觸患者的談話方式沒有兩樣。事實上，如果要一個經驗豐富的的心理治療專家，來評估電腦草案(不告訴他那是電腦模擬)的話，他會認爲相當恰當。

到現在爲止，電腦的反應仍限於詢問、敍述、清理、以及偶爾闡釋。柯爾比(Colby)和他的同事希望能夠發展一套可以解釋患者問題的程式，如果這項研究眞的成功了，心理治療的電腦模擬就可以發揮多項功能。例如，提供大量研究的機會，解決治療專家不足的危機(電腦可以在一小時之內處理數百個患者)等。當然，電腦程式不一定非要全自動不可，治療專家偶爾可以檢驗整個系統的運作，加上一些他認爲適當的反應或引導電腦注意某一方面的問題。

心理治療的效果

心理治療方法那麼多，你可能會問「那一種方法最好？」或者「誰能幫助我解決問題？」不幸的是，這些問題尙無確切的答案。心理治療的效能研究受到幾個因素的阻擾。怎麼樣才叫做「治好了」？是那一種治療變項或特性治好的？不經治療卻痊癒的現象應該怎麼解釋？

心理治療的評估

要想評定心理治療法的有效程度是件非常困難的工作，因爲有著太多的變項應被考慮，舉例來說，許多有心理問題的人並沒有接受專業化治療也逐漸好轉。這種現象稱之爲**自發性復原**(spontaneous remission)，一個借自醫學界的專有名詞。許多生理疾病經歷一特定過程，除了極爲複雜的疾病外，個人無須接受特殊的治療均可康復。但是，「自發性」這個字眼如果沒有專業的協助，那麼用來描述心理疾病的康復是十分不切實際的。部分心理疾病就像是感冒一般，假以時日確實會自行改進症狀，尤其是憂鬱症。更普遍的是，未經治療就可使症狀獲得改善的，未必是自發性結果，而是外在因素的影響——通常是個人生活情境的改變或是得自於他人的協助。

許多不尋求專業協助的情緒困擾者，得自非專業幫助如朋友、老師或是宗教上的勸誡等，亦可得到相當程度的改善。爲此，我們不能認爲這種復原是自發性的。但是因爲這些不屬於心理治療，所以均被歸類於自發性復原，其比率範圍約百分之三十到六十，全視所研究的特殊疾病類別而定。爲因應這些不經治療而能有所改善的現象，任何心理治療的評估必須同時比較一治療組和一個未經治療的控制組。如果患者在接受治療後所產生的進步遠大於沒有接受治療前，那麼心理治療就被判定爲有效。至於讓患者不接受治療此一倫理問題，通常可將控制組內患者列於候診名單上而加以解決。在控制組名單內的患者於研究開始時先接受訪問以獲得基本資料。但是在研究結束前不接受任何治療。遺憾的是，研究的時間愈長(評估進步需要時間，特別是領悟性治療)，就愈難讓患者保持在候診的名單上。

第二個評估心理治療的主要問題就是結果的測量。我們如何決定一個人是否經由治療得到幫助？我們不能一直依賴個人的自我評量。有些人報告說他們覺得好多了只是在取悅治療者，或是使自己相信他們並沒有白花錢。而治療者早就發現有所謂**「你好-再見」效果**(hello-goodbye effect)。在治療初期(「你好」)，人們通常誇大自己的不愉快經驗及困擾來說服治療者他們眞的需要協助；而在治療結束時(「再見」)，他們也通常誇大了自己的恢復健康的情形以感謝治療者的努力，或是使自己相信他的時間和金錢沒有白費。這些現象在評估患者對自己的進步時必須詳加考慮。

由治療者評估爲成功的治療也未必可視之爲客觀標準；因爲治療者也有著極大的興緻宣稱患者狀況有進步。此外，治療者在治療期間所觀察到的改變有時候在回到眞實的生活情境時，並未持續下去。因此，評估進步的情形，至少應該包括三項獨立的測量：患者對進步的評量，治療者的評量以及第三者的判定，例如家庭成員、朋友或是不參與治療的醫生。

其他可能用在評估心理治療效果的測量包括測驗分數(例如 MMPI 或是貝克憂鬱量表)以及給予行爲治療時主要目標行爲的改變(如強迫性行爲的減少)。在治療情境以外個人生活進步之評量(在工作或學校中行爲表現的比較有效率，酒喝得少，反社會行爲活動的減低)雖然比較有意義，但這些資料在心理治療效果的長期研究上就比較難獲得。

除了這些問題外，研究者已經能夠進行許多治療的評量研究，不只是討論個人的研究，我們也將看看這個試圖解答「心理治療的工作到底是否有效」此一問題的主要評量方式。研究者找出了已出版且至少比較-治療組以及未經治療控制組的四百七十五篇研究。運用複雜的統計過程，他們藉比較實驗組與控制組在接受(或未接受)治療過程中所產生平均改變(對如自尊、焦慮的測量、工作及學校的成就表現)，決定治療效果的大小。他們的結論為：接受治療者比較未接受治療者有著明顯的改善。一般心理治療患者進步的情形比起未接受治療之控制組患者，多出百分之八十(Smith, Glass, & Miller, 1980)。

各種心理治療法的比較

心理治療比毫無治療有著較大的進步和改善。但是不同的心理治療方法是否都一樣的有效呢？一項試圖回答此問題的評估研究，分析了五十篇比較行為治療(包括系統減敏感法及行為矯正法)以及非行為治療(包括案主中心、心理分析及電擊治療)的結果；兩類型的治療均分別與未接受治療控制組做比較。他們發現行為及非行為治療都比沒有接受治療來的好。同樣的，就本身而言，這兩種治療之間的有效程度差異甚少，此結果也被其他研究者所證實。為什麼這麼多種的心理治療方式均有著這般相同的結果？各種不同的可能解釋紛紛被提出，我們只就其中兩項加以討論。

或許某些治療方式對某些困擾或疾病有效，但對其他的困擾或疾病則較無效。當使用特殊治療法以治療多種疾病時，它們可能對部分個案有效果，對其他則否。因此，把某種治療法在所有的個案上的治療效果加以平均，可能會減低了該治療法的特殊效力。我們需要瞭解何種治療對那些困擾是有效的。

就我們知道的一些線索，例如，系統減敏感法及模仿在消除特殊的恐懼症方面非常的有效，但是心理分析及案主中心治療法則不然。在我們想要改變特殊的行為時，認知行為治療法通常比領悟治療法來的更有效。不過，如果治療目標是自我瞭解，則如心理分析和案主中心治療法等全面性的治療比較適當。

我們同時也知道沒有任何一項心理治療法在治療精神分裂或躁鬱症方面非常有效。但是心理治療在協助患者處理日常生活問題方面可能有所助益(在配合著下面要討論的身體治療法時)。

評估者將來的工作主要在決定那種治療方法對那類型疾病

特別有效。對適當的患者組合正確的治療方法及選擇合適的治療者將可改善整體的治療效果。一項由國立心理健康部所贊助的大規模治療憂鬱症的研究正朝向此一目標。該研究包括有二十八位治療者及二四〇位病患以比較兩類簡明的心理治療(認知行為治療及人際治療)，以及利用抗鬱劑治療的效果。認知行為治療專注於更正患者扭曲的想法以及對自己的負面觀點；而人際治療則試著協助患者對於家庭成員、同僚及其他人發展出較佳的行為模式。在兩個案例中，每週實施一小時聚會，連續六到十二週。抗鬱劑則由有經驗的醫師每週配製，他同時也對患者提供支持及鼓勵。

先期的研究指出，一般而言，在消除憂鬱症狀方面，三種治療方式均同等有效。每一組均超過半數的患者恢復正常。不過必須指出的是某些特定類型的患者對某些特殊治療反應最佳。這方面的資料以及對患者進行十八個月的追踪研究，蒐集患者病情保持進步程度的資料均被非常仔細地分析(Elkind et al., 1986)。

為什麼不同心理治療在協助患者方面有相同效果的另一項理由是，因為他們都觸及特定的因素，可能是這些共同因素而非所使用的特殊治療技術促成了正面的改變。

心理治療的共同因素

一治療學派強調領悟，另一派則強調行為塑造及增強作用；還有一派則強調同理心以及溫暖。或許這些變項都不是最重要的因素，其他對大多數心理治療而言更為普遍，然而在治療者描述其作法時反而被忽略的因素，可能更為重要(Garfield, 1980)。

溫暖及信任的人際關係　無論所採用的治療型態為何，在良好的治療關係中，患者及治療者皆彼此尊重、相互關懷。患者必須深信治療者瞭解並且關心他(她)的問題。雖然就教科書所描寫的行為治療聽起來似乎像是治療者個人未曾涉入的過程，研究卻指出有經驗的行為治療者和有經驗的心理分析取向治療者同樣表現出相同程度的同理心及人際互動的深度(Sloave, 1975)。一位能夠瞭解我們的問題並且相信我們能夠解決自身問題的治療者，自然贏得我們的信心，從而也增加了我們的勝任感及對自己成功的信心。

安心及支持 我們的問題對我們而言似乎不能克服且獨特。和能夠接受我們的困難而不當做是特異問題，同時指出這些問題可被解決的「專家」共同討論心中問題，就是尋求安心保證(reassuring)。讓某些人協助我們解決一些我們無法單獨處理的問題同樣也提供給我們支持的感覺及希望。事實上，大多數成功的治療者不管他們的心理治療方式為何，都與他們的患者之間形成一種協助、支持性的關係(Luborsky et al., 1985)。

敏感遞減(desensitization) 我們已經談過有關系統減敏感法，目的在於協助個人對某些物品或情境不再感到害怕的行為治療特殊技巧。但是，許多心理治療類型可以促成廣義的敏感遞減現象，當我們在治療的接納氣氛下討論到會令我們感到困擾的事情或情緒時，這些事物已逐漸失去了它們原先的威脅性質。我們獨自面對的困擾可能會超比例地膨脹；而與他人共同面對時，經常會令人覺得這些問題不再那麼嚴重。有一些假說也同時解釋了為何在心理治療中會產生減敏感現象；例如，把受到困擾的事件化做文字可能有助於使我們以實際的方式重新評估情境。從學習行為的觀點而言，在接受心理治療的情境下重複討論壓力經驗(不會發生處罰)可能會逐漸消除伴隨而來的焦慮。不論其過程如何，對許多種心理治療而言，減敏感似乎是共同的因素。

適當反應的增強 行為治療者運用增強作用做為加強良好態度及行為的技巧。然而，任何一位被患者信任的治療者，均為增強作用的執行人。也就是說，治療者對於認為能使患者有較佳適應的行為或態度會表現贊許；而對於不適當態度或反應，傾向於表示忽略或不贊同。至於何種反應該被增強，全視治療者的取向及其治療目標而定。增強作用的運用可能是有意或無意的；在一些案例中，治療者可能沒有覺察到他(她)所增強(或沒有增強)的患者的某一特定行為。例如，以個人為中心的治療者相信，讓患者在治療期間決定討論內容，並且不影響患者談話的話題；但是，增強作用可以是十分微妙的，患者的某一敍述之後給予一個微笑、點頭或是單純的「嗯」聲均可能增加事件重現的可能性。

因為所有心理治療的目標均在改變患者的態度和行為。在治療中必然發生一些學習歷程，治療者必須察覺到他(她)藉由增強影響患者的角色，並有意地運用此知識加速希望形成的改變。

瞭解或頓悟　我們所討論的所有心理治療，均對患者的困難提出一項**解釋**(explanation)——困難的起源、持續發生的原因及如何改變。接受心理分析的患者，這種解釋可能是以下列形式進行：對潛抑孩童時期恐懼的逐漸瞭解，以及何以這些潛意識感受會影響目前所發生的問題；行爲治療者可能告訴患者，現存的恐懼可能是先前條件化的結果，同時可藉由學習與現行問題行爲相拮抗的反應加以克服之；尋求認知行爲治療者協助的患者，可能被告之他(她)的困難衍生自，「一個人必須是完美或是爲人人所喜愛」的不合理信念。

這些不同的解釋何以均能產生正面的結果？或許治療者促成的頓悟及瞭解相對地並不是眞的那麼重要，或許更重要的是提供患者對造成其沮喪的行爲或感受之解釋，並進行一系列雙方均深信可減輕沮喪的活動(如自由聯想或放鬆訓練)。當一個人感受到困擾的徵兆，並且不確知困擾的成因或其嚴重程度，與似乎知道問題發生之所在，並能提供解決方法以解除壓力的專業人士接觸，會使他(她)覺得安心。得知狀況可以改變可能給與個人希望，而希望在促進改變時，亦是一重要變項(見「重要討論：寬心劑反應」)。

我們討論心理治療中的共同因素並非有意否認一些特殊治療方法的價值。或許最有效的治療者就是瞭解到共同因素的重要性，並且有計劃地在所有患者身上均運用這些因素；然而，他也同時對各別個案選用最合適的特殊程序。此即建議將來治療者的訓練應朝向折衷方式，不能只認定在某種特定的心理治療派別，並且對各種治療方式或程序也應更開放。我們應該鼓勵對特殊問題有系統地尋找最有效率的治療程序或方式。

重要討論：
寬心劑反應

寬心劑在藥品效能的研究中一直被廣泛地使用。寬心劑是一種不會引起化學反應的物質(亦即不會產生藥效)，而常被用來當作具實際藥效的藥品，它本質上只是含糖的藥丸。在藥物研究上用寬心劑做爲控制(1)患者的預期，認爲用藥會使他們覺得好一點，(2)研究者相信藥物是有效的，及(3)因護士或者其他工作人員特別關心研究受試等所產生的效果。**雙盲法**(double-blind)經常被運用：一組患者服用實際治療藥物，另一組則給寬心劑。可是，在這過程中，患者及研究員(或是評量結果的人員)在研究結束之前均不知道那一種藥物有藥效，那一種是寬心劑。因爲患者或研究人員對藥性均「不知曉」，所以這種方式被稱之爲「雙盲法」。如果服用藥物後所產生進步較大時，這類藥物就被認爲有醫療效果。如果兩組患者顯示出相同的進步，那麼不論是何種藥物所產生的正面反應都被視爲寬心劑效用，亦即這種藥物就被認定爲無實際藥效。

所有無法根據實際藥效解釋的反應均被視爲**寬心劑反應**(placebo response)——亦即由不知名及非藥學上的原因造成的反應。這些不知名原因通常被假定爲心理因素。

寬心劑反應的效果可能非常之大。舉例來說，百分之四十經歷過狹心症患者在經過一項他們認爲是解決問題的手術之診療程序後，報告他們的徵狀有明顯的改善(Beecher, 1961)。在治療心理疾病方面，寬心劑和藥物一樣有效。在整理了一系列患者接受抗焦慮劑或寬心劑的研究報告中我們發現，患者服用寬心劑後所產生的進步程度，通常與服用藥物者一樣，甚至有時還好過接受實際藥物者(Lowinger & Dobie, 1969)。

直到現代科學藥物的發明以前，幾乎過去所有的藥物都是寬心劑。患者均服用各種匪夷所思的東西——鱷魚糞、菱形花紋的乾蛇皮、青蛙的精液、小蟲及人類的排泄物——以各種可能方式製做而成，用來治療患者的症狀。在整個藥物史上，患者曾被施用瀉藥、下毒、浸在水中、放血、加熱、冷凍、出汗以及電擊等方式治療(Shapiro & Morris, 1978)。因爲醫師及治療者傳統上均屬德高望重者，這類「治療」過程必然對部分患者有所助益。我們假設這些治療效果多半是寬心劑反應。科學家通常也把文獻上記載的信心治療或多種奇蹟式治癒的個案當做是寬心劑效果。

有些醫師建議，寬心劑反應可能是心理治療工作有效的原因之一(Lieberman & Dunlap, 1979, Wilkins, 1984)。根據這項觀點，如果患者相信有效，幾乎任何一種心理治療法均可以顯示出正面結果。如果這個說法屬實，治療者在灌輸患者他(她)確信這種治療方法會成功的概念，將變得非常重要。

寬心劑反應在心理治療中扮演主要角色此一想法困擾許多醫師。他們覺得此種想法把心理治療與騙人的把戲或是密醫式行爲相連結，並且意味著這類治療過程是自我欺騙。事實上並不是這樣子，醫師和心理治療者長久以來均知道：患者的態度和信念，在決定治療效果上非常的重要。如果患者相信治療方式，並以適當態度接受治療，則治療將有其效果。與其否認寬心劑效果的重要性，不如繼續研究是那些變項會造成治療效果。

除此之外，研究人員希望證實一項特殊治療技巧的有效性時，就應該控制寬心劑反應。一些比較複雜的研究，即包括了寬心控制組以及未治療控制組來從事這類實驗。例如，一個設計用來檢驗以系統減敏感法降低公開演說所產生焦慮之效果的實驗，包括下列組別：系統減敏感法、領悟治療法，以關注產生寬心劑反應之控制組及未治療控制組。在關注－寬心劑反應組中的受試者接受治療者的建議，相信藥物大體上可以降低他們對壓力的敏感性。爲了使他們相信，治療者先讓他們服用「鎭定劑」後重複聽一卷「壓力錄音帶」(類似訓練太空人在壓力下的功能反應)。實際上，藥丸是寬心劑，而錄音帶上的只是在其他研究中所使用的令人煩燥而非壓力性的非語言聲音。利用這種方式，研究人員指出受試會預期，可藉由服用藥丸來減低他們的演說焦慮。這項研究的結果指出：系統減敏感組比關注－寬心劑反應組及領悟治療組進步更大。然而後面兩組也顯示出相當的進步(Paul, 1967)。由於加入了關注－寬心劑反應組，實驗者能夠下此結論：系統減敏感法之所以成功不是僅靠寬心劑反應效果而已。

造成寬心劑反應的心理機制迄今仍未知。許多假說亦被提出，不過目前尚未有任何一項說法得到實驗證實。有一組解釋著重在社會影響力上(見第十八章)。由於患者傾向於認爲醫師及治療者爲極富社會影響力人士，因此他們容易接受這類「權威」的影響，同時也比較容易相信治療會產生有利的結果。除此之外，患者角色包含特定標定行爲，一位「好的患者」就是狀況有改善的，病情好轉正好回報了治療者先前的關切以及爲其後續的興緻找了一個好理由。

其他解釋則著重於個人的預期。接受治療的患者可能有意或無意地傳達了對治療效果的期待，他同時會根據過去經驗以達成部分預期；期待自己會轉好以及使願望發生的強烈慾望都是構成希望(hope)之要素，而希望可以對我們的情緒及身體功能產生重大影響。有些研究人員懷疑這類影響可能是由神經傳導物質——腦內啡(endorphin)所傳達。我們早先注意到腦內啡(腦部天然鴉片)是如何影響心情及痛覺的主觀經驗，在寬心劑反應中，腦內啡可能扮演著一重要角色。

身體治療

生物學上對偏差行爲的看法，假設心理疾病就像是生理疾病一樣，起因於腦部生物化學或生理上的不正常。第十五章所討論的情感症以及精神分裂的原因論中，許多生物學上的理論均被提及。應用生物學上原理治療心理疾病者稱爲身體治療，包括藥物、電擊和外科手術。

由於醫藥治療認爲心理疾病(尤其是精神病)乃神經生理功能失常所致，因此，治療生理比治療心理有效。事實上，身體治療確已獲致相當的成功。維他命治療大大降低了與玉蜀黍疹有關的心理困擾；抗生素減少了一度極爲流行的梅毒性麻痺；巴比妥鹽減輕了癲癇症候。

然而，爲治療功能性精神病而發展的身體治療法，卻比預期的效果差。以電擊產生痙攣和昏死，是三十年前流行的方法，現在已經證實這種方法效果不彰，在今天，除了對付某些極端憂鬱、其他治療方法無效的患者以外，幾乎已經不用了。電擊前，患者先注射鬆弛肌肉的鎭靜劑，把患者放置在床上，然後通電於附著在頭部兩側太陽穴上的電極。電擊強度足以產生痙攣，然後患者就暫時昏死過去，患者清醒後記不起任何電擊或痙攣的事。沒有人知道電擊爲什麼會有治療效果，但它似乎確實可以驅除嚴重的憂鬱。可惜的是，它無法防治憂鬱的再度發生。

精神病外科手術(psychosurgery)切除連接下視丘與大腦前葉的神經纖維，以減低無法控制的情緒反應，但效果不佳。手術後患者變得比較鬆弛、有勁、不再狂暴，但卻無法有效地執行各種活動。他們像遭受永久腦傷，有些人甚至變得像植物一般。

身體治療法中，前途最看好的是化學治療法，以鎮靜劑和其他藥物來矯正行爲。

化學治療法

以化學藥品來影響行爲已有百年歷史。痲醉劑可以減輕痛楚；酒精和鎮定劑可以緩和焦慮、促進睡眠；咖啡鹼等興奮劑可以消除憂鬱。然而，化學藥品廣泛用於心理失常的治療卻是二十年前的事。

二十年前，蛇根鹼(reserpine)和 chlorpromazine 這兩種鎮靜劑的推出，掀起了一陣化學治療熱潮。這兩種藥品都有鬆弛和安靜的神奇效果，但卻不會使人昏昏欲睡，對精神分裂症有特殊療效。除了安靜激動不安的精神分裂患者外，這兩種藥還可以逐漸消除患者的幻覺和妄想，更重要的是，它們可以消除患者的退縮現象，使患者可以接受心理治療。鎮靜劑的推出，使神經精神療養院內患者的總數大爲減少。

另一種藥物稱爲抗抑鬱劑，可以使憂鬱者心情變得開朗，它們的作用不是鎮靜而是鼓舞，它們刺激腦內某些神經傳導物質的分泌，因而加速了神經衝動的傳導。最常用的抗抑鬱劑是酚噻嗪(phenelzine)和 isocarboxazid。

最近發現以鋰鹽(lithium)治療躁型精神病相當有效。現有的研究報告令人鼓舞，但說它確實有效，未免爲時過早。

化學治療的成功，減低了許多發病(尤其是精神病)的嚴重程度。由於藥物的幫助，使許多原來應該入院治療的患者，可以住在家裡，或在社區治療中心接受治療。但是我們應該記著，藥物的效能有限，它有它的缺點。所有的藥物都有不良副作用；它們僅能減輕症狀，卻無法指導患者處理他們的問題。

一九五〇年代初期，解除部分精神分裂症狀藥物的發現，代表了治療嚴重困擾患者疾病上的一大突破。即使是極不穩定的患者，也不再需要使用緊身鐵甲加以束縛，另外在大部分時間均處幻想狀態並且有著奇怪行爲表現的患者，也變得比較有反應且功能較正常。此結果使精神病房變得較容易管理，患者也可以迅速地恢復並離開醫院。數年後，發現了可以減輕嚴重憂鬱症的藥物，在醫院的管理上亦產生了類似的效果。**圖 16-6** 顯示了在接受抗精神病及抗鬱性藥物的治療之後，住在精神疾

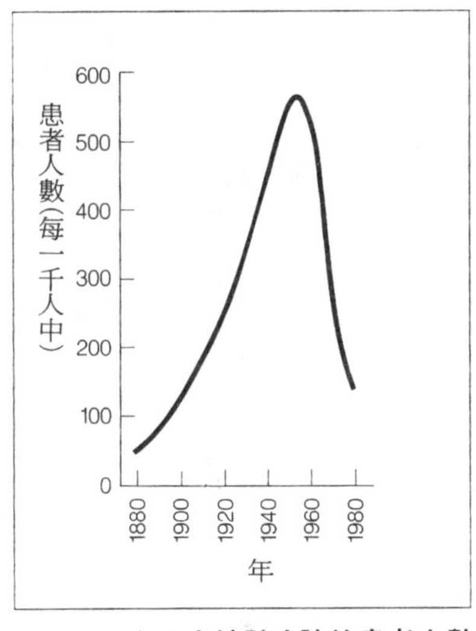

圖 16-6　在公立精神病院的患者人數
本表自一八八〇年至一九八〇年間，州立及郡立精神病院內患者的數目。一九五〇年中間，住院患者的數目顯著減少。而造成數目銳減的最重要因素就是廣泛地使用抗精神病及抗鬱性藥物，其他因素還包括有適當外診診所，日間醫院，及相關連的社區健康設施等（取材自全美心理衛生機構）。

病醫院的患者人數明顯減少。大約在同一時候，也發明了一組用來舒緩焦慮的藥物。

抗焦慮藥物(antianxiety drug) 被用來減低憂鬱的屬於 benzodiazepine 類的藥物，一般稱之爲**鎮靜劑**(tranquilizer)。它們被冠上下列商標名稱：如 Valium (成份爲 diazepine), Librium (成份爲 chlor-diazepoxide)，和 Xanax (成份爲 alprazolam)。這些藥物可以減低緊張程度，不過亦造成慵懶現象，如同酒精和巴比妥類藥物，可以抑制中樞神經系統的活動力。家庭醫師通常以鎮靜劑來協助人們因應生命中的艱困時期。這些藥物同時可用來治療焦慮症、或酗酒及與壓力有關的心理疾病等等，例如，在治療恐懼症時，抗焦慮藥物可能配合系統減敏感法來協助個人在面對恐懼情境時放鬆身心之用。

雖然就短期而言，鎮定劑可能有效；可是整體的效果就難以論定。另外，這類藥物的用途被明顯地誇大以及濫用，直到最近(潛在性危險明顯可見之前)，Valium 及 Librium 仍爲美國境內最廣泛被使用做處方的藥品(Julien, 1985)。鎮定劑的濫用危險有數種：依賴藥物減低焦慮症狀可能會使個人疏於探究焦慮形成的原因以及學習如何因應緊張的更有效方法。更重要的是，長期使用鎮定劑可能會導致生理上的依賴行爲，或是沈溺於使用這類藥物。雖然鎮定劑不像巴比妥類藥物會使人上癮，長期使用會產生耐藥性，一旦停止服用，個人會經歷嚴重的退化現象。除此之外，鎮定劑可能使人無法專心，會危及汽車駕駛表現，如果再加上酒精的影響，甚至可能導致死亡。

抗精神病藥物(antipsychotic drug) 大多數用來解除遺傳自家族性精神分裂症狀的抗精神病藥物稱之爲酚噻嗪(phenothiazine)類藥品，如 Thorazine(成份爲 chlorpromazine)及 Prolixin (成份爲 fluphenazine)等。這些藥品被稱爲「主要的鎮定劑」，但是這個名詞並不妥當；因爲它們不像巴比妥類或抗焦慮藥物一般會直接作用在神經系統上，它們可能會產生一些昏沈呆滯及瞌睡無力等現象，不過即使在高劑量下也不會陷入沈睡狀態(患者可以輕易地被叫醒)，也很少會產生服用低劑量抗焦慮葯物時引發的愉快、輕微陶醉的感覺。事實上，個人服用抗精神病藥物時，其心理反應通常是不愉快的。因此，這類藥物很少被濫用。

在第十五章我們曾討論過精神分裂的理論源自於神經傳導

物質多巴胺的過度分泌，抗精神病藥物洽可阻塞多巴胺的受納器。因爲藥物本身分子結構類似多巴胺分子，它們與多巴胺神經的神經突觸受納器相互連接，因此得以阻塞多巴胺接觸其受納器(藥物無法使受納器產生反應)。一個簡單的神經突觸有著許多受納器分子，如果全部被阻塞，傳導功能將大爲減少。換句話說，抗精神病藥物的治療效力主要關係在與多巴胺受納器制衡的能力上。

對多巴胺分子有受納器的神經聚集於網狀系統邊緣系統及下視丘。感覺器官所傳達的訊息經網狀系統選擇性的過濾至大腦皮質層，並且可以控制個人清醒的狀態。邊緣系統及下視丘對於情緒的平穩規則化異常重要。這些地區神經活動的改變可能可以解釋抗精神病藥物的穩定效果，雖然我們對這個過程一無所知。

不論他們作用方式爲何，抗精神病藥物在急性精神分裂發作時，減輕幻覺及紊亂現象，以及恢復理智的過程中極爲有效。這些藥物並不能「治癒」精神分裂症，且大多數患者必須持續服用一定劑量以確保不住院時心理功能的正常運作，而且許多顯著的精神分裂症的特徵(情緒遲鈍、孤獨、無法保持注意力等現象)也依然存在。可是，抗精神病藥物可以縮短患者住院的時間，並且可以抑制復發。一項住在社區內精神分裂者的研究報告中指出，服用任一酚噻嗪類藥品的患者，病情復發率只有服用寬心劑者的一半(Hogarty et al., 1979)。

遺憾的是，抗精神病藥物並不一定能對所有的精神分裂患者都有所幫助。除此之外，這些藥物亦有令人不甚愉快的副作用(口吃、視力模糊、無法專注)使得許多患者停止繼續服藥。長期服藥，會發生更多嚴重的副作用(例如血壓低、肌肉失調如不自覺牽動嘴巴與下顎)。研究人員正持續找尋可以減低精神分裂症狀，同時又產生較少副作用的藥物。

抗鬱劑(antidepressant drug) 抗鬱劑主要是用來協助提升患者的心情；這些藥物的效果在激勵而不在壓抑，它們可明顯地增加在一些憂鬱個案中所缺乏的兩種神經傳導物質(腎上腺素及血清張力素)。有兩種主要的抗鬱劑，依不同方式增加神經傳導物質。氧化酶氨基酸(MAO)抑制劑(Nardil 及 Parnate 爲其中兩例)可以阻塞破壞腎上腺素和血清張力素這兩種物質之酵素的活動，而後增進這兩種物質在腦部的濃度。三環抗鬱劑(tricyclic antidepressant，如 Torfranil 和 Elavil)則

可以防止血清張力素和腎上腺素的**重新吸收作用**(reuptake)，並延長神經傳導物質活動的持續性(回顧一下，所謂「重新吸收」是指神經傳導物質爲分泌的神經末梢再度吸收的過程)。這兩種類型的藥物證明能有效地解除某些種類的憂鬱症狀，不過必須先假設是源自於生物因素而非環境因素的病症。但是，就像抗精神病藥物一樣，抗鬱劑也會產生一些不良的副作用。

抗鬱劑不是如安非他命一類的興奮劑；它不會產生飄飄然的感覺或是增加活力。事實上，患者在接受數個星期的藥物治療並且被仔細地觀察後才改變心情。電療法所產生的效果比較迅速，這也是相對於嚴重憂鬱現象，有自殺傾向的人比較喜歡採用電擊治療的原因之一。我們將在下一部分繼續討論電療法。

抗鬱劑在治療躁鬱症者所發生的憂鬱現象方面不甚有效果。但是另一種藥物鋰鹽則證實非常有效。鋰鹽可以減少心情的極端變動，並且可以使個人恢復到更爲正常的情緒平衡狀態。

藥物治療已經成功地降低了某些心理疾病的嚴重性。許多早先被要求住院治療者，現在可以藉著這些藥物的協助在社區生活中維持正常功能。另一方面，對於藥物治療的適用性我們亦有所限制。所有治療性藥物都會產生部分不良的副作用。除此之外，許多心理學家覺得由於這些能夠緩和減輕症狀的藥物的發現，使得患者不需要再面對造成偏差的個人問題。生化方面的偏差無疑地在精神分裂症和其他更爲嚴重的情感症中扮演著重要的角色，然而心理的因素也是同樣很重要。我們在應付日常生活中逐漸衍生問題的態度或方法，不可能因爲服用藥物而突然間有所改變。因此在使用治療性藥物時，則通常也需要心理治療上的協助與指導。

電擊治療和精神病外科手術

電擊治療(electroconvulsive therapy, 簡寫爲 ECT)亦簡稱之爲電療法，在於使腦部接受輕度電流刺激以產生一種類似癲癇痙攣的現象。自一九四〇年到六〇年間，遠在抗精神病藥物以及抗鬱劑廣泛使用之前，電療法爲一流行的治療方式。在今天，電療法只用在患者對藥物治療沒有反應，且爲嚴重的憂鬱症中才會使用。

爲了一些理由，電療法一直是大衆關心和爭議的問題。曾經有過一段時間，在精神病院裡用電療法治療酒精中毒或精神分裂等疾病，效果並不好。在許多更精細的醫療方法發展之前，電療法對患者而言仍是十分恐怖的經驗。患者在接受電療時多半保持淸醒狀態，直到電流刺激腦部而暫時失去意識。患者通常在電療後深受記憶喪失與思緒混亂之苦。偶爾甚至會因爲肌肉痙攣強度的增加，伴隨著腦部病變的發作而造成身體受傷。

到了今天，電療法只會產生一點點的不舒服。患者事先給予局部痲醉並注射肌肉鬆弛劑，接著短暫微弱的電流通過兩邊太陽穴或是只通過非優勢大腦半球上的太陽穴。所施予的電擊爲能產生腦部化學變化的最低需求電量，因爲化學變化本身(非電流本身)即具治療性。肌肉鬆弛劑則用來防止身體肌肉產生痙攣，以及其他可能造成的傷害。患者在幾分鐘內醒來，對於治療過程無所記憶。通常在數週內會施予四至六次的治療。

電療法最痲煩的副作用就是暫時性的失去記憶。部分患者據稱對接受電療前六個月的事情有記憶斷層現象，同時對後續二個月間新訊息的接收能力也有障礙。不過，如使用低電量(對患者實施電療前，產生化學變化的電流量均被審愼測定)，記憶暫時喪失的問題就小多了(Sakeim&Malitz , 1985)。

沒人知道何以電流會刺激化學變化並解決憂鬱症狀。腦部化學反應確實會引起多種神經傳導物質的大量分泌；包括腎上腺素及血清張力素。缺乏這兩種神經傳導物質在某些憂鬱個案中可能是一個非常重要的因素。不論它是以何種方式發揮功能，電療法在導引患者走出嚴重呆滯的憂鬱行爲上確實比藥物治療更爲迅速(Janicak et al., 1985)。

所謂的**精神病外科手術**(psychosurgery)，是指藉割除神經纖維或是以超音波照射毀棄腦部中選定的區域。大多數的案例當中，連接前葉與邊緣系統或下視丘特定區域內的神經纖維被破壞(邊緣系統及下視丘被認爲在情緒平衡上扮演一重要角色)。精神病外科手術是一俱高度爭議性的程序，美國國會委員正在調查以瞭解是否應該以法律加以禁止。早期部分手術確實可使患者放鬆及感到愉悅(不再有暴力或自殺的傾向)。可是他們的腦部已遭到損壞，而且無法有效地發揮功能。然目前更新的手術技巧則顯示智力只有極輕微的損壞；同時手術亦可協助患有嚴重憂鬱及自殺傾向的患者，或是經過各式各樣治療方式均告失敗而令人感到棘手的一些患者(Valenstein, 1980)。

心理健康的增進

除了把時間、精力花在心理疾病的治療外，我們似乎更應該注重生活環境的改進、創造，以使正常情緒得到適當的發展。我們雖然無法確知一切有益心理健康的條件，但至少有幾個條件是顯而易見的。

有益於心理健康的條件

有用的工作 專心於有用的工作，可以使一個人不致與現實脫離，並增強個人的自信及自尊。

一九三〇年代的經濟不景氣，顯示了怠惰和失業的敗壞、迷惘效果。開始的時候，失業人員靠失業津貼過活。但是，工作並不只是求生的手段而已，工作本身就是一種滿足，是自尊、自信不可或缺的元素。因此當時有許多人崩潰，造成嚴重的社會問題。

有許多活動(例如自願性的工作、園藝、藝術、社區服務等)雖然沒有實物報酬，卻可以提高一個人有用、有創造力的感覺，對一個人的心理健康有莫大的助益。

社會參與 我們人類是社會性的動物，無法離群索居。但是，現代生活環境似乎使許多人產生孤寂感。現代人經常移居，因而與親友失去聯絡；公寓住家經常不認識對門鄰居，遑論樓上、樓下了；都市小孩經常找不到玩伴，只好呆在家裡看電視。社會矯正勢在必行，這個矯正並不是創新，而是回復早期社會生活型態。例如，以幼稚園代替舊式大家庭，並作爲鄰近孩子遊樂聯絡的場所；以社區活動中心代替家庭式舞會或地區性遊樂活動。

自我瞭解與鬆弛情緒 自我瞭解對一個人的心理健康，有什麼好處呢？好處有多大？這個問題不易回答，因爲把個人問題縈繞於心，可能比不予理會害處更大。不過，治療從經驗中告訴我們一些有益的建議。

(1)一個人應該學習接受自己的感覺，把自己的感覺視爲正常而自然的事。有時候，壓抑自己的情緒，反而會導致冷漠、麻木等有害後果，使一個人懷疑自己的情緒是否正常，因而失去了與別人交往的樂趣。許多人因爲無法達到自己的期望或理想，而產生情緒困擾，這種情緒經驗令人不安，於是當事人就以否認方式來逃避。

實際上，在許多情況下，一個人應該泰然地接受自己的情緒，把它視爲正常。我們不必因爲想家而感到羞恥；不必因爲害怕一匹難以駕馭的駿馬而感到不安；對觸犯你的人發脾氣，也沒有什麼不對。這些情緒都是自然的，文明容許它們，把它們發洩出來，遠比壓抑、否認有益。

(2)如果情況不允許情緒的任意發洩，應該尋求其他可行的發洩方式。文明限制情緒的隨意發洩。把自己的感覺直截了當地告訴老板或父母確屬不智，但是可以接受自己感覺的存在，忍住、以免直接發洩。如果情緒過於強烈，最好找間接方式發洩。發洩的方式可以是激烈運動——有很多人經過球賽、跑步之後怨氣全消；也可以找個同情你的人傾訴一番。總之，每一個人都應該接受自己的情緒，然後以直接、間接、或代替方式發洩。

(3)找出引起情緒反應的場合，以防止情緒的產生。絕大部分的人都會發現，某些情境會使他們的情緒特別激動。有些人因爲小小的失敗而極度沮喪；有些人一受到別人煩擾就生氣。只要發現導致情緒反常的情境，就可以試著去避免或學習一些處理情境的新方法，使激動的情緒不再發生。有時候，我們對自己某些缺陷過度敏感，這是一種投射作用。舉個例子來說，有一個律師工作繁重，晚間還必須回到辦公室辦公，他可能會覺得忽略了太太和家庭。如果，他太太提到了他晚上加班的事，他可能會勃然大怒——認爲太太抱怨他不顧家庭，並且說家庭負擔重，非努力工作不可。事實上，他太太本意是關心他操勞過度，他如果瞭解的話，就不會無故生氣。

(4)改變引發不良情緒的不當信念。例如在課堂發表演講或論文時，可能因不當的認知(如：只要我一開口，別人就等著批評我而產生焦慮，若能代以正面想法(如：班上對我要說的一定會有興趣，即使我犯了點小錯，也無傷大雅)，則可減低焦慮，控制不當情緒。

(5)許多人在壓力下會感到特別焦慮，仔細規畫並預訂工作進度，可以幫助你自始至終不受情緒的干擾。有目的的策畫，可以使你有效地達成工作，而去除壓力。

(6)發展自己的才能及興趣。感到不快樂或無聊的人是不會有多方面的興趣。今日大學與社區均提供了各年齡層者探尋自我多方面才藝的無數機會(包括運動、學術性活動、音樂、藝術、戲劇及手工藝等),通常你愈瞭解一門學業,你興緻愈高。此外,從發展技能上獲得的勝任感更有助於自尊的建立。

增進心理健康的機構

心理疾病的預防及治療乃爲社區及國家極度關切的問題,自一九五〇年起這方面就有著長足的進步。本章最初我們曾提到一九六三年美國國會所通過的社區心理衛生中心法案,其中提供資金以建立社區心理健康中心,使得患者能夠在不遠離家庭或朋友的地方,而不是大型的州立精神療養院接受治療。這些社區中心亦提供短期住院或是門診治療,另外有一個二十四小時的緊急服務,他們也同樣關切預防情緒性問題,並爲學校、青少年及其他社區代理機構提供諮詢服務。

社區資源及義工團體(community resource & paraprofessional) 爲應付不同團體的心理需求,多種社區資源也隨之發展。其中之一就是**中途之家**(halfway house),主要是提供給曾經住院治療過的患者在返回社區前獨立生活的暫居地點。住宅中心同時也提供住處給參與戒酒或藥物等計畫的患者、犯罪者、離家出走的年輕人及經常被凌虐的妻子們。**性暴力輔導中心**(rap center),在此受害青少年可以彼此或是和具同理心的諮商人員共同討論他們的問題,而此機構也在許多社區裡扮演著重要的角色。**青年中心**(youthcenter)則提供就業諮詢,補習教育並協助家庭及個人處理問題。

危機處理(crisis intervention) 這是一項近年才發展的方式,主要對承受重大壓力的個人或家庭提供立即的協助。在強烈情緒不穩定時期,人們通常感到崩潰,無法處理情境,他們可能無法靜候預約好的治療,或者是他們不知道該向誰求救。這個時候,一種危機處理方式就是提供二十四小時隨到隨做的服務,通常是在一社區當中的心理衛生中心。在此,個人的問題可以馬上得到關心及注意。治療者會幫助有問題的人澄清問題的癥結,提供信心支持、建議行動計畫、加強與其他機構或家庭成員的支持。這類治療通則都是短期(五至六次集會等)的,並及時提供必須處理危機的個人一些支持;這類型的短期處理通常可防止當事人有住院治療的需要。

圖 16-7　問題青少年的輔導計畫
在成就屋內舉行的家庭會議——一系列提供給有行爲問題，由法院轉介之青少年的住所。青少年和他們專業教師——父母每天見面，討論行爲規則，決定違反規定後的懲處，評論計畫的每一部分，並評估監督管理活動的同儕領導者。

另一種危機處理方式就是**電話熱線**(telephone hot line)。電話危機處理中心通常是在心理健康專門人員的指導下，由義工人員所共同組成，有些成員特別專注預防自殺，其他成員則致力於一般性事物以及協助受到壓力而打電話的人，並且給予他們適當的援助。義工人員通常必須接受仔細傾聽的訓練，並且評估發話者自殺的可能性，傳達同理心與瞭解，提供有關社區資源的訊息，給予對方希望及保證，在他(她)掛斷電話之前，記錄發話者的名字及電話號碼，如此專家才能追踪瞭解他們的困難。在美國的大多數大城市均已發展了某種型式的電話熱線，以協助經歷重大壓力的人；另外也有特殊熱線專門處理兒童虐待、被強暴的受害者、遭到丈夫毆打的妻子和離家出走的人。這個電話號碼被廣泛地公開，希望需要協助者能知道。

許多住宅區心理健康計畫由非專業人員所經營，他們由受過專業訓練的治療者提供諮詢。最著名的例子就是**成就屋**(achievement place)，堪薩斯州內的一種家庭式機構。在此地，由一對夫妻做爲一羣因犯罪被法院轉介來的年輕人之代理父母(見**圖 16-7**)。行爲治療法被廣泛應用以消除攻擊性行爲，並獎賞社交技巧。追踪研究資料顯示出：出自成就屋中的青少年比較少再接觸法院和警察局；同時其行爲表現方面也比保釋中或傳統少年輔育機構的青少年獲得較高的評價(Fixsen, Phillips, & Wolf, 1976)。目前在全美國各地共有八十餘個改良自堪薩斯機構的成就屋。

自助的極限

遭受情緒問題困擾的人最好找臨床心理學家、精神科醫師、或其他受過專業訓練的專家幫忙。由於自我欺騙難以克服，想獨自解決根深蒂固的個人問題相當困難。尋求別人幫忙的意願可以說是情緒成熟而非能力不足的表現。絕對不要有把治療者視爲最後一條路的想法。我們不能等到所有牙齒都掉光了，才去找牙醫，尋求心理專家的幫助就像看牙醫一樣，有需要的時候就應該前去。

摘　要

1. 心理疾病的治療史從古代邪魔附身的觀念以及枷鎖、懲罰、甚至殺害等處理方式，進展到現代精神病醫院及社區心理衛生中心的設立，並僱用了許多受過訓練的專家，來幫助患者瞭解自己、改變自己的行爲。
2. **心理治療**是以心理學方法來治療心理疾病的。常用的心理治療法之一是**心理分析法**，它以佛洛伊德的觀念爲基礎，應用自由聯想，把壓抑在潛意識中的想法和感覺誘發出來，然後闡釋患者的聯想，幫助患者瞭解自己的病根所在。在治療中，患者透過情感轉移作用，把分析專家看成另一個人，這個人和患者的精神官能反應有密切關係。分析專家則利用轉移作用，進一步瞭解患者的問題。透過發洩、頓悟、解決等過程，心理疾病終於治癒。
3. 另一種心理治療是羅傑士的**案主中心治療法**，其重點是幫助案主瞭解他現有的問題，以及與別人交往的方式，它並不重視案主的過去。治療專家提供溫暖、和藹、尊重的氣氛，並採取**非指導治療**方法，讓患者決定討論的主題，和所欲達到的目標。
4. **行爲治療法**應用學習原則來矯正行爲。行爲治療法以**反條件化**原則爲基礎，包括**系統減敏感法**、**自我肯定訓練**，以及**嫌惡條件化**，由於這些方法的幫助，以往引起不良適應行爲的刺激或情境，逐漸和新的適應反應聯結起來。**工具式條件化**原則可用於**行爲塑成法**和**增強作用控制法**上，**模仿**也是改變行爲的有效方法。

5. **認知行爲治療法**不只運用行爲修正技術，同時也包括整合改善不適當想法的過程。治療者在此協助個人對事情以比較實際的方式取代不合理的解釋。
6. **團體治療法**提供患者和其他有類似問題的人溝通的機會，使患者由別人的反應中，領悟自己的態度和行爲。**敏感度訓練**以及**家庭治療**都是特殊的團體治療方式。
7. 心理治療法的功效難以評估，因爲「治癒」的定義模糊、治療變項常互相混淆、許多患者未經治療而自動痊癒。研究結果指出，心理治療確實有幫助，但是不同的方法在效果上並無顯著的不同。不同類型心理治療法的共同因素——種溫暖及信任的人際關係，安心以及支持，減敏感性，領悟及適應性反應的增強——可能比起一些特殊治療方式更能夠產生正面的改變。
8. **身體治療法**中，最成功的是**化學治療法**——以藥物來矯正行爲。**鎭靜劑**經證實對精神分裂患者有效，**抗鬱劑**可以寬慰憂鬱症者的心情，**鋰鹽**則可治療躁型心理疾病。
9. 心理疾病是我們社會中嚴重、而且分布甚廣的問題，預防和治療應該並重。增進心理健康的條件包括有意義的工作、滿意的社會參與等。此外，適當的自我評價、接受自己的情緒、表達自己的情緒等也有所助益。社區資源可提供的協助包括，中途療養院。住宅中心則提供給有特殊問題的人，以及不同形式的**危機處理**。然而，自助效果有限，最好能夠尋求專家的幫助。

進一步的讀物

對於心理疾病歷史上的治療法資料感到興趣者，可於下列書籍中查閱：Veith, *Hysteria: The History of a Disease* (1970)；Bell, *Treating the Mentally Ill: From Colonial Times to the Present* (1980)。

不同心理治療法的整理可參考 Martin, *Introduction to Psychotherapy* (1971)；Corsini, *Current Psychotherapies* (1984)。 *Psychotherapy: An Eclectic Approach* (1980) 由 Garfield 所著，此書主在描述心理治療過程，大多數心理治療

的共同特徵，和心理治療研究。*The Handbook of Research Methods in Clinical Psychology*（1982）係由Kendall 及 Butcher 編輯，包括一章評量心理治療的成效。

至於介紹心理分析方法，見參閱 Menninger and Holzman, *Theory of Psychoanalytic Technigue*（2nd ed., 1973)。個人中心療法。請參照 Rogers 著的下列兩書：*On Becoming a Person: A Therapist's View of Psychotherapy*（1970）；*Carl Rogers on Personal Power*（1977)。行爲治療的原則於下列書籍中可見 Craighead, Kazdin, & Mahoney, *Behavior Modification: Principles, Issues, and Applications*（2nd ed., 1981）。 *Agras* 所著的 *Panic: Facing Fears, Phobias, and Anxiety*（1985)則描寫克服恐懼的行爲治療方法。

團體治療的整理則參見 Yalom, *The Theory and Practice of Group Psychotherapy*（2nd ed., 1975)。在會心團體部分，請見 Liberman, Yalom, & Miles, *Encounter Groups, First Facts*（1973）。

Drugs for Mental Illness: A Revolution in Psychiatry（1983)，由 Lickey 和 Gordon 所著的一篇後記，自述了一篇可讀性甚高有關主要心理疾病在生物學上研究的摘要，包含有個案歷史和描述診斷過程，藥物效用的證據，以及心理治療性藥物是如何地影響腦部。

改變自己行爲的方式，請參考 Bower and Bower, *Asserting Yourself: A Practical Guide for Positive Change*（1976）；Watson and Tharp, *Self-directed Behavior: Self-modification for Personal Adjustment*（4th ed., 1985）。

第八篇

社會態度

第十七章　社會訊息的處理

社會判斷是一種直覺的科學 822

蒐集資料

找出共變關係

重要討論：性別基模

推論因果關係

重要討論：訊息處理的偏差:認知性或動機性的?

社會態度是一種直覺的邏輯 840

認知的一致性

各派對誘導性順從的解釋

實驗室之外

人際吸引的社會心理學 848

決定彼此喜歡的因素

愛　情

社會心理學探討個人想法、感覺及行爲如何受他人影響，以及這些因素如何去影響與他人間的交互作用。對別人的行爲及動機我們如何知覺及解釋？我們對事情的想法、態度及行爲間的一致性如何？那些因素影響了我們對他人的印象？社會影響的過程如何？

社會心理學家對以上這些問題從以下二個社會交互作用的觀點來加以解釋。首先，人類行爲乃人與情境互動所產生，每個人對某種情境有他獨特的解釋，因而，不同的人在相同的情境會有不同的反應。相對的，不同的情境對每個人的意義亦是不同的，因而使人產生獨特的行爲。

接著，個人通常會主觀的以他自己的觀點來定義情境(Thomas & Thomas, 1928)；也就是說，個人對情境的反應乃來自其主觀認知的評價，而非對客觀的實體的反應，這也就是爲什麼在相同情境中，不同人會有不同反應的原因。因此，對某個傷害性的動作，將其解釋爲有敵意的行爲或是無意的動作，結果也就相當不同了。由上可知，想要對社會交互作用有進一步的瞭解，就得對人們知覺及解釋行爲動機的過程有深入的探討。因此，本章的重點即在探討這種社會訊息的處理流程。

社會判斷是一種直覺的科學

我們每個人都是心理學家。爲了對自己及他人有進一步的瞭解，對人類行爲的闡釋，我們常與科學家一般有一套直覺的理論(Nisbett & Ross, 1985)。首先，我們觀察並且**蒐集資料**(collect data)(我的朋友佩琪認爲女人有墮胎的權利；李傑的數學成績得到最高分；我的心在砰砰跳)。接著，我們試著去找出事物的**共變關係**(covariation)，即某件事常伴隨某事發生(贊成墮胎者通常會反對死刑；亞洲民族通常較其他民族在數學及科學成績較高)。最後，我們會推論事物的**因果關係**(cause and effect)，即某事的發生會導致某個結果(克莉絲支持墮胎合法化，是發自內心的支持，抑或只是爲表示她是一個有開明態度的人？亞瑟在數學及科學上的優異成績是由於他資質優異，還是由於其家庭期望的壓力？我是眞心愛羅傑，或只是一時的迷戀？)。

直覺在我們生活中發揮了令人驚訝的科學推理能力。若是我們所有人類行爲的訊息理論不能發揮其效力，那麼整個社會的互動不知要如何混亂了；但是，在判斷事物時，我們也常會犯一些系統性的錯誤，並且很諷刺的是，我們本身的推論常是干擾正確訊息的原因。接下來我們就要介紹理論是如何塑造我們對訊息的接收，扭曲我們的判斷，並且使我們對因果關係的判斷有了偏差。

蒐集資料

首先我們面對的困難是，如何以有系統且正確的方式來蒐集資料。當科學家要研究有多少美國人支持婦女有墮胎權時，他必須確信該樣本是隨機且具代表性的，即樣本中的基督徒、天主教徒、男人、女人等變項的比例，與這些變項佔美國人口的比例相當。但是，當我們這些業餘科學家在做直覺判斷時，樣本却是我們每天接觸的人，顯然這是很不具代表性的。

另一個困難是有太多的變項介於其中，使得我們所蒐集的資料無法隨機且不具代表性；例如，我們通常會較注意在醫院前示威遊行的反墮胎者，而較不注意一般問卷調查的支持墮胎者。當然，資料本身只是記載一段新聞，並沒有偏差，但是這份資料在我們推斷大衆意見時，卻不是一個可信賴的樣本。

另外，科學研究者還必須要正確的將資料記載下來。在日常生活中，我們不斷的接收訊息，當需要對某件事做判斷時，再從記憶中回憶相關的資料，但是在整個過程中，不但訊息的接受無法完全正確，回憶資料也會產生偏差。

鮮明度(vividness)　會影響我們接收和回憶訊息的一個首要因素，是訊息的鮮明程度。研究發現，在我們對事物做評價和判斷時，活潑生動的外在訊息較可信賴，但呆板的訊息對我們的影響來得大(Nisbett & Ross, 1985)。

在某個研究中，研究者將一些心理學課程的內容給那些即將要選修這些課程的心理系學生看，然後要求他們指出計畫選修的課程。訊息呈現方式分爲對選修過課程學生實施問卷調查，針對各課程進行五點評量(從「很差」到「很好」)所得到的統計分析結論，以及聽到兩三位學生有關此課程面對面的談話二種。研究發現，即使呈現統計分析結論時也將後者的談話內容以文字方式呈現，學生選課時仍然較容易受到生動活潑的對話影響，而不容易受單調的書面資料影響(Borgida & Nisbett,

1977)。

另一個研究則呈現了訊息的鮮明度對我們回憶的影響。此研究中讓受試者閱讀一則關於指控某位聲望很好的男子酒醉駕車的控詞，以及該名男子的答辯，研究操弄的變項爲控詞，及答辯的呈現方式。一半的受試閱讀單調的控詞及生動的答辯，即該名男子離開某個宴會駕車回家，單調的控詞指他在宴會中步履蹣跚，並將一隻杯子推落在地，而該男子則生動地辯稱他在返家途中尚能閃過一輛急駛而來的德國製大汽車；而另一半受試則閱讀生動的指控和單調的辯詞，即起訴書中生動地描述該名男子在宴會中曾將一個盛滿燭油的蠟台推落在地，燭油濺灑了雪白的長毛地毯，而該男子只簡單地辯稱他尚能開車躲過一輛很接近的車子；當然，控詞及答辯的鮮明程度不能影響到起訴書中他酒醉駕車的證據。研究發現，在受試剛閱讀完這則故事後即刻要他判斷該被告是否有罪，控詞及答辯的鮮明程度不會影響受試的判斷，但是，隔了一天後，閱讀生動的起訴書的受試傾向裁決被告有罪，而閱讀生動的答辯的受試傾向於裁決被告無罪(Thompson, Reyes, & Bower, 1979)。

鮮明度效應是我們處理訊息時一個很特別的問題，即使研究者非常小心，使某訊息正反兩面的鮮明度相同，我們接收到的訊息仍會有偏差。因此，當電視新聞報導說，全世界大部分國家支持墮胎合法化時，在醫院門口高舉反墮胎標語人們的影像，卻仍縈繞在我們腦海久久不去。

基模(schemata) 即使我們能以系統化的方式毫無偏差的蒐集資料，我們對資料的知覺仍會受到先前對這些資料的認知和期待所影響——即根據自己的理論認爲資料應該是如何，並與記憶中相似的事物比較。在前幾章中曾提過，我們記憶中的事物都已經過知覺的重組和建構，與它們原先的形象並不相同，此種經過重組建構過的記憶結構稱爲基模，是我們對生活中的人、事、物、地，以自己的方式再呈現在腦海中的結果。當我們接收訊息時，就從原先在腦海的基模中去尋找類似的刺激加以比較，此過程稱爲**基模處理過程**(schematic processing)。基模處理過程通常是自發性且非常迅速，當刺激發生時，我們即刻從記憶中蒐尋先前存在與此刺激類似的基模，並將此新事物歸類於原先存在的基模中。因此，我們不必詳細地去記憶新事物的細節，可以快速的接收並組織大量的訊息。

例如，我們將人歸類成不同的基模，當你被告知要會見一個外向的人，你腦海中即刻浮現有關外向的人相關的特質，如善於交際、溫暖、聒噪、衝動等等，並用這些特質來預期你所要見的人。一般與人類特質相關的基模我們稱爲**刻板印象**(stereotypes)，而對特定的個人，如美國總統、你最好的朋友，甚至於你自己，你都有刻板印象。當你準備去應徵一位議員的助理時，在你心中很快地就會浮現對助理的刻板印象，並決定自己該如何做。

很多研究證實了記憶中的基模確實可以幫助我們處理訊息。在漢米頓(Hamilton, 1979)的研究中發現，對受試者提供某個特定人的詳細資料並要他記憶，其效果還不如只提供他一個刻板印象的效果，因爲提供了一個具體印象可幫助受試者在腦海中蒐集有關此印象的相關資料。在羅傑士等人(Rogers, Kuiper, & Kirker, 1977)的研究中也發現，在要求受試回憶一些人格特質時，受試者較容易記得那些與他自己有關的特質，而較不易記得與自己無關的特質概念。此種**自我基模**(self-schema)幫助受試者將相關訊息組織後記憶，若是沒有基模和基模處理過程，我們處理訊息的能力將非常差勁，並且可能會被生活中如潮水般湧入的訊息所淹沒。

但是，要獲得此種有效率的訊息處理方式，我們却付出了知覺偏差的代價。以下面這一則敍述爲例，你將對小華的行爲產生什麼樣的印象呢？

> 小華離家去買文具。他和兩個朋友步入灑滿陽光的街道，邊走邊曬太陽。小華走進文具店，裡面已經擠滿了人。當他等待店員招呼時，他便找熟識的人聊天。走出店門，他停下來和一位正要買東西的同學寒喧。在回程的路上，他又碰到一個前幾天晚上才認識的女孩。然後，小華就到學校去。下課後，小華一個人獨自離開教室。步出了校門，他開始邁向漫長的回家旅程。街道上，還是灑滿了明亮燦爛的陽光，於是小華走到街道蔭涼的一邊。迎面而來的街道逐漸消逝在他的背後，他看到一位前晚才碰到的漂亮的女孩。小華穿過街道，進入一家糖果店。店裡擠滿了學生，人聲沸騰，他看到了一些熟面孔。他靜靜地等待，直到眼光和對方接觸，他才點點頭。拿到飲料後，在桌子的一角坐下。喝完飲料，他便回家了(修改自 Luchins, 1957a)。

你認爲小華是一個怎樣的人呢？你認爲他是友善而外向的

狀況	評定小華是友善的百分比
文章裡描述僅爲友善的	95%
前段友善，後段不友善	78%
前段不友善，後段友善	18%
文章裡描述僅爲不友善的	3%

表 17-1　印象形成中的起始效果

人嗎？或者你認爲他是害羞而內向的？假使你認爲小華是友善的，而非不友善的，那麼你和大多數看過這篇短文的人（八成左右）一樣，他們也這樣認爲。從本篇文章的開頭起，到「下課之後，小華一個人獨自離開……」，很多人認爲，小華在許多場合裡面，都是相當和善的年輕人；不過，從這個句子以後，在同樣的場合裡面，小華則顯出較孤獨。事實上，當我們讓受試者只看前半段時，有百分之九十五的人評定小華是友善的，而僅看後半段時，卻只有百分之三的人認爲小華是友善的。因此，當兩段合起來之後，受試者對小華的評定，傾向於友善的，而後一段給人的印象影響力較小。爲什麼會產生這種情形呢？是否這篇短文是描述「友善性」特質的文章，而在前一段，我們把小華描述爲友善的；後段，則描述爲不友善的呢？爲了找出這個結果，設計本研究的心理學家盧駿斯（Abraham Luchins），把這篇文章的前後段對調，把描述小華爲不友善的一段挪到前面，要求受試者閱讀。由**表 17-1** 可以看出，在這種狀況之下，只有百分之十八的人認爲小華是友善的；換句話說，人們現在對「小華是不友善的」印象較爲深刻。可見，我們首先收受到的訊息，對整體印象有深遠的影響，這就是所謂的**起始效果**（primacy effect）。

在眞實的環境當中，我們觀察活生生的人而非假想的人，評定的特質也不是友善性，我們仍舊可以發現印象形成中的起始效果。例如，在一群相關的研究裡面，受試者觀察一個學生解答許多複雜的選擇題，題目是由大學入學考試題裡選出來的；然後，我們要求受試者評定學生的智力（Jones 等人，1968）。實驗者控制學生解題的能力，使得學生在三十題裡面，總是答對十五題。有的受試者看到的學生，是在前面幾題連續答對十五題的；有的受試者看到的學生，則正好相反，在後面才連續答對十五題。開始的時候，實驗者根據普通常識的推測，認爲受試者對逐漸進步的人（後來才答對者）的能力，會評價較高；而對表現越來越差的人，評價較低。

但這種推測是錯誤的。在五個研究裡面，雖然研究程序有點不同，但都發現有強烈的起始效果存在。前面答得比較好的學生，被認爲智力較高。更進一步地，受試者的記憶，也受到起始效果的影響。當我們詢問受試者，回想一下學生答對的題數時，他們認爲答對前面十五題者，在三十題裡面，平均答對二十點六題；而答對後面十五題者，三十題裡面，平均答對十二點五題。

形成起始效果的原因很多，目前研究顯示，這可能是基模處理過程的結果。當對某個人有了初次印象後，我們會在記憶中蒐尋最符合此印象的基模。例如，當我們認爲小華是「友善的」時，隨後我們會尋找支持「小華是友善」的相關訊息，認爲這些訊息能夠顯示個人眞實的一面，而忽略或忘記那些與「小華是友善的」不一致的訊息，認爲這些訊息不能代表個人的實際情形。例如，當我們詢問受試者，如何說明小華行爲的明顯矛盾時，有的受試者會辯稱，小華實際上是友善的，但可能那一天下課後，感到有些疲倦，才顯得不太友善(Luchins, 1957)。這些研究說明了，在形成了某一印象後，我們的知覺變得**基模導向**(schema-driven)，並且對接連而來的訊息有些遲鈍了，我們即以對小華抱持的理論重塑了所有後來的訊息。

劇本(script)　我們腦海中除了有關於人物的基模外，還有對於事物及人際互動的基模，此種基模稱之爲劇本(Abelson, 1976)。我們最熟悉的劇本可說是打招呼的方式了，當有人對你說：「你好嗎？」你必定會說：「我很好，你呢？」若是有人回答說：「眞糟糕呀！」那他必然會被認爲是太不懂社會劇本了；另外，有些劇本是較抽象而複雜的，例如，當我們應邀去參加一個生日宴會時，我們腦海中必定會浮現一幅生日宴會的劇本，此劇本提醒我們，準備一份禮物或一個蛋糕，穿著適當服飾，並且預期宴會上將會發生些什麼事。就像其他的基模一樣，對於人際交往的劇本，使我們能夠自發且迅速的處理大量的訊息(有時候甚至是無意識的)，並且詮釋每一個新的人際互動的細節。

在劇本方面的研究最有趣的可說屬蘭吉雅等人(Langer, Blank, & Chanowitz, 1978)的實驗了。在這個實驗中，受試者正準備要使用複印機來影印資料，這時實驗者助理插隊要求受試者先讓他使用複印機來影印多量(或少量)的紙張，而要求的方式又分爲以下三種：

(1)只做請求：對不起，我這兒有五(二十)張紙，請讓我先使用複印機好嗎？

(2)請求並加上眞誠的理由：對不起，我這兒有五(二十)張紙，因爲我有急事，請讓我先使用複印機好嗎？

(3)請求並且附帶不成理由的理由：對不起，我這兒有五(二十)張紙，請讓我先用複印機好嗎，因爲我要拷貝？

表 17-2　請求劇本的訊息處理

經過一當請求很小時，不成理由的理由與眞的理由一樣有效，當理由變大時，不成理由的理由與沒有理由同樣沒有用。

情　境	同意讓實驗者助理先使用影印機的受試比例	
	小的請求（5 張紙）	大的求（20 張紙）
只有請求	60	24
請求加上眞實的理由	94	42
請求加上不成理由的理由	93	24

有多少人會願意將複印機先借給實驗者助理呢？依常理推斷，受試者會較願意將複印機借給那些只印五張紙的人，除此之外，我們知道，要使別人答應請求的好方法是，提出一個有力的理由，這是衆所周知的「請求劇本」。因此，可以推論，受試者較容易接受第二種附帶理由的請求而出借影印機，而較不容易接受第三種沒有理由的請求。有趣的是第三種請求方式，其符合有禮貌的「請求劇本」，請求時附帶理由，但是其理由卻很牽強，無法傳遞具體的訊息。誰使用影印機不是要拷貝呢？由此可以看出，第三種請求方式並沒有較第一種方式傳遞較多的訊息。**表 17-2** 顯示在多種呈現方式下，受試者願意出借影印機的比例。由表中看出，當請求是很小時，第三種提出不成理由的理由的請求方式，在符合「有禮貌請求的劇本」僞裝之下，與提出合理理由的請求會得到相同的結果。明顯的，受試者是對此「有禮貌的請求」在做反應，而無暇思及此理由的含意；而當請求較大時，受試者會較躊躇而去思索此理由的含意，因此，在實驗者助理提出較大的請求時，提出不成理由的理由與沒有理由的請求相同，得不到受試的好感。

推測(theory)　基模和劇本是我們對於生活中人物和事件的小理論，除此之外，還有更多精心推敲的推測也影響了我們對資料的知覺，在尼茲泊等人(Nisbett & Ross, 1985)的研究中就有詳細說明。此研究中找來一批受試者，他們對於死刑是否該廢止有正反二面強烈的看法。首先，要他們每個人皆閱讀二則分別支持及反對死刑的文章，接著，每個人再讀二篇對此二篇文章提出方法論質疑的評論。研究結果發現，受試者認爲那些與自己原先觀點一致的評論較可信，並且更堅持自己的立場；而認爲那些與自己觀點不同的評論不可信。此研究的結論使我們感到困惑，若是堅信某觀點的人會從外界尋找那些與自己信念一致的訊息，那麼，對某些公衆爭議的論點，企圖說明那些持極端看法的人們，不但會徒勞無功，並且可能更堅定了他原先的看法。

一九八二年，在中東發生的一連串事件證明了，信念對人們訊息的知覺有多麼大的影響力。事件緣由是以色列所支持的分子在黎巴嫩難民營中射殺了大量的難民。電視新聞對此事件的報導涵蓋了各個層面，而以色列在此事件中角色相當尷尬。此時，研究者就新聞報導的客觀性，分別訪問支持阿拉伯及支持以色列的人，結果發現，大部分的人都認爲新聞報導不公正，偏向與自己立場相反的一邊。例如，支持以色列的人認爲，在新聞報導中，只有百分之十七的報導是有利於以色列人的，而有百分之五十七的報導是有利於阿拉伯人的；支持阿拉伯的人則認爲，有百分之四十二的報導對以色列是有利的，而只有百分之二十六的報導是不利的；而所有受試者皆認爲，在新聞報導中應是中立的受訪者，其論點皆已受對手所支配(Vallone, Ross, & Lepper, 1985)。由此看來，我們內心的推測對於訊息的知覺，影響力多麼大啊！

找出共變關係

當兩件事的變化相互產生某種關係時(如身高與體重，教育程度和收入)，我們稱之爲**相關**(correlate)或**共變**(covariation)。在每一個科學領域中，瞭解及研究這種共變關係是一項基本的工作，而身爲人類行爲直覺科學家的我們，總是不斷的在知覺這種關係(「贊成墮胎合法者似乎總是反對死刑」，「亞洲人在數學及科學上似乎都比非亞洲人好」，「當羅比出現時我的心總是砰砰跳」)。

很多研究顯示，我們在這方面做得並不好，我們腦海中早先存有的基模或推測，常會使我們期待著二件事情有著共變關係，導致過度強調這二件事間的相關性，使原本不相干的二件事物有了「幻覺關係」，而當腦海中沒有一些基模或推測存在時，我們又太忽略了二者之間可能有的關係。

即使是後繼研究不能得到相同的相關結果，臨床心理醫師仍然強調，心理疾病患者在投射測驗上的反應與他的人格特質有強烈的相關。查卜曼等人(Chapman & Chapman, 1969)對此提出質疑，認爲臨床心理醫師亦犯了錯估相關的毛病，他設計了一個實驗來說明。首先，他取得了三十二名臨床心理醫師描述同性戀患者對於羅夏墨漬測驗反應的報告，報告中皆分析著，對於這些圖片，同性戀者較會把它們描述爲女性衣物及其他代表女性象徵。後來的研究卻證明了，這三十二名醫師所提出同性戀者對圖片的描述，只有二則描述可以證明是同性戀者的典型反應(將墨漬描述爲某種怪物及一種動物)，其他醫師們所提出可代表同性戀者的反應多是不正確的。

查卜曼認爲，這些不正確的報告是因爲臨床心理醫師與一般人一樣，對同性戀患者有著刻板印象，認爲同性戀者一定是男性同性戀，而僅有的二個正確描述卻沒有蘊涵同性戀者一定是男性的刻板印象。

接著，他們要學生受試者閱讀一分羅夏墨漬測驗卡，這些卡片每一張都包括有：墨漬、同性戀患者描述在此卡片上看到的影像，及患者所表現的兩則「症狀」反應。患者報告的影像中包括了：五則符合同性戀刻板印象却不能正確預測同性戀症狀的描述，二則有預測力却不包含刻板印象在內的描述，及一則無關的描述(例如將墨漬描述爲食物)；同性戀患者表現的症狀則有典型的反應(對同性的人有性慾)及無關的反應(大部分時間都覺得沮喪和憂鬱)。這些卡片都很小心的檢視過，沒有任何與同性戀有關連的象徵。

閱讀完這些卡片後，將四則「症狀」卡片給受試者看，問受試者是否留意到「男同性戀者最常看到的事物類別」。正如臨床心理醫師一樣，學生受試者也認爲，那些有著同性戀刻板印象卻無預測力的影像的描述，與同性戀有關，而認爲那些眞正可預測同性戀傾向却不包含刻板印象的影像的描述，與同性戀無關。而即使是將卡片重新安排，使那些眞正有預測力却無刻板印象的描述與同性戀症狀配對，受試者依然不認爲這些描述與同性戀有關，而認爲那些有刻板印象的描述與同性戀有關。

就像業餘的科學家一樣，我們是**推測導向**的，心中的推測使我們主觀地認爲那些事物是相關的，而在推測之外，即使是再相關的事物，我們也視若無睹。

自我應驗式的刻板印象(self fulfilling stereotype) 前文曾提及我們對人的刻板印象，即是一種對共變關係的推測，如我們對同性戀者或外向者有著刻板印象一樣，常認爲某些特質或行爲會伴隨另外一些特質或行爲一起發生，因此，刻板印象亦稱爲**內隱的人格理論**(implicit personality theories) (Schneider, 1973)。

由於偏見和歧視常伴隨刻板印象而來，因此一般人不喜歡刻板印象；但是，形成刻板印象背後的思維過程却是值得我們探索的。由於我們每日要接觸這麼多形形色色的人，若要將每一個人都當成一個全新獨特的個體來認識，幾乎是不可能的，因此，我們只有藉助已有的基模或刻板印象做爲粗略的識別結構，再慢慢在經驗中添加細緻的枝節。例如，在紐約市，很多由鄉間來的大學新生認爲所有紐約的人都是猶太人，而所有的猶太人都是紐約人，乍聽之下，這種刻板印象實在很荒謬，但是我們需瞭解，這只是因爲他們沒有看過信奉天主教的紐約人或是德州的猶太人，在這方面無法做較細緻精確的分類基模而已，我們怎能怪罪他們呢？事實上，很多不實的刻板印象都是因爲我們累積經驗的過程中有了扭曲之故。

由於刻板印象有抗拒改變的特性，因此，它會使我們無法知覺到外界與該印象不符的訊息。除此之外，刻板印象還會在不知不覺中影響到我們的行爲和社會互動，我們內心的刻板印象會影響到與我們互動的對象，誘使他們做出符合我們期待的行爲。因此，刻板印象實具有催化自己及他人符合該印象的功能。

刻板印象影響到人們知覺和行爲的現象，可以由下面研究來說明。此研究設計了一個面談的情境，由白人大學生受試者扮演晤談者，應徵者則分別由白人或黑人的主試者助理扮演。研究結果發現，受試者在對黑人應徵者面談時坐的距離較遠，較不友善，並且較快結束面談。

此研究的第二部分則是仿照前一部分受試者所呈現友善或不友善的晤談方式，對另外一些白人受試者進行晤談，研究者則由錄影中觀看這些新的受試者的表現。研究結果發現，接受友善晤談方式的受試者，其行爲舉止皆較那些以不友善方式晤談的受試者來得好。此研究可充分說明，一個心存偏見的人會以偏差的行爲與他人互動，而他人也會被誘發做出符合此刻板印象的行爲，因此偏見也就一直持續下去了。

更長遠來看，刻板印象會影響到一個人人格的形成，一項研究外表吸引力對人格影響的實驗就證明了此點。首先，研究者從一些大學畢業紀念册取來一些照片，將這些照片依外表的吸引力分爲漂亮、普通、難看三種，然後要受試者評斷照片中人物的其他人格特質。正如一般人認爲較有吸引力的人其他方面也較好的刻板印象，照片中較好看的人會被評斷爲較敏銳、有趣、仁慈、穩定、外向、強壯、有衝勁、對異性有較大吸引力，並且他們也被認爲未來會有較美滿的婚姻生活且生活得較快樂(Dion, Berscheid, & Walster, 1972)。

此研究充分說明了，個人的刻板印象會連帶影響到對此人其他方面的判斷。另一個研究則說明此種刻板印象尙有催化他人行爲的功能。首先，研究者將漂亮及不漂亮二種人物照片分別給男受試者看，並告知他們即將要與照片中的人通話，而事實上，與他們通話的女受試者與照片中的人完全沒有關係。研究結果發現，在十分鐘簡短的通話中，那些認爲自己是與較漂亮的人通話的男受試者，他們的態度較友善，較有活力。此研究另一個有趣的發現是，將通話雙方的對話分別錄音，而後將女受試者的答話單獨加以分析後發現，那些與較友善的男受試者(即認爲自己正與漂亮的女人通話的男受試者)對話的女受試者，她們變得較友善而幽默。此研究顯示了，在短短十分鐘的對話中，個人的刻板印象使他做出符合此印象的行爲(Snyder, Tanke, & Berscheid, 1977)。

刻板印象的促發行爲功能在很多研究中屢見不鮮。在某研究中，要受試者與一些素未謀面的女性受試者通話，發現即使受試者不知道與他通話對象的外表如何，他們也認爲那些長得較漂亮的女孩談話較有趣(Goldman & Lewis, 1977)。另一些研究則發現，一個人的外表與他的很多人格特質有強烈的相關，如自我概念(Lerner & Karabenick, 1974)、心理健康(Adams, 1981)、自信與自我肯定等(Jackson & Huston, 1975; Goldman & Lewis, 1977 ; Dion & Stein, 1978)。

這些研究都顯示了，由於人們會以較友善的態度對待那些外表較具吸引力的人，他們會較不具吸引力的人先得到工作、升遷或加薪的機會，因此，他們發展了較好的人格特質，有較高的自尊自信、較好的社交技巧及心理健康等等。但是，在下面我們會提到，他們在約會及尋找配偶時，也會遇到較多的危機。

重要討論：

性別基模

在本章中，我們提到基模可以幫助我們對生活中不斷湧入的刺激，很快地加以組織並解釋，但是，這些基模多半是限制在某範圍的人或事件(如某人，宴會型態等)，除了這些小基模外，還有一些涵蓋面較廣且包含較多資料經驗的大基模，透過這些基模，可擴大我們對外在世界的瞭解，**性別基模**(gender schema)即是一種大的基模。在大部分的文化中，日常生活中男性和女性的形象就被嚴格區分著，男孩和好女孩除了要學習好男孩、好女孩該有的行為外，也被期待著發展出該種文化中男孩或女孩該有的特質及概念，即是逐漸的男性化或女性化，在第三章中曾提及，此過程稱為**性別的配合**(sex typing)。

心理學家邊姆(Bem, 1981)認為，在性別的配合過程中，孩子們除了學習文化中性別的概念和行為外，還使用性別基模來知覺和解釋生活中各種不同的訊息，而不管在任何文化中，較分化(較男性化或較女性化)的人，都較常使用性別基模來處理生活中的訊息。

邊姆首先使用一種列有男女兩性性別特質的量表要受試者作答，將在典型男性特質(果斷、獨立)上得分高，而女性特質(體貼、溫柔)上得分低的受試者，定義為「男性化」，反之則稱為「女性化」；而在二種特質上得分都高的則稱為**雙性化**(androgyny)。而後經過一系列的實驗發現，雙性化的人可同時表現出男性及女性的特質，而分化的人則只能表現出符合他性別的行為(Bem, 1975; Bem, Martyna, & Watson, 1976)。

其次，有一研究說明了一個人性別分化程度與使用性別基模組織訊息的關係。首先，實驗者將一張列有很多名字的紙呈現給受試者看，這些名字包括有人名、動物名、衣物及動詞四類。除了人名分為男性及女性二種之外，其餘三類皆可分為陽性、中性及陰性三種；陽性的三種名字為大猩猩、汗衫及投擲，陰性的三種名字為蝴蝶、比基尼及撒嬌，而中性的三種名字則為螞蟻、毛衣及走路。前文提及記憶時曾說明，人們在記憶事物時常將性質類似的放在同一個基模中，回憶時同一基模中的東西也較容易被記得，由此推論，人們會以基模來依序回憶事物，若一個人是以動物基模來記憶，則某個動物名將喚起另一個動物名字(衣物、動詞二類亦然)，而若人們以性別基模來記憶，則陽性名字則將喚起陽性名字。

正如研究者所預期，較分化的受試較會使用性別基模來記憶，例如，他們在回憶時，跟著動物名稱「蝴蝶」之後，會使用性別基模，回憶出陰性的名稱，如「比基尼」或「撒嬌」等，而不會像雙性化的人一般，以動物基模回憶出「螞蟻」或「大猩猩」。

性別分化的人也較常使用性別基模來處理關於他自己的資料。葛文(Girvin, 1978)的研究就證明了，性別分化的人描述自己性別方面的特質就較其他特質來得快。此研究中，男性化的受試描述自己的「果斷」男性特質，就較描述「誠實」等其他一般特質來得快，根據葛文的推論，性別分化的人以性別基模很容易就找到屬於自己的特質，而雙性化的人因為不使用性別基模，因此不論是回憶性別特質或其他特質，都需要在龐大的人格特質基模中慢慢尋索，莫怪乎需要較長的時間了。除了葛文，邊姆等人(Bem, 1981; Markus, Crane, Bernstein, & Siladi, 1982)的研究也證明了這一點。

邊姆認為，傳統的性別基模驅使人們去做符合性別刻板印象的行為，減少了發展成獨立個體的機會；當然，邊姆並不是希望人們都應該同時擁有男性及女性的特質，他只是建議，許多人類的行為及人格特質與性別並沒有關係，人們應儘量少用性別基模去解釋事物，以使得每個人天賦才能特質都能充分發揮。

推論因果關係

在大部分的科學領域中，因果關係的探討是很重要的一個課題，而如同業餘的心理學家一般，我們常自認瞭解很多事情發生的原因。例如，當我們在電視上看到某位知名人物公開讚許某項商品的品質時，不禁會自問：他為什麼要這麼做？為了錢？或是他真的喜歡這樣產品？又如我們看到某位男士在約會後吻了他的女友，我們會想：他愛她嗎？或是這只是一種禮貌的表現？或是他通常吻每一個人認識的女人？或是這位有魅力的女士會使每個男人想吻她？當你捐了兩百元給生命線，你會自問：你喜歡助人嗎？是人情的壓力嗎？想免稅嗎？或是你信賴生命線的作為呢？

在上面一個例子裡，你如果站在旁觀者的角度，來看這些行動，則你會想解決這種「歸因的問題」。你面對著個人的行為(也許是你自己的行為)，必須決定究竟是什麼樣的原因，導致這樣的行動。探討歸因問題的研究，目前已經成了社會心理學關心的焦點之一(Heider , 1958 ; Kelley, 1967)。就如同**歸因理論**(attribution thoery)的名稱一樣，歸因理論的基本目的，是要找出各種明顯的原則，以推測行爲的起因，並找出行動可能有的偏見或錯誤。

「各位觀衆，我向你們愼重推薦柯達餅乾，味道香甜，是我每日必吃的營養餅乾，除了柯達，我不吃別的餅乾，各位若不相信，我以人格保證，柯達的確美味。」

推測因果關係是尋找共變關係的一個例子。例如有一天早上醒來，你覺得有點鼻塞，這時你往外看見花園裏怒放的杜鵑，便假設杜鵑花的香味是你鼻塞的原因。接著，你便以行動來驗證你的假設，你走遠一些，看看是否仍有鼻塞的現象，如果不鼻塞了，杜鵑花香便是使你不舒服的原因；如果仍然鼻塞，即是沒有共變關係，那麼便可以結論杜鵑花不是禍首，此時，**區別度**(distinctiveness)便是尋找原因的一個效標。

另一個推測因果關係的效標是**一致性**(consistency)。假使過去三年來每當杜鵑花盛開時你都會鼻塞，那麼杜鵑確實是禍首；但假若這是你在杜鵑花開時第一次鼻塞，那就沒有一致性，杜鵑花便不太可能是禍首了。

最後，你打電話給你的醫生，醫生告訴你說，你是他第十六個病人，並且他們都是在杜鵑花盛開時發病；換句話說，你並不是第一個杜鵑花開時鼻塞的病人，其他人在相同情形下也會鼻塞。這種尋求其他人在相同狀況下相同反應的效標，稱爲**同意度**(consensus)。

在我們想瞭解人類行爲的原因時，我們常企圖尋找能同時符合這三樣效標的共變關係(Kelley,1973)，即結果一定與我們懷疑的原因同時發生(區別度)；每一次現象發生時一定有這個結果(一致性)；別人在此情況下也有相同的結果(同意度)。

再舉一個例子說明。假設你的朋友傑利向你誇耀他生日時在附近一家中國餐館吃的菜很道地，那其中可能有三個原因：首先，也許這家餐館的菜的確很美味；第二，傑利可能特別喜歡吃中國菜；第三，傑利去那家餐館那一天正好是他生日，一切看起來都是那麼美好。爲了要找出眞正的原因，我們便以區別度、一致性及同意度三個效標再次加以檢查。假若傑利以前從未稱許過別家餐館的菜好吃(區別度)，他每一次來這家館子都認爲這兒的菜好吃(一致性)，並且其他人也一致認爲這家餐館很不錯(同意度)，那麼，這家中國餐館的確是很好的一家館子。但是，假如傑利到每一家中國餐館都稱許不絕(無區別性)，我們只能猜測大概他特別喜愛吃中國菜；另外，如果傑利以前曾到此餐館，都不曾稱許過它(無一致性)，並且，那天在傑利的生日宴會上，沒有其他人認爲這兒的菜好吃(無同意度)，那麼，我們只能認爲，由於特殊的情境因素(那天是傑利的生日)，使他覺得這家餐館的菜特別好吃了。

很多研究證明了人們在歸因時經常使用這三個效標(McArthur , 1972)，但是，也有研究證實我們經常不能充分正確掌握這些效標(Nisbett & Ross , 1985)，主要的癥結在於，我們對因果關係的推測使我們的判斷有了偏差，如我們常自以爲是而忽略了同意度這個效標，即爲一明顯的例子。

基本的歸因謬誤(fundamental attribution error) 上面我們舉的幾個例子，都說明了我們在對他人的行爲做歸因時，判斷的依據常來自於行爲者個人獨特的一種行爲(反映出他的態度、人格特質等等)，或是當時情境使然。如當時的行爲十分引人注目，我們將此歸因爲個人因素(如傑利眞的很喜歡這家餐館)，我們稱此歸因爲**內在**或**個人意向歸因**(internal or dispositional attribution)(此處性格乃指一個人的信念、態度及人格特質)；而若我們認爲這是外在因素使然(如金錢誘因、社會常模壓力、威脅等)，則稱爲**外在**或**情境歸因**(external or situational attribution)。

在人們的歸因過程中，常會表現出一致性的偏差，海德(Heider, 1958)認爲，由於個人行爲對觀察者而言較具聳動性，因此我們常常從表面價值來看個人的行爲，而低估了促使個人表現出此行爲的情境力量；另外的研究者則認爲，人們先前腦海中行爲因果關係的基模，使他們把注意力放在人的身上，而忽視了情境因素。心理學家將這種過度重視個人意向而忽視情境因素的歸因偏差，稱爲**基本歸因謬誤**(Ross, 1977)。

在一個歸因研究裡(Jones & Harris, 1967)，我們讓受試者聽到贊成及反對種族歧視的演講。事先我們也告訴受試者，這個演講者正參加一個實驗，演講之前，人家曾經告訴他，他必須站在某種立場，以及他必須採用何種論證。換句話說，受試者知道這個演講者對他的立場毫無選擇的餘地——他的演講究竟支持哪一邊，由抽籤決定。雖然受試者瞭解這種情形，但他們仍舊推論演講者個人會支持自己演講的論點。顯然地，當個人的行爲十分引人注目時，我們往往會將他的行爲歸因於個人的態度或人格，卽使我們事先知道，他的行動和他沒有關係。這也就是說，當證據證明我們得做「情境歸因」時，我們往往還是會做「個人意向歸因」，而不認爲行爲是因爲情境因素引起的。這種傾向做個人意向歸因的力量非常強，即使是這個演講非常單調無聊，演講者面無表情的照本宣科，受試者依然會推論演講者會支持自己演講的觀點(Schneider & Miller, 1975)。

自我知覺(self-perception)　我們經常依賴我們對他人行爲的觀察，來推論他人的態度及感受。假使我們想瞭解他人的內部狀態，則我們會看他人的行動方式。有時候對自己，我們也會這樣自我觀察。我們從觀察自己的行爲當中，探究我們的態度。邊姆提出的**自我知覺理論**(theory of self-perception)，認爲由於內部線索微弱或模糊，迫使我們站在旁觀者的立場，來觀察自己。我們必須觀察我們的行爲，以及周遭的環境，幫助我們瞭解自己的感受(Bem, 1970, 1972)。看起來，這種說法雖然有點不可思議，不過，在平常，我們常常會說：「這是我的第二塊三明治，看來我比自己想像的還要餓」；或「我整天咬著指甲，也許有些事情使我魂不守舍」。在這兩個例子裡，個人觀察自己的行爲，幫助我們決定自己的內在狀態，就好像旁觀者一樣(「你整天咬着指甲，也許有某些事情使你感到心煩」)。這種主張(在許多方面，自我知覺是人際知覺的特例)雖然簡單，但寓意卻相當深遠。

在建立自我知覺理論的前幾年，斐庭格及卡爾史密(Festinger & Carlsmith, 1956)設計一個實驗，來驗證斐庭格的**認知失調**(cognitive dissonance)理論，這個理論我們將在後面談及。在這個研究裡，我們一次一個，把大學生帶到一個小房間裡，要他做二件笨拙、重複的工作(纏線於線軸上及換木釘)。工作完成之後，有的學生得到美金一元的酬賞，並要他走到接待室裡，告訴下一個受試者說：「工作相當有意思及有趣味。」有的學生則得到二十元美金的報酬，也做同樣的事情。在獲得金錢之後，學生會走進接待室裏，向下一個受試者說明工作十分有意思。最後，我們詢問每一個受試者，對工作的眞正意見如何：他們認爲工作有趣味嗎？

得到一塊錢的學生說，他們眞的認爲工作很有味道；但得到二十塊錢的學生，則不認爲如此。他們和控制組的受試者(不要求他告訴下一個受試者)一樣，認爲工作相當沒有意思(見**圖 17-1**)。換句話說，數目稀少的金錢(而非數目可觀)使受試者以爲如此。

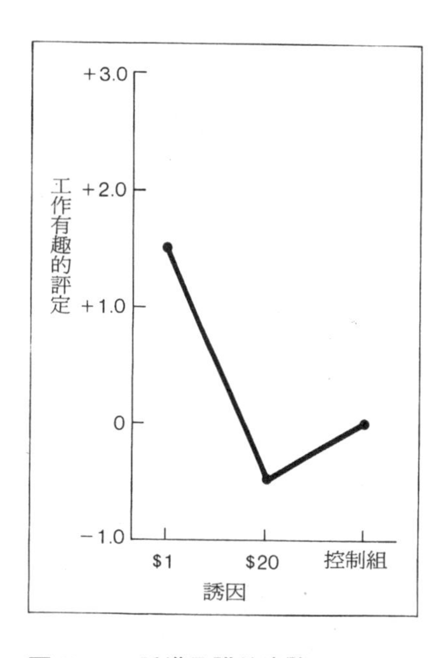

圖 17-1　誘導承諾的實驗

對工作評定爲有意思的程度愈高，則喜歡工作的態度改變越大(取材自 Festinger & Carlsmith, 1959)。

爲什麼會產生這種結果呢？假使我們假定有旁觀者在場，則他對受試者行爲的歸因，會和受試者的表現一致。當旁觀者看到受試者說工作是有趣味及有意思的時候，他會做個人意向歸因(他這樣做的原因，是因爲他眞的認爲工作頗有意思)或做情境歸因(他這樣做的原因，是爲了錢)。如果受試者得到了二十塊美金，旁觀者較可能同意對方所說工作的趣味性，是鈔票的緣故，換句話說，他歸因於情境，認爲受試者的行爲，和他眞正的態度不符。相反地，如果受試者只得到一塊錢美金，則旁觀者較可能認爲受試者眞的覺得工作是有趣的，所以願意對下一個受試者說明(此爲個人意向歸因)。理由很簡單，因爲情境力量(由一塊錢引起)不太能夠解釋個人願意表現出上述行爲的原因(他應該多少認爲工作是有意思的,否則他不可能只爲了一塊錢,而說上述的話)。假使個人能夠像旁觀者一樣觀察自己的行爲，詢問自己：「在這種環境之下，我願意說，我的態度究竟是什麼？」同時，遵循同樣的歸因原則，費士汀格、卡爾史密的實驗結果，就呼之欲出了。獲得二十塊錢的受試者觀察自己的行爲，推測自己是基於情境因素，肯定地認爲工作是無聊的。得到一塊錢的受試者，觀察自己的行爲之後，會做個人意向歸因：「我一定認爲工作是有趣的，否則我怎麼會說這種話。」

自我知覺的基本歸因謬誤(fundamental attribution error in self-perception)　上述的實驗我們還有一個有趣的發現，從實驗得知，無論是獲得二十塊錢或一塊錢的大學生，他們都答應主試者，在做完無聊的作業後，告訴下一個受試者這作業是有趣的。此意謂著，獲得一塊錢的學生，因爲無法將自己承諾的事歸因於獲得這麼少的酬勞之故，只好認爲自己的確認爲這工作有趣，不然怎會爲了區區的酬勞做出違背良心的事呢？換句話說，即是受試者在應該做情境歸因時做了內在的意向歸因，犯了基本的歸因謬誤。

自我知覺的歸因謬誤，可以以下列這個常識回答的實驗來說明。首先，實驗者將所有受試者隨機配對進行回答，回答的十道題目皆是一般常識(如「世界最大的冰河是那一條？」)，每對受試者中，一名擔任發問者，另一名受試則回答問題，回答的十道題目則由發問者自己擬定好，因此，在另一名受試答不出答案時，發問者可以說出正確的答案。另外，一名觀察者則在旁觀看問答的過程，當十道題目問完後，請問答雙方及觀察者分別判斷，與一般學生比起來，答題者的程度如何。此時應注意的是，參加實驗的所有人都知道，此實驗中各個角色的分配是隨機的。

由**圖 17-2** 可以看出，發問者認為答題者與自己本身的程度和一般學生差不多，但是答題者則認為，發問者的程度較一般學生好，而自己程度則較差。他們將比賽的情形全部歸因於個人因素，而沒有考慮到在這回答過程中，發問者早已佔盡優勢，他可以擬那些自己會的題目，而不問那些自己不會的題目。而對觀察者而言，他們雖然早已知道發問者的優勢，他們仍然會認為發問者的程度較高(Ross, Amabile, & Steinmetz, 1977)。

這個研究給了我們一個啓示：人們在進行對談時，即使是大家都知道是誰先挑起話題的，那些掌握談話主題的人通常會被認為較有知識。進一步的推論可以知道，為什麼在談話時，男人總是發言踴躍和較常打岔(Henley, Hamilton, & Thorne, 1985；West & Zimmerman, 1983)，並且較常主動提出話題(Fishman, 1983)。在聚會交談時也可以看出自我知覺歸因謬誤所產生的影響，女性常常因為岔不進話題而退縮成為旁觀者，甚至覺得自己較沒知識。自我知覺的歸因謬誤給我們的啓示是：如果你想要不輸給別人，那麼你必須掌握話題，爭取主動，做一個發問者，不要做一個答話者。

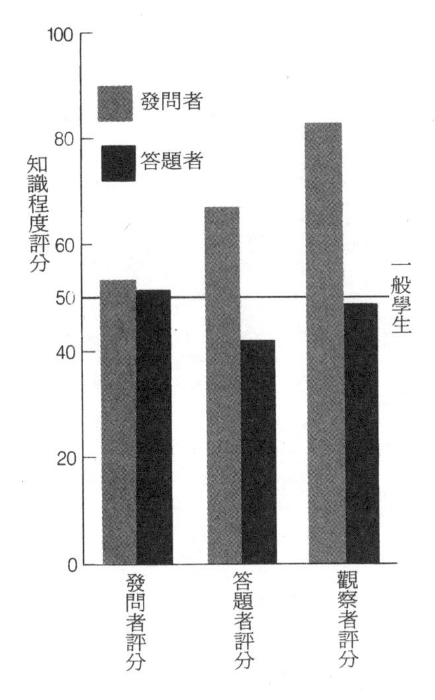

圖 17-2　基本的歸因謬誤

問答過程後，回答雙方及觀察者對發問者及答題者知識程度的評分。即使是大家都知道發問者佔盡情境優勢，答題者和觀察者依然認為發問者較答題者知識水準較高，他們都太重視個人性格因素，而太忽略情境因素(Ross, Amabile, & Steinmetz, 1977)。

重要討論：

訊息處理的偏差：認知性或動機性的？

在本章中，我們曾討論過，訊息處理過程的偏差有很多是因為知覺和認知的因素，但是當我們討論到，個人在對他自己的行為做解釋時，我們不得不考慮到，可能有一些偏差是動機性的，是個人為了維護自己的形象及自尊所採取的保護措施；在第十四章曾討論過的佛洛伊德的自我防衛機構即為一例。目前社會心理學界中頗為爭議的一個課題是：本章中我們討論的種種歸因謬誤，是眞正的認知謬誤？亦或是動機性的解釋？

大學生對自己成績的解釋實驗中說明了部分答案，在一個研究中發現，得到甲等和乙等成績的學生會認為此成績是個人努力及能力得來，而得到丙等和丁等成績的同學則認為，這純粹是因為考試題目太難或運氣不好等外在因素使然(Bernstein, Stephan, & Davis, 1979)。另一個研究則讓受試者參加一個競賽，其中勝利者和失敗者是隨機決定，與比賽成績並無關係。結果依然發現，贏的人會認爲自己靠努力和技巧得勝，而失敗者則自認運氣不好(Snyder, Stephan, & Rosenfeld, 1976)。

但是，在我們將這些歸因謬誤全歸於動機性因素之前，仍必須慎重考慮。由於人們通常希望成功而不喜歡失敗，因此，將成功歸因於內在因素，而將失敗歸因於外在因素，是有道理的，因爲我們通常自認爲自己較常成功，所以當面臨偶然的失敗時，將之歸因於湊巧或運氣不好，因此，將歸因謬誤解釋爲認知因素使然亦無不可。

一元與二十元的實驗也引起了相同的爭議(此實驗中得到微薄酬金的受試者，承認他們的確喜歡這個無聊的作業)，此實驗早期被解釋爲純粹一種自我知覺偏差的認知現象，但是，在以下解釋態度的章節中，卻至少有二種以動機解釋的說法。訊息處理過程中產生的謬誤，該以認知錯誤或是動機來解釋，衆說紛紜，但是在目前實證的範疇內，尙未有一定論(Tetlock & Levi, 1982)。

社會態度是一種直覺的邏輯

除了考慮因動機因素造成的自我知覺偏差之外，我們尙需思索在訊息處理過程中知覺和思考的因素，即人類接受外在訊息的認知層面。但是，除此之外，社會心理學家在思索社會心理學領域中一個很重要的課題「態度」時，尙且加入了情感的考慮，即情緒和感情。

態度是我們對四周環境的人、事、物和各種抽象概念、社會政策，所表現出來喜歡或不喜歡的情緒，通常是以情感表達的方式顯現出來。如「我喜歡吃橘子」、「我不能忍受共和黨」等等；但是，即使是以情感的方式表達，態度本身通常與認知有關，常是對某事物的一種意見和想法，如「橘子包含大量的維他命 C」、「共和黨不同情窮人」等等；除此之外，態度有時也和我們對某事物所表現出來的行爲有關，如「我每天早上吃一個橘子」、「我從不投票給共和黨員」等等。因此，社會心理學家將態度界定爲由三個部分構成，即**認知**(cognitive)成分、**情感**(affective)成分和**行爲**(behavioral)成分。

在前幾節中我們曾討論到，人們常自比爲社會實證科學家，而對事物做出眞僞或對錯等各項正確或不正確的判斷。但是，在討論到態度時，卻不能客觀地以對錯來討論，我們只能討論到，此態度與和它相關的信念及行爲間，是否有邏輯的一致性。因此，此時我們是直覺的邏輯學家，而不是直覺的科學家。

認知的一致性

某些態度常常彼此有相關性。例如，比較富於感情的人通常會贊成武器管制、反對禁書及關心核子限武談判。表面上看來，這些態度間似乎並不相關，但是，當我們知道某人對某件事的態度後，常常可以連帶猜出他對其他事的態度，這中間又似乎有著邏輯的一致性。以上述例子而言，這幾種態度都與「自由」的價值觀有關。

相同的邏輯也可以用在「保守派」的人身上，那些反對情感性訴求及武器管制的人，也經常宣稱女人應該屬於家庭、販賣毒品應判重刑及同性戀行爲是違法的等等，這些態度間的邏輯雖然不是很清楚，但是彼此間仍是可預期的。

總之，人們持有的數種態度間似乎總存在著某種不嚴謹也不正式的內在邏輯，這似乎是一種心理性的邏輯，社會心理學家稱它爲**認知一致性**(cognitive consistency)。認知一致性理論認爲，人們有一種希望自己的信念、態度和行爲趨向一致的傾向，若有不一致的情形，則會刺激人們改變其中一種成分，使認知、情感和行爲三種成分趨向一致及和諧。

信念一致性　認知一致性最早的研究之一，是衡鑑那一組信念事實上遵循著形式邏輯的規則。此研究讓受試者進行包含由十六則三段式論法組成的共四十八個命題的問卷。一則**三段式論法**(logical syllogism)包括三個命題：

> 任何會嚴重威脅健康的休閒方式，均會被都市健康當局視爲違法。
>
> 本地區水污染的日益嚴重，已使得游泳成了嚴重危及健康的活動。
>
> 在本地海灘游泳會被都市健康當局視爲違法。

未以三段式論法呈現在問卷上的命題則散列於其他來自三段式論法的命題間。

由高中生塡妥本問卷，在一數字量尺上指示其相信每一命題爲眞的程度。約一週後，這些學生收到一份具說服性的訊息，該訊息只評論了原屬每一三段式論法中第一前提的命題，而未論及第二前提或結論。此後，再請學生重新逐一指示出他相信四十八個命題爲眞的程度。

接受說服訊息後，正如預期，對出現在訊息中的命題顯然更爲學生所信服；然而更有趣的是，對未曾論及的結論，信以爲眞的程度也有較小但仍有顯著差異的增高——正合乎認知一致性假設的預測(McGuire, 1960)。

態度一致性 上述節次的討論似乎蘊含著，由於一個人對多種事物的態度，是來自一個核心的價值，因此它們之間是和諧一致的，此處「價值」是指個人對於某些道德原則(如誠實、勇氣、友誼等)或是某些概念(如平等、救贖、自由、自我實現等)的基本態度(Rokeach, 1968,1973)。價值是一種態度，但它也是一種目的，而絕非一種手段；例如，某位對金錢抱持肯定態度的女士可能會說，有錢的話，她可以提早退休，如此將有空閒的時間去參加音樂課程，而在學習音樂中可以達成她自我實現的願望。此時，金錢、提早退休和學習音樂並不是一種價值，而是爲達成自我實現價值目的的手段罷了。由於某種價值觀會蘊含很多相關的態度，因此，類似「保守」或「自由」這種價值觀，便可以讓我們預測很多相關的態度——雖然事實上，它們之間的相關處可能沒有我們預測的那麼多。

羅吉須(Rokeach, 1968)的研究說明了態度一致性間的關係。羅吉須對於人們對「自由」和「平等」二項價值的態度極有興趣，因此，他設計了此實驗。首先，他將受試者分爲三組，分別爲：(1)參加一九六〇年公民權示威遊行的人；(2)未參加該項遊行却同情示威者的人；(3)未參加該項遊行也不同情示威者的人。他要這些受試者依自己的價值觀，對十二項價值觀加以排序。

由**表 17-3** 可以看出，三組受試者對於自由和平等二種價值觀的排序。三組受試對於「自由」的排序都相當高，但是，對那些未參加示威遊行也不同情示威者的受試者而言，「平等」却在十二項價值名詞中位居倒數第二。

類似先前曾討論過的三段論證實驗，羅吉斯設計了以下實

	參加示威者	同情示威者	不同情示威者
自由	1	1	2
平等	6	6	11

表 17-3　自由及平等與公民權態度間的關係

三群對公民權持有不同態度的人，其對十二項價值觀排序時「自由」和「平等」的位置。所有的人對認為「自由」相當重要，但是只有那些支持公民權且參加示威遊行者對「平等」的排序較高。

驗，以瞭解不一致性是否會導致態度或價值觀的改變。在瞭解每一位受試者對爭取公民權示威遊行的態度，以及對十二項價值名詞的排序後，羅吉斯與那些未參加及反對示威遊行並且認為「平等」不重要的受試者進行討論，他告訴他們，他推測為什麼他們對自由與平等排序不同的原因是，他們只重視自己的自由而絲毫不關心別人的自由，羅吉斯並且要他們反省及沈思，在三星期和三至五個月後，再對他們進行測試。

此研究的發現與三段論證研究結果類似，不一致性的確使得態度產生了改變。那些不同情示威遊行但認為平等是重要的價值觀的受試者，在一段時間後，會持有較支持示威遊行者的態度，但其對平等的看法未變。並且這項改變在三至五個月後較三個星期後更加明顯，這似乎顯示態度的改變需要時間去過濾凝結，並且，那些原先對平等評價較低但是同情示威遊行者，一段時間後，會對「平等」此項價值評價較高，但其同情示威的態度仍沒有改變。

信念和態度間的一致性　信念和態度會趨向一致的現象在日常生活中經常可以見到。例如，當我們相信某種廠牌的汽車不但省油，而且駕駛起來平穩舒適時，此信念會使我們形成喜愛它的態度。有些研究者更相信，將相關的信念和價值予以量化後，可以準確地預測人們的行為(Rosenberg, 1956; Fishbein, 1963)，此種一致性與前述三段論證研究中的邏輯也相當符合。

在三段論證的研究中，某些信念和態度的一致性是形式邏輯推理無法預測的。此實驗中，受試者對此四十八個前提的態度，與他們相信這些前提的眞僞信念有很密切的關係；愈相信前提是眞的受試者，會愈喜歡這些前提；而當受試者改變對前提的認知時，也同樣改變了他們的態度，此種一致性我們常稱之為**合理化作用**(rationalization)。常常，當我們相信某事是眞的時，我們會遊說自己去接受並喜歡它；反之，當我們已接受或喜歡某事時，我們也會相信它是眞的，此現象稱之為**希望意向**(wishful thinking)。合理化和希望意向二種現象，可以解釋

態度與行爲並不常常是一致的，許多重視健康並深知抽煙之害的人仍不斷抽煙。

爲什麼信念和態度常常會有很大的一致性，和此一致性是如何形成的。最後，我們要知道，信念和態度的一致性是心理性的，而非邏輯上推理出來的。

態度和行爲間的一致性　科學家們研究態度的一個主要目的，是希望有效地預測行爲。可想見的，候選人只在民意調查的結果與投票行爲有關連時，才會對此調查有興趣。在西方的思想範疇中，行爲決定於態度的假設是非常根深柢固的，例如，在一項研究中發現，從一九五二年到一九六四年間的美國總統大選中，有百分之八十五的選民，其選舉前二個月的態度與其投票行爲有關(Kelley & Mirer, 1974)。

態度與行爲具有的一致性在一九三〇年代的一個研究中受到挑戰。在當時，對黃種人的種族歧視是相當普遍的，並且也沒有法律加以處罰。在一個研究中，一位白人教授與一對中國夫妻旅遊了全美國二百間大小旅館，在這次旅遊中，除了一間旅館外，其餘都給予他們最好的招待。之後，他寫信給這二百間旅館，問他們是否會接待一對中國夫妻做客人，令人驚異的是，在收到的一百二十八封回信中，有百分之九十二的旅館不願意接待中國夫妻；換句話說，他們的態度較行爲有偏見多了(LaPiere, 1934)。

此研究說明了行爲受到態度以外的很多因素影響，其中之一便是情境的限制因素。由此看來，我們的信念及態度與所作所爲並不一定是和諧的。在種族歧視的研究中，旅館的主人發現到，當他們眞的面對那一對中國夫妻時，情境的壓力使得他們不歡迎那對夫妻的偏見念頭跑得無影無踪。而時至今日，反對種族歧視的立法使得種族歧視更不容易存在了。同樣的，在青少年團體中，同儕團體對青少年行爲的情境影響力也相當大，例如，青少年對大麻的態度可能與他抽大麻的行爲有一些差距，反而是他們交往的抽大麻朋友的人數，更可以預測他們的行爲(Andrews & Kandel, 1979)。

一般而言，態度對行爲具有預測力需在下列三種情況下：(1)強烈且具一致性；(2)建立在個人的直接經驗上；(3)與所預測的行爲有特殊相關。

態度和行爲一致的重要性，稍早在總統大選投票行爲的研究中已詳細說明，但是，却仍有許多態度和投票行爲不一致的情形，此多半發生在當投票者面對四周不一致意見的壓力，使其態度模糊不堅決時。例如，一個態度較爲保守且道德感強的猶太人，同時他也參加經濟自由派的商業團體，當投票時，他內心可能便會有衝突的壓力。當認知和情感(即信念和態度)不一致時，態度可能就不是預測行為的良好指標(Norman, 1975)。

建立在直接經驗的態度，其預測行為的效力要較閱讀及聽來的態度好多了。例如，費日歐等人(Fazio & Zanna, 1981)在某大學做的一個研究即顯示此現象。該大學宿舍擁擠，許多新鮮人合住在擁擠住所的現象極為普遍。費日歐有興趣的是，曾經住過擁擠宿舍的經驗，是否會影響到學生們對居住恐慌的態度，及簽名參加增建宿舍請願的意願。研究結果發現，經歷過擁擠的住宿生涯後，學生們的確會有較強的住處短缺危機意識，並且願意採取行動尋求解決，而不曾有過該經驗的學生則無此現象(Regan & Fazio, 1977)。除此之外，有更多的例子說明了，直接經驗的確會造成態度和行為間較強的相關。

認知失調論(cognitive dissonance theory)　以上我們所談關於態度行為一致性的例子，事實上只是這個主題的一半，即只是說明了態度如何引導了行為。事實上，行為也有可能影響態度，最有名的例子是斐庭格的認知失調論(Festinger, 1957)。

斐庭格的理論認為，當個人表現出不信任的行為時，由於行為和信念的不符，他會處在不舒服的狀態下。斐庭格把這種不一致的感受，稱之為認知失調，並認為個人會被激動，盡可能降低這種失調的狀態。其中有一個方法，是個人說服自己相信那種行為；換句話說，他可以改變自己的信念或態度，以便和自己的行為一致，由此來解除「失調」狀態。此種現象在先前自我知覺理論中所提的一元與二十元承諾實驗中已有說明(Festinger & Carlsmith, 1959)。

現在我們來分析該項實驗學生的反應。他們做了一連串枯燥乏味的工作，然後向等著做實驗的學生說：「工作是相當有趣的。」根據認知失調理論，得到二十元美金的受試者，有了一個同意答應主試者要求說謊的好藉口，因此較少有失調現象，亦即大額獎金壓過了個人行為與態度間的不一致，因此，他們的態度改變較小；相反的，只接到微薄金錢的學生，他不能找到合理的藉口，於是他處在認知失調的壓力下，除非他相信他眞的喜愛此工作，否則這種失調不會消失。認知失調理論認為，不論是得到報酬或懲罰，其量愈小，態度改變的程度愈大。

我們也可以從認知失調論，來預測禁止孩子玩玩具的研究結果。對受嚴厲處罰威脅的孩子來說，由於他們有「合理」的服從藉口，所以他們不會經驗到失調。然而，對接受溫和要求的小孩來說，由於他們逃避玩具的行爲和喜歡玩具的信念之間，是不一致的，因此，他們會產生失調。爲了降低失調，所以他們不再認爲他是喜歡玩具的。而這種現象，正是本研究的最後結果。

各派對誘導性順從的解釋

從上面的說明可看出，認知失調理論和自我知覺理論，都企圖說明一元與二十美元誘導承諾實驗的結果。由於認知失調理論認爲個人態度的改變，是因行爲和內在態度的不一致使然，因此，應屬動機性理論；相反的，自我知覺理論却暗示著，個人內在態度與行爲不但毫無關係，且兩者有衝突時，也不會產生不舒服。態度不是由改變來的，而是個人由觀察自己的行爲推論得來的，這其間並沒有牽涉到趨力及動機的成分。

除了以上二個理論以外，**印象整飾理論**(impression management theory)則認爲，在該項實驗中獲得一美元的受試者，會依主試者要求說枯燥工作有趣，乃是因爲希望在主試者心中留下良好印象，若是不這麼做，會使自己看起來不一致，因此，他們表達了與自己行爲一致的態度。此時的態度改變，乃肇因於個人企圖避免在主試者操弄的情境中看起來不一致的動機，而不是一種內在認知因素使然(Tedeschi & Rosenfeld, 1981)。

以上三個理論都有個別的研究支持，並且每一個理論都有獨門的資料解釋，有好些研究者甚至作出結論。其實所有理論都有一部分是正確的，只是看該理論適用的時間和地點是否恰當罷了(Fazio, Zanna, & Cooper, 1977; Paulhus, 1982; Baumeister & Tice, 1984)。

此項爭議的結果在科學探討時常見，即科學家們不會因爲一個創新突破的理論而放棄原有的理論，他們通常對於那些能突破舊理論瓶頸的創新理論感到興趣，因此，常擺盪在數個理論間以尋求眞理(Kuhn, 1970)。例如，在一九六〇年代，社會心理學家最有興趣的是態度改變的問題，因此當時認知失調論風行一時；但當一九七〇年代目標轉移至歸因理論後，自我知覺論似乎又成爲一個較好的概念了。目前社會心理學家最關心的課題，是人們如何將自己呈現在他人面前，因此，印象整飾理論已成爲當代風騷了。

實驗室之外

雖然很多研究證據顯示，信念、態度和行爲間具有一致性，但研究公衆意見的政治社會學家，卻不認爲實驗室外的群衆亦復如此(Kinder & Sears, 1985)。相信群衆是無知的麥考斯基(McClosky, 1968)就曾說過：

> 在政治學領域中的知識分子和學生都接受過嚴謹的訓練，因此對政治理念有著獨特的敏感性……但是我們却忽略了大多數的人們不像我們這般敏銳，也較不注意政治性話題，較不關心自己意見的一致性，也沒有時間去考慮到可辨識不同話題的價值、前提和含意。

一九七〇年代後期〈紐約時報〉及CBS新聞部的一則全國性意見調查報導即爲一個例子。此項調查顯示，大多數的美國人不贊成政府提出的大部分社會福利計畫，但矛盾的是，有百分之八十一的人卻說，他們支持政府的「輔助單親低收入家庭撫育幼兒經費」計畫(一項幫助兒童的社會福利計畫)；也有百分之八十一的人們支持政府「讓貧窮的家庭以較便宜的價錢購買食物」(財務支援計畫)，以及百分之八十二的人贊成替窮人付健康檢查費用(醫藥計畫)。有趣的是，不管是窮人或富人、自由派或保守派、民主黨或共和黨，大家都持有幫助窮人的態度。

一項專門探討這種不一致的全國性調查發現，**意識型態**(ideological)極保守者與行動(operational)自由派人士間對社會福利的態度有著相當大的重疊，有四分之一的美國人，他們對一般性的社會福利問題是持保守態度，但是對個別性的社會福利計畫却持自由派想法(Free & Cantril, 1967)。

在我們指責某人態度不一致時必須非常小心，因爲，這種不一致可能只是因爲他的意見在觀察者的眼中，與研究者不盡符合罷了。因此常可以看到，反對死刑的人被認爲是「自由派」；反對墮胎合法化的人被認爲是「保守派」。然而對一位反對奪取生命，即同時反對死刑及墮胎合法化者，在其邏輯上却仍是一致的。另一例證爲身爲「自由派」者，反對政府干涉人民生活，認為私人的生活是絕對自由的，使用大麻政府不該處罰，私人的性行為政府也不應干涉；但是，在經濟事物的觀點上，他們卻是十分的保守(如經濟體系中應貫徹自由市場機能)，反對政府厲行公民權的法律，以自由派人士而言，這些既自由又保守的態度是相當不一致的。

總之，大部分的人們並不會根據任一概括性的意識型態，來組織他們的信念和態度，不一致或是無一致性的情形較一致的情形來得普遍。因此，研究者提出了**意見分子**(opinion molecule)的說法，認為人們大多數的意見是以分子的型態孤立存在著，每一個分子包含著一個信念、一種態度，以及對於社會大衆支持此意見程度的知覺；換句話說，每一個意見分子包含了一個事實、一種情感及一些相關的事物(Abelson, 1968)。「當我叔叔背痛時，他通常會去找脊椎指壓師來指壓一番(一項事實)」；「我發現脊椎指壓師過去並不被人尊重(情感)，同時，我不怕把這件事說出來，因為很多人都認為如此(相關事物)」；或「美國人並不眞正需要兩性平等權修正法案(相關事物)，我也有同感(情感)，因為如此將使得浴室變為男女雙用，而不必分開了(事實)。」

意見分子在社會運作時發揮了重要的功能。首先，它充當了很好的談話因素，當某個特定意見被提出來時，大家圍繞此意見分子而有共同的話題；在與親朋好友談起某個大家關心的話題時，不必斟酌大家意見都會差不多；最重要的是，它可做為我們認同某個團體的識別標幟，我們可以這麼說，在意見分子中，環繞四周「相關事物」的因素要較「事實」與「情感」重要多了。

一般而言，在本章中我們將信念、態度和價值視為認知因素，在第十八章中，則將它們視為社會影響力的因素。

人際吸引的社會心理學

無可否認的，在所有態度的研究中，最令我們關心的是與別人交往時的態度了。當第一次見到某人時，他是否喜歡我？我是否喜歡他？該如何表現才能使兩人的友誼進展？該如何才能使兩人由初步的喜歡，進展至深層的親密關係，進而發展出愛情？若說人們生活中最重要的事便是人際關係的培養，一點也不誇張；因此，社會心理學家長期以來便致力於研究促進人際吸引及喜歡的方法，最近更進展至愛及親密關係的領域，本章便先介紹喜歡、友誼及早期有關親密關係的一些研究成果。

決定彼此喜歡的因素

經過了數年的相處及考慮後，英國查理王子終於結婚了。對社會心理學家而言，他娶了一個「隔壁女孩」的消息一點都不令人驚異，她與他熟識數年，瞭解他的家世背景、興趣及個性，並且她也符合了王室的期望，她的美貌足以匹配他的英俊，這一切都符合人際吸引的原則：接近、熟悉和相似性；當然，美麗也是不可忽略的。

外表吸引力(physical attractiveness)　令人驚訝的一種情形是，一個人外表的吸引力竟然是決定旁人是否喜歡他(她)的重要因素。外表不像人格特質或個性，我們無法自我掌握，而以此做為討人喜歡的決定因素似乎有點不公平。有些研究也顯示，外表並不是一個人對他人好惡的重要因素(Perrin, 1921; Tesser & Brodie, 1971)。

但是，實證研究的結果却相當不同。一些心理學家設計了一個「電腦約會」，將一群人在舞會中隨機地加以配對，在舞會中間休息的時候，要每個人塡寫一分調查表，評估他們的舞伴。同時實驗者也擁有每位參加者的人格測驗分數及外表吸引力分數。研究結果顯示，外表竟然是一個人是否被人喜歡的唯一因素，而智力、人際技巧等人格因素竟都與此無關(Walster, Aronson, Abrahams, & Rottmann, 1966)。此外，外表吸引力除了在第一次約會是重要因素之外，在以後的約會中，其重要性並未降低(Mathes, 1975)。

身體外貌的重要性並不僅限於異性間的配對及約會。例如，外表迷人的男孩及女孩(年齡爲五至六歲)比不吸引人的兒童，更加活躍和受人歡迎(Dion & Berscheid, 1972)。即使是成人，也會受到兒童外表吸引力的影響，廸恩(Dion, 1972)要婦女們讀一篇文章，這篇文章描述一個七歲孩童的攻擊行爲，每篇文章並且附帶著一張迷人兒童的照片，或是一張不迷人兒童的照片。結果發現，婦女們認爲有攻擊行爲的迷人兒童，以後較不會犯類似的攻擊行爲，而又醜又有攻擊性兒童較可能犯同樣的錯誤。

外表吸引人爲什麼這麼重要呢？可能的原因是前述刻板印象章節中提過的符合自我形象現象。外表迷人的人不只是被視爲具有較多吸引人的特質，事實上，他們也果眞如此，一部分的原因是，旁人以這種印象來對待他。

有一些研究發現，在與迷人的朋友相處，會提高我們的社會地位及自尊。無論是男人或女人，當與迷人的對象約會時，會被認爲較令人喜歡(Sigall & Landy, 1973; Sheposh, Deming, & Young, 1977)。但在另一個研究中，卻發現了另一個有趣的現象，無論是男性或女性，在與一個陌生而有吸引力的異性相處時，會被認爲較不可愛(Kernis & Wheeler, 1981)。這種矛盾的現象也出現在其他的研究中。例如，肯尼克和基特律(Kenrick & Gutierres, 1980)發現，無論是男性或女性大學生，在電視上剛看過一個外表美好的女孩後，對畫片中漂亮女孩的評分會較低。

但値得慶幸的是，外表不具吸引力的人仍是有希望的，史楚堡等人(Stroebe, Insko, Thompson, & Layton, 1971)發現，當人們選擇配偶時，外表吸引力的因素會降低。在以下章節中我們會介紹其他關鍵性的因素。

接近程度(proximity)　有一個研究報告發現，一九三〇年代在費城註册結婚的新人中，有三分之一對的新人彼此住處相距不到五條街(Rubin , 1973)。有的研究也發現，二個陌生人是否會成爲朋友，最好的指標是兩人住處的遠近。在一項對公寓居民友誼型態的調查中，要居住者指出他們最常交往的三個人姓名，結果顯示，在所提到的親近朋友中，有百分之四十一是隔壁的鄰居，百分之二十二是三十呎內的鄰居，而只有百分之十是住在走道另一端的人(Festinger, Schachter, & Back, 1950)。

在大學宿舍中所做的調査也有相同的結果。在經過了一年的住宿生活後，室友成爲朋友的機率，是同層樓者成爲朋友的二倍，而同層樓的人成爲朋友的機率，又是住同宿舍的人的二倍(Priest & Sawyer, 1967)。在馬里蘭州立警察訓練中心的調查結果更爲明顯。在此訓練中心中，所有新生按字母順序排定住宿房間和座位號碼，因此名字字母較接近者較有機會相處而成爲朋友。雖然訓練中心課程使彼此都有認識熟悉的機會，但六個月以後，他們所指出的三個最好朋友，仍有明顯的「字母效應」，平均而言，每個人最好朋友的名字與他自己姓名只差四點五個字母(Segal , 1974)。

當然，鄰居和室友間互有敵意的情形也會出現，這種彼此接近反而友誼降低的現象，多半是因彼此原先已有敵意之故。為了證實上述看法，研究者要受試者與一位女助理一起在實驗室中等待，女助理表現出愉快或令人討厭的樣子。結果發現，當她表現出愉快時，受試者與她坐得愈近愈喜歡她；當她令人討厭時，坐得愈近愈不喜歡她。此時，接近效果似乎強化了原始印象(Schiffenbaur & Schiavo , 1976)。但在日常生活中，陌生人間的關係多半是由零至好，因此，接近效果多半可以強化友誼。

心中深信世上存有奇蹟者，多半認為可以在世界某處發現完美的伴侶，但若是眞有此天訂佳偶，那也必帶給走近他(她)的人們！

熟悉度(familiarity)　接近會增加喜歡的一個主要原因，是因為熟悉程度的增加，目前有很多的研究顯示，熟悉會增加彼此的喜歡(Zajonc, 1968)。例如，重複給老鼠聆聽莫札特或雪恩伯格的音樂，經過幾天的休息，牠們會喜歡曾聽過的音樂。重複看過某些圖片的受試者，之後也會較喜歡看過許多次圖片中的人物(**圖 17－3**)。

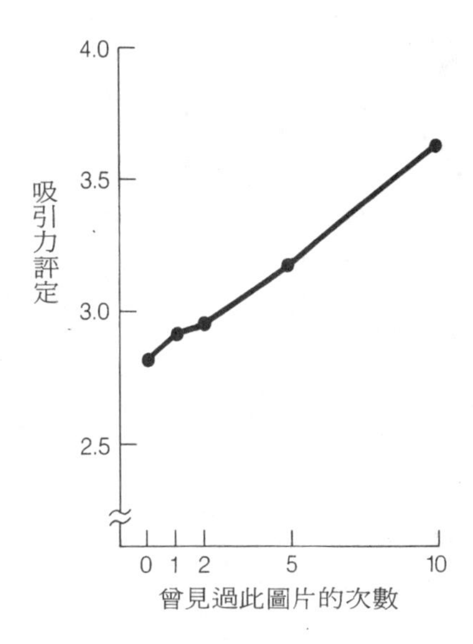

圖 17－3　熟悉蘊育了喜歡
受試者對陌生臉孔的喜歡程度評分，對沒見過圖片中的人物評分較低，對見較多次的評分較高(取材自 Zajonc, 1968)。

在一項研究**熟悉蘊育喜歡效果**(familiarity breeds liking effect)的實驗中，研究者首先準備了一些大學女生的相片及鏡中倒影的相片，而後要她自己及她的朋友及男朋友評斷較喜歡那一張相片，結果發現，大學女生較喜歡鏡中倒影的相片佔百分之六十八；而她朋友及男朋友中，有百分之六十一較喜歡原來的相片(Mita, Dermer, & Knight, 1977)，你能猜出來為什麼嗎？

熟悉蘊育喜歡的效果相當強，研究者發現，即使是在當事人不自覺的情形上，仍有此效應(Moreland & Zajonc, 1979; Wilson, 1979)。除此之外，在不愉快的環境，或是刺激物略為不討人喜歡的情況下，此效應仍然存在(Saegert, Swap, & Zajonc, 1973)。在刺激物相當討厭時，此效果才會不存在(Perlman & Oskamp , 1971)。這也許是討厭的刺激物重複出現使人厭煩，而降低了此效應。

因此，假使你並不漂亮，但是你希望某個你喜歡的人接受你，那麼，多和對方接觸，接近和熟悉是你最好的武器。

相似性(similarity)　有一句古老的諺語是「互補吸引」

(opposites attract)，認爲夫妻之間往往是互補的：「我喜歡划船，她偏好爬山」；「我主修機械，她專攻歷史」；但是他們却忽略了，他們都喜愛戶外活動，都是教授，都是民主黨員，有著相當的國籍、宗教信仰、教育程度和社經地位，並且他們的年齡差距不到三歲，且智商也差不多。換句話說，古老的諺語並不正確。

一八七〇年來兩情相悅的對象，在許多方面都很類似，包括了社會特性(種族、宗教、年齡、教育程度、社經地位等)、心理特性(如智力)及身體特性(如身高、眼睛的顏色)等(Rubin , 1973)。有一個研究調查很多對情侶後發現，他們彼此對性行爲及性別角色的態度都很相似，除此之外他更發現，在研究中態度較一致的情侶一年後仍在一起的機率較大(Hill , Rubin, & Peplau , 1976)。在前述外表吸引力的章節中也曾經說過，外表吸引力差不多的人較會成爲情侶(Berscheid & Walster, 1974)。

例如，有一個研究要受試者依據外表吸引力來爲九十九對情侶配對，他發現在不知道那些人是成對的情況下，受試者依外表配對的準確率仍較隨機配對的準確率高(Murstein, 1972)。同樣的結果，亦可在實地研究中發現，在酒吧、旅館及戲院中，人們仍能憑外表的吸引力來判斷那些人是情侶(Silverman, 1971)。

這種依據外表吸引力來配對的情形可以用人們做決定時的**期待-價值理論**(expectancy-value theory)來說明。這個理論認爲，人們在做決定時不只是考慮到目的物的價值(對象的吸引力)，也會考慮到可能成功的機率(對方願意與我爲偶的可能性)。較無吸引力的人因害怕被拒絕而尋找較不漂亮的人爲伴。調查電視紅娘服務的研究發現，無論是男性或女性，較傾向與自己外表吸引力差不多的人維持關係，只有特別好看的人才會找最吸引人的人約會(Folkes, 1982)。這些結果說明了吸引力相似性的重要，大多數人會與和自己外表差不多的人爲偶。

在長期的關係維持中，相似性較外表的吸引力來得重要。在一個探討相似性與友誼關係的研究中，參加研究的男大學生可免費借宿在密西根大學的一間大房子內。根據測驗和問卷的方式得到所有參加者相關的資料，然後將態度相似或態度不相似的人編在同一房間。在這段時間內，態度且似同房間的男大學生，較不相似者發展出較好的友誼。翌年，研究者重作此研究，發現熟悉增加好感的效果較相似來得強，亦即無論彼此相似性如何，室友間仍會互相喜歡(Newcomb, 1961)。

相似會增加好感的一個可能原因是，人們都認爲自己的意見和偏好是好的，也喜歡那些看重自己選擇的人。相似增加好感的原因，也可能是我們一再提出的接近性和熟悉性。通常社會情境和規範會使我們與類似的人在一起，大部分的宗教團體希望同屬一教派的人約會和結婚，在我們社會中也希望年齡和種族相配的人結婚——畢竟老太婆嫁給小伙子是一件不恰當的事。社會情境也扮演了一個重要角色，很多情侶在大學中相識而結婚，這使得他們在教育程度、智力、年齡及社經地位上頗爲相似。此外，網球選手在網球場上相互傾心，自由派人士會在反種族隔離示威運動上遇見另一半等皆是。

雖然相似性如此重要，古老諺語所說的「互補需求」仍描述了心理特質互補的現象(Winch, Ktsanes, & Pepper Ktsanes, 1954)。一個支配性強的丈夫需要順從的妻子配合，好惡強烈的人通常喜歡與隨和的人相處，此現象稱之爲**需求互補假設**(need-complementarity hypothesis)。但即使是在互補需求的情況下，仍然有某種潛在的相似態度存在，例如上述支配性丈夫配上順從妻子的例子，即隱藏著兩人對傳統性別角色同意的態度，因此，成功的互補需求基本上態度要相似才行。

需求互補的假設迄今尙無足夠的證據支持(Levinger, Senn, & Jorgensen, 1970)，有一個研究對結婚五年以上的夫妻研究後發現，在美滿的婚姻適應時，相似性要較需求互補重要多了(Meyer & Pepper, 1977)。以心理特質互補來詮釋擇偶標準目前尙未得到支持，畢竟，目前所有證據都贊成相似性的重要。

愛　情

情侶關係從喜歡發展至親密的過程，稱之爲**社會滲透**(social penetration)(Altman & Taylor, 1973)。社會滲透現象通常寬廣而深入，寬廣是指兩人分享彼此各層面的生活，和在彼此關係中涉及各種人格變項；深入則指兩人瞭解且分享內心深處的希望、慾望、害怕、焦慮、不安全感等情緒。

要發生社會滲透現象的關鍵是**相互的自我揭露**(reciprocal self-disclosure)，將自己事情透露給對方。此自我揭露過程

非常的微妙，在兩人關係開始時，有著強烈的**互惠規範**(norm of reciprocity)，當一方向對方揭露內心事物時，對方也要隨之回應揭露，隨著相互的揭露，信賴和親密的感覺也隨之增加。羅賓(Rubin, 1975)認爲自我揭露過程的快慢很重要，當一方揭露得太快或太多時，會使另一方退縮。

有一個研究發現，在羅曼蒂克的情侶關係中，自我揭露現象發生得相當早，他們研究相處八個月以上的情侶，發現大多數很早就彼此分享對方各層面的生活，其中四分之三的人承認已告訴對方在性關係的感覺；約一半的人已告訴對方兩人關係未來的發展；有一半的人已告訴對方先前有過的性經驗；三分之一以上的人曾告訴對方自己羞於見人的事(Rubin, Hill, Peplau, & Dunkel-Schetter, 1980)。

這種快速而全面的自我揭露的現象並不是很普遍，在另一個的研究中，要大學生說出二十年後與自己子孫的關係，發現現在的大學生較父母輩們要求較多較開放的情感(Rands & Levinger, 1979)。在一九五〇年代，中產階級強調自制和自我保護；而一九六〇年代的性革命，不只是帶來性行爲的改變，也使人們更重視到自我揭露的重要(Altman & Taylor, 1973)。這是一個重視會心團體、親密關係發展快速的時代，人們相遇後很快地發展出較從前更親密的關係，雖然會心團體已式微了，但是，羅曼蒂克的情侶關係卻建立了自我揭露的新規範。

羅曼蒂克的愛古來已有，但新一代的婚姻信念卻有了改變。在一些文化中，婚姻常是契約交易或是基於經濟考慮的安排，與愛情扯不上關係。在目前西方的文化中，過去廿年來婚姻和愛情的必然關係卻愈來愈強烈。在一九六七年，約有三分之二的大學男生和四分之一的大學女生表示，即使對方擁有一切，在沒有愛的情形下，仍不會與對方結婚(Kephart, 1967)。只有四分之一的大學女生堅持此點的原因可能是，女性考慮了較實際的經濟保障問題。到了一九六七年，卻有百分之八十六的男性和百分之八十的女性，拒絕與他(她)不愛的人結婚。這些研究中還指出，假如羅曼蒂克的感覺消失了，有足夠理由結束彼此的關係(Campbell & Berscheid, 1976)。

羅曼蒂克的愛會隨著時間而消逝。一項在美國和日本所做的調查顯示，在情感表達、性興趣及婚姻滿足方面，美國式自由婚姻較日本式被安排的婚姻，在開始時有較多羅曼蒂克的愛，但經過十年後，二者却沒有什麼不同(Blood, 1967)。正如十六世紀作家吉樂帝(Giraldi)所言：「愛情的滄桑是與時間戰鬥的一場戲」。

羅曼蒂克的愛會隨時間消逝並不意謂婚姻的絕望，事實上，仍有很多美滿的婚姻。研究指出，成功的婚姻多半來自良好的溝通、互相分擔家事及做決定時的權力平等。換句話說，羅曼蒂克的愛令人暈眩，但關係的維繫卻要靠雙方的努力和平等的對待。上述說法雖有點洩氣，對兩性平等卻是一大鼓勵呢！

摘　要

1. **社會心理學**探討個人想法、感受及行為如何受他人影響，及這些因素如何去影響他人。社會心理學強調人類行為是人和環境交互作用的結果。
2. 為了對自己及他人有進一步的瞭解，我們與科學家一樣的建構了一套直覺的理論：**蒐集資料**、**找出共變關係**及**推論因果關係**。理論本身可以決定我們對資料的知覺，扭曲了二事物間的共變關係，並會使我們對事物因果關係的判斷有了偏差。例如，在判斷一件事情時，鮮明生動的總比平板的事物容易引人注目及回憶，造成了判斷的偏差。
3. **基模處理過程**是指人們在知覺及解釋外在訊息時，使用一種名為**基模**的簡單記憶結構。對人物的基模稱為**刻板印象**；對事物及社會交互作用的基模稱為**劇本**。基模本身提供人們對日常生活中人物及事件簡短的記憶，使我們在接收社會訊息時，只要將新事物中較為獨特的部分編碼及記憶，即可有效而快速地完成整個過程。
4. 由於基模本身提供的是簡化後的現實生活，因此，在以基模來處理社會訊息時，常會產生偏差和錯誤。例如，在初識某人時，常有初始效果的產生，即第一印象常喚起某種基模，此基模一直會強烈影響此後我們對他的印象。一般而言，經過基模所產生的知識會抗拒改變，對與它本身不同的新刺激也較會視若無睹。
5. 在決定二件事情間的共變及因果關係時，我們常不能做出正確的判斷。當我們內心存有二者關係的基模或理論推測時，常會高估它們的關係；反之，則會忽略了它們的相關。

6. 就如其他的基模一樣，刻板印象也會抗拒改變。存在心中的刻板印象使人們以此印象來對待他人，而互動的他人亦會被誘導做出**符合刻板印象**的行爲，因此，刻板印象會有**自我應驗**的功能。

7. **歸因**是人們試著尋找並解釋他人行爲的過程，在我們歸納出某項行爲的原因時，我們乃企圖尋找同時符合以下三個效標的共變關係——結果與原因同時發生(**區別度**)，每次原因即有此結果(**一致性**)及他人亦相同(**同意度**)。

8. 歸因過程中一項主要的工作是，決定某人行爲的原因是**個人意向**使然(肇因於個人人格或態度)或是**情境**使然(社會影響或外在情境因素)。在歸因過程中，人們常把太多的注意力放在人本身，而忽略了情境的影響力，此種現象稱爲**基本的歸因謬誤**。我們也用此方式，從自己行爲來探究態度，稱之爲**自我知覺**。在自我知覺的歸因過程中，有時我們也會犯這種基本的歸因錯誤。

9. **態度**是我們對周遭環境中的人、事、物所有的喜歡或憎惡的情緒。態度本身包括了三個成分——**情感**、信念(**認知**)及行動(**行爲**)。在有關態度的研究中，一項主要的問題是此三個成分的一致性，尤其是態度和行爲間的一致性尤爲重要。一般而言，在以下三種情形下態度對行爲最有預測力：(1)強烈且一致的態度；(2)建立在個人直接經驗上；(3)與被預測的行爲有特殊的相關。

10. **認知失調論**認爲，當一個人做出與內在態度不一致的行爲時，內心會產生不舒服的感覺，此種不舒服使得他的態度朝向與行爲一致的方向改變。**自我知覺論**與**印象整飾論**是此種現象的另一些解釋。以上三個理論在不同的情形下部分是對的。

11. 在討論到實驗室外群衆對各種政策及課題的態度的一致性時，社會科學家的觀點相當分歧。有許多的態度其社會功能要較實際知性功能來得彰顯多了，例如，人們常表達出某種態度以強化認同某個團體。

12. 有很多因素會影響到我們是否被某人吸引，最重要的幾個因素是**外表吸引力**、**熟悉度**和**相似性**。兩人關係由喜歡發展至親密的過程稱爲**社會滲透**。要發生社會滲透現象一個關鍵是彼此的**自我揭露**。目前社會中情侶彼此的自我揭露要較從前社會早多了。

13.從泛文化的研究發現，維繫美滿且長久的婚姻關係與羅曼蒂克的愛較無關，而與彼此溝通情形、勞力分配及決定權力平等與否有關。

進一步的讀物

本章的主題在說明人們在進行社會判斷時的行爲，就像一位業餘的科學家，有關這方面的詳細介紹，可見 Nisbett and Ross, *Human Inference: Strategies and Shortcomings of Social Judgement* (1985)。有許多書籍深入討論了本章的其他主題，在此推介幾本這方面的書 Bem, *Beliefs, Attitudes, and Human Affairs* (1970); Berscheid and Walster, *Interpersonal Attraction* (2nd ed., 1978)； Aronson, *The Social Animal* (4th ed., 1984)。有兩本社會心理學的教科書，取材頗爲豐富，這兩本書是 Brown, *Social Psychology* (2nd ed., 1985); Sears, Freedman, & Peplau, *Social Psychology* (5th ed., 1985)。較技術性且具深度的介紹，可見 Lindzey and Aronson(eds), *The Handbook of Social Psychology* (3rd., 1985)。

第十八章　社會影響力

他人在場 861
社會助長
去個人化
旁觀者的介入
重要討論：社會衝擊理論
順　從 874
從　衆
服從權威
日常生活中的服從權威
重要討論：情境影響力
反　叛
內化作用 885
少數人的影響力
大衆傳播的説服
認　同 890
參考團體
從認同到內化

社會心理學——如我們在第十七章提及的，一部分是個人的思想、情感和行爲如何受他人影響的研究。對我們大多數人而言，社會影響力一詞，意味著個人或團體有意地改變我們的信念、態度或行爲的企圖，例如，像父母想讓小孩吃菠菜；電視廣告想誘使我們買特殊的物品；更讓人印象深刻的，是宗教崇拜試圖說服年輕人將學校和家庭置諸腦後，而全心全意的奉獻於「更崇高」的使命。

社會心理學家(Kelman, 1961)指出社會影響力有三個基本過程：

(1)**順從**(compliance)。受影響者外表遵從影響力來源的希望，但私下並不改變自己的個人信念或態度(像小孩子吃菠菜，但仍然不喜歡它)。

(2)**內化**(internalization)。因爲影響力來源傳遞了可信的眞實信條，使受影響者改變了信念、態度或行爲(例如，一位中年人看到並相信了外科醫生的警告：抽煙會致癌，然後放棄了抽煙)。

(3)**認同**(identification)。爲了和受尊敬或仰慕的影響力來源相像，受影響者改變了信念、態度或行爲(高中女生開始抽煙，以便和她喜歡的那一群年紀較大的女生一樣)。

在這一章中我們將審視這些過程。

許多社會影響力的形式是很微妙、難以捉摸的，而且是潛移默化、無意識的，例如，單單是別人在場而已，就有許多料想不到的方式可以影響我們。此外，我們深受**社會規範**(social norm)的影響，社會規範是告訴我們應該怎麼行事、想些什麼的內隱規則和期望，從微不足道的瑣事到意義重大的，都在其範圍內。社會規範告訴我們在搭電梯時應該臉朝前，還有我們不該盯著陌生人看太久，不然就是不禮貌。社會規範也創造和維持一個社會對種族或性別的整體意識型態。由於社會影響力以我們未察覺就已順服的微妙社會規範爲基礎，因此，即使是以明顯的方式呈現，通常還是很有效。

因爲即使他人不在場，社會規範仍能影響我們，所以社會心理學的定義通常包括一個個體的思想、感覺和行爲，如何受到實際的、想像的、內隱的他人在場的影響(G. Allport, 1985)。這是廣義的社會影響力，是本章要討論的主題。

社會影響力對人類行爲和生活有舉足輕重的關係。合作、共享、利他與愛都跟社會影響力息息相關。但我們很容易將這些現象視為理所當然，而將注意力集中在讓我們憂愁的社會影響力。心理學家基於社會歷史的因素，專注於導致社會不幸的社會影響力。正如變態心理學專注於個人行為的黑暗面，本章也是在挖掘社會行為的黑暗面。某些發現令人困擾不安，甚至沮喪，然而正如變態心理學的研究，開啓了一個有效的治療途徑，對有問題的社會影響力做研究，也讓我們掌握處理問題更有效的方式。我們將會明白，一些社會影響力的準則，可以產生邪惡不幸，卻也正是邪惡不幸的解毒劑。

他人在場

社會助長

一八九七年時，心理學家賴普利(Norman Triplett)做了一個有趣的觀察。他注意自行車選手的速度紀錄，發現在有競爭對手或伙伴的狀況之下，自行車選手的成績較佳；而在單獨一個人的狀況下，成績較差。這個觀察促使賴普利做了社會心理學的第一個實驗室控制實驗。他指導孩子在固定的時間裡，儘量快速地捲釣魚用的捲輪。有時，兩個孩子同時在一個房間裡捲捲輪；在另一段時間，則個人單獨做這件事。賴普利公布的研究結果很難加以解釋(Schmitt & Bem, 1986)，他的觀察結果是：在**結件**(coaction)的狀況下，即兩個人同在一間房間裡做同樣的工作，孩子的工作速度較快；而單獨一個人時，工作速度較慢。

從這個實驗之後，許多研究都證明：不論是人還是動物，結件會產生助長效果。例如，大學生在結件的情況下，解答乘法問題的成績比獨自一人時好得多(F. Allport, 1920, 1924)。成群的工蟻挖土時，每隻螞蟻的工作量是單獨挖土螞蟻的三倍(Chen, 1937)。有同類在場的情況下，許多動物會吃得比較多(Platt, Yaksh, & Darby, 1967)。

在賴普利對結件效果做研究不久之後，我們也發現了，在有旁觀者的狀況之下(即有觀衆，而非同伴)，亦能夠助長個人的表現。這個結果是繆曼(Meumann, 1904)在做肌肉努力及疲勞的實驗時，無意中發現的。他發現，當實驗者在房間裡面時，受試者舉重較快、較遠。後來的研究證實了這種觀衆效果。例如，一個對哈佛學生的追踪研究，發現在有觀衆的狀況之下，學生在乘法問題上的表現，和在結伴的狀況下一樣好，具有相同的助長效果(Dashiell, 1930)。我們把結伴及觀衆效果，都稱之爲**社會助長作用**(social facilitation effect)。

在社會影響力的研究裡，上面那麼簡單的案例都不單純。例如，在上述哈佛學生的研究當中，發現在結伴或有觀衆的狀況之下，答錯乘法題目的可能性較大，而單獨一個人時較少(Dashiell, 1930)。換句話說，在有同伴或觀衆的情形下，雖然表現的數量會增加，但品質卻降低了。不過，在其他研究中，有伙伴及觀衆的狀況下，品質還是增加了(Dashiell, 1935; Cottrell, 1972)。這種矛盾究竟要如何解釋呢？仔細檢討這些研究成果，結果顯示出：能夠產生社會助長作用的行爲，通常是學習得不錯、已經熟練的或是本能的反應(像吃飯)之行爲，因此，個人準備行動時的優勢反應，即爲正確反應。相反地，在有伙伴或觀衆的狀況下，會受阻礙的行爲，是優勢反應錯誤的行爲，如複雜的數學問題，可能只答對一題，很多答案都是錯誤的。著名的動機原則——在驅力高或亢奮的狀況下，有機體的優勢反應就很輕易地表現出來——可以解釋此一發現。假使說有同類在場會提高有機體的一般激發水準或驅力水準，則我們可以預測，簡單、熟練的行爲會有社會助長的現象(因爲這種行爲爲情境中的優勢反應)；然而較複雜的行爲或剛剛學習的行爲(在這種狀況下，優勢反應通常是錯誤的)，則會受到阻礙(Zajonc, 1965, 1980)。

很多實驗以人類及動物爲受試對象，設計了一些精巧的實驗，來驗證這個理論。例如，我們知道蟑螂會避開光亮的地方，因此，實驗者把蟑螂放在有亮光的地方，要牠經過跑道，進入漆黑的「目的箱」裡(Zajonc, Heingartner,& Herman,1969)。**圖 18-1** 表示本研究所用的四個箱子。實驗者把所有的箱子，都放在二十英吋透明封閉的塑膠玻璃裡。兩個「跑道」箱內，有一條筆直的跑道，由光亮之處到目的地；而在兩個「迷津」箱裡，蟑螂則得右轉，才能進入目的地。由於蟑螂的優勢反應，是筆直地向前跑，因此，在迷津箱裡面，蟑螂必須表現非優勢反應，才能到達目的地。

實驗者把蟑螂拿來驗證上述理論。有的蟑螂獨自跑「跑道箱」，有的則兩隻結伴而行，其他的蟑螂則結伴或獨自跑迷津。

結伴箱

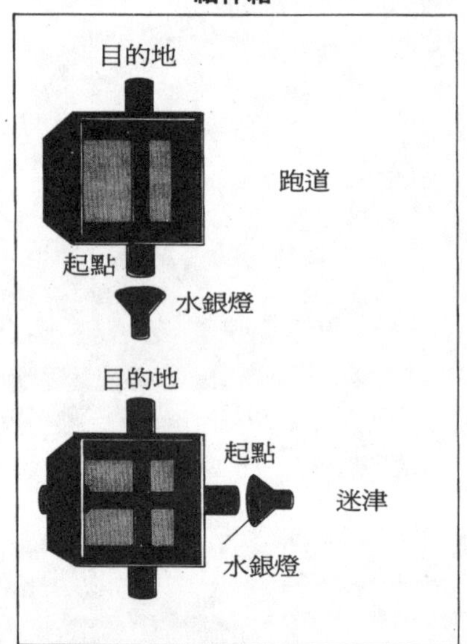

觀衆箱

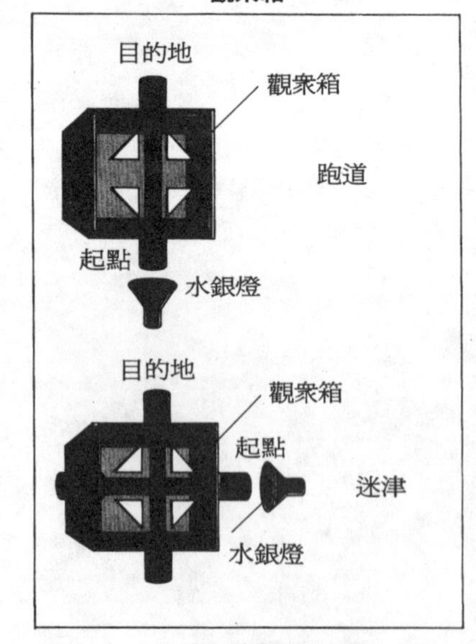

圖 18-1　社會助長作用實驗

傑庸克蟑螂實驗的跑道及迷津簡圖(取材自 Zajonc, 1965)。

結果如社會助長理論所預測的，在跑道箱裡面，結伴而行的蟑螂到目的地時間較短(社會助長作用)，但在迷津箱裡，結伴的蟑螂到目的地時間較長(妨害表現)。這個實驗用更多的蟑螂，又重複做了一次，每隻蟑螂在觀衆箱裡面，都獨自跑了一圈。其中有半數的蟑螂在跑時，旁邊有四隻蟑螂觀衆，在跑道旁的小塑膠玻璃盒裡看著牠。結果又發現，當優勢反應(筆直地跑)正確時，有旁觀者的表現較佳；但優勢反應錯誤時，表現則較差。

以人做受試的實驗，也肯定了社會助長假說。在這個研究裡，受試者必須學習一系列字的配對列表，當實驗者呈現用以配對的字時，受試者必須回憶第二個配對字。有半數的受試者學習同義語的配對字(如熟練的——有技巧的，不生育的——不結果的)，因此，當呈現「熟練的」語詞時，受試者必須學會說「有技巧的」。因爲反應字是刺激字的同義字，所以對適當刺激的反應，是一種優勢反應。另外半數受試者學習的配對字是混淆的，許多刺激字的意義都是類似的(如乾燥的——彎扭的，荒漠的——領導的)，使其優勢反應爲錯誤的。此外，半數受試者獨自一個人學習配對字列表，另半數受試者則在有兩個旁觀者的情形下，學習配對字列表。

實驗結果支持社會助長理論，並類似於蟑螂研究的結果。在有觀衆的狀況下，同義字列表的學習較快，而獨自一個人則較慢；然而，在學習混淆列表時，剛好相反，有觀衆的狀況下，學習速度較慢，獨自一個人時反而較快。如同蟑螂研究一樣，有觀衆在場時，能夠助長優勢反應。假使優勢反應是正確的反應，則表現會較好；如果優勢反應是錯誤的反應，則表現會受阻礙(Cottrell, Rittle, & Wack, 1967)。

假如這些作用光是在非人類身上發現，我們可能會說這是本能反應，而不是經由社會接觸學習來的。不過，即使由動物層次得到的資料，也支持社會學習產生這種作用。例如，許多動物研究，發現動物的攝食具有社會助長作用的現象。我們在前面說過，當有同類環伺左右時，許多種屬的動物吃得較多、較快。這可能是社會學習過程的結果：當有其他同類在場，牠又不吃快點時，牠就會學到當食物不見的時候，必然會餓肚子。有許多動物研究支持這項假說，包括猴子(Harlow, 1932)、雞(Tolman, 1963; Wilson, 1968)及狗(James & Gilbert, 1955; James, 1960)的研究。對從出生就沒有過社會接觸經驗的動物而言，在有同類在場時，不會比獨處時吃得多。更進一步，有的研究發現，從小隔離的動物做上述實驗之後，也會發現有社會助長作用的現象，在有同類環伺左右時，會吃得較多。

顯然地，當我們移到人類層次時，我們對簡單的本能過程不會在意。事實上，人類的結伴及觀衆效果，可能是透過個人對競爭及他人對我們表現的評價的「認知」而來的。我們長大之後，能夠學會別人對我們的褒貶、賞罰，因此，在別人面前做事時，驅力水準就會升高。如果我們把競爭的成分抽掉，則結伴效果會消失或減低，即使前面的研究也是如此(Dashiell, 1930)。同樣地，觀衆效果受到個人對他人評價的「解釋」的影響。假使旁觀者是「專家」，則觀衆效果會提高；假使旁觀者只是一群烏合之衆，「他們只是一群想瞧瞧心理學實驗的大學生」，則觀衆效果會減低(Henchy & Glass, 1968; Paulus & Murdoch, 1971)。最後，有研究證明，當我們把觀衆的眼睛矇起來，不能看到或評價個人的表現時，則對優勢反應不具加強效果(Cottrell, Wack, Sekerak ,& Rittle, 1968)。

這些研究的一個問題是：受試者仍然對被評價一事關切，不論是獨自一人或是有他人在場，因爲他們知道自己的表現被做實驗的人記錄與評價。所以人類的社會助長作用是否純粹因爲他人在場所產生的，這些研究仍未有定論。

在一個減少受試者關切評價的實驗中，受試者被帶到接待室，坐在電腦前，在實驗前提供背景資料。首先輸入姓名(例如Joan Smith)，然後將姓名字母的次序顚倒，從尾到頭中間依次插入阿拉伯數字，做爲檔名(如h1t2i3m4S5n6a7o8J)。事實上，這個過程就是整個實驗，在受試者未察覺在實驗的情況下，完成了實驗。電腦會自動記錄輸入姓名(容易的事)和檔名(困難的事)各自用了多久的時間。一組是單獨地輸入(獨自一人的情境)，另一組是實驗者在受試者身後(受評價的情境)，第三組則背對一群眼睛矇起來、戴耳機參加感官喪失知覺測驗的人(只是有人在場的情境)。

結果顯示，只要有另外一個人在場就可以產生社會助長作用(見**表18-1**)。與獨自一人的情境相比，在受評價和有他人在場的情況下，容易的事做得較快，但困難的事則做得較慢，這便證實了社會助長作用(Schmitt, Gilovich, Goore, & Joseph, 付印中)。

有兩個特別的理論被提出，用來說明社會助長作用。衝突

情境	完成輸入的平均秒數	
	容易的事	困難的事
獨自一人(基準線)	15	52
受評價	7	63
只是有人在場	10	73

表18-1　另外一個人在場的社會助長作用

另外一個人在場就產生社會助長作用。受試者在受評價或只是有另外一個人在場時，做容易的事比獨自一人時快，而做困難的事會較慢(取材自Schmitt, Gilovich, Goore, & Joseph,印行中)。

困擾理論認爲：他人的在場會讓人困擾，產生要集中注意力在他人或要做的事情上的衝突。這是注意力的衝突產生驅力水準或導致社會助長作用，而不是由於其他人的在場或評斷能力的影響(Sanders & Baron, 1975; Baron, 1986)。自我表現理論則認爲：有他人在場，促使個人希望呈現良好的形象，所以做簡單的事情時，會更努力和集中精神來讓表現出色。然而，在做困難的事情時，這種力求表現的心理反而會誇大事情所產生的挫折，以致困窘、退縮、過度焦慮，而這些都會導致表現不佳(Bond, 1982)。前述的各家理論，都有研究結果支持。所有的假設情境(有他人在場、重視評價、衝突與困擾、自我希望表現良好的形象)似乎都能夠歸結出社會助長作用(Sanders, 1984)。

去個人化

約在賴普利進行社會助長作用實驗的同時，人類行爲學者古斯塔夫・黎朋(Gustave Le Bon)對於群體結伴的觀點較不那麼樂觀。在他的書《群衆》(*Crowd*, 1895)中，他抱怨「群衆的理智總是不及獨立的個人……暴民是善變的、殘忍的、毫不留情的，表現出原始人類的暴力和兇猛……婦孺、奴隸和低階層的人……在脊髓的影響下行事。」黎朋相信一群暴民(在他的觀點，像法國大革命的下層階級)攻擊性、不道德的行爲，是經由一個暴民或群衆破壞了道德感與人的自我控制，以具傳染性的方式散布開來的。群衆能夠完成單獨的個人無法做到的破壞性行爲，原因即在此。

不管黎朋明顯的偏見，他的觀察似乎仍有某些可信之處。近代基於**去個人化**(deindividuation)觀念的建立與黎朋相對的理論，首先由斐庭格等幾位學者(Festinger, Pepitone, & Newcomb, 1952)提出，後爲金巴杜(Zimbardo, 1970)和廸諾(Diener, 1979, 1980)加以擴充。他們提出：某些情況下，群體能引導個體經歷一種去個人化的心理狀態，喪失個人的身分，不具名地混合在團體中。這麼一來產生了減少對衝動行爲的約束，以及認知和情緒的狀態與無法無天暴民的行爲相結合。廸諾提出的去個人化前的情形和結果見**圖 18-2**。注意導致去個人化之前的情形，是經由個體降低自我知覺的狀態。

大部分去個人化的研究探討匿名前因變項的影響。有一個

圖 18-2　去個人化前的情形和結果

溯源於個人在某些團體的情境中喪失個人身分，做爲群衆行爲的一種解釋（取材自 Diener,1979）。

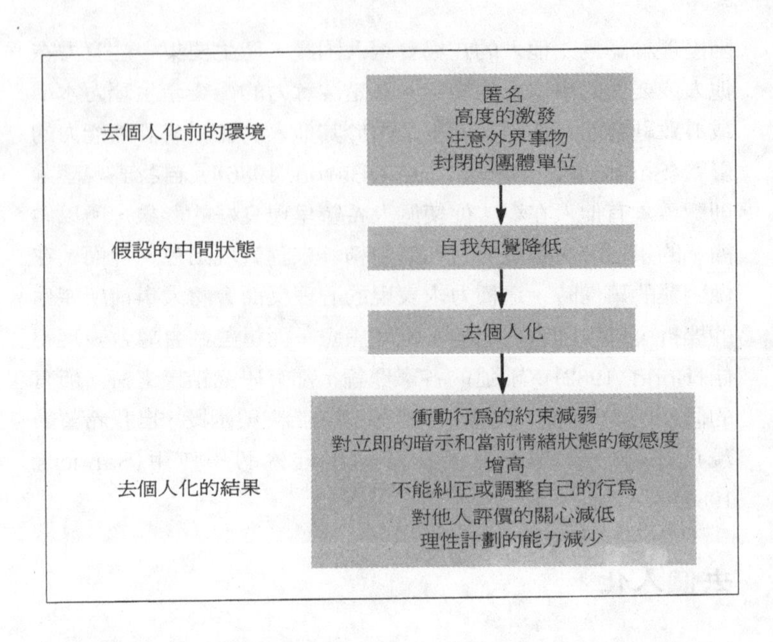

研究是要求四人一組的大專女生，對另一位參加學習實驗的女子按送電擊電流。去個人化的一組是穿實驗室的藍外套，以頭罩遮臉，以組爲名進行實驗，絕不提及她們任何一個人的名字。未去個人化的則穿著自己的衣服，佩戴著很大的識別標誌，同一組人相互介紹名字。在這個實驗中，每個人面前有個按鈕，在學習者犯錯時可以按鈕傳送電流電擊她。結果顯示，去個人化那組按鈕傳送電流的比率，是未去個人化的那組的二倍(Zimbardo, 1970)。

要巧妙的觀察去個人化，可利用萬聖節玩「作弄或招待」的習俗。在門口歡迎的大人，要求參加「作弄或招待」遊戲的小孩每人只能拿一顆糖果，然後進屋一下子，讓小孩有機會拿更多的糖果。有些小孩被問到名字，有些則仍然匿名。成群結隊來的和匿名的小孩，會比單獨來或把名字告訴大人的小孩偷拿更多的糖果(Diener, Fraser, Beaman, & Kelem, 1976)。

然而，這些實驗尚未定論。第一個研究中實驗室的外套、頭罩即含有反對的意義(因爲它們與三 K 黨裝備相似)，而且也許是服裝所暗示的角色，而非服裝提供的匿名性產生那樣的行爲。爲了檢視這一可能性，再次重複電擊的實驗，但這次受試者穿著三種裝備中的一種：三 K 黨式的衣服、護士制服或自己的衣服。修正的實驗其結果與原先的實驗並不相同。穿著三 K 黨式衣服，對改變對受試者施放電擊程度的影響很小。有意義的是，穿著護士制服的，實際上比穿自己衣服的控制組給的電擊更少。這說明制服鼓勵一個人扮演該服裝所內涵的角色。匿名性會增加攻擊性，但此一研究顯示，這種結果並非不可避免的(Johnson & Downing, 1979)。

去個人化是一個複雜的過程，而實驗混合著很多不同的變數(例如，匿名的影響混合著成為團體一分子的影響——此時匿名似乎成為主要的變項，而不是團體成員)。無論如何，某些研究顯示，假設其具有產生去個人化的因素確實降低自覺且增強衝動的行為，如**圖 18-2**(Diener, 1979; Prentice-Dunn & Rogers, 1980)。去個人化的理論，在解釋令黎朋不快的現象時，仍有可信之處。然而，其他的因素也有影響。透過某些集體行為，可以產生團體成員間分享並堅守的信仰，或產生團體領袖的領導魅力，像一九七八年發生在蓋亞那瓊斯敦(Jonestown)宗教崇拜的集體自殺即是。在群衆中的人們可能會有不負責的行為，因為他們知道比起單獨做這些事情，此時較不容易被捉或處罰，這是無庸置疑的。

旁觀者的介入

在前一章，我們指出個人不光只是對情境的客觀特性做反應而已，他也會對情境做主觀的闡釋。本章我們更知道，即使像社會助長那麼原始的社會影響力，也會受到個人對他人出現或看法之解釋的影響。例如他們是不是競爭者呢？是旁觀者評價我的表現嗎？因此，即使在簡單的結伴及聽衆效果的例子裡面，他人出現的「社會」意義是個重要的變項；而單純的身體出現則較不重要。現在讓我們看看社會影響力效果，在這裡，對個人來說，其他人在情境裡面的角色，是個重要的變項。

一九六四年，美國的一位珍娜碧(Kitty Genovese)小姐，於清晨三點半，在紐約寓所附近遇害。由於她企圖反抗及逃脫，兇手費了半個多小時才得逞。在這段掙扎的時間裡，約有四十個鄰居聽到她呼救的尖叫聲，但沒有一個人去幫助她，甚至沒有人去報警(Rosenthal, 1964)。

這個案件震驚全美國，社會心理學家乃著手研究「旁觀者的冷漠」。從後來探就的結果來看，「旁觀者的冷漠」並不是一個很適切的語詞，因為，促使個人不介入緊急的情境不單純是由於旁觀者對犧牲者的命運無動於衷，此外，還有許多阻礙會影響旁觀者的介入。例如，首先也許眞有某些會危害身體的事發生。第二、個人介入整個事件後，也許會干擾到自己的日常生活，例如出庭作證等等，而非單純的介入事件而已。第三、緊急事件的產生，事先都是沒有預警的，每種事件的性質不一，一般人通常較沒有充分的時間準備應變。最後，當個人對情境的解釋有誤時，可能會很尷尬；換句話說，當事件不是緊急事件(如家庭吵架)時，而我們去干涉，可能會搞得很難堪。事實上，有兩個探討這個問題的心理學家曾說：「……面對緊急情境的旁觀者，處境頗爲困難。希望每個人都介入緊急情境，是不太可能的。」(Latane & Darley, 1970)。

不過，令人驚異的是，在珍娜碧的事件中的旁觀者，他們只要打個電話給警察就可以了，但却沒有人過問這件事情。我們往往以爲，在許多人出現的狀況下，個人的勇氣會大增，以克服某些障礙，介入整個事件，且採取行動，即使「介入」可能會帶來風險。可惜，很諷刺地，研究證明在有他人在場的狀況下，個人介入事件的可能性減少了。更具體來說，有他人在場時，表示：(1)情境不是十分緊急的；(2)採取行動的責任感分散了。

對情境的界定　許多緊急事件開始時，都是相當含混的。一位步履蹣跚的人究竟是病了，還是酒醉？那一位生命受威脅的婦女，是眞的受脅迫，還是和丈夫發生爭吵呢？由窗戶進來的煙，究竟是著火了，或只是水蒸氣？是否有人會干涉、介入？處理上述矛盾的方法之一，是把行動延遲，漠視這件事情，並看看四周的人採取何種反應。然而，你可能看到什麼呢？別人也許會和你一樣視若無睹，於是大家都十分冷漠，認爲情況不太緊急或很平常，造成了**衆人的無動於衷**(pluralistic ignorance)。換句話說，團體中每個人的行爲，使大家誤以爲情境不太緊急。這和我們平常聽到的群衆恐慌是不同的，群衆恐慌是因爲每個人的反應，促使大家做過度的反應。上述這種冷漠的反應也是十分平常的，群衆們你看我，我看你，就是沒有反應。許多設計精細的實驗，可以證明這種效果。

其中有一個研究，是請大學生晤談。當他們坐在等候室的椅子上塡答初步問卷時，一股煙霧從窗縫裡跑進來。當這種現象發生的時候，有的受試者只有一個人在等候室，而有的受試者則三個人在等候室裡。實驗者從單向鏡中，可以看到受試者的反應。在受試者注意到煙之後，實驗者觀察他們六分鐘，看他們是否會向他人報告。結果，對獨處等候室的受試者而言，他們在發覺煙霧後的兩分鐘內，大多會跑到室外向別人報告；就人數來說，有百分之七十五的獨處受試者會報告。相反的，在六分鐘之內，只有不到百分之十三的團體受試者會向別人報告。尤有甚者，在房間灌滿令人不快的煙霧之前，只有一個人報告有煙霧。晤談這些不打報告的受試者後，發現他們認爲這些煙霧是水蒸氣、冷氣、普通的霧氣、氣體或其他事物，而不以爲是發生火災或緊急事件。換句話說，有旁觀者在場，會使大家認爲這個情境並不危急(Latané & Darley, 1968)。

爲了證明上述的研究結果，並非獨處的受試者因面對危險或膽小而「臨陣脫逃」起見，實驗者又設計了類似的實驗。在這個實驗裡面，「緊急事件」是由一位女性測驗人員主演，她在測驗室隔壁的房間裡辦公。受試者聽到她爬上椅子，以便能搆到書架，然後碰的一聲，跌倒在地上。接著聽到她呻吟著：「哎喲，老天爺，我的脚……我……我……不能走動了。哎喲……我的足踝，這件事……辦不好了。」她連續呻吟了一分鐘。整個事件從頭到尾，大約有兩分鐘。在鄰近測驗室裡等待的受試者，有時是單獨一個人，有時是兩個人；測驗室與女性人員辦公室之間，只用簾幕隔開。結果支持了煙霧研究的結果。在獨處的狀況下，有七成的受試者跑入辦公室幫助測驗人員；在兩人處在一起的狀況下，只有百分之四十的人會幫助測驗人員。此外，在聽到測驗人員摔倒之後，獨處受試者會很快跑去幫助她，而兩人受試者較慢。在晤談不伸予援手的受試者之後，他們宣稱他們無法確定發生了什麼事件，同時認爲這件事情應該不嚴重(Latané & Rodin, 1969)。顯然地，在這些實驗裡，團體受試者產生了所謂的「衆人的無動於衷」。每個人看到其他的人都頗爲冷靜，便認定：在這個情況曖昧不明的時候，並沒有緊急事故發生。

責任的分散的例子

雖然每個行人都注意到這個人躺在路旁，但沒有一個人停下來幫助他——看他是睡著了、病了、醉了或死亡了。假使沒有其他人在場的話，人們可能比較願意去幫助他。

責任的分散(diffusion of responsibility)　顯然地，「衆人的無動於衷」會使個人把緊急事件視爲非緊急事件，因爲他看到別人都沒有反應。不過，這個過程還不能解釋像珍娜碧這樣的謀殺事件。在這個事件裡，情境很快就變得明朗了。其實，這是個很明顯的緊急事件，更進一步來說，珍娜碧的鄰居們，並不能互相觀察得到，因此不可能互相得知其他人是冷靜的，或面對這個事件無動於衷。在這裡，最重要的過程，可能是責任的分散。由於每個人都知道有許多人都在場，因此，針對上述情境採取行動的責任，並不全然在個人的身上。能為自己想著：「其他某些人現在一定會通知警察；某些人也會去干涉。」

為了驗證這個假說，有一個實驗把每個受試者帶到實驗室，要他到一個小亭裡。實驗者告訴受試者，他們要參加一項團體討論，主題是大學生面臨的私人問題。為了避免和陌生人討論私人問題的困窘，討論是經由貫穿各小亭的聯絡對講機聯繫。然後，再告訴受試者，討論開始時，每個人可以談論自己私人的問題兩分鐘。只有在這段時間裡面，個人的麥克風才打開，而實驗者並不聽他們討論的內容。事實上，除了受試者之外，所有參加人員的聲音，都是錄音帶的聲音。在討論的第一回合，有一個「錄音」的人員說，他有隱疾；而在第二回合討論時，受試者聽到對方隱疾發作的聲音。然後，實驗者等著看受試者是否跑出亭子，報告這件緊急事情，並記錄時間。在這裡，必須注意的有三件事：(1)緊急事件是相當明朗而不模糊的：(2)受試者無法知道其他「旁觀者」的反應，也不能把他的反應告訴其他亭子的受試者。(3)他知道實驗者無法聽到這件緊急事件。此外，實驗者讓部分受試者相信，這個討論團體只有他和隱疾發作的受難者；而部分受試者，則告訴他這個團體包括了三個人；其他的受試者，則告訴他討論團體包括自己、遇難者及其他四個人。

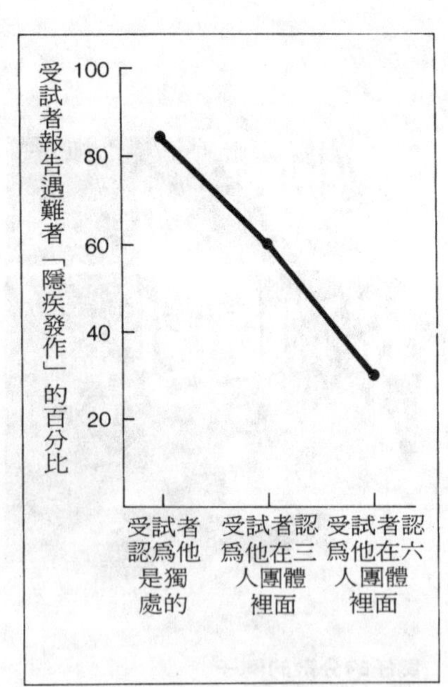

圖 18-3　責任的分散

受試者報告「遇難者宿疾發作」的人數百分比，是受試者以為討論團體人數多寡的函數(取材自 Darley & Latané, 1968)。

結果顯示，認為自己獨處的人當中，有百分之八十五的受試者報告「遇難者隱疾發作」這件事；認為自己處在三人團體的受試者裡，有百分之六十二報告了這件事；而認為自己處在六人團體的受試者裡，只有百分之三十一的人這樣做(請看**圖 18-3**)。晤談受試者後，發現每個受試者都認為情境是很緊急的(換句話說，在這個研究裡面，大家並非無動於衷)；同時，大多數的受試者都產生情緒上的衝突——究竟繼續讓遇難者受苦受難呢？還是冒著被指為愚蠢及多此一舉的風險，去幫助遇難者？事實上，沒有向別人報告「受難者宿疾發作」的受試者，產生的心理壓力及困擾，遠比報告者為大。顯然，我們不能把他們的不介入解釋為「旁觀者的冷漠」，而應該說，在本研究裡，別人的在場減輕了個人採取行動的負擔，亦即他人的在場，「分散了個人的責任」(Darley & Latané, 1968)。

上面我們說明了眾人的無動於衷及責任分散，是使個人不介入緊急事件的主要因素。這隱示著：假使在緊急情境裡，這兩種因素能夠減到最低，則旁觀者的幫助率會提高。為了瞭解及證明這種事實，三位心理學家(Piliavin, Rodin, & Piliavin, 1969)把美國紐約的地下鐵道系統，變成他們的實驗室，從現實世界來驗證這種可能性。兩位男性實驗人員及兩位女性實驗者，從不同的門進入地下鐵的火車車廂裡面，兩位女性人員找到座位坐下，並準備記錄結果；而兩位男性實驗人員仍然站着。在火車開動之後，有一個男性人員向前摔倒，他身體傾斜，兩眼直直地望著車廂的天花板，直到接受他人幫助爲止。在這個研究裡面，試做不同的變異，有時用白人扮遇難者，有時是黑人；研究者讓遇難者手拄拐杖(看起來像生病)或帶有酒味(像是喝醉酒般)，所以沒有模稜兩可的曖昧情境，遇難者顯然需要別人的幫助。這種情況下，可以降低責任的分散，因爲每一個旁觀者不能再假定別人會去幫助遇難者，所以車廂裡的人會去幫忙。實驗結果支持這項樂觀的預期，超過百分之九十五的人在平均五秒內迅速去幫助支拄拐杖的遇難者。即使喝醉酒的遇難者，平均約有半數在摔倒後二分鐘內，會有人幫助他。拄拐杖的遇難者不論是白人或黑人，均受到白人與黑人旁觀者的援助。旁觀者的數目與助人的速度無關，表示這個情境裡面，責任的分散已經減到最低。而這些事情，竟然都發生在紐約的地下鐵中。這個結果不但支持了以前「旁觀者不願介入緊急事件」的解釋，同時也澄清了一般人對紐約地下鐵乘客的刻板印象。

「助人」行爲者的角色　從地下鐵的研究裡面，我們發現，當遇難者受到幫助時，施予援手的人通常不只一人，而是兩人、三人或更多的人。當一個人開始給予幫助時，則其他的人會隨之而上。這表示個人會把其他人視爲模仿對象，把情境界定爲不緊急(大家無動於衷)；或是把其他人視爲助人的模仿對象。爲了驗證這種可能性，布萊安及鐵斯特(Bryan & Test, 1967)做了一個現場研究。他們直接計算駕駛人停下車來幫助一個爆胎婦女修車的次數。在某些驗證期間裡面，有一輛車(示範車)也爆胎了，停留在高速公路旁的驗證車前四分之一英哩處。示範車被塞在車下的千斤頂舉起來，那位女士看著這位男人更換爆裂的車胎。結果在四千輛經過的車子當中，有九十三輛停下來幫助試驗車的婦女。在這些車當中，有五十八輛是在有示範車的狀況下停下來幫忙的，有三十五輛則在沒有示範車的狀況下停下來幫忙。兩者間的差異具有統計上的顯著性。這個實驗(在其他各種情境下，也做過類似的研究)顯示了，其他人的冷漢會使個人認爲情境不是緊急的，但他人也可以成爲一個示範的對象，告訴我們什麼時候幫忙、如何幫忙才是最恰當的。

資訊的角色 在你讀完這小節後，你是否在別人危急時較傾向於伸出援手？蒙他那大學的實驗說你應該會。聽過以這節討論爲素材的演講、影片的大學生，在二週後與人同行時，面臨一個突發的緊急事故：男性遇難者躺在大廳地板上，同行者不認爲這是緊急事故，而聽過或看過影片的有百分之四十三會幫助他；沒參加演講或看影片課程的只有百分之二十五會伸出援手。二者相比，統計數字上顯示出有重大意義的差異(Beaman, Barnes, Klentz, & McQuirk, 1978)。爲了整個社會的緣故，也許你該重讀這小節。

重要討論：

社會衝擊理論

本章討論社會影響力，對其中每一現象都有試圖解釋它的一個或幾個理論。一位最早研究「旁觀者介入」的研究者，試圖建立可以涵蓋所有現象的更精確理論，他稱之爲**社會衝擊理論**(theory of social impact)(Latané, 1981)。此一理論目的不是要取代個別的理論，而是要結合各家說法，成爲特殊案例更適用的架構。

這個理論有二項非常有趣的主張。第一個見**圖 18-4**，對身爲目標的個體，任何來源的社會衝擊，會隨著來源的數量、直接性、強度或來源的重要性而增加。例如，此一主張認爲社會助長作用隨著結伴者或觀衆的數目、他們對個人的直接或突顯性，及他們對個人的重要性而增加。社會助長作用在觀衆矇眼(較不直接)時較微弱，倘若觀衆中有專家，而非生手(重要性)，則助長作用較強。

社會助長作用學說以外的許多研究也有這種說法。例如，在觀衆面前吟詩，個體認爲自己會隨著觀衆的人數與地位而更緊張(Latané & Harkins, 1976)。在觀衆面前朗誦會結結巴巴的人，隨著觀衆數目的增加更容易結巴(Porter,1939)。下面討論從衆和服從時，我們可以看到其他的例子。

第二個主張認爲：某一個來源的社會衝擊，會隨著目標的數量、直接性及重要性的增加而減弱。所以第一個主

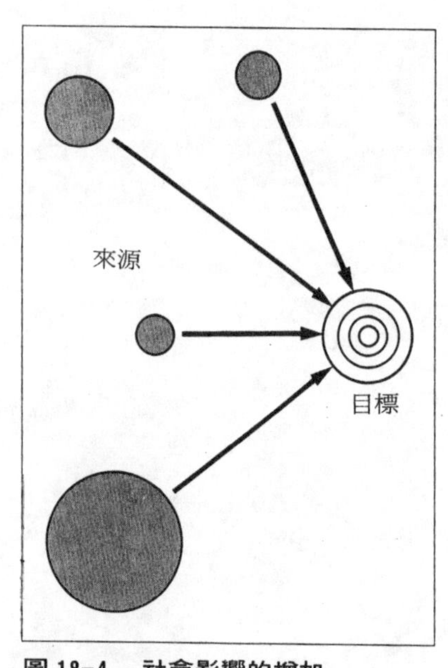

圖 18-4　社會影響的增加
對目標個體而言，社會影響隨影響力來源之數目（圓圈數）、直接性（靠近圓圈的程度）、強度或重要性（圓圈的大小）而有所不同（取材自 Latané, 1981）。

張是說明影響力的增加視影響力來源的數量而定，第二個主張則是說明有許多目標時影響力的擴散，例如，緊急狀況時責任的分散：當緊急情況時，愈多旁觀者，則令任一特定旁觀者干涉的壓力愈小。

許多研究也支持此一影響分散的主張。例如，我們可證實影響增加的主張，當觀衆的數目增加時，表演者會隨著更緊張——當對一目標的影響力來源數目增加時的情況。影響分散的說法則可由才藝表演中演出者的研究證實。獨唱的表演者比起十人一同表演者約緊張六倍(Jackson & Latané, 1981)。此時影響來源(觀衆)已分散於幾個目標(表演者)上。

另一個影響分散的研究中，研究者記錄用膳者給多少小費。研究者認爲給小費的動機之一是義務，及有幾位用膳者應分攤此一義務的想法。在餐廳的研究發現，一般小費是百分之十五，獨自進餐者給的小費平均達百分之十九，而五、六個人一起吃飯時，約給不到百分之十三(Freeman, Walker, Borden, & Lateané, 1975)。對葛里翰(Billy Graham)福音教會集會之研究，從二千到四萬三千人的大小集會都包括，結果顯示，當集會的群衆增加時，願意上前「領洗」的人便減少。

經由影響分散主張所指出的一個現象是**社會遊蕩**(social loafing)。在一九二〇年代，德國研究者林哥曼(Ringelmann)從事集體行爲如何影響個體努力的研究。他要求工人單獨地盡其所能去拉一條繩子，還有以三人一組或六人一組去拉繩子。雖然隨著團體大小而整體的力量增加，但其成員每人的力量減少，六人一組的團體中人，成員只用百分之三十六的潛能(依個體基本力量的總數來計算)(Moede, 1927, 見 Latané 的報告， 1981)。最近的研究以不同種類的任務來重複此一實驗，結果十分相近(Petty, Harkins, Williams, & Latané, 1977; Latané, Williams, & Harkins, 1979)。

你也許已經注意到這裡有個明顯的矛盾。結伴者的立場應該是產生社會助長作用——增加動力和努力，而不是社會遊蕩。根據社會衝擊理論的說法，不同的關鍵在於情境中「其他人」所扮演的角色。當每個人單獨從事工作時，其他人加諸彼此的是競爭或評價的壓力。對每一目標個體

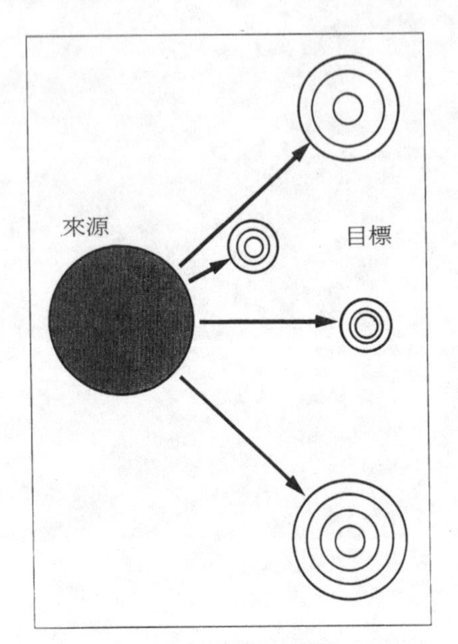

圖 18-5 社會影響的擴散
隨著目標數目、直接性和重要性的增加，來源的影響會減弱（取材自 Latané, 1981）。

而言，有很多的衝擊來源，所以產生的衝擊力增加(見**圖 18-4**)。然而，一群個人組成的團體共同從事一項工作時，實驗者是唯一的衝擊來源，亦即，其個人影響力分散於許多目標，因此，其結果就如**圖 18-5** 所示者一般。認知過程也會影響社會遊蕩。個人可能相信團體中其他人並未適當做好分內應做的，所以他不願盡全力工作，或個體認爲團體工作中所做貢獻未受肯定，則會產生責任的分散。最近有一研究發現，工作若更具挑戰性，當個體相信自己對團隊工作能有特殊貢獻，則社會遊蕩會減少(Harkins & Petty, 1982)。

順　從

我們在這章開始時曾提及，社會影響力造成**順從**(compliance)，即個人表面順從影響力來源，但並未改變自己的信念或態度。影響力來源經由建立典範令人順從，我們稱這種順從爲**從衆**(comformity)。如果是用權威支配令人服從，則稱爲**服從**(obedience)。這二種情形是因爲影響力來源有獎賞或懲罰的權力，所以個體服從之。通常這些賞罰是社會的獎懲，像是贊成與反對，或者接受與拒絕。在這一部分，我們將討論與同儕一致的壓力，以及順服於權威。

從　衆

當我們在一個團體裡面的時候，我們有可能會發現，對一些事情的看法，我們是站在少數的一邊。這是生活中大多數人常見的事實。如果我們認爲大多數人的資訊來源比我們本身的經驗更可靠，我們也許會改變想法而服從大多數人的意見。然而想像一下，當你自認意見正確而團體的意見是錯誤的時候，你是否會在某些情況下屈服於社會壓力呢？這就是社會心理學家艾虛(Solomon Asch)在一系列研究中，決定要探討的一種「從衆」(Asch, 1952, 1955, 1958)。

在艾氏的標準步驟裡，受試者和一群人(事實上，這是實驗者安排的助手)坐在桌旁，實驗者要求他做一系列的知覺判斷。在每一次判斷當中，實驗者呈現三條垂直線的圖形給大家看(這三條直線長短不一)，並要求他們判斷在三條直線當中，那一條和標準直線一樣長，標準直線呈現在另一張圖片上(請看**圖18-6**)。然後，每個人輪流宣布他的答案。這個情境是經過刻意安排的，使得眞正的受試者總是倒數第二發言，並宣布他的判斷。這種判斷當然是相當容易做的，同時，在大多數判斷裡，每個人都會做同樣的反應。但在某些用來做比較的判斷當中，實驗者預先告訴助手要做錯誤的判斷，於是就會產生一個問題：受試者究竟遵從大多數人的反應呢？還是依照個人的感官去判斷，並堅持自己的立場？

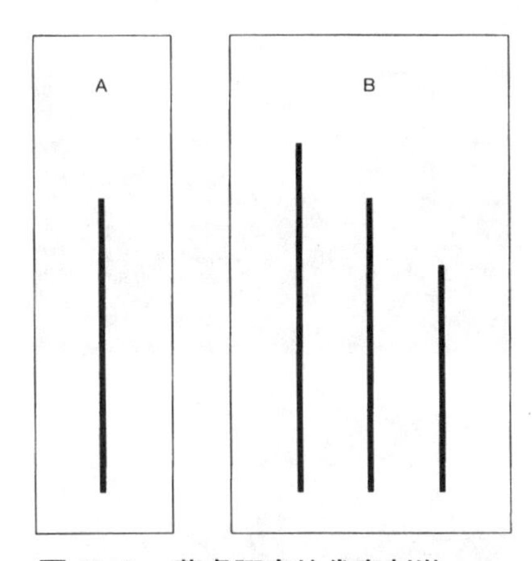

圖 18-6　艾虛研究的代表刺激

在看過 A 圖之後，受試者必須在B圖裡面，選擇一條和 A 一樣長的線段。

研究結果頗令人驚訝。雖然答案相當明顯，但在總判斷次數當中，有百分之三十二是錯誤的，受試者人云亦云，遵從大家的反應；在這些關鍵判斷當中，有百分之七十四的受試者，至少有一次服從大家的反應。此外，並不一定要大團體才能產生從衆。艾虛安排團體的大小從兩個到十六個人，發現有三、四位助手的一個團體，便可以造成像大團體中一樣的從衆(Asch, 1958)。

爲什麼明顯的正確答案不能被個體接受，使其能保持獨立，而不受大多數人的影響？爲什麼一個人做簡單感官判斷能力的信心，不能成爲他反抗從衆的強有力支柱？

其中的一個理由，就是艾虛的實驗中顯而易見的正確答案造成從衆的強大壓力(Ross, Bierbrauer, & Hoffman, 1976)。在眞實生活中，與此爭議有關的是判斷的難易或主客觀性，例如，什麼樣的經濟措施對壓抑通貨膨脹最有效？二幅畫中，那一幅比較風雅可人？在這類情況下，我們希望偶爾表現得與衆不同；我們甚至明白，在意見一致的團體中成爲少數異議份子之一，即使不太舒服，卻也是合理、可能的。

艾虛的情境則十分極端，個人面對一個簡單的物理事實的一致異議，受試者在找不到合理解釋和無例可循的情況下，很明顯的會困惑和緊張。他們不相信地揉眼睛、含糊低語、尷尬地傻笑，並且用目光搜尋其他人，希望找出謎樣情況的一點線索。在實驗後，他們含糊地假設，這個視力上的錯覺，也許是第一個人不經意弄錯，而後面的人因爲從衆的壓力，跟著人云亦云(Asch, 1952)。

想一想，在這樣的情況下，與大多數人意見相左所代表的涵義。就像團體的判斷令受試者難以理解一樣，受試者相信自己的異議也令團體難以瞭解。團體中的成員會認爲他能力不

A

B

C

拒絕服從大多數的意見

A.除了左邊算起第六位以外，整個團體的成員都是實驗者的助手，實驗者事先告訴他們，在十八次判斷裡面，有十二次要做錯誤的判斷。至於第六位成員，我們只告訴他，這是一個視覺判斷的實驗，因此，當他做正確的反應時，他會發現他是唯一與衆不同的人。

B.在別人的答案都和他不同的狀況下，受試者向前傾斜，焦慮地注意著兩張卡片。

C.這是個奇特的受試者，他堅持自己的意見，並且說：「他看到什麼，就必須照著說。」

佳，甚至弄錯事實。同樣地，受試者若堅持不同的意見，將會直接構成對團體權力的挑戰。當個人知覺的能力，突然地在情況不明時被懷疑，必須有極大的勇氣，才能做這種違反明確的社會規範、對他人不禮貌的挑戰。在艾虛實驗的情境裡，「別人會怎麼來看我？」和「他們又會怎麼看我對他們的想法？」這樣的恐懼會壓抑不同的意見，而強化從衆的壓力。

在團體意見不一致時，從衆的壓力比較小。如果有一個助手的反應與多數人不同，則受試者從衆的次數，從百分之三十二降爲百分之六。只有一人持不同意見的八人小組所造成的從衆壓力，會比一致表現出不同意見的三人團體來得小(Asch, 1958)。即其他人的「與衆不同」，讓個人更能夠堅持自己的判斷。更有趣的是，持不同意見者甚至不必一定是選擇正確的答案。甚至當大部分的成員都做錯誤的選擇，而持不同意見者的誤差更大時，受試者會傾向自己做正確的判斷。一旦從衆的咒語打破，從衆的可能性就降低了(Asch, 1955; Allen & Levine, 1969)。這時候，誰是那個有不同意見的人並不重要。在一群激進、有偏見的白人受試者中，一位持不同意見的黑人或白人，都一樣會減低對團體的從衆性(Malof & Lott, 1962)。即使持不同意見者看法相當荒謬，受試認爲他的視覺有障礙、看不清刺激，從衆性仍有顯著的降低(Allen & Levine, 1971)。可見另外出現意見與團體不一致的他人時，受試體認到團體中有可能出現不同或可笑的意見，使得受試者在持不同意見時，不會有完全被孤立隔絕的感覺。社會衝擊理論(見前述問題討論)可以說明這是很多目標分散了社會影響的結果。如果艾虛的服從情境與實際生活大多數的情況不同，爲什麼艾虛要用答案這麼明顯的作業來做實驗呢？原因是他要研究純粹的公開從衆，不希望受到受試者想改正答案的可能性的影響；換句話說，也就是探討受試者的從衆，而不是他的內化。艾虛的其他研究中已經用到較困難或客觀的判斷，雖然更能忠實地反應在眞實生活中的現象，卻不允許我們去考慮評估：當確定少數人(包含自己)的判斷是正確的時候，順從多數的壓力影響有多大。艾虛原來的情境和後來用更困難、主觀或曖昧的作業來實驗的其他研究，其間的差異卻幾乎從未加以分辨清楚(Ross, Bierbrauer, & Hoffman, 1976)。

服從權威

從一九三三年到一九四五年，在納粹德國上百萬無辜的人被有計畫的送入死亡集中營。這一件可怕事情的策劃首謀希特勒(Adolf Hitler)也許是個精神錯亂的怪人，但是這件事情他一個人是辦不到的。那些日復一日行刑、建造焚化爐和瓦斯毒氣室、計算屍體和進行相關文書業務的人又如何呢？難道他們也全都是怪人嗎？

伊希曼(Adolf Eichmann)是納粹戰犯，因爲謀殺數百萬猶太人而被判罪行刑。社會學家阿蘭德(Hannah Arendt, 1963)爲他辯解。她認爲伊希曼是一個魯鈍、平凡、無攻擊性的官員，自認是一部機器中的小齒輪。最近出版的伊希曼審判前訊問的部分手抄本支持阿蘭德的看法。幾位心理學家發現伊希曼相當理智，且他的個人關係也很正常。他相信應允許猶太人移民到一個隔離的地區，且也與希特勒的黑衫軍爭辯這個地點應在何處。更甚者，他有一位秘密的猶太情婦，對黑衫軍而言，這是件罪行，他也在戰時安排有一半猶太血統的表兄弟受保護(Von Lang & Sibyll, 1983)。

阿蘭德描寫有關伊希曼的書，以「惡魔平凡面的報告」爲副標題，她的結論認爲第三帝國大部分的「惡人」只是聽從上級指示的普通人。這表示我們所有人都有可能成爲那樣子的惡人；而納粹德國的事件性質上和我們想像瞭解的正常人的情況並無多大差異。像阿蘭德所說的：「在某些情形下，最普通的正常人也能成爲罪犯。」這種結論不容易令人接受，因爲相信只有邪惡、不近人情的人才會做罪大惡極的事，比較令人舒服。而實際上，我們在情感上認定此種「惡人」的解釋，已在對阿蘭德和她的結論不斷的攻擊中顯示出來。

服從權威的問題在一九六九年再度引起注意。美國在越南服役的士兵殺害了買賴(My Lai)地區的居民，而聲稱他們只是聽從指示、服從命令而已。大衆再度被迫去思考普通人違反自己道德良知而服從權威的可能性有多大。

這個問題引發了耶魯大學米葛雷(Stanley Milgram, 1963, 1974)的興趣，並從事一系列重要但卻引人爭議的實徵性研究。這個實驗透過報紙的廣告，招募男女受試者「參與『記憶的研究』，每小時給四美元」。實驗時，受試者被告知扮演教師

圖 18-7　米爾格蘭順服的實驗
受試者在學習者犯錯後給予更高的電擊，如果受試者拒絕，實驗者會堅持必須繼續（取材自 Milgram, 1974）。

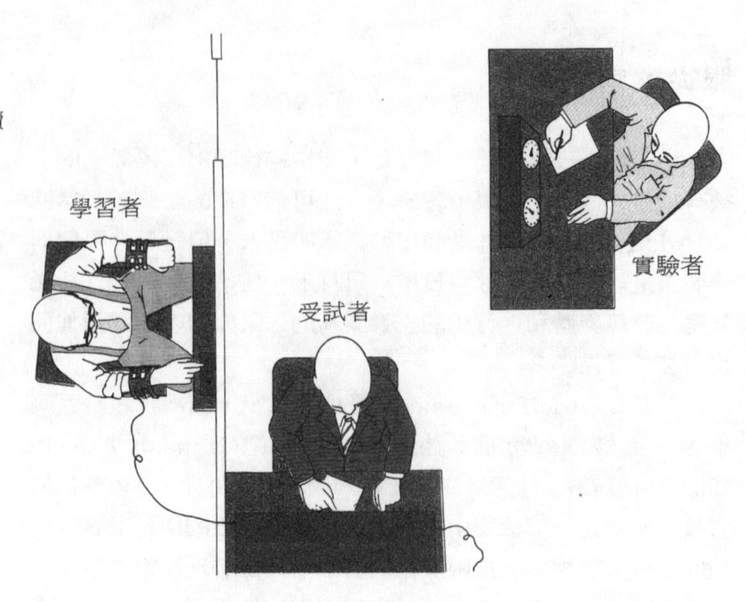

的角色，對一個學習者唸一系列配對的字組，然後再要他從四個字中選出正確的配對字。扮演學習者每選錯一次，教師便按鈕電擊他(見**圖 18-7**)。

受試者可以看到鄰室的學習者坐在通電的椅子上，手腕上有電極。受試者面前有電極指示器，三十格按鈕依次從十五至四百五十伏特，每幾格又分別標示著從「輕微電擊」到「危險：嚴重電擊」。按鈕指針向右時還有電子的嗡聲與燈閃。實驗者指示受試者有錯誤時電擊的伏特數逐漸增加(見**圖 18-8**)。

米葛雷認爲服從權威的潛在性，可能是經由演化進入我們的種屬，成爲人類共同生活中必須的。一個社會中的分工要求個體能夠服從及協調行動，來達成較大社會組織的目標與意義。父母、學校的系統和商業，都經由提醒個體遵從其他「知道更偉大藍圖」者的指示，來養成個體這方面的能力。爲了從特別的情境來瞭解服從，我們必須瞭解促使個體減少其自主性，自願成爲社會、系統中一分子的原因。米氏的實驗中顯示出有四個這樣的因素：社會規範、監視、緩衝和意識型態的認同。

社會規範(social norm)　米氏實驗的受試者經由回覆廣告而參加研究，自願同意簽約與實驗者合作，服從實驗者的指示，直到實驗完成。這是一個強有力的社會規範，我們低估了受試者破壞約定而違背與我們合作的承諾之困難程度。

此一實驗經過設計以增加約定的力量，即受試者一旦開始，便難以停止。從無傷害性的記憶實驗開始，實驗壓力逐漸增高，只要受試開始電擊並增加電擊伏特數，便無法自然地停止，他們想到要罷手時，已經被困住了。實驗者並未做新要求，只是要他們繼續已經在做的事。爲了停手，他們必然深受罪惡感之苦，瞭解到他們一開始就錯了而感到困窘。越慢罷手，就越難承認他們所進行的事是判斷錯誤，這樣便越容易繼續下去。試想如果受試者在一開始便用最高的電擊伏特，服從的可能性有多少？

最後，傾向停手的人會面對違反社會禮儀(要有禮貌)的困境，此與艾虛受試者面臨的情況類似。在艾虛的例子中，不同意代表受試者認爲團體無能。在米氏情境中，不同意表示控訴實驗者的邪惡、不道德——一個更具強迫性的力量，促使受試者謹守規則不得動搖。

如果社會規範像在米氏研究中可產生這麼多服從，便可以想像已經「簽約」的德國納粹或軍隊想要罷手，則懲罰會多麼強而有力。

監視(surveillance)　在米葛雷的實驗中，一個重要的因素是實驗者的在場，或者說監視。實驗者離開房間經由對講機指示命令時，服從的百分比從六十五降到二十一(Milgram, 1974)。有些受試者甚至會以較低的電擊來「欺騙」實驗者。一般而言，因爲實驗者只想得到受試公開的順從表現，而非他私下的服從，所以持續的服從須由持續的監視爲基礎。經由內化和認同爲基礎產生的社會影響力，就不需要監視來維持它。這在後面的章節會有討論。

緩衝(buffer)　米葛雷的受試者相信自己正從事暴力的行爲，但有幾個緩衝變項隱匿了這個事實或減弱了這感受的直接性。例如，學習者在隔壁房間，看不到也無法交談。米葛雷也報告：如果學習者與受試者同處一室，則服從性會從百分之六十五減爲百分之四十。而如果受試者須親自確保學習者手上電極通電，服從比率會降到百分之三十。個人的感受與受害者愈直接，受試者就愈不會服從。

戰時情況下最普通的緩衝是來自暴力行爲產生的疏離。所以伊希曼辯稱他不應爲殺害猶太人負直接的責任，他只是間接地安排讓他們死亡。米葛雷因而推論出一種「環節」的說法，受試者只按鈕，這個鈕讓另一個老師(一位助手)傳送電擊到學習者。這種情況下，服從大爲提高，百分之九十三的受試者持續

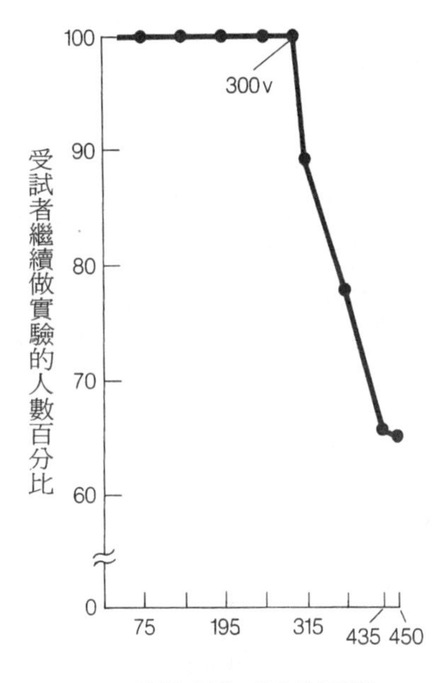

圖 18-8　對權威的服從

受試者願意施予懲罰電擊的人數百分比，是電擊強度的函數。請注意：電擊在三百伏特以下時，每個受試者都會對學習者施予電擊（取材自 Milgram, 1963）。

到電流數最高點。如此受試者可以輕易地歸咎於傳送電擊的人。

電擊機本身也是一個緩衝——實際傳送電流而與個人無關的一個「代理」機器。想想看，如果要求受試者用拳頭毆打學習者，則服從會降低多少。在眞實生活中，我們有類似的技巧，允許我們用一些手段打擊不相干者，又使我們不看到他們受苦的方法。雖然我們可能同意按鈕殺害成千上萬的人太惡劣，然而比起用石頭砸死人或按鈕發射飛彈，在心理上容易多了。這就是緩衝的效果。

意識型態上的辯解(ideological justification)　第四個也是最重要的可產生自願服從的因素，來自個人接受合法化負責者權威的意識型態，並爲遵從其指示提供正當的理由。像伊希曼一樣的納粹官員，相信德國國家的至高無上，且在此意識型態下，認同了殺人指令的合法性。同樣地，美國士兵在越南遵從命令射殺敵方人民，是因爲他們有這樣的認同：國家安全仰賴嚴格服從命令的軍人。

米葛雷的實驗中，**科學**(science)令受試者在意識型態上視實驗上不尋常的要求爲合法的。有學者批評米氏實驗結果是人爲的，科學實驗的聲譽讓人服從，而不問所參加的實驗中可疑的程序和步驟。眞實生活中，人們不會這樣子。事實上，米氏在設備不好的辦公室做實驗，並不用耶魯大學的名義時，服從率確由百分之六十五降爲百分之四十八(Milgram, 1974)。

然而批評者未觸及重心。科學的聲譽並非是一種無關的人造事物，而是米氏的整個實驗示範的一部份，是確實存在的。科學清楚地提供同樣的合法化角色，一如德國納粹軍人深信他們是爲了日耳曼國家和爲國家安全而殺戮猶太人。相信「科學研究」的優越性是一種意識型態，能促使個人放棄道德的自主，而自願將自己的獨立隸屬於更高社會組織的目標和意義。

日常生活中的服從權威

因爲米葛雷的實驗被批評爲人爲的(見 Orne & Holland, 1968)，所以來看看在一般情況下順服於權威的例子是有幫助的。研究者調查公私立醫院的護士是否會服從違反醫院規定和專業經驗的命令(Hofling 等，1966)。在值班時，受試者(一位護士)接到一位素未謀面但她知道的醫生的電話：「我是史可法醫生，在精神醫學中心打電話。我今天早上要去看董爲先生，晚上還會再去一次。我希望我去診療時他已打好針了，請你查一下藥櫃是否有 Astorten。」當護士查藥櫃時，看到藥盒上標示著：

ASTORTEN
5毫克膠囊
服用量：5毫克
每日最高用量：10毫克

在她找到藥丸後，醫生繼續說：「現在請你給董爲先生二十毫克的 Astroten。我十分鐘內到達，到時候我會簽寫診療單，而我希望藥已經開始產生作用。」當護士給藥(實際上是無害的寬心劑)或拒絕接受命令，或試圖與另一位醫生聯絡時，一位在附近值班的精神科醫師會不動聲色地去停止這件試驗。

這個電話命令違反了幾個規則：藥量明顯地過量、診療指示不能由電話下達、藥丸並不可靠(未列於常用的看護物品單上)、指示是由不熟識的人下達的。實驗結果有百分之九十五的護士準備給藥。進一步說，電話很簡明，護士並未拒絕。她們之中也沒有人堅持一定要有書面的診療單，雖然有幾個人認爲醫生馬上會到達，所以很安全。在這實驗後的面談，所有的護士皆表示過去曾接受這樣的指示，而護士若沒依指示做好，醫生會感到生氣或懊惱。

重要討論：

情境影響力

在第十七章，我們瞭解到人們低估了外界力量控制行爲的程度，因此產生**基本的歸因謬誤**(fundamental attribution error)。對從衆和服從的研究(不是研究結果，而是我們對結果驚訝的程度)說明了這一點。有一個心理學家，每年在他的社會心理學課上，要求學生預測：在米氏的實驗情境裡，當「學習者」開始敲打牆壁時，他們是否繼續給予電擊？結果有百分之九十九的學生回答說不會(Aronson, 1972)。米氏本身也曾針對這個問題，調查某大醫學院的精神醫師，結果他們預測在電擊強度高達一百五十伏特之後，受試者就會拒絕施行電擊，只有百分之四的受試者

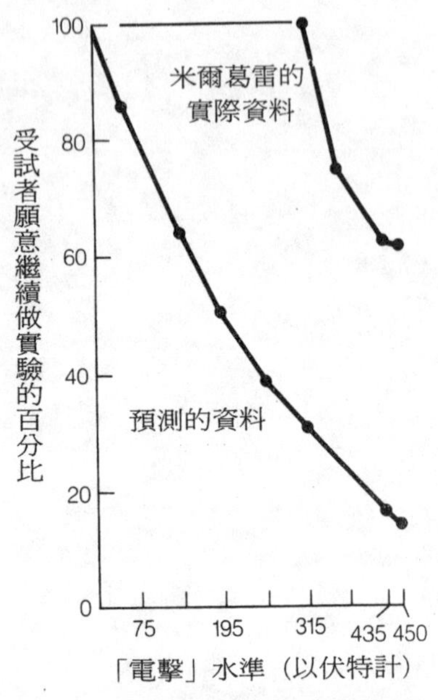

圖 18-9　預測與實際服從的程度

圖上面的曲線代表米氏的論據，由此可看出在電擊水準的伏特數增加時，受試者服從繼續施予電擊的人數百分比。下面的曲線是由另外一個研究得來的，在這個研究裡面，旁觀者願意重做米氏的實驗，並預測服從百分比隨著伏特增加的情形。顯然地，觀察者低估了情境壓力的作用，以及在米氏實驗情境之下，受試者服從的可能性（取材自 Bierbrauer, 1973）。

的電擊會超過三百伏特，而少於百分之一的受試者會超過四百五十伏特。而在另一個研究裡(Bierbrauer, 1973)，實驗者要求受試者「模擬」米氏的整個過程，電擊選擇錯誤的「學習者」，學習者的抗議聲音是以錄音播放的。結果不管個人是扮演受試者或是旁觀者，所有的受試者都低估了米氏所得的服從率(見**圖 18-9**)。

護士用藥的研究產生相同的發現。護士未實際成為受試者，僅描述情況而問她們將會如何反應，百分之八十三的人認為自己不會給藥，而且大部分的護士也會拒絕給藥。二十一位護校學生對相同的問題，全部回答不會給藥。

服從的實驗戲劇性指出了社會心理學重要的教訓：我們嚴重地低估了社會情境對人類行為影響的程度和力量。

反　叛

在順從實驗中所以產生那麼多從衆與服從，一個原因也許是這些研究中的社會壓力是直接加諸單獨的個體。根據社會衝擊理論，社會影響力如果分散於許多個體目標，則力量會較小，亦即團體中的個人較不受到影響——甚至可能表現出反叛。我們已經看過支持這種說法的資料，在艾虛從衆情境中，若有至少一個不同意者，則受試者較不易同意團體的不正確判斷。

在米氏服從情境中有相同的現象發生。步驟中稍加變動，增加二個助手，也都扮演教師的角色。教師甲讀字組，教師乙會告訴學習者他答對還是答錯，而教師丙(受試者)按電擊鈕。電流達到一百五十伏特後，教師甲告訴實驗者他不做了，即使實驗者堅持他必須繼續。然後教師甲起身離開椅子，坐到房間另一個地方。在二百一十伏特電擊後，教師乙也停止了。實驗者會轉向受試者，並指示他單獨繼續做。這種情況下只有百分之十的受試者願意完成工作。第二種變動是有二個實驗者，而非增加兩位教師。幾次電擊後，他們開始爭論，一個人說他們應該停止實驗，另一人說應該繼續。這種情況下，沒有一位受試者會繼續(Milgram, 1974)。

在這些變動中，不從衆或不服從來自助手們的發起。最近一個實驗探討團體中的受試者在沒有助手在場發起時，反抗不公正的權威的可能性如何。實驗者從電話中找一些非大學社區的市民，參加由 Manufacturer's Human Relations Consultants(簡稱 MHRC)贊助，在當地假日旅館舉行對**團體標準**(group standard)的研究(Gamson, Fireman, & Rytina, 1982)。每個團體討論會各有男女共九名成員加入。他們到達時，收到一份文件，說明法案常依社區標準的意願而決定，MHRC 聚集有關係的市民集體討論，收集這些標準的證明。然後受試者坐在排成馬蹄型桌子的錄影機及麥克風前，填寫背景資料及同意 MHRC 拍攝他們集體討論的同意書。負責人介紹自己是主事者，然後唸出一個未審理案件的背景：

> 「一位加油站經理控告取消他經銷權的石油公司。石油公司調查發現這位經理與人同居，這種生活方式違反當地社區的道德標準，不能與顧客維持良好關係，因此公司決定取消他的經銷執照。這位經理控告公司違反合約、侵犯隱私，宣稱公司是因爲他在當地電視臺的談話中，公開批評公司的油價政策，所以杯葛他。」

說明案件後，主事者請大家在錄影時進行討論。經一番討論後，關機讓全體短暫地休息。重新錄影前，主事者請其中三位討論，個人是否覺得加油站經理的生活方式不道德，然後再錄第二段討論，休息後，三個人再被指名討論。最後，主事者要求每個人獨自錄影，反對經理的緋聞，發表聲明認爲經理應喪失經銷權。團體中的成員也被告知，將要求其簽下證明的切結書，讓 MHRC 在編輯剪接這些錄影帶後，有權用爲證據。

明白 MHRC 的動機後，除了一個以外，三十三個團體全部不同意：「你能保證法庭將明白這些並不是我們眞正的意見嗎？」「當你指示我們做聲明時，是否也應該要錄影，這樣才不會顯得……」「這些專門人員知道你事實上是慫恿我們做僞證嗎？」(Gamson, Fireman, & Rytina, 1982)有一個團體甚至決定直接採取行動，收集桌上的資料，交給當地報社。

在三十三個團體中，有十六個完全反抗，所有的成員都拒簽最後的切結書。另外九個團體的大多數成員也拒簽。其他八個團體中，雖然有不同意的聲音，只有少數人拒簽。與米氏的情況相比，在這個研究中，服從權威淸楚地已被破壞了，但這是爲什麼呢？

這兩個研究在幾方面有所不同，所以我們不能斷言重要的差異在於以一個團體而不是單獨的個人爲目標。然而這似乎是最可能的原因。事實上，在 MHRC 研究產生反抗的環境，與我們在其他團體進行的情況一樣：先認定情況再服從。

在旁觀者干涉的研究之中，我們注意到團體中的個人跟著其他人來認定不明情況。在 MHRC 研究中，受試者在休息的時候有充分的機會與他人討論情況或 MHRC 可疑的動機。有一些評論是：「人們怎麼知道這些不是我們的意見？」「我們不願面對有一天會在〈紐約時報〉讀到：感謝新立法方式，這個可憐的笨瓜喪失了他的執照。」(Gamson, Fireman, & Rytina, 1982)

主要的問題在於百分之八十至九十的受試者原先就不同意他們被要求採取的立場。他們對未婚者同居相當容忍，他們批評大石油公司，他們相信一個僱員的私生活與公司業績無關。團體中的成員與其他人共享這些意見。研究者比較原本就有大多數不同意意見的二十三個團體，與原先不同意者較少的十個團體，發現前者有百分之六十五產生完全的反抗，沒有人簽切結書，而後者只有百分之十拒簽。在大多數的團體中也包括了一些過去活躍於抗議、示威的個人，與沒有這種「角色典範」的團體比較，這種團體較傾向於反抗。在米氏的服從研究中，受試者顯然沒有這種機會去分享資訊，在反對時也沒有機會得到社會支持或看到不服從的角色典範。

在我們慶賀面對社會壓力時人類仍能獨立和自主之前，我們必須更謹愼地考慮這些發現背後的涵義。他們說明團體中很多個人不是在服從和自主間選擇，而是在服從與從衆間選擇：服從主事者或同意正在發展中的團體規範而不服從。據研究者的觀察，很多人並不確定，他們盡量延遲決定而看別人怎麼做。最後面對不可避免的選擇（簽或不簽）時，而對團體的忠誠成爲他們決定的主要因素。也有人簽了切結書後劃去名字或撕掉表格的，就像一位受試者告訴主事者的：「我個人並不會說我不相信的事，但如果團體中其他人不簽，我也不會簽的。」(Gamson, Fireman, & Rytina, 1982)

對你而言，服從或從衆也許並不是非常英勇的選擇，但在這種過程中卻爲人類提供了社會黏劑。在做這個研究的前幾年，一位社會歷史學家指出：「當不服從不但不是罪惡，而是具有道德、宗教或政治動機時，不服從總是會成爲集體行動，且經由集體價值與成員的相互約定而合理化。」(Walzer, 1970)

內化作用

所謂順從是指，為迎合運用權力且能繼續監視他的人之希望而改變個人行為。然而日常生活中，大部分的影響力來源致力於得到個人信賴後的改變，使其在影響力來源離開後，仍能持續之。此一長期改變的過程稱為**內化作用**(internalization)。當然，父母、教育工作者、牧師、政治家和廣告者的主要目標是內化，而不只是順從。一般而言，要達到內化的目標，影響力來源須有**可信度**(credibility)，即其訊息具說服力與可信賴。這一節，我們探討的是說服而非強迫的兩個影響力來源：少數人對多數意見的影響和大衆傳播。

少數人的影響力

有些歐洲學者批評北美的社會心理學研究，因為其充斥著從衆和多數對少數的影響。正如他們正確指出的，知識新發明、社會變遷和政治革命的發生，皆是因為少數能言善道者的鼓吹——甚至是少數中的一個人——而開始改變他人見解(Moscovici, 1976)，所以，為何不研究少數人對大多數人的改變和影響？

為了說明自己的觀點，這些歐洲研究者仔細地行事，建立了與艾虛從衆情境相同的實驗室情境。受試者被要求做一連串簡單的理解力判斷，同時面對實驗助手經常給予錯誤答案的情境。實驗者不是採用幾個助手圍繞一個受試者的方式，而是在另四位受試者中安插二位常常給予不正確反應的實驗助手。少數可以影響百分之三十二的受試者做出一次不正確的判斷。要造成這種現象，少數人在實驗中須從頭到尾持續做錯誤的反應，如果搖擺不定或不能堅持判斷，他們就無法影響別人(Moscovici, Lage, & Naffrechoux, 1969)。

從這一少數的影響實驗被驗證後，在歐洲和北美展開許多其他的研究，包括要求團體辯論社會和政治事件，而不是做簡單的理解判斷。一般發現，如果少數人表現穩定的立場，而不執拗、獨斷或自大，便能改變多數人的看法。這樣的少數人，被認為比大多數人更有自信，甚至更有能力(Maass & Clark,

1984)。少數人在論爭姿態上，若符合大社會發展的社會規範時，會更有力量。例如，有二個討論女權運動事件的實驗，受試者從少數同意最近的社會規範(女權運動)，有意義的轉變爲個人反對新規範(反婦女運動)(Paicheler, 1976, 1977)。

然而這項研究最有趣的發現是：這個研究中的成員表現出內化(改變個人的態度)的情形，不只是服從或從衆而已。事實上，少數人有時也內化了多數成員的態度，甚至在他們沒有公開表示從衆時亦是如此。有個研究，一群研究生閱讀由五位研究生寫的討論同性戀者權利的摘要。其中四人採取同一立場，另一個人則一直採取相反的立場。有些討論是大多數主張同性戀者的權利，少數則反對；有些則少數人贊成而多數人反對。在讀過摘要後，受試者相當一致同意大多數的觀點，不論其贊成或反對同性戀者的權利——但寫成書面的評價時，意見轉於傾向少數人的主張(Maass & Clark, 1984)。

這些發現提醒我們，世界上的多數人即代表著有社會力量來贊成或反對、接受或拒絕，也就是這一力量得到服從。相對地，少數人很少有這股社會力量，但如果他們有可信度，便可以有產生內化作用的力量，而促成發明、社會改革與革命。

大衆傳播的說服

大衆傳播對我們的社會有重大的影響，尤其電視已成爲我們生活中一個重要的社會交往對象。十六歲左右的一般小孩看電視的時間比在學校的時間多(Waters & Malamud, 1975)，據估計，美國三分之一的成人每天平均看四個小時以上的電視(Gerbner & Gross, 1976)。可以想像地，很多人對於大衆傳播給我們信念、態度和行爲的影響有興趣。在第十一章我們已討論了電視暴力對行爲的影響。這裡我們看看大衆傳播說服的成功之處。

由公司和候選人花費在電視廣告的大筆金錢現象看來，我們可以下結論：經由大衆傳播來說服非常有效。但事實上並非絕對如此。在高度競爭的市場或旗鼓相當的政治選舉，幾個百分點的競爭優勢造成極大的差異。媒體的廣告有時能造成此種特別的優勢，也可以讓消費者認識和需要新的產品，或使政治上默默無聞的人創造出知名度。最後，激烈而長期的媒體推動可以幫助一小群製造商控制一個特別的市場，雖然他們本身也競爭得相當激烈。例如，雖然醫學報告一再強調所有非處方的止痛藥劑能同樣解除痛苦，亦同樣的快速與安全，但整個市場仍然被三或四家大量打全國廣告的品牌所控制(Consumers Union, 1980)。這樣的廣告當然費錢，這些全國性品牌使顧客花了七倍於沒廣告品牌的錢，實際上各地藥局、超級市場都可以買到這些藥。如果你用這些有名的品牌，治你頭痛的錢主要是花在說服優先購買它的特權上，同時你也會擁有媒體說服非常有效的第一手知識了(Bem, 1970)。

然而如果考慮到大衆傳播說服效果吸引的觀衆比例那麼小，或者其對個人信念、態度影響力的微弱，大衆傳播說服的效力看來就失色不少。例如，在一個爲石油公司重塑形象的密集活動後，抽樣調查有百分之十三的人更喜歡它，然而卻有百分之九的人變得較不喜歡(Watson, 1966)。在一九六○年的美國總統大選，成年人口中的百分之五十五收看約翰・甘迺廸和理查・尼克森著名的辯論；百分之八十的人至少看過其中的一場辯論。而且，新聞界明白地認定甘迺廸贏得辯論。但研究觀測顯示，辯論的結果對投票結果沒有實質上的影響(Katz & Feldman,1962)。一九八○年，吉米・卡特與隆納德・雷根在總統大選前舉行了一星期的辯論，常被舉例爲雷根「最後一分鐘勝利巨浪」的主要原因。但哥倫比亞廣播公司新聞在辯論後的立即調查，只有百分之七的觀衆從支持卡特改爲支持雷根，而雷根支持者中百分之一轉向卡特。在一個競爭激烈的賽跑，這麼小的百分比將會很重要，但在大衆傳播的部分，這樣的百分比並不能顯示有重大的影響力。爲什麼大衆傳播不能更有影響力？

沒有人在收看　也許最現實、最主要的原因，是只有一小部分的目標觀衆在收看或者注意。例如，尼爾森(Nielsen)的評估顯示，在一九七六年，一般家庭主婦每天幾乎打開七個小時電視。某研究發現電視打開時，有百分之十九的時候沒有人在房間裡面；而有百分之二十一的時候，人雖然在房間，但沒人在看。甚至當收看時，人們常在做其他的事情，包括燙衣服、玩遊戲、打電話、角力、跳舞和脫衣服(Comstock et al.,1978)。

進一步來說，除了像總統大選辯論這樣的特殊事例，大部分的政治新聞和廣告只有小部分人收看。以二個星期爲平均的週期，美國成人大多數並不看任何全國性新聞廣播(Robinson, 1971)。甚至有些人雖然收看，卻漫不經心，不記得看了什麼。一個電話調查發現，觀衆對傍晚二十條全國新聞的回憶，只記得其中二條或更少，甚至給予提示時，觀衆仍然不記得聽過的新聞其中的一半(Neuman, 1976)。

選擇性的暴露 傳播媒體未能改變我們信念或態度的第二個原因，是我們傾向於暴露在我們已經同意的見解。民主黨員聽的主要是民主黨的演說，共和黨員則聽共和黨的演講。自由派的人會看《新共和》(The New Republic)，而不願看《民族評論》(The National Review)。研究顯示大部分的選擇性暴露是不自覺的，我們只是傾向於生活在支持自己見解的資訊來源中。保守的商界人士也許讀〈華爾街日報〉(Wall Street Journal)，因爲他們對商業新聞有興趣，事實上，附帶的它也支持商人的政治觀點。故以說服者自許的人，所面對的主要困難是在如何能一開始就將訊息傳達給我們。

選擇性的注意 甚至說服者的訊息傳達給我們了，但仍不能控制我們是否注意它。在二個精妙的實驗中可證實這點。即是受試者在收聽說服性報導時，音量靜止，故不易聽到。爲了聽得更淸楚，受試者可以按鈕改變靜音狀態(Brock & Balloun, 1967; Kleinhesselink & Edwards, 1975)。在訊息支持自己的觀點時，受試者轉大音量的意圖，比不是傾向自己觀點時的大。例如，學生很喜歡在報導支持大麻合法化的消息時轉大音量，甚至在反對立場容易駁倒時也轉大音量，但反對合法化的言論若不易駁倒時，他們會讓靜音的狀態持續(Kleinhesselink & Edwards, 1975)。

選擇性的解釋 甚至我們認眞收聽訊息時，我們也傾向於用自己的信念、態度來解釋它的內涵。政治人物知道如何陳述自己的立場或不表示意見，以足夠的曖昧讓大多數人可用自己同意的立場來解釋他傳達的訊息。甚至我們會認爲自己同意的訊息來源比實際上的更支持自己的立場。例如，在總統大選上，投票者傾向於認爲，其偏好的候選人所採立場與自己的觀點，比實際上的更一致(Granberg & Brent, 1974)。

一個成功的反例 很淸楚地，大衆傳播媒體並不是要將我們洗腦。我們認爲要打動我們時，以說服者自居的人會面臨許多的困難，然而很奇怪的，大衆傳播媒體卻又能大行其道。就如下面的例子，在某些情形下這些困難卻能克服。

一九七二年，史丹福心臟病防治計畫舉辦了一個以三個社區爲範圍的研究，來看是否能說服人們運動、改變抽煙習慣及節食，來得到降低心臟病風險的好處(Maccoby, Farquhar,

Wood, & Alexander, 1977)。這是一涉及社會心理學家、溝通專家、傳播媒體從業人員和心臟血管疾病專家的共同研究。此一努力不只面對已提及的說服大衆的一般困難而已，還必須讓人們改變根深柢固的習慣，像抽煙與體重超重。研究小組盡其所知有關說服、溝通和行為修正的每件事，投入這個計畫中。

二個北加州社區(每個社區約有一萬三千人)獲選為實驗社區，而第三個類似於前二者的社區，則做為控制組。每個社區隨機抽樣四百人，分別調查他們在為期二年的研究之前、其間和之後的不同，以評估這個活動的效果。在這二年間，實驗社區的全部人口便暴露在與心臟病相關的傳播活動中：有約三個小時的電視節目及五十次以上的插播、數個小時的廣播節目及一百次插播，還有週報專欄及報紙廣告與短文等。海報在公車、商店和工廠張貼，傳單直接郵寄給參加者。因為社區中有相當多說西語的人口，所以活動以英文、西班牙文來進行。

研究小組發現，二個實驗社區的民衆對心臟病有關因素的知識大增了約達百分之三十，而控制組社區只增加了百分之六 (Maccoby, Farquhar, Wood, & Alexander, 1977)。**圖 18-10** 顯示，實驗社區的參加者比起控制組的參與者，顯著地減少了飽和脂肪的吸收、抽煙、血中膽固醇含量、血壓收縮壓等所有可能導致心臟病的因素。

與下述的團體比較，結果更令人印象深刻。此一特別挑選參加者的團體進行了十週密集的課程，包括每週諮商和指導如何減低心臟病的風險。他們都是極有可能患心臟病的人。在這計畫的第二年，個人再接受諮商幫助，並受到鼓勵，維持過去一年來的所有改變。參加者也暴露在所有的傳播活動中。結果

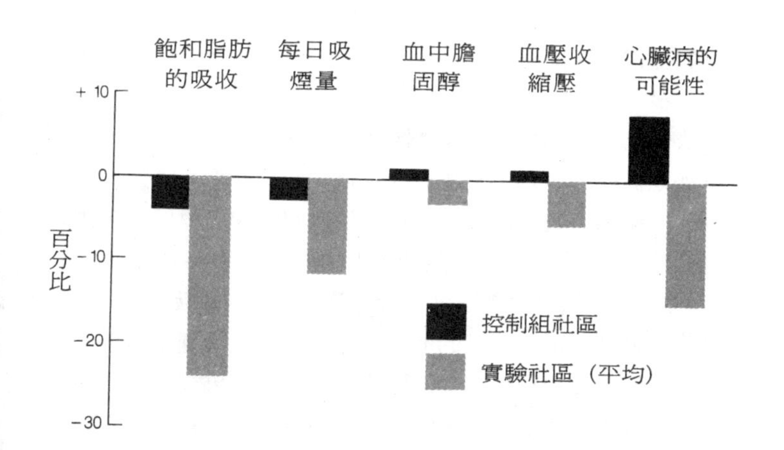

圖 18-10　大衆傳播的說服活動
密集的兩年大衆傳播活動成功地說服實驗社區的市民改變每日的習慣來減低發生心臟病的風險 (取材自 Farqubar 等, 1977)。

顯示，此一團體在計畫的第一年減少與風險有關的行為，做得比只有參加媒體傳播者更好。但在第二年結束時，只有傳播媒體活動的則幾乎完全趕上了，產生與密集諮商者幾乎相同的改變(Farquhar et al., 1977)。此一極為成功的研究對北美和其他國家有啓發作用。最早從事這類研究的史丹福團體，目前正推展社區的研習會，希望成員自己完成計畫。目前的研究是在試驗僅有社區組織的存在，是否即能使社區獲得與維持類似有益的行為改變(Farquhar, Maccoby, & Solomon, 1984)，而不須借助於外界傳播媒體活動來影響。

此一研究顯示，經由大衆傳播的說服，只要小心與密集的執行，可以效果非凡。注意此研究中影響力來源有相當高的可信度，也是非常重要的。他們是心臟病專家，動機在試圖得到目標觀衆的行為改變。這些觀衆不能視為自私自利——有如廣告或政治演說下的產物。可信度是內化的關鍵。

認　同

幾乎每個我們所屬的團體，從家庭到整個社會，都有其認為正確的一套隱諱不明或清楚的信念、態度和行為。任何人偏離這些社會規範，便有被孤立和社會反對的風險。所以經由社會的獎賞和懲罰，我們所屬的團體可得到我們的服從。此外，如果我們尊敬或仰慕某個團體或個人，我們會遵守他們的規範，採取他們的信念、態度和行為，以便能跟他們相像，認同他們。這便是認同的過程。

參考團體

我們認同的團體稱為**參考團體**(reference group)，因為我們參加他們而評價及調整我們的意見和行動。參考團體也可以提供參考架構，其經由提供特別的信念與態度，也提供我們體察世界的一般的看法(即一種意識型態或對社會爭議事件一套既有的解釋)。如果我們結果採取他們的觀點做為我們的，並將團體的意識型態加入我們的價值系統中，則參考團體將會產生內化。認知的過程也可以提供服從和內化一個橋樑。

參考團體的影響力可經由一研究證實，由革新教師大學的學生傾聽呼籲恢復傳統的上課方法的演講錄音。這演講數度被掌聲喝采中斷。半數的學生被告知錄音中的聽衆是大學中的學生，另一半是當地小鎭居民。這半數學生團體的成員比起認爲掌聲是來自「外地人」的學生，他們對革新教育的看法改變較多(Kelley & Woodruff, 1956)。

一個個體不必成爲參考團體的一員，才受其價値觀影響。例如，一個中下階層的人常以中產階層爲參考團體。一年輕有抱負的運動員以專業運動員爲參考團體，採取他們的觀點和其他嘗試來追隨他們。

如果我們只認同一個參考團體，生活將會很單純。但是我們大多數人都認同好幾個參考團體，造成我們衝突的壓力。例如在十七章，猶太商人因爲其民族的參考團體，比起其商人參考團體採取更自由的政治立場，而感受交互的壓力，也許最持久的競爭參考團體的例子，是每一代許多年輕人經歷家庭參考團體和其大學或同儕參考團體的衝突。此一衝突的深入研究是紐康(Theodore Newcomb)早期的班寧頓(Bennington)研究——審視在佛蒙特(Vermont)一個小規模、政治上自由派的班寧頓大學所有人的政治態度。此一研究的年代(1935～1939)，對那些才發現代溝的人是最有用的提醒：這不是一個新的現象。

今日班寧頓大學試圖吸引自由派的學生，但在一九三五年大部分學生是來自富有、保守的家庭(今天學校男女合校，但在一九三五年是一女子大學)。超過三分之二的學生家長是加入共和黨。班寧頓大學社區在一九三〇年代是自由派，但這並不是大部分的女子選擇這學校的原因。

紐康主要的發現是班寧頓的學生的態度，逐年從他們父母的態度而轉於更接近大學社區的態度。例如在一九三六年總統大選，有約三分之二的父母傾向支持共和黨候選人藍敦(Landon)，而不是民主黨的羅斯福(Roosevelt)。而藍敦在班寧頓受到百分之二十六新鮮人的支持，二年級爲百分之四十三，三、四年級則只有百分之十五。

與日增的自由主義反映出大多數的婦女對這二個競爭的參考團體間深思熟慮的選擇。二位婦女討論其如何做決定的：

「我一生都在女家庭教師和父母的保護下而深感厭煩。在大學中我可以逃開這些，或者我應該說，我轉而尋求老師和較激進學生知識上的支持，然而我卻發現，你無法同時得到反動者及知識界兩方面的尊重。」

「成爲激進派表示我是自己在思考，且對我家庭象徵性地挑戰；另一方面也是對我想效法的學院教授和學生知識上的認同。」(Newcomb, 1943)

注意第二位用到我們前面提及的「認同」一詞。同時也更注意她如何描述經由社會獎懲(順從)產生的混合改變，以及她如何被其尊敬的團體所吸引而產生改變。

從認同到內化

一如前述，參考團體也經由提供成員一參考架構，以新的觀點來看事物。班寧頓社區，尤其是教授們告知了學生們其富有和保守家庭環境中所沒有的一九三〇年代大恐慌和二次世界大戰的威脅等觀點，而使得學生們由認同自由派轉而爲內化：

「很容易地，我明白自由派的態度其有聲望價值。……這是我成爲自由派最初的理由；而自由主義的核心問題都是很重要的，則是我一直是自由派的原因。我現在想要的是有效地解決問題。」

「聲譽和認知對我而言一向非常重要。……但在我試圖誠實面對自己時仍付出了不少血汗，最後我確實知道我想要持有的態度爲何，而且清楚地瞭解到它在我的生活中會有何影響。」(Newcomb, 1943)

我們許多的重要信念和態度最初可能植基於認同。當我們認同一個新的參考團體時，我們試著「套用」他們規範的一套新信念和態度。然而我們「眞正相信」的東西是不斷變動的。大學的第一年常有這種影響，從家庭參考團體帶來的許多觀點，受到背景不同、有不同信念的教授和學生的挑戰。學生常大量地且深具信心地先套用新的信念，只有在這套信念不合用而有更新的概念時，才會揚棄它們。這是成長必然的過程。在逐漸且較穩定地形成恆久的中心信念之前，大學時代，可說是個人意識型態成長最快速的時候。雖然對新經驗一直保持開放的人而言，這種成長過程是沒有止境的。大學的「眞正功能」乃是從試驗不同的信念與態度，以發展出一意識型態認同，而能從認同演變爲內化。

大學的經歷也使大多數學生政治上更傾向自由主義——正如幾年前在班寧頓一樣。幾份政治上保守的雜誌在一九六一至一九六三和一九六九至一九七〇年的二次觀察，顯示不同大專院校的學生皆有這種傾向(National Review 1963, 1971)。在一九七〇年的觀察，有百分之七十七的學生說其政治態度已從進入學校的時候改變爲傾向改革，而只有百分之九轉爲保守。雖然一九八〇年代一些大專學生描述自己在政治上較一九七〇年代的學生更自由或激進，校園中的學生仍很支持自由的政治抗議。觀察結果顯示年輕人一直比年紀大的人更傾向自由主義，尤其在像婦女權、墮胎、對同性戀的接受及前進的社會事件上(Yankelovich, 1974, 1981)。

如同前面所說的，內化之優於服從之處在其改變是自主的；影響力來源不必監視個體以維持所引發的改變。因此，我們要驗證是否產生內化，只須觀察所引發的信念、態度和行爲是否有長期的穩定性。當班寧頓的女性回到眞實世界中時，是否仍維持認同下引發的自由主義？答案是肯定的。一個追踪研究顯示，二十五年後班寧頓的女性仍維持著自由派。例如，在一九六〇年的總統大選，有百分之六十的班寧頓女性傾向支持民主黨的甘迺廸，而非共和黨的尼克森。而相似的社會經濟階級和社區，具有相同教育水準的女性，則只有三分之一左右傾向甘氏。並且有的班寧頓女性在政治上很活躍，她們大部分(三分之二)是屬於民主黨(Newcomb, Koening, Flacks, & Warwick, 1967)。

但我們不能因認同所支持的參考團體，而脫離自己的需要。班寧頓女性的政治態度維持穩定，部分是因爲他們選擇新的參考團體——朋友和丈夫——是支持他們在大學時已發展的態度的人。在一九六〇年時的一項研究發現，與更保守者結婚的人更傾向政治保守。如紐康所指出的，我們選擇參考團體常是因爲他們分享我們的態度，相對地我們的參考團體有助於發展與維持我們的態度，關係是循環的。認同和內化的區別對瞭解社會影響力是很有用的，然而實際上並不太可能將他們區分淸楚。

摘 要

1. 社會心理學部分是探討個人的想法、感受及行為如何受到他人影響。社會影響力的三個步驟可界定為：
   a. **順從**：外在服從於影響力來源，但未改變自己個人的信念或態度。
   b. **內化**：因為相信影響力來源傳遞的有效信條，而改變自己的信念、態度或行為。
   c. **認同**：改變自己的信念、態度或行為，以與所尊崇仰慕的影響力來源相似或認同之。
2. 我們也受到社會規範影響。社會規範是告訴我們應如何思考和行為的內在規則與期望，甚至其他人不在場時規範也影響我們。社會心理學廣義的界定包括個人想法、感受和行為如何受到實際的、想像的或暗中存在的他人影響。
3. 人類與動物在有其他同類在場時反應較迅速，此稱之為社會助長作用，不論他人是從事相同的工作(同伴)或只是旁觀(觀衆)均會發生。他人在場會提高有機體的驅力水準。人類認知的因素，如對評價的關切，也與社會助長有關。另外也有與社會助長作用相對的理論。
4. 暴民群衆有時表現無法無天的攻擊行為，是去個人化情況的結果。個人覺得失去了個人的身分而已融入團體中，稱為**去個人化**。匿名性和封閉的團體單位會降低自覺，而助長了去個人化。去個人化的結果是與衝動行為抗衡的約束減少，對於明顯的線索、情緒的狀況之敏感度提高，不關心他人的評價。
5. 旁觀者的不介入緊急情境，通常是有原因的。由於每個旁觀者看起來都相當冷靜，因此大家都認為情境並不危急，而產生「衆人的無動於衷」。此外，有其他人在場，把應負的**責任分散**了，於是沒有人覺得有採取行動的必要。當這些因素改變之後，或有「模仿對象」表現出助人行為時，旁觀者介入情境的可能性較大。
6. 社會衝擊理論摘述了社會影響力的許多現象，提出了：
   a. 對目標個體而言，社會衝擊或影響力的效果隨著影響力來源之數目、直接性和重要性增加。

b.隨著目標數目、直接性和重要性的增加，影響力來源的社會衝擊會減弱。

7.影響力來源由建立榜樣而得的順從，稱之為**從衆**。運用權威而得的順從，則稱為**服從**。艾虛研究社會壓力下的從衆現象，方式是在簡單的知覺辨認中用明顯的正確答案來測驗受試者是否會有從衆的行為。他發現團體所做的不正確反應給予個體極大的壓力去順應團體的判斷。之所以產生從衆的壓力，來自不同意會傳達給團體這樣的訊息——團體中的其他成員能力不夠或個體與實際脫節。

8.米爾格蘭引人注目和具爭論性的一系列研究，證實人們在實驗者的命令下，會對無辜的受害者按送強烈的電擊電流。產生高度服從率的條件包括社會規範(例如繼續實驗直到結束的約定)、實驗者的監督、安排的方式(緩衝)使人與行為結果的間隔距離加大、科學合法角色，使人們放棄自主而順從實驗者。

9.如果個體是在有機會與彼此分享意見的團體中，對不合法權威的順從會被破壞而產生抗拒，因為前述團體可給予個人不同意的社會支持，並提供不服從的角色模式。

10.從衆和服從的研究顯示，情境的因素對行為的影響大於吾人所想像瞭解的。通常我們傾向於低估情境力量對行為的影響。

11.有社會權力的影響力來源可產生服從，但只有具可信度(具說服力和令人信服)的影響力來源才能產生內化，眞的使信念和態度改變。研究顯示大團體中的一小部分人如果不是顯得頑固、獨斷或自大，在表現和主張持續的不同意時，可讓大多數的人傾向他的觀點。這些小部分人先天就較自信，偶爾較大多數人更能幹。有時這小部分人甚至在沒有服從團體時，便得到這種內化效果，讓大多數人公開地持續表達大多數最早的見解時，修改了他們私人的觀點。

12.雖然大衆傳播在說服觀衆上花費鉅資，然而收效不彰。主要的問題在於要打動潛在的觀衆。人們並不會注意說服的訊息，他們會讓自己完全置身於原已同意的觀點中，對不同意的訊息則會「轉臺」。人們也有以高過實際的相似性來解釋訊息與自己原本信念的傾向。然而無論如何，一個進行二年以改變人們習慣來降低心臟病風險為目的之大規模活動，顯示有技巧地使用大衆傳播能夠產生很大的效果。

13.當我們遵守規範，採取尊敬或仰慕團體的信念、態度和行為時，便顯現了**認同**的過程。我們以這種**參考團體**來評估或修正觀點或行為。參考團體經由給予社會獎勵與懲罰或經由提供事件、參考的架構、準備好的解釋，可以改變我們的態度和行為。

14.我們大多數人認同的參考團體不只一個，這樣容易讓我們的信念、態度和行為有衝突的壓力。大學生經常由家庭參考團體的觀點轉向大學的參考團體，通常是政治上自由的傾向。這改變在隨後的幾年仍持續。新觀點通常經由認同的過程而採用，然後變成內化。他們一樣也能維持不變，因為我們對於大學後的新參考團體——配偶和朋友——傾向選擇已經同意我們觀點的。

進一步的讀物

這一章的幾個主題，涵蓋在通常是最早研究者為普通讀者所撰著的平裝書中，例如 Aronson, *The Social Animal* (4th ed., 1984); Milgram, *Obedience to Authority* (1974)，都是對這些有爭議的研究形成意見前特別值得一讀的。此外，值得參考的還有 Latané and Darley, *The Unresponsive Bystander: Why Doesn't He Help?* (1970); Le Bon, *The Crowd* (1895)。

有關班寧頓(Bennington)的研究可參閱 Newcomb, *Personality and Social Change* (1943); Newcomb, Koening, Flacks, & Warwick, *Persistence and Change: Bennington College and Its Students After Twenty-five Years* (1967)。

內容涵蓋此章討論的主題，適合作為一般社會心理學的教科書的則有：Brown, *Social Psychology* (2nd ed., 1985); Sears, Freedman, & Peplau, *Social Psychology* (5th ed., 1985)。欲做更進一步探討，則可參考 Lindzey and Anroson (eds.), *The Handbook of Social Psychology* (3rd ed., 1985)。

附　錄

附錄Ｉ：如何閱讀一本教科書：PQRST 法

心理學中一個普遍性的主題便是學習與記憶的研究。本書幾乎每一章都提到了這些現象，第七章(「學習與制約」)和第八章(「記憶」)更是完全以此爲對象。本附錄將複習閱讀與研習以教科書方式所呈現訊息的一種方法。本法所含的理論概念見於第八章；附錄中再度提出，以爲讀者研習本書之參考。

此種閱讀教科書各章的方式，稱爲 PQRST 法，被證實對增進讀者理解並記憶關鍵概念和訊息一事相當有效❶。該法以閱讀一章時所採五個步驟的第一個字母來命名：第一個和最後一個步驟(或稱階段)(預習和測試)應用於全章；中間三個步驟(發問、閱讀、自我重述)則用於一章的每個主要分段。

階段 P(預習，preview)　第一步，你以掃瞄方式預習整章，得到重要主題的一個概念。你可以閱讀每章開頭的內容綱要，接著掃瞄全章，特別留意主節和分節的標題，並瀏覽圖片和說明。預習階段中最重要的一點是：在你掃瞄過整章後，仔細閱讀每章結尾的摘要部分，從容思考摘要中的每一條，待你讀完全部內容後，心中自然有待解答的問題。預習階段讓你對整章的涵蓋主題和內容組織方式，大致有個印象。

階段 Q(發問，question)　如前面所述，你應對每一章中的每一主節採用階段 Q、R、S。本書每一章大致有五至八個主節，依次對每個主節施以階段 Q、R、S。在閱讀每一節之前，先讀主節和分節的標題部分，再將主標題化爲你預期由此節得到解答的一個或一個以上的問題。這便是發問階段。

階段 R(閱讀，read)　當你閱讀各節時，試著回答你在階段Q中所提出的問題。深思你所閱讀的內容，並試著和你知道

---

❶此處所描述之 PQRST 法以湯瑪士與羅賓森等人(Thomas & H. A. Robinson, 1982; Spache & Berg, 1978)的研究爲基礎，這些研究又植基於羅賓早期貢獻(F. P. Robinson, 1970)。

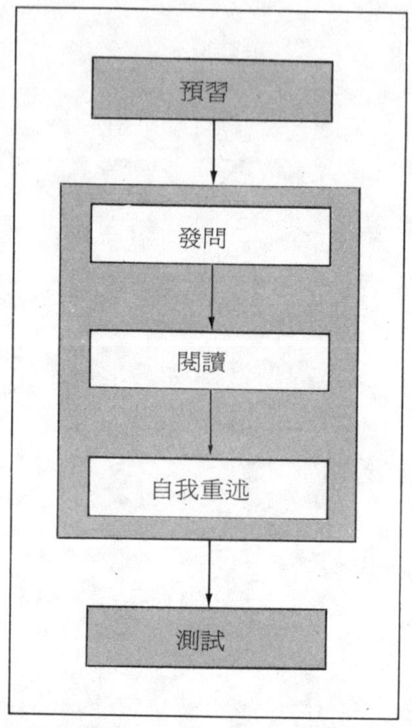

PQRST法

的其他事物相關聯。你可以對重要的字、片語或句子作記號或劃線。最好在讀完整節找出所有關鍵想法後再作筆記，以便自己能評判它們的相對重要性。

階段 S(自我重述，self-recitation) 在你讀完一節後，試著回憶其中重要的觀念，並重述訊息。自我重述是將材料固定在記憶中的有力方式。將你所閱讀的觀念轉成字語，並複述此訊息(最好念出聲，若一旁有人，則可採默念方式)，自我重述可顯露你知識中的空白，同時幫助你組織並鞏固這些訊息。在以此種方式完成一節後，再依照 Q、R、S 階段閱讀下一節。繼續此方式直到讀完一章的每一節。

階段 T(測試，test) 當你讀完整章後，應對所有材料作一測試及檢討。重看你的筆記，測試你對主要內容的回憶。試著瞭解不同的事實彼此如何關聯，以及它們在本章中的組織方式。測試階段或許需要你重翻過此章，以查看關鍵事實和觀念。而且你也應再次閱讀此章的摘要；在這同時，你應能對摘要中的每一句做上幾句附加細節的注解。

研究指出 RQRST 法對閱讀一章書十分有幫助(Thomas & Robinson, 1982)，其中自我重述尤其重要。最好將百分之八十的研讀時間用來作主動的重述，勝於將所有時間用來閱讀及重讀這些材料(Gates, 1917)。同時研究也顯示：在閱讀一章之前，先仔細閱讀該章摘要特別有收獲(Reder & Anderson, 1980)，先讀摘要可提供有關該章的一個總論，可在你閱讀整章時，幫助你組織材料。縱使你不想依照 RQRST 法的每一個步驟，還是應該特別注意自我重述及事先閱讀每章摘要所具有的功效。

附錄II：心理學簡史

雖然心理學是門年輕的科學，但有史以來，人們便已關心這方面的事情。介紹心理學史的書討論到古希臘哲學家的看法，其中以柏拉圖和亞里士多德爲代表人物。在希臘人之後，聖奧古斯丁(Saint Augustine, A. D. 354～430)被認爲是現代心理學的第二個偉大先驅。這點乃是來自他對自省的興趣以及對心理現象的好奇，包括嬰兒的行爲和戰車競賽中群衆的行爲。笛卡兒(Descartes, 1596～1650)在心理學上留名，是由於他將動物視爲機械，並用類似研究其他機械的方式加以研究的理論。他也引進反射行爲的概念，在心理學上占有重要的一席之地。十七、十八世紀的許多重要哲學家——如萊布尼茲(Leibnitz)、霍布斯(Hobbes)、洛克(Locke)、康德(Kant)、休姆(Hume)等——都掌握了心理學的問題。

現代心理學溯源

兩種早期的研究取向

十九世紀中，關於心理，有兩派互相競爭的理論。其一爲**功能心理學**(faculty psychology)，是主張遺傳心理力量的一種學說。根據該理論：心理只有少數幾個獨立的「官能」或心理媒介(如思考、情緒和意志)來解釋其活動。這些功能進一步劃分爲次功能：我們由記憶的次官能來記住、由想像的次功能來想像，依此類推。功能心理學造成了十九世紀早期骨相學家(phrenoolgists)的興起，如蓋爾(Gall)試圖界定出腦部不同地區的特殊功能。

聯結心理學家(association psychologists)則採相反的看

威漢・馮德

法，他們否認心理的天生功能。認爲心理的內容限於透過各種感覺方式進入的觀念，接著藉由相似、相對、接近等原則來聯結。他們以觀念的聯結(association of ideas)來解釋所有心理活動。

功能心理學和聯結心理學都是現今心理學的一部分。尋找心理能力作爲心理測驗的因素，便是有關功能心理學的一面，現今對記憶和學習的研究則有關早期的聯結理論。功能心理學重視行爲的遺傳面，而聯結論者則強調環境爲行爲的決定者。事實上，環境和遺傳之爭在整個心理學史中不斷地重現。

馮德的實驗

威漢•馮德(Wilhelm Wundt)是使心理學進入學術殿堂的奠基者。一八七九年，馮德於德國的萊比錫大學成立了第一個正式的心理實驗室，馮德的研究基本上以各種感覺爲對象，尤其是視覺，但他和同事也研究了注意、情緒和記憶等現象。

馮德的心理學以**內省法**(introspection)作爲研究心理學過程的方法。內省法雖是承自哲學，但馮德爲此概念注入了新的向度，純粹的自我觀察是不夠的，必須有實驗的輔佐。他的實驗對一個刺激的某個物理向度作系統性的改變，並以內省法來決定這種物理上的改變如何影響意識狀態。

馮德的研究方式可以對他**反應時間**(reaction time)所作的一個實驗來說明。在此實驗中，受試者必須在看到某個燈光亮起後，儘速按鍵。並仔細測量受試者的反應時間，馮德發現當受試者注意力集中於亮燈時，反應時間要比注意指頭迅速按鍵時來得長。在兩種情況下，受試者的反應都很快，但兩者差距大約爲 0.1 秒。爲說明此一奇特的發現，馮德區分了**知覺**(perception)和**統覺**(opperception)：當注意手指動作時，產生簡單的知覺，燈光立即引發反應，但是當注意刺激時，便出現額外的統覺活動，包含了對燈光「較豐富」的知覺。馮德認定此種統覺需時 0.1 秒左右。目前這種解釋已被推翻，我們知道介於刺激和反應之間的過程是以更複雜的方式組成，但這類研究卻使心理學得以成爲實驗科學之一門。

直到一九二〇年逝世之前，馮德個人對心理學的影響力是無與倫比的。許多美國心理學界的先驅都出自馮德的實驗室，美國第一個正式的心理實驗室一八八三年由霍爾(G. Stanley

Hall)於約翰・霍浦金斯(John Hopkins)大學設立(他曾受教於馮德)，在這之前詹姆士(William James)曾於一八七五年在哈佛設立小型的示範性實驗室。美國第一位被稱爲「心理學教授」的人爲卡臺爾(J. Mckeen Cattell)，也是馮德的學生，他於一八八八年由賓州大學獲得上述頭銜。在一八九〇年底，馮德的學生也遍布美國許多大學。

高登爵士

現代心理的其他根源

雖說設立心理實驗室的推動力主要來自德國，但仍有其他影響來源。在英國，高登爵士(Sir Francis Galton)是研究個別差異的先驅，並且對智力測驗的發展有重大的影響。高登發明了相關統計法，並發展出日後被稱爲**相關係數**(coefficient of correlation)的指標。

倡立進化論的達爾文也是英國人，達爾文的理論爲動物和人類之間建立起連續性，因此導致心理學上的比較研究。

另一個影響心理學的領域則是醫學，尤其是來自對心理疾病的治療。如催眠便是歷史悠久的一種治療方式，另一位維也納醫師——佛洛伊德，也在本世紀初創立了心理分析理論。

心理學的學派

結構主義與功能主義

十九世紀後期，當科學的心理學萌芽之際，正是研究者藉著對複雜的複合體(如分子)分析出其組成元素(原子)，而在化學及物理上獲致極大進展的時刻。這方面的成就鼓舞了心理學家試圖找出構成較複雜經驗的心理元素。如果化學家能透過將水分解成氧和氫而有所突破，或許心理學家也可藉著將檸檬水的味道(知覺)視爲可分析成種種可藉內省方式界定出的元素(感覺)——如甜、酸、苦、冷等等——的一種意識經驗，並同樣由此有所進展。這便是馮德及其門生所採的方式。在美國主要的代表人物爲鐵希納(Titchener)，他是馮德學生，爲康奈爾大學的心理學家。由於他們的目標在於找出心理的結構，因此

詹姆士

鐵希納以**結構主義**(structuralism)來描述心理學此種分支。

在這同時，也有人強烈反對結構主義純粹分析的特色。哈佛大學著名的心理學家詹姆士，對結構主義者所發展的心理學中的種種限制感到不耐。詹姆士認為應該少花精神在分析意識的元素上，而應多注意理解意識的流動性，和個人的特性等。他基本的興趣是研究心理如何運作，使個體得以適應其環境。由於詹姆士提及意識如何發揮功能(尤其是在適應的過程中)，所以他對心理學的研究方式被稱為**功能主義**(functionalism)。詹姆士以習慣作為適應的一種表現方式，奠定了心理學將學習過程納為一個研究重心的基礎。

對適應的興趣乃是受到達爾文天擇理論的影響。功能主義的看法是：意識只有在引導個人行動上具有某種目的時，才會發展，由於強調意識的功能角色，使他們感到結構學派的自省法太過狹隘。為找出個體如何適應環境，功能派學者主張來自自省而得的資料，尚需實際行為的觀察來補全，包括動物行為的研究和行為的發展(發展心理學)。因此，功能主義擴展了心理學的範圍，將行為納入為一依變項。但和結構論者一樣，功能論者也視心理學為意識經驗的科學，且內省法為其基本的研究方式。

結構主義和功能主義在心理學早期的發展中都扮演過重要的角色。由於每一個觀點都有一套系統式的研究方式，因此該兩者被視為互相競爭的心理學學派。隨著心理學的發展，其他學派先後出現，各領風騷。到了一九二〇年，結構主義和功能主義為三個新學派(行為論、完形心理學以及心理分析論)取而代之。

華森

行為論

在三個新學派當中，行為論對科學的心理學影響最大。創始人華森(John B. Watson)反對當時的傳統主流(以意識經驗為心理學的領域)，並極力鼓吹不用內省法的心理學。華森研究動物及嬰兒的行為時，並不對意識作任何說明。他確信不僅動物心理學和兒童心理學的結果本身可自為一種科學，而且它們也塑立了成人心理學可作依循的一種型態。

為使心理學成為一種科學，華森表示心理學的資料必須可作公開的檢視，如同其他科學的資料一樣。行為是公開的，意識是個人的。科學應該是處理可見公開的事實。由於心理學家已對內省法漸感不耐，使得新起的行為論迅速取而代之。尤其一九二〇年代，曾有一段時間，美國大多數較年輕心理學者都自稱為「行為論者」。在俄國，巴卜洛夫(Ivan Pavlov)有關條件化反應的研究，被視為是行為學家重要的研究領域。行為論出現之前，在美國也曾有過對條件化反應的探討，但後來它對心理學的廣泛影響，華森是關鍵人物之一。

華森主張幾乎所有行為都是條件化的結果，而且透過對某些習慣的增強環境，塑成了我們的行為。條件化反應被視為行為最小的不可分割之單位，是構成較複雜的「行為原子」。來自特殊訓練或教育的各種型態的複雜行為庫，都只被視為條件化反應相互聯結的結果。

行為論者對於討論心理現象「以刺激始，以反應終」(因而產生「刺激—反應(S-R)心理學」之名)一事感到滿意。而由行為論中產生的 S-R 心理學，都超出了早期行為論者的範疇，不僅研究刺激輸入和反應輸出，還推論其間被稱為**中介變項**(intervening variables)的假設過程。

廣義來看，「刺激」意指所有的先想情況，「反應」意指所有的結果(實際的行為，和行為的產物)，則 S-R 心理學便只成為獨變項與依變項的心理學。依此看來，S-R 並非一種特別的理論，只是可用來使得心理訊息更明顯、可溝通的一種「語言」。在現今心理學中，S-R 的看法仍是相當盛行。

完形心理學

當華森在美國提出行為論的同時，大約正是完形心理學於德國嶄露頭角之際。「Gestalt」一字來自德文，意思為「形狀」或「形態」，由魏特海默(Max Wertheimer)於一九一二年提出的完形心理學，主要討論心理過程的組織。此派代表人為魏特海默及其同事考夫卡(Kurt Koffka)和庫勒(Wofgang Köhler)，他們後來都移居到美國。

最早的完形實驗是探討知覺到的行動，尤其是 **ϕ 現象**(phi phenomenon)。當兩個不同的燈接連亮起(假設時距和空間位置合適)，受試者看到的會是一個燈光由第一次亮的位置移到下一個位置。這種看似移動的現象是人們所熟悉的，但完形心理學家卻注意到刺激型態在造成此作用上的理論重要性。我們的

庫勒

心理學史的重要日期

公元前 400 年	希波克拉特(Hippocrates)將體型和人格特點相關聯，並提出心理疾病的生理理論(相對於鬼神附身論)。
350 年	亞里斯多德(Aristotle)強調對人的行為作客觀觀察，並提出三個原則來解釋觀念的聯結。
公元後 400 年	聖奧古斯丁(Saint Augustine)受到柏拉圖的影響，在他的《懺悔》中作了詳盡的內省。
1650 年	笛卡兒(René Descartes)認為心理與身體的關係是一種互動。
1651 年	霍布斯(Thomas Hobbes)宣布所有觀念都來自感覺經驗，為聯想論啓先端。
1690 年	洛克(John Locke)將霍布斯(Hobbes)的觀念更推進一步，宣布人類出生時的心靈有如一塊**空石板**(tabula rasa)。
1749 年	哈特來(David Hartley)對上述聯想論的文獻正式化，並提出記憶的神經基礎。
1781 年	康德(Immanuel Kant)所著《純推理的批評》攻擊聯想論和先天論，對後來的哲學家和心理學家有重大的影響。
1809 年	蓋爾(Franz Gall)和史巴茲漢(Johann Spurzheim)以骨相學研究心理機能和大腦功能。
1821 年	弗洛侖斯(Pierre Flourens)對腦部功能的定位進行第一個重要的實驗。
1822 年	畢塞爾(Friedrich Bessel)測量對天文觀察反應時間的個別差異。
1838 年	穆勒(Johannes Müller)完成特殊神經能量的文獻。
1846 年	韋伯(Ernst Weber)導出心理學的第一個量的法則。
1850 年	赫姆霍茲(Hermann von Helmholtz)測量神經衝動的傳導速度。
1859 年	達爾文(Charles Darwin)發表「物種原始」，提出透過天擇方式執行進化的理論。
1860 年	費希納(Gustav Fechner)發表「心理物理的元素」，書中提到測量物理刺激和感覺之間關係的各種方法。
1869 年	高登(Sir Francis Galton)研究個別差異，並將達爾文的選擇適應觀念應用在人種的進化上。
1879 年	馮德(Wilhelm Wundt)在萊比錫大學開始第一個正式的心理實驗室。
1883 年	霍爾(G. Stanley Hall)於約翰霍浦金斯大學成立美國的第一個心理實驗室。

1885 年　愛賓豪斯(Hermann Ebbinghaus)發表記憶的第一個實驗研究。

1890 年　詹姆士(William James)《心理學原理》於美國出版。

1892 年　鐵希納(Edward Titchener)於康奈爾大學使「結構論」成爲美國心理學界的一個主流。

1898 年　桑戴克(Edward Thorndike)對動物的學習進行最早的控制實驗。

1900 年　佛洛伊德(Sigmund Freud)發表《愛的解析》，書中表現他許多有關心理分析的觀念。

1905 年　比奈(Alfred Binet)和西蒙(Theodore Simon)設計了第一個智力測驗。

1906 年　巴卜洛夫(Ivan Pavlov)發表他對正統條件化歷程的研究結果。

1908 年　麥獨孤(William McDougall)的《社會心理學入門》正式引進社會心理學。

1912 年　魏特海默(Max Wertheimer)發表完形心理學的第一篇文獻。

1913 年　華森(John B. Watson)以其行爲論學者的主張，對心理學產生重大衝擊。

1917 年　庫勒(Wolfgang Köhler)發表他對問題解決的研究結果。

1922 年　托爾曼(Edward Tolman))對有目的的行爲主義提出他最初的想法。

1929 年　賴希利(Karl Lashley)發表《大腦機制和智力》。

1935 年　薩史東(Louis Thurstone)發展出因素分析。

1938 年　史金納(B. F. Skinner)發表《有機體行爲》，書中簡述了操作式條件化的早期研究。

1949 年　赫伯(Donald Hebb)在《行爲的組織》一書中，提出聯結神經生理學和心理學的理論。

1950 年　艾士底(William Estes)爲學者理論作數學的研究取向奠定了基礎。

1954 年　瑞士心理學家皮亞傑(Jean Piaget)發表《兒童對現實的建構》，注重認知的發展。

1957 年　強斯基(Noam Chomsky)發表《語句結構》，對語言行爲採認知研究取向。

1958 年　西蒙(Herbert Simon)及其同事發表《人類問題理論的元素》，以訊息處理模式重新探討傳統心理學問題。

1960 年以後的事件未列出，因爲尙未有足夠的時間可判斷他們對心理學的長期影響爲何。

佛洛伊德

經驗有賴於刺激形式的型態，以及經驗的組織。我們所見的與背景，以及整體的其他部分有相對關係。整體並不同於各部分的總合，整體由以某種關係存在的各部分所組成。

雖然完形心理學家對內省式心理學的贊同，不會比華森強，但他們卻強烈地反對行爲論。他們不想放棄以**現象學**(phenomenology)爲名所進行的自由內省方式，他們希望能問個人：某些東西看起來像什麼？意義爲何？他們的興趣在於對動作的知覺，人們如何判斷大小、以及顏色在照明改變下的情形。

由於知覺對各種心理事件的重要性，使得完形心理學對學習、記憶和問題解決方面，也產生了重要的影響，作出許多以知覺爲主的解釋。以認知理論的形式而言，這些解釋爲認知心理學現今的發展奠定了基礎。

心理分析

佛洛伊德一九〇九年應心理學家霍爾(G. Stanley Hall)之邀，於克拉克大學作一系列的演講，將心理分析派心理學引入美國。因此佛氏在美國所獲得的第一個學術認可是來自心理學界。佛氏造成的影響之廣，使得對心理學一無所知的人，多少也聽過心理分析一詞。

若想由佛氏理論中單獨抽取出一種，與行爲論和完形心理學相提並論，則便是他對**潛意識**(unconscionsness)的解釋，佛氏潛意識理論的基礎概念爲：童年期不被接受(被處罰、禁止)的願望，從意識中被逐出，而成爲潛意識的一部分，但仍保留其影響力，這些潛意識要求找到表現的管道，包括作夢、脫口說出的話，和潛意識的奇癖。心理分析所使用的方法——在分析者指導下的自由聯想——便是用來幫助個人的語言表達出潛意識的願望。在正統的佛洛伊德理論中，這些潛意識願望幾乎完全與性有關，對童年期性的強調，也是佛氏理論初問世時，難以爲人接受的原因之一。

近期的發展

雖然完形心理學和心理分析都有重要的貢獻，但直到二次大戰前，心理學界仍由行爲論獨占鰲頭，尤其是在美國。大戰結束後，人們對心理學的興趣增加，許多人被吸引進入此一領域，巧妙的工具和與化設備更爲普遍，有更多可供探討的問題。研究範圍的擴展卻也反映出早期的理論過於狹隘。

自一九五〇年電腦興起之後，更強化此一觀點，經過適當的程式設計，電腦可作種種原先被認爲只有人類才會做的事，如下棋、證明數學定理等，顯然電腦爲心理學家提供了一種有力的工具，可用來說明心理運作。西蒙(日後爲諾貝爾獎得主)和其同事於一九五〇年末期所發表的一系列論文，指出如何利用電腦來模擬心理現象，許多心理學的老話題重新以**訊息處理系統**(information-processing system)觀點來探討，人類可被視爲訊息處理者：感官提供了訊息輸入的管道，對此輸入進行心理運作；轉化後的輸入形成一種心理貯存在記憶中；並與記憶中的其它結構互動產生某種反應。電腦使心理學家得以對複雜的心理過程理論化，並以電腦作模擬，以探討此理論的意義。如果電腦模擬的反應(輸出)階段符合對人實際觀察的行爲，則心理學家對此理論便能獲致一些信心。

西蒙

訊息處理模式比 S-R 理論對心理學提供了更豐富、更動態的研究方式。同樣的，訊息處理模式也可對定形心理學和心理分析的某些想法，化爲如同電腦程式的一種嚴謹形式。透過這種方式，有關心理本質的早期觀念可變得更具體，並與實際資料相對照。

一九五〇年代，造成心理學研究觀點改變的另一個因素是現代語言學的發展。在這之前，語言學家主要是描述某種語言。此時，他們開始對理解及說出某種語言所需的心理結構形成理論。強斯基(Noam Chomsky)是這方面的先驅，他在一九五七年出版的著作《句法結構》(*Syntaetic Structures*)，爲心理學家和語言學家之間提供了一個主動的橋樑。隨之而來的是**心理語言學**(psycholinguistics)的迅速發展，對語言作了第一個重要的心理分析。

在這同時，神經心理學的領域也出現重大的進展：對於腦部和神經系統的新發現，爲神經生物事件和心理過程之間建立起明確的關係。顯然情形已不再如早期行爲學者們所認爲的：心理學可以不靠任何神經學而成立。

訊息處理模式、心理語言學和神經心理學的發展，產生了一種高度認知取向的心理學。所謂**認知心理學**(cognitive psychology)並無公認的定義，但它基本的著眼點在於對心理過程和心理結構作科學的分析。認知心理學並非只探討思考和知識，只是它早期強調知識的表徵和人類思考的複雜面，因而被冠以「認知心理學」之名，但其研究方式已被擴展至心理學所有領域，包括臨床心理在內。

在五十年的期間，心理學的重點繞了一整個圓圈：在以不適合科學探討爲由，排拒意識經驗，並轉往行爲的研究之後，心理學家再度對心理形成理論，只是這一次他們改用了更新、更有效的工具。行爲論的貢獻在於其研究發現的客觀性和可重複性。

以歷史的眼光來看，想評斷心理學最近發展的長期重要性，未免言之過早。然而很明顯的是：今日，心理學的領域中充滿極大的刺激，許多心理學家相信心理學正處於革命性改變及進展的時期。理解人類的心靈運作，是一項極有價值的挑戰，值得我們投注最佳的心力。

進一步的讀物

有關心理學史的一般介紹，見 Hilgard, *Psychology in America: A Historical Survey* (1987); Watson, *The Great Psychologist: From Aristotle to Freud* (4th ed., 1978); Wertheimer, *A Brief History of Psychology* (rev. ed., 1979);和 Schultz, *A History of Modern Psychology* (4th ed., 1987)，以及 Boring, *A History of Experimental Psychology* (2nd ed., 1950); Herrnstein and Boring, *A Source Book in the History of Psychology* (1965).

附錄III：統計法與測量

和其他科學家一樣，心理學家所做的多數研究工作，需要實際的測量。心理學家所測量的對象包羅萬象，例如，測量初生嬰兒首次接觸新奇刺激時，眼睛的運動情況；記錄人在強烈壓力的膚電反應(GSR)；計算電腦前葉切除的猴子，學會新的條件化行爲所需的訓練次數；統計接受某種心理治療後，症狀有所進展的人數等。在這些例子中，測量結果產生數字，隨後就是數字的解釋以及達成概判或下結論的問題。完成這整個作業的根本是統計學——收集、處理數字資料以及由資料作推論的科學訓練。本附錄的目的就是複習一下心理學中常用的某些重要統計方法。

本附錄的寫法是基於下述假設：基本上，統計疑難都是邏輯疑難。也就是說，對於任何一個充分瞭解加減乘除、以及將數字代入公式中的學生而言，只要他能瞭解統計邏輯，就能瞭解統計學。

然而，即使只是粗淺導論式的認識，初學者却也必須實際的演練公式，才能瞭解。因此，本文每一個重要統計方法都先用文字敍述，然後再舉一個簡單的數字例子做演算示範。這些例子所用的資料有限，而且是特別選的，計算起來簡單、清晰，數學能力不佳者也能明瞭。

描述統計學

統計學的首要目標，就是將一大堆資料濃縮起來，作個簡短的描述。假如我們想要研究五千名學生的大學入學考試成績，我們就到考試委員會去查閱分數，這些分數稱爲**原始分數**(raw scores)。查閱之後，我們對學生的考試成績就有某些印象，但是我們無法記得所有這些印象，因此，只好把考試成績

84	75	91
61	75	67
72	87	79
75	79	83
77	51	69

表 1　原始分數
十五個學生的入學考試成績，依准考證號碼排列。

類別區間	各類別區間內的人數
50-59	1
60-69	3
70-79	7
80-89	3
90-99	1

表 2　次數分配

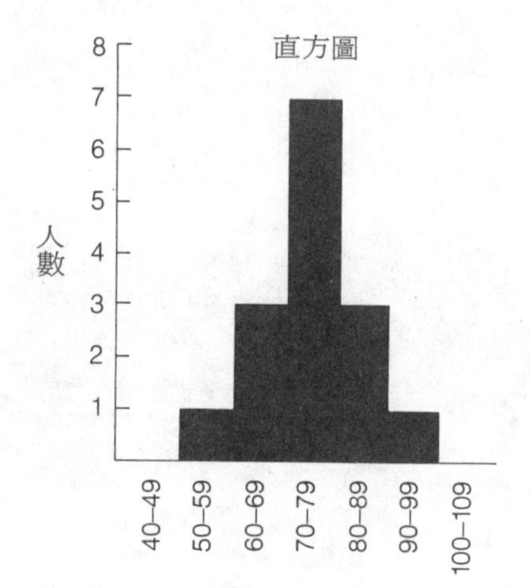

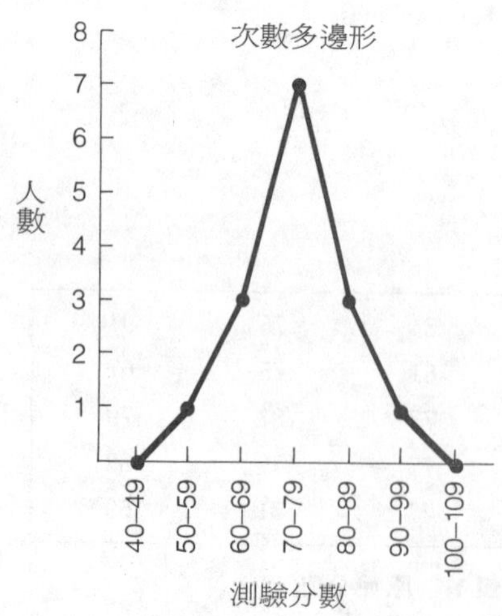

圖 1　次數分配圖

的某些重要特性摘記下來，例如考試分數的平均值、或考生的最高分數與最低分數。這些統計資料比較容易記住，也可以使我們想起整個資料的特性。這種簡化的或摘要性的敍述，稱爲描述統計學。

次數分配

如果依照大小順序，將原始資料加以排列，或者組合成次數分配，就比較容易瞭解資料。組合原始資料時首先將**尺度**(scale)分成幾個**區間**(intervals)，然後計算落於各區間的**個案數目**(number of cases)。由整個分數組合而成的區間稱爲**類別區間**(class interval)，代表整個測量尺度上某一部分。整個資料應該組合爲幾個類別區間，並沒有一定的原則，完全由研究者自己判定。研究者的判定，有一部分根據他的研究目標；有一部分根據資料的分配情形；另一部分則根據資料的數目。

表 1 是原始資料樣本，代表十五個學生的大學入學考試成績。表中的分數是依照准考證號碼排列的(第一位學生得 84，第二位得 61……等)。**表 2** 是次數分配表，類別區間訂爲十。只有一個學生的分數落於 50—59 區間，有三位落於 60—69 區間。落於 70—79 區間的人數最多，沒有人落於 50—59 區間以下或 90—99 區間以上。

以圖表示次數分配更易瞭解。最常用的次數分配圖稱爲**次數直方圖**(frequency histogram)，如**圖 1** 上半部所示。直方圖由數個條帶(bar)組成。條帶的寬度即爲類別區間；條帶的高度則相應於該類別區間的次數。次數分配的另一種常用圖示法，稱爲**次數多邊形**(frequency polygon)，如**圖 1** 下半部所示。在各組距中點的上方描點代表各組距的次數，再把各點以直線連結起來，即得次數多邊形。爲了使所得圖形封閉，因此在分配的二極端各加一組距，這兩個組距的次數都是零，因此，多邊形的兩端在這二空白組距之中點與水平軸相交。次數多邊形和次數直方圖所示的完全相同，但一以直方條帶表之，一以直線連結而成。

實際運用中所具有的事例數(原始分數的數目)，應遠多於**圖 1** 所示的個數，我們在這裏，是爲了讓讀者易於瞭解製表、製圖的步驟，才使用那麼少的資料。

集中趨勢測量

集中趨勢指標乃是一組數值的代表，或者是一組數字的中央點。常用的集中趨勢指標有：**平均數**(mean)，**中位數**(median)，**衆數**(mode)。

平均數就是一般所熟知的算術平均數，求法是把所有分數加起來，再除以分數的個數。**表 1** 所示的原始分數的和爲 1125，除以學生分數 15，得到平均數 75。

中位數乃是中央案例的分數，求法是把所有分數依高低排列，然後看看哪一個分數恰在中央(middle)。**表 1** 的 15 個分數若依高低排列，則前面算起或後面算起第八的分數都是 75。如果事例總數爲偶數，把中央兩個分數加起來平均即爲中位數。例如，共有十個分數，第五與第六事例的平均值即爲中位數。

衆數是指分數分配中出現次數最多的數值。**表 1** 中最常出現的分數是 75，因此這個分配的衆數是 75。

在一個**對稱分配**(symmetrical distribution)中，分數均匀的分配於中央的兩邊(如**圖 1**)，平均數、中位數、衆數集中在一起，落於同一點。在**偏態分配**(skewed distribution)中卻沒有這種現象。假如我們分析早班火車的開車時刻，通常火車能準時開出，有時會誤點，但絕不會過早開出。行車時刻表上早上 8：00 點開出的火車，一週來的行車記錄可能是：

星期一	8：00	開車時刻平均	8：07
星期二	8：04	開車時刻中數	8：02
星期三	8：02	開車時刻衆數	8：00
星期四	8：19		
星期五	8：22		
星期六	8：00		
星期日	8：00		

這個例子中開車時刻的分配是偏態的，因爲有兩次嚴重誤點，這兩次誤點提高了平均值，却對中位數或衆數毫無影響。偏態分配依其尾端的分配方向——亦即極端值的方向(參閱**圖 2**)，分爲**偏左**(skewed left)與**偏右**(skewed right)。我們所舉的火車開車時刻只有遲沒有早，因此分配偏右。

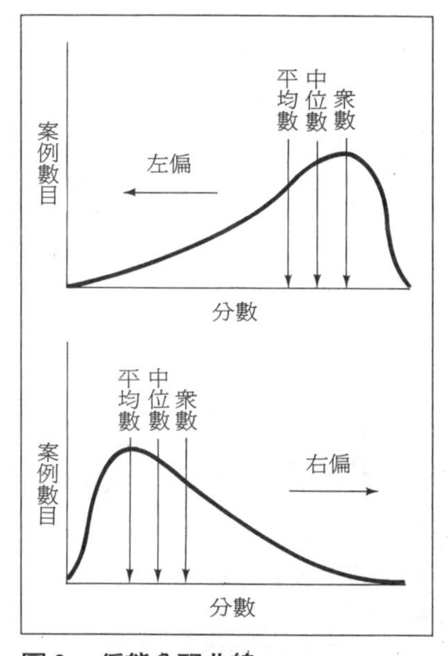

圖 2　偏態分配曲線
偏態分配的名稱是以其尾部的延展方向爲基準的。偏態分配的平均數、中位數、衆數並不相同，但中位數則落於平均數與衆數之間。

偏態是個相當重要的特性。偏態如果缺如，我們可能就會誤解平均數和中數間的差異。假設現在有兩個政黨爭論國家的繁榮狀況。由於國民所得的平均數，與中位數的增減，常有背道而馳的現象(平均值增加而中數減少)，例如，一般國民的薪資增加了而高收入減少，這種情況下，國民所得中位數會增高而平均數可能不變甚或下降。強調國民所得增加的執政黨會選擇中位數，但意欲取執政黨而代之的在野黨則會選擇平均數。

平均數是所有三種集中趨勢指標中最常用的，但有些時候，中位數或衆數更適於代表整個分數的分配，尤其是分數分配中，具有特別大或特別小的極端數值時。

圖 2 說明了偏左分配及偏右分配中，平均數、中位數、衆數的關係。

變異測量

除了集中趨勢外，分數分配還有一些重要的消息。例如，我們必須要有一個指標，告訴我們所有的分數是否聚集於平均數的附近，或者散散落落。分數的離勢指標稱爲變異指標。

變異指標至少有兩種用途：第一、變異指標可以告訴我們平均數的代表性，變異若很小，我們就可以推知所有的分數都集中在平均數附近；變異若大，我們就應該注意平均數是否有足夠的代表性。例如，成衣的設計僅分大、中、小，並未有極爲精細的尺寸分類。知道一般人的平均尺寸當然是必要的，但瞭解尺寸的離勢更爲重要。

就以**圖 3** 的資料爲例說明之，**圖 3** 是各有三十位學生的兩個班級，入學考試的次數分配圖。兩班的平均分數都是 75，但變異程度有明顯的差異。班級 I 所有學生的分數都集中在平均數附近，而班級 II 學生的分數卻相當分散。我們必須有一個指標來表示這兩個分配的差異。心理學家常用的變異指標，有**全距**(range)與**標準差**(standard deviation)。

爲了簡化計算過程，假設每一班中只有五個學生想進大學，他們的入學考試成績如下：

班級 I 的學生考試成績：

73，74，75，76，77(平均 75)

班級 II 的學生考試成績：

60，65，75，85，90(平均 75)

第一班（平均＝75）	離　差	離差平方
77－75＝	2	4
76－75＝	1	1
75－75＝	0	0
74－75＝	－1	1
73－75＝	－2	4
		10
d^2的總和＝10		
d^2的平均＝10／5＝2.0		
標準差（σ）＝$\sqrt{2.0}$＝1.4		

第二班（平均＝75）	離　差	離差平方
90－75＝	15	225
85－75＝	10	100
75－75＝	0	0
65－75＝	－10	100
60－75＝	－15	225
		650
d^2的總和＝650		
d^2的平均＝650／5＝130		
標準差（σ）＝$\sqrt{130}$＝11.4		

圖 3　變異不同的分配

顯然的，兩個班級的平均數雖然相同，但班級 I 的分數比班級 II 更集中於平均數。班級 I 的分數分配於 60—89 之間，班級 II 則分配於 40—109。

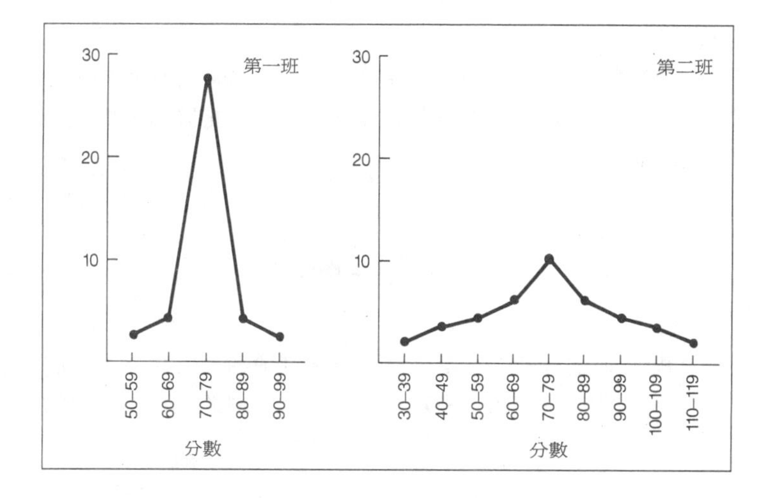

表 3　標準差的計算

現在我們來計算這兩組學生的變異指標。

全距是指最高分與最低分的差。班級 I 裡五個學生的分數全距是 4（73 分到 77 分）；班級II學生的全距則爲 30（60 分到 90 分）。

全距很容易計算，標準差的計算則較爲繁複，但標準差較爲常用。標準差具有某些特性，使它成爲較優良的變異指標。特性之一是標準差的計算採用了所有的分數，並不像全距只採用上、下極值，因此標準差比全距更敏感。標準差以小寫希臘字母 sigma（σ）縮寫之，它指出組合成分配各分數與分配平均數間的距離❶。每一個分數與平均數間的差異稱爲**離差分數**（deviation score），以 d 表之，將所有 d 值平方後加起來，得離差數平方和平均後開平方，即爲標準差。其公式爲：

$$\sigma=\sqrt{\frac{d^2\text{ 的和}}{N}}$$

標準差的計算程序　**表 3** 爲班級 I 與班級II 5 的個數之標準差的計算過程。第一步先把每一個分數減去平均數 75，得到

---

❶在這篇附錄中，我們從頭到尾都使用「σ」。然而，在科學文獻中卻以小寫字母 S 來表示樣本的標準差，而以 σ 表示母群體的標準差。此外，在計算樣本標準差 S 的時候，d^2的和乃是除以 N－1 而非 N。如果樣本夠大，除以 N－1 或除以 N 並不致嚴重影響標準差。爲了簡化我們的說明，本附錄並不嚴格區分樣本標準差與母群體標準差，而以同一公式計算這兩個數值。詳細的討論可以參考 Horowitz (1974)。

的可能是正值(分數高於平均數)，也可能是負值(分數低於平均數)。將離差分數平方後正負符號消失，把平方離差值加起來，然後除以分數的數目，本例中 N 等於 5。最後把除得的數值開平方即求得標準差。

統計推論

既然我們已經熟悉了統計學，在描述資料上的功能，我們現在就來談統計學的另一種功能，也就是資料的解釋與資料的推論。

母群體與樣本

首先我們必須區分母群體以及由母群體抽出來的樣本。青年輔導委員會想要求得中國人的年齡資料、婚姻狀況等等，於是把全國每一個人的資料都收集起來分析之。所有每一位中國人就是這個調查的母群體。

統計上所謂的母群體，並不限於人類、動物，或物件。母群體可能是某一溫度計前年的所有溫度記錄，英文裡頭所有的字，或其他任何一組特定資料❷。由於我們常常無法得到所有的母群體，常以隨機方式由母群體中抽出一組樣本來代表母群體。我們可能只隨機詢問一小部分人，如民意調查：我們可能由某一段時間內的溫度記錄來計算平均溫度；我們可能由百科全書內隨機選出某頁計算其字數，後再估計整本書所具有的字數。這些例子都說明了母群體與樣本的關係。如果多抽幾個樣本，我們會發現各個樣本所得到的結果有些微差異，因為樣本並不能完全代表母群體，每一個樣本都有**抽樣誤差**(error of sampling)。

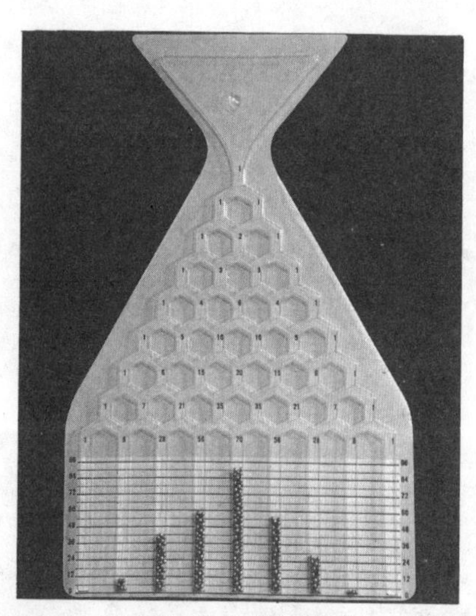

圖 4 說明機會分配的儀器
觀察機會因素作用時，先將儀器上下倒置，使所有的鋼球都落到圖中頂端的貯放槽。然後再把儀器倒正，直到所有鋼球都落到底層九個格子內(如圖所示)。落於每一格內的鋼球數目可能每一次都不同，但平均說來，各格子的高度近似於常態分配，中間格子高度最高，兩端格子的高度則逐漸下降(Hexstat Probability Demostrat-or, Harcourt Brace Jovanovich, Inc)。

資料樣本是由母群體收集的，其目的在推論母群體。人口調查資料的樣本可以用來推知平均壽命是否提高，或者農村人口有無向都市遷移。同樣的，實驗乃是探討實驗**操弄**(manipu-

❷有時候母群體並不容易確定，例如反應速度。受試者可以連續無止境的做無數次的反應，我們可能採取其中一百次的反應時間來推斷其反應速度，但是其母群體卻無法決定。

lation）對行為的影響——人的聽覺閾限是否受到噪音影響？育兒方式會不會影響孩子成人後的人格？為了要做統計推論，我們必須謹慎的評估樣本顯示出來的關係。由於抽樣誤差，一切的推論都有某些程度的不確定性。**統計檢定**（statistical testing）若顯示實驗操弄的效果遠高於抽樣誤差，我們就可以安心的認定，由樣本得到的結果也適用於整個母群體。

因此，統計推論所處理的，乃是以樣本所得資料來推論或判斷整個母群體特性的問題。介紹統計推論時首先讓我們來談談常態分配，以及它與標準差的關係，然後我們再談談抽樣誤差以及差異顯著性的問題。

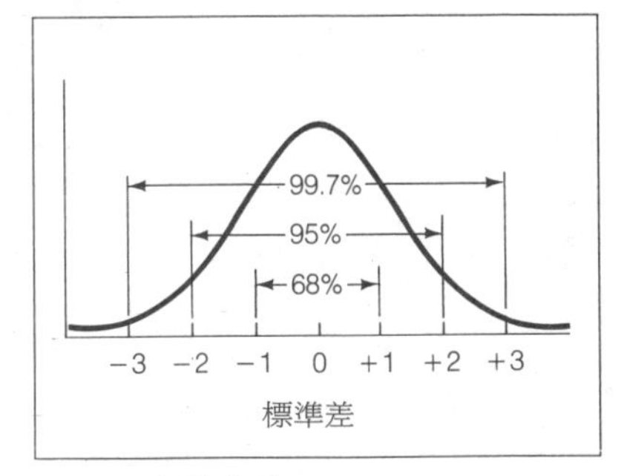

圖 5　常態曲線

只要知道了平均數與標準差，就可以畫出常態曲線。為簡便起見，低於以及高於±3 σ 的區域予以忽略。

常態分配

收集了大量資料製表作圖，其圖形常呈類似於鐘形的對稱分配，這種分配稱為常態分配，其曲線稱為常態曲線。常態分配中，大部分的分數落於平均數附近，構成鐘的頂端部分，曲線並向兩端急速下降。當某一過程的結果是由許多相互獨立的**機會事件**（chance event）共同造成的時候，其分配常呈常態。

何謂機會事件？我們指的是造成該過程的因素數目過多，作用複雜，擲骰子就是一例。**圖 4** 所示的儀器說明了一連串機會事件怎樣造成常態分配。鋼球每到分支點後落向左方或右方全決定於機會因素；大部分鋼球最後會落於中間格子，只有極少會落於兩端格子。這是說明常態分配的一種有效方法。

我們可以用數學方式定義常態曲線（**圖 5**）。常態曲線指出常態母群體中的距離平均某一數值內所包含的案例百分率。差不多有三分之二案例（68%）落於平均數與正、負一個標準差之間（± 1 σ）；約有 95%案例落於平均數與正、負二個標準差之間（± 2 σ）；幾乎所有的案例（99.7%）都落於正、負三個標準差之間（± 3 σ）。因此，若我們明瞭常態分配的特性，我們就能解釋一切以標準差為單位的統計量，只要該統計量的資料來源呈常態分配即可。**圖 5** 中所示的百分率表示某二個量表值之間，佔有整個常態曲線面積的百分率。**表 4** 所列百分率更為詳盡。

我們現在以**表 4** 來說明**圖 5** 中 68%與 95%的來源。我們由**表 4** 第三欄發現－ 1 σ與平均數之間，佔有整個曲線面積的 341，＋ 1 σ與平均數之間也占有.341，兩者加起來得到.682，就是**圖 5** 中所示的 68%。同樣的，我們可以求得－ 2 σ和＋ 2 σ間

標準差	(1) 該數值左方的面積	(2) 該數值右方的面積	(3) 該數值與平均數間的面積
−3.0 σ	.001	.999	.499
−2.5 σ	.006	.994	.494
−2.0 σ	.023	.977	.477
−1.5 σ	.067	.933	.433
−1.0 σ	.159	.841	.341
−0.5 σ	.309	.691	.191
0.0 σ	.500	.500	.000
+0.5 σ	.691	.309	.191
+1.0 σ	.841	.159	341
+1.5 σ	.933	.067	.433
+2.0 σ	.977	.023	.477
+2.5 σ	.994	.006	.494
+3.0 σ	.999	.001	.499

表 4　常態曲線下所包含的面積與整個面積的比值

的區域爲 $2\times.477=.954$，即**圖 5** 中的 95%。

資料的量尺化

爲了解釋的方便，我們常把分數拿來和另一個作爲基準的個數相比較。如果有一個人參加駕駛考試，考試結果發現危險訊號呈現後 0.5 秒他才踩下剎車器，他的反應到底是快？是慢？物理期中考得 60 分到底及不及格？回答這些問題以前，我們必須先導出某種標準以作比較。

等第資料(ranked data)　把分數依高低排列等第關係。個別分數就以它在整個分數資料中的等第來解釋。例如，一般學生都知道他們在他們自己班上的名次——全班六十人中第五名或第二十名。

標準分數(standard score)　標準差是個非常有用的量度單位，因爲我們知道如何去解釋 1σ 或 2σ 的平均數(**表 4**)的距離。分數的分配經過轉換，而具有標準的平均數與標準差之後，新分數稱爲標準分數。心理測量中所使用的各種分數多屬標準分數，其數值並經修正以消去負值與小數點。

標準分數與分數轉換(transformation)的計算實例，**表 1** 爲十五個學生的大學入學考試成績。由於缺乏進一步的資料，我們無法確知這些分數是否能代表所有考生的考試成績。現在我們就假設這個考試的母體平均數爲 75，標準差爲 10。

那麼，考試得 90 分的學生的標準分數是多少？我們必須以標準差爲單位來表示這個分數與平均數間的差距。

$$90\text{ 分的標準分數}=\frac{90-75}{10}=\frac{15}{10}=1.5\sigma$$

得 53 分的學生的標準分數又是多少呢？

$$53\text{ 分的標準分數}=\frac{53-75}{10}=\frac{-22}{10}=-2.2\sigma$$

在這個例子中，負號表示這個學生的成績低於平均數。也就是說，標準分數的＋或－號表示了分數是高於或低於平均數，而其值則表示分數與平均數的差距。

假如我們想比較剛剛所算出來的第一個標準分數($+1.5\sigma$)

表 5　一些由標準分數導來的分數

標準分數		研究生考試成績	陸　軍分類測驗	海　軍分類測驗	空軍標準九
	-3σ	200	40	20	—
	-2σ	300	60	30	1
	-1σ	400	80	40	3
	0σ	500	100	50	5
	$+1\sigma$	600	120	60	7
	$+2\sigma$	700	140	70	9
	$+3\sigma$	800	160	80	—
平均數	0	500	100	50	5
標準差	1.0	100	20	10	2

※空軍標準 9 (stanine)是由 standard nine 縮寫而成，這種標準分數的平均爲 5 ，標準差 2 ，範圍從 1-9。

與**表 5** 所示海軍一般分類測驗的分數，這個分數的平均數爲 50，標準差爲 10，因此標準分數爲 1.5σ的話，其確實數值爲 $50+(10\times1.5)=50+15=65$。

由**表 4** 第一欄中我們發現標準分數$+1.5\sigma$旁是.933。這表示在常態分配中有 93%的分數落於標準分數$+1.5\sigma$以下。

平均數有多少代表性

當我們問到平均數的代表性時，其中隱含了兩個問題：第一個是**測量誤差**(error of measurement)；第二個是抽樣誤差。不同的兩個人以一米突尺量同一物件的長度，得到的結果可能不同，這就是測量誤差，只要謹愼測量，測量誤差通常非常微小。我們現在有興趣的是第二種誤差，抽樣誤差。假如我們從同一母群體中，選出二組隨機樣本作測量，並算出各樣本的平均。這二組樣本的平均數間的差異到底有多少可以歸因於機會因素？

連續從同一母群體所抽出隨機樣本的平均數會有不同，這些平均數圍繞著母群體眞正平均數(true mean)形成**樣本平均數分配**(sample mean distribution)。我們可以由樣本平均數算出樣本平均數的標準差，這個標準差稱爲**平均數的標準誤**(standard error of the mean)或σ_M。我們可以由下列公式來估計標準誤：

$$\sigma_M = \frac{\sigma}{\sqrt{N}}$$

其中σ爲樣本的標準差，N 爲樣本所包含的案例數目。

根據這個公式，平均數標準誤的數值，隨著樣本的增大而減小；因此，由小樣本求得的平均數，比由小樣本求得的更可信賴(比較接近眞正的母群體平均數)。常識判斷就可以得到這個結論。而標準誤的計算更使我們確知樣本平均數的不確程度。樣本愈大，不確程度愈低。

平均數標準誤的計算，計算平均數標準誤首先須知道樣本的大小與樣本的標準差。假如我們採用**表 3** 班級 II 的平均數與標準差，並假設樣本比較大。樣本平均數爲 75，標準差 11.4，樣本大小爲 25，100 與 900。平均數標準誤應爲：

$$N = 25 \quad , \sigma_M = \frac{11.4}{\sqrt{25}}$$
$$= \frac{11.4}{5} = 2.28$$
$$N = 100 , \sigma_M = \frac{11.4}{\sqrt{100}}$$
$$= \frac{11.4}{10} = 1.14$$
$$N = 900 , \sigma_M = \frac{11.4}{\sqrt{900}}$$
$$= \frac{11.4}{30} = 0.38$$

現在我們可能會問，如果樣本分別爲 25，100 與 900，那麼連續抽幾次同一大小樣本，所得平均數之間的差異有多大？由**表 4** 中我們知道在常態分配中有 68%的數值落於-1σ與$+1\sigma$之間。樣本平均數 75 是母群體平均數的最佳估計值，我們又知道σ_M的大小，我們可以推論母群體平均數落於下述區域的機率是.68：

N＝25：

75±2.88 或介於 72.72 與 77.28 之間。

N＝100：

75±1.14 或介於 73.86 與 76.14 之間。

N＝900：

75±0.38 或介於 74.62 與 75.38 之間。

因此我們可以根據樣本資料，來推知整個母群體的平均數會落於某一區間的機率；由上述計算可以知道，隨著樣本的增大，母群體平均數可能落入的區間就愈小。也就是說，樣本愈大，母群體平均數的估計值就愈精確。

樣本平均數間的顯著差異

許多心理學實驗收集兩組受試者的資料：一組接受某種特別的實驗處理；另一組爲控制組。然後再看看這兩組受試者的行爲表現有沒有顯著差異，如果有差異，這個差異是否同時存在於受試者所來自的母群體。基本上，我們的問題是：「兩組樣本間的差異，到底是反映了眞正的差異，或者只不過是抽樣誤差的假像？」

例如，我們比較小學一年級男童與一年級女童間的閱讀測驗成績。發現男童成績平均數低於女童成績平均數，但是有些男童的成績非常優異，有些女童的成績却非常差，因此，如未經過統計顯著性的檢定，遽下女童優於男童的結論，未免失之偏頗。經過了顯著性檢定，我們才能確定樣本平均數的差異，究竟反映了母群體間眞正的差異，或者只是抽樣誤差。男、女童之間的差異可能來自我們無意抽取了較聰明的女童或較遲鈍的男童而已。

	使用右手的人的握力(公斤)		使用左手的人的握力(公斤)
	40		40
	45		45
	50		50
	55		55
	100		60
合計	290	合計	250
平均	58	平均	50

再舉一個例子。假設有一個實驗想探討使用右手的人，是否比使用左手的人更有力，他的實驗結果如右上表。

由五個使用右手的人所組成的樣本平均握力，比由五個使用左手的人所組成樣本平均握力，強八公斤。我們可以由這個資料做什麼樣的推論？我們可以認定使用右手的人比左撇子更有力嗎？顯然不能，因爲大部分使用右手的人和使用左手的人一樣有力，只不過使用右手的樣本中有一個特殊人物(100 公斤)造成了差異。

假如實驗結果如右下表所示。

	使用右手的人的握力(公斤)		使用左手的人的握力(公斤)
	56		48
	57		49
	58		50
	59		51
	60		52
和	290	和	250
平均	58	平均	50

這兩組受試者的平均差異和前面情況完全相同，八公斤，但我們卻比較信任這個實際結果，因爲左撇子相當一致的弱於使用右手的人。統計的功能之一，就是精確的告訴我們，平均數間的差異是否可信賴，使我們不必依賴脆弱的直覺去作判斷。

上述例子顯示，差異顯著與否決定於差異的大小，以及作比較的平均數的變異情形。我們可以由平均數的標準差，算出

兩平均數間差異的標準誤(standard error of the difference between two means, σ_{DM})，然後再用**臨界比率**(critical ratio)來評估兩平均數間的差異。所謂臨界比率指的是兩個平均數間的差異 D_M，與兩平均數間差異的標準差σ_{DM}的比值：

$$臨界比率=\frac{D_M}{\sigma_{DM}}$$

我們可以用這個比率，來評估兩平均數間差異是否顯著❸。根據實際經驗，臨界比率必須大於 2.0 才能認定平均數之間的有顯著差異，本附錄的敘述中常用「平均數間的差異有**統計顯著性**(statistically significant)」，指的是臨界比率至少等於 2 或 2 以上。

爲什麼臨界比率 2 以上才稱顯著？只因爲臨界比值大於或等於 2 的機會只有.05。我們怎麼得到.05 的呢？我們可以視臨界比率爲標準分數，它是以標準差爲單位來表示的二平均數間的差異。我們再來看看**表 4** 第二欄，可以發現標準差＋2.0 以上的機會只有.023，同樣的，反方向的離差機會(－2.0σ以下)也是.023，總共.046。也就是說兩母群體均數相等，由抽樣均數之臨界比率卻高達 2.0 以上的機會只有 46／1000，或者 5／100。

臨界比例的計算　臨界比率的計算須先求得二平均數間差異的標準誤，可由下列公式求之：

$$\sigma_{DM}=\sqrt{(\sigma_{M_1})^2+(\sigma_{M_2})^2}$$

在這個公式中，σ_{M_1}和σ_{M_2}是兩個相互比較的平均數的標準誤。

假設我們現在想比較小學一年級男童與女童的閱讀能力。我們就隨機抽出男童樣本與女童樣本，並予以測驗，假設男童的平均分數爲 70，標準誤爲.40；女童平均分數爲 72，標準誤爲.30。我們現在想要根據這兩個樣本的結果，來推測小學一年級的男童與女童間是否有眞正的差異。樣本資料顯示女童要比男童好，但是母體是否也有這個現象呢？臨界比率可以幫我們作結論。

$$\sigma_{DM}=\sqrt{(\sigma_{M_1})^2+\sigma_{M_2})^2}=\sqrt{.16+.09}=\sqrt{.25}=.5$$

---

❸當樣本很小的時候，臨界比率的解釋必須審愼。小樣本時，這個比率應解釋爲 t-檢定，樣本夠大的話，t 和臨界比率是完全對等的。

$$臨界比例 = D_M / \sigma_{DM} = \frac{72-70}{.5} = \frac{2.0}{.5} = 4$$

由於臨界比率遠高於 2.0，我們可以斷然的說平均值間具有顯著差異。因此，我們可以判定小學一年級男、女童的閱讀能力確實有差異。

相關係數及其解釋

相關指的是兩成對變項的共變，成對變項中有一個增大了，另一個也跟着增大；或者一個增大了，另一個却減小了(負相關)。心理學常使用相關。假如有一個測驗，目的是預測大學成績，如果這是個好測驗，那麼在測驗上得高分的學生，在大學裏也應該成績優異；測驗得分低的人，在大學裏成績也不佳。相關係數則告訴我們精確的相關程度。

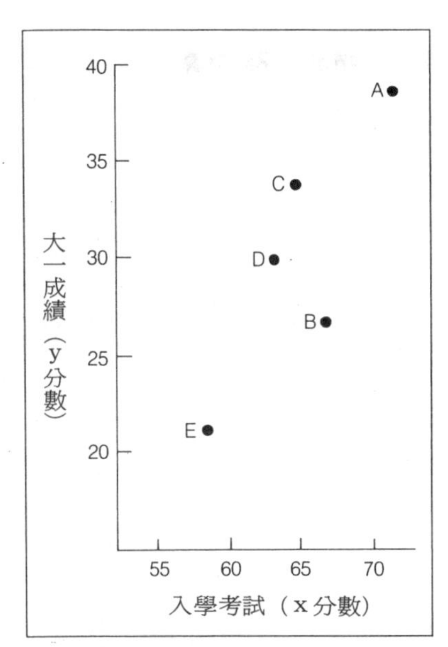

圖 6　假想資料的散布圖
每一點代表某一位學生的 x 分數與 y 分數。

積差相關 r

最常用的相關係數求法稱為積差法，通常以 r 表示之。積差相關係數由完全正相關(+1.00)到完全負相關(−1.00)，如果兩變項間毫無相關則 r=.00。

計算積差相關的公式是：

$$r = \frac{\Sigma(dx)(dy)}{N\sigma_x\sigma_y}$$

在這個公式裡，成對分數稱為 x 分數與 y 分數。dx 與 dy 則為每一個分數與其平均數之差，N 是成對分數的數目，σ_x與σ_y則分別是 x 分數與 y 分數的標準差。

計算相關係數時需求得離差乘積的總和(sum of products of the deviation scores, dx and dy 以 Σdx.dy 表之)，然後再分別 x 分數與 y 分數的標準差 σ_x和 σ_y，最後再把這些數值代入公式。

積差相關的計算示範，假設我們有右列成對資料，第一個資料是大學入學考試成績(x 分數)，第二個資料是大一成績(y 分數)，**圖 6** 是這些資料的**散布圖**(scatter diagram)。

學生代稱	入學考試成績(x)	大一成績(y)
A	71	39
B	67	27
C	65	33
D	63	30
E	59	21

散布圖上每一點同時表出某一位學生的 x 分數與 y 分數，

表 6　積差相關的計算

學生	入學考試（x 分數）	大一成績（y 分數）	(dx)	(dy)	(dx)(dy)
A	71	39	6	9	+54
B	67	27	2	−3	−6
C	65	33	0	3	0
D	63	30	−2	0	0
E	59	21	−6	−9	+54
總和	325	150	0	0	+102
平均	65	30			

$\sigma_x=4$　$\sigma_y=6$　$r=\frac{\Sigma(dx)(dy)}{N\sigma_x\sigma_y}=\frac{+102}{5\times4\times6}=+.85$

例如，最右上方標示為 A 的點表示了 A 的 x 分數與 y 分數。約略看過這組資料後，我們很容易就發現 x 分數與 y 分數間有正相關。A 的入學考試成績最高，大一成績也最高；E 的這兩個成績都最差。其他學生的資料有點亂，因此，我們可以判斷這個相關並不完全，r 值一定小於 1.00。

現在我們來做實際計算。注意，在實際情況中，沒有任何研究人員會以那麼少的資料，來計算相關係數。詳細計算過程可參考**表 6**。首先我們依照**表 3** 的程序，計算 x 分數的標準差，然後計算 y 分數的標準差：x 分數的標準差為 4，y 分數的標準差為 6。然後我們再計算每一位學生的 dx 與 dy 之積，把 5 個乘積加起來，最後再把這便數值代入公式，得 r＝.85。

等第相關

積差相關的計算相當繁複，如果缺乏計算機必須用手算的話，可以先把成對分數化為等第，計算等第相關。這樣得到的相關並不完全等於 r，但可作為 r 的估計值。由等第法求得的係數以小寫希臘字母 ρ（讀音 rho）。等第相關的公式為：

$$\rho=1-\frac{6(\Sigma D^2)}{N(N^2-1)}$$

其中 D 是每一位受試者在兩個分數 x、y 上等第的差異，N 是受試者的數目。

表 7　等第相關係數的計算

學生	入學考試	大一成績	入學考試名次	大一成績名次	等第差 (D)	等第差的平方 (D^2)
A	71	39	1	1	0	0
B	67	27	2	4	−2	4
C	65	33	3	2	+1	1
D	63	30	4	3	+1	1
E	59	21	5	5	0	0
						Sum D^2=6

$$\rho=1-\frac{6(\text{Sum } D^2)}{N(N^2-1)}=1-\frac{6\times 6}{5\times 24}=1-\frac{36}{120}=+.70$$

等第相關的計算示範，我們使用前一例中所用的資料。計算細節可參閱**表 7**。其過程是先把二組分數依高低作等第排列，求每一位受試者在兩個測驗上等第的差異，平方之再加起來，帶入公式。得到 $\rho=.70$。我們曾提到，ρ 可以作爲 r 的估計值。在我們所舉的這個例子中，r 和 ρ 有相當的差距，原因是樣本過小（N＝5）。如果樣本夠大的話，r 和 ρ 會相當接近。

相關係數是否顯著

相關係數和其他統計量一樣，也有標準誤。也就是說，如果由同一母群體中抽出第二個樣本，算出來的相關係數可能不會和第一個標本所得到的完全相同。r 的標準誤（以 σ_r 表之），可以用來決定由某一樣本資料所求得的 r 是否顯著地不等於零。計算 r 的標準誤的公式如下，其中 N 爲成對分數的數目：

$$\sigma_r=\frac{1}{\sqrt{N-1}}$$

r 除以 σ_r，得到臨界比率，其意義和我們以前所談過的相同。如果 r/σ_r 大於 2.0，我們就可以信心十足的說母群體的眞正 r 值顯著大於零，換句話說，樣本所取自母群體內二個變項間有眞正相關。

相關係數的解釋

只知道相關係數顯著大於零是不夠的。有時候，我們想要用相關係數來做預測。例如，由過去經驗，我們得知某一個入學測驗和大一成績有關聯，我們就可以預測接受該入學測驗的學生的大一成績。如果它們的相關完全(即 r＝1.00)，我們就可以毫無錯誤的預測學生的大一成績。但是 r 通常都小於 1.00，因此預測一定會產生誤差。r 愈接近零，預測誤差愈大。

在此，我們並不打算深入討論，由入學考試成績預測大一成績的技術問題，我們只想藉它來討論不同大小的相關係數的意義。顯然地，x 與 y 之間相關爲零的話，即使知道了 x，也無從預測 y。如果體重和智力毫無相關，知道了體重，對智力的預測根本就沒有助益。相反地，完全的相關意指百分之百的預測效能——只要知道 x 就能預測 y。r 介於這兩個極端之間怎麼辦？

由於相關係數介於零和±1.00 之間，有人就會誤將相關係數解釋爲百分率，認爲相關.50 是相關.25 的兩倍。這是不對的；比較恰當的解釋是把相關係數平方。將平方後的相關 r^2 乘以 100 所得數值就是 x 分數與 y 分數共同變異的百分率估計值。如果 r＝.50，100×(.50)^{2}或 25％的 y 分數變異可以由 x 來解釋；同樣的，如果 r＝.40，16％的 y 分數變異可以由 x 來解釋。根據「可以解釋的變異百分率」(percentage of variance accounted for)我們可以說相關係數.70 的相關強度是係數.50 的兩倍；而 r＝.50 則是 r＝.10 的 25 倍。

我們也可以由**圖 7** 所示的散布圖，來瞭解不同相關係數的意義。圖中每一點，代表同一個人在二個測驗上的得分。如果相關爲＋1.00，則散布圖上所有點形成一條直線；相關係數若爲零，散佈圖上的點就會均匀的分布，絕不會有類似直線的形式。

上述討論中，我們並沒有強調相關係數的符號，因爲符號本身，和相關的強度沒有任何關係。相關係數 r＝＋.70 和相關係數 r＝－.70 間的唯一差別是：就前者而言，x 的增加伴隨着 y 的增加；而後者呢？當 x 增大的時候，y 却反而減少了。

使用相關係數應注意的事項

相關係數是心理學上最常用、也用得最廣的統計量之一，但也是最常誤用的指標之一。第一，是相關係數的人常忽略了 r 所測量的只是 x 和 y 之間**線性關係**(linear relationship)的

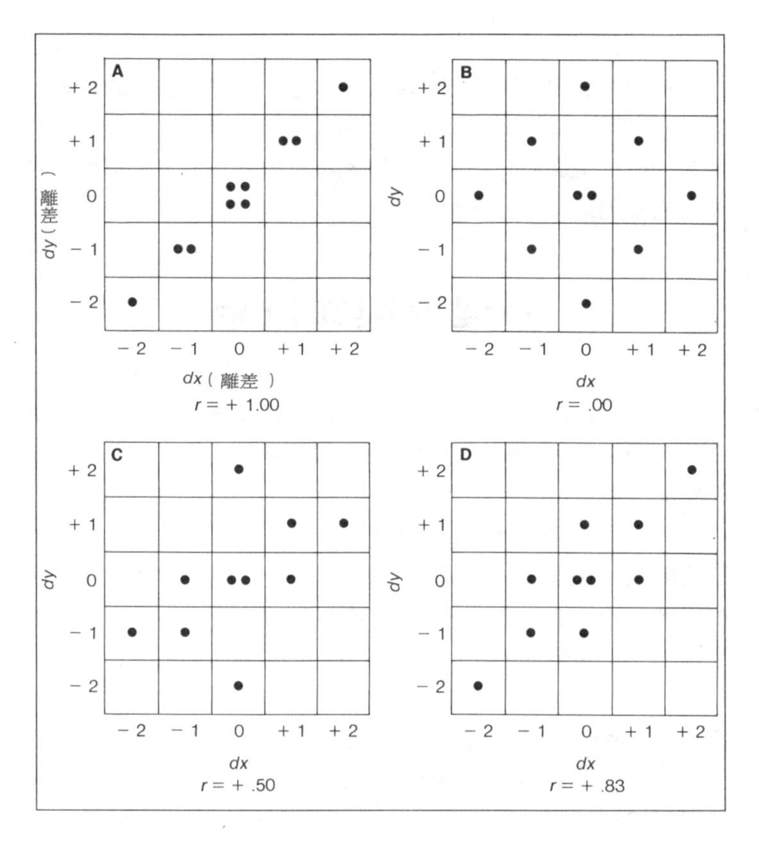

圖 7　說明各種不同相關的散佈圖

每一點代表同一個人在兩個測驗 x, y 上的得分，在 A 例中所有點形成直線，相關完全(r=+1.00)。B 例中，相關爲零，知道 x 分數無法預測 y 分數。例如，有四位受試者的 x 分數恰爲 x 的平均數(dx=0)，但他們的 y 分數却變化很大，有一個得高分(dx=+2)，一個得低分(dy=-2)，另外兩個得平均分數。C, D 都有成對角趨勢，因此 x 得分高的人，y 得分也比較高，x 得分低的，y 得分也較低，但關係却不完全。有興趣的讀者可以利用書本上的公式算一算他們的相關係數。

強度。第二，他們常常誤將 x 與 y 間的相關關係解釋爲因果關係。

相關量度線性關係　以**圖 8** 所示資料來計算 r 的話，會得到接近零的數值，但這並不表示兩個變項間毫無關係。**圖 8** 所描的點雖然無法連成直線，卻可以完美的繪出曲線。知道了 x 值，我們就可以精確的預測出 y 的數值。因此，我們必須強調相關係數所測量的，只不過是兩變項間的線性關係，如果知道兩變項間存在非線性關係的話，必須採用他種統計程序。

相關並非因果關係　當兩個變項有相關的時候，我們可能會懷疑其中可能有某種因果關係存在，但是我們卻無法判斷到底哪一個變項是因？哪一個是果？

相關有時候相當矛盾。例如，讀書時數和大學成績間的相關經研究爲-.10 左右，如果賦予因果關係的話，我們可能會認爲提高成績的最佳方法是不去讀書。負相關起因於某些學生，較具有利的本錢而得好成績(可能是天賦較高、或者比較適應大學生活)，因此，那些最用功讀書的學生常是難以得到好成績的

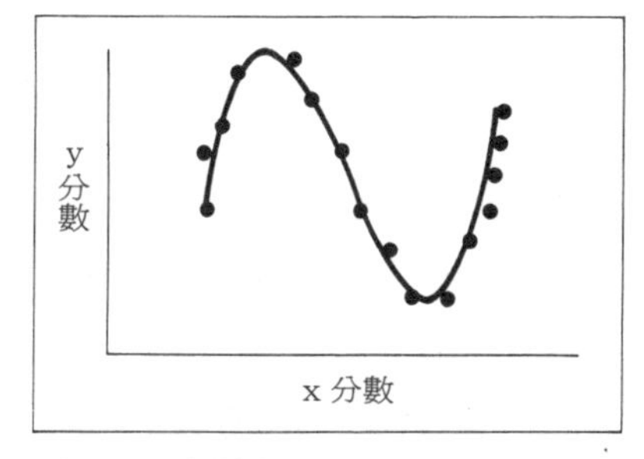

圖 8　假想散佈圖

本圖所示資料雖然難以直接解釋，卻十分適 S 形曲線。以相關係數來量度這些資料是不適當的。

學生。

這個例子說明了，把相關係數作因果解釋所帶來的謬誤。當然，兩個變項間有相關的時候，其中一個可能是另一個的因。因果的研討是邏輯問題，相關雖然不是因果關係，卻可激勵研究者去做因果關係的探討。

心理學與統計學

在所有各種科學上，統計方法的重要性漸漸增高，心理學尤然，因爲心理學所研究的現象複雜且變化多端，非統計方法的幫助不可。

當心理學家首次上**心理物理法**(psychophysical method)研究**閾限**(threshold)的時候，統計就打進了心理學領域。甲物如果稍重於乙物，受試者不會一直判斷甲比乙重，當然，甲被判斷爲較重的機會比較大。因此，閾限必須有個統計上的定義。

統計方法的普及和智力測驗，以及相關的個別差異研究的發展，有密切的關係。近年來，任何一門心理學分支的實際設計，都少不了統計。有些統計方法長久以來就廣受應用(例如實驗組與控制組間差異的顯著性檢定)，有些方法則是新近出現的。新方法通常可以將一大堆資料或多種變項一次處理，節省不少的時間與金錢，所產生的資料之多，也是以前的方法所不能比的。

另一領域，也就是態度及意見調查中，非常重視抽樣技術，包括抽取哪些人？抽出多少人？抽出來的樣本必須符合統計標準，否則調查結果必然錯誤百出。

現代的計算儀器，包括高速計算機以及自動打分機器，使得資料的處理十分迅速簡便。現代心理學的研究如果缺少了這些儀器的幫助，必然礙手礙脚的。

摘　要

1. 統計學的主要功能是數字資料的收集與處理，並根據所處理資料作推論。
2. **描述統計學**，將一大堆資料做簡短的摘述。

3. **集中趨勢**指標，包括**平均數**、**中位數**、**衆數**。其中以平均數用得最廣。
4. 變異指標包括**全距**和**標準差**。標準差雖然相當複雜，卻是最有用的變異指標。
5. 統計推論所處理的問題，是怎麼由樣本資料來推論或判斷母群體特性。推論的正確與否，決定於兩個因素：樣本的大小以及樣本的代表性(樣本類似母群體的程度)。隨樣抽樣是確定樣本代表性的最常用方法。
6. 經由資料的量尺化，**原始分數**可以轉換爲**等第**或**標準分數**。標準分數優點很多，應用亦廣；標準分數以標準差來表示它與平均數間的距離。
7. 我們可以由每一個平均數的**標準誤**，來計算兩平均數間差異的標準差。**臨界比率**以兩平均數間差異的標準誤爲單位，來表示兩平均數間的差異。臨界比率若高於 2.0，我們可以確信兩平均數間有眞正差異。
8. **相關係數**是表示兩變項間共變關係的簡便方法。心理學研究中最常用的相關法是**積差相關**，**等第相關**是估計積差相關的簡易方法。

進一步的讀物

心理學系學生適用的統計課本很多，比較好的有：Horowite, *Elements of Statistics for Psychology and Education* (1974); Philips, *Statistical Thinking* (1974); Edwards, *Statistical Analysis* (4th ed., 1974); Mendenhall, Ott, and Larson, *Statistics: A Tool for the Social Sciences* (1974)。統計學在實驗設計中所佔的角色可以參閱：Winer, *Statistical Principles in Experimental Design* (2nd ed., 1971); Hays, *Statistics for the Social Sciences* (1973)。

深入討論心理學中測量問題的書有：Krantz, Luce, Suppes, and Tversky, *Foundations of Measurement* (1971)。

附錄Ⅳ：心理學期刊

以下以英文字母順序排列美國主要心理學期刊，並概述各期刊發表的主題類型。大多數大專院校圖書館內部有這些期刊，而現行各期刊的課題通常可在圖書館開放區的書架上找到。如果能對這些期刊的課題花點時間研讀的話，對心理學概況可有很好的斬獲：

- *American Psychologist*：美國心理協會出版的刊物；刊載心理學論文，另還刊載評論，文告及各地區、國家與國際會議的名單。
- *Animal Learning and Behavior*：刊載學習、動機、情緒及比較動物行為的研究。
- *Behavioral Neuroscience*：以探討心理現象的生物基礎之首次發表研究報告為主，刊載的研究涵蓋整個生物與神經科學研究領域。
- *Cognitive Psychology*：以認知過程及心理學與認知相關領域的理論及研究為主。
- *Contemporary Psychology*：近期書刊、影片及其他媒體的主要文獻摘要，心理學新教科書簡介及預告。
- *Developmental Psychology*：刊載有關影響成長、發展及老化等變項的研究。
- *Journal of Abnormal Psychology*：刊載與變態行為及其決定、相關因素有關的基礎研究和理論。
- *Journal of Applied Psychology*：刊載諸如工商業等應用心理學界有關的理論性與研究稿件。此外，還包括應用於政府、都市與消費者事宜，法律、健康、運輸、國防與教育體系，以及太空和其他新環境之應用心理學研究文獻。
- *Journal of Comparative Psychology*：比較心理學研究報告。有關不同種屬在演化、發展、生態及重要功能等方面的行爲模式之實驗及實地研究報告。

- *Journal of Consulting and Clinical Psychology*：關於臨床心理學方面的研究與理論、心理治療、人格及精神病理學。
- *Journal of Counseling Psychology*：與輔導工作及輔導員、人事部門人員活動有關的理論、研究與實務工作。
- *Journal of Educational Psychology*：刊載有關學習及教學活動的研究，包括心理發展的測量，教學方法及學校適應。
- *Journal of Experimental Psychology—Animal Behavior Processes*：著重在知覺、學習、動機及行爲表現等基本心理機制的研究，特別以人類以外的低等動物爲研究對象。
- *Journal of Experimental Psychology—Gernal*：報導與所有實驗心理學家均有關的長期、整合性、引導更高深研究的知識。
- *Journal of Experimental Psychology—Human Learning and Memory*：刊載人類行爲獲得、保留及遷移過程的研究。
- *Journal of Experimental Psychology—Human Perception and Performance*：刊載以訊息處理過程觀點探討與經驗及行爲表現有關的運作方式之研究。
- *Journal of Mathematical Psychology*：凡是引用數理方法、形式邏輯或電腦模擬之理論或模式之研究報告，涵蓋所有心理學領域的理論性稿件。
- *Journal of Personality and Social Psychology*：刊載討論人格動力、團體歷程及社會結構之心理層面問題的研究。
- *Journal of Phenomenological Psychology*：刊載強調人本——現象學派心理學的理論與實徵研究之稿件。
- *Memory and Cognition*：研究人類記憶與學習、概念化過程、心理語言學、問題解決、思考、決策過程及技術行爲表現。
- *Perception and Psychophysics*：討論感官歷程、知覺及心理物理學之研究。
- *Physiological Psychology*：討論與行爲有關聯的腦部組

織與功能之結構、化學及電學方面的基礎研究。

- *Psychological Abstracts*：世界各地心理學及其相關學科文獻的非評論性摘要。
- *Psychological Bulletin*：心理學研究方法的討論及研究文獻的評論性整理。
- *Psychological Review*：刊載在圖整合和討論心理學各方面現象的理論性稿件。
- *Psychometrika*：討論心理學各現象的量化模式發展之論文，包括評估心理學數據的數理與統計新方法。

名詞解釋

名詞解釋是界定出現在教科書的術語，以及使用在心理學上具備特殊意義的普通用語。在此，我們不打算作超出教科書所使用的意義範圍之外的解釋。如果想要更詳細完整的定義及其他隱含意義，請參考心理學的標準辭典。

A

ability 能力——可證明的知識或技能。能力包括性向及成就。參閱 achievement, aptitude。

abnormal fixation 異常固著——非常難以改變的刻板習慣。

abreaction 發洩——心理分析名詞，藉語文或行爲將壓抑的不愉快經驗表達出來，以消除心理緊張。

absolute threshold 絕對閾——在實驗狀況下，恰能引起反應或恰不能引起反應的刺激強度或頻率。參閱 difference threshold, threshold。

accommodation 調節作用——眼睛調整瞳孔焦距的過程。

acetylcholine 乙醯膽胺——最常見的一種神經傳導物質，通常在腦部和脊髓內的神經突觸中可見，普遍存在於腦部中，對形成新記憶占重要地位，稱作海馬體的區域內。參閱 neurotransmitter。

achievement 成就——學得的能力，如在學校學習如何拼字等。參閱 aptitude。

achievemet motive 成就動機——完成重要而有價值的事物，或符合高標準的社會動力。

achromatic color 無色視覺——黑白，及灰色稱之。參閱 chromatic colors。

acquisition 條件化的獲得——新學得的反應逐漸強固的過程。參閱 classical conditioning。

action potential 活動電位——爲神經衝動的同義詞。當細胞膜產生電位去極化現象時，電動波往下傳導至神經原的軸突處稱之。參閱 depolarization, graded potentials, resting potential。

addiction 上癮 參閱 physical dependence。

addictive mixture 相加的混色——不同顏色的光相互混合；不同顏色的光點投射在相同的一點會產生色彩相加性混色。參閱 subtractive mixture。

adipocytes 脂肪質——身體中特殊的脂肪細胞，肥胖者有較多的脂肪質，或許因此其身體脂肪基準線較高。

adolescence 青少年——在人類發展過程中，從青春期到成熟期間的階段，年齡約為十二歲起至二十歲初左右。參閱 puberty。

adolescent growth spurt 青少年發展急遽期——青春期前身體快速成長時期，同時其生殖器官及第二性徵會逐漸發展。參閱 puberty, secondary sex characteristics。

adrenal gland 腎上腺——位於腎臟上方的一對內分泌腺體，其髓質部分分泌腎上腺素及副腎上腺素等荷爾蒙；而皮質則分泌許多荷爾蒙，總稱之為腎上皮質素，其中包括可體松。參閱 endocrine gland。

adrenalin 腎上腺素 參閱 epinephrine。

adrenocorticotrophic hormone(簡稱 ACTH) 親腎上腺皮質素——面對壓力時由腦下垂體分泌的荷爾蒙，為人體當中主要的「壓力」荷爾蒙。這種荷爾蒙由血液傳遞至腎上腺及其他身體器官，以分泌三十幾種在人體調適緊急狀況時扮演重要角色的荷爾蒙。

affective disorder 情感症——一種以心情或情緒失調為主要特徵的心理疾病。躁症(過度興奮)、抑鬱症及週期性的躁鬱症均為其類別。參閱 bipolar disorder, depression, manic-depressive disorder。

affective experience 情感經驗——一種情緒上的經驗，不論是愉快或不愉快，輕微或嚴重。參閱 emotion。

afferent neuron 輸入神經原——參閱 sensory neuron。

affiliative motive 親和動機——依賴別人，接觸別人與別人建立友誼的傾向。

afterimage 後像——當刺激消失時殘留的感覺經驗，通常是指視覺經驗。

age regression 年齡退回——在催眠狀態下，經由早期記憶或表現較適合於年輕時代行為的一種幻想經驗，以發洩情緒。參閱 hypnosis。

aggregated score 綜合分數——結合數種測量相同行為或特徵的分數稱之。

aggression 攻擊——意欲傷害他人的行為。參閱 hostile aggression, instrumental aggression。

agoraphobia 廣場恐懼症——恐懼獨處或害怕待在一個難以逃脫的空曠場所，或當個人陷於恐慌時，無人能予以協助。參閱 panic disorder, phobia。

all-or-none principle 全或無定律——單一神經原的神經衝動激發的原則，與刺激強度無關，該神經原一旦引發其活動電位即完全反應，否則全然無反應。

alpha waves 阿爾發(α)波——參閱 electroencephalogram。

ambivalence 衝突——同時喜歡和厭惡一事物或個人；亦即同時有正性及負性的誘因所引起的衝突感。

amnesia 失憶症——部分或

完全喪失記憶。可能是心理因素(例如情緒性創傷)或是生理因素(某種腦傷)可能對涉及創傷事件發生之前或之後所發生的事失去記憶。參閱 anterograde amnesia, retrograde amnesia。

amphetamines 安非他命——中樞神經系統興奮劑，會產生好動、易怒、焦慮及心跳加速等現象。dexedrine sulfate(「速度」)和 methamphetamine(「變換」)為安非他命的兩種類型。參閱 depressants, stimulants。

anal stage 肛門期——性心理發展理論中的第二階段，在口腔期之後。滿足和衝突的感覺起源於排除以及保留排泄物。參閱 psychosexual development。

androgens 雄性激素——為男性荷爾蒙的統稱，其中由睪丸分泌的睪丸酮最為人知。參閱 gonade。

androgyny 雙性化——部分男性及女性特徵同時顯現在同一人身上的情形。所謂雙性人即稱那些同時有著男性及女性人格特徵者。

anterograde amnesia 近事失憶症——對發生失憶創傷事件之後的事件和經驗失去記憶。雖然回憶事件發生前所學的訊息大部分均無影響，患者卻無法獲得新訊息。參閱 amnesia retrograde amnesia。

anthropology 人類學——以研究史前(原始)社會為主的學科，主要類別有考古學(對早期文明所遺留之石碑及廢墟的研究)，形態人類學(研究人種及其進化祖先在解剖上的差異)，語言人類學，和社會人類學(研究社會制度及行為功能)。參閱 behavioral sciences。

antianxiety drug 抗焦慮藥物——可減低緊張，有鎮定中樞神經作用。會導致昏沈欲睡，但沒有巴比妥鹽類那麼嚴重(tranquilizer 為其同義詞)。

anticipated method 預期法——一種機械式記憶法，用於系列記憶或對聯學習，當受試者看到記憶鼓窗口所呈現的刺激字時，要說出反應字，然後正確的反應字隨即呈現於記憶鼓窗口。

antidepressant 抗鬱劑——用來提高抑鬱患者心情的藥物，推測其藉由增加神經傳導物質腎上腺素和血清張力素的可用性以發生作用。這類藥物有 imipramine(Tofranil), isocarboxazid(Marplan)和 tranylcypromine(Parnate)。

antidiuretic hormone(簡稱 ADH) 抗利尿素——由腦下垂體所分泌的荷爾蒙，為引發腎臟對血流中水分的再吸收功能，使其不會形成尿液排出體外。

antipsychotic drug 抗精神病藥物——可減低精神性症狀的藥物，最常使用在治療精神分裂症。Chlorpromazine 和 reserpine 為其例(與 neuroleptic drug 為同義詞)。參閱 psychotic disorder。

antisocial personality 反社會人格——人格違常之一，主要表現在衝動性，無法遵守社會風俗及法律，行為上則缺乏焦慮或罪惡感(psychopathic 為同義詞)。

anxiety 焦慮——一種憂慮、緊張及擔憂狀態。部分學者認為就是恐懼之意，雖然其他學者認為引起焦慮的物體(諸如不明顯的危險或禁制等)比引起恐懼的物體較不是那麼的具體(如兇猛的動物)。參閱 neurotic anxiety, objective anxiety。

anxiety disorders 焦慮症——一組有強烈焦慮或爲減低焦慮而表現出不適應行爲的心理疾病。包括有一般性焦慮和恐慌症，恐懼症和強迫性過激症等，過去大部分稱爲精神官能症的類別，爲 DSM-III 中的大類別。參閱 generalized anxiety disorder, neurosis, obsessive-compulsive disorder, panic disorder, phobic disorder。

anxiety hierarchy 焦慮層級——將個人會產生焦慮反應的情境，由最不會焦慮依序排列到最感焦慮，所形成的層級表。通常行爲治療者藉著完全鬆弛與引發焦慮情境的聯結，而系統性地使患者減少對恐懼刺激的敏感性。參閱 behavior therapy, systematic desensitization。

apathy 冷漠——無精打采漠不關心，挫折後產生的結果之一。參閱 frustration。

aphagia 厭食症——無法進食。參閱 hyperphagia。

aphasia 失語症——發聲或理解語言能力喪失或受損。

apnea 窒息症——在睡眠期間會抑制呼吸、無法正常呼吸的睡眠障礙。

apparent motion 似動現象——參閱phiphenomenon, stroboscopic motion。

appetitive behavior 喜好行爲——蒐尋式行爲，參閱 aversive behavior。

aptitude 性向——學習能力，例如，一個人在練習打字之前的打字性向。性向測驗的目的，是要預測訓練的可能成效，也就是根據目前能力來預測將來的成就。參閱 achievement。

archetypes 原型——在卡爾・容格的心理學觀念中，一個如「神」或「母親」等被認爲是人類共通的潛意識之基本概念。

arousal level 激發(喚起)水準——人們尋求最適量趨力或激發水準的原則。

artifical intelligence(簡稱AI) 人工智慧——一個同時結合電腦科學及認知心理學的新研究領域；主要探討(1)使用電腦模擬人類思考過程，和(2)設計電腦程式使之可以「有智慧地」適應環境的改變。本質上，它是一種使機器做通常由人類心智才能完成事情的新興科學。參閱 computer simulation, cognitive psychology, cognitive science。

assertive training 自我肯定訓練——一種反條件化的方式，強化主動反應和積極傾向以消除或取代在某些情況下原有的被動或焦慮反應。參閱 behavior therapy, counterconditioning。

association area 聯結區——大腦皮質未直接與感覺或運動器官關聯的區域。這個區域整合來自不同感官的輸入訊息，同時假定它具有與學習，記憶及思考等有關的功能。

association psychology 聯結心理學——早期的一種心理學理論，以觀念的聯結作爲解釋行爲的基本原則。

associative learning 聯結學習——因事件間某些連接或關係而產生學習稱之。亦即，學習某事件與另一事件有關。

attachment 依附——有機體在幼年時與找尋特殊個體間的親密關係，並且在該特殊個體出現時感到較安全的傾向。

attention 注意——集中知覺於某特定範圍的刺激，而對它高度覺知，它同時包括外顯及內在行爲成分。

attitude 態度——喜歡或不喜歡；對物體、人物、團體、情境或包括抽象概念或社會政策等其他環境層面事物，有吸引力或厭惡感。社會心理學家視之爲三成分系統之一：信念構成認知成分，態度則爲情感成分，行動則構成行爲成分。

attitude scale 態度量表——態度量化的方法。

attribution 歸因——嘗試解釋他人行爲的過程。歸因理論主在處理人們用來推斷出所觀察行爲原因的規則。參閱 dispositional attribution, situational attribution。

autism 自閉症——沈溺於幻想而脫離現實，爲精神分裂症的徵狀之一。參閱 schizophrenia。

autistic thinking 自閉性思考——一種聯結思考的形式，多半由思考者自身需要或慾望而非由現實來支配的思考方式。參閱 daydreaming, rationalization。

autokinetic effect 似動效應——完全黑暗室中靜止的光點看起來會動的現象。

automatic writing 自動書寫——書寫者不知道而進行書寫(不知道自己在寫些什麼)；在催眠中最常見。參閱 hypnosis。

autonomic nervous system 自主神經系統——周圍神經系統的一部分，可調節平滑肌(器官及腺體)活動。自主神經系統被區分爲交感神經及副交感神經兩大部分。參閱 parasympathetic division, peripheral nervous system, sympathetic division。

autoshaping 自主塑造——同時包含操作及正統條件化歷程，不需要實驗者在場的行爲模塑過程。參閱 shaping of behavior。

average 平均數——參閱 measure of central tendency。

aversive behavior 嫌惡行爲——逃避性行爲。參閱 appetitive behavior。

aversive conditioning 嫌惡條件化——一種條件化形式，不願有的反應經由和懲罰結合而得以消除，在行爲治療中被使用在治療酒精中毒，吸菸及性方面等問題。參閱 behavior therapy, counterconditioning。

avoidance learning 逃避學習——一種條件化行爲，有機體經由對警告訊號的反應來避免懲罰性事件的發生。參閱 conditioning。

awareness 覺知——參閱 consciousness。

axon 軸突——神經原之一部分，將神經衝動傳遞至其他神經原。參閱 dendrite, neuron。

B

Barnum effect 包南效應——指人們因相信諸如星相學對人的一般描述，而影響其對性格的看法。

basal mental age 基本心理年齡——比西個別智力測驗中，所有題目都通過的年齡水準。參閱 mental age。

basilar membrane 基膜——位於支持柯提器官之耳蝸螺管內的耳膜；基膜的運動會刺激柯提器的毛狀細胞，而產生聽覺神經刺激。參閱 cochlea, organ of corti。

behavior 行爲——其他有機體或實驗者的儀器可以

觀察或偵測到有機體的活動。行為也包括主觀、意識經驗的語文報告。參閱 conscious processes。

behavior genetics 行為遺傳學——行為特徵遺傳本質的研究。

behavior modification 行為矯正法——參閱behavior therapy。

behav-ior therapy 行為治療法——以學習理論為基礎的心理治療方法。它所應用的技術如反條件化、增強作用，和行為塑成等以修正行為(同義詞 behavior modification)。參閱 cognitive behavior therapy。

behavioral medicine 行為藥物學——著重社會、心理、生物變項對疾病影響，以及如何改變行為與環境條件以增進健康，為早期研究有關疾病心身方面發展成的新興科際性科學。參閱 psychosomatic disorder。

behavioral sciences 行為科學——討論、研究人類和低等有機體行為的科學(特別是社會人類學、心理學和社會學，但也包括部分生物學、經濟學、政治學、歷史、哲學以及其他研究範疇)。

behaviorism 行為論——和華森的名字連在一起的心理學體系或學派；行為論將心理學界定為研究行為的科學，並把研究資料限定在可觀察的活動上。它的古典形式比起現代心理學的行為觀點更為嚴格。

bimodal distribution 雙峯分配——頻次很高的事例類別有二的次數分配。

binocular cues 雙眼線索——參閱distance cues。

binocular disparity 雙眼像差——由於左右兩眼位置不同造成物體在兩眼網膜上的影像有些微差異的現象稱之。

biofeedback 生理回饋——允許個人監看他自己生理活動過程的程序(例如心跳速率、血壓)，而這些生理活動正是他們平時不會注意或學習去控制的。

biological therapy 身體治療——使用藥物、電擊或其他直接影響生理歷程的方法治療人格違常或心理疾病。參閱 psychotherapy。

bipolar disorder 兩極化失調——一種同時經歷躁期和鬱期或僅有躁期的情感症。此術語在 DSM-III 中稱為躁鬱症。參閱 affective disorder, manic-depressive disorder。

blind spot 盲點——視網膜中一處不甚敏感區域，在此處神經節細胞的神經纖維結合形成視覺神經。

blood pressure 血壓——血管壁所承受血液的壓力。隨著刺激而血壓改變，這可視為情緒反應的指標。

body-sense area 感覺區——大腦皮層上某一區域。刺激這個區域會產生感覺經驗，例如「我覺得我的手指在動」。

brain stem 腦幹——接近腦部核心部分的組織，特別指除了小腦與大腦及其相關部位之外的其他所有部分。

brightness 亮度——顏色向度之一，描述接近於白色(相對為黑色)的明亮程度。亮色比起暗色來得更明亮。

brightness constancy 亮度恆常性——不因光線或暗影的改變，仍然將熟悉的物品看成相同明亮程度的傾向。

Broca's area 布洛卡氏區——大腦左半葉與控制語言有關的部位的一部分。此區受傷者無法正確應用一些字詞，且在發言上相當費力且緩慢。其談話內容雖有意義，不過只有關鍵字而已。

C

CAI 電腦輔助教學——computer-ass-isted instruction 的簡稱。

Cannon-Bard theory 康巴二氏論——由康南和巴特二氏提出情緒的古典理論。此理論認爲引發情緒反應的刺激會同時刺激大腦皮質和身體的反應；亦即，身體上的變化和情緒經驗是同時發生的。參閱 cognitive-appraisal theory, James-Lange theory。

cardiac muscle 心肌——只有在心臟才有的特殊肌肉。參閱 smooth muscle, striate muscle。

case history 個案史——爲科學目的而蒐集個人傳記性資料；這些資料有時以晤談方式獲得，有時則經數年蒐集而成。參閱 longitudinal study。

castration 閹割——以外科手術切除生殖腺。男性爲切除睪丸，女性則切除卵巢。

catharsis 舒洩作用——經由直接或間接方式(尤其是以語文和幻想方式)降低衝動或情緒。

central core 中央核——爲腦部演化史中最古老且是核心的部位，含大部分腦幹及包含調節基本生命歷程的結構組織。參閱 brain stem, cerebellum, hypothalamus, reticular system。

central fissure 中央溝——分割大腦半球爲前葉和頂葉的廻溝(同義詞 fissure of Rolando)。

central nervous system 中樞神經系統——脊椎動物中，包括腦和脊椎，有別於神經幹以及周圍神經。參閱 autonomic nervous system, peripheral nervous system。

cerebellum 小腦——連接在腦幹邊緣的葉狀組織，具調節肌肉狀態和協調複雜運動的功能。

cerebral cortex 腦皮質——高等動物大腦半球上的表層部分。通常因爲許多細胞在不同區內呈顯灰色而被稱之爲灰質，相對於髓鞘神經纖維在大腦中間形成白色稱爲白質的部位。

cerebral hemispheres 大腦半球——組成人類及其他高等動物腦部部分之神經細胞與纖維所形成的兩大半球狀體，此兩大半球由一深溝分開，但仍由一稱爲胼胝體的寬大纖維束所聯結(同義詞 cerebrum)。參閱 cerebral cortex, left hemisphere, right hemisphere, split-brain subject。

cerebrum 大腦——參閱 cerebral hemispheres。

chemotherapy 化學治療法——以藥物治療心理疾病。

childhood amnesia 童年的失憶——無法回憶個人生命第一年所發生的事件。

chlorpromazine 參閱 antipsychotic drug。

chromatic colors 有色視覺——除了黑、白和灰色以外的顏色總稱。例如紅色、黃色、藍色。參閱 achromatic colors。

chromosome 染色體——體細胞內所發現成對柱狀組織，來自父母傳送至子女的遺傳決定物質(基因)。人體細胞內有四十六個染色體，排列成二十三對，每對染色體中其一來自母親，另一來自父親。參閱 gene。

chronological age(簡稱 CA) 實足年齡——自出

生以後開始計算的年齡。參閱 mental age。

chunk 記憶組集——可儲存至短期記憶中的最大訊息意義單位，短期記憶可保留 7±2 個組集。參閱 short-term memory。

circadian rhythm 週期性的節律——持續大約是二十四小時之久的週期或節律。睡眠——醒覺、體溫及排尿量等均依循一週期節律，許多行爲及生理上的變項亦是如此。

clairvoyance 透視力(超感視覺)——一種超感知覺形式，指知覺到別人既沒感覺到，自己感官也沒感覺到的刺激。參閱 extrasensory perception, precognition, psychokinesis, telepathy。

class interval 組距——統計用語。指數字尺度上的一個小區間，此小區間爲分類(組)次數分配的基準。

classical concept 正統概念——一個所有例證均必須具備概念中所有性質的概念稱之。例如單身漢即爲一例，因所有單身漢例證均須具有成人，男性及未婚三項性質。參閱 fuzzy concept。

classical conditioning 正統條件化——與巴卜洛夫實驗型式相同的條件化實驗皆屬之。主要特徵是「原爲中性條件刺激，經過與無條件刺激配合，出現多次後，雖單獨出現也可引發類似於無條件反應的條件反應」。參閱 operant conditioning。

claustrophobia 幽閉恐懼症——恐懼封閉地點。參閱 phobia。

client 案主——(同義字爲 patient)。心理輔導專家常用這個字眼以別於生理疾病上患者——醫師關係中所隱含的醫藥意義。

client-centered therapy 案主中心治療法——參閱 person-centered therapy。

clinical psychologist 臨床心理學家——一位擁有博士學位而專門診斷與處理情緒或行爲困擾及心理疾病的心理學家。參閱 counseling psychologist, psychiatrist。

cocaine 古柯鹼——由古柯樹葉中提煉可刺激中樞神經系統的興奮劑。它會增加活力，產生陶醉興奮感，服用過多劑量會造成偏執現象。

cochlea 耳蝸——內耳中含有聽覺受納器的部位。參閱 basilal membrane, organ of Corti。

code 碼——參閱 encoding。

coefficient of correlation 相關係數——兩組成對量度之間，一致程度的數量指標。最常見者稱爲積差相關係數，以 r 表示。

coercive persuasion 強迫說服——以控制生活條件來影響別人(大部分是犯人)的思想型態。

cognition 認知——個人的思考、知識、解釋、理解，或意念。參閱 cognitive processes。

cognitive appraisal 認知評估——關係到個人的目標和健康，爲對事件或情境的解釋。對事件的認知評估同時影響情緒經驗的質與量以及個人感受威脅的程度。

cognitive appraisal theory 認知評估理論——情緒理論之一，認爲主觀情緒狀態爲個人對引起情緒反應的情境如何評估或分析之函數；生理喚起狀態可依照個人如何評估情境而產生不同情緒(甚至是完全相反的情緒)。參閱 Cannon-Bard theory, James-Lange theory。

cognitive behavior ther-

apy 認知行爲治療——一種心理治療主張，強調藉著影響一個人對行爲的信念、想法和自我陳述語言以影響行爲的一種心理治療方法。通常結合行爲治療以改變個人對自己和事件的看法。參閱 behavior therapy。

cognitive dissonance 認知失調——一種個人的信仰或知識互相矛盾的狀況。當這類認知失調發生時，當事人會引發相當動機去改變行爲或認知來減少失調現象。

cognitive map 認知地圖——假設人們對學習情境中的訊息會加以保留且組織成記憶結構；對學習情境的心理圖像。參閱 schema。

cognitive-physiological theory 認知生理論——夏荷特(Schachter)所提出來的情緒理論，認爲情緒和生理反應、認知等因素都有關係。一個人對他的生理狀態的認知與歸因，決定了他的情緒經驗。

cognitive processess 認知過程——個人在獲取訊息、訂計畫和解決問題時所進行的知覺、記憶和訊息處理的心智歷程。

cognitive psychology 認知心理學——心理學中強調瞭解行爲此心智歷程角色的研究取向。認知心理學家以心理表徵層次和運用這些表徵以產生結果(包括反應)的心智歷程來解釋行爲。此研究取向非侷限於思想和知識的探討，因其早期專注於研究這些論題而獲得「認知心理學」的名稱，不過在近幾年已廣泛地應用於心理學所有領域。參閱 artificial intelligence, cognitive, science, informafion-processing model。

cognitive science 認知科學——在一九七〇年代出現的術語，主要著重在瞭解人類獲得以及組織知識的過程；一種致力於瞭解認知歷程的「新興科學」，除了心理學外，和認知科學有關的學科還有神經科學、語言學、哲學、數學，及電腦(特別是電腦分枝學科如人工智慧)。參閱 artificial intelligence, cognitive psychology。

color blindness 色盲——區分有色顏色能力方面有缺陷。參閱 dichromatism, monochromatism, red-green color blindness, trichromatism。

color circle 色環——將有色顏色以光譜上位置順序排列成圓形的圓周，但還加上非光譜色系的紅色及紫色。這些顏色排列時其相對的顏色恰相互爲顏色相加混合的互補色。參閱 color solid。

color constancy 色彩恆常性——不因光線變化而把物件的顏色看成其他顏色的傾向。參閱 perceptual constancy。

color solid 顏色錐體——包含顏色三個心理向度的模型；此三向度分別以圓周代表各種顏色、半徑代表不同飽和度，及由上到下表示各種亮度。參閱 color circle。

comparative psychology 比較心理學——研究低等動物間，和低等動物與人類間之行爲的關係的科學。

compensation 補償作用——一種防衛機構。指努力於某一種活動以掩飾或超越他在另一種活動上的失敗或無能。

complemerctary colors 補色——兩種顏色相加混合後變成灰色，或呈現出其中一強勢顏色的非飽和色。

complex cell 複雜細胞——視覺皮層中對光柱或位於視野中特定方向的直線邊緣產生反應的細胞。參閱simple cell。

compliance 順從——人們對社會影響的反應，受到影響時，人們會公開遵循影響者的意願，可是私底下他的信念或態度並未改變。當影響者藉樹立典範而得到人們的順從時，稱爲從衆。當他靠著擁有權勢而得到人們的順從時，則稱爲服從。參閱identification，internalization。

compulsion 強迫反應——人們無法抗拒而且一定要不斷重複的舉動，儀式行爲。參閱obsession, obsessive-compulsive disorder。

compulsive personality 強迫型人格——過分講求秩序、乾淨、固執等的人格症候。

computer program 電腦程式——參閱program

computer simulation 電腦模擬——用電腦模擬一種現象或系統，以研究其特性。在心理學方面，模擬通常包含設計電腦程式來模仿如何處理訊息及解決問題的嘗試等心智歷程。就此而言，電腦程式即是有關心智如何活動的理論。參閱artificial intelligence, cognitive psychology, information-processing model。

concept 概念——一類物體或意念所共有的特性或關係。概念可以是具體的事物(如：獅子狗這個概念指的是一種狗)或抽象的想法(如：平等、公正、數目)。它指的是許多不同的物體或想法所共有的關係。參閱classical concept, fuzzy concept。

concrete operational stage 具體運思階段——皮亞傑認知發展過程的第三階段(從七歲到十二歲)。在此階段中，兒童具有邏輯思考的能力，並擁有保留概念。參閱conservation。

conditioned emotion 條件化情緒——由條件化所引起的情緒反應；由剛開始並無法引起反應的刺激所激發的反應。參閱conditioning。

conditioned reinforcer（簡稱CR）條件化增強物——先和增強刺激結合後而變得具有增強作用刺激(同義詞爲secondary reinforcer)。參閱reinforcing stimulus。

conditioned response（簡稱CR） 條件反應——在正統條件化歷程中，因條件刺激而得到的反應；也就是說，受到剛開始並無法引起反應的刺激的激發而得到的反應。參閱conditioned stimulus, unconditioned response, unconditioned stimulues。

conditioned stimulus（簡稱CS） 條件刺激——在正統條件化歷程中，開始時爲中性刺激，在和非條件刺激聯結後，而變成可以產生條件反應者。參閱conditioned response, unconditioned response, unconditioned stimulus。

conditioning 條件化歷程——學習條件化反應的過程。參閱classical conditioning, operant conditioning。

cone 錐細胞——眼睛裡面特別的視網膜細胞，主要分布在中央窩的地方，較少遍及視網膜。它是感覺有色色彩與無色色彩的媒介。參閱fovea, retina, rod。

conflict 衝突——相對的或相互排斥的衝動、欲望或傾向同時出現。參閱

ambivalence。

connotative meaning 內涵意義——字或符號字面意義外的涵意或情感上的意義。因此赤裸(naked)和裸體(nude)都是說沒有穿衣服的身體(字面上的意義)，可是它們有不同的涵義。參閱 denotative meaning。

conscience 良心——是非標準的內在認知，個人據此以判斷其行爲。參閱 superego。

conscious processes 意識過程——只有當事人才能覺察到的事件，如：感覺、後像、個人想法和夢。他人可以經由口頭報告或從其他行爲推斷而得知這些事件(同義詞爲 experience, awareness)。

consciousness 意識——當我們覺察到外在事件、回想過去的經驗、專心解決問題、選擇對某些刺激產生反應，以及特意採取行動針對環境狀況和個人目標產生反應時，我們是有意識的。簡言而之，意識必須(1)監視我們及我們的環境，使知覺、記憶和思維能在覺知狀態中正確的顯現出來。(2)控制我們及我們的環境，這樣我們才能控制行爲和認知活動的始末。在某些文章中，此詞爲 awareness 的同義詞。

conservation 保留概念——皮亞傑以此術語來描述雖然物體的外形改變，可是孩童仍知道物體的某些特性(如：面積、體積、數目)並不會改變的能力。參閱 preoperational stage。

constructive memory 建構式記憶——使用儲存在記憶中的一般知識，對某些事件以更完整與詳盡解說方式加以建構性及修飾性處理。

control group 控制組——兩組對照的實驗設計中，沒有受到實驗處理的那一組稱爲控制組。參閱 experimental group。

control processes 控制過程——用來達成平衡或監控目標導向活動的調節歷程。參閱 homeostasis。

conventional morality 道德循規期——柯爾保(Kohlberg)道德推論的第二層次。在此層次中，人們以外在制裁標準來評估行動，也就是說，行動是否受到他人的贊同及是否符合法律和社會規範。參閱 preconventional morality, postconventional morality。

convergent thinking 收斂思考——在智力測驗中，根據事實而得到的特定「正確」答案。參閱 divergent thinking。

conversion reaction 轉換反應——一種精神官能反應，症候是四肢痲痺、身體某一部分失去感覺、情緒反常等。心理分析理論認爲此類患者，把焦慮轉換成外顯生理症候。

core 核心——概念中包含用以決定是否屬此概念中成員的重要特性的部分概念。參閱 prototype。

corpus callosum 胼胝體——聯接兩個大腦半球的巨大神經纖維束。

correlation 相關——參閱 coefficient of correlation。

corticotropin-release factor(簡稱 CRF)親皮質素釋放因子——下視丘的神經原在有壓力的狀況下所分泌的物質，它穿過類管道般的組織，被運送到腦下垂體，造成 ACTH(身體中主要的「壓力」荷爾蒙)的分泌。參閱 adrenocorticotrophic hormone。

counseling psychologist 諮商心理學家——受過訓

練的心理學家，通常擁有哲學博士或教育博士的學位。他在處理學生非屬於疾病的個人困擾——如學生的學業、社團或職業問題。他有類似臨牀心理學家的技巧，可是他通常是在非醫院的環境下工作。參閱 clinical psychologist, psychiatrist。

counterconditioning 反條件化——在行爲治療法中，由另一反應（通常是相衝突的反應）取代一特別的反應。參閱 assertive training。

criterion 效標——(1)證實測試成功的一組分數或其他記錄。(2)達到學習目標的標準，例如：走出迷宮的正確數據，意味著迷宮已被征服。

critical period 關鍵期——有機體適合學習某種反應類型的發展階段。有證據證明學習語言也有關鍵期：小孩在青春期之前沒有接觸語言，日後學習語言時即困難重重。

critical scores 臨界分數——用來選取或拒棄受測者的分數，稱爲臨界分數。低於臨界分數表示受測者成功機會極微，因此予以拒棄；高於臨界分數以上的受測者才被錄用。

cross-pressure 交錯壓力——影響個人信仰、行爲、態度的矛盾社會影響。當一個人認同太多的社會群體時，通常會有這種現象產生。

cues to distance 距離線索——參閱 distance cues。

culture-fair test 文化公平測驗——爲了消除因地域、經濟等因素所造成的偏差而設計的一種智力測驗（同義詞：culture-free test）。

cumulative curve 累積曲線——操作條件化歷程反應情形的圖形記錄。累積曲線的斜率顯示反應率。

D

dark adaption 暗適應——受試者長時間處於黑暗中或光線微弱的環境中，對光的敏感度增強的現象。參閱 light adaption。

daydreaming 白日夢——幻想、思維或想像力的飄浮，由於自我爲中心的緣故，通常是自閉性的思考。參閱 autistic thinking。

decibel（簡稱 db） 分貝——計算聲音強度的單位。

deductive reasoning 演繹推理——如果前提爲眞的話，結論就不可能爲假的論證推理。參閱 inductive reasoning。

deep structure 深層結構——心理學和語言學上，稱一個句子所欲表達的意義爲深層結構。

defense mechanism 防衛機構——人爲了維護自尊或減輕憂慮所採取的行動，通常是不自覺的。否認和投射作用即是防衛機構的例子。

deindividuation 去個人化——個人感覺到自己失去其本體，已融化到群體中的心理狀態。有人認爲去個人化是暴民和群衆所表現的衝動、侵略行爲的基礎。

delayed conditioning 延宕條件化——正統條件化的程序。在此程序中，條件刺激(CS)比非條件刺激(UCS)早出現，並持續到反應產生爲止。參閱 simultaneous conditioning, trace conditioning。

delayed-response experiment 延宕反應實驗——用來測驗人和動物記憶的一種實驗。實驗者首先讓受試者看著他把誘因放在某一個箱子內，然後用遮蔽物把箱子掩蓋一段時間，最後要受試者選出放有誘因的正確箱子。選擇的正確程度，即爲記憶指標。

delta waves δ波——參閱 electroencephalogram。

delusion 妄想——精神病患者所具有的錯誤想法。這些想法通常是自大妄想和迫害妄想。參閱 hallucination, illusion, paranoid schizophrenia。

dendrite 樹狀突——神經原的特別部分。它和細胞體一起接受來自其他神經原的刺激。參閱 axon, neuron。

denial 否定——一種防衛機構，此機構未能知覺或未能完全察覺無法接受的刺激或想法。參閱 defense mechanism。

denotative meaning 外延意義——符號的主要意義，符號所指的特定事物(例如：我的住址是外延的意義；我是否住在合意的地段是內涵的意義，是住址背後的涵意)。參閱 connotative meaning。

deoxyribonucleic acid(簡稱DNA) 去氧核糖核酸——一切生物的基本遺傳因素。一種結合核糖核酸糖(sugar deoxyribose)的核酸聚合體。在更高等的生物中，大量的DNA是在染色體裡面。

dependent variable 依變項——隨著獨立變項的改變而改變的變項。在心理學的實驗裡，依變項通常是指對既定刺激的反應。參閱 independent variable。

depolarization 去極化——活動電位內的神經細胞膜的靜止電位發生變化，細胞膜的內部有更多的正電。參閱 action potential, resting potential。

depressant 鎮靜劑——抑止興奮的藥物，如：酒、巴比妥鹽、鴉片。

depression 抑鬱——一種情緒、或心情錯亂的現象。悲傷、頹喪、對人生的興趣、動機低降、思想消極，以及睡眠失常、沒有胃口、疲倦等生理症狀爲其特色。參閱 affective disorder。

depth perception 深度知覺——對物體和觀察者間距離的知覺，或是對物體前後距離的知覺。參閱 distance cues。

developmental psychologist 發展心理學家——研究有機體的生長、發展，特別是研究前後期行爲間的關係的心理學家。

deviation IQ 離差智商——平均數爲一百，標準差是十五(魏氏)或十六(史比)的一種標準化分數的智商，和傳統的智商非常類似。參閱 intelligence quotient。

dichromatism 雙色色盲——不是缺少紅綠色系統就是藍黃系統的色盲。紅綠色盲相當常見，藍黃色盲是所有色盲中最罕見的。參閱monochromatism, red-green color blindness, trichromatism。

difference threshold 差異閾——在實驗狀態下所能察覺到的一對刺激間的最小差異。參閱 absolute threshold, just noticeable difference, threshold, Weber's law。

diffusion of responsibility 責任分散——由於有他人在場，分散了個人行動的責任，使得人在群體中不願採取緊急救援的行動。這是防止旁觀者在情況緊急時干預的主要因素。

discrimination 區辨作用——(1)在知覺上，指的是

察覺出兩個刺激間的差異；(2)在條件化中，指的是對正性、負性刺激的不同反應。參閱 generalization；(3)在社會心理學上指的是偏見，如：種族歧視。

discriminative stimulus 區辨刺激——一種導致操作反應的刺激，例如：敲門這個動作引導人把門打開。辨別性刺激引發操作反應並不等於刺激引發反應行爲。參閱 operant behavior。

displaced aggression 轉移攻擊——不去攻擊導致挫折的人或物，而去攻擊其他的人或物。參閱 scapegoat。

displacement 替代作用——(1)以較能爲社會接受的方式，表現不能直接表達的衝動(如性衝動或攻擊衝動)的一種防衛機構。參閱 defense mechanism。(2)當記憶中增加了許多新的事物，短期記憶就會把事物遺忘的原則。參閱 chunk, short-term memory。

dispositional attribution 個人意向歸因——將個人的行爲歸因於內在的意向(態度、特質、動機)，它和情境歸因相對。參閱 situational attribution。

dissociation 解離——某些意念、情感，或活動和意識及人格的其他層面脫離關係而獨立運作的過程。

dissonance 失調——(1)在音樂上指的是聲音的不協調，和協調相對；(2)在社會心理學中指的是斐庭格(Festinger)用來描述因個人行爲和態度間的不協調所引起的不適的術語。參閱 cognitive dissonance。

distance cues 距離線索——(1)在視覺上指的是知覺事物距離的單眼線索，如：物體的重疊、透視、光和影，以及相對運動，和用在立體視覺上的雙眼線索。參閱 stereoscopic vision。(2)在聽覺上指的是主管距離感和方向感的相關線索，如：聲音傳到兩耳的時間會有差距，聲音的強度也有不同。

divergent thinking 發散思考——在智力測驗中(或創造力測驗中)，儘量想出更多的「可能」答案，而不是強調唯一的「正確」答案。參閱 convergent thinking。

dizygotic(簡稱 DZ)twins 異卵雙生子——由不同的卵子發展出來的雙胞胎，他們在遺傳的相像程度上，和普通的兄弟姊妹一樣，他們可能同性，也可能異性。參閱 monozygotic twins。

dominance 支配(顯)性——按照支配與順從關係建構的階級組織中較高的階層。此種現象通常可在人類社會及某些動物群中看到。

dominant gene 顯性基因——一對基因中的一個基因，它決定受基因控制的個人特質，不管另一個基因是顯性的或隱性的。參閱 recessive gene。

dopamine 多巴胺——中樞神經系統的神經傳導物，對精神分裂症有重大影響。它是藉著某些身體酵素的活動，綜合氨基酸，然後轉換成爲副腎上腺素。參閱 neurotransmitter, norepinephrine。

dopamine hypothesis 多巴胺假說——認爲精神分裂症和過多的神經傳導物多巴胺有關的假設；不是精神分裂造成過多的多巴胺，就是把多巴胺變成副腎上腺素的酵素不夠。參閱 dopamine, norepinephrine, schizophrenia。

double blind 雙盲法——常用於藥物實驗，在實驗中，研究人員和患者都不知道誰在接受治療，誰沒有接受治療。

Down's syndrome 唐氏症——基因不正常(第二十一對基因多了一個染色體)所導致的智能不足。厚舌、厚眼瞼和手指粗短爲其特徵(常稱爲蒙古症)。

drive 驅力——(1)因剝奪或包括組織需求、藥物或激素狀況，以及特定的內在、外在刺激的有害刺激所產生的激發狀態；(2)廣義的說，驅力指的是任何的動機。參閱 motive, need。

drive-reduction theory 驅力減低說——一種理論，行爲的目的就是從高度緊張的不愉快狀態到驅力降低的狀態。換句話說，行爲的目的就是要降低驅力。參閱 drive, incentive theory, motive, need。

DSM-III 美國精神病學會診斷統計手册第三版之簡稱(The third edition of the Diagnostic and Statistical Manual of the American Psychiatric Association)。

dual-memory theory 記憶兩段論——區別容量有限的短期記憶和容量無限的長期記憶的理論。訊息只能經由短期記憶儲存到長期記憶。參閱 long-term memory short-term memory。

D Z twins 異卵雙生子——參閱 dizygotic twins，爲其簡稱。

E

eardrum 鼓膜——連接中耳的耳管內膜。參閱 middle ear。

ectomorph 外胚型——薛爾頓(Sheldon)體型論三種體型中的第三種：有細膩的肌膚、柔細的髮質及敏感的神經系統。參閱 endomorph, mesomorph, type theory。

educational psychologist 教育心理學家——將心理學原則應用到兒童教育及成人教育的心理學家。參閱 school psychologist。

efferent neuron 輸出神經原——參閱 motor neuron。

ego 自我——在佛洛伊德的人格三分說中，相當於感覺我、控制我的部分，它會控制本我衝動，尋找社會許可的方式來滿足本我。參閱 id, superego。

ego analyst 自我分析家——研究自我完整的正向功能(如：應付環境的能力)而非研究本我的功能(如：滿足性衝動的行爲)的心理分析家。哈特曼(Heinz Hartman)和拉帕波(David Rapaport)被認爲是自我分析家。參閱 ego, id, psychoanalyst。

ego theory 自我理論——心理分析的一派，強調自我的功能，反對一切行爲都由本能控制的說法。

eidetic imagery 全現心像——保留幾乎和攝影般清晰圖畫的視覺印象能力，這種意象可以比只靠記憶來描述還詳盡。參閱 mental imagery。

elaboration 推敲——人可以擴展語文資料以增加提取資料之方式的記憶過程。

electroconvulsive therapy (簡稱 ECT) 電擊治療——讓輕微的電流通過腦部，以治療嚴重抑鬱的方法，會有類似癲癇痙攣的情形產生，亦稱爲電震盪療法(electroshock therapy)。

electroencephalogram(簡

稱 EEG) **腦波**——把電極裝到頭皮上而得到的腦電活動記錄，它詳細記載腦部自發的強烈活動。常見的腦電圖有阿爾發波(alpha waves)(八至十三赫茲)，和頻率較慢的三角波(delta waves)。

electroshock therapy 電擊治療——參閱electro-convulsive therapy。

emotion 情緒——有機體在溫和的或強烈的情感經驗下的狀況。參閱 affective experience。

emotion-focused coping 情緒焦點因應——減少憂慮或壓力的方法，它並沒有直接處理產生憂慮的情境；防衛機構是情緒焦點因應的一種方式。參閱 problem-focused coping。

empiricism 經驗論——認爲行爲是經驗的產物的看法。參閱 nativism。

encoding 編碼——把接收到的感覺轉化成記憶系統可以處理的形式(密碼)。

encounter group 會心團體——凡是人們藉以學習與他人關係的各種聚會性團體的通稱(同義詞爲 sensitivity group, T group)。

endocrine gland 內分泌腺——無導管的腺體，或直接將分泌物質傳入血管的一種體內分泌腺體。內分泌腺所分泌的荷爾蒙爲影響身體活動的主要化學整合劑。參閱 hormones。

endomorph 內胚型——薛爾頓體型論三種體型的第一種。其特色爲腸子及其他內臟器官都很發達，小腹突出亦包括在內。參閱 ectomorph, mesomorph, type theory。

endorphins 腦內啡——爲了應付壓力，腦部所分泌的一種神經傳導物質，它有抑止疼痛的效果。鴉片、海洛英及嗎啡等類藥物的分子形態和腦內啡的類似，他們模仿這種天然物。

engineering psychologist 工程心理學家——專門研究人類和機器間的關係的心理學家，如：試著設計機器來減少人類犯錯的心理學家。

epinephrine 腎上腺素——在有壓力的狀態下，由腎髓分泌的重要荷爾蒙，其效力和自主神經系統的交感神經的刺激結果類似(如：興奮、心跳加速、血壓升高)。它也是中樞神經系統的興奮神經傳導物(同義詞爲adrenalin)。參閱 adrenal gland, norepinephrine。

equilibratory senses 平衡感——辨別身體位置及身體的整體動作的感覺。參閱 kinesthesis, semicircular canals, vestibular sacs。

errors of measurement 測量誤差——因測量儀器、情境，或觀察誤差等所造成的分數變化。

escape learning 逃離學習——動物學習操作某些行爲，藉以逃離嫌惡或有害的刺激。

ESP 超感覺知覺——參閱 extrasensory perception，爲其簡稱。

estrogen 動情激素——卵巢所製造、分泌的女性性荷爾蒙；它負責女性第二性徵的發育並影響性慾。參閱 androgens。

estrous 動情期——雌性哺乳動物接受性愛的狀態，這是週期性的狀態，和靈長類及人類的月經有關(同義詞爲 heat)。參閱 menstrvation。

ethology 動物行爲學——結合動物學、生物學、心理學以研究動物行爲，主要是在動物所處的自然環境中觀察各種屬的一種科際整合科學。大部分的研究一直著重於昆蟲、鳥類、魚類，可是近幾年來此種研究已注意到人類行爲。研究的方法是自然觀察法，而研究的理論概念則強調在理解行爲時，必須注意遺傳因素和環境因素的交互作用。參閱 impriting, instinct。

evoked potential 發動電位——他處的刺激導致神經系統的某部位放電。測量電位通常依據電腦所算出的平均反應。

excitatory synapse 興奮突觸——一種突觸，在此突觸中，神經傳導物改變受納細胞膜的滲透性而朝去極化方向運作。參閱 depolarization, inhibitory synapse, synapse。

exemplar stratery 範例策略——策略的分類，在此分類中：(1)要牢記概念的原有的例證；(2)如果新的例子滿足記憶中例證的條件，即稱之爲此概念的一例。

existentialism 存在主義——一種哲學觀點，認爲人並不是機器，人有選擇的自由，人應該負起自我存在的責任。這種觀點強調人的主觀經驗。

existential therapy 存在治療法——源自存在哲學的信念：人有選擇自己的價值和生活方式的自由。治療者和患者建立誠懇的、自然的關係，以幫助患者觀察他自己的自由意志並選擇他自己的行爲方式。

expectation 期望——基於過去的經驗和現在的刺激，預期或預測未來事件會發生。

expectation-value theory 期望—價值論——一種動機和決策理論，以價值和成功的機會來解釋一個人的行爲或選擇。

experimental design 實驗設計——蒐集、整理實驗資料的計畫。配合簡潔、正確、控制的目標，初步探測後，爲了從資料中得到適當的推論及結論，實驗隨即展開。

experimental group 實驗組——在兩組對照的實驗中，接受實驗處理的那一組稱爲實驗組。參閱 control group。

experimental method 實驗法——調查自然事件的方法，設法控制變項以清楚界定因果關係的方法，實驗室中經常使用此種方法，可是不一定要用這種方法。參閱 observational method, variable。

experimental psychologist 實驗心理學家——專門做實驗，研究低等動物和人類行爲的基本心理原則的心理學家。

extinction 消弱作用——(1)在正統條件或操作條件反應後，沒有受到強化作用的條件刺激單獨出現的實驗程序；(2)由此程序所造成的反應減少。參閱 reinforcement。

extracellular fluid 細胞外的液體——包括血液在內的細胞外的液體，是控制口渴的重要變項之一。

extrasensory perception (簡稱 ESP) 超感覺知覺——感覺器官未受刺激，卻有知覺的現象，是一種頗受爭議的知覺經驗。參閱 clairvoyance, parapsychology, precognition, psychokinesis, telepathy。

extravert 外向——容格提出的心理類型的一種。外向的人比較注意社交生活和外在的世界，而非其內在經驗。參閱 introvert。

extrinsic motivation 外在動機——以外在獎賞或懲罰作爲行爲的動機，例如以薪資的多寡選擇職業，不考慮職業所帶來的成就感和滿足感。

F

fact memory 事實記憶——儲存事實訊息的記憶。參閱 skill memory。

factor analysis 因素分析——用來編製測驗及解釋測驗分數的統計方法。研究者可以利用這個方法來找出解釋分數間相互關係所需的最少因素。參閱 general factor, special factor。

family therapy 家族治療——以家庭全部成員，而非單以患者為對象的心理治療法。參閱 group therapy。

fantasy 幻想——白日夢、空想，有時是因為挫折而有此種現象產生。在投射測驗中，幻想可用來做為人格的指標。參閱 projective test。

feature detector 圖形(特徵)偵測器——從以複雜方式呈現的圖形中，辨識出某特定圖形的知覺機制之通稱，如：視覺中對線(邊緣)的辨識。由於我們所看到的事物是由一連串的線以不同角度連接而成，所以圖形辨識可以視為辨識更複雜形式的基石。

Fechner's law 費希納定律——感受到的刺激強度隨其物理強度的對數增加的理論。

figure-ground perception 形象—背景知覺——在前後景相對的情況下，知覺到一種模式。即使當刺激不明顯，或前後景關係可以顛倒時，通常仍可以這種方式知覺到模式。

filter 過濾器——只可以讓某些東西通過的裝置，如：電子設備只能讓特定的聲率通過，光學透鏡只能傳送某種波長的光。感官系統中有不同的過濾器可以傳送某些信號(如：視覺過濾器、結構過濾器、化學過濾器和神經過濾器)。感官系統中，在過濾器前面的神經原只會對通過過濾器的信號產生反應；這樣的神經原和那些信號「配合」。參閱 specific neuron code hypothesis。

fixation 固著作用——在心理分析中，由於無法改變依附的對象(如：固定於口腔期或依附母親)或無法從某一階段發展至另一階段，而使得人格的發展受到阻礙，稱為固著作用。

flow chart 流程圖——呈現活動中的選擇及行動結果的圖表。

formal operational stage 形式運思階段——皮亞傑認知發展的第四階段(從十二歲以後)，在此階段中兒童能運用抽象思考。

fovea 中央小窩——在視網膜中央，充滿了錐細胞；白天時，是視網膜中對細節及色彩最敏感的部位。參閱 cone, retina。

fraternal twins 異卵雙生子——參閱 dizygotic twins。

free association 自由聯想——(1)一種字聯想的實驗方式，實驗者說出一個字來刺激受試者，受試者把想到的字全部說出來；(2)在心理分析上，把意識到的每件事情毫無修飾的報告出來。

free recall 自由回憶——受試者一次收到一個訊息，等到收到許多訊息後，他必須回想這些訊息，可是不必按照順序。

frequency distribution 頻率分配——依據大小組合起來的一組分數，通常組合成組距及其相對應頻次。

frontal lobe 前葉——腦半球的一部分，在中央溝的前端。參閱 occipital

lobe, parietal lobe, temporal lobe。

frustration 挫折——(1)就事件而言，阻礙或干擾達成目標的環境，即是挫折；(2)就狀態而言，因受挫、失望而產生的憤怒、憂懼、不滿，亦是挫折。

frustration-aggression hypothesis 挫折—攻擊假說——認爲挫折產生攻擊驅力，而攻擊驅力又引發攻擊行爲的假設。

functional autonomy 功能獨立——動機會逐漸獨立於原始起因的理論。例如，守財奴可能會爲錢而重視錢，而不是因爲錢能買到許多有價值的東西。

functional psychosis 機能性精神病——沒有明顯生理原因，由心理原因造成的精神病。

fundamental attribution error 基本的歸因謬誤——低估環境對行爲的影響，而認爲個人特性是造成行爲的原因；亦即偏向作意向而非情境歸因的偏差。參閱 attribution, dispositional attribution, situational attribution。

fuzzy concept 模糊概念——主要依據概念的原型特性來決定某概念是否屬於此概念的例證，但是卻因此經常無法確定自己的決定時，即稱此概念爲模糊概念。參閱 prototype。

G

galvanic skin response(簡稱 GSR) 膚電反應——由敏感的電流計所偵測出的皮膚導電程度的改變。此種反應通常用來作爲情緒指標。

ganglia 神經節——神經細胞體和神經突觸的叢集，就和在交感神經節一樣，它們構成了腦和脊髓外的中心點。參閱 nuclei。

gastrointestinal motility 腸胃蠕動——平滑肌收縮促使消化道運動，是情緒指標的一種形式。

gate control theory of pain 痛覺閘門控制論——根據此理論，痛覺的產生，不僅痛覺受納器要被激發，而且還需要脊髓的神經門戶把刺激傳到大腦。壓迫性刺激會讓閘門關閉。因此揉搓傷處可以減輕疼痛。態度、建議、藥物也會讓閘門關上。

gender identity 性別認定——認爲自己是男性或女性的程度。參閱 sex role, sex typing。

gender schema 性別基模——以男性—女性意涵的架構組織各方面訊息的抽象認知結構。根據邊姆(S. Bem)的性基模，行爲配合性別者比行爲不配合者更可能使用性基模。參閱 schema, sex typing。

gene 基因——染色體的遺傳基本單位。每一個染色體包含著許多基因，基因是成對出現的，每一對基因中的一個基因來自父親的染色體，另一個來自母親的對應染色體。參閱 chromosome, dominant gene, recessive gene。

general adaptation syndrome(簡稱 GAS) 一般適應症候群——塞利耶(Selye)提出的理論，他認爲有機體面對強大壓力的生理反應可分爲三個階段，其特色如下：第一個階段(警報反應)包括兩個時期：體溫和血壓下降、肌肉鬆軟，以及心跳加速的驚嚇時期，隨後是身體採取行動的反驚嚇時期；第二個階段(抵抗階段)是身體功能回復正常，可是再次抵抗第二個壓力源的力量減弱；如果壓力情境嚴重或壓力情境持續下去，則第三階段(耗盡階段)就會出現。警報反應的形式會再度出現，並可能導致死亡。

general factor 一般因素——(1)從測驗得分(特別是智力測驗)，所隱含反應的一般能力，和每次測驗特有的特殊能力有別。(2)指與每一個主要因素均相關的一般能力。參閱 factor analysis, special factor。

General Problem Solver (簡稱 GPS) 一般性問題解決者——藉設立次目標及減少與每一個系列性次目標間的差異，來模擬人類解決問題的電腦程式。參閱 simulation。

generalization 類化——(1)在概念形成、問題解決和學習遷移中，學習者找出了某一類事物或問題的共同特色或共同原則。(2)在條件化中，某一刺激引起了條件反應，類似的刺激也會引起條件反應的原則。參閱 discrimination。

generalized anxiety disorder 一般焦慮症——持續與廣泛性的緊張、憂慮的疾病，可能引起下列身體症狀：心跳急速、疲倦、失眠、暈眩。參閱 anxiety disorders。

genetics 遺傳學——生物學的一支，研究遺傳性及遺傳方法。

genital stage 生殖期——古典心理分析中性心理發展的最後階段，與異性結合為其終極目的。參閱 psychosexual development。

genotype 遺傳基型——遺傳學中，個人已繼承到並將遺傳給後代的特性，不管他是否表現出這些特性。參閱 phenotype。

Gestalt psychology 完形心理學——一種心理學理論，主要強調對型態、組織、整體，及場地特性的知覺。

glia cells 膠質細胞——構成腦組織重要部分的支持細胞(非神經原)。最近的研究顯示它們對神經活動有很大的影響。

goal 目標——行為系列的最終狀態，到達這個狀態以後行為就完成了。

gonads 性腺——男性的睪丸、女性的卵巢。和排泄腺一樣，在兩性結合時，性腺非常的活躍，可是就像內分泌腺一樣，它們的荷爾蒙影響第二性徵及性活動。男性的荷爾蒙稱為雄性激素，女性的稱為動情激素(同義詞 sex glands)。參閱androgens, endocrine gland, estrogen。

graded potentials 等級電位——來自其他神經原的神經突觸刺激，導致神經原的樹狀突或細胞體內的電位產生變化。等級電位到達去極化的閾限時，就會產生活動電位。參閱 action potential, depolarization。

gradient of texture 組織密度——如果眼睛所知覺到的物體表面有某種質地組織(如堅硬、柔軟、平滑、粗糙等等)，且此質地具有可見的顆粒，則愈近知覺者，顆粒愈粗，反之愈細，如此即呈現質地梯度現象。此現象在判斷距離遠近是重要線索。參閱 distance cues。

group test 團體測驗——由一個主試者一次測驗很多人的考試，大學考試通常是團體測驗。

group therapy 團體治療——好幾個患者同時參與具有醫療目的的團體討論或其他團體活動。參閱 psychotherapy。

H

habit 習慣——已經學到的刺激—反應結果，參閱

conditioned response。

habituation 習慣化——重複的刺激使得反應力下降。一般而言，幾乎任何刺激都會產生習慣化的現象，如：一個聲音響了半個鐘頭，音量上聽起來會降低二十分貝。

hallucination 幻覺——缺乏適當外在刺激的感覺經驗，把想像經驗誤認爲是眞正的知覺。參閱 delusion, illusion, schizophrenia。

hallucinogens 迷幻藥——主要用來改變知覺經驗，「擴張意識」的藥物，如：迷幻藥(LSD)、印度大麻(同義詞 psychedelic drugs)。

halo effect 月暈作用——因某人具有我們喜歡或厭惡的特性，而使我們對他的知覺產生偏差的傾向。

hedonism 唯樂主義——人類尋求歡樂、避免痛苦的理論。極端的唯樂主義者認爲快樂和幸福是最高的美德。

heritability 遺傳力——某特質在母群體的總變異量中由遺傳個別差異性所決定的比例稱之。

hermaphrodite 陰陽人——生殖器的性別特徵外形不明顯，或生殖器和體內性腺不一致的人，稱爲陰陽人。參閱 transsexual。

heroin 海洛因——從鴉片中提煉出來的中樞神經鎮靜劑，它能讓人上癮。參閱 opiates。

hertz（簡稱 Hz） 赫——聲源的頻率，或其他週期現象的頻率，它是用每秒的周數來計算。

heterosexuality 異性愛——對異性產生興趣或愛慕之意，通常是心性發展成熟的結果。

heuristic 自行發現法——解決問題時，可以應用到不同問題的方法，雖然這種方法不一定每次都可以解決問題。

hidden observer 隱藏的觀察者——用來比喻描述催眠狀態時的潛藏的意識經驗，它指的是不同於催眠意識的經驗，可是這個經驗又和催眠意識相似。

hierarchies of concepts 概念層次——不同概念間的關係。參閱 concept。

hierarchy of motives 動機層次——馬士洛(Maslow)分類動機的方法，他從基本的生物動機向上分，分到最上面的自我實現，自我實現被認爲是最高的人類動機。

home sign 有效符號——耳聾的孩子所使用的手語系統，最初這個系統只是一種簡單的手勢，可是後來它具有語言的特性。

homeostasis 恆定作用——有機體功能的最適狀態，是由恆定機制控制，如：有保持體溫正常的恆定機制。

homosexual 同性戀者——喜歡和同性發生性關係的人，可以是男的也可以是女的，可是女性同性戀者通常稱爲女同性戀者(lesbians)，不要和變性混淆。參閱 transsexual。

hormones 荷爾蒙——內分泌腺的分泌物，由血管輸送到身體各部，可以影響行爲。參閱 endocrine gland。

hostile aggression 敵意攻擊——目的是要傷人的攻擊。參閱 instrumental aggression。

hue 色彩——顏色的向度，相當於光的波長，是紅、黃、綠三主色的來源。參閱 brightness, saturation。

human factor research 人類因素研究——心理學家和工程師共同參與的應用科學，討論裝備設計、工作方法等，使人和機械之間得到最有效的組合。

humanistic psychology 人本心理學——強調人的獨特性的心理學說，它注重主觀經驗和人的價值。在心理學上，是行爲論和心理分析外的第三股勢力。參閱 phenomenology。

hunger drive 饑餓驅力——因爲缺乏食物而產生的驅力。參閱 drive, specific hunger。

hyperphagia 超食——飲食過度，是一種病態。參閱 aphagia。

hypnosis 催眠——經過催眠(或其同類程序)誘發的反應狀態。在此狀態中，受試者會對催眠者的提示產生反應，而經歷到知覺、記憶和自主行爲的變換。

hypnotic induction 催眠誘發——催眠的程序，包括放鬆心情和激發想像。參閱 hypnosis。

hypnotic trance 催眠狀態——受試者受到催眠時，聯想豐富的夢幻狀態。參閱 post-hypnotic suggestion。

hypothalamus 下視丘——就在腦幹上方、視丘下方的組織，雖小但很重要。是腦中央核的一部分，它含有控制吃、喝、性、情感等動機行爲的中心，同時也調節內分泌活動，維持身體的恆常。參閱 lateral hypothalamus, ventromedial hypothalamus。

hypothesis testing 假說驗證——收集資料並對某些現象的解釋採取抽樣測試。

hypothetical construct 假設建構——推論得知的中介機制的一種形式，它有自己的特性，和解釋時所需要的特性不同。如：驅力是從被剝奪的有機體行爲中推知得來的，它可以作爲往後行爲的解釋。

I

id 原我——佛洛伊德人格三分說中，反映沒有組織的本能衝動的部分。如果沒有受到約束，它會設法很快地滿足原始需求。參閱 ego, superego。

ideal self 理想的自我——羅傑士(Carl Roger)理論中，個人想成爲的那種人，稱爲理想我。理想我和眞我間的大差距會造成痛苦和不滿。參閱 self concept。

identical twins 同卵雙生子——參閱 monozygotic twins。

identification 認同——(1)童年時模仿成人行爲而學到適當社會角色的過程，如：孩子和父母中同性的一方產生認同。參閱 imitation；(2)和具有相同興趣的人所建立的親密關係，如：對團體的認同；(3)人爲了要和受人尊敬的影響者一樣，而改變其信仰、態度、行爲，所以對社會影響的反應亦可稱爲認同。參閱 compliance, internalization, reference group。

identification figures 認同對象——孩子所模仿的成人典範，特別是父母。參閱 identification。

identity confusion 認同混淆——青少年發展的現象，在發展階段中，各種不同的認同無法調和成完整的個人特質。參閱 identification, identity formation。

identity formation 認同形成——人格發展成熟，完整的過程，是早期的認同和其他影響的結果。參閱 identification。

illusion 錯覺——知覺上對刺激間的關係產生誤解，所以所知覺到的並不等於物理世界，尤其是視覺上的錯覺，雖然它並不是唯一的錯覺。參閱 delusion, hallucination。

imitation 模仿——仿效他人的行爲稱爲模仿。參閱 identification。

immunization against persuasion 說服免疫性——一種抗拒別人遊說的方法。先對某些信念作微弱的攻擊，並斥退這些攻擊，等到強烈的攻擊來到的時候，當事人已因微弱的攻擊產生免疫能力，比較不容易改變其原有的信念或態度。

imprinting 銘記——動物行爲學家用來說明種屬特有的學習形態的術詞。有機體在生命早期的一限定時段內開始學得某行爲，日後就很難改變。例如：小鴨子在出生後十一到十八個鐘頭內，會學習跟隨母鴨。可是這時候如果牠們被安排去跟隨其他任何物件，則牠們就會一直跟隨下去。參閱 ethology。

incentive 誘因——(1)提供刺激以達目標的事物。(2)廣義的說，誘因就是任何目標。參閱 negative incentive, positive incentive。

incentive theory 誘因論——一種動機論，強調正、負誘因在決定行爲時的重要性，內在驅力並不是促成活動的唯一原因。參閱 drive-reduction theory。

independent variable 獨變項——實驗控制下的變項，此變項在實驗控制下的變化與研究有關。在心理實驗中，通常獨變項是刺激，而刺激引發的反應則是研究中的依變項。參閱 dependent variable。

individual dsfferences 個別差異——同種人在構造或行爲上的相對持續差異稱爲個別差異。

inductive reasoning 歸納推理——一種論證推理，認爲如果前提爲眞，則結論爲錯是不可信的。參閱 deductive reasoning。

infancy 嬰兒期——人類和其他有機體不能獨立而須仰賴他人的時期。就人類而言，嬰兒期大概是出生後的前兩年。

information-processing model 訊息處理模式——以訊息經過系統的假設爲基礎的模式，這種模式通常在電腦程式中發揮得最好。在認知心理學中，心智活動的理論經常是用訊息處理模式的形式呈現出來。藉著模擬電腦上的模式，我們可以研究理論的特性和含意。參閱 cognitive psychology, computer simulation, model。

inhibitory synapse 抑制突觸——一種突觸，在此突觸中，神經傳導物改變靜止電位狀態下的受納細胞的膜可滲透性，也就是說，抑制突觸可以防止細胞激發活動。參閱 excitatory synapse, synapse。

inner ear 內耳——除了耳蝸外，耳朵內部還有前庭囊、半規管。參閱 cochlea,vestibular sacs, semicircular canals。

insight 頓悟——(1)在解決問題的實驗中，對影響問題解決的各種關聯的認知。再度遇到問題時，我們可以很快的解決問題；(2)在心理治療上，個人發現到早期事件和晚期事件間的關係，所以能夠瞭解衝突根源。

instinct 本能——本能是指未經學習而有固定型態，有目標導向的行爲，這種行爲和鳥類的築巢行爲或鮭魚的遷徙行爲一樣，是種屬特有的行爲。參閱 ethology(同義詞：species-specific behavior)。

intrinsic motivation 內在動機——行爲與行爲目標之間有自然的關係，和行爲由酬賞或懲罰所促動的正好相反。

instrumental aggression 工具性攻擊——旨在得到回報而非折磨受害者的攻擊。參閱 hostile aggression。

insulin 胰島素——胰臟分泌的激素。參閱 hormones。

intellectualization 理性作用——用理智處理情感泛濫的情況，使自己遠離這種情境的防衛機構稱爲理性作用。

intelligence 智力——(1)標準的智力測驗所要衡量的特質；(2)從經驗中學來的能力、抽象思維的能力，以及有效應付環境的能力，稱爲智力。參閱 intelligence quotient, mental age。

intelligence quotient(簡稱IQ) 智力商數——描述智力測驗分數的單位，它是以心理年齡和實際年齡的比例爲基準。由於小數點省略，所以足齡兒童的平均智商是一百。參閱 chronological age, deviation IQ, mental age。

interactionism 互動——人格理論中的一種架構取向，認爲行爲是穩定的人格特質和人所處的情境互動的結果。狹義的互動論採用變異數分析的統計方法，把行爲變異量中受個人特質和環境影響，及個人特質與環境互動影響的變異量部分區分開。廣義的互動論考慮發生在人和環境間的行爲互動結果，同時也考慮人和人之間的行爲互動關聯。

intermittent reinforcement 間歇強化——參閱 partial reinforcement。

internalization 內化——人對社會影響的反應，由於人相信影響者的看法，因而改變其信念，態度或行爲。將他人的意見，行爲納入自己的價值系統，稱爲內化。參閱 compliance, identification。

interneurons 中介神經原——中樞神經系統中的神經原，它接收從感覺神經原傳來的訊息，然後把訊息送到其他中介神經原或運動神經原。參閱 sensory neuron,motor neuron。

interpretation 闡釋——心理分析時，心理分析家爲了便利聯想，指出患者的抗拒。闡釋也包括對符號的解釋，就像解析夢一樣。參閱 resistance。

intervening variable 中介變項——發生在刺激和反應間的過程，這個過程說明相同刺激所引起的一個反應。中介變項可以不用進一步說明就推論出來，它也可能有具體特性而成爲研究的對象。

interview 晤談——研究者(訪問者)和受試者(受訪者)間的談話，談話的目的是要收集相關資料來幫助受試者(就像心理治療時的談話一樣)，或是收集訊息(就如樣品調查時所作的訪問)。

intracellular fluid 細胞內液體——身體細胞中所含的水，是控制口渴的重要變數之一。

introspection 內省法——(1)自我觀察的一種形式，不須解釋，不須賦予任何意義，個人就能描述他們的意識內涵；(2)描述主觀經驗的形式，稱爲內省。參閱 phenomenology。

introvert 內向——容格提出的心理類型之一。內向的人遭受壓力時，往往會有逃避、退縮的傾向。參閱 extravert。

J

James-Lange theory 詹郎二氏論——一種古典的情緒理論，以各自提出這個理論的兩個人的名字命名。這個理論覺爲刺激先引起身體反應，然後對反應的覺知構成情緒經驗。參閱 Cannon-Bard theory, cognitive-appraisal theory。

just noticeable difference（簡稱 j.n.d.） 恰辨差——刺激中幾乎感覺不到的改變，是衡量差異閾的標準，同時也是評估刺激增強時，感覺強度的單位。參閱 difference threshold, Weber's law。

K

key-word method 關鍵字法——利用和外國字的聲音，以及和英文字意義相關的中間關鍵字來學習外語字彙的技巧。參閱 mnemonics。

kinesthesis 運動覺——能辨別身體位置、動作的肌肉感官、肌腱感官、關節感官。參閱 equilibratory senses。

Klinefelter's syndrome 克蘭發特癥候群——性染色體不正常的狀態(正常的性染色體是 XX 或 XY，可是它是 XXY)，外形上是有陰莖和睪丸，可是卻有顯著女性特徵的男子。

L

latency 潛伏期——(1)反應時間的標準，指的是刺激呈現到反應發生之間的時間拖延；(2)在心理分析上，指的是兒童發展的階段，大概是從六歲到十二歲之間，這時候性衝動和攻擊衝動是在壓抑狀態，所以小孩子的注意力轉向周遭的世界，對環境的好奇心使得他可以開始學習。參閱 psychosexual development。

latent content 潛藏內涵——從明顯的部分釋夢時所發現的夢的潛藏重要性(如：夢所表現出的動機或欲望)。參閱 interpretation, manifest content。

latent learning 潛伏學習——學習時的行爲並沒有表現出所學的東西，可以藉強化這種行爲將所學的東西表現出來。

latent-learning experiment 潛在學習實驗——一種實驗方式，在缺乏適當驅力或誘因的情境下，給受試者學習的機會。例如，目標箱中不放食物，讓老鼠學習迷津。

lateral fissure （腦際的)側溝——腦半球旁的深溝，顳顬葉就在它的下方(同義詞爲 fissure of sylvius)。

lateral hypothalamus（簡稱 LH） 下視丘側部——下視丘的一個區域，對調節攝食有很大的影響。電流對下視丘側核的刺激會使實驗中的動物開始進食，此處下視丘腦組織受損會使動物停止進食。參閱 hypothalamus, ventromedial hypothalamus。

law of effect 效果律——強化作用後行爲增強的現象。可能反應中，那些導致強化作用的反應會重複，其餘的反應則消失。有人認爲效果律好比天擇說：適應反應從可能反應中選出，而且藉著強化作用，適應反應可以不斷出現；相反的，不適應反應只好消失。參閱 reinforcement。

learned helplessness 學來的無助——以實驗方法讓有機體面對無法逃避的創

傷(如電擊、酷熱或酷寒)所產生的冷漠或無助。無法逃開或避免——嫌惡情境會產生無助感，進而類化到其他情境。

learning 學習——經由練習結果發生行為上相當持久性的改變。因成熟或有機體暫時性狀況(如疲倦、藥物影響、適應等)而發生的行為改變不包含在內。

learning curve 漸近線——學習過程的圖示，其縱座標為熟練程度(單位時間內行為量、單位行為量所花時間、所犯錯誤等)，而橫座標代表練習量數(嘗試次、時間等)。

learning set 學習心向——因練習同一類型的問題而使學習速率逐漸增進的現象。

left hemisphere 左腦——大腦左半球。控制身體右邊的活動，就大多數人而言是語言及其他邏輯、順序性活動(同義詞為major hemisphere)。參閱cerebral hemisphere, corpus callosum, right hemisphere, split-brain subject。

lesbian 女同性戀者——參閱homosexual。

libido 慾力——在心理分析中指的是性本能的能量，此能量終其一生會依附在新的對象上而透過不同型式的動機行為表現。

lie detector 測謊器——參閱polygraph, voice stress analyzer。

light adaptation 光適應——受試者持續暴露於高明度的情境中會降低眼睛對光線的敏感度稱之。

lightness constancy 亮度恆常性——儘管光影改變了刺激的性質，仍將它視為具有相同亮度的傾向。

limbic system 邊緣系統——在中腦內及其周圍的一組組織，為調節動機—情緒行為類型——如清醒與睡眠、興奮與鎮靜、攝食與求偶——的功能單位。

linguistic relativity hypothesis 語言相對假說——此假說論點為人們的思維歷程、知覺世界的方式與其語言有關。

lithium carbornate 鋰鹽——鋰的合成物，此元素與鈉有關，醫學上已發現可成功地治療躁鬱症。

localized function 局部功能——由腦部已知區域控制行為的功能，例如，視覺由枕葉控制。

location constancy 位置恆常性——即使一物體對觀察者而言其位置關係已經改變，對其位置知覺有保留在原位的傾向。

long-term memory(簡稱LTM) 長期記憶——記憶系統較永久的成分，與短期記憶相對。參閱short-term memory。

longitudinal study 縱貫式研究——在每段時間內對一個體進行長時間測量的研究法。參閱case history。

loudness 響度——聽覺的強度向度，與形成刺激的聲波之振幅有關。振幅愈大其音量愈大。參閱pitch, timbre。

LSD 迷幻藥——參閱lysergic acid diethylamide，為其簡稱。

lysergic acid diethylamide 迷幻藥——一種強烈的精神活動性藥物，能產生意識上極端轉變，以及幻覺、知覺扭曲和無法預期的心情起伏變動。

M

major hemisphere 主要半球——參閱left hemisphere。

manic-depressive disorder 躁鬱症——情感症之一，其特徵為心情在興奮與得意揚揚(躁期)和悲傷、沮喪(鬱期)間替換,有時在躁—鬱期之間有心情正常時期,而有些人僅經歷了躁期。若心情只在正常與鬱期間轉換者並不被診斷爲躁鬱症。參閱 affective disorder,bipolar disorder。

manifest content 外顯內涵——人們記得的夢、人物及其行動的內容,茲以和推論性的隱藏性內涵作區分。參閱 latent content。

marijuana 大麻——乾大麻葉;俗稱大麻藥(hashish)缽(pot)或草(grass)。大麻藥確由大麻中所提煉的藥物,因此,通常藥性較大麻強。吸取大麻可能加深感官經驗而產生狂喜狀態。

marital therapy 婚姻治療——以解決夫婦倆關係問題爲主的心理治療(同義詞爲 couples therapy)。參閱 psychotherapy。

masochism 被虐狂——想給自己施加痛苦或承受別人施予的疼痛之病態慾望。參閱 sadism。

massed practice 集中練習——材料、練習次數相連接或相當接近的練習方法。

maternal drive 母性驅力——特指動物中誘使雌性生、養幼兒的動機,會使牠表現出築巢、保護幼兒及其他關愛幼小行爲。參閱 drive。

maturation 成熟——個體成長的過程,結果可造成行爲次序性的改變,雖然正常環境可能仍爲必要,然其改變的時間與組型和練習或經驗較無關。

maze 迷津——研究動物和人類學習的一種設計,由正確通道及死巷所組成。

mean 平均數——算術平均數,所有分數的總和除上其人數。參閱 measure of central tendency。

measure of central tendency 集中量數——次數分配的一個代表性數值,其他數值均在此值四周,例如,一組分數的平均數、中(位)數或衆數。參閱 mean,median,mode。

measure of variation 變異量數——測量分數在次數分配上分散程度的量數,如全距或標準差即是。參閱 standard deviation。

median 中(位)數——將分數以大小次第排列時位於中間位置者的分數稱之。參閱 measure of central tendency。

mediation 冥想——一種意識狀態變換的經驗。此時個人極端放鬆而覺得與外在世界分離。個人喪失自我覺知而達到涉身於更寬廣意識境界的感受。此冥想狀態可經由特定儀式達到:包括調節呼吸、極度專注自己的注意力及採取一些瑜珈姿勢。一種商業化的冥想形式曾以超覺冥想(transcendental mediation 簡稱 T.M.)之名大力推廣。

memory decay 記憶衰退——造成短期記憶遺忘的主因,此時訊息單純的只是隨時間過往而逐漸衰退。

memory drum 記憶鼓——機械式記憶實驗中用來呈現語文材料的一種裝置。

memory span 記憶廣度——在呈現一次後能將之依序再生(回憶)的項目(數字、字母、字詞)數,通常爲 7±2。參閱 chunk, short-term memory。

memory trace 記憶痕跡——主張在學習與回憶間推論於神經系統中產生了變化的一種假說。

menarche 初潮——女孩第一次月經週期稱之，爲性成熟的指標。參閱 menstruation。

menstruation 月經——幾近每月均會由子宮排出的排出物。參閱 menarche。

mental age(簡稱 MA) 心理(智)年齡——由比奈(Binet)提出使用於智力測驗上的量尺單位。如果該智力測驗經過適當標準化，則一群具代表性的六歲兒童應可得到平均爲六歲的心理年齡，而七歲兒童其心理年齡爲七歲，依此類推。一位心理年齡(MA)高於其實足年齡(CA)的小孩其心智發展超前。反之，MA 落於 CA 之後者爲心智遲滯。參閱 chronological age, intelligence quotient。

mental imagery 心像——用來幫助記憶的心理圖像。與全現心像不同。參閱 eidetic imagery。

mental retarded 心智遲滯——智力功能低於正常人，而損及其社會適應稱之。

mental rotation 心理旋轉作用——指將一物體的心理意像依類似轉動實物方式加以旋轉的現象。

mentally gifted 資賦優異——智力相當高的人。通爲 IQ 140 以上才稱爲資賦優異。

mesomorph 中胚型——薛爾頓類型論，三種體型中的第二類，其骨骼與肌肉發達，如典型的運動員體型。參閱 ectomorph, endomorph, type theory。

method of loci 位置記憶法——幫助系列性記憶的方法。將語文材料轉換成依視覺路線(如想像在家裡或熟識街道上行走)的順序位置中次第形成心像。

middle ear 中耳——耳中包括槌骨、鐙骨、砧骨與耳膜相連通往內耳卵圓窗的部分。

minor hemisphere 次要半球——參閱 right hemisphere。

mnemonics 記憶術——通常包含一套可以替代記憶材料的符號，用以增進記憶的系統，例如，爲了記住一數系，可將此數系轉換成容易記得的由一些字母所組成的單字。

mode 衆數——在次數分配中次數最多的分數，或在等級分數中數目最多的等第稱之。參閱 measure of central tendency。

model 模仿(模型)對象——(1)通常根據邏輯、數理或物理模式建構成的縮小體系。蒐集所得資料乃依據這些模型的原則加以組織並用這些模型加以解說。例如，鋼琴鍵盤可爲瞭解基膜的模型；自動調溫器則爲解說恆定作用回饋原理的模型。(2)行爲治療中，個人所模仿或表現的行爲即是治療者希望患者去仿效的。

modeling 模仿——社會學習論中，兒童透過觀察及仿效他人以學習社會與認知行爲的歷程稱之。參閱 identification。

mongolism 蒙古症——參閱 Down's syndrome。

monoamine oxidase(簡稱 MAO) 氧化酶氨基酸——可影響阻斷一組稱爲生物發生胺(biogenic amines)(如正腎上腺素、多巴胺及血清張力素等)之神經傳導的一種酶；學者相信對情緒調節有重要影響。抑制此種酶活動的藥物(MAO 抑制劑)可用來治療抑鬱症。參閱 antidepressant, monoamine oxidase inhibitor, neurotransmitter。

monoamine oxidase in-

hibitor（簡稱MAOI） **氧化酶氨基酸抑制劑**——治療抑鬱反應的一類藥物。它可抑制一種酶(MAO)的活動，而該種酶可阻斷某些神經傳導物(如多巴胺、正腎上腺素及血清張力素等)而延緩這些傳導物作用的時間。參閱 antidepressant, monoamine oxidase, neurotransmitter。

monochromatism 全色盲——完全色盲，其視覺系統爲無色的，爲罕見疾病。參閱 dichromatism, trichromatism。

monocular cues 單眼線索——參閱 distance cues。

monozygotic（MZ爲簡稱） twins 同卵雙生子——由單一受精卵發展成的雙生子。他們必爲同性，且大多在外表極爲相似，雖然有些特性可能正如鏡中影像般相反。例如，其一爲慣用右手者，另一卻爲左撇子(同義詞爲 identical twins)。參閱 dizygotic twins。

morpheme 字素——語言結構的最小意義單位，可能是一個詞、字尾或字首。諸如 man, strange, ing, pro 等。參閱 phoneme。

motivated forgetting 動機性遺忘——認爲有些遺忘並不是自然發生的，而是當事人主動壓抑的結果。

motivation 動機歷程——用來指稱調節需求滿足及目標追求行爲的概化性術語。參閱 motive。

motive 動機——影響有機體準備開始表現或持續一系列行爲的任何狀況稱之。

motor area 運動區——位於大腦中央溝前端的投射區。以電流刺激此區通常形成運動或動作反應。參閱 somatosensory area。

motor neuron 運動神經原——將來自腦部及脊髓的訊息傳遞至肌肉與腺體的神經原或神經細胞(同義詞爲 efferent neuron)。參閱 sensory neuron。

multiple personality 多重人格——在同一個體中同時存在兩個或多個統整且發展完整的人格稱之。其每一人格均有自己的一套記憶與行爲特徵。通常其人格態度與行爲間的轉換可有相當大的差別。

myelin sheath 髓鞘——在稱之爲鞘化纖維的特定神經纖維周圍所纏繞的脂性鞘套。神經衝動的傳導的速度在鞘化纖維中比在非鞘化纖維來得快，且能量耗費也較少。

MZ twins 同卵雙生子——參閱 monozygotic twins，爲其簡稱。

N

nanometer(nm) 微米——一公尺的十億分之一。光波的測量即以nm爲單位。

narcissism 自戀——愛戀自己，在心理分析論中爲兩性發展前的正常表現。

narcolepsy 嗜眠症——睡眠困擾之一，其特徵爲在不合時宜的時機中無法控制地入睡一小段時間。

narc tics 麻醉劑——參閱 opiates。

nativism 先天論——主張行爲是先天決定的觀點。參閱 empiricism。

nature-nuture issue 先天一後天爭論——決定遺傳(先天)及在特定環境(後天)中教養結果對一成熟能力之相對重要性的問題。

need 需求——有機體內因缺乏或欠缺某些物質形成的生理狀態。參閱 drive, motive。

negative incentive 負性誘因——一種物件或情況，當此物件或情況出現或即將出現時，有機體就做出某些行爲以逃避之。

negative reinforcement 負性增強——藉除去一嫌惡刺激以增強某行爲。參閱 negative reinforcer。

negative reinforcer 負性增強物——若一反應出現時接著移走某刺激，則可增加該反應出現的可能性，即稱此刺激爲負增強物。如巨響、電擊、酷熱均屬負增強物。參閱 punishment。

nerve 神經——一束同時屬於上百或上千個神經原的延長軸突，這些神經原可爲輸入與輸出神經。神經系統由聯結區與其他部分及受納器反應器相連結。參閱 axon, neuron。

nerve cell 神經細胞——參閱 neuron。

neuron 神經原——神經細胞，交感神經系統的單位。

neurosis(複數爲 neuroses) 精神官能症——一種心理疾病。個人無法因應焦慮與衝突而發展成一些症狀，如抑鬱、過激強迫反應、恐懼症或焦慮症。根據心理分析論的看法，精神官能症乃肇因於使用防衛機構去逃避因潛意識衝突而產生的焦慮。在 DSM-Ⅲ 中已不再是診斷類別。參閱 anxiety disorders, obsessive-compulsive disorder, phobia。

neurotic anxiety 精神官能性焦慮——對實際危險表現出過分恐懼稱之(如舞台恐懼)。參閱 anxiety, objective anxiety。

neurotransmitter 神經傳導物——與經由突觸將神經衝動由一神經原傳導至另一神經原之作用有關的化學物質。在活動電位時，通常由軸突末端小囊中釋放出，並透過突觸擴散，影響另一神經原的電位。參閱 dopamine, epinephrine, norepinephrine, serotinin。

noncontingent reinforcement 非一致性增強——非針對一特定反應給予增強。

nonsense syllable 無意義音節——機械式記憶實驗中最常用的材料，通常是由三個英文字母組成，前後是子音，中間是母音，如 PUV,GEB。

noradrenalin 正腎上腺素——參閱 norepinephrine。

norepinephrine 正腎上腺素——由腎上腺髓質分泌的一種荷爾蒙，於情緒激動時的作用在某些方面(非全部)類似腎上腺素。它亦爲中樞神經系統中的神經傳導物。正腎上腺素突觸有興奮與抑制兩種，學者相信它在抑鬱反應及躁鬱症中扮演重要角色(同義詞爲noradrenaline)。參閱 adrenal gland, epinephrine。

norm 常模——一個平均數，或在特定狀況下一般或標準的行爲表現，例如，九歲兒童在成就測驗的平均得分或男嬰平均出生體重。參閱 social norms,test standardization。

normal curve 常態曲線——常態分配的曲線圖。

normal distribution 常態分配——標準對稱鐘型的次數分配，其性質常被用來從樣本量數中進行統計推論。參閱 normal curve。

nuclei(單數 nucleus) 細胞核——在腦部或脊髓中群集的神經細胞體。參閱 ganglia。

O

objective permanence 物體永久性——皮亞傑的術語，指兒童能夠理解到一物體即使從視野中被隱藏起來，仍是繼續存在著。參閱 sensorimotor stage。

object size 物體大小——物體的大小是根據其表面決定的。若有大小恆常性，則觀察者即使知覺一遠距離物體仍會近似其實際大小。參閱 retinal size。

objective anxiety 客觀焦慮——恐懼的程度與實際的危險成比例。

observational method 觀察法——以事件發生的自然狀況進行研究，對變項不加以實驗控制。例如，研究鳥類行爲或觀察兒童在遊戲情境中的行爲。參閱 experimental method。

obsession 強迫觀念——一種持續侵擾個人、不受歡迎的想法，通常表示爲一種攻擊或性活動。參閱 compulsion, obsessive-compulsive disorder。

obsessive-compulsive disorder 過激強迫症——以下列三種形式呈現的焦慮症稱之：(1)重複出現的想法，通常是干擾與不受歡迎的(強迫觀念)；(2)無法克制地有股衝動重複去作刻板化或儀式化的動作；(3)以上二者的組合。參閱 anxiety disorders。

occipital lobe 枕葉——腦半球的一部分，位於頂葉與顳顬葉之後。參閱 frontal lobe, parietal lobe, temporal lobe。

Oedipal stage 伊底帕斯期——心理分析性心理發中性器期的別稱，因爲此階段會發生伊底帕斯(戀母)情結。參閱 Oedipus complex, psychosexual development。

Oedipus complex 伊底帕斯(戀母)情結——心理分析論中，性慾依附於異性雙親的情形，源之於嬰兒期正常發展的終點。

olfactory epithelium 嗅覺上皮細胞——鼻腔內含有嗅覺受納器的特殊化上皮。

operant behavior 操作性行爲——由刺激所界定的行爲，由此行爲導致該刺激的出現而非由刺激誘發出行爲。例如由行爲帶來酬賞(同義詞爲 instrumental behavior)。參閱 respondent behavior。

operant conditioning 操作性條件化——若且唯若某反應出現，即呈現增強刺激以強化該操作性反應(同義詞爲 instrumental conditioning, reward learning)。參閱 classical conditioning。

opiates 鴉片劑——鴉片或由其提煉的任何一種化學物：可待因(codeine)，嗎啡(morphine)或海洛因(heroin)。爲中樞神經系統的鎮靜劑，可減輕疼痛並產生陶醉感，這些均具強大的藥癮性(同義詞爲 narcotics)。參閱 heroin。

opponent-color theory 色彩拮抗說——爲色覺理論，主張有兩種對色彩敏感的單位，分別對彼此相對的色彩以相反的方式反應。其一爲對紅—綠反應的單位，另一單位則爲對藍—黃反應。因爲同一單位中不能同時對兩種色彩反應，紅綠色與黃藍色即無法產生。參閱 trichromatic theory, two-stage color theory。

opponent-process 拮抗歷程——在情緒理論中，假設大腦的組織是用來對抗或壓制無論是愉悅或嫌惡的情緒反應。

oral behavior 口腔行爲——根源於嬰兒吸吮或廣義的說法，經由口腔攝食的需求之行爲稱之。

oral stage 口腔期——心理分析論中，性心理發展的第一階段，此時快感來自吸吮母親奶部時唇與嘴的刺激。參閱 psychosexual development。

organ of corti 科提氏器官——耳中實際接收聽覺的受納器，位於耳蝸基膜上且含有爲聽覺神經的源頭的毛狀細胞(同義詞爲 Tunnel of Corti)。參閱 basilar membrane, cochlea。

organic psychosis 器質性心理異常——由疾病、受傷、藥物或其他器質上的改變而引起的精神失常。

orienting reflex 定向反射——(1)與降低 α 波的刺激有關的未分化反應、GSR、瞳孔放大及其他複雜血管收收縮應(由俄國心理學家採用的術語)。(2)當環境刺激發生改變時，有機體身體或頭部會朝向能接收這些刺激的方向。

osmoreceptors 滲透受納器——脫水時，假設下視丘有此受納器，可刺激腦下腺分泌 ADH，進而傳遞信號到腎臟，將水分重新吸收入血液中。參閱 antidiuretic hormone, volumetric receptors。

otoliths 耳石——參閱 vestibular sacs。

ovarian hormones 卵巢激素——參閱 estrogen。

overextension 過度延伸——兒童在學習語言時的傾向，會濫用一新詞彙，例如，稱所有動物爲「小狗狗」。

overtone 倍音——較高頻率的音，爲基本音頻率的倍數，爲樂器中所發出的聲音。參閱 timbre。

P

paired-associate learning 單字對聯學習——刺激—反應配對的學習，爲獲得外語詞彙的學習方式。呈現對聯中第一項目(刺激)時，受試的作業爲說(寫)出與之配對的第二項目(反應)。

pancreas 胰腺——位於靠近胃部的人體器官，爲一有腺體，能分泌胰液送入腸內。另有些特殊細胞具內分泌腺功能，能分泌胰島素並傳遞入血液中。參閱 endocrine gland。

pandemonium theory 降魔理論——早期人工智慧研究領域中試圖建構一可模擬人類組型辨識的電腦。此系統可辨識手書字母，許多心理學家認爲它與人類認知活動有極重要的相似性。參閱 artificial intelligence, simulation。

panic disorder 恐慌症——焦慮症之一，個人經歷突發且無法宣洩的驚駭，與惡運即將來臨時伴隨的恐懼心理症候(諸如心悸、呼吸急促、肌肉顫抖、昏眩等)。參閱 anxiety, anxiety disorders。

parallell processing 平行處理——解釋訊息處理的理論模式之一，認爲人們同時處理數個訊息來源的資料。參閱 serial processing。

paranoid schizophrenia 妄想型精神分裂症——一種精神分裂反應，患者有被迫害妄想。參閱 schizophrenia。

parapsychology 超心理學——心理學的一支，研究諸如超感官知覺及心理動力等異乎常態的現象。參閱 clairvoyunce, extrasensory perception, precognition, psychokinesis, telepathy。

parasympathetic division 副交感神經——自主神經系統之一支，其神經纖維源之於腦神經及脊髓的骶骨神經部位，其功能在放鬆或鎮定身體狀態，在某些程度上是與交感神經相拮抗的。參閱 sympathetic division。

parathyroid glands 副甲狀腺——靠近頸部，鄰接甲狀腺的內分泌腺體，其荷爾蒙可調節鈣的代謝，以維持神經系統正常的可興奮性。副甲狀腺功能不足時會導致痙攣。參閱 endocrine gland。

parietal lobe 頂葉——腦半球一部分，在中央溝後側而位於前葉與枕葉之間。參閱 frontal lobe, occipital lobe, temporal lobe。

partial reinforcement 部分增強作用——只在欲強化的行為出現的某比率次數時予以增強(同義詞為 intermittent reinforcement)。參閱 reinforcement, reinforcement schedule。

percept 知覺表象——知覺歷程的結果，個體所知覺到的事物。

perception 知覺——描述人們如何瞭解到周遭事物整個歷程的通稱。從呈現物理刺激到產生現象經驗的整個事件的程序。知覺被視為一組發生於各層次、互動系統中的次歷程。此系統較低層次與感覺器官有密切關係，稱之為感覺歷程。參閱 sensoryprocesses。

perceptual constancy 知覺恆常性——當物體在照明、距離及位置上均有大幅度改變時，仍有將之視為原物體的傾向。參閱 color constancy, lightness constancy, location constancy, shape constancy, size constancy。

perceptual pattern 知覺組型——根據接近律、相似律、連續律及封閉律等原則知覺刺激的傾向。為完形心理學家所強調的。參閱 figure-ground perception, Gestalt psychology。

performance 行為表現——指外顯行為，以別於未轉換成行動的知識或訊息。此區分為學習心理學重要部分。

peripheral nervous system 周圍神經系統——腦部與脊髓外的神經系統，包括自主神經系統與軀體神經系統。參閱 autonomic nervous system, somatic nervous system。

personality 人格——行為、思想與決定個人適應其環境情形的情緒之特徵組型(同義詞為 individuality)。

personality assessment 人格衡鑑——(1)廣義而言，泛指任何評估人格的方法。(2)狹義來說，人格衡鑑通常指根據在設計的社會情境中的行為，進行複雜的觀察及判斷。

personality disorders 人格違常——根深蒂固、習慣性及僵化的行為或性格組型，會嚴重限制個人適應力。社會通常將這些行為視為適應不良，但是個人並不然。

personality dynamics 人格動力說——強調人格動力的人格理論。人格動力主要認為行為各方面是交互影響的(在解決衝突時)，且具有不同價值層次，其分化的人格部分間的界線是可滲透的，與發展論有明顯差異，雖然彼此未必不相容。

personality inventory 人格量表——供自我評量的調查，由許多關於個人性格與行爲陳述或問句所組成，個人可以判斷是否擁有這些性格與行爲。參閱projective test。

personality psychologist 人格心理學家——研究興趣著重在將個人分類及研究彼此差異的心理學家。此類專長與發展及社會心理學家有部分重疊。參閱developmental psychologist, social psychologist。

person-centered therapy 個人中心治療法——由羅傑士(Rogers)發展的心理治療，本治療法中的治療者爲非指導性，只是反映性，而不加以闡釋或提供忠告。此運作的假設乃是認爲患者是自己問題的專家，並且在非評斷性、接受性的氣氛中，能解決他們的難題。原先稱之爲案主中心治療法(同義詞爲nondirective counseling)。

phallic stage 性器期——心理分析論中性心理發展的階段之一，該階段滿足來源爲刺激性器官及依附異性雙親。參閱Oedipal stage, psychosexual development。

phenomenology 現象學——研究個人主觀經驗或對世界獨特的知覺。強調從當事人觀點而非行爲層面來瞭解事件。參閱humanistic psychology, introspection。

phenotype 表型——遺傳學上，指個體器官組織表現的特徵——如瞳孔顏色或智力——有別於個人遺傳但並未展現的特質。參閱genotype。

pheromones 費洛蒙——許多動物分泌的特殊化學物質，可飄浮在空氣中以吸引同種屬的其他動物。是代表原始的溝通型式。

phi phenomenon ϕ現象——閃光運動的較簡單型式。通常藉連續的開、關兩個分開的固定光源造成的。當第一個光源熄滅時開啓第二光源，受試者會知覺到一個光點由第一光源位置移動至第二光源位置。參閱stroboscopic motion。

phobia 恐懼反應——並無實際危險存在而表現過分恐懼。參閱agoraphbia, claustrophobia。

phobia disorder 恐懼症——焦慮症之一，恐懼反應強烈或擴散到嚴重影響個人日常生活稱之。參閱anxiety disorders, phobia。

phoneme 音素——語言聲音系統的最小單位。可區分各種發音的依據。參閱morpheme。

physical dependence 賴藥性——重複使用藥物後，個人變得依賴藥物。賴藥性可經由用藥量(tolerance，即持續使用藥物後，要達到同樣藥效，個體須用愈來愈多的藥量)及戒斷(withdrawal，中斷使用時，個體會經驗到不愉快的身體徵狀)特性看出(同義詞爲addiction)。

physiological motive 生理動機——基於身體需求(諸如對食物或水的需求)產生的動機。

physiological psychologist 生理心理學家——研究生理機能與行爲關係的心理學家。

physiological psychology 生理心理學——實驗心理學的一支，探討生理功能與行爲之間的關係。

physiology 生理學——生物學之一支，主要研究體內器官系統的功能。

pitch 音頻——與構成刺激的聲波頻率有關之聽覺音質向度。頻率愈高，音調也愈高。參閱loudness,

timbre。

pituitary gland 腦下腺(腦下垂體)——鄰接大腦,正位於下視丘下方的內分泌腺。它包含有兩個部分——前葉與後葉。腦下腺前葉因具調節其他內分泌腺體成長的功能而顯得益形重要(同義詞爲 hypophysis)。參閱 endocrine gland。

place-learning experiment 位置學習實驗——一種迷津實驗，其目的是探討受試者所學習的，到底是目標的空間位置，還是到達目標的運動路徑。

place theory of pitch 音調部位論——音調的聽覺理論，認爲音調高低的聽覺視激發的基膜位置關係而定。參閱 temporal theory of pitch。

placebo 寬心劑——用來取代藥物之不具藥效物質。在實驗測試中給控制組使用。

plateau 高原期——學習曲線上不再進步的時期，到達這個時期，再學習也不會進步，甚至有下降的趨勢。

pluralistic ignorance 多數忽視——團體中成員對某情境有彼此誤導的傾向。例如，將緊急情境界定成非緊急情境，因爲別人在該情境下均保持冷靜而未採取任何行動。

polygenic trait 多基因特質——由許多組基因共同決定的特徵，如智力、身高、情緒穩定性等。

polygraph 多項記錄儀——可同時測量數種伴隨情緒而生的生理反應，諸如心跳與呼吸率、血壓、GSR。俗稱「測謊器」，因爲透過受試者回答問題時的生理反應可用來決定其是否有罪。參閱 voice stress analyzer。

population 母群體——所有可能個案的總合，樣本即從中抽出。統計公式上，通常以樣本結果推論出所屬的母群體性質。母群體通常可估計地爲樣本五至十倍。參閱 sample。

positive incentive 正性誘因——當有機體知覺或預期某物體或情境存在時，會朝向它行動。此物體或情境即具正性誘因。參閱 negative incentive。

positive reinforcement 正性增強——藉呈現正性刺激以增強反應。參閱 positive reinforcer。

positive reinforer 正性增強物——當一刺激緊跟著一反應出現時，可增加該行爲出現率，則此刺激稱爲正增強物。

postconventional morality 自我接受的道德原則——柯爾保(Köhlberg)道德推理發展的第三層級，此時行動乃根據契合社區利益或個人倫理原則的情形加以評價。參閱 conventional morality，preconventional morality。

posthypnotic amnesia 催眠失憶——一種特定催眠後暗示型式，要被催眠者忘掉催眠時發生的事情，一直到出現某個信號爲止。參閱 posthypnotic suggestion。

posthypnotic suggestion 催眠後提示——暗示被催眠者在解除催眠後(通常爲出現一既定信號)以預定方式表現行動，而此類活動，受試者通常不知所以然地照章行事。參閱 hypnosis。

PQRST method PQRST 法——閱讀與研究教科書資料的方法。此法之所以命名爲 PQRST，乃取閱讀教科書章節五個步驟的頭一字母組成：預習(preview)、發問(question)、閱讀(read)、自我重述(self-recitation)、測試

(test)。

precognition 預知——超感覺知覺形式之一，能知覺未來事件。參閱 clairvoyance, extrasensory perception, telepathy。

preconscious memories 前意識記憶——暫時無法意識到的記憶與想法，然在必要時可浮現到意識狀態，包括了個人累積終生的特定事件之記憶。參閱 consciousness。

preconventional morality 道德前原則——柯爾保道德推理發展第一層級，行動是以其後果來評斷(行動是否逃避懲罰或帶來酬賞)而無是非觀念。參閱 conventional morality, post conventional morality。

prejudice 偏見——根據些許資料或毫無根據地臆斷某些事物或人。這種態度相當牢固，且無法開放自由討論與說理以致於很難改變。

preoperational stage 運思前期——皮亞傑認知發展第二階段(二至七歲)。兒童此時能以符號形式思考，但是尚未能瞭解諸如保留概念等特定規律或運作原則。參閱 conservation。

prepared conditioning 預設條件化——主張人類經由演化與天擇過程，對先民經驗中具危險性的特定物體或情境，先天具有生物決定或預設條件化性質，而較容易與恐懼反應建立聯結。此說可以解釋何以對蛇與高處會發展出恐懼反應(條件化恐懼)，而對綿羊或槍枝則否。參閱 classical conditioning。

primacy effect 起始效果——(1)記憶實驗中，人們對列表中前端字詞比稍後者記憶較佳的傾向。(2)印象形成研究中，人們較重視最先呈現的訊息而非稍後接收者。

primary ability 主要能力——經由因素分析發現隱含於智力測驗表現下的能力。參閱 factor analysis。

primary sex characteristics 第一性徵——構成人們性別與生殖能力的組織或生理上特徵。參閱 secondary sex characteristics。

private self-consciousness 私密的自我意識——反省、檢視個人感受和動機的意向。參閱 public self-consciousness, self-consciousness。

proactive interference 順向干擾(抑制)——先前學習干擾新材料學習與回憶的現象(同義詞為 proactive inhibition)。參閱 retroactive interference。

probe 探測——記憶研究中，呈現來自記憶列表中的數字或其他項目，作為受試記憶的線索。例如，呈現探測數字後，要求受試說出列表上下一個數字為何。

problem-focused coping 問題焦點因應——以某些方式處理產生焦慮的情境，以減低焦慮或壓力。避開或轉換情境為其一例。參閱 emotion-focused coping。

problem-solving strategies 問題解決策略——用來解決問題的各種策略，其中最受矚目的是將解決方案細分成系列性次目標，次目標的完成可視為達成終極目標的中介步驟。

product-moment correlation 積差相關——參閱 coefficient of correlation。

progesterone 黃體激素——卵巢分泌的女性荷爾蒙。有助於子宮作好懷孕的準備及乳汁分泌。

program 程式(編序)——(1)解決問題的計畫。使用電腦解決問題時，專指正確的指令程序，與常規(routine)通用。(2)指教學活動中刻意安排一組材料以產生最大學習歷程。

projection 投射作用——防衛機構之一，人們將個人不喜歡的特質過分地歸到他人身上，藉以矇蔽個人擁有此特質的意識。參閱 defense mechanism。

projective test 投射測驗——人格測驗之一，經由此類測驗，受試會從想像產物中自我顯露(投射)。投射測驗比固定選項的人格問卷調查有更大的自由反應空間。羅夏克測驗(解釋墨漬)與主題統覺測驗(看圖說故事)即爲其例。參閱 personality inventory。

prolactin 泌乳激素——促進乳汁分泌的腦下腺荷爾蒙。參閱 hormones。

proposition 命題——主張某件事、宣稱某人(或事)、某論題的句子或句子成分稱之。所有句子均可拆成數個命題。

prosopagnosia 容貌辨識障礙症——未能辨認熟悉面孔。嚴重案例中，甚至未能辨認自己的容貌。

prototype 原型——包含有可描述某概念中最佳典範性質的概念部分。參閱 core。

psi 心力——據稱在超感覺知覺及心理動力實驗中表現成功的受試者身上所具有的特殊能力。參閱 extrasensory perception, psychokinesis。

psychedelic drugs 迷幻藥——參閱hallucinogens。

psychiatric nurse 精神護理人員——經特別訓練以處理心理疾病患者的護理人員。參閱 psychiatrist。

psychiatric social worker 精神社工人員——經特別訓練以協助心理疾病患者與家屬處理問題的社工人員，通常與精神科醫師及臨床心理學家有密切關係。參閱 clinical psychologist, psychiatrist。

psychiatrist 精神科醫師——治療與防治輕微或嚴重心理疾病的專科醫師。參閱 clinical psychologist, psychoanalyst。

psychiatry 精神醫學——醫學之一支，專門研究心理健康與心理疾病。參閱 psychiatrist, psycho-analyst。

psychoactive drugs 精神活動性藥物——影響個人行爲與思考歷程的藥物。參閱 depressants, hallucinogens, stimulants。

psychoanalysis 心理分析論——(1)由佛洛伊德所發展而由其後繼者擴展用以治療精神官能症的方法。(2)以心理分析法所得經驗發展成的心理學理論體系。

psychoanalyst 心理分析專家——一位心理治療家，通常被訓練成精神醫師，他們採用治療精神官能症及其他心理疾病者方法的來源均與佛洛伊德論點有關。參閱 clinical psychologist, psychiatrist。

psychoanalytic psychotherapy 心理分析治療法——以佛洛伊德理論爲基礎，但比心理分析法簡要的治療心理病患者的方法。較不強調兒童經驗的探索，而較重視患者目前人際關係問題。參閱 psychoanalysis。

psychodrama 心理劇——應用在心理治療中，自發性的一種戲劇演出。

psychogenic 心因性——由

心理因素(如情緒衝突或壞習慣)而非疾病、傷害或其他身體因素所引發的,是機能性而非器質性。

psychograph 心理圖——參閱trait profile。

psychoimmunology 心理免疫學——研究人類免疫系統受心理變項影響的情形,是行爲藥物學的研究範疇。參閱behavioral medicine。

psychokinesis(簡稱PK) 心理動力——心理運作形式之一,據稱不需要實質接觸或能量轉換即可影響一物體或能量系統。例如,能影響由機器中搖出的骰子,使它出現的點數恰如受試者欲求的。參閱extrasensory perception。

psycholinguistics 語言心理學——研究語言的心理層面課題及語言學得問題之科學。

psychological motive 心理動機——主要是學得的而非生理性需求的動機稱之。

psychology 心理學——研究行爲與心理歷程的科學。

psychometric function 心理(物理)計量函數——受試者報告察覺到某物理強度刺激之概率,與該刺激物物理強度間的函數關係稱之。

psychopathic personality 心理病態人格——參閱antisocial personality。

psychopharmacology 心理藥物學——研究藥物影響行爲的科學。

psychophysical method 心理物理法——決定絕對閾、差異閾、刺激的量表值等的實驗法和統計法。

psychophysics 心理物理學——由費希納所提、研究心理歷程與物理世界間關係的科學。通常現在專指操弄物理刺激以探究其感覺經驗結果的研究。

psychophysiological disorder 心身症——由心理原因造成的生理疾病,是嚴重的心理疾病。

psychosexual development 性心理發展——心理分析論中,階段性發展(口腔、肛門、性器、潛伏、兩性期)的論點,認爲每階段均有刺激後可帶來快感的慾帶(zone)及適當的依附對象,最後可發展成正常的兩性結合。參閱anal stage, genital stage, phallic stage, psychosocial stages。

psychosis(複數psychoses) 精神症——一種嚴重的心理疾病,患者的思考及情緒均受到損傷,以至於和現實生活嚴重脫節。在DSM-III中已不再是主要診斷類別。參閱psychotic behavior。

psychosocial stages 心理社會發展階段——艾雷克遜修正心理分析論之性心理發展,在不同發展階段中強調社會與環境問題的關係,並在性成熟的兩性期後,增加了一些成人發展階段。參閱psychosexual development。

psychosomatic disorder 心身症——肇因於心理原因的身體疾病(同義詞爲psycho-physiological disorder)。

psychosurgery 精神病外科手術——偏差行爲的一種身體治療方法,係破壞腦部特定區域。最常見的是切除聯結前葉與邊緣系統和(或)下視丘的神經纖維。

psychotherapy 心理治療——以心理學方法——通常包括透過個人諮商——處理人格適應不良或心理疾病。參閱biological therapy。

psychotic behavior 精神病行爲——有妄想(或)幻

覺等特徵且與現實嚴重脫節的行爲。可能肇因於腦傷或諸如精神分裂或躁鬱症等心理疾病。參閱 psychosis。

puberty 青春期——性器官開始具有生殖功能的年齡。其特徵爲女孩開始月經，而男孩精液中開始有精子。有時則指一段時間，在這段期間，生殖器官功能逐漸成熟，第二性徵(特別是下肢和陰毛的生長)的出現，標示了青春期的開始及個人擁有生殖能力。參閱 adolescent growth spurt, secondary sex characteristics。

public self-consciousness 公衆的自我意識——關心個人在他人心目中表現的意向。參閱 private self-consciousness, self-consciousness。

punishment 懲罰——當出現某反應時即呈現一嫌惡刺激以減弱該反應強度的過程。要注意的是，該刺激呈現時，可視作懲罰物。而除去該刺激時，則可視之爲增強物，因爲導致移去該刺激的行爲均可被增強。參閱 negative reinforcer。

R

range 全距——一組分數中最高分與最低分的差異，通常隨著案例數的增加而加大。

rapid eye movements(簡稱 REMs) 快速眼球運動——在作夢時通常會出現眼球運動，可於受試者眼睛上方側邊貼上小電極加以測量。記錄電動上的變化與眼球在眼眶內的移動有關。

rapport 投契關係——(1)受試與主試者間愉快的關係，可確保施測過程中受試的合作；(2)治療者與患者間類似的關係；(3)被催眠者對施予催眠者的特殊關係。

rating scale 評定量尺——評定者可在已界定好一些特質的量尺上，記錄他對別人(或自己)的判斷之設計。

rationalization 合理化作用——一種防衛機構，將某行爲的原因，歸到較被贊許與可被接受的理由，而非衝動或較不被接受的理由上，藉以維護自尊。參閱 defense mechanism。

reaction formation 反向作用——一種防衛機構，人們透過強烈表現一與原動機相反的行爲，以否認個人具有該不被接受的動機。參閱 defense mechanism。

reaction range 反應範圍——個人基因所限定的智能範圍。根據此觀念，成長環境是充實的。一般的還是剝奪的，雖會改變人們的智力，但是也僅限於其基因所限定的反應範圍內。

reaction time 反應時間——從呈現刺激到出現反應間的時間。參閱 latency。

receiver-operating-characteristic curve (簡稱 ROC 曲線) 收受者操作特徵曲線——在信號察覺作業中，一固定信號強度，其「命中」(hit)與「假警報」(false alarm)概率的關係函數。造成反應偏差的因素可能引起命中與假警報概率的變化，但是其變異情形總落在 ROC 曲線上。參閱 signal detection task。

recency effect 新近效果——記憶實驗中，對位於列表中最末一些字的記憶要比列表中其他字來得好，這種傾向稱之。

receptor 受納器——身體

的特定部分，它對特定類別的刺激特別敏感，且與由輸入神經原(如眼睛網膜)組成的神經相聯結。廣義的來說，也包括含有這些敏感部分的器官(如眼或耳)。

recessive gene 隱性基因——一對基因中之一員，只在另一基因也同是隱性時，才能決定個人的特質或外表。若該對基因的另一員是顯性基因時，隱性基因的作用即隱而不現。參閱 dominant gene。

recoding 重新編碼——為增進短期記憶，而將項目組合成熟悉的單位或組集的過程。

recognition (再認)辨識——辨識某物是指將它與某類別(如「椅子」)或某名稱(如鍾約翰)聯結，屬於高層次的心理活動，須經過學習與記憶過程。

recurrent inhibition 反覆抑制——視覺系統中的一些受納器在受到神經衝動刺激時，會抑制其他視覺受納器放電，因此使得視覺系統能對應照明上的變化產生反應。

red-green color blindness 紅綠色盲——最常見的一種色盲，是雙色色盲之一。兩個次類別為紅色盲與綠色盲，他們紅色覺與綠色覺均無，但在光譜上不同部位可見到無色環帶。參閱 color blindness, dichromatism。

reference group 參考團體——個人用來比較、判斷與決定其意見及行為時，所參照的任何團體。我們稱「認同」這些團體。參閱 identification。

refractory phase 不反應期——神經原在一次放電後暫時沒有反應的期間稱之。

registration 登錄——描述某訊息只是被處理而未被知覺到的接收過程。參閱 perception。

regression 退回——回復到較初期或幼稚的行為模式。

rehearsal 複誦——短期記憶中，意識中重述訊息，通常都會用語言方式。此過程可增進短期記憶對訊息的回憶，且能將訊息轉換到長期記憶。參閱 dual-memory theory。

reincarnation 輪迴——重生的信念，亦即相信某人曾經有過前生。

reinforcement 增強作用——(1)正統條件化中，在條件刺激後伴隨一非條件刺激的實驗過程；(2)操作式條件化中，操作反應出現後跟著出現增強刺激的類似過程；(3)透過這類安排能增加條件化強度的過程。參閱 negative reinforcement, partial reinforcement, positive reinforcement。

reinforcement schedule 增強時制——對一反應的增強程序經過詳細界定，只在某些時機、比率下出現反應才予增強。參閱 partial reinforcement。

reinforcing stimulus 增強刺激——(1)正統條件化學習中的非條件刺激；(2)操作式條件化中，強化操作行為的刺激通常是一種酬賞(同義詞為 reinforcer)。參閱 negative reinforcer, positive reinforcer。

relaxation training 鬆弛訓練——訓練用各種技巧放鬆肌肉緊張度。此程序乃根據賈柯伯生(Jacobson)的漸進鬆弛法，此方法中，人們學習如何一次放鬆一組肌肉，假設肌肉鬆弛效果會致使情緒放鬆。

releaser 引發物——動物行為學家使用的術語，指引發一套本能行為周期的刺激。參閱 ethology,

instinct。

reliability 信度——作爲測量工具的一個測驗之自我一致性。信度乃計算一個測驗兩半分數、該測驗兩個複本得分或同測驗重測兩次分數等的相關係數。高相關即顯示用來代表母群體的測驗得分具高度一致性。參閱 validity。

REMs 快速眼球運動——參閱 rapid eye movements，爲其簡稱。

repression 潛抑——(1)一種防衛機構，將令人痛苦或引起罪惡感的衝動或記憶從意識覺知狀態中排除。參閱 defense mechanism, suppression。(2)遺忘理論之一。

reserpine 蛇根鹼——參閱 antipsychotic drugs。

resistance 抵抗——心理分析中阻斷自由聯想的情形。將潛意識衝動帶到意識層次時，所遭受到的心理障礙。抗拒是維持潛意識過程的部分。參閱 interpretation, repression。

respondent behavior 反應性行爲——相當於反射行動的一種行爲，大都受制於刺激，且可由該刺激加以預測(同義詞爲 elicited behavior)。參閱 operant behavior。

response 反應——(1)刺激造成的行爲結果，以動作或腺體分泌方式表現；(2)有時，無論刺激是否被確認出且可辨認的活動有否發生，有機體的任何活動，包括中樞神經活動(諸如心像或幻想)均屬之；(3)有機體活動的產物(如每分鐘所打的字詞)。

retention curve 保留曲線——縱軸標以記憶量，橫軸標以時間，所畫出來的曲線。這個曲線剛開始時急速下降，然後漸趨平穩。

resting potential 靜止電位——當神經細胞處於靜止狀態時(亦即對其他神經原無反應)，整個神經細胞膜的電位。此時細胞膜內比膜外帶較多負電。參閱 action potential。

reticular system 網狀系統——未詳細界定清楚的神經線路系統，在腦幹內互相聯結，而腦幹外的則爲神經線路清楚的系統，且爲重要的醒覺機制。

retina 網膜——對光線敏感的眼睛部位，含有桿細胞和錐細胞。參閱 cone, rod。

retinal image 網膜影像——視野中物體在網膜上的投影。

retinal size 網膜(影像)大小——物體在網膜上影像的大小。其大小與物體距離成反比。參閱 object size。

retrieval 提取——找出記憶中的訊息。

retroactive interference 逆向干擾(控制)——後來的學習干擾到前面所學的事物(同義詞爲 retroactive inhibition)。參閱 proactive interference。

retrograde amnesia 遠事失憶——喪失對從前的事件、經驗的記憶。通常是指失去提取訊息的能力，而不是指失去訊息。參閱 amnesia、anterograde amnesia。

reuptake 重新吸收作用——神經突觸放出神經傳導物，然後又把神經傳導物收回來的過程。參閱 neurotransmitter。

reward 酬賞——(同義詞爲 positive reinforcement)。參閱 positive reinforcement。

right hemisphere 右腦——右邊的腦半球，它控制左邊身體的活動，對大部分人而言，它還控制空間活動和創造活動(同義詞爲 minor hemisphere)。參閱 cerebral hemispheres, corpus callosum, left hemisphere, split-brain subject。

rod 桿細胞——視網膜中只能傳遞無色感覺的元素，對周圍視覺和夜間視覺特別重要。參閱 cone, retina。

role 角色——指一個人因其在社會中所占有的地位，而被期望扮演的行爲模式。每一個人所扮演的角色隨情境而不同。

role playing 角色扮演——在心理治療或領導訓練中，讓受試者自發的扮演角色，以使其瞭解影響人際關係的態度或行爲的方法。參閱 psychodrama。

S

saccade 顫動——兩眼注視事物時，眼睛迅速的轉動，幾乎是瞬間的活動。

sadism 虐待狂——使人痛苦的病態動機。參閱 masochism。

sample 樣本——從「母群體」全數中挑選出的一組分數。如果是隨便挑選，就會產生客觀、公平的樣本；如果是刻意挑選，樣本就會有偏差，不具代表性。參考 population。

satiety sensors 飽食感覺器——在消化或口渴系統不同部位內的偵測器。偵測器發出系統所需的營養或液體已達飽和，可以停止進食或飲水的信號。

saturation 飽和度——描述色彩純度的單位。如果色彩高度飽和，看起來就是完整的色彩，沒有灰色；如果飽和度低，看起來就像攙雜了許多灰色。參閱 brightness, hue。

scaling 量尺化——將原始資料轉換成更容易解釋的分數形式，如：等級、百分位、標準分數。

scapegoat 代罪羔羊——一種轉移攻擊的形式，遭遇挫折時，把無辜又無助的犧牲者看做是導致挫折的根源，而責備、處罰他們。參閱 displaced aggression。

schema 基模——有些心理學家用它來說明有關心理事件的專門理論，有些則將它用得更廣。不管如何，基模指的是儲存在記憶中的認知架構，這些架構是眞實世界中事物和關係的抽象代表。它是心理現象認知論的關鍵因素。參閱 cognitive map, schematic processing。

schematic processing 基模處理過程——尋找記憶內的基模的認知過程。參閱 schema。

schizoid 精神分裂狀態——精神分裂狀態和精神分裂症有類似的地方，可是精神分裂狀態較輕微。精神分裂狀態較常發生在患有精神分裂症的家庭，因此它支持了精神分裂症是有遺傳基礎的論點。參閱 schizophrenia。

schizophrenia 精神分裂症——思維、知識、情感、行爲異於常態的心理疾病；思維不合邏輯，通常含有妄想；知覺受到歪曲，成爲幻覺；情感沒有變化或不協調；行爲怪異，做出不尋常的姿態、行動僵化、瘋言瘋語。精神分裂病患躲避人群和現實世界。可能是遺傳時生化不正常所造成。

school psychologist 學校心理學家——學校所聘用的專業心理學家，負責測驗、輔導、研究等工作。參閱 educational psychologist。

script 劇本——事件和社交活動的基模，或代表事件和社交活動的抽象認知表徵(如：生日宴會)。參閱

schema。

secondary sex characteristics 第二性徵——除了生殖器官外，用來分辨成年男子和成年女子的身體特徵。男性聲音低沈、長鬍子，是男性的第二性徵。參閱 primary sex characteristics。

selective breeding 選擇性的交配——研究遺傳影響的方式，把呈現出某些特性的動物配對，再從表現出特性的後代中，選擇一些來繁殖。如果特性主要是由遺傳決定，不斷的選擇，經過幾個世代後就會產生繁殖此特性的血統。

self-actualization 自我實現——人的潛能發揮到極致的基本動機，是馬士洛(Maslow)和羅傑士(Regers)所提的人本心理學的基本概念。

self-concept 自我概念——人對自己的感覺、態度和觀念等看法，稱爲自我概念。有些理論家認爲自我概念和自我(self)同義。

self-consciousness 自我意識——加強自我覺察的狀態，傾向於自我注意。

self-perception 自我知覺——個人對自己的覺知，和自我意識不同，因爲自我知覺是客觀的自我評估。參閱 self-consciousness。

self-perception theory 自我知覺論——認爲自我觀察可以影響其態度和信念的理論，有時候我們藉觀察自己的行爲來決定自己的感受〔邊姆(Bem)〕。

self-regulation 自我調整——在行爲治療中，監視自己的行爲並使用自我增強或控制刺激條件的方法來改正不適應的行爲。參閱 behavior therapy。

self-schema 自我基模——從過去經驗中瞭解自己的概念或理論。自我基模會影響我們選擇、處理、回想個人有關資料的方式(同義字爲 self-concept)。參閱 schema。

semantic conditioning 語意條件化——正統條件化的一種形式，語意概念被用來作爲條件刺激，由於語意間的相似，而有類化作用的產生。

semantic differential 語意差別——奧斯古(Osgood)所提出來的方法，以因素分析和評定量表來研究字的含意。

semicircular canal 半規管——三個相互垂直平面上的三條彎曲管，它們構成部分的內耳，和平衡感及動感有關。參閱 equilibratory senses。

sensation 感覺——和非常簡單的刺激如聲音、光有關的意識經驗。曾經，感覺和知覺間的區別，對於把知覺看做是各種感覺的結合而言，在理論上是非常重要的。如今，感覺和知覺間的界限更不明顯，最好是把這兩種經驗視爲同屬於一連續向度。

sensorimotor stage 感覺動作階段——皮亞傑認知發展的第一個階段(從出生到兩歲)，在此階段中，嬰兒發現感覺和動作行爲間的關係。參閱 object permanence。

sensory adaption 感覺適應——延長刺激時，敏感度減低，缺乏刺激時，敏感度增強的現象，稱爲感覺適應。這種現象在視覺上、嗅覺上、味覺上和對溫度的敏感上最明顯。參閱 dark adaptation, light adaptation。

sensory deprivation 感覺剝奪的研究——感官刺激明顯減少的情形，這種情形會對感官運作產生不良的影響。

sensory neuron 聽覺神經

原——指的是神經原或神經細胞，它從感覺受納器傳送消息到腦部或脊髓，把發生在周遭或體內的事件告訴有機體(同義詞爲afferent neuron)。參閱motor neuron, receptor。

sensory processes 感覺歷程——知覺系統的次要歷程，和感覺器官關係密切。感覺歷程提供篩選過的訊息，是有關影響我們的刺激。較高層次的歷程則運用這個訊息形成心理表徵。參閱filter, perception。

septal area 中隔地區——兩個側腦之間的腦中央部分。當老鼠的中隔地區受到電刺激時，好像會產生類似愉悅感覺的狀態。

serial memory search 序列記憶蒐尋——按照短期記憶中的事件順序與檢驗刺激作比較。參閱short-term memory。

serial position effect 序列位置效果——由於項目在列表上的位置所造成的記憶困難。一般說來，最前面和最後面的項目最容易記住，中間項目最易遺忘。

serial processing 序列處理——訊息處理的理論詮釋。按連續順序處理訊息來源，一次只處理一個訊息來源。參閱parallel processing。

serotonin 血清張力素——在周圍神經系統和中樞神經系統中的神經傳導物。它是抑制傳導物，在包括睡眠、痛覺、情感錯亂(沮喪和瘋狂抑鬱)在內的不同過程中，都有它的活動。參閱neurotransmitter。

set 心向——(1)以某種方式反應的傾向。(2)由於指示或經驗，而來的採取某種特殊行動的準備。

sex-linked trait 性連特質——由基因決定的特質，決定性別的染色體也遺傳到這種特質，如：紅綠色盲。參閱X, Y chromosome。

sex role 性別角色——社會按個人的性別差異而認可的完整態度和行爲。參閱sex typing。

sex-typing 性別配合——擁有社會按個人性別差異而認可的態度和行爲。和性別認同(gender identity)不同，性別認同是自認爲是男性或女性的程度。參閱sex role。

shape constancy 形狀恆常性——不管從哪個角度看，都會認爲常見物體的形狀不變的傾向。參閱perceptual constancy。

shaping of behavior 行爲塑成法——增強改變那些偏離實驗者所希望的方向之反應，來調整操作性行爲。

shock therapy 電擊治療法——參閱electroconvulsive therapy。

short-term memory(簡稱STM) 短期記憶——認爲記憶系統中的某些部位容量有限，儲存訊息的時間也很短暫。短期記憶的定義隨理論的不同而有所改變。參閱long-term memory。

sibling 手足——兄弟或姊妹。

sibling rivalry 手足敵意——爲了爭取父母的關愛，而引發手足相互嫉妒稱之。

sign learning 符號學習——托孟(Tolman)所提出來的學習解釋，認爲受試者學習到的是刺激(符號)的預期，受試者看到某一個刺激就可以預期下一個刺激的出現。

signal detectability theory 信號察覺理論——與心理物理判斷的感覺與決策過

程有關的理論，這個理論特別提到了察覺噪音中微弱信號的問題。參閱 signal detection task。

signal detection task 信號察覺作業——受試者必須判斷每一個嘗試次中是否有微弱的信號出現在噪音中的過程。當信號出現時回答「有」，就是「命中」；信號沒有出現時回答「有」，就是假警報。參閱 receiver-operating-characteristic curve。

simple cell 簡單細胞——視覺皮層內的細胞，對光或視覺範圍內特定方位的直線邊緣產生反應。參閱 complex cell。

simple phobia 單純恐懼症——過度畏懼特定的物體、動物或場合，雖然這些事物並沒有出現。參閱 phobia, phobic disorder。

simulation 模擬——參閱 computer simulation。

simultaneous conditioning 同時條件化學習——條件刺激在非條件刺激開始前片刻就開始活動，並且一直活動直到有反應產生的正統條件化過程。參閱 delayed conditioning, trace conditioning。

sine wave 正弦波——製圖時和三角弦功能圖對應的週期性波動。音質純正的聲波會產生這種作用。

situational attribution 情境歸因——把人的行為歸因於情境因素，情境歸因和歸因於內在的態度、動機相對。參閱 dispositional attribution。

size constancy 大小恆常性——不管距離多遠，都能看出常見事物的眞正大小的傾向。參閱 perceptual constancy。

skill memory 技能記憶——儲存知覺性、動作性技能，如：騎腳踏車能力的記憶。參閱 fact memory。

smooth muscle 平滑肌——在消化器官、血管和其他內臟內的肌肉，由自主神經系統控制。參閱 cardiac muscle, striate muscle。

social facilitation 社會助長作用——當有機體的其他成員在場時，有機體反應更快的現象。

social impact theory 社會衝擊論——認為影響來源對目標人物的影響會隨著影響來源人數、親密性，和重要性的增加而增加，而隨著影響對象(目標人物)的人數、親密性，和重要性的增加而減少的一般社會影響論［拉坦那(Latané)］。

social learning theory 社會學習論——把學習論應用到個人和社會行為的問題上(同義詞為 social behavior theory)。

social loafing 社會遊蕩——個人和他人一起工作較個人獨自工作時懶散的現象。

social norm 社會規範——控制團體成員的行為、態度、信念的不成文規定。

social phobia 社交恐懼症——對社會性情境過分缺乏安全感，非常害怕自己會出醜。參閱 phobia, phobic disorder。

social psychologist 社會心理學家——研究社會互動和人類相互影響的方式之心理學家。

socialization 社會化——透過社會環境所提供的訓練，來塑造個人特性、個人行為。

sociology 社會學——處理文明社會中的團體生活和社會組織的科學。參閱 behavioral sciences。

somatic nervous system 軀體神經系統——是周圍神經系統的部分，由以感覺受納器、肌肉及身體表面與腦和脊髓的神經相連接所構成的系統。參閱 autonomic nervous system, peripheral nervous system。

somatosensory area 體覺區——頂葉內的區域，控制冷、熱、觸覺、動覺等感官經驗，也稱爲身體感覺區（body-sense area）。參閱 motor area。

somatotherapy 身體治療法——以藥物、電擊或其他直接影響身體過程的方法，治療人格違常或心理疾病。

spaced learning 分散學習——學習嘗試頻次的一種安排，每二個嘗試次之間有一段時間間隔。

spatial resolution 空間解析——觀察空間型式的能力，視覺敏度和對照閾是衡量空間能力的標準。

special factor(S) 特殊因素——智力測驗分數所代表的特殊能力，例如：特殊的數學能力和一般的智力不同。參閱 factor analysis, G. factor。

species-specific behavior 種屬特有行爲——參閱 instinct。

specific hunger 特定飢餓——特定食物所引起的飢餓，如：渴望吃到甜點。參閱 hunger drive。

specific neuron code hypothesis 特定神經原碼假說——根據這個假設，感覺系統有不同種類的神經原。每一種神經原針對刺激的特性產生反應，引發特別的感覺。因爲過濾器是在感覺系統的低下部位，所以會有特定神經原對特殊刺激產生反應的情形發生。從這個理論的觀點看來，情景不是藉著畫面重現在我們的心目中，而是靠著對應刺激特性的感覺所構成的密碼訊息。參閱 feature detector, filter。

spindle 紡錘波——睡眠第二階段的腦電圖特性，包括比阿爾發(alpha)略高的十三至十六赫的短暫規律反應。參閱 electroencephalogram

split-brain subject 分腦人——動過腦部手術的人。手術是把胼胝體切開，把兩個腦半球的功能分開。參閱 cerebral hemispheres, corpus callosum。

spontaneous recovery 自然的恢復——消除後經過一段時間，條件反應的強度回復的現象。

spontaneous remission 自發性復原——未經治療而病情有所改善或康復。

sports psychology 運動心理學——人類運動時的行爲研究。研究的目的是要幫助運動員在運動時能全力發揮的心理技能，並加強運動經驗。例如：催眠和生理回饋已經被用來控制運動員在競賽時的焦慮狀態；心像也已經被用來幫助某些肢體活動達到完美的境地。

spreading activation 引發力分散說——在長期記憶中提取過程的假設性模式，引發心理表徵的活動力會分散於各不同提取途徑上。

S-R psychology 刺激—反應心理學——參閱 stimu-lus-response psychology。

stabilized retinal image 固定網膜影像——使用特殊技巧來消除正常視覺中的眼球最小活動時，視網膜中的物體影像。當影像如此固定時，它很快就會消失，這意味著視覺需要眼球活動以產生刺激網膜細胞上的變化。

stages of development 發展階段——發展期間，通

常有進展順序，代表有機體功能或結構上質的變化(如：佛洛伊德的性心理階段、皮亞傑的認知階段)。

standard deviation 標準差——將數值的平均數和各數值間的差平方，除以總數，然後求平方根，最後所得之數即為標準差(同義詞為root mean square deviation)。

standard score 標準分數——(1)平均數為零，標準差為1的一種分數尺度；(2)以標準分數為準，為使用方便所做的轉換，例如平均數為五十，標準差為十。

state-dependent learning 狀態依賴學習——特殊生理狀態下(如用藥)的學習。所以人只能再回到那種狀態時，學習才會有效。

statistical significance 統計顯著性——所得統計量數為描述事實的可靠性。例如：從樣本決定母群體平均值的可能性。統計顯著性是指統計論斷的可信度，而不是指它的重要性。

stereoscopic vision 立體視覺——(1)由於兩眼視野重疊，兩眼對事物深度、距離的知覺。(2)把略為不同的圖畫，各自放在立體鏡的鏡片下，效果一樣。參閱 distance cues。

stereotypes 刻板印象——表現一群人的人格特質或生理特性的基模或抽象認知表徵。基模通常是過度的類化，使我們認為團體中的每一分子都擁有這個特性。例如：所有的男同性戀者都沒有男子氣概，是錯誤的刻板印象。參閱 schema。

steroids 類固醇——合成的化學物質，有些類固醇在腎上皮質分泌時非常重要，可能和某些心理疾病有關。參閱 adrenal gland。

stimulants 興奮劑——增強激發水準的精神活動藥物，如：安非他命(amphetamines)、古柯鹼(cocaine)、咖啡因(caffeine)。

stimulus 刺激——(1)特定的物理能量撞擊在對這種能量敏感的受納器上；(2)促成有機體反應的任何可以客觀描述的情境或事件(不管這些情境或事件是在有機體內或體外)。參閱 response。

stimulus-response(S—R) psychology 刺激—反應心理學——一種心理學，認為所有的行為是針對刺激所產生的反應。刺激反應心理學的工作是要辨認刺激、辨認對應刺激的反應，以及辨認發生在刺激和反應間的過程。

stress 壓力——有不同的定義：(1)一種反應，指發生在困境時的心理和生理反應模式。(2)指產生某不尋常反應的刺激、事件或環境。(3)指人與讓人耗盡其資源而危及其幸福的環境間的關係。

striated muscle 橫紋肌——控制四肢骨骼的肌肉，和自主的神經系統相反，橫紋肌是由軀體帶動。參閱 cardiac muscle, smooth muscle。

stroboscopic motion 閃光運動——一種動作幻覺，是由按動作過程排列的獨立的刺激模式，不斷出現所造成，電影即為一例。參閱 phi phenomenon。

subconscious processes 下意識歷程——許多研究顯示，我們指出並評估我們沒有知覺到的刺激，據說這種刺激會下意識地影響我們，或在下意識狀態下運作。參閱 consciousness。

subtractive mixture 相減

的混合——混合色彩時，由於吸收的緣故，所以產生和混合投射光所得到的相加混合不同的色彩。把一個透明的有色過濾器放在其他過濾器前面，當顏色混合時，就會產生相減的混合。參閱 additive mixture。

superego 超我——佛洛伊德人格三分說中，相當於良心的部分，它是經由道德顧慮而非社會的權宜之計來控制。據說超我是堅定的、嚴厲的良心。參閱 conscience, ego, id。

suppression 壓抑——自我控制的過程，在這個過程中，我們可以知覺到有股衝動想要行動，以及有股欲望想要做出不法行爲，可是這些衝動、欲望並沒有明顯的表露出來。參閱 repression。

survey method 調查法——訊問許多樣本以得到訊息的方法。

symbol 符號——代表或指涉本身以外事件的任何事物。

sympathetic division 交感神經——自主神經的一部分，其特徵爲脊髓的一邊有一串神經節，有神經纖維從脊髓的胸部、腰部長出來。交感神經在情緒激動時非常活躍，在某種程度內，交感神經部分和副交感神經部分相拮抗。參閱 parasympathetic division。

synapse 神經突觸——神經原的軸突和另一神經原的細胞體或樹狀突間密切的功能聯結部分。參閱 excitatory synapse, inhibitory synapse。

systematic desensitization 系統減敏感法——一種行爲治療的技巧，在人放鬆心情時，要他會想像出產生焦慮情境的不同層次(或是有時在現實生活中，去面對產生焦慮情境不同的層次)，逐漸地，情境和焦慮反應不再聯結。參閱 anxiety hierarchy, behavior therapy, counter conditioning。

T

tabula rasa 空石板——拉丁文的意思是空白石板(blank slate)。這個名詞所指的觀點是人類沒有與生俱來的知識或觀念。所有的知識皆由學習和經驗獲得。提出這項觀點的是十七和十八世紀之英國經驗主義者〔洛克(Locke)、修姆(Hume)、柏克萊(Berkeley)、哈特利(Hartley)〕。

tachistoscope 速示器——快速呈現文字、符號、圖片或其他可見材料的儀器，有時稱爲T鏡(T-scope)。

telegraphic speech 電報語言——語言發展的一個階段此時小孩子只記得大人言語中最具意義或聽覺上最顯著的部分。小孩常會省略掉介系詞、冠詞、字首、字尾和助動詞。

telepathy 心電感應——超感官知覺(extrasensory perception)具有的形態，指的是事物的知覺可以經由人與人之間思想的轉移。參閱 clairvoyance, extrasensory perception, precognition。

temperament 氣質——個人的情緒特徵、對刺激的敏感度，以及能量水平。氣質通常被認爲是一種遺傳的特質，因爲新生兒對刺激的反應性、一般情緒和活動水平有顯著的個別差異。

temperature regulation 溫度調適——有機體保持其體溫比較恆定的方法。

temporal lobe 顳顬葉——大腦半球的一部分，位於側溝(lateral fissure)之下以及枕葉之前。參閱 frontal lobe, occipital lobe, parietal lobe。

temporal theory of pitch 音調時間論——一種音調知覺理論。它認爲沿著聽覺神經進行的神經衝動和聲音振動是一致的。如果神經反應遵循著聲波的形式，那麼聽覺系統就能找出整個的頻率並且做出反應。參閱 place theory of pitch。

terminal button 終端鈕——軸突末端的一個節，專門釋放出一種化學物質進入突觸，以延續神經衝動的傳導。參見 neurotransmitter。

test battery 測驗組合——一系列的測驗，以其合成分數作爲評估個別差異的根據。

test method 測驗法——一種心理研究方法。它的優點是心理學家可以向很多人蒐集大量的資料，而個人日常生活的干擾與實驗室器材的使用都能減至最低限度。

test profile 測驗剖面圖——描繪個人或一群人多項測驗分數的圖表。分數平行排列於同一量尺上，彼此之間以線條連接，以便輕易地看出是高分或低分。參閱 trait profile。

test standardization 測驗標準化——對具有代表性的人群進行測驗，並且適切地研究其信度和效度，以建立常模，作爲詮釋分數的依據。參閱 norm, reliability, validity。

testosterone 睪丸素——睪丸產生的主要男性性荷爾蒙，它對男性性器官的生長以及男性第二性特徵的發育具有重要性。它會影響性驅力。參閱 androgens, secondary sex characteristics。

thalamus 視丘——正好位於腦幹之上，以及大腦半球內側的兩群神經細胞核。它們被視爲腦的中央核之一部分。其中一個區域充當知覺交接站，另一個則是負責睡覺和甦醒的工作。這部分被認爲是邊緣系統的一部份。參閱 hypothalamus。

theory 理論——爲解釋現存之資料以及預測未來事件而提出之一組假說(原理)，通常可應用於廣泛的現象上。

thinking 思考——在腦中想像或呈現物體及事件，並且處理這些影像的能力。它以觀念的思想來解決問題，不同於外在處理問題的解決方式。

threshold 閾限——本來無法知覺的刺激或差異逐漸增到可知覺(或是本來可知覺的刺激及差異逐漸減少到無法知覺)的轉變點。得到的值一部分要視決定此值所用的方法而定。參閱 absolute threshold, difference threshold。

thyroid gland 甲狀腺——位於頸部的內分泌腺，它的甲狀腺素荷爾蒙具有決定新陳代謝速率之重要性。參閱 endocrine gland。

timbre 音色——用以區別某樂器與另一樂器發出之特定音調聲音不同的一種特質。其差別是由倍音和其他雜音所致。參閱 overtone。

tip-of-the-tongue phenomenon(簡稱 TOT) 舌尖現象——確信知道某個字或名字，卻想不起來的經驗。

T-maze T 型迷津——一種讓動物面對兩條路徑，而其中一條通往目標盒的裝置。通常測試的對象是老鼠以及較低等的有機體。參閱 maze。

tolerance 耐藥性——必須服更多的藥量才能達到同

樣效果的情形。它是使人體對藥劑產生依賴的重要因素。

trace conditioning 痕跡條件化學習——條件刺激(CS)在非條件刺激(UCS)開始之前結束的一種傳統條件化程序。參閱 delayed conditioning, simultaneous conditioning。

trait 特質——可以用來評價或測量個體人格上的持久特徵或向度。參閱 trait profile。

trait profile 特質剖面圖——在同一量表上，平行排列地描繪出個人多項特質評分的圖表，藉由此圖可以看出特質的傾向(同義詞爲 psychograph)。參閱 test profile, trait。

trait theory 特質論——此理論認爲個人在多種量表上的分數最能準確地描述其性格特徵，每一種量表代表他(她)性格上的一個特質或向度。

tranquilizer 鎮靜劑——減少焦慮和不安的藥劑，如 Valium。

transcendental meditation (簡稱TM) 超覺冥想(靜坐)——參閱 meditation。

transducer 轉換器——心理生理學(psychophysiology)上一種把生理指示器轉換成他種可供記錄與測量之能量形式的裝置，如電極或計量器(gauge)。

transfer of learning 學習的遷移——以前的學習對現在的學習之影響。如果以前的學習有助於現在的學習，遷移是正性的；如果新的學習受以前學習的干擾，遷移是負性的。

transference 感覺轉移——心理分析學上指患者在潛意識裡把治療人員當成情緒反應的對象，他對過去生活中某些重要人物的反應也轉移至治療人員身上。

transsexual 變性慾者——生理上與心理屬於不同性別的個體。變性慾者有時爲改變其生理性別會訴諸外科手術和荷爾蒙治療。然而，他們認爲自己並不是同性戀者。參閱 homosexual。

trichromatic theory 三原色論——此顏色知覺理論主張有三種基本顏色受納器(錐細胞)，即「紅色」受納器、「綠色」受納器和「藍色」受納器。這項理論認爲色盲的原因是缺少了一個或多個受納器類型(同義詞爲 Young-Helmholtz theory)。參閱 opponent-color theory, two-stage color theory。

trichromatism 三色視覺——屬於色覺(color vision)分類中的正常色覺，分類的依據是三種顏色系統：黑白、藍黃和紅綠。正常的眼睛可以看到這三種系統。色盲的眼睛則對其中一種或二種系統有缺陷。參閱 dichromatism, monochromatism。

tricyclic antidepressant 三環抗鬱劑——一種避免血清張力素(serotonin)和正腎上腺素(norepinephrine)這些神經傳導物的再吸收以延長其作用，因而消除憂鬱徵候的抗鬱劑。丙咪嗪(imipramine)〔品牌名稱：托芬尼(Tofranil)和艾拉維(Elavil)〕是最常開的處方。參閱 antidepressant。

Turner's syndrome 特納徵候羣——指女性天生只有一個 X 染色體，而非一般的兩個 X 染色體之性染色體異常情況。參閱 X chromosome。

two-stage color theory

二階段顏色論——主張有三種錐細胞(符合三色論),以及紅綠與黃藍對比作用(符合色彩拮抗論)的色覺理論。這項理論能解釋許多已知的色覺現象,可作爲其他知覺系統分析的原型。參閱 opponent-color theory, trichromatic theory。

type A and type B 類型 A 和類型 B——出現於冠狀心臟病(coronary heart disease)文獻中的兩種對比行爲類型。類型 A 的人性急、富競爭心並且過度要求自己有所成就。而類型 B 的人較放鬆,感受到的壓力也較小。類型 A 的人有罹患心臟病之危險。

type theory 類型論——此理論認爲被實驗者可以有用地分成少數幾種等級或類別,每一等級或類別各有其共同的特徵,使其成員不同於其他等級或類別的成員。參閱 trait theory。

U

unconditioned response(簡稱 UCR) 無條件反應——在正統條件化中,這個原本回應無條件刺激的反應被用作建立一種回應中性刺激的條件反應之根據。參閱 conditioned response, conditioned stimulus, unconditioned stimulus。

unconditioned stimulus(簡稱 UCS) 無條件刺激——在正統條件化中,無條件地引發反應的刺激,主要是經由反射作用而沒有先前的條件化。參閱 conditioned response, conditioned stimulus, unconditioned response。

unconscious inference 潛意識推理——德國科學家赫姆霍茲(Helmholtz)以這個名詞來描述知覺者從經歷物體所引發之感覺進展至認識物體特性的過程。我們自動地在潛意識裡下這種推論,最後我們甚至不會注意到那些基本的原有感覺。赫姆霍茲主張潛意識推論是許多知覺現象的基礎,包括對距離和物體的知覺。

unconscious motive 潛意識動機——被實驗者不自覺或曲解其形式的動機。因爲意識與潛意識之間沒有明確的界線,所以很多動機兼具意識與潛意識層面。

unconscious processes 潛意識過程——意識覺察不到的記憶、衝動和慾望。根據佛洛伊德的心理分析理論,痛苦的記憶和慾望有時候會受到潛抑——亦即轉移至潛意識,繼續影響我們的行動,雖然我們並不會覺察到它們的存在。參閱 consciousness。

V

validity 效度——指一項測驗達到其預定目標的程度。效度可以藉測驗分數和預測分數 [即效標(criterion)分數] 之間的相關係數來衡量。參閱 criterion, reliability。

value 價值——對廣泛行爲模式(如勇氣、誠實)或生存目的(如平等、救世)的基本態度。參閱 attitude

variable 變項(變數)——實驗中被測量或控制的條件之一。參閱 dependent variable, independent variable

variance 變異數——標準差的平方。

ventromedial hypothalamus(VMH) 下視丘中部——具有調節食量之重要性的下視丘區域。電擊此區會使被實驗的動物停止進食;破壞此處的腦部組織則造成暴食,最後導致肥胖症。參閱 hypothalamus, lateral hypothalamus。

vestibular sac 前庭——內耳迷路(labyrinth of the inner ear)中，兩個包含耳石(otoliths)的囊，各稱爲小囊(saccule)和橢圓囊(utricle)。耳石對小囊和橢圓囊的膠質內毛狀細胞所施與的壓力會造成我們的平衡感或不平衡感。參閱 equilibratory senses。

vicarious learning 替代學習——以觀察別人之行爲並且注意該行爲之結果的方式學習(同義詞爲 observational learning)。

visual area 視覺區——位於枕葉內之投射區。就人類而言，此區若是受到損害會造成視野某些部分的盲點，要依損害的大小與位置而定。

visual cliff 視覺懸崖——將玻璃置於一塊經設計的表面之上所組成的實驗儀器，此表面有一半緊臨玻璃的下方，而另一半則在其下方好幾呎處。此儀器用於測試動物和幼兒對深度的知覺。

visual field 視野——眼睛朝向某個固定的定點時所看到的全部範圍。

voice stress analyzer 聲壓分析器——以圖形記錄人的聲音會因情緒不同而產生的改變之裝置。用於測謊。參閱 polygraph。

volumetric receptor 定量受納器——依血液和體內流質的量來調節進水量的假想受納器。凝乳酵素(renin)可能是一種定量受納器，它是由腎臟分泌到血液中的物質。它會壓縮血管並且刺激血管緊縮素(angiotensin)的分泌，而這種荷爾蒙則會影響下視丘內的細胞而產生口渴的感覺。參閱 osmoreceptors。

voluntary processes 自主歷程——依自己的意思選擇並且按照目的或計畫來控制與監督的活動。參閱 control processes。

W

Weber's Law 韋伯律——主張差異閾限與測量其值時的刺激大小成正比的定律。這項定律並不是在整個刺激範圍內都適用。參閱 difference threshold 。

Wernicke's area 溫尼克氏區——左腦半球有關語言理解的部分。此區受到損壞的人無法瞭解言語。他們聽得到言語，但是不知道它們的意思。

working through 解決——心理分析治療上的一種再教育方法，讓患者在諮商室反覆地面對同樣的衝突，直到他們能在日常生活中獨立面對並征服這些衝突。

X

X chromosome X染色體——此染色體如果和另一個 X 染色體成對，則決定個體爲雌性。它假使和一個 Y 染色體結合，則個體屬於雄性。X 染色體會遺傳性連特質。參閱 sex-linked trait, Y chromosome。

XYY syndrome XYY 徵候羣——雄性個體多一個 Y 性染色體的異常情況。據說和異常的侵略性有關，但是尙未有確實的證據。參閱 Y chromosome。

Y

Y chromosome Y染色體——此染色體和一個 X 染色體結合則決定個體屬於雄性。參閱 chromosome, sex-linked trait, X chromosome。

Young-Helmholtz theory 楊—赫二氏論——參閱 trichromatic theory。

Z

zygote 受精卵——受精過的卵或蛋。參閱 dizygotic twins, monozygotic twins。

原著參考文獻

粗體數目字表示該文或該書在本書英文版中被引用的頁數。引用時祇註明作者與出版年限。

A

ABBOTT, B.B., SCHOEN, L.S., & BADIA, P. (1984) Predictable and unpredictable shock: Behavioral measures of aversion and physiological measures of stress. *Psychological Bulletin,* 96:45–71. **471**

ABELSON, R.P. (1968) Computers, polls, and public opinion—Some puzzles and paradoxes. *Transaction,* 5:20–27. **586, 587**

ABELSON, R.P. (1976) Script processing in attitude formation and decision waking. In Carroll, J.S., & Payne, J.W. (eds.), *Cognition and Social Behavior.* Hillsdale, N.J.: Erlbaum. **569**

ABERNATHY, E.M. (1940) The effect of changed environmental conditions upon the results of college examinations. *Journal of Psychology,* 10:293–301. **269**

ABRAHAMS, D., see WALSTER, ARONSON, ABRAHAMS, & ROTTMAN (1966).

ABRAMSON, L.Y., see HAMILTON & ABRAMSON (1983).

ACKERMAN, R.H., see CORKIN, COHEN, SULLIVAN, CLEG, ROSEN, & ACKERMAN (1985).

ADAMS, G.R. (1981) The effects of physical attractiveness on the socialization process. In Lucher, G.W., Ribbens, K.A., & McNamara, J.A., Jr. (eds.), *Psychological Aspects of Facial Form.* Craniofacial Growth Series. Ann Arbor: University of Michigan. **575**

ADAMS, H.E., see TURNER, CALHOUN, & ADAMS (1981).

ADAMS, J.L. (1974) *Conceptual Blockbusting.* Stanford, Calif.: Stanford Alumni Association. **306**

ADAMS, M., & COLLINS, A. (1979) A schema-theoretic view of reading. In Freedle, R.O. (ed.), *New Directions Discourse Processing,* Vol. 12. Norwood, N.J.: Ablex. **294**

ADAMS, N., see SMITH, ADAMS, & SCHORR (1978).

ADAMS, N.E., see BANDURA, ADAMS, & BEYER (1976).

ADAMS, N.E., see BANDURA, ADAMS, HARDY, & HOWELLS (1980).

ADELSON, E. (1982) Saturation and adaptation in the rod system. *Vision Research,* 22:1299–1312. **157**

ADESSO, V.J., see BOONE & ADESSO (1974).

AGRAS, W.S. (1975) Fears and phobias. *Stanford Magazine,* 3:59–62. **495**

AGRAS, W.S. (1985) *Panic: Facing Fears, Phobias, and Anxiety.* New York: Freeman. **502, 525, 561**

AGRAS, W.S., SYLVESTER, D., & OLIVEAU, D. (1969) The epidemiology of common fears and phobia. *Comprehensive Psychiatry,* 10:151–56. **495**

AINSWORTH, M.D.S. (1979) Infant-mother attachment. *American Psychologist,* 34:932–37. **79**

AINSWORTH, M.D.S., BLEHAR, M.C., WALTERS, E., & WALL, S. (1978) *Patterns of Attachment: A Psychological Study of the Strange Situation.* Hillsdale, N.J.: Erlbaum. **78**

AKADEMI, A., see LAGERSPETZ, VIEMERO, & AKADEMI (1986).

ALEXANDER, J., see MACCOBY, FARQUHAR, WOOD, & ALEXANDER (1977).

ALFORD, G.S. (1980) Alcoholics anonymous: An empirical outcome study. *Addictive Behaviors,* Vol. 5. Oxford: Pergamon Press. **133**

ALLEN, A., see BEM & ALLEN (1974).

ALLEN, M.G. (1976) Twin studies of affective illness. *Archives of General Psychiatry,* 35:1476–78. **509**

ALLEN, V.L., & LEVINE, J.M. (1969) Consensus and conformity. *Journal of Experimental and Social Psychology,* 5(No. 4):389. **608**

ALLEN, V.L., & LEVINE, J.M. (1971) Social support and conformity: The role of independent assessment of reality. *Journal of Experimental Social Psychology,* 7:48–58. **608**

ALLISON, J., see TIMBERLAKE & ALLISON (1974).

ALLPORT, F.H. (1920) The influence of the group upon association and thought. *Journal of Experimental Psychology,* 3:159–82. **598**

ALLPORT, F.H. (1924) *Social Psychology.* Boston: Houghton Mifflin. **598**

ALLPORT, G.H. (1985) The historical background of social psychology. In Lindzey, G., & Aronson, E. (eds.), *The Handbook of Social Psychology* (3rd ed.). New York: Random House. (Article originally published in 1954). **597**

ALTMAN, I., & TAYLOR, D.A. (1973) *Social Penetration: The Development of Interpersonal Relationships.* New York: Holt, Rinehart & Winston. **592, 593**

ALTUS, W.C. (1966) Birth order and its sequelae. *Science,* 151:44–49. **95**

AMABILE, T.M., see ROSS, AMABILE, & STEINMETZ (1977).

AMERICAN PSYCHIATRIC ASSOCIATION (1980) *Diagnostic and Statistical Manual of Mental Disorders* (3rd ed.). Washington, D.C.: American Psychiatric Association. **492**

AMOORE, J.E. (1970) *The Molecular Basis of Odor.* Springfield, Ill.: Thomas. **173**

ANASTASI, A. (1982) *Psychological Testing* (5th ed.). New York: Macmillan. **415**

ANDERSON, D.J., see ROSE, BRUGGE, ANDERSON, & HIND (1967).

ANDERSON, J.R. (1982) Acquisition of cognitive skill. *Psychological Review,* 89:369–406. **266**

ANDERSON, J.R. (1983) *The Architecture of Cognition.* Cambridge, Mass.: Harvard University Press. **258, 259, 279**

ANDERSON, J.R. (1985) *Cognitive Psychology and Its Implications* (2nd ed.). New York: Freeman. **27, 211, 256, 279, 305, 306**

ANDERSON, J.R., see BRADSHAW & ANDERSON (1982).

ANDERSON, J.R., see REDER & ANDERSON (1980).

ANDERSON, L.W., see PALMER & ANDERSON (1979).

ANDERSON, N.H., & BUTZIN, C.A. (1978) Integration theory applied to children's judgments of equity. *Developmental Psychology,* 14:593–606. **86**

ANDERTON, C.H., see WADDEN & ANDERTON (1982).

ANDRASIK, F., see HOLROYD, APPEL, & ANDRASIK (1983).

ANDRES, D., see GOLD, ANDRES, & GLORIEUX (1979).

ANDREWS, K.H., & KANDEL, D.B. (1979) Attitude and behavior. *American Sociological Review,* 44:298–310. **583**

ANDRYSIAK, T., see SCHAEFFER, ANDRYSIAK, & UNGERLEIDER (1981).

ANTONUCCIO, D.O., see LEWINSOHN, ANTONUCCIO, STEINMETZ, & TERI (1984).

ANTROBUS, J.S., see ARKIN, ANTROBUS, & ELLMAN (1978).

APPEL, M.A., see HOLROYD, APPEL, & ANDRASIK (1983).

APPLEFIELD, J.M., see STEUER, APPLEFIELD, & SMITH (1971).

ARAKAKI, K., see KOBASIGAWA, ARAKAKI, & AWIGUNI (1966).

ARDREY, R. (1966) *The Territorial Imperative.* New York: Dell. **375**

AREND, R.A., see MATAS, AREND, & SROUFE (1978).

ARENDT, H. (1963) *Eichmann in Jerusalem: A Report on the Banality of Evil.* New York: Viking Press. **609**

ARIETI, S. (1974) *Interpretation of Schizophrenia* (2nd ed.). New York: Basic Books. **513**

ARKIN, A.M., ANTROBUS, J.S., & ELLMAN, S.J. (eds.) (1978) *The Mind in Sleep.* Hillsdale, N.J.: Erlbaum. **145**

ARKIN, A.M., TOTH, M.F., BAKER, J., & HASTEY, J.M. (1970) The frequency of sleep talking in the laboratory among chronic sleep talkers and good dream recallers. *Journal of Nervous and Mental Disease,* 151:369–74. **120**

ARKIN, R.M., see GEEN, BEATTY, & ARKIN (1984).

ARMSTRONG, S.L., GLEITMAN, L.R., & GLEITMAN, H. (1983) What some concepts might not be. *Cognition,* 13:263–308. **282**

ARNOLD, M. (1949) A demonstrational analysis of the TAT in a clinical setting. *Journal of Abnormal and Social Psychology,* 44:97–111. **445**

ARONSON, E. (1984) *The Social Animal* (4th ed.). San Francisco: Freeman. **595, 614, 627**

ARONSON, E., & CARLSMITH, J.M. (1963) The effect of the severity of threat on the devaluation of forbidden behavior. *Journal of Abnormal and Social Psychology,* 66:584–88. **585**

ARONSON, E., see LINDZEY & ARONSON (1985).

ARONSON, E., see WALSTER, ARONSON, ABRAHAMS, & ROTTMAN (1966).

ASARNOW, J.R., see STEFFY, ASARNOW, ASARNOW, MACCRIMMON, & CLEGHORN (1984).

ASARNOW, R.F., see STEFFY, ASARNOW, ASARNOW, MACCRIMMON, & CLEGHORN (1984).

ASCH, S.E. (1952) *Social Psychology.* Englewood Cliffs, N.J.: Prentice-Hall. **607, 608**

ASCH, S.E. (1955) Opinions and social pressures. *Scientific American,* 193:31–35. **607, 608**

ASCH, S.E. (1958) Effects of group pressure upon modification and distortion of judgments. In Maccoby, E.E., Newcomb, T.M., & Hartley, E.L. (eds.), *Readings in Social Psychology* (3rd ed.). New York: Holt, Rinehart & Winston. **607, 608**

ASCHOFF, J. (1965) Circadian rhythm of a Russian vocabulary. *Journal of Experimental Psychology: Human Learning and Memory,* 104:126–33. **114**

ASLIN, R.N., & BANKS, M.S. (1978) Early visual experience in humans: Evidence for a critical period in the development of binocular vision. In Schneider, S., Liebowitz, H., Pick, H., & Stevenson, H. (eds.), *Psychology: From Basic Research to Practice.* New York: Plenum. **206**

ASLIN, R.N., see FOX, ASLIN, SHEA, & DUMAIS (1980).

ATKINSON, J.W., & BIRCH, D. (1978) *An Introduction to Motivation.* New York: Van Nostrand. **349**

ATKINSON, R.C. (1975) Mnemotechnics in second-language learning. *American Psychologist,* 30:821–28. **268**

ATKINSON, R.C. (1976) Teaching children to read using a computer. *American Psychologist,* 29:169–78. **22**

ATKINSON, R.C., & SHIFFRIN, R.M. (1971) The control of short-term memory. *Scientific American,* 224:82–90. **252**

ATKINSON, R.C., & SHIFFRIN, R.M. (1977) Human memory: A proposed system and its control processes. In Bower, G.H. (ed.), *Human Memory: Basic Processes.* New York: Academic Press. **253**

ATKINSON, R.C., see DARLEY, TINKLENBERG, ROTH, HOLLISTER, & ATKINSON (1973).

AUERBACH, A., see LUBORSKY, MCLELLAN, WOODY, O'BRIEN, & AUERBACH (1985).

AUTRUM, H., et al. (eds.) (1971–1973) *Handbook of Sensory Physiology.* New York: Springer-Verlag. **179**

AVERILL, J.R. (1983) Studies on anger and aggression: Implications for theories of emotion. *American Psychologist*, 38:1145 - 60. **377**

AWAYA, S., MIYAKE, Y., IMAYUMI, Y., SHIOSE, Y., KNADA, T., & KOMURO, K. (1973) Amblyopia. *Japanese Journal of Opthalmology*, 17:69 - 82. **206**

AWIGUNI, A., see KOBASIGAWA, ARAKAKI, & AWIGUNI (1966).

B

BACHEVALIER, J., see MISHKIN, MALAMUT, & BACHEVALIER (1984).

BACHMAN, J.G., see JOHNSTON, O'MALLEY, & BACHMAN (1986).

BACK, K., see FESTINGER, SCHACHTER, & BACK (1950).

BACKER, R., see FRIEDMAN, SHEFFIELD, WULFF, & BACKER (1951).

BADDELEY, A.D. (1976) *The Psychology of Memory.* New York: Basic Books. **279**

BADDELEY, A.D., & HITCH, G.J. (1974) Working memory. In Bower, G.H. (ed.), *The Psychology of Learning and Motivation*, Vol. 8. New York: Academic Press. **251**

BADDELEY, A.D., & HITCH, G.J. (1977) Recency re-examined. In Dornic, S. (ed.), *Attention and Performance*, Vol. 6. Hillsdale, N.J.: Erlbaum. **254**

BADDELEY, A.D., THOMPSON, N., & BUCHANAN, M. (1975) Word length and the structure of short-term memory. *Journal of Verbal Learning and Verbal Behavior*, 14:575 - 89. **250**

BADIA, P., see ABBOTT, SCHOEN, & BADIA (1984).

BAER, D.J., & CORRADO, J.J. (1974) Heroin addict relationships with parents during childhood and early adolescent years. *Journal of Genetic Psychology*, 124:99 - 103. **133**

BAER, P.E, & FUHRER, M.J. (1968) Cognitive processes during differential trace and delayed conditioning of the G.S.R. *Journal of Experimental Psychology*, 78:81 - 88. **222**

BAGCHI, B., see WENGER & BAGCHI (1961).

BAHRICK, L.E., & WATSON, J.S. (1985) Detection of intermodel proprioceptive-visual contingency as a potential basis of self-perception in infancy. *Developmental Psychology*, 21:693 - 973. **74**

BAKER, B.L., see GOLDSTEIN, BAKER, & JAMISON (1986).

BAKER, J., see ARKIN, TOTH, BAKER, & HASTEY (1970).

BALL, T.M., see KOSSLYN, BALL, & REISER (1978).

BALLOUN, J.L., see BROCK & BALLOUN (1967).

BANDUCCI, R. (1967) The effect of mother's employment on the achievement, aspirations, and expectations of the child. *Personnel and Guidance Journal*, 46:263 - 67. **80**

BANDURA, A. (1973) *Aggression: A Social Learning Analysis.* Englewood Cliffs, N.J.: Prentice-Hall. **371, 373, 379**

BANDURA, A. (1977) *Social Learning Theory.* Englewood Cliffs, N.J.: Prentice-Hall. **371, 379, 428, 455**

BANDURA, A. (1978) The self-system in reciprocal determinism. *American Psychologist*, 33:344 - 58. **452**

BANDURA, A. (1984) Recycling misconceptions of perceived self-efficacy. *Cognitive Therapy and Research*, 8:231 - 55. **541**

BANDURA, A., ADAMS, N.E., & BEYER, J. (1976) Cognitive processes mediating behavioral change. *Journal of Personality and Social Psychology*, 35:125 - 39. **537**

BANDURA, A., ADAMS, N.E., HARDY, A.B., & HOWELLS, G.N. (1980) Tests of the generality of self-efficacy theory. *Cognitive Therapy and Research*, 4:39 - 66. **537**

BANDURA, A., BLANCHARD, E.B., & RITTER, B. (1969) The relative efficacy of desensitization and modeling approaches for inducing behavioral, affective, and attitudinal changes. *Journal of Personality and Social Psychology*, 13:173 - 99. **536, 537**

BANDURA, A., & MCDONALD, F.J. (1963) Influence of social reinforcement and the behavior of models in shaping children's moral judgments. *Journal of Abnormal and Social Psychology*, 67:274 - 81. **86**

BANDURA, M.M., see NEWCOMBE & BANDURA (1983).

BANET, B., see HOHMANN, BANET, & WEIKART (1979).

BANKS, M.S. (1982) The development of spatial and temporal contrast sensitivity. *Current Eye Research*, 2:191 - 98. **204**

BANKS, M.S., see ASLIN & BANKS (1978).

BANYAI, E.I., & HILGARD, E.R. (1976) A comparison of active-alert hypnotic induction with traditional relaxation induction. *Journal of Abnormal Psychology*, 85:218 - 24. **137**

BARBOUR, H.G. (1912) Die Wirkung Unmittelbarer Erwarmung und Abkuhlung der Warmenzentrum auf die Korpertemperatur. *Achiv fur Experimentalle Pathalogie und Pharmakologie*, 70:1 - 26. **317**

BARCLAY, J.R., see BRANSFORD, BARCLAY, & FRANKS (1972).

BARLOW, H.B. (1972) Single units and sensation: A neuron doctrine for perceptual psychology. *Perception*, 1:371 - 94. **178**

BARLOW, H.B., BLAKEMORE, C., & PETTIGREW, J.D. (1967) The neural mechanism of binocular depth discrimination. *Journal of Physiology*, 193:327 - 42. **185**

BARLOW, H.B., & MOLLON, J.D. (1982) *The Senses.* Cambridge: Cambridge University Press. **179**

BARNES, G.E., & PROSEN, H. (1985) Parental death and depression. *Journal of Abnormal Psychology*, 94:64 - 69. **506**

BARNES, P.J., see BEAMAN, BARNES, KLENTZ, & MCQUIRK (1978).

BARON, R.S. (1986) Distraction-conflict theory: Progress and problems. In Berkowitz, L. (ed.), *Advances in Experimental Social Psychology*, Vol. 19. New York: Academic Press. **600**

BARON, R.S., see SANDERS & BARON (1975).

BARR, A., & FEIGENBAUM, E.A. (1982) *The Handbook of Artificial Intelligence.* Los Altos, Calif.: William Kaufman. **311**

BARTIS, S.P., see ZAMANSKY & BARTIS (1985).

BARTLETT, F.C. (1932) *Remembering: A Study in Experimental and Social Psychology.* Cambridge: Cambridge University Press. **275**

BARTON, R., see LEWINSOHN, MISCHEL, CHAPLIN, & BARTON (1980).

BATCHELOR, B.R., see HIRSCH & BATCHELOR (1976).

BATEMAN, F., see SOAL & BATEMAN (1954).

BATTERMAN, N.A., see KEIL & BATTERMAN (1984).

BATTERSBY, W., & WAGMAN, I. (1962) Neural limits of visual excitability: Pt. 4. Spatial determinants of retrochiasmal interaction. *American Journal of Physiology*, 203:359 - 65. **158**

BAUM, A., GATCHEL, R.J., FLEMING, R., & LAKE, C.R. (1981) Chronic and acute stress associated with the Three Mile Island accident and decontamination: Preliminary findings of a longitudinal study. Technical report submitted to the U.S. Nuclear Regulatory Commission. **472**

BAUMEISTER, R.F., & TICE, D.M. (1984) Role of self-presentation and choice in cognitive dissonance under forced compliance: Necessary or sufficient causes? *Journal of Personality and Social Psychology*, 43:838 - 52. **585**

BAUMRIND, D. (1967) Child care practices anteceding three patterns of preschool behavior. *Genetic Psychology Monographs*, 75:43 - 88. **88**

BAUMRIND, D. (1972) Socialization and instrumental competence in young children. In Hartup, W.W. (ed.), *The Young Child: Reviews of Research*, Vol. 2. Washington, D.C.: National Association for the Education of Young Children. **89**

BAYLEY, N. (1970) Development of mental abilities. In Mussen, P. (ed.), *Carmichael's*

Manual of Child Psychology, Vol. 1. New York: Wiley. **410**

BEAMAN, A.L., BARNES, P.J., KLENTZ, B., & MCQUIRK, B. (1978). Increasing helping rates through information dissemination: Teaching pays. *Personality and Social Psychology Bulletin*, 4:406–11. **606**

BEAMAN, A.L., see DIENER, FRASER, BEAMAN, & KELEM (1976).

BEATTY, W.W., see GEEN, BEATTY, & ARKIN (1984).

BEBBINGTON, P., STURT, E., TENNANT, C., & HURRY, J. (1984) Misfortune and resilience: A community study of women. *Psychological Medicine,* 14:347–63. **510**

BEBBINGTON, P., see TENNANT, SMITH, BEBBINGTON, & HURRY (1981).

BECK, A.T. (1976) *Cognitive Therapy and the Emotional Disorders*. New York: International Universities Press. **507, 540**

BECK, A.T., RUSH, A.J., SHAW, B.F., & EMERY, G. (1979) *Cognitive Therapy of Depression*. New York: Guilford Press. **503, 507**

BECKER, B.J. (1983) Item characteristics and sex differences on the SAT-M for mathematically able youths. Presented at Annual Meeting of American Educational Research Association, Montreal. **92**

BEDNAR, R.L., & KAUL, T.J. (1978) Experiential group research: Current perspectives. In Garfield, S.L., & Bergin, A.E. (eds.), *Handbook of Psychotherapy and Behavior Change* (2nd ed.). New York: Wiley. **545**

BEE, H. (1985) *The Developing Child* (4th ed.). New York: Harper & Row. **105**

BEECHER, H.K. (1961) Surgery as placebo. *Journal of American Medical Association,* 176:1102–107. **552**

BEERS, C.W. (1908) *A Mind That Found Itself.* New York: Doubleday. **528**

BEKESY, G. VON (1960) *Experiments in Hearing* (E.G. Weaver, trans.). New York: McGraw-Hill. **169**

BELL, A.P., & WEINBERG, M.S. (1978) *Homosexualities: A Study of Diversity Among Men and Women*. New York: Simon & Schuster. **338**

BELL, A.P., WEINBERG, M.S., & HAMMERSMITH, S.K. (1981) *Sexual Preference: Its Development in Men and Women*. Bloomington: Indiana University Press. **337**

BELL, L.V. (1980) *Treating the Mentally Ill: From Colonial Times to the Present*. New York: Praeger. **561**

BELLEZZA, F.S., & BOWER, G.H. (1981) Person stereotypes and memory for people. *Journal of Personality and Social Psychology,* 41(No. 5):856–65. **275**

BELLUGI, U., see BROWN, CAZDEN, & BELLUGI (1969).

BEM, D.J. (1970) *Beliefs, Attitudes and Human Affairs*. Belmont, Calif.: Brooks/Cole. **595, 619**

BEM, D.J. (1972) Self-perception theory. In Berkowitz, L. (ed.), *Advances in Experimental Social Psychology,* Vol. 6. New York: Academic Press. **577**

BEM, D.J., & ALLEN, A. (1974) On predicting some of the people some of the time: The search for cross-situational consistencies in behavior. *Psychological Review,* 81:506–20. **451**

BEM, D.J., see SCHMITT & BEM (1986).

BEM, S.L. (1975) Sex-role adaptability: One consequence of psychological androgyny. *Journal of Personality and Social Psychology,* 31:634–43. **572**

BEM, S.L. (1981) Gender schema theory: A cognitive account of sex typing. *Psychological Review,* 88:354–64. **572, 573**

BEM, S.L., MARTYNA, W., & WATSON, C. (1976) Sex typing and androgyny: Further explorations of the expressive domain. *Journal of Personality and Social Psychology,* 34:1016–23. **572**

BENBOW, C.P, & STANLEY, J.C. (1980) Sex differences in mathematical ability: Fact or artifact? *Science,* 210:1262–64. **399**

BENDFELDT, F., see LUDWIG, BRANDSMA, WILBUR, BENDFELDT, & JAMESON (1972).

BENSON, H. (1975) *The Relaxation Response.* New York: Morrow. **145**

BENSON, H., & FRIEDMAN, R. (1985) A rebuttal to the conclusions of David S. Holmes' article: "Meditation and somatic arousal reduction." *American Psychologist,* 40:725–28. **136**

BENSON, H., KOTCH, J.B., CRASSWELLER, K.D., & GREENWOOD, M.M. (1977) Historical and clinical considerations of the relaxation response. *American Scientist,* 65:441–43. **135**

BENSON, H., see JEMMOTT, BORYSENKO, MCCLELLAND, CHAPMAN, MEYER, & BENSON (1985).

BERG, P., see SPACHE & BERG (1978).

BERGIN, A.E., & LAMBERT, M.J. (1978) The evaluation of therapeutic outcomes. In Garfield, S.L., & Bergin, A.E. (eds.), *Handbook of Psychotherapy and Behavior Change,* (2nd ed.). New York: Wiley. **548**

BERGLAS, S., see JONES & BERGLAS (1978).

BERGMAN, T., see HAITH, BERGMAN, & MOORE (1977).

BERKELEY, G. (1709) Essay Towards a New Theory of Vision. Reprinted in A.A. Luce & T.E. Jessup (eds.), *The Works of George Berkeley,* Vol. 1. London: Nelson, 1948. **181, 190**

BERKOWITZ, L. (1965) The concept of aggressive drive. In Berkowitz, L. (ed.), *Advances in Experimental Social Psychology,* Vol. 2. New York: Academic Press. **373**

BERLIN, B., & KAY, P. (1969) *Basic Color Terms: Their Universality and Evolution*. Los Angeles: University of California Press. **287**

BERMAN, J.S., MILLER, R.C., & MASSMAN, P.J. (1985) Cognitive therapy versus systematic desensitization: Is one treatment superior? *Psychological Bulletin,* 97:451–61. **549**

BERMAN, L., see YUSSEN & BERMAN (1981).

BERMAN, W., see ZIGLER & BERMAN (1983).

BERNSTEIN, M. (1956) *The Search for Bridey Murphy.* New York: Doubleday. **143**

BERNSTEIN, S., see MARKUS, CRANE, BERNSTEIN, & SILADI (1982).

BERNSTEIN, W.M., STEPHAN, W.G., & DAVIS, M.H. (1979) Explaining attributions for achievement: A path analytic approach. *Journal of Personality and Social Psychology,* 37:1810–21. **578**

BERSCHEID, E., & WALSTER, E. (1974) Physical attractiveness. In Berkowitz, L. (ed.), *Advances in Experimental Social Psychology.* New York: Academic Press. **591**

BERSCHEID, E., & WALSTER, E. (1978) *Interpersonal Attraction* (2nd ed.). Menlo Park, Calif.: Addison-Wesley. **595**

BERSCHEID, E., see CAMPBELL & BERSCHEID (1976).

BERSCHEID, E., see DION & BERSCHEID (1972).

BERSCHEID, E., see DION, BERSCHEID, & WALSTER (1972).

BERSCHEID, E., see SNYDER, TANKE, & BERSCHEID (1977).

BERTERA, J.H., see RAYNER, INHOFF, MORRISON, SLOWIACZEK, & BERTERA (1981).

BERTRAND, L.D., see SPANOS, WEEKES, & BERTRAND (1985).

BEVER, T.G., see FODOR, BEVER, & GARRETT (1974).

BEVER, T.G., see TERRACE, PETITTO, SANDERS, & BEVER (1979).

BEVERLY, K.I., see REGAN, BEVERLEY, & CYNADER (1979).

BEYER, J., see BANDURA, ADAMS, & BEYER (1976).

BIEDERMAN, I. (1981) On the semantics of a glance at a scene. In Kubovy, M., & Pomerantz, J. (eds.), *Perceptual Organization*. Hillsdale, N.J.: Erlbaum. **196**

BIERBRAUER, G. (1973) Attribution and perspective: Effects of time, set, and role on interpersonal inference. Unpublished Ph.D. dissertation, Stanford University. **614**

BIERBRAUER, G., see ROSS, BIERBRAUER, & HOFFMAN (1976).

BINET, A., & SIMON, T. (1905) New methods for the diagnosis of the intellectual level of subnormals. *Annals of Psychology,* 11:191. **390, 400**

BIRCH, D., see ATKINSON & BIRCH (1978).

BIRNBAUM, J.A. (1975) Life patterns and self-esteem in gifted family oriented and career committed women. In Mednick, M.S., Tangri, S.S., & Hoffman, L.W. (eds.), *Women and Achievement.* Washington: Hemisphere Publisher. **80**

BISIACH, E., & LUZZATI, C. (1978) Unilateral neglect of representational space. *Cortex,* 14:129–33. **304**

BLACK, J.B., see BOWER, BLACK, & TURNER (1979).

BLACK, J.B., see SEIFERT, ROBERTSON, & BLACK (1985).

BLACKBURN, H., see SHEKELLE, NEATON, JACOBS, HULLEY, & BLACKBURN (1983).

BLAKE, R., see SEKULER, & BLAKE (1985).

BLAKEMORE, C., & COOPER, G.F. (1970) Development of the brain depends on the visual environment. *Nature,* 228:477–78. **206**

BLAKEMORE, C., see BARLOW, BLAKEMORE, & PETTIGREW (1967).

BLANCHARD, E.B., see BANDURA, BLANCHARD, & RITTER (1969).

BLANK, A., see LANGER, BLANK, & CHANOWITZ (1978).

BLEHAR, M.C., see AINSWORTH, BLEHAR, WALTERS, & WALL (1978).

BLISS, D., see STEVENS-LONG, SCHWARZ, & BLISS (1976).

BLISS, E.L. (1980) Multiple personalities: Report of fourteen cases with implications for schizophrenia and hysteria. *Archives of General Psychiatry,* 37:1388–97. **114**

BLOCK, J. (1971) *Lives Through Time.* Berkeley: Bancroft Books. **447, 448**

BLOCK, J. (1981) Some enduring and consequential structures of personality. In Rabin, A.I., Aronoff, J., Barclay, A.M., & Zucker, R.A. (eds.), *Further Explorations in Personality.* New York: Wiley-Interscience. **447**

BLOCK, J., BUSS, D.M., BLOCK, J.H., & GJERDE, P.F. (1981) The cognitive style of breadth of categorization: Longitudinal consistency of personality correlates. *Journal of Personality and Social Psychology,* 40:770–79. **453**

BLOCK, J.H. (1980) Another look at sex differentiation in the socialization behavior of mothers and fathers. In Denmark, F., & Sherman, J. (eds.), *Psychology of Women: Future Directions of Research.* New York: Psychological Dimensions. **91**

BLOCK, J.H., see BLOCK, BUSS, BLOCK, & GJERDE (1981).

BLOOD, R.O. (1967) *Love Match and Arranged Marriage.* New York: Free Press. **593**

BLUM, R., & ASSOCIATES (1972) *Horatio Alger's Children.* San Francisco: Jossey-Bass. **133**

BOCK, R.D., & MOORE, E. (1982) *Advantage and Disadvantage: Vocational Prospects of American Young People.* Technical Report, National Opinion Research Center, University of Chicago. **398**

BODEN, M. (1981) *Artificial Intelligence and Natural Man* (reprint ed.). New York: Basic Books. **211**

BOFF, K.R., KAUFMAN, L., & THOMAS, J.P. (eds.) (1986) *Handbook of Perception and Human Performance:* Vol. 1. *Sensory Processes and Perception.* New York: Wiley. **179**

BOLLES, R.C. (1970) Species-specific defense reactions and avoidance learning. *Psychological Review,* 77:32–48. **238**

BOND, C.F. (1982) Social facilitation: A self-presentational view. *Journal of Personality and Social Psychology,* 42:1042–50. **600**

BOND, L.A., & JOFFE, J.M. (eds.) (1982) *Facilitating Infant and Early Childhood Development.* Hanover, N.H.: University Press of New England. **415**

BOONE, J.A., & ADESSO, V.J. (1974) Racial differences on a black intelligence test. *Journal of Negro Education,* 43:429–536. **396**

BORDEN, R., see FREEMAN, WALKER, BORDEN, & LATANE (1975).

BORGIDA, E., & NISBETT, R.E. (1977) The differential impact of abstract vs. concrete information on decisions. *Journal of Applied Social Psychology,* 7:258–71. **567**

BORING, E.G. (1930) A new ambiguous figure. *American Journal of Psychology,* 42:444–45. **195**

BORING, E.G. (1942) *Sensation and Perception in the History of Experimental Psychology.* New York: Appleton-Century-Crofts. **148**

BORING, E.G. (1950) *A History of Experimental Psychology* (2nd ed.). New York: Appleton-Century-Crofts. **639**

BORING, E.G., see HERRNSTEIN & BORING (1965).

BORTON, R., see TELLER, MORSE, BORTON, & REGAL (1974).

BORYSENKO, J., see BORYSENKO & BORYSENKO (1982).

BORYSENKO, M., & BORYSENKO, J. (1982) Stress, behavior, and immunity: Animal models and mediating mechanisms. *General Hospital Psychiatry,* 4:59–67. **483**

BORYSENKO, M., see JEMMOTT, BORYSENKO, MCCLELLAND, CHAPMAN, MEYER, & BENSON (1985).

BOUCHARD, T.J. (1976) Genetic factors in intelligence. In Kaplan, A.R. (ed.), *Human Behavior Genetics.* Springfield, Ill.: Charles Thomas. **409**

BOUCHARD, T.J., HESTON, L., ECKERT, E., KEYES, M., & RESNICK, S. (1981) The Minnesota study of twins reared apart: Project description and sample results in the developmental domain. *Twin Research:* Vol. 3. *Intelligence, Personality, and Development.* New York: Alan Liss. **422**

BOUCHARD, T.J., & MCGUE, M. (1981) Familial studies of intelligence: A review. *Science,* 212:1055–59. **408**

BOUCHARD, T.J., see MCGUE & BOUCHARD (1984).

BOUTELLE, W., see WEINGARTEN, GRAFMAN, BOUTELLE, KAYE, & MARTIN (1983).

BOWE-ANDERS, C., see ROFFWARG, HERMAN, BOWE-ANDERS, & TAUBER (1978).

BOWER, G.H. (1972) Mental imagery and associative learning. In Gregg L.W. (ed.), *Cognition in Learning and Memory.* New York: Wiley. **255**

BOWER, G.H. (1981) Mood and memory. *American Psychologist,* 36:129–48. **263**

BOWER, G.H., BLACK, J.B., & TURNER, T.R. (1979) Scripts in memory for text. *Cognitive Psychology,* 11:177–220. **275**

BOWER, G.H., & CLARK, M.C. (1969) Narrative stories as mediators for serial learning. *Psychonomic Science,* 14:181–82. **271**

BOWER, G.H., CLARK, M.C., WINZENZ, D., & LESGOLD, A. (1969) Hierarchical retrieval schemes in recall of categorized word lists. *Journal of Verbal Learning and Verbal Behavior,* 8:323–43. **260**

BOWER, G.H., & HILGARD, E.R. (1981) *Theories of Learning* (5th ed.). Englewood Cliffs, N.J.: Prentice-Hall. **243, 279**

BOWER, G.H., & SPRINGSTON, F. (1970) Pauses as recoding points in letter series. *Journal of Experimental Psychology,* 83:421–30. **252**

BOWER, G.H., see BELLEZZA & BOWER (1981).

BOWER, G.H., see BOWER & BOWER (1976).

BOWER, G.H., see THOMPSON, REYES, & BOWER (1979).

BOWER, S.A., & BOWER, G.H. (1976) *Asserting Yourself.* Reading, Mass.: Addison-Wesley. **561**

BOWER, T.G.R. (1982) *Development in Infancy* (2nd ed.). San Francisco: Freeman. **205, 211**

BOWERS, K.S. (1984) On being unconsciously influenced and informed. In Bowers, K.S., & Meichenbaum, D. (eds.), *The Unconscious Reconsidered.* New York: Wiley. **111**

BOWERS, K.S., & MEICHENBAUM, D.H. (eds.)

(1984) *The Unconscious Reconsidered.* New York: Wiley. **144**

BOWLBY, J. (1973) *Separation: Attachment and Loss,* Vol. 2. New York: Basic Books. **75, 78**

BOWMAKER, J.K., see DARTNALL, BOWMAKER, & MOLLON (1983).

BOYCOTT, B.B., see DOWLING & BOYCOTT (1966).

BOYNTON, R. (1979) *Human Color Vision.* New York: Holt, Rinehart & Winston. **151, 154, 179**

BRADSHAW, G.L., & ANDERSON, J.R. (1982) Elaborative encoding as an explanation of levels of processing. *Journal of Verbal Learning and Verbal Behavior,* 21:165–74. **256**

BRAND, R.J., see ROSENMAN, BRAND, JENKINS, FRIEDMAN, STRAUS, & WRUM (1975).

BRANDSMA, J.M., see LUDWIG, BRANDSMA, WILBUR, BENDFELDT, & JAMESON (1972).

BRANDT, U., see EYFERTH, BRANDT, & WOLFGANG (1960).

BRANSFORD, J.D., & JOHNSON, M.K. (1973) Considerations of some problems of comprehension. In Chase, W.G. (ed.), *Visual Information Processing.* New York: Academic Press. **276**

BRANSFORD, J.D., BARCLAY, J.R., & FRANKS, J.J. (1972) Sentence memory: A constructive versus interpretive approach. *Cognitive Psychology,* 3:193–209. **273**

BREHM, J.W., see WORTMAN & BREHM (1975).

BRELAND, K., & BRELAND, M. (1961) The misbehavior of organisms. *American Psychologist,* 16:681–84. **236**

BRELAND, K., & BRELAND, M. (1966) *Animal Behavior.* New York: Macmillan. **226**

BRELAND, M., see BRELAND & BRELAND (1961).

BRELAND, M., see BRELAND & BRELAND (1966).

BRENNER, C. (1980) A psychoanalytic theory of affects. In Plutchik, R., & Kellerman, H. (eds.), *Emotion: Theory, Research, and Experience,* Vol. 1. New York: Academic Press. **361**

BRENNER, M.H. (1982) Mental illness and the economy. In Parron, D.L., Solomon, F., & Jenkins, C.D. (eds.), *Behavior, Health Risks, and Social Disadvantage.* Washington, D.C.: National Academy Press. **517**

BRENT, E.E., see GRANBERG & BRENT (1974).

BREWER, W.F., & NAKAMURA, G.V. (1984) The nature and functions of schemas. In Wyer, R.S. & Srull, T.K. (eds.), *Handbook of Social Cognition,* Vol. 1. Hillsdale, N.J.: Erlbaum. **276**

BREWIN, C.R. (1985) Depression and causal attributions: What is their relation? *Psychological Bulletin,* 98:297–300. **509**

BRICKER, W.A., see PATTERSON, LITTMAN, & BRICKER (1967).

BRIDGER, W.H. (1961) Sensory habituation and discrimination in the human neonate. *American Journal of Psychiatry,* 117:991–96. **66**

BRIGGS, S.R., see CHEEK & BRIGGS (1982).

BROADBENT, D.E. (1958) *Perception and Communication.* London: Pergamon Press. **198**

BROCK, T.C., & BALLOUN, J.L. (1967) Behavior receptivity to dissonant information. *Journal of Personality and Social Psychology,* 6:413–28. **620**

BRODIE, M., see TESSER & BRODIE (1971).

BRONSON, G.W. (1972) Infants' reactions to unfamiliar persons and novel objects. *Monographs of the Society for Research in Child Development,* 37(3, Serial No. 148). **76**

BROOKS, B., see KENSHALO, NAFE, & BROOKS (1961).

BROTZMAN, E., see HOFLING, BROTZMAN, DALRYMPLE, GRAVES, & PIERCE (1966).

BROWN, A.E. (1936) Dreams in which the dreamer knows he is asleep. *Journal of Abnormal Psychology,* 31:59–66. **119**

BROWN, D.P. (1977) A model for the levels of concentrative meditation. *International Journal of Clinical and Experimental Hypnosis,* 25:236–73. **135**

BROWN, E.L., & DEFFENBACHER, K. (1979) *Perception and the Senses.* Oxford: Oxford University Press. **174, 175, 179**

BROWN, G.W., & HARRIS, T. (1978) *Social Origins of Depression: A Study of Psychiatric Disorder in Women.* London: Tavistock. **510**

BROWN, P.L., & JENKINS, H.M. (1968) Autoshaping of the pigeon's keypeck. *Journal of the Experimental Analysis of Behavior,* 11:1–8. **227**

BROWN, R. (1973) *A First Language: The Early Stages.* Cambridge, Mass.: Harvard University Press. **311**

BROWN, R. (1985) *Social Psychology* (2nd ed.). New York: Free Press. **595, 627**

BROWN, R., CAZDEN, C.B., & BELLUGI, U. (1969) The child's grammar from 1 to 3. In Hill, J.P. (ed.), *Minnesota Symposium on Child Psychology,* Vol. 2. Minneapolis: University of Minnesota Press. **297**

BROWN, R.W., & MCNEILL, D. (1966) The "tip-of-the-tongue" phenomenon. *Journal of Verbal Learning and Verbal Behavior,* 5:325–37. **257**

BROWN, S.W. (1970) A comparative study of maternal employment and nonemployment. Unpublished Ph.D. dissertation, Mississippi State University (University Microfilms, 70–8610). **80**

BROWN, T.S., & WALLACE, P.M. (1980) *Physiological Psychology.* New York: Academic Press. **59**

BROZAN, N. (1985) U.S. leads industrialized nations in teen-age births and abortions. *New York Times* (March 13), p. 1. **97, 99**

BRUCKEN, L., see KUHN, NASH, & BRUCKEN (1978).

BRUGGE, J.F., see ROSE, BRUGGE, ANDERSON, & HIND (1967).

BRUNER, J.S., OLVER, R.R., GREENFIELD, P.M., et al. (1966) *Studies in Cognitive Growth.* New York: Wiley. **281**

BRUYER, R., LATERRE, C., SERON, X., et al. (1983) A case of prosopagnosia with some preserved covert remembrance of familiar faces. *Brain and Cognition,* 2:257–84. **364**

BRYAN, J.H., & TEST, M.A. (1967) Models and helping: Naturalistic studies in aiding behavior. *Journal of Personality and Social Psychology,* 6:400–707. **606**

BRYANT, J., see ZILLMANN & BRYANT (1974).

BRYDEN, M.P., see LEY & BRYDEN (1982).

BUCHANAN, M., see BADDELEY, THOMPSON, & BUCHANAN (1975).

BURKHARD, B., see DOMJAN & BURKHARD (1985).

BURT, D.R., see CREESE, BURT, & SNYDER (1978).

BUSCHKE, H., see KINTSCH & BUSCHKE (1969).

BUSS, A.H., & PLOMIN, R. (1975) *A Temperament Theory of Personality Development.* New York: Wiley. **418**

BUSS, A.H., see FENIGSTEIN, SCHEIER, & BUSS (1975).

BUSS, A.H., see SCHEIER, BUSS, & BUSS (1978).

BUSS, D.M., see BLOCK, BUSS, BLOCK, & GJERDE (1981).

BUSS, D.M., see SCHEIER, BUSS, & BUSS (1978).

BUTCHER, J.N., see COLEMAN, BUTCHER, & CARSON (1984).

BUTCHER, J.N., see KENDALL & BUTCHER (1982).

BUTTERS, N., see SQUIRE & BUTTERS (1984).

BUTZIN, C.A., see ANDERSON & BUTZIN (1978).

C

CAGGIULA, A.R., & HOEBEL, B.G. (1966) A "copulation-reward site" in the posterior hypothalamus. *Science,* 153:1284–85. **332**

CAIN, W.S. (1978) The odoriferous environment and the application of olfactory research. In Carterette, E.C., & Friedman, M.P. (eds.), *Handbook of Perception*, Vol. 7. New York: Academic Press. **173**

CALDER, N. (1971) *The Mind of Man*. New York: Viking. **143**

CALHOUN, K.S., see TURNER, CALHOUN, & ADAMS (1981).

CAMPBELL, B., & BERSCHEID, E. (1976) The perceived importance of romantic love as a determinant of marital choice: Kephart revisited ten years later. Unpublished manuscript. **593**

CAMPBELL, E.A., COPE, S.J., & TEASDALE, J.D. (1983) Social factors and affective disorder: An investigation of Brown and Harris's model. *British Journal of Psychiatry*, 143:548-53. **510**

CAMPBELL, E.H., see FENNELL & CAMPBELL (1984).

CAMPBELL, E.Q., see COLEMAN, CAMPBELL, HOBSON, et al. (1966).

CAMPBELL, F.W., & ROBSON, J.G. (1968) Application of Fourier analysis to the visibility of gratings. *Journal of Physiology*, 197:551-66. **163**

CAMPBELL, H.J. (1973) *The Pleasure Areas*. London: Eyre Methuen. **231**

CAMPOS, J.J., see LAMB & CAMPOS (1982).

CANNON, J.T., see TERMAN, SHAVIT, LEWIS, CANNON, & LIEBESKIND (1984).

CANNON, W.B. (1927) The James-Lange theory of emotions: A critical examination and an alternative theory. *American Journal of Psychology*, 39:106-24. **357**

CANNON, W.B. (1929) *Bodily Changes in Pain, Hunger, Fear, and Rage*. New York: Appleton. **462**

CANTRIL, H., see FREE & CANTRIL (1967).

CARAMAZZA, A., & ZURIF, E.B. (1976) Dissociation of algorithmic and heuristic processes in language comprehension: Evidence from aphasia. *Brain and Language*, 3:572-82. **303**

CARAMAZZA, A., see ZURIF, CARAMAZZA, MYERSON, & GALVIN (1974).

CAREY, G., & GOTTESMAN, I.I. (1981) Twin and family studies of anxiety, phobic, and obsessive disorders. In Klein, D.F., & Rabkin, J. (eds.), *Anxiety: New Research and Changing Concepts*. New York: Haven Press. **501**

CARLSMITH, J.M., DORNBUSCH, S.M., & GROSS, R.T. (1983) Unpublished study, personal communication. **93**

CARLSMITH, J.M., see ARONSON & CARLSMITH (1963).

CARLSMITH, J.M., see FESTINGER & CARLSMITH (1959).

CARLSON, N.R. (1985) *Physiology of Behavior* (3rd ed.). Boston: Allyn & Bacon. **59, 321, 349**

CARLSON, R. (1971) Where is the person in personality research? *Psychological Bulletin*, 75:203-19. **429**

CARLSON, S. (1985) A double-blind test of astrology. *Nature*, 318:419-25. **446**

CARPENTER, P.A., see DANEMAN & CARPENTER (1981).

CARPENTER, P.A., see JUST & CARPENTER (1980).

CARPENTER, R.H.S. (1977) *Movements of the Eyes*. London: Pion. **158**

CARR, K.D., & COONS, E.E. (1982). Rats' self-administered nonrewarding brain stimulation to ameliorate aversion. *Science*, 215: 1516-17. **231**

CARROL, E.N., ZUCKERMAN, M., & VOGEL, W.H. (1982) A test of the optimal level of arousal theory of sensation seeking. *Journal of Personality and Social Psychology*, 42:572-75. **346**

CARROLL, D.W. (1985) *Psychology of Language*. Monterey, Calif.: Brooks/Cole. **311**

CARSKADON, M.A., MITLER, M.M., & DEMENT, W.C. (1974) A comparison of insomniacs and normals: Total sleep time and sleep latency. *Sleep Research*, 3:130. **117**

CARSON, R.C., see COLEMAN, BUTCHER, & CARSON (1984).

CARTERETTE, E.C., & FRIEDMAN, M.P. (eds.) (1974-1978) *Handbook of Perception*, Vols. 1-11. New York: Academic Press. **179**

CARTWRIGHT, R.D. (1974) The influence of a conscious wish on dreams: A methodological study of dream meaning and function. *Journal of Abnormal Psychology*, 83:387-93. **120**

CARTWRIGHT, R.D. (1978) *A Primer on Sleep and Dreaming*. Reading, Mass.: Addison-Wesley. **116, 145**

CARVER, C.S., & SCHEIER, M.F. (1981) Self-consciousness and reactance. *Journal of Research in Personality*, 15:16-29. **438**

CARVER, C.S., see SCHEIER & CARVER (1977).

CARVER, C.S., see SCHEIER & CARVER (1983).

CARVER, C.S., see SCHEIER, CARVER, & GIBBONS (1979).

CARVER, R.P. (1981) *Reading Comprehension and Reading Theory*. Springfield, Ill.: Thomas. **201**

CASE, N.B., see CASE, HELLER, CASE, & MOSS (1985).

CASE, R. (1985) *Intellectual Development: Birth to Adolescence*. New York: Academic Press. **75**

CASE, R.B., HELLER, S.S., CASE, N.B., & MOSS, A.J. (1985) Type A behavior and survival after acute myocardial infarction. *New England Journal of Medicine*, 312:737. **482**

CASEY, K.L., see MELZAK & CASEY (1968).

CASTELLUCI, V., & KANDEL, E.R. (1976) Presynaptic facilitation as a mechanism for behavioral sensitization in Aplysia. *Science*, 194:1176-78. **221**

CATTELL, R.B. (1986) *The Handbook for the 16 Personality Factor Questionnaire*. Champaign, Ill.: Institute for Personality and Ability Testing. **425**

CAZDEN, C.B., see BROWN, CAZDEN, & BELLUGI (1969).

CHAFFEE, S., see COMSTOCK, CHAFFEE, KATZMAN, MCCOMBS, & ROBERTS (1978).

CHANOWITZ, B., see LANGER, BLANK, & CHANOWITZ (1978).

CHAPLIN, W., see LEWINSOHN, MISCHEL, CHAPLIN, & BARTON (1980).

CHAPMAN, J., see MCGHIE & CHAPMAN (1961).

CHAPMAN, J.P., see CHAPMAN & CHAPMAN (1969).

CHAPMAN, L.J., & CHAPMAN, J.P. (1969) Illusory correlation as an obstacle to the use of valid psychodiagnostic signs. *Journal of Abnormal Psychology*, 74:271-80. **571**

CHAPMAN, R., see JEMMOTT, BORYSENKO, MCCLELLAND, CHAPMAN, MEYER, & BENSON (1985).

CHARNEY, D.S., & HENINGER, G.R. (1983) Monoamine receptor sensitivity and depression: Clinical studies of antidepressant effects on serotonin and noradrenergic function. *Psychopharmacology Bulletin*, 20:213-23. **510**

CHARNEY, D.S., HENINGER, G.R., & STERNBERG, D.E. (1984) Serotonin function and mechanism of action of antidepressant treatment: Effects of amitriptyline and desipramine. *Archives of General Psychiatry*, 41:359-65. **510**

CHARNOV, E.L., see LAMB, THOMPSON, GARDNER, CHARNOV, & ESTES (1984).

CHASE, W.G., & SIMON, H.A. (1973) The mind's eye in chess. In Chase, W.G. (ed.), *Visual Information Processing*. New York: Academic Press. **308**

CHASE, W.G., see ERICSSON, CHASE, & FALOON (1980).

CHAUDURI, H. (1965) *Philosophy of Meditation*. New York: Philosophical Library. **134**

CHEEK, J.M., & BRIGGS, S.R. (1982) Self-consciousness and aspects of identity. *Journal of Research in Personality*, 16:401-408. **438**

CHEN, S.C. (1937) Social modification of the activity of ants in nest-building. *Physiological Zoology*, 10:420-36. **598**

CHESS, S., & THOMAS, A. (1982) Infant

bonding: Mystique and reality. *American Journal of Ortho-Psychiatry,* 52:213–22. **81**
CHESS, S., see THOMAS & CHESS (1977).
CHI, M., GLASER, R., & REES, E. (1982) Expertise in problem solving. In Sternberg, R. (ed.), *Advances in the Psychology of Human Intelligence,* Vol. 1. Hillsdale, N.J.: Erlbaum. **308**
CHODOROW, N. (1978) *The Reproduction of Mothering.* Los Angeles: University of California Press. **432**
CHOMSKY, N. (1957) *Syntatic Structures.* The Hague: Mouton. **638**
CHOMSKY, N. (1965) *Aspects of the Theory of Syntax.* Cambridge, Mass.: M.I.T. Press. **291**
CHOMSKY, N. (1972) *Language and Mind* (2nd ed.). New York: Harcourt Brace Jovanovich. **300**
CHOMSKY, N. (1980a) On cognitive structures and their development: A reply to Piaget. In Piatelli-Palmarini, M. (ed.), *Language and Learning: The Debate Between Jean Piaget and Noam Chomsky.* Cambridge, Mass.: Harvard University Press. **298**
CHOMSKY, N. (1980b) *Rules and Representations.* New York: Columbia University Press. **311**
CIMBOLIC, P., see MCNEAL & CIMBOLIC (1986).
CLARK, E.V. (1983) Meanings and concepts. In Mussen, P.H. (ed.), *Handbook of Child Psychology.* New York: Wiley. **295**
CLARK, E.V., see CLARK & CLARK (1977).
CLARK, H.H. (1984) Language use and language users. In Lindzey, G., & Aronson, E. (eds.), *The Handbook of Social Psychology,* Vol. 2 (3rd. ed.). New York: Harper & Row. **294**
CLARK, H.H., & CLARK, E.V. (1977) *Psychology and Language: An Introduction to Psycholinguistics.* New York: Harcourt Brace Jovanovich. **285, 286, 311**
CLARK, M.C., see BOWER & CLARK (1969).
CLARK, M.C., see BOWER, CLARK, WINZENZ, & LESGOLD (1969).
CLARK, R.D., III, see MAASS & CLARK (1983).
CLARK, R.D., III, see MAASS & CLARK (1984).
CLARK, R.W., see MINIUM & CLARK (1982).
CLARK, V., see TASHKIN, COULSON, CLARK, et al. (1985).
CLARKE-STEWART, K.A. (1973) Interactions between mothers and their young children: Characteristics and consequences. *Monographs of the Society for Research in Child Development,* 38. **79**
CLARKE-STEWART, K.A. (1982) *Daycare.* Cambridge, Mass.: Harvard University Press. **80, 81**
CLARKE-STEWART, K.A. (1978) Popular primers for parents. *American Psychologist,* 35:359–69. **82**
CLARKE-STEWART, K.A., & FEIN, G.G. (1983) Early childhood programs. In Mussen, P.H. (ed.), *Handbook of Child Psychology,* Vol. 2 (4th ed.). New York: Wiley. **81**
CLARREN, S.K., see STREISSGUTH, CLARREN, & JONES (1985).
CLAYTON, R.R., SEE O'DONNELL & CLAYTON (1982).
CLECKLEY, H., see THIGPEN & CLECKLEY (1957).
CLEG, R.A., see CORKIN, COHEN, SULLIVAN, CLEG, ROSEN, & ACKERMAN (1985).
CLEGHORN, J.M., see STEFFY, ASARNOW, ASARNOW, MACCRIMMON, & CLEGHORN (1984).
CLEMENT, P.W., see WALKER, HEDBERG, CLEMENT, & WRIGHT (1981).
COATES, B., see HARTUP & COATES (1967).
COE, W.C., & SARBIN, T.R. (1977) Hypnosis from the standpoint of a contextualist. *Annals of the New York Academy of Sciences,* 296:2–13. **140**
COHEN, J., see WELKOWITZ, EWEN, & COHEN (1982).
COHEN, N.J., & SQUIRE, L.R. (1980) Preserved learning and retention of pattern analyzing skill in amnesia: Dissociation of knowing how and knowing that. *Science,* 210:207–09. **266**
COHEN, N.J., see CORKIN, COHEN, SULLIVAN, CLEGG, ROSEN, & ACKERMAN (1985).
COHEN, N.J., see SQUIRE & COHEN (1984).
COHEN, N.J., see SQUIRE, COHEN, & NADEL (1984).
COHEN, S., & WILLS, T.A. (1985) Stress, social support, and the buffering hypothesis. *Psychological Bulletin,* 98:310–57. **472**
COLBURN, H.S., see DURLACH & COLBURN (1978).
COLE, M. (1981) Mind as a cultural achievement: Implications for IQ testing. *Annual Report, 1979–1980.* Research and Clinical Center for Child Development. Faculty of Education, Hokkaido University, Sapporo, Japan. **397**
COLE, M., & COLE, S.R. (1987) *Human Development.* New York: Scientific American Books. **81**
COLEMAN, J.C., BUTCHER, J.N., & CARSON, R.C. (1984) *Abnormal Psychology and Modern Life* (7th ed.). Glenview, Ill.: Scott, Foresman. **487, 525**
COLEMAN, J.S., CAMPBELL, E.Q., HOBSON, C.J., et al. (1966) *Equality of Educational Opportunity, Supplemental Appendix 9.10.* Washington, D.C.: DHEW. **398**
COLLINS, A., see ADAMS & COLLINS (1979).
COLLINS, A.M., & QUILLIAN, M.R. (1969) Retrieval time from semantic memory. *Journal of Verbal Learning and Verbal Behavior,* 8:240–48. **283**
COLLINS, J.K., see HARPER & COLLINS (1972).
COMSTOCK, G., CHAFFEE, S., KATZMAN, N., MCCOMBS, M., & ROBERTS, D. (1978) *Television and Human Behavior.* New York: Columbia University Press. **619**
CONDRY, J., & CONDRY, S. (1976) Sex differences: A study in the eye of the beholder. *Child Development,* 47:812–19. **90**
CONDRY, S., see CONDRY & CONDRY (1976).
CONGER, J.J., & PETERSON, A.C. (1983) *Adolescence and Youth: Psychological Development in a Changing World* (3rd ed.). New York: Harper & Row. **105**
CONGER, J.J., see MUSSEN, CONGER, KAGAN, & HUSTON (1984).
CONLEY, J.J. (1985) Longitudinal stability of personality traits: A multitrait-multimethod-multioccasion analysis. *Journal of Personality and Social Psychology,* 49:1266–82. **447**
CONNOLLY, C., see SYER & CONNOLLY (1984).
CONRAD, R. (1964) Acoustic confusions in immediate memory. *British Journal of Psychology,* 55:75–84. **247**
CONSUMERS UNION (1980) *The Medicine Show* (5th ed.). Mount Vernon, N.Y.: Consumers Union of U.S., Inc. **619**
CONTRADA, R.J., see WRIGHT, CONTRADA, & GLASS (1985).
COONS, E.E., see CARR & COONS (1982).
COOPER, F., see LIBERMAN, COOPER, SHANKWEILER, & STUDDERT-KENNEDY (1967).
COOPER, G.F., see BLAKEMORE & COOPER (1970).
COOPER, J., see FAZIO, ZANNA, & COOPER (1977).
COOPER, J., see WORD, ZANNA, & COOPER (1974).
COOPER, L.A., & SHEPARD, R.N. (1973) Chronometric studies of the rotation of mental images. In Chase, W.G. (ed.), *Visual Information Processing.* New York: Academic Press. **304, 305**
COOPER, L.A, see SHEPARD & COOPER (1981).
COOPER, L.M. (1979) Hypnotic amnesia. In Fromm, E., & Shor, R.E. (eds.), *Hypnosis: Developments in Research and New Perspectives* (rev. ed.). New York: Aldine. **139**
COPE, S.J., see CAMPBELL, COPE, & TEASDALE (1983).
CORBIT, J.D., see SOLOMON & CORBIT (1974).
CORDUA, G D., MCGRAW, K.O., & DRABMAN, R.S. (1979) Doctor or nurse: Children's perception of sex-typed occupations. *Child Development,* 50:590–93. **94**

COREN, S., PORAC, C., & WARD, L.M. (1984) *Sensation and Perception* (2nd ed.). Orlando: Academic Press. **179**

CORKIN, S., COHEN, N.J., SULLIVAN, E.V., CLEGG, R.A., ROSEN, T.J., & ACKERMAN, R.H. (1985) Analyses of global memory impairments of different etiologies. In Olton, D.S., Gamzu, E., & Corkin, S. (eds.), *Memory Dysfunction*. New York: New York Academy of Sciences. **265**

CORKIN, S., see MILNER, CORKIN, & TEUBER (1968).

CORRADO, J.J., see BAER & CORRADO (1974).

CORSINI, R.J. (1984) *Current Psychotherapies* (3rd ed.). Itasca, Ill.: Peacock. **561**

COSCINA, D.V., & DIXON, L.M. (1983) Body weight regulation in anorexia nervosa: Insights from an animal model. In Darby, P.L., Garfinkel, P.E., Garner, D.M., & Coscina, D.V. (eds.), *Anorexia Nervosa: Recent Developments*. New York: Allan R. Liss. **325**

COSTA, P., see MADDI & COSTA (1972).

COSTA, E. (1985) Benzodiazepine/GABA interactions: A model to investigate the neurobiology of anxiety. In Tuma, A.H., and Maser, J.D. (eds.), *Anxiety and the Anxiety Disorders*. Hillsdale, N.J.: Erlbaum. **502**

COSTA, P.T., JR., ZONDERMAN, A.B., MCCRAE, R.R., WILLIAMS, R.B., JR. (1985) Content and comprehensiveness in the MMPI: An item factor analysis in a normal adult sample. *Journal of Personality and Social Psychology*, 48:925–33. **442**

COTMAN, C.W., & MCGAUGH, J.L. (1980) *Behavioral Neuroscience: An Introduction*. New York: Academic Press. **59**

COTTRELL, N.B. (1972) Social facilitation. In McClintock, C.G. (ed.), *Experimental Social Psychology*. New York: Holt, Rinehart & Winston. **598**

COTTRELL, N.B., RITTLE, R.H., & WACK, D.L. (1967) Presence of an audience and list type (competitional or noncompetitional) as joint determinants of performance in paired-associates learning. *Journal of Personality*, 35:425–34. **599**

COTTRELL, N.B., WACK, D.L., SEKERAK, G.J., & RITTLE, R.H. (1968) Social facilitation of dominant responses by the presence of an audience and the mere presence of others. *Journal of Personality and Social Psychology*, 9:245–50. **599**

COULSON, A., see TASHKIN, COULSON, CLARK, et al. (1985).

COX, C.L., see MILLER & COX (1981).

COX, J.R., see GRIGGS & COX (1982).

COYNE, J.C., see DELONGIS, COYNE, DAKOF, FOLKMAN, & LAZARUS (1982).

CRAIGHEAD, L.W., STUNKARD, A.J., & O'BRIEN, R.M. (1981) Behavior therapy and pharmacotherapy for obesity. *Archives of General Psychiatry*, 38:763–68. **328**

CRAIGHEAD, W.E., KAZDIN, A.E., & MAHONEY, M.J. (1981) *Behavior Modification: Principles, Issues, and Applications* (2nd ed.). Boston: Houghton Mifflin. **561**

CRAIK, F.I.M., & LOCKHART, R.S. (1972) Levels of processing: A framework for memory research. *Journal of Verbal Learning and Verbal Behavior*, 11:671–84. **254**

CRAIK, F.I.M., & WATKINS, M.J. (1973) The role of rehearsal in short-term memory. *Journal of Verbal Learning and Verbal Behavior*, 12:599–607. **254**

CRAIK, K. (1943) *The Nature of Explanation*. New York: Cambridge University Press. **9**

CRANE, M., see MARKUS, CRANE, BERNSTEIN, & SILADI (1982).

CRASSWELLER, K.D., see BENSON, KOTCH, CRASSWELLER, & GREENWOOD (1977).

CREESE, I., BURT, D.R., & SNYDER, S.H. (1978) Biochemical actions of neuroleptic drugs. In Iversen, L.L., Iversen, S.D., & Snyder, S.H. (eds.), *Handbook of Psychopharmacology*, Vol. 10. New York: Plenum. **516**

CRICK, F., & MITCHISON, G. (1983) The function of dream sleep. *Nature*, 304:111–14. **120**

CRISTOL, A.H., see SLOANE, STAPLES, CRISTOL, YORKSTON, & WHIPPLE (1975).

CRONBACH, L.J. (1984) *Essentials of Psychological Testing* (4th ed.). New York: Harper & Row. **403, 415, 455**

CROWDER, R.G. (1976) *Principles of Learning and Memory*. Hillsdale: N.J.: Erlbaum. **279**

CROWDER, R.G. (1982) The demise of short-term memory. *Acta Psychologica*, 50:291–323. **251**

CRUTCHFIELD, L., see KNOX, CRUTCHFIELD, & HILGARD (1975).

CUDECK, R., see MEDNICK, CUDECK, GRIFFITH, TALOVIC, & SCHULSINGER (1984).

CURETON, K.J., see THOMPSON, JARVIE, LAKEY, & CURETON (1982).

CURTISS, S., see FROMKIN, KRASHEN, CURTISS, RIGLER, & RIGLER (1974).

CYNADER, M., see REGAN, BEVERLEY, & CYNADER (1979).

D

D'ANDRADE, R.G. (1967) Report on some testing and training procedures at Bassawa Primary School, Zaria, Nigeria. Unpublished manuscript. **397**

D'AQUILA, J.M., see SANDERS, SOARES, & D'AQUILA (1982).

DAKOF, G., see DELONGIS, COYNE, DAKOF, FOLKMAN, & LAZARUS (1982).

DALE, A.J.D. (1975) Organic brain syndromes associated with infections. In Freedman, A.M., Kaplan, H.I., & Sadock, B.J. (eds.), *Comprehensive Textbook of Psychiatry*, Vol. 2. 1:1121–30. Baltimore, Md.: Williams & Wilkins. **528**

DALE, L.A., see WOLMAN, DALE, SCHMEIDLER, & ULLMAN (1985).

DALRYMPLE, S., see HOFLING, BROTZMAN, DALRYMPLE, GRAVES, & PIERCE (1966).

DAMON, W. (1977) *The Social World of the Child*. San Francisco: Jossey-Bass. **87**

DANEMAN, M., & CARPENTER, P.A. (1981) Individual differences in working memory and reading. *Journal of Verbal Learning and Verbal Behavior*, 19:450–66. **252**

DARBY, C.L., see PLATT, YAKSH, & DARBY (1967).

DARIAN-SMITH, I. (ed.) (1984) *Handbook of Physiology: The Nervous System:* Section 1, Vol. 3. *Sensory Processes*. Bethesda, Md.: American Physiological Society. **179**

DARLEY, C.F., TINKLENBERG, J.R., ROTH, W.T., HOLLISTER, L.E., & ATKINSON, R.C. (1973) Influence of marijuana on storage and retrieval processes in memory. *Memory and Cognition*, 1:196–200. **19**

DARLEY, I.M., see LATANE & DARLEY (1970).

DARLEY, J.M., & LATANE, B. (1968) Bystander intervention in emergencies: Diffusion of responsibility. *Journal of Personality and Social Psychology*, 8:377–83. **606**

DARLEY, J.M., see LATANE & DARLEY (1968).

DARLINGTON, R., see LAZAR & DARLINGTON (1982).

DARTNALL, H.J.A., BOWMAKER, J.K., & MOLLON, J.D. (1983) Microspectrometry of human photoreceptors. In Mollon, J.D. & Sharpe, L.T. (eds.), *Colour Vision*. New York: Academic Press. **161**

DARWIN, C. (1859) *On the Origin of the Species*. London: Murray. **62**

DARWIN, C. (1872) *The Expression of Emotion in Man and Animals*. New York: Philosophical Library. **362**

DASHIELL, J.F. (1930) An experimental analysis of some group effects. *Journal of Abnormal and Social Psychology*, 25:190–99. **598, 599**

DASHIELL, J.F. (1935) Experimental studies of the influence of social situations on the behavior of individual human adults. In Murchison, C. (ed.), *Handbook of Social Psychology*. Worcester, Mass.: Clark University. **598**

DAVIDSON, A.R., & JACCARD, J.J. (1979) Variables that moderate the attitude-behavior relations: Results of a longitudinal survey. *Journal of Personality and Social Psychology*, 37:1364–76. **584**

DAVIDSON, E.S., YASUNA, A., & TOWER, A. (1979) The effects of television cartoons on sex-role stereotyping in young girls. *Child Development*, 50:597-600. **92**

DAVIS, A., see EELLS, DAVIS, HAVIGHURST, HERRICK, & TYLER (1951).

DAVIS, B. see STUART & DAVIS (1972).

DAVIS, B.M., see MOHS, DAVIS, GREENWALD, et al. (1985).

DAVIS, J.M., see JANICAK, DAVIS, GIBBONS, ERICKSEN, CHANG, & GALLAGHER (1985).

DAVIS, M.H., see BERNSTEIN, STEPHAN, & DAVIS (1979).

DAVIS, M.H., see FRANZOI, DAVIS, & YOUNG (1985).

DAVISON, G.C., & NEALE, J.M. (1986) *Abnormal Psychology: An Experimental Clinical Approach* (4th ed.). New York: Wiley. **525**

DE BACA, P.C., see HOMME, DE BACA, DEVINE, STEINHORST, & RICKERT (1963).

DE CASPER, A.J., & FIFER, W.P. (1980) Of human bonding: Newborns prefer their mother's voices. *Science*, 208:1174-76. **66**

DEAUX, K. (1985) Sex and gender. *Annual Review of Psychology*, 36:49-81. **92**

DECINA, P., see SACKEIM, PORTNOY, NEELEY, STEIF, DECINA, & MALITZ (1985).

DEFFENBACHER, K., see BROWN & DEFFENBACHER (1979).

DEFRIES, J.C., see PLOMIN, DEFRIES, & MCCLEARN (1980).

DEIKMAN, A.J. (1963) Experimental meditation. *Journal of Nervous and Mental Disease*, 136:329-73. **135**

DELANEY, H.D., see PRESSLEY, LEVIN, & DELANEY (1982).

DELONGIS, A., COYNE, J.C., DAKOF, G., FOLKMAN, S., & LAZARUS, R.S. (1982) Relationship of daily hassles, uplifts, and major life events to health status. *Health Psychology* 1:119-36. **470**

DELONGIS, A., see FOLKMAN, LAZARUS, DUNKEL-SCHETTER, DELONGIS, & GRUEN (1986).

DEMBROSKI, T.M., MACDOUGALL, J.M., WILLIAMS, B., & HANEY, T.L. (1985) Components of Type A hostility and anger: Relationship to angiographic findings. *Psychosomatic Medicine*, 47:219-33. **483**

DEMENT, W.C. (1960) The effect of dream deprivation. *Science*, 131:1705-1707. **117**

DEMENT, W.C. (1976) *Some Must Watch While Some Must Sleep*. New York: Simon & Schuster. **117**

DEMENT, W.C., & KLEITMAN, N. (1957) The relation of eye movements during sleep to dream activity: An objective method for the study of dreaming. *Journal of Experimental Psychology*, 53:339-46. **115**

DEMENT, W.C., & WOLPERT, E. (1958) The relation of eye movements, bodily motility, and external stimuli to dream content. *Journal of Experimental Psychology*, 55:543-53. **119**

DEMENT, W.C., see CARSKADON, MITLER, & DEMENT (1974).

DEMENT, W.C., see GULEVICH, DEMENT, & JOHNSON (1966).

DEMING, M., see SHEPOSH, DEMING, & YOUNG (1977).

DENARI, M., see YESAVAGE, LEIER, DENARI, & HOLLISTER (1985).

DENNIS, W. (1960) Causes of retardation among institutional children: Iran. *Journal of Genetic Psychology*, 96:47-59. **69**

DENNIS, W. (1973) *Children of the Creche*. Englewood Cliffs, N.J.: Prentice-Hall. **70**

DER SIMONIAN, R., & LAIRD, N.M. (1983) Evaluating the effect of coaching on SAT scores: A meta-analysis, *Harvard Educational Review*, 53:1-15. **401**

DERMAN, D., see EKSTROM, FRENCH, HARMAN, & DERMAN (1976).

DERMER, M., see MITA, DERMER, & KNIGHT (1977).

DESILVA, R.A., see REICH, DESILVA, LOWN, & MURAWSKI (1981).

DEUTSCH, G., see SPRINGER & DEUTSCH (1985).

DEVALOIS, K.K., see DEVALOIS & DEVALOIS (1980).

DEVALOIS, R.L., & DEVALOIS, K.K. (1980) Spatial vision. *Annual Review of Psychology*, 31:309-41. **164**

DEVALOIS, R.L. & JACOBS, G.H. (1984) Neural mechanisms of color vision. In Darian-Smith, I. (ed.), *Handbook of Physiology*, Vol. 3. Bethesda, Md.: American Physiological Society. **161**

DEVINE, J.V., see HOMME, DE BACA, DEVINE, STEINHORST, & RICKERT (1963).

DICARA, L.V. (1970) Learning in the autonomous nervous system. *Scientific American*, 222:30-39. **225**

DICARA, L.V., & MILLER, W.E. (1968) Instrumental learning of systolic blood pressure responses by curarized rats. *Psychosomatic Medicine*, 30:489-94. **480**

DICK, L., see TART & DICK (1970).

DIENER, E. (1976) Effects of prior destructive behavior, anonymity, and group presence on deindividuation and aggression. *Journal of Personality and Social Psychology*, 33:497-507. **377**

DIENER, E. (1979) Deindividuation, self-awareness, and disinhibition. *Journal of Personality and Social Psychology*, 37:1160-71. **600, 601, 602**

DIENER, E. (1980) Deindividuation: The absence of self-awareness and self-regulation in group members. In Paulus, P.B. (ed.), *The Psychology of Group Influence*. Hillsdale, N.J.: Erlbaum. **600**

DIENER, E., FRASER, S.C., BEAMAN, A.L., & KELEM, R T. (1976) Effects of deindividuation variables on stealing among Halloween trick-or-treaters. *Journal of Personality and Social Psychology*, 33:178-83. **601**

DIGMAN, J.M., & INOUYE, J. (1986) Further specification of the five robust factors of personality. *Journal of Personality and Social Psychology*, 50:116-23. **425**

DION, K.K. (1972) Physical attractiveness and evaluations of children's transgressions. *Journal of Personality and Social Psychology*, 24:207-13. **589**

DION, K.K., & BERSCHEID, E. (1972) Physical attractiveness and social perception of peers in preschool children. Unpublished manuscript, University of Minnesota, Minneapolis. **588**

DION, K.K., BERSCHEID, E., & WALSTER, E. (1972) What is beautiful is good. *Journal of Personality and Social Psychology*, 24:285-90. **574**

DION, K.K., & STEIN, S. (1978) Physical attractiveness and interpersonal influence. *Journal of Experimental Social Psychology*, 14:97-108. **575**

DIPIETRO, J.A. (1981) Rough and tumble play: A function of gender. *Developmental Psychology*, 17:50-58. **93**

DIXON, L.M., see COSCINA & DIXON (1983).

DOANE, B.K., see HERON, DOANE, & SCOTT (1956).

DOBELLE, W.H., MEADEJOVSKY, M.G., & GIRVIN, J.P. (1974) Artificial vision for the blind: Electrical stimulation of visual cortex offers hope for a functional prosthesis. *Science*, 183:440-44. **171**

DOBIE, S., see LOWINGER & DOBIE (1969).

DODDS, J.B., see FRANKENBURG & DODDS (1967).

DOHRENWEND, B.S. (1973) Social status and stressful life events. *Journal of Personality and Social Psychology*, 28:225-35. **517**

DOLLARD, J., DOOB, L.W., MILLER, N.E., MOWRER, O.H., & SEARS, R.R. (1939) *Frustration and Aggression*. New Haven: Yale University Press. **369**

DOMINO, G. (1971) Interactive effects of achievement orientation and teaching style of academic achievement. *Journal of Educational Psychology*, 62:427-31. **443**

DOMJAN, M., & BURKHARD, B. (1985) *The Principles of Learning and Behavior*. Monterey, Calif.: Brooks/Cole. **243**

DOOB, A.N., & WOOD, L.E. (1972) Catharsis and aggression: Effects of annoyance and retaliation on aggressive behavior. *Journal of Personality and Social Psychology*, 22:156-62. **377**

DOOB, L.W., see DOLLARD, DOOB, MILLER, MOWRER, & SEARS (1939).

DORNBUSCH, S.M., see CARLSMITH, DORNBUSCH, & GROSS (1983).

DOWLING, J.E., & BOYCOTT, B.B. (1966) Organization of the primate retina. *Proceedings of the Royal Society of London, Series B*, 166:80-111. **152, 154**

DOWNING, L.L., see JOHNSON & DOWNING (1979).

DOWNS, A.C., see LANGLOIS & DOWNS (1980).

DRABMAN, R.S., see THOMAS, HORTON, LIPPINCOTT, & DRABMAN (1977).

DRUCKER-COLIN, R., SHKUROVICH, M., & STERMAN, M.B. (eds.) (1979) *The Functions of Sleep.* New York: Academic Press. **145**

DRUGAN, R.C., see LAUDENSLAGER, RYAN, DRUGAN, HYSON, & MAIER (1983).

DUMAIS, S.T., see FOX, ASLIN, SHEA, & DUMAIS (1980).

DUNKEL-SCHETTER, C., see FOLKMAN, LAZARUS, DUNKEL-SCHETTER, DELONGIS, & GRUEN (1986).

DUNKEL-SCHETTER, C., see RUBIN, HILL, PEPLAU, & DUNKEL-SCHETTER (1980).

DUNLAP, J.T., see LIEBERMAN & DUNLAP (1979).

DURLACH, N.I., & COLBURN, H.S. (1978) Binaural phenomena. In Carterette, E.C., & Friedman, M.J. (eds.), *Handbook of Perception,* Vol. 4. New York: Academic Press. **172**

DYE, H.B., see SKEELS & DYE (1939).

E

EAGLE, M.N. (1984) *Recent Developments in Psychoanalysis: A Critical Evaluation.* New York: McGraw-Hill. **455**

EAGLESTON, J.R., see THORESEN, TELCH, & EAGLESTON (1981).

EBBESEN, E., DUNCAN, B., & KONEČNI, V. (1975) Effects of content of verbal aggression on future verbal aggression: A field experiment. *Journal of Experimental Psychology,* 11:192-204. **373**

ECKERT, E., see BOUCHARD, HESTON, ECKERT, KEYES, & RESNICK (1981).

EDMONSTON, W.E., JR. (1981) Hypnosis and relaxation. New York: Wiley. **140**

EDWARDS, R.W., see KLEINHESSELINK & EDWARDS (1975).

EELLS, K., DAVIS, A., HAVIGHURST, R.J., HERRICK, V.E., & TYLER, R.W. (1951) *Intelligence and Cultural Differences.* Chicago: University of Chicago Press. **396**

EIBL-EIBESFELDT, I. (1970) *Ethology: The Biology of Behavior* (E. Klinghammer, trans.). New York: Holt, Rinehart & Winston. **76, 375**

EICH, J., WEINGARTNER, H., STILLMAN, R.C., & GILLIAN, J.C. (1975) State-dependent accessibility of retrieval cues in the retention of a categorized list. *Journal of Verbal Learning and Verbal Behavior,* 14:408-17. **261**

EIMAS, P.D. (1975) Speech perception in early infancy. In Cohen, L.B., & Salapatek, P. (eds.), *Infant Perception: From Sensation to Cognition,* Vol. 2. New York: Academic Press. **66**

EIMAS, P.D., SIQUELAND, E.R., JUSCZYK, P., & VIGORITO, J. (1971) Speech perception in infants. *Science,* 171:303-306. **294**

EKMAN, P. (1982) *Emotion in the Human Face* (2nd ed.). New York: Cambridge University Press. **362, 379**

EKMAN, P. (1985) *Telling Lies: Clues to Deceit in the Marketplace, Politics, and Marriage.* New York: Norton. **379**

EKMAN, P., LEVENSON, R.W., & FRIESON, W.V. (1983) Autonomic nervous system activity distinguishes among emotions. *Science,* 221:1208-10. **357**

EKSTROM, R.B., FRENCH, J.W., & HARMAN, H.H. (1979) Cognitive factors: Their identification and replication. *Multivariate Behavioral Research Monographs.* Ft. Worth, Tex.: Society for Multivariate Experimental Psychology. **403**

EKSTROM, R.B., FRENCH, J.W., HARMAN, H.H, & DERMAN, D. (1976) *Manual for Kit of Factor-Referenced Cognitive Tests,* 1976. Princeton, N.J.: Educational Testing Service. **403**

ELKIN, I., SHEA, T., IMBER, S., et al. (1986) NIMH Treatment of Depression Collaborative Research Program: Initial outcome findings. Paper presented at the American Association for the Advancement of Science, Washington, D.C., May 1986. **550**

ELLIOTT, R., see STILES, SHAPIRO, & ELLIOTT (1986).

ELLMAN, S.J., see ARKIN, ANTROBUS, & ELLMAN (1978).

EMERY, G., see BECK, RUSH, SHAW, & EMERY (1979).

EMMERT, E. (1881) Grössenverhaltnisse der Nachbilder. *Klin. Monatsbl. d. Augenheilk.,* 19:443-50. **190**

ENDLER, N.S. (1981) Persons, situations, and their interactions. In Rabin, A.I., Aronoff, J., Barclay, A.M., & Zucker, R.A. (eds.), *Further Explorations in Personality.* New York: Wiley. **452**

ENDLER, N.S. (1982) *Holiday of Darkness.* New York: Wiley. **525**

ENDSLEY, R.C., see OSBORN & ENDSLEY (1971).

ENGEN, T. (1982) *The Perception of Odors.* New York: Academic Press. **179**

ENROTH-CUGELL, C., see SHAPLEY & ENROTH-CUGELL (1984).

EPSTEIN, S. (1967) Toward a unified theory of anxiety. In Maher, B.A. (ed.), *Progress in Experimental Personality Research,* Vol. 4. New York: Academic Press. **366**

EPSTEIN, S. (1977) Traits are alive and well. In Magnusson, D., & Endler, N.S. (eds.), *Personality at the Crossroads: Current Issues in Interactional Psychology.* Hillsdale, N.J.: Erlbaum. **451**

EPSTEIN, S. (1979) The stability of behavior: Pt. 1. On predicting most of the people much of the time. *Journal of Personality and Social Psychology,* 37:1097-1126. **450**

EPSTEIN, S., & O'BRIEN, E.J. (1985) The person-situation debate in historical and current perspective. *Psychological Bulletin,* 98:513-37. **450**

ERDELYI, M.H. (1974) A new look at the new look: Perceptual defense and vigilance. *Psychological Review,* 81:1-25. **196**

ERDELYI, M.H. (1985) *Psychoanalysis: Freud's Cognitive Psychology.* New York: Freeman. **263**

ERICKSEN, S., see JANICAK, DAVIS, GIBBONS, ERICKSEN, CHANG, & GALLAGHER (1985).

ERICKSON, R.P., see SCHIFFMAN & ERICKSON (1980).

ERICSSON, K.A., CHASE, W.G., & FALOON, S. (1980) Acquisition of a memory skill. *Science,* 208:1181-82. **267, 268**

ERICSSON, K.A., & SIMON, H.A. (1984) *Protocol Analysis: Verbal Reports as Data.* Cambridge, Mass.: M.I.T Press. **251**

ERIKSON, E.H. (1963) *Childhood and Society* (2nd ed.). New York: Norton. **75, 101**

ERON, L.D., HUESMANN, L.R., LEFKOWITZ, M.M., & WALDER, L.O. (1972) Does television violence cause aggression? *American Psychologist,* 27:253-63. **377**

ERON, L.D., see HUESMANN, ERON, LEFKOWITZ, & WALDER (1984).

ERON, L.D., see HUESMANN, LAGERSPETZ, & ERON (1984).

ERVIN-TRIPP, S. (1964) Imitation and structural change in children's language. In Lenneberg, E.H. (ed.), *New Directions in the Study of Language.* Cambridge, Mass.: M.I.T. Press. **297**

ESTES, D., see LAMB, THOMPSON, GARDNER, CHARNOV, & ESTES (1984).

ESTES, W.K. (1972) An associative basis for coding and organization in memory. In Melton, A.W., & Martin, E. (eds.), *Coding Processes in Human Memory.* Washington, D.C.: Winston. **261**

ESTES, W.K. (ed.) (1975-1979) *Handbook of Learning and Cognitive Processes,* Vols. 1-6. Hillsdale, N.J.: Erlbaum. **243, 279**

ETCOFF, N.L. (1985) The neuropsychology of emotional expression. In Goldstein, G., & Tarter, R.E. (eds.), *Advances in Clinical Neuropsychology*, Vol. 3. New York: Plenum. **364**

EVANS, C. (1984) *Landscapes of the Night: How and Why We Dream.* New York: Viking. **120**

EWEN, R.B., see WELKOWITZ, EWEN, & COHEN (1982).

EYFERTH, K., BRANDT, U., & WOLFGANG, H. (1960) *Farbige Kinder in Deutschland.* Munich: Juventa. **411**

F

FADIMAN, J., see FRAGER & FADIMAN (1984).

FALOON, S., see ERICSSON, CHASE, & FALOON (1980).

FANCHER, R.E. (1985) *The Intelligence Men: Makers of the IQ Controversy.* New York: Norton. **415**

FANTINO, E., & LOGAN, C.A. (1979) *The Experimental Analysis of Behavior: A Biological Perspective.* San Francisco: Freeman. **222**

FANTZ, R.L. (1961) The origin of form perception. *Science,* 204:66–72. **66, 204**

FANTZ, R.L., ORDY, J.M., & UDELF, M.S. (1962) Maturation of pattern vision in infants during the first six months. *Journal of Comparative and Physiological Psychology,* 55:907–17. **204**

FARBEROW, N.L., & SHNEIDMAN, E.S. (1965) *The Cry for Help.* New York: McGraw-Hill. **504**

FARLEY, F. (1986) The big T in personality. *Psychology Today,* 20:46–52. **346**

FARQUHAR, J.W., MACCOBY, N., & SOLOMON, D.S. (1984) Community applications of behavioral medicine. In Gentry, W.D. (ed.), *Handbook of Behavioral Medicine.* New York: Guilford Press. **622**

FARQUHAR, J.W., MACCOBY, N., WOOD, P.D., et al. (1977) Community education for cardiovascular health. *The Lancet,* 1(No. 8023):1192–95. **621**

FARQUHAR, J.W., see MACCOBY, FARQUHAR, WOOD, & ALEXANDER (1977).

FAUST, I.M. (1984) Role of the fat cell in energy balance physiology. In Stunkard, A.T., & Stellar, E. (eds.), *Eating and its Disorders.* New York: Raven Press. **328**

FAZIO, R., & ZANNA, M.P. (1981) Direct experience and attitude-behavior consistency. In Berkowitz, L. (ed.), *Advances in Experimental Social Psychology,* Vol. 14. New York: Academic Press. **584**

FAZIO, R., ZANNA, M.P., & COOPER, J. (1977) Dissonance and self-perception: An integrative view of each theory's proper domain of application. *Journal of Experimental Social Psychology,* 13:464–79. **585**

FAZIO, R., see REGAN & FAZIO (1977).

FEATHER, N.T., see SIMON & FEATHER (1973).

FECHNER, G.T. (1860) *Elements of Psychophysics* (H.E. Adler, trans.). New York: Holt, Rinehart & Winston. (Reprint ed. 1966.) **157**

FEDIO, P., see FRIED, MATEER, OJEMANN, WOHNS, & FEDIO (1982).

FEDROV, C.N., see KUMAN, FEDROV, & NOVIKOVA (1983).

FEIGENBAUM, E.A., see BARR & FEIGENBAUM (1982).

FEIN, G.G., see CLARKE-STEWART & FEIN (1983).

FEINLEIB, M., see HAYNES, FEINLEIB, & KANNEL (1980).

FEJER, D., see SMART & FEJER (1972).

FELDMAN, H., GOLDIN-MEADOW, S., & GLEITMAN, L.R. (1978) Beyond Herodotus: The creation of language by linguistically deprived children. In Lock, A. (ed.), *Action, Gesture, and Symbol: The Emergence of Language.* London: Academic Press. **299**

FELDMAN, J.J., see KATZ & FELDMAN (1962).

FELSON, R.B. (1981) Self and reflected appraisal among football players. *Social Psychology Quarterly,* 44:116–26. **436**

FENIGSTEIN, A. (1979) Self-consciousness, self-attention, and social interaction. *Journal of Personality and Social Psychology,* 37:75–86. **438**

FENIGSTEIN, A., SCHEIER, M.F., & BUSS, A.H. (1975) Public and private self-consciousness: Assessment and theory. *Journal of Consulting and Clinical Psychology,* 43:522–24. **437**

FENN, D., see LEWINSOHN, FENN, & FRANKLIN (1982).

FENNELL, M.J.V., & CAMPBELL, E.H. (1984) The cognitions questionnaire: Specific thinking errors in depression. *British Journal of Clinical Psychology,* 23:81–92. **509**

FERRO, P., see HOGARTY, SCHOOLER, ULRICH, MUSSARE, FERRO, & HERRON (1979).

FESHBACH, N., see FESHBACH & FESHBACH (1973).

FESHBACH, S., & FESHBACH, N. (1973) The young aggressors. *Psychology Today,* 6:90–95. **93**

FESHBACH, S., & WEINER, B. (1986) *Personality* (2nd ed.). Lexington, Mass.: Heath. **455**

FESTINGER, L. (1957) *A Theory of Cognitive Dissonance.* Stanford: Stanford University Press. **577, 584**

FESTINGER, L., & CARLSMITH, J.M. (1959) Cognitive consequences of forced compliance. *Journal of Abnormal and Social Psychology,* 58:203–10. **577, 584**

FESTINGER, L., PEPITONE, A., & NEWCOMB, T.M. (1952) Some consequences of deindividuation in a group. *Journal of Abnormal and Social Psychology,* 47:383–89. **600**

FESTINGER, L., SCHACHTER, S., & BACK, K. (1950) *Social Pressures in Informal Groups: A Study of Human Factors in Housing.* New York: Harper & Row. **589**

FIFER, W.P., see DE CASPER & FIFER (1980).

FINKELSTEIN, M.A., see HOOD & FINKELSTEIN (1983).

FIORENTINI, A., see PIRCHIO, SPINELLI, FIORENTINI, & MAFFEI (1978).

FIREMAN, B., see GAMSON, FIREMAN, & RYTINA (1982).

FISCHER, K.W., & LAZERSON, A. (1984) *Human Development: From Conception Through Adolescence.* New York: Freeman. **105**

FISHBEIN, M. (1963) An investigation of the relationships between beliefs about an object and the attitude toward that object. *Human Relations,* 16:233–40. **582**

FISHER, G.H. (1967) Preparation of ambiguous stimulus materials. *Perception and Psychophysics,* 2:421–22. **195**

FISHER, I.V., ZUCKERMAN, M., & NEEB, M. (1981) Marital compatibility in sensation seeking trait as a factor in marital adjustment. *Journal of Sex and Marital Therapy,* 7:60–69. **346**

FISHMAN, P. (1983) Interaction: The work women do. In Thorne, B., Kramarae, C., & Henley, N. (eds.), *Language, Gender, and Society.* Rowley, Mass.: Newbury House. **579**

FIXSEN, D.L., PHILLIPS, E.L., PHILLIPS, E.A., & WOLF, M.M. (1976) The teaching-family model of group home treatment. In Craighead, W.E., Kazdin, A.E., & Mahoney, M.J. (eds.), *Behavior Modification: Principles, Issues, and Applications.* Boston: Houghton Mifflin. **558**

FLACKS, R., see NEWCOMB, KOENIG, FLACKS, & WARWICK (1967).

FLAVELL, J.H. (1985) *Cognitive Development* (2nd ed.). Englewood Cliffs, N.J.: Prentice-Hall. **105**

FLEMING, R., see BAUM, GATCHEL, FLEMING, & LAKE (1981).

FOCH, T.T., see STUNKARD, A.J., FOCH, T.T., & HRUBEC, Z. (1986).

FODOR, J.A., BEVER, T.G., & GARRETT, M.F. (1974) *The Psychology of Language: An Introduction to Psycholinguistics and Generative Grammar.* New York: McGraw-Hill. **311**

FOLEY, J.M. (1978) Primary distance perception. In Held, R., Leibowitz, H.W., & Teuber, H.L. (eds.), *Handbook of Sensory Physiology,* Vol. 8. Berlin: Springer-Verlag. **184**

FOLKES, V.S. (1982) Forming relationships and the matching hypothesis. *Personality and Social Psychology Bulletin,* 8:631–36. **591**

FOLKMAN, S., & LAZARUS, R.S. (1980) An analysis of coping in a middle-aged community sample. *Journal of Health and Social Behavior,* 21:219–39. **477**

FOLKMAN, S., & LAZARUS, R.S. (1985) If it changes it must be a process: A study of emotion and coping during three stages of a college examination. *Journal of Personality and Social Psychology,* 48:150–70. **461**

FOLKMAN, S., LAZARUS, R.S., DUNKEL-SCHETTER, C., DELONGIS, A., & GRUEN, R. (1986) The dynamics of a stressful encounter: Cognitive appraisal, coping, and encounter outcomes. *Journal of Personality and Social Psychology,* 50:992–1003. **477**

FOLKMAN, S., see DELONGIS, COYNE, DAKOF, FOLKMAN, & LAZARUS (1982).

FOLKMAN, S., see LAZARUS & FOLKMAN (1984).

FOLKMAN, S., see LAZARUS, KANNER, & FOLKMAN (1980).

FOREM, J. (1973) *Transcendental Meditation: Maharishi Mahesh Yogi and the Science of Creative Intelligence.* New York: Dutton. **135**

FORER, B.R. (1949) The fallacy of personal validation: A classroom demonstration of gullibility. *Journal of Abnormal and Social Psychology,* 44:118–23. **446**

FOSS, D.J., & HAKES, D.T. (1978) *Psycholinguistics: An Introduction to the Psychology of Language.* Englewood Cliffs, N.J.: Prentice-Hall. **311**

FOULKE, E., see SCHIFF & FOULKE (1982).

FOWLER, R.C., see RICH, YOUNG, & FOWLER (1985).

FOX, M.M., see SQUIRE & FOX (1980).

FOX, R., ASLIN, R.N., SHEA, S.L., & DUMAIS, S.T. (1980) Stereopsis in human infants. *Science,* 207:323–24. **205**

FRAGER, R., & FADIMAN, J. (1984) *Personality and Personal Growth* (2nd ed.). New York: Harper & Row. **455**

FRANKENBURG, W.K., & DODDS, J.B. (1967) The Denver developmental screening test. *Journal of Pediatrics,* 71:181–91. **64**

FRANKIE, G., see HETHERINGTON & FRANKIE (1967).

FRANKLIN, J., see LEWINSOHN, FENN, & FRANKLIN (1982).

FRANKS, J.J., see BRANSFORD, BARCLAY, & FRANKS (1972).

FRANZOI, S.L., DAVIS, M.H., & YOUNG, R.D. (1985) The effects of private self-consciousness and perspective taking on satisfaction in close relationships. *Journal of Personality and Social Psychology,* 48: 1584–94. **438**

FRASE, L.T. (1975) Prose processing. In G.H. Bower (ed.), *The Psychology of Learning and Motivation,* Vol. 9. New York: Academic Press. **256**

FRASER, S.C., see DIENER, FRASER, BEAMAN, & KELEM (1976).

FRAZIER, K. (ed.) (1986) *Science Confronts the Paranormal.* Buffalo: Prometheus Books. **145, 209, 211**

FREDRIKSON, M., see OHMAN, FREDRIKSON, HUGDAHL, & RIMMO (1976).

FREE, L.A., & CANTRIL, H. (1967) *The Political Beliefs of Americans.* New Brunswick, N.J.: Rutgers University Press. **586**

FREEDMAN, J.L. (1965) Long-term behavioral effects of cognitive dissonance. *Journal of Experimental Social Psychology,* 1:145–55. **585**

FREEDMAN, J.L., see SEARS, FREEDMAN, & PEPLAU (1985).

FREEMAN, S., WALKER, M.R., BORDEN, R., & LATANE, B. (1975) Diffusion of responsibility and restaurant tipping: Cheaper by the bunch. *Personality and Social Psychology Bulletin,* 1:584–87. **605**

FRENCH, G.M., & HARLOW, H.F. (1962) Variability of delayed-reaction performance in normal and brain-damaged rhesus monkeys. *Journal of Neurophysiology,* 25:585–99. **45**

FRENCH, J.W., see EKSTROM, FRENCH, & HARMAN (1979).

FRENCH, J.W., see EKSTROM, FRENCH, HARMAN, & DERMAN (1976).

FREUD, A. (1967) *The Ego and the Mechanisms of Defense* (rev. ed.). London: Hogarth Press. **487**

FREUD, S. (1885) *Ueber Coca.* Vienna: Moritz Perles. (Translated in Freud, 1974.) **128**

FREUD, S. (1900) *The Interpretation of Dreams,* Vols. 4, 5. (Reprint ed., London: Hogarth Press, 1953.) **121**

FREUD, S. (1948) *Three Contributions to Theory of Sex* (4th ed.; A.A. Brill, trans.). New York: Nervous and Mental Disease Monograph. **374**

FREUD, S. (1965) Revision of the theory of dreams. In Strachey, J. (ed. and trans.), *New Introductory Lectures on Psychoanalysis,* Vol. 22, Lect. 29. New York: Norton. (Essay originally published in 1933.) **121, 379, 455**

FREUD, S. (1974) *Cocaine Papers* (edited and introduction by R. Byck; notes by A. Freud). New York: Stonehill. (Originally published in 1885.) **128**

FREUD, S. (1975) *Beyond the Pleasure Principle.* New York: Norton. (Originally published in 1920.) **379**

FREUD, S. (1976) Repression. In Strachey, J. (ed. and trans.), *The Complete Psychological Works: Standard Edition,* Vol. 14. (Essay originally published in 1915.) **361**

FRICKE, B.G. (1975) *Report to the Faculty.* Ann Arbor: Evaluation and Examinations Office, University of Michigan. **397**

FRIED, C., see JACOBSON, FRIED, & HOROWITZ (1967).

FRIED, I., MATEER, C., OJEMANN, G., WOHNS, R., & FEDIO, P. (1982) Organization of visuospatial functions in human cortex. *Brain,* 105:349–71. **364**

FRIED, M. (1982) Disadvantage, vulnerability, and mental illness. In Parron, D.L., Solomon, F., & Jenkins, C.D. (eds.), *Behavior, Health Risks, and Social Disadvantage.* Washington, D.C.: National Academy Press. **517**

FRIEDMAN, M., & ROSENMAN, R.H. (1974) *Type A behavior and your heart.* New York: Knopf. **479, 482**

FRIEDMAN, M., THORESEN, C.E., GILL, J.J., et al. (1985) Alteration of Type A behavior and its effect upon cardiac recurrences in post-myocardial infarction subjects: Summary results of the recurrent coronary prevention project. Paper presented at meetings of the Society of Behavioral Medicine, New Orleans, March 1985. **483**

FRIEDMAN, M., see GILL, PRICE, FRIEDMAN, et al. (1985).

FRIEDMAN, M., see ROSENMAN, BRAND JENKINS, FRIEDMAN, STRAUS, & WRUM (1975).

FRIEDMAN, M.I., SHEFFIELD, F.D., WULFF, J.J., & BACKER, R. (1951) Reward value of copulation without sex drive reduction. *Journal of Comparative and Physiological Psychology,* 44:3–8. **347**

FRIEDMAN, M.I., & STRICKER, E.M. (1976) The physiological psychology of hunger: A physiological perspective. *Psychological Review,* 83:401–31. **323**

FRIEDMAN, M.I., see STRICKER, ROWLAND, SALLER, & FRIEDMAN (1977).

FRIEDMAN, M.P., see CARTERETTE & FRIEDMAN (1974–1978).

FRIEDMAN, R., see BENSON & FRIEDMAN (1985).

FRIESON, W.V., see EKMAN, LEVENSON, & FRIESON (1983).

FRISCHHOLZ, E.J. (1985) The relationship among dissociation, hypnosis, and child abuse in the development of multiple personality disorder. In Kluft, R.P. (ed.), *Childhood Antecedents of Multiple Personality.* Washington, D.C.: American Psychiatric Press. **113**

FROMKIN, V., KRASHEN, S., CURTISS, S.

RIGLER, D., & RIGLER, M. (1974) The development of language in Genie a case of language acquisition beyond the "critical period." *Brain and Language,* 1:81–107. **300**

FROMM, E. (1970) Age regression with unexpected reappearance of a repressed childhood language. *International Journal of Clinical and Experimental Hypnosis,* 18:79–88. **139**

FROMM, E., & SHOR, R.E. (eds.) (1979) *Hypnosis: Developments in Research and New Perspectives* (2nd. ed.). Chicago: Aldine. **145**

FUHRER, M.J., see BAER & FUHRER (1968).

FULCHER, R., see STAPP & FULCHER (1981).

FURNHAM, A. (1981) Personality and activity preference. *British Journal of Social and Clinical Psychology,* 20:57–68. **428**

G

GAIN, D., see MONEY, WIEDEKING, WALKER, & GAIN (1976).

GALANTER, E. (1962) Contemporary psychophysics. In Brown, R., et al. (eds.), *New Directions in Psychology,* Vol. 1. New York: Holt, Rinehart & Winston. **149**

GALLAGHER, P., see JANICAK, DAVIS, GIBBONS, ERICKSEN, CHANG, & GALLAGHER (1985).

GALLISTEL, C.R. (1973) Self-stimulation: The neurophysiology of reward and motivation. In Deutsch, J.A. (ed.), *The Physiological Basis of Memory.* New York: Academic Press. **231**

GALLISTEL, C.R., see GELMAN & GALLISTEL (1978).

GALVIN, J., see ZURIF, CARAMAZZA, MYERSON, & GALVIN (1974).

GAMSON, W.B., FIREMAN, B., & RYTINA, S. (1982) *Encounters With Unjust Authority.* Homewood, Ill.: Dorsey Press. **615, 616, 617**

GAMZU, E., see SCHWARTZ & GAMZU (1977).

GANZ, L., see SEKULER & GANZ (1963).

GARCIA, J., & KOELLING, R.A. (1966) The relation of cue to consequence in avoidance learning. *Psychonomic Science,* 4:123–24. **237**

GARDNER, B.T., & GARDNER, R.A. (1972) Two-way communication with an infant chimpanzee. In A.M. Schrier, & F. Stollnitz (eds.), *Behavior of Nonhuman Primates,* Vol. 4. New York: Academic Press. **300, 301**

GARDNER, H. (1975) *The Shattered Mind.* New York: Knopf. **143, 302, 303**

GARDNER, H. (1983) *Frames of Mind: The Theory of Multiple Intelligences.* New York: Basic Books. **406, 407**

GARDNER, H. (1985) *The Mind's New Science: A History of the Cognitive Revolution.* New York: Basic Books. **18, 27**

GARDNER, M. (1981) *Science: Good, Bad, and Bogus.* New York: Prometheus. **145**

GARDNER, R.A., see GARDNER & GARDNER (1972).

GARDNER, W.P., see LAMB, THOMPSON, GARDNER, CHARNOV, & ESTES (1984).

GARFIELD, S.L. (1980) *Psychotherapy: An Eclectic Approach.* New York: Wiley-Interscience. **550, 561**

GARMEZY, N. (1974) Children at risk: The search for the antecedents of schizophrenia: Pt. 2. Ongoing research programs, issues and intervention. *Schizophrenia Bulletin,* 1(No. 9):55–125. **518**

GARNER, W.R., see WIGDOR & GARNER (1982).

GARRETT, M.F. (1975) The analysis of sentence production. In Bower, G.H. (ed.), *The Psychology of Learning and Motivation,* Vol. 9. New York: Academic Press. **292**

GARRETT, M.F., see FODOR, BEVER, & GARRETT (1974).

GARROW, J. (1978) The regulation of energy expenditure. In Bray, G.A. (ed.), *Recent Advances in Obesity Research,* Vol. 2. London: Newman. **326**

GATCHEL, R.J., see BAUM, GATCHEL, FLEMING, & LAKE (1981).

GATES, A.I. (1917) Recitation as a factor in memorizing. *Archives of Psychology,* No. 40. **271, 630**

GAUTIER, T., see IMPERATO-MCGINLEY, PETERSON, GAUTIER, & STURLA (1979).

GEBHARD, P.H., see KINSEY, POMEROY, MARTIN, & GEBHARD (1953).

GEEN, R.G., BEATTY, W.W., & ARKIN, R.M. (1984) *Human Motivation: Physiological, Behavioral, and Social Approaches.* Boston: Allyn & Bacon. **347, 349**

GEEN, R.G., & QUANTY, M.B. (1977) The catharsis of aggression. In Berkowitz, L. (ed.), *Advances in Experimental Social Psychology,* Vol. 10. New York: Academic Press. **373**

GEER, J., & MAISEL, E. (1972) Evaluating the effects of the prediction-control confound. *Journal of Personality and Social Psychology,* 23:314–19. **472**

GEISLER, W.S. (1978) Adaptation, afterimages and cone saturation. *Vision Research,* 18:279–89. **156**

GELMAN, R., & GALLISTEL, C.R. (1978) *The Young Child's Understanding of Number: A Window on Early Cognitive Development.* Cambridge, Mass.: Harvard University Press. **75**

GELMAN, R., see STARKEY, SPELKE, & GELMAN (1986).

GERBNER, G., & GROSS, L. (1976) The scary world of TV's heavy viewer. *Psychology Today,* 9:41–45. **618**

GESCHWIND, N. (1972) Language and the brain. *Scientific American,* 226:10, 76–83. **303**

GESCHWIND, N. (1979) Specializations of the human brain. *Scientific American,* 241:180–99. **51**

GESCHWIND, N. (1984) The biology of cerebral dominance: Implications for cognition. *Cognition,* 17:193–208. **338**

GESELL, A., & THOMPSON, H. (1929) Learning and growth in identical twins: An experimental study by the method of co-twin control. *Genetic Psychology Monographs,* 6:1–123. **69**

GIBBONS, F.X., see SCHEIER, CARVER, & GIBBONS (1979).

GIBBONS, R.D., see JANICAK, DAVIS, GIBBONS, ERICKSEN, CHANG, & GALLAGHER (1985).

GIBSON, E.J., & WALK, R.D. (1960) The "visual cliff." *Scientific American,* 202:64–71. **205**

GIBSON, J.J. (1979) *The Ecological Approach to Visual Perception.* Boston: Houghton-Mifflin. **187**

GILL, J.J., PRICE, V.A., FRIEDMAN, M., et al. (1985) Reduction in Type A behavior in healthy middle-aged American military officers. *American Heart Journal,* 110:503–14. **483**

GILL, J.J., see FRIEDMAN, THORESEN, GILL, et al. (1985).

GILL, M.M. (1972) Hypnosis as an altered and regressed state. *International Journal of Clinical and Experimental Hypnosis,* 20:224–337. **140**

GILLAM, B. (1980) Geometrical illusions. *Scientific American,* 240(No. 1):102–11. **190**

GILLIAN, J.C., see EICH, WEINGARTNER, STILLMAN, & GILLIAN (1975).

GILLIN, J.C., see KRIPKE & GILLIN (1985).

GILLUND, G., & SHIFFRIN, R.M. (1984) A retrieval model for both recognition and recall. *Psychological Review,* 91(No. 1):1–61. **261**

GILMARTIN, K., see SIMON & GILMARTIN (1973).

GILOVICH, T., see SCHMITT, GILOVICH, GOORE, & JOSEPH (in press).

GIRVIN, B. (1978) The nature of being schematic: Sex-role, self-schemas and differential processing of masculine and feminine information. Unpublished Ph.D. dissertation, Stanford University. **573**

GIRVIN, J.P., see DOBELLE, MEADEJOVSKY, & GIRVIN (1974).

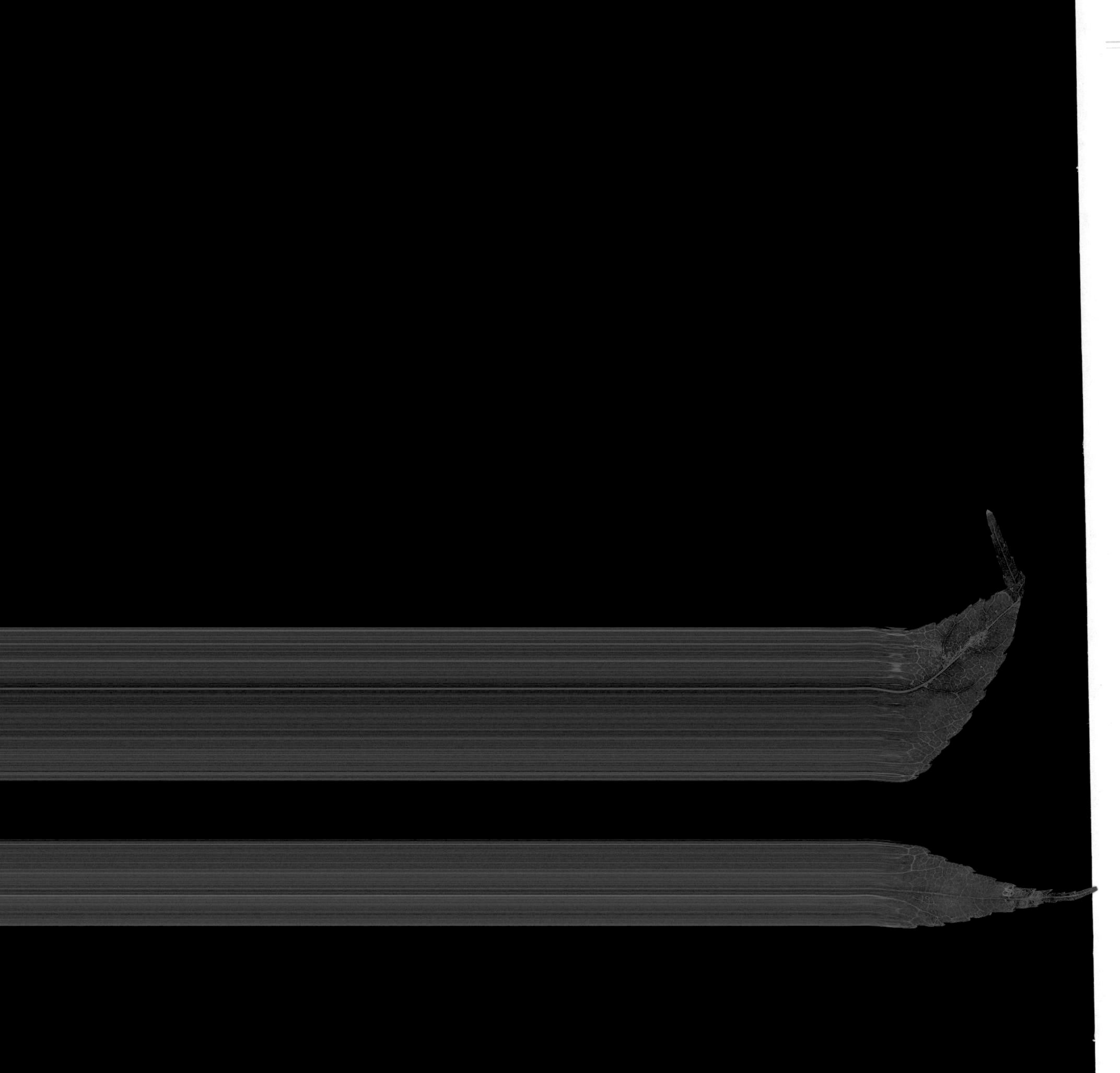

GITTELMAN, R., & KLEIN, D.F. (1985) Childhood separation anxiety and adult agoraphobia. In Tuma, A.H., & Maser, J.D. (eds.), *Anxiety and the Anxiety Disorders*. Hillsdale, N.J.: Erlbaum. **497**

GJERDE, P.F., see BLOCK, BUSS, BLOCK, & GJERDE (1981).

GLADUE, B.A., GREEN, R., & HELLMAN, R.E. (1984) Neuroendocrine response to estrogen and sexual orientation. *Science*, 225:1496–98. **336**

GLANZER, M. (1972) Storage mechanisms in recall. In Bower, G.H., & Spence, J.T. (eds.), *The Psychology of Learning and Motivation*, Vol. 5. New York: Academic Press. **253**

GLASER, R., see CHI, GLASER, & REES (1982).

GLASS, A.L., & HOLYOAK, K.J. (1986) *Cognition* (2nd ed.). New York: Random House. **279**

GLASS, D.C., & SINGER, J.E. (1972) *Urban Stress: Experiments on Noise and Social Stressors*. New York: Academic Press. **472**

GLASS, D.C., see HENCHY & GLASS (1968).

GLASS, D.C., see WRIGHT, CONTRADA, & GLASS (1985).

GLASS, G.V., see SMITH, GLASS, & MILLER (1980).

GLASS, L.L., see KIRSCH & GLASS (1977).

GLEITMAN, H. (1963) Place-learning. *Scientific American*, 209:116–22. **239**

GLEITMAN, H., see ARMSTRONG, GLEITMAN, & GLEITMAN (1983).

GLEITMAN, L.R. (1984) Biological predispositions to learn language. In Marler, P., & Terrace, H.S. (eds.), *The Biology of Learning*. New York: Springer-Verlag. **294, 296**

GLEITMAN, L.R., see ARMSTRONG, GLEITMAN, & GLEITMAN (1983).

GLEITMAN, L.R., see FELDMAN, GOLDIN-MEADOW, & GLEITMAN (1978).

GLORIEUX, J., see GOLD, ANDRES, & GLORIEUX (1979).

GLUCK, M.A., & THOMPSON, R.F. (1986) Modeling the neural substrates of associative learning and memory: A computational approach. *Psychological Review*, in press. **221**

GOETHALS, G.R., see JONES, ROCK, SHAVER, GOETHALS, & WARD (1968).

GOLD, D., ANDRES, D., & GLORIEUX, J. (1979) The development of Francophone nursery-school children with employed and nonemployed mothers. *Canadian Journal of Behavioral Science*, 11:169–73. **80**

GOLDBERG, R.J. (1978) Development in the family and school context: Who is responsible for the education of young children in America? Paper presented at the National Association for the Education of Young Children Annual Conference, New York City. **81**

GOLDIN-MEADOW, S. (1982) The resilience of recursion: A structure within a conventional model. In Wanner, E., & Gleitman, L.R. (eds.), *Language Acquisition: The State of the Art*. Cambridge: Cambridge University Press. **65**

GOLDIN-MEADOW, S., see FELDMAN, GOLDIN-MEADOW, & GLEITMAN (1978).

GOLDMAN, W., & LEWIS, P. (1977) Beautiful is good: Evidence that the physically attractive are more socially skillful. *Journal of Experimental Social Psychology*, 13:125–30. **575**

GOLDSTEIN, E.B. (1984) *Sensation and Perception* (2nd ed.). Belmont, Calif.: Wadsworth. **179**

GOLDSTEIN, J.L. (1973) An optimum processor theory for the central formation of the pitch of complex tones. *Journal of the Acoustical Society of America*, 54:1496–1516. **172**

GOLDSTEIN, M.J. (1985) The UCLA family project. Paper presented at the High Risk Consortium Conference, San Francisco, April 1985. **518**

GOLDSTEIN, M.J., BAKER, B.L., & JAMISON, K.R. (1986) *Abnormal Psychology: Experiences, Origins, and Interventions* (2nd ed.). Boston: Little, Brown. **525**

GOLEMAN, D.J. (1977) *The Varieties of Meditative Experience*. New York: Dutton. **145**

GOODALL, J. (1978) Chimp killings: Is it the man in them? *Science News*, 113:276. **375**

GOODELL, H., see HARDY, WOLFF, & GOODELL (1947).

GOODENOUGH, D.R., see KOULACK & GOODENOUGH (1976).

GOODWIN, D.W., see HALIKAS, GOODWIN, & GUZE (1971).

GOODWIN, F.K., see POST, KOTIN, GOODWIN, & GORDON (1973).

GOORE, N., see SCHMITT, GILOVICH, GOORE, & JOSEPH (in press).

GORDON, B., see LICKEY & GORDON (1983).

GORDON, E. (1967) *A Three-Year Longitudinal Predictive Validity Study of the Musical Aptitude Profile*. Studies in the Psychology of Music, Vol. 5. Iowa City: University of Iowa Press. **384**

GORDON, E., see POST, KOTIN, GOODWIN, & GORDON (1973).

GORDON, E.W., see ZIGLER & GORDON (1981).

GOTTESMAN, I.I. (1963) Genetic aspects of intelligent behavior. In Ellis, N. (ed.), *Handbook of Mental Deficiency: Psychological Theory and Research*. New York: McGraw-Hill. **409**

GOTTESMAN, I.I., & SHIELDS, J. (1982) *Schizophrenia: The Epigenetic Puzzle*. New York: Cambridge University Press. **515, 525**

GOTTESMAN, I.I., see CAREY & GOTTESMAN (1981).

GOTTESMAN, I.I., see NICOL & GOTTESMAN (1983).

GOULD, A. (1977) Discarnate survival. In Wolman, B.B. (ed.), *Handbook of Parapsychology*. New York: Van Nostrand Reinhold. **143**

GOY, R.H., see PHOENIX, GOY, & RESKO (1968).

GOY, R.W. (1968) Organizing effect of androgen on the behavior of rhesus monkeys. In Michael, R.P. (ed.), *Endocrinology of Human Behaviour*. London: Oxford University Press. **338**

GRAFMAN, J., see WEINGARTEN, GRAFMAN, BOUTELLE, KAYE, & MARTIN (1983).

GRAHAM, N., see YAGER, KRAMER, SHAW, & GRAHAM (1984).

GRANBERG, D., & BRENT, E.E. (1974) Dove-hawk placements in the 1968 election: Application of social judgment and balance theories. *Journal of Personality and Social Psychology*, 29:687–95. **620**

GRANRUD, C.E., see YONAS, PETTERSEN, & GRANRUD (1982).

GRAVES, N., see HOFLING, BROTZMAN, DALRYMPLE, GRAVES, & PIERCE (1966).

GREEN, C., see MILLON, GREEN, MEAGHER (1982).

GREEN, D.M., & SWETS, J.A. (1966) *Signal Detection Theory and Psychophysics*. New York: Wiley. **153**

GREEN, D.M., & WIER, C.C. (1984) Auditory perception. In Darian-Smith, I. (ed.), *Handbook of Physiology*, Vol. 3. Bethesda, Md.: American Physiological Society. **169**

GREEN, H. (1971) *I Never Promised You a Rose Garden*. New York: New American Library. **525**

GREEN, R., see GLADUE, GREEN, & HELLMAN (1984).

GREENFIELD, P.M., see BRUNER, OLVER, GREENFIELD, et al. (1966).

GREENWALD, A.G., see SULS & GREENWALD (1983).

GREENWALD, B.S., see MOHS, DAVIS, GREENWALD, et al. (1985).

GREENWOOD, M.M., see BENSON, KOTCH, CRASSWELLER, & GREENWOOD (1977).

GRICE, H.P. (1975) Logic and conversation. In Harman, G., & Davidson, D. (eds.), *The Logic of Grammar*. Encino, Calif.: Dickinson. **294**

GRIFFITH, J.J., see MEDNICK, CUDECK, GRIFFITH, TALOVIC, & SCHULSINGER (1984).

GRIGGS, R.A., & COX, J.R. (1982) The elusive thematic-materials effect in Wason's

selection task. *British Journal of Psychology*, 73:407–20. **288**
GROSS, L., see GERBNER & GROSS (1976).
GROSS, R.T., see CARLSMITH, DORNBUSCH, & GROSS (1983).
GROSSMAN, M.I., see JANOWITZ & GROSSMAN (1949).
GROVES, P.M., & SCHLESINGER, K. (1982) *Introduction to Biological Psychology* (2nd ed.). Dubuque: Brown. **59**
GRUEN, R., see FOLKMAN, LAZARUS, DUNKEL-SCHETTER, DELONGIS, & GRUEN (1986).
GUILFORD, J.P. (1982) Cognitive psychology's ambiguities: Some suggested remedies. *Psychological Review*, 89:48–49. **403**
GULEVICH, G., DEMENT, W.C., & JOHNSON, L. (1966) Psychiatric and EEG observations on a case of prolonged wakefulness. *Archives of General Psychiatry*, 15:29–35. **117**
GURMAN, A.S., & KNISKERN, D.P. (1981) *Handbook of Family Therapy*. New York: Brunner/Mazel. **545**
GUTIERRES, S.E., see KENRICK & GUTIERRES (1980).
GUZE, S.B., see HALIKAS, GOODWIN, & GUZE (1971).

H

HABER, R.N. (1969) Eidetic images. *Scientific American*, 220:36–55. **248**
HAGEN, E.P., see THORNDIKE, HAGEN, & SATTLER (1986).
HAITH, M.M., BERGMAN, T., & MOORE, M.J. (1977) Eye contact and face scanning in early infancy. *Science*, 198:853–55. **66**
HAKES, D.T., see FOSS & HAKES (1978).
HAKMILLER, K.L., see JASMOS & HAKMILLER (1975).
HALIKAS, J.A., GOODWIN, D.W., & GUZE, S.B. (1971) Marijuana effects: A survey of regular users. *Journal of American Medical Association*, 217:692–94. **130**
HALL, C.S., & LINDZEY, G. (1978) *Theories of Personality* (3rd ed.). New York: Wiley. **27**
HALL, C.S., LINDZEY, G., LOEHLIN, J.C., & MANOSEVITZ, M. (1985) *Introduction to Theories of Personality*. New York: Wiley. **455**
HAMBERGER, L.K., & LOHR, J.M. (1984) *Stress and Stress Management: Research and Applications*. New York: Springer. **487**
HAMBURG, D., & TRUDEAU, M.B. (eds.) (1981) *Biobehavioral Aspects of Aggression*. New York: Alan Liss. **379**
HAMILTON, D.L. (1979) A cognitive-attributional analysis of stereotyping. In Berkowitz, L. (ed.), *Advances in Experimental Social Psychology*, Vol. 12. New York: Academic Press. **568**
HAMILTON, E.W., & ABRAMSON, L.Y. (1983) Cognitive patterns and major depressive disorder: A longitudinal study in a hospital setting. *Journal of Abnormal Psychology*, 92:173–84. **509**
HAMILTON, M., see HENLEY, HAMILTON, & THORNE (1985).
HAMMERSMITH, S.K., see BELL, WEINBERG, & HAMMERSMITH (1981).
HAMPSON, J.L., see HUNT & HAMPSON (1980).
HANEY, T.L., see DEMBROSKI, MACDOUGALL, WILLIAMS, & HANEY (1985).
HANSEL, C.E.M. (1980) *ESP and Parapsychology: A Critical Reevaluation*. Buffalo: Prometheus Books. **210**
HARDY, A.B., see BANDURA, ADAMS, HARDY, & HOWELLS (1980).
HARDY, J.D., WOLFF, H.G., & GOODELL, H. (1947) Studies in pain: Discrimination of differences in intensity of a pain stimulus as a basis for a scale of pain intensity. *Journal of Clinical Investigation*, 26:1152–58. **175**
HARE, R.D. (1970) *Psychopathy: Theory and Research*. New York: Wiley. **521**
HARKINS, S.G., & PETTY, R.E. (1982) Effects of task difficulty and task uniqueness on social loafing. *Journal of Personality and Social Psychology*, 43:1214–29. **605**
HARKINS, S.G., see LATANE & HARKINS (1976).
HARKINS, S.G., see LATANE, WILLIAMS, & HARKINS (1979).
HARKINS, S.G., see PETTY, HARKINS, WILLIAMS, & LATANE (1977).
HARLOW, H.F. (1971) *Learning to Love*. San Francisco: Albion. **333**
HARLOW, H.F., HARLOW, M.K., & MEYER, D.R. (1950) Learning motivated by a manipulation drive. *Journal of Experimental Psychology*, 40:228–34. **343**
HARLOW, H.F., & SUOMI, S.J. (1970) Nature of love-simplified. *American Psychologist*, 25:161–68. **77**
HARLOW, H.F., see FRENCH & HARLOW (1962).
HARLOW, H.F., see SUOMI, HARLOW, & MCKINNEY (1972).
HARLOW, M.K., see HARLOW, HARLOW, & MEYER (1950).
HARMAN, H.H., see EKSTROM, FRENCH, & HARMAN (1979).
HARMAN, H.H., see EKSTROM, FRENCH, HARMAN, & DERMAN (1976).
HARPER, J., & COLLINS, J.K. (1972) The effects of early or late maturation on the prestige of the adolescent girl. *Australian and New Zealand Journal of Sociology*, 8:83–88. **96**
HARRE, R., & LAMB, R. (eds.) (1983) *The Encyclopedic Dictionary of Psychology*. Cambridge, Mass.: M.I.T. Press. **136**
HARRIS, T., see BROWN & HARRIS (1978).
HARRIS, V.A., see JONES & HARRIS (1967).
HARTMANN, E. (1984) *The Nightmare*. New York: Basic Books. **116**
HARTSHORNE, H., & MAY, M.A. (1929) *Studies in the Nature of Character*: Vol. 2. *Studies in Service and Self Control*. New York: Macmillan. **449**
HARTUP, W.W., & COATES, B. (1967) Imitation of a peer as a function of reinforcement from the peer group and rewardingness of the model. *Child Development*, 38:1003–16. **83**
HARTUP, W.W., & MOORE, S.G. (1963) Avoidance of inappropriate sex-typing by young children. *Journal of Consulting Psychology*, 27:467–73. **91**
HARVEY, E.N., see LOOMIS, HARVEY, & HOBART (1937).
HASTEY, J.M., see ARKIN, TOTH, BAKER, & HASTEY (1970).
HATFIELD, E., see TRAUPMANN & HATFIELD (1981).
HAURI, P. (1982) *Sleep Disorders*. Kalamazoo, Mich.: Upjohn. **145**
HAUTZINER, M., see LEWINSOHN, HOBERMAN, TERI, & HAUTZINER (1985).
HAVIGHURST, R.J., see EELLS, DAVIS, HAVIGHURST, HERRICK, & TYLER (1951).
HAWKINS, R.D., & KANDEL, E.R. (1984) Is there a cell-biological alphabet for simple forms of learning? *Psychological Review*, 91:375–91. **221**
HAYNES, S.G., FEINLEIB, M., & KANNEL, W.B. (1980) The relationship of psychosocial factors to coronary heart disease in the Framingham Study: Pt. 3. Eight-year incidence of coronary heart disease. *American Journal of Epidemiology*, 111 (No. 1):37–58. **482**
HEALD, F.P., see ROHN, SARTES, KENNY, REYNOLDS, & HEALD (1977).
HEBB, D.O. (1972) *Textbook of Psychology* (3rd ed.). Philadelphia: Saunders. **368**
HEBB, D.O. (1982) Understanding psychological man: A state-of-the-science report. *Psychology Today*, 16:52–53. **140**
HECHT, S., & HSIA, Y. (1945) Dark adaptation following light adaptation to red and white lights. *Journal of the Optical Society of America*, 35:261–67. **156**
HEDBERG, A., see WALKER, HEDBERG, CLEMENT, & WRIGHT (1981).
HEIDER, F. (1958) *The Psychology of Inter-*

personal Relations. New York: Wiley. **575, 576**
HEIN, A., & HELD, R. (1967) Dissociation of the visual placing response into elicited and guided components. *Science,* 158: 390–92. **207**
HEINGARTNER, A., see ZAJONC, HEINGARTNER, & HERMAN (1969).
HEISEL, S., see LOCKE, KRAUS, LESERMAN, HURST, HEISEL, & WILLIAMS (1984).
HELD, R. (1965a) Object and effigy. In Kepes, G. (ed.), *Structure in Art and Science*. New York: Braziller. **147**
HELD, R. (1965b) Plasticity in sensory-motor systems. *Scientific American,* 21(No. 5):84–94. **207**
HELD, R., see HEIN & HELD (1967).
HELLER, S.S., see CASE, HELLER, CASE, & MOSS (1985).
HELLMAN, R.E., see GLADUE, GREEN, & HELLMAN (1984).
HELMHOLTZ, H. VON (1857) *Treatise on Physiological Optics* (J.P. Southhall, trans.). New York: Dover. **160, 181**
HELZER, J.E., see ROBINS, HELZER, WEISSMAN, et al. (1984).
HEMMI, T. (1969) How we have handled the problem of drug abuse in Japan. In Sjoqvist, F., & Tottie, M. (eds.), *Abuse of Central Stimulants*. New York: Raven Press. **128**
HENCHY, T., & GLASS, D.C. (1968) Evaluation apprehension and social facilitation of dominant and subordinate responses. *Journal of Personality and Social Psychology,* 10:446–54. **599**
HENINGER, G.R., see CHARNEY & HENINGER (1983).
HENINGER, G.R., see CHARNEY, HENINGER, & STERNBERG (1984).
HENLEY, N., HAMILTON, M., & THORNE, B. (1985) Womanspeak and manspeak: Sex differences and sexism in communication, verbal and nonverbal. In Sargent, A.G. (ed.), *Beyond Sex Roles*. St. Paul, Minn.: West. **579**
HENSEL, H. (1973) Cutaneous thermoreceptors. In Iggo, A. (ed.), *Handbook of Sensory Physiology,* Vol. 2. Berlin: Springer-Verlag. **175**
HERING, E. (1878) *Outlines of a Theory of the Light Sense* (L.M. Hurvich & D. Jameson, trans.). Cambridge, Mass.: Harvard University Press. **160**
HERMAN, C.P., & POLIVY, J. (1980) Restrained eating. In Stunkard, A.J. (ed.), *Obesity*. Philadelphia: Saunders. **324**
HERMAN, C.P., see HIBSCHER & HERMAN (1977).
HERMAN, C.P., see POLIVY & HERMAN (1985).
HERMAN, E.M., see ZAJONC, HEINGARTNER, & HERMAN (1969).
HERMAN, J.H., see ROFFWARG, HERMAN, BOWE-ANDERS, & TAUBER (1978).
HERON, W., DOANE, B.K., & SCOTT, T.H. (1956) Visual disturbances after prolonged perceptual isolation. *Canadian Journal of Psychology,* 10:13–16. **344**
HERRICK, V.E., see EELLS, DAVIS, HAVIGHURST, HERRICK, & TYLER (1951).
HERRNSTEIN, R.J., & BORING, E.G. (1965) *A Source Book in the History of Psychology*. Cambridge, Mass.: Harvard University Press. **639**
HERRON, E., see HOGARTY, SCHOOLER, ULRICH, MUSSARE, FERRO, & HERRON (1979).
HERZ, M.J., see MCGAUGH & HERZ (1972).
HESS, E.H. (1958) "Imprinting" in animals. *Scientific American,* 198:81–90. **343**
HESS, E.H. (1972) "Imprinting" in a natural laboratory. *Scientific American,* 227:24–31. **343**
HESTON, L., see BOUCHARD, HESTON, ECKERT, KEYES, & RESNICK (1981).
HETHERINGTON, E.M., & FRANKIE, G. (1967) Effects of parental dominance, warmth, and conflict on imitation in children. *Journal of Personality and Social Psychology,* 6:119–25. **94**
HEWITT, E.C., see SPANOS & HEWITT (1980).
HEWITT, P., & MASSEY, J.O. (1969) *Clinical Clues From the WISC*. Palo Alto, Calif.: Consulting Psychologists Press. **397**
HIBSCHER, J.A., & HERMAN, C.P. (1977) Obesity, dieting, and the expression of "obese" characteristics. *Journal of Comparative and Physiological Psychology,* 91:374–80. **325**
HILGARD, E.R. (1961) Hypnosis and experimental psychodynamics. In Brosin, H. (ed.), *Lectures on Experimental Psychiatry*. Pittsburgh: Pittsburgh University Press. **23**
HILGARD, E.R. (1965) *Hypnotic Susceptibility*. New York: Harcourt Brace Jovanovich. **138, 475**
HILGARD, E.R. (1968) *The Experience of Hypnosis*. New York: Harcourt Brace Jovanovich. **145**
HILGARD, E.R. (1977) *Divided Consciousness: Multiple Controls in Human Thought and Action*. New York: Wiley-Interscience. **140, 144**
HILGARD, E.R. (1987) *Psychology in America: A Historical Survey*. San Diego: Harcourt Brace Jovanovich. **27, 639**
HILGARD, E.R., & HILGARD, J.R. (1975) *Hypnosis in the Relief of Pain*. Los Altos, Calif.: Kaufmann. **139**
HILGARD, E.R., HILGARD, J.R., MACDONALD, H., MORGAN, A.H., & JOHNSON, L.S. (1978) Covert pain in hypnotic analgesia: Its reality as tested by the real-simulator design. *Journal of Abnormal Psychology,* 87:655–63. **141**
HILGARD, E.R., see BANYAI & HILGARD (1976).
HILGARD, E.R., see BOWER & HILGARD (1981).
HILGARD, E.R., see KNOX, CRUTCHFIELD, & HILGARD (1975).
HILGARD, E.R., see RUCH, MORGAN, & HILGARD (1973).
HILGARD, J.R. (1979) *Personality and Hypnosis: A Study of Imaginative Involvement* (2nd ed.). Chicago: University of Chicago Press. **94, 145**
HILGARD, J.R., see HILGARD & HILGARD (1975).
HILGARD, J.R., see HILGARD, HILGARD, MACDONALD, MORGAN, & JOHNSON (1978).
HILL, C.T., RUBIN, Z., & PEPLAU, L.A. (1976) Breakups before marriage: The end of 103 affairs. *Journal of Social Issues,* 32:147–68. **591**
HILL, C.T., see PEPLAU, RUBIN, & HILL (1977).
HILL, C.T., see RUBIN, HILL, PEPLAU, & DUNKEL-SCHETTER (1980).
HILLERY, J.M., see HUNT & HILLERY (1973).
HIND, J.E., see ROSE, BRUGGE, ANDERSON, & HIND (1967).
HIRSCH, H.V.B., & SPINELLI, D.N. (1970) Visual experience modifies distribution of horizontally and vertically oriented receptive fields in cats. *Science,* 168:869–71. **206**
HIRSCH, J., & BATCHELOR, B.R. (1976) Adipose tissue cellularity and human obesity. *Clinical Endocrinology and Metabolism,* 5:299–311. **328**
HIRSCH, J., see KNITTLE & HIRSCH (1968).
HIRSH, S.R., & NATELSON, B.J. (1981) Electrical brain stimulation and food reinforcement dissociated by demand elasticity. *Physiology and Behavior,* 18:141–50. **235**
HIRST, W. (1982) The amnesic syndrome: Descriptions and explanations. *Psychological Bulletin,* 91(No. 3):435–60. **265**
HITCH, G.J., see BADDELEY & HITCH (1974).
HITCH, G.J., see BADDELEY & HITCH (1977).
HO, E., see WATKINS, HO, & TULVING (1976).
HOBART, G.A., see LOOMIS, HARVEY, & HOBART (1937).
HOBERMAN, H., see LEWINSOHN, HOBERMAN, TERI, & HAUTZINER (1985).
HOBSON, C.J., see COLEMAN, CAMPBELL, HOBSON, et al. (1966).

HOBSON, J.A., & MCCARLEY, R.W. (1977) The brain as a dream state generator: An activation-synthesis hypothesis of the dream process. *American Journal of Psychiatry,* 134:1335 – 48. **116**

HOCHBERG, J. (1978) *Perception* (2nd ed.). Englewood Cliffs, N.J.: Prentice-Hall. **184, 192, 211**

HODGSON, R.J., see RACHMAN & HODGSON (1980).

HOEBEL, B.G., & TEITELBAUM, P. (1966) Effects of force-feeding and starvation on food intake and body weight on a rat with ventromedial hypothalamic lesions. *Journal of Comparative and Physiological Psychology,* 61:189 – 93. **322**

HOEBEL, B.G., see CAGGIULA & HOEBEL (1966).

HOEBEL, B.G., see SMITH, KING, & HOEBEL (1970).

HOFFMAN, L.W. (1980) The effects of maternal employment on the academic attitudes and performance of school-aged children. *School Psychology Review,* 9:319 – 35. **80**

HOFFMAN, S., see ROSS, BIERBRAUER, & HOFFMAN (1976).

HOFLING, C.K. (1975) *Textbook of Psychiatry for Medical Practice* (3rd ed.). Philadelphia: Lippincott. **512**

HOFLING, C.K., BROTZMAN, E., DALRYMPLE, S., GRAVES, N., & PIERCE, C.M. (1966) An experimental study in nurse-physician relationships. *Journal of Nervous and Mental Disease,* 143:171 – 80. **613**

HOGARTY, G.E., SCHOOLER, N.R., ULRICH, R., MUSSARE, F., FERRO, P., & HERRON, E. (1979) Fluphenazine and social therapy in the after care of schizophrenic patients. *Archives of General Psychiatry,* 36:1283 – 94. **554**

HOGNESS, D.S., see NATHANS, THOMAS, & HOGNESS (1986).

HOHMANN, G.W. (1962) Some effects of spinal cord lesions on experienced emotional feelings. *Psychophysiology,* 3:143 – 56. **356**

HOHMANN, M., BANET, B., & WEIKART, D. (1979) *Young Children in Action.* Ypsilanti, Mich.: High Scope Press. **412**

HOLDEN, C. (1975) Lie detectors: PSE gains audience despite critic's doubt. *Science,* 190:359 – 62. **355**

HOLLAN, J.D., see WILLIAMS & HOLLAN (1981).

HOLLAND, C.C., see ORNE & HOLLAND (1968).

HOLLISTER, L.E., see DARLEY, TINKLENBERG, ROTH, HOLLISTER, & ATKINSON (1973).

HOLLISTER, L.E., see YESAVAGE, LEIER, DENARI, & HOLLISTER (1985).

HOLMES, D.S. (1974) Investigations of repression: Differential recall of material experimentally or naturally associated with ego threat. *Psychological Bulletin,* 81:632 – 53. **263**

HOLMES, D.S. (1984) Meditation and somatic arousal reduction: A review of the evidence. *American Psychologist,* 39:1 – 10. **136**

HOLMES, D.S. (1985) To meditate or to simply rest, that is the question: A response to the comments of Shapiro. *American Psychologist,* 40:722 – 25. **136**

HOLMES, T.H., & RAHE, R.H. (1967) The social readjustment rating scale. *Journal of Psychosomatic Research,* 11:213 – 18. **469**

HOLROYD, K.A., APPEL, M.A., & ANDRASIK, F. (1983) A cognitive-behavioral approach to psychophysiological disorders. In Meichenbaum, D., & Jaremko, M.E. (eds.), *Stress Reduction and Prevention.* New York: Plenum. **481**

HOLYOAK, K.J., see GLASS & HOLYOAK (1986).

HOLZMAN, P.S. (1970) *Psychoanalysis and Psychopathology.* New York: McGraw-Hill. **455**

HOLZMAN, P.S., see MENNINGER & HOLZMAN (1973).

HOMME, L.E., DE BACA, P.C., DEVINE, J.V., STEINHORST, R., & RICKERT, E.J. (1963) Use of the Premack principle in controlling the behavior of nursery school children. *Journal of the Experimental Analysis of Behavior,* 6:544. **232**

HONIG, W.K., & STADDON, J.E.R. (eds.) (1977) *Handbook of Operant Behavior.* Englewood Cliffs, N.J.: Prentice-Hall. **243**

HOOD, D.C., & FINKELSTEIN, M.A. (1983) A case for the revision of textbook models of color vision: The detection and appearance of small, brief lights. In Mollon, J.D., & Sharpe, L.T. (eds.), *Colour Vision: Physiology and Psychophysics.* London: Academic Press. **162**

HOOK, E.B. (1973) Behavioral implications of the human XYY genotype. *Science,* 179:139 – 50. **57**

HOOKER, E. (1957) The adjustment of the male overt homosexual. *Journal of Projective Techniques,* 22:33 – 54. **336**

HOPKINS, J.R. (1977) Sexual behavior in adolescence. *Journal of Social Issues,* 33:67 – 85. **334**

HOROWITZ, S.D., see JACOBSON, FRIED, & HOROWITZ (1967).

HORTON, R.W., see THOMAS, HORTON, LIPPINCOTT, & DRABMAN (1977).

HOVLAND, C. (1937) The generalization of conditioned responses: Pt. 1. The sensory generalization of conditioned responses with varying frequencies of tone. *Journal of General Psychology,* 17:125 – 48. **219**

HOWELLS, G.N., see BANDURA, ADAMS, HARDY, & HOWELLS (1980).

HRUBEC, Z., see STUNKARD, FOCH, & HRUBEC (1986).

HSIA, Y., see HECHT & HSIA (1945).

HUBEL, D.H., & WIESEL, T.N. (1963) Receptive fields of cells in striate cortex of very young visually inexperienced kittens. *Journal of Neurophysiology,* 26:994 – 1002. **205**

HUBEL, D.H., & WIESEL, T.N. (1968) Receptive fields and functional architecture of monkey striate cortex. *Journal of Physiology,* 195:215 – 43. **164**

HUBEL, D.H., see WIESEL & HUBEL (1974).

HUESMANN, L.R., ERON, L.D., LEFKOWITZ, M.M., & WALDER, L.O. (1984) Stability of aggression over time and generations. *Developmental Psychology,* 20:1120 – 34. **510**

HUESMANN, L.R., LAGERSPETZ, K., & ERON, L.D. (1984) Intervening variable in the TV violence-aggression relation: Evidence from two countries. *Developmental Psychology,* 20:746 – 75. **377**

HUESMANN, L.R., see ERON, HUESMANN, LEFKOWITZ, & WALDER (1972).

HUGDAHL, K., & OHMAN, A. (1977) Effects of instruction on acquisition and extinction of electrodermal response to fear-relevant stimuli. *Journal of Experimental Psychology: Human Learning and Memory,* 3(No. 5):608 – 18. **500**

HUGDAHL, K., see OHMAN, FREDRIKSON, HUGDAHL, & RIMMO (1976).

HULL, C.L. (1943) *Principles of Behavior.* New York: Appleton-Century-Crofts. **346**

HULLEY, S. see SHEKELLE, NEATON, JACOBS, HULLEY, & BLACKBURN (1983).

HUNT, D.D., & HAMPSON, J.L. (1980) Follow up of 17 biologic male transsexuals after sex reassignment surgery. *American Journal of Psychiatry,* 137:432 – 38. **340**

HUNT, E. (1985) Verbal ability. In Sternberg, R.J. (ed.), *Human Abilities: An Information-Processing Approach.* New York: Freeman. **404**

HUNT, M. (1974) *Sexual Behavior in the 1970's.* Chicago: Playboy Press. **335**

HUNT, P.J., & HILLERY, J.M. (1973) Social facilitation at different stages in learning. Paper presented at the Midwestern Psychological Association Meetings, Cleveland. **599**

HUNTER, E.J. (1979) Combat casualities who remain at home. Paper presented at Western Regional Conference of the Interuniversity Seminar, "Technology in

Combat." Navy Postgraduate School, Monterey, Calif., May 1979. **472**

HUNTER, I.M.L. (1974) *Memory.* Baltimore: Penguin. **274**

HURRY, J., see BEBBINGTON, STURT, TENNANT & HURRY (1984).

HURRY, J., see TENNANT, SMITH, BEBBINGTON, & HURRY (1981).

HURST, M.W., see LOCKE, KRAUS, LESERMAN, HURST, HEISEL, & WILLIAMS (1984).

HURVICH, L.M. (1981) *Color Vision.* Sunderland, Mass.: Sinauer Associates. **161, 179**

HUSTON, A.C., see MUSSEN, CONGER, KAGAN, & HUSTON (1984).

HUSTON, A.C., SEE O'BRIEN & HUSTON (1985).

HUSTON, T.L., & KORTE, C. (1976) The responsive bystander. In Lickona, T. (ed.), *Moral Development and Behavior.* New York: Holt, Rinehart & Winston. **86**

HUSTON, T.L., see JACKSON & HUSTON (1975).

HYDE, J.S. (1981) How large are cognitive gender differences? *American Psychologist,* 36:892–901. **92**

HYSON, R.L., see LAUDENSLAGER, RYAN, DRUGAN, HYSON, & MAIER (1983).

I

IMAYUMI, Y., see AWAYA, MIYAKE, IMAYUMI, SHIOSE, KNADA, & KOMURO (1973).

IMBER, S., see ELKIN, SHEA, & IMBER (1986).

IMPERATO-MCGINLEY, J., PETERSON, R.E., GAUTIER, T., & STURLA, E. (1979) Androgens and the evolution of male gender identity among male pseudohermaphrodites with 5 alpha reductase deficiency. *New England Journal of Medicine,* 300:1233–37. **339**

INHOFF, A.W., see RAYNER, INHOFF, MORRISON, SLOWIACZEK, & BERTERA (1981).

INOUYE, J., see DIGMAN & INOUYE (1986).

INSKO, C.A., see STROEBE, INSKO, THOMPSON, & LAYTON (1971).

INSTITUTE OF MEDICINE (1982) *Marijuana and Health.* Washington, D.C.: National Academy Press. **131, 145**

J

JACCARD, J.J., see DAVIDSON & JACCARD (1979).

JACKLIN, C.N., see MACCOBY & JACKLIN (1974).

JACKSON, D.J., & HUSTON, T.L. (1975) Physical attractiveness and assertiveness. *Journal of Social Psychology,* 96:79–84. **575**

JACKSON, D.N., see RUSHTON, JACKSON, & PAUNONEN (1981).

JACKSON, J.M., & LATANE, B. (1981) All alone in front of all those people: Stage fright as a function of number and type of coperformers and audience. *Journal of Personality and Social Psychology,* 40:73–85. **605**

JACOBS, D., see SHEKELLE, NEATON, JACOBS, HULLEY, & BLACKBURN (1983).

JACOBS, G.H., see DEVALOIS & JACOBS (1984).

JACOBSON, A., & KALES, A. (1967) Somnambulism: All-night EEG and related studies. In Kety, S.S., Evarts, E.V., & Williams, H.L. (eds.), *Sleep and Altered States of Consciousness.* Baltimore: Williams & Wilkins. **120**

JACOBSON, A.L., FRIED, C., & HOROWITZ, S.D. (1967) Classical conditioning, pseudoconditioning, or sensitization in the planarian. *Journal of Comparative and Physiological Psychology,* 64:73–79. **218**

JAMES, W. (1884) What is an emotion? *Mind,* 9:188–205. **351, 357**

JAMES, W. (1890) *The Principles of Psychology.* New York: Holt, Rinehart & Winston. **13, 257**

JAMISON, K:R., see GOLSTEIN, BAKER, & JAMISON (1986).

JANET, P. (1889) *L'Automisme psychologique.* Paris: Felix Alcan. **112**

JANICAK, P.G., DAVIS, J.M., GIBBONS, R.D., ERICKSEN, S., CHANG, S., & GALLAGHER, P. (1985) Efficacy of ECT: A meta-analysis. *American Journal of Psychiatry,* 142(No. 3):297–302. **556**

JANOWITZ, H.D., & GROSSMAN, M.I. (1949) Some factors affecting the food intake of normal dogs and dogs esophagostomy and gastric fistula. *American Journal of Physiology,* 159:143–48. **321**

JAREMKO, M.E., see MEICHENBAUM & JAREMKO (1983).

JARVIE, G.J., see THOMPSON, JARVIE, LAKEY, & CURETON (1982).

JASMOS, T.M., & HAKMILLER, K.L. (1975) Some effects of lesion level, and emotional cues on affective expression in spinal cord patients. *Psychological Reports,* 37:859–70. **356**

JEMMOTT, J.B., III, BORYSENKO, M., MCCLELLAND, D.C., CHAPMAN, R., MEYER, D., & BENSON, H. (1985) Academic stress, power motivation, and decrease in salivary secretory immunoglubulin: A secretion rate. *Lancet,* 1:1400–402. **484**

JEMMOTT, J.B., III, & LOCKE, S.E. (1984) Psychosocial Factors, immunologic mediation, and human susceptibility to infectious diseases: How much do we know? *Psychological Bulletin,* 95:78–108. **484**

JENKINS, C.D., see ROSENMAN, BRAND, JENKINS, FRIEDMAN, STRAUS, & WRUM (1975).

JENKINS, H.M., & MOORE, B.R. (1973) The form of the autoshaped response with food or water reinforcers. *Journal of the Experimental Analysis of Behavior,* 20:163–81. **228**

JENKINS, H.M., see BROWN & JENKINS (1968).

JENSEN, A.R. (1980) *Bias in Mental Testing.* New York: Free Press. **409, 410**

JENSEN, R.A., see MCGAUGH, JENSEN, & MARTINEZ (1979).

JING, Q., see YU, ZHANG, JING, PENG, ZHANG, & SIMON (1985).

JOFFE, J.M., see BOND & JOFFE (1982).

JOHN, R.S., MEDNICK, S.A., & SCHULSINGER, F. (1982) Teacher reports as a predictor of schizophrenia and borderline schizophrenia: A Bayesian decision analysis. *Journal of Abnormal Psychology,* 91:399–413. **518**

JOHNSON, H.H., & SOLSO, R.L. (1978) *An Introduction to Experimental Design in Psychology: A Case Approach* (2nd ed.). New York: Harper & Row. **27**

JOHNSON, L., see GULEVICH, DEMENT, & JOHNSON (1966).

JOHNSON, L.S., see HILGARD, HILGARD, MACDONALD, MORGAN, & JOHNSON (1978).

JOHNSON, M.K., see BRANSFORD & JOHNSON (1973).

JOHNSON, R.D., & DOWNING, L.L. (1979) Deindividuation and valence of cues: Effects on prosocial and antisocial behavior. *Journal of Personality and Social Psychology,* 37:1532–38. **602**

JOHNSON, R.N. (1972) *Aggression in Man and Animals.* Philadelphia: Saunders. **379**

JOHNSON, V.E., see MASTERS & JOHNSON (1966).

JOHNSON-LAIRD, P.N. (1983) *Mental Models: Toward a Cognitive Science of Language, Inference, and Consciousness.* Cambridge, Mass.: Harvard University Press. **288**

JOHNSON-LAIRD, P.N. (1985) The deductive reasoning ability. In Sternberg, R.J. (ed.), *Human Abilities: An Information-Processing Approach.* New York: Freeman. **307**

JOHNSON-LAIRD, P.N., see WASON & JOHNSON-LAIRD (1972).

JOHNSTON, L.D., O'MALLEY, P.M., & BACHMAN, J.G. (1986) *Drug Use Among American High School Students, College Students, and Other Young Adults.* Rockville, Md.: National Institute on Drug Abuse. DHHS

Publication No. (ADM) 86-1450. **123, 128**

JONES, E.E., & BERGLAS, S. (1978) Control of attributions about the self through self-handicapping strategies: The appeal of alcohol and the role of underachievement. *Personality and Social Psychology Bulletin*, 4:200-206. **428**

JONES, E.E., & HARRIS, V.A. (1967) The attribution of attitudes. *Journal of Experimental Social Psychology*, 3:1-24. **577**

JONES, E.E., ROCK, L., SHAVER, K.G., GOETHALS, G.R., & WARD, L.M. (1968) Pattern of performance and ability attribution: An unexpected primacy effect. *Journal of Personality and Social Psychology*, 9:317-40. **569**

JONES, H.C., & LOVINGER, P.W. (1985) *The Marijuana Question and Science's Search for an Answer.* New York: Dodd, Mead. **131**

JONES, K.L., see STREISSGUTH, CLARREN, & JONES (1985).

JONES, L.V. (1984) White-Black Achievement Differences: The Narrowing Gap. *American Psychologist*, 39:1207-13. **398, 401, 411**

JONES, M.C. (1965) Psychological correlates of somatic development. *Child Development*, 36:899-911. **96**

JORGENSON, B.W., see LEVINGER, SENN, & JORGENSEN (1970).

JOSEPH, L., see SCHMITT, GILOVICH, GOORE, & JOSEPH (in press).

JULESZ, B. (1971) *Foundations of Cyclopean Perception*. Chicago: University of Chicago Press. **185**

JULIEN, R.M. (1985) *A Primer of Drug Action* (4th ed.). New York: Freeman. **59, 145, 554**

JUNG, R. (1984) Sensory research in historical perspective: Some philosophical foundations of perception. In Darian-Smith, I. (ed.), *Handbook of Physiology*, Vol. 3. Bethesda, Md.: American Physiological Society. **147**

JUNGEBLUT, A., see MESSICK & JUNGEBLUT (1981).

JUSCZYK, P., see EIMAS, SIQUELAND, JUSCZYK, & VIGORITO (1971).

JUST, M.A., & CARPENTER, P.A. (1980) A theory of reading: From eye fixations to comprehension. *Psychological Review*, 87:329-54. **200**

K

KAGAN, J. (1979) Overview: Perspectives on human infancy. In Osofsky, J.D. (ed.), *Handbook of Infant Development.* New York: Wiley-Interscience. **63, 76**

KAGAN, J., KEARSLEY, R., & ZELAZO, P.R. (1978) *Infancy: Its Place in Human Development*. Cambridge, Mass.: Harvard University Press. **80, 81**

KAGAN, J., & KLEIN, R.E. (1973) Crosscultural perspectives on early development. *American Psychologist*, 28:947-61. **70**

KAGAN, J., see MUSSEN, CONGER, KAGAN, & HUSTON (1984).

KAHN, S., see KOBASA, MADDI, & KAHN (1982).

KAHNEMAN, D., SLOVIC, P., & TVERSKY, A. (eds.) (1982) *Judgment Under Uncertainty: Heuristics and Biases.* New York: Cambridge University Press. **311**

KAHNEMAN, D., & TREISMAN, A. (1984) Changing views of attention. In Parasuraman, R., Davies, D., & Beatty, J. (eds.), *Varieties of Attention*. New York: Academic Press. **199**

KAHNEMAN, D., see TVERSKY & KAHNEMAN (1973).

KAHNEMAN, D., see TVERSKY & KAHNEMAN (1983).

KAIL, R. (1984) *The Development of Memory in Children* (2nd ed.). New York: Freeman. **105**

KAIL, R., & PELLEGRINO, J.W. (1985) *Human Intelligence: Perspectives and Prospects.* New York: Freeman. **415**

KALES, A., see JACOBSON & KALES (1967).

KAMIN, L.J. (1969) Predictability, surprise, attention, and conditioning. In Campbell, B.A. & Church, R.M. (eds.), *Punishment and Aversive Behavior.* New York: Appleton-Century-Crofts. **222**

KAMIN, L.J. (1976) Heredity, intelligence, politics, and psychology. In Block, N.J., & Dworkin, G. (eds.), *The IQ Controversy.* New York: Pantheon. **409, 410**

KAMIN, L.J., see LEWONTIN, ROSE, & KAMIN (1984).

KAMMANN, R., see MARKS & KAMMANN (1977).

KAMMANN, R., see MARKS & KAMMANN (1980).

KANDEL, D.B. (1975) Stages in adolescent involvement in drug use. *Science*, 190:912-14. **132**

KANDEL, D.B., & LOGAN, J.A. (1984) Patterns of drug use from adolescence to young adulthood: Pt. 1. Periods of risk for initiation, continued use, and discontinuation. *American Journal of Public Health*, 74(No. 7). **132**

KANDEL, D.B., see ANDREWS AND KANDEL (1979).

KANDEL, E.R. (1979) Small systems of neurons. In Thompson, R. (ed.), *The Brain*. San Francisco: Freeman. **220, 221**

KANDEL, E.R., see CASTELLUCI & KANDEL (1976).

KANDEL, E.R., see HAWKINS & KANDEL (1984).

KANNEL, W.B., see HAYNES, FEINLEIB, & KANNEL (1980).

KANNER, A.D., see LAZARUS, KANNER, & FOLKMAN (1980).

KANTER, J.F., see ZELNIK & KANTER (1977).

KAPLAN, J. (1983) *The Hardest Drug: Heroin and Public Policy.* Chicago: University of Chicago Press. **145**

KARABENICK, S.A., see LERNER & KARABENICK (1974).

KATZ, E., & FELDMAN, J.J. (1962) The debates in the light of research: A survey of surveys. In Kraus, S. (ed.), *The Great Debates*. Bloomington: Indiana University Press. **619**

KATZ, R., & WYKES, T. (1985) The psychological difference between temporally predictable and unpredictable stressful events: Evidence for information control theories. *Journal of Personality and Social Psychology*, 48:781-90. **471**

KATZMAN, N., see COMSTOCK, CHAFFEE, KATZMAN, MCCOMBS, & ROBERTS (1978).

KAUFMAN, L., see BOFF, KAUFMAN, & THOMAS (1986).

KAUL, T.J., see BEDNAR & KAUL (1978).

KAY, P. see BERLIN & KAY (1969).

KAYE, W., see WEINGARTEN, GRAFMAN, BOUTELLE, KAYE, & MARTIN (1983).

KAZDIN, A.E. (1982) Symptom substitution, generalization, and response covariation: Implications for psychotherapy outcome. *Psychological Bulletin*, 91:349-65. **536**

KAZDIN, A.E., see CRAIGHEAD, KAZDIN, & MAHONEY (1981).

KEARSLEY, R., see KAGAN, KEARSLEY, & ZELAZO (1978).

KEELE, S.W., see POSNER & KEELE (1967).

KEEN, E. (1982) *A Primer in Phenomenological Psychology.* New York: Holt, Rinehart & Winston. **455**

KEESEY, R.E., & POWLEY, T.L. (1975) Hypothalamic regulation of body weight. *American Scientist*, 63:558-65. **323**

KEESEY, R.E., see MITCHEL & KEESEY (1974).

KEESEY, R.E., see POWLEY & KEESEY (1970).

KEIL, F.C., & BATTERMAN, N.A. (1984) Characteristic-to-defining shift in the development of word meaning. *Journal of Verbal Learning and Verbal Behavior*, 23:221-36. **284**

KELEM, R.T., see DIENER, FRASER, BEAMAN, & KELEM (1976).

KELLER, S.E., see SCHLEIFER, KELLER, MCKEGNEY, & STEIN (1979).

KELLERMAN, H., see PLUTCHIK & KELLERMAN (1980).

KELLEY, H.H. (1967) Attribution theory in social psychology. In Levine, D. (ed.), *Nebraska Symposium on Motivation*, Vol. 15.

Lincoln: University of Nebraska Press. **575**
KELLEY, H.H. (1973) The processes of causal attribution. *American Psychologist,* 28: 107–28. **576**
KELLEY, H.H., & WOODRUFF, C.L. (1956) Members' reactions to apparent group approval of a counternorm communication. *Journal of Abnormal and Social Psychology,* 52:67–74. **623**
KELLEY, S., JR., & MIRER, T.W. (1974) The simple act of voting. *American Political Science Review,* 68:572–91. **583**
KELMAN, H.C. (1961) Processes of opinion change. *Public Opinion Quarterly,* 25:57–78. **597**
KEMLER NELSON, D.G. (1984) The effect of intention on what concepts are acquired. *Journal of Verbal Learning and Verbal Behavior,* 23:734–59. **285**
KENDALL, P.C., & BUTCHER, J.N. (eds.) (1982) *The Handbook of Research Methods in Clinical Psychology.* New York: Wiley. **561**
KENNEDY, C.E. (1978). *Human Development: The Adult Years and Aging.* New York: Macmillan. **105**
KENNEDY, R.A., see WILKES & KENNEDY (1969).
KENNY, T.J., see ROHN, SARTES, KENNY, REYNOLDS, & HEALD (1977).
KENRICK, D.T., & GUTIERRES, S.E. (1980) Contrast effects and judgments of physical attractiveness: When beauty becomes a social problem. *Journal of Personality and Social Psychology, 38,* 131–40. **589**
KENRICK, D.T., see SCHUTTE, KENRICK & SADALLA (1985).
KENSHALO, D.R., NAFE, J.P., & BROOKS, B. (1961) Variations in thermal sensitivity. *Science,* 134, 104–105. **175**
KEPHART, W.M. (1967) Some correlates of romantic love. *Journal of Marriage and the Family,* 29:470–74. **593**
KEPPEL, G., & SAUFLEY, W.H., JR. (1980) *Introduction to Design and Analysis.* San Francisco: Freeman. **651**
KERNIS, M.H., & WHEELER, L. (1981) Beautiful friends and ugly strangers: Radiation and contrast effects in perception of same-sex pairs. *Journal of Personality and Social Psychology,* 7:617–20. **589**
KEYES, M., see BOUCHARD, HESTON, ECKERT, KEYES, & RESNICK (1981).
KIESLER, C.A. (1982) Mental hospitals and alternative care: Noninstitutionalization as potential policy for mental patients. *American Psychologist,* 34:349–60. **530**
KIHLSTROM, J.F. (1984) Conscious, subconscious, unconscious: A cognitive view. In Bowers, K.S., & Meichenbaum, D. (eds.), *The Unconscious: Reconsidered.* New York: Wiley. **110, 111**
KIHLSTROM, J.F. (1985) Hypnosis. *Annual Review of Psychology,* 36:385–418. **137, 138, 139, 141**
KIMBLE, G.A., & PERLMUTER, L.C. (1970) The problem of volition. *Psychological Review,* 77:361–84. **225**
KIMMEL, D.C., & WEINER, I.B. (1985) *Adolescence: A Developmental Transition.* Hillsdale, N.J.: Erlbaum. **105**
KINDER, D.R., & SEARS, D.O. (1985) Public opinion and political action. In Lindzey, G., & Aronson, E. (eds.), *The Handbook of Social Psychology* (3rd ed.). New York: Random House. **586**
KING, M., see SMITH, KING, & HOEBEL (1970).
KINSEY, A.C., POMEROY, W.B., & MARTIN, C.E. (1948) *Sexual Behavior in the Human Male.* Philadelphia: Saunders. **20, 97, 335**
KINSEY, A.C., POMEROY, W.B., MARTIN, C.E., & GEBHARD, P.H. (1953) *Sexual Behavior in the Human Female.* Philadelphia: Saunders. **21, 97, 335**
KINTSCH, W., & BUSCHKE, H. (1969) Homophones and synonyms in short-term memory. *Journal of Experimental Psychology,* 80:403–407. **255**
KINTSCH, W., see MILLER & KINTSCH (1980).
KIRKER, W.S., see ROGERS, KUIPER, & KIRKER (1977).
KIRSCH, M.A., & GLASS L.L. (1977) Psychiatric disturbances associated with Erhard Seminars Training: Pt. 2. Additional cases and theoretical considerations. *American Journal of Psychiatry,* 134:1254–58. **545**
KLATZKY, R.L. (1980) *Human Memory: Structures and Processes* (2nd ed.). San Francisco: Freeman. **279**
KLATZKY, R.L., LEDERMAN, S.J., & METZGER, V.A. (1985) Identifying objects by touch: An expert system. *Perception and Psychophysics,* 37:299–302. **176**
KLEIN, D.F., see GITTELMAN & KLEIN (1985).
KLEIN, R.E., see KAGAN & KLEIN (1973).
KLEINHESSELINK, R.R., & EDWARDS, R.W. (1975) Seeking and avoiding belief-discrepant information as a function of its perceived refutability. *Journal of Personality and Social Psychology,* 31:787–90. **620**
KLEINMUNTZ, B. (1974) *Essentials of Abnormal Psychology.* New York: Harper & Row. **496**
KLEITMAN, N., see DEMENT & KLEITMAN (1957).
KLENTZ, B., see BEAMAN, BARNES, KLENTZ, & MCQUIRK (1978).
KLINEBERG, O. (1938) Emotional expression in Chinese literature. *Journal of Abnormal and Social Psychology,* 33:517–20. **363**
KLUFT, R.P. (ed.) (1985) *Childhood Antecedents of Multiple Personality.* Washington, D.C.: American Psychiatric Press. **144**
KNADA, T., see AWAYA, MIYAKE, IMAYUMI, SHIOSE, KNADA, & KOMURO (1973).
KNIGHT, J., see MITA, DERMER, & KNIGHT (1977).
KNIGHT, R., see ROFF & KNIGHT (1981).
KNISKERN, D.P., see GURMAN & KNISKERN (1981).
KNITTLE, J.L., & HIRSCH, J. (1968) Effect of early nutrition on the development of rat epididymal fat pads: Cellularity and metabolism. *Journal of Clinical Investigation,* 47:2091. **328**
KNOX, V.J., CRUTCHFIELD, L., & HILGARD, E.R. (1975) The nature of task interference in hypnotic dissociation: An investigation of hypnotic behavior. *International Journal of Clinical and Experimental Hypnosis,* 23:305–23. **141**
KOBASA, S.C. (1979) Stressful life events, personality, and health: An inquiry into hardiness. *Journal of Personality and Social Psychology,* 37:1–11. **485**
KOBASA, S.C., MADDI, S.R., & KAHN, S. (1982) Hardiness and health: A prospective study. *Journal of Personality and Social Psychology,* 42:168–77. **485**
KOBASIGAWA, A., ARAKAKI, K., & AWIGUNI, A. (1966) Avoidance of feminine toys by kindergarten boys: The effects of adult presence or absence, and an adult's attitudes toward sextyping. *Japanese Journal of Psychology,* 37:96–103. **91**
KOELLING, R.A., see GARCIA & KOELLING (1966).
KOENIG, K.E., see NEWCOMB, KOENIG, FLACKS, & WARWICK (1967).
KOHLBERG, L. (1969) Stage and sequence: The cognitive-developmental approach to socialization. In Goslin, D.A. (ed.), *Handbook of Socialization Theory and Research.* Chicago: Rand McNally. **84, 85, 86**
KOHLBERG, L. (1973) Implications of developmental psychology for education: Examples from moral development. *Educational Psychologist,* 10:2–14. **84, 85**
KOHLBERG, L. (1984) *The Psychology of Moral Development:* Vol. 1. *Moral Stages and the Life Cycle:* Vol. 2. *Essays on Moral Development.* New York: Harper & Row. **84, 85**
KÖHLER, W. (1925) *The Mentality of Apes.* New York: Harcourt Brace. (Reprint ed., 1976. New York: Liveright.) **240, 243**
KOLB, B., & WHISHAW, I.Q. (1985) *Fundamentals of Human Neuropsychology* (2nd ed.). San Francisco: Freeman. **59**
KOLB, S., see ZELAZO, ZELAZO, & KOLB (1972).

KOLODNER, J.L. (1983) Maintaining organization in a dynamic long-term memory. *Cognitive Science,* 7:243–80. **276**

KOMURO, K., see AWAYA, MIYAKE, IMAYUMI, SHIOSE, KNADA, & KOMURO (1973).

KORNER, A.F. (1973) Individual differences at birth: Implications for early experience and later development. In Westman, J.C. (ed.), *Individual Differences in Children.* New York: Wiley. **68**

KORTE, C., see HUSTON & KORTE (1976).

KOSA, J., & ZOLA, I.K. (eds.) (1975) *Poverty and Health: A Sociological Analysis.* Cambridge, Mass.: Harvard University Press. **517**

KOSSLYN, S.M. (1980) *Image and Mind.* Cambridge, Mass.: Harvard University Press. **304, 311**

KOSSLYN, S.M. (1983) *Ghosts in the Mind's Machine.* New York: Norton. **303, 311**

KOSSLYN, S.M., BALL, T.M., & REISER, B.J. (1978) Visual images preserve metric spatial information: Evidence from studies of image scanning. *Journal of Experimental Psychology: Human Perception and Performance,* 4:47–60. **305**

KOTCH, J.B., see BENSON, KOTCH, CRASSWELLER, & GREENWOOD (1977).

KOTELCHUCK, M. (1976) The infant's relationship to the father: Experimental evidence. In Lamb, M. (ed.), *The Role of the Father in Child Development.* New York: Wiley. **82**

KOTIN, J., see POST, KOTIN, GOODWIN, & GORDON (1973).

KOULACK, D., & GOODENOUGH, D.R. (1976) Dream recall and dream recall failure: An arousal-retrieval model. *Psychological Bulletin,* 83:975–84. **119**

KOVACH, J., see MURPHY & KOVACH (1972).

KOWET, D. (1983) *The Jet Lag Book.* New York: Crown. **115**

KRAMER, P., see YAGER, KRAMER, SHAW, & GRAHAM (1984).

KRASHEN, S., see FROMKIN, KRASHEN, CURTISS, RIGLER, & RIGLER (1974).

KRAUS, L., see LOCKE, KRAUS, LESERMAN, HURST, HEISEL, & WILLIAMS (1984).

KREITMAN, N. (1977) *Parasuicide.* London: Wiley. **505**

KRETSCHMER, E. (1925) *Physique and Character.* London: Kegan Paul. **419, 420**

KRIPKE, D.F., & GILLIN, J.C. (1985) Sleep disorders. In Klerman, G.L., Weissman, M.M., Applebaum, P.S., & Roth, L.N. (eds.), *Psychiatry,* Vol. 3. Philadelphia: Lippincott. **117**

KTSANES, T., see WINCH, KTSANES, & KTSANES (1954).

KTSANES, V., see WINCH, KTSANES, & KTSANES (1954).

KUBIS, J.F. (1962). Cited in B.M. Smith, "The polygraph." In Atkinson, R.C. (ed.), *Contemporary Psychology.* San Francisco: Freeman. **354**

KUHN, D., NASH, S.C., & BRUCKEN, L. (1978) Sex role concepts of two- and three-year-olds. *Child Development,* 49:445–51. **90**

KUHN, T.S. (1970) *The Structure of Scientific Revolutions* (2nd ed.). Chicago: University of Chicago Press. **586**

KUIPER, N.A., see ROGERS, KUIPER, & KIRKER (1977).

KUMAN, I.G., FEDROV, C.N., & NOVIKOVA, L.A. (1983) Investigation of the sensitive period in the development of the human visual system. *Zh. Vyshp. Nerv. Deyat (Journal of Higher Nervous Activity),* 33:434–41. **65**

KURTZ, P. (ed.) (1985) *A Skeptic's Handbook of Parapsychology.* Buffalo: Prometheus Books. **145, 209, 211**

KWAN, M.W., see NEGRETE & KWAN (1972).

L

LADER, M. (1985) Benzodiasepines, anxiety and catecholamines: A commentary. In Tuma, A.H., & Maser, J.D. (eds.), *Anxiety and the Anxiety Disorders.* Hillsdale, N.J.: Erlbaum. **502**

LAGE, E., see MOSCOVICI, LAGE, & NAFFRECHOUX (1969).

LAGERSPETZ, K., VIEMERO, V., & AKADEMI, A. (1986) Television and aggressive behavior among Finnish children. In Huesmann, L.R., & Eron, L.D. (eds.), *Television and the Aggressive Child.* New York: Erlbaum. **376**

LAGERSPETZ, K., see HUESMANN, LAGERSPETZ, & ERON (1984).

LAIRD, J.D. (1974) Self-attribution of emotion: The effects of expressive behavior on the quality of emotional experience. *Journal of Personality and Social Psychology,* 29:475–86. **365**

LAIRD, N.M., see DER SIMONIAN & LAIRD (1983).

LAKE, C.R., see BAUM, GATCHEL, FLEMING, & LAKE (1981).

LAKEY, B.B., see THOMPSON, JARVIE, LAKEY, & CURETON (1982).

LAMB, M.E., & CAMPOS, J.J. (1982) *Development in Infancy: An Introduction.* New York: Random House. **105**

LAMB, M.E., THOMPSON, R.A., GARDNER, W.P., CHARNOV, E.L., & ESTES, D. (1984) Security of infantile attachment as assessed in the "Strange Situation": Its study and biological interpretation. *Behavioral and Brain Sciences,* 7:127–54. **81**

LAMB, R., see HARRE & LAMB (1983).

LAMBERT, M.J., see BERGIN & LAMBERT (1978).

LAND, E.H. (1977) The retinex theory of color vision. *Scientific American,* 237(No. 6):108–28. **188**

LANDY, D., see SIGALL & LANDY (1973).

LANGER, E.J., BLANK, A., & CHANOWITZ, B. (1978) The mindlessness of ostensibly thoughtful action. *Journal of Personality and Social Psychology,* 36:635–42. **569, 571**

LANGLOIS, J.H., & DOWNS, A.C. (1980) Mothers, fathers, and peers as socialization agents of sex-typed play behaviors in young children. *Child Development,* 51:1237–47. **91**

LAPIERE, R. (1934) Attitudes versus actions. *Social Forces,* 13:230–37. **583**

LARKIN, J.H., MCDERMOTT, J., SIMON, D.P., & SIMON, H.A. (1980) Expert and novice performance in solving physics problems. *Science,* 208:1335–42. **308**

LATANE, B. (1981) The psychology of social impact. *American Psychologist,* 36:343–56. **604, 605**

LATANE, B., & DARLEY, J.M. (1968) Group inhibition of bystander intervention in emergencies. *Journal of Personality and Social Psychology,* 10:215–21. **603**

LATANE, B., & DARLEY, J.M. (1970) *The Unresponsive Bystander: Why Doesn't He Help?* New York: Appleton-Century-Crofts. **602, 627**

LATANE, B., & HARKINS, S.G. (1976) Cross-modality matches suggest anticipated stage fright, a multiplicative power function of audience size and status. *Perception and Psychophysics,* 20:482–88. **604**

LATANE, B., & RODIN, J. (1969) A lady in distress: Inhibiting effects of friends and strangers on bystander intervention. *Journal of Experimental and Social Psychology,* 5:189–202. **603**

LATANE, B., WILLIAMS, K.D., & HARKINS, S.G. (1979) Many hands make light work: The causes and consequences of social loafing. *Journal of Personality and Social Psychology,* 37:822–32. **605**

LATANE, B., see DARLEY & LATANE (1968).

LATANE, B., see FREEMAN, WALKER, BORDEN, & LATANE (1975).

LATANE, B., see JACKSON & LATANE (1981).

LATANE, B., see PETTY, HARKINS, WILLIAMS, & LATANE (1977).

LATERRE, C., see BRUYER, LATERRE, SERON, et al. (1983).

LAUDENSLAGER, M., see MAIER & LAUDENSLAGER (1985).

LAUDENSLAGER, M.L., RYAN, S.M., DRUGAN, R.C., HYSON, R.L., & MAIER, S.F. (1983) Coping and immunosuppression:

Inescapable but not escapable shock suppresses lymphocyte proliferation. *Science,* 221:568–70. **484**

LAUER, J., & LAUER, R. (1985) Marriages made to last. *Psychology Today,* 19(No. 6):22–26. **102, 103**

LAUGHLIN, H.P. (1967) *The Neuroses.* Washington, D.C.: Butterworths. **498**

LAURENCE, J.R. (1980) Duality and dissociation in hypnosis. Unpublished M.A. thesis, Concordia University, Montreal. **141**

LAYTON, B.D., see STROEBE, INSKO, THOMPSON, & LAYTON (1971).

LAZAR, I., & DARLINGTON, R. (1982) Lasting effects of early education: A report from the Consortium for Longitudinal Studies. *Monographs of the Society for Research in Child Development,* 47:2–3. **412**

LAZARUS, R.S., & FOLKMAN, S. (1984) *Stress, Appraisal, and Coping.* New York: Springer. **460, 461, 473, 487**

LAZARUS, R.S., KANNER, A.D., & FOLKMAN, S. (1980) Emotions: A cognitive-phenomenological analysis. In Plutchik, R. & Kellerman, H. (eds.), *Emotion: Theory, Research, and Experience,* Vol. 1. New York: Academic Press. **358**

LAZARUS, R.S., see DELONGIS, COYNE, DAKOF, FOLKMAN, & LAZARUS (1982).

LAZARUS, R.S., see FOLKMAN & LAZARUS (1980).

LAZARUS, R.S., see FOLKMAN & LAZARUS (1985).

LAZARUS, R.S., see FOLKMAN, LAZARUS, DUNKEL-SCHETTER, DELONGIS, & GRUEN (1986).

LAZERSON, A., see FISCHER & LAZERSON (1984).

LE BON, G. (1895) *The Crowd.* London: Ernest Benn. **600, 627**

LEDERMAN, S.J., see KLATZKY, LEDERMAN, & METZGER (1985).

LEDERMAN, S.J., see LOOMIS & LEDERMAN (1986).

LEFKOWITZ, M.M., see ERON, HUESMANN, LEFKOWITZ, & WALDER (1972).

LEFKOWITZ, M.M., see HUESMANN, ERON, LEFKOWITZ, & WALDER (1984).

LEHMKUHLE, S.W., see SPOEHR & LEHMKUHLE (1982).

LEHRMAN, D.S. (1964) Control of behavior cycles in reproduction. In Etkin W. (ed.), *Social Behavior and Organization Among Vertebrates.* Chicago: University of Chicago Press. **343**

LEIBOWITZ, H., see ZEIGLER & LEIBOWITZ (1957).

LEIER, V.O., see YESAVAGE, LEIER, DENARI, & HOLLISTER (1985).

LEIKIND, B.J., & MCCARTHY, W.J. (1985) An investigation of firewalking. *The Skeptical Observer,* 10(No. 1):23–34. **142**

LEIMAN, A.L., see ROSENZWEIG & LEIMAN (1982).

LENNEBERG, E.H. (1967) *Biological Foundations of Language.* New York: Wiley. **299**

LENNIE, P., see SHAPLEY & LENNIE (1985).

LEON, M. (1977) *Coordination of Intent and Consequence Information in Children's Moral Judgments.* (Tech. Rep. CHIP 72.) La Jolla, Calif.: University of California, San Diego, Center for Human Information Processing. **450**

LEPPER, M.R., see LORD, ROSS, & LEPPER (1979).

LEPPER, M.R., see VALLONE, ROSS, & LEPPER (1985).

LERNER, R.M., & KARABENICK, S.A. (1974) Physical attractiveness, body attitudes, and self-concept in late adolescents. *Journal of Youth and Adolescence,* 3:307–16. **575**

LESERMAN, J., see LOCKE, KRAUS, LESERMAN, HURST, HEISEL, & WILLIAMS (1984).

LESGOLD, A., see BOWER, CLARK, WINZENZ, & LESGOLD (1969).

LEVENSON, R.W., see EKMAN, LEVENSON, & FRIESON (1983).

LEVI, A., see TETLOCK & LEVI (1982).

LEVIN, J.R., see PRESSLEY, LEVIN, & DELANEY (1982).

LEVINE, J.M., see ALLEN & LEVINE (1969).

LEVINE, J.M., see ALLEN & LEVINE (1971).

LEVINE, M.W., & SHEFNER, J.M. (1981) *Fundamentals of Sensation and Perception.* Reading, Mass.: Addison-Wesley. **179**

LEVINGER, G., SENN, D.J., & JORGENSEN, B.W. (1970) Progress toward permanence in courtship: A test of the Kerckhoff-Davis hypotheses. *Sociometry,* 33:427–43. **592**

LEVINGER, G., see RANDS & LEVINGER (1979).

LEVINTHAL, C.F. (1983) *Introduction to Physiological Psychology* (2nd ed.). Englewood Cliffs, N.J.: Prentice-Hall. **59**

LEVY, J. (1985) Right brain, left brain: Facts and fiction. *Psychology Today,* 19(No. 5):38–44. **49**

LEWINSOHN, P.M., ANTONUCCIO, D.O., STEINMETZ, J.L., & TERI, L. (1984) *The Coping With Depression Course: Psychoeducational Intervention for Unipolar Depression.* Eugene, Ore.: Castalia. **541**

LEWINSOHN, P.M., FENN, D., & FRANKLIN, J. (1982) The relationship of age of onset to duration of episode in unipolar depression. Unpublished manuscript, University of Oregon. **503**

LEWINSOHN, P.M., HOBERMAN, H., TERI, L., & HAUTZINER, M. (1985) An integrative theory of depression. In Reiss, S., & Bootsin, R. (eds.), *Theoretical Issues in Behavior Therapy.* New York: Academic Press. **507**

LEWINSOHN, P.M., MISCHEL, W., CHAPLIN, W., & BARTON, R. (1980) Social competence and depression: The role of illusory self-perceptions. *Journal of Abnormal Psychology,* 89:203–12. **507**

LEWIS, J.W., see TERMAN, SHAVIT, LEWIS, CANNON, & LIEBESKIND (1984).

LEWIS, P., see GOLDMAN & LEWIS (1977).

LEWIS, S. (1934) *Work of Art.* Garden City, N.Y.: Doubleday. **423**

LEWONTIN, R.C., ROSE, S., & KAMIN, L.J. (1984) *Not in Our Genes: Biology, Ideology, and Human Nature.* New York: Pantheon. **415**

LEY, R.G., & BRYDEN, M.P. (1982) A dissociation of right and left hemispheric effects for recognizing emotional tone and verbal content. *Brain and Cognition,* 1:3–9. **365**

LIBERMAN, A.M., COOPER, F., SHANKWEILER, D., & STUDDERT-KENNEDY, M. (1967) Perception of the speech code. *Psychological Review,* 74:431–59. **291**

LICKEY, M.E., & GORDON, B. (1983) *Drugs for Mental Illness.* New York: Freeman. **561**

LIDZ, T. (1973) *The Origin and Treatment of Schizophrenic Disorders.* New York: Basic Books. **517**

LIEBERMAN, L.R., & DUNLAP, J.T. (1979) O'Leary and Borkovec's conceptualization of placebo: The placebo paradox. *American Psychologist,* 34:553–54. **553**

LIEBERMAN, M.A., YALOM, I.D., & MILES, M.B. (1973) *Encounter Groups: First Facts.* New York: Basic Books. **544, 561**

LIEBESKIND, J.C., see TERMAN, SHAVIT, LEWIS, CANNON, & LIEBESKIND (1984).

LINDEN, E., see PATTERSON & LINDEN (1981).

LINDZEY, G., & ARONSON, E. (eds.) (1985) *The Handbook of Social Psychology* (3rd ed.). Hillsdale, N.J.: Erlbaum. **595, 627**

LINDZEY, G., see HALL & LINDZEY (1978).

LINDZEY, G., see HALL, LINDZEY, LOEHLIN, & MANOSEVITZ (1985).

LINDZEY, G., see LOEHLIN, LINDZEY, & SPUHLER (1975).

LINN, R.L. (1982) Ability Testing: Individual differences, prediction, and differential prediction. In Wigdor, A., & Gardner, W. (eds.), *Ability Testing: Uses, Consequences, and Controversies.* Washington, D.C.: National Academy Press. **397, 399**

LIPPERT, W.W., & SENTER, R.J. (1966) Electrodermal responses in the sociopath. *Psychonomic Science,* 4:25–26. **521**

LIPPINCOTT, E.C., see THOMAS, HORTON, LIPPINCOTT, & DRABMAN (1977).

LIPSITT, J.P., see SIQUELAND & LIPSITT (1966).

LITTMAN, R.A., see PATTERSON, LITTMAN, & BRICKER (1967).

LOCKE, S.E., KRAUS, L., LESERMAN, J., HURST, M.W., HEISEL, S., & WILLIAMS, R.M. (1984) Life change stress, psychiatric symptoms, and natural killer cell activity. *Psychosomatic Medicine,* 46:441-53. **484**

LOCKE, S.E., see JEMMOTT & LOCKE (1984).

LOCKHART, R.S., see CRAIK & LOCKHART (1972).

LOEB, G. (1985) The functional replacement of the ear. *Scientific American,* 252(No. 2):104-11. **171**

LOEHLIN, J.C., LINDZEY, G., & SPUHLER, J.N. (1975) *Race Differences in Intelligence.* San Francisco: Freeman. **410**

LOEHLIN, J.C., & NICHOLS, R.C. (1976) *Heredity, Environment, and Personality: A Study of 850 Twin Sets.* Austin: University of Texas Press. **418**

LOELHLIN, J.C., see HALL, LINDZEY, LOEHLIN, & MANOSEVITZ (1985).

LOFTUS, E.F., & LOFTUS, G.R. (1980) On the permanence of stored information in the human brain. *American Psychology,* 35:409-20. **259**

LOFTUS, E.F., see LOFTUS & LOFTUS (1975).

LOFTUS, E.F., see LOFTUS & LOFTUS (1982).

LOFTUS, E.F., SCHOOLER, J.W., & WAGENAAR, W.A. (1985) The fate of memory: Comment on McCloskey and Zaragoza. *Journal of Experimental Psychology: General,* 114(No. 3):375-80. **274**

LOFTUS, G.R., & LOFTUS, E.F. (1975) *Human Memos: The Processing of Information.* New York: Halsted Press. **273**

LOFTUS, G.R., & LOFTUS, E.F. (1982) *Essence of Statistics.* Monterey, Calif.: Brooks/Cole. **651**

LOFTUS, G.R., see LOFTUS & LOFTUS (1980).

LOGAN, C.A., see FANTINO & LOGAN (1979).

LOGAN, J.A., see KANDEL & LOGAN (1984).

LOGUE, A.W. (1986) *The Psychology of Eating and Drinking.* New York: Freeman. **349**

LOHR, J.M., see HAMBERGER & LOHR (1984).

LOOMIS, A.L., HARVEY, E.N., & HOBART, G.A. (1937) Cerebral states during sleep as studied by human potentials. *Journal of Experimental Psychology,* 21:127-44. **115**

LOOMIS, J.M., & LEDERMAN, S.J. (1986) Tactual perception. In Boff, K., Kaufman, L., & Thomas, J. (eds.), *Handbook of Perception and Human Performance,* Vol. 1. New York: Wiley. **175, 176**

LORD, C.G., ROSS, L., & LEPPER, M.R. (1979) Biased assimilation and attitude polarization: The effects of prior theories on subsequently considered evidence. *Journal of Personality and Social Psychology,* 37:2098-109. **570**

LORENZ, K. (1966) *On Aggression.* New York: Harcourt Brace Jovanovich. **375**

LORENZ, K. (1981) *The Foundations of Ethology.* New York: Springer-Verlag. **349, 375**

LOTT, A.J., see MALOF & LOTT (1962).

LOVINGER, P.W., see JONES & LOVINGER (1985).

LOWINGER, P., & DOBIE, S. (1969) What makes the placebo work? A study of placebo response rate. *Archives of General Psychiatry,* 20:84-88. **552**

LOWN, B., see REICH, DESILVA, LOWN, & MURAWSKI (1981).

LUBORSKY, L., SINGER, B., & LUBORSKY, L. (1975) Comparative studies of psychotherapies. *Archives of General Psychiatry,* 32:995-1008. **549**

LUBORSKY, L., see LUBORSKY, SINGER, & LUBORSKY (1975).

LUBORSKY, L.L., MCLELLAN, A.T., WOODY, G.E., O'BRIEN, E.P., & AUERBACH, A. (1985) Therapist success and its determinants. *Archives of General Psychiatry,* 42:602-11. **550**

LUCE, R.D., see KRANTZ, LUCE, SUPPES, & TVERSKY (1971).

LUCHINS, A. (1957) Primacy-recency in impression formation. In Hovland, C.I. (ed.), *The Order of Presentation in Persuasion.* New Haven: Yale University Press. **568, 569**

LUDWIG, A.M., BRANDSMA, J.M., WILBUR, C.B., BENDFELDT, F., & JAMESON, D.H. (1972) The objective study of a multiple personality. *Archives of General Psychiatry,* 26:298-310. **113**

LUNDIN, R.W. (1985) *Theories and Systems of Psychology,* (3rd ed.). Lexington, Mass.: Heath. **27**

LURIA, Z., & RUBIN, J.Z. (1974) The eye of the beholder: Parents' views on sex of newborns. *American Journal of Orthopsychiatry,* 44:512-19. **90**

LUZZATI, C., see BISIACH & LUZZATI (1978).

LYKKEN, D.T. (1957) A study of anxiety in the sociopathic personality. *Journal of Abnormal and Social Psychology,* 55:6-10. **521**

LYKKEN, D.T. (1980) *A Tremor in the Blood: Uses and Abuses of the Lie Detector.* New York: McGraw-Hill. **355, 379**

LYKKEN, D.T. (1982) Research with twins: The concept of emergencies. *The Society for Psychophysiological Research,* 19:361-73. **422**

LYKKEN, D.T. (1984) Polygraphic interrogation. *Nature,* 307:681-84. **355**

M

MAASS, A., & CLARK, R.D., III. (1983) Internalization versus compliance: Differential processes underlying minority influence and conformity. *European Journal of Social Psychology,* 13:45-55. **618**

MAASS, A., & CLARK, R.D., III. (1984) Hidden impact of minorities: Fifteen years of minority influence research. *Psychological Bulletin,* 95:428-50. **618**

MACCOBY, E.E., & JACKLIN, C.N. (1974) *The Psychology of Sex Differences.* Stanford: Stanford University Press. **92, 93**

MACCOBY, N., FARQUHAR, J.W., WOOD, P.D., & ALEXANDER, J. (1977) Reducing the risk of cardiovascular disease: Effects of a community-based campaign on knowledge and behavior. *Journal of Community Health,* 3:100-14. **620, 621**

MACCOBY, N., see FARQUHAR, MACCOBY, & SOLOMON (1984).

MACCOBY, N., see FARQUHAR, MACCOBY, WOOD, et al. (1977).

MACCRIMMON, D.J., see STEFFY, ASARNOW, ASARNOW, MACCRIMMON, & CLEGHORN (1984).

MACDONALD, H., see HILGARD, HILGARD, MACDONALD, MORGAN, & JOHNSON (1978).

MACDOUGALL, J.M., see DEMBROSKI, MACDOUGALL, WILLIAMS, & HANEY (1985).

MACKENZIE, B. (1984) Explaining race differences in IQ: The logic, the methodology, and the evidence. *American Psychologist,* 39:1214-33. **411**

MACKINTOSH, N.J. (1983) *Conditioning and Associative Learning.* New York: Oxford University Press. **243**

MADDI, S., & COSTA, P. (1972) *Humanism in Personology: Allport, Maslow, and Murray.* Chicago: Aldine. **455**

MADDI, S.R., see KOBASA, MADDI, & KAHN (1982).

MAFFEI, L., see PIRCHIO, SPINELLI, FIORENTINI, & MAFFEI (1978).

MAHER, B.A. (1966) *Principles of Psychotherapy: An Experimental Approach.* New York: McGraw-Hill. **511, 512, 521, 523**

MAHONEY, M.J., see CRAIGHEAD, KAZDIN, & MAHONEY (1981).

MAIER, S.F., & LAUDENSLAGER, M. (1985) Stress and health: Exploring the links. *Psychology Today,* 19(No. 8):44-49. **484**

MAIER, S.F., & SELIGMAN, M.E.P. (1976) Learned helplessness: Theory and evidence. *Journal of Experimental Psychology: General,* 105:3-46. **228**

MAIER, S.F., see LAUDENSLAGER, RYAN, DRUGAN, HYSON, & MAIER (1983).

MAISEL, E., see GEER & MAISEL (1972).

MALAMUT, B., see MISHKIN, MALAMUT, & BACHEVALIER (1984).

MALAUMD, P., see WATERS & MALAUMD (1975).

MALITZ, S., see SACKEIM, PORTNOY, NEELEY, STEIF, DECINA, & MALITZ (1985).

MALOF, M., & LOTT, A.J. (1962) Ethnocentrism and the acceptance of Negro support in a group pressure situation. *Journal of Abnormal and Social Psychology,* 65:254–58. **608**

MALT, B.C. (1985) The role of discourse structure in understanding anaphora. *Journal of Memory and Language,* 24:271–89. **252**

MANDLER, G. (1982) *Mind and Emotion.* New York: Norton. **379**

MANDLER, G. (1984) *Mind and Body.* New York: Norton. **360**

MANDLER, G. (1985) *Cognitive Psychology: An Essay in Cognitive Science.* Hillsdale, N.J.: Erlbaum. **9, 27**

MANKIEWICZ, F., & SWERDLOW, J. (1977) *Remote Control.* New York: Quadrangle. **376**

MANN, L., see KILHAM & MANN (1974).

MANN, M.B., see WABER, MANN, MEROLA, & MOYLAN (1985).

MANOSEVITZ, M., see HALL, LINDZEY, LOEHLIN, & MANOSEVITZ (1985).

MARCEL, A.J. (1983) Conscious and unconscious perception: An approach to the relations between phenomenal experience and perceptual processes. *Cognitive Psychology,* 15:238–300. **196**

MARGULIS, S., see YERKES & MARGOLIS (1909).

MARIN, O.S.M., see POSNER & MARIN (1985).

MARKHAM, M. (1981) Suicide without depression. *Psychiatric News,* 8:24–25. **505**

MARKMAN, E. (1987) How children constrain the possible meanings of words. In Neisser, U. (ed.), *Concepts and Conceptual Development: Ecological and Intellectual Factors in Categorization.* New York: Cambridge University Press. **295**

MARKS, D., & KAMMANN, R. (1977) The nonpsychic powers of Uri Geller. *The Zetetic,* 1:9–17. **143**

MARKS, D., & KAMMANN, R. (1980) *The Psychology of the Psychic.* Buffalo: Prometheus Books. **210, 211**

MARKUS, H. (1977) Self-schemata and processing information about the self. *Journal of Personality and Social Psychology,* 35:63–78. **436**

MARKUS, H., & SENTIS, K. (1982) The self in social information processing. In Suls, J. (ed.), *Psychological Perspectives on the Self,* Vol. 1. Hillsdale, N.J.: Erlbaum. **436**

MARKUS, H., & SMITH, J. (1981) The influence of self-schemas on the perception of others. In Cantor, N., & Kihlstrom, J. (eds.), *Personality, Cognition, and Social Interaction.* Hillsdale, N.J.: Erlbaum. **436**

MARKUS, H., CRANE, M., BERNSTEIN, S., & SILADI, M. (1982) Self-schemas and gender. *Journal of Personality and Social Psychology,* 42:38–50. **573**

MARLER, P. (1970) A comparative approach to vocal learning: Song development in white-crowned sparrows. *Journal of Comparative and Physiological Psychology,* 7: 1–25. **238**

MARR, D. (1982) *Vision.* San Francisco: Freeman. **194, 211**

MARRON, J.E. (1965) Special test preparation: Its effects on college board scores and the relationship of effected scores to subsequent college performance. Office of the Director of Admissions and Registrar. U.S. Military Academy, West Point, N.Y. **401**

MARSHALL, G. (1976) The affective consequences of "inadequately explained" physiological arousal. Unpublished Ph.D. dissertation, Stanford University. **359**

MARTIN, C.E., see KINSEY, POMEROY, & MARTIN (1948).

MARTIN, C.E., see KINSEY, POMEROY, MARTIN, & GEBHARD (1953).

MARTIN, D.G. (1971) *Introduction to Psychotherapy.* Monterey, Calif.: Brooks/Cole. **561**

MARTIN, P.R., see WEINGARTEN, GRAFMAN, BOUTELLE, KAYE, & MARTIN, (1983).

MARTINEZ, J.L., JR., see MCGAUGH, JENSEN, & MARTINEZ (1979).

MARTYNA, W., see BEM, MARTYNA, & WATSON (1976).

MASLACH, C. (1979) The emotional consequences of arousal without reason. In Izard, C.E. (ed.), *Emotion in Personality and Psychopathology.* New York: Plenum. **359**

MASON, J.W. (1971) A re-evaluation of the concept of "nonspecificity" in stress theory. *Journal of Psychiatric Research,* 8:323–33. **463**

MASSEY, J.O., see HEWITT & MASSEY (1969).

MASSMAN, P.J., see BERMAN, MILLER, & MASSMAN (1985).

MASTERS, J.C., see RIMM & MASTERS (1979).

MASTERS, W.H., & JOHNSON, V.E. (1966) *Human Sexual Response.* Boston: Little, Brown. **20**

MATARAZZO, J.D., & WIENS, A.W. (1972) *The Interview: Research on Its Anatomy and Structure.* Chicago: Aldine-Atherton. **440**

MATARAZZO, J.D., & WIENS, A.W. (1977) Black Intelligence Test of Cultural Homogeneity and Wechsler Adult Intelligence Scale scores of black and white police applicants. *Journal of Applied Psychology,* 62:57–63. **396**

MATAS, L., AREND, R.A., & SROUFE, L.A. (1978) Continuity of adaption in the second year: The relationship between quality of attachment and later competence. *Child Development* 49:547–56. **80**

MATEER, C., see FRIED, MATEER, OJEMANN, WOHNS, & FEDIO (1982).

MATHES, E.W. (1975) The effects of physical attractiveness and anxiety on heterosexual attraction over a series of five encounters. *Journal of Marriage and the Family,* 37:769–73. **588**

MAY, M.A., see HARTSHORNE & MAY (1929).

MAYER, R.E. (1981) *The Promise of Cognitive Psychology.* San Francisco: Freeman. **13**

MCALLISTER, B.H., see NILSON, NILSON, OLSON, & MCALLISTER (1981).

MCARTHUR, L.A. (1972) The how and what of why: Some determinants and consequences of causal attribution. *Journal of Personality and Social Psychology,* 22:171–93. **576**

MCBURNEY, D.H. (1978) Psychological dimensions and the perceptual analysis of taste. In Carterette, E.C., & Friedman, M.P. (eds.), *Handbook of Perception,* Vol. 6A. New York: Academic Press. **174**

MCCALL, R.B. (1986) *Fundamental Statistics for Behavioral Sciences* (4th ed.). San Diego: Harcourt Brace Jovanovich. **651**

MCCARLEY, R.W., see HOBSON & MCCARLEY (1977).

MCCARTHY, W.J., see LEIKIND & MCCARTHY (1985).

MCCLEARN, G.E., see PLOMIN, DEFRIES, & MCCLEARN (1980).

MCCLELLAND, D.C., see JEMMOTT, BORYSENKO, MCCLELLAND, CHAPMAN, MEYER, & BENSON (1985).

MCCLELLAND, J.L., & RUMELHART, D.E. (1981) An interactive model of context effects in letter perception: Pt. 1. An account of basic findings. *Psychological Review,* 88:375–407. **203**

MCCLOSKEY, M., & ZARAGOZA, M. (1985) Misleading post-event information and memory for events: Arguments and evidence against memory impairment hypotheses. *Journal of Experimental Psychology: General,* 114:1–16. **274**

MCCOMBS, M., see COMSTOCK, CHAFFEE, KATZMAN, MCCOMBS, & ROBERTS (1978).

MCCRAE, R.R., see COSTA, ZONDERMAN, MCCRAE, & WILLIAMS (1985).

MCDERMOTT, J., see LARKIN, MCDERMOTT, SIMON, & SIMON (1980).

MCDONALD, F.J., see BANDURA & MCDONALD (1963).

MCDOUGALL, W. (1908) *Social Psychology.* New York: G.P. Putnam's Sons. **342**

MCFARLAND, D. (1985) *Animal Behaviour: Psychobiology, Ethology and Evolution.* Menlo Park, Calif.: Benjamin-Cummings. **349**

MCGAUGH, J.L., & HERZ, M.J. (1972) *Memory Consolidation.* San Francisco: Albion. **260**

MCGAUGH, J.L., JENSEN, R.A., & MARTINEZ, J.L., JR. (1979) Sleep, brain state, and memory. In Drucker-Colin, R., Shkurovich, M., & Sterman, M.B. (eds.), *The Functions of Sleep.* New York: Academic Press. **118**

MCGAUGH, J.L., see COTMAN & MCGAUGH (1980).

MCGAUGH, J.L., see HUDSPETH, MCGAUGH, & THOMPSON (1964).

MCGHIE, A., & CHAPMAN, J. (1961) Disorders of attention and perception in early schizophrenia. *British Journal of Medical Psychology,* 34:103–16. **512, 513**

MCGINNES, E. (1949) Emotionality and perceptual defense. *Psychological Review,* 56:244–51. **196**

MCGRAW, K.O., see CORDUA, MCGRAW, & DRABMAN (1979).

MCGRAW, M.D. (1935) *Growth: A Study of Johnny and Jimmy.* Englewood Cliffs, N.J.: Prentice-Hall. **69**

MCGUE, M., & BOUCHARD, T.J., JR. (1984) Adjustment of twin data for the effects of age and sex. *Behavior Genetics* 14:325–43. **422**

MCGUE, M., see BOUCHARD & MCGUE (1981).

MCGUIRE, W.J. (1960) A syllogistic analysis of cognitive relationships. In Hovland, C.I., & Rosenberg, M.J. (eds.), *Attitude Organization and Change.* New Haven: Yale University Press. **581**

MCKEGNEY, F.P., see SCHLEIFER, KELLER, MCKEGNEY, & STEIN (1979).

MCKENNA, R.J. (1972) Some effects of anxiety level and food cues on the eating behavior of obese and normal subjects. *Journal of Personality and Social Psychology,* 22:311–19. **325**

MCKINNEY, W.T., see SUOMI, HARLOW, & MCKINNEY (1972).

MCLELLAN, A.T., see LUBORSKY, MCLELLAN, WOODY, O'BRIEN, & AUERBACH (1985).

MCNEAL, E.T., & CIMBOLIC, P. (1986) Antidepressants and biochemical theories of depression. *Psychological Bulletin,* 99:361–74. **510**

MCNEILL, D. (1966) Developmental psycholinguistics. In Smith, F., & Miller, G.A. (eds.), *The Genesis of Language: A Psycholinguistic Approach.* Cambridge, Mass.: M.I.T. Press. **297**

MCNEILL, D., see BROWN & MCNEILL (1966).

MCQUIRK, B., see BEAMAN, BARNES, KLENTZ, & MCQUIRK (1978).

MEADEJOVSKY, M.G., see DOBELLE, MEADEJOVSKY, & GIRVIN (1974).

MEAGHER, R., see MILLON, GREEN, MEAGHER (1982).

MECHANIC, D. (1962) *Students Under Stress.* New York: Free Press. **473**

MEDIN, D.L., see SMITH & MEDIN (1981).

MEDNICK, B.K. (1973) Breakdown in high-risk subjects: Familial and early environmental factors. *Journal of Abnormal Psychology,* 82:469–75. **518**

MEDNICK, S.A., CUDECK, R., GRIFFITH, J.J., TALOVIC, S.A., & SCHULSINGER, F. (1984) The Danish High-Risk Project: Recent methods and findings. In Watt, H.F., Anthony, E.J., Wynne, L.C., & Rolf, J.E. (eds.), *Children at Risk for Schizophrenia.* New York: Cambridge University Press. **518**

MEDNICK, S.A., see JOHN, MEDNICK, & SCHULSINGER (1982).

MEDNICK, S.A., see WITKIN, MEDNICK, SCHULSINGER, et al. (1976).

MEICHENBAUM, D.H. (1985) *Stress Inoculation Training.* New York: Pergamon. **487**

MEICHENBAUM, D.H., & JAREMKO, M.E. (eds.) (1983) *Stress Reduction and Prevention.* New York: Plenum. **487**

MEICHENBAUM, D.H., see BOWERS & MEICHENBAUM (1984).

MELVILLE, J. (1977) *Phobias and Obsessions.* New York: Coward, McCann, & Geoghegan. **495**

MELZAK, R., & CASEY, K.L. (1968) Sensory, motivational, and central control determinants of pain. In Kenshalo, D.R. (ed.), *The Skin Senses.* Springfield, Ill.: Thomas. **176**

MELZAK, R., & WALL, P.D. (1965) Pain mechanisms: A new theory. *Science,* 150:971–79. **176**

MENNINGER, K., & HOLZMAN, P.S. (1973) *Theory of Psychoanalytic Technique* (2nd ed.). New York: Basic Books. **561**

MENZIES, R. (1937) Conditioned vasomotor responses in human subjects. *Journal of Psychology,* 4:75–120. **218**

MEROLA, J., see WABER, MANN, MEROLA, & MOYLAN (1985).

MERVIS, C.B., & PANI, J.R. (1981) Acquisition of basic object categories. *Cognitive Psychology,* 12:496–522. **285**

MERVIS, C.B., & ROSCH, E. (1981) Categorization of natural objects. In Rosenzweig, M.R., & Porter, L.W. (eds.), *Annual Review of Psychology,* Vol. 21. Palo Alto, Calif.: Annual Reviews. **284**

MERVIS, C.B., see ROSCH & MERVIS (1975).

MESSER, S. (1967) Implicit phonology in children. *Journal of Verbal Learning and Verbal Behavior,* 6:609–13. **295**

MESSICK, S., & JUNGEBLUT, A. (1981) Time and method in coaching for the SAT. *Psychological Bulletin,* 89:191–216. **401**

METZGER, V.A., see KLATZKY, LEDERMAN, & METZGER (1985).

MEYER, D., see JEMMOTT, BORYSENKO, MCCLELLAND, CHAPMAN, MEYER, & BENSON (1985).

MEYER, D.E., see SCHVANEVELDT & MEYER (1973).

MEYER, D.R., see HARLOW, HARLOW, & MEYER (1950).

MEYER, J.P., & PEPPER, S. (1977) Need compatibility and marital adjustment in young married couples. *Journal of Personality and Social Psychology,* 35:331–42. **592**

MILES, L.E., RAYNAL, D.M., & WILSON, M.A. (1977) Blind man living in normal society has circadian rhythm of 24.9 hours. *Science,* 198:421–23. **115**

MILES, M.B., see LIEBERMAN, YALOM, & MILES (1973).

MILGRAM, S. (1963) Behavioral study of obedience. *Journal of Abnormal and Social Psychology,* 67:371–78. **609, 610**

MILGRAM, S. (1974) *Obedience to Authority: An Experimental View.* New York: Harper & Row. **609, 610, 612, 615, 627**

MILLER, G.A. (1956) The magical number seven plus or minus two: Some limits on our capacity for processing information. *Psychological Review,* 63:81–97. **252**

MILLER, G.A. (1965) Some preliminaries to psycholinguistics. *American Psychologist,* 20:15–20. **297**

MILLER, J.R., & KINTSCH, W. (1980) Readability and recall of short prose passages: A theoretical analysis. *Journal of Experimental Psychology: Human Learning and Memory,* 6:335–54. **252**

MILLER, L.C., & COX, C.L. (1981) Public self-consciousness and makeup use: Individual differences in preparational tactics. Paper presented at the annual meeting of the American Psychological Association, Los Angeles, August 1981. **438**

MILLER, N.E. (1969) Learning of visceral and glandular responses. *Science,* 169: 434–45. **225**

MILLER, N.E. (1985) The value of behavioral research on animals. *American Psychologist,* 40:423–40. **226**

MILLER, N.E., see DOLLARD, DOOB, MILLER, MOWRER, & SEARS (1939).

MILLER, N.E., see DOLLARD & MILLER (1939).

MILLER, R.C., see BERMAN, MILLER, & MASSMAN (1985).

MILLER, R.S., see SCHNEIDER & MILLER (1975).

MILLER, T.I., see SMITH, GLASS, & MILLER (1980).

MILLER, W.E., see DICARA & MILLER (1968).

MILLER, W.E., see DICARA & MILLER (1970).

MILLON, T., GREEN, C., & MEAGHER, R. (eds.) (1982) *Handbook of Clinical Health Psychology.* New York: Plenum. **487**

MILNER, B. (1964) Some effects of frontal lobectomy in man. In Warren, J.M., & Akert, K. (eds.), *The Frontal Granular Cortex and Behavior.* New York: McGraw-Hill. **45**

MILNER, B., CORKIN, S., & TEUBER, H.L. (1968) Further analysis of the hippocampal amnesic syndrome: 14-year follow-up study of H.M. *Neuropsychologia,* 6:215–34. **246**

MINIUM, E.W., & CLARK, R.W. (1982) *Elements of Statistical Reasoning.* New York: Wiley. **651**

MIRER, T.W., see KELLEY & MIRER (1974).

MISCHEL, H., see MISCHEL & MISCHEL (1976).

MISCHEL, W. (1965) Predicting the success of Peace Corps volunteers in Nigeria. *Journal of Personality and Social Psychology,* 1:510–17. **449**

MISCHEL, W. (1968) *Personality and Assessment.* New York: Wiley. **252, 449**

MISCHEL, W. (1986) *Introduction to Personality* (4th ed.). New York: Holt, Rinehart & Winston. **428, 455**

MISCHEL, W., & MISCHEL, H. (1976) A cognitive social learning approach to morality and self regulation. In Lickona, T. (ed.), *Moral Development and Behavior.* New York: Holt, Rinehart & Winston. **86**

MISCHEL, W., see LEWINSOHN, MISCHEL, CHAPLIN, & BARTON (1980).

MISHKIN, M., MALAMUT, B., & BACHEVALIER, J. (1984) Memories and habits: Two neural systems. In Lynch, G.T., McGaugh, J.L., & Weinberger, N.M. (eds.), *Neurobiology of Learning and Memory.* New York: Guilford Press. **265**

MITA, T.H., DERMER, M., & KNIGHT, J. (1977) Reversed facial images and the mere-exposure hypothesis. *Journal of Personality and Social Psychology,* 35:597–601. **590**

MITCHEL, J.S., & KEESEY, R.E. (1974) The effects of lateral hypothalamic lesions and castration upon the body weight of male rats. *Behavioral Biology,* 11:69–82. **322**

MITCHELL, D.E., & WILKINSON, F. (1974) The effect of early astigmatism on the visual resolution of gratings. *Journal of Physiology,* 243:739–56. **206**

MITCHELL, K.M., see TRUAX & MITCHELL (1971).

MITCHISON, G., see CRICK & MITCHINSON (1983).

MITLER, M.M., see CARSKADON, MITLER, & DEMENT (1974).

MIYAKE, Y., see AWAYA, MIYAKE, IMAYUMI, SHIOSE, KNADA, & KOMURO (1973).

MOEDE, W. (1927) Die Richtlinien der Liestungs-Psychologie. *Industrielle Psychotechnik,* 4:193–207. **605**

MOHS, R.C, DAVIS, B.M., GREENWALD, B.S., et al. (1985) Clinical studies of the cholinergic deficit in Alzheimer's disease. *Journal of the American Geriatrics Society,* 33:749–57. **37**

MOLLON, J.D., see BARLOW & MOLLON (1982).

MOLLON, J.D., see DARTNALL, BOWMAKER, & MOLLON (1983).

MONEY, J. (1980) Endocrine influences and psychosexual status spanning the life cycle. In Van Praag, H.M. (ed.), *Handbook of Biological Psychiatry* (Part 3). New York: Marcel Dekker. **339, 340**

MONEY, J., WIEDEKING, C., WALKER, P.A., & GAIN, D. (1976) Combined antiandrogenic and counseling programs for treatment of 46 XY and 47 XXY sex offenders. In Sacher, E. (ed.), *Hormones, Behavior and Psychopathology.* New York: Raven Press. **331**

MONSELL, S. (1979) Recency, immediate recognition memory, and reaction time. *Cognitive Psychology,* 10:465–501. **251**

MONTAGU, A. (ed.) (1978) *Learning Nonaggression: The Experience of Non-literate Societies.* New York: Oxford University Press. **379**

MOORE, B.C.J. (1978) Psychophysical tuning curves measured in simultaneous and forward masking. *Journal of the Acoustical Society of America,* 63:524–32. **169**

MOORE, B.C.J. (1982) *An Introduction to the Psychology of Hearing* (2nd ed.). New York: Academic Press. **179**

MOORE, B.R., see JENKINS & MOORE (1973).

MOORE, B.S., see UNDERWOOD & MOORE (1981).

MOORE, E., see BOCK & MOORE (1982).

MOORE, M.J., see HAITH, BERGMAN, & MOORE (1977).

MOORE, S.G., see HARTUP & MOORE (1963).

MORAY, N. (1969) *Attention: Selective Processes in Vision and Hearing.* London: Hutchinson. **198**

MORELAND, R.L., & ZAJONC, R.B. (1979) Exposure effects may not depend on stimulus recognition. *Journal of Personality and Social Psychology,* 37:1085–89. **590**

MORGAN, A.H. (1973) The heritability of hypnotic susceptibility in twins. *Journal of Abnormal Psychology,* 82:55–61. **138**

MORGAN, A.H., see HILGARD, HILGARD, MACDONALD, MORGAN, & JOHNSON (1978).

MORGAN, A.H., see RUCH, MORGAN, & HILGARD (1973).

MORRIS, L.A., see SHAPIRO & MORRIS (1978).

MORRISON, D.M. (1985) Adolescent contraceptive behavior: A review. *Psychological Bulletin,* 98:538–68. **98, 99**

MORRISON, R.E., see RAYNER, INHOFF, MORRISON, SLOWIACZEK, & BERTERA (1981).

MORSE, R., see TELLER, MORSE, BORTON, & REGAL (1974).

MOS, L.P., see ROYCE & MOS (1981).

MOSCOVICI, S. (1976) *Social Influence and Social Change.* London: Academic Press. **617**

MOSCOVICI, S., LAGE, E., & NAFFRECHOUX, M. (1969) Influence of a consistent minority on the responses of a majority in a color perception task. *Sociometry,* 32: 365–79. **618**

MOSS, A.J., see CASE, HELLER, CASE, & MOSS (1985).

MOVSHON, J.A., & VAN SLUYTERS, R.C. (1981) Visual neural development. *Annual Review of Psychology,* 32:477–522. **206**

MOWRER, O.H. (1947) On the dual nature of learning: A reinterpretation of "conditioning" and "problem solving." *Harvard Educational Review,* 17:102–48. **236**

MOWRER, O.H., see DOLLARD, DOOB, MILLER, MOWRER, & SEARS (1939).

MOYLAN, P.M., see WABER, MANN, MEROLA, & MOYLAN (1985).

MURAWSKI, B.J., see REICH, DESILVA, LOWN, & MURAWSKI (1981).

MURDOCK, B.B., JR. (1962) The serial position effect in free recall. *Journal of Experimental Psychology,* 64:482–88. **253**

MURDOCK, P., see PAULUS & MURDOCK (1971).

MURPHY, G., & KOVACH, J. (1972) *Historical Introduction to Modern Psychology* (3rd ed.). New York: Harcourt Brace Jovanovich. **27**

MURPHY, G.E., & WETZEL, R.D. (1980) Suicide risk by birth cohort in the United States, 1949 to 1974. *Archives of General Psychiatry,* 37:519–23. **504**

MURSTEIN, B.I. (1972) Physical attractiveness and marital choice. *Journal of Personality and Social Psychology,* 22:8–12. **591**

MUSSARE, F., see HOGARTY, SCHOOLER, ULRICH, MUSSARE, FERRO, & HERRON (1979).

MUSSEN, P.H. (ed.) (1983) *Handbook of Child Psychology* (4th ed.). New York: Wiley. **105**

MUSSEN, P.H., CONGER, J.J., KAGAN, J., & HUSTON, A.C. (1984) *Child Development and Personality* (6th ed.). New York: Harper & Row. **105**

MUSSEN, P.H., & RUTHERFORD, E. (1963)

Parent-child relations and parental personality in relation to young children's sex-role preferences. *Child Development*, 34:589–607. **94**

MYERSON, R., see ZURIF, CARAMAZZA, MYERSON, & GALVIN (1974).

N

NADEL, L., see SQUIRE, COHEN, & NADEL (1984).

NAFE, J.P., see KENSHALO, NAFE, & BROOKS (1961).

NAFFRECHOUX, M., see MOSCOVICI, LAGE, & NAFFRECHOUX (1969).

NAKAMURA, G.V., see BREWER & NAKAMURA (1984).

NAKAYAMA, K. (1985) Biological image motion processing. *Vision Research*, 25:625–60. **186, 187**

NAKAYAMA, K., & TYLER, C.W. (1981) Psychophysical isolation of movement sensitivity by removal of familiar position cues. *Vision Research*, 21:427–33. **186**

NARANJO, C., & ORNSTEIN, R.E. (1977) *On the Psychology of Meditation*. New York: Penguin. **145**

NASH, S.C., see KUHN, NASH, & BRUCKEN (1978).

NATELSON, B.J., see HIRSH & NATELSON (1981).

NATHANS, J., THOMAS, D., & HOGNESS, D.S. (1986) Molecular genetics of human color vision: The genes encoding blue, green, and red pigments. *Science*, 232:193–202. **159**

NATIONAL REVIEW (1963) A survey of the political and religious attitudes of American college students. (October 8, 1963): 279–302. **624**

NATIONAL REVIEW (1971) Opinion on the campus. (June 15, 1971): 635–50. **624**

NEALE, J.M., see DAVISON & NEALE (1986).

NEATON, J.D., see SHEKELLE, NEATON, JACOBS, HULLEY, & BLACKBURN (1983).

NEBES, R.D., & SPERRY, R.W. (1971) Cerebral dominance in perception. *Neuropsychologia*, 9:247. **48**

NEEB, M., see FISHER, ZUCKERMAN, & NEEB (1981).

NEEB, M., see ZUCKERMAN & NEEB (1980).

NEELEY, P., see SACKEIM, PORTNOY, NEELEY, STEIF, DECINA, & MALITZ (1985).

NEELY, J.E., see THOMPSON & NEELY (1970).

NEGRETE, J.C., & KWAN, M.W. (1972) Relative value of various etiological factors in short lasting, adverse psychological reactions to cannabis smoking. *Internal Pharmacopsychiatry*, 7:249–59. **130**

NEISSER, U. (1981) John Dean's memory: A case study. *Cognition*, 9:1–22. **255**

NEISSER, U. (ed.) (1982) *Memory Observed: Remembering in Natural Contexts*. San Francisco: Freeman. **254, 255, 279**

NEISSER, U., see SELFRIDGE & NEISSER (1960).

NELSON, T.O. (1977) Repetition and depth of processing. *Journal of Verbal Learning and Verbal Behavior*, 16:152–71. **254**

NEUGARTEN, B. (1971) Grow old with me, the best is yet to be. *Psychology Today*, 5:45–49. **103**

NEUMAN, W.R. (1976) Patterns of recall among television news viewers. *Public Opinion Quarterly*, 40:115–23. **620**

NEWCOMB, T.M. (1943) *Personality and Social Change*. New York: Dryden Press. **623, 624, 627**

NEWCOMB, T.M. (1961) *The Acquaintance Process*. New York: Holt, Rinehart & Winston. **591**

NEWCOMB, T.M., KOENING, K.E., FLACKS, R., & WARWICK, D.P. (1967) *Persistence and Change: Bennington College and Its Students After Twenty-Five Years*. New York: Wiley. **625, 627**

NEWCOMB, T.M., see FESTINGER, PEPITONE, & NEWCOMB (1952).

NEWCOMBE, N., & BANDURA, M.M. (1983) The effect of age at puberty on spatial ability in girls: A question of mechanism. *Developmental Psychology*, 19:215–24. **93**

NEWELL, A., & SIMON, H.A. (1972) *Human Problem Solving*. Englewood Cliffs, N.J.: Prentice-Hall. **305, 306, 311**

NEWMAN, E.B., see STEVENS & NEWMAN (1936).

NICHOLS, R.C. (1968) Nature and nurture in adolescence. In Adams, J.F. (ed.), *Understanding Adolescence*. Boston: Allyn & Bacon. **95**

NICHOLS, R.C., see LOEHLIN & NICHOLS (1976).

NICKLAUS, J. (1974) *Golf My Way*. New York: Simon & Schuster. **136**

NICOL, S.E., & GOTTESMAN, I.I. (1983) Clues to the genetics and neurobiology of schizophrenia. *American Scientist*, 71:398–404. **515**

NIELSON, D.W., see YOST & NIELSON (1985).

NILSON, D.C., NILSON, L.B., OLSON, R.S., & MCALLISTER, B.H. (1981) *The Planning Environment Report for the Southern California Earthquake Safety Advisory Board*. Redlands, Calif.: Social Research Advisory & Policy Research Center. **473**

NILSON, L.B., see NILSON, NILSON, OLSON, & MCALLISTER (1981).

NISBETT, R.E. (1968) Taste, deprivation, and weight determinants of eating behavior. *Journal of Personality and Social Psychology*, 10:107–16. **326**

NISBETT, R.E. (1972) Hunger, obesity, and the ventromedial hypothalamus. *Psychological Review*, 79:433–53. **329**

NISBETT, R.E., & ROSS, L. (1985) *Human Inference: Strategies and Shortcomings of Social Judgment* (reprint ed.). Englewood Cliffs, N.J.: Prentice-Hall. **565, 566, 570, 576, 595**

NISBETT, R.E., see BORGIDA & NISBETT (1977).

NORMAN, D.A. (1976) *Memory and Attention: An Introduction to Human Information Processing* (2nd ed.). New York: Wiley. **199, 269**

NORMAN, D.A. (1982) *Learning and Memory*. San Francisco: Freeman. **279**

NORMAN, D.A., see WAUGH & NORMAN (1965).

NORMAN, R. (1975) Affective-cognitive consistency, attitudes, conformity, and behavior. *Journal of Personalilty and Social Psychology*, 32:83–91. **584**

NORMAN, W.T. (1963) Toward an adequate taxonomy of personality attributes: Replicated factor structure in peer nomination personality ratings. *Journal of Abnormal and Social Psychology*, 66:574–83. **424, 425**

NOVIKOVA, L.A., see KUMAN, FEDROV, & NOVIKOVA (1983).

O

O'BRIEN, E.J., see EPSTEIN & O'BRIEN (1985).

O'BRIEN, E.P., see LUBORSKY, MCLELLAN, WOODY, O'BRIEN, & AUERBACH (1985).

O'BRIEN, M., & HUSTON, A.C. (1985) Development of sex-typed play behavior in toddlers. *Developmental Psychology* 21 (No. 5):866–71. **90**

O'BRIEN, R.M., see CRAIGHEAD, STUNKARD, & O'BRIEN (1981).

O'DONNELL, J.A., & CLAYTON, R.R. (1982) The stepping stone hypothesis: Marijuana, heroin, and causality. *Chemical Dependencies*, 4(No. 3). **132**

O'LEARY, K.D., & WILSON, G.T. (1975) *Behavior Therapy: Application and Outcome*. Englewood Cliffs, N.J.: Prentice-Hall. **539**

O'MALLEY, P.M., see JOHNSTON, O'MALLEY, & BACHMAN (1986).

OFFIR, C. (1982) *Human Sexuality*. San Diego: Harcourt Brace Jovanovich. **324, 330, 332, 349**

OFFIR, C., see TAVRIS & OFFIR (1977).

OHMAN, A., FREDRIKSON, M., HUGDAHL, K., & RIMMO, P. (1976) The premise of equipotentiality in human classical conditioning: Conditioned electrodermal responses to potentially phobic stimuli. *Journal of Experimental Psychology: General*, 105:313–37. **500**

OHMAN, A., see HUGDAHL & OHMAN (1977).

OJEMANN, G., see FRIED, MATEER, OJEMANN, WOHNS, & FEDIO (1982).

OLIVEAU, D., see AGRAS, SYLVESTER, & OLIVEAU (1969).

OLSON, R.S., see NILSON, NILSON, OLSON, & MCALLISTER (1981).

OLTON, D.S. (1978) Characteristics of spatial memory. In Hulse, S.H., Fowler, H.F., & Honig, W.K. (eds.), *Cognitive Processes in Animal Behavior.* Hillsdale, N.J.: Erlbaum. **242**

OLTON, D.S. (1979) Mazes, maps, and memory. *American Psychologist,* 34:583–96. **242**

OLTON, D.S., & SAMUELSON, R.J. (1976) Remembrance of places passed: Spatial memory in rats. *Journal of Experimental Psychology: Animal Behavior Process,* 2:96–116. **241**

OLVER, R.R., see BRUNER, OLVER, GREENFIELD, et al. (1966).

OLWEUS, D. (1969) *Prediction of Aggression.* Scandinavian Test Corporation. **445**

OLZAK, L.A., & THOMAS, J.P. (1986) Seeing spatial patterns. In Boff, K., Kaufman, L., & Thomas, J.P. (eds.), *Handbook of Perception and Human Performance,* Vol. 1. New York: Wiley. **163**

ORDY, J.M., see FANTZ, ORDY, & UDELF (1962).

ORNE, M.T., & HOLLAND, C.C. (1968) On the ecological validity of laboratory deceptions. *International Journal of Psychiatry,* 6:282–93. **613**

ORNSTEIN, R.E., see NARANJO & ORNSTEIN (1977).

ORR, W.C. (1982) Disorders of excessive somnolence. In Hauri, P. (ed.), *Sleep Disorders.* Kalamazoo, Mich.: Upjohn. **116**

OSBORN, D.K., & ENDSLEY, R.C. (1971) Emotional reactions of young children to TV violence. *Child Development,* 42:321–31. **377**

OSHERSON, D.N. (1976) *Logical Abilities in Children:* Vol. 4. *Reasoning and Concepts.* Hillsdale, N.J.: Erlbaum. **288**

OSKAMP, S., see PERLMAN & OSKAMP (1971).

OSOFSKY, J.D. (ed.) (1979) *Handbook of Infant Development.* New York: Wiley. **105**

OVERMEIER, J.B., & SELIGMAN, M.E.P. (1967) Effects of inescapable shock upon subsequent escape and avoidance responding. *Journal of Comparative and Physiological Psychology,* 63:28. **468**

OWEN, D.R. (1972) The 47 XYY male: A review. *Psychological Review,* 78:209–33. **57**

OWEN, D.R., see TEASDALE & OWEN (1984).

P

PAICHELER, G. (1976) Norms and attitude change: Pt. 1. Polarization and styles of behavior. *European Journal of Social Psychology,* 6:405–27. **618**

PAICHELER, G. (1977) Norms and attitude change: Pt. 2. The phenomenon of bipolarization. *European Journal of Social Psychology,* 7:5–14. **618**

PALLONE, N.J. (1961) Effects of short- and long-term developmental reading courses upon SAT verbal scores. *Personnel and Guidance Journal,* 39:654–57. **401**

PALMER, F.H., & ANDERSON, L.W. (1979) Long-term gains from early intervention: Findings from longitudinal studies. In Zigler, E., & Valentine, J. (eds.), *Project Head Start: A Legacy of the War on Poverty.* New York: Free Press. **412**

PALMER, S.E. (1975) The effects of contextual scenes on the identification of objects. *Memory and Cognition,* 3:519–26. **196**

PANATI, C. (ed.) (1976) *The Geller Papers: Scientific Observations on the Paranormal Powers of Uri Geller.* Boston: Houghton Mifflin. **142**

PANI, J.R., see MERVIS & PANI (1981).

PATTERSON, F.G. (1978) The gestures of a gorilla: Language acquisition in another pongid. *Brain and Language,* 5:72–97. **301**

PATTERSON, F.G., & LINDEN, E. (1981) *The Education of Koko.* New York: Holt, Rinehart & Winston. **301**

PATTERSON, G.R., LITTMAN, R.A., & BRICKER, W A. (1967) Assertive behavior in children: A step toward a theory of aggression. *Monographs of the Society for Research in Child Development,* 32(Serial No. 113):5. **372**

PAUL, G.L. (1967) Insight versus desensitization in psychotherapy two years after termination. *Journal of Consulting Psychology,* 31:333–48. **553**

PAULHUS, D. (1982) Individual differences, self-presentation, and cognitive dissonance: Their concurrent operation in forced compliance. *Journal of Personality and Social Psychology,* 43:838–52. **585**

PAULUS, P.B., & MURDOCK, P. (1971) Anticipated evaluation and audience presence in the enhancement of dominant responses. *Journal of Experimental Social Psychology,* 7:280–91. **599**

PAUNONEN, S.V., see RUSHTON, JACKSON, & PAUNONEN (1981).

PAVLOV, I.P. (1927) *Conditioned Reflexes.* New York: Oxford University Press. **217, 243**

PAXMAN, J.M., see SENDEROWITZ & PAXMAN (1985).

PEARLSTONE, Z., see TULVING & PEARLSTONE (1966).

PEEPLES, D.R., see TELLER, PEEPLES & SEKEL (1978).

PELLEGRINO, J.W. (1985) Inductive reasoning ability. In Sternberg, R.J. (ed.), *Human Abilities: An Information-Processing Approach.* New York: Freeman. **405**

PELLEGRINO, J.W., see KAIL & PELLEGRINO (1985).

PENG, R., see YU, ZHANG, JING, PENG, ZHANG, & SIMON (1985).

PEPITONE, A., see FESTINGER, PEPITONE, & NEWCOMB (1952).

PEPLAU, L.A., RUBIN, Z., & HILL, C.T. (1977) Sexual intimacy in dating relationships. *Journal of Social Issues,* 33:86–109. **335**

PEPLAU, L.A., see HILL, RUBIN, & PEPLAU (1976).

PEPLAU, L.A., see RUBIN, HILL, PEPLAU, & DUNKEL-SCHETTER (1980).

PEPLAU, L.A., see SEARS, FREEDMAN, & PEPLAU (1985).

PEPPER, S., see MEYER & PEPPER (1977).

PERLMAN, D., & OSKAMP, S. (1971) The effects of picture content and exposure frequency on evaluations of negroes and whites. *Journal of Experimental Social Psychology,* 7:503–14. **590**

PERLMUTER, L.C., see KIMBLE & PERLMUTER (1970).

PERRIN, F.A.C. (1921) Physical attractiveness and repulsiveness. *Journal of Experimental Psychology,* 4:203–17. **588**

PETERSEN, A.C. (1981) Sex differences in performance on spatial tasks: Biopsychological influences. In Ansara, H., Geschwind, N., Galaburda, A., Albert, M., & Gertrell, N. (eds.), *Sex Differences in Dyslexia.* Towson, Md.: Orton Society. **93**

PETERSON, A.C., see CONGER & PETERSON (1983).

PETERSON, C., & SELIGMAN, M.E.P. (1984) Causal explanations as a risk factor for depression: Theory and evidence. *Psychological Review,* 91:347–74. **508**

PETERSON, R.E., see IMPERATO-MCGINLEY, PETERSON, GAUTIER, & STURLA (1979).

PETITTO, L.A., see SEIDENBERG & PETITTO (1979).

PETITTO, L.A., see TERRACE, PETITTO SANDERS, & BEVER (1979).

PETTERSEN, L., see YONAS, PETTERSEN, X GRANRUD (1982).

PETTIGREW, J.D., see BARLOW, BLAKEMORE, & PETTIGREW (1967).

PETTY, R.E., HARKINS, S.G., WILLIAMS, K.D., & LATANE, B. (1977) The effects of group size on cognitive effort and evaluation. *Personality and Social Psychology Bulletin* 3:575–78. **605**

PETTY, R.E., see HARKINS & PETTY (1982).

PHARES, E.J. (1984) *Introduction to Personality.* Columbus, Oh.: Merrill. **455**

PHILLIPS, D.P. (1978) Airplane accident fatalities increase just after newspaper stories about murder and suicide. *Science,* 201:748–49. **505**

PHILLIPS, E.A., see FIXSEN, PHILLIPS, PHILLIPS, & WOLF (1976).

PHILLIPS, E.L., see FIXSEN, PHILLIPS, PHILLIPS, & WOLF (1976).

PHILLIPS, J.L., JR. (1981) *Piaget's Theory: A Primer.* San Francisco: Freeman. **105**

PHILLIPS, J.L., JR. (1982) *Statistical Thinking: A Structural Approach* (2nd ed.). San Francisco: Freeman. **27, 643, 651**

PHOENIX, C.H., GOY, R.H., & RESKO, J.A. (1968) Psychosexual differentiation as a function of androgenic stimulation. In Diamond, M. (ed.), *Reproduction and Sexual Behavior.* Bloomington: Indiana University Press. **338**

PIAGET, J. (1932) *The Moral Judgment of the Child.* New York: Free Press. (Reprint ed., 1965.) **84, 86**

PIAGET, J. (1952) *The Origins of Intelligence in Children.* New York: International Universities Press. **344**

PIERCE, C.M., see HOFLING, BROTZMAN, DALRYMPLE, GRAVES, & PIERCE (1966).

PILIAVIN, I.M., RODIN, J., & PILIAVIN, J.A. (1969) Good Samaritanism: An underground phenomenon? *Journal of Personality and Social Psychology,* 13:289–99. **606**

PILIAVIN, J.A., see PILIAVIN, RODIN, & PILIAVIN (1969).

PINKER, S. (1984) *Language Learnability and Language Development.* Cambridge, Mass.: Harvard University Press. **298, 311**

PIRCHIO, M., SPINELLI, D., FIORENTINI, A., & MAFFEI, L. (1978) Infant contrast sensitivity evaluated by evoked potentials. *Brain Research,* 141:179–84. **204**

PITTILLO, E.S., see SIZEMORE & PITTILLO (1977).

PLATT, J.J., YAKSH, T., & DARBY, C.L. (1967) Social facilitation of eating behavior in armadillos. *Psychological Reports,* 20:1136. **598**

PLOMIN, R., DEFRIES, J.C., & MCCLEARN, G.E. (1980) *Behavioral Genetics: A Primer.* San Francisco: Freeman. **59, 415, 525**

PLOMIN, R., see BUSS & PLOMIN (1975).

PLUTCHIK, R. (1980) A general psychoevolutionary theory of emotion. In Plutchik, R., & Kellerman, H. (eds.), *Emotion: Theory, Research, and Experience,* Vol. 1. New York: Academic Press. **360**

PLUTCHIK, R., & KELLERMAN, H. (eds.) (1980) *Emotion: Theory, Research, and Experience,* Vol. 1. New York: Academic Press. **379**

POKORNY, J., see SMITH & POKORNY (1972).

POLIVY, J., & HERMAN, C.P. (1985) Dieting and binging: A causal analysis. *American Psychologist,* 40:193–201. **325**

POLIVY, J., see HERMAN & POLIVY (1980).

POLT, J.M., see HESS & POLT (1960).

POMEROY, A.C., see KINSEY, POMEROY, & MARTIN (1948).

POMEROY, W.B., see KINSEY, POMEROY, MARTIN, & GEBHARD (1953).

POON, L.W. (ed.) (1980) *Aging in the 1980s.* Washington, D.C.: American Psychological Association. **105**

POPE, K.S., & SINGER, J.L. (eds.) (1978) *The Stream of Consciousness.* New York: Plenum. **144**

PORAC, C., see COREN, PORAC, & WARD (1984).

PORTER, H. (1939) Studies in the psychology of stuttering: Pt. 14. Stuttering phenomena in relation to size and personnel of audience. *Journal of Speech Disorders,* 4:323–33. **604**

PORTNOY, S., see SACKEIM, PORTNOY, NEELEY, STEIF, DECINA, & MALITZ (1985).

POSNER, M.I. (1982) Cumulative development of attentional theory. *American Psychologist,* 37:168–79. **199**

POSNER, M.I., & KEELE, S.W. (1967) Decay of visual information from a single letter. *Science,* 158:137–39. **248**

POSNER, M.I., & MARIN, O.S.M. (eds.) (1985) *Mechanisms of Attention:* Vol. 11. *Attention and Performance.* Hillsdale, N.J.: Erlbaum. **211**

POST, R.M., KOTIN, J., GOODWIN, F.K., & GORDON, E. (1973) Psychomotor activity and cerebrospinal fluid amine metabolites in affective illness. *American Journal of Psychiatry,* 130:67–72. **510**

POWLEY, T.L., & KEESEY, R.E (1970) Relationship of body weight to the lateral hypothalamic feeding syndrome. *Journal of Comparative and Physiological Psychology,* 70:25–36. **323**

POWLEY, T.L., see KEESEY & POWLEY (1975).

PREMACK, A.J., see PREMACK & PREMACK (1983).

PREMACK, D. (1959) Toward empirical behavior laws: Pt. 1. Positive reinforcement. *Psychological Review,* 66:219–33. **231**

PREMACK, D. (1962) Reversibility of the reinforcement relation. *Science,* 136:255–57. **232**

PREMACK, D. (1971) Language in chimpanzees? *Science,* 172:808–22. **300**

PREMACK, D. (1985a) "Gavagai!" Or the future history of the animal language controversy. *Cognition,* 19:207–96. **242**

PREMACK, D. (1985b) *Gavagai! The Future of the Animal Language Controversy.* Cambridge, Mass.: M.I.T. Press. **243**

PREMACK, D., & PREMACK, A.J. (1983) *The Mind of an Ape.* New York: Norton. **242**

PRENTICE-DUNN, S., & ROGERS, R.W. (1980) Effects of deindividuating situational cues and aggressive models on subjective deindividuation and aggression. *Journal of Personality and Social Psychology,* 39:104–13. **602**

PRESSLEY, M., LEVIN, J.R., & DELANEY, H.D. (1982) The mnemonic keyword method. *Review of Educational Research,* 52:61–91. **268**

PRICE, V.A., see GILL, PRICE, FRIEDMAN, et al. (1985).

PRIEST, R.F., & SAWYER, J. (1967) Proximity and peership: Bases of balance in interpersonal attraction. *American Journal of Sociology,* 72:633–49. **589**

PROSEN, H., see BARNES & PROSEN (1985).

PUTNAM, F.W., JR. (1984) Cited in Restak, R.M., *The Brain.* New York: Bantam. **113**

Q

QUANTY, M.B., see GEEN & QUANTY (1977).

QUILLIAN, M.R., see COLLINS & QUILLIAN (1969).

R

RAAIJMAKERS, J.G., & SHIFFRIN, R.M. (1981) Search of associative memory. *Psychological Review,* 88:93–134. **261**

RACHLIN, H. (1980) Economics and behavioral psychology. In Staddon, J.E.R. (ed.), *Limits to Action.* New York: Academic Press. **234**

RACHMAN, S.J., & HODGSON, R.J. (1980) *Obsessions and Compulsions.* Englewood Cliffs, N.J.: Prentice-Hall. **498**

RAHE, R.H., see HOLMES & RAHE (1967).

RAMEY, C.T. (1981) Consequences of infant day care. In Weissbound, B., & Musick, J. (eds.), *Infants: Their Social Environments.* Washington, D.C.: National Association for the Education of Young Children. **81**

RANDI, J. (1982) *Flim-flam! Psychics, ESP, Unicorns and other delusions.* Buffalo: Prometheus Books. **142**

RANDS, M., & LEVINGER, G. (1979) Implicit theories of relationship: An intergenerational study. *Journal of Personality and Social Psychology*, 37:645–61. **593**

RAPAPORT, D. (1942) *Emotions and Memory*. Baltimore: Williams & Wilkins. **262**

RAVIZZA, R., see RAY & RAVIZZA (1984).

RAY, O.S. (1983) *Drugs, Society, and Human Behavior*, (3rd ed.). St. Louis: Mosby. **132, 145**

RAY, W.J., & RAVIZZA, R. (1984) *Methods Toward a Science of Behavior and Experience* (2nd ed.). Belmont, Calif.: Wadsworth. **27**

RAYNAL, D.M., see MILES, RAYNAL, & WILSON (1977).

RAYNER, K. (1978) Eye movements in reading and information processing. *Psychological Bulletin*, 85:618–60. **199**

RAYNER, K., INHOFF, A.W., MORRISON, R.E., SLOWIACZEK, M.L., & BERTERA, J.H. (1981) Masking of foveal and parafoveal vision during eye fixations in reading. *Journal of Experimental Psychology: Human Perception and Performance*, 7:167–79. **200**

READ, S.J., see SWANN & READ (1981).

REDER, L.M., & ANDERSON, J.R. (1980) A comparison of texts and their summaries: Memorial consequences. *Journal of Verbal Learning and Verbal Behavior*, 19:12–34. **630**

REES, E., see CHI, GLASER, & REES (1982).

REED, S.K. (1981) *Cognition: Theory and Applications*. Monterey, Calif.: Brooks/Cole. **279**

REGAL, D., see TELLER, MORSE, BORTON & REGAL (1974).

REGAN, D., BEVERLEY, K.I., & CYNADER, M. (1979) The visual perception of motion in depth. *Scientific American*, 241(No. 1):136–51. **86**

REGAN, D.T., & FAZIO, R. (1977) On the consistency between attitudes and behavior: Look to the method of attitude formation. *Journal of Experimental Social Psychology*, 13:28–45. **584**

REICHER, G.M. (1969) Perceptual recognition as a function of the meaningfulness of the material. *Journal of Experimental Psychology*, 81:275–80. **202**

REISENZEIN, R. (1983) The Schachter theory of emotion: Two decades later. *Psychological Bulletin*, 94:239–64. **359, 365**

REISER, B.J., see KOSSLYN, BALL, & REISER (1978).

REITMAN, J.S. (1974) Without surreptitious rehearsal, information in short-term memory decays. *Journal of Verbal Learning and Verbal Behavior*, 13:365–77. **250**

RESCORLA, R.A. (1967) Pavlovian conditioning and its proper control procedures. *Psychological Review*, 74:71–80. **220**

RESCORLA, R.A. (1972) Informational variables in Pavlovian conditioning. In Bower, G.H. (ed.), *Psychology of Learning and Motivation*, Vol. 6. New York: Academic Press. **222**

RESCORLA, R.A. (1980) Overextension in early language development. *Journal of Child Language*, 7:321–35. **295**

RESCORLA, R.A., & SOLOMON, R.L. (1967) Two-process learning theory: Relations between Pavlovian conditioning and instrumental learning. *Psychological Review*, 74:151–82. **236**

RESKO, J.A., see PHOENIX, GOY, & RESKO (1968).

RESNICK, S., see BOUCHARD, HESTON, ECKERT, KEYES, & RESNICK (1981).

REST, J.R. (1983) Morality. In Mussen, P.H. (ed.), *Handbook of Child Psychology* (4th ed.), Vol. 3. New York: Wiley. **86**

REYES, R.M., see THOMPSON, REYES, & BOWER (1979).

REYNOLDS, B.J., see ROHN, SARTES, KENNY, REYNOLDS, & HEALD (1977).

RHINE, J.B. (1942) Evidence of precognition in the covariation of salience ratios. *Journal of Parapsychology*, 6:111–43. **208**

RICE, B. (1978) The new truth machine. *Psychology Today*, 12:61–78. **355**

RICE, F.P. (1984) *The Adolescent: Development, Relationships, and Culture* (4th ed.). Boston: Allyn & Bacon. **105**

RICH, C.L., YOUNG, D., & FOWLER, R.C. (1985) The San Diego suicide study: Comparison of 133 cases under age 30 to 150 cases 30 and over. Paper presented to the American Association of Suicidology, April 1985. **505**

RICHLIN, M. (1977) Positive and negative residuals of prolonged stress. Paper presented at Military Family Research Conference, San Diego, September 3, 1977. **467**

RICKERT, E.J., see HOMME, DE BACA, DEVINE, STEINHORST, & RICKERT (1963).

RIESEN, A.H. (1947) The development of visual perception in man and chimpanzee. *Science*, 106:107–108. **205**

RIGLER, D., see FROMKIN, KRASHEN, CURTISS, RIGLER, & RIGLER (1974).

RIGLER, M., see FROMKIN, KRASHEN, CURTISS, RIGLER, & RIGLER (1974).

RILEY, V. (1981) Psychoneuroendocrine influence on immunocompetence and neoplasia. *Science*, 212:1100–109. **483**

RIMM, D.C., & MASTERS, J.C. (1979) *Behavior Therapy: Techniques and Empirical Findings* (2nd ed.). New York: Academic Press. **538**

RIMMO, P., see OHMAN, FREDRIKSON, HUGDAHL, & RIMMO (1976).

RIMPAU, J.B., see VAN CANTFORT & RIMPAU (1982).

RIPS, L.J. (1983) Cognitive processes in propositional reasoning. *Psychological Review*, 90:38–71. **288**

RIPS, L.J. (1986) Deduction. In Sternberg, R.J., & Smith, E.E. (eds.), *The Psychology of Human Thought*. New York: Cambridge University Press. **288**

RITTER, B., see BANDURA, BLANCHARD, & RITTER (1969).

RITTLE, R.H., see COTTRELL, WACK, SEKERAK, & RITTLE (1968).

ROBERTS, D., see COMSTOCK, CHAFFEE, KATZMAN, MCCOMBS, & ROBERTS (1978).

ROBERTSON, S.P., see SEIFERT, ROBERTSON, & BLACK (1985).

ROBINS, E., see SAHGIR & ROBINS (1973).

ROBINS, L. (1974) *The Viet Nam Drug Abuser Returns*. New York: McGraw-Hill. **126**

ROBINS, L.N., HELZER, J.E., WEISSMAN, M.M., et al. (1984) Lifetime prevalence of specific psychiatric disorders in three sites. *Archives of General Psychiatry*, 41:949–58. **489**

ROBINSON, D.L., & WURTZ, R. (1976) Use of an extra-retinal signal by monkey superior colliculus neurons to distinguish real from self-induced stimulus movement. *Journal of Neurophysiology*, 39:852–70. **189**

ROBINSON, F.P. (1970) *Effective Study*. New York: Harper & Row. **629**

ROBINSON, H.A., see THOMAS & ROBINSON (1982).

ROBINSON, J.P. (1971) The audience for national TV news programs. *Public Opinion Quarterly*, 35:403–405. **619**

ROBSON, J.G., see CAMPBELL & ROBSON (1968).

ROCK, I. (1983) *The Logic of Perception*. Cambridge, Mass.: M.I.T. Press. **211**

ROCK, L., see JONES, ROCK, SHAVER, GOETHALS, & WARD (1968).

RODIN, J. (1981) Current status of the internal-external hypothesis of obesity: What went wrong? *American Psychologist*, 36:361–72. **324, 326, 329**

RODIN, J., see LATANE & RODIN (1969).

RODIN, J., see PILIAVIN, RODIN, & PILIAVIN (1969).

ROFF, J.D., & KNIGHT, R. (1981) Family characteristics, childhood symptoms, and adult outcome in schizophrenia. *Journal of Abnormal Psychology*, 90:510–20. **518**

ROFFWARG, H.P., HERMAN, J.H., BOWE-ANDERS, C., & TAUBER, E.S. (1978) The effects of sustained alterations of waking visual input on dream content. In Arkin, A.M., Antrobus, J.S., & Ellman, S.J. (eds.), *The Mind in Sleep.* Hillsdale, N.J.: Erlbaum. **119**

ROGERS, C.R. (1951) *Client-Centered Therapy.* Boston: Houghton Mifflin. **433**

ROGERS, C.R. (1959) A theory of therapy, personality, and interpersonal relationships, as developed in the client-centered framework. In Koch, S. (ed.), *Formulations of the Person and the Social Context,* Vol. 3. New York: McGraw-Hill. **434**

ROGERS, C.R. (1970) *On Becoming a Person: A Therapist's View of Psychotherapy.* Boston: Houghton Mifflin. **543, 544, 561**

ROGERS, C.R. (1977) *Carl Rogers on Personal Power.* New York: Delacorte Press. **433, 455, 561**

ROGERS, C.R., & STEVENS, B. (1967) *Person to Person: The Problem of Being Human.* New York: Pocket Books. **455**

ROGERS, R.W., see PRENTICE-DUNN & ROGERS (1980).

ROGERS, T.B., KUIPER, N.A., & KIRKER, W.S. (1977) Self-reference and the encoding of personal information. *Journal of Personality and Social Psychology,* 35:677–88. **568**

ROHN, R.D., SARTES, R.M., KENNY, T.J., REYNOLDS, B.J., & HEALD, F.P. (1977) Adolescents who attempt suicide. *Journal of Pediatrics,* 90:636–38. **505**

ROKEACH, M. (1968) *Beliefs, Attitudes, and Values.* San Francisco: Jossey-Bass. **581, 582**

ROKEACH, M. (1973) *The Nature of Human Values.* New York: Free Press. **581**

ROSCH, E. (1974) Linguistic relativity. In Silverstein, A. (ed.), *Human Communication: Theoretical Perspectives.* New York: Halsted Press. **287**

ROSCH, E. (1978) Principles of categorization. In Rosch, E., & Lloyd, B.L. (eds.), *Cognition and Categorization.* Hillsdale, N.J.: Erlbaum. **283**

ROSCH, E., see MERVIS & ROSCH (1981).

ROSE, J.E., BRUGGE, J.F., ANDERSON, D.J., & HIND, J.E. (1967) Phase-locked response to lower frequency tones in single auditory nerve fibers of the squirrel monkey. *Journal of Neurophysiology,* 309:769–93. **170**

ROSE, S., see LEWONTIN, ROSE, & KAMIN (1984).

ROSEMAN, I. (1979) Cognitive aspects of emotion and emotional behavior. Paper read at the 87th Annual Convention of the American Psychological Association in New York City, September 1979. **360**

ROSEN, T.J., see CORKIN, COHEN, SULLIVAN, CLEGG, ROSEN, & ACKERMAN (1985).

ROSENBERG, M.J. (1956) Cognitive structure and attitudinal affect. *Journal of Abnormal and Social Psychology,* 53:367–72. **582**

ROSENBLATT, J.S., see TERKEL & ROSENBLATT (1972).

ROSENBLITH, J.F., & SIMS-KNIGHT, J. (1985) *In the Beginning: Development in the First Two Years.* Monterey, Calif.: Brooks/Cole. **105**

ROSENFELD, D., see SNYDER, STEPHAN, & ROSENFELD (1976).

ROSENFELD, P., see TEDESCHI & ROSENFELD (1981).

ROSENHAN, D.L., see SELIGMAN & ROSENHAN (1984).

ROSENMAN, R.H., BRAND, R.J., JENKINS, C.D., FRIEDMAN, M., STRAUS, R., & WRUM, M. (1975) Coronary heart disease in the Western Collaborative Group Study: Final follow-up experience of 8½ years. *JAMA,* 233:872–77. **482**

ROSENMAN, R.H., see FRIEDMAN & ROSENMAN (1974).

ROSENTHAL, R. (1964) Experimental outcome-orientation and the results of the psychological experiment. *Psychological Bulletin,* 61:405–12. **602**

ROSENZWEIG, M.R., & LEIMAN, A.L. (1982) *Physiological Psychology.* Lexington, Mass.: Heath. **59, 349**

ROSS, L. (1977) The intuitive psychologist and his shortcomings: Distortions in the attribution process. In Berkowitz, L. (ed.), *Advances in Experimental Social Psychology,* Vol. 10. New York: Academic Press. **576**

ROSS, L., AMABILE, T.M., & STEINMETZ, J.L. (1977) Social roles, social control, and biases in social-perception processes. *Journal of Personality and Social Psychology,* 35:485–94. **579**

ROSS, L., see LORD, ROSS, & LEPPER (1979).

ROSS, L., see NISBETT & ROSS (1985).

ROSS, L., see VALLONE, ROSS, & LEPPER (1985).

ROSS, M., & SICOLY, F. (1979) Egocentric biases in availability and attribution. *Journal of Personality and Social Psychology,* 37:322–36. **578**

ROSS, R., BIERBRAUER, G., & HOFFMAN, S. (1976) The role of attribution processes in conformity and dissent: Revisiting the Asch Situation. *American Psychologist,* 31:148–57. **607, 609**

ROTH, W.T., see DARLEY, TINKLENBERG, ROTH, HOLLISTER, & ATKINSON (1973).

ROTTMANN, L., see WALSTER, ARONSON, ABRAHAMS, & ROTTMANN (1966).

ROWLAND, N., see STICKER, ROWLAND, SALLER, & FRIEDMAN (1977).

ROY, A. (1981) Role of past loss in depression. *Archives of General Psychiatry,* 38(No. 3):301–302. **506**

ROYCE, J.R., & MOS, L.P. (eds.) (1981) *Humanistic Psychology: Concepts and Criticisms.* New York: Plenum. **27**

RUBIN, J.Z., see LURIA & RUBIN (1974).

RUBIN, Z. (1973) *Liking and Loving.* New York: Holt, Rinehart & Winston. **102, 589, 591**

RUBIN, Z. (1975) Disclosing oneself to a stranger: Reciprocity and its limits. *Journal of Experimental Social Psychology,* 11:233–60. **592**

RUBIN, Z., HILL, C.T., PEPLAU, L.A., & DUNKEL-SCHETTER, C. (1980) Self-disclosure in dating couples: Sex roles and ethic of openness. *Journal of Marriage and the Family,* 42:305–17. **592**

RUBIN, Z., see HILL, RUBIN, & PEPLAU (1976).

RUBIN, Z., see PEPLAU, RUBIN, & HILL (1977).

RUCH, J.C. (1975) Self-hypnosis: The result of heterohypnosis or vice versa? *International Journal of Clinical and Experimental Hypnosis,* 23:282–304. **137**

RUCH, J.C., MORGAN, A.H., & HILGARD, E.R. (1973) Behavioral predictions from hypnotic responsiveness scores when obtained with and without prior induction procedures. *Journal of Abnormal Psychology,* 82:543–46. **137**

RUDERMAN, A.J. (1986) Dietary restraint: A theoretical and empirical review. *Psychological Bulletin,* 99:247–62. **324**

RUMBAUGH, D.M. (ed.) (1977) *Language Learning by a Chimpanzee: The Lana Project.* New York: Academic Press. **300**

RUMELHART, D.E., see MCCLELLAND & RUMELHART (1981).

RUNCK, B. (1980) *Biofeedback: Issues in Treatment Assessment.* National Institute of Mental Health Science Reports. **480**

RUSH, A.J., see BECK, RUSH, SHAW, & EMERY (1979).

RUSHTON, J.P., JACKSON, D.N., & PAUNONEN, S.V. (1981) Personality: Nomothetic or idiographic? A response to Kenrick and Stringfield. *Psychological Review,* 88:582–89. **450**

RUSSEK, M. (1971) Hepatic receptors and the neurophysiological mechanisms controlling feeding behavior. In Ehreupreis, S. (ed.), *Neurosciences Research,* Vol. 4. New York: Academic Press. **321**

RUSSELL, M.J. (1976) Human olfactory communication. *Nature,* 260:520–22. **67**

RUTHERFORD, E., see MUSSEN & RUTHERFORD (1963).

RUTSTEIN, J., see SATINOFF & RUTSTEIN (1970).

RYAN, S.M., see LAUDENSLAGER, RYAN, DRUGAN, HYSON, & MAIER (1983).

RYLE, G. (1949) *The Concept of Mind.* San Francisco: Hutchinson. **266**

RYTINA, S., see GAMSON, FIREMAN, & RYTINA (1982).

S

SACHS, J.D.S. (1967) Recognition memory for syntactic and semantic aspects of connected discourse. *Perception and Psychophysics,* 2:437–42. **255**

SACKEIM, H.A., PORTNOY, S., NEELEY, P., STEIF, B.L., DECINA, P., & MALITZ, S. (1985) Cognitive consequences of low dosage ECT. In Malitz, S., & Sackeim, H.A., (eds.) *Electroconvulsive Therapy: Clinical and Basic Research Issues.* Annals of the New York Academy of Science. **556**

SADALLA, E.K., see SCHUTTE, KENRICK, & SADALLA (1985).

SADD, S., see TAVRIS & SADD (1977).

SAEGERT, S., SWAP, W., & ZAJONC, R.B. (1973) Exposure, context, and interpersonal attraction. *Journal of Personality and Social Psychology,* 25:234–42. **590**

SAHGIR, M.T., & ROBINS, E. (1973) *Male and Female Homosexuality.* Baltimore: Williams & Wilkins. **336**

SALAMY, J. (1970) Instrumental responding to internal cues associated with REM sleep. *Psychonomic Science,* 18:342–43. **119**

SALLER, C.F., see STRICKER, ROWLAND, SALLER, & FRIEDMAN (1977).

SANDERS, B., & SOARES, M.P. (1986) Sexual maturation and spatial ability in college students. *Developmental Psychology,* 22: 199–203. **93**

SANDERS, B., SOARES, M.P., & D'AQUILA, J.M. (1982) The sex difference on one test of spatial visualization: A nontrivial difference. *Child Development,* 53:1106–10. **92**

SANDERS, D.J., see TERRACE, PETITTO, SANDERS, & BEVER (1979).

SANDERS, G.S. (1984) Self-presentation and drive in social facilitation. *Journal of Experimental Social Psychology,* 20:312–22. **600**

SANDERS, G.S., & BARON, R.S. (1975) The motivating effects of distraction on task performance. *Journal of Personality and Social Psychology,* 32:956–63. **600**

SARASON, B.R., see SARASON & SARASON (1984).

SARASON, I.G., JOHNSON, J.H., SIEGEL, J.M. (1978) Assessing the impact of life changes: Development of the life experiences survey. *Journal of Consulting and Clinical Psychology,* 46:932–46. **470**

SARASON, I.G., & SARASON, B.R. (1984) *Abnormal Psychology: The Problem of Maladaptive Behavior.* Englewood Cliffs, N.J.: Prentice-Hall. **494, 497, 525**

SARBIN, T.R., see COE & SARBIN (1977).

SARTES, R.M., see ROHN, SARTES, KENNY, REYNOLDS, & HEALD (1977).

SATINOFF, E., & RUTSTEIN, J. (1970) Behavioral thermoregulations in rats with anterior hypothalamic lesions. *Journal of Comparative and Physiological Psychology,* 71:72–82. **317**

SATINOFF, E., & SHAN, S.Y. (1971) Loss of behavioral thermoregulation after lateral hypothalamic lesions in rats. *Journal of Comparative and Physiological Psychology,* 72:302–12. **317**

SAUFLEY, W.H., JR., see KEPPEL & SAUFLEY (1980).

SAWYER, J., see PRIEST & SAWYER (1967).

SCARR, S. (1981) *Race, Social Class, and Individual Differences in IQ.* Hillsdale, N.J.: Erlbaum. **410, 415**

SCARR, S. (1984) *Mother Care/Other Care.* New York: Basic Books. **81**

SCARR, S., & WEINBERG, R.A. (1976) IQ test performance of black children adopted by white families. *American Psychologist,* 31:726–39. **408, 411**

SCARR-SALAPATEK, S. (1971) Race, social class, and IQ. *Science,* 174:1285. **410**

SCHACTEL, E.G. (1947) On memory and child amnesia. *Psychiatry,* 10:1–26. **265**

SCHACHTER, S. (1971) *Emotion, Obesity, and Crime.* New York: Academic Press. **356**

SCHACHTER, S., & SINGER, J.E. (1962) Cognitive, social and physiological determinants of emotional state. *Psychological Review,* 69:379–99. **358**

SCHACHTER, S., see FESTINGER, SCHACHTER, & BACK (1950).

SCHAEFFER, J., ANDRYSIAK, T., & UNGERLEIDER, J.T. (1981) Cognition and long-term use of ganja (cannabis). *Science,* 213:456–66. **131**

SCHANK, R.C. (1982) *Dynamic Memory.* New York: Cambridge University Press. **294**

SCHEIER, M.F. (1976) Self-awareness, self-consciousness, and angry aggression. *Journal of Personality,* 44:627–44. **438**

SCHEIER, M.F., BUSS, A.H., & BUSS, D.M. (1978) Self-consciousness, self-report of aggressiveness, and aggression. *Journal of Research in Personality,* 12:133–40. **438**

SCHEIER, M.F., & CARVER, C.S. (1977) Self-focused attention and the experience of emotion: Attraction, repulsion, elation, and depression. *Journal of Personality and Social Psychology,* 35:625–36. **438**

SCHEIER, M.F., & CARVER, C.S. (1983) Two sides of the self: One for you and one for me. In Suls, J., & Greenwald, A.G. (eds.), *Psychological Perspectives on the Self,* Vol. 2. Hillsdale, N.J.: Erlbaum. **437, 438**

SCHEIER, M.F., & CARVER, C.S., & GIBBONS, F.X. (1979) Self-directed attention, awareness of bodily states, and suggestibility. *Journal of Personality and Social Psychology,* 37:1576–88. **438**

SCHEIER, M.F., see CARVER & SCHEIER (1981).

SCHEIER, M.F., see FENIGSTEIN, SCHEIER, & BUSS (1975).

SCHEIN, E.H., see STRASSMAN, THALER, & SCHEIN (1956).

SCHIAVO, R.S., see SCHIFFENBAUER & SCHIAVO (1976).

SCHIFF, W., & FOULKE, E. (1982) *Tactual Perception: A Sourcebook.* Cambridge: Cambridge University Press. **179**

SCHIFFENBAUER, A., & SCHIAVO, R.S. (1976) Physical distance and attraction: An intensification effect. *Journal of Experimental Social Psychology,* 12:274–82. **590**

SCHIFFMAN, H.R. (1982) *Sensation and Perception: An Integrated Approach* (2nd ed.). New York: Wiley. **179**

SCHIFFMAN, S.S. (1974) Physiochemical correlates of olfactory quality. *Science,* 185:112–17. **173**

SCHIFFMAN, S.S., & ERICKSON, R.P. (1980) The issue of primary tastes versus a taste continuum. *Neuroscience and Biobehavioral Reviews,* 4:109–17. **174**

SCHLEIFER, S.J., KELLER, S.E., MCKEGNEY, F.P., & STEIN, M. (1979) The influence of stress and other psychosocial factors on human immunity. Paper presented at the 36th Annual Meeting of the Psychosomatic Society, Dallas, March 1979. **484**

SCHLESINGER, K., see GROVES & SCHLESINGER (1982).

SCHMEIDLER, G.R., see WOLMAN, DALE, SCHMEIDLER, & ULLMAN (1985).

SCHMITT, B.H., & BEM, D.J. (1986) Social facilitation: What did Triplett really find in 1898? Or was it 1897? Unpublished manuscript, Cornell University. **598**

SCHMITT, B.H., GILOVICH, T., GOORE, N., & JOSEPH, L. (in press) Mere presence and social facilitation: One more time. *Journal of Personality and Social Psychology.* **600**

SCHNEIDER, A.M., & TARSHIS, B. (1986) *An Introduction to Physiological Psychology* (3rd ed.). New York: Random House. **59**

SCHNEIDER, D.J. (1973) Implicit personality theory: A review. *Psychological Bulletin,* 79:294–309. **572**

SCHNEIDER, D.J., & MILLER, R.S. (1975) The

effects of enthusiasm and quality of arguments on attitude attribution. *Journal of Personality,* 43:693–708. **577**

SCHNEIDERMAN, N.S., & TAPP, J.T. (eds.) (1985) *Behavioral Medicine: The Biopsychosocial Approach.* New York: Erlbaum. **487**

SCHOEN, L.S., see ABBOTT, SCHOEN, & BADIA (1984).

SCHOOLER, J.W., see LOFTUS, SCHOOLER, & WAGENAAR (1985).

SCHOOLER, N.R., see HOGARTY, SCHOOLER, ULRICH, MUSSARE, FERRO, & HERRON (1979).

SCHORR, D., see SMITH, ADAMS, & SCHORR (1978).

SCHRADER, W.B. (1965) A taxonomy of expectancy tables. *Journal of Educational Measurement,* 2:29–35. **398**

SCHRADER, W.B. (1971) The predictive validity of College Board Admissions tests. In Angoff, W.H. (ed.), *The College Board Admissions Testing Program: A Technical Report on Research and Development Activities Relating to the Scholastic Aptitude Test and Achievement Tests.* New York: College Entrance Examination Board. **398**

SCHUCKIT, M.A. (1984) *Drug and Alcohol Abuse: A Clinical Guide to Diagnosis and Treatment* (2nd ed.). New York: Plenum. **125, 145**

SCHULSINGER, F., see JOHN, MEDNICK, & SCHULSINGER (1982).

SCHULSINGER, F., see MEDNICK, CUDECK, GRIFFITH, TALOVIC, & SCHULSINGER (1984).

SCHULSINGER, F., see WITKIN, MEDNICK, SCHULSINGER, et al. (1976).

SCHULTZ, D. (1987) *A History of Modern Psychology* (4th ed.). New York: Academic Press. **27, 639**

SCHUTTE, N.S., KENRICK, D.T., & SADALLA, E.K. (1985) The search for predictable settings: Situational prototypes, constraint, and behavioral variation. *Journal of Personality and Social Psychology,* 49:121–28. **453**

SCHVANEVELDT, R.W., & MEYER, D.E. (1973) Retrieval and comparison processes in semantic memory. In Kornblum, S. (ed.), *Attention and Performance,* Vol. 4. New York: Academic Press. **196**

SCHWARTZ, B. (1982) Failure to produce response variability with reinforcement. *Journal of the Experimental Analysis of Behavior,* 37:171–81. **235**

SCHWARTZ, B. (1984) *Psychology of Learning and Behavior.* (2nd ed.). New York: Norton. **223, 243**

SCHWARTZ, B., & GAMZU, E. (1977) Pavlovian control of operant behavior. In Honig, W.K., & Staddon, J.E.R. (eds.), *Handbook of Operant Behavior.* Englewood Cliffs, N.J.: Prentice-Hall. **228**

SCHWARTZ, G.E. (1975) Biofeedback, self-regulation, and the patterning of physiological processes. *American Scientist,* 63:314–24. **481**

SCHWARZ, J.L., see STEVENS-LONG, SCHWARZ, & BLISS (1976).

SCOTT, T.H., see HERON, DOANE, & SCOTT (1956).

SEARS, D.O., FREEDMAN, J.L., & PEPLAU, L.A. (1985) *Social Psychology* (5th ed.). Englewood Cliffs, N.J.: Prentice-Hall. **595, 627**

SEARS, D.O., see KINDER & SEARS (1985).

SEARS, R.R., see DOLLARD, DOOB, MILLER, MOWRER, & SEARS (1939).

SEEMAN, J. (1949) A study of the process of nondirective therapy. *Journal of Consulting Psychology,* 13:157–68. **543**

SEGAL, M.W. (1974) Alphabet and attraction: An unobstrusive measure of the effect of propinquity in a field setting. *Journal of Personality and Social Psychology,* 30:654–57. **589**

SEIDEN, R.H. (1966) Campus tragedy: A study of student suicide. *Journal of Abnormal Psychology,* 71:388–99. **505**

SEIDENBERG, M.S., & PETITTO, L.A. (1979) Signing behavior in apes. *Cognition,* 7:177–215. **301**

SEIFERT, C.M., ROBERTSON, S.P., & BLACK, J.B. (1985) Types of inferences generated during reading. *Journal of Memory and Language,* 24:405–22. **273**

SEKEL, M., see TELLER, PEEPLES, & SEKEL (1978).

SEKERAK, G.J., see COTTRELL, WACK, SEKERAK, & RITTLE (1968).

SEKULER, R., & BLAKE, R. (1985) *Perception.* New York: Knopf. **179**

SEKULER, R., & GANZ, L. (1963) A new aftereffect of seen movement with a stabilized retinal image. *Science,* 139:1146–48. **186**

SELFRIDGE, O., & NEISSER, U. (1960) Pattern recognition by machine. *Scientific American,* 203:60–80. **192, 193**

SELIGMAN, M.E.P. (1971) Phobias and preparedness. *Behavior Therapy,* 2:307–20. **500**

SELIGMAN, M.E.P. (1975) *Helplessness.* San Francisco: Freeman. **222, 229**

SELIGMAN, M.E.P., & ROSENHAN, D.L. (1984) *Abnormal Psychology.* New York: Norton. **133, 500, 525**

SELIGMAN, M.E.P., see MAIER & SELIGMAN (1976).

SELIGMAN, M.E.P., see OVERMEIER & SELIGMAN (1967).

SELIGMAN, M.E.P., see PETERSON & SELIGMAN (1984).

SELYE, H. (1956) *The Stress of Life.* New York: McGraw-Hill. **463**

SELYE, H. (1979) *The Stress of Life* (rev. ed.). New York: Van Nostrand Reinhold. **459, 462, 463**

SENDEROWITZ, J., & PAXMAN, J.M. (1985) Adolescent fertility: World-wide concerns. *Population Bulletin,* 40(2). Washington, D.C.: Population Reference Bureau. **98**

SENN, D.J., see LEVINGER, SENN, & JORGENSEN (1970).

SENTER, R.J., see LIPPERT & SENTER (1966).

SENTIS, K., see MARKUS & SENTIS (1982).

SERBIN, L.A., see STERNGLANZ & SERBIN (1974).

SERON, X., see BRUYER, LATERRE, SERON, et al. (1983).

SHAFER, J. (1985) Designer drugs. *Science 85,* (March 1985):60–67. **132**

SHAFFER, L.F. (1947) Fear and courage in aerial combat. *Journal of Consulting Psychology,* 11:137–43. **352**

SHAN, S.Y., see SATINOFF & SHAN (1971).

SHANKWEILER, D., see LIBERMAN, COOPER, SHANKWEILER, & STUDDERT-KENNEDY (1967).

SHAPIRO, A.K., & MORRIS, L.A. (1978) The placebo effect in medical and psychological therapies. In Garfield, S.L., & Bergin, A.E. (eds.), *Handbook of Psychotherapy and Behavior Change,* (2nd ed.). New York: Wiley. **552**

SHAPIRO, D.A., see STILES, SHAPIRO, & ELLIOTT (1986).

SHAPIRO, D.H. (1985) Clinical use of meditation as a self-regulation strategy: Comments on Holme's (1984) conclusions and implications. *American Psychologist,* 40:719–22. **136**

SHAPLEY, R., & ENROTH-CUGELL, C. (1984) Visual adaptation and retinal gain controls. In Osborne, N., & Chaders, G. (eds.), *Progress in Retinal Research,* Vol. 3. Oxford: Pergamon Press. **158**

SHAPLEY, R., & LENNIE, P. (1985) Spatial frequency analysis in the visual system. *Annual Review of Neurosciences,* 8:547–83. **164**

SHAVER, K.G., see JONES, ROCK, SHAVER, GOETHALS, & WARD (1968).

SHAVIT, Y., see TERMAN, SHAVIT, LEWIS, CANNON, & LIEBESKIND (1984).

SHAW, B.J., see BECK, RUSH, SHAW, & EMERY (1979).

SHAW, M., see YAGER, KRAMER, SHAW, & GRAHAM (1984).

SHEA, S.L., see FOX, ASLIN, SHEA, & DUMAIS (1980).

SHEA, T., see ELKIN, SHEA, & IMBER (1986).

SHEFFIELD, F.D., see FRIEDMAN, SHEFFIELD, WULFF, & BACKER (1951).

SHEFNER, J.M., see LEVINE & SHEFNER (1981).

SHEINGOLD, K., & TENNEY, Y.J. (1982) Memory for a salient childhood event. In Neisser, U. (ed.), *Memory Observed: Remembering in Natural Contexts.* San Francisco: Freeman. **265**

SHEKELLE, R., NEATON, J.D., JACOBS, D., HULLEY, S., & BLACKBURN, H. (1983) Type A behavior pattern in MRFIT. A paper presented to the American Heart Association Council on Epidemiology Meetings, San Diego. **482**

SHELDON, W.H. (1954) *Atlas of Men: A Guide for Somatotyping the Adult Male at All Ages.* New York: Harper & Row. **420**

SHEPARD, R.N. (1978) The mental image. *American Psychologist,* 33:125–37. **304**

SHEPARD, R.N., & COOPER, L.A. (1982) *Mental Images and Their Transformations.* Cambridge, Mass.: M.I.T Press, Bradford Books. **303, 311**

SHEPARD R.N., see COOPER & SHEPARD (1973).

SHEPOSH, J.P., DEMING, M., & YOUNG, L.E. (1977) The radiating effects of status and attractiveness of a male upon evaluating his female partner. Paper presented at the annual meeting of the Western Psychological Association, Seattle, April 1977. **589**

SHERMAN, A.R. (1972) Real-life exposure as a primary therapeutic factor in the desensitization treatment of fear. *Journal of Abnormal Psychology,* 79:19–28. **535**

SHIELDS, J., see GOTTESMAN & SHIELDS (1982).

SHIFFRIN, R.M., see ATKINSON & SHIFFRIN (1971).

SHIFFRIN, R.M., see ATKINSON & SHIFFRIN (1977).

SHIFFRIN, R.M., see GILLUND & SHIFFRIN (1984).

SHIFFRIN, R.M., see RAAIJMAKERS & SHIFFRIN (1981).

SHIOSE, Y., see AWAYA, MIYAKE, IMAYUMI, SHIOSE, KNADA, & KOMURO (1973).

SHKUROVICH, M., see DRUCKER-COLIN, SHKUROVICH, & STERMAN (1979).

SHNEIDMAN, E.A. (1985) *Definition of Suicide.* New York: Wiley. **504**

SHNEIDMAN, E.S., see FARBEROW & SHNEIDMAN (1965).

SHOR, R.E., see FROMM & SHOR (1979).

SIBYLL, C., see VON LANG & SIBYLL (1983).

SICOLY, F., see ROSS & SICOLY (1979).

SIGALL, H., & LANDY, D. (1973) Radiating beauty: The effects of having a physically attractive partner on person perception. *Journal of Personality and Social Psychology,* 31:410–14. **589**

SILADI, M., see MARKUS, CRANE, BERNSTEIN, & SILADI (1982).

SILVERMAN, I. (1971) Physical attractiveness and courtship. *Sexual Behavior,* 1:22–25. **591**

SILVERMAN, L.H., & WEINBERGER, J. (1985) Mommy and I are one: Implications for psychotherapy. *American Psychologist,* 40:1296–308. **433**

SIMMONS, J.V. (1981) Project Sea Hunt: A report on prototype development and tests. Technical Report 746, Naval Ocean Systems Center, San Diego. **227**

SIMON, D.P., see LARKIN, MCDERMOTT, SIMON, & SIMON (1980).

SIMON, H.A. (1985) Using Cognitive Science to Solve Human Problems. Paper presented at Science and Public Policy Seminar, Federation of Behavioral, Psychological, and Cognitive Sciences, June 1985. **308, 309**

SIMON, H.A., & GILMARTIN, K. (1973) A simulation of memory for chess positions. *Cognitive Psychology,* 5:29–46. **308**

SIMON, H.A., see CHASE & SIMON (1973).

SIMON, H.A., see ERICSSON & SIMON (1984).

SIMON, H.A., see LARKIN, MCDERMOTT, SIMON, & SIMON (1980).

SIMON, H.A., see NEWELL & SIMON (1972).

SIMON, H.A., see YU, ZHANG, JING, PENG, ZHANG, & SIMON (1985).

SIMON, H.A., see ZHANG & SIMON (1985).

SIMON, J.G., & FEATHER, N.T. (1973) Causal attributions for success and failure at university examinations. *Journal of Educational Psychology,* 64:46–56. **436**

SIMON, T., see BINET & SIMON (1905).

SIMS-KNIGHT, J., see ROSENBLITH & SIMS-KNIGHT (1985).

SINGER, B., see LUBORSKY, SINGER, & LUBORSKY (1975).

SINGER, D.G., see SINGER & SINGER (1981).

SINGER, J.E., see GLASS & SINGER (1972).

SINGER, J.E., see SCHACHTER & SINGER (1962).

SINGER, J.L. (1984) *The Human Personality: An Introductory Textbook.* San Diego: Harcourt Brace Jovanovich. **455**

SINGER, J.L., & SINGER, D.G. (1981) *Television, Imagination and Aggression.* Hillsdale, N.J.: Erlbaum. **376**

SINGER, J.L., see POPE & SINGER (1978).

SINGER, M.T., & WYNNE, L.C. (1963) Thought disorder and family relations of schizophrenics: Pt. 1. A research strategy. *Archives of General Psychiatry,* 9:191–98. **517**

SIQUELAND, E.R., & LIPSITT, J.P. (1966) Conditioned head-turning in human newborns. *Journal of Experimental Child Psychology,* 3:356–76. **67**

SIQUELAND, E.R., see EIMAS, SIQUELAND, JUSCZYK, & VIGORITO (1971).

SIZEMORE, C.C., & PITTILLO, E.S. (1977) *I'm Eve.* Garden City, N.Y.: Doubleday. **112**

SKEELS, H.M. (1966) Adult status of children with contrasting early life experiences: A follow-up study. *Monographs of the Society for Research in Child Development,* 31(Serial No. 105). **70**

SKEELS, H.M., & DYE, H.B. (1939) A study of the effects of differential stimulation on mentally retarded children. *Proceedings of the American Association for Mental Deficiency,* 44:114–36. **70**

SKINNER, B.F. (1938) *The Behavior of Organisms.* New York: Appleton-Century-Crofts. **215, 224, 243**

SKINNER, B.F. (1948) "Superstition" in the pigeon. *Journal of Experimental Psychology,* 38:168–72. **228**

SKINNER, B.F. (1971) *Beyond Freedom and Dignity.* New York: Knopf. **215**

SKINNER, B.F. (1981) Selection by consequences. *Science,* 213:501–504. **8**

SKOLNICK, A.S. (1986) *The Psychology of Human Development.* San Diego: Harcourt Brace Jovanovich. **105**

SKYRMS, B. (1986) *Choice and Chance: An Introduction to Inductive Logic.* Belmont, Calif.: Dickenson. **286, 288**

SLOANE, R.B., STAPLES, F.R., CRISTOL, A.H., YORKSTON, N.J., & WHIPPLE, K. (1975) *Psychotherapy vs. Behavior Therapy.* Cambridge, Mass.: Harvard University Press. **549, 550**

SLOBIN, D.I. (1971) Cognitive prerequisites for the acquisition of grammar. In Ferguson, C.A., & Slobin, D.I. (eds.), *Studies of Child Language Development.* New York: Holt, Rinehart & Winston. **296, 297**

SLOBIN, D.I. (1979) *Psycholinguistics* (2nd. ed.). Glenville, Ill.: Scott, Foresman. **286, 301, 311**

SLOBIN, D.I. (ed.) (1984) *The Crosslinguistic Study of Language Acquisition.* Hillsdale, N.J.: Erlbaum. **297**

SLOVIC, P., see KAHNEMAN, SLOVIC, & TVERSKY (1982).

SLOWIACZEK, M.L., see RAYNER, INHOFF, MORRISON, SLOWIACZEK, & BERTERA (1981).

SMART, R.G., & FEJER, D. (1972) Drug use among adolescents and their parents: Closing the generation gap in mood modification. *Journal of Abnormal Psychology,* 79:153–60. **133**

SMILANSKY, B. (1974) Paper presented at the meeting of the American Educational Research Association, Chicago. **412**

SMITH, A., see TENNANT, SMITH, BEBBINGTON, & HURRY (1981).

SMITH, D., KING, M., & HOEBEL, B.G. (1970) Lateral hypothalamic control of killing: Evidence for a cholinoceptive mechanism. *Science,* 167:900–901. **370**

SMITH, E.E., ADAMS, N., & SCHORR, D. (1978) Fact retrieval and the paradox of interference. *Cognitive Psychology,* 10: 438–64. **261**

SMITH, E.E., & MEDIN, D.L. (1981) *Categories and Concepts.* Cambridge, Mass.: Harvard University Press. **282, 311**

SMITH, G.M. (1986) Adolescent personality traits that predict adult drug use. *Comprehensive Therapy,* 22:44–50. **134**

SMITH, J., see MARKUS & SMITH (1981).

SMITH, M.B. (1973) Is psychology relevant to new priorities? *American Psychologist,* 6:463–71. **11**

SMITH, M.L., GLASS, G.V., & MILLER, T.I. (1980) *The Benefits of Psychotherapy.* Baltimore: Johns Hopkins University Press. **549**

SMITH, R., see STEUER, APPLEFIELD, & SMITH (1971).

SMITH, V.C., & POKORNY, J. (1972) Spectral sensitivity of color-blind observers and the cone photopigments. *Vision Research,* 12:2059–71. **160**

SNYDER, C.R. (1974) Acceptance of personality interpretations as a function of assessment procedures. *Journal of Consulting Psychology,* 42:150. **447**

SNYDER, M., & URANOWITZ, S.W. (1978) Reconstructing the past: Some cognitive consequences of person perception. *Journal of Personality and Social Psychology,* 36:941–50. **275, 569**

SNYDER, M.L., STEPHAN, W.G., & ROSENFELD, D. (1976) Egotism and attribution. *Journal of Personality and Social Psychology,* 33:435–41. **578**

SNYDER, M.L., TANKE, E.D., & BERSCHEID, E. (1977) Social perception and interpersonal behavior: On the self-fulfilling nature of social stereotypes. *Journal of Personality and Social Psychology,* 35:656–66. **574**

SNYDER, S.H. (1980) *Biological Aspects of Mental Disorder.* New York: Oxford University Press. **516**

SNYDER, S.H., see CREESE, BURT, & SNYDER (1978).

SNYDER, W.U., et al. (1947) *Casebook of Nondirective Counseling.* Boston: Houghton Mifflin. **542**

SOAL, S.G., & BATEMAN, F. (1954) *Modern Experiments in Telepathy.* New Haven: Yale University Press. **209**

SOARES, M.P., see SANDERS & SOARES (1986).

SOARES, M.P., see SANDERS, SOARES, & D'AQUILA (1982).

SOLOMON, D.S., see FARQUHAR, MACCOBY, & SOLOMON (1984).

SOLOMON, R.L. (1980) The opponent-process theory of acquired motivation. *American Psychologist,* 35:691–712. **366, 367**

SOLOMON, R.L., & CORBIT, J.D. (1974) An opponent-process theory of motivation: Pt. 1. Temporal dynamics of affect. *Psychological Review,* 81:119–45. **366**

SOLOMON, R.L., see RESCORLA & SOLOMON (1967).

SOLSO, R.L., see JOHNSON & SOLSO (1978).

SORENSEN, R.C. (1973) *Adolescent Sexuality in Contemporary America.* New York: World. **97**

SPACHE, G., & BERG, P. (1978) *The Art of Efficient Reading* (3rd ed.). New York: Macmillan. **629**

SPANOS, N.P., & HEWITT, E.C. (1980) The hidden observer in hypnotic analgesia: Discovery or experimental creation? *Journal of Personality and Social Psychology,* 39:1201–14. **141**

SPANOS, N.P., WEEKES, J.R., & BERTRAND, L.D. (1985) Multiple personality: A social psychological perspective. *Journal of Abnormal Psychology,* 94:362–76. **114**

SPEARMAN, C. (1904) "General intelligence" objectively determined and measured. *American Journal of Psychology,* 15:201–93. **401**

SPEATH, J.L. (1976) Characteristics of the work setting and the job as determinants of income. In Sewell, W.H., Hauser, R.M., & Featherman, D.L. (eds.), *Schooling and Achievement in American Society.* New York: Academic Press. **398**

SPELKE, E.S., see STARKEY, SPELKE, & GELMAN (1986).

SPERLING, G. (1960) The information available in brief visual presentations. *Psychological Monographs,* 74(11, No. 498). **197**

SPERRY, R.W. (1970) Perception in the absence of neocortical commissures. In *Perception and Its Disorders* (Res. Publ. A.R.N.M.D., Vol. 48). New York: The Association for Research in Nervous & Mental Disease. **48**

SPERRY, R.W., see NEBES & SPERRY (1971).

SPINELLI, D., see PIRCHIO, SPINELLI, FIORENTINI, & MAFFEI (1978).

SPINELLI, D.N., see HIRSCH & SPINELLI (1970).

SPOEHR, K.T., & LEHMKUHLE, S.W. (1982) *Visual Information Processing.* San Francisco: Freeman. **211**

SPRINGER, S.P., & DEUTSCH, G. (1985) *Left Brain, Right Brain* (rev. ed.). San Francisco: Freeman. **49, 59**

SPRINGSTON, F., see BOWER & SPRINGSTON (1970).

SPUHLER, J.N., see LOEHLIN, LINDZEY, & SPUHLER (1975).

SQUIRE, L.R. (1986) Mechanisms of memory. *Science,* 232:1612–19. **41**

SQUIRE, L.R., & BUTTERS, N. (eds.) (1984) *The Neuropsychology of Memory.* New York: Guilford Press. **279**

SQUIRE, L.R., & COHEN, N.J. (1984) Human memory and amnesia. In McGaugh, J.L., Lynch, G.T., & Weinberger, N.M. (eds.). *The Neurobiology of Learning and Memory.* New York: Guilford Press. **265**

SQUIRE, L.R., COHEN, N.J., & NADEL, L. (1984) The medial temporal region and memory consolidations: A new hypothesis. In Weingartner, H., & Parker, E. (eds.), *Memory Consolidation.* Hillsdale, N.J.: Erlbaum. **260, 265**

SQUIRE, L.R., & FOX, M.M. (1980) Assessment of remote memory: Validation of the television test by repeated testing during a seven-day period. *Behavioral Research Methods and Instrumentation,* 12:583–86. **259, 260**

SQUIRE, L.R., see COHEN & SQUIRE (1980).

SROUFE, L.A., see MATAS, AREND, & SROUFE (1978).

SROUFE, L.A., see WATERS, WIPPMAN, & SROUFE (1979).

STAATS, A.W. (1968) *Language, Learning and Cognition.* New York: Holt, Rinehart & Winston. **215**

STADDON, J.E.R. (1983) *Adaptive Behavior and Learning.* New York: Cambridge University Press. **243**

STADDON, J.E.R., see HONIG & STADDON (1977).

STANLEY, J.C., see BENBOW AND STANLEY (1980).

STAPLES, F.R., see SLOANE, STAPLES, CRISTOL, YORKSTON, & WHIPPLE (1975).

STAPP, J., & FULCHER, R. (1981) The employment of APA members. *American Psychologist,* 36:1263–1314. **14**

STARKEY, P., SPELKE, E.S., & GELMAN, R. (1986) Numerical abstraction by human infants. *Cognition,* in press. **67**

STAYTON, D.J. (1973) Infant responses to brief everyday separations: Distress, following, and greeting. Paper presented at the meeting of the Society for Research in Child Development, March 1973. **79**

STEFFY, R.A., ASARNOW, R.F., ASARNOW, J.R., MACCRIMMON, D.J., & CLEGHORN, J.M. (1984) The McMaster-Waterloo High-Risk Project: Multifacted strategy for high-risk research. In Watt, H.F., Anthony, E.J., Wynne, L.C., & Rolf, J.E. (eds.), *Children at Risk for Schizophrenia.* New York: Cambridge University Press. **518**

STEIF, B.L., see SACKEIM, PORTNOY, NEELEY, STEIF, DECINA, & MALITZ (1985).
STEIN, M., see SCHLEIFER, KELLER, MCKEGNEY, & STEIN (1979).
STEIN, S., see DION & STEIN (1978).
STEINHORST, R., see HOMME, DE BACA, DEVINE, STEINHORST, & RICKERT (1963).
STEINMETZ, J.L., see LEWINSOHN, ANTONUCCIO, STEINMETZ, & TERI (1984).
STEINMETZ, J.L., see ROSS, AMABILE, & STEINMETZ (1977).
STELLAR, E., see STELLAR & STELLAR (1985).
STELLAR, J.R., & STELLAR, E. (1985) *The Neurobiology of Motivation and Reward.* New York: Springer-Verlag. **231, 342, 349**
STEPHAN, W.G., see BERNSTEIN, STEPHAN, & DAVIS (1979).
STEPHAN, W.G., see SNYDER, STEPHAN, & ROSENFELD (1976).
STERMAN, M.B., see DRUCKER-COLIN, SHKUROVICH, & STERMAN (1979).
STERNBACH, R.A. (1978) *The Psychology of Pain.* New York: Raven. **179**
STERNBERG, D.E., see CHARNEY, HENINGER, & STERNBERG (1984).
STERNBERG, R.J. (1985) *Beyond IQ: A Triarchic Theory of Human Intelligence.* New York: Cambridge University Press. **404, 405**
STERNBERG, R.J. (1986) *Intelligence Applied: Understanding and Increasing Your Intellectual Skills.* San Diego: Harcourt Brace Jovanovich. **415**
STERNBERG, R.J. (ed.) (1982) *Handbook of Human Intelligence.* New York: Cambridge University Press. **415**
STERNBERG, R.J. (ed.) (1984) *Human Abilities: An Information-processing Approach.* New York: Freeman. **415**
STERNBERG, S. (1966) Highspeed scanning in human memory. *Science,* 153:652–54. **250, 251**
STERNBERG, S. (1969) Memory-scanning: Mental processes revealed by reaction-time experiments. *American Scientist,* 57:421–57. **251**
STERNGLANZ, S.H., & SERBIN, L.A. (1974) Sex-role stereotyping in children's television programs. *Developmental Psychology,* 10:710–15. **92**
STEUER, F.B., APPLEFIELD, J.M., & SMITH, R. (1971) Televised aggression and the interpersonal aggression of preschool children. *Journal of Experimental Child Psychology,* 11:422–47. **373**
STEVENS, B., see ROGERS & STEVENS (1967).
STEVENS, S.S. (1957) On the psychophysical law. *Psychological Review,* 64:153–81. **157**
STEVENS, S.S. (1975) *Psychophysics: Introduction to Its Perceptual, Neural and Social Prospects.* New York: Wiley. **150**
STEVENS, S.S., & NEWMAN, E.B. (1936) The localization of actual sources of sound. *American Journal of Psychology,* 48, 297–306. **172**
STEVENS-LONG, J., SCHWARZ, J.L., & BLISS, D. (1976) The acquisition of compound sentence structure in an autistic child. *Behavior Therapy,* 7:397–404. **536**
STEVENSON, I. (1977) Reincarnation: Field studies and theoretical issues. In Wolman, B.B. (ed.), *Handbook of Parapsychology.* New York: Van Nostrand Reinhold. **143**
STILES, W.B., SHAPIRO, D.A., & ELLIOTT, R. (1986) Are all psychotherapies equivalent? *American Psychologist,* 41:165–80. **549**
STILLMAN, R.C., see EICH, WEINGARTNER, STILLMAN, & GILLIAN (1975).
STOCKDALE, J.B. (1984) *A Vietnam Experience.* Stanford: Hoover Press. **467**
STORMS, M.D. (1981) A theory of erotic orientation development. *Psychological Review,* 88:340–53. **337**
STRASSMAN, H.D., THALER, M.B., & SCHEIN, E.H. (1956) A prisoner of war syndrome: Apathy as a reaction to severe stress. *American Journal of Psychiatry,* 112:998–1003. **466**
STRAUS, R., see ROSENMAN, BRAND, JENKINS, FRIEDMAN, STRAUS, & WRUM (1975).
STRAUSS, J.S. (1982) Behavioral aspects of being disadvantaged and risk for schizophrenia. In Parron, D.L., Solomon, F., & Jenkins, C.D. (eds.), *Behavior, Health Risks, and Social Disadvantage.* Washington, D.C.: National Academy Press. **517**
STREISSGUTH, A.P., CLARREN, S.K., & JONES, K.L. (1985) Natural history of the fetal alcohol syndrome: A 10-year follow-up of eleven patients. *The Lancet,* 2(No. 8446):85–91. **124**
STRICKER, E.M., ROWLAND, N., SALLER, C.F., & FRIEDMAN, M.I. (1977) Homeostasis during hypoglycemia: Central control of adrenal secretion and peripheral control of feeding. *Science,* 196:79–81. **320**
STRICKER, E.M., see FRIEDMAN & STRICKER (1976).
STROEBE, W., INSKO, C.A., THOMPSON, V.D., & LAYTON, B.D. (1971) Effects of physical attractiveness, attitude similarity and sex on various aspects of interpersonal attraction. *Journal of Personality and Social Psychology,* 18:79–91. **589**
STRONGMAN, K.T. (1978) *The Psychology of Emotion* (2nd ed.). New York: Wiley. **379**
STUART, R.B., & DAVIS, B. (1972) *Slim Chance in a Fat World.* Champaign, Ill.: Research Press. **539**
STUDDERT-KENNEDY, M., see LIBERMAN, COOPER, SHANKWEILER, & STUDDERT-KENNEDY (1967).
STUNKARD, A.J. (1982) Obesity. In Hersen, M., Bellack, A., Kazdin, A. (eds.), *International Handbook of Behavior Modification and Therapy.* New York: Plenum. **329**
STUNKARD, A.J. (ed.) (1980) *Obesity.* Philadelphia: Saunders. **349**
STUNKARD, A.J., FOCH, T.T., & HRUBEC, Z. (1986) A twin study of human obesity. *Journal of the American Medical Association,* 256:51–54. **328**
STUNKARD, A.J., see CRAIGHEAD, STUNKARD, & O'BRIEN (1981).
STURLA, E., see IMPERATO-MCGINLEY, PETERSON, GAUTIER, & STURLA (1979).
STURT, E., see BEBBINGTON, STURT, TENNANT, & HURRY (1984).
SULLIVAN, E.V., see CORKIN, COHEN, SULLIVAN, CLEGG, ROSEN, & ACKERMAN (1985).
SULS, J. (ed.) (1982) *Psychological Perspectives on the Self,* Vol. 1. Hillsdale, N.J.: Erlbaum. **455**
SULS, J., & GREENWALD, A.G. (eds.) (1983) *Psychological Perspectives on the Self,* Vol. 2. Hillsdale, N.J.: Erlbaum. **455**
SUOMI, S.J. (1977) Peers, play, and primary prevention in primates. In *Proceedings of the Third Vermont Conference on the Primary Prevention of Psychopathology: Promoting Social Competence and Coping in Children.* Hanover, N.H.: University Press of New England. **82**
SUOMI, S.J., HARLOW, H.F., & MCKINNEY, W.T. (1972) Monkey psychiatrist. *American Journal of Psychiatry,* 28:41–46. **341**
SUOMI, S.J., see HARLOW & SUOMI (1970).
SUPPES, P., see KRANTZ, LUCE, SUPPES, & TVERSKY (1971).
SURBER, C.F. (1977) Developmental processes in social inference: Averaging of intentions and consequences in moral judgment. *Developmental Psychology,* 13:654–65. **86**
SUTTON-SMITH, B. (1982) Birth order and sibling status effects. In Lamb, M.E., & Sutton-Smith, B. (eds.), *Sibling Relationships: Their Nature and Significance Across the Life-Span.* Hillsdale, N.J.: Erlbaum. **95**
SVAETICHIN, G. (1956) Spectral response curves from single cones. *Acta Physiologica Scandinavica,* 39(Suppl. 134):17–46. **161**
SWANN, W.B., JR., & READ, S.J. (1981) Acquiring self-knowledge: The search for feedback that fits. *Journal of Personality and Social Psychology,* 41:1119–28. **436**
SWAP, W., see SAEGERT, SWAP, & ZAJONC (1973).

SWEENEY, J.A., see WETZLER & SWEENEY (1986).

SWERDLOW, J., see MANKIEWICZ & SWERDLOW (1977).

SWETS, J.A., see GREEN & SWETS (1966).

SWINNEY, D.A. (1979) Lexical access during sentence comprehension: Consideration of context effects. *Journal of Verbal Learning and Verbal Behavior,* 18:645–59. **292**

SYER, J., & CONNOLLY, C. (1984) *Sporting Body Sporting Mind: An Athlete's Guide to Mental Training.* Cambridge: Cambridge University Press. **136, 145**

SYLVESTER, D., see AGRAS, SYLVESTER, & OLIVEAU (1969).

T

TAKAHASHI, K. (1986) Examining the strange-situation procedure with Japanese mothers and 12-month-old infants. *Development Psychology,* 22:265–70. **82**

TALOVIC, S.A., see MEDNICK, CUDECK, GRIFFITH, TALOVIC, & SCHULSINGER (1984).

TANNER, J.M. (1970) Physical growth. In Mussen, P.H. (ed.), *Carmichael's Manual of Child Psychology,* Vol. 1 (3rd ed.). New York: Wiley. **96**

TAPP, J.T., see SCHNEIDERMAN & TAPP (1985).

TARLER-BENLOLO, L. (1978) The role of relaxation in biofeedback training. *Psychological Bulletin,* 85:727–55. **480**

TARSHIS, B., see SCHNEIDER & TARSHIS (1986).

TART, C.T. (1979) Measuring the depth of an altered state of consciousness, with particular reference to self-report scales of hypnotic depth. In Fromm, E., & Shor, R.E. (eds.), *Hypnosis: Developments in Research and New Perspectives* (2nd ed.). New York: Aldine. **138**

TART, C.T. (ed.) (1975) *States of Consciousness.* New York: Dutton. **130, 144**

TART, C., & DICK, L. (1970) Conscious control of dreaming: Pt. 1. The post-hypnotic dream. *Journal of Abnormal Psychology,* 76:304–15. **120**

TARTTER, V.C. (1986) *Language Processes.* New York: Holt, Rinehart & Winston. **311**

TASHKIN, D.P., COULSON, A., CLARK, V., et al. (1985) Respiratory symptoms and lung function in heavy habitual smokers of marijuana alone and with tobacco, smokers of tobacco alone and nonsmokers. *American Review of Respiratory Disease,* 131: A198. **131**

TAUBER, E.S., see ROFFWARG, HERMAN, BOWE-ANDERS, & TAUBER (1978).

TAVRIS, C. (1984) *Anger: The Misunderstood Emotion.* New York: Simon & Schuster. **379**

TAVRIS, C., & OFFIR, C. (1977) *The Longest War: Sex Differences in Perspective.* New York: Harcourt Brace Jovanovich. **366**

TAVRIS, C., & SADD, S. (1977) *The Redbook Report on Female Sexuality.* New York: Dell. **335**

TAYLOR, D.A., see ALTMAN & TAYLOR (1973).

TEASDALE, J.D., see CAMPBELL, COPE, & TEASDALE (1983).

TEASDALE, T.W., & OWEN, D.R. (1984) Heredity and familial environment in intelligence and education level: A sibling study. *Nature,* 309:620–22. **409**

TEDESCHI, J.T., & ROSENFELD, P. (1981) Impression management and the forced compliance situation. In Tedeschi, J.T. (ed.) *Impression Management Theory and Social Psychological Research.* New York: Academic Press. **585**

TEITELBAUM, P., see HOEBEL & TEITELBAUM (1966).

TELCH, M.J., see THORESEN, TELCH, & EAGLESTON (1981).

TELLER, D.Y., MORSE, R., BORTON, R., & REGAL, D. (1974) Visual acuity for vertical and diagonal gratings in human infants. *Vision Research,* 14:1433–39. **204**

TELLER, D.Y., PEEPLES, D.R., & SEKEL, M. (1978) Discrimination of chromatic from white light by two-month old human infants. *Vision Research,* 18:41–48. **205**

TEMPLIN, M.C. (1957) *Certain Language Skills in Children: Their Development and Interrelationships.* Minneapolis: University of Minnesota Press. **295**

TENNANT, C., SMITH, A., BEBBINGTON, P. & HURRY, J. (1981) Parental loss in childhood: Relationship to adult psychiatric impairment and contact with psychiatric services. *Archives of General Psychiatry,* 38:309–14. **507**

TENNANT, C., see BEBBINGTON, STURT, TENNANT & HURRY (1984).

TENNEY, Y.J., see SHEINGOLD & TENNEY (1982).

TERI, L., see LEWINSOHN, ANTONUCCIO, STEINMETZ, & TERI (1984).

TERI, L., see LEWINSOHN, HOBERMAN, TERI, & HAUTZINER (1985).

TERKEL, J., & ROSENBLATT, J.S. (1972) Humoral factors underlying maternal behavior at parturition: Cross transfusion between freely moving rats. *Journal of Comparative and Physiological Psychology,* 80:365–71. **341**

TERMAN, G.W., SHAVIT, Y., LEWIS, J.W., CANNON, J.T., & LIEBESKIND, J.C. (1984) Intrinsic mechanisms of pain inhibition: Activation by stress. *Science,* 226:1270–77. **463**

TERRACE, H.S., PETITTO, L.A., SANDERS, D.J., & BEVER, T.G. (1979) Can an ape create a sentence? *Science,* 206:891–902. **301**

TESSER, A., & BRODIE, M. (1971) A note on the evaluation of a "computer date." *Psychonomic Science,* 23:300. **588**

TEST, M.A., see BRYAN & TEST (1967).

TETLOCK, P.E., & LEVI, A. (1982) Attribution bias: On the inconclusiveness of the cognition-motivation debate. *Journal of Experimental Social Psychology,* 18:68–88. **578**

TEUBER, H.L. see MILNER, CORKIN, & TEUBER (1968).

THALER, M.B., see STRASSMAN, THALER, & SCHEIN (1956).

THARP, R.G., see WATSON & THARP (1985).

THIGPEN, C.H., & CLECKLEY, H. (1957) *The Three Faces of Eve.* New York: McGraw-Hill. **112**

THOMAS, A., & CHESS, S. (1977) *Temperament and Development.* New York: Brunner/Mazel. **68, 418**

THOMAS, A., see CHESS & THOMAS (1982).

THOMAS, D., see NATHANS, THOMAS, & HOGNESS (1986).

THOMAS, D.S., see THOMAS & THOMAS (1928).

THOMAS, E.L., & ROBINSON, H.A. (1982) *Improving Reading in Every Class.* Boston: Allyn & Bacon. **271, 629, 630**

THOMAS, J.P., see BOFF, KAUFMAN, & THOMAS (1986).

THOMAS, J.P., see OLZAK & THOMAS (1986).

THOMAS, M.H., HORTON, R.W., LIPPINCOTT, E.C., & DRABMAN, R.S. (1977) Desensitization to portrayals of real-life aggression as a function of exposure to television violence. *Journal of Personality and Social Psychology,* 35:450–58. **377**

THOMAS, W.I., & THOMAS, D.S. (1928) *The Child in America.* New York: Knopf. **565**

THOMPSON, C.W., see HUDSPETH, MCGAUGH, & THOMPSON (1964).

THOMPSON, H., see GESELL & THOMPSON (1929).

THOMPSON, J.K., JARVIE, G.J., LAKEY, B.B. & CURETON, K.J. (1982) Exercise and obesity: Etiology, physiology, and intervention. *Psychological Bulletin,* 91:55–79. **326**

THOMPSON, N., see BADDELEY, THOMPSON, & BUCHANAN (1975).

THOMPSON, R.A., see LAMB, THOMPSON, GARDNER, CHARNOV, & ESTES (1984).

THOMPSON, R.F., see GLUCK & THOMPSON (1986).

THOMPSON, V.D., see STROEBE, INSKO, THOMPSON, & LAYTON (1971).

THOMPSON, W.C., REYES, R.M., & BOWER, G.H. (1979) Delayed effects of availability on judgment. Unpublished manuscript, Stanford University. **567**

THOMPSON, W.R. (1954) The inheritance and development of intelligence. *Proceedings of the Association for Research on Nervous and Mental Disease,* 33:209-31. **58**

THOMPSON, W.R., see FULLER & THOMPSON (1978).

THORESEN, C.E., TELCH, M.J., & EAGLESTON, J.R. (1981) Altering Type A behavior. *Psychosomatics,* 8:472-82. **483**

THORESEN, C.E., see FRIEDMAN, THORESEN, GILL, et al. (1985).

THORNDIKE, R.L., HAGEN, E.P., & SATTLER, J.M. (1986) *Stanford-Binet Intelligence Scale: Guide for Administering and Scoring the Fourth Edition.* Chicago: Riverside. **391**

THORNDYKE, E.L. (1898) Animal intelligence: An experimental study of the associative processes in animals. *Psychological Monographs,* 2(No. 8). **223**

THORNE, B., see HENLEY, HAMILTON, & THORNE (1985).

THURSTONE, L.L. (1938) Primary mental abilities. *Psychometric Monographs,* No. 1. Chicago: University of Chicago Press. **402**

THURSTONE, L.L., & THURSTONE, T.G. (1963) *SRA Primary Abilities.* Chicago: Science Research Associates. **404**

THURSTONE, T.G., see THURSTONE & THURSTONE (1963).

TICE, D.M., see BAUMEISTER & TICE (1984).

TIMBERLAKE, W., & ALLISON, J. (1974) Response deprivation: An empirical approach to instrumental performance. *Psychological Review,* 81:146-64. **232**

TINKLENBERG, J.R., see DARLEY, TINKLENBERG, ROTH, HOLLISTER, & ATKINSON (1973).

TITCHENER, E.B. (1896) *An Outline of Psychology.* New York: Macmillan. **181**

TITLEY, R.W., & VINEY, W. (1969) Expression of aggression toward the physically handicapped. *Perceptual and Motor Skills,* 29:51-56. **93**

TOBEY, E.L., & TUNNELL, G. (1981) Predicting our impressions on others: Effects of public self-consciousness and acting, a self-monitoring subscale. *Personality and Social Psychology Bulletin,* 7:661-69. **438**

TOGNACCI, L.N., see WEIGEL, VERNON, & TOGNACCI (1974).

TOLMAN, E.C. (1932) *Purposive Behavior in Animals and Men.* New York: Appleton-Century-Crofts. (Reprint ed., 1967. New York: Irvington.) **239, 243**

TOMPKINS, S.S. (1980) Affect as amplification: Some modifications in theory. In Plutchik, R., & Kellerman, H. (eds.), *Emotion: Theory, Research and Experience,* Vol. 1. New York: Academic Press. **365**

TORGERSEN, S. (1983) Genetic factors in anxiety disorders. *Archives of General Psychiatry,* 40:1085-89. **502**

TOTH, M.F., see ARKIN, TOTH, BAKER, & HASTEY (1970).

TOWER, A., see DAVIDSON, YASUNA, & TOWER (1979).

TOWNSEND, J.T. (1971) A note on the identifiability of parallel and serial processes. *Perception and Psychophysics,* 10:161-63. **251**

TRAUPMANN, J., & HATFIELD, E. (1981) Love and its effects on mental and physical health. In Fogel, R.W., Hatfield, E., Kiesler, S.B., & Shanas, E. (eds.), *Aging: Stability and Change in the Family.* New York: Academic Press. **102**

TREISMAN, A., see KAHNEMAN & TREISMAN (1984).

TRUAX, C.B., & MITCHELL, K.M. (1971) Research on certain therapist interpersonal skills in relation to process and outcome. In Bergin, A.E., & Garfield, S.L. (eds.), *Handbook of Psychotherapy and Behavior Change: An Empirical Analysis.* New York: Wiley. **543**

TRUDEAU, M.B., see HAMBURG & TRUDEAU (1981).

TULVING, E. (1974) Cue-dependent forgetting. *American Scientist,* 62:74-82. **257**

TULVING, E. (1983) *The Elements of Episodic Memory.* New York: Oxford University Press. **279**

TULVING, E. (1985) How many memory systems are there? *American Psychologist,* 40:385-98. **266**

TULVING, E., & PEARLSTONE, Z. (1966) Availability versus accessibility of information in memory for words. *Journal of Verbal Learning and Verbal Behavior,* 5:381-91. **258**

TULVING, E., see WATKINS, HO, & TULVING (1976).

TUNNELL, G., see TOBEY & TUNNELL (1981).

TURNER, S.M., CALHOUN, K.S., & ADAMS, E. (eds.) (1981) *The Handbook of Clinical Behavior Therapy.* New York: Wiley. **561**

TURNER, T.R., see BOWER, BLACK, & TURNER (1979).

TVERSKY, A., & KAHNEMAN, D. (1973) On the psychology of prediction. *Psychological Review,* 80:237-51. **289**

TVERSKY, A., & KAHNEMAN, D. (1983) Extensional versus intuitive reasoning: The conjunction fallacy in probability judgment. *Psychological Review,* 90:293-315. **289**

TVERSKY, A., see KAHNEMAN, SLOVIC, & TVERSKY (1982).

TYHURST, J.S. (1951) Individual reactions to community disaster. *American Journal of Psychiatry,* 10:746-69. **368**

TYLER, C.W., see NAKAYAMA & TYLER (1981).

TYLER, R.W., see EELLS, DAVIS, HAVIGHURST, HERRICK, & TYLER (1951).

U

UDELF, M.S., see FANTZ, ORDY, & UDELF (1962).

ULLMAN, M., see WOLMAN, DALE, SCHMEIDLER, & ULLMAN (1985).

ULLMAN, S. (1979) *The Interpretation of Visual Motion.* Cambridge, Mass.: M.I.T. Press. **187**

ULRICH, R., see HOGARTY, SCHOOLER, ULRICH, MUSSARE, FERRO, & HERRON (1979).

UNDERWOOD, B., & MOORE, B.S. (1981) Sources of behavioral consistency. *Journal of Personality and Social Psychology,* 40:780-85. **451**

UNGERLEIDER, J.T., see SCHAEFFER, ANDRYSIAK, & UNGERLEIDER (1981).

URANOWITZ, S.W., see SNYDER & URANOWITZ (1978).

V

VALENSTEIN, E.S. (1980) A prospective study of cingulatomy. In Valenstein, E.S. (ed.), *The Psychosurgery Debate: Scientific, Legal, and Ethical Perspectives.* San Francisco: Freeman. **556**

VALLONE, R.P., ROSS, L., & LEPPER, M.R. (1985) The hostile media phenomenon: Biased perception and perceptions of media bias in coverage of the Beirut massacre. *Journal of Personality and Social Psychology,* 49:577-85. **570**

VAN CANTFORT, P.E., & RIMPAU, J.B. (1982) Sign language studies with children and chimpanzees. *Sign Language Studies,* 34:15-72. **301**

VAN EEDEN, F. (1913) A study of dreams. *Proceedings of the Society for Psychical Research,* 26:431-61. **119**

VAN SLUYTERS, R.C., see MOVSHON & VAN SLUYTERS (1981).

VEITH, I. (1970) *Hysteria: The History of a Disease.* Chicago: University of Chicago Press. **561**

VIEMERO, V., see LAGERSPETZ, VIEMERO, & AKADEMI (1986).
VIGORITO, J., see EIMAS, SIQUELAND, JUSCZYK, & VIGORITO (1971).
VINEY, W., see TITLEY & VINEY (1969).
VOGEL, W.H., see CARROL, ZUCKERMAN, & VOGEL (1982).
VON LANG, J., & SIBYLL, C. (eds.) (1983) *Eichmann Interrogated* (R. Manheim, trans.). New York: Farrar, Straus & Giroux. **609**
VONNEGUT, M. (1975) *The Eden Express.* New York: Bantam. **514, 525**

W

WABER, D.P. (1977) Sex differences in mental abilities, hemispheric lateralization, and rate of physical growth at adolescence. *Developmental Psychology,* 13:29–38. **93**
WABER, D.P., MANN, M.B., MEROLA, J., & MOYLAN, P.M. (1985) Physical maturation rate and cognitive performance in early adolescence: A longitudinal examination. *Developmental Psychology,* 21:666–81. **93**
WACK, D.L., see COTTRELL, RITTLE, & WACK (1967).
WACK, D.L., see COTTRELL, WACK, SEKERAK, & RITTLE (1968).
WADDEN, T.A., & ANDERTON, C.H. (1982) The clinical use of hypnosis, *Psychological Bulletin,* 91:215–43. **139**
WAGENAAR, W.A., see LOFTUS, SCHOOLER, & WAGENAAR (1985).
WAGMAN, I., see BATTERSBY & WAGMAN (1962).
WAGNER, A.R. (1981) SOP: A model of automatic memory processing in animal behavior. In Spear, N.E., & Miller, R.R. (eds.), *Information Processing in Animals: Memory Mechanisms.* Hillsdale, N.J.: Erlbaum. **241**
WALDER, L.O., see ERON, HUESMANN, LEFKOWITZ, & WALDER (1972).
WALDER, L.O., see HUESMANN, ERON, LEFKOWITZ, & WALDER (1984).
WALK, R.D., see GIBSON & WALK (1960).
WALKER, C.E., HEDBERG, A., CLEMENT, P.W., & WRIGHT, L. (1981) *Clinical Procedures for Behavior Therapy.* Englewood Cliffs, N.J.: Prentice-Hall. **536**
WALKER, E. (1978) *Explorations in the Biology of Language.* Montgomery, Vt.: Bradford Books. **331**
WALKER, M.R., see FREEMAN, WALKER, BORDEN, & LATANE (1975).
WALKER, P.A., see MONEY, WIEDEKING, WALKER, & GAIN (1976).
WALL, P.D., see MELZAK & WALL (1965).
WALL, S., see AINSWORTH, BLEHAR, WALTERS, & WALL (1978).
WALLACE, P. (1977) Individual discrimination of humans by odor. *Physiology and Behavior,* 19:577–79. **173**
WALLACE, P.M., see BROWN & WALLACE (1980).
WALLEY, R.E., & WEIDEN, T.D. (1973) Lateral inhibition and cognitive masking: A neuropsychological theory of attention. *Psychological Review,* 80:284–302. **199**
WALSTER, E., ARONSON, E., ABRAHAMS, D., & ROTTMANN, L. (1966) Importance of physical attractiveness in dating behavior. *Journal of Personality and Social Psychology,* 4:508–16. **588**
WALSTER, E., see BERSCHEID & WALSTER (1974).
WALSTER, E., see BERSCHEID & WALSTER (1978).
WALSTER, E., see DION, BERSCHEID, & WALSTER (1972).
WALTERS, E., see AINSWORTH, BLEHAR, WALTERS, & WALL (1978).
WALZER, M. (1970) *Obligations.* Cambridge, Mass.: Harvard University Press. **617**
WARD, L.M., see COREN, PORAC, & WARD (1984).
WARD, L.M., see JONES, ROCK, SHAVER, GOETHALS, & WARD (1968).
WARNER, P., see MICHAEL, BONSALL, & WARNER (1974).
WARRINGTON, E.K., & WEISKRANTZ, L. (1978) Further analysis of the prior learning effect in amnesic patients. *Neuropsychologia,* 16:169–77. **266**
WARWICK, D.P., see NEWCOMB, KOENIG, FLACKS, & WARWICK (1967).
WASON, P.C., & JOHNSON-LAIRD, P.N. (1972) *Psychology of Reasoning: Structure and Content.* London: Batsford. **288**
WATERS, E., WIPPMAN, J., & SROUFE, L.A. (1979) Attachment, positive affect, and competence in the peer group: Two studies in construct validation. *Child Development,* 50:821–29. **80**
WATERS, H.F., & MALAUMD, P. (1975) Drop that gun, Captain Video. *Newsweek,* 85:81–82. **618**
WATKINS, M.J., HO, E., & TULVING, E. (1976) Context effects in recognition memory for faces. *Journal of Verbal Learning and Verbal Behavior,* 15:505–18. **262**
WATKINS, M.J., see CRAIK & WATKINS (1973).
WATSON, C., see BEM, MARTYNA, & WATSON (1976).
WATSON, D.L., & THARP, R.G. (1985) *Self-directed Behavior: Self-modification for Personal Adjustment* (4th ed.). Belmont, Calif.: Wadsworth. **561**
WATSON, G. (1966) *Social Psychology: Issues and Insights.* Philadelphia: Lippincott. **619**
WATSON, J.B. (1928) *Psychological Care of Infant and Child.* New York: Norton. **87**
WATSON, J.B. (1950) *Behaviorism.* New York: Norton. **62**
WATSON, J.S. (1983) Contingency perception in early social development. Unpublished paper, University of California, Berkeley. **74**
WATSON, J.S., see BAHRICK & WATSON (1985).
WATSON, R.I. (1978) *The Great Psychologists: From Aristotle to Freud* (4th ed.). Philadelphia: Lippincott. **639**
WATT, N.F., see WHITE & WATT (1981).
WAUGH, N.C., & NORMAN, D.A. (1965) Primary memory. *Psychological Review,* 72:89–104. **250**
WEATHERLY, D. (1964) Self-perceived rate of physical maturation and personality in late adolescence. *Child Development,* 35:1197–1210. **96**
WEBB, W.B. (1975) *Sleep the Gentle Tyrant.* Englewood Cliffs, N.J.: Prentice-Hall. **114, 117**
WEBER, E.H. (1834) *Concerning Touch.* (Reprint ed., 1978. H.E. Ross, trans.) New York: Academic Press. **155**
WECHSLER, D. (1958) *The Measurement and Appraisal of Adult Intelligence.* Baltimore: Williams. **393, 401**
WECHSLER, D. (1974) *Wechsler Intelligence Scale for Children, Revised.* New York: Psychological Corporation. **393**
WEEKES, J.R., see SPANOS, WEEKES, & BERTRAND (1985).
WEIDEN, T.D., see WALLEY & WEIDEN (1973).
WEIGEL, R.H., VERNON, D.T.A., & TOGNACCI, L.N. (1974) Specificity of the attitude as a determinant of attitude-behavior congruence. *Journal of Personality and Social Psychology,* 30:724–28. **584**
WEIKART, D., see HOHMANN, BANET, & WEIKART (1979).
WEINBERG, M.S., see BELL & WEINBERG (1978).
WEINBERG, M.S., see BELL, WEINBERG, & HAMMERSMITH (1981).
WEINBERG, R.A., see SCARR & WEINBERG (1976).
WEINBERGER, J., see SILVERMAN & WEINBERGER (1985).
WEINER, B., see FESHBACH & WEINER (1986).
WEINER, I.B., see KIMMEL & WEINER (1985).
WEINFELD, F.D., see COLEMAN, CAMPBELL, HOBSON, MCPARTLAND, MOODY, WEINFELD, & YORK (1966).
WEINGARTEN, H., GRAFMAN, J., BOUTELLE,

W., KAYE, W., & MARTIN, P.R. (1983) Forms of memory failure. *Science,* 221:380–82. **267**

WEINGARTNER, H., see EICH, WEINGARTNER, STILLMAN, & GILLIAN (1975).

WEINSTEIN, S. (1968) Intensive and extensive aspects of tactile sensitivity as a function of body part, sex, and laterality. In Kenshalo, D.R. (ed.), *The Skin Senses.* Springfield, Ill.: Thomas. **175**

WEISKRANTZ, L., see WARRINGTON & WEISKRANTZ (1978).

WEISMAN, S. (1966) Environmental and innate factors and educational attainment. In Meade, J.E., & Parkes, A.S. (eds.), *Genetic and Environmental Factors in Human Ability.* London: Oliver & Boyd. **410**

WEISS, J.M. (1972) Psychological factors in stress and disease. *Scientific American,* 226:106. **479**

WEISSMAN, M.M., see ROBINS, HELZER, WEISSMAN, et al. (1984).

WELKOWITZ, J., EWEN, R.B., & COHEN, J. (1982) *Introductory Statistics for the Behavioral Sciences* (3rd ed.). San Diego: Harcourt Brace Jovanovich. **651**

WENGER, M., & BAGCHI, B. (1961) Studies of autonomic function in practitioners of yoga in India. *Behavioral Science,* 6:312–23. **142**

WERTHEIMER, M. (1912) Experimentelle Studien uber das Sehen von Beuegung. *Zeitschrift fuer Psychologie,* 61:161–265. **185, 636**

WERTHEIMER, M. (1961) Psychomotor coordination of auditory and visual space at birth. *Science,* 134:1692–93. **205**

WERTHEIMER, M. (1979) *A Brief History of Psychology* (rev. ed.). New York: Holt, Rinehart & Winston. **27, 639**

WEST, C., & ZIMMERMAN, D.H. (1983) Small insults: A study of interruptions in cross-sex conversations between unacquainted persons. In Thorne, B., Kramarae, C., & Henley, N. (eds.), *Language, Gender, and Society.* Rowley, Mass.: Newbury House. **579**

WETZEL, R.D., see MURPHY & WETZEL (1980).

WETZLER, S.E., & SWEENEY, J.A. (1986) Childhood amnesia: An empirical demonstration. In Rubin, D.C. (ed.) *Autobiographical Memory.* New York: Cambridge University Press. **264**

WHEELER, L., see KERNIS & WHEELER (1981).

WHIPPLE, K., see SLOANE, STAPLES, CRISTOL, YORKSTON, & WHIPPLE (1975).

WHISHAW, I.Q., see KOLB & WHISHAW (1985).

WHITE, C. (1977) Unpublished Ph.D. dissertation, Catholic University, Washington, D.C. **325**

WHITE, R.W., & WATT, N.F. (1981) *The Abnormal Personality* (5th ed.). New York: Wiley. **506**

WHORF, B.L. (1956) Science and linguistics. In Carroll, J.B. (ed.), *Language, Thought and Reality: Selected Writings of Benjamin Lee Whorf.* Cambridge, Mass.: M.I.T. Press. **286**

WICKELGREN, W.A. (1979) *Cognitive Psychology.* Englewood Cliffs, N.J.: Prentice-Hall. **199, 211**

WIEDEKING, C., see MONEY, WIEDEKING, WALKER, & GAIN (1976).

WIENS, A.W., see MATARAZZO & WIENS (1972).

WIENS, A.W., see MATARAZZO & WIENS (1977).

WEIR, C.C., see GREEN & WEIR (1984).

WIESEL, T.N., & HUBEL, D.H. (1974) Ordered arrangement of orientation columns in monkeys lacking visual experience. *Journal of Comparative Neurology,* 158:307–18. **205**

WIESEL, T.N., see HUBEL & WIESEL (1963).

WIESEL, T.N., see HUBEL & WIESEL (1968).

WIGDOR, A.K., & GARNER, W.R. (eds.) (1982) *Ability Testing: Uses, Consequences, and Controversies.* Washington, D.C.: National Academy Press. **413, 415**

WILBUR, C.B., see LUDWIG, BRANDSMA, WILBUR, BENDFELDT, & JAMESON (1972).

WILKES, A.L., & KENNEDY, R.A. (1969) Relationship between pausing and retrieval latency in sentences of varying grammatical form. *Journal of Experimental Psychology,* 79:241–45. **293**

WILKINS, W. (1984) Psychotherapy: The powerful placebo. *Journal of Consulting and Clinical Psychology,* 52:570–73. **553**

WILKINSON, F., see MITCHELL & WILKINSON (1974).

WILLERMAN, L. (1979) *The Psychology of Individual Differences.* San Francisco: Freeman. **419**

WILLIAMS, B., see DEMBROSKI, MACDOUGALL, WILLIAMS, & HANEY (1985).

WILLIAMS, D.C. (1959) The elimination of tantrum behavior by extinction procedures. *Journal of Abnormal and Social Psychology,* 59:269. **225**

WILLIAMS, K.D., see LATANE, WILLIAMS, & HARKINS (1979).

WILLIAMS, K.D., see PETTY, HARKINS, WILLIAMS, & LATANE (1977).

WILLIAMS, M.D., & HOLLAN, J.D. (1981) The process of retrieval from very long-term memory. *Cognitive Science,* 5:87–119. **269**

WILLIAMS, R.B., JR., see COSTA, ZONDERMAN, MCCRAE, & WILLIAMS (1985).

WILLIAMS, R.L. (1972) *The BITCH Test (Black Intelligence Test of Cultural Homogeneity).* St. Louis: Black Studies Program, Washington University. **396**

WILLIAMS, R.M., see LOCKE, KRAUS, LESERMAN, HURST, HEISEL, & WILLIAMS (1984).

WILLS, T.A., see COHEN & WILLS (1985).

WILSON, E.O. (1983) Statement cited in "Mother nature's murderers," *Discovery* (October 1983), 79–82. **375**

WILSON, G.T., SEE O'LEARY & WILSON (1975).

WILSON, I. (1982) *All in the Mind: Reincarnation, Stigmata, Multiple Personality and Other Little-Understood Powers of the Mind.* Garden City, N.Y.: Doubleday. **143**

WILSON, M.A., see MILES, RAYNAL, & WILSON (1977).

WILSON, W.R. (1979) Feeling more than we can know: Exposure effects without learning. *Journal of Personality and Social Psychology,* 37:811–21. **590**

WINCH, R.F., KTSANES, T., & KTSANES, V. (1954) The theory of complementary needs in mate selection: An analytic and descriptive study. *American Sociological Review,* 29:241–49. **592**

WINZENZ, D., see BOWER, CLARK, WINZENZ, & LESGOLD (1969).

WIPPMAN, J., see WATERS, WIPPMAN, & SROUFE (1979).

WISE, R.A. (1984) Neuroleptic and operant behavior: The anhedonia hypothesis. *Behavior and Brain Sciences,* 5:39–87. **231**

WITKIN, H.A., MEDNICK, S.A., SCHULSINGER, F., et al. (1976) Criminality in XYY and XXY men, *Science,* 193:547–55. **57**

WOHNS, R., see FRIED, MATEER, OJEMANN, WOHNS, & FEDIO (1982).

WOLF, M.M., see PHILLIPS, PHILLIPS, FIXSEN, & WOLF, 1972.

WOLFE, D.A. (1985) Child-abusive parents: An empirical review and analysis. *Psychological Bulletin,* 97:462–82. **341**

WOLFF, H.G., see HARDY, WOLFF, & GOODELL (1947).

WOLFGANG, H., see EYFERTH, BRANDT, & WOLFGANG (1960).

WOLMAN, B.B., DALE, L.A., SCHMEIDLER, G.R., & ULLMAN, M. (eds.) (1985) *Handbook of Parapsychology.* New York: Van Nostrand Reinhold. **145, 211**

WOLPERT, E., see DEMENT & WOLPERT (1958).

WOOD, G. (1986) *Fundamentals of Psychological Research* (3rd ed.). Boston: Little, Brown. **27**

WOOD, L.E., see DOOB & WOOD (1972).
WOOD, P.D., see FARQUHAR, MACCOBY, WOOD, et al. (1977).
WOOD, P.D., see MACCOBY, FARQUHAR, WOOD, & ALEXANDER (1977).
WOODRUFF, C.L., see KELLEY & WOODRUFF (1956).
WOODY, G.E., see LUBORSKY, MCLELLAN, WOODY, O'BRIEN, & AUERBACH (1985).
WORD, C.O., ZANNA, M.P., & COOPER, J. (1974) The nonverbal mediation of self-fulfilling prophecies in interracial interaction. *Journal of Experimental Social Psychology*, 10:109–20. **574**
WORTMAN, C.B., BREHM, J.W. (1975) Responses to uncontrollable outcomes: An integration of reactance theory and the learned helplessness model. *Advances in Experimental and Social Psychology*, 8:277–36. **468**
WRIGHT, L., see WALKER, HEDBERG, CLEMENT, & WRIGHT (1981).
WRIGHT, R.A., CONTRADA, R.J., & GLASS, D.C. (1985) Psychophysiologic correlates of Type A behavior. In Katkin, E.S., & Manuck, S.B. (eds.), *Advances in Behavioral Medicine.* Greenwich, Conn.: JAI. **482**
WRIGHT, W.D. (1946) *Researches on Normal and Color Defective Vision.* London: Henry Kimpton. **159**
WRIGHTMAN, F.L. (1973) Pitch and stimulus fine structure. *Journal of the Acoustical Society of America*, 54:397–406. **172**
WRUM, M., see ROSENMAN, BRAND, JENKINS, FRIEDMAN, STRAUS, & WRUM (1975).
WULFF, J.J., see FRIEDMAN, SHEFFIELD, WULFF, & BACKER (1951).
WURTZ, R., see ROBINSON & WURTZ (1976).
WYKES, T., see KATZ & WYKES (1985).
WYNNE, L.C., see SINGER & WYNNE (1963).

Y

YAGER, D., KRAMER, P., SHAW, M., & GRAHAM, N. (1984) Detection and identification of spatial frequency: Models and data. *Vision Research*, 24:1021–25. **196**
YAKSH, T., see PLATT, YAKSH, & DARBY (1967).
YALOM, I.D. (1975) *The Theory and Practice of Group Psychotherapy* (2nd ed.). New York: Basic Books. **561**
YALOM, I.D., see LIEBERMAN, YALOM, & MILES (1973).
YANKELOVICH, D. (1974) *The New Morality: A Profile of American Youth in the Seventies.* New York: McGraw-Hill. **624**
YANKELOVICH, D. (1981) *New Rules: Searching for Self-Fulfillment in a World Turned Upside Down.* New York: Random House. **624**
YARBUS, D.L: (1967) *Eye Movements and Vision.* New York: Plenum. **198**
YASUNA, A., see DAVIDSON, YASUNA, & TOWER, (1979).
YERKES, R.M., & MARGULIS, S. (1909) The method of Pavlov in animal psychology. *Psychological Bulletin*, 6:257–73. **216**
YESAVAGE, J.A., LEIER, V.O., DENARI, M., & HOLLISTER, L.E. (1985) Carry-over effect of marijuana intoxication on aircraft pilot performance: A preliminary report. *American Journal of Psychiatry*, 142:1325–30. **131**
YONAS, A., PETTERSEN, L., & GRANRUD, C.E. (1982) Infants' sensitivity to familiar size as information for distance. *Child Development*, 53:1285–90. **205**
YORKSTON, N.J., see SLOANE, STAPLES, CRISTOL, YORKSTON, & WHIPPLE (1975).
YOST, W.A., & NIELSON, D.W. (1985) *Fundamentals of Hearing* (2nd ed.). New York: Holt, Rinehart & Winston. **167, 179**
YOUNG, D., see RICH, YOUNG, & FOWLER (1985).
YOUNG, L.E., see SHEPOSH, DEMING, & YOUNG (1977).
YOUNG, R.D., see FRANZOI, DAVIS, & YOUNG (1985).
YOUNG, T. (1807) *A Course of Lectures on Natural Philosophy.* London: William Savage. **160**
YU, B., ZHANG, W., JING, Q., PENG, R., ZHANG, G., & SIMON, H.A. (1985) STM capacity for Chinese and English language materials. *Memory and Cognition*, 13:202–207. **248**
YUSSEN, S.R., & BERMAN, L. (1981) Memory predictions for recall and recognition in first-, third-, and fifth-grade children. *Developmental Psychology*, 17:224–29. **75**

Z

ZAJONC, R.B. (1965) Social facilitation. *Science*, 149:269–74. **599**
ZAJONC, R.B. (1968) Attitudinal effects of mere exposure. *Journal of Personality and Social Psychology*, Monograph Supplement 9(No. 2):1–29. **590**
ZAJONC, R.B. (1980) Compresence. In Paulus, P.B. (ed.), *Psychology of Group Influence.* Hillsdale, N.J.: Erlbaum. **599**
ZAJONC, R.B. (1984) On the primacy of affect. *American Psychologist*, 39:117–23. **360**
ZAJONC, R.B. (1985) Emotion and facial efference: A theory reclaimed. *Science*, 228:15–21. **365**
ZAJONC, R.B., HEINGARTNER, A., & HERMAN, E.M. (1969) Social enhancement and impairment of performance in the cockroach. *Journal of Personality and Social Psychology*, 13:83–92. **599**
ZAJONC, R.B., see MORELAND & ZAJONC (1979).
ZAJONC, R.B., see SAEGERT, SWAP, & ZAJONC (1973).
ZAMANSKY, H.S., & BARTIS, S.P. (1985) The dissociation of an experience: The hidden observer observed. *Journal of Abnormal Psychology*, 94:243–48. **141**
ZANNA, M.P., see FAZIO & ZANNA (1981).
ZANNA, M.P., see FAZIO, ZANNA, & COOPER (1977).
ZANNA, M.P., see WORD, ZANNA, & COOPER (1974).
ZARAGOZA, M., see MCCLOSKEY & ZARAGOZA (1985).
ZEIGLER, H.P., & LEIBOWITZ, H. (1957) Apparent visual size as a function of distance for children and adults. *American Journal of Psychology*, 70:106–109. **205**
ZELAZO, N.A., see ZELAZO, ZELAZO, & KOLB (1972).
ZELAZO, P., see KAGAN, KEARSLEY, & ZELAZO (1978).
ZELAZO, P.R., ZELAZO, N.A., & KOLB, S. (1972) Walking: In the newborn. *Science*, 176:314–15. **70**
ZELAZO, P.R., see KAGAN, KEARSLEY, & ZELAZO (1978).
ZELNIK, M., & KANTER, J.F. (1977) Sexual and contraceptive experience of young unmarried women in the United States, 1976 and 1971. *Family Planning Perspectives*, 9:55–71. **97**
ZHANG, G. & SIMON, H.A. (1985) STM capacity for Chinese words and idioms: Chunking and acoustical loop hypothesis. *Memory and Cognition*, 13:193–201. **248**
ZHANG, G., see YU, ZHANG, JING, PENG, ZHANG, & SIMON (1985).
ZHANG, W., see YU, ZHANG, JING, PENG, ZHANG, & SIMON (1985).
ZIGLER, E., & BERMAN, W. (1983) Discerning the future of early childhood intervention. *American Psychologist*, 38:894–906. **412**
ZIGLER, E.F., & GORDON, E.W. (eds.) (1981) *Day Care: Scientific and Social Policy Issues.* Boston: Auburn House. **415**
ZILLMANN, D., & BRYANT, J. (1974) Effect of residual excitation on the emotional response to provocation and delayed aggressive behavior. *Journal of Personality and Social Psychology*, 30:782–91. **359**

ZIMBARDO, P.G. (1970) The human choice: Individuation, reason and order versus deindividuation, impulse and chaos. In Arnold, W.J., & Levine, D. (eds.), *Nebraska Symposium on Motivation, 1969,* Vol. 16. Lincoln: University of Nebraska Press. **600, 601**

ZIMMERMAN, D.H., see WEST & ZIMMERMAN (1983).

ZOLA, I.K., see KOSA & ZOLA (eds.) (1975).

ZONDERMAN, A.B., see COSTA, ZONDERMAN, MCCRAE, & WILLIAMS (1985).

ZUBEK, J.P. (1969) *Sensory Deprivation: Fifteen Years of Research.* New York: Appleton-Century-Crofts. **345**

ZUCKERMAN, M. (1979) *Sensation Seeking: Beyond the Optimal Level of Arousal.* Hillsdale, N.J.: Erlbaum. **345, 420, 428**

ZUCKERMAN, M., & NEEB, M. (1980) Demographic influences in sensation seeking and expressions of sensation seeking in religion, smoking and driving habits. *Personality and Individual Differences,* 1(No. 3):197–206. **346**

ZUCKERMAN, M., see CARROL, ZUCKERMAN, & VOGEL (1982).

ZUCKERMAN, M., see FISHER, ZUCKERMAN, & NEEB (1981).

ZURIF, E.B., CARAMAZZA, A., MYERSON, R., & GALVIN, J. (1974) Semantic feature representations for normal and aphasic language. *Brain and Language,* 1:167–87. **303**

ZURIF, E.B., see CARAMAZZA & ZURIF (1976).

人名索引

A

Allen 艾倫 472
Anderson 安德森 396
Arendt, Hannah 阿蘭德 877
Asch, Solomon 艾虛 874

B

Barber 巴勃 183
Barnum, P. T. 包南 665
Bartlett 巴列特 423
Beers, Clifford 畢爾斯 770
Békésy, Von 馮貝西 253, 254
Bellugi 貝魯奇 459
Benson 班森 188
Berger 柏格 171
Berkeley, Bishop 巴克力 274,300
Binet, Alfred 比奈 582
Bon, Gustave Le 古斯塔夫・黎朋 865
Bourne, Reverend Ansel 勃恩 159
Bradshaw 布雷蕭 396
Braille 布雷 259
Broca, Paul 布洛卡 60
Brown 勃朗 173
Brown 布朗 188,371,459
Brown, A. J. 布朗 159
Bryan 布萊安 346,871

C

Camus 卡繆 11
Cannon, Walter 康南 544
Carpenter 卡本特 296
Cazden 卡茲登 459
Chomsky 強斯基 461
Colby 柯爾比 798
Coe 寇 179
Coleridge, Samuel 克立芝 476
Collins 寇林斯 372
Craik, Kenneth 克萊克 9
Crick 克瑞克 175

D

Darwin,Charles 達爾文 550,582
Davis 戴維斯 601
Dement 丹蒙 169,172
Democritus 迪瑪克萊特斯

218
Descarte 笛卡兒 300
Duverney,Joseph-Guichard 居佛奈 253
Dye 戴依 96

E

Ebbinghaus, Hermann 愛賓豪斯 368,384
Eeden, van 凡・艾登 170,173
Eells 艾爾斯 601
Eichmann, Adolf 伊希曼 877
Ekman 艾克曼 545
Kandel, Eric 艾瑞克・肯登 322
Erikson, Erik 克雷克遜 104,175
Escher, M. C. 艾士奇 279
Evans 伊凡斯 175

F

Fechner 費希納 223
Frazier 弗萊其爾 307
French 弗蘭齊 175
Freud, Sigmund 佛洛伊德 9
Fromm 佛洛姆 175

G

Galanter 加蘭特 154
Galton, Francis 高爾登 582
Gardner, Howard 郝華・加納 18,466,472,605
Genovese, Kitty 珍娜碧 867
Geschwind, Norman 格許溫 67
Glueck 葛律克 763
Goddard 高達 584
Guilford 基爾佛 596

H

Hall 霍爾 175
Hansel 韓瑟爾 307
Harlow 哈羅 515
Harré 哈瑞 190
Harter 哈特 346
Hartman, Heinz 哈特曼 649
Hartshorne 哈松 668
Heidbreder 海伯達 434
Helmholtz, Hermann von 赫姆霍茲 219,253,274
Hilgard 西爾格德 184
Hippocrates 希波克拉特 768
Holmes 賀姆斯 189
Hopi 霍比 432
House, William 霍斯 256
Hubel 赫伯 245
Hunter 罕特 421
Hurvich 赫維屈 240
Hyden 海登 379

I

Pavlov, Ivan 巴卜洛夫 178,315

J

Jameson 詹姆森 240
James, William 威廉・詹姆士 156,538
Janet, Pierre 皮耶・簡納特 158,184
Johnson 詹森 21
Jordon, D. S. 朱爾敦 375
Joyce, James 喬艾斯 154
Jung, Carl 容格 175,640
Jungeblut 楊布拉特 600
Just 賈斯特 296

K

Kahneman 康尼曼 442
Kammann 卡曼 307
Kant 康德 300
Kierkegaard 奇克加 11
Kihlstrom 基爾史壯 177
Kinsey, Alfred 金賽 22
Kohlberg, Lawrence 柯爾保 115
Köhler, Wolfgang 庫勒 354
Kurtz 庫茲 307

L

Laird 利亞得 600
Lamb 蘭伯 190
Landon 藍敦 891
Lange, Carl 郎格 544
Lcon 李恩 670
Levy 李維 63
Lewis, Sinclair 李維士 635

Lindzey 林賽 616
Locke, John 洛克 85,300
Loehlin 羅林 616
Luchins, Abraham 盧駿斯 826

M

Mackworth 馬克沃斯 155
MacNichol 馬尼寇 239
Maier 梅爾 337
Mandler 曼德勒 548
Marks 馬克斯 307
Maslow 馬士洛 156,721
Masters 馬斯特 21
May 梅伊 668
McClelland 麥克萊倫 299
McNeil 馬克尼爾 371
Messick 米西克 600
Meumann 繆曼 861
Milgram, Stanley 米葛雷 877
Miller, George 喬治密勒 154,327,384
Mischel, Walter 米歇爾 668
Mitchison 米契生 175
Morlock 莫拉克 171
Müller, Johannes 穆勒 219
Murray, Henry 穆雷 663
Myron 米倫 635

N

Navajo 拿瓦左 432
Newcomb, Theodore 紐康 891
Newell 奈威爾 476,481
Nielsen 尼爾森 887

O

Olds 歐茲 339
Osgood 奧斯古 432

P

Patterson 帕特森 467
Piaget, J. 皮亞傑 435,529
Pinel, Philippe 平乃爾 769
Premack 普力邁克 467
Pribram 普里布蘭 154

Q

Quillian 克維連 372

R

Rapaport, David 拉帕波 649
Reicher 理查 298
Rescorla 芮士可拉 320
Ringelmann 林哥曼 873
Rogers, Carl 羅傑士 651,776
Rokeach 羅吉須 842
Roosevelt 羅斯福 891
Rumelhart 盧美哈 299
Russell 羅素 482

S

Sarbin 沙賓 179
Sartre 沙特 11
Schacter 夏荷特 546
Seligman, Martin 塞利格曼 337,743
Selye, Hans 漢斯・塞利耶 680
Simon 西蒙 476,481
Simonian,Der 西蒙尼 600
Simon, Theodore 西蒙 582
Singer 辛格 546
Skeel 史基爾 96
Skinner, B. F. 史金納 6,85
Slobin 索邏賓 460
Spearman, Charles 史畢曼 593
Spock 史伯克 119
Spuhler 史伯樂 616
Stein, Gertrude 史坦因 154
Sternbery 史登柏格 387,603
Stern, William 史登 585
Storms 史托姆 520
Stradonitz, Friedrich Kekule von 史特拉杜尼茲 475
Stunkard 史丹卡 509

T

Tart 泰德 201
Terman 托孟 584,620
Test 鐵斯特 871
Thompson 湯普生 39
Thorndyke, E. L. 桑戴克 324
Thurstone, Louis 薩史東 595

Tolman, Edward C. 托爾曼 356
Tompkins 湯普金 554
Tversky 特維斯基 442

U

Underwood 安德梧 376

V

Vogt 佛格特 182
Volkova 寓潤娃 319
Vonnegut, Mark 馮尼格 751

W

Wagner 韋格納 358
Wallace 華來士 188
Watson, John B. 華森 6, 85,787
Waynbaum, Israel 溫保 554
Weber, Ernst 恩斯特・韋伯 222
Wernicke,Carl 溫尼克 67
Whitehead 懷海德 482
Whorf 華夫 472
Wiesel 韋塞 245
Williams 威廉斯 171
Wolpe 渥爾比 779
Woolf, Virginia 吳爾芙 154
Woolridge 吳利吉 51
Wundt, Wilhelm 馮德 219

Y

Yoga, Maharishi Mahesh 摩訶里西・馬赫西・瑜加 187
Young, Thomas 湯瑪士・楊 238

Z

Zajonic 傑庸克 554
Zimbardo 金巴杜 865
Zuckerman 朱克曼 530
Zuñi 祖尼 432

名詞索引

A

abnormal 偏差 720
abreaction, insight, and working through 發洩、頓悟和解決 775
absolute threshold 絕對閾 220
acetylcholine, ACH 乙醯膽胺 41
achievement place 成就屋 815
achievement test 成就測驗 575
achromatic 無色 240
achromatic color 無色視覺 230
acoustic coding 音碼 383
acoustic nerve 聽神經 248
acoustic property 發音的特性 413
acquisition 條件化的獲得 317
action potential 活動電位 38
activity 活動 342
acuity 敏銳度 301
adaptiveness 適應程度 721
additive mixture 相加的混合 235
adrenal gland 腎上腺 72
adrenalin 腎上腺素 72, 683
adrenal medulla 腎上腺髓質 683
adrenocortical hormone 腎上腺皮質荷爾蒙 73
adrenocorticotrophic hormone 親腎上腺皮質素 72
affective 情感 840
affective disorder 情感症 725, 736
afferent nerve 輸入神經 44
afterimage 後像 237, 286, 369
age trend 年齡趨勢 117
aggregated measure 綜合測量 669
aggregated score 綜合分數 669

aggression 攻擊 558
aggressive acting 攻擊行動 563
agoraphobia 廣場恐懼症 728
alarm reaction 警報反應 683
alcoholism 酒精中毒 194
all or none 全或無 39
alpha wave α波 165
alternating personality 多重人格 159
amacrine cell 無軸索細胞 228
ambiguous 模糊的 446
ambiguous stimulus 曖昧刺激 291
ambivalent 衝突 108
amnesia 失憶症 159, 369
amount 計量 23
amphetamine 安非他命 199
amplitude 振輻 247
anabolic 同化 238
anal 肛門期 103
analytic introspection 內省分析法 219
androgen 雄性激素 512
androgenization 男性化 521
androgyny 雙性化 833
anger and aggression 憤怒與攻擊 687
angiotensin 高血壓蛋白 496
angular gyrus 角腦回 68
anorexia 食慾減退 498
anterior pituitary 腦下腺前葉 72
anterograde amnesia 近事失憶 406
antianxiety drug 抗焦慮藥物 808
anticipation method 預期法 348
antidepressant drug 抗鬱劑 809
antidiuretic hormone 抗利尿素 495
antipsychotic drug 抗精神病藥物 808
anti-social personality 反社會人格 758
anvil 砧骨 248
anxiety 焦慮 686
anxiety disorder 焦慮症 725
anxiety hierarchy 焦慮層級 780
apathy and depression 冷漠與抑鬱 689
aphasia 失語症 60,67,463
apnea 窒息症 167
apperception 統覺 663
aptitude test 性向測驗 575
archetye 原型 175
arithmetic average 算術平均數 25
arousal level 喚起水準 533
artificial intelligence 人工智慧 17, 290
artificial mother 人工母親 106
artificial vision 人工視覺 58
association area 聯合區 59
associative 聯結式 314
assertive training 自我肯定訓練 780
astigmatism 亂視 303
asymptote 漸近線 318
attachment 依附 106
attention 注意 293
attentional set 注意組型 295
attribution theory 歸因理論 835
auditory area 聽覺區 58
auditory canal 聽道 248
authoritarian 權威家庭 137
authority-centered 權威中心 695
autism 自閉症 750
autogenic training 自我訓練 210
autonomic arousal 自主性喚起 538
autonomic system 自主神經系統 44
autoshaping 自主塑成 335
aversive 嫌惡 341
aversive conditioning 嫌惡條件化 782

avoidant 逃避 108
axon 軸突 37, 229

B

babbling 兒語 454
bar detector 條紋偵測器 246
Barnum effect 包南效應 665
basal mental age 基本心理年齡 584
base line 基準線 542
baserate rule 基數法則 441
basic 基本 492
basilar membrane 基膜 248, 253
behavior 行爲 6
behavioral 行爲 841
behavioral contract 行爲合約 792
behavioral medicine 行爲藥物學 708
behavioral science 行爲科學 17
behavior genetics 行爲遺傳學 73
behaviorism 行爲論 6
behavior modification 行爲矯正法 779
behavior therapy 行爲治療法 779
belief 信念 538, 545
bias 偏差 440
binocular cue 雙眼線索 277
binocular disparity 雙眼像差 278
binocular parallax 雙眼視差 278
biofeedback 生理回饋 209,328,709
biological clock 生物時鐘 163
bipolar cell 兩極細胞 228
bipolar disorder 兩極化失調 741
bisexuality 雙性戀者 519
body build 體型 632
body physiology 身體生理 633
botulinus toxin 臘腸桿菌毒素 41
brain stem 腦幹 48
brightness 亮度 233, 235
Broca's aphasia 布洛卡失語症 464
Broca's area 布洛卡氏區 60,464
buffer 緩衝 879
building-up phase 建立階段 238

C

capacity of infant 嬰兒的能力 89
castration 閹割 512
catabolic 異化 238
catch trial 陷阱試驗 225
category 類別 23
catharsis 舒洩作用 562
causality heuristic 因果關係自行發現法 443
cause and effect 因果關係 822
cell body 細胞體 37
central fissure 中央溝 56
central nervous system 中樞神經系統 44
cerebellum 小腦 50
cerebral cortex 腦皮質 55
cerebral hemisphere 腦半球 49,56
cerebrum 大腦 50
challenge 挑戰 681,716
change 改變 667
chemical castration 化學的閹割 512
childhood amnesia 童年的失憶 365,404
choice point 抉擇點 339
cholecystokinin, CCK 荷爾蒙 500
cholinergic 膽素激性 43
chromatic color 有色視覺 230
chromosome 染色體 73
chronological age 實足年齡 582
chunking 記憶組集 388
circadian rhythm 週期性的節律 163
clairvoyance 透視力 305
clarity of parent-child communication 親子溝通的明晰度 121
classes 類別 23

classical concept 正統概念 436
classical conditioning 正統條件化 314
client 案主 772
client-centered therapy 案主中心治療法 776
clinical psychologist 臨床心理學家 772
clinical psychology 臨床心理學 15
closed system 關閉系統 345
coaction 結伴 861
cocaine 古柯鹼 199
cochlea 耳蝸 248
cochlea implant 耳蝸植入 256
cocktail party pheonome-non 雞尾酒會現象 157
code 碼 291
codeine 可待因 195
coefficient of correlation 相關係數 26
cognition 認知 8,545
cognitive 認知的 840
cognitive appraisal 認知評估 538,545,681
cognitive behavior therapy 認知行爲治療 709,787
cognitive consistency 認知一致性 841
cognitive control 認知控制 560
cognitive dissonance 認知失調 837
cognitive dissonance theory 認知失調論 845
cognitive process 認知過程 353
cognitive psychology 認知心理學 8,291
cognitive science 認知科學 18
cognitive skill 認知技能 407
cognitive structure 認知結構 353,356
cognitive style 認知模式 63
cold 冷覺 262
collect data 蒐集資料 822
color anomalous 辨色力異常 236
color circle 色環 234
color constancy 色彩恆常性 241,282
color deficiency 色盲 236
color-mixing primary 混合基本色 238
color mixture 顏色混合 852
color mixture primary 混合基本色 235
color solid 顏色錐體 236
comformity 從衆 874
commitment 承諾 716
common chemical sense 一般化學上的感覺 260
community resource & paraprofessional 社區資源及義工團體 814
comparative psychology 比較心理學 14
comparator 比較測定器 493
comparison process 比較過程 603
complementary 互補 357
complementary color 補色 234
complex cell 複雜細胞 245
compliance 順從 860,874
component 構成要素 604
comprehesion 理解 444
computerized axial tomography 軸性電腦斷層掃描法 53
computer program 電腦程式 480
computer science 電腦科學 17
computer simulation 電腦模擬 483
concentric layer 同半球 50
concentrative meditation 集中性的冥想 186
concept 概念 430,433
conclusion 結論 439
concordance rates 一致率 744
concrete operational stage 具體運思階段 100

condensation 濃縮 174
condition aphasia 傳導失語症 465
conditioned stimulus 條件刺激 316
conduction loss 傳導不良 249
cone 錐細胞 228,230
conflict 衝突 692
conjunction rule 連結法則 442
connector neuron 連接神經原 45
conotative meaning 內涵意義 432
conscience 良心 646
conscious experience 意識經驗 7,645
conscious restraint 意識自制 504
consciousness switch 意識開關 51
consensus 同意度 835
conservation 保留概念 99
conservation of mass 質量保留 99
conservation of weight 重量保留 99
consistency 一致性 835
consistency paradox 一致性矛盾 668
consolidation 凝固理論 408
consonant 和諧感 252
constancy 恆常性 282
construct 建構 636
constructive 可建構的 419
content 內容 597,662
context 背景內容 401
context effect 脈絡關係效應 291; 背景作用 403
continuous stage 連續的過程 87
contrast 對比 237,243,293
contrast sensitivity 對比敏感度 245,301
contrast threshold 對比閾 243
control 控制 120,337,716
controlled 控制性的 542
controlling 控制 154
control group 控制組 24
controllability 控制性 697
convergent thinking 收斂思考 597
cooperation vs. competition 合作對競爭 693
coping 因應 681,705
copy theory 複本理論 218
core 核心 435
cornea 角膜 227
corpus callosum 胼胝體 61
correlate 相關 829
correlation 相關法 26
corticosteroid 類皮質脂 683
corticotropin-release factor 親皮質素釋放因子 72
cortisone 可體松 73
counseling psychology 諮商心理學 15
counterconditioning 反條件化 779
countershock phase 抗驚嚇時期 684
covariation 共變 611,822,829
credibility 可信度 885
crisis intervention 危機處理 814
criterion 效標 576,579
criterion of mastery 熟練標準 367
critical 關鍵性的 542
critical period 關鍵期 87,303,353,461,527
critical period theory 關鍵期理論 104
critical score 臨界分數 580
cross-index 交叉索引 391
cubical model of the structure of intellect 智能結構模型 596
cue-dependent forgetting 線索式遺忘 380
culture-fair 文化公平 601
culture-free 超越文化 601
cumulative curve 累積曲線 326
curare 美洲箭毒 41
curiosity 好奇 492
current state 當前狀態 476

curve of decreasing gain 報酬遞減曲線 347

D

dark adaptation 暗適應 233
decay 消退 385
decibel 分貝 250
decision-making 決策 485
decision process 決策過程 353
decision time 決策時間 387
deductively valid 演繹有效 439
deep structure 深層結構 450
defense machanism 防衞機構 647,699
deindividuation 去個人化 865
delayed conditioning 延宕條件化學習 318
delayed-response problem 延宕問題 59
delay of reinforcement 增強作用的延宕 339
delirium tremens 酒精中毒引起的酒瘋 195
delta wave δ波 166
delusion 妄想 156,750
delusion of grandeur 大妄想 751
delusions of influence 影響妄想 750
delusion of persecution 被迫害妄想 751
demand curve 需求曲線 344
democratic family 民主家庭 137
dendrite 樹狀突 37
denial 否定作用 705
denial of reality 否定現實 699
denotative meaning 外延意義 432
deoxyribonucleic acid 去氧核糖核酸 74,378
dependent personality disorder 依賴人格違常 758
dependent variable 依變項 20
depolarization 去極化 39
deprivation 剝奪 94
depth of sleep 睡眠深度 164
desensitization 敏感遞減 802
desirability 可欲性 694
determinant 決定物 662
determinism 決定論 10
development 發展 304
developmental psychology 發展心理學 15
diabetes 糖尿病 78
dichromat 二色（視覺） 236
dieting 節食 503
difference reduction 減少差距 477
difference threshold 差異閾 221
difference tone 差異音 252
differentiate 區分 538
diffusion of responsibility 責任的分散 869
digestion 消化作用 498
dimension 向度 235
discrimination 區辨作用 220,320
discrimination experiment 區辨實驗 220
discriminative stimulus 區辨刺激 325,326
displace 取代 385
displaced 替代性的 688
displacement 移置 174
displacement 替代作用 704
dissociation 解離 158
dissociative disorder 解離症 725
dissonant 不和諧感 252
distance cue 距離線索 277
distinctiveness 區別度 835
disturbance of affect 情緒的紊亂 750
disturbance of perception 知覺的紊亂 749
disturbance of thought and attention 思想及注意力的紊亂 747

disulfiram 反制藥物 208
divergent thinking 發散思考 597
dizygotic 異卵雙生子 78
do 做 492
dominance 顯性 74
dominant theme 強勢主題 88
dopamine hypothesis 多巴胺假說 43
double-blind 雙盲法 804
Down's syndrome 唐氏症 77,619
drive reduction 驅力減低 532
drug dependency 藥物依賴性 191
duplicity theory 複合理論 254
duration 持續時間 340
dyslexia 難語症 522

E

eardrum 鼓膜 250
early experience 早期經驗 514
early maturer 早熟者 133
eclectic approach 折衷辦法 794
ecstasy 狂喜 156
educatable 可以教育的 618
educational psychology 教育心理學 16
ego 自我 645
egocentric distance 自我中心距離 277
ego-ideal 理想自我 646, 652
eidetic image 全現心像 469
eidola 物體複本 218
elaboration 推敲 396
electrical difference 電差 38
electrical potential 電位 38
electroconvulsive 電擊 409
electroconvulise therapy 電擊治療 810
electroencephalogram 腦波 48,164
electronic processor 電子處理器 256
element 元素 274,276
embryology 胚胎學 87
emitted behavior 自發性行為 325
emotion 情緒 538
emotion-focused coping 情緒焦點的因應 698
empathy 同理心 705
empirical construction 實徵建構 659
empiricist 經驗論者 300
encoding 編碼 291,371
encoding meaning 意義編碼 394
encoding process 編碼過程 604
endocrine gland 內分泌腺 71
endorphin 腦內啡 682,806
engineering psychology 工程心理學 16
environmental psychology 環境心理學 17
equilibratory sense 平衡覺 266
equipotential 等位 45
escape learning 逃離學習 352
estrogen 動情激素 511
ethologist 動物行為學家 525
excitatory 興奮突觸 40
executive 執行 485
exemplar strategy 範例策略 437
exhaustion 耗盡 155,683
expectancy-value theory 期待—價值理論 852
experimental group 實驗組 24
experimental psychology 實驗心理學 14
explanation 解釋 803
exploration 探索 529
expressive aphasia 表達性失語症 67
external 外在 743
external or situational attribution 外在或情境歸因 836
extinction 消弱作用 319
extrasensory perception

超感覺知覺 305
eye-hand coordination 眼手協調 347
eye movement 眼睛移動 296

F

facial feedback hypothesis 臉部回饋假說 553
facilitator interneuron 促進中介神經細胞 323
fact 事實 404
factor analysis 因素分析 593,639
false alarm 假警報 225
familiarity 熟悉度 851
familiarity breeds liking effect 熟悉蘊育喜歡效果 851
family system 家庭系統 792
farsight 遠視 228
fat cell 脂肪細胞 508
fatigue 疲勞 155
fear 恐懼 686
feature 特徵 274,276
feature detector 特徵偵測器 246
feature list 特徵表 289
feeding center 攝食中樞 501
feeling 情感 538
feral child 蠻童 463
fetal alcohol syndrome 胎兒酒精症候群 193
fight-or-flight 抵抗或逃避 683
fight-or-flight response 抵抗或逃避反應 539
figure-ground organization 形像—背景組織 276
figure-ground relationship 形像與背景 276
filter 過濾器 219,252
first-order 第一級 331
fittest responses 適應行爲 325
fix 固著 648
fixation 固著作用 104
fixation 定像 294
fixed-action pattern 固定行動模式 526
fixed interval 固定時間 336
fixed ratio 固定比率 336
flow chart 流程圖 480
follicle-stimulating hormone 刺激卵泡荷爾蒙 511
forensic psychologist 法律心理學家 17
forgetting 遺忘 385
formal operational stage 形式運思階段 100
Fourier analysis 傅利葉分析 243
fovea 中央小窩 229
free association 自由聯想 773
free nerve-ending 自由神經末梢 262
free recall 自由回憶 392
free will 自由意志 10
free association 自由聯想 645
frequency 頻率 247
frequency band 頻率波段 257
frequency theory 頻率論 254
frontal association area 聯合前區 59
frontal lobe 前葉 56
frustration-aggression hypothesis 挫折—攻擊假設 559,688
fugue state 健忘狀態 159
fundamental attribution error 基本的歸因謬誤 669,836,881
fundamental tone 基音 250
fundamental attribution error in self-perception 自我知覺的基本歸因謬誤 838
fuzzy concept 模糊概念 436

G

galvanic skin response 膚電反應 319,541
gammaaminobutyric acid, GABA 胺基丁酸 41
ganglia 神經節 44
ganglion cell 節細胞 228
gate control theory of pain 痛覺閘門控制論

265
gaze 凝視 296
gender identity 性別認定 123,521
gender schema 性別基模 833
gene 基因 73
genealization 類化 642
general adaptation syndrome 一般適應症候群 683
general deficiency 一般性的缺乏 618
general fact 一般事實 408
generalization 類化作用 319
generalized anxiety 一般焦慮症 726
general problem solver 一般性的問題解決者 483
generativity 精力充沛 144
genital 生殖期 103
geometrical illusion 幾何上的錯覺 285
Gestalt psychologist 完形心理學者 274
glia cell 膠質細胞 37
global-specific 整體性、特殊性 743
glycerol 甘油 499
goal state 目標狀態 476
gonadotropin-releasing factor 刺激—釋放生殖腺素 511
graded depolarization 等級去極化的作用 40
graded potential 等級電位 39
gradient of generalization 類化作用的梯度 319
graphical representation 圖示法 24

H

habituation 習慣化 89, 322
hair cell 毛狀細胞 248
hair follicle 毛囊 262
halfway house 中途之家 814
hallucination 幻覺 156, 750,725
hallucinogen 迷幻藥 200
hammer 錘骨 248
hassles 困擾 692
hearing deficit 聽障 249
hello-goodbye effect 「你好—再見」效果 799
helo effect 月暈作用 657
heritability 遺傳力 611
hermaphrodite 陰陽人 522
Hertz, Hz 赫（單位） 247
heuristic 自行發現 440, 441
heuristic method 自行發現法 481
hierarchy 層次 374
high spatial frequency 高空間頻率 243
hippocampus 海馬 52,400
hit 答中 225
homeostasis 恆定作用 51, 492
hope 希望 806
horizontal cell 水平細胞 228
hot 熱 262
hue 色彩 235
humanism 人本論 11
hunger 飢餓 497
hunger drive 飢餓驅力 325
Huntington's chorea 漢丁頓氏舞蹈症 75
hypercomplex cell 超複雜細胞 245
hyperopic 遠視 228
hypnotic condition 催眠狀態 177
hypnotic virtuoso 受催眠專家 181
hypothalamus 下視丘 51, 494,539
hypothesis testing 假設驗證 438,459
hypothetical construct 假設建構 378

I

id 原我 645
ideal self 理想的自我 652
ideal value 最適狀態 493
identical twins 同卵雙生子 74

identification 認同 860
identity 認同 121
identity confusion 認定混淆 139
identity crisis 自我認定危機 138
ideological 意識型態 847
illusion 錯覺 156,284
imaginal thought 心像式思考 430
imitate 模仿 459
imitation of aggression 攻擊的模仿 561
impact 衝擊性 694
implicit personality 內隱人格理論 669,830
implicit predream suggestion 內隱夢前暗示 173
impossible figure 不可能的圖形 288
impression management theory 印象整飾理論 846
imprinting 銘記 352,527
impulse expression vs. moral standard 衝動表現對道德標準 693
independent variable 獨變項 20
individual differences in temperament 氣質的個別差異 91
independence vs. dependence 獨立對依賴 692
individual nerve fiber 個別神經纖維 219
induced motion 誘發性運動 281
industrial psychology 工業心理學 16
infer 推論 7
information-processing model 訊息處理模式 391,603
inhibitory 抑制突觸 40
innate instinct 天賦本能 9
innate releaser 先天引發物 526
innateness 先天性 526
inner ear 內耳 248
inner hair cell 內毛狀細胞 248
input 輸入 244
input-output analysis 輸入—輸出分析 7
insecurely attached 不安全依附 108
insight 頓悟 354
insomnia 失眠 167
instinct 本能 526
insulin 胰島素 79,317
insulin shock 胰島素過多症 317
intellectualization 理性作用 703
intelligence quotient 智力商數 585
intensity 強度 340
intensity difference 強度的差異 259
intensity-response function 強度反應函數 233
intent 存心 559
interactionism 互動 671
interactive activation model 交互促動模式 299
interference 干擾 398
internal 內在 743
internalization 內化 860,885
internal or dispositional attribution 內在或個人意向歸因 836
interpertation 闡釋 774
interruption 干擾 548
inter-scorer reliability 計分者間的信度 664
interstitial-cell stimulating hormone 輸精細胞刺激荷爾蒙 511
in the same order 相同順序 88
intimacy vs. isolation 親密對隔離 693
intracellular fluid 細胞內液體 495
introspection 內省法 6
invariance-sensitive filter 恆定—感覺過濾器 287
investigation 研究 529
iris 虹膜 228
isolated spot of light 獨立光點 241
itch 癢 262
item testing 題目檢驗

584

J

James-Lange theory 詹郎二氏論 544
j.n.d. data 恰辨差値 233
just noticeable difference 恰辨差 222

K

keyword 關鍵字 413
kinesthesis 運動覺 263, 265
Kohs block test 寇氏方塊測驗 602

L

language 語言 430
language acquisition 語言習得 430
late maturer 晚熟者 133
latent 潛伏期 103
latent content 潛藏內涵 174
latent learning 潛伏學習 356
lateral connection 側連結 229
lateral fissure 側溝 56
lateral geniculate nucleus 側膝核 240
lateral hypothalamus 下視丘側部 500
law of effect 效果律 324
law of proximity 接近律 277
law of simplicity 單純律 277
laws of perceptual organization 知覺組織的定律 277
learned helplessness 學來的無助 690,743
learning 學習 357
learning curve 漸近線 318
legal 法律上的 721
len 水晶體 227
letter habit 字母習慣 348
level of awareness 意知的層次 158
libido 慾力 645
lie-detector test 謊言偵察測驗 541
light adaptation 光適應 233
lightness and color constancy 亮度和顏色恆常性 282
limbic system 邊緣系統 50,52
limited capacity 有限容量 384
linguistic-relativity hypothesis 語言相對假說 473
lithium 鋰鹽 807
localized function 局部功能 56
location 位置 662
location constancy 位置恆常性 282,284
logical syllogism 三段式論法 841
logic theorist 邏輯理論家 481
longitudinal study 縱貫式研究 23
long-term memory 長期記憶 381
looking preference 視覺偏好 301
loudness 響度 250
low spatial frequency 低空間頻率 243
lucid dream 神志清醒的夢 170
luteinizing hormone 輸卵管荷爾蒙 511

M

magnetic resonance imaging 磁共振顯影 53
maintenance 維持 304
make-a-plan 擬定計畫法 482
maladaptive 適應不良行爲 721
manic depression 躁鬱症 741
manifest content 外顯內涵 174
manipulation 操弄 529
mantra 特音 188
marihuana 大麻 201
marital and family therapy 婚姻及家庭治療 792

masculinity test 男性化測驗 129
mask 遮蔽 252
masker 遮蔽者 252
massed practice 集中練習法 347
master gland 腺王 71
maternal 母性的 492
maternal drive 母性驅力 510
maturation 成熟 86
maturity demand 成熟的要求 120
maze 迷津 339
mean 平均數 25
meaningful connection 加入有意義的連結 395
means-ends analysis 手段—目的分析 477,485
measurement 測量 24
medulla 延腦 50
meiosis 減數分裂 75
memory drum 記憶鼓 348
memory list 記憶列表 385
memory search 記憶的搜尋 364
memory span 記憶廣度 384
memory trace 記憶痕跡 378
mental age 心理年齡 582
mental imagery 心像 411
mental life 心理生活 8
mentally defective 心智缺陷 619
mentally retarded 心智遲滯 619
message 訊息 73
metabolism 新陳代謝 498
method of loci 位置記憶法 412
method of magnitude estimation 大小估計法 223
methodology 方法學 17
microspectrophotometry 微分光度測定法 239
middle ear 中耳 248
Minnesota Multiphasic Personality Inventory 明尼蘇達多相人格量表 659
mirror drawing 鏡描 346
mitosis 間接分裂 75
mixture theory 混合理論 358
model 模仿對象 561
modeling 模仿 783
mode of thought 思考形式 430
moitoring 監視 153
mongolism 蒙古症 77
monochromatism 單色 236
monocular cue 單眼線索 277
monozygotic 同卵雙生子 78
moral behavior 道德行爲 115
moral reasoning 道德推理 115
morpheme 字素 445
morphine 嗎啡 195
motion aftereffect 運動後效 281
motion filter 運動過濾器 281
motivation 動機 492
motive 動機 293,538
motor area 運動區 57
motoric thought 動作式思考 430
motor skill 動作技能 407
movement 運動 293
multiple personality 多重人格 159,750
multiple response learning 多重反應學習 346
multiple sclerosis 多發性硬化症 75
multivariate experiment 多變項設計 25
musical aptitude profile 音樂性向側面圖 576
myelin sheath 髓鞘 38
myopic 近視 228

N

narcissistic personality disorder 自戀性人格違常 757
narcolepsy 嗜眠症 167
narcotic addict 癮君子 191
nativist 天性論者 300

natural killer cell 天然殺手 714
nearsight 近視 228
Necker cube 尼克爾立方體 291
need-complementarity hypothesis 需求互補假設 853
negative afterimage 負後像 237
negative hallucination 否定的幻覺 181
negative reinforcer 負性增強物 338
nerve-end 神經末梢 262
neural event 神經事件 224
neural processing of pattern 圖形的神經處理 245
neurescience 神經科學 15
neuron 神經原 36
neurosis 神經官能症 721, 723,779
neurotic anxiety 精神官能焦慮 686
neurotransmitter 神經傳導物 745
neutral 中性的 542
node 節 38
noise 噪音 252
nondirective psychotherapy 非指導治療法 776
nonverbal imagery process 非語文心像程序 414
noradrenalin 正腎上腺素 72
norepinephrine, NE 正腎上腺素 41,71
normal obese 正常肥胖 501
norm of reciprocity 互惠規範 853
noun phrase 名詞片語 447
novelty 新奇性 293
noxious stimulation 有毒的刺激 264
nuclei 細胞核 44

O

obedience 服從 874
obesity 肥胖 498
objective anxiety 客觀焦慮 686
object permanence 物體永久性 99
observational learning 觀察學習 542
obsessive-compulsive disorders 過激強迫反應 726
obsessive-compulsive personality 過激強迫性人格 731
occipital lobe 枕葉 56
olfactory bulb 腦嗅球 259
olfactory epithelium 嗅覺上皮細胞 259
opening-up meditation 開放性冥想 186
open system 開放系統 345
operant 操作性 325
operant behavior 操作性行爲 325
operant conditioning 操作性條件化 314
operant conditioning 操作性條件化學習 324
operant level 操作水準 325
operating principles 運作原則 460
operation 運作 597
operational 行動 847
opiate 鴉片、麻醉劑 42, 195
opinion molecule 意見分子 848
opponent-process theory 拮抗歷程理論 239,554
optic chiasma 視神經交叉 229
optic nerve 視神經 229
oral 口腔期 103
organic mental disorder 器質性心理異常者 725
organization 組織 400
organ of Corti 科提氏器官 248
orienting reflex 定向反射 89,293
osmoreceptors 滲透受納器 495
otoliths 耳石 266
output 輸出 244

overextension 過度延伸 455
over-learning 過度學習 410
oval window 卵形窗 248, 253
overtone 倍音 250
overt predream suggestion 外顯夢前提示 173

P

pain 痛覺 262
painkiller 鎮痛劑 42
pain spot 痛覺點 262
paired-associate learning 單字對聯學習 348
pandemonium 降魔法 289
pandemonium theory 降魔理論 289
panic disorder 恐慌症 726
parallel 平行的 289
parallel processing 平行處理 289
paranoid 妄想症 660；妄想精神病 725；偏執狂 751
parapsychological phenomenon 超自然心理現象 305
parasuicide 準自殺 740
parasympathetic division 副交感神經 69
parasympathetic system 副交感神經 539
parental nurturance 父母的關愛 121
parietal lobe 頂葉 56
Parkinson's disease 帕金森氏症 42,503
partial reinforcement 部分增強作用 332
passive 被動的 289
pattern filter 組型過濾器 244,285
pattern 圖形 243
peak experience 高峯會議 156
perception 知覺 220,274
perceptual 知覺上的 284
perceptual constancy 知覺恆常性 282
perceptual grouping 知覺組群 277
perceptual integration 知覺整合 275
perceptual matching 知覺上的配對 223
perceptual-motor coordination 知覺—動作的協調 300
perceptual organization 知覺組織 275
perceptual skill 知覺技能 407
perceptual system 知覺系統 275
performance 行爲表現 357
performance scale 作業量表 587
peripheral nervous system 周圍神經系統 44
personal fact 個人事實 408
personality disorder 人格違常 757
personality inventory 人格量表 658
personality profile 人格剖面圖 659
personality psychology 人格心理學 15
person-centered therapy 個人中心治療法 776
person variable 個人變項 643
perspective illusion 透視性錯覺 285
perversion 變態性慾 519
phallic 性器期 103
phenothiazine 酚噻嗪 808
phenylketonuria 苯酮尿症 75,611
pheromone 費洛蒙 260
phobia 恐懼症 726
phoneme 音素 445
phosphene 肉光 258
photographic memory 攝影的記憶 369
phrase structure 片語結構 448
phylogenetic scale 種族發生史表 52
physical 物理上的 284
physical attractiveness 外表吸引力 849

physical measurement 物理測量 23
physiological psychology 生理心理學 14
pitch 音頻 249
pituitary gland 腦下腺 51,71
pituitary gland 腦下垂體 495
placebo response 寬心劑反應 804
place theory 部位論 253,254
plateau 高原期 348
pleasure principle 快樂原則 646
pluralistic ignorance 衆人的無動於衷 868
point of stimulation 刺激點 38
polygenic 多基因的 77
polygraph 多項記錄儀 541
positive hallucination 肯定的幻覺 181
positive reinforcer 正性增強物 338
positive thinking 正向思考 207
positron emission tomography 正子放射斷層攝影術 54
posterior association area 聯合後區 59
posterior pituitary 腦下腺後葉 71
posthypnotic amnesia 催眠失憶 179,181
posthypnotic predream suggestion 催眠後的夢前提示 173
posthypnotic response 催眠後反應 180
precognition 預知 305
preconscious memory 前意識記憶 157
predicate 述語 438
predictability 可預測性 696
preferential looking method 選擇性注視法 301
preliterate culture 開化前文化 516
Premack's principle 普力邁克原則 342
premise 前提 439
preoperational stage 運思前期階段 99
prepared conditioning 預設條件化 733
prescribed social roles 既定的社會角色 672
preserve 保存 424
pressure 壓力 263
preview 預習 418
primacy effect 起始效果 392,826
primary ability 主要能力 595
primary appraisal 初級評估 681
primary process thinking 原始過程的思維 646
primary reinforcer 原始增強物 332
private personality 私有人格 630
private self 私我 655
proactive inhibition 順向抑制 376・
probe 探測 385
problem-focused coping 問題焦點的回應 698
problem solving 問題解決 430
problem-solving organization 問題解決組織 484
product 產物 597
production 產生 444
profile 剖面圖 658
progesterone 黃體激素 512
progressive relaxation 漸進的鬆弛 210
projection 投射作用 701
projection area 投射區 56
projective test 投射測驗 662
prolaction 泌乳激素 525
propositional thought 命題式思考 430
protoplasm 細胞原生質 38
prototype 原型 435
providing information 提供訊息 672

proximity 接近程度 850
pseudohermaphrodite 假性陰陽人 88
psychedelics 迷幻藥 200
psychiatric nurse 精神護理人員 772
psychiatric social worker 精神社會工作人員 772
psychiatrist 精神科醫師 771
psychoactive drug 精神活動性藥物 43,190
psychoanalysis 心理分析論 558,773
psychoanalyst 心理分析專家 771
psychoanalytic psychotherapy 心理分析治療法 775
psychoimmunology 心理免疫學 713
psychokinesis 心理動力 305
psycholinguistics 語言心理學 444
psychological primary 心理上的基本色 235,238
psychopathic personality 心理病態人格 758
psychopathology 心理疾病 720
psychopharmacology 心理藥物學 15
psychophysical function 心理物理函數 221
psychophy siological disorder 身心異常 558
psychosis 精神症 723
psychosocial stage 心理社會階段 139
psychosomatic disorder 心身症 707
psychosomatic medicine 心身藥物學 708
psychosurgery 精神病外科手術 806,811
psychotherapy 心理治療 772
puberty 青春期 132
public personality 公衆人格 630
public self 公衆我 655
pupil 瞳孔 227

Q

qualitative difference 質的差異 88
quantity 計量 23
question 發問 418

R

rap center 性暴力輔導中心 814
rapid eye movement 快速眼球運動 165
rate of response 反應率 326
rationalization 合理化作用 700,843
reaction formation 反向作用 650,702
reaction range 反應範圍 612
read 閱讀 418
reality principle 現實原則 646
real motion 實際運動 280
reasoning 推理 430
reassuring 安心保證 802
rebound effect 反彈作用 169
recall 回憶 364
receiver-operating-characteristic curve, ROC 收受者操作特徵曲線 226
recency effect 新近效果 392,394
receptive aphasia 接受性失語症 67
receptive field 受納區 245
recessiveness 隱性 74
reciprocal inhibition 交互抑制 295
reciprocal self-disclosure 相互的自我揭露 853
recognition 再認 288,364
recollect 回想 364
recurrent inhibition 反覆抑制 241
reexamination 再評估 139
reference group 參考團體 890
refractory phase 不反應期 39

rehearsal buffer 複誦的緩衝器 390
rehearse 複誦 383
reincarnation 輪迴 211
reinforcement 增強作用 316
reinforce of aggression 攻擊的增強 562
reinforcing stimulus 增強刺激 316
reintegrate 再整合 364
relationship 關係 19,468
relative distance 相對距離 277
relative motion 相對運動 281
relaxation training 鬆弛訓練 709
relearning 再學習 364
relearning method 再學習法 367
releaser 引發物 528
reliable 可靠的 579
reliable predictor 可靠預測指標 320
reliability coefficient 信度係數 579,580
rennin 凝乳酵素 496
representation 表徵 220
repressed 被潛抑 404
repression 潛抑作用 157,377,647,699,700
reserpine 蛇根鹼 807
resistance 抵抗 683
respondent behavior 反應性行爲 325
response 反應 233,561
resting potential 靜止電位 38
retarded 遲滯 618
retention 保留量 467
retention curve 保留曲線 368
reticular activating system 網狀促動系統 51
reticular system 網狀系統 155
retina 網膜 227
retrieval 提取 370,371
retrieval cue 提取線索 397
retroactive inhibition 逆向控制 375
retrograde amnesia 遠事失憶 406,409
reuptake 重新吸收作用 810
reuptake mechanism 重新吸收機制 753
reward learning 酬賞學習 352
ribonucleic acid 核糖核酸 378
richness 豐富性 461
rod 桿細胞 228,230
role confusion 角色混淆 138
role of logic 邏輯的角色 439
rooting reflex 基本反射 528
Rorschach Test 羅夏克墨漬測驗 293,662
rote memorization 機械式記憶法 346,348
round window 圓形窗 248
rule learning 規則學習 448

S

saccade 顫動 294
satiety 飽食 498
satiety center 飽食中樞 501
saturation 飽和度 235
saving score 節省分數 367
scanning 掃描 294
scapegoat 代罪羔羊 689
schema 基模 291,423,824
schema-driven 基模導向 827
schematic processing 基模處理過程 824
schizophrenia 精神分裂症 725,747
School Aptitude Test 學術性向測驗 577
school psychology 學校心理學 16
science 科學 880
sclera 鞏膜 229
script 劇本 827
secondary appraisal 次級評估 681
secondary color 第二級色 235

secondary or conditioned reinforcer 次級或條件化增強物 342
secondary process thinking 次級過程的思維 646
secondary reinforcer 次級增強物 331
second-order conditioning 次級條件化學習 331
securely attached 安全依附 108
selection 選擇 590
selective adaptation 選擇性適應 281
selective attention 選擇性注意 294
selective breeding 選擇性的交配 77
selective hearing 選擇性聽覺 294
selective seeing 選擇性視覺 294
selectivity of association 聯結的選擇性 351
self 自我 651
self-actualization 自我實現 11,721
self-awareness 自我瞭解 239
self-concept 自我概念 651
self-consciousness 自我意識 655
self-deception 自欺 699
self-efficacy 自我效能 508,790
self fulfilling stereotype 自我應驗式的刻板印象 830
self-generated environment 自我創造環境 643
self-identification 自我認定 137
self-perception 自我知覺 837
self-perpetuating 自我生有 503
self-preoccupation 自我偏見 655
self-punishment 自我懲罰 787
self-recitation 自我重述 417,418
self-regulation 自我調整 785
self-reinforcement 自我增強 785
self-schema 自我基模 654, 825
semantic conditioning 語意條件化學習 319
semantic differential 語言差別 432
semantic memory 語意的記憶 372
semantic network 語意網狀組織 373
semicircular canal 半規管 266
Sensation Seeking Scale 感覺探求量表 530
sensitive 敏感 88
sensitive spot 敏感點 262
sensitivity training 敏感度訓練 791
sensitization 敏感化 322
sensor 感覺器 493
sensorimotor skill 感覺運動技巧 346
sensorimotor stage 感覺動作階段 98
sensory control 感覺控制 346
sensory deprivation 感覺剝奪的研究 530
sensory feature 感覺特徵 282
sensory neural loss 聽覺神經損傷 249
sensory processing 感覺歷程 220
sentence unit 句子單位 447
serial processing 序列處理 290
set 組型 682
set point 設定點 502
set-point hypothesis 設定點的假設 509
sex arousal 性喚起 512
sex behavior 性行爲 133
sexdrive 性驅力 519
sex hormone 性荷爾蒙 512
sex-linked gene 性連基因 75
sex preference 性偏好 519

sex-role standard 性別角色的標準 122
sex-role stereotype 性別角色刻板印象 123
sex standard 性標準 133
sex-typed behavior 性別配合行爲 122
sex-typing 性別配合 123, 833
sexual orientation 性別取向 520
shape and size constancy 形狀和大小恆常性 283
shape constancy 形狀恆常性 282
shaping 行爲的塑成 333
shaping of behavior 行爲塑成法 782
shock phase 驚嚇時期 684
short-term memory 短期記憶 381
signal detectability theory 信號察覺理論 226
similarity 相似性 443,851
simple cell 簡單細胞 245
simple phobia 單純恐懼症 727
simultaneous conditioning 同時條件化學習 318
simultaneous contrast 同時對比 237
simulation model 模擬模式 481
sine functions 正弦函數 247
sine wave 正弦波 247
sine-wave grating 正弦波光柵 243
single-cell recording 單一細胞記錄 224,245
situation 情境 642
size 大小 293
size constancy 大小恆常性 282
size-distance invariance principle 大小—距離恆定原則 286
skill 技能 406
skimming 略讀 297
Skinner box 史金納箱 325
sleep deprivation 睡眠剝奪 169
sleep schedule 睡眠時序 163
sleep stage 睡眠階段 164
slow learner 緩慢學習者 623
smooth muscle 平滑肌 69
social approval 社會贊許 332
social desirability 社會欲求 661
social facilitation effect 社會助長作用 862
social learning theory 社會學習論 559
social loafing 社會游蕩 873
social need 社會需求 492
social norm 社會規範 860,878
social penetration 社會滲透 853
social phobia 社交恐懼症 728
social psychology 社會心理學 15
social science 社會科學 17
social standard 社會標準 720
social support 社會支持 697
somatic system 軀體神經系統 44
somatoform disorder 身體症 725
somatosensory area 體覺區 57
spaced practice 分散練習法 347
spatial frequency detector 空間頻率偵測器 246
spatial resolution 空間解析 243
spatio-temporal pattern of stimulation 時空刺激的型式 258
speaker's intentions 說者的意圖 453
species-specificity 種屬特有 526
specific neuron code hypothesis 特定神經碼假設 219

spectral color 光譜顏色 234
speed-reading 速讀 297
spiritualism 招魂術 305
split-brain patient 分腦人 61
spontaneous activity 自發性的活動 224
spontaneous recovery 自然的恢復 319
spontaneous remission 自發性復原 798
stability 穩定 667
stable 穩定 743
stage 階段 87
state-dependent learning 狀態依賴學習 402
state of consciousness 意識狀態 152
state of vigilance 警醒狀態 155
statistical frequency 統計頻數 720
statistical significance 統計顯著性 27
Statistics 統計學 25
stereotypes 刻板印象 421
stereoscope 實體鏡 278
stereoscopic vision 立體視覺 278
stimulus 刺激 220
stimulus input 刺激輸入 295
stimulus-response psychology 刺激—反應心理學 6
stirrup 鐙骨 248
storage 儲存 370,371
strabismus 斜視 303
stress 壓力 680
stress center 壓力中心 683
stressor 壓力源 680
striate area 條紋區 58
striated muscle 橫紋肌 69
stroboscopic motion 閃光運動 280
structuralism 結構論 274
structuralist 結構論者 274
structured 結構式的 657
subarea 副區 59
subconsciously 下意識地 157
subculture 次文化 634
subject 主語 438
substance use disorder 物質使用異常 725
subtractive mixture 相減的混合 235
superego 超我 645
supernaturalism 超自然主義 305
suppression 壓抑 700
surface structure 表層結構 450
surveillance 監視 879
survival motive 生存動機 492
survival need 生存需求 492
symbol 符號 431
symbolic modeling 符號模仿 783
symbolic reference 符號關係 430
symbolization 象徵 174
symbol system 符號系統 431
sympathetic chain 交感鏈 69
sympathetic division 交感神經 69,539
symptom substitution 症候轉換 793
synapse 神經突觸 38,228
syntactic analysis 語句構成分析 447
systematic desensitization 系統減敏感法 779

T

target tracking 目標追踪 346
taste bud 味蕾 261
tearing-down phase 動盪階段 238
telegraphic speech 電報語言 456
telepathy 心電感應 305
telephone hot line 電話熱線 815
temperature 溫度 263
temperature regulation 體溫調適 494
template 樣板 353
temporal context 時間性

脈絡關係 292
temporal contiguity 時間接近性 320
temporal lobe 顳顬葉 56
temporal resolution 瞬時的解析 243
temporal theory 時間論 253
test 測試 418
test anxiety 考試焦慮 685
test battery 測驗組合 575
Test of Primary Mental Ability 主要心智能力測驗 595
test of the significance of a difference 顯著差異的檢定 25
testosterone 睪丸素 512
test sophistication 測驗通 599
T-group T-組訓練 791
thalamus 視丘 50,240
the anal stage 肛門期 648
the genital stage 生殖期 648
the latency period 潛伏期 648
thematic apperception test 主題統覺測驗 663
the most erogenous zone 性感帶 513
the oral stage 口腔期 648
theory 推測 828
theory of distance vision 距離視覺理論 300
theory of self-perception 自我知覺理論 837
theory of social impact 社會衝擊理論 872
the phallic stage 性器期 648
therapist 治療者 772
the stage of psychosexual development 性心理發展階段 648
thing 物 282
threat 威脅 681
three-neuron reflex arc 三神經原反射弧 45
thyroid gland 甲狀腺 683
tickle 酥癢 262
timbre 音色 251
time difference 時間差 259
tip of the tongue 舌尖 371
Titchener 恆定的關係 274
token economy 代幣制度 783
total number of response during extinction 反應總數 327
touch 觸覺 262
touch spot 觸覺點 262
trace 痕跡 374
trace conditioning 痕跡條件化學習 318
trace-dependent forgetting 痕跡式遺忘 380
trainable 可以訓練的 618
trait 特質 638
transformational rule 變換規則 451
tranquilizer 鎮靜劑 808
transaction 處理方式 681
transcendental meditation 超覺靜坐 187
transference 感情轉移 774
transpose 轉移 468
trial 嘗試 317
trial-and-error 試誤 324
trichromat 三色（視覺） 236
tricyclic antidepressant 三環抗鬱劑 809
tuned 同步調 219
twin study 雙生子研究 78
two-cue theory 二線索論 259
two-point threshold 兩點覺閾 263
two-process theory of memory 記憶兩段論 381
typically 典型性 436

U

unconditioned response 無條件反應 315
unconditioned stimulus 無條件刺激 315

unconscious 潛意識的 645
unconscious inference 潛意識推理 275,287
unconscious process 潛意識過程 9
unconsciousness 潛意識 157
undoing 消除作用 704
unigueness 獨特性 461
unstable 不穩定 743
unstructured 非結構式的 657
unsymbolized 未象徵化的 652
utterance 發語 467

V

valid 有效的 579
variable 變項 19
variable interval 不定時間 337
variable ratio 不定比率 336
variant 變體 519
ventromedial hypothalamus 下視丘中部 500
verb phrase 動詞片語 447
verbal 語文 346
verbal scale 語文量表 587
verbal symbolic process 語文的符號過程 414
vestibular sac 前庭 266
vicarious learning 替代學習 560,642
viewing violence 暴力行爲之觀察 563
visible point 視點 278
visual acuity 視覺敏銳 243
visual area 視覺區 58
visual coding 視覺編碼 383
visual cortex 視覺皮質 245
visual-motor ability 視覺-動作能力 607
visual resolution 視覺解析 243
vividness 鮮明度 823
voice-stress analyzer 聲壓分析儀 543
volley principle 併發律 255
volumetric receptor 定量受納器 496
voluntary 自主的 495
voluntary behavior 自主行爲 325
vulnerability to depression 憂鬱脆弱性 746
vulnerable 脆弱性 746

W

want 慾求 492
warm 熱覺 262
watls 瓦 233
wavelength discrimination 波長的區辨性 237
Weber's constant 韋伯常數 222
Weber's Law 韋伯律 222
Wechsler Adult Intelligence Scale 魏氏成人智力量表 587
Wechsler Intelligence Scale for Children 魏氏兒童智力量表 587
Wernicke's area 溫尼克氏區 464
Wernicke's aphasia 溫尼克氏失語症 464
white noise 白色噪音 252
whole form 整體形式 275
wishful thinking 希望意向 843
withdrawal from reality 由現實中退縮 750
withdrawal symptom 斷除徵狀 43
word habit 單字習慣 348
working-backward 倒推法 477

Y

yoga 瑜珈術 186
Young-Helmholtz theory 楊赫二氏三色論 238
youthcenter 青年中心 814

Z

Zen 禪 186

國立中央圖書館出版品預行編目資料

心理學/艾金森(Rita L. Atkinson)等原著；鄭伯壎等編譯. --修訂版. --臺北市: 桂冠，1990〔民 79〕
面；　　公分. --(桂冠心理學叢書；2)
譯自：Introduction to psychology.
參考書目：面 989-1032
含索引
ISBN 957-551-146-8(精裝)

1. 心理學

170　　79000275

桂冠心理學叢書 2　楊國樞主編

心理學

原　著／艾金森、西爾格德等
編　譯／鄭伯壎、洪光遠、張東峰等
校　閱／楊國樞
執行編輯／閻富萍

出　版／桂冠圖書股份有限公司
登記證／局版台業字第 1166 號
發行人／賴阿勝
地　址／臺北市新生南路三段 96-4 號
電　話／(02)3681118・3631407
傳　眞／(02)3681119
郵撥帳號／01045792

印　刷　成陽印刷廠
初版一刷／1985 年 1 月
修訂一刷／1990 年 9 月
修訂三刷／1991 年 7 月

定　價／新臺幣 500 元